FOURTH EDITION

ESPACES

Rendez-vous avec le monde francophone

D0487999

James G. Mitchell

Cheryl Tano

VISTA
HIGHER LEARNING

Boston, Massachusetts

On the cover: Notre-Dame cathedral as seen through Pont de la Tournelle, Paris, France.

Publisher: José A. Blanco

Editorial Development: Judith Bach, Deborah Coffey, Jo Hanna Kurth

Project Management: Sally Giangrande, Faith Ryan

Rights Management: Annie Fuller, Ashley Poreda

Technology Production: Kamila Caicedo, Egle Gutiérrez, Paola Ríos Schaaf

Design: Radoslav Mateev, Gabriel Noreña, Andrés Vanegas

Production: Oscar Díez, Sebastián Díez Pérez, Erik Restrepo

Student Text (Casebound): 978-1-68005-648-8
Student Text (Loose-Leaf): 978-1-68005-649-5
Instructor's Annotated Edition ISBN: 978-1-68005-650-1

Library of Congress Control Number: 2017949819

3 4 5 6 7 8 9 TC 25 24 23 22 21

Printed in Canada.

INTRODUCTION

Welcome to the **Fourth Edition** of **ESPACES**, an introductory French program from Vista Higher Learning. In French, the word **espaces** means *spaces* in the sense of spaces reserved for a particular purpose. The spaces in **ESPACES** are its major sections, and they are reserved for helping you learn French and explore the cultures of the French-speaking world in the most user-friendly way possible. Here are some of the features you will encounter in **ESPACES**.

- A unique, easy-to-navigate design built around color-coded sections that appear either completely on one page or on two facing pages

- Abundant illustrations, photos, charts, graphs, diagrams, and other graphic elements, all created or chosen to help you learn

- Integration of a specially shot video in each lesson of the student text

- Clear, concise grammar explanations in an innovative format, which support you as you work through the practice activities

- Practical, high-frequency vocabulary for use in real-life situations

- Abundant guided vocabulary and grammar exercises to give you a solid foundation for communicating in French

- An emphasis on communicative interactions with a classmate, small groups, the whole class, and your instructor

- Systematic development of reading, writing, and listening skills, incorporating learning strategies and a process approach

- A rich, contemporary cultural presentation of the everyday life of French speakers and the diverse cultures of the countries and areas of the entire French-speaking world

- Exciting integration of culture and multimedia, through TV commercials and short films thematically linked to each unit

- A full set of completely integrated print and technology program components to make learning French easier

- Built-in correlation of all program components, right down to the page numbers

ESPACES has fifteen units with two lessons in each unit, followed by an end-of-unit **Savoir-faire** section and a list of active vocabulary. To familiarize yourself with the textbook's organization and features, turn to page xv and take the **ESPACES**-at-a-glance tour.

TABLE OF CONTENTS

	espace contextes	espace roman-photo	espace culture

v

TABLE OF CONTENTS

		espace contextes	espace roman-photo	espace culture

TABLE OF CONTENTS

espace contextes	espace roman-photo	espace culture

TABLE OF CONTENTS

	espace contextes	espace roman-photo	espace culture

espace structures	espace synthèse	savoir-faire

Supersite

Each section of your textbook comes with activities on the **ESPACES** Supersite, many of which are auto-graded for immediate feedback. Plus, the Supersite is iPad®-friendly*, so it can be accessed on the go! Visit **vhlcentral.com** to explore this wealth of exciting resources.

ESPACE CONTEXTES
- Audio for **Espace contextes** listening activity
- Image-based vocabulary activity
- Textbook and extra practice activities
- Chat activities for conversational skill-building and oral practice
- Audio recording of **Les sons et les lettres** presentation
- Record-and-compare audio activities

ESPACE ROMAN-PHOTO
- Streaming video of **Roman-photo** episodes, with instructor-managed options for subtitles and transcripts in French and English
- Textbook and extra practice activities

ESPACE CULTURE
- **Culture à la loupe** reading
- Streaming video of **Flash culture** episodes, with instructor-managed options for subtitles and transcripts in French and English
- **Musique à fond** information and activities
- Textbook and extra practice activities

ESPACE STRUCTURES
- Grammar presentations
- Interactive grammar tutorials
- Textbook and extra practice activities
- Chat activities for conversational skill-building and oral practice

SYNTHÈSE
- Chat activities for conversational skill-building and oral practice
- Streaming video of **Le Zapping** TV clips and short films as well as **Flash culture** episodes
- Audio for **À l'écoute**
- Textbook and extra practice activities

SAVOIR-FAIRE
- Interactive map
- **Sur Internet** research activity
- Textbook and extra practice activities
- Audio-sync **Lecture** readings
- Composition engine for **Écriture**

VOCABULAIRE
- Vocabulary list with audio
- Vocabulary Tools: customizable word lists, flashcards with audio

Plus! Also found on the Supersite:

- All textbook and lab audio MP3 files
- Communication center for instructor notifications and feedback
- Live Chat tool for video chat, audio chat, and instant messaging without leaving your browser
- A single gradebook for all Supersite activities
- WebSAM online Student Activities Manual
- v̂ **Text** online, interactive student edition with access to Supersite activities, audio, and video

Supersite features vary by access level.

* Students must use a computer for audio recording and select presentations.

PROGRAM COMPONENTS

- **Student Edition (SE)**
  The SE is available in hardcover, loose-leaf, and digital formats.

- **Student Activities Manual (Workbook, Video Manual, and Lab Manual)**
  Workbook activities provide additional practice of the vocabulary and grammar in each textbook lesson and the cultural information in each unit's **Panorama** section. The Video Manual includes pre-viewing, viewing, and post-viewing activities for the **Roman-photo** and **Flash culture** videos. The Lab Manual contains activities for each textbook lesson that build listening comprehension, speaking, and pronunciation skills in French.

- **Lab Audio**
  The Lab Program MP3s provide the recordings to be used in conjunction with the activities in the Lab Manual.

- **Textbook Audio**
  The Textbook MP3s contain the recordings for the listening activities in **Espace contextes, Les sons et les lettres, À l'écoute**, and **Vocabulaire** sections.

- **Grammar Tutorials**
  Interactive, animated grammar tutorials pair grammar rules with fun examples and interactive questions to check understanding of concepts.

- **Online Student Activities Manual (WebSAM)**
  Incorporating the **Roman-photo** and **Flash culture** videos, as well as the complete Lab Program, this component delivers the Workbook, Video Manual, and Lab Manual online with automatic scoring. Instructors have access to the powerful Supersite classroom management and gradebook tools that allow in-depth tracking of students' scores.

- **ESPACES, Fourth Edition, Supersite**
  Your passcode to the Supersite (**vhlcentral.com**) gives you access to a wide variety of interactive activities for each section of every lesson of the student text; auto-graded exercises for extra practice of vocabulary, grammar, video, and cultural content; reference tools; **Le Zapping** TV clips and short films; the complete **Roman-photo** and **Flash culture** Video Program; the Textbook MP3s; and the Lab Program MP3s.

- **vText Virtual Interactive Text**
  Provides the entire student edition textbook with note-taking and highlighting capabilities. It is fully integrated with Supersite and other online resources.

ICONS

These icons in the Fourth Edition of **ESPACES** alert you to the type of activity or section involved.

Icons legend	
🔊 Listening activity/section	Ⓢ Additional content found on the Supersite: audio, video, and presentations
Activity also on the Supersite	Additional practice on the Supersite
Pair activity	Information Gap activity
Group activity	Feuille d'activités
Recycling activity	Chat activity

- The Information Gap activities and those involving **Feuilles d'activités** (*activity sheets*) require handouts from the instructor.
- The audio icon appears in **Contextes**, **Les sons et les lettres**, **À l'écoute**, and **Vocabulaire** sections.
- The recycling icon tells you that to complete a specific activity you will need to use vocabulary and/or grammar learned in previous lessons.

RESSOURCES BOXES

Ressources boxes let you know exactly which program components you can use to reinforce and expand on every section of every lesson in your textbook. They even include page numbers when applicable.

Ressources boxes legend	
WB Workbook pp. 29–30	Ⓢ ESPACES, Supersite vhlcentral
LM Lab Manual pp. 17	
VM Video Manual pp. 219–220	

UNIT OPENERS
outline the content and features of each unit.

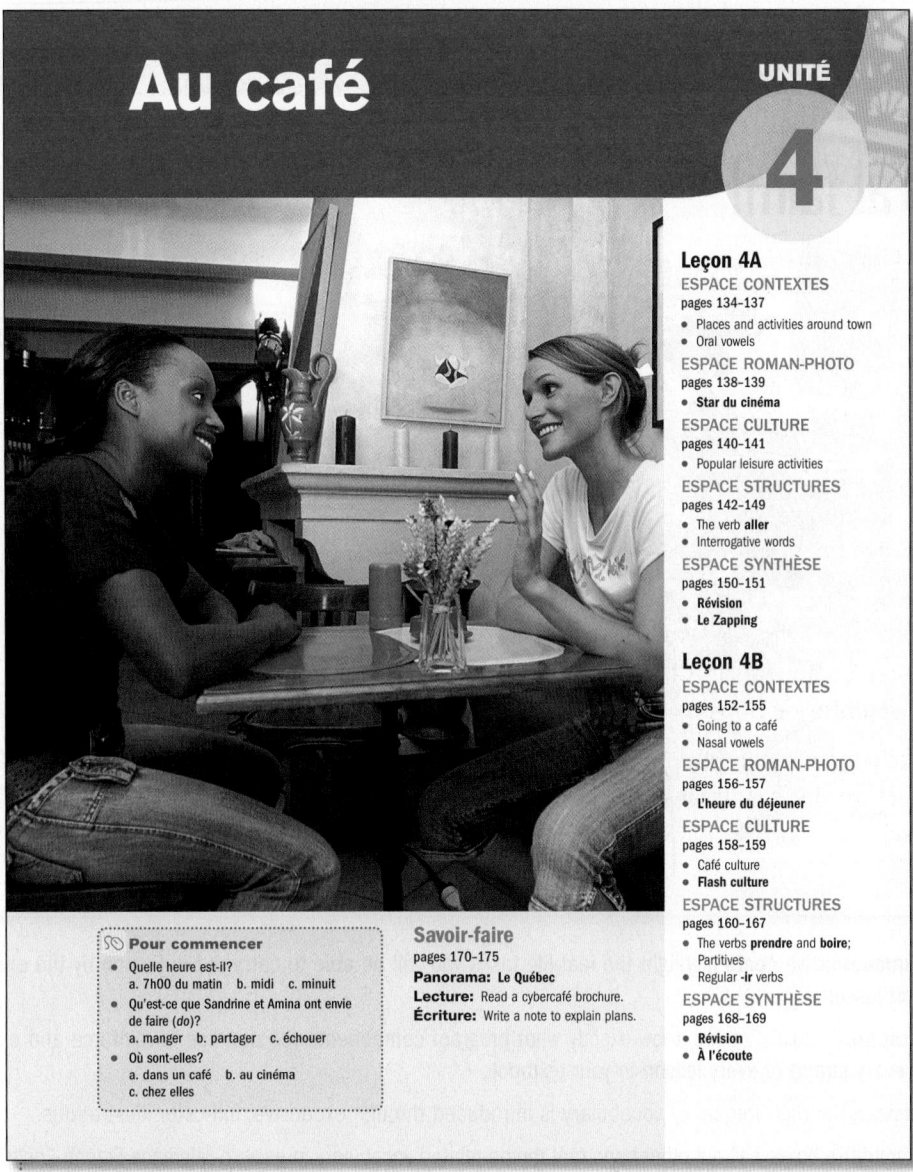

Au café

UNITÉ 4

Leçon 4A

ESPACE CONTEXTES
pages 134–137
- Places and activities around town
- Oral vowels

ESPACE ROMAN-PHOTO
pages 138–139
- Star du cinéma

ESPACE CULTURE
pages 140–141
- Popular leisure activities

ESPACE STRUCTURES
pages 142–149
- The verb **aller**
- Interrogative words

ESPACE SYNTHÈSE
pages 150–151
- Révision
- Le Zapping

Leçon 4B

ESPACE CONTEXTES
pages 152–155
- Going to a café
- Nasal vowels

ESPACE ROMAN-PHOTO
pages 156–157
- L'heure du déjeuner

ESPACE CULTURE
pages 158–159
- Café culture
- Flash culture

ESPACE STRUCTURES
pages 160–167
- The verbs **prendre** and **boire**; Partitives
- Regular **-ir** verbs

ESPACE SYNTHÈSE
pages 168–169
- Révision
- À l'écoute

Pour commencer
- Quelle heure est-il?
  a. 7h00 du matin   b. midi   c. minuit
- Qu'est-ce que Sandrine et Amina ont envie de faire (do)?
  a. manger   b. partager   c. échouer
- Où sont-elles?
  a. dans un café   b. au cinéma
  c. chez elles

Savoir-faire
pages 170–175
Panorama: Le Québec
Lecture: Read a cybercafé brochure.
Écriture: Write a note to explain plans.

Pour commencer activities jump-start the units, allowing you to use the French you know to talk about the photos.

Content thumbnails break down each unit into its two lessons (A and B) and one **Savoir-faire** section, giving you an at-a-glance summary of the vocabulary, grammar, cultural topics, and language skills on which you will focus.

Ⓢupersite

Supersite resources are available for every section of the unit at **vhlcentral.com.** Icons show you which textbook activities are also available online, and where additional practice activities are available. The description next to the Ⓢ icon indicates what additional resources are available for each section: videos, audio recordings, readings, presentations, and more!

Supersite features vary by access level.

ESPACE CONTEXTES
presents and practices vocabulary in meaningful contexts.

Communicative goals highlight the real-life tasks you will be able to carry out in French by the end of each lesson.

Ressources boxes let you know exactly what program components you can use to reinforce and expand on every strand of every lesson in your textbook.

Illustrations High-frequency vocabulary is introduced through expansive, full-color illustrations.

Vocabulaire boxes call out other important theme-related vocabulary in easy-to-reference French-English lists.

Mise en pratique always includes a listening activity, as well as other activities that practice the new vocabulary in meaningful contexts.

ⓢupersite

- Audio for **Contextes** listening activity
- Textbook activities
- Additional activities for extra practice

Supersite features vary by access level.

ESPACE CONTEXTES

has a page devoted to communication activities. **Les sons et les lettres** presents the rules of French pronunciation and spelling.

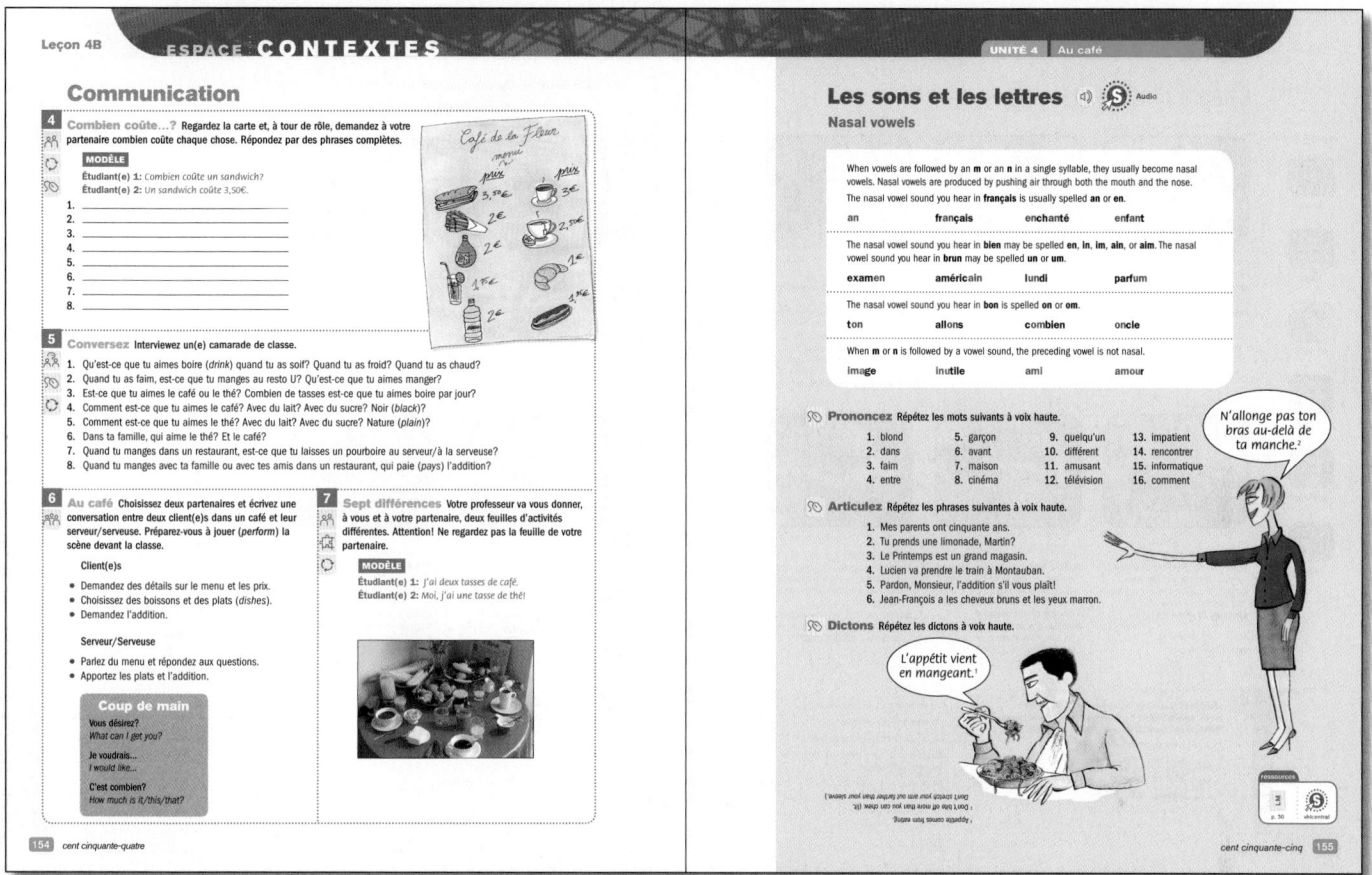

Communication activities allow you to use the vocabulary creatively in interactions with a partner, a small group, or the entire class.

Coup de main provides handy, on-the-spot information that helps you complete the activities.

The audio icon at the top of the page indicates when an explanation and activities are recorded for convenient use in or outside of class.

Explanation Rules and tips to help you learn French pronunciation and spelling are presented clearly with abundant model words and phrases.

Practice Pronunciation and spelling practice is provided at the word and sentence levels. The final activity features illustrated sayings and proverbs so that you can practice the pronunciation or spelling point in an entertaining cultural context.

Supersite

- Chat activities for conversational skill-building and oral practice
- Audio recording of **Les sons et les lettres** presentation
- Record-and-compare audio activities

Supersite features vary by access level.

ESPACE ROMAN-PHOTO
tells the story of a group of students living
in Aix-en-Provence, France.

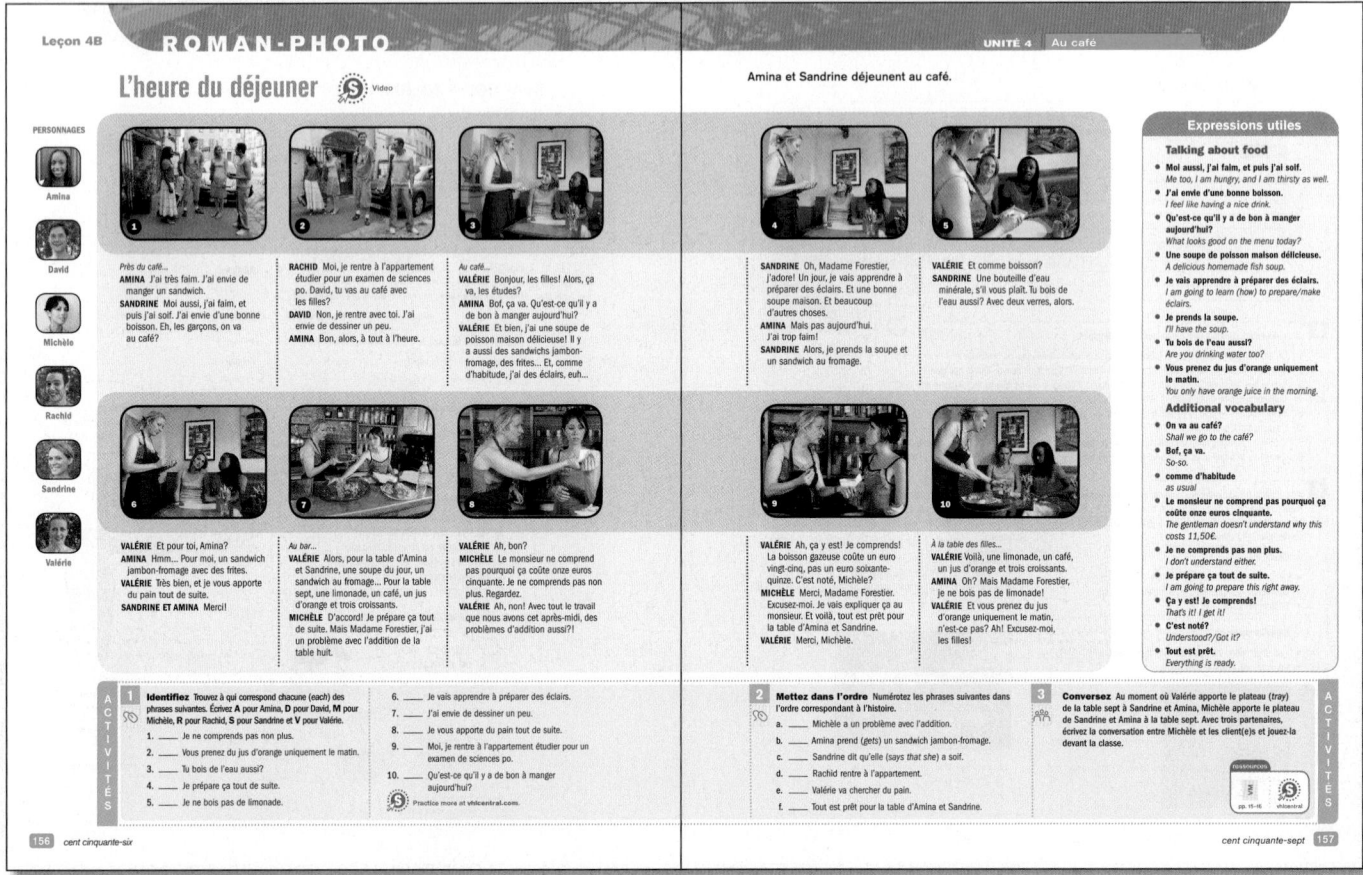

Personnages The photo-based conversations take place among a cast of recurring characters—four college students, their landlady (who owns the café downstairs), and her teenage son.

Roman-photo **video episodes** The **Roman-photo** episode appears in the **Roman-photo** part of the Video Program.

Conversations The conversations reinforce vocabulary from **Espace contextes**. They also preview structures from the upcoming **Espace structures** section in context and in a comprehensible way.

Expressions utiles organizes new, active words and expressions by language function so that you can focus on using them for real-life, practical purposes.

⑤upersite

- Streaming video of the **Roman-photo**
- End-of-video **Reprise** section where key vocabulary and grammar from the episode are called out
- Record-and-compare activities
- Textbook activities
- Additional activities for extra practice

Supersite features vary by access level.

ESPACE CULTURE

explores cultural themes introduced in ESPACE CONTEXTES and ESPACE ROMAN-PHOTO.

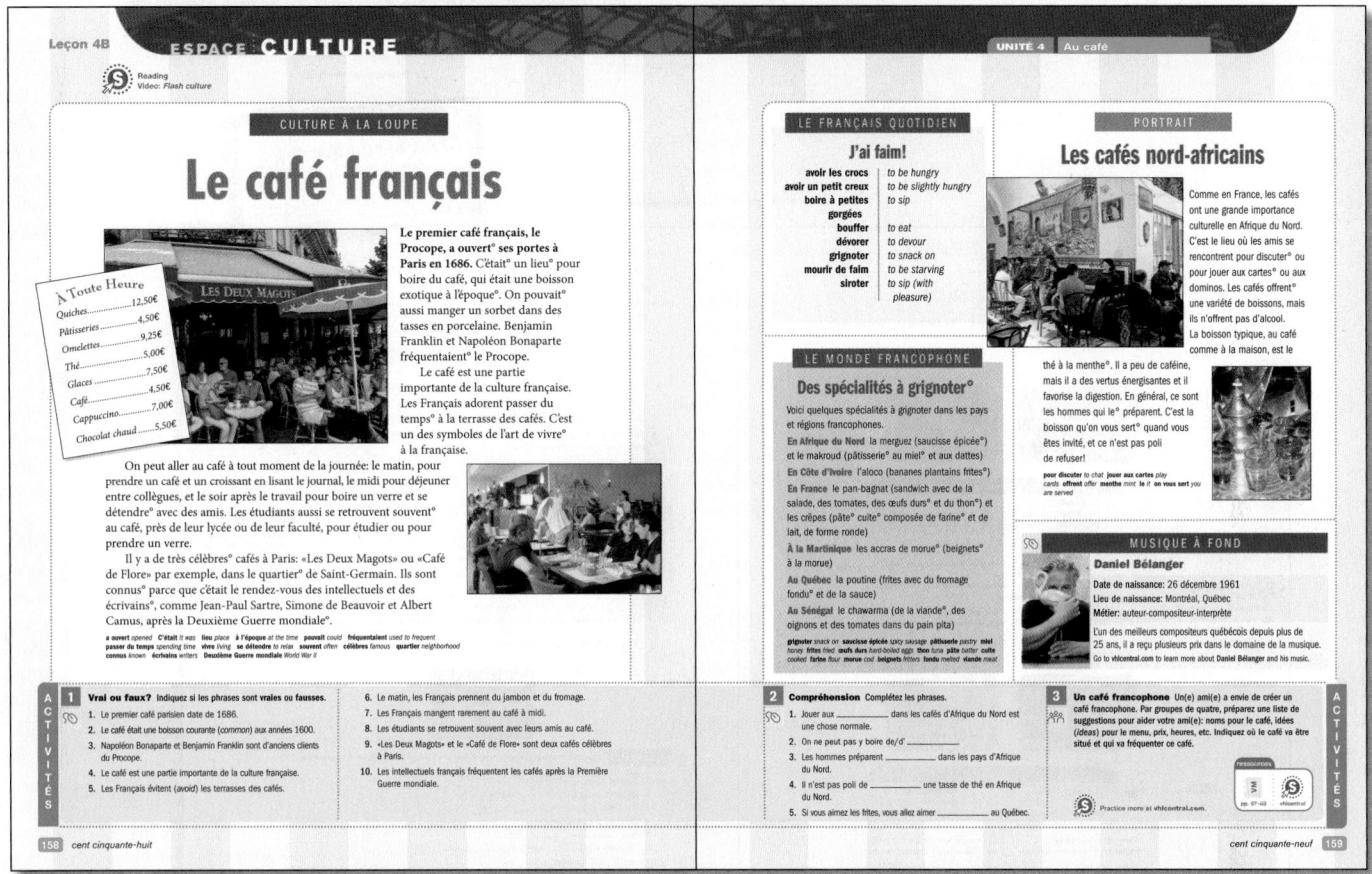

Culture à la loupe presents a main, in-depth reading about the lesson's cultural theme. Full-color photos bring to life important aspects of the topic, while charts with statistics and/or intriguing facts support and extend the information.

Le français quotidien exposes you to current, contemporary language by presenting familiar words and phrases related to the lesson's theme that are used in everyday spoken French.

Le monde francophone puts the spotlight on the people, places, and traditions of the countries and areas of the French-speaking world.

Portrait profiles people, places, and events throughout the French-speaking world, highlighting their importance, accomplishments, and/or contributions to the cultures of the French-speaking people and the global community. **Musique à fond** (in B lesson) profiles musicians of the French-speaking world.

Supersite

- Main cultural reading
- *Flash culture* streaming video (every other unit)
- **Musique à fond** information and activities
- Textbook activities
- Additional activities for extra practice

Supersite features vary by access level.

ESPACE STRUCTURES

presents French grammar in a graphic-intensive format.

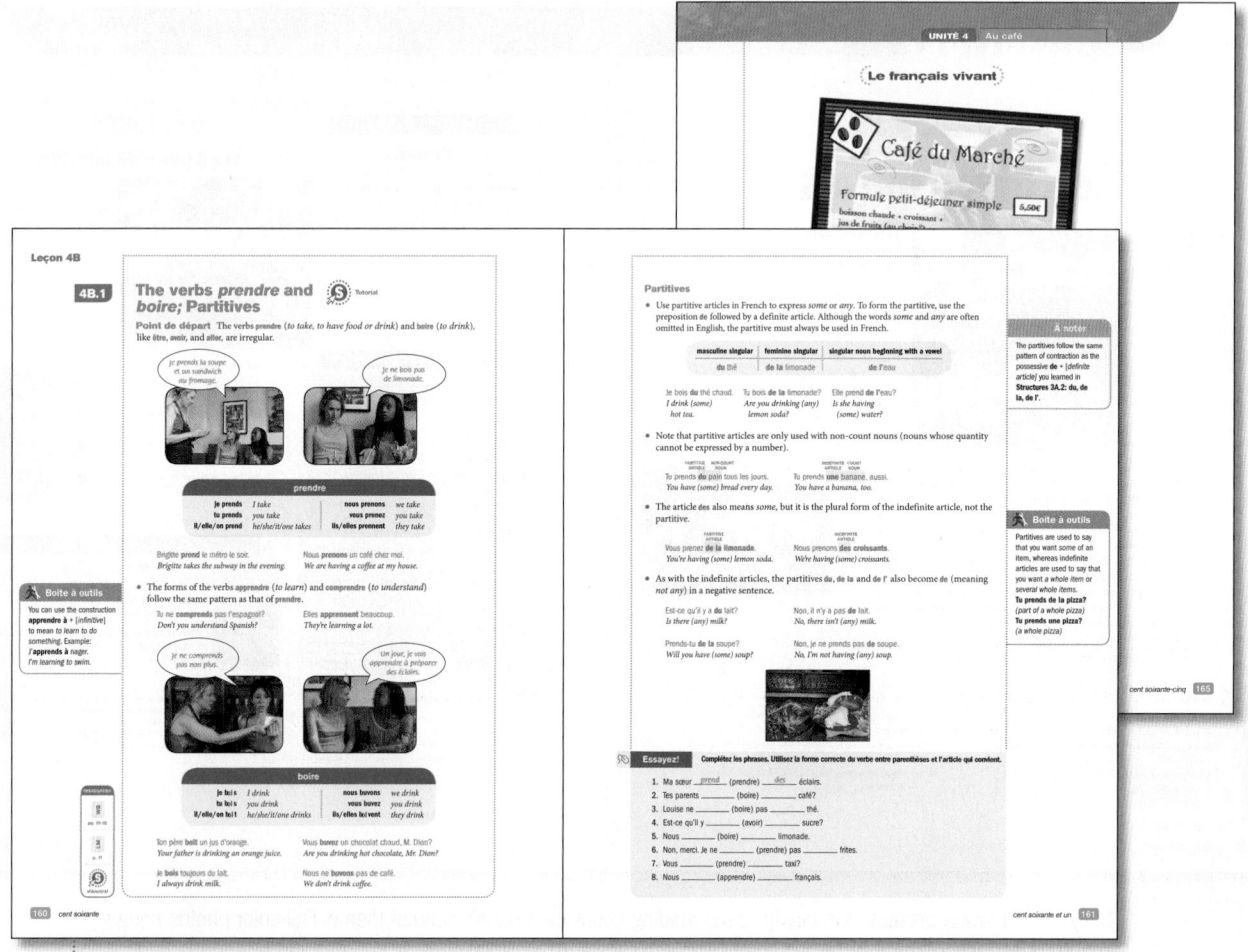

Grammar explanations Two full pages are devoted to most grammar points, allowing for presentations that are thorough and intuitive.

Le français vivant pages appear with select grammar points and feature a print ad for a product related to the lesson's theme.

Graphic-intensive design Photos from the **ESPACES**, Video Program consistently integrate the lesson's video episode and **Roman-photo** strand with the grammar explanations. Additional photos, drawings, and graphic devices liven up activities and heighten visual interest.

Sidebars The **À noter** sidebars cross-reference related grammar content in both previous and upcoming lessons. The **Boîte à outils** sidebars alert you to other important aspects of the grammar point.

Essayez! offers you your first practice of each new grammar point. It gets you working with the grammar point right away in simple, easy-to-understand formats.

Supersite

- Grammar presentation
- Interactive, animated grammar tutorials
- **Essayez!** activities with auto-grading

Supersite features vary by access level.

ESPACE STRUCTURES
provides directed and communicative practice.

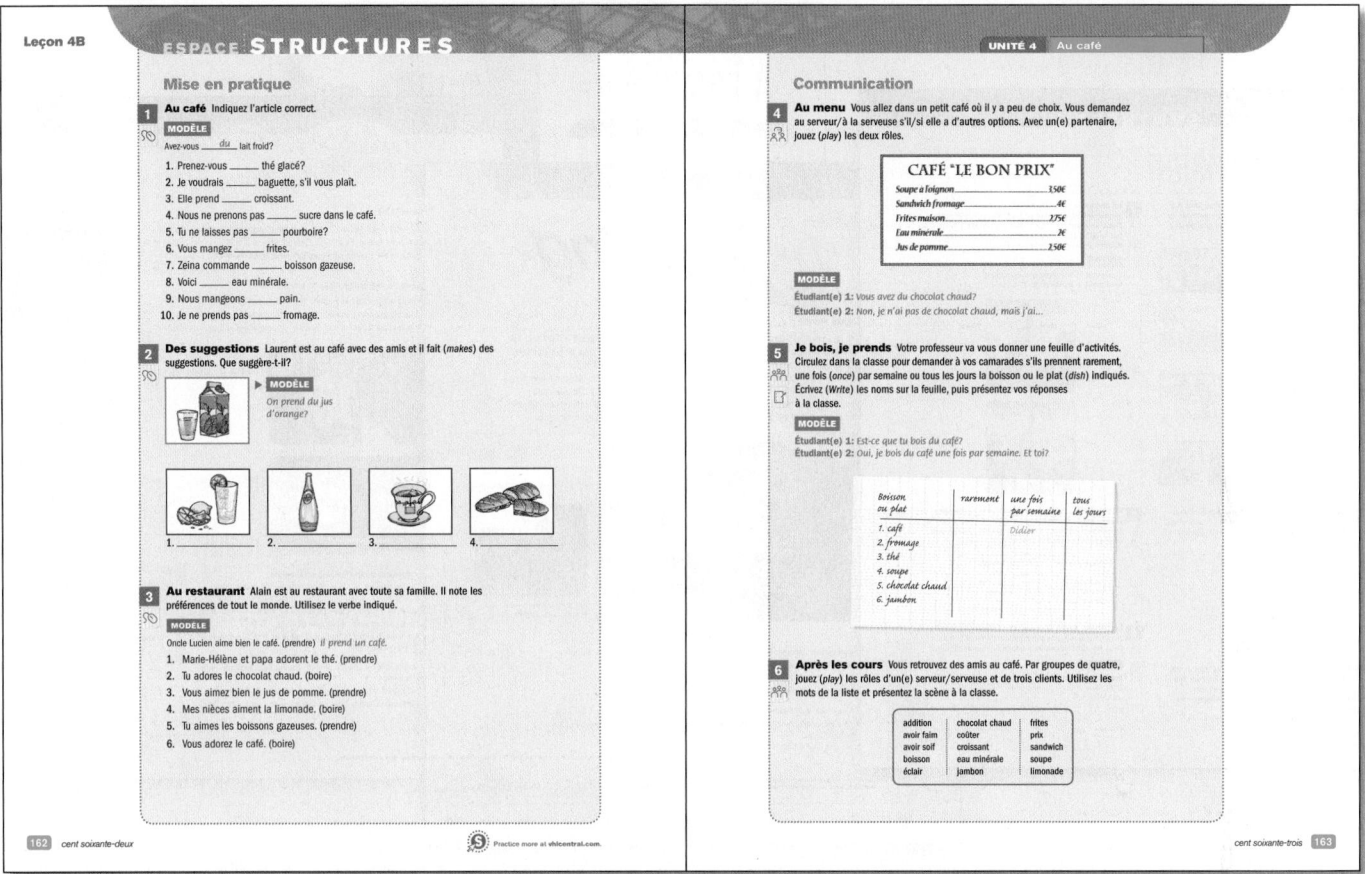

Grammar activities Two full pages are devoted to grammar activities, allowing for more practice and better transitions between activities.

Mise en pratique activities provide a wide range of guided exercises in contexts that combine current and previously learned vocabulary with the current grammar point.

Additional activities The Activity Pack provides additional discrete and communicative practice for every grammar point. It also includes handouts for the **Feuilles d'activités** and information gap activities presented in the textbook. Your instructor will distribute these handouts for review and extra practice.

Communication activities offer opportunities for creative expression using the lesson's grammar and vocabulary. You do these activities with a partner, in small groups, or with the whole class.

Ⓢupersite

- Textbook activities
- Additional activities for extra practice
- Chat activities for conversational skill-building and oral practice

Supersite features vary by access level.

ESPACE SYNTHÈSE

pulls the lesson together with cumulative practice in **Révision**. The second page of the section alternates between **Le Zapping/Flash culture** and **À l'écoute**.

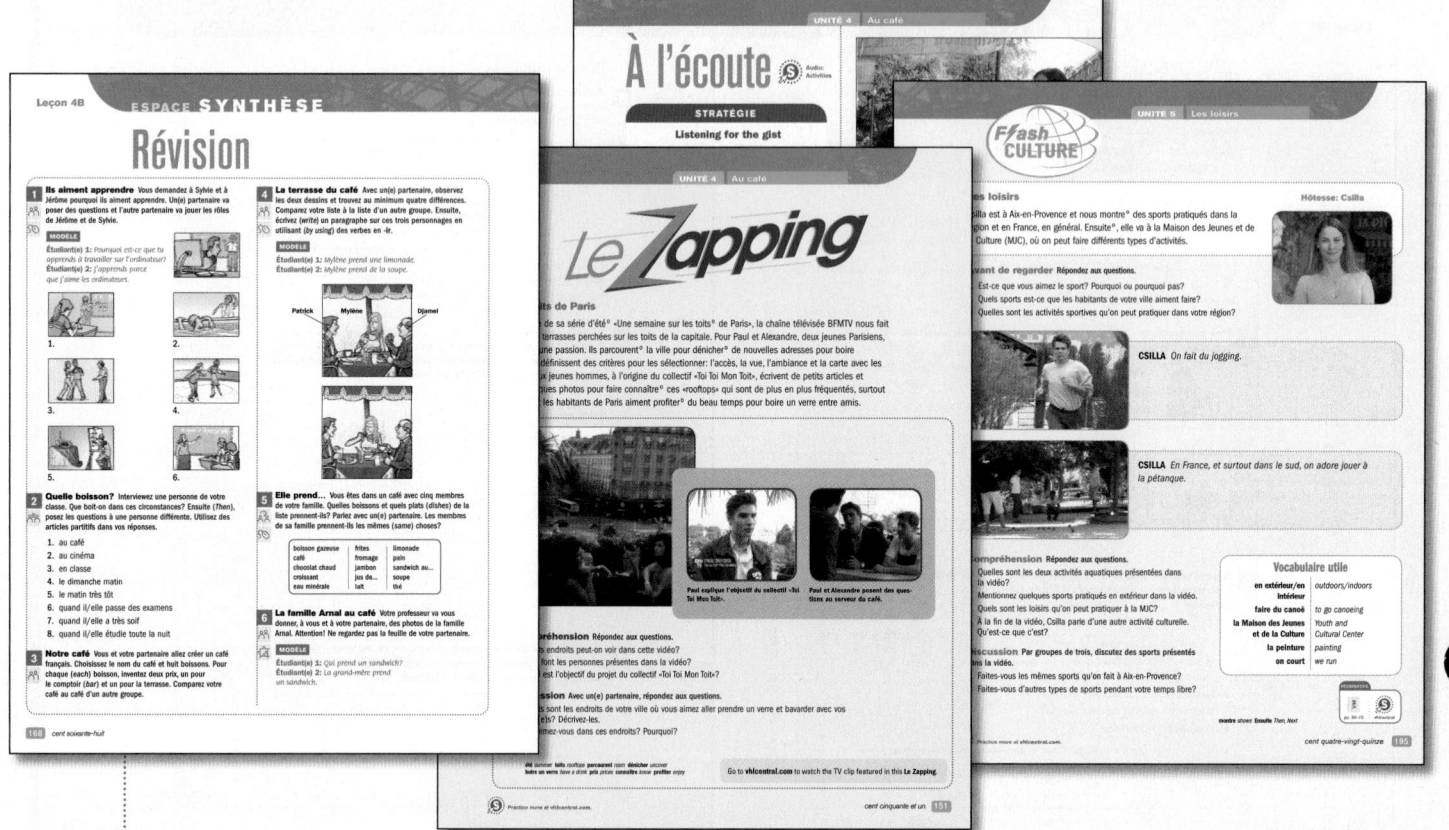

Révision activities integrate the lesson's two grammar points with previously learned vocabulary and structures, providing consistent, built-in review as you progress through the text.

Pair and group icons call out the communicative nature of the activities. Situations, role-plays, games, personal questions, interviews, and surveys are just some of the types of activities that you will engage in.

Information gap activities, identified by the interlocking puzzle pieces, engage you and a partner in problem-solving situations. You and your partner each have only half of the information you need, so you must work together to accomplish the task at hand.

NEW! Flash culture (in A lessons of most odd-numbered units) This page has activities related to the cultural video.

Le Zapping (in A lessons of most even-numbered units) features television clips and short films—supported by background information, images, and activities to help you understand and check your comprehension.

À l'écoute (in all B lessons) presents a recorded conversation or narration to develop your listening skills in French. **Stratégie** and **Préparation** prepare you for listening to the recorded passage.

À vous d'écouter takes you through the recorded passage, and **Compréhension** checks your understanding of what you heard.

Supersite

- Chat activities for conversational skill-building and oral practice
- Streaming video of **Le Zapping** TV clips and short films as well as **Flash culture** episodes
- Audio for **À l'écoute**
- Textbook and extra practice activities

Supersite features vary by access level.

ESPACE SYNTHÈSE
Le Zapping court métrage
Units 12 and 15 feature short films
by contemporary French filmmakers.

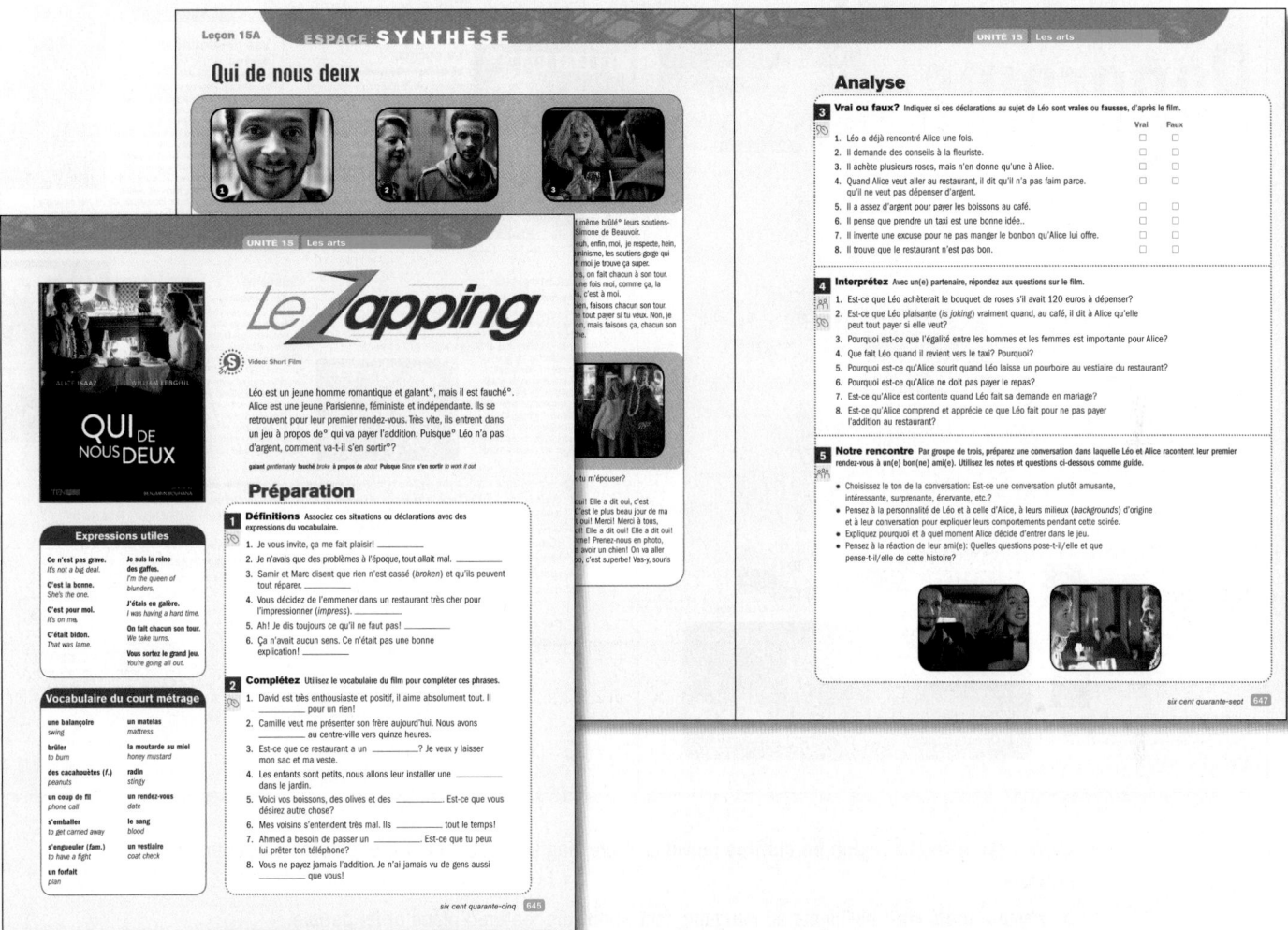

Expressions utiles highlight phrases and expressions useful in understanding the film.

Vocabulaire du court métrage features the words that you will encounter and use while doing the activities in the short film section.

Préparation Pre-viewing exercises set the stage for the short film and provide key background information, facilitating comprehension.

Scène A synopsis of the film's plot with captioned video stills prepares you visually for the film.

Analyse Post-viewing activities go beyond checking comprehension, allowing you to discover broader themes.

Supersite

- Streaming video of **Le Zapping** short films
- Textbook and extra practice activities

Supersite features vary by access level.

SAVOIR-FAIRE
Panorama presents the French-speaking world.

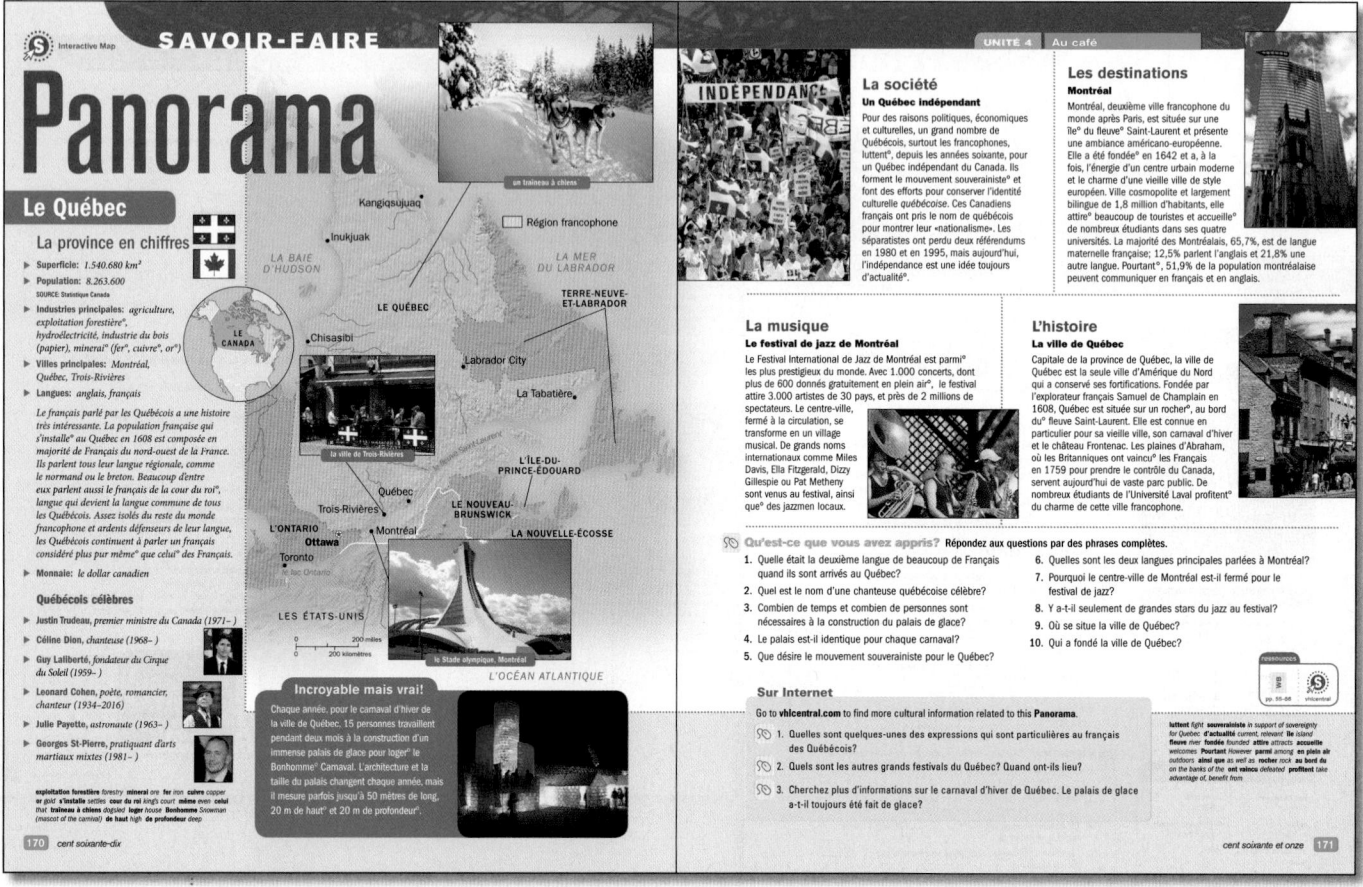

La ville/Le pays/La région en chiffres provides interesting key facts about the featured city, country, or region.

Incroyable mais vrai! highlights an intriguing fact about the featured place or its people.

Maps point out major cities, rivers, and other geographical features and situate the featured place in the context of its immediate surroundings and the world.

Qu'est-ce que vous avez appris? exercises check your understanding of key ideas, and **ressources** boxes reference the two pages of additional activities in the **ESPACES** Workbook.

Readings A series of brief paragraphs explores different facets of the featured location's culture such as history, landmarks, fine art, literature, and aspects of everyday life.

Supersite

- Interactive map
- **Sur Internet** research activity
- Textbook activities
- Additional activities for extra practice

Supersite features vary by access level.

SAVOIR-FAIRE

Lecture develops reading skills in the context of the unit's theme.

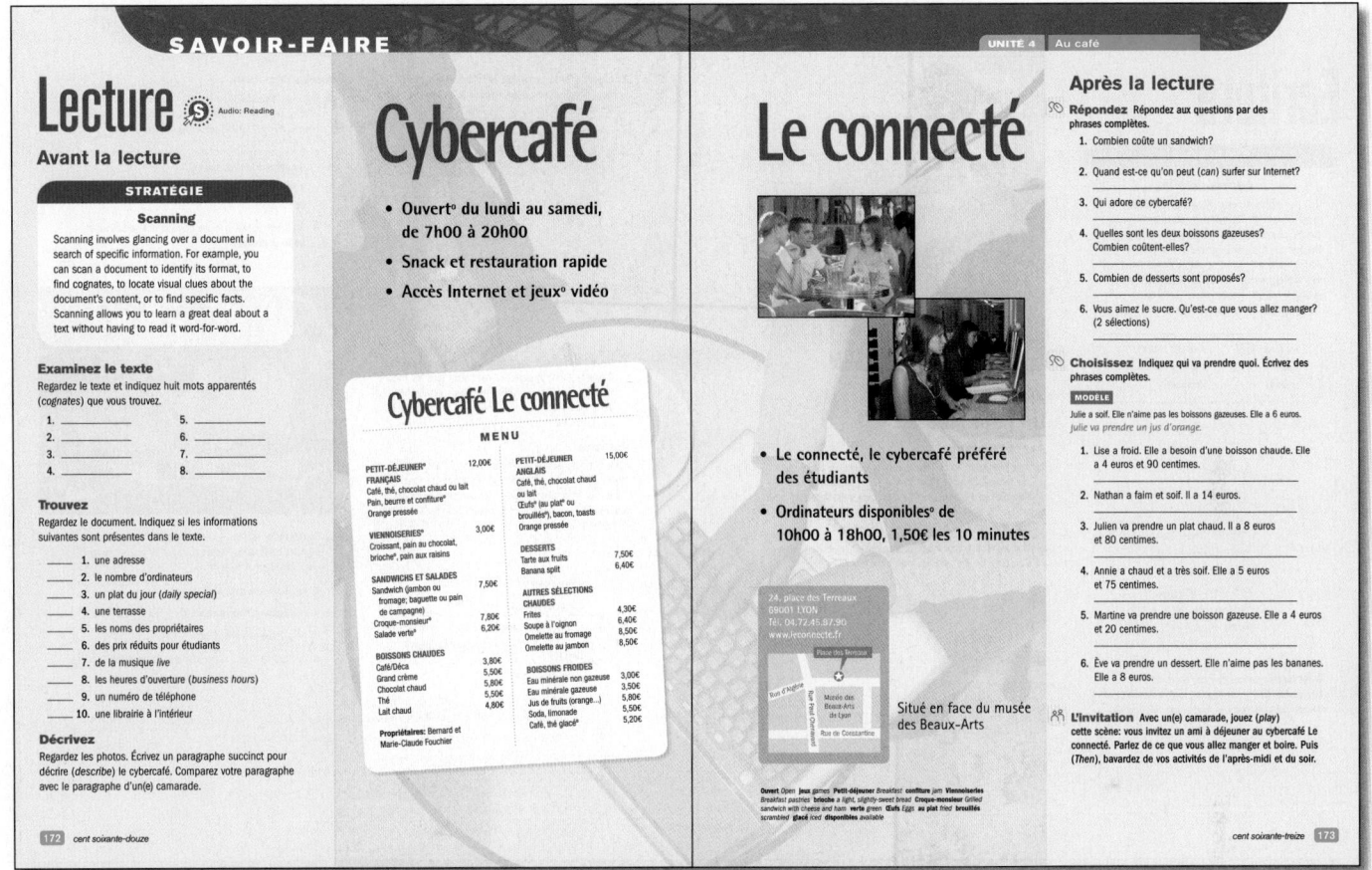

Readings are directly tied to the unit theme and recycle vocabulary and grammar you have learned. The selections in Units 1–11 are cultural texts, while those in Units 12–15 are literary pieces.

Avant la lecture presents valuable reading strategies and pre-reading activities that strengthen your reading abilities in French.

Après la lecture includes post-reading activities that check your comprehension of the reading.

⑤upersite

- Textbook activities
- Audio-sync technology for all readings

Supersite features vary by access level.

SAVOIR-FAIRE
Écriture develops writing skills in the context of the unit's theme.

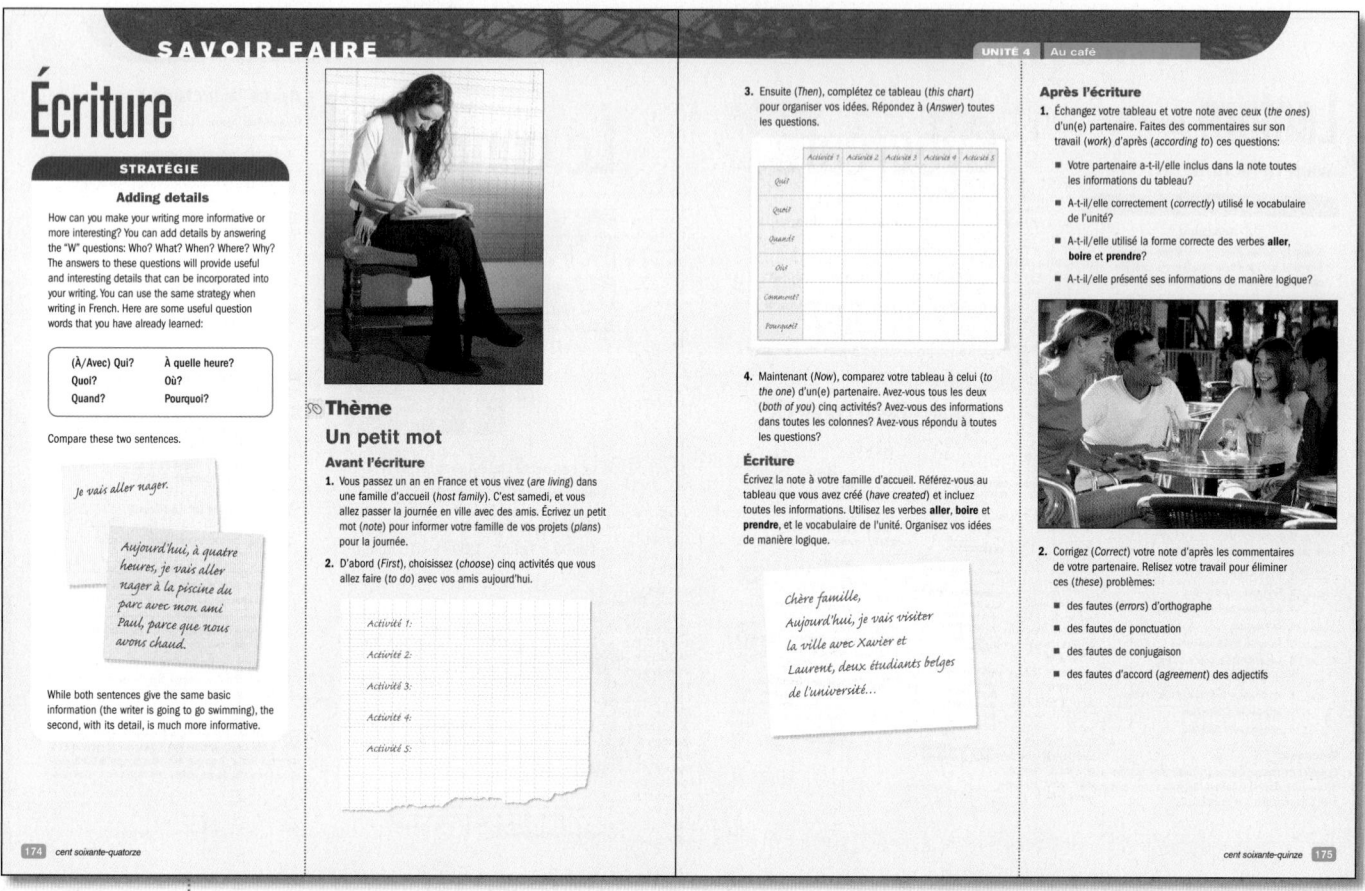

Process approach Like **À l'écoute** and **Lecture**, **Écriture** is a skill-building feature. It was developed using a process approach in order to guide your writing efforts. It has pre-writing tasks (**Avant l'écriture**), a writing assignment (**Écriture**), and post-writing tasks (**Après l'écriture**).

Stratégie provides useful strategies that prepare you for the writing task presented in **Thème**.

Thème describes the writing topic and includes suggestions for approaching it.

Supersite

• Composition engine

Supersite features vary by access level.

VOCABULAIRE

summarizes all the active vocabulary of the unit.

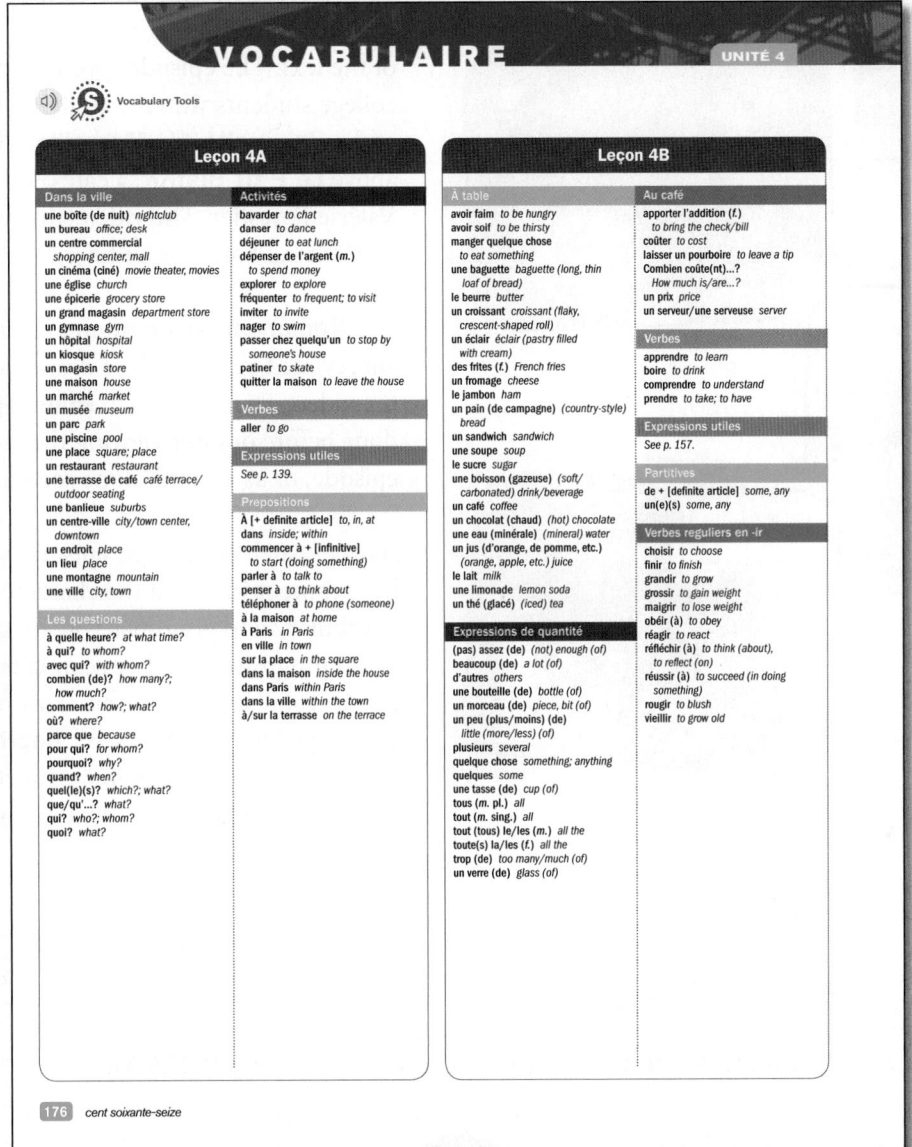

VOCABULAIRE UNITÉ 4

🔊 ⓢ Vocabulary Tools

Leçon 4A

Dans la ville

une boîte (de nuit) *nightclub*
un bureau *office; desk*
un centre commercial
  shopping center, mall
un cinéma (ciné) *movie theater, movies*
une église *church*
une épicerie *grocery store*
un grand magasin *department store*
un gymnase *gym*
un hôpital *hospital*
un kiosque *kiosk*
un magasin *store*
une maison *house*
un marché *market*
un musée *museum*
un parc *park*
une piscine *pool*
une place *square; place*
un restaurant *restaurant*
une terrasse de café *café terrace/ outdoor seating*
une banlieue *suburbs*
un centre-ville *city/town center, downtown*
un endroit *place*
un lieu *place*
une montagne *mountain*
une ville *city, town*

Les questions

à quelle heure? *at what time?*
à qui? *to whom?*
avec qui? *with whom?*
combien (de)? *how many?; how much?*
comment? *how?; what?*
où? *where?*
parce que *because*
pour qui? *for whom?*
pourquoi? *why?*
quand? *when?*
quel(le)(s)? *which?; what?*
que/qu'...? *what?*
qui? *who?; whom?*
quoi? *what?*

Activités

bavarder *to chat*
danser *to dance*
déjeuner *to eat lunch*
dépenser de l'argent (m.)
  to spend money
explorer *to explore*
fréquenter *to frequent; to visit*
inviter *to invite*
nager *to swim*
passer chez quelqu'un *to stop by someone's house*
patiner *to skate*
quitter la maison *to leave the house*

Verbes

aller *to go*

Expressions utiles

See p. 139.

Prépositions

À [+ definite article] *to, in, at*
dans *inside; within*
commencer à + [infinitive]
  to start (doing something)
parler à *to talk to*
penser à *to think about*
téléphoner à *to phone (someone)*
à la maison *at home*
à Paris *in Paris*
en ville *in town*
sur la place *in the square*
dans la maison *inside the house*
dans Paris *within Paris*
dans la ville *within the town*
à/sur la terrasse *on the terrace*

Leçon 4B

À table

avoir faim *to be hungry*
avoir soif *to be thirsty*
manger quelque chose
  to eat something
une baguette *baguette (long, thin loaf of bread)*
le beurre *butter*
un croissant *croissant (flaky, crescent-shaped roll)*
un éclair *éclair (pastry filled with cream)*
des frites (f.) *French fries*
un fromage *cheese*
le jambon *ham*
un pain (de campagne) *(country-style) bread*
un sandwich *sandwich*
une soupe *soup*
le sucre *sugar*
une boisson (gazeuse) *(soft/ carbonated) drink/beverage*
un café *coffee*
un chocolat (chaud) *(hot) chocolate*
une eau (minérale) *(mineral) water*
un jus (d'orange, de pomme, etc.)
  (orange, apple, etc.) juice
le lait *milk*
une limonade *lemon soda*
un thé (glacé) *(iced) tea*

Expressions de quantité

(pas) assez (de) *(not) enough (of)*
beaucoup (de) *a lot (of)*
d'autres *others*
une bouteille (de) *bottle (of)*
un morceau (de) *piece, bit (of)*
un peu (plus/moins) (de)
  little (more/less) (of)
plusieurs *several*
quelque chose *something; anything*
quelques *some*
une tasse (de) *cup (of)*
tous (m. pl.) *all*
tout (m. sing.) *all*
tout (tous) le/les (m.) *all the*
toute(s) la/les (f.) *all the*
trop (de) *too many/much (of)*
un verre (de) *glass (of)*

Au café

apporter l'addition (f.)
  to bring the check/bill
coûter *to cost*
laisser un pourboire *to leave a tip*
Combien coûte(nt)...?
  How much is/are...?
un prix *price*
un serveur/une serveuse *server*

Verbes

apprendre *to learn*
boire *to drink*
comprendre *to understand*
prendre *to take; to have*

Expressions utiles

See p. 157.

Partitives

de + [definite article] *some, any*
un(e)(s) *some, any*

Verbes réguliers en -ir

choisir *to choose*
finir *to finish*
grandir *to grow*
grossir *to gain weight*
maigrir *to lose weight*
obéir (à) *to obey*
réagir *to react*
réfléchir (à) *to think (about), to reflect (on)*
réussir (à) *to succeed (in doing something)*
rougir *to blush*
vieillir *to grow old*

176 *cent soixante-seize*

Vocabulary Active vocabulary from the unit is brought together, now grouped by lesson into easy-to-study thematic lists.

ⓢupersite

- Audio recordings of all vocabulary items
- Vocabulary Tools: customizable word lists, flashcards with audio

Supersite features vary by access level.

VIDEO PROGRAM

THE *ROMAN-PHOTO* EPISODES

Fully integrated with your textbook, the **ESPACES** Video contains thirty dramatic episodes, one for each lesson of the text. The episodes present the adventures of four college students who are studying in the south of France at the **Université Aix-Marseille**. They live in apartments above **Le P'tit Bistrot**, a café owned by their landlady, Valérie Forestier. The video tells their story and the story of Madame Forestier and her teenage son, Stéphane.

The **Roman-photo** strand in each textbook lesson is an abbreviated version of the dramatic episode featured in the video. Therefore, each **Roman-photo** strand can be done before or after viewing the corresponding video episode, or as a stand-alone section.

As you watch each video episode, you will first see a live segment in which the characters interact using vocabulary and grammar you are studying. As the video progresses, the live segments carefully combine new vocabulary and grammar with previously taught language. You will then see a **Reprise** segment that summarizes the key language functions and/or grammar points used in the dramatic episode.

THE CAST
Here are the main characters you will meet when you watch the **ESPACES** Video:

Of Senegalese heritage
Amina Mbaye

From Washington, D.C.
David Duchesne

From Paris
Sandrine Aubry

From Aix-en-Provence
Valérie Forestier

Of Algerian heritage
Rachid Khalil

And, also from
Aix-en-Provence
Stéphane Forestier

THE *FLASH CULTURE* SEGMENTS

For one lesson of each unit, a **Flash culture** segment allows you to experience the sights and sounds of France, the French-speaking world, and the daily life of French speakers. Each segment is two to three minutes long. The A lesson of each odd-numbered unit features a **Flash culture** page with pre- and post-viewing activities. References to online and Video Manual activities on the **Espace culture** pages guide you to activities on the Supersite in even-numbered units.

Hosted by the **ESPACES** narrators, Csilla and Benjamin, these segments transport you to a variety of venues: schools, parks, public squares, cafés, stores, cinemas, outdoor markets, city streets, festivals, and more. They also incorporate mini-interviews with French speakers in various walks of life.

The footage was filmed to capture rich, vibrant images that will expand your cultural perspectives with information directly related to the content of your textbook. In addition, the narrations were carefully written to reflect the vocabulary and grammar covered in **ESPACES**.

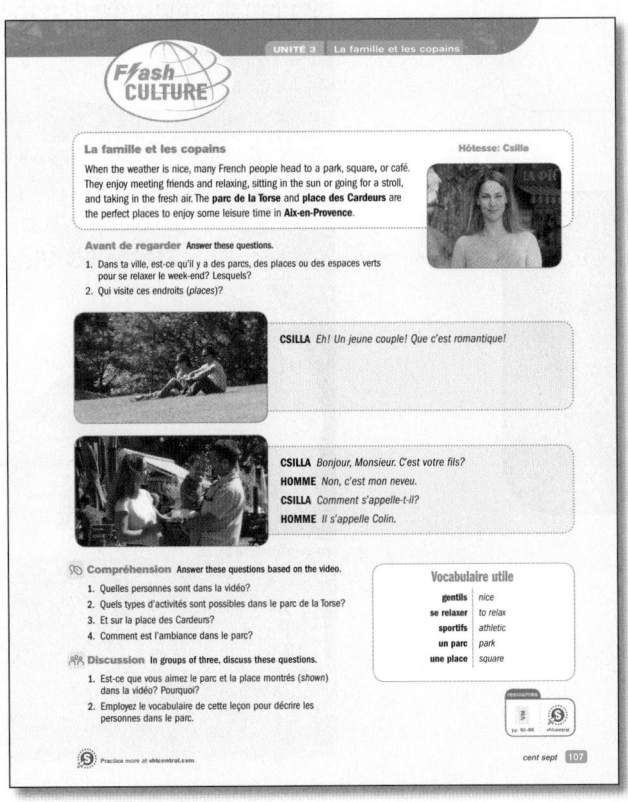

ABOUT *LE ZAPPING* TV CLIPS AND SHORT FILMS

A TV clip or short film from the French-speaking world appears in eight units. The purpose of this feature is to expose you to the language and culture contained in authentic media pieces.

Unité 2
Vie étudiante Université de Moncton

Unité 4
Une semaine sur les toits de Paris

Unité 6
Les marchés de Noël

Unité 8
Créatrice de meubles

Unité 10
Avant j'étais timide

Unité 12
Le Boucher (short film)

Unité 14
Des poules pour l'environnement

Unité 15
Qui de nous deux (short film)

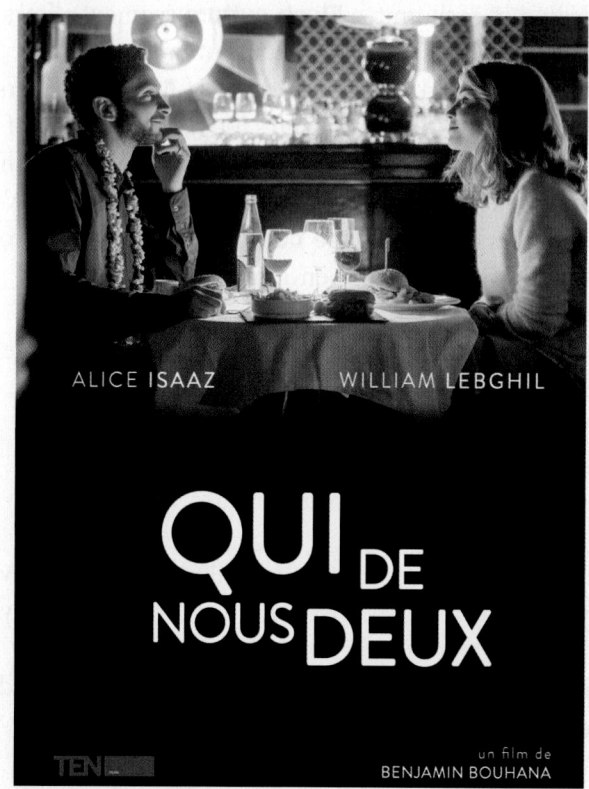

On behalf of its authors and editors, Vista Higher Learning expresses its sincere appreciation to the instructors nationwide who reviewed materials from **ESPACES**, Third Edition. Their input and suggestions were vitally helpful in forming and shaping the Fourth Edition in its final, published form.

Reviewers

Mariolina Agnolini Mousaw
The College of Saint Rose, NY

Olga Amarie
Georgia Southern University, GA

Dr. Vanessa Arnaud
California State University, Sacramento, CA

Mariana Bahtchevanova
Arizona State University, AZ

Anna Brichko
West Valley College, CA

Cary Campbell, PhD
Antioch College, OH

Gilles Colin
Muhlenberg College, PA

Dr. Dah Sansan
Southeastern University, FL

Rachele C. DeMeo
MiraCosta College, CA

Wendy E. Drought
Kennesaw State University, GA

Elizabeth Dyer
Culver-Stockton College, MO

Dr. Vicki Earnest
Calhoun Community College, AL

Eduardo A. Febles, PhD
Simmons College, MA

Dr. Carlo Ferguson-McIntyre
Truckee Meadows Community College, NV

Lisa Danielle Gonzales
Monterey Peninsula College, CA

Jennifer L. Holm
The University of Virginia's College at Wise, VA

Martha Hughes
Georgia Southern University, GA

Francis V. Ialenti
Stonehill College, MA

Edwin L. Isley, PhD
Western Carolina University, NC

E. Joe Johnson
Clayton State University, GA

Ann Kirkland
Hanover College, IN

Laurence Lambert
Sierra College, CA

John C. Lawrence
Chattanooga State Community College, TN

María José Maguire
Flagler College, FL

Mary McCullough
Samford University, AL

Heather McCoy
Pennsylvania State University, PA

C. Mennear
Wake Technical Community College, NC

Esther Mesquita
Lake Tahoe Community College, CA

Barbara Michael
Monterey Peninsula College, CA

Mihai Miroiu, PhD
Elmira College, NY

Dr. Christine Mohanty
Suffolk County Community College, NY

Claire Moisan
Grinnell College, IA

Lisa M. Noetzel, PhD
College of Coastal Georgia, GA

Maria O'Brien
University of Central Florida, FL

Dr. Philip Ojo
Agnes Scott College, GA

Helene Pafundi
Hudson Valley Community College, NY

Mary Phuong Nguyen
Greenville Technical College, SC

Julie Pomerleau
University of Central Florida, FL

Amy Sawyer
Clemson University, SC

Maryann Seeley
State University of New York Adirondack, NY

Patricia S. Seuchie
Christopher Newport University, VA

Pascale Sharpe
San Jacinto College Central, TX

Peter S. Thompson
Roger Williams University, RI

Jane E. Thornburg
San Jacinto College Central, TX

Joalyn Walker
College of Southern Nevada, NV

Dr. Lisa Wolffe
Northwestern State University, LA

Salut!

Pour commencer

- What are these young women saying?
  a. Excusez-moi.   b. Bonjour!   c. Merci.
- How many women are there in the photo?
  a. une   b. deux   c. trois
- What do you think is an appropriate title for either of these women?
  a. Monsieur   b. Madame   c. Mademoiselle

Savoir-faire

Panorama: Le monde francophone
Lecture: Read an address book.
Écriture: Write a list of important numbers and addresses.

Leçon 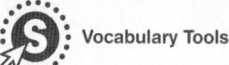 1A

You will learn how to...
- greet people in French
- say good-bye

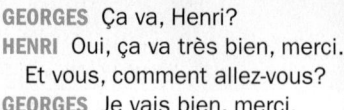
Vocabulary Tools

Ça va?

GEORGES Ça va, Henri?
HENRI Oui, ça va très bien, merci. Et vous, comment allez-vous?
GEORGES Je vais bien, merci.

PAUL Merci!
JEAN Il n'y a pas de quoi.

MARIE À plus tard, Guillaume!
GUILLAUME À tout à l'heure, Marie!

JACQUES Bonjour, Monsieur Boniface. Je vous présente Thérèse Lemaire.
M. BONIFACE Bonjour, Mademoiselle.
THÉRÈSE Enchantée.

Vocabulaire

Bonsoir.	*Good evening.; Hello.*
À bientôt.	*See you soon.*
À demain.	*See you tomorrow.*
Bonne journée!	*Have a good day!*
Au revoir.	*Good-bye.*
Comme ci, comme ça.	*So-so.*
Je vais bien/mal.	*I am doing well/badly.*
Moi aussi.	*Me too.*
Comment t'appelles-tu? (*fam.*)	*What is your name?*
Je vous/te présente... (*form./fam.*)	*I would like to introduce (name) to you.*
De rien.	*You're welcome.*
Excusez-moi. (*form.*)	*Excuse me.*
Excuse-moi. (*fam.*)	*Excuse me.*
Merci beaucoup.	*Thanks a lot.*
Pardon.	*Pardon (me).*
S'il vous/te plaît. (*form./ fam.*)	*Please.*
Je vous en prie. (*form.*)	*Please.; You're welcome.*
Monsieur (M.)	*Sir (Mr.)*
Madame (Mme)	*Ma'am (Mrs.)*
Mademoiselle (Mlle)	*Miss*
ici	*here*
là	*there*
là-bas	*over there*

Mise en pratique

Attention!

In French, people can be addressed formally or informally. Use the **tu/toi** forms with close friends or someone younger than you. Use the **vous** forms with groups, a boss, someone older than you, or someone you do not know.

1

Écoutez Listen to each of these questions or statements and select the most appropriate response.

1.	Enchanté. ☐	Je m'appelle Thérèse. ☐	
2.	Merci beaucoup. ☐	Je vous en prie. ☐	
3.	Comme ci, comme ça. ☐	De rien. ☐	
4.	Bonsoir, Madame. ☐	Moi aussi. ☐	
5.	Enchanté. ☐	Et toi? ☐	
6.	Bonjour. ☐	À demain. ☐	
7.	Pas mal. ☐	Pardon. ☐	
8.	Il n'y a pas de quoi. ☐	Moi aussi. ☐	
9.	Enchanté. ☐	Très bien. Et vous? ☐	
10.	À bientôt. ☐	Mal. ☐	

MARC Bonjour, je m'appelle Marc, et vous, comment vous appelez-vous?
ANNIE Je m'appelle Annie.
MARC Enchanté.

2

Chassez l'intrus Circle the word or expression that does not belong.

1. a. Bonjour.
   b. Bonsoir.
   c. Salut.
   d. Pardon.

2. a. Bien.
   b. Très bien.
   c. De rien.
   d. Comme ci, comme ça.

3. a. À bientôt.
   b. À demain.
   c. À tout à l'heure.
   d. Enchanté.

4. a. Comment allez-vous?
   b. Comment vous appelez-vous?
   c. Ça va?
   d. Comment vas-tu?

5. a. Pas mal.
   b. Excuse-moi.
   c. Je vous en prie.
   d. Il n'y a pas de quoi.

6. a. Comment vous appelez-vous?
   b. Je vous présente Dominique.
   c. Enchanté.
   d. Comment allez-vous?

7. a. Pas mal.
   b. Très bien.
   c. Mal.
   d. Et vous?

8. a. Comment allez-vous?
   b. Comment vous appelez-vous?
   c. Et toi?
   d. Je vous en prie.

3

Conversez Madeleine is introducing her classmate Khaled to Libby, an American exchange student. Complete their conversation, using a different expression from **CONTEXTES** in each blank.

MADELEINE (1) _____!

KHALED Salut, Madeleine. (2) _____?

MADELEINE Pas mal. (3) _____?

KHALED (4) _____, merci.

MADELEINE (5) _____ Libby. Elle est de (*She is from*) Boston.

KHALED (6) _____, Libby. (7) _____ Khaled.
(8) _____?

LIBBY (9) _____, merci.

KHALED Oh, là, là. Je vais rater (*I am going to miss*) le bus. À bientôt.

MADELEINE (10) _____.

LIBBY (11) _____.

SOPHIE Bonjour, Catherine!
CATHERINE Salut, Sophie!
SOPHIE Ça va?
CATHERINE Oui, ça va bien, merci. Et toi, comment vas-tu?
SOPHIE Pas mal.

ESPACE CONTEXTES

Communication

4 **Conversez** With a partner, complete these conversations. Then act them out.

Conversation 1 Salut! Je m'appelle François. Et toi, comment t'appelles-tu?

_____

Ça va?

_____

Conversation 2 _____

Comme ci, comme ça. Et vous?

_____

À demain, alors (_then_).

_____

Conversation 3 Bonsoir, je vous présente Mademoiselle Barnard.

_____

Enchanté(e).

_____

Très bien, merci. Et vous?

_____

5 **C'est à vous!** How would you greet these people, ask them for their names, and ask them how they are doing? With a partner, write a short dialogue for each item and act them out. Pay attention to the use of **tu** and **vous**.

1. Madame Colombier   **2. Mademoiselle Estèves**

3. Monsieur Marchand   **4. Marie, Guillaume et Geneviève**

6 **Présentations** Form groups of three. Introduce yourself, and ask your partners their names and how they are doing. Then, join another group and take turns introducing your partners.

MODÈLE

Étudiant(e) 1: _Bonjour. Je m'appelle Fatima. Et vous?_
Étudiant(e) 2: _Je m'appelle Fabienne._
Étudiant(e) 3: _Et moi, je m'appelle Antoine. Ça va?_
Étudiant(e) 1: _Ça va bien, merci. Et toi?_
Étudiant(e) 3: _Comme ci, comme ça._

Les sons et les lettres  Audio

The French alphabet

The French alphabet is made up of the same 26 letters as the English alphabet. While they look the same, some letters are pronounced differently. Here is the French name of each letter.

lettre		exemple	lettre		exemple	lettre		exemple
a	(a)	**a**dresse	j	(ji)	**j**ustice	s	(esse)	**s**pécial
b	(bé)	**b**anane	k	(ka)	**k**ilomètre	t	(té)	**t**able
c	(cé)	**c**arotte	l	(elle)	**l**ion	u	(u)	**u**nique
d	(dé)	**d**essert	m	(emme)	**m**ariage	v	(vé)	**v**idéo
e	(e)	**e**uro	n	(enne)	**n**ature	w	(double vé)	**w**agon
f	(effe)	**f**ragile	o	(o)	**o**live	x	(iks)	**x**ylophone
g	(gé)	**g**enre	p	(pé)	**p**ersonne	y	(i grec)	**y**oga
h	(hache)	**h**éritage	q	(ku)	**q**uiche	z	(zède)	**z**éro
i	(i)	**i**nnocent	r	(erre)	**r**adio			

Notice that some letters in French words have accents. You'll learn how they influence pronunciation in later lessons. Whenever you spell a word in French, include the name of the accent after the letter.

accent	nom	exemple	orthographe
´	*accent aigu*	**identité**	*I-D-E-N-T-I-T-E-accent aigu*
`	*accent grave*	**problème**	*P-R-O-B-L-E-accent grave-M-E*
^	*accent circonflexe*	**hôpital**	*H-O-accent circonflexe-P-I-T-A-L*
¨	*tréma*	**naïve**	*N-A-I-tréma-V-E*
¸	*cédille*	**ça**	*C-cédille-A*

🔊 **L'alphabet** Practice saying the French alphabet and example words aloud.

🔊 **Ça s'écrit comment?** Spell these words aloud in French. For double letters, use **deux: ss=deux s.**

1. judo
2. yacht
3. forêt
4. zèbre
5. existe
6. clown
7. numéro
8. français
9. musique
10. favorite
11. kangourou
12. parachute
13. différence
14. intelligent
15. dictionnaire
16. alphabet

🔊 **Dictons** Practice reading these sayings aloud.

> *Grande invitation, petites portions.*[1]

> *Tout est bien qui finit bien.*[2]

Lundi *Mardi*

ressources

LM

p. 2   vhlcentral

[1] Great boast, small roast.
[2] All's well that ends well.

ESPACE ROMAN-PHOTO

Au café  Video

Amina

David

Monsieur Hulot

Michèle

Rachid

Sandrine

Stéphane

Valérie

Au kiosque...

SANDRINE Bonjour, Monsieur Hulot!

M. HULOT Bonjour, Mademoiselle Aubry! Comment allez-vous?

SANDRINE Très bien, merci! Et vous?

M. HULOT Euh, ça va. Voici 45 (quarante-cinq) centimes. Bonne journée!

SANDRINE Merci, au revoir!

À la terrasse du café...

AMINA Salut!

SANDRINE Bonjour, Amina. Ça va?

AMINA Ben... ça va. Et toi?

SANDRINE Oui, je vais bien, merci.

AMINA Regarde! Voilà Rachid et... un ami?

RACHID Bonjour!

AMINA ET SANDRINE Salut!

RACHID Je vous présente un ami, David Duchesne.

SANDRINE Je m'appelle Sandrine.

DAVID Enchanté.

STÉPHANE Oh, non! Madame Richard! Le professeur de français!

DAVID Il y a un problème?

STÉPHANE Oui! L'examen de français! Présentez-vous, je vous en prie!

VALÉRIE Oh... l'examen de français! Oui, merci, merci, Madame Richard, merci beaucoup! De rien, au revoir!

ACTIVITÉS

1 Vrai ou faux? Choose whether each statement is vrai or faux.

1. Sandrine va (*is doing*) bien.
2. Sandrine et Amina sont (*are*) amies.
3. David est français.
4. David est de Washington.
5. Rachid présente son frère (*his brother*) David à Sandrine et Amina.
6. Stéphane est étudiant à l'université.
7. Il y a un problème avec l'examen de sciences politiques.
8. Amina, Rachid et Sandrine sont (*are*) à Paris.
9. Michèle est au P'tit Bistrot.
10. Madame Richard est le professeur de Stéphane.
11. Madame Forestier va mal.
12. Rachid a (*has*) cours de français dans 30 minutes.

 Practice more at **vhlcentral.com**.

Les étudiants se retrouvent (*meet*) au café.

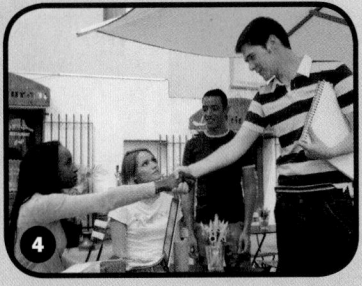

DAVID Et toi..., comment t'appelles-tu?

AMINA Je m'appelle Amina.

RACHID David est un étudiant américain. Il est de Washington, la capitale des États-Unis.

AMINA Ah, oui! Bienvenue à Aix-en-Provence.

RACHID Bon..., à tout à l'heure.

SANDRINE À bientôt, David.

À l'intérieur (inside) du café...

MICHÈLE Allô. Le P'tit Bistrot. Oui, un moment, s'il vous plaît. Madame Forestier! Le lycée de Stéphane.

VALÉRIE Allô. Oui. Bonjour, Madame Richard. Oui. Oui. Stéphane? Il y a un problème au lycée?

RACHID Bonjour, Madame Forestier. Comment allez-vous?

VALÉRIE Ah, ça va mal.

RACHID Oui? Moi, je vais bien. Je vous présente David Duchesne, étudiant américain de Washington.

DAVID Bonjour, Madame. Enchanté!

RACHID Ah, j'ai cours de sciences politiques dans 30 (trente) minutes. Au revoir, Madame Forestier. À tout à l'heure, David.

Expressions utiles

Introductions

- **David est un étudiant américain. Il est de Washington.**
  David is an American student. He's from Washington.

- **Présentez-vous, je vous en prie!**
  Introduce yourselves, please!

- **Il/Elle s'appelle...**
  His/Her name is...

- **Bienvenue à Aix-en-Provence.**
  Welcome to Aix-en-Provence.

Speaking on the telephone

- **Allô.**
  Hello.

- **Un moment, s'il vous plaît.**
  One moment, please.

Additional vocabulary

- **Regarde! Voilà Rachid et... un ami?**
  Look! There's Rachid and... a friend?

- **J'ai cours de sciences politiques dans 30 (trente) minutes.**
  I have Political Science class in thirty minutes.

- **Il y a un problème au lycée?**
  Is there a problem at the high school?

- **Il y a...**   **euh**
  There is/are...   *um*

- **Il/Elle est**   **bon**
  He/She is...   *well; good*

- **Voici...**   **centimes**
  Here's...   *cents*

- **Voilà...**
  There's...

---

2   **Complétez** Fill in the blanks with the words from the list. Refer to the video scenes as necessary.

1. _____ à Aix-en-Provence.

2. Il est de Washington, la _____ des États-Unis.

3. _____ 45 (quarante-cinq) centimes. Bonne journée!

4. J'_____ cours de sciences politiques.

5. David _____ un étudiant américain.

ai	est
bienvenue	voici
capitale	

3   **Conversez** In groups of three, write a conversation where you introduce an exchange student to a friend. Be prepared to present your conversation to the class.

A C T I V I T É S

 Reading

La poignée de main ou la bise?

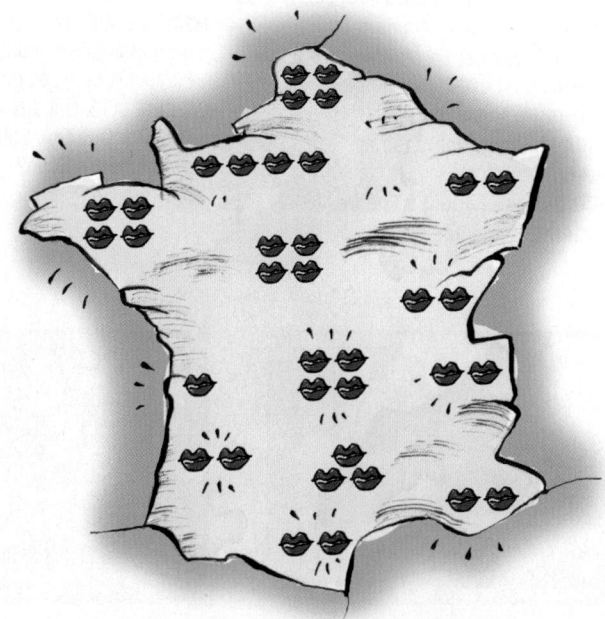

French friends and relatives usually exchange a kiss (la bise) on alternating cheeks whenever they meet and again when they say good-bye. Friends of friends may also kiss when introduced, even though they have just met. This is particularly true among students and young adults.

It is not unusual for men of the same family to exchange **la bise**; otherwise, men generally greet one another with a handshake (**la poignée de main**). As the map shows, the number of kisses varies from place to place in France. In some regions, two kisses (one on each cheek) is the standard while in others, people may exchange as many as four kisses. Whatever the number, each kiss is accompanied by a slight kissing sound.

Unless they are also friends, business acquaintances and co-workers usually shake hands each time they meet and do so again upon leaving. A French handshake is brief and firm, with a single downward motion.

Combien de *How many*

Combien de° bises?

Coup de main

If you are not sure whether you should shake hands or kiss someone, or if you don't know which side to start on, you can always follow the other person's lead. When in doubt, start on your right.

A C T I V I T É S

1 **Vrai ou faux?** Indicate whether each statement is **vrai or faux.** Correct any false statements.

1. In northwestern France, giving four kisses is common.

2. Business acquaintances usually kiss one another on the cheek.

3. French people may give someone they've just met **la bise**.

4. **Bises** exchanged between French men at a family gathering are common.

5. In a business setting, French people often shake hands when they meet each day and again when they leave.

6. When shaking hands, French people prefer a long and soft handshake.

7. The number of kisses given can vary from one region to another.

8. It is customary for kisses to be given silently.

LE FRANÇAIS QUOTIDIEN

Les salutations

À la prochaine!	*Until next time!*
À plus!	*See you later!*
Ciao!	*Bye!*
Coucou!	*Hi there!/Hey!*
Pas grand-chose.	*Nothing much.*
Quoi de neuf?	*What's new?*
Rien de nouveau.	*Nothing new.*

LE MONDE FRANCOPHONE

Les bonnes manières

In the francophone world, making an effort to speak in French is important. Respecting cultural norms and using polite expressions, such as **excusez-moi**, **s'il vous plaît**, and **merci**, goes a long way when conversing with locals.

Dos and don'ts in the francophone world:

France Always greet shopkeepers upon entering a store and say good-bye upon leaving.

Cambodia Greet others traditionally with your palms together and raised in front of you.

French Polynesia/Tahiti Shake hands with everyone in a room, unless the group is large.

Viêt-Nam Remove your hat in the presence of older people and monks to show respect.

Ivory Coast Avoid making eye contact, as it is considered rude to stare.

PORTRAIT

Aix-en-Provence: ville d'eau, ville d'art

Aix-en-Provence is a vibrant university town that welcomes international students. Its main boulevard, **le cours Mirabeau**, is great for people-watching or just relaxing at a sidewalk café. One can see many beautiful fountains, traditional and ethnic restaurants, and the daily vegetable and flower market among the winding, narrow streets of **la vieille ville** (*old town*).

Aix is also renowned for its dedication to the arts, hosting numerous cultural festivals every year such as **le Festival International d'Art Lyrique, Aix en Musique**, and **Danse à Aix**. For centuries, artists have been drawn to Provence for its natural beauty and the unique quality of light there. Paul Cézanne, artist and native son of Provence, spent his days painting the surrounding countryside.

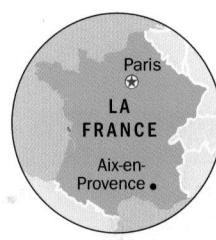

Founded in 122 BC by the Romans, Aix was once an important spa town called **Aquae Sextiae** (*The Waters of Sextius*). The city's long history is preserved in its architectural treasures, which have been carefully restored. The **Pays d'Aix** (*Aix Region*) is equally historic, housing chapels, castles, shrines, and charming hilltop villages. From the top of **la Montagne Sainte-Victoire**, hikers have an expansive view of the region's forested landscape.

ville d'eau, ville d'art *city of water, city of art*

---

2 **Les bonnes manières** In which places might these behaviors be particularly offensive?

1. making direct eye contact
2. greeting someone with a **bise** when introduced
3. wearing a hat in the presence of older people
4. failing to greet a salesperson
5. failing to greet everyone in a room

3 **À vous** With a partner, practice meeting and greeting people in French in various social situations.

1. Your good friend from Provence introduces you to her close friend.
2. You walk into your neighborhood bakery.
3. You arrive for an interview with a prospective employer.

 Practice more at **vhlcentral.com**.

ACTIVITÉS

ESPACE STRUCTURES

Nouns and articles  Tutorial

Point de départ A noun designates a person, place, or thing. As in English, nouns in French have number (singular or plural). However, French nouns also have gender (masculine or feminine).

masculine singular	masculine plural	feminine singular	feminine plural
le café	**les cafés**	**la bibliothèque**	**les bibliothèques**
the café	*the cafés*	*the library*	*the libraries*

- Nouns that designate a male are usually masculine. Nouns that designate a female are usually feminine.

masculine		feminine	
l'acteur	*the actor*	**l'actrice**	*the actress*
l'ami	*the (male) friend*	**l'amie**	*the (female) friend*
le chanteur	*the (male) singer*	**la chanteuse**	*the (female) singer*
l'étudiant	*the (male) student*	**l'étudiante**	*the (female) student*
le petit ami	*the boyfriend*	**la petite amie**	*the girlfriend*

- Some nouns can designate either a male or a female regardless of their grammatical gender; in other words, whether the word itself is masculine or feminine.

  un professeur
  a (male or female) professor

  une personne
  a (male or female) person

- Nouns for objects that have no natural gender can be either masculine or feminine.

masculine		feminine	
le bureau	*the office; desk*	**la chose**	*the thing*
le lycée	*the high school*	**la différence**	*the difference*
l'examen	*the test, exam*	**la faculté**	*the faculty*
l'objet	*the object*	**la littérature**	*literature*
l'ordinateur	*the computer*	**la sociologie**	*sociology*
le problème	*the problem*	**l'université**	*the university*

- You can usually form the plural of a noun by adding **-s**.

	singular		plural	
typical masculine noun	**l'objet**	*the object*	**les objets**	*the objects*
typical feminine noun	**la télévision**	*the television*	**les télévisions**	*the televisions*

- However, in the case of words that end in **-eau** in the singular, add **-x** to the end to form the plural. For most nouns ending in **-al**, drop the **-al** and add **-aux**.

  le bureau → les bureaux
  the office *the offices*

  l'animal → les animaux
  the animal *the animals*

 **Boîte à outils**

As you learn new nouns, study them with their corresponding articles. This will help you remember their gender.

 **Boîte à outils**

The final **-s** in the plural form of a noun is not pronounced. Therefore **ami** and **amis** sound the same. You can determine whether the word you're hearing is singular or plural by the article that comes before it.

- When you have a group composed of males and females, use the masculine plural noun to refer to it.

  les amis
  the (male and female) friends

  les étudiants
  the (male and female) students

- The English definite article *the* never varies with number or gender of the noun it modifies. However, in French the definite article takes four different forms depending on the gender and number of the noun that it accompanies: **le, la, l'** or **les**.

	singular noun beginning with a consonant		singular noun beginning with a vowel sound		plural noun	
masculine	**le tableau**	*the painting/blackboard*	**l'ami**	*the (male) friend*	**les cafés**	*the cafés*
feminine	**la librairie**	*the bookstore*	**l'université**	*the university*	**les télévisions**	*the televisions*

- In English, the singular indefinite article is *a/an*, and the plural indefinite article is *some*. In French, the singular indefinite articles are **un** and **une**, and the plural indefinite article is **des**. Unlike in English, the indefinite article **des** cannot be omitted in French.

	singular		plural	
masculine	**un instrument**	*an instrument*	**des instruments**	*(some) instruments*
feminine	**une table**	*a table*	**des tables**	*(some) tables*

  Il y a **un ordinateur** ici.
  There's a computer here.

  Il y a **des ordinateurs** ici.
  There are (some) computers here.

  Il y a **une université** ici.
  There's a university here.

  Il y a **des universités** ici.
  There are (some) universities here.

- Use **c'est** followed by a singular article and noun or **ce sont** followed by a plural article and noun to identify people and objects.

  Qu'est-ce que **c'est**?
  What is that?

  C'est une librairie.
  It's a bookstore.

  Ce sont des bureaux.
  They're offices.

Boîte à outils

In English, you sometimes omit the definite article when making general statements.

I love French.

Literature is difficult.

In French, you must always use the definite article in such cases.

J'adore le français.

La littérature est difficile.

Essayez!   **Select the correct article for each noun.**

le, la, l' ou les?

1. __le__ café
2. _____ bibliothèque
3. _____ acteur
4. _____ amie
5. _____ problèmes
6. _____ lycée
7. _____ examens
8. _____ littérature

un, une ou des?

1. __un__ bureau
2. _____ différence
3. _____ objet
4. _____ amis
5. _____ amies
6. _____ université
7. _____ ordinateur
8. _____ tableaux

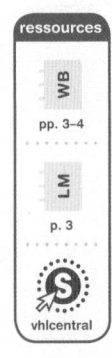

ressources

WB
pp. 3–4

LM
p. 3

vhlcentral

ESPACE **STRUCTURES**

Mise en pratique

1 **Les singuliers et les pluriels** Make the singular nouns plural, and vice versa.

1. l'actrice
2. les lycées
3. les différences
4. la chose
5. le bureau
6. le café
7. les librairies

8. la faculté
9. les acteurs
10. l'ami
11. l'université
12. les tableaux
13. le problème
14. les bibliothèques

2 **L'université** Complete the sentences with an appropriate word from the list. Don't forget to provide the missing articles.

bibliothèque	examen	ordinateurs	sociologie
bureau	faculté	petit ami	

1. À (a) _____, les tableaux et (b) _____ sont (*are*) modernes.
2. Marc, c'est (c) _____ de (*of*) Marie. Marc étudie (*studies*) la littérature.
3. Marie étudie (d) _____. Elle (*She*) est à (e) _____ de l'université.
4. Sylvie étudie pour (*for*) (f) _____ de français.

3 **Les mots** Find ten words (**mots**) hidden in this word jumble. Then, provide the corresponding indefinite articles.

G	N	I	O	R	Z	Y	M	I	P	X	L	R	W
E	B	U	R	E	A	U	X	U	J	V	C	B	N
C	A	F	B	S	M	V	B	G	H	M	N	I	P
A	N	R	Y	E	I	H	K	B	E	F	K	V	F
J	G	O	S	T	E	J	B	O	B	E	G	D	D
E	K	E	L	H	N	U	Q	R	V	F	D	B	M
G	W	F	G	E	R	E	S	D	C	N	U	H	E
P	S	V	B	C	H	O	S	I	U	K	H	S	C
U	Q	K	S	I	Y	M	F	N	A	D	O	X	R
A	B	V	Z	R	I	V	V	A	J	H	W	I	J
E	I	W	Q	L	P	W	J	T	C	P	Y	E	Y
L	I	B	R	A	I	R	I	E	D	U	E	K	L
B	D	O	I	B	S	S	E	U	C	H	L	D	Y
A	Y	P	E	P	J	C	N	R	L	S	G	T	C
T	D	G	A	E	S	Y	L	S	V	C	A	F	E
S	I	J	E	M	X	K	P	Z	A	A	S	O	E
R	I	A	R	B	I	L	A	D	S	F	H	C	W

Practice more at **vhlcentral.com**.

Communication

4   **Qu'est-ce que c'est?** In pairs, take turns identifying each image.

▶ **MODÈLE**

Étudiant(e) 1:
Qu'est-ce que c'est?

Étudiant(e) 2: *C'est
un ordinateur.*

1. _____

2. _____

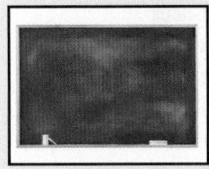

3. _____

4. _____

5. _____

6. _____

5   **Identifiez** In pairs, take turns providing a category for each item.

MODÈLE

Michigan, UCLA, Rutgers, Duke
Ce sont des universités.

1. saxophone
2. Ross, Rachel, Joey, Monica, Chandler, Phoebe
3. SAT
4. Library of Congress
5. Sharon Stone, Debra Messing, Catherine Deneuve
6. Céline Dion, Bruce Springsteen

6   **Le français** Your partner gets French words mixed up. Correct your partner
as he or she points to various people and objects in the illustration and names
them. When you're done, switch roles.

MODÈLE

Étudiant(e) 1: *C'est une personne.*

Étudiant(e) 2: *Non, c'est un objet.*

7   **Pictogrammes** In groups of four, someone draws a person, object, or concept
for the others to guess. Whoever guesses correctly draws next. Continue until
everyone has drawn at least once.

ESPACE **STRUCTURES**

1A.2

Numbers 0–60  Tutorial

Point de départ Numbers in French follow patterns, as they do in English. First, learn the numbers **0–30**. The patterns they follow will help you learn the numbers **31–60**.

Numbers 0–30		
0–10	**11–20**	**21–30**
0 zéro		
1 un	11 onze	21 vingt et un
2 deux	12 douze	22 vingt-deux
3 trois	13 treize	23 vingt-trois
4 quatre	14 quatorze	24 vingt-quatre
5 cinq	15 quinze	25 vingt-cinq
6 six	16 seize	26 vingt-six
7 sept	17 dix-sept	27 vingt-sept
8 huit	18 dix-huit	28 vingt-huit
9 neuf	19 dix-neuf	29 vingt-neuf
10 dix	20 vingt	30 trente

- When counting a series of numbers, use **un** for *one*.

  un, deux, trois, quatre...
  one, two, three, four...

- When *one* is followed by a noun, use **un** or **une** depending on whether the noun is masculine or feminine.

  un objet   **une** télévision
  an/one object   *a/one television*

- Note that the number **21** (**vingt et un**) follows a different pattern than the numbers **22–30**. When **vingt et un** precedes a feminine noun, add **-e** to the end of it: **vingt et une**.

  vingt et un objets   **vingt et une** choses
  twenty-one objects   *twenty-one things*

- Notice that the numbers **31–39**, **41–49**, and **51–59** follow the same pattern as the numbers **21–29**.

Numbers 31–60		
31–34	**35–38**	**39, 40, 50, 60**
31 trente et un	35 trente-cinq	39 trente-neuf
32 trente-deux	36 trente-six	40 quarante
33 trente-trois	37 trente-sept	50 cinquante
34 trente-quatre	38 trente-huit	60 soixante

- As with the number **21**, to indicate a count of **31**, **41**, or **51** for a feminine noun, change the **un** to **une**.

  trente et **un** objets   trente et **une** choses
  thirty-one objects   *thirty-one things*

  cinquante et **un** objets   cinquante et **une** choses
  fifty-one objects   *fifty-one things*

- Use **il y a** to say *there is* or *there are* in French. This expression doesn't change, even if the noun that follows it is plural.

Il y a un ordinateur dans le bureau.
There is a computer in the office.

Il y a des tables dans le café.
There are tables in the café.

Il y a une table dans le café.
There is one table in the café.

Il y a dix-huit objets sur le bureau.
There are eighteen objects on the desk.

Il y a deux amies.

Il y a trois étudiants.

- In most cases, the indefinite article (**un, une,** or **des**) is used with **il y a**, rather than the definite article (**le, la, l',** or **les**).

Il y a un professeur de biologie américain.
There's an American biology professor.

Il y a des étudiants français et anglais.
There are French and English students.

- Use the expression **il n'y a pas de/d'** followed by a noun to express *there isn't a...* or *there aren't any....* Note that no article (definite or indefinite) is used in this case. Use **de** before a consonant sound and **d'** before a vowel sound.

before a consonant

before a vowel sound

Il n'y a pas de tables dans le café.
There aren't any tables in the café.

Il n'y a pas d'ordinateur dans le bureau.
There isn't a computer in the office.

- Use **combien de/d'** to ask how many of something there are.

Il y a **combien de tables**?
How many tables are there?

Il y a **combien d'ordinateurs**?
How many computers are there?

Il y a **combien de librairies**?
How many bookstores are there?

Il y a **combien d'étudiants**?
How many students are there?

Essayez!   Write out or say the French word for each number below.

1. 15 ___quinze___
2. 6 _____
3. 22 _____
4. 5 _____
5. 12 _____

6. 8 _____
7. 30 _____
8. 21 _____
9. 1 _____
10. 17 _____

11. 44 _____
12. 14 _____
13. 38 _____
14. 56 _____
15. 19 _____

ressources

WB
pp. 5–6

LM
p. 4

S
vhlcentral

ESPACE **STRUCTURES**

Mise en pratique

1 **Logique** Provide the number that completes each series. Then, write out the number in French.

> **MODÈLE**
>
> 2, 4, ___6___, 8, 10; ___six___

1. 9, 12, _____, 18, 21; _____
2. 15, 20, _____, 30, 35; _____
3. 2, 9, _____, 23, 30; _____
4. 0, 10, 20, _____, 40; _____
5. 15, _____, 19, 21, 23; _____
6. 29, 26, _____, 20, 17; _____
7. 2, 5, 9, _____, 20, 27; _____
8. 30, 22, 16, 12, _____; _____

2 **Il y a combien de...?** Provide the number that you associate with these pairs of words.

> **MODÈLE**
>
> lettres: l'alphabet *vingt-six*

1. mois (*months*): année (*year*)
2. états (*states*): USA
3. semaines (*weeks*): année
4. jours (*days*): octobre
5. âge: le vote
6. Noël: décembre

3 **Numéros de téléphone** Your roommate left behind a list of phone numbers to call today. Now he or she calls you and asks you to read them off. (Note that French phone numbers are read as double, not single, digits.)

> **MODÈLE**
>
> *Le bureau, c'est le zéro un, vingt-trois, quarante-cinq, vingt-six, dix-neuf.*

1. *bureau: 01.23.45.26.19*

2. *bibliothèque: 01.47.15.54.17*

3. *café: 01.41.38.16.29*

4. *librairie: 01.10.13.60.23*

5. *faculté: 01.58.36.14.12*

Practice more at **vhlcentral.com.**

Communication

4 **Contradiction** Thierry is describing the new Internet café in the neighborhood, but Paul is in a bad mood and contradicts everything he says. In pairs, act out the roles using words from the list. Be sure to pay attention to whether the word is singular (use **un/une**) or plural (use **des**).

MODÈLE

Étudiant(e) 1: *Dans (In) le café, il y a des tables.*
Étudiant(e) 2: *Non, il n'y a pas de tables.*

actrices	professeurs
bureau	tableau
étudiants	tables
ordinateur	télévision

5 **Sur le campus** Nathalie's inquisitive best friend wants to know everything about her new campus. In pairs, take turns acting out the roles.

MODÈLE

bibliothèques: 3
Étudiant(e) 1: *Il y a combien de bibliothèques?*
Étudiant(e) 2: *Il y a trois bibliothèques.*

1. professeurs de littérature: 22
2. étudiants dans (in) la classe de français: 15
3. télévision dans la classe de sociologie: 0
4. ordinateurs dans le café: 8
5. employés dans la librairie: 51
6. tables dans le café: 21
7. tableaux dans la bibliothèque: 47
8. personne dans le bureau: 1

6 **Choses et personnes** In groups of three, make a list of ten things or people that you see or don't see in the classroom. Use **il y a** and **il n'y a pas de**, and specify the number of items you can find. Then, compare your list with that of another group.

MODÈLE

Étudiant(e) 1: *Il y a un étudiant français.*
Étudiant(e) 2: *Il n'y a pas de télévision.*
Étudiant(e) 3: *Il y a...*

Révision

1 Des lettres In pairs, take turns choosing nouns. One partner chooses only masculine nouns, while the other chooses only feminine. Slowly spell each noun for your partner, who will guess the word. Find out who can give the quickest answers.

2 Le pendu In groups of four, play hangman (**le pendu**). Form two teams of two partners each. Take turns choosing a French word or expression you learned in this lesson for the other team to guess. Continue to play until your team guesses at least one word or expression from each category.

1. un nom féminin
2. un nom masculin
3. un nombre entre (*number between*) 0 et 30
4. un nombre entre 31 et 60
5. une expression

3 C'est... Ce sont... Doug is spending a week in Paris with his French e-mail pal, Marc. As Doug points out what he sees, Marc corrects him sometimes. In pairs, act out the roles. Doug should be right half the time.

MODÈLE
Étudiant(e) 1: *C'est une bibliothèque?*
Étudiant(e) 2: *Non, c'est une librairie.*

1. _____

2. _____

3. _____

4. _____

5. _____

6. _____

4 Les présentations In pairs, introduce yourselves. Together, meet another pair. One person per pair should introduce him or herself and his or her partner. Use the items from the list in your conversations. Switch roles until you have met all of the other pairs in the class.

ami	étudiant
c'est	petit(e) ami(e)
ce sont	professeur

5 S'il te plaît You are new on campus and ask another student for help finding these places. He or she gives you the building (**le bâtiment**) and room (**la salle**) number and you thank him or her. Then, switch roles and repeat with another place from the list.

MODÈLE
Étudiant(e) 1: *Pardon... l'examen de sociologie, s'il te plaît?*
Étudiant(e) 2: *Ah oui... le bâtiment E, la salle dix-sept.*
Étudiant(e) 1: *Merci beaucoup!*
Étudiant(e) 2: *De rien.*

Bibliothèque d'anglais	Bâtiment C Salle 11
Bureau de Mme Girard	Bâtiment A Salle 35
Bureau de M. Brachet	Bâtiment J Salle 42
Café	Bâtiment H Salle 59
Littérature française	Bâtiment B Salle 46
Examen de littérature	Bâtiment E Salle 24
Examen de sociologie	Bâtiment E Salle 17
Salle de télévision	Bâtiment F Salle 33
Salle des ordinateurs	Bâtiment D Salle 40

6 Mots mélangés You and a partner each have half the words of a wordsearch (**des mots mélangés**). Pick a number and a letter and say them to your partner, who must tell you if he or she has a letter in the corresponding space. Do not look at each other's worksheets.

Flash CULTURE

Salut!

Hôtesse: Csilla

Meet Csilla. In this episode she visits a French city and shows us different ways of greeting people. You will see people greet one another by kissing or shaking hands and saying **Salut!**, **Bonjour!**, and **Ça va?** At the end of the video, you will see how they say good-bye with a kiss or handshake and by saying **À bientôt!**

Avant de regarder Before watching the video, discuss these questions in pairs.

1. How do you greet people in your country?
2. How do you say goodbye?

Ces deux garçons se serrent la main pour se dire bonjour.

Ces deux filles se font la bise pour se saluer.

Compréhension Use the **Vocabulaire utile** to answer the questions.

1. What are the different gestures for greeting someone in France?
2. How do women generally greet each other?
3. How do men generally greet each other?
4. What does one often say after **bonjour** or **salut**?

Discussion In groups of three, discuss these questions. Use as much French as you can.

1. Are the ways of greeting people in France similar to or different from those in your country?
2. How do you usually greet your friends? And your parents?

Vocabulaire utile

Salut!	Hi!
se faire la bise	to kiss on one or both cheeks
se serrer la main	to shake hands
À bientôt!	See you soon!

ressources

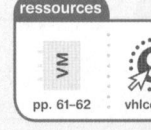

VM
pp. 61–62   vhlcentral

Practice more at **vhlcentral.com**.

Leçon **1B**

You will learn how to...

- identify yourself and others
- talk about items in the classroom

 **Vocabulary Tools**

En classe

une horloge

un crayon

un sac à dos

une fenêtre

un livre

un cahier

un dictionnaire

un stylo

une feuille de papier

une corbeille à papier

Vocabulaire

Qui est-ce?	*Who is it?*
Quoi?	*What?*
une calculatrice	*calculator*
une montre	*watch*
une porte	*door*
un résultat	*result*
une salle de classe	*classroom*
un(e) camarade de chambre	*roommate*
un(e) camarade de classe	*classmate*
une classe	*class (group of students)*
un copain/ une copine (*fam.*)	*friend*
un(e) élève	*pupil, student*
une femme	*woman*
une fille	*girl*
un garçon	*boy*
un homme	*man*

ressources

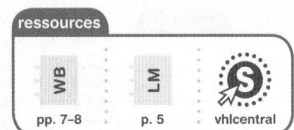

WB pp. 7–8 | LM p. 5 | vhlcentral

Mise en pratique

1 **Écoutez** Listen to Madame Arnaud as she describes her French classroom, then check the items she mentions.

1. une porte ☐
2. un professeur ☐
3. une feuille de papier ☐
4. un dictionnaire ☐
5. une carte ☐
6. vingt-quatre cahiers ☐
7. une calculatrice ☐
8. vingt-sept chaises ☐
9. une corbeille à papier ☐
10. un stylo ☐

2 **Chassez l'intrus** Circle the word that does not belong.

1. étudiants, élèves, professeur
2. un stylo, un crayon, un cahier
3. un livre, un dictionnaire, un stylo
4. un homme, un crayon, un garçon
5. une copine, une carte, une femme
6. une porte, une fenêtre, une chaise
7. une chaise, un professeur, une fenêtre
8. un crayon, une feuille de papier, un cahier
9. une calculatrice, une montre, une copine
10. une fille, un sac à dos, un garçon

3 **C'est...** Work with a partner to identify the items you see in the image.

MODÈLE

Étudiant(e) 1: *Qu'est-ce que c'est?*
Étudiant(e) 2: *C'est un tableau.*

1. _____
2. _____
3. _____
4. _____
5. _____
6. _____
7. _____
8. _____
9. _____
10. _____
11. _____
12. _____

une carte

une chaise

FRANCE

Communication

4 **Qu'est-ce qu'il y a dans mon sac à dos?** Make a list of six different items that you have in your backpack, then work with a partner to compare your answers.

Dans mon (*my*) sac à dos, il y a

1. _____
2. _____
3. _____
4. _____
5. _____
6. _____

Dans le sac à dos de ___*nom*___, il y a

1. _____
2. _____
3. _____
4. _____
5. _____
6. _____

5 **Qu'est-ce que c'est?** Point to eight different items around the classroom and ask a classmate to identify them. Write your partner's responses in the spaces provided below.

> **MODÈLE**
> **Étudiant(e) 1:** *Qu'est-ce que c'est?*
> **Étudiant(e) 2:** *C'est un stylo.*

1. _____
2. _____
3. _____
4. _____

5. _____
6. _____
7. _____
8. _____

6 **Sept différences** Your instructor will give you and a partner two different drawings of a classroom. Do not look at each other's worksheets. Find seven differences between your picture and your partner's by asking each other questions and describing what you see.

> **MODÈLE**
> **Étudiant(e) 1:** *Il y a une fenêtre dans ma (my) salle de classe.*
> **Étudiant(e) 2:** *Oh! Il n'y a pas de fenêtre dans ma salle de classe.*

7 **Pictogrammes** As a class, play pictionary.

- Take turns going to the board and drawing words you learned on pp. 20–21.
- The person drawing may not speak and may not write any letters or numbers.
- The person who guesses correctly in French what the **grand(e) artiste** is drawing will go next.
- Your instructor will time each turn and tell you if your time runs out.

Les sons et les lettres  Audio

Silent letters

Final consonants of French words are usually silent.

françai~~s~~ **spor~~t~~** **vou~~s~~** **salu~~t~~**

An unaccented **-e** (or **-es**) at the end of a word is silent, but the preceding consonant *is* pronounced.

français~~e~~ **américain~~e~~** **orang~~es~~** **japonais~~es~~**

The consonants **-c**, **-r**, **-f**, and **-l** are usually pronounced at the ends of words. To remember these exceptions, think of the consonants in the word **c**a**r**e**f**u**l**.

parc	bonjour	actif	animal
lac	professeur	naïf	mal

Prononcez Practice saying these words aloud.

1. traditionnel
2. étudiante
3. généreuse
4. téléphones
5. chocolat
6. Monsieur
7. journalistes
8. hôtel
9. sac
10. concert
11. timide
12. sénégalais
13. objet
14. normal
15. importante

Articulez Practice saying these sentences aloud.

1. Au revoir, Paul. À plus tard!
2. Je vais très bien. Et vous, Monsieur Dubois?
3. Qu'est-ce que c'est? C'est une calculatrice.
4. Il y a un ordinateur, une table et une chaise.
5. Frédéric et Chantal, je vous présente Michel et Éric.
6. Voici un sac à dos, des crayons et des feuilles de papier.

Dictons Practice reading these sayings aloud.

> Aussitôt dit, aussitôt fait.[2]

> Mieux vaut tard que jamais.[1]

[2] No sooner said than done.
[1] Better late than never.

ressources

LM
p. 6

vhlcentral

Les copains  Video

PERSONNAGES

Amina

David

Michèle

Stéphane

Touriste

Valérie

À la terrasse du café...
VALÉRIE Alors, un croissant, une crêpe et trois cafés.
TOURISTE Merci, Madame.
VALÉRIE Ah, vous êtes... américain?
TOURISTE Um, non, je suis anglais. Il est canadien et elle est italienne.
VALÉRIE Moi, je suis française.

À l'intérieur du café...
VALÉRIE Stéphane!!!
STÉPHANE Quoi?! Qu'est-ce que c'est?
VALÉRIE Qu'est-ce que c'est! Qu'est-ce que c'est! Une feuille de papier! C'est l'examen de maths! Qu'est-ce que c'est?
STÉPHANE Oui, euh, les maths, c'est difficile.

VALÉRIE Stéphane, tu es intelligent, mais tu n'es pas brillant! En classe, on fait attention au professeur, au cahier et au livre! Pas aux fenêtres. Et. Pas. Aux. Filles!
STÉPHANE Oh, oh, ça va!!

À la table d'Amina et de David...
DAVID Et Rachid, mon colocataire? Comment est-il?
AMINA Il est agréable et très poli... plutôt réservé mais c'est un étudiant brillant. Il est d'origine algérienne.

DAVID Et toi, Amina. Tu es de quelle origine?
AMINA D'origine sénégalaise.
DAVID Et Sandrine?

AMINA Sandrine? Elle est française.
DAVID Mais non... Comment est-elle?
AMINA Bon, elle est chanteuse, alors elle est un peu égoïste. Mais elle est très sociable. Et charmante. Mais attention! Elle est avec Pascal.
DAVID Pfft, Pascal, Pascal...

ACTIVITÉS

1 **Identifiez** Indicate which character would make each statement: Amina (**A**), David (**D**), Michèle (**M**), Sandrine (**S**), Stéphane (**St**), or Valérie (**V**).

1. Les maths, c'est difficile.
2. En classe, on fait attention au professeur!
3. Michèle, les trois cafés sont pour les trois touristes.
4. Ah, Madame, du calme!
5. Ma mère est très impatiente!
6. J'ai (*I have*) de la famille au Sénégal.
7. Je suis une grande chanteuse!
8. Mon colocataire est très poli et intelligent.
9. Pfft, Pascal, Pascal...
10. Attention, David! Sandrine est avec Pascal.

 Practice more at **vhlcentral.com**.

Amina, David et Stéphane passent la matinée (*spend the morning*) au café.

Au bar...

VALÉRIE Le croissant, c'est pour l'Anglais, et la crêpe, c'est pour l'Italienne.

MICHÈLE Mais, Madame. Ça va? Qu'est-ce qu'il y a?

VALÉRIE Ben, c'est Stéphane. Des résultats d'examens, des professeurs... des problèmes!

MICHÈLE Ah, Madame, du calme! Je suis optimiste. C'est un garçon intelligent. Et vous, êtes-vous une femme patiente?

VALÉRIE Oui... oui, je suis patiente. Mais le Canadien, l'Anglais et l'Italienne sont impatients. Allez! Vite!

VALÉRIE Alors, ça va bien?

AMINA Ah, oui, merci.

DAVID Amina est une fille élégante et sincère.

VALÉRIE Oui! Elle est charmante.

DAVID Et Rachid, comment est-il?

VALÉRIE Oh! Rachid! C'est un ange! Il est intelligent, poli et modeste. Un excellent camarade de chambre.

DAVID Et Sandrine? Comment est-elle?

VALÉRIE Sandrine?! Oh, là, là. Non, non, non. Elle est avec Pascal.

Expressions utiles

Describing people

- **Vous êtes/Tu es américain?**
  You're American?
- **Je suis anglais. Il est canadien et elle est italienne.**
  I'm English. He's Canadian, and she's Italian.
- **Et Rachid, mon colocataire? Comment est-il?**
  And Rachid, my roommate (in an apartment)? What's he like?
- **Il est agréable et très poli... plutôt réservé mais c'est un étudiant brillant.**
  He's nice and very polite... rather reserved, but a brilliant student.
- **Tu es de quelle origine?**
  (Of) What heritage are you?
- **Je suis d'origine algérienne/sénégalaise.**
  I'm of Algerian/Senegalese heritage.
- **Elle est avec Pascal.**
  She's with (dating) Pascal.
- **Rachid! C'est un ange!**
  Rachid! He's an angel!

Asking questions

- **Ça va? Qu'est-ce qu'il y a?**
  Are you OK? What is it?/What's wrong?

Additional vocabulary

- **Ah, Madame, du calme!**
  Oh, ma'am, calm down!
- **On fait attention à...**
  One pays attention to...
- **Mais attention!** • **alors**
  But watch out!   *so*
- **Allez! Vite!** • **mais**
  Go! Quickly!   *but*
- **Mais non...** • **un peu**
  Of course not...   *a little*

---

2 **Complétez** Use words from the list to describe these people in French. Refer to the video scenes and a dictionary as necessary.

1. Michèle always looks on the bright side. _____

2. Rachid gets great grades. _____

3. Amina is very honest. _____

4. Sandrine thinks about herself a lot. _____

5. Sandrine has a lot of friends. _____

égoïste
intelligent
optimiste
sincère
sociable

3 **Conversez** In pairs, choose the words from this list you would use to describe yourselves. What personality traits do you have in common? Be prepared to share your answers with the class.

brillant	modeste
charmant	optimiste
égoïste	patient
élégant	sincère
intelligent	sociable

ressources

VM | S vhlcentral

pp. 3–4

A C T I V I T É S

 Reading

Qu'est-ce qu'un Français typique?

What is your idea of a typical Frenchman?
Do you picture a man wearing a **béret**? How about French women? Are they all fashionable and stylish? Do you picture what is shown in these photos? While real French people fitting one aspect or another of these cultural stereotypes do exist, rarely do you find individuals who fit all aspects.

France is a multicultural society with no single, national ethnicity. While the majority of French people are of Celtic or Latin descent, France has significant North and West African (e.g., Algeria, Morocco, Senegal) and Indo-Chinese (e.g., Vietnam, Laos, Cambodia) populations as well. Long a **terre d'accueil°**, France today has over eleven million foreigners and immigrants. Even as France has maintained a strong concept of its culture through the preservation of its language, history, and traditions, French culture has been enriched by the contributions of its immigrant populations. Each region of the country also has its own traditions, folklore, and, often, its own language. Regional languages, such as Provençal, Breton, and Basque, are still spoken in some areas, but the official language is, of course, French.

terre d'accueil *a land welcoming of newcomers*

Immigrants in France, by country of birth

COUNTRY NAME	NUMBER OF PEOPLE
Other European countries	811,421
Algeria	748,034
Morocco	692,923
Sub-Saharan Africa	655,460
Portugal	599,333
Other Asian countries	447,149
Italy	292,592
Spain	245,077
Turkey	248,159
Tunisia	251,220
Cambodia, Laos, Vietnam	127,641
UK	152,786

ACTIVITÉS

1 Vrai ou faux? Indicate whether each statement is **vrai** or **faux**. Correct any false statements.

1. Cultural stereotypes are generally true for most people in France.
2. People in France no longer speak regional languages.
3. Many immigrants from North Africa live in France.
4. More immigrants in France come from Portugal than from Morocco.
5. Algerians and Moroccans represent the largest immigrant populations in France.
6. Immigrant cultures have little impact on French culture.
7. Because of immigration, France is losing its cultural identity.
8. French culture differs from region to region.
9. Most French people are of Anglo-Saxon heritage.
10. For many years, France has received immigrants from many countries.

LE FRANÇAIS QUOTIDIEN

Les gens

ado (*m./f.*)	*adolescent, teen*
bonhomme (*m.*)	*fellow*
gars (*m.*)	*guy*
mec (*m.*)	*guy*
minette (*f.*)	*young woman, sweetie*
nana (*f.*)	*young woman, girl*
pote (*m.*)	*buddy*
type (*m.*)	*guy*

LE MONDE FRANCOPHONE

Les langues

Many francophone countries are multilingual, some with several official languages.

Switzerland German, French, Italian, and Romansh are all official languages. German is spoken by about 64% of the population and French by about 23%. Italian and Romansh speakers together account for about 8% of the country's population.

Belgium There are three official languages: French, Dutch, and German. Wallon, the local variety of French, is used by one-third of the population. Flemish, spoken primarily in the north, is used by roughly two-thirds of Belgians.

Morocco Classical Arabic is the official language, but most people speak the Moroccan dialect of Arabic. Berber is spoken by about 15 million people, and French remains Morocco's unofficial third language.

PORTRAIT

Superdupont

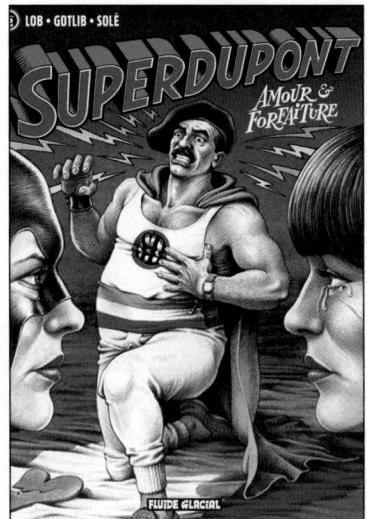

Superdupont is an ultra-French superhero in a popular comic strip parodying French nationalism. The protector of all things French, he battles the secret enemy organization **Anti-France**, whose agents speak **anti-français**, a mixture of English, Spanish, Italian, Russian, and German. *Superdupont* embodies just about every French stereotype imaginable. For example, the name Dupont, much like Smith in the United States, is extremely common in France. In addition to his **béret** and moustache, he wears a blue, white, and red belt around his waist representing **le drapeau français** (*the French flag*). Typically, he is overweight and has a red nose—signs that he appreciates rich French food and wine. Sometimes, on his arm is **un coq** (*a rooster*), the national symbol of France. The Latin word for rooster (*gallus*) also means "inhabitant of Gaul," as France used to be called.

MUSIQUE À FOND

Stromae

Birthdate: March 12, 1985
Birthplace: Brussels, Belgium
Occupation: composer-singer

Awards:
2016 D6Bels Music Awards: Concert of the year

His songs address current topics with humor and irony. His real name is Paul Van Haver.

Go to **vhlcentral.com** to find out more about **Stromae** and his music.

---

2 **Complétez** Provide responses to these questions.

1. France is often symbolized by this bird: _____.
2. _____ are the colors of the French flag.
3. France was once named _____.
4. There are _____ official languages in Switzerland.
5. In Belgium, _____ is spoken by 60% of the population.

3 **Et les Américains?** What might a comic-book character based on a "typical American" be like? With a partner, brainstorm a list of stereotypes to create a profile for such a character. Compare the profile you create with your classmates'. Do they fairly represent Americans? Why or why not?

ressources
vhlcentral

ACTIVITÉS

Subject pronouns and the verb *être*

Tutorial

Point de départ In French, as in English, the subject of a verb is the person or thing that carries out the action. The verb expresses the action itself.

SUBJECT ⟷ VERB

Le professeur **parle français.**
The professor *speaks French.*

Subject pronouns

- Subject pronouns replace a noun that is the subject of a verb.

SUBJECT PRONOUN ⟷ VERB

Il **parle français.**
He *speaks French.*

French subject pronouns				
	singular		**plural**	
first person	**je**	*I*	**nous**	*we*
second person	**tu**	*you*	**vous**	*you*
third person	**il**	*he/it (masc.)*	**ils**	*they (masc.)*
	elle	*she/it (fem.)*	**elles**	*they (fem.)*
	on	*one*		

- Subject pronouns in French show number (singular vs. plural) and gender (masculine vs. feminine). When a subject consists of both males and females, use the masculine form of the pronoun to replace it.

Rémy et Marie dansent très bien.
Ils dansent très bien.
They dance very well.

M. et Mme Diop sont de Dakar.
Ils sont de Dakar.
They are from Dakar.

- Use **tu** for informal address and **vous** for formal. **Vous** is also the plural form of *you*, both informal and formal.

Comment vas-**tu**?
How's it going?

Comment allez-**vous**?
How are you?

Comment t'appelles-**tu**?
What's your name?

Comment vous appelez-**vous**?
What is/What are your name(s)?

- The subject pronoun **on** refers to people in general, just as the English subject pronouns *one, they,* or *you* sometimes do. **On** can also mean *we* in a casual style. **On** always takes the same verb form as **il** and **elle**.

En France, **on** parle français.
In France, they speak French.

On est au café.
We are at the coffee shop.

The verb *être*

- **Être** (*to be*) is an irregular verb; its conjugation (set of forms for different subjects) does not follow a pattern. The form **être** is called the infinitive; it does not correspond to any particular subject.

être (to be)			
je suis	*I am*	**nous sommes**	*we are*
tu es	*you are*	**vous êtes**	*you are*
il/elle est	*he/she/it is*	**ils/elles sont**	*they are*
on est	*one is*		

- Note that the **-s** of the subject pronoun **vous** is pronounced as an English *z* in the phrase **vous êtes**.

  Vous êtes à Paris.
  You are in Paris.

  Vous êtes M. Leclerc? Enchantée.
  Are you Mr. Leclerc? Pleased to meet you.

C'est and *il/elle est*

- Use **c'est** or its plural form **ce sont** plus a noun to identify who or what someone or something is. Remember to use an article before the noun.

C'est un téléphone.
That's a phone.

Ce sont des photos.
Those are pictures.

- When the expressions **c'est** and **ce sont** are followed by proper names, don't use an article before the names.

C'est Amina.
That's Amina.

Ce sont Amélie et Anne.
That's Amélie and Anne.

- Use **il/elle est** and **ils/elles sont** to refer to someone or something previously mentioned.

  La bibliothèque? **Elle est** moderne.
  The library? It's modern.

  Nathalie et Félix? **Ils sont** intelligents.
  Nathalie and Félix? They are intelligent.

- Use the phrases **il/elle est** and **ils/elles sont** to tell someone's profession. Note that in French, you do not use the article before the profession.

  Voilà M. Richard. **Il est** acteur.
  There's Mr. Richard. He's an actor.

  Elles sont chanteuses.
  They are singers.

 Boîte à outils

Use **c'est** or **ce sont** instead of **il/elle est** and **ils/elles sont** when you have an adjective qualifying the noun that follows:

C'est un professeur intelligent.
He is an intelligent professor.

Ce sont des actrices élégantes.
Those are elegant actresses.

Essayez! **Fill in the blanks with the correct forms of the verb être.**

1. Je _____suis_____ ici.
2. Ils _____ intelligents.
3. Tu _____ étudiante.
4. Nous _____ à Québec.
5. Vous _____ Mme Lacroix?
6. Marie _____ chanteuse.

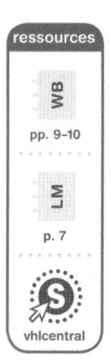

ressources

WB
pp. 9–10

LM
p. 7

S
vhlcentral

ESPACE **STRUCTURES**

Mise en pratique

1 **Pascal répète** Pascal repeats everything his older sister Odile says. Give his response after each statement, using subject pronouns.

MODÈLE

Chantal est étudiante.
Elle est étudiante.

1. Les professeurs sont en Tunisie.
2. Mon (*My*) petit ami Charles n'est pas ici.
3. Moi, je suis chanteuse.
4. Nadège et moi, nous sommes à l'université.
5. Tu es un ami.
6. L'ordinateur est dans (*in*) la chambre.
7. Claude et Charles sont là.
8. Lucien et toi (*you*), vous êtes copains.

2 **Où sont-ils?** Thérèse wants to know where all her friends are. Tell her by completing the sentences with the appropriate subject pronouns and the correct forms of **être**.

MODÈLE

Sylvie / au café
Elle est au café.

1. Georges / à la faculté de médecine
2. Marie et moi / dans (*in*) la salle de classe
3. Christine et Anne / à la bibliothèque
4. Richard et Vincent / là-bas
5. Véronique, Marc et Anne / à la librairie
6. Jeanne / au bureau
7. Hugo et Isabelle / au lycée
8. Martin / au bureau

3 **Identifiez** Describe these photos using **c'est, ce sont, il/elle est,** or **ils/elles sont.**

1. _____ un acteur.

2. _____ ici.

3. _____ copines.

4. _____ chanteuse.

5. _____ là.

6. _____ des montres.

Practice more at **vhlcentral.com.**

Communication

4 **Assemblez** In pairs, take turns using the verb **être** to combine elements from both columns. Talk about yourselves and people you know.

A	B
Singulier:	
Je	agréable
Tu	d'origine française
Mon (*My*, masc.) prof	difficile
Mon/Ma (*My*, fem.)	étudiant(e)
camarade de chambre	sincère
Mon cours	sociable
_____	_____
Pluriel:	
Nous	agréables
Mes (*My*) profs	copains/copines
Mes camarades de	difficiles
chambre	étudiant(e)s
Mes cours	sincères

5 **Qui est-ce?** In pairs, identify who or what is in each picture. If possible, use **il/elle est** or **ils/elles sont** to add something else about each person or place.

▶ **MODÈLE**

C'est Céline Dion. Elle est chanteuse.

1. _____

2. _____

3. _____

4. _____

5. _____

6. _____

6 **On est comment?** In pairs, take turns describing these famous people using the phrases **C'est, Ce sont, Il/Elle est,** or **Ils/Elles sont** and words from the box. You can also use negative phrases to describe them.

professeur(s)	actrice(s)	chanteuse(s)
chanteur(s)	adorable(s)	élégant(e)
pessimiste(s)	timide(s)	acteur(s)

1. Justin Bieber
2. Rihanna et Gwen Stefani
3. Barack Obama
4. Johnny Depp
5. Lucille Ball et Desi Arnaz
6. Meryl Streep

7 **Enchanté** You and your roommate are in a campus bookstore. You run into one of his or her classmates, whom you've never met. In a brief conversation, introduce yourselves, ask how you are, and say something about yourselves using a form of **être**.

1B.2

Adjective agreement  Tutorial

Point de départ Adjectives are words that describe people, places, and things. In French, adjectives are often used with the verb **être** to point out the qualities of nouns or pronouns.

*Le cours est **difficile**.*

*Je suis **optimiste**.*

- Many adjectives in French are cognates; that is, they have the same or similar spellings and meanings in French and English.

Cognate descriptive adjectives			
agréable	*pleasant*	**intelligent(e)**	*intelligent*
amusant(e)	*fun*	**intéressant(e)**	*interesting*
brillant(e)	*brilliant*	**occupé(e)**	*busy*
charmant(e)	*charming*	**optimiste**	*optimistic*
désagréable	*unpleasant*	**patient(e)**	*patient*
différent(e)	*different*	**pessimiste**	*pessimistic*
difficile	*difficult*	**poli(e)**	*polite*
égoïste	*selfish*	**réservé(e)**	*reserved*
élégant(e)	*elegant*	**sincère**	*sincere*
impatient(e)	*impatient*	**sociable**	*sociable*
important(e)	*important*	**sympathique (sympa)**	*nice*
indépendant(e)	*independent*		
		timide	*shy*

- In French, most adjectives agree in number and gender with the nouns they describe. Most adjectives form the feminine by adding a silent **-e** (no accent) to the end of the masculine form. Adding a silent **-s** to the end of masculine and feminine forms gives you the plural forms of both.

	masculine	feminine
singular	*patient*	*patiente*
plural	*patients*	*patientes*

Henri est **élégant.** **Claire et Lise** sont **élégantes.**
Henri is elegant. *Claire and Lise are elegant.*

- If the masculine form of the adjective already ends in an unaccented **-e**, do not add another one for the feminine form.

MASCULINE SINGULAR NO CHANGE FEMININE SINGULAR
optimiste ⟷ **optimiste**

- French adjectives are usually placed after the noun they modify when they don't directly follow a form of **être**.

  Ce sont des **étudiantes brillantes.**
  They're brilliant students.

  Bernard est un homme **agréable et poli.**
  Bernard is a pleasant and polite man.

- Here are some adjectives of nationality. Note that the **-n** of adjectives that end in **-ien** doubles before the final **-e** of the feminine form: **algérienne, canadienne, italienne, vietnamienne.**

Adjectives of nationality			
algérien(ne)	*Algerian*	**japonais(e)**	*Japanese*
allemand(e)	*German*	**marocain(e)**	*Moroccan*
anglais(e)	*English*	**martiniquais(e)**	*from Martinique*
américain(e)	*American*	**mexicain(e)**	*Mexican*
canadien(ne)	*Canadian*	**québécois(e)**	*from Quebec*
espagnol(e)	*Spanish*	**sénégalais(e)**	*Senegalese*
français(e)	*French*	**suisse**	*Swiss*
italien(ne)	*Italian*	**vietnamien(ne)**	*Vietnamese*

- The first letter of adjectives of nationality is not capitalized.

Il est américain.

Elle est française.

- An adjective whose masculine singular form already ends in **-s** keeps the identical form in the masculine plural.

  Pierre est **un ami sénégalais.**
  Pierre is a Senegalese friend.

  Pierre et Yves sont **des amis sénégalais.**
  Pierre and Yves are Senegalese friends.

- To ask someone's nationality or heritage, use **Quelle est ta/votre nationalité?** or **Tu es/Vous êtes de quelle origine?**

  Quelle est votre nationalité?
  What is your nationality?

  Je suis de nationalité canadienne.
  I'm Canadian.

  Tu es de quelle origine?
  What is your heritage?

  Je suis d'origine italienne.
  I'm of Italian heritage.

Essayez! Write in the correct forms of the adjectives.

1. Marc est ___timide___ (timide).
2. Ils sont _____ (anglais).
3. Elle adore la littérature _____ (français).
4. Ce sont des actrices _____ (suisse).
5. Marie n'est pas _____ (mexicain).
6. Les actrices sont _____ (impatient).

7. Elles sont _____ (réservé).
8. Il y a des universités _____ (important).
9. Christelle est _____ (amusant).
10. Les étudiants sont _____ (poli) en cours.
11. Mme Castillion est très _____ (occupé).
12. Luc et moi, nous sommes _____ (sincère).

ressources

WB
pp. 11–12

LM
p. 8

vhlcentral

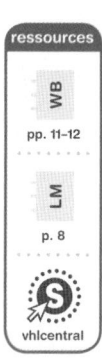

ESPACE STRUCTURES

Mise en pratique

1 **Nous aussi!** Jean-Paul is bragging about himself, but his younger sisters Stéphanie and Gisèle believe they possess the same attributes. Provide their responses.

MODÈLE

Je suis amusant.
Nous aussi, nous sommes amusantes.

1. Je suis intelligent. _____
2. Je suis sincère. _____
3. Je suis élégant. _____
4. Je suis patient. _____
5. Je suis sociable. _____
6. Je suis poli. _____
7. Je suis charmant. _____
8. Je suis optimiste. _____

2 **Les nationalités** You are with a group of students from all over the world. Indicate their nationalities according to the cities they come from.

MODÈLE

Monique est de (*from*) Paris.
Elle est française.

1. Les amies Fumiko et Keiko sont de Tokyo.
2. Hans est de Berlin.
3. Juan et Pablo sont de Guadalajara.
4. Wendy est de Londres.
5. Jared est de San Francisco.
6. Francesca est de Rome.
7. Aboud et Moustafa sont de Casablanca.
8. Jean-Pierre et Mario sont de Québec.

3 **Voilà Mme...** Your parents are having a party and you point out different people to your friend. Use one of the adjectives you just learned each time.

MODÈLE

Voilà M. Duval. Il est sénégalais.
C'est un ami.

M. Duval   M. Forestier
Catherine et Jeanne   Georges et Denise   Mme Malbon

Practice more at **vhlcentral.com**.

Communication

4

Interview You are looking for a roommate and interview someone to see what he or she is like. In pairs, play both roles. Are you compatible roommates?

MODÈLE

pessimiste
Étudiant(e) 1: *Tu es pessimiste?*
Étudiant(e) 2: *Non, je suis optimiste.*

1. impatient
2. modeste
3. timide
4. sincère
5. égoïste
6. sociable
7. indépendant
8. amusant

5

Ils sont comment? In pairs, take turns describing each item below. Tell your partner whether you agree (**C'est vrai**) or disagree (**C'est faux**) with the descriptions.

MODÈLE

Johnny Depp
Étudiant(e) 1: *C'est un acteur désagréable.*
Étudiant(e) 2: *C'est faux. Il est charmant.*

1. Beyoncé et Céline Dion
2. les étudiants de Harvard
3. Usher
4. la classe de français
5. le président des États-Unis (*United States*)
6. Tom Hanks et Gérard Depardieu
7. le prof de français
8. Steven Spielberg
9. notre (*our*) université
10. Kate Winslet et Julia Roberts

6

Au café You and two classmates are talking about your new bosses (**patrons**), each of whom is very different from the other two. In groups of three, create a dialogue in which you greet one another and describe your bosses.

Révision

1 **Festival francophone** With a partner, choose two characters from the list and act out a conversation between them. The people are meeting for the first time at a francophone festival. Then, change characters and repeat.

Angélique,
Sénégal

Abdel,
Algérie

Laurent,
Martinique

Sylvain,
Suisse

Hélène,
Canada

Daniel,
France

Mai,
Viêt-Nam

Nora,
Maroc

2 **Tu ou vous?** How would the conversations between the characters in **Activité 1** differ if they were all 19-year-old students at a university orientation? Write out what you would have said differently. Then, exchange papers with a new partner and make corrections. Return the paper to your partner and act out the conversation using a different character from last time.

3 **En commun** In pairs, tell your partner the name of a friend. Use adjectives to say what you both (**tous les deux**) have in common. Then, share with the class what you learned about your partner and his or her friend.

MODÈLE

Charles est un ami. Nous sommes tous les deux amusants.
Nous sommes patients aussi.

4 **Comment es-tu?** Your instructor will give you a worksheet. Survey as many classmates as possible to ask if they would use the adjectives listed to describe themselves. Then, decide which two students in the class are most similar.

MODÈLE

Étudiant(e) 1: *Tu es timide?*
Étudiant(e) 2: *Non. Je suis sociable.*

Adjectifs	Nom
1. timide	Éric
2. impatient (e)	
3. optimiste	
4. réservé (e)	
5. charmant (e)	
6. poli (e)	
7. agréable	
8. amusant (e)	

5 **Mes camarades de classe** Write a brief description of the students in your French class. What are their names? What are their personalities like? What is their heritage? Use all the French you have learned so far. Your paragraph should be at least eight sentences long. Remember, be complimentary!

6 **Les descriptions** Your instructor will give you one set of drawings of eight people and a different set to your partner. Each person in your drawings has something in common with a person in your partner's drawings. Find out what it is without looking at your partner's sheet.

MODÈLE

Étudiant(e) 1: *Jean est à la bibliothèque.*
Étudiant(e) 2: *Gina est à la bibliothèque.*
Étudiant(e) 1: *Jean et Gina sont à la bibliothèque.*

À l'écoute

Audio:
Activities

Listening for words you know

You can get the gist of a conversation by listening for words and phrases you already know.

To help you practice this strategy, listen to this sentence and make a list of the words you have already learned.

_____ _____

_____ _____

Préparation

Look at the photograph. Where are these people? What are they doing? In your opinion, do they know one another? Why or why not? What do you think they're talking about?

À vous d'écouter

As you listen, circle the items you associate with Hervé and those you associate with Laure and Lucas.

HERVÉ	LAURE ET LUCAS
la littérature	le café
l'examen	la littérature
le bureau	la sociologie
le café	la librairie
la bibliothèque	le lycée
la librairie	l'examen
le tableau	l'université

Compréhension

Vrai ou faux? Based on the conversation you heard, indicate whether each of the following statements is **vrai** or **faux**.

	Vrai	Faux
1. Lucas and Hervé are good friends.	☐	☐
2. Hervé is preparing for an exam.	☐	☐
3. Laure and Lucas know each other from school.	☐	☐
4. Hervé is on his way to the library.	☐	☐
5. Lucas and Laure are going to a café.	☐	☐
6. Lucas studies literature.	☐	☐
7. Laure is in high school.	☐	☐
8. Laure is not feeling well today.	☐	☐

Présentations It's your turn to get to know your classmates. Using the conversation you heard as a model, select a partner you do not know and introduce yourself to him or her in French. Follow the steps below.

- Greet your partner.
- Find out his or her name.
- Ask how he or she is doing.
- Introduce your partner to another student.
- Say good-bye.

Practice more at **vhlcentral.com**.

Panorama

Le monde francophone

Les pays en chiffres°

Organisation internationale de la Francophonie

▶ **Nombre de pays° où le français est langue° officielle:** 29

▶ **Nombre de pays où le français est parlé°:** plus de° 60

▶ **Nombre de francophones dans le monde°:** 274.000.000 (deux cent soixante-quatorze millions)

SOURCE: Organisation internationale de la Francophonie

Les pays francophones

▶ **Amérique du Nord:** Canada (La Province de Québec), Haïti

▶ **Europe:** France, Belgique, Luxembourg, Monaco, Suisse

▶ **Afrique:** Maroc, Algérie, Tunisie, Bénin, Burkina-Faso, Côte-d'Ivoire, Guinée, Mali, Mauritanie, Niger, Sénégal, Togo, Burundi, Cameroun, Congo, Gabon, République centrafricaine, République démocratique du Congo (RDC), Rwanda, Tchad, Madagascar

▶ **Asie:** Laos, Viêt-Nam, Cambodge

▶ **Océanie:** Îles Australes, Îles de la Société, Îles Gambier, Îles Marquises, Îles Tuamotu

▶ **Les départements et régions d'outre-mer:** Guadeloupe, Guyane française, Martinique, Mayotte, La Réunion

Francophones célèbres

▶ **René Magritte,** Belgique, peintre° (1898–1967)

▶ **Jean Reno,** Maroc, acteur (1948–)

▶ **Céline Dion,** Québec, chanteuse° (1968–)

▶  **Marie-José Pérec,** Guadeloupe, coureuse° olympique (1968–)

chiffres numbers **pays** countries **langue** language **parlé** spoken **plus de** more than **monde** world **peintre** painter **chanteuse** singer **coureuse** runner **sur** on **comme** such as **l'OTAN** NATO **Jeux** Games **deuxième** second **enseignée** taught **Heiva** an annual Tahitian festival

Heiva°, Papeete, Tahiti

L'AMÉRIQUE DU NORD

L'EUROPE
LA FRANCE

L'OCÉAN ATLANTIQUE

L'ASIE

L'AFRIQUE

L'OCÉAN PACIFIQUE

L'AMÉRIQUE DU SUD

L'OCÉAN INDIEN

PAYS FRANCOPHONES EN ASIE

LE LAOS

LE CAMBODGE

L'OCÉAN INDIEN

LE VIÊT-NAM

la mosquée de la plage d'Ouakam, Dakar, Sénégal

| 0 | 3,000 miles |
| 0 | 3,000 kilomètres |

▮ Pays et régions francophones

Incroyable mais vrai!

La langue française est une des rares langues à être parlées sur° cinq continents. C'est aussi la langue officielle de beaucoup d'organisations internationales comme° l'OTAN°, les Nations unies, l'Union européenne, et aussi des Jeux° Olympiques! Le français est la deuxième° langue enseignée° dans le monde, après l'anglais.

La société

Le français au Québec

Au Québec, province du Canada, le français est la langue officielle, parlée par° 82% (quatre-vingt-deux pour cent) de la population. Les Québécois, pour° préserver l'usage de la langue, ont° une loi° qui oblige l'affichage° en français dans les lieux° publics. Le français est aussi la langue co-officielle du Canada: les employés du gouvernement doivent° être bilingues.

Les gens

Les francophones d'Algérie

Depuis° 1830 (mille huit cent trente), date de l'acquisition de l'Algérie par la France, l'influence culturelle française y° est très importante. À présent ancienne° colonie, l'Algérie est un des plus grands° pays francophones au monde. L'arabe est la langue officielle, mais le français est la deuxième langue parlée et est compris° par la majorité de la population algérienne.

Les destinations

La Louisiane

Ce territoire au sud° des États-Unis a été nommé° «Louisiane» en l'honneur du Roi° de France Louis XIV. En 1803 (mille huit cent trois), Napoléon Bonaparte vend° la colonie aux États-Unis pour 15 millions de dollars, pour empêcher° son acquisition par les Britanniques. Aujourd'hui° en Louisiane, 200.000 (deux cent mille) personnes parlent° le français cajun. La Louisiane est connue° pour sa° cuisine cajun, comme° le jambalaya, ici sur° la photo avec le chef Paul Prudhomme, qui était très célèbre pour ses livres de cuisine cajun et qui est mort en 2015.

Les traditions

La Journée internationale de la Francophonie

Chaque année°, l'Organisation internationale de la Francophonie (O.I.F.) coordonne la Journée internationale de la Francophonie. Dans plus de° 100 (cent) pays et sur cinq continents, on célèbre la langue française et la diversité culturelle francophone avec des festivals de musique, de gastronomie, de théâtre, de danse et de cinéma. Le rôle principal de l'O.I.F. est la promotion de la langue française et la défense de la diversité culturelle et linguistique du monde francophone.

LE POUVOIR DES MOTS

Journée internationale de la Francophonie 20 mars 2016

Libres ensemble Respect Solidarité Diversité

www.20mars.francophonie.org

ORGANISATION INTERNATIONALE DE la francophonie

Qu'est-ce que vous avez appris? Complete the sentences.

1. _____ est un peintre belge.
2. _____ de personnes parlent français dans le monde.
3. _____ est responsable de la promotion de la diversité culturelle francophone.
4. Les employés du gouvernement du Canada parlent _____.
5. En Algérie, la langue officielle est _____.

6. Une majorité d'Algériens comprend (*understands*) _____.
7. Le nom «Louisiane» vient du (*comes from the*) nom de _____.
8. Plus de 100 pays célèbrent _____.
9. Le français est parlé sur _____ continents.
10. En 1803, Napoléon Bonaparte vend _____ aux États-Unis.

Sur Internet

Go to **vhlcentral.com** to find more cultural information related to this **Panorama**.

1. Les États-Unis célèbrent la Journée internationale de la Francophonie. Faites (*Make*) une liste de trois événements (*events*) et dites (*say*) où ils ont lieu (*take place*).

2. Trouvez des informations sur un(e) chanteur/chanteuse francophone célèbre aux États-Unis. Citez (*Cite*) trois titres de chanson (*song titles*).

parlée par *spoken by* **pour** *in order to* **ont** *have* **loi** *law* **affichage** *posting* **lieux** *places* **doivent** *must* **Depuis** *Since* **y** *there* **ancienne** *former* **un des plus grands** *one of the largest* **compris** *understood* **au sud** *in the South* **a été nommé** *was named* **Roi** *King* **vend** *sells* **empêcher** *to prevent* **Aujourd'hui** *Today* **parlent** *speak* **connue** *known* **sa** *its* **comme** *such as* **sur** *in* **Chaque année** *Each year* **Dans plus de** *In more than*

Lecture  Audio: Reading

Avant la lecture

STRATÉGIE

Recognizing cognates

Cognates are words that share similar meanings and spellings in two or more languages. When reading in French, it's helpful to look for cognates and use them to guess the meaning of what you're reading. However, watch out for false cognates. For example, **librairie** means *bookstore*, not *library*, and **coin** means *corner*, not *coin*. Look at this list of French words. Can you guess the meaning of each word?

important	banque
pharmacie	culture
intelligent	actif
dentiste	sociologie
décision	fantastique
télévision	restaurant
médecine	police

Examinez le texte

Briefly look at the document. What kind of information is listed? In what order is it listed? Where do you usually find such information? Can you guess what this document is?

Mots apparentés

Read the list of cognates in the **Stratégie** box again. How many cognates can you find in the reading selection? Are there additional cognates in the reading? Which ones? Can you guess their English equivalents?

Devinez

In addition to using cognates and words you already know, you can also use context to guess the meaning of words you do not know. Find the following words in the reading selection and try to guess what they mean. Compare your answers with those of a classmate.

horaires	lundi	ouvert	soirs	tous

Carnet d'adresses

Carnet d'adresses

Recherche ▶

A B C D E F G H I J K L M

☑ **DAMERY Jean-Claude**
dentiste
✉ 18, rue des Lilas   02 38 23 45 46
45000 Orléans

☐ **Café de la Poste**
Ouvert° tous les jours°, de 7h00° à 22h00
✉ 25, place de la Poste   02 38 27 18 00
45000 Orléans

☐ **Librairie Balzac**
Horaires: 9h00–12h00 et 14h00–18h00
✉ 18, route de Lorient   02 38 18 60 36
45000 Orléans

☐ **DANTEC Pierre-Henri**
médecin généraliste
✉ 23, rue du Lac   02 38 47 34 20
45000 Orléans

☑ **Banque du Centre**
Ouvert de 9h00 à 17h00 du lundi° au vendredi°
✉ 17, boulevard Giroud   02 38 58 35 00
45000 Orléans

☐ Dîner vendredi 8h00
Restaurant du Chat qui dort

Après la lecture

Où aller? Tell where each of these people should go based on what they need or want to do.

Camille's daughter is starting high school.
Lycée Molière

1. Mrs. Leroy needs to deposit her paycheck.
   _____

2. Laurent would like to take his girlfriend out for a special dinner.
   _____

3. Marc has a toothache.
   _____

4. Céleste would like to go see a play tonight.
   _____

5. Pauline's computer is broken.
   _____

6. Mr. Duchemin needs to buy some aspirin for his son.
   _____

7. Jean-Marie needs a book on French history but he doesn't want to buy one.
   _____

8. Noémie thinks she has the flu.
   _____

9. Mr. and Mrs. Prudhomme want to go out for breakfast this morning.
   _____

10. Jonathan wants to buy a new book for his sister's birthday.
    _____

Notre annuaire With a classmate, select three of the listings from the reading and use them as models to create similar listings in French advertising places or services in your area.

Restaurant du Chat qui dort
Ouvert tous les soirs pour le dîner
Horaires: 19h00 à 23h00
29, avenue des Rosiers
45000 Orléans
02 38 45 35 08

Always Good Eats Restaurant
Ouvert tous les jours
Horaires: 6h00 à 19h00
1250 9th Avenue
San Diego, CA 92108
224-0932

11:29 AM ?

Contacts | Éditer

P Q R S T U V W X Y Z

☐ **Messier et fils°**
Réparations ordinateurs et télévisions
✉ 56, boulevard Henri IV   02 38 44 42 59
45000 Orléans

☐ **Théâtre de la Comédie**
✉ 11, place de la Comédie   02 38 45 32 11
45000 Orléans

☐ **Pharmacie Vidal**
✉ 45, rue des Acacias   02 38 13 57 53
45000 Orléans

☐ **Restaurant du Chat qui dort°**
Ouvert tous les soirs pour le dîner / Horaires: 19h00 à 23h00
✉ 29, avenue des Rosiers   02 38 45 35 08
45000 Orléans

☑ **Bibliothèque municipale**
✉ Place de la gare   02 38 56 43 22
45000 Orléans

☑ **Lycée Molière**
✉ 15, rue Molière   02 38 29 23 04
45000 Orléans

Ouvert *Open* **tous les jours** *every day* **7h00 (sept heures)** *7:00* **lundi** *Monday*
vendredi *Friday* **fils** *son(s)* **Chat qui dort** *Sleeping cat*

Écriture

Writing in French

Why do we write? All writing has a purpose. For example, we may write a poem to reveal our innermost feelings, a letter to impart information, or an essay to persuade others to accept a point of view. Proficient writers are not born, however. Writing requires time, thought, effort, and a lot of practice. Here are some tips to help you write more effectively in French.

DO

▶ **Write your ideas in French.**

▶ **Make an outline of your ideas.**

▶ **Decide what the purpose of your writing will be.**

▶ **Use the grammar and vocabulary that you know.**

▶ **Use your textbook for examples of style, format, and expressions in French.**

▶ **Use your imagination and creativity to make your writing more interesting.**

▶ **Put yourself in your reader's place to determine if your writing is interesting.**

DON'T

▶ **Translate your ideas from English to French.**

▶ **Repeat what is in the textbook or on a web page.**

▶ **Use a bilingual dictionary until you have learned how to use one effectively.**

Thème

Faites une liste!

Avant l'écriture

1. Imagine that several students from a French-speaking country will be spending a year at your school. You've been asked to put together a list of people and places that might be useful and of interest to them. Your list should include:

   ■ Your name, address, phone number(s) (home and/or cell), and e-mail address

   ■ The names of four other students in your French class, their addresses, phone numbers, and e-mail addresses

   ■ Your French teacher's name, office and/or cell phone number(s), e-mail address, as well as his or her office hours

   ■ Your school library's phone number and hours

   ■ The names, addresses, and phone numbers of three places near your school where students like to go

2. Write down the names of the classmates you want to include.

3. Interview your classmates and your teacher to find out the information you need to include. Use the following questions and write down their responses.

Informal	Formal
Comment t'appelles-tu?	Comment vous appelez-vous?
Quel est ton numéro de téléphone?	Quel est votre numéro de téléphone?
Quelle est ton adresse e-mail?	Quelle est votre adresse e-mail?

4. Think of three places in your community that a group of students from a French-speaking country would enjoy visiting. They could be a library, a bookstore, a coffee shop, a restaurant, a theater, or a park. Find out their e-mail addresses, telephone numbers, and URLs and write them down.

5. Go online and do a search for two websites that promote your town or area's history, culture, and attractions. Write down their URLs.

Écriture

Write your complete list, making sure it includes all the relevant information. It should include at least five people (with their phone numbers and e-mail addresses), four places (with phone numbers and e-mail addresses), and two websites (with URLs). Avoid using a dictionary and just write what you can in French.

Après l'écriture

1. Exchange your list with a partner's. Comment on his or her work by answering these questions.

- Did your partner include the correct number of people, places, and websites?

- Did your partner include the pertinent information for each?

NOM: _Madame Smith (professeur de français)_ ☎

ADRESSE: _McNeil University_ ✉

NUMÉRO DE TÉLÉPHONE: _645-3458 (bureau)_
NUMÉRO DE PORTABLE: _919-0040_
ADRESSE E-MAIL: _absmith@yahoo.com_
NOTES: _Heures de bureau: 8h00–9h00_

NOM: _Skate World_
ADRESSE: _8970 McNeil Road_

NUMÉRO DE TÉLÉPHONE: _658-0349_
NUMÉRO DE PORTABLE: _–_
ADRESSE E-MAIL: _skate@skateworld.com_
NOTES: _—_

2. Edit your partner's work, pointing out any spelling or content errors. Notice the use of these editing symbols:

- ℐ delete
- ∧ insert letter or word(s) written in margin
- | replace letter or word(s) with one(s) in margin
- ≡ change to uppercase
- / change to lowercase
- ∿ transpose indicated letters or words

Now look at this model of what an edited draft looks like:

o   Nm: Sally Wagner
      ∧
é   Téléphone: 655–8888
      |
     Aⅾresse e-mail: sally@uru.edu

     Nom: Madame Nancy smith
                          ≡
Téléphone: ᵥ655–8090
             ∧
     Adresse e-mail: nsmith@uru.edu

3. Revise your list according to your partner's comments and corrections. After writing the final version, read it one more time to eliminate these kinds of problems:

- spelling errors
- punctuation errors
- capitalization errors
- use of incorrect verb forms
- use of incorrect adjective agreement
- use of incorrect definite and indefinite articles

 Vocabulary Tools

Leçon 1A

Le campus

une bibliothèque *library*
un café *café*
une faculté *university; faculty*
une librairie *bookstore*
un lycée *high school*
une université *university*
une différence *difference*
un examen *exam, test*
la littérature *literature*
un problème *problem*
la sociologie *sociology*
un bureau *desk; office*
un ordinateur *computer*
une table *table*
un tableau *blackboard; painting*
la télévision *television*
une chose *thing*
un instrument *instrument*
un objet *object*

Les personnes

un(e) ami(e) *friend*
un(e) étudiant(e) *student*
un(e) petit(e) ami(e) *boyfriend/ girlfriend*
une personne *person*
un acteur/une actrice *actor*
un chanteur/une chanteuse *singer*
un professeur *teacher, professor*

Les présentations

Comment vous appelez-vous? (*form.*) *What is your name?*
Comment t'appelles-tu? (*fam.*) *What is your name?*
Enchanté(e). *Delighted.*
Et vous/toi? (*form./fam.*) *And you?*
Je m'appelle... *My name is...*
Je vous/te présente... (*form./fam.*) *I would like to introduce (name) to you.*

Identifier

c'est/ce sont *it's/they are*
Combien...? *How much/many...?*
ici *here*
là *there*
là-bas *over there*
Il y a... *There is/are...*
Qu'est-ce que c'est? *What is it?*
voici *here is/are*
voilà *there is/are*

Bonjour et au revoir

À bientôt. *See you soon.*
À demain. *See you tomorrow.*
À plus tard. *See you later.*
À tout à l'heure. *See you later.*
Au revoir. *Good-bye.*
Bonne journée! *Have a good day!*
Bonjour. *Good morning.; Hello.*
Bonsoir. *Good evening.; Hello.*
Salut! *Hi!; Bye!*

Comment ça va?

Ça va? *What's up?; How are things?*
Comment allez-vous? (*form.*) *How are you?*
Comment vas-tu? (*fam.*) *How are you?*
Comme ci, comme ça. *So-so.*
Je vais bien/mal. *I am doing well/ badly.*
Moi aussi. *Me too.*
Pas mal. *Not badly.*
Très bien. *Very well.*

Expressions de politesse

De rien. *You're welcome.*
Excusez-moi. (*form.*) *Excuse me.*
Excuse-moi. (*fam.*) *Excuse me.*
Il n'y a pas de quoi. *It's nothing ; You're welcome.*
Je vous en prie. (*form.*) *Please.; You're welcome.*
Merci beaucoup. *Thank you very much.*
Monsieur (M.) *Sir (Mr.)*
Madame (Mme) *Ma'am (Mrs.)*
Mademoiselle (Mlle) *Miss*
Pardon. *Pardon (me).*
S'il vous/te plaît. (*form./fam.*) *Please.*

Expressions utiles

See p. 7.

Numbers 0–60

See p. 14.

Leçon 1B

Le campus

une salle de classe *classroom*
un dictionnaire *dictionary*
un livre *book*
un résultat *result*
une carte *map*
une chaise *chair*
une fenêtre *window*
une horloge *clock*
une porte *door*
un cahier *notebook*
une calculatrice *calculator*
une corbeille (à papier) *wastebasket*
un crayon *pencil*
une feuille de papier *sheet of paper*
une montre *watch*
un sac à dos *backpack*
un stylo *pen*

Les personnes

un(e) camarade de chambre *roommate*
un(e) camarade de classe *classmate*
une classe *class (group of students)*
un copain/une copine (*fam.*) *friend*
un(e) élève *pupil, student*
une femme *woman*
une fille *girl*
un garçon *boy*
un homme *man*

Identifier

Qui est-ce? *Who is it?*
Quoi? *What?*

Expressions utiles

See p. 25.

Subject pronouns

je *I*
tu *you*
il *he/it (masc.)*
elle *she/it (fem.)*
on *one*
nous *we*
vous *you*
ils *they (masc.)*
elles *they (fem.)*

Être

je suis *I am*
tu es *you are*
il/elle est *he/she/it is*
on est *one is*
nous sommes *we are*
vous êtes *you are*
ils/elles sont *they are*

Descriptive adjectives

agréable *pleasant*
amusant(e) *fun*
brillant(e) *brilliant*
charmant(e) *charming*
désagréable *unpleasant*
différent(e) *different*
difficile *difficult*
égoïste *selfish*
élégant(e) *elegant*
impatient(e) *impatient*
important(e) *important*
indépendant(e) *independent*
intelligent(e) *intelligent*
intéressant(e) *interesting*
occupé(e) *busy*
optimiste *optimistic*
patient(e) *patient*
pessimiste *pessimistic*
poli(e) *polite*
réservé(e) *reserved*
sincère *sincere*
sociable *sociable*
sympathique (sympa) *nice*
timide *shy*

Adjectives of nationality

algérien(ne) *Algerian*
allemand(e) *German*
américain(e) *American*
anglais(e) *English*
canadien(ne) *Canadian*
espagnol(e) *Spanish*
français(e) *French*
italien(ne) *Italian*
japonais(e) *Japanese*
marocain(e) *Moroccan*
martiniquais(e) *from Martinique*
mexicain(e) *Mexican*
québécois(e) *from Quebec*
sénégalais(e) *Senegalese*
suisse *Swiss*
vietnamien(ne) *Vietnamese*

À la fac

Pour commencer

- What object is on the table?
  a. une montre   b. un stylo   c. un tableau
- What is Rachid looking at?
  a. un cahier   b. un ordinateur   c. un livre
- How does Rachid look in this photo?
  a. intelligent   b. sociable   c. égoïste
- Which word describes what he is doing?
  a. arriver   b. voyager   c. étudier

Savoir-faire

Leçon 2A

You will learn how to...

- talk about your classes
- ask questions and express negation

Vocabulary Tools

Les cours

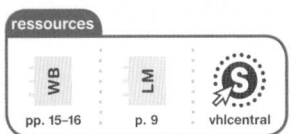

Vocabulaire

J'aime bien...	I like...
Je n'aime pas tellement...	I don't like... very much
être reçu(e) à un examen	to pass an exam
l'art (*m.*)	art
la chimie	chemistry
le droit	law
l'éducation physique (*f.*)	physical education
la géographie	geography
la gestion	business administration
les lettres (*f.*)	humanities
la philosophie	philosophy
les sciences (politiques/ po) (*f.*)	(political) science
une bourse	scholarship, grant
un cours	class, course
un devoir; les devoirs	homework
un diplôme	diploma, degree
l'école (*f.*)	school
les études (supérieures) (*f.*)	(higher) education; studies
le gymnase	gymnasium
une note	grade
un restaurant universitaire (un resto U)	university cafeteria
difficile	difficult
facile	easy
inutile	useless
utile	useful
surtout	especially; above all

ressources

WB	LM	S
pp. 15–16	p. 9	vhlcentral

la biologie

l'architecture (*f.*)

Je déteste la physique! (détester)

J'adore le stylisme de mode! (adorer)

le stylisme de mode

la physique

les mathématiques (*f.*)

l'informatique (*f.*)

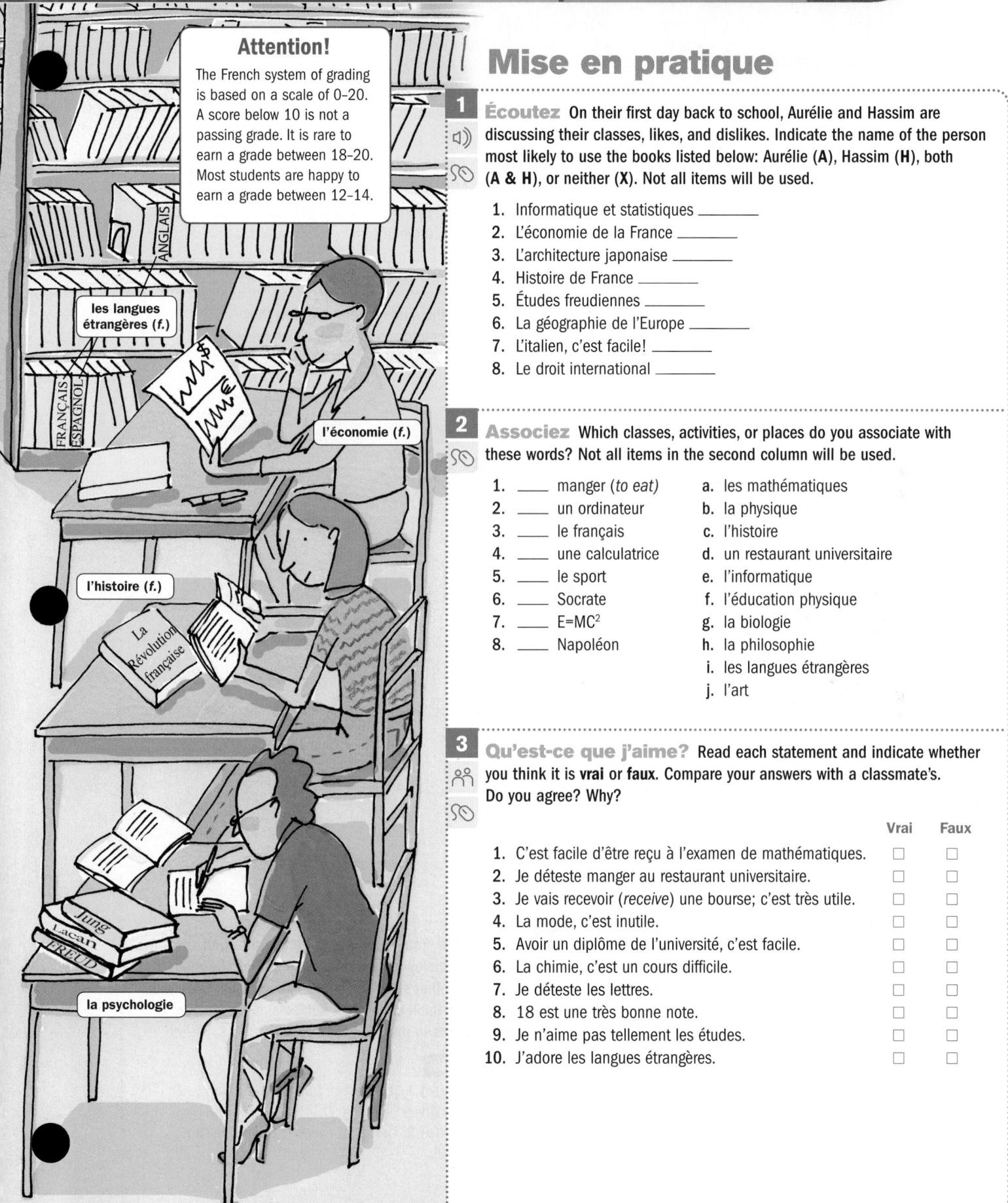

Attention!

The French system of grading is based on a scale of 0–20. A score below 10 is not a passing grade. It is rare to earn a grade between 18–20. Most students are happy to earn a grade between 12–14.

les langues étrangères (f.)

ANGLAIS

FRANÇAIS ESPAGNOL

l'économie (f.)

l'histoire (f.)

La Révolution française

Jung
Lacan
FREUD

la psychologie

Mise en pratique

1 Écoutez On their first day back to school, Aurélie and Hassim are discussing their classes, likes, and dislikes. Indicate the name of the person most likely to use the books listed below: Aurélie (**A**), Hassim (**H**), both (**A & H**), or neither (**X**). Not all items will be used.

1. Informatique et statistiques _____
2. L'économie de la France _____
3. L'architecture japonaise _____
4. Histoire de France _____
5. Études freudiennes _____
6. La géographie de l'Europe _____
7. L'italien, c'est facile! _____
8. Le droit international _____

2 Associez Which classes, activities, or places do you associate with these words? Not all items in the second column will be used.

1. _____ manger (*to eat*)   a. les mathématiques
2. _____ un ordinateur   b. la physique
3. _____ le français   c. l'histoire
4. _____ une calculatrice   d. un restaurant universitaire
5. _____ le sport   e. l'informatique
6. _____ Socrate   f. l'éducation physique
7. _____ E=MC²   g. la biologie
8. _____ Napoléon   h. la philosophie
                                     i. les langues étrangères
                                     j. l'art

3 Qu'est-ce que j'aime? Read each statement and indicate whether you think it is **vrai** or **faux**. Compare your answers with a classmate's. Do you agree? Why?

	Vrai	Faux
1. C'est facile d'être reçu à l'examen de mathématiques.	☐	☐
2. Je déteste manger au restaurant universitaire.	☐	☐
3. Je vais recevoir (*receive*) une bourse; c'est très utile.	☐	☐
4. La mode, c'est inutile.	☐	☐
5. Avoir un diplôme de l'université, c'est facile.	☐	☐
6. La chimie, c'est un cours difficile.	☐	☐
7. Je déteste les lettres.	☐	☐
8. 18 est une très bonne note.	☐	☐
9. Je n'aime pas tellement les études.	☐	☐
10. J'adore les langues étrangères.	☐	☐

Communication

4 **Conversez** In pairs, fill in the blanks according to your own situations. Then, act out the conversation for the class.

Étudiant(e) A: _____, comment ça va?

Étudiant(e) B: _____. Et toi?

Étudiant(e) A: _____, merci.

Étudiant(e) B: Est-ce que tu aimes le cours de _____?

Étudiant(e) A: J'adore le cours de _____.

Étudiant(e) B: Moi aussi. Tu aimes _____?

Étudiant(e) A: Non, j'aime mieux (*better*) _____.

Étudiant(e) B: Bon, à bientôt.

Étudiant(e) A: À _____.

5 **Qu'est-ce que c'est?** Write a caption for each image, stating where the students are and how they feel about their classes. Then, work with a partner, taking turns to read your captions and guess which image he or she is referring to.

MODÈLE
C'est le cours de français.
Le français, c'est facile.

Nietzsche, philosophe allemand…

1. _____

2. _____

3. _____

4. _____
_____

5. _____

6. _____
_____

6 **Vous êtes...** Imagine what subjects these celebrities liked and disliked as students. In pairs, take turns playing the role of each one and guessing the answer.

MODÈLE

Étudiant(e) 1: *J'aime la physique et la chimie, mais je n'aime pas tellement les cours d'économie.*
Étudiant(e) 2: *Vous êtes Albert Einstein!*

- Albert Einstein
- Louis Pasteur
- Barack Obama
- Bill Clinton
- Christian Dior
- Le docteur Phil
- Bill Gates
- Frank Lloyd Wright

7 **Sondage** Your instructor will give you a worksheet to conduct a survey (**un sondage**). Go around the room to find people that study the subjects listed. Ask what your classmates think about their subjects. Keep a record of their answers to discuss with the class.

MODÈLE

Étudiant(e) 1: *Jean, est-ce que tu étudies (do you study) le droit?*
Étudiant(e) 2: *Oui. J'aime bien le droit. C'est un cours utile.*

Les sons et les lettres  Audio

Liaisons

In French, the final sound of a word sometimes links with the first letter of the following word. Consonants at the end of French words are generally silent but are usually pronounced when the word that follows begins with a vowel sound. This linking of sounds is called a liaison.

À tout à l'heure!   **Comment allez-vous?**

An **s** or an **x** in a liaison sounds like the letter **z**.

les étudiants   **trois élèves**   **six élèves**   **deux hommes**

Always make a liaison between a subject pronoun and a verb that begins with a vowel sound; always make a liaison between an article and a noun that begins with a vowel sound.

nous aimons   **ils ont**   **un étudiant**   **les ordinateurs**

Always make a liaison between **est** (a form of **être**) and a word that begins with a vowel or a vowel sound. Never make a liaison with the final consonant of a proper name.

Robert est anglais.   **Paris est exceptionnelle.**

Never make a liaison with the conjunction **et** (*and*).

Carole et Hélène   **Jacques et Antoinette**

Never make a liaison between a singular noun and an adjective that follows it.

un cours horrible   **un instrument élégant**

Prononcez Practice saying these words and expressions aloud.

1. un examen
2. des étudiants
3. les hôtels
4. dix acteurs
5. Paul et Yvette
6. cours important
7. des informations
8. les études
9. deux hommes
10. Bernard aime
11. chocolat italien
12. Louis est

Articulez Practice saying these sentences aloud.

1. Nous aimons les arts.
2. Albert habite à Paris.
3. C'est un objet intéressant.
4. Sylvie est avec Anne.
5. Ils adorent les deux universités.

Dictons Practice reading these sayings aloud.

Les amis de nos amis sont nos amis.[1]

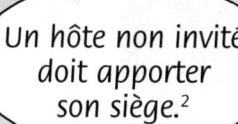

Un hôte non invité doit apporter son siège.[2]

[2] An uninvited guest must bring his own chair.

[1] Friends of our friends are our friends.

ressources

LM
p. 10

vhlcentral

ESPACE ROMAN-PHOTO

Trop de devoirs!  Video

PERSONNAGES

Amina

Antoine

David

Rachid

Sandrine

Stéphane

ANTOINE Je déteste le cours de sciences po.

RACHID Oh? Mais pourquoi? Je n'aime pas tellement le prof, Monsieur Dupré, mais c'est un cours intéressant et utile!

ANTOINE Tu crois? Moi, je pense que c'est très difficile, et il y a beaucoup de devoirs. Avec Dupré, je travaille, mais je n'ai pas de bons résultats.

RACHID Si on est optimiste et si on travaille, on est reçu à l'examen.

ANTOINE Toi, oui, mais pas moi! Toi, tu es un étudiant brillant! Mais moi, les études, oh, là, là.

DAVID Eh! Rachid! Oh! Est-ce que tu oublies ton coloc?

RACHID Pas du tout, pas du tout. Antoine, voilà, je te présente David, mon colocataire américain.

DAVID Nous partageons un des appartements du P'tit Bistrot.

ANTOINE Le P'tit Bistrot? Sympa!

SANDRINE Salut! Alors, ça va l'université française?

DAVID Bien, oui. C'est différent de l'université américaine, mais c'est intéressant.

AMINA Tu aimes les cours?

DAVID J'aime bien les cours de littérature et d'histoire françaises. Demain on étudie *Les Trois Mousquetaires* d'Alexandre Dumas.

SANDRINE J'adore Dumas. Mon livre préféré, c'est *Le Comte de Monte-Cristo*.

RACHID Sandrine! S'il te plaît! *Le Comte de Monte-Cristo*?

SANDRINE Pourquoi pas? Je suis chanteuse, mais j'adore les classiques de la littérature.

DAVID Donne-moi le sac à dos, Sandrine.

Au P'tit Bistrot...

RACHID Moi, j'aime le cours de sciences po, mais Antoine n'aime pas Dupré. Il pense qu'il donne trop de devoirs.

ACTIVITÉS

1 **Vrai ou faux?** Choose whether each statement is **vrai** or **faux**.

1. Rachid et Antoine n'aiment pas le professeur Dupré.

2. Antoine aime bien le cours de sciences po.

3. Rachid et Antoine partagent (*share*) un appartement.

4. David et Rachid cherchent (*look for*) Amina et Sandrine après (*after*) les cours.

5. Le livre préféré de Sandrine est *Le Comte de Monte-Cristo*.

6. L'université française est très différente de l'université américaine.

7. Stéphane aime la chimie.

8. Monsieur Dupré est professeur de maths.

9. Antoine a (*has*) beaucoup de devoirs.

10. Stéphane adore l'anglais.

S Practice more at **vhlcentral.com**.

Antoine, David, Rachid et Stéphane parlent (*talk*) de leurs (*their*) cours.

RACHID Ah... on a rendez-vous avec Amina et Sandrine. On y va?

DAVID Ah, oui, bon, ben, salut, Antoine!

ANTOINE Salut, David. À demain, Rachid!

SANDRINE Bon, Pascal, au revoir, chéri.

RACHID Bonjour, chérie. Comme j'adore parler avec toi au téléphone! Comme j'adore penser à toi!

STÉPHANE Dupré? Ha! C'est Madame Richard, mon prof de français. Elle, elle donne trop de devoirs.

AMINA Bonjour, comment ça va?

STÉPHANE Plutôt mal. Je n'aime pas Madame Richard. Je déteste les maths. La chimie n'est pas intéressante. L'histoire-géo, c'est l'horreur. Les études, c'est le désastre!

DAVID Le français, les maths, la chimie, l'histoire-géo... mais on n'étudie pas les langues étrangères au lycée en France?

STÉPHANE Si, malheureusement! Moi, j'étudie l'anglais. C'est une langue très désagréable! Oh, non, non, ha, ha, c'est une blague, ha, ha. L'anglais, j'adore l'anglais. C'est une langue charmante....

Expressions utiles

Talking about classes

- **Tu aimes les cours?**
  Do you like the classes?
- **Antoine n'aime pas Dupré.**
  Antoine doesn't like Dupré.
- **Il pense qu'il donne trop de devoirs.**
  He thinks he gives too much homework.
- **Tu crois? Mais pourquoi?**
  You think? But why?
- **Avec Dupré, je travaille, mais je n'ai pas de bons résultats.**
  With Dupré, I work, but I don't get good results (grades).
- **Demain on étudie *Les Trois Mousquetaires*.**
  Tomorrow we're studying The Three Musketeers.
- **C'est mon livre préféré.**
  It's my favorite book.

Additional vocabulary

- **On a rendez-vous.**
  We have a meeting.
- **Comme j'adore...**
  How I love...
- **parler au téléphone**
  to talk on the phone
- **C'est une blague.**
  It's a joke.
- **Si, malheureusement!**
  Yes, unfortunately!
- **On y va?**
  Let's go?
- **Eh!**
  Hey!
- **pas du tout**
  not at all
- **chéri(e)**
  darling

---

2 **Complétez** Match the people in the second column with the verbs in the first. Refer to a dictionary, the dialogue, and the video stills as necessary. Use each option once.

1. _____ travailler
2. _____ partager
3. _____ oublier
4. _____ étudier
5. _____ donner

a. Sandrine is very forgetful.
b. Rachid is very studious.
c. David can't afford his own apartment.
d. Amina is very generous.
e. Stéphane needs to get good grades.

3 **Conversez** In this episode, Rachid, Antoine, David, and Stéphane talk about the subjects they are studying. Get together with a partner. Do any of the characters' complaints or preferences remind you of your own? Whose opinions do you agree with? Whom do you disagree with?

A C T I V I T É S

Reading
Video: *Flash culture*

CULTURE À LA LOUPE

À l'université

French students who pass le bac° may continue on to study in a university. By American standards, university tuition is low. In 1999, 29 European countries, including France, decided to reform their university systems in order to create a more uniform European system. France began implementing these reforms in 2005. As a result, French students' degrees (**diplômes**) are now accepted in most European countries. It is also easier for French students to study in other European countries for a semester, and for other European students to study in France, because studies are now organized by semesters.

Students are awarded a **Licence°** after six semesters (usually three years). If they continue their studies, they can earn a **Master°** after the fifth year and then proceed to a **Doctorat°**. If students choose technical studies, they receive a **BTS** (**Brevet de Technicien Supérieur**) after two years.

In addition to universities, France has an extremely competitive, elite branch of higher education called **les grandes écoles°**. These schools train most of the high-level administrators, scientists, businesspeople, and engineers in the country. There are about 300 of them, including **ENA** (**École Nationale d'Administration**), **HEC** (**Hautes° Études Commerciales**), and **IEP** (**Institut d'Études Politiques, «Sciences Po»**).

Some French universities are city-based, lacking campuses and offering few extra-curricular activities like organized sports. Others boast both a more defined campus and a great number of student **associations**. Many students live with their families, but others live in a **résidence universitaire,** or in an apartment.

Les étudiants en France	
Universités	56,1%
Sections de Techniciens Supérieurs	10,3%
Autres Écoles ou Formations	8,3%
Formation d'Ingénieurs	5,7%
Écoles de Commerce°	5,4%
Écoles Paramédicales et Sociales	5,4%
Instituts Universitaires de Formation de Maîtres°	5,3%
Instituts Universitaires de Technologie	4,7%
Classes Préparatoires aux Grandes Écoles	3,8%

SOURCE: Ministère de l'Éducation nationale

bac *exit exam taken after high school* **Licence** *the equivalent of a Bachelor's degree* **Master** *Master's degree* **Doctorat** *Ph.D.* **grandes écoles** *competitive, prestigious university-level schools* **Hautes** *High* **Formation de Maîtres** *teacher training* **Écoles de Commerce** *business schools*

A C T I V I T É S

1 Vrai ou faux? Indicate whether each statement is **vrai** or **faux**. Correct the false statements.

1. French university students can earn a **Licence** after only three years of study.
2. It takes five years to earn a **BTS**.
3. Entry into the **grandes écoles** is not competitive.
4. The **grandes écoles** train high-level engineers.
5. Some French universities lack campuses.

6. Extra-curricular activities are uncommon in some French universities.
7. All French students live at home with their families.
8. Most French students choose not to attend university.
9. More French students study business than engineering.
10. Some French students are studying for a teaching degree.

 Practice more at **vhlcentral.com.**

Les études

être fort(e) en...	*to be good at...*
être nul(le) en...	*to be bad at...*
bio	*biology*
éco	*economics*
géo	*geography*
maths	*math*
philo	*philosophy*
psycho	*psychology*

Des universités francophones

Voici quelques-unes° des universités du monde francophone où vous pouvez étudier°.

En Belgique Université Libre de Bruxelles

En Côte d'Ivoire Université d'Abobo-Adjamé

En France Université de Paris

Au Maroc Université Mohammed V Souissi à Rabat

En Polynésie française Université de la Polynésie française, à Faa'a, à Tahiti

Au Québec Université de Montréal

Au Sénégal Université Cheikh Anta Diop de Dakar

En Suisse Université de Genève

En Tunisie Université Libre de Tunis

quelques-unes *some* **où vous pouvez étudier** *where you can study*

L'Université Laval

Un cours de français au Québec, ça vous dit?° Avec le programme «Français pour non-francophones», les étudiants étrangers peuvent apprendre° le français. Ce programme est ouvert toute l'année: des sessions en automne, en hiver et même en été, de juin à août. À la fin du programme, les étudiants pourront° communiquer en français dans des situations courantes° de la vie quotidienne°. En arrivant à l'Université Laval, on peut être parrainé° par un étudiant déjà° inscrit. Cela permet de mieux s'adapter et s'intégrer à la communauté universitaire et à la vie au Canada. C'est aussi un échange interculturel. Fondée° au XVIIe (dix-septième) siècle° à Québec, l'Université Laval est l'université francophone la plus ancienne° du continent américain. De plus°, elle est l'une des plus importantes du Canada. Elle compte° 17 facultés avec plus de 500 programmes d'études diverses et d'excellente qualité: les sciences humaines, la littérature, la musique, la foresterie, les technologies, les sciences. Laval est un grand centre universitaire canadien pour la recherche° scientifique. Il existe même° un astéroïde dans le système solaire qui porte le nom de° l'université!

ça vous dit? *what do you think?* **peuvent apprendre** *can learn* **pourront** *will be able to* **courantes** *common* **vie quotidienne** *everyday life* **parrainé** *supported* **déjà** *already* **Fondée** *Founded* **siècle** *century* **la plus ancienne** *the oldest* **De plus** *Moreover* **compte** *features* **dénombre** *counts* **dont** *of which* **recherche** *research* **même** *even* **porte le nom de** *is named after*

Coup de main

In French, a superscript $^{-e}$ following a numeral tells you that it is an ordinal number. It is the equivalent of a $^{-th}$ after a numeral in English: 4e (quatrième) = 4th.

---

2 **Vrai ou faux?** Indicate whether each statement is **vrai** or **faux**.

1. Les étudiants étrangers peuvent étudier le français à l'Université Laval.

2. À la fin du programme de français, les étudiants étrangers parleront parfaitement français.

3. Laval offre une grande diversité de cours.

4. Laval est un grand centre universitaire de recherche artistique.

5. Une planète porte le nom de l'université.

3 **Les cours** Research two of the universities mentioned in **Le monde francophone** and make a list in French of at least five courses taught at each. You may search in your library or online.

 Practice more at **vhlcentral.com**.

ressources
VM
pp. 63–64
vhlcentral

A C T I V I T É S

Present tense of regular *-er* verbs  Tutorial

- The infinitives of most French verbs end in **-er**. To form the present tense of regular **-er** verbs, drop the **-er** from the infinitive and add the corresponding endings for the different subject pronouns. This chart demonstrates how to conjugate regular **-er** verbs.

parler (to speak)			
je parle	*I speak*	**nous parlons**	*we speak*
tu parles	*you speak*	**vous parlez**	*you speak*
il/elle/on parle	*he/she/it/one speaks*	**ils/elles parlent**	*they speak*

- Here are some other verbs that are conjugated the same way as **parler**.

Common *-er* verbs			
adorer	*to love; to adore*	**habiter (à)**	*to live (in)*
aimer	*to like; to love*	**manger**	*to eat*
aimer mieux	*to prefer (to like better)*	**oublier**	*to forget*
		partager	*to share*
arriver	*to arrive*	**penser (que/qu'...)**	*to think (that...)*
chercher	*to look for*	**regarder**	*to look (at)*
commencer	*to begin, to start*	**rencontrer**	*to meet*
dessiner	*to draw; to design*	**retrouver**	*to meet up with; to find (again)*
détester	*to hate*	**travailler**	*to work*
donner	*to give*	**voyager**	*to travel*
étudier	*to study*		

- Note that **je** becomes **j'** when it appears before a verb that begins with a vowel sound.

  J'habite à Bruxelles.   **J'étudie** la psychologie.
  I live in Brussels.   *I study psychology.*

- With the verbs **adorer**, **aimer**, and **détester**, use the definite article before a noun to tell what someone loves, likes, prefers, or hates.

  J'aime mieux **l'**art.   Marine déteste **les** devoirs.
  I prefer art.   *Marine hates homework.*

- Use infinitive forms after the verbs **adorer**, **aimer**, and **détester** to say that you like (or hate, etc.) to do something. Only the first verb should be conjugated.

  Ils **adorent travailler** ici.   Ils **détestent étudier** ensemble.
  They love to work here.   *They hate to study together.*

- The present tense in French can be translated in different ways in English. The English equivalent for a sentence depends on its context.

  Éric et Nadine **étudient** le droit.   Nous **travaillons** à Paris.
  Éric and Nadine study law.   *We work in Paris.*

  Éric and Nadine are studying law.   *We are working in Paris.*

  Éric and Nadine do study law.   *We do work in Paris.*

- Sometimes the present tense can be used to indicate an event in the near future, in which case it can be translated using *will* in English.

  Je **retrouve** le professeur demain.   Elles **arrivent** à Dijon demain.
  I will meet up with the professor tomorrow.   *They will arrive in Dijon tomorrow.*

Boîte à outils

To express yourself with greater accuracy, use these adverbs: **assez** (*enough*), **d'habitude** (*usually*), **de temps en temps** (*from time to time*), **parfois** (*sometimes*), **quelquefois** (*sometimes*), **rarement** (*rarely*), **souvent** (*often*), **toujours** (*always*).

- Verbs ending in **-ger** (**manger**, **partager**, **voyager**) and **-cer** (**commencer**) have a spelling change in the **nous** form. All the other forms are the same as regular **-er** verbs.

manger
je mange
tu manges
il/elle/on mange
nous mangeons
vous mangez
ils/elles mangent

commencer
je commence
tu commences
il/elle/on commence
nous commençons
vous commencez
ils/elles commencent

 Boîte à outils

The spelling change in the **nous** form is made in order to maintain the same sound that the **c** and the **g** make in the infinitives **commencer** and **manger**.

Nous **voyageons** avec une amie.
We are traveling with a friend.

Nous **commençons** les devoirs.
We are starting the homework.

- Unlike the English *to look for,* the French **chercher** requires no preposition before the noun that follows it.

Nous **cherchons les stylos**.
We are looking for the pens.

Vous **cherchez la montre**?
Are you looking for the watch?

Est-ce que tu oublies ton coloc?

Nous partageons un des appartements du P'tit Bistrot.

Essayez!   **Complete the sentences with the correct present tense forms of the verbs.**

1. Je _____ *parle* _____ (parler) français en classe.
2. Nous _____ (habiter) près de (*near*) l'université.
3. Ils _____ (aimer) le cours de sciences politiques.
4. Vous _____ (manger) en classe?!
5. Le cours _____ (commencer) à huit heures (*at eight o'clock*).
6. Marie-Claire _____ (chercher) un stylo.
7. Nous _____ (partager) un crayon en cours de maths.
8. Tu _____ (étudier) l'économie.
9. Les élèves _____ (voyager) en France.
10. Nous _____ (adorer) le prof d'anglais.
11. Je _____ (rencontrer) Laure parfois au gymnase.
12. Tu _____ (donner) des cours de musique?

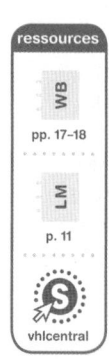

ressources

WB
pp. 17–18

LM
p. 11

S
vhlcentral

ESPACE STRUCTURES

Mise en pratique

1 **Complétez** Complete the conversation with the correct forms of the verbs.

ARTHUR   Tu (1) _____ (parler) bien français!

OLIVIER   Mon colocataire Marc et moi, nous (2) _____ (retrouver) un professeur de français et nous (3) _____ (étudier) ensemble. Et toi, tu (4) _____ (travailler)?

ARTHUR   Non, j' (5) _____ (étudier) l'art et l'économie. Je (6) _____ (dessiner) bien et j' (7) _____ (aimer) beaucoup l'art moderne. Marc et toi, vous (8) _____ (habiter) à Paris?

2 **Phrases** Form sentences using the words provided. Conjugate the verbs and add any necessary words.

1. je / oublier / devoir de littérature
2. nous / commencer / études supérieures
3. vous / rencontrer / amis / à / fac
4. Hélène / détester / travailler
5. tu / chercher / cours / facile
6. élèves / arriver / avec / dictionnaires

3 **Après l'école** Say what Stéphanie and her friends are doing after (**après**) school.

▶ **MODÈLE**

Nathalie _cherche_ un livre.

1. André _____ à la bibliothèque.

2. Édouard _____ Caroline au café.

3. Jérôme et moi, nous _____.

4. Julien et Audrey _____ avec Simon.

5. Robin et toi, vous _____ avec la classe.

6. Je _____.

4 **Le verbe logique** Complete the following sentences logically with the correct form of an **-er** verb.

1. La gestion, c'est très difficile. Je _____!
2. Qu'est-ce que tu _____ dans le sac à dos?
3. Nous _____ souvent au resto U.
4. Tristan et Irène _____ toujours les clés (*keys*).
5. Le film _____ dans dix minutes.
6. Yves et toi, vous _____ que Martine est charmante?
7. M. et Mme Legrand _____ à Paris.
8. On n'aime pas _____ la télévision.

Communication

5 **Activités** In pairs, tell your partner which of these activities you and your roommate both do. Then, share your partner's answers with the class. Later, get together with a second partner and report to the class again.

MODÈLE

Étudiant(e) 1: *Nous parlons au téléphone, nous...*
Étudiant(e) 2: *Nous partageons un appartement, nous...*
Étudiant(e) 1: *Ils/Elles partagent un appartment, ils/elles...*
Étudiant(e) 2: *Ils/Elles parlent au téléphone, ils/elles...*

manger au resto U	étudier une langue étrangère
partager un appartement	commencer les devoirs
retrouver des amis au café	arriver en classe
travailler	voyager

6 **Les études** In pairs, take turns asking your partner if he or she likes one academic subject or another. If you don't like a subject, mention one you do like. Then, use **tous** (*m.*)/**toutes** (*f.*) **les deux** (*both of us*) to tell the class what subjects both of you like or hate.

MODÈLE

Étudiant(e) 1: *Tu aimes la chimie?*
Étudiant(e) 2: *Non, je déteste la chimie. J'aime mieux les langues.*
Étudiant(e) 1: *Moi aussi... Nous adorons tous/toutes les deux les langues.*

7 **Un sondage** In groups of three, survey your partners to find out how frequently they do certain activities. First, prepare a chart with a list of eight activities. Then take turns asking your partners how often they do each one, and record each person's response.

MODÈLE

Étudiant(e) 1: *Moi, je dessine rarement. Et toi?*
Étudiant(e) 2: *Moi aussi, je dessine rarement.*
Étudiant(e) 3: *Moi, je dessine parfois.*

Activité	souvent	parfois	rarement
dessiner		Sara	David Clara
voyager	Clara David Sara		

8 **Adorer, aimer, détester** In groups of four, ask each other if you like to do these activities. Then, use adjectives to tell why you like them or not and say whether you do them often (**souvent**), sometimes (**parfois**), or rarely (**rarement**).

MODÈLE

Étudiant(e) 1: *Tu aimes voyager?*
Étudiant(e) 2: *Oui, j'adore voyager. C'est amusant! Je voyage souvent.*
Étudiant(e) 3: *Moi, je déteste voyager. C'est désagréable! Je voyage rarement.*

dessiner	partager
étudier le week-end	un appartement
manger au restaurant	retrouver des amis
oublier les devoirs	travailler à
parler avec	la bibliothèque
les professeurs	voyager

ESPACE **STRUCTURES**

2A.2

Forming questions and expressing negation

Point de départ You have already learned how to make statements about yourself and others. Now you will learn how to ask questions, which are important for gathering information, and how to make statements and questions negative.

 Tutorial

Forming questions

- There are four principal ways to ask a question in French. The first and simplest way to ask a question when speaking is to make a statement but with rising intonation. In writing, simply put a question mark at the end. This method is considered informal.

  Vous habitez à Bordeaux?
  You live in Bordeaux?

  Tu aimes le cours de français?
  You like French class?

- A second way is to place the phrase **Est-ce que...** directly before a statement. This turns it into a question. If the next word begins with a vowel sound, use **Est-ce qu'**. Questions with **est-ce que** are somewhat formal.

  Est-ce que vous parlez français?
  Do you speak French?

  Est-ce qu'il aime dessiner?
  Does he like to draw?

- A third way is to end a statement with a tag question, such as **n'est-ce pas?** (*isn't that right?*) or **d'accord?** (*OK?*). This method can be formal or informal.

  Nous mangeons à midi, **n'est-ce pas**?
  We eat at noon, don't we?

  On commence à deux heures, **d'accord**?
  We're starting at two o'clock, OK?

- A fourth way is to invert the order of the subject pronoun and the verb and place a hyphen between them. If the verb ends in a vowel and the subject pronoun begins with one (e.g., **il**, **elle**, or **on**), insert **-t-** between the verb and the pronoun to make pronunciation easier. Inversion is considered more formal.

  Parlez-vous français?
  Do you speak French?

  Mange-t-il à midi?
  Does he eat at noon?

  Est-elle étudiante?
  Is she a student?

- If the subject is a noun rather than a pronoun, place the noun at the beginning of the question followed by the inverted verb and pronoun.

  Le professeur parle-t-il français?
  Does the professor speak French?

  Nina arrive-t-elle demain?
  Does Nina arrive tomorrow?

  Les étudiants mangent-ils au resto U?
  Do the students eat at the university?

  Rachid et toi étudiez-vous l'économie?
  Do you and Rachid study Economics?

- The inverted form of **il y a** is **y a-t-il**. **C'est** becomes **est-ce**.

  Y a-t-il une horloge dans la classe?
  Is there a clock in the class?

  Est-ce le professeur de lettres?
  Is he the humanities professor?

- Use **pourquoi** to ask *why?* Use **parce que** (**parce qu'** before a vowel sound) to answer *because*.

  Pourquoi retrouves-tu Sophie ici?
  Why are you meeting Sophie here?

  Parce qu'elle habite près d'ici.
  Because she lives near here.

- You can use **est-ce que** after **pourquoi** to form a question. With **est-ce que**, you don't use inversion.

  Pourquoi détestes-tu la chimie?
  Why do you hate Chemistry?

  Pourquoi est-ce que tu détestes la chimie?
  Why do you hate Chemistry?

Expressing negation

- To make a sentence negative in French, place **ne** (**n'** before a vowel sound) before the conjugated verb and **pas** after it.

Je **ne dessine pas** bien.	Elles **n'étudient pas** la chimie.
I don't draw well.	*They don't study chemistry.*

- In the construction [*conjugated verb + infinitive*], **ne** (**n'**) comes before the conjugated verb and **pas** after it.

Abdel **n'aime pas étudier**.	Vous **ne détestez pas travailler**?
Abdel doesn't like to study.	*You don't hate to work?*

- In questions with inversion, place **ne** before the inversion and **pas** after it.

Abdel **n'aime-t-il pas** étudier?	**Ne détestez-vous pas** travailler?
Doesn't Abdel like to study?	*Don't you hate to work?*

- Use these expressions to respond to a statement or a question that requires a *yes* or *no* answer.

Expressions of agreement and disagreement

oui	*yes*	**(mais) non**	*no (but of course not)*
bien sûr	*of course*	**pas du tout**	*not at all*
moi/toi non plus	*me/you neither*	**peut-être**	*maybe, perhaps*

Vous mangez souvent au resto U?	**Non, pas du tout.**
Do you eat often in the cafeteria?	*No, not at all.*

- Use **si** instead of **oui** to contradict a negative question.

Parles-tu à Daniel?	Oui.
Are you talking to Daniel?	*Yes.*
Ne parles-tu pas à Daniel?	**Si!**
Aren't you talking to Daniel?	*Yes (I am)!*

Boîte à outils

Note the affirmative statements that correspond to the negative ones on the left:

Je dessine bien.

Elles étudient la chimie.

Essayez! Make questions out of these statements. Use **est-ce que/qu'** in items 1–6 and inversion in 7–12.

Statement	Question
1. Vous mangez au resto U.	*Est-ce que vous mangez au resto U?*
2. Ils adorent les devoirs.	
3. La biologie est difficile.	
4. Tu travailles.	
5. Elles cherchent le prof.	
6. Aude voyage beaucoup.	
7. Vous arrivez demain.	*Arrivez-vous demain?*
8. L'étudiante oublie le livre.	
9. La physique est utile.	
10. Il y a deux salles de classe.	
11. Ils n'habitent pas à Québec.	
12. C'est le professeur de gestion.	

ressources

WB
pp. 19–20

LM
p. 12

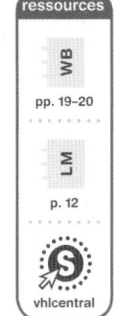

vhlcentral

ESPACE **STRUCTURES**

Mise en pratique

1 **L'inversion** Restate the questions using inversion.

1. Est-ce que vous parlez espagnol?
2. Est-ce qu'il étudie à Paris?
3. Est-ce qu'ils voyagent avec des amis?
4. Est-ce que tu aimes les cours de langues?
5. Est-ce que le professeur parle anglais?
6. Est-ce que les étudiants aiment dessiner?

2 **Les questions** Ask the questions that correspond to the answers. Use **est-ce que/qu'** and inversion for each item.

MODÈLE

Nous habitons sur le campus.
Est-ce que vous habitez sur le campus? / Habitez-vous sur le campus?

1. Il mange au resto U.
2. J'oublie les examens.
3. François déteste les maths.
4. Nous adorons voyager.
5. Les cours ne commencent pas demain.
6. Les étudiantes arrivent en classe.

3 **Complétez** Complete the conversation with the correct questions for the answers given. Act it out with a partner.

MYLÈNE	Salut, Arnaud. Ça va?
ARNAUD	Oui, ça va. Alors (*So*)... (1) _____
MYLÈNE	J'adore le cours de sciences po, mais je déteste l'informatique.
ARNAUD	(2) _____
MYLÈNE	Parce que la prof est très stricte.
ARNAUD	(3) _____
MYLÈNE	Oui, il y a des étudiants sympathiques... Et demain? (4) _____
ARNAUD	Peut-être, mais demain je retrouve aussi Dominique.
MYLÈNE	(5) _____
ARNAUD	Pas du tout!

Communication

4 **Au café** In pairs, take turns asking each other questions about the drawing. Use verbs from the list.

MODÈLE

Étudiant(e) 1: *Monsieur Laurent parle à Madame Martin, n'est-ce pas?*
Étudiant(e) 2: *Mais non. Il déteste parler!*

arriver	dessiner	manger	partager
chercher	étudier	oublier	rencontrer

5 **Questions** You and your partner want to get to know each other better. Take turns asking each other questions. Modify or add elements as needed.

MODÈLE aimer / l'art

Étudiant(e) 1: *Est-ce que tu aimes l'art?*
Étudiant(e) 2: *Oui, j'adore l'art.*

1. habiter / à l'université
2. étudier / avec / amis
3. penser qu'il y a / cours / intéressant / à la fac
4. cours de sciences / être / facile
5. aimer mieux / biologie / ou / physique
6. retrouver / copains / au resto U

6 **Confirmez** In groups of three, confirm whether the statements are true of your school. Correct any untrue statements by making them negative.

MODÈLE

Les profs sont désagréables.
Pas du tout, les profs ne sont pas désagréables.

1. Les cours d'informatique sont inutiles.
2. Il y a des étudiants de nationalité allemande.
3. Nous mangeons une cuisine excellente au resto U.
4. Tous (*All*) les étudiants habitent sur le campus.
5. Les cours de chimie sont faciles.
6. Nous travaillons pour obtenir un diplôme.

Révision

1 **Des styles différents** In pairs, compare these two very different classes. Then, tell your partner which class you prefer and why.

2 **Les activités** In pairs, discuss whether these expressions apply to both of you. React to every answer you hear.

MODÈLE

Étudiant(e) 1: Est-ce que tu étudies le week-end?
Étudiant(e) 2: Non! Je n'aime pas travailler le week-end.
Étudiant(e) 1: Moi non plus. J'aime mieux travailler le soir.

1. adorer le resto U
2. être reçu(e) à un examen difficile
3. étudier au café
4. manger souvent (*often*) des sushis
5. oublier les devoirs
6. parler espagnol
7. travailler le soir à la bibliothèque
8. voyager souvent

3 **Le campus** In pairs, prepare ten questions inspired by the list and what you know about your campus. Together, survey as many classmates as possible to find out what they like and dislike on campus.

MODÈLE

Étudiant(e) 1: Est-ce que tu aimes travailler à la bibliothèque?
Étudiant(e) 2: Non, pas trop. Je travaille plutôt au café.

bibliothèque	étudiant	resto U
bureau	gymnase	salle de classe
cours	librairie	salle d'ordinateurs

4 **Pourquoi?** Survey as many classmates as possible to find out if they like these academic subjects and why. Ask what adjectives they would pick to describe them. Tally the most popular answers for each subject.

MODÈLE

Étudiant(e) 1: Est-ce que tu aimes la philosophie?
Étudiant(e) 2: Pas tellement.
Étudiant(e) 1: Pourquoi?
Étudiant(e) 2: Parce que c'est trop difficile.

1. la biologie   a. agréable
2. la chimie   b. amusant
3. l'histoire de l'art   c. désagréable
4. l'économie   d. difficile
5. la gestion   e. facile
6. les langues   f. important
7. les mathématiques   g. inutile
8. la psychologie   h. utile

5 **Les conversations** In pairs, act out a short conversation between the people shown in each drawing. They should greet each other, describe what they are doing, and discuss their likes or dislikes. Choose your favorite skit and role-play it for another pair.

MODÈLE

Étudiant(e) 1: Bonjour, Aurélie.
Étudiant(e) 2: Salut! Tu travailles, n'est-ce pas?

6 **Les portraits** Your instructor will give you and a partner a set of drawings showing the likes and dislikes of eight people. Discuss each person's tastes. Do not look at each other's worksheet.

MODÈLE

Étudiant(e) 1: Sarah n'aime pas travailler.
Étudiant(e) 2: Mais elle adore manger.

À vos marques, prêts°... étudiez!

The University of Moncton was founded in 1963 and is the largest French-speaking university in Canada outside Quebec. Its three campuses of Edmunston, Moncton, and Shippagan are located in New Brunswick. Students come from the local francophone region of Acadia, from other Canadian provinces, and from countries around the world such as Guinea, Haiti, and Morocco.

The mission of the University of Moncton is not only to foster the academic development of these students but also to offer them a nurturing environment that will encourage their personal and social growth.

On n'apprend° pas seulement° dans les classes.

Mon université.

Compréhension Answer these questions.

1. What are the three kinds of activities offered at the University of Moncton?
2. Give examples of each type of activity.
3. Where does learning take place at the University of Moncton?
4. Do students receive a lot of attention from their professors? Explain.

Discussion In pairs, discuss the answers to these questions.

1. What are the University of Moncton's strengths?
2. Would you like to study there? Explain.

À vos marques, prêts *Ready, set* apprend *learn* seulement *only*

Go to **vhlcentral.com** to watch the TV clip featured in this **Le Zapping**.

Leçon 2B

You will learn how to...
- say when things happen
- discuss your schedule

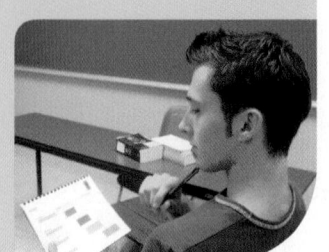

Une semaine à la fac

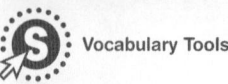

Vocabulaire

demander	to ask
échouer	to fail
écouter	to listen (to)
enseigner	to teach
expliquer	to explain
trouver	to find; to think
Quel jour sommes-nous?	What day is it?
un an	year
une/cette année	one/this year
après	after
après-demain	day after tomorrow
un/cet après-midi	a/this afternoon
aujourd'hui	today
demain (matin/ après-midi/soir)	tomorrow (morning/ afternoon/evening)
un jour	day
une journée	day
un/ce matin	a/this morning
la matinée	morning
un mois/ce mois-ci	month/this month
une/cette nuit	a/this night
une/cette semaine	a/this week
un/ce soir	an/this evening
une soirée	evening
un/le/ce week-end	a/the/this weekend
dernier/dernière	last
premier/première	first
prochain(e)	next

ressources

WB pp. 21–22 LM p. 13 **S** vhlcentral

semaine

	lundi	mardi	mercredi	jeudi	vendredi
matin					
après-midi					
soir					

assister au cours d'économie

passer l'examen de maths

téléphoner à Marc

préparer l'examen de maths

dîner avec Annette

Mise en pratique

Attention!

Use the masculine definite article **le** + [*day of the week*] when an activity is done on a weekly basis. Omit **le** when it is done on a specific day.

Le prof enseigne le lundi.
The professor teaches on Mondays.

Je passe un examen lundi.
I'm taking a test on Monday.

samedi | dimanche

visiter Paris avec Annette

rentrer à la maison

1 **Écoutez** You will hear Lorraine describing her schedule. Listen carefully and indicate whether the statements are **vrai** or **faux**.

		Vrai	Faux
1.	Lorraine étudie à l'université le soir.	☐	☐
2.	Elle trouve le cours de mathématiques facile.	☐	☐
3.	Elle étudie le week-end.	☐	☐
4.	Lorraine étudie la chimie le mardi et le jeudi matin.	☐	☐
5.	Le professeur de mathématiques explique bien.	☐	☐
6.	Lorraine regarde la télévision, écoute de la musique ou téléphone à Claire et Anne le soir.	☐	☐
7.	Lorraine travaille dans (*in*) une librairie.	☐	☐
8.	Elle étudie l'histoire le mardi et le jeudi matin.	☐	☐
9.	Lorraine adore dîner avec sa famille le week-end.	☐	☐
10.	Lorraine rentre à la maison le soir.	☐	☐

2 **La classe de Mme Arnaud** Complete this paragraph by selecting the correct verb from the list below. Make sure to conjugate the verb. Some verbs will not be used.

demander	expliquer	rentrer
écouter	passer un examen	travailler
enseigner	préparer	trouver
étudier	regarder	visiter

Madame Arnaud (1) _____ à l'université. Elle (2) _____ un cours de français. Elle (3) _____ les verbes et la grammaire aux étudiants. Le vendredi, en classe, les étudiants (4) _____ une vidéo en français ou (*or*) (5) _____ de la musique française. Ce week-end, ils (6) _____ pour (*for*) (7) _____ un examen très difficile lundi matin. Je (8) _____ beaucoup pour ce cours, mais mes (*my*) amis et moi, nous (9) _____ la classe sympa.

3 **Quel jour sommes-nous?** Complete each statement with the correct day of the week.

1. Aujourd'hui, c'est _____.
2. Demain, c'est _____.
3. Après-demain, c'est _____.
4. Le week-end, c'est le _____.
5. Le premier jour de la semaine en France, c'est le _____.
6. Les jours du cours de français sont _____.
7. Mon (*My*) jour préféré de la semaine, c'est le _____.
8. Je travaille à la bibliothèque le _____.

Practice more at **vhlcentral.com**.

Communication

4 **Conversez** Interview a classmate.

1. Quel jour sommes-nous?
2. Quand est le prochain cours de français?
3. Quand rentres-tu à la maison? Demain soir? Après-demain?
4. Est-ce que tu prépares un examen cette année?
5. Est-ce que tu écoutes la radio? Quel genre de musique aimes-tu?
6. Quand téléphones-tu à des amis?
7. Est-ce que tu regardes la télévision le matin, l'après-midi ou (*or*) le soir?
8. Est-ce que tu dînes dans un restaurant ce mois-ci?

5 **Le premier jour à la fac** You make a new friend in your French class and want to know what his or her class schedule is like this semester. With a partner, prepare a conversation to perform for the class where you:

- ask his or her name
- ask what classes he or she is taking
- ask on which days of the week he or she has class
- ask at which times of day (morning, afternoon, or evening) he or she has class

6 **Bataille navale** Your instructor will give you a worksheet. Choose four spaces on your chart and mark them with a battleship. In pairs, formulate questions by using the subjects in the first column and the verbs in the first row to find out where your partner has placed his or her battleships. Whoever "sinks" the most battleships wins.

> **MODÈLE**
>
> **Étudiant(e) 1:** Est-ce que Luc et Sabine travaillent le week-end?
> **Étudiant(e) 2:** Oui, ils travaillent le week-end.
> (*if you marked that square*)
> Non, ils ne travaillent pas le week-end.
> (*if you didn't mark that square*)

	enseigner	travailler
Marie		
Luc et Sabine		⛴

7 **Le week-end** Fill out the schedule below with your typical weekend activities. Use the verbs you know. Compare your schedule with a classmate's, and talk about the different activities that you do and when. Be prepared to discuss your results with the class.

	Moi	Nom
Le vendredi soir 🌙		
Le samedi matin 🌅		
Le samedi après-midi ☀		
Le samedi soir 🌙		
Le dimanche matin 🌅		
Le dimanche après-midi ☀		
Le dimanche soir 🌙		

Les sons et les lettres  Audio

The letter r

The French **r** is very different from the English *r*. In English, an *r* is pronounced in the middle and toward the front of the mouth. The French **r** is pronounced in the throat.

You have seen that an **-er** at the end of a word is usually pronounced **-ay**, as in the English word *way*, but without the glide sound.

| chant**er** | mang**er** | expliqu**er** | aim**er** |

In most other circumstances, the French **r** has a very different sound. Pronunciation of the French **r** varies according to its position in a word. Note the different ways the **r** is pronounced in these words.

| **r**ivière | litté**r**ature | o**r**dinateur | devoi**r** |

If an **r** falls between two vowels or before a vowel, it is pronounced with slightly more friction.

| **r**a**r**e | ga**r**age | Eu**r**ope | **r**ose |

An **r** sound before a consonant or at the end of a word is pronounced with slightly less friction.

| po**r**te | bou**r**se | ado**r**e | jou**r** |

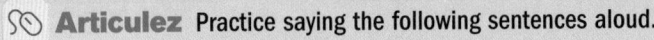 **Prononcez** Practice saying the following words aloud.

1. crayon
2. professeur
3. plaisir
4. différent
5. terrible
6. architecture
7. trouver
8. restaurant
9. rentrer
10. regarder
11. lettres
12. réservé
13. être
14. dernière
15. arriver
16. après

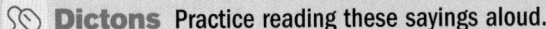 **Articulez** Practice saying the following sentences aloud.

1. Au revoir, Professeur Colbert!
2. Rose arrive en retard mardi.
3. Mercredi, c'est le dernier jour des cours.
4. Robert et Roger adorent écouter la radio.
5. La corbeille à papier, c'est quarante-quatre euros!
6. Les parents de Richard sont brillants et très agréables.

Dictons Practice reading these sayings aloud.

Quand le renard prêche, gare aux oies.[2]

Qui ne risque rien n'a rien.[1]

[1] Nothing ventured, nothing gained.
[2] When the fox preaches, watch your geese.

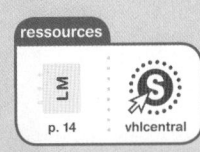
ressources

LM
p. 14

vhlcentral

ESPACE ROMAN-PHOTO

On trouve une solution.  Video

Amina

Astrid

David

Rachid

Sandrine

Stéphane

À la terrasse du café...

RACHID Alors, on a rendez-vous avec David demain à cinq heures moins le quart, pour rentrer chez nous.

SANDRINE Aujourd'hui, c'est mercredi. Demain... jeudi. Le mardi et le jeudi j'ai cours de chant de trois heures vingt à quatre heures et demie. C'est parfait!

AMINA Pas de problème. J'ai cours de stylisme...

AMINA Salut, Astrid!

ASTRID Bonjour.

RACHID Astrid, je te présente David, mon (*my*) coloc américain.

DAVID Alors, cette année, tu as des cours très difficiles, n'est-ce pas?

ASTRID Oui? Pourquoi?

DAVID Ben, Stéphane pense que les cours sont très difficiles.

ASTRID Ouais, Stéphane, il assiste au cours mais... il ne fait pas ses (*his*) devoirs et il n'écoute pas les profs. Cette année est très importante, parce que nous avons le bac...

DAVID Ah, le bac...

Au parc...

ASTRID Stéphane! Quelle heure est-il? Tu n'as pas de montre?

STÉPHANE Oh, Astrid, excuse-moi! Le mercredi, je travaille avec Astrid au café sur le cours de maths...

ASTRID Et le mercredi après-midi, il oublie! Tu n'as pas peur du bac, toi!

STÉPHANE Tu as tort, j'ai très peur du bac! Mais je n'ai pas envie de passer mes (*my*) journées, mes soirées et mes week-ends avec des livres!

ASTRID Je suis d'accord avec toi, Stéphane! J'ai envie de passer les week-ends avec mes copains... des copains qui n'oublient pas les rendez-vous!

RACHID Écoute, Stéphane, tu as des problèmes avec ta (*your*) mère, avec Astrid aussi.

STÉPHANE Oui, et j'ai d'énormes problèmes au lycée. Je déteste le bac.

RACHID Il n'est pas tard pour commencer à travailler pour être reçu au bac.

STÉPHANE Tu crois, Rachid?

A C T I V I T É S

1 **Vrai ou faux?** Choose whether each statement is vrai or faux.

1. Le mardi et le mercredi, Sandrine a (*has*) cours de chant.
2. Le jeudi, Amina a cours de stylisme.
3. Astrid pense que le bac est impossible.
4. La famille de David est allemande.
5. Le mercredi, Stéphane travaille avec Astrid au café sur le cours de maths.

6. Stéphane a beaucoup de problèmes.
7. Rachid est optimiste.
8. Stéphane dîne chez Rachid samedi.
9. Le sport est très important pour Stéphane.
10. Astrid est fâchée (*angry*) contre Stéphane.

 Practice more at **vhlcentral.com**.

Les amis organisent des rendez-vous.

RACHID C'est un examen très important que les élèves français passent la dernière année de lycée pour continuer en études supérieures.

DAVID Euh, n'oublie pas, je suis de famille française.

ASTRID Oui, et c'est difficile, mais ce n'est pas impossible. Stéphane trouve que les études ne sont pas intéressantes. Le sport, oui, mais pas les études.

RACHID Le sport? Tu cherches Stéphane, n'est-ce pas? On trouve Stéphane au parc! Allons-y, Astrid.

ASTRID D'accord. À demain!

RACHID Oui. Mais le sport, c'est la dernière des priorités. Écoute, dimanche prochain, tu dînes chez moi et on trouve une solution.

STÉPHANE Rachid, tu n'as pas envie de donner des cours à un lycéen nul comme moi!

RACHID Mais si, j'ai très envie d'enseigner les maths...

STÉPHANE Bon, j'accepte. Merci, Rachid. C'est sympa.

RACHID De rien. À plus tard!

Expressions utiles

Talking about your schedule

- **Alors, on a rendez-vous demain à cinq heures moins le quart pour rentrer chez nous.**
  So, we're meeting tomorrow at quarter to five to go home (our home).
- **J'ai cours de chant de trois heures vingt à quatre heures et demie.**
  I have voice (singing) class from three-twenty to four-thirty.
- **J'ai cours de stylisme de deux heures à quatre heures vingt.**
  I have fashion design class from two o'clock to four-twenty.
- **Quelle heure est-il?** • **Tu n'as pas de montre?**
  What time is it?   *You don't have a watch?*

Talking about school

- **Nous avons le bac.**
  We have the bac.
- **Il ne fait pas ses devoirs.**
  He doesn't do his homework.
- **Tu n'as pas peur du bac!**
  You're not afraid of the bac!
- **Tu as tort, j'ai très peur du bac!**
  You're wrong, I'm very afraid of the bac!
- **Je suis d'accord avec toi.**
  I agree with you.
- **J'ai d'énormes problèmes.**
  I have big/enormous problems.
- **Tu n'as pas envie de donner des cours à un(e) lycéen(ne) nul(le) comme moi.**
  You don't want to teach a high school student as bad as myself.

Useful expressions

- **C'est parfait!**
  That's perfect!
- **Ouais.**
  Yeah.
- **Allons-y!**
  Let's go!
- **C'est sympa.**
  That's nice/fun.
- **D'accord.**
  OK, all right.

---

2 **Répondez** Answer these questions. Refer to the video scenes and a dictionary as necessary. You do not have to answer in complete sentences.

1. Où est-ce que tu as envie de voyager?
2. Est-ce que tu as peur de quelque chose? De quoi?
3. Qu'est-ce que tu dis (*say*) quand tu as tort?

3 **À vous!** With a partner, describe someone you know whose personality, likes, or dislikes resemble those of Rachid or Stéphane.

MODÈLE

Paul est comme (like) Rachid... il est sérieux.

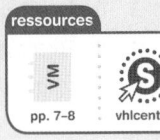

ressources

VM pp. 7–8   vhlcentral

ACTIVITÉS

 Reading

CULTURE À LA LOUPE

Les cours universitaires

French university courses often consist of lectures in large halls called amphithéâtres. Some also include discussion-based sessions with fewer students. Other than in the **grandes écoles** and specialized schools, class attendance is not mandatory in most universities. Students are motivated to attend by their desire to pass. Course grades may be based upon only one or two exams or term papers, so students generally take their studies seriously. They often form study groups to discuss the lectures and share class notes. This practice encourages open exchange of ideas and debate, a tradition that continues well past university life in France.

The start of classes each year is known as the **rentrée universitaire** and takes place at the beginning of October. The academic year is divided into two semesters. Four to six classes each semester is typical.

Students take exams throughout the semester, a practice known as **contrôle continu°**. At final exams in May or June, they can retake other exams they might have failed during that year or the preceding year. French grades range from 0–20, rather than from 0–100. Scores over 17 or 18 are rare and even the best students do not expect to score consistently in the near-perfect range. A grade of 10 is a passing grade, and is therefore not the equivalent of a 50 in the American system. If you plan to study abroad for credit, ask the foreign institution to provide your school with grade equivalents.

°**contrôle continu** *continuous assessment*

Système français de notation

NOTE FRANÇAISE	NOTE AMÉRICAINE	%	NOTE FRANÇAISE	NOTE AMÉRICAINE	%
0	F	0	11	A-	85
2	F	3	12	A	90
3	F	8	13	A	93
4	F	18	14	A+	96
5	F	28	15	A+	99
6	F	38	16	A+	99.5
7	D-	50	17	A+	99.7
8	C-	60	18	A+	99.9
9	B-	70	19	A+	99.99
10	B	78	20	A+	over 99.99

Coup de main

To read decimal places in French, use the French word **virgule** (*comma*) where you would normally say *point* in English. To say *percent*, use **pour cent**.

60,4% soixante virgule quatre
pour cent
sixty point four percent

A C T I V I T É S

1 **Vrai ou faux?** Indicate whether each statement is **vrai** or **faux**. Correct the false statements.

1. Class attendance is optional in some French universities.

2. Final course grades are usually based on several exam grades and class participation.

3. The French university system discourages note sharing.

4. The French grading system is similar to the American system.

5. The **rentrée universitaire** happens each year in August.

6. A grade of 11 is not a passing grade.

7. The academic year in France is typically divided into trimesters.

8. Scores of 18 or 19 are very rare.

9. French students typically take three classes each semester.

10. The final exams in May or June are called the **contrôle continu**.

LE FRANÇAIS QUOTIDIEN

Les cours et les examens

cours (*m.*) **magistral**	*lecture*
cours (*m.*) **de rattrapage**	*remedial class*
bosser	*to work hard*
cartonner à un examen	*to ace an exam*
potasser	*to cram*
rater (un examen)	*to fail (an exam)*
sécher un cours	*to skip a class*

LE MONDE FRANCOPHONE

Le français langue étrangère

Voici quelques° écoles du monde francophone où vous pouvez aller° pour étudier le français.

En Belgique Université de Liège

En France Université de Franche-Comté–Centre de linguistique appliquée, Université de Grenoble, Université de Paris IV-Sorbonne

À la Martinique Institut Supérieur d'Études Francophones, à Schoelcher

En Nouvelle-Calédonie Centre de Rencontres et d'Échanges Internationaux du Pacifique, à Nouméa

Au Québec Université Laval, Université de Montréal

Aux îles Saint-Pierre et Miquelon Le FrancoForum, à Saint-Pierre

En Suisse Université Populaire de Lausanne, Université de Neuchâtel

quelques *some* **pouvez aller** *can go*

PORTRAIT

Le bac

Au lycée, les élèves ont des cours communs, comme le français, l'histoire et les maths, et aussi un choix° de spécialisation. À la fin° du lycée, à l'âge de dix-sept ou dix-huit ans, les jeunes Français passent un examen très important: le baccalauréat. Le bac est nécessaire pour continuer des études supérieures.

Les lycéens° passent des bacs différents: le bac L (littéraire), le bac ES (économique et social) et le bac S (scientifique) sont des bacs généraux. Il y a aussi des bacs techniques et des bacs technologiques, comme° le bac STI (sciences et technologies industrielles) ou le bac SMS (sciences et techniques médico-sociales). Il y a même° un bac technique de la musique et de la danse et un bac hôtellerie°! Entre 70 (soixante-dix) et 80 (quatre-vingts) pour cent des élèves passent le bac avec succès.

choix *choice* **À la fin** *At the end* **lycéens** *high school students* **comme** *such as* **même** *even* **hôtellerie** *hotel trade*

MUSIQUE À FOND

Francis Cabrel

Date de naissance: 23 novembre 1953
Lieu de naissance: Agen, France
Métier: auteur-compositeur-interprète

Francis Cabrel est très connu en France et ses ventes de disques sont évaluées à plus de 25 millions d'exemplaires.

Go to **vhlcentral.com** to find out more about **Francis Cabrel** and his music.

---

2 **Quel bac?** Which bac best fits the following interests?

1. le ballet
2. la littérature
3. la médecine
4. le tourisme
5. la technologie
6. le piano et la flûte

3 **Et les cours?** In French, name two courses you might take in preparation for each of these baccalauréat exams.

1. un bac L
2. un bac SMS
3. un bac ES
4. un bac STI

 Practice more at **vhlcentral.com**.

 ressources
S
vhlcentral

A C T I V I T É S

2B.1

Present tense of *avoir*  Tutorial

Point de départ The verb **avoir** (*to have*) is used frequently. You will have to memorize each of its present tense forms because they are irregular.

Present tense of *avoir*			
j'ai	*I have*	**nous avons**	*we have*
tu as	*you have*	**vous avez**	*you have*
il/elle/on a	*he/she/it/one has*	**ils/elles ont**	*they have*

> *On a rendez-vous avec David demain.*

> *Cette année, nous avons le bac.*

- Liaison is required between the final consonants of **on**, **nous**, **vous**, **ils**, and **elles** and the first vowel of forms of **avoir** that follow them. When the final consonant is an **-s**, pronounce it as a *z* before the verb forms.

On a un prof sympa.
We have a nice professor.

Nous avons un cours d'art.
We have an art class.

Vous avez deux stylos.
You have two pens.

Elles ont un examen de psychologie.
They have a Psychology exam.

- Keep in mind that an indefinite article, whether singular or plural, usually becomes **de/d'** after a negation.

J'ai **un** cours difficile.
I have a difficult class.

Je n'ai pas **de** cours difficile.
I do not have a difficult class.

Il a **des** examens.
He has exams.

Il n'a pas **d'**examens.
He does not have exams.

- The verb **avoir** is used in certain idiomatic or set expressions where English generally uses *to be* or *to feel*.

Expressions with *avoir*			
avoir... ans	*to be... years old*	**avoir froid**	*to be cold*
avoir besoin (de)	*to need*	**avoir honte (de)**	*to be ashamed (of)*
avoir de la chance	*to be lucky*	**avoir l'air**	*to look like, to seem*
		avoir peur (de)	*to be afraid (of)*
avoir chaud	*to be hot*	**avoir raison**	*to be right*
avoir envie (de)	*to feel like*	**avoir sommeil**	*to be sleepy*
		avoir tort	*to be wrong*

Boîte à outils

In the expression **avoir l'air** + [*adjective*], the adjective does not change to agree with the subject. It is always masculine singular, because it agrees with **air**. Examples:

Elle a l'air charmant.
She looks charming.

Ils ont l'air content.
They look happy.

Il a chaud.

Ils ont froid.

Elle a sommeil.

Il a de la chance.

- The expressions **avoir besoin de**, **avoir honte de**, **avoir peur de**, and **avoir envie de** can be followed by either a noun or a verb.

J'**ai besoin d'**une calculatrice.
I need a calculator.

J'**ai besoin d'**étudier.
I need to study.

Laure **a peur des** serpents.
Laure is afraid of snakes.

Laure **a peur de** parler au professeur.
Laure is afraid to talk to the professor.

Essayez!   Complete the sentences with the correct forms of **avoir**.

1. La température est de 35 degrés Celsius. Nous ___*avons*___ chaud.

2. En Alaska, en décembre, vous _____ froid.

3. Martine écoute la radio et elle _____ envie de danser.

4. Ils _____ besoin d'une calculatrice pour le devoir.

5. Est-ce que tu _____ peur des insectes?

6. Sébastien pense que je travaille aujourd'hui. Il _____ raison.

7. J' _____ cours d'économie le lundi et le mercredi.

8. Mes amis voyagent beaucoup. Ils _____ de la chance.

9. Mohammed _____ deux cousins à Marseille.

10. Vous _____ un grand appartement.

ressources

WB
pp. 23–24

LM
p. 15

vhlcentral

Mise en pratique

1 **On a...** Use the correct forms of **avoir** to form questions from these elements. Use inversion and provide an affirmative or negative answer as indicated.

MODÈLE

tu / bourse (oui)
As-tu une bourse? Oui, j'ai une bourse.

1. nous / dictionnaire (oui)
2. Luc / diplôme (non)
3. elles / montres (non)
4. vous / copains (oui)
5. Thérèse / téléphone (oui)
6. Charles et Jacques / calculatrice (non)
7. on / examen (non)
8. tu / livres de français (non)

2 **C'est évident** Describe these people using expressions with **avoir**.

1. J' _____ étudier.   2. Vous _____.

3. Tu _____.   4. Elles _____.

3 **Assemblez** Use the verb **avoir** and combine elements from the two columns to create sentences about yourself, your class, and your school. Make any necessary changes or additions.

A	B
Je	cours utiles
L'université	bourses importantes
Les profs	professeurs brillants
Mon (*My*) petit ami	ami(e) mexicain(e)
	/ anglais(e)
Ma (*My*) petite amie	/ canadien(ne)
	/ vietnamien(ne)
Nous	étudiants intéressants
	resto U agréable
	école de droit

Practice more at **vhlcentral.com**.

Communication

4 **Besoins** Your instructor will give you a worksheet. Ask different classmates if they need to do these activities. Find at least one person to answer **Oui** and at least one to answer **Non** for each item.

MODÈLE

regarder la télé

Étudiant(e) 1: *Tu as besoin de regarder la télé?*
Étudiant(e) 2: *Oui, j'ai besoin de regarder la télé.*
Étudiant(e) 3: *Non, je n'ai pas besoin de regarder la télé.*

Activités	Oui	Non
1. regarder la télé	Anne	Louis
2. étudier ce soir		
3. passer un examen cette semaine		
4. trouver un cours d'informatique		
5. travailler à la bibliothèque		
6. commencer un devoir important		
7. téléphoner à un(e) copain/copine ce week-end		
8. parler avec le professeur		

5 **C'est vrai?** Interview a classmate by transforming each of these statements into a question. Be prepared to report the results of your interview to the class.

MODÈLE J'ai deux ordinateurs.

Étudiant(e) 1: *Tu as deux ordinateurs?*
Étudiant(e) 2: *Non, je n'ai pas deux ordinateurs.*

1. J'ai peur des examens.
2. J'ai vingt et un ans.
3. J'ai envie de visiter Montréal.
4. J'ai un cours de biologie.
5. J'ai sommeil le lundi matin.
6. J'ai un(e) petit(e) ami(e) égoïste.

6 **Interview** You are talking to the campus housing advisor. Answer his or her questions. In pairs, practice the scene and role-play it for the class.

1. Qu'est-ce que (*What*) vous étudiez?
2. Est-ce que vous avez d'excellentes notes?
3. Est-ce que vous avez envie de partager la chambre?
4. Est-ce que vous mangez au resto U?
5. Est-ce que vous avez un ordinateur?
6. Est-ce que vous retrouvez des amis à la fac?
7. Est-ce que vous écoutez de la musique?
8. Est-ce que vous avez des cours le matin?
9. Est-ce que vous aimez habiter sur le campus?

ESPACE: **STRUCTURES**

2B.2

Telling time  Tutorial

Point de départ Use the verb **être** with numbers to tell time.

- There are two ways to ask what time it is.

  Quelle heure est-il?
  What time is it?

  Quelle heure avez-vous / as-tu?
  What time do you have?

- Use **heures** by itself to express time on the hour. Use **une heure** for one o'clock.

Il est **six heures**. Il est **une heure**.

- Express time from the hour to the half-hour by stating the number of minutes it is past the hour.

Il est quatre heures **cinq**. Il est onze heures **vingt**.

- Use **et quart** to say that it is fifteen minutes past the hour. Use **et demie** to say that it is thirty minutes past the hour.

Il est une heure **et quart**. Il est sept heures **et demie**.

- To express time from the half hour to the hour, subtract the number of minutes or the portion of an hour from the next hour.

Il est trois heures **moins dix**. Il est une heure **moins le quart**.

- To express at what time something happens, use the preposition **à**.

  Céline travaille **à sept heures moins vingt.**
  Céline works at 6:40.

  On passe un examen **à une heure**.
  We take a test at one o'clock.

- In French, the hour and minutes are separated by the letter **h**, which stands for **heure**, whereas in English a colon is used.

  3:25 = **3h25**   11:10 = **11h10**   5:15 = **5h15**

- **Liaison** occurs between numbers and the word **heure(s)**. Final **-s** and **-x** in **deux**, **trois**, **six**, and **dix** are pronounced like a *z*. The final **-f** of **neuf** is pronounced like a *v*.

  Il est **deux heures**.   Il est **neuf heures** et quart.
  It's two o'clock.   *It's 9:15.*

- You do not usually make a **liaison** between the verb form **est** and a following number that starts with a vowel sound.

  Il est **onze** heures.   Il est **une** heure vingt.   Il est **huit** heures et demie.
  It's eleven o'clock.   *It's 1:20.*   *It's 8:30.*

Expressions for telling time			
À quelle heure?	*(At) what time/ when?*	**midi**	*noon*
de l'après-midi	*in the afternoon*	**minuit**	*midnight*
du matin	*in the morning*	**pile**	*sharp, on the dot*
du soir	*in the evening*	**presque**	*almost*
en avance	*early*	**tard**	*late*
en retard	*late*	**tôt**	*early*
		vers	*about*

Il est **minuit** à Paris.   Il est six heures **du soir** à New York.
It's midnight in Paris.   *It's six o'clock in the evening in New York.*

- The 24-hour clock is often used to express official time. Departure times, movie times, and store hours are expressed in this fashion. Only numbers are used to tell time this way. Expressions like **et demie**, **moins le quart**, etc. are not used.

  Le train arrive à **dix-sept heures six**.   Le film est à **vingt-deux heures trente-sept**.
  The train arrives at 5:06 p.m.   *The film is at 10:37 p.m.*

J'ai cours de trois heures vingt à quatre heures et demie.

Stéphane! Quelle heure est-il?

Boîte à outils

In French, there are no words for *a.m.* and *p.m.* You can use **du matin** for *a.m.*, **de l'après-midi** from noon until about 6 p.m., and **du soir** from about 6 p.m. until midnight. When you use the 24-hour clock, it becomes obvious whether you're referring to *a.m.* or *p.m.*

À noter

As you learned in **Leçon 1A**, when you say 21, 31, 41, etc. in French, the *one* agrees with the gender of the noun that follows. Therefore, **21h00** is **vingt et une heures**.

Essayez!   Complete the sentences by writing out the correct times according to the cues.

1. (1:00 a.m.) Il est _une heure_ du matin.
2. (2:50 a.m.) Il est _____ du matin.
3. (8:30 p.m.) Il est _____ du soir.
4. (10:08 a.m.) Il est _____ du matin.
5. (7:15 p.m.) Il est _____ du soir.
6. (12:00 p.m.) Il est _____ .
7. (4:05 p.m.) Il est _____ de l'après-midi.
8. (4:45 a.m.) Il est _____ du matin.
9. (3:20 a.m.) Il est _____ du matin.
10. (12:00 a.m.) Il est _____ .

ressources

WB
pp. 25–26

LM
p. 16

vhlcentral

ESPACE STRUCTURES

Mise en pratique

1 **Quelle heure est-il?** Give the time shown on each clock or watch.

MODÈLE

Il est quatre heures et quart de l'après-midi.

1. _____ 2. _____ 3. _____ 4. _____

5. _____ 6. _____ 7. _____ 8. _____

2 **À quelle heure?** Find out when you and your friends are going to do certain things.

MODÈLE

À quelle heure est-ce qu'on étudie? (about 8 p.m.)
On étudie vers huit heures du soir.

À quelle heure...

1. ...est-ce qu'on arrive au café? (at 10:30 a.m.)
2. ...est-ce que vous parlez avec le professeur? (at noon)
3. ...est-ce que tu travailles? (late, at 11:15 p.m.)
4. ...est-ce qu'on regarde la télé? (at 9:00 p.m.)
5. ...est-ce que Marlène et Nadine mangent? (around 1:45 p.m.)
6. ...est-ce que le cours commence? (very early, at 8:20 a.m.)

3 **Départ à...** Tell what each of these times would be on a 24-hour clock.

MODÈLE

Il est trois heures vingt de l'après-midi.
Il est quinze heures vingt.

1. Il est dix heures et demie du soir.
2. Il est deux heures de l'après-midi.
3. Il est huit heures et quart du soir.
4. Il est minuit moins le quart.
5. Il est six heures vingt-cinq du soir.
6. Il est trois heures moins cinq du matin.
7. Il est six heures moins le quart de l'après-midi.
8. Il est une heure et quart de l'après-midi.
9. Il est neuf heures dix du soir.
10. Il est sept heures quarante du soir.

 Practice more at **vhlcentral.com**.

Communication

4 Télémonde Look at this French TV guide. In pairs, ask questions about program start times.

MODÈLE

Étudiant(e) 1: À quelle heure commence Télé-ciné sur Antenne 4?
Étudiant(e) 2: Télé-ciné commence à dix heures dix du soir.

dessins animés	cartoons
feuilleton télévisé	soap opera
film policier	detective film
informations	news
jeu télévisé	game show

VENDREDI

Antenne 2
15h30 Pomme d'Api (dessins animés)
17h35 Reportage spécial: le sport dans les lycées
20h15 La famille Menet (feuilleton télévisé)
21h35 Télé-ciné: L'inspecteur Duval (film policier)

Antenne 4
14h00 Football: match France-Italie
19h45 Les informations
20h30 Concert: orchestre de Nice
22h10 Télé-ciné: Une chose difficile (comédie dramatique)

Antenne 5
18h25 Montréal: une ville à visiter
19h30 Des chiffres et des lettres (jeu télévisé)
21h05 Reportage spécial: les Sénégalais
22h05 Les informations

5 Où es-tu? In pairs, take turns asking where (où) your partner usually is on these days at these times. Choose from the places listed.

au lit (bed)	chez mes (at my) parents
au resto U	chez mes copains
à la bibliothèque	chez mon (my) petit ami
en ville (town)	chez ma (my) petite amie
au parc	
en cours	

1. Le samedi: à 8h00 du matin; à midi; à minuit
2. En semaine: à 9h00 du matin; à 3h00 de l'après-midi; à 7h00 du soir
3. Le dimanche: à 4h00 de l'après-midi; à 6h30 du soir; à 10h00 du soir
4. Le vendredi: à 11h00 du matin; à 5h00 de l'après-midi; à 11h00 du soir

6 Le suspect A student on campus is a suspect in a crime. You and a partner are detectives. Keeping a log of the student's activities, use the 24-hour clock to say what he or she is doing when.

MODÈLE

À vingt-deux heures trente-trois, il parle au téléphone.

Révision

1 **J'ai besoin de...** In pairs, take turns saying which items you need. Your partner will guess why you need them. How many times did each of you guess correctly?

MODÈLE

Étudiant(e) 1: *J'ai besoin d'un cahier et d'un dictionnaire pour demain.*
Étudiant(e) 2: *Est-ce que tu as un cours de français?*
Étudiant(e) 1: *Non. J'ai un examen d'anglais.*

un cahier	un livre de physique
une calculatrice	une montre
une carte	un ordinateur
un dictionnaire	un stylo
une feuille de papier	un téléphone

2 **À l'université française** To complete your degree, you need two language classes, a science class, and an elective. Take turns deciding what classes you need or want to take. Your partner will tell you the days and times so you can set up your schedule.

MODÈLE

Étudiant(e) 1: *J'ai besoin d'un cours de maths, peut-être «Initiation aux maths».*
Étudiant(e) 2: *C'est le mardi et le jeudi après-midi, de deux heures à trois heures et demie.*
Étudiant(e) 1: *J'ai aussi besoin d'un cours de langue...*

Les cours	Jours et heures
Allemand	mardi, jeudi; 14h00-15h30
Biologie II	mardi, jeudi; 9h00-10h30
Chimie générale................	lundi, mercredi; 11h00-12h30
Espagnol...........................	lundi, mercredi; 11h00-12h30
Gestion	mercredi; 13h00-14h30
Histoire des États-Unis......	jeudi; 12h15-14h15
Initiation à la physique......	lundi, mercredi; 12h00-13h30
Initiation aux maths	mardi, jeudi; 14h00-15h30
Italien	lundi, mercredi; 12h00-13h30
Japonais...........................	mardi, jeudi; 9h00-10h30
Les philosophes grecs.......	lundi; 15h15-16h45
Littérature moderne	mardi; 10h15-11h15

3 **Les cours** Your partner will tell you what classes he or she is currently taking. Make a list, including the times and days of the week. Then, talk to as many classmates as you can, and find at least two students who take at least two of the same classes as your partner.

4 **On y va?** Walk around the room and find at least one classmate who feels like doing each of these activities with you. For every affirmative answer, record the name of your classmate and agree on a time and date. Do not speak to the same classmate twice.

MODÈLE

Étudiant(e) 1: *Tu as envie de retrouver des amis avec moi?*
Étudiant(e) 2: *Oui, pourquoi pas? Samedi, à huit heures du soir, peut-être?*
Étudiant(e) 1: *D'accord!*

chercher un café sympa	regarder la télé française
dîner au resto U	retrouver des amis
écouter de la musique	travailler à la bibliothèque
étudier le français	visiter un musée
cette semaine	

5 **Au téléphone** Two high school friends are attending different universities. In pairs, imagine a conversation where they discuss the time, their classes, and likes or dislikes about campus life. Then, role-play the conversation for the class and vote for the best skit.

MODÈLE

Étudiant(e) 1: *J'ai cours de chimie à dix heures et demie.*
Étudiant(e) 2: *Je n'ai pas de cours de chimie cette année.*
Étudiant(e) 1: *N'aimes-tu pas les sciences?*
Étudiant(e) 2: *Si, mais...*

6 **La semaine de Patrick** Your instructor will give you and a partner different incomplete pages from Patrick's day planner. Do not look at each other's worksheet.

MODÈLE

Étudiant(e) 1: *Lundi matin, Patrick a cours de géographie à dix heures et demie.*
Étudiant(e) 2: *Lundi, il a cours de sciences po à deux heures de l'après-midi.*

À l'écoute  Audio: Activities

Listening for cognates

You already know that cognates are words that have similar spellings and meanings in two or more languages: for example *group* and **groupe** or *activity* and **activité**. Listen for cognates to increase your comprehension of spoken French.

 To help you practice this strategy, you will listen to two sentences. Make a list of all the cognates you hear.

Préparation

Based on the photograph, who do you think Marie-France and Dominique are? Do you think they know each other well? Where are they? Where are they probably going this morning? What do you think they are talking about?

À vous d'écouter

Listen to the conversation and list any cognates you hear. Listen again and complete the highlighted portions of Marie-France's schedule.

28 OCTOBRE

8H00 *jogging*	14H00
8H30	14H30
9H00	15H00
9H30	15H30
10H00	16H00
10H30	16H30
11H00	17H00
11H30	17H30 *étudier*
12H00	18H00
12H30	18H30
13H00 *bibliothèque*	19H00 *téléphoner à papa*
13H30	19H30 *Sophie:*

Compréhension

Vrai ou faux? Indicate whether each statement is **vrai** or **faux**. Then correct the false statements.

1. D'après Marie-France, la biologie est facile.

2. Marie-France adore la chimie.

3. Marie-France et Dominique mangent au restaurant vietnamien à midi.

4. Dominique aime son cours de sciences politiques.

5. Monsieur Meyer est professeur de physique.

6. Monsieur Meyer donne des devoirs faciles.

7. Le lundi après-midi, Marie-France a psychologie et physique.

8. Aujourd'hui, Dominique mange au resto U.

Votre emploi du temps With a partner, discuss the classes you're taking this semester. Be sure to say when you have each one, and give your opinion of at least three courses.

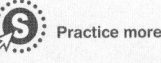 Practice more at **vhlcentral.com**.

SAVOIR-FAIRE

Panorama

La France

Le pays en chiffres

▶ **Superficie:** *549.000 km²*
(*cinq cent quarante-neuf mille kilomètres carrés°*)

▶ **Population:** *64.395.000 (soixante-quatre millions trois cent quatre-vingt-quinze mille)*
SOURCE: Population Division, UN Secrétariat

▶ **Industries principales:** *agro-alimentaires°, assurance°, banques, énergie, produits pharmaceutiques, produits de luxe, télécommunications, tourisme, transports*

La France est le pays° le plus° visité du monde° avec plus de° 83 millions de touristes chaque° année. Son histoire, sa culture et ses monuments– plus de 43.000 (quarante-trois mille)–et musées– plus de 1.200 (mille deux cents)–attirent° des touristes de partout° dans le monde.

▶ **Villes principales:** *Paris, Lille, Lyon, Marseille, Toulouse*

▶ **Monnaie°:** *l'euro*
La France est un pays membre de l'Union européenne et, en 2002, l'euro a remplacé° le franc français comme° monnaie nationale.

Français célèbres

▶ **Jeanne d'Arc**, *héroïne française (1412–1431)*

▶ **Émile Zola**, *écrivain° (1840–1902)*

▶ **Pierre-Auguste Renoir**, *peintre° (1841–1919)*

▶ **Claude Debussy**, *compositeur et musicien (1862–1918)*

▶ **Camille Claudel**, *sculptrice (1864–1943)*

▶ **Claudie André-Deshays**, *médecin, première astronaute française (1957–)*

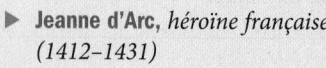
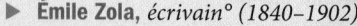

carrés *square* **agro-alimentaires** *food processing* **assurance** *insurance* **pays** *country* **le plus** *the most* **monde** *world* **plus de** *more than* **chaque** *each* **attirent** *attract* **partout** *everywhere* **Monnaie** *Currency* **a remplacé** *replaced* **comme** *as* **écrivain** *writer* **peintre** *painter* **élus à vie** *elected for life* **Depuis** *Since* **mots** *words* **courrier** *mail* **pont** *bridge*

LA FRANCE

LE ROYAUME-UNI

LA MER DU NORD

LA MANCHE

LA BELGIQUE

L'ALLEMAGNE

LES ARDENNES — LE LUXEMBOURG

Lille

Le Havre
Caen
Rouen
la Seine
la Marne
Paris
Strasbourg

le Mont-St-Michel
Versailles

LES VOSGES
le Rhin

Rennes
Nantes

la Loire

Bourges

Poitiers

L'OCÉAN ATLANTIQUE

Limoges

la Saône
LE JURA
LA SUISSE

Lyon

L'ITALIE

Clermont-Ferrand

Bordeaux

la Garonne

LE MASSIF CENTRAL

le Rhône

LES ALPES

Aix-en-Provence

MONACO

Toulouse

Nîmes

Marseille

LES PYRÉNÉES

LA CORSE

ANDORRE

LA MER MÉDITERRANÉE

L'ESPAGNE

0   100 milles
0   100 kilomètres

un bateau-mouche sur la Seine

le château de Chenonceau

le pont° du Gard

Incroyable mais vrai!

Être «immortel», c'est réguler et défendre le bon usage du français! Les Académiciens de l'Académie française sont élus à vie° et s'appellent les «Immortels». Depuis° 1635 (mille six cent trente-cinq), ils décident de l'orthographe correcte des mots° et publient un dictionnaire. Attention, c'est «courrier° électronique», pas «e-mail»!

La géographie

L'Hexagone

Surnommé «l'Hexagone» à cause de° sa forme géométrique, le territoire français a trois fronts maritimes: l'océan Atlantique, la mer° Méditerranée et la Manche°; et trois frontières° naturelles: les Pyrénées, les Ardennes et les Alpes et le Jura. À l'intérieur du pays°, le Massif central et les Vosges ponctuent° un relief composé de vastes plaines et de forêts. La Loire, la Seine, la Garonne, le Rhin et le Rhône sont les fleuves° principaux de l'Hexagone.

La technologie

Le Train à Grande Vitesse

Le chemin de fer° existe en France depuis° 1827 (mille huit cent vingt-sept). Aujourd'hui, la SNCF (Société nationale des chemins de fer français) offre la possibilité aux voyageurs de se déplacer° dans tout° le pays et propose des tarifs° avantageux aux étudiants et aux moins de 25 ans°. Le TGV (Train à Grande Vitesse°) roule° à plus de 300 (trois cents) km/h (kilomètres/heure) et emmène° même° les voyageurs jusqu'à° Londres et Bruxelles.

Les arts

Le cinéma, le 7e art!

L'invention du cinématographe par les frères° Lumière en 1895 (mille huit cent quatre-vingt-quinze) marque le début° du «7e (septième) art». Le cinéma français donne naissance° aux prestigieux César° en 1976 (mille neuf cent soixante-seize), à des cinéastes talentueux comme° Jean Renoir, François Truffaut et Luc Besson, et à des acteurs mémorables comme Brigitte Bardot, Catherine Deneuve, Olivier Martinez et Audrey Tautou.

L'économie

L'industrie

Avec la richesse de la culture française, il est facile d'oublier que l'économie en France n'est pas limitée à l'artisanat°, à la gastronomie ou à la haute couture°. En fait°, la France est une véritable puissance° industrielle et se classe° parmi° les économies les plus° importantes du monde. Ses° activités dans des secteurs comme la construction automobile (par exemple, Peugeot, Citroën, Renault), l'industrie aérospatiale (avec Airbus) et l'énergie nucléaire (avec Électricité de France) sont considérables.

Qu'est-ce que vous avez appris? Complete these sentences.

1. _____ est une sculptrice française.
2. Les Académiciens sont élus _____.
3. Le mot correct en français pour «e-mail», c'est _____.
4. À cause de sa forme, la France s'appelle aussi _____.
5. La _____ offre la possibilité de voyager dans tout le pays.
6. Avec le _____, on voyage de Paris à Londres.
7. Les _____ sont les inventeurs du cinéma.
8. _____ est un grand cinéaste français.
9. La France est une grande puissance _____.
10. Électricité de France produit (*produces*) _____.

Sur Internet

Go to **vhlcentral.com** to find more cultural information related to this **Panorama**.

1. Cherchez des informations sur l'Académie française. Faites (*Make*) une liste de mots ajoutés à la dernière édition du dictionnaire de l'Académie française.

2. Cherchez des informations sur l'actrice Catherine Deneuve. Quand a-t-elle commencé (*did she begin*) sa (*her*) carrière? Trouvez ses (*her*) trois derniers films.

à cause de *because of* **mer** *sea* **Manche** *English Channel* **frontières** *borders* **pays** *country* **ponctuent** *punctuate* **fleuves** *rivers* **chemin de fer** *railroad* **depuis** *since* **se déplacer** *travel* **dans tout** *throughout* **tarifs** *fares* **moins de 25 ans** *people under 25* **Train à Grande Vitesse** *high speed train* **roule** *rolls, travels* **emmène** *takes* **même** *even* **jusqu'à** *to* **frères** *brothers* **début** *beginning* **donne naissance** *gives birth* **César** *equivalent of the Oscars in France* **comme** *such as* **artisanat** *craft industry* **haute couture** *high fashion* **En fait** *In fact* **puissance** *power* **se classe** *ranks* **parmi** *among* **les plus** *the most* **Ses** *Its*

Lecture  Audio: Reading

Avant la lecture

Predicting content through formats

Recognizing the format of a document can help you to predict its content. For instance, invitations, greeting cards, and classified ads follow an easily identifiable format, which usually gives you an idea of the information they contain. Look at the text and identify it based on its format.

	lundi	mardi	mercredi	jeudi	vendredi
8h30	biologie		biologie		biologie
9h00		histoire		histoire	
9h30	anglais		anglais		anglais
10h00					
10h30					
11h00					
11h30					
12h00					
12h30					
1h00	art		art		art

If you guessed that this is a page from a student's schedule, you are correct. You can infer that the document contains information about a student's weekly schedule, including days, times, and activities.

Examinez le texte

Briefly look at the document. What is its format? What kind of information is given? How is it organized? Are there any visuals? What kind? What type(s) of documents usually contain these elements?

Mots apparentés

As you have already learned, in addition to format, you can use cognates to help you predict the content of a document. With a classmate, make a list of all the cognates you find in the reading selection. Based on these cognates and the format of the document, can you guess what this document is and what it's for?

ÉCOLE DE FRANÇAIS
(pour étrangers°) DE LILLE

COURS DE FRANÇAIS POUR TOUS°	COURS DE SPÉCIALISATION
Niveau° débutant°	Français pour enfants°
Niveau élémentaire	Français des affaires°
Niveau intermédiaire	Droit° français
Niveau avancé	Français pour le tourisme
Conversation	Culture et civilisation
Grammaire française	Histoire de France
	Art et littérature
	Arts culinaires

26, place d'Arsonval • 59000 Lille
Tél. 03.20.52.48.17 • Fax. 03.20.52.48.18 • www.efpelille.fr

Programmes de 2 à 8 semaines,
4 à 8 heures par jour
Immersion totale
Professeurs diplômés

le Musée des Beaux-Arts, Lille

GRAND CHOIX° D'ACTIVITÉS SUPPLÉMENTAIRES

- Excursions à la journée dans la région
- Visites de monuments et autres sites touristiques
- Sorties° culturelles (théâtre, concert, opéra et autres spectacles°)
- Sports et autres activités de loisir°

HÉBERGEMENT°

- En cité universitaire°
- Dans° une famille française
- À l'hôtel

pour étrangers *for foreigners* **tous** *all* **Niveau** *Level* **débutant** *beginner* **enfants** *children* **affaires** *business* **Droit** *Law* **choix** *choice* **Sorties** *Outings* **spectacles** *shows* **loisir** *leisure* **hébergement** *lodging* **cité universitaire** *university dormitories (on campus)* **Dans** *In*

Après la lecture

Répondez Select the correct response or completion to each question or statement, based on the reading selection.

1. C'est une brochure pour...
   a. des cours de français pour étrangers.
   b. une université française.
   c. des études supérieures en Belgique.

2. «Histoire de France» est...
   a. un cours pour les professeurs diplômés.
   b. un cours de spécialisation.
   c. un cours pour les enfants.

3. Le cours de «Français pour le tourisme» est utile pour...
   a. une étudiante qui (*who*) étudie les sciences po.
   b. une femme qui travaille dans un hôtel de luxe.
   c. un professeur d'administration des affaires.

4. Un étudiant étranger qui commence le français assiste probablement à quel (*which*) cours?
   a. Cours de français pour tous, Niveau avancé
   b. Cours de spécialisation, Art et littérature
   c. Cours de français pour tous, Niveau débutant

5. Quel cours est utile pour un homme qui parle assez bien français et qui travaille dans l'économie?
   a. Cours de spécialisation, Français des affaires
   b. Cours de spécialisation, Arts culinaires
   c. Cours de spécialisation, Culture et civilisation

6. Le week-end, les étudiants...
   a. passent des examens.
   b. travaillent dans des hôtels.
   c. visitent la ville et la région.

7. Les étudiants qui habitent dans une famille...
   a. ont envie de rencontrer des Français.
   b. ont des bourses.
   c. ne sont pas reçus aux examens.

8. Un étudiant en architecture va aimer...
   a. le cours de droit français.
   b. les visites de monuments et de sites touristiques.
   c. les activités sportives.

Complétez Complete these sentences.

1. Le numéro de téléphone est le _____.

2. Le numéro de fax est le _____.

3. L'adresse de l'école est _____.

4. L'école offre des programmes de Français de _____ semaines et de _____ par jour.

Écriture

Brainstorming

In the early stages of writing, brainstorming can help you generate ideas on a specific topic. You should spend ten to fifteen minutes brainstorming and jotting down any ideas about the topic that occur to you. Whenever possible, try to write down your ideas in French. Express your ideas in single words or phrases, and jot them down in any order. While brainstorming, do not worry about whether your ideas are good or bad. Selecting and organizing ideas should be the second stage of your writing. Remember that the more ideas you write down while brainstorming, the more options you will have to choose from later when you start to organize your ideas.

J'aime
  danser
  voyager
  regarder la télévision
  le cours de français
  le cours de psychologie

Je n'aime pas
  chanter
  dessiner
  travailler
  le cours de chimie
  le cours de biologie

Thème

Une description personnelle

Avant l'écriture

1. Write a description of yourself to post on a website in order to find a francophone e-pal. Your description should include:

- your name and where you are from

- the name of your school and where it is located

- the courses you are currently taking and your opinion of each one

- some of your likes and dislikes

- where you work if you have a job

- any other information you would like to include

Use a chart like this one to brainstorm information about your likes and dislikes.

J'aime	Je n'aime pas

2. Now take the information about your likes and dislikes and fill out this new chart to help you organize the content of your description.

Je m'appelle...	(name).
Je suis de...	(where you are from).
J'étudie...	(names of classes) à/au/à la (name of school).
Je ne travaille pas./ Je travaille à/au/ à la/chez...	(place where you work).
J'aime...	(activities you like).
Je n'aime pas...	(activities you dislike).

Écriture

Use the information from the second chart to write a paragraph describing yourself. Make sure you include all the information from the chart in your paragraph. Use the structures provided for each topic.

Bonjour!

Je m'appelle Michael Adams. Je suis américain. J'étudie le droit à l'Université de Chicago. Je travaille au restaurant Students' Corner. J'aime parler avec des amis, lire (*read*), écouter de la musique et voyager, parce que j'aime rencontrer des gens. Par contre, je n'aime pas le sport...

Après l'écriture

1. Exchange a rough draft of your description with a partner. Comment on his or her work by answering these questions:

- Did your partner include all the necessary information (at least six facts)?

- Did your partner use the structures provided in the chart?

- Did your partner use the vocabulary of the unit?

- Did your partner use the grammar of the unit?

2. Revise your description according to your partner's comments. After writing the final version, read it one more time to eliminate these kinds of problems:

- spelling errors

- punctuation errors

- capitalization errors

- use of incorrect verb forms

- use of incorrect adjective agreement

- use of incorrect definite and indefinite articles

Vocabulary Tools

Leçon 2A

Verbes

adorer *to love; to adore*
aimer *to like; to love*
aimer mieux *to prefer*
arriver *to arrive*
chercher *to look for*
commencer *to begin, to start*
dessiner *to draw; to design*
détester *to hate*
donner *to give*
étudier *to study*
habiter (à) *to live (in)*
manger *to eat*
oublier *to forget*
parler (au téléphone) *to speak*
  (on the phone)
partager *to share*
penser (que/qu') *to think (that)*
regarder *to look (at), to watch*
rencontrer *to meet*
retrouver *to meet up with;*
  to find (again)
travailler *to work*
voyager *to travel*

Vocabulaire utile

J'adore... *I love...*
J'aime bien... *I like...*
Je n'aime pas tellement...
  I don't like... very much.
Je déteste... *I hate...*
être reçu(e) à un examen
  to pass an exam

Des questions et des opinions

bien sûr *of course*
d'accord *OK, all right*
Est-ce que/qu'...? *Question phrase*
(mais) non *no (but of course not)*
moi/toi non plus *me/you neither*
ne... pas *no, not*
n'est-ce pas? *isn't that right?*
oui/si *yes*
parce que *because*
pas du tout *not at all*
peut-être *maybe, perhaps*
Pourquoi? *Why?*

L'université

l'architecture (f.) *architecture*
l'art (m.) *art*
la biologie *biology*
la chimie *chemistry*
le droit *law*
l'économie (f.) *economics*
l'éducation physique (f.) *physical
  education*
la géographie *geography*
la gestion *business administration*
l'histoire (f.) *history*
l'informatique (f.) *computer science*
les langues (étrangères) (f.)
  (foreign) languages
les lettres (f.) *humanities*
les mathématiques (maths) (f.)
  mathematics
la philosophie *philosophy*
la physique *physics*
la psychologie *psychology*
les sciences (politiques/po) (f.)
  (political) science
le stylisme de mode (m.)
  fashion design
une bourse *scholarhip, grant*
un cours *class, course*
un devoir; les devoirs *homework*
un diplôme *diploma, degree*
l'école (f.) *school*
les études (supérieures) (f.)
  (higher) education; studies
le gymnase *gymnasium*
une note *grade*
un restaurant universitaire
  (un resto U) *university cafeteria*

Adjectifs et adverbes

difficile *difficult*
facile *easy*
inutile *useless*
utile *useful*
surtout *especially; above all*

Expressions utiles

See p. 51.

Leçon 2B

L'université

assister à *to attend*
demander *to ask*
dîner *to have dinner*
échouer *to fail*
écouter *to listen (to)*
enseigner *to teach*
expliquer *to explain*
passer un examen *to take an exam*
préparer *to prepare (for)*
rentrer (à la maison) *to return (home)*
téléphoner à *to telephone*
trouver *to find; to think*
visiter *to visit (a place)*

Expressions de temps

Quel jour sommes-nous? *What day
  is it?*
un an *a year*
une/cette année *one/this year*
après *after*
après-demain *day after tomorrow*
un/cet après-midi *an/this afternoon*
aujourd'hui *today*
demain (matin/après-midi/soir)
  tomorrow (morning/afternoon/evening)
un jour *a day*
une journée *a day*
**(le) lundi, mardi, mercredi, jeudi,
  vendredi, samedi, dimanche**
  *(on) Monday(s), Tuesday(s),
  Wednesday(s), Thursday(s), Friday(s),
  Saturday(s), Sunday(s)*
un/ce matin *a/this morning*
la matinée *morning*
un mois/ce mois-ci *a month/this
  month*
une/cette nuit *a/this night*
une/cette semaine *a/this week*
un/ce soir *an/this evening*
une soirée *an evening*
un/le/ce week-end *a/the/this
  weekend*
dernier/dernière *last*
premier/première *first*
prochain(e) *next*

Expressions avec avoir

avoir *to have*
avoir... ans *to be... years old*
avoir besoin (de) *to need*
avoir chaud *to be hot*
avoir de la chance *to be lucky*
avoir envie (de) *to feel like*
avoir froid *to be cold*
avoir honte (de) *to be ashamed (of)*
avoir l'air *to look like, to seem*
avoir peur (de) *to be afraid (of)*
avoir raison *to be right*
avoir sommeil *to be sleepy*
avoir tort *to be wrong*

Expressions utiles

See p. 69.

Telling time

Quelle heure est-il? *What time is it?*
Quelle heure avez-vous/as-tu? *What
  time do you have?*
Il est... heures. *It is... o'clock.*
une heure *one o'clock*
et quart *fifteen minutes past the hour*
et demie *thirty minutes past the hour*
moins dix *ten minutes before the hour*
Moins le quart *fifteen minutes before
  the hour*
À quelle heure? *(At) what time/when?*
de l'après-midi *in the afternoon*
du matin *in the morning*
du soir *in the evening*
en avance *early*
en retard *late*
midi *noon*
minuit *midnight*
pile *sharp, on the dot*
presque *almost*
tard *late*
tôt *early*
vers *about*

La famille et les copains

Pour commencer

- Combien de personnes y a-t-il?
- Où sont ces personnes?
- Que font-elles?
- Ont-elles l'air agréables ou désagréables?

Leçon 3A

You will learn how to...

- discuss family, friends, and pets
- express ownership

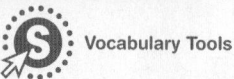 Vocabulary Tools

La famille de Marie Laval

Luc Garneau

mon grand-père
(*my grandfather*)

Sophie Garneau   **Marc Garneau**

ma tante (*aunt*),
femme (*wife*)
de Marc

mon oncle (*uncle*),
fils (*son*) de Luc
et d'Hélène

Jean Garneau   **Isabelle Garneau**   **Virginie Garneau**

mon cousin,
petit-fils (*grandson*)
de Luc et d'Hélène
frère (*brother*)
d'Isabelle et de
Virginie

ma cousine,
sœur (*sister*)
de Jean et de
Virginie, petite-fille
(*granddaughter*) de
Luc et d'Hélène

ma cousine,
sœur de Jean
et d'Isabelle,
petite-fille de Luc
et d'Hélène

Bambou

le chien (*dog*) de
mes (*my*) cousins

Vocabulaire

divorcer	*to divorce*
épouser	*to marry*
aîné(e)	*elder*
cadet(te)	*younger*
un beau-frère	*brother-in-law*
un beau-père	*father-in-law; stepfather*
une belle-mère	*mother-in-law; stepmother*
un demi-frère	*half-brother; stepbrother*
une demi-sœur	*half-sister; stepsister*
les enfants (*m., f.*)	*children*
un(e) époux/épouse	*husband/wife*
une famille	*family*
une femme	*wife; woman*
une fille	*daughter; girl*
les grands-parents (*m.*)	*grandparents*
les parents (*m.*)	*parents*
un(e) voisin(e)	*neighbor*
un chat	*cat*
un oiseau	*bird*
un poisson	*fish*
célibataire	*single*
divorcé(e)	*divorced*
fiancé(e)	*engaged*
marié(e)	*married*
séparé(e)	*separated*
veuf/veuve	*widowed*

ressources

WB
pp. 29–30

LM
p. 17

vhlcentral

Mise en pratique

1 Écoutez Listen to each statement made by Marie Laval, and then indicate whether it is **vrai** or **faux**, based on her family tree.

	Vrai	Faux		Vrai	Faux
1.	☐	☐	6.	☐	☐
2.	☐	☐	7.	☐	☐
3.	☐	☐	8.	☐	☐
4.	☐	☐	9.	☐	☐
5.	☐	☐	10.	☐	☐

2 Qui est-ce? Match the definition in the first list with the correct item from the second list. Not all the items will be used.

1. _____ le frère de ma cousine
2. _____ le père de mon cousin
3. _____ le mari de ma grand-mère
4. _____ le fils de mon frère
5. _____ la fille de mon grand-père
6. _____ le fils de ma mère
7. _____ la fille de mon fils
8. _____ le fils de ma belle-mère

a. mon grand-père
b. ma sœur
c. ma tante
d. mon cousin
e. mon neveu
f. mon demi-frère
g. mon oncle
h. ma petite-fille
i. mon frère

3 Choisissez Fill in the blank by selecting the most appropriate answer.

1. Voici le frère de mon père. C'est mon _____ (oncle, neveu, fiancé).
2. Voici la mère de ma cousine. C'est ma _____ (grand-mère, voisine, tante).
3. Voici la petite-fille de ma grand-mère. C'est ma _____ (cousine, nièce, épouse).
4. Voici le père de ma mère. C'est mon _____ (grand-père, oncle, cousin).
5. Voici le fils de mon père, mais ce n'est pas le fils de ma mère. C'est mon _____ (petit-fils, demi-frère, voisin).
6. Voici ma nièce. C'est la _____ (cousine, fille, petite-fille) de ma mère.
7. Voici la mère de ma tante. C'est ma _____ (cousine, grand-mère, nièce).
8. Voici la sœur de mon oncle. C'est ma _____ (tante, belle-mère, belle-sœur).
9. Voici la fille de ma mère, mais pas de mon père. C'est ma _____ (belle-sœur, demi-sœur, sœur).
10. Voici le mari de ma mère, mais ce n'est pas mon père. C'est mon _____ (beau-frère, grand-père, beau-père).

Hélène Garneau

ma grand-mère
(*my grandmother*)

Juliette Laval

ma mère (*mother*),
fille (*daughter*) de
Luc et d'Hélène

Robert Laval

mon père (*father*),
mari (*husband*)
de Juliette

Véronique Laval

ma belle-sœur
(*sister-in-law*)

Guillaume Laval

mon frère
(*brother*)

Marie Laval

Marie Laval,
fille de Juliette
et de Robert

Matthieu Laval

mon neveu
(*nephew*)

Émilie Laval

ma nièce
(*niece*)

petits-enfants (*grandchildren*)
de mes parents

Communication

 4 **L'arbre généalogique** With a classmate, identify the members of the family by asking questions about how each member is related to Anne Durand.

> **MODÈLE**
>
> **Étudiant(e) 1:** *Qui est Louis Durand?*
> **Étudiant(e) 2:** *C'est le grand-père d'Anne.*

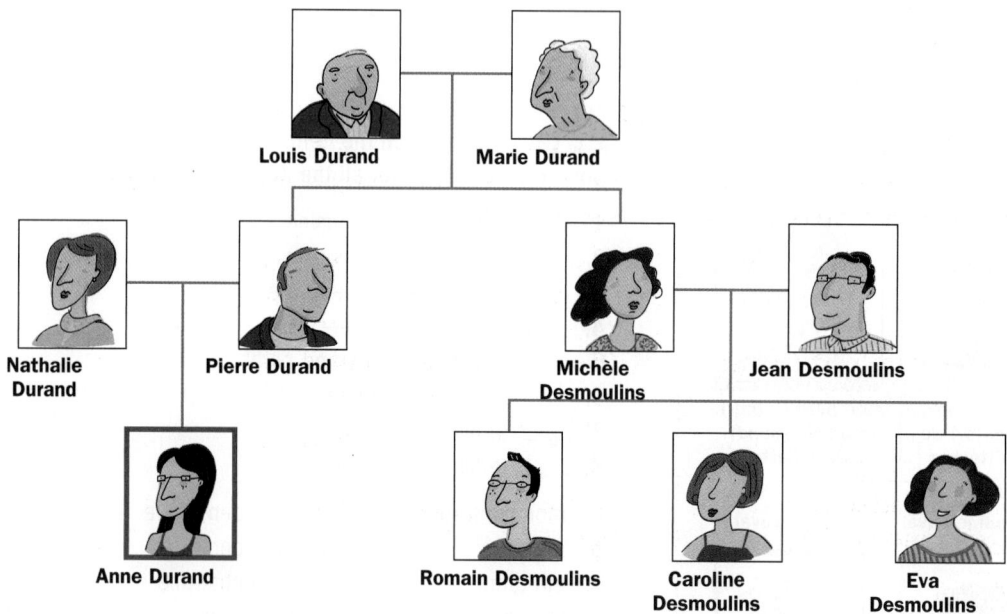

Louis Durand   **Marie Durand**

Nathalie Durand   **Pierre Durand**   **Michèle Desmoulins**   **Jean Desmoulins**

Anne Durand   **Romain Desmoulins**   **Caroline Desmoulins**   **Eva Desmoulins**

 5 **Entrevue** With a classmate, take turns asking each other these questions.

1. Combien de personnes y a-t-il dans ta famille?
2. Comment s'appellent tes parents?
3. As-tu des frères ou des sœurs?
4. Combien de cousins/cousines as-tu? Comment s'appellent-ils/elles? Où habitent-ils/elles?
5. Quel(le) (*Which*) est ton cousin préféré/ta cousine préférée?
6. As-tu des neveux/des nièces?
7. Comment s'appellent tes grands-parents? Où habitent-ils?
8. Combien de petits-enfants ont tes grands-parents?

Coup de main

Use these words to help you complete this activity.

ton *your (m.)* → **mon** *my (m.)*
ta *your (f.)* → **ma** *my (f.)*
tes *your (pl.)* → **mes** *my (pl.)*

---

 6 **Qui suis-je?** Your instructor will give you a worksheet. Walk around the class and ask your classmates questions about their families. When a classmate gives one of the answers on the worksheet, write his or her name in the corresponding space. Be prepared to discuss the results with the class.

> **MODÈLE** *Je suis marié(e).*
>
> **Paul:** *Est-ce que tu es mariée?*
> **Jacqueline:** *Oui, je suis mariée. (You write "Jacqueline".)/ Non, je ne suis pas mariée. (You ask another classmate.)*

Les sons et les lettres  Audio

L'accent aigu and l'accent grave

In French, diacritical marks (*accents*) are an essential part of a word's spelling. They indicate how vowels are pronounced or distinguish between words with similar spellings but different meanings. **L'accent aigu** (´) appears only over the vowel **e**. It indicates that the **e** is pronounced similarly to the vowel *a* in the English word *cake*, but shorter and crisper. The French **é** lacks the *y* glide heard in English words like *day* and *late*.

étudier	**réservé**	**élégant**	**téléphone**

L'accent aigu also signals some similarities between French words and English words. Often, an **e** with **l'accent aigu** at the beginning of a French word marks the place where the letter *s* would appear at the beginning of the English equivalent.

éponge	**épouse**	**état**	**étudiante**
sponge	*spouse*	*state*	*student*

L'accent grave (`) over the vowel **e** indicates that the **e** is pronounced like the vowel *e* in the English word *pet*.

très	**après**	**mère**	**nièce**

Although **l'accent grave** does not change the pronunciation of the vowels **a** or **u**, it distinguishes words that have a similar spelling but different meanings.

la	**là**	**ou**	**où**
the	*there*	*or*	*where*

Prononcez Practice saying these words aloud.

1. agréable
2. sincère
3. voilà
4. faculté
5. frère
6. à
7. déjà
8. éléphant
9. lycée
10. poème
11. là
12. élève

Articulez Practice saying these sentences aloud.

1. À tout à l'heure!
2. Thérèse, je te présente Michèle.
3. Hélène est très sérieuse et réservée.
4. Voilà mon père, Frédéric et ma mère, Ségolène.
5. Tu préfères étudier à la fac demain après-midi?

Dictons Practice reading these sayings aloud.

À vieille mule, frein doré.[2]

Tel père, tel fils.[1]

[1] Like father, like son.
[2] For an old mule, a golden bit.

ressources

LM
p. 18

vhlcentral

L'album de photos

 Video

PERSONNAGES

Amina

Michèle

Stéphane

Valérie

MICHÈLE Mais, qui c'est? C'est ta sœur? Tes parents?

AMINA C'est mon ami Cyberhomme.

MICHÈLE Comment est-il? Est-ce qu'il est beau? Il a les yeux de quelle couleur? Marron ou bleue? Et ses cheveux? Ils sont blonds ou châtains?

AMINA Je ne sais pas.

MICHÈLE Toi, tu es timide.

VALÉRIE Stéphane, tu as dix-sept ans. Cette année, tu passes le bac, mais tu ne travailles pas!

STÉPHANE Écoute, ce n'est pas vrai, je déteste mes cours, mais je travaille beaucoup. Regarde, mon cahier de chimie, mes livres de français, ma calculatrice pour le cours de maths, mon dictionnaire anglais-français...

STÉPHANE Oh, et qu'est-ce que c'est? Ah, oui, les photos de tante Françoise.

VALÉRIE Des photos? Mais où?

STÉPHANE Ici! Amina, on peut regarder des photos de ma tante sur ton ordinateur, s'il te plaît?

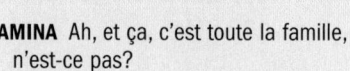

AMINA Ah, et ça, c'est toute la famille, n'est-ce pas?

VALÉRIE Oui, ça c'est Henri, sa femme Françoise et leurs enfants: le fils aîné Bernard, et puis son frère Charles, sa sœur Sophie et leur chien Socrate.

STÉPHANE J'aime bien Socrate. Il est vieux, mais il est amusant!

VALÉRIE Ah! Et Bernard, il a son bac aussi et sa mère est très heureuse.

STÉPHANE Moi, j'ai envie d'habiter avec oncle Henri et tante Françoise. Comme ça, pas de problème pour le bac!

STÉPHANE Pardon, maman. Je suis très heureux ici avec toi. Ah, au fait, Rachid travaille avec moi pour préparer le bac.

VALÉRIE Ah, bon? Rachid est très intelligent... un étudiant sérieux.

ACTIVITÉS

1 **Vrai ou faux?** Are the sentences **vrai** or **faux**?

1. Amina communique avec sa (*her*) tante par ordinateur.
2. Stéphane n'aime pas ses (*his*) cours au lycée.
3. Ils regardent des photos de vacances.
4. Henri est le frère aîné de Valérie.
5. Bernard est le cousin de Stéphane.
6. Charles a déjà son bac.
7. La tante de Stéphane s'appelle Françoise.
8. Stéphane travaille avec Amina pour préparer le bac.
9. Socrate est le fils d'Henri et de Françoise.
10. Rachid n'est pas un bon étudiant.

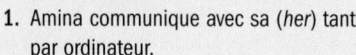 Practice more at **vhlcentral.com**.

Stéphane et Valérie regardent des photos de famille avec Amina.

À la table d'Amina...

AMINA Alors, voilà vos photos. Qui est-ce?

VALÉRIE Oh, c'est Henri, mon frère aîné!

AMINA Quel âge a-t-il?

VALÉRIE Il a cinquante ans. Il est très sociable et c'est un très bon père.

VALÉRIE Ah! Et ça c'est ma nièce Sophie et mon neveu Charles! Regarde, Stéphane, tes cousins!

STÉPHANE Je n'aime pas Charles. Il est tellement sérieux.

VALÉRIE Il est peut-être trop sérieux, mais, lui, il a son bac!

AMINA Et Sophie, qu'elle est jolie!

VALÉRIE ... et elle a déjà son bac.

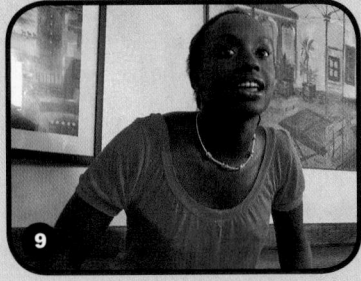

AMINA Ça oui, préparer le bac avec Rachid, c'est une idée géniale!

VALÉRIE Oui, c'est vrai. En théorie, c'est une excellente idée. Mais tu prépares le bac avec Rachid, hein? Pas le prochain match de foot!

Expressions utiles

Talking about your family

- **C'est ta sœur? Tes parents?**
  Is that your sister? Your parents?

- **C'est mon ami.**
  That's my friend.

- **Ça c'est Henri, sa femme Françoise et leurs enfants.**
  That's Henri, his wife Françoise, and their kids.

Describing people

- **Il a les yeux de quelle couleur? Marron ou bleue?**
  What color are his eyes? Brown or blue?

- **Il a les yeux bleus.**
  He has blue eyes.

- **Et ses cheveux? Ils sont blonds ou châtains? Frisés ou raides?**
  And his hair? Is it blond or brown? Curly or straight?

- **Il a les cheveux châtains et frisés.**
  He has curly brown hair.

Additional vocabulary

- **On peut regarder des photos de ma tante sur ton ordinateur?**
  Can/May we look at some photos from my aunt on your computer?

- **C'est toute la famille, n'est-ce pas?**
  That's the whole family, right?

- **Je ne sais pas (encore).**
  I (still) don't know.

Alors... *So...*	**peut-être** *maybe*
vrai *true*	**au fait** *by the way*
une photo(graphie) *a photo(graph)*	**Hein?** *Alright?*
une idée *an idea*	**déjà** *already*

---

2 **Vocabulaire** Describe how Stéphane would be on the occasions listed. Refer to a dictionary as necessary.

1. on his 87th birthday _____
2. after finding 20€ _____
3. while taking the bac _____
4. after getting a good grade _____
5. after dressing for a party _____

> beau
> heureux
> sérieux
> vieux

3 **Conversez** In pairs, describe which member of your family is most like Stéphane. How are they alike? Do they both like sports? Do they take similar classes? How do they like school? What are their personalities like? Be prepared to describe your partner's "Stéphane" to the class.

ressources

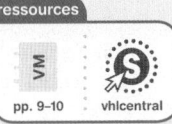

VM
pp. 9–10

vhlcentral

A C T I V I T É S

 Reading

CULTURE À LA LOUPE

La famille en France

Comment est la famille française? Est-elle différente de la famille américaine? La majorité des Français sont-ils mariés, divorcés ou célibataires?

Il n'y a pas de réponse simple à ces questions. Les familles françaises sont très diverses. Le mariage est toujours° très populaire: la majorité des hommes et des femmes sont mariés. Mais attention! Les nombres° de personnes divorcées et de personnes célibataires augmentent chaque° année.

La structure familiale traditionnelle existe toujours en France, mais il y a des structures moins traditionnelles, comme les familles monoparentales, où° l'unique parent est divorcé, séparé ou veuf. Il y a aussi des familles recomposées qui combinent deux familles, avec un beau-père, une belle-mère, des demi-frères ou des demi-sœurs. Certains couples choisissent° le Pacte Civil de Solidarité (PACS), qui offre certains droits° et protections aux couples non-mariés. Depuis 2013, la France autorise également le mariage homosexuel.

Géographiquement, les membres d'une famille d'immigrés peuvent° habiter près ou loin° les uns des autres°. Mais en général, ils préfèrent habiter les uns près des autres parce que l'intégration est parfois° difficile. Il existe aussi des familles d'immigrés séparées entre° la France et le pays d'origine.

Alors, oubliez les stéréotypes des familles en France. Elles sont grandes et petites, traditionnelles et non-conventionnelles; elles changent et sont toujours les mêmes°.

Coup de main

Remember to read decimal places in **French** using the French word **virgule** (*comma*) where you would normally say *point* in English. To say *percent*, use **pour cent**.

64,3% soixante-quatre virgule trois pour cent

sixty-four point three percent

La situation familiale des Français
(par tranche° d'âge)

ÂGE	CÉLIBATAIRE	EN COUPLE SANS ENFANTS	EN COUPLE AVEC ENFANTS	PARENT D'UNE FAMILLE MONOPARENTALE
< 25 ans	8%	3,5%	1,3%	0,4%
25–29 ans	1,9%	16,8%	49,4%	5,9%
30–44 ans	17%	17%	54%	9,4%
45–59 ans	23%	54%	17,9%	3,9%
> 60 ans	38%	54,3%	4,7%	2,9%

SOURCE: Institut national de la statistique et des études économiques INSEE

toujours *still* **nombres** *numbers* **chaque** *each* **où** *where* **choisissent** *choose* **droits** *rights* **peuvent** *can* **près ou loin** *near or far* **les uns des autres** *from one another* **parfois** *sometimes* **entre** *between* **mêmes** *same* **tranche** *bracket*

A C T I V I T É S

1 **Complétez** Provide logical answers.

1. Si on regarde la population française d'aujourd'hui, on observe que les familles françaises sont très _____.

2. Le _____ est toujours très populaire en France.

3. La majorité des hommes et des femmes sont _____.

4. Le nombre de Français qui sont _____ augmente.

5. Dans les familles _____, l'unique parent est divorcé, séparé ou veuf.

6. Il y a des familles qui combinent _____ familles.

7. Le _____ offre certains droits et protections aux couples qui ne sont pas mariés.

8. Les immigrés aiment _____ les uns près des autres.

9. La France _____ le mariage homosexuel depuis 2013.

10. Les familles changent et sont toujours _____.

LE FRANÇAIS QUOTIDIEN

La famille

un frangin	*brother*
une frangine	*sister*
maman	*Mom*
mamie	*Nana, Grandma*
un minou	*kitty*
papa	*Dad*
papi	*Grandpa*
tata	*Auntie*
tonton	*Uncle*
un toutou	*doggy*

LE MONDE FRANCOPHONE

Les fêtes et la famille

Les États-Unis ont quelques fêtes° en commun avec le monde francophone, mais les dates et les traditions de ces fêtes diffèrent d'un pays° à l'autre°. Voici deux fêtes associées à la famille.

La Fête des mères

En France le dernier° dimanche de mai ou le premier° dimanche de juin
En Belgique le deuxième° dimanche de mai
À l'île Maurice le dernier dimanche de mai
Au Canada le deuxième dimanche de mai

La Fête des pères

En France le troisième° dimanche de juin
En Belgique le deuxième dimanche de juin
Au Canada le troisième dimanche de juin

quelques fêtes *some holidays* **pays** *country* **autre** *other*
dernier *last* **premier** *first* **deuxième** *second* **troisième** *third*

PORTRAIT

Les Noah

Dans° la famille Noah, le sport est héréditaire. À chacun son° sport: pour° Yannick, né° en France, c'est le tennis; pour son père, Zacharie, né à Yaoundé, au Cameroun, c'est le football°; pour le fils de Yannick, Joakim, né aux États-Unis, c'est le basket-ball. Yannick est champion junior à Wimbledon en 1977 et participe aux championnats° du Grand Chelem° dans les années 1980. Son fils, Joakim, est joueur° de basket-ball aux États-Unis. Il gagne° le *Final Four NCAA* en 2006 et en 2007 avec les Florida Gators. Il est aujourd'hui joueur professionnel dans l'équipe° des Chicago Bulls. Le sport est dans le sang° chez les Noah! Mais Yannick, le plus célèbre de la famille en France, est aussi chanteur. À partir de 1990, même s'il continue à participer à la vie sportive du tennis français comme entraîneur° de l'équipe de France, il décide de vivre sa seconde passion: la musique. Yannick Noah va se trouver un style: un mélange° soul et pop avec des rythmes afro. Sa musique remporte un franc° succès dans les années 2000. Il a aussi été la personnalité préférée des Français pendant plus de° quatre ans.

Dans *In* **À chacun son** *To each his* **pour** *for* **né** *born* **football** *soccer*
championnats *championships* **Chelem** *Slam* **joueur** *player* **gagne** *wins* **équipe** *team*
sang *blood* **entraîneur** *coach* **mélange** *mix* **franc** *clear* **plus de** *more than*

---

2 **Vrai ou faux?** Indicate if these statements are **vrai** or **faux**. Correct the false statements.

1. Le tennis est héréditaire chez les Noah.
2. Zacharie Noah est né au Cameroun.
3. Zacharie Noah était (*was*) un joueur de basket-ball.
4. Yannick gagne à l'US Open.
5. Joakim est aussi chanteur.
6. Au Canada, la Fête des mères est en mai.

3 **À vous...** With a partner, write six sentences describing another famous family whose members all share a common field or profession. Be prepared to share them with your classmates.

   Practice more at **vhlcentral.com**.

A C T I V I T É S

ESPACE **STRUCTURES**

3A.1

Descriptive adjectives  Tutorial

Point de départ As you learned in **Leçon 1B**, adjectives describe people, places, and things. In French, unlike English, the forms of most adjectives will vary depending on whether the nouns they describe are masculine or feminine, singular or plural. Furthermore, French adjectives are usually placed after the noun they modify when they don't directly follow a form of **être**.

SINGULAR MASCULINE NOUN ⟷ SINGULAR MASCULINE ADJECTIVE

Le **père** est **américain**.
The father is American.

PLURAL MASCULINE NOUN ⟷ PLURAL MASCULINE ADJECTIVE

As-tu des **cours** **faciles**?
Do you have easy classes?

- You've already learned several adjectives of nationality and some adjectives to describe your classes. Here are some adjectives used to describe physical characteristics.

Adjectives of physical description			
bleu(e)	*blue*	**joli(e)**	*pretty*
blond(e)	*blond*	**laid(e)**	*ugly*
brun(e)	*dark (hair)*	**marron**	*brown (not for hair)*
châtain	*brown (hair)*	**noir(e)**	*black*
court(e)	*short*	**petit(e)**	*small, short (stature)*
grand(e)	*tall, big*	**raide**	*straight (hair)*
jeune	*young*	**vert(e)**	*green*

- Notice that, in the examples below, the adjectives agree in gender (masculine or feminine) and number (singular or plural) with the subjects. Generally add **-e** to make an adjective feminine. If an adjective already ends in an unaccented **-e**, add nothing. To make an adjective plural, generally add **-s**. If an adjective already ends in an **-s**, add nothing.

Elles sont **blondes** et **petites**.
They are blond and short.

L'examen est **long**.
The exam is long.

Je n'aime pas **les cheveux raides**.
I don't like straight hair.

Les tableaux sont **laids**.
The paintings are ugly.

- Use the expression **de taille moyenne** to describe someone or something of medium size.

Victor est un homme **de taille moyenne**.
Victor is a man of medium height.

C'est une université **de taille moyenne**.
It's a medium-sized university.

- The adjective **marron** is invariable; in other words, it does not agree in gender and number with the noun it modifies. The adjective **châtain** is almost exclusively used to describe hair color.

Mon neveu a les **yeux marron**.
My nephew has brown eyes.

Ma nièce a les **cheveux châtains**.
My niece has brown hair.

Some irregular adjectives

masculine singular	feminine singular	masculine plural	feminine plural	
beau	belle	beaux	belles	*beautiful; handsome*
bon	bonne	bons	bonnes	*good; kind*
fier	fière	fiers	fières	*proud*
gros	grosse	gros	grosses	*fat*
heureux	heureuse	heureux	heureuses	*happy*
intellectuel	intellectuelle	intellectuels	intellectuelles	*intellectual*
long	longue	longs	longues	*long*
naïf	naïve	naïfs	naïves	*naive*
roux	rousse	roux	rousses	*red-haired*
vieux	vieille	vieux	vieilles	*old*

À noter

In **Leçon 1B**, you learned that if the masculine singular form of an adjective already ends in **-s (sénégalais),** you don't add another one to form the plural. The same is also true for words that end in **-x (roux, vieux).**

- The forms of the adjective **nouveau** (*new*) follow the same pattern as those of **beau**.

MASCULINE PLURAL
J'ai trois **nouveaux** stylos.
I have three new pens.

FEMININE SINGULAR
Tu aimes la **nouvelle** horloge?
Do you like the new clock?

- Other adjectives that follow the pattern of **heureux** are **curieux** (*curious*), **malheureux** (*unhappy*), **nerveux** (*nervous*), and **sérieux** (*serious*).

Position of certain adjectives

- Certain adjectives are usually placed *before* the noun they modify. These include: **beau, bon, grand, gros, jeune, joli, long, nouveau, petit,** and **vieux**.

J'aime bien les **grandes familles**.
I like large families.

Joël est un **vieux copain**.
Joël is an old friend.

- Other adjectives that are also generally placed before a noun are: **mauvais(e)** (*bad*), **pauvre** (*poor* as in *unfortunate*), **vrai(e)** (*true, real*).

Ça, c'est un **pauvre** homme.
That is an unfortunate man.

C'est une **vraie** catastrophe!
This is a real disaster!

Boîte à outils

When **pauvre** and **vrai(e)** are placed after the noun, they have a slightly different meaning: **pauvre** means *poor* as in *not rich*, and **vrai(e)** means *true*.

Ça, c'est un homme **pauvre**.
That is a poor man.

C'est une histoire **vraie**.
This is a true story.

- When placed before a *masculine singular noun that begins with a vowel sound*, these adjectives have a special form.

beau	▶	bel	▶	un **bel** appartement
vieux		vieil		un **vieil** homme
nouveau		nouvel		un **nouvel** ami

- The plural indefinite article **des** changes to **de** when the adjective comes before the noun.

ADJECTIVE BEFORE NOUN
J'habite avec **de bons amis**.
I live with good friends.

ADJECTIVE AFTER NOUN
J'habite avec **des amis sympathiques**.
I live with nice friends.

Essayez!   **Provide all four forms of the adjectives.**

1. grand  *grand, grande, grands, grandes*
2. nerveux _____
3. roux _____
4. bleu _____

5. naïf _____
6. gros _____
7. long _____
8. fier _____

ressources

WB
pp. 31–32

LM
p. 19

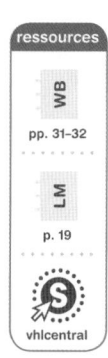
vhlcentral

ESPACE STRUCTURES

Mise en pratique

1 **Ressemblances** Family members often look and behave alike. Describe them.

> **MODÈLE**
>
> Caroline est intelligente. Elle a un frère.
> *Il est intelligent aussi.*

1. Jean est curieux. Il a une sœur.
2. Carole est blonde. Elle a un cousin.
3. Albert est gros. Il a trois tantes.
4. Sylvie est fière et heureuse. Elle a un fils.
5. Christophe est vieux. Il a une demi-sœur.
6. Martin est laid. Il a une petite-fille.
7. Sophie est intellectuelle. Elle a deux grands-pères.
8. Céline est naïve. Elle a deux frères.
9. Anne est belle. Elle a cinq neveux.
10. Anissa est rousse. Elle a un mari.

2 **Une femme heureuse** Complete these sentences about Christine. Remember: some adjectives precede and some follow the nouns they modify.

> **MODÈLE**
>
> Christine / avoir / trois enfants (beau)
> *Christine a trois beaux enfants.*

1. Elle / avoir / des amis (sympathique)

   _____

2. Elle / habiter / dans un appartement (nouveau)

   _____

3. Son (*Her*) mari / avoir / un travail (bon)

   _____

4. Ses (*Her*) filles / être / des étudiantes (sérieux)

   _____

5. Christine / être / une femme (heureux)

   _____

6. Son mari / être / un homme (beau)

   _____

7. Elle / avoir / des collègues amusant(e)s

   _____

8. Sa (*Her*) secrétaire / être / une fille (jeune/intellectuel)

   _____

9. Elle / avoir / des chiens (bon)

   _____

10. Ses voisins / être (poli)

   _____

Practice more at **vhlcentral.com**.

Communication

3 **Descriptions** In pairs, take turns describing these people and things using the expressions **C'est** or **Ce sont**.

MODÈLE

C'est un cours difficile.

1._____   2._____   3._____

4._____   5._____   6._____

4 **Comparaisons** In pairs, take turns comparing these brothers and their sister. Make as many comparisons as possible, then share them with the class to see which pair is most perceptive.

MODÈLE

Géraldine et Jean-Paul sont grands mais Tristan est petit.

Jean-Paul   **Tristan**   **Géraldine**

5 **Qui est-ce?** Choose the name of a classmate. Your partner must guess the person by asking up to 10 **oui** or **non** questions. Then, switch roles.

MODÈLE

Étudiant(e) 1: *C'est un homme?*
Étudiant(e) 2: *Oui.*
Étudiant(e) 1: *Il est de taille moyenne?*
Étudiant(e) 2: *Non.*

6 **Les bons copains** Interview two classmates to learn about one of their friends, using these questions. Your partners' answers will incorporate descriptive adjectives. Be prepared to report to the class what you learned.

- Est-ce que tu as un(e) bon(ne) copain/copine?
- Comment est-ce qu'il/elle s'appelle?
- Quel âge est-ce qu'il/elle a?
- Comment est-ce qu'il/elle est?
- Il/Elle est de quelle origine?
- Quels cours est-ce qu'il/elle aime?
- Quels cours est-ce qu'il/elle déteste?

ESPACE STRUCTURES

3A.2

Possessive adjectives  Tutorial

Point de départ In both English and French, possessive adjectives express ownership or possession.

Possessive adjectives			
masculine singular	feminine singular	plural	
mon	ma	mes	*my*
ton	ta	tes	*your (fam. and sing.)*
son	sa	ses	*his, her, its*
notre	notre	nos	*our*
votre	votre	vos	*your (form. or pl.)*
leur	leur	leurs	*their*

C'est ta sœur?
Tes parents?

Voilà vos photos.

- Possessive adjectives are always placed before the nouns they modify.

  C'est **ton** père?
  Is that your father?

  Non, c'est **mon** oncle.
  No, that's my uncle.

  Voici **notre** mère.
  Here's our mother.

  Ce sont **tes** livres?
  Are these your books?

- In French, unlike English, possessive adjectives agree in gender and number with the nouns they modify.

  mon frère   **ma** sœur   **mes** grands-parents
  my brother   *my sister*   *my grandparents*

  ton chat   **ta** nièce   **tes** chiens
  your cat   *your niece*   *your dogs*

- Note that the forms **notre**, **votre**, and **leur** are the same for both masculine and feminine nouns. They only change to indicate whether the noun is singular or plural.

  notre neveu   **notre** famille   **nos** enfants
  our nephew   *our family*   *our children*

  leur cousin   **leur** cousine   **leurs** cousins
  their cousin   *their cousin*   *their cousins*

- The masculine singular forms **mon**, **ton**, and **son** are used with all singular nouns that begin with a vowel *even if they are feminine.*

  mon amie   **ton** école   **son** histoire
  my friend   *your school*   *his story*

- In English, the owner's gender is indicated by the use of the possessive adjectives *his* or *her*. In French however, the choice of **son**, **sa**, and **ses** depends on the gender and number of the noun possessed, *not* the gender and number of the owner.

  son frère = *his/her brother*   **sa** sœur = *his/her sister*   **ses** parents = *his/her parents*

  Context will usually help to clarify the meaning of the possessive adjective.

  J'aime **Nadine** mais je n'aime pas **son** frère.   **Rémy** et **son** frère sont trop sérieux.
  I like Nadine but I don't like her brother.   *Rémy and his brother are too serious.*

Possession with *de*

- In English, you use *'s* to express relationships or ownership. In French, use **de (d')** + [*the noun or proper name*] instead.

  C'est le petit ami **d'Élisabeth**.   C'est le petit ami **de ma sœur**.
  That's Élisabeth's boyfriend.   *That's my sister's boyfriend.*

  Tu aimes la cousine **de Thierry**?   J'ai l'adresse **de ses parents**.
  Do you like Thierry's cousin?   *I have his parents' address.*

- When the preposition **de** is followed by the definite articles **le** and **les**, they contract to form **du** and **des**, respectively. There is no contraction when **de** is followed by **la** and **l'**.

  de + le ▶ du   de + les ▶ des

  L'opinion **du** grand-père est importante.   La fille **des** voisins a les cheveux châtains.
  The grandfather's opinion is important.   *The neighbors' daughter has brown hair.*

  Le nom **de l'**oiseau, c'est Lulu.   J'ai le nouvel album **de la** chanteuse française.
  The bird's name is Lulu.   *I have the French singer's new album.*

On peut regarder des photos de ma tante?

Elle a déjà son bac.

Essayez! Provide the appropriate form of each possessive adjective.

mon, ma, mes

1. ___mon___ livre
2. _____ librairie
3. _____ professeurs

ton, ta, tes

4. _____ ordinateurs
5. _____ télévision
6. _____ stylo

son, sa, ses

7. _____ table
8. _____ problèmes
9. _____ école

notre, nos

10. _____ cahier
11. _____ études
12. _____ bourse

votre, vos

13. _____ soirées
14. _____ resto U
15. _____ devoirs

leur, leurs

16. _____ résultat
17. _____ classe
18. _____ notes

ressources

WB
pp. 33–34

LM
p. 20

vhlcentral

Mise en pratique

1 **Complétez** Complete the sentences with the correct possessive adjectives.

MODÈLE

Karine et Léo, vous avez _____vos_____ (*your*) stylos?

1. _____ (*My*) sœur est très patiente.

2. Marc et Julien adorent _____ (*their*) cours de philosophie et de maths.

3. Nadine et Gisèle, qui est _____ (*your*) amie?

4. C'est une belle photo de _____ (*their*) grand-mère.

5. Nous voyageons en France avec _____ (*our*) enfants.

6. Est-ce que tu travailles beaucoup sur _____ (*your*) ordinateur?

7. _____ (*Her*) cousins habitent à Paris.

2 **Identifiez** Identify the owner(s) of each object.

▶ **MODÈLE**

Ce sont les cahiers de Sophie.

Sophie

Christophe
1. _____

Paul
2. _____

Stéphanie
3. _____

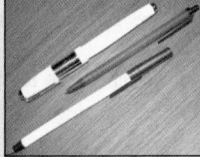

Georgette
4. _____

Jacqueline
5. _____

Christine
6. _____

3 **Qui est-ce?** Look at the Mercier family tree and explain the relationships between these people.

MODÈLE

Hubert → Marie et Fabien
C'est leur père.

1. Marie → Guy

2. Agnès et Hubert → Thomas et Mégane

3. Thomas et Daniel → Yvette

4. Fabien → Guy

5. Claire → Thomas et Daniel

6. Thomas → Marie

Hubert   Agnès

Yvette   Fabien   Marie   Guy

Thomas   Lucie   Daniel   Mégane   Claire

Practice more at **vhlcentral.com**.

Communication

4 **Ma famille** Use these cues to interview as many classmates as you can to learn about their family members. Then, tell the class what you found out.

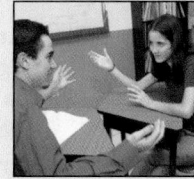

MODÈLE

mère / parler / espagnol
Étudiant(e) 1: *Est-ce que ta mère parle espagnol?*
Étudiant(e) 2: *Oui, ma mère parle espagnol.*

1. sœur / travailler / en Californie

_____

2. frère / être / célibataire

_____

3. cousins / avoir / un chien

_____

4. cousin / voyager / beaucoup

_____

5. père / adorer / les ordinateurs

_____

6. parents / être / divorcés

_____

7. tante / avoir / les yeux marron

_____

8. grands-parents / habiter / en Floride

_____

5 **Tu connais?** In pairs, take turns telling your partner if someone among your family or friends has these characteristics. Be sure to use a possessive adjective or **de** in your responses.

MODÈLE

français
Mes cousins sont français.

1. naïf	5. optimiste	9. curieux
2. beau	6. grand	10. vieux
3. petit	7. blond	11. roux
4. sympathique	8. mauvais	12. intellectuel

6 **Portrait de famille** In groups of three, take turns describing your family. Listen carefully to your partners' descriptions without taking notes. After everyone has spoken, two of you describe the other's family to see how well you remember.

MODÈLE

Étudiant(e) 1: *Sa mère est sociable.*
Étudiant(e) 2: *Sa mère est blonde.*
Étudiant(e) 3: *Mais non! Ma mère est timide et elle a les cheveux châtains.*

Révision

1 **Expliquez** In pairs, take turns randomly calling out one person from column A and one from column B. Your partner will explain how they are related.

MODÈLE

Étudiant(e) 1: *ta sœur et ta mère*
Étudiant(e) 2: *Ma sœur est la fille de ma mère.*

A	B
1. sœur	a. cousine
2. tante	b. mère
3. cousins	c. grand-père
4. demi-frère	d. neveu
5. père	e. oncle

2 **Les yeux de ma mère** List five physical (hair, eyes, and height) or personality traits that you share with other members of your family. Be specific. Then, in pairs, compare your lists. Take notes so you can present your partner's list to the class.

MODÈLE

Étudiant(e) 1: *J'ai les yeux bleus de mon père et je suis fier/fière comme mon grand-père.*
Étudiant(e) 2: *Moi, je suis impatient(e) comme ma mère.*

3 **Les familles célèbres** In groups of four, play a guessing game. Imagine that you belong to one of these famous families or a famous family of your choice. Start describing your new family to your partners. The first person who guesses which family you are describing and where you fit in is the winner. He or she should describe another family.

> La famille Addams
> La famille Obama
> La famille Kennedy
> La famille Windsor
> La famille Simpson

4 **La famille idéale** Survey your classmates. Ask them to describe their ideal family. Record their answers. Then, in pairs, compare your results.

MODÈLE

Étudiant(e) 1: *Comment est ta famille idéale?*
Étudiant(e) 2: *Ma famille idéale est petite, avec deux enfants et beaucoup de chiens et de chats.*

5 **Le casting** A casting director is on the phone with an agent to find actors for a new comedy about a strange family. In pairs, act out their conversation and find an actor to play each character.

MODÈLE

Étudiant(e) 1: *Pour la mère, il y a Émilie. Elle est rousse et elle a les cheveux courts.*
Étudiant(e) 2: *Ah, non. La mère est brune et elle a les cheveux longs. Avez-vous une actrice brune?*

La famille

le fils   la fille   le père   la mère   le cousin

Les acteurs et les actrices

Julie   Annick   Michelle   Patrick   —Laurent   Émilie   Stéphane   Robert

6 **Les différences** Your instructor will give you and a partner each a drawing of a family. Find the six differences between your picture and your partner's.

MODÈLE

Étudiant(e) 1: *La mère est blonde.*
Étudiant(e) 2: *Non, la mère est brune.*

Flash CULTURE

La famille et les copains

Hôtesse: Csilla

When the weather is nice, many French people head to a park, square, or café. They enjoy meeting friends and relaxing, sitting in the sun or going for a stroll, and taking in the fresh air. The **parc de la Torse** and **place des Cardeurs** are the perfect places to enjoy some leisure time in **Aix-en-Provence**.

Avant de regarder Answer these questions.

1. Dans ta ville, est-ce qu'il y a des parcs, des places ou des espaces verts pour se relaxer le week-end? Lesquels?
2. Qui visite ces endroits (*places*)?

CSILLA *Eh! Un jeune couple! Que c'est romantique!*

CSILLA *Bonjour, Monsieur. C'est votre fils?*

HOMME *Non, c'est mon neveu.*

CSILLA *Comment s'appelle-t-il?*

HOMME *Il s'appelle Colin.*

Compréhension Answer these questions based on the video.

1. Quelles personnes sont dans la vidéo?
2. Quels types d'activités sont possibles dans le parc de la Torse?
3. Et sur la place des Cardeurs?
4. Comment est l'ambiance dans le parc?

Discussion In groups of three, discuss these questions.

1. Est-ce que vous aimez le parc et la place montrés (*shown*) dans la vidéo? Pourquoi?
2. Employez le vocabulaire de cette leçon pour décrire les personnes dans le parc.

Vocabulaire utile

gentils	*nice*
se relaxer	*to relax*
sportifs	*athletic*
un parc	*park*
une place	*square*

ressources

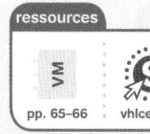

VM
pp. 65–66

vhlcentral

Practice more at **vhlcentral.com**.

Leçon 3B

You will learn how to...
- describe people
- describe locations

ressources

WB pp. 35–36 | LM p. 21 | vhlcentral

Vocabulary Tools

Comment sont-ils?

Il est rapide.

Il est fort.

Il est travailleur.

Ils sont paresseux.

le propriétaire

discrète (discret m.)

fatiguée (fatigué m.)

jaloux (jalouse f.)

inquiète (inquiet m.)

triste

Vocabulaire

actif/active	active
antipathique	unpleasant
courageux/courageuse	brave
cruel(le)	cruel
doux/douce	sweet; soft
ennuyeux/ennuyeuse	boring
étranger/étrangère	foreign
faible	weak
favori(te)	favorite
fou/folle	crazy
généreux/généreuse	generous
génial(e) (géniaux m., pl.)	great
gentil(le)	nice
lent(e)	slow
méchant(e)	mean
modeste	modest
pénible	annoying
prêt(e)	ready
sportif/sportive	athletic
un(e) architecte	architect
un(e) artiste	artist
un(e) athlète	athlete
un(e) avocat(e)	lawyer
un(e) dentiste	dentist
un homme/une femme d'affaires	businessman/woman
un ingénieur	engineer
un(e) journaliste	journalist
un médecin	doctor

Mise en pratique

1 Écoutez You will hear descriptions of three people. Listen carefully and indicate whether the statements about them are **vrai** or **faux**.

Nora   **Ahmed**   **Françoise**

	Vrai	Faux
1. L'architecte aime le sport.	☐	☐
2. L'artiste est paresseuse.	☐	☐
3. L'artiste aime son travail.	☐	☐
4. Ahmed est médecin.	☐	☐
5. Françoise est gentille.	☐	☐
6. Nora est avocate.	☐	☐
7. Nora habite au Québec.	☐	☐
8. Ahmed est travailleur.	☐	☐
9. Françoise est mère de famille.	☐	☐
10. Ahmed habite avec sa femme.	☐	☐

2 Les contraires Complete each sentence with the opposite adjective.

1. Ma grand-mère n'est pas cruelle, elle est _____.
2. Mon frère n'est pas travailleur, il est _____.
3. Mes cousines ne sont pas faibles, elles sont _____.
4. Ma tante n'est pas drôle, elle est _____.
5. Mon oncle n'est pas lent, il est _____.
6. Ma famille et moi, nous ne sommes pas antipathiques, nous sommes _____.
7. Mes parents ne sont pas méchants, ils sont _____.
8. Mon oncle n'est pas heureux, il est _____.

3 Les célébrités Match these famous people with their professions. Not all of the professions will be used.

_____ 1. Bill Gates
_____ 2. Claude Monet
_____ 3. Paul Mitchell
_____ 4. Dr. Phil C. McGraw
_____ 5. Serena Williams
_____ 6. Barbara Walters
_____ 7. Beethoven
_____ 8. Johnny Cochran

a. médecin
b. journaliste
c. musicien(ne)
d. coiffeur/coiffeuse
e. artiste
f. architecte
g. avocat(e)
h. homme/femme d'affaires
i. athlète
j. dentiste

la coiffeuse (coiffeur m.)

Il est drôle.

un musicien (musicienne f.)

Communication

4 **Les professions** In pairs, say what the true professions of these people are. Alternate reading and answering the questions.

MODÈLE

Étudiant(e) 1: *Est-ce que Sabine et Sarah sont femmes d'affaires?*
Étudiant(e) 2: *Non, elles sont avocates.*

1. Est-ce que Louis est athlète?

2. Est-ce que Jean est professeur?

3. Est-ce que Juliette est ingénieur?

4. Est-ce que Charles est médecin?

5. Est-ce que Pauline est musicienne?

6. Est-ce que Jacques et Brigitte sont avocats?

7. Est-ce qu'Édouard est dentiste?

8. Est-ce que Martine et Sophie sont propriétaires?

5 **Conversez** Interview a classmate. When asked **pourquoi**, answer with **parce que** (*because*).

1. Quel âge ont tes parents? Comment sont-ils?
2. Y a-t-il un(e) avocat(e) dans ta famille? Qui (*Who*)?
3. Qui est ton/ta cousin(e) préféré(e)? Pourquoi?
4. Qui n'est pas ton/ta cousin(e) préféré(e)? Pourquoi?
5. As-tu des animaux familiers (*pets*)? Quel est ton animal familier favori? Pourquoi?
6. Qui est ton professeur préféré? Pourquoi?
7. Qui est gentil dans la classe? Pourquoi?
8. Quelles professions aimes-tu? Pourquoi?

6 **Quelle surprise!** You run into your French instructor ten years after you graduated and want to know what his or her life is like today. With a partner, prepare a conversation where you:

- greet each other
- ask each other's ages
- ask what each other's professions are
- ask about marital status and for a description of your significant others
- ask each other if you have children, and if so, describe them

7 **Les petites annonces** Write a **petite annonce** (*personal ad*) where you describe yourself and your ideal boyfriend or girlfriend. Include details such as profession, age, physical characteristics, and personality. Your instructor will post the ads. In groups, take turns guessing who wrote them.

Les sons et les lettres  Audio

L'accent circonflexe, la cédille, and le tréma

L'accent circonflexe (^) can appear over any vowel.

| aîné | drôle | diplôme | pâté |

L'accent circonflexe indicates that a letter, frequently an **s**, has been dropped from an older spelling. For this reason, **l'accent circonflexe** can be used to identify similarities between French and English words.

hospital → hôpital   forest → forêt

L'accent circonflexe is also used to distinguish between words with similar spellings but different meanings.

mûr	mur	sûr	sur
ripe	*wall*	*sure*	*on*

La cédille (¸) is only used with the letter **c**. It is always pronounced with a soft **c** sound, like the s in the English word *yes*. Use a **cédille** to retain the soft **c** sound before an **a**, **o**, or **u**. Before an **e** or an **i**, the letter **c** is always soft, so a **cédille** is not necessary.

| garçon | français | ça | leçon |

Le tréma (¨) is used to indicate that two vowel sounds are pronounced separately. It is always placed over the second vowel.

| égoïste | naïve | Noël | Haïti |

Prononcez Practice saying these words aloud.

1. naïf   3. châtain   5. français   7. théâtre   9. égoïste
2. reçu   4. âge   6. fenêtre   8. garçon   10. château

Articulez Practice saying these sentences aloud.

1. Comment ça va?
2. Comme ci, comme ça.
3. Vous êtes française, Madame?
4. C'est un garçon cruel et égoïste.
5. J'ai besoin d'être reçu à l'examen.
6. Caroline, ma sœur aînée, est très drôle.

Dictons Practice reading these sayings aloud.

Impossible n'est pas français.[1]

Plus ça change, plus c'est la même chose.[2]

[2] The more things change, the more they stay the same.
[1] There's no such thing as "can't". (lit. Impossible is not French.)

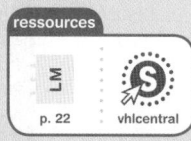

On travaille chez moi!  Video

PERSONNAGES

Amina

David

Rachid

Sandrine

Stéphane

Valérie

SANDRINE Alors, Rachid, où est David?

Un téléphone portable sonne (a cell phone rings)...

VALÉRIE Allô.

RACHID Allô.

AMINA Allô.

SANDRINE C'est Pascal! Je ne trouve pas mon téléphone!

AMINA Il n'est pas dans ton sac à dos?

SANDRINE Non!

RACHID Ben, il est sous tes cahiers.

SANDRINE Non plus!

AMINA Il est peut-être derrière ton livre... ou à gauche.

SANDRINE Mais non! Pas derrière! Pas à gauche! Pas à droite! Et pas devant!

RACHID Non! Il est là... sur la table. Mais non! La table à côté de la porte.

SANDRINE Ce n'est pas vrai! Ce n'est pas Pascal! Numéro de téléphone 06.62.70.94.87. Mais qui est-ce?

DAVID Sandrine? Elle est au café?

RACHID Oui... pourquoi?

DAVID Ben, j'ai besoin d'un bon café, oui, d'un café très fort. D'un espresso! À plus tard!

RACHID Tu sais, David, lui aussi, est pénible. Il parle de Sandrine. Sandrine, Sandrine, Sandrine.

RACHID ET STÉPHANE C'est barbant!

STÉPHANE C'est ta famille? C'est où?

RACHID En Algérie, l'année dernière chez mes grands-parents. Le reste de ma famille — mes parents, mes sœurs et mon frère, habitent à Marseille.

STÉPHANE C'est ton père, là?

RACHID Oui. Il est médecin. Il travaille beaucoup.

RACHID Et là, c'est ma mère. Elle, elle est avocate. Elle est très active... et très travailleuse aussi.

ACTIVITÉS

1 **Identifiez** Indicate which character would make each statement. The names may be used more than once. Write **D** for David, **R** for Rachid, **S** for Sandrine, and **St** for Stéphane.

1. J'ai envie d'être architecte. _____

2. Numéro de téléphone 06.62.70.94.87. _____

3. David est un colocataire pénible. _____

4. Stéphane! Tu n'es pas drôle! _____

5. Que c'est ennuyeux! _____

6. On travaille chez moi! _____

7. Sandrine, elle est tellement pénible. _____

8. Sandrine? Elle est au café? _____

9. J'ai besoin d'un café très fort. _____

10. C'est pour ça qu'on prépare le bac. _____

 Practice more at **vhlcentral.com**.

Sandrine perd (*loses*) son téléphone.
Rachid aide Stéphane à préparer le bac.

STÉPHANE Qui est-ce? C'est moi!

SANDRINE Stéphane! Tu n'es pas drôle!

AMINA Oui, Stéphane. C'est cruel.

STÉPHANE C'est génial...

RACHID Bon, tu es prêt? On travaille chez moi!

À l'appartement de Rachid et de David...

STÉPHANE Sandrine, elle est tellement pénible. Elle parle de Pascal, elle téléphone à Pascal... Pascal, Pascal, Pascal! Que c'est ennuyeux!

RACHID Moi aussi, j'en ai marre.

STÉPHANE Avocate? Moi, j'ai envie d'être architecte.

RACHID Architecte? Alors, c'est pour ça qu'on prépare le bac.

Rachid et Stéphane au travail...

RACHID Allez, si *x* égale 83 et *y* égale 90, la réponse c'est...

STÉPHANE Euh... 100?

RACHID Oui! Bravo!

Expressions utiles

Making complaints

- **Sandrine, elle est tellement pénible.**
  Sandrine is such a pain.
- **J'en ai marre.**
  I'm fed up.
- **Tu sais, David, lui aussi, est pénible.**
  You know, David's a pain, too.
- **C'est barbant!/C'est la barbe!**
  What a drag!

Reading numbers

- **Numéro de téléphone 06.62.70.94.87 (zéro six, soixante-deux, soixante-dix, quatre-vingt-quatorze, quatre-vingt-sept).**
  Phone number 06.62.70.94.87.
- **Si *x* égale 83 (quatre-vingt-trois) et *y* égale 90 (quatre-vingt-dix)...**
  If x equals 83 and y equals 90...
- **La réponse, c'est 100 (cent).**
  The answer is 100.

Expressing location

- **Où est le téléphone de Sandrine?**
  Where is Sandrine's telephone?
- **Il n'est pas dans son sac à dos.**
  It's not in her backpack.
- **Il est sous ses cahiers.**
  It's under her notebooks.
- **Il est derrière son livre, pas devant.**
  It's behind her book, not in front.
- **Il est à droite ou à gauche?**
  Is it to the right or to the left?
- **Il est sur la table à côté de la porte.**
  It's on the table next to the door.

---

2 **Vocabulaire** Refer to the video stills and dialogues to match these people and objects with their locations.

_____ 1. sur la table

_____ 2. pas sous les cahiers

_____ 3. devant Rachid

_____ 4. au café

_____ 5. à côté de la porte

_____ 6. en Algérie

a. le téléphone de Sandrine

b. Sandrine

c. l'ordinateur de Rachid

d. la famille de Rachid

e. le café de Rachid

f. la table

3 **Écrivez** In pairs, write a brief description in French of one of the video characters. Do not mention the character's name. Describe his or her personality traits, physical characteristics, and career path. Be prepared to read your description aloud to your classmates, who will guess the identity of the character.

ressources

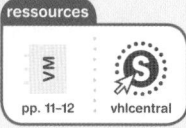

VM

pp. 11–12   vhlcentral

A C T I V I T É S

 Reading

CULTURE À LA LOUPE

L'amitié

Pour les Français, l'amitié est une valeur sûre. En effet, plus de 95% d'entre eux estiment° que l'amitié est importante pour leur équilibre personnel°, et les amis sont considérés par beaucoup comme une deuxième famille.

Quand on demande aux Français de décrire leurs amis, ils sont nombreux à dire que ceux-ci leur ressemblent. On les choisit selon son milieu°, ses valeurs, sa culture ou son mode de vie°.

Pour les Français, l'amitié ne doit pas être confondue° avec le copinage. Les copains, ce sont des gens que l'on voit de temps en temps, avec lesquels on passe un bon moment, mais qu'on ne considère pas comme des intimes. Il peut s'agir de relations professionnelles ou de personnes qu'on fréquente° dans le cadre d'une activité commune: clubs sportifs, associations, etc. Quant aux° «vrais» amis, les Français disent en avoir seulement entre cinq et six.

Pour 6 Français sur 10, le facteur le plus important en amitié est la notion d'entraide°: on est prêt à presque tout pour aider ses amis. Viennent ensuite la fidélité et la communication. Mais attention, même si on se confie à ses amis en cas de problèmes, les amis ne sont pas là pour servir de psychologues.

Les Français considèrent aussi que l'amitié prend du temps et qu'elle est fragile. En effet, l'éloignement° et le manque de temps° peuvent lui nuire°. Mais c'est la trahison° que les Français jugent comme la première cause responsable de la fin d'une amitié.

estiment *consider* équilibre personnel *personal well-being* milieu *backgound, social standing* mode de vie *lifestyle*
confondue *confused* fréquente *see* Quant aux *As for* entraide *mutual assistance* éloignement *distance*
manque de temps *lack of time* nuire *to be detrimental* trahison *disloyalty*

Coup de main

To ask *what is* or *what are*, you can use **quel** and a form of the verb **être**. The different forms of **quel** agree in gender and number with the nouns to which they refer:

Quel / Quelle est...?
What is...?

Quels / Quelles sont...?
What are...?

A C T I V I T É S

1 **Vrai ou faux?** Are these statements **vrai** or **faux**?

1. Un copain est un très bon ami.
2. En général, les Français ont des amis très différents d'eux.
3. Les Français ont plus d'amis que de copains.
4. Un ami est une personne avec qui on a une relation très solide.
5. Les Français pensent qu'on doit toujours aider ses amis.

6. Un ami vous écoute quand vous avez un problème.
7. Pour les Français, rester amis est toujours facile.
8. Il est bon de parler de tous ses problèmes à ses amis.
9. Les Français pensent que les amis sont comme une deuxième famille.
10. Une trahison peut détruire une amitié.

LE FRANÇAIS QUOTIDIEN

Pour décrire les gens

bête	*stupid*
borné(e)	*narrow-minded*
canon	*good-looking*
coincé(e)	*inhibited*
cool	*relaxed*
dingue	*crazy*
malin/maligne	*clever*
marrant(e)	*funny*
mignon(ne)	*cute*
zarbi	*weird*

LE MONDE FRANCOPHONE

Le mariage: Qu'est-ce qui est différent?

En France Les mariages sont toujours à la mairie°, en général le samedi après-midi. Beaucoup de couples vont° à l'église° juste après. Il y a un grand dîner le soir. Tous les amis et la famille sont invités.

En Belgique Les homosexuels ont le droit° de se marier depuis° 2004. Ils peuvent° aussi adopter des enfants légalement depuis 2006.

En Suisse Il n'y a pas de *bridesmaids* comme aux États-Unis mais il y a deux témoins°. En Suisse romande, la partie francophone du pays°, les traditions pour le mariage sont assez° similaires aux traditions en France.

mairie *city hall* **vont** *go* **église** *church* **droit** *right* **depuis** *since* **peuvent** *can* **témoins** *witnesses* **pays** *country* **assez** *rather*

PORTRAIT

Les Depardieu

Gérard

Les Depardieu sont une famille d'acteurs français. Gérard, le père, est l'acteur le plus célèbre° de France. Lauréat° de deux Césars°, un pour *Le Dernier Métro*° et l'autre° pour *Cyrano de Bergerac*, et d'un Golden Globe pour le film américain *Green Card*, il joue depuis trente ans° et a tourné dans° plus de 120 (cent vingt) films. Guillaume, son fils, a une carrière fulgurante° avant de décéder° prématurément à l'âge

Guillaume

de 37 ans. Il a joué° dans beaucoup de films, y compris° *Tous les matins du monde*° avec son père. Julie, la fille de Gérard Depardieu, a déjà° deux Césars et a joué avec son père dans *Le Comte de Monte-Cristo*.

le plus célèbre *most famous* **Lauréat** *Winner* **Césars** *César awards (the equivalent of the Oscars in France)* **Le Dernier Métro** *The Last Metro* **l'autre** *the other* **il joue depuis trente ans** *he has been acting for thirty years* **a tourné dans** *has been in* **fulgurante** *dazzling* **avant de décéder** *before he passed away* **a joué** *acted* **y compris** *including* **Tous les matins du monde** *All the Mornings of the World* **déjà** *already*

Julie

MUSIQUE À FOND

Stephan Eicher

Date de naissance: 17 août 1960
Lieu de naissance: Münchenbuchsee, Suisse
Métier: compositeur-interprète

Stephan Eicher est un artiste reconnu en France, mais il chante aussi en anglais, en allemand et en italien.

Go to **vhlcentral.com** to find out more about **Stephan Eicher** and his music.

---

2 **Les Depardieu** Complete these statements with the correct information.

1. Gérard Depardieu a joué dans plus de _____ films.

2. Guillaume était (*was*) _____ de Gérard Depardieu.

3. Julie est _____ de Gérard Depardieu.

4. Julie joue avec Gérard dans _____.

5. Guillaume joue avec Gérard dans _____.

6. Julie a déjà _____ Césars.

3 **Comment sont-ils?** Look at the photos of the Depardieu family. With a partner, take turns describing each person in detail in French. How old do you think they are? What do you think their personalities are like? Do you see any family resemblances?

Practice more at **vhlcentral.com**.

ressources

vhlcentral

A C T I V I T É S

ESPACE STRUCTURES

3B.1 Numbers 61–100  Tutorial

Boîte à outils

Study tip: To say numbers **70–99**, remember the arithmetic behind them. For example, **quatre-vingt-douze (92)** is **4 (quatre)** x **20 (vingt)** + **12 (douze)**.

À noter

Numbers 101 and greater are presented in **Leçon 5B**.

Numbers 61–100	
61–69	**80–89**
61 soixante et un	80 quatre-vingts
62 soixante-deux	81 quatre-vingt-un
63 soixante-trois	82 quatre-vingt-deux
64 soixante-quatre	83 quatre-vingt-trois
65 soixante-cinq	84 quatre-vingt-quatre
66 soixante-six	85 quatre-vingt-cinq
67 soixante-sept	86 quatre-vingt-six
68 soixante-huit	87 quatre-vingt-sept
69 soixante-neuf	88 quatre-vingt-huit
	89 quatre-vingt-neuf
70–79	**90–100**
70 soixante-dix	90 quatre-vingt-dix
71 soixante et onze	91 quatre-vingt-onze
72 soixante-douze	92 quatre-vingt-douze
73 soixante-treize	93 quatre-vingt-treize
74 soixante-quatorze	94 quatre-vingt-quatorze
75 soixante-quinze	95 quatre-vingt-quinze
76 soixante-seize	96 quatre-vingt-seize
77 soixante-dix-sept	97 quatre-vingt-dix-sept
78 soixante-dix-huit	98 quatre-vingt-dix-huit
79 soixante-dix-neuf	99 quatre-vingt-dix-neuf
	100 cent

- Numbers that end in the digit **1** are not usually hyphenated. They use the conjunction **et** instead.

> trente et un   cinquante et un   soixante et un

- Note that **81** and **91** are exceptions:

> quatre-vingt-un   quatre-vingt-onze

- The number **quatre-vingts** ends in **-s**, but there is no **-s** when it is followed by another number.

> quatre-vingts   quatre-vingt-cinq   quatre-vingt-dix-huit

ressources

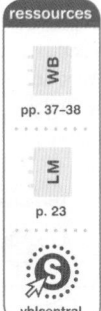

WB
pp. 37–38

LM
p. 23

vhlcentral

Essayez! What are these numbers in French?

1. 67 _soixante-sept_
2. 75 _____
3. 99 _____
4. 70 _____
5. 82 _____

6. 91 _____
7. 66 _____
8. 87 _____
9. 52 _____
10. 60 _____

Le français vivant

As-tu envie d'être

ingénieur, musicien, architecte, professeur?

le sac à dos 70€

le bureau 96€

la calculatrice 61€

la chaise 82€

Tu as besoin d'une calculatrice intelligente, d'un beau bureau, d'une chaise confortable et d'un bon sac à dos.

Tu trouves tout dans le Catalogue AAZ!

Identifiez Scan this catalogue page, and identify the instances where the numbers 61–100 are used.

 Questions

1. Qui sont les personnes sur la photo?
2. Où est-ce qu'elles habitent?
3. Qu'est-ce qu'elles ont dans leur maison?
4. Quels autres (*other*) objets trouve-t-on dans le Catalogue AAZ? (Imaginez.)
5. Quels sont leurs prix (*prices*)?

ESPACE STRUCTURES

Mise en pratique

1 **Les numéros de téléphone** Write down these phone numbers, then read them aloud in French.

MODÈLE

C'est le zéro un, quarante-trois, soixante-quinze, quatre-vingt-trois, seize.
01.43.75.83.16

1. C'est le zéro deux, soixante-cinq, trente-trois, quatre-vingt-quinze, zéro six.

_____

2. C'est le zéro un, quatre-vingt-dix-neuf, soixante-quatorze, quinze, vingt-cinq.

_____

3. C'est le zéro cinq, soixante-cinq, onze, zéro huit, quatre-vingts.

_____

4. C'est le zéro trois, quatre-vingt-dix-sept, soixante-dix-neuf, cinquante-quatre, vingt-sept.

_____

5. C'est le zéro quatre, quatre-vingt-cinq, soixante-neuf, quatre-vingt-dix-neuf, quatre-vingt-onze.

_____

6. C'est le zéro un, vingt-quatre, quatre-vingt-trois, zéro un, quatre-vingt-neuf.

_____

7. C'est le zéro deux, quarante et un, soixante et onze, douze, soixante.

_____

8. C'est le zéro quatre, cinquante-huit, zéro neuf, quatre-vingt-dix-sept, treize.

_____

2 **Les maths** Read these math problems aloud, then write out each answer in words.

MODÈLE

65 + 3 = _soixante-huit_
Soixante-cinq plus trois font (equals) soixante-huit.

1. 70 + 15 = _____
2. 82 + 10 = _____
3. 76 + 3 = _____
4. 88 + 12 = _____
5. 40 + 27 = _____

6. 67 + 6 = _____
7. 43 + 54 = _____
8. 78 + 5 = _____
9. 70 + 20 = _____
10. 64 + 16 = _____

3 **Comptez** Read the following numbers aloud in French, then follow the pattern to provide the missing numbers.

1. 60, 62, 64, ... 80
2. 76, 80, 84, ... 100
3. 10, 20, 30, ... 90
4. 81, 83, 85, ... 99

5. 62, 63, 65, 68, ... 98
6. 55, 57, 59, ... 73
7. 100, 95, 90, ... 60
8. 99, 96, 93, ... 69

Practice more at **vhlcentral.com**.

Communication

4 **Questions indiscrètes** With a partner, take turns asking how old these people are.

M.
Hubert

Mme
Hubert

M.
Moreau

Mme
Moreau

M.
Durand

Mme
Durand

MODÈLE

Étudiant(e) 1: *Madame Hubert a quel âge?*
Étudiant(e) 2: *Elle a 70 ans.*

5 **Qui est-ce?** Interview as many classmates as you can in five minutes to find out the name, relationship, and age of their oldest family member. Identify the student with the oldest family member to the class.

MODÈLE

Étudiant(e) 1: *Qui est le plus vieux (the oldest) dans ta famille?*
Étudiant(e) 2: *C'est ma tante Julie. Elle a soixante-dix ans.*

6 **Fournitures scolaires** Take turns playing the role of a store employee ordering the school supplies (**fournitures scolaires**) below. Tell how many of each item you need. Your partner will write down the number of items ordered. Switch roles when you're done.

MODÈLE

Étudiant(e) 1: *Vous avez besoin de combien de crayons?*
Étudiant(e) 2: *J'ai besoin de soixante-dix crayons.*

1. _____

2. _____

3. _____

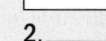
4. _____

5. _____

6. _____

7. _____

8. _____

ESPACE STRUCTURES

Prepositions of location and disjunctive pronouns

 Tutorial

Point de départ You have already learned expressions in French containing prepositions like **à**, **de**, and **en**. Prepositions of location describe the location of something or someone in relation to something or someone else.

À noter

In **Leçon 7A**, you will learn more names of countries and their corresponding prepositions.

- Use the preposition **à** before the name of any city to express *in*, *to*. The preposition that accompanies the name of a country varies, but you can use **en** in many cases.

  Il étudie **à Nice**.
  He studies in Nice.

  Je voyage **en France** et **en Belgique**.
  I'm traveling in France and Belgium.

Prepositions of location			
à côté de	*next to*	**en face de**	*facing, across from*
à droite de	*to the right of*	**entre**	*between*
à gauche de	*to the left of*	**loin de**	*far from*
dans	*in*	**par**	*by*
derrière	*behind*	**près de**	*close to, near*
devant	*in front of*	**sous**	*under*
en	*in*	**sur**	*on*

- Use the forms **du**, **de la**, **de l'** and **des** in prepositional expressions when they are appropriate.

  Le resto U est **à côté du** gymnase.
  The cafeteria is next to the gym.

  Mes grands-parents habitent **près des** Alpes.
  My grandparents live near the Alps.

  Ils sont **devant** la bibliothèque.
  They are in front of the library.

  L'université est **à droite de** l'hôtel.
  The university is to the right of the hotel.

- You can further modify prepositions of location by using intensifiers such as **tout** (*very, really*) and **juste** (*just, right*).

  Ma sœur habite **juste en face de** l'université.
  My sister lives right across from the university.

  Le lycée est **juste derrière** son appartement.
  The high school is just behind his apartment.

  Jules et Alain travaillent **tout près de** la fac.
  Jules and Alain work really close to campus.

  La librairie est **tout à côté du** café.
  The bookstore is right next to the café.

- You may use a preposition without the word **de** if it is not followed by a noun.

  Ma sœur habite **juste à côté**.
  My sister lives right next door.

  Elle travaille **tout près**.
  She works really close by.

🏃 Boîte à outils

You can also use the prepositions **derrière** and **devant** without a following noun.

Le chien habite derrière.
The dog lives out back.

However, a noun must always follow the prepositions **dans**, **en**, **entre**, **par**, **sous**, and **sur**.

Il n'est pas sous les cahiers.

Pas derrière! Pas à droite!

- The preposition **chez** has no exact English equivalent. It expresses the idea of *at* or *to someone's house* or *place*.

Louise n'aime pas étudier **chez Arnaud** parce qu'il parle beaucoup.
Louise doesn't like studying at Arnaud's because he talks a lot.

Ce matin, elle n'étudie pas parce qu'elle est **chez sa cousine**.
This morning she's not studying because she's at her cousin's.

- The preposition **chez** is also used to express the idea of *at* or *to a professional's office* or *business*.

chez le docteur
at the doctor's

chez la coiffeuse
to the hairdresser's

On travaille chez moi!

Stéphane est chez Rachid.

- When you want to use a pronoun that refers to a person after any type of preposition, you don't use a subject pronoun. Instead, you use what are called disjunctive pronouns.

Disjunctive pronouns

singular			plural	
je	→ moi		nous	→ nous
tu	→ toi		vous	→ vous
il	→ lui		ils	→ eux
elle	→ elle		elles	→ elles

Maryse travaille **à côté de moi**.
Maryse is working next to me.

Est-ce qu'il y a un coiffeur près de **chez vous**?
Is there a hairdresser near where you live?

Nous pensons **à toi**.
We're thinking about you.

Voilà ma cousine Lise, **devant nous**.
There's my cousin Lise, in front of us.

Tu as besoin **d'elle** aujourd'hui?
Do you need her today?

Vous n'avez pas peur **d'eux**.
You're not afraid of them.

Essayez!   Complete each sentence with the equivalent of the expression in parentheses.

1. La librairie est _derrière_ (*behind*) le resto U.
2. J'habite _____ (*close to*) leur lycée.
3. Le laboratoire est _____ (*next to*) ma résidence.
4. Tu retournes _____ (*to the house of*) tes parents ce week-end?
5. La fenêtre est _____ (*across from*) la porte.
6. Mon sac à dos est _____ (*under*) la chaise.
7. Ses crayons sont _____ (*on*) la table.
8. Votre ordinateur est _____ (*in*) la corbeille!
9. Il n'y a pas de secrets _____ (*between*) amis.
10. Le professeur est _____ (*in front of*) les étudiants.

ressources

WB
pp. 39–40

LM
p. 24

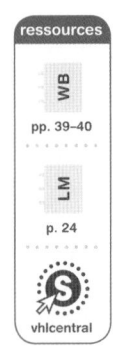

vhlcentral

ESPACE STRUCTURES

Mise en pratique

1 **Où est ma montre?** Claude has lost her watch. Choose the appropriate prepositions to complete her friend Pauline's questions.

MODÈLE

Elle est (*à gauche du* / entre le) livre?

1. Elle est (sur / entre) le bureau?
2. Elle est (par / derrière) la télévision?
3. Elle est (entre / dans) le lit et la table?
4. Elle est (en / sous) la chaise?

5. Elle est (sur / à côté de) la fenêtre?
6. Elle est (près du / entre le) sac à dos?
7. Elle est (devant / sur) la porte?
8. Elle est (dans / sous) la corbeille?

2 **Complétez** Look at the drawing, and complete these sentences with the appropriate prepositions.

MODÈLE

Nous sommes <u>chez</u> nos cousins.

1. Nous sommes _____ la maison de notre tante.
2. Michel est _____ Béatrice.
3. _____ Jasmine et Laure, il y a le petit cousin, Adrien.
4. Béatrice est _____ Jasmine.
5. Jasmine est tout _____ Béatrice.
6. Michel est _____ Laure.
7. Un oiseau est _____ la maison.
8. Laure est _____ Adrien.

Michel

Laure

Adrien

Jasmine

Béatrice

3 **Où est-on?** Tell where these people, animals, and things are in relation to each other. Replace the second noun or pronoun with the appropriate disjunctive pronoun.

▶ **MODÈLE**

Alex / Anne

Alex est à droite d'elle.

1. _____

2. _____

3. _____

4. _____

5. _____

6. _____

1. l'oiseau / je
2. le chien / Gabrielle et Emma
3. le monument / tu

4. l'ordinateur / Ousmane
5. Mme Fleury / Max et Élodie
6. les enfants / la grand-mère

 Practice more at **vhlcentral.com**.

Communication

4 **Où est l'objet?** In pairs, take turns asking where these items are in the classroom. Use prepositions of location.

> **MODÈLE** la carte
>
> **Étudiant(e) 1:** Où est la carte?
> **Étudiant(e) 2:** Elle est devant la classe.

1. l'horloge	4. la fenêtre	7. la corbeille
2. l'ordinateur	5. le bureau du professeur	8. la porte
3. le tableau	6. ton livre de français	

5 **Qui est-ce?** Choose someone in the room. The rest of the class will guess whom you chose by asking yes/no questions that use prepositions of location.

> **MODÈLE**
>
> *Est-ce qu'il/elle est derrière Dominique?*
> *Est-ce qu'il/elle est entre Jean-Pierre et Suzanne?*

6 **S'il vous plaît…?** A tourist stops someone on the street to ask where certain places are located. In pairs, play these roles using the map to locate the places.

> **MODÈLE**
>
> **Étudiant(e) 1:** La banque, s'il vous plaît?
> **Étudiant(e) 2:** Elle est en face de
>   l'hôpital.

1. le cinéma Ambassadeur
2. le restaurant Chez Marlène
3. la librairie Antoine
4. le lycée Camus
5. l'hôtel Royal
6. le café de la Place

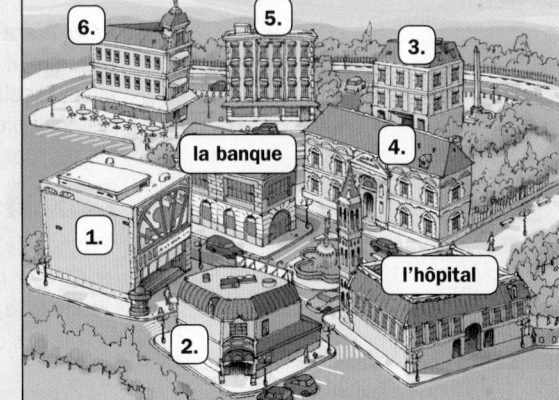

7 **Ma ville** In pairs, take turns telling your partner where the places below are located in your town or neighborhood. You may use your campus as a reference point. Correct your partner when you disagree.

> **MODÈLE**
>
> la banque
> *La banque est tout près de la fac.*

1. le café	5. l'hôtel
2. la librairie	6. la bibliothèque
3. l'université	7. l'hôpital
4. le gymnase	8. le restaurant italien

Révision

1 **Le basket** These basketball rivals are competing for the title. In pairs, predict the missing playoff scores. Then, compare your predictions with those of another pair. Be prepared to share your predictions with the class.

1. Ohio State 76, Michigan _____
2. Florida _____, Florida State 84
3. Stanford _____, UCLA 79
4. Purdue 81, Indiana _____
5. Duke 100, Virginia _____
6. Kansas 95, Colorado _____
7. Texas _____, Oklahoma 88
8. Kentucky 98, Tennessee _____

2 **La famille d'Édouard** In pairs, take turns guessing where Édouard's family members are in the photo using prepositions to describe their locations. Compare your answers with those of another pair.

Édouard

MODÈLE

Son père est derrière sa mère.

3 **À la fac** In pairs, take turns describing the location of a building (**un bâtiment**) on your campus. Your partner must guess which building you are describing in three tries. Keep score to determine the winner after several rounds.

MODÈLE

Étudiant(e) 1: *C'est un bâtiment entre la bibliothèque et Sherman Hall.*
Étudiant(e) 2: *C'est le resto U?*
Étudiant(e) 1: *C'est ça!*

4 **C'est quel numéro?** What courses would you take if you were studying at a French university? Take turns deciding and having your partner give you the phone number for enrollment information.

MODÈLE

Étudiant(e) 1: *Je cherche un cours de philosophie.*
Étudiant(e) 2: *C'est le zéro quatre...*

Architecture	04.76.65.74.92
Biologie	04.76.72.63.85
Chimie	04.76.84.79.64
Littérature anglaise	04.76.99.90.82
Mathématiques	04.76.86.66.93
Philosophie	04.76.75.99.80
Psychologie	04.76.61.88.91
Sciences politiques	04.76.68.96.81
Sociologie	04.76.70.83.97

5 **À la librairie** In pairs, role-play a conversation between a customer at a campus bookstore and a clerk who points out where supplies are located. Then, switch roles. Each turn, the customer picks four items from the list. Use the drawing to find the supplies.

MODÈLE

Étudiant(e) 1:
Je cherche des stylos.
Étudiant(e) 2: *Ils sont à côté des cahiers.*

des cahiers	un dictionnaire
une calculatrice	un iPhone®
une carte	du papier
des crayons	un sac à dos

6 **Trouvez** Your instructor will give you and your partner each a drawing of a family picnic. Ask each other questions to find out where all of the family members are located.

MODÈLE

Étudiant(e) 1: *Qui est à côté du père?*
Étudiant(e) 2: *Le neveu est à côté du père.*

À l'écoute

STRATÉGIE

Asking for repetition/ Replaying the recording

Sometimes it is difficult to understand what people are saying, especially in a noisy environment. In a conversation, you can use the questions **Comment?** (*What?*) or **Pardon?** (*Pardon me?*) to ask someone to repeat what they've just said. In class, you can ask your instructor to repeat by saying, **Répétez, s'il vous plaît** (*Repeat, please*).

To help you practice this strategy, you will listen to a short paragraph. Ask your instructor to repeat it or replay the recording, and then summarize what you heard.

Préparation

Based on the photograph, where do you think Suzanne and Diane are? What do you think they are talking about?

À vous d'écouter

Now you are going to hear Suzanne and Diane's conversation. Use **R** to indicate adjectives that describe Suzanne's boyfriend, Robert. Use **E** for adjectives that describe Diane's boyfriend, Édouard. Some adjectives will not be used.

_____ brun	_____ optimiste
_____ laid	_____ intelligent
_____ grand	_____ blond
_____ intéressant	_____ beau
_____ gentil	_____ sympathique
_____ drôle	_____ patient

Compréhension

Identifiez-les Whom do these statements describe?

1. Elle a un problème avec un garçon. _____

2. Il ne parle pas à Diane. _____

3. Elle a de la chance. _____

4. Ils parlent souvent. _____

5. Il est sympa. _____

6. Il est timide. _____

Vrai ou faux? Indicate whether each statement is **vrai** or **faux**, then correct any false statements.

1. Édouard est un garçon très patient et optimiste.

_____

2. Diane pense que Suzanne a de la chance.

_____

3. Suzanne et son petit ami parlent de tout.

_____

4. Édouard parle souvent à Diane.

_____

5. Robert est peut-être un peu timide.

_____

6. Suzanne parle de beaucoup de choses avec Robert.

Panorama

La Belgique

Le pays en chiffres

▶ **Superficie:** *30.528 km²*

▶ **Population:** *11.299.000*
SOURCE: Population Division, UN Secretariat

▶ **Industries principales:** *agroalimentaire°, chimie, textile*

▶ **Ville capitale:** *Bruxelles*

▶ **Monnaie:** *l'euro*

▶ **Langues:** *français, flamand°*

Environ° 60% de la population belge parle flamand et habite dans la partie nord°. Le français est parlé surtout dans le sud°, par environ 40% des Belges.

La Suisse

Le pays en chiffres

▶ **Superficie:** *41.285 km²*

▶ **Population:** *8.299.000*
SOURCE: Population Division, UN Secretariat

▶ **Industries principales:** *activités financières, agroalimentaire°, horlogerie°*

▶ **Ville capitale:** *Berne*

▶ **Monnaie:** *le franc suisse*

▶ **Langues:** *allemand, français, italien, romanche*

L'allemand, le français et l'italien sont les langues officielles. Le romanche, langue d'origine latine, est parlé dans l'est° du pays.

Personnages célèbres

▶ **Jean-Luc Godard,** *Suisse, cinéaste (1930–)*

▶ **Amélie Nothomb,** *Belgique, écrivaine (1966–)*

agroalimentaire food processing
horlogerie watch and clock making
est east **flamand** Flemish **Environ** About
nord north **sud** south

LES PAYS-BAS

Anvers
Bruges
LA FLANDRE
le Lys Gand ✪ **Bruxelles**

Mons Liège
la Meuse
Charleroi Namur
LES ARDENNES
l'Escaut
LA WALLONIE
la Sambre LE
LUXEMBOURG

la Meuse

L'ALLEMAGNE

la Marne

Bruges

LA FRANCE

le Danube

le Rhin

le lac
de Constance

le Doubs Bâle Saint-Gall
• Zurich
La Chaux- le lac
de-Fonds de Zurich
Neuchâtel • • Lucerne
✪ **Berne**
LE JURA le lac • Fribourg
de Neuchâtel LES ALPES
• Lausanne
le lac • Montreux le Tessin
Léman
•Genève le Rhône

la Loire

Lugano
L'ITALIE

☐ Régions francophones
0   50 milles
0   50 kilomètres

le château de Chillon sur le lac Léman

Incroyable mais vrai!

La Suisse n'a pas connu de guerres° depuis le 16ᵉ siècle! Battue° par la France en 1515, elle signe une paix° perpétuelle avec ce pays et inaugure donc sa période de neutralité. Ce statut° est reconnu par les autres pays européens en 1815 et, depuis, la Suisse ne peut participer à aucune guerre ni° être membre d'alliances militaires comme l'OTAN°.

Les destinations
Bruxelles, capitale de l'Europe

Fondée au septième siècle, la ville de Bruxelles a été choisie en 1958, en partie pour sa situation géographique centrale, comme siège° de la C.E.E.° Aujourd'hui, elle reste encore le siège de l'Union européenne (l'U.E.), lieu central des institutions et des décisions européennes. On y trouve le Parlement européen, organe législatif de l'U.E., et depuis 1967, le siège de l'OTAN°. Bruxelles est une ville très cosmopolite, avec un grand nombre d'habitants étrangers. Elle est aussi touristique, renommée pour sa Grand-Place, ses nombreux chocolatiers et la grande qualité de sa cuisine.

Les traditions
La bande dessinée

Les dessinateurs° de bandes dessinées (BD) sont très nombreux en Belgique. À Bruxelles, il y a de nombreuses peintures murales° et statues de BD. Le dessinateur Peyo est devenu célèbre avec la création des Schtroumpfs° en 1958, mais le père de la BD belge est Hergé, dessinateur qui a créé Tintin et Milou en 1929. Tintin est un reporter qui a des aventures partout dans° le monde. En 1953, il devient le premier homme, avant Neil Armstrong, à marcher sur la Lune° dans *On a marché sur la Lune*. La BD de Tintin est traduite en 45 langues.

L'économie
Des montres et des banques

L'économie suisse se caractérise par la présence de grandes entreprises° multinationales et par son secteur financier. Les multinationales sont particulièrement actives dans le domaine des banques, des assurances, de l'agroalimentaire (Nestlé), de l'industrie pharmaceutique et de l'horlogerie (Longines, Rolex, Swatch). Cinquante pour cent de la production mondiale° d'articles° d'horlogerie viennent de Suisse. Le franc suisse est une des monnaies les plus stables du monde et les banques suisses ont la réputation de bien gérer° les fortunes de leurs clients.

Les gens
Jean-Jacques Rousseau (1712–1778)

Né à Genève, Jean-Jacques Rousseau a passé sa vie entre la France et la Suisse. Vagabond et autodidacte°, Rousseau est devenu écrivain, philosophe, théoricien politique et musicien. Il a comme principe° que l'homme naît bon et que c'est la société qui le corrompt°. Défenseur de la tolérance religieuse et de la liberté de pensée, les idées de Rousseau, exprimées° principalement dans son œuvre° *Du contrat social*, se retrouvent° dans la Révolution française. À la fin de sa vie, il écrit *Les Confessions*, son autobiographie, un genre nouveau pour l'époque°.

Qu'est-ce que vous avez appris? Répondez aux questions par des phrases complètes.

1. Quelles sont les langues officielles de la Suisse?
2. Quels sont les secteurs importants de l'économie suisse?
3. Quel est le principe fondamental de la philosophie de Rousseau?
4. Quel événement a été influencé par les idées de Rousseau?
5. Quelle est la langue la plus parlée en Belgique?
6. Pourquoi Bruxelles a-t-elle été choisie comme capitale de l'Europe?
7. Quelles institutions importantes trouve-t-on à Bruxelles?
8. Qui est le père de la bande dessinée belge?
9. Qui est allé sur la Lune avant Armstrong?
10. Quelle bande dessinée a été créée (*created*) par Peyo?

Sur Internet

Go to **vhlcentral.com** to find more cultural information related to this **Panorama**.

1. Cherchez plus d'informations sur les œuvres de Rousseau. Quelles autres œuvres a-t-il écrites?
2. Quels sont les noms de trois autres personnages de bandes dessinées belges?
3. Cherchez des informations sur la ville de Bruges. Combien de kilomètres de canaux (*canals*) y a-t-il?

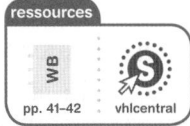
ressources
WB pp. 41–42 | vhlcentral

entreprises *companies* **mondiale** *worldwide* **articles** *products* **gérer** *manage* **autodidacte** *self-taught* **comme principe** *as a principle* **corrompt** *corrupts* **exprimées** *expressed* **œuvre** *work* **se retrouvent** *are found* **époque** *time* **siège** *headquarters (lit. seat)* **C.E.E** *European Economic Community (predecessor of the European Union)* **OTAN** *NATO* **dessinateurs** *artists* **peintures murales** *murals* **Schtroumpfs** *Smurfs* **partout dans** *all over* **Lune** *moon*

Lecture

Fido

Audio: Reading

Avant la lecture

Predicting content from visuals

When you are reading in French, look for visual clues that will orient you as to the content and purpose of what you are reading. Photos and illustrations, for example, will often give you a good idea of the main points that the reading covers. You may also encounter helpful visuals that summarize large amounts of data in a way that is easy to comprehend; these visuals include bar graphs, pie charts, flow charts, lists of percentages, and other diagrams.

Le Top 10 des chiens de race°
% DE FOYERS° POSSESSEURS
les caniches° **9,3%**
les labradors **7,8%**
les yorkshires **5,6%**
les épagneuls bretons° **4,6%**
les bergers allemands° **4,1%**
les autres bergers **3,3%**
les bichons **2,7%**
les cockers/fox-terriers **2,2%**
les boxers **2%**
les colleys **1,6%**

Examinez le texte

Take a quick look at the visual elements of the article in order to generate a list of ideas about its content. Then, compare your list with a classmate's. Are your lists the same or are they different? Discuss your lists and make any changes needed to produce a final list of ideas.

race *breed* **foyers** *households* **caniches** *poodles* **épagneuls bretons** *Brittany Spaniels* **bergers allemands** *German Shepherds*

Les Français adorent les animaux. Plus de la moitié° des foyers en France ont un chien, un chat ou un autre animal de compagnie°. Les chiens sont particulièrement appréciés et intégrés dans la famille et la société françaises.

Qui possède un chien en France et pourquoi? Souvent°, la présence d'un chien en famille suit l'arrivée° d'enfants, parce que les parents pensent qu'un chien contribue positivement à leur développement. Il est aussi commun de trouver deux chiens ou plus dans le même° foyer.

Les chiens sont d'excellents compagnons. Leurs maîtres° sont moins seuls° et déclarent avoir moins de stress. Certaines personnes possèdent un chien pour avoir plus d'exercice

en famille

physique. Et il y a aussi des personnes qui possèdent un chien parce qu'elles en ont toujours eu un° et n'imaginent pas une vie° sans° chien.

Les chiens ont parfois° les mêmes droits° que les autres membres de la famille, et parfois des droits spéciaux. Bien sûr, ils accompagnent leurs maîtres pour les courses en ville° et les promenades dans le parc, et ils entrent même dans certains magasins°. Ne trouvez-vous pas parfois un caniche ou un labrador, les deux races les plus° populaires en France, avec son maître dans un restaurant?

En France, il n'est pas difficile d'observer que les chiens ont une place privilégiée au sein de° la famille.

Pourquoi avoir un animal de compagnie?

RAISON	CHIENS	CHATS	OISEAUX	POISSONS
Pour l'amour des animaux	61,4%	60,5%	61%	33%
Pour avoir de la compagnie	43,5%	38,2%	37%	10%
Pour s'occuper°	40,4%	37,7%	0%	0%
Parce que j'en ai toujours eu un°	31,8%	28,9%	0%	0%
Pour le bien-être° personnel	29,2%	26,2%	0%	0%
Pour les enfants	23,7%	21,3%	30%	48%

Plus de la moitié *More than half* **animal de compagnie** *pet* **Souvent** *Often* **suit l'arrivée** *follows the arrival* **même** *same* **maîtres** *owners* **moins seuls** *less lonely* **en ont toujours eu un** *have always had one* **vie** *life* **sans** *without* **parfois** *sometimes* **droits** *rights* **courses en ville** *errands in town* **magasins** *stores* **les plus** *the most* **au sein de** *in the heart of* **s'occuper** *keep busy* **Parce que j'en ai toujours eu un** *Because I've always had one* **bien-être** *well-being*

Après la lecture

Vrai ou faux? Indicate whether these statements are **vrai** or **faux**, based on the reading. Correct the false statements.

	Vrai	Faux
1. Les chiens accompagnent leurs maîtres pour les promenades dans le parc.	☐	☐
2. Parfois, les chiens accompagnent leurs maîtres dans les restaurants.	☐	☐
3. Le chat n'est pas un animal apprécié en France.	☐	☐
4. Certaines personnes déclarent posséder un chien pour avoir plus d'exercice physique.	☐	☐
5. Certaines personnes déclarent posséder un chien pour avoir plus de stress.	☐	☐
6. En France, les familles avec enfants n'ont pas de chien.	☐	☐

Fido en famille Choose the correct response according to the article.

1. Combien de foyers en France ont au moins (*at least*) un animal de compagnie?
   a. 20%–25%
   b. 40%–45%
   c. 50%–55%

2. Pourquoi est-ce une bonne idée d'avoir un chien?
   a. pour plus de compagnie et plus de stress
   b. pour l'exercice physique et être seul
   c. pour la compagnie et le développement des enfants

3. Que pensent les familles françaises de leurs chiens?
   a. Les chiens sont plus importants que les enfants.
   b. Les chiens font partie (*are part*) de la famille et participent aux activités quotidiennes (*daily*).
   c. Le rôle des chiens est limité aux promenades.

4. Quelles races de chien les Français préfèrent-ils?
   a. les caniches et les oiseaux
   b. les labradors et les bergers allemands
   c. les caniches et les labradors

5. Y a-t-il des familles avec plus d'un chien?
   a. non
   b. oui
   c. les caniches et les labradors

Mes animaux In groups of three, say why you own or someone you know owns a pet. Give one of the reasons listed in the table on the left or a different one. Use the verb **avoir** and possessive adjectives.

MODÈLE

Mon grand-père a un chien pour son bien-être personnel.

Écriture

Using idea maps

How do you organize ideas for a first draft? Often, the organization of ideas represents the most challenging part of the writing process. Idea maps are useful for organizing pertinent information. Here is an example of an idea map you can use when writing.

SCHÉMA D'IDÉES

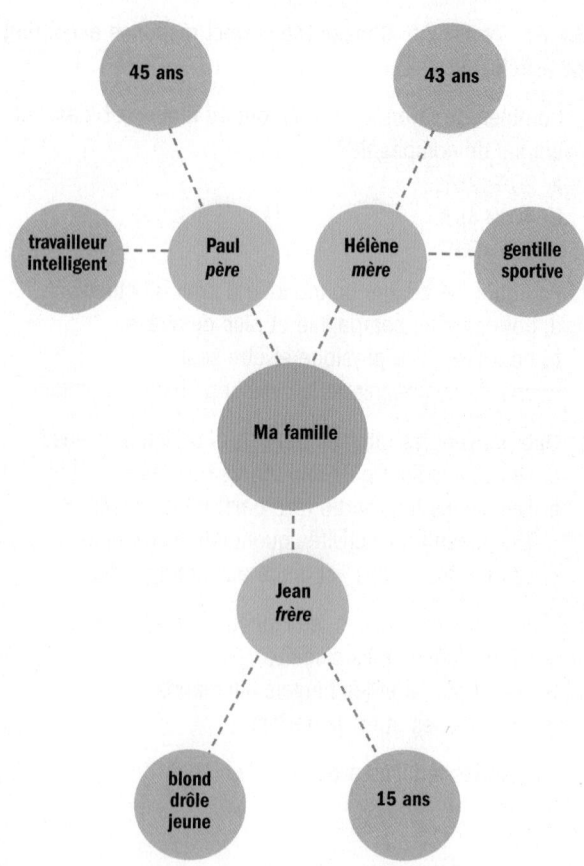

🔗 Thème

Écrivez une lettre

Avant l'écriture

1. A French-speaking friend wants to know about your family. Using some of the verbs and adjectives you learned in this lesson, write a brief letter describing your own family or an imaginary one. Be sure to include information from each of these categories for each family member:

- Names, ages, and relationships
- Physical characteristics
- Hobbies and interests

Before you begin, create an idea map like the one on the left, with a circle for each member of your family.

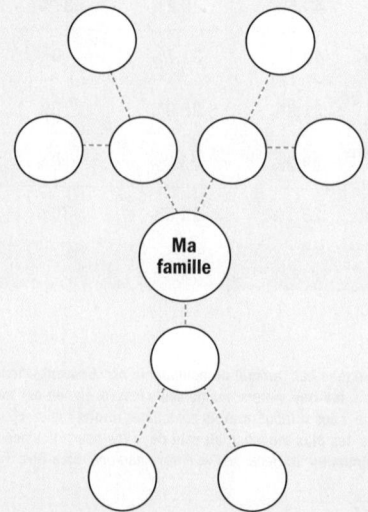

2. Once you have completed your idea map, compare it with the one created by a classmate. Did you both include the same kind of information? Did you list all your family members? Did you include information from each of the three categories for each person?

3. Here are some useful expressions for writing a letter in French:

Salutations	
Cher Fabien,	*Dear Fabien,*
Chère Joëlle,	*Dear Joëlle,*

Asking for a response	
Réponds-moi vite.	*Write back soon.*
Donne-moi de tes nouvelles.	*Tell me all your news.*

Closings	
Grosses bises!	*Big kisses!*
Je t'embrasse!	*Kisses!*
Bisous!	*Kisses!*
À bientôt!	*See you soon!*
Amitiés,	*In friendship,*
Cordialement,	*Cordially,*
À plus (tard),	*Until later,*

Écriture

Use your idea map and the list of letter-writing expressions to write a letter that describes your family to a friend. Be sure to include some of the verbs and adjectives you have learned in this lesson.

Cher Christophe,

Mon père s'appelle Gabriel. Il a 52 ans. Il est grand, a les cheveux châtains et les yeux marron. Il est architecte et travaille à Paris. Il aime dessiner, lire (to read) et voyager. Ma mère, Nicole, a 47 ans. Elle est petite, blonde et a les yeux bleus. Elle est professeur d'anglais à l'université. Comme mon père, elle aime voyager. Elle aime aussi faire (to do) du sport. Ma sœur, Élodie, a 17 ans. Elle est grande, a les cheveux châtains et les yeux verts. Elle est encore au lycée. Elle adore écouter de la musique et aller au (to go to) cinéma. Mon oncle, …
Et ta famille, comment est-elle? Donne-moi vite de tes nouvelles!
À bientôt!
Caroline

Après l'écriture

1. Exchange rough drafts with a partner. Comment on his or her work by answering these questions:

- Did your partner make the adjectives agree with the person described?

- Did your partner include the age, family relationship, physical characteristics, and hobbies and interests of each family member?

- Did your partner use verb forms correctly?

- Did your partner use the letter-writing expressions correctly?

2. Revise your description according to your partner's comments. After writing the final version, read it once more to eliminate these kinds of problems:

- spelling errors

- punctuation errors

- capitalization errors

- use of incorrect verb forms

- adjectives that do not agree with the nouns they modify

 Vocabulary Tools

Leçon 3A

La famille

aîné(e) *elder*
cadet(te) *younger*
un beau-frère *brother-in-law*
un beau-père *father-in-law; stepfather*
une belle-mère *mother-in-law; stepmother*
une belle-sœur *sister-in-law*
un(e) cousin(e) *cousin*
un demi-frère *half-brother; stepbrother*
une demi-sœur *half-sister; stepsister*
les enfants (m., f.) *children*
un époux/une épouse *husband/wife*
une famille *family*
une femme *wife; woman*
une fille *daughter; girl*
un fils *son*
un frère *brother*
une grand-mère *grandmother*
un grand-père *grandfather*
les grands-parents (m.) *grandparents*
un mari *husband*
une mère *mother*
un neveu *nephew*
une nièce *niece*
un oncle *uncle*
les parents (m.) *parents*
un père *father*
une petite-fille *granddaughter*
un petit-fils *grandson*
les petits-enfants (m.) *grandchildren*
une sœur *sister*
une tante *aunt*
un chat *cat*
un chien *dog*
un oiseau *bird*
un poisson *fish*

Adjectifs descriptifs

bleu(e) *blue*
blond(e) *blond*
brun(e) *dark (hair)*
court(e) *short*
frisé(e) *curly*
grand(e) *big; tall*
jeune *young*
joli(e) *pretty*
laid(e) *ugly*
mauvais(e) *bad*
noir(e) *black*
pauvre *poor; unfortunate*
petit(e) *small, short (stature)*
raide *straight (hair)*
vert(e) *green*
vrai(e) *true; real*
de taille moyenne *medium-sized*

Vocabulaire utile

divorcer *to divorce*
épouser *to marry*
célibataire *single*
divorcé(e) *divorced*
fiancé(e) *engaged*
marié(e) *married*
séparé(e) *separated*
veuf/veuve *widowed*
un(e) voisin(e) *neighbor*

Adjectifs irréguliers

beau/belle *beautiful; handsome*
bon(ne) *kind; good*
châtain *brown (hair)*
curieux/curieuse *curious*
fier/fière *proud*
gros(se) *fat*
intellectuel(le) *intellectual*
long(ue) *long*
(mal)heureux/(mal)heureuse *(un)happy*
marron *brown (not for hair)*
naïf/naïve *naive*
nerveux/nerveuse *nervous*
nouveau/nouvelle *new*
roux/rousse *red-haired*
sérieux/sérieuse *serious*
vieux/vieille *old*

Expressions utiles

See p. 95.

Possessive adjetives

mon, ma, mes *my*
ton, ta, tes *your (fam. and sing.)*
son, sa, ses *his, her, its*
notre, notre, nos *our*
votre, votre, vos *your (form. or pl.)*
leur, leur, leurs *their*

Leçon 3B

Adjectifs descriptifs

antipathique *unpleasant*
drôle *funny*
faible *weak*
fatigué(e) *tired*
fort(e) *strong*
génial(e) (géniaux m., pl.) *great*
lent(e) *slow*
méchant(e) *mean*
modeste *modest*
pénible *annoying*
prêt(e) *ready*
rapide *fast*
triste *sad*

Professions et occupations

un(e) architecte *architect*
un(e) artiste *artist*
un(e) athlète *athlete*
un(e) avocat(e) *lawyer*
un coiffeur/une coiffeuse *hairdresser*
un(e) dentiste *dentist*
un homme/une femme d'affaires *businessman/woman*
un ingénieur *engineer*
un(e) journaliste *journalist*
un médecin *doctor*
un(e) musicien(ne) *musician*
un(e) propriétaire *owner; landlord/lady*

Adjectifs irréguliers

actif/active *active*
courageux/courageuse *brave*
cruel(le) *cruel*
discret/discrète *discreet; unassuming*
doux/douce *sweet; soft*
ennuyeux/ennuyeuse *boring*
étranger/étrangère *foreign*
favori(te) *favorite*
fou/folle *crazy*
généreux/généreuse *generous*
gentil(le) *nice*
inquiet/inquiète *worried*
jaloux/jalouse *jealous*
paresseux/paresseuse *lazy*
sportif/sportive *athletic*
travailleur/travailleuse *hard-working*

Expressions utiles

See p. 113.

Numbers 61–100

See p. 116.

Disjunctive pronouns

See p. 121.

Prepositions of location

à côté de *next to*
à droite de *to the right of*
à gauche de *to the left of*
dans *in*
derrière *behind*
devant *in front of*
en *in*
en face de *facing, across from*
entre *between*
loin de *far from*
par *by*
près de *close to, near*
sous *under*
sur *on*

Au café

Pour commencer

- Quelle heure est-il?
  a. 7h00 du matin   b. midi   c. minuit
- Qu'est-ce que Sandrine et Amina ont envie de faire (*do*)?
  a. manger   b. partager   c. échouer
- Où sont-elles?
  a. dans un café   b. au cinéma
  c. chez elles

Leçon **4A**

You will learn how to...

- say where you are going
- say what you are going to do

 Vocabulary Tools

Où allons-nous?

Vocabulaire

danser	to dance
explorer	to explore
fréquenter	to frequent; to visit
inviter	to invite
nager	to swim
patiner	to skate
une banlieue	suburbs
une boîte (de nuit)	nightclub
un bureau	office; desk
un centre commercial	shopping center, mall
un centre-ville	city/town center, downtown
un cinéma (ciné)	movie theater, movies
un endroit	place
un grand magasin	department store
un gymnase	gym
un hôpital	hospital
un lieu	place
un magasin	store
un marché	market
un musée	museum
un parc	park
une piscine	pool
un restaurant	restaurant
une ville	city, town

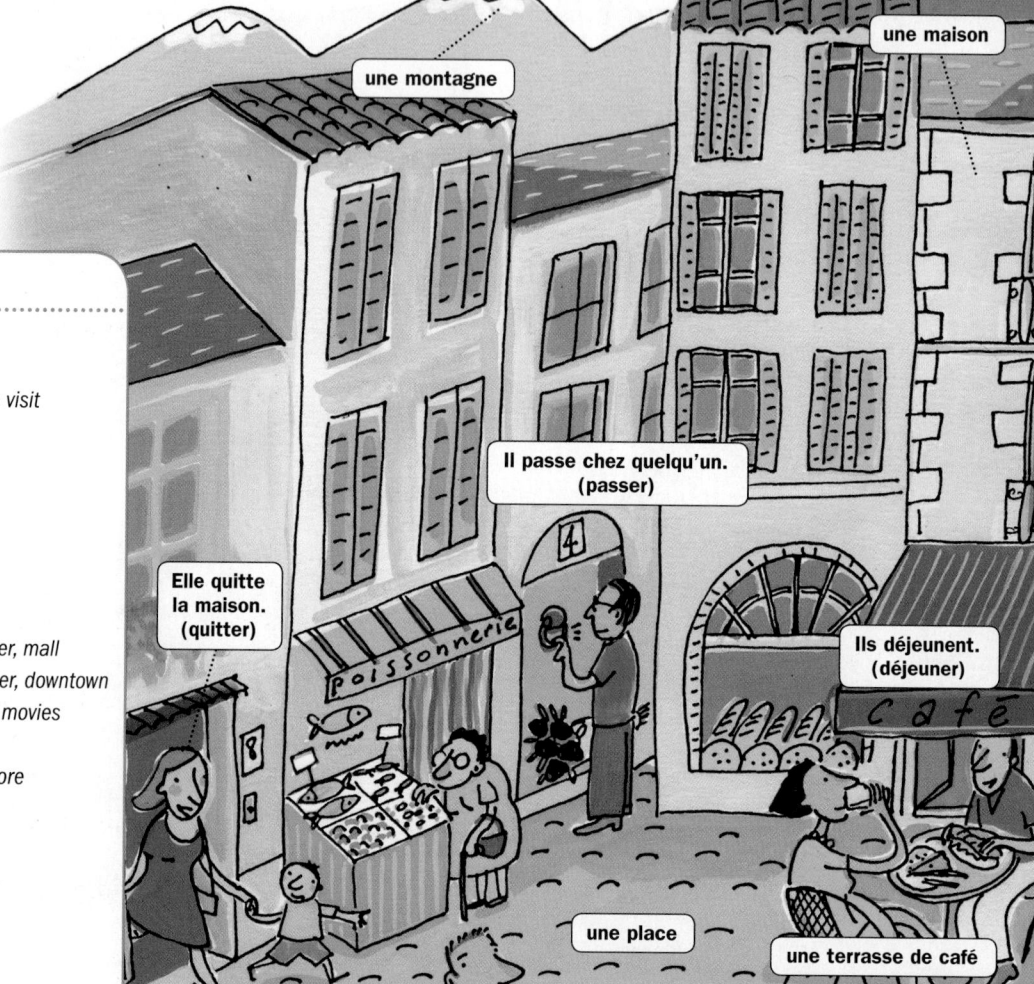

une montagne

une maison

Il passe chez quelqu'un. (passer)

Elle quitte la maison. (quitter)

Ils déjeunent. (déjeuner)

une place

une terrasse de café

Elles bavardent. (bavarder)

ressources

WB
pp. 43–44

LM
p. 25

vhlcentral

Attention!

Remember that nouns that end in **-al** have an irregular plural. Replace **-al** with **-aux**.

un hôpital → deux hôpitaux

À (*to, at*) before **le** or **les** makes these contractions:

à + le = au   à + les = aux

À does NOT contract with **l'** or **la**.

une église

une épicerie

e u r o m a r c h é

JOURNAUX

un kiosque

Il dépense de l'argent (*m.*).
(dépenser)

Mise en pratique

1 **Écoutez** Jamila parle de sa journée à son amie Samira. Écoutez la conversation et mettez (*put*) les lieux listés dans l'ordre chronologique. Il y a deux lieux en trop (*extra*).

____ **a.** à l'hôpital
____ **b.** à la maison
____ **c.** à la piscine
____ **d.** au centre commercial
____ **e.** au cinéma
____ **f.** à l'église
____ **g.** au musée
____ **h.** au bureau
____ **i.** au parc
____ **j.** au restaurant

Coup de main

Note that the French **Je vais à...** is the equivalent of the English *I am going to...*

2 **Associez** Quels lieux associez-vous à ces activités?

1. nager _____
2. danser _____
3. dîner _____
4. travailler _____
5. habiter _____
6. épouser _____
7. regarder un film _____
8. acheter des fruits _____

3 **Logique ou illogique** Lisez chaque phrase et déterminez si l'action est **logique** ou **illogique**. Corrigez si nécessaire.

	Logique	Illogique
1. Maurice invite Delphine à l'épicerie.	☐	☐
2. Caroline et Aurélie bavardent au marché.	☐	☐
3. Nous déjeunons à l'épicerie.	☐	☐
4. Ils dépensent beaucoup d'argent au centre commercial.	☐	☐
5. Vous explorez une ville.	☐	☐
6. Vous escaladez (*climb*) une montagne.	☐	☐
7. J'habite en banlieue.	☐	☐
8. Tu danses dans un marché.	☐	☐

Communication

 4 **Conversez** Avec un(e) partenaire, échangez vos opinions sur ces activités. Utilisez un élément de chaque colonne dans vos réponses.

> **MODÈLE**
>
> **Étudiant(e) 1:** *Moi, j'adore bavarder au restaurant, mais je déteste parler au musée.*
> **Étudiant(e) 2:** *Moi aussi, j'adore bavarder au restaurant. Je ne déteste pas parler au musée, mais j'aime mieux bavarder au parc.*

Opinion	Activité	Lieu
adorer	bavarder	au bureau
aimer (mieux)	danser	au centre commercial
ne pas tellement aimer	déjeuner	au centre-ville
détester	dépenser de l'argent	au cinéma
	étudier	au gymnase
	inviter	au musée
	nager	au parc
	parler	à la piscine
	patiner	au restaurant

5 **La journée d'Anne** Votre professeur va vous donner, à vous et à votre partenaire, une feuille partielle d'activités. À tour de rôle, posez-vous des questions pour compléter vos feuilles. Utilisez le vocabulaire de la leçon. Attention! Ne regardez pas la feuille de votre partenaire.

> **MODÈLE**
>
> **Étudiant(e) 1:** *À 7h30, Anne quitte la maison. Qu'est-ce qu'elle fait ensuite (do next)?*
> **Étudiant(e) 2:** *À 8h00, elle...*

Anne

6 **Une lettre** Écrivez une lettre à un(e) ami(e) dans laquelle (*in which*) vous décrivez vos activités de la semaine. Utilisez les expressions suivantes.

bavarder	passer chez quelqu'un
déjeuner	travailler
dépenser de l'argent	quitter la maison
étudier	un centre commercial
manger au restaurant	une boîte de nuit

Cher Paul,

Comment vas-tu? Moi, tout va bien. Je suis très actif/active à l'université. Je travaille beaucoup et j'ai beaucoup d'amis. En général, le samedi à midi, je déjeune au restaurant Le Lion d'Or avec mes copains. L'après-midi, je bavarde avec mes amis...

Les sons et les lettres  Audio

Oral vowels

French has two basic kinds of vowel sounds: oral vowels, the subject of this discussion, and nasal vowels, presented in **Leçon 4B**. Oral vowels are produced by releasing air through the mouth. The pronunciation of French vowels is consistent and predictable.

In short words (usually two-letter words), **e** is pronounced similarly to the *a* in the English word *about*.

le	que	ce	de

The letter **a** alone is pronounced like the *a* in *father*.

la	ça	ma	ta

The letter **i** by itself and the letter **y** are pronounced like the vowel sound in the word *bee*.

ici	livre	stylo	lycée

The letter combination **ou** sounds like the vowel sound in the English word *who*.

vous	nous	oublier	écouter

The French **u** sound does not exist in English. To produce this sound, say *ee* with your lips rounded.

tu	du	une	étudier

Prononcez Répétez les mots suivants à voix haute.

1. je
2. chat
3. fou
4. ville
5. utile
6. place
7. jour
8. triste
9. mari
10. active
11. Sylvie
12. rapide
13. gymnase
14. antipathique
15. calculatrice
16. piscine

Articulez Répétez les phrases suivantes à voix haute.

1. Salut, Luc. Ça va?
2. La philosophie est difficile.
3. Brigitte est une actrice fantastique.
4. Suzanne va à son cours de physique.
5. Tu trouves le cours de maths facile?
6. Viviane a une bourse universitaire.

Dictons Répétez les dictons à voix haute.

Plus on est de fous, plus on rit.[2]

Qui va à la chasse perd sa place.[1]

[1] He who steps out of line loses his place.   [2] The more the merrier.

ressources

LM
p. 26   vhlcentral

Star du cinéma  Video

PERSONNAGES

Amina

David

Pascal

Sandrine

À l'épicerie...

DAVID Juliette Binoche? Pas possible! Je vais chercher Sandrine!

Au café...

PASCAL Alors chérie, tu vas faire quoi de ton week-end?

SANDRINE Euh, demain je vais déjeuner au centre-ville.

PASCAL Bon... et quand est-ce que tu vas rentrer?

SANDRINE Euh, je ne sais pas. Pourquoi?

PASCAL Pour rien. Et demain soir, tu vas danser?

SANDRINE Ça dépend. Je vais passer chez Amina pour bavarder avec elle.

PASCAL Combien d'amis as-tu à Aix-en-Provence?

SANDRINE Oh, Pascal...

PASCAL Bon, moi, je vais continuer à penser à toi jour et nuit.

DAVID Mais l'actrice! Juliette Binoche!

SANDRINE Allons-y! Vite! C'est une de mes actrices préférées! J'adore le film *Chocolat*!

AMINA Et comme elle est chic! C'est une vraie star!

DAVID Elle est à l'épicerie! Ce n'est pas loin d'ici!

Dans la rue...

AMINA Mais elle est où, cette épicerie? Nous allons explorer toute la ville pour rencontrer Juliette Binoche?

SANDRINE C'est là, l'épicerie Pierre Dubois à côté du cinéma?

DAVID Mais non, elle n'est pas à l'épicerie Pierre Dubois, elle est à l'épicerie près de l'église, en face du parc.

AMINA Et combien d'églises est-ce qu'il y a à Aix?

SANDRINE Il n'y a pas d'église en face du parc!

DAVID Bon, hum, l'église sur la place.

AMINA D'accord, et ton église sur la place, elle est ici au centre-ville ou en banlieue?

---

1 **Vrai ou faux?** Indiquez pour chaque phrase si l'affirmation est **vraie** ou **fausse** et corrigez si nécessaire.

1. David va chercher Pascal.

2. Sandrine va déjeuner au centre-ville.

3. Pascal va passer chez Amina.

4. Pascal va continuer à penser à Sandrine jour et nuit.

5. Pascal va bien.

6. Juliette Binoche est l'actrice préférée de Sandrine.

7. L'épicerie est loin du café.

8. L'épicerie Pierre Dubois est à côté de l'église.

9. Il n'y a pas d'église en face du parc.

10. Juliette Binoche fréquente le P'tit Bistrot.

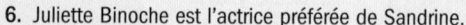

 Practice more at vhlcentral.com.

David et les filles à la recherche de (*in search of*) leur actrice préférée.

SANDRINE Oui. Génial.
Au revoir, Pascal.
AMINA Salut Sandrine. Comment
va Pascal?
SANDRINE Il va bien mais il
adore bavarder.

DAVID Elle est là, elle est là!
SANDRINE Mais, qui est là?
AMINA Et c'est où, «là»?
DAVID Juliette Binoche! Mais non,
pas ici!
SANDRINE ET AMINA Quoi? Qui? Où?

Devant l'épicerie...
DAVID C'est elle, là! Hé, JULIETTE!
AMINA Oh, elle est belle!
SANDRINE Elle est jolie, élégante!
AMINA Elle est... petite?
DAVID Elle, elle... est... vieille?!?

AMINA Ce n'est pas du tout
Juliette Binoche!
SANDRINE David, tu es complètement
fou! Juliette Binoche, au
centre-ville d'Aix?
AMINA Pourquoi est-ce qu'elle ne
fréquente pas le P'tit Bistrot?

Expressions utiles

Talking about your plans

- **Tu vas faire quoi de ton week-end?**
  What are you doing this weekend?
- **Je vais déjeuner au centre-ville.**
  I'm going to have lunch downtown.
- **Quand est-ce que tu vas rentrer?**
  When are you coming back?
- **Je ne sais pas.**
  I don't know.
- **Je vais passer chez Amina.**
  I am going to stop by Amina's (house).
- **Nous allons explorer toute la ville.**
  We're going to explore the whole city.

Additional vocabulary

- **C'est une de mes actrices préférées.**
  She's one of my favorite actresses.
- **Comme elle est chic!**
  She is so chic!
- **Ce n'est pas loin d'ici!**
  It's not far from here!
- **Ce n'est pas du tout...**
  It's not... at all.
- **Ça dépend.**
  It depends.
- **Pour rien.**
  No reason.
- **Vite!**
  Quick!, Hurry!

---

2 **Questions** À l'aide (*the help*) d'un dictionnaire, choisissez le
bon mot pour chaque question.

1. (Avec qui, Quoi) Sandrine parle-t-elle au téléphone?
2. (Où, Parce que) Sandrine va-t-elle déjeuner?
3. (Qui, Pourquoi) Pascal demande-t-il à Sandrine quand elle va rentrer?
4. (Combien, Comment) d'amis Sandrine a-t-elle?
5. (Combien, À qui) Amina demande-t-elle comment va Pascal?
6. (Quand, Où) est Juliette Binoche?

3 **Écrivez** Pensez à votre acteur ou actrice préféré(e) et préparez
un paragraphe où vous décrivez son apparence, sa personnalité
et sa carrière. Comment est-il/elle? Dans quel(s) (*which*) film(s)
joue-t-il/elle? Si un jour vous rencontrez cet acteur/cette actrice,
qu'est-ce que vous allez lui dire (*say to him or her*)?

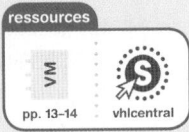

ressources

VM
pp. 13–14 | vhlcentral

A
C
T
I
V
I
T
É
S

Reading

CULTURE À LA LOUPE

Les passe-temps

Comment est-ce que les jeunes occupent leur temps libre° en France?
Si la télévision a été pendant longtemps un des passe-temps préféré, aujourd'hui
près de° 60% (pour cent) des jeunes disent être plus attachés à° leur *smartphone*.
En effet, ils sont 68% à ne jamais sortir sans leur portable, et ils veulent être
connectés partout°. Les médias jouent donc un rôle très important dans leur
vie, surtout les réseaux sociaux° qu'ils utilisent pour communiquer avec leurs
amis et leurs proches°. Les portables sont aussi considérés très
pratiques pour télécharger° et écouter de la musique, surfer
sur Internet, jouer à des jeux° vidéo ou regarder des films.

Les activités culturelles, en particulier le cinéma, sont aussi très appréciées: en
moyenne°, les jeunes y° vont une fois° par semaine. Ils aiment également° la littérature
et l'art: presque° 50% visitent des musées ou des monuments historiques chaque
année et plus de° 40% vont au théâtre ou à des concerts. Un jeune sur cinq° joue d'un
instrument de musique ou chante°, et environ 20%
d'entre eux° pratiquent une activité artistique, comme la
danse, le théâtre, la sculpture, le dessin° ou la peinture°.
La photographie et la vidéo sont aussi très appréciées.

Quant à° la pratique sportive, elle concerne près
de 90% des jeunes Français, qui font partie de clubs ou
s'entraînent entre copains.

Beaucoup de jeunes Français sont aussi membres de
la Maison des Jeunes et de la Culture (MJC) de leur ville.
Les MJC proposent des activités culturelles, sportives et
des cours et ateliers° dans de nombreux domaines.

Et bien sûr, comme tous les jeunes, ils aiment aussi tout
simplement se détendre° et bavarder avec des amis, le plus souvent
dans un des nombreux cafés du centre-ville.

Les activités culturelles des Français	
(% des Français qui les° pratiquent)	
le dessin	7%
l'écriture°	4%
la peinture	4%
le piano	3%
autre instrument de musique	3%
la danse	2%
la guitare	2%
la sculpture	1%
le théâtre	1%

temps libre *free time* **près de** *close to* **attachés à** *fond of* **partout** *everywhere*
réseaux sociaux *social networks* **proches** *people close to them* **télécharger** *download*
jeux *games* **en moyenne** *on average* **y** *there* **fois** *time* **également** *also* **presque** *almost*
plus de *more than* **Un... sur cinq** *One . . . in five* **chante** *sings* **d'entre eux** *of them*
dessin *drawing* **peinture** *painting* **Quant à** *As for* **ateliers** *workshops* **se detendre** *relax*
les *them* **écriture** *writing*

A C T I V I T É S

1 **Vrai ou faux?** Indiquez si les phrases sont **vraies** ou **fausses**.

1. Les portables sont rarement utilisés pour écouter de la musique.
2. Les jeunes Français n'utilisent pas Internet.
3. Les musées sont des lieux appréciés pour les loisirs.
4. Les réseaux sociaux ne sont pas très utilisés pour communiquer entre amis.
5. Les jeunes Français n'aiment pas pratiquer d'activités artistiques.

6. Le sport n'est pas important dans la vie des jeunes.
7. Les jeunes Français regardent moins la télévision aujourd'hui.
8. L'instrument de musique le plus (*the most*) populaire en France est le piano.
9. Plus de (*More*) gens pratiquent la peinture que la sculpture.
10. Dans les MJC, on peut faire une grande variété d'activités.

LE FRANÇAIS QUOTIDIEN

Le verlan

En France, on entend parfois° des jeunes parler en **verlan**. En verlan, les syllabes des mots sont inversées°:

l'envers° → vers–l'en → verlan.

Voici quelques exemples:

français	verlan	anglais
louche	chelou	*shady*
café	féca	*café*
mec	keum	*guy*
femme	meuf	*woman*

parfois *sometimes* **inversées** *inverted* **l'envers** *the reverse*

LE MONDE FRANCOPHONE

Où passer le temps

Voici quelques endroits typiques où les jeunes francophones aiment se restaurer° et passer du temps.

En Afrique de l'Ouest

Le maquis Commun dans beaucoup de pays° d'Afrique de l'Ouest°, le maquis est un restaurant où on peut manger à bas prix°. Situé en ville ou en bord de route°, le maquis est typiquement en plein air°.

Au Sénégal

Le tangana Le terme «tang» signifie «chaud» en wolof, une des langues nationales du Sénégal. Le tangana est un lieu populaire pour se restaurer. On trouve souvent les tanganas au coin de la rue°, en plein air, avec des tables et des bancs°.

se restaurer *have something to eat* **pays** *countries* **l'Ouest** *West*
à bas prix *inexpensively* **en bord de route** *on the side of the road*
en plein air *outdoors* **coin de la rue** *street corner* **bancs** *benches*

PORTRAIT

Le parc Astérix

Situé° à 30 kilomètres de Paris, en Picardie, le parc Astérix est le premier parc à thème français. Le parc d'attractions°, ouvert° en 1989, est basé sur la bande dessinée° française *Astérix le Gaulois*. Création de René Goscinny et d'Albert Uderzo, Astérix est un guerrier gaulois° qui lutte° contre l'invasion des Romains. Au parc Astérix, il y a des montagnes russes°, des petits trains et des spectacles, tous° basés sur les aventures d'Astérix et de son meilleur ami, Obélix. Entrez dans le Laboratoire de Panoramix, druide de la tribu° des Gaulois pour vivre l'expérience des potions magiques et de l'illusion. Une des attractions, *Le Tonnerre° de Zeus*, est la plus grande° montagne russe en bois° d'Europe, avec ses 30 mètres de haut°. Sa vitesse° est de plus de 80 kilomètres/ heure. À l'intérieur du parc, de nombreux°

Albert Uderzo

restaurants, comme par exemple Le Relais Gaulois, vous proposent un grand choix° de restauration°. Si vous avez envie de passer plusieurs jours au parc Astérix, vous pouvez dormir° à l'Hôtel des Trois Hiboux, qui offre des chambres familiales, un petit-déjeuner° complet, le Wifi gratuit et surtout une rencontre° avec Astérix et Obélix...

Situé *Located* **parc d'attractions** *amusement park* **ouvert** *opened*
bande dessinée *comic strip* **guerrier gaulois** *Gallic warrior* **lutte** *fights*
montagnes russes *roller coasters* **tous** *all* **tribu** *tribe* **Tonnerre** *Thunder*
la plus grande *the largest* **en bois** *wooden* **de haut** *high* **vitesse** *speed* **de nombreux** *many*
choix *choice* **restauration** *food* **dormir** *sleep* **petit-déjeuner** *breakfast* **rencontre** *encounter*

---

2 **Compréhension** Complétez les phrases.

1. Le parc Astérix est basé sur *Astérix le Gaulois*, une _____.

2. Astérix le Gaulois est une _____ de René Goscinny et d'Albert Uderzo.

3. Le parc Astérix est près de la ville de _____.

4. Astérix est un _____ gaulois.

5. On mange à bas prix dans un _____.

6. Au Sénégal, on parle aussi le _____.

3 **Vos activités préférées** Posez des questions à trois ou quatre de vos camarades de classe à propos de leurs activités favorites. Comparez vos résultats avec ceux (*those*) d'un autre groupe.

Practice more at **vhlcentral.com**.

ressources

vhlcentral

A C T I V I T É S

ESPACE **STRUCTURES**

4A.1

The verb *aller*  Tutorial

Point de départ In Leçon 1A, you saw a form of the verb **aller** (*to go*) in the expression **ça va**. Now you will use this verb, first, to talk about going places and, second, to express actions that take place in the immediate future.

aller			
je vais	*I go*	**nous allons**	*we go*
tu vas	*you go*	**vous allez**	*you go*
il/elle/on va	*he/she/it/one goes*	**ils/elles vont**	*they go*

- The verb **aller** is irregular. Only the **nous** and **vous** forms resemble the infinitive.

  Tu **vas** souvent au cinéma?
  Do you go to the movies often?

  Nous **allons** au marché le samedi.
  We go to the market on Saturdays.

  Je **vais** à la piscine.
  I'm going to the pool.

  Vous **allez** au parc?
  Are you going to the park?

- **Aller** can also be used with another verb to tell what is going to happen. This construction is called **le futur proche** (*the immediate future*). Conjugate **aller** in the present tense and place the other verb's infinitive form directly after it.

  Nous **allons déjeuner** sur la terrasse.
  We're going to eat lunch on the terrace.

  Marc et Julie **vont explorer** le centre-ville.
  Marc and Julie are going to explore downtown.

  Je **vais partager** la pizza avec ma copine.
  I'm going to share the pizza with my friend.

  Elles **vont retrouver** Guillaume à la boîte de nuit.
  They're going to meet Guillaume at the nightclub.

Demain, je vais déjeuner au centre-ville.

Et quand est-ce que tu vas rentrer?

À noter

In **Leçon 2A**, you learned how to form questions with inversion when you have a conjugated verb + infinitive. Follow the same pattern for **le futur proche**. Example: **Théo va-t-il déjeuner à midi?**

- To negate an expression in **le futur proche**, place **ne/n'** before the conjugated form of **aller** and **pas** after it.

  Je **ne vais pas** oublier la date.
  I'm not going to forget the date.

  Nous **n'allons pas** quitter la maison.
  We're not going to leave the house.

  Tu **ne vas pas** manger au café?
  Aren't you going to eat at the café?

  Ousmane **ne va pas** retrouver Salima au parc.
  Ousmane is not going to meet Salima at the park.

- Note that **le futur proche** can be used with the infinitive of **aller** to mean *going to go (somewhere).*

  Elle **va aller** à la piscine.
  She's going to go to the pool.

  Vous **allez aller** au gymnase ce soir?
  Are you going to go to the gym tonight?

The preposition *à*

- The preposition **à** can be translated in various ways in English: *to, in, at.* When followed by the definite article **le** or **les**, the preposition **à** and the definite article contract into one word.

à + le ▶ au

Nous allons **au** magasin.
We're going to the store.

à + les ▶ aux

Ils parlent **aux** profs.
They speak to the professors.

- The preposition **à** does not contract with **la** or **l'**.

à + la ▶ à la

Je rentre **à la** maison.
I'm going back home.

à + l' ▶ à l'

Il va **à l'**épicerie.
He's going to the grocery store.

- The preposition **à** often indicates a physical location, as with **aller à** and **habiter à**. However, it can have other meanings depending on the verb used.

Verbs with the preposition *à*			
commencer à + [*infinitive*]	*to start (doing something)*	**penser à**	*to think about*
parler à	*to talk to*	**téléphoner à**	*to phone (someone)*

Elle va **parler au** professeur.
She's going to talk to the professor.

Il **commence à travailler** demain.
He starts working tomorrow.

- In general, **à** is used to mean *at* or *in*, whereas **dans** is used to mean *inside* or *within*. When learning a place name in French, learn the preposition that accompanies it.

Prepositions with place names			
à la maison	*at home*	**dans la maison**	*inside the house*
à Paris	*in Paris*	**dans Paris**	*within Paris*
en ville	*in town*	**dans la ville**	*within the town*
sur la place	*in the square*	**à/sur la terrasse**	*on the terrace*

Tu travailles **à la maison**?
Are you working at home?

On mange **dans la maison**.
We'll eat inside the house.

Essayez! Utilisez la forme correcte du verbe **aller**.

1. Comment ça __*va*__?
2. Tu _____ à la piscine pour nager.
3. Ils _____ au centre-ville.
4. Nous _____ bavarder au café.
5. Vous _____ aller au restaurant ce soir?
6. Elle _____ aller à l'église dimanche matin.
7. Ce soir, je _____ danser en boîte.
8. On ne _____ pas passer par l'épicerie cet après-midi.

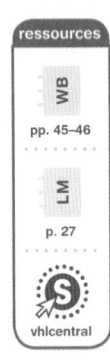

ressources

WB
pp. 45–46

LM
p. 27

S
vhlcentral

ESPACE STRUCTURES

Mise en pratique

1 **Questions parentales** Votre père est très curieux. Trouvez les questions qu'il pose.

> **MODÈLE**
>
> tes frères / piscine
> *Tes frères vont à la piscine?*

1. tu / cinéma / ce soir _____
2. tes amis et toi, vous / boîte _____
3. ta mère et moi, nous / ville / vendredi _____
4. ta petite amie / souvent / marché _____
5. je / musée / avec toi / demain _____
6. tes amis / parc _____
7. on / église / dimanche _____
8. ta petite amie et toi, vous / parfois / gymnase _____

2 **Samedi prochain** Voici ce que (*what*) vous et vos amis faites (*are doing*) aujourd'hui. Indiquez que vous allez faire les mêmes (*same*) choses samedi prochain.

> **MODÈLE**
>
> Je nage.
> *Samedi prochain aussi, je vais nager.*

1. Paul bavarde avec ses copains. _____
2. Nous dansons. _____
3. Je dépense de l'argent dans un magasin. _____
4. Luc et Sylvie déjeunent au restaurant. _____
5. Vous explorez le centre-ville. _____
6. Tu patines. _____
7. Amélie nage à la piscine. _____
8. Lucas et Sabrina téléphonent à leurs grands-parents. _____

3 **Où vont-ils?** Avec un(e) partenaire, indiquez où vont les personnages.

Henri

> ▶ **MODÈLE**
>
> *Henri va au cinéma.*

1. tu

2. nous

3. Paul et Luc

4. vous

Practice more at **vhlcentral.com**.

Communication

4 **Activités du week-end** Avec un(e) partenaire, assemblez les éléments des colonnes pour poser des questions. Rajoutez (*Add*) d'autres éléments utiles.

MODÈLE

Étudiant(e) 1: Est-ce que tu vas déjeuner avec tes copains?
Étudiant(e) 2: Oui, je vais déjeuner avec mes copains.

A	B	C	D
ta sœur	aller	voyager	professeur
vous		aller	cinéma
tes copains		déjeuner	boîte de nuit
nous		bavarder	piscine
tu		nager	centre
ton petit ami		danser	commercial
ta petite amie		parler	café
tes		inviter	parents
grands-parents		téléphoner	copains
		visiter	petit(e) ami(e)
		patiner	camarades de classe
			musée
			cousin(e)s

5 **Le grand voyage** Vous avez gagné (*have won*) un voyage. Par groupes de trois, expliquez à vos camarades ce que vous allez faire pendant (*during*) le voyage. Vos camarades vont deviner (*to guess*) où vous allez.

MODÈLE

Étudiant(e) 1: Je vais visiter le musée du Louvre.
Étudiant(e) 2: Est-ce que tu vas aller à Paris?

6 **À Deauville** Votre professeur va vous donner, à vous et à votre partenaire, un plan (*map*) de Deauville. Attention! Ne regardez pas la feuille de votre partenaire.

MODÈLE

Étudiant(e) 1: Où va Simon?
Étudiant(e) 2: Il va au kiosque.

4A.2

Interrogative words (S) Tutorial

Point de départ In **Leçon 2A**, you learned four ways to formulate yes or no questions in French. However, many questions seek information that can't be provided by a simple yes or no answer.

- Use these words with **est-ce que** or inversion.

Interrogative words			
à quelle heure?	*at what time?*	**quand?**	*when?*
combien (de)?	*how many?;*	**que/qu'...?**	*what?*
	how much?	**quel(le)(s)?**	*which?; what?*
comment?	*how?; what?*	**(à/avec/pour)**	*(to/with/for)*
où?	*where?*	**qui?**	*who(m)?*
pourquoi?	*why?*	**quoi?**	*what?*

À qui est-ce que tu penses?
Whom are you thinking about?

Combien de villes **y a-t-il** en Suisse?
How many cities are there in Switzerland?

Pourquoi est-ce que tu danses?
Why are you dancing?

Que vas-tu manger?
What are you going to eat?

- When the question word **qui** (*who*) is the subject of a sentence, it is followed directly by a verb. The verb in this case is always in the third person singular form.

Qui invite Patrice à dîner?
Who is inviting Patrice to dinner?

Qui n'aime pas danser?
Who doesn't like to dance?

- When the question word **qui** (*whom*) is the object of a sentence, it is followed by **est-ce que** or inversion.

Qui est-ce que tu regardes?
Whom are you looking at?

Qui regardes-tu?
Whom are you looking at?

- Although **quand?** and **à quelle heure?** can be translated as *when?* in English, they are not interchangeable in French. Use **quand** to talk about a day or date, and **à quelle heure** to talk about a specific time of day.

Quand est-ce que le cours commence?
When does the class start?

À quelle heure est-ce qu'il commence?
At what time does it begin?

Il commence **le lundi 28 août**.
It starts Monday, August 28.

Il commence **à dix heures et demie**.
It starts at 10:30.

- Another way to formulate questions with most interrogative words is by placing them after a verb. This kind of formulation is very informal but very common.

Tu t'appelles **comment**?
What's your name?

Tu habites **où**?
Where do you live?

- Note that **quoi?** (*what?*) must immediately follow a preposition in order to be used with **est-ce que** or **inversion**. If no preposition is necessary, place **quoi** after the verb.

À quoi pensez-vous?
What are you thinking about?

Elle étudie **quoi**?
What does she study?

De quoi est-ce qu'il parle?
What is he talking about?

Tu regardes **quoi**?
What are you looking at?

- Use **Comment?** or **Pardon?** to indicate that you don't understand what's being said. You may also use **Quoi?** but only in informal situations with friends.

Vous allez voyager cette année?
Are you going to travel this year?

Comment?
I beg your pardon?

The interrogative adjective *quel(le)(s)*

- The interrogative adjective **quel** means *what* or *which*. The form of **quel** varies in gender and number with the noun it modifies.

The interrogative adjective *quel(le)(s)*			
	singular		**plural**
masculine	**Quel** *restaurant?*	**Quels** *cours?*
feminine	**Quelle** *montre?*	**Quelles** *filles?*

Quel restaurant aimes-tu?
Which restaurant do you like?

Quels cours commencent à dix heures?
What classes start at ten o'clock?

Quelle montre a-t-il?
What watch does he have?

Quelles filles vont à la boîte de nuit?
Which girls are going to the nightclub?

- **Qu'est-ce que** and **quel** both mean *what*, but they are used differently. Use a form of **quel** to ask *What is/are...?* if you want to know specific information about a noun. **Quel(le)(s)** may be followed directly by a form of **être** and a noun, in which case the form of **quel(le)(s)** agrees with that noun.

Quel est ton numéro de téléphone?
What is your phone number?

Quels sont tes problèmes?
What are your problems?

Quelles amies invites-tu?
What friends are you inviting?

Quel étudiant est intelligent?
What student is intelligent?

- Use **qu'est-ce que** in most other cases.

Qu'est-ce que tu vas manger?
What are you going to eat?

Qu'est-ce que Sandrine étudie?
What is Sandrine studying?

Tu es de quelle origine?

Quel jour sommes-nous?

 Boîte à outils

You can also use a form of **quel** as an exclamation.
Quel beau garçon!
What a handsome boy!
Quelles grandes maisons!
What big houses!

Essayez! Donnez les mots (*words*) interrogatifs.

1. <u>Comment</u> allez-vous?
2. _____ est-ce que vous allez faire après le cours?
3. Le cours de français commence à _____ heure?
4. _____ est-ce que tu ne travailles pas?
5. Avec _____ est-ce qu'on va au cinéma ce soir?
6. _____ d'étudiants y a-t-il dans la salle de classe?
7. _____ musées vas-tu visiter?
8. _____ est-ce que tes parents arrivent?
9. _____ n'aime pas voyager?
10. _____ est-ce qu'on dîne ce soir?

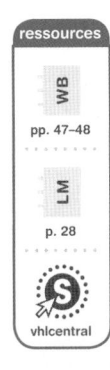

ressources

WB
pp. 47–48

LM
p. 28

vhlcentral

ESPACE **STRUCTURES**

Mise en pratique

1 **Le français familier** Utilisez l'inversion pour reformuler les questions.

MODÈLE

Tu t'appelles comment?
Comment t'appelles-tu?

1. Tu habites où? _____
2. Le film commence à quelle heure? _____
3. Il est quelle heure? _____
4. Tu as combien de frères? _____
5. Le prof parle quand? _____
6. Vous aimez quoi? _____
7. Elle téléphone à qui? _____
8. Il étudie comment? _____
9. Il y a combien d'enfants? _____
10. Elle aime qui? _____

2 **La paire** Trouvez la paire et formez des phrases complètes. Utilisez chaque (*each*) option une seule fois (*only once*).

1. À quelle heure	a. est-ce que tu regardes?
2. Comment	b. habitent-ils?
3. Combien de	c. est-ce que tu habites dans le centre-ville?
4. Avec qui	d. est-ce que le cours commence?
5. Où	e. heure est-il?
6. Pourquoi	f. vous appelez-vous?
7. Qu'	g. villes est-ce qu'il y a aux États-Unis?
8. Quelle	h. parlez-vous?

3 **La question** Vous avez les réponses. Quelles sont les questions?

MODÈLE

Il est midi.
Quelle heure est-il?

1. Les cours commencent à huit heures. _____
2. Stéphanie habite à Paris. _____
3. Julien danse avec Caroline. _____
4. Elle s'appelle Julie. _____
5. Laetitia a deux chiens. _____
6. Elle déjeune dans ce restaurant parce qu'il est à côté de son bureau. _____
7. Nous allons bien, merci. _____
8. Je vais au marché mardi. _____
9. Simon aime danser. _____
10. Brigitte pense à ses études. _____

 Practice more at **vhlcentral.com**.

Communication

4 **Questions et réponses** À tour de rôle, posez une question à un(e) partenaire au sujet de chaque (*each*) thème de la liste. Posez une seconde question basée sur sa réponse.

MODÈLE

Étudiant(e) 1: *Où est-ce que tu habites?*
Étudiant(e) 2: *J'habite chez mes parents.*
Étudiant(e) 1: *Pourquoi est-ce que tu habites chez tes parents?*

Thèmes

- où vous habitez
- ce que vous faites le week-end
- à qui vous téléphonez
- combien de frères et sœurs vous avez
- les endroits que vous fréquentez avec vos copains
- comment sont vos camarades de classe
- quels cours vous aimez

5 **La montagne** Par groupes de quatre, lisez (*read*) avec attention la lettre de Céline. Fermez votre livre. Une personne du groupe va poser une question basée sur l'information donnée. La personne qui répond pose une autre question au groupe, etc.

Bonjour. Je m'appelle Céline. J'ai 20 ans. Je suis grande, mince et sportive. J'habite à Grenoble dans une maison agréable. Je suis étudiante à l'université. J'adore la montagne.

Tous les week-ends, je vais skier à Chamrousse avec mes trois amis Alain, Catherine et Pascal. Nous skions de midi à cinq heures. À six heures, nous prenons un chocolat chaud à la terrasse d'un café ou nous allons manger des crêpes dans un restaurant. Nous rencontrons souvent d'autres étudiants et nous allons en boîte tous ensemble.

6 **Le week-end** Avec un(e) partenaire, posez-vous des questions pour savoir (*know*) où vous allez aller ce (*this*) week-end. Utilisez **le futur proche**. Posez beaucoup de questions pour avoir tous les détails sur les projets (*plans*) de votre partenaire.

MODÈLE

Étudiant(e) 1: *Où est-ce que tu vas aller samedi?*
Étudiant(e) 2: *Je vais aller au centre commercial.*
Étudiant(e) 1: *Avec qui?*

Révision

1 **En ville** Par groupes de trois, interviewez vos camarades. Où allez-vous en ville? Quand vos camarades mentionnent un endroit de la liste, demandez des détails (quand? avec qui? pourquoi? etc.). Présentez les réponses à la classe.

le café	le musée
le centre commercial	le parc
le cinéma	la piscine
le marché	le restaurant

2 **La semaine prochaine** Voici votre agenda (*day planner*). Parlez de votre semaine avec un(e) partenaire. Mentionnez trois activités associées au travail, trois d'un autre type, et deux activités à faire en groupe.

MODÈLE

Lundi je vais préparer un examen, mais samedi je vais danser en boîte.

	L	M	M	J	V	S	D
8h30							
9h00							
9h30							
10h00							
10h30							
11h00							
11h30							
12h00							
12h30							

3 **Le week-end** Par groupes de trois, posez-vous des questions sur vos projets pour le week-end prochain. Donnez des détails. Mentionnez aussi des activités qu'on fait avec des amis.

MODÈLE

Étudiant(e) 1: *Quels projets avez-vous pour ce week-end?*
Étudiant(e) 2: *Nous allons aller au marché samedi.*
Étudiant(e) 3: *Et nous allons aller au café dimanche.*

4 **Ma ville** À tour de rôle, vous invitez votre partenaire dans votre ville d'origine pour une visite d'une semaine. Proposez des activités variées et préparez une liste. Ensuite (*Then*), comparez vos projets avec ceux (*those*) d'un autre groupe.

MODÈLE

Étudiant(e) 1: *Samedi, on va au centre-ville.*
Étudiant(e) 2: *Nous allons dépenser de l'argent!*

5 **Où passer un long week-end?** Vous et votre partenaire avez la possibilité de passer un long week-end à Montréal ou à La Nouvelle-Orléans, mais vous préférez chacun(e) (*each one*) une ville différente. Jouez la conversation pour la classe.

MODÈLE

Étudiant(e) 1: *À Montréal, on va visiter les sites!*
Étudiant(e) 2: *Oui, mais à La Nouvelle-Orléans, on va danser dans les boîtes cajuns!*

Montréal

- le Jardin botanique
- le Musée des Beaux-Arts
- le Parc du Mont-Royal
- le Vieux-Montréal

La Nouvelle-Orléans

- le Café du Monde
- la Cathédrale Saint-Louis
- la route des plantations
- le Vieux Carré (quartier français)

6 **La semaine de Martine** Votre professeur va vous donner, à vous et à votre partenaire, des informations sur la semaine de Martine. Attention! Ne regardez pas la feuille de votre partenaire.

MODÈLE

Lundi matin, Martine va dessiner au parc.

 Video

Sur les toits de Paris

Dans le cadre de sa série d'été° «Une semaine sur les toits° de Paris», la chaîne télévisée BFMTV nous fait découvrir des terrasses perchées sur les toits de la capitale. Pour Paul et Alexandre, deux jeunes Parisiens, c'est devenu une passion. Ils parcourent° la ville pour dénicher° de nouvelles adresses pour boire un verre°. Ils définissent des critères pour les sélectionner: l'accès, la vue, l'ambiance et la carte avec les prix°. Ces deux jeunes hommes, à l'origine du collectif «Toi Toi Mon Toit», écrivent de petits articles et publient quelques photos pour faire connaître° ces «rooftops» qui sont de plus en plus fréquentés, surtout l'été. En effet, les habitants de Paris aiment profiter° du beau temps pour boire un verre entre amis.

Paul explique l'objectif du collectif «Toi Toi Mon Toit».

Paul et Alexandre posent des questions au serveur du café.

Compréhension Répondez aux questions.

1. Quels endroits peut-on voir dans cette vidéo?
2. Que font les personnes présentes dans la vidéo?
3. Quel est l'objectif du projet du collectif «Toi Toi Mon Toit»?

Discussion Avec un(e) partenaire, répondez aux questions.

1. Quels sont les endroits de votre ville où vous aimez aller prendre un verre et bavarder avec vos ami(e)s? Décrivez-les.
2. Qu'aimez-vous dans ces endroits? Pourquoi?

été *summer* **toits** *rooftops* **parcourent** *roam* **dénicher** *uncover*
boire un verre *have a drink* **prix** *prices* **connaître** *know* **profiter** *enjoy*

Go to **vhlcentral.com** to watch the TV clip featured in this **Le Zapping**.

Leçon **4B**

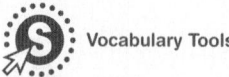

You will learn how to...
- order food and beverages
- ask for your check

Vocabulary Tools

J'ai faim!

menu du jour — le prix
soupe du jour 3.50€
plat du jour 12€

un serveur
(serveuse *f.*)

une bouteille
d'eau

les croissants (*m.*)

l'addition (*f.*)

une soupe

Elle laisse
un pourboire.
(laisser)

Il a faim.
(avoir)

Vocabulaire

apporter l'addition	to bring the check/bill
coûter	to cost
Combien coûte(nt)...?	How much is/are...?
une baguette	baguette (long, thin loaf of bread)
le beurre	butter
des frites (*f.*)	French fries
un fromage	cheese
le jambon	ham
un pain (de campagne)	(country-style) bread
un sandwich	sandwich
une boisson (gazeuse)	(soft/carbonated) drink/beverage
un chocolat (chaud)	(hot) chocolate
une eau (minérale)	(mineral) water
un jus (d'orange, de pomme, etc.)	(orange, apple, etc.) juice
le lait	milk
une limonade	lemon soda
un thé (glacé)	(iced) tea
(pas) assez (de)	(not) enough (of)
beaucoup (de)	a lot (of)
d'autres	others
un morceau (de)	piece, bit (of)
un peu (plus/moins) (de)	a little (more/less) (of)
plusieurs	several
quelque chose	something; anything
quelques	some
tous (*m. pl.*)	all
tout (*m. sing.*)	all
tout (tous) le/les (*m.*)	all the
toute(s) la/les (*f.*)	all the
trop (de)	too many/much (of)
un verre (de)	glass (of)

ressources

WB
pp. 49–50

LM
p. 29

S
vhlcentral

Attention!

To read prices in French, say the number of euros (**euros**) followed by the number of cents (**centimes**). French decimals are marked with a comma, not a period.

8,10€ = huit euros dix (centimes)

Mise en pratique

1 Écoutez Écoutez la conversation entre André et le serveur du café Gide, et décidez si les phrases sont **vraies** ou **fausses**.

	Vrai	Faux
1. André n'a pas très soif.	☐	☐
2. André n'a pas faim.	☐	☐
3. Au café, on peut commander (*one may order*) un jus d'orange, une limonade, un café ou une boisson gazeuse.	☐	☐
4. André commande un sandwich au jambon avec du fromage.	☐	☐
5. André commande un chocolat chaud.	☐	☐
6. André déteste le lait et le sucre.	☐	☐
7. André n'a pas beaucoup d'argent.	☐	☐
8. André ne laisse pas de pourboire.	☐	☐

2 Chassez l'intrus Trouvez le mot qui ne va pas avec les autres.

1. un croissant, le pain, le fromage, une baguette
2. une limonade, un jus de pomme, un jus d'orange, le beurre
3. des frites, un sandwich, le sucre, le jambon
4. le jambon, un éclair, un croissant, une baguette
5. l'eau, la boisson, l'eau minérale, la soupe
6. l'addition, un chocolat, le pourboire, coûter
7. apporter, d'autres, plusieurs, quelques
8. un morceau, une bouteille, un verre, une tasse

3 Reliez Reliez (*Connect*) correctement les expressions de quantité suivantes aux produits de la liste.

un morceau de	une bouteille de
un verre de	une tasse de

MODÈLE

un morceau de baguette

le sucre — Il a soif. (avoir) — le thé — une tasse — Il mange quelque chose. (manger) — un café — un éclair

1. _____ eau
2. _____ quiche
3. _____ fromage
4. _____ chocolat chaud
5. _____ café
6. _____ jus de pomme
7. _____ thé
8. _____ limonade

Communication

4 **Combien coûte...?** Regardez la carte et, à tour de rôle, demandez à votre partenaire combien coûte chaque chose. Répondez par des phrases complètes.

> **MODÈLE**
>
> **Étudiant(e) 1:** *Combien coûte un sandwich?*
> **Étudiant(e) 2:** *Un sandwich coûte 3,50€.*

1. _____
2. _____
3. _____
4. _____
5. _____
6. _____
7. _____
8. _____

5 **Conversez** Interviewez un(e) camarade de classe.

1. Qu'est-ce que tu aimes boire (*drink*) quand tu as soif? Quand tu as froid? Quand tu as chaud?
2. Quand tu as faim, est-ce que tu manges au resto U? Qu'est-ce que tu aimes manger?
3. Est-ce que tu aimes le café ou le thé? Combien de tasses est-ce que tu aimes boire par jour?
4. Comment est-ce que tu aimes le café? Avec du lait? Avec du sucre? Noir (*black*)?
5. Comment est-ce que tu aimes le thé? Avec du lait? Avec du sucre? Nature (*plain*)?
6. Dans ta famille, qui aime le thé? Et le café?
7. Quand tu manges dans un restaurant, est-ce que tu laisses un pourboire au serveur/à la serveuse?
8. Quand tu manges avec ta famille ou avec tes amis dans un restaurant, qui paie (*pays*) l'addition?

6 **Au café** Choisissez deux partenaires et écrivez une conversation entre deux client(e)s dans un café et leur serveur/serveuse. Préparez-vous à jouer (*perform*) la scène devant la classe.

Client(e)s

- Demandez des détails sur le menu et les prix.
- Choisissez des boissons et des plats (*dishes*).
- Demandez l'addition.

Serveur/Serveuse

- Parlez du menu et répondez aux questions.
- Apportez les plats et l'addition.

> **Coup de main**
>
> **Vous désirez?**
> *What can I get you?*
>
> **Je voudrais...**
> *I would like...*
>
> **C'est combien?**
> *How much is it/this/that?*

7 **Sept différences** Votre professeur va vous donner, à vous et à votre partenaire, deux feuilles d'activités différentes. Attention! Ne regardez pas la feuille de votre partenaire.

> **MODÈLE**
>
> **Étudiant(e) 1:** *J'ai deux tasses de café.*
> **Étudiant(e) 2:** *Moi, j'ai une tasse de thé!*

Les sons et les lettres  Audio

Nasal vowels

When vowels are followed by an **m** or an **n** in a single syllable, they usually become nasal vowels. Nasal vowels are produced by pushing air through both the mouth and the nose.

The nasal vowel sound you hear in **français** is usually spelled **an** or **en**.

an	français	enchanté	enfant

The nasal vowel sound you hear in **bien** may be spelled **en**, **in**, **im**, **ain**, or **aim**. The nasal vowel sound you hear in **brun** may be spelled **un** or **um**.

examen	américain	lundi	parfum

The nasal vowel sound you hear in **bon** is spelled **on** or **om**.

ton	allons	combien	oncle

When **m** or **n** is followed by a vowel sound, the preceding vowel is not nasal.

image	inutile	ami	amour

Prononcez Répétez les mots suivants à voix haute.

1. blond
2. dans
3. faim
4. entre
5. garçon
6. avant
7. maison
8. cinéma
9. quelqu'un
10. différent
11. amusant
12. télévision
13. impatient
14. rencontrer
15. informatique
16. comment

Articulez Répétez les phrases suivantes à voix haute.

1. Mes parents ont cinquante ans.
2. Tu prends une limonade, Martin?
3. Le Printemps est un grand magasin.
4. Lucien va prendre le train à Montauban.
5. Pardon, Monsieur, l'addition s'il vous plaît!
6. Jean-François a les cheveux bruns et les yeux marron.

Dictons Répétez les dictons à voix haute.

N'allonge pas ton bras au-delà de ta manche.[2]

L'appétit vient en mangeant.[1]

[2] Don't bite off more than you can chew. (lit. Don't stretch your arm out farther than your sleeve.)

[1] Appetite comes from eating.

ROMAN-PHOTO

L'heure du déjeuner  Video

PERSONNAGES

Amina

David

Michèle

Rachid

Sandrine

Valérie

Près du café...

AMINA J'ai très faim. J'ai envie de manger un sandwich.

SANDRINE Moi aussi, j'ai faim, et puis j'ai soif. J'ai envie d'une bonne boisson. Eh, les garçons, on va au café?

RACHID Moi, je rentre à l'appartement étudier pour un examen de sciences po. David, tu vas au café avec les filles?

DAVID Non, je rentre avec toi. J'ai envie de dessiner un peu.

AMINA Bon, alors, à tout à l'heure.

Au café...

VALÉRIE Bonjour, les filles! Alors, ça va, les études?

AMINA Bof, ça va. Qu'est-ce qu'il y a de bon à manger aujourd'hui?

VALÉRIE Et bien, j'ai une soupe de poisson maison délicieuse! Il y a aussi des sandwichs jambon-fromage, des frites... Et, comme d'habitude, j'ai des éclairs, euh...

VALÉRIE Et pour toi, Amina?

AMINA Hmm... Pour moi, un sandwich jambon-fromage avec des frites.

VALÉRIE Très bien, et je vous apporte du pain tout de suite.

SANDRINE ET AMINA Merci!

Au bar...

VALÉRIE Alors, pour la table d'Amina et Sandrine, une soupe du jour, un sandwich au fromage... Pour la table sept, une limonade, un café, un jus d'orange et trois croissants.

MICHÈLE D'accord! Je prépare ça tout de suite. Mais Madame Forestier, j'ai un problème avec l'addition de la table huit.

VALÉRIE Ah, bon?

MICHÈLE Le monsieur ne comprend pas pourquoi ça coûte onze euros cinquante. Je ne comprends pas non plus. Regardez.

VALÉRIE Ah, non! Avec tout le travail que nous avons cet après-midi, des problèmes d'addition aussi?!

A C T I V I T É S

1 **Identifiez** Trouvez à qui correspond chacune (*each*) des phrases suivantes. Écrivez **A** pour Amina, **D** pour David, **M** pour Michèle, **R** pour Rachid, **S** pour Sandrine et **V** pour Valérie.

1. _____ Je ne comprends pas non plus.

2. _____ Vous prenez du jus d'orange uniquement le matin.

3. _____ Tu bois de l'eau aussi?

4. _____ Je prépare ça tout de suite.

5. _____ Je ne bois pas de limonade.

6. _____ Je vais apprendre à préparer des éclairs.

7. _____ J'ai envie de dessiner un peu.

8. _____ Je vous apporte du pain tout de suite.

9. _____ Moi, je rentre à l'appartement étudier pour un examen de sciences po.

10. _____ Qu'est-ce qu'il y a de bon à manger aujourd'hui?

 Practice more at **vhlcentral.com.**

Amina et Sandrine déjeunent au café.

SANDRINE Oh, Madame Forestier, j'adore! Un jour, je vais apprendre à préparer des éclairs. Et une bonne soupe maison. Et beaucoup d'autres choses.

AMINA Mais pas aujourd'hui. J'ai trop faim!

SANDRINE Alors, je prends la soupe et un sandwich au fromage.

VALÉRIE Et comme boisson?

SANDRINE Une bouteille d'eau minérale, s'il vous plaît. Tu bois de l'eau aussi? Avec deux verres, alors.

VALÉRIE Ah, ça y est! Je comprends! La boisson gazeuse coûte un euro vingt-cinq, pas un euro soixante-quinze. C'est noté, Michèle?

MICHÈLE Merci, Madame Forestier. Excusez-moi. Je vais expliquer ça au monsieur. Et voilà, tout est prêt pour la table d'Amina et Sandrine.

VALÉRIE Merci, Michèle.

À la table des filles...

VALÉRIE Voilà, une limonade, un café, un jus d'orange et trois croissants.

AMINA Oh? Mais Madame Forestier, je ne bois pas de limonade!

VALÉRIE Et vous prenez du jus d'orange uniquement le matin, n'est-ce pas? Ah! Excusez-moi, les filles!

Expressions utiles

Talking about food

- **Moi aussi, j'ai faim, et puis j'ai soif.**
  Me too, I am hungry, and I am thirsty as well.
- **J'ai envie d'une bonne boisson.**
  I feel like having a nice drink.
- **Qu'est-ce qu'il y a de bon à manger aujourd'hui?**
  What looks good on the menu today?
- **Une soupe de poisson maison délicieuse.**
  A delicious homemade fish soup.
- **Je vais apprendre à préparer des éclairs.**
  I am going to learn (how) to prepare/make éclairs.
- **Je prends la soupe.**
  I'll have the soup.
- **Tu bois de l'eau aussi?**
  Are you drinking water too?
- **Vous prenez du jus d'orange uniquement le matin.**
  You only have orange juice in the morning.

Additional vocabulary

- **On va au café?**
  Shall we go to the café?
- **Bof, ça va.**
  So-so.
- **comme d'habitude**
  as usual
- **Le monsieur ne comprend pas pourquoi ça coûte onze euros cinquante.**
  The gentleman doesn't understand why this costs 11,50€.
- **Je ne comprends pas non plus.**
  I don't understand either.
- **Je prépare ça tout de suite.**
  I am going to prepare this right away.
- **Ça y est! Je comprends!**
  That's it! I get it!
- **C'est noté?**
  Understood?/Got it?
- **Tout est prêt.**
  Everything is ready.

---

2 **Mettez dans l'ordre** Numérotez les phrases suivantes dans l'ordre correspondant à l'histoire.

a. _____ Michèle a un problème avec l'addition.

b. _____ Amina prend (*gets*) un sandwich jambon-fromage.

c. _____ Sandrine dit qu'elle (*says that she*) a soif.

d. _____ Rachid rentre à l'appartement.

e. _____ Valérie va chercher du pain.

f. _____ Tout est prêt pour la table d'Amina et Sandrine.

3 **Conversez** Au moment où Valérie apporte le plateau (*tray*) de la table sept à Sandrine et Amina, Michèle apporte le plateau de Sandrine et Amina à la table sept. Avec trois partenaires, écrivez la conversation entre Michèle et les client(e)s et jouez-la devant la classe.

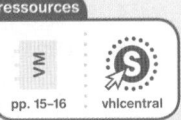

ressources

VM
pp. 15–16

vhlcentral

A C T I V I T É S

Reading
Video: *Flash culture*

Le café français

À Toute Heure

Quiches...............	12,50€
Pâtisseries...............	4,50€
Omelettes...............	9,25€
Thé...............	5,00€
Glaces...............	7,50€
Café...............	4,50€
Cappuccino...............	7,00€
Chocolat chaud.......	5,50€

Le premier café français, le Procope, a ouvert° ses portes à Paris en 1686. C'était° un lieu° pour boire du café, qui était une boisson exotique à l'époque°. On pouvait° aussi manger un sorbet dans des tasses en porcelaine. Benjamin Franklin et Napoléon Bonaparte fréquentaient° le Procope.

Le café est une partie importante de la culture française. Les Français adorent passer du temps° à la terrasse des cafés. C'est un des symboles de l'art de vivre° à la française.

On peut aller au café à tout moment de la journée: le matin, pour prendre un café et un croissant en lisant le journal, le midi pour déjeuner entre collègues, et le soir après le travail pour boire un verre et se détendre° avec des amis. Les étudiants aussi se retrouvent souvent° au café, près de leur lycée ou de leur faculté, pour étudier ou pour prendre un verre.

Il y a de très célèbres° cafés à Paris: «Les Deux Magots» ou «Café de Flore» par exemple, dans le quartier° de Saint-Germain. Ils sont connus° parce que c'était le rendez-vous des intellectuels et des écrivains°, comme Jean-Paul Sartre, Simone de Beauvoir et Albert Camus, après la Deuxième Guerre mondiale°.

a ouvert *opened* **C'était** *It was* **lieu** *place* **à l'époque** *at the time* **pouvait** *could* **fréquentaient** *used to frequent*
passer du temps *spending time* **vivre** *living* **se détendre** *to relax* **souvent** *often* **célèbres** *famous* **quartier** *neighborhood*
connus *known* **écrivains** *writers* **Deuxième Guerre mondiale** *World War II*

A C T I V I T É S

1 **Vrai ou faux?** Indiquez si les phrases sont **vraies** ou **fausses**.

1. Le premier café parisien date de 1686.

2. Le café était une boisson courante (*common*) aux années 1600.

3. Napoléon Bonaparte et Benjamin Franklin sont d'anciens clients du Procope.

4. Le café est une partie importante de la culture française.

5. Les Français évitent (*avoid*) les terrasses des cafés.

6. Le matin, les Français prennent du jambon et du fromage.

7. Les Français mangent rarement au café à midi.

8. Les étudiants se retrouvent souvent avec leurs amis au café.

9. «Les Deux Magots» et le «Café de Flore» sont deux cafés célèbres à Paris.

10. Les intellectuels français fréquentent les cafés après la Première Guerre mondiale.

LE FRANÇAIS QUOTIDIEN

J'ai faim!

avoir les crocs	*to be hungry*
avoir un petit creux	*to be slightly hungry*
boire à petites gorgées	*to sip*
bouffer	*to eat*
dévorer	*to devour*
grignoter	*to snack on*
mourir de faim	*to be starving*
siroter	*to sip (with pleasure)*

LE MONDE FRANCOPHONE

Des spécialités à grignoter°

Voici quelques spécialités à grignoter dans les pays et régions francophones.

En Afrique du Nord la merguez (saucisse épicée°) et le makroud (pâtisserie° au miel° et aux dattes)

En Côte d'Ivoire l'aloco (bananes plantains frites°)

En France le pan-bagnat (sandwich avec de la salade, des tomates, des œufs durs° et du thon°) et les crêpes (pâte° cuite° composée de farine° et de lait, de forme ronde)

À la Martinique les accras de morue° (beignets° à la morue)

Au Québec la poutine (frites avec du fromage fondu° et de la sauce)

Au Sénégal le chawarma (de la viande°, des oignons et des tomates dans du pain pita)

grignoter *snack on* **saucisse épicée** *spicy sausage* **pâtisserie** *pastry* **miel** *honey* **frites** *fried* **œufs durs** *hard-boiled eggs* **thon** *tuna* **pâte** *batter* **cuite** *cooked* **farine** *flour* **morue** *cod* **beignets** *fritters* **fondu** *melted* **viande** *meat*

PORTRAIT

Les cafés nord-africains

Comme en France, les cafés ont une grande importance culturelle en Afrique du Nord. C'est le lieu où les amis se rencontrent pour discuter° ou pour jouer aux cartes° ou aux dominos. Les cafés offrent° une variété de boissons, mais ils n'offrent pas d'alcool. La boisson typique, au café comme à la maison, est le thé à la menthe°. Il a peu de caféine, mais il a des vertus énergisantes et il favorise la digestion. En général, ce sont les hommes qui le° préparent. C'est la boisson qu'on vous sert° quand vous êtes invité, et ce n'est pas poli de refuser!

pour discuter *to chat* **jouer aux cartes** *play cards* **offrent** *offer* **menthe** *mint* **le** *it* **on vous sert** *you are served*

MUSIQUE À FOND

Daniel Bélanger

Date de naissance: 26 décembre 1961
Lieu de naissance: Montréal, Québec
Métier: auteur-compositeur-interprète

L'un des meilleurs compositeurs québécois depuis plus de 25 ans, il a reçu plusieurs prix dans le domaine de la musique.

Go to **vhlcentral.com** to learn more about **Daniel Bélanger** and his music.

---

2 **Compréhension** Complétez les phrases.

1. Jouer aux _____ dans les cafés d'Afrique du Nord est une chose normale.

2. On ne peut pas y boire de/d' _____.

3. Les hommes préparent _____ dans les pays d'Afrique du Nord.

4. Il n'est pas poli de _____ une tasse de thé en Afrique du Nord.

5. Si vous aimez les frites, vous allez aimer _____ au Québec.

3 **Un café francophone** Un(e) ami(e) a envie de créer un café francophone. Par groupes de quatre, préparez une liste de suggestions pour aider votre ami(e): noms pour le café, idées (*ideas*) pour le menu, prix, heures, etc. Indiquez où le café va être situé et qui va fréquenter ce café.

ressources

VM
pp. 67–68　vhlcentral

 Practice more at **vhlcentral.com**.

A C T I V I T É S

4B.1

The verbs *prendre* and *boire*; Partitives

 Tutorial

Point de départ The verbs **prendre** (*to take, to have food or drink*) and **boire** (*to drink*), like **être**, **avoir**, and **aller**, are irregular.

Je prends la soupe et un sandwich au fromage.

Je ne bois pas de limonade.

prendre			
je prends	*I take*	**nous prenons**	*we take*
tu prends	*you take*	**vous prenez**	*you take*
il/elle/on prend	*he/she/it/one takes*	**ils/elles prennent**	*they take*

Brigitte **prend** le métro le soir.
Brigitte takes the subway in the evening.

Nous **prenons** un café chez moi.
We are having a coffee at my house.

- The forms of the verbs **apprendre** (*to learn*) and **comprendre** (*to understand*) follow the same pattern as that of **prendre**.

Tu ne **comprends** pas l'espagnol?
Don't you understand Spanish?

Elles **apprennent** beaucoup.
They're learning a lot.

Boîte à outils

You can use the construction **apprendre à** + [*infinitive*] to mean *to learn to do something*. Example: J'**apprends à** nager. *I'm learning to swim.*

Je ne comprends pas non plus.

Un jour, je vais apprendre à préparer des éclairs.

boire			
je bois	*I drink*	**nous buvons**	*we drink*
tu bois	*you drink*	**vous buvez**	*you drink*
il/elle/on boit	*he/she/it/one drinks*	**ils/elles boivent**	*they drink*

ressources

WB
pp. 51-52

LM
p. 31

vhlcentral

Ton père **boit** un jus d'orange.
Your father is drinking an orange juice.

Vous **buvez** un chocolat chaud, M. Dion?
Are you drinking hot chocolate, Mr. Dion?

Je **bois** toujours du lait.
I always drink milk.

Nous ne **buvons** pas de café.
We don't drink coffee.

Partitives

- Use partitive articles in French to express *some* or *any*. To form the partitive, use the preposition **de** followed by a definite article. Although the words *some* and *any* are often omitted in English, the partitive must always be used in French.

masculine singular	feminine singular	singular noun beginning with a vowel
du thé	**de la** limonade	**de l'**eau

Je bois **du** thé chaud.
I drink (some) hot tea.

Tu bois **de la** limonade?
Are you drinking (any) lemon soda?

Elle prend **de l'**eau?
Is she having (some) water?

À noter

The partitives follow the same pattern of contraction as the possessive **de** + [*definite article*] you learned in **Structures 3A.2: du, de la, de l'**.

- Note that partitive articles are only used with non-count nouns (nouns whose quantity cannot be expressed by a number).

PARTITIVE ARTICLE / NON-COUNT NOUN
Tu prends **du** pain tous les jours.
You have (some) bread every day.

INDEFINITE ARTICLE / COUNT NOUN
Tu prends **une** banane, aussi.
You have a banana, too.

- The article **des** also means *some*, but it is the plural form of the indefinite article, not the partitive.

PARTITIVE ARTICLE
Vous prenez **de la limonade**.
You're having (some) lemon soda.

INDEFINITE ARTICLE
Nous prenons **des croissants**.
We're having (some) croissants.

Boîte à outils

Partitives are used to say that you want *some* of an item, whereas indefinite articles are used to say that you want *a whole item* or *several whole items*.
Tu prends de la pizza?
(part of a whole pizza)
Tu prends une pizza?
(a whole pizza)

- As with the indefinite articles, the partitives **du**, **de la** and **de l'** also become **de** (meaning *not any*) in a negative sentence.

Est-ce qu'il y a **du** lait?
Is there (any) milk?

Non, il n'y a pas **de** lait.
No, there isn't (any) milk.

Prends-tu **de la** soupe?
Will you have (some) soup?

Non, je ne prends pas **de** soupe.
No, I'm not having (any) soup.

Essayez! Complétez les phrases. Utilisez la forme correcte du verbe entre parenthèses et l'article qui convient.

1. Ma sœur __prend__ (prendre) __des__ éclairs.
2. Tes parents _____ (boire) _____ café?
3. Louise ne _____ (boire) pas _____ thé.
4. Est-ce qu'il y _____ (avoir) _____ sucre?
5. Nous _____ (boire) _____ limonade.
6. Non, merci. Je ne _____ (prendre) pas _____ frites.
7. Vous _____ (prendre) _____ taxi?
8. Nous _____ (apprendre) _____ français.

ESPACE STRUCTURES

Mise en pratique

1 **Au café** Indiquez l'article correct.

> **MODÈLE**
>
> Avez-vous ___*du*___ lait froid?

1. Prenez-vous _____ thé glacé?
2. Je voudrais _____ baguette, s'il vous plaît.
3. Elle prend _____ croissant.
4. Nous ne prenons pas _____ sucre dans le café.
5. Tu ne laisses pas _____ pourboire?
6. Vous mangez _____ frites.
7. Zeina commande _____ boisson gazeuse.
8. Voici _____ eau minérale.
9. Nous mangeons _____ pain.
10. Je ne prends pas _____ fromage.

2 **Des suggestions** Laurent est au café avec des amis et il fait (*makes*) des suggestions. Que suggère-t-il?

> **MODÈLE**
>
> *On prend du jus d'orange?*

1. _____ 2. _____ 3. _____ 4. _____

3 **Au restaurant** Alain est au restaurant avec toute sa famille. Il note les préférences de tout le monde. Utilisez le verbe indiqué.

> **MODÈLE**
>
> Oncle Lucien aime bien le café. (prendre) *Il prend un café.*

1. Marie-Hélène et papa adorent le thé. (prendre)
2. Tu adores le chocolat chaud. (boire)
3. Vous aimez bien le jus de pomme. (prendre)
4. Mes nièces aiment la limonade. (boire)
5. Tu aimes les boissons gazeuses. (prendre)
6. Vous adorez le café. (boire)

Practice more at **vhlcentral.com**.

Communication

4 **Au menu** Vous allez dans un petit café où il y a peu de choix. Vous demandez au serveur/à la serveuse s'il/si elle a d'autres options. Avec un(e) partenaire, jouez (*play*) les deux rôles.

CAFÉ "LE BON PRIX"

Soupe à l'oignon	3,50€
Sandwich fromage	4€
Frites maison	2,75€
Eau minérale	2€
Jus de pomme	2,50€

MODÈLE

Étudiant(e) 1: *Vous avez du chocolat chaud?*

Étudiant(e) 2: *Non, je n'ai pas de chocolat chaud, mais j'ai...*

5 **Je bois, je prends** Votre professeur va vous donner une feuille d'activités. Circulez dans la classe pour demander à vos camarades s'ils prennent rarement, une fois (*once*) par semaine ou tous les jours la boisson ou le plat (*dish*) indiqués. Écrivez (*Write*) les noms sur la feuille, puis présentez vos réponses à la classe.

MODÈLE

Étudiant(e) 1: *Est-ce que tu bois du café?*

Étudiant(e) 2: *Oui, je bois du café une fois par semaine. Et toi?*

Boisson ou plat	rarement	une fois par semaine	tous les jours
1. café		Didier	
2. fromage			
3. thé			
4. soupe			
5. chocolat chaud			
6. jambon			

6 **Après les cours** Vous retrouvez des amis au café. Par groupes de quatre, jouez (*play*) les rôles d'un(e) serveur/serveuse et de trois clients. Utilisez les mots de la liste et présentez la scène à la classe.

addition	chocolat chaud	frites
avoir faim	coûter	prix
avoir soif	croissant	sandwich
boisson	eau minérale	soupe
éclair	jambon	limonade

ESPACE **STRUCTURES**

4B.2

Regular *-ir* verbs  Tutorial

Point de départ In **Leçon 2A**, you learned the pattern of **-er** verbs. Verbs that end in **-ir** follow a different pattern.

finir	
je finis	**nous finissons**
tu finis	**vous finissez**
il/elle/on finit	**ils/elles finissent**

Je **finis** mes devoirs.
I'm finishing my homework.

Alain et Chloé **finissent** leurs sandwichs.
Alain and Chloé are finishing their sandwiches.

• Here are some other verbs that follow the same pattern as **finir**.

Other regular *-ir* verbs			
choisir	to choose	**réfléchir (à)**	to think (about), to reflect (on)
grandir	to grow		
grossir	to gain weight	**réussir (à)**	to succeed (in doing something)
maigrir	to lose weight		
obéir (à)	to obey	**rougir**	to blush
réagir	to react	**vieillir**	to grow old

Marc **grossit** pendant les vacances.
Marc gains weight on vacation.

Tu **réagis** vite!
You react quickly!

Je **choisis** un chocolat chaud.
I choose a hot chocolate.

Vous **réfléchissez** à ma question?
Are you thinking about my question?

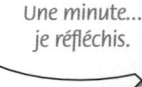

Une minute... je réfléchis.

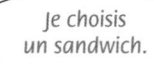

Je choisis un sandwich.

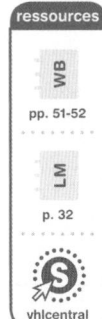
Essayez! **Complétez les phrases.**

1. Quand on ne mange pas beaucoup, on ___maigrit___ (maigrir).

2. Il _____ (réussir) son examen.

3. Vous _____ (finir) vos devoirs?

4. Lundi prochain nous _____ (finir) le livre.

5. Les enfants _____ (grandir) très vite (*fast*).

6. Vous _____ (choisir) le fromage?

7. Ils n' _____ (obéir) pas à leur parents.

8. Je _____ (réfléchir) beaucoup à ce problème.

Le français vivant

Café du Marché

Formule petit-déjeuner simple — 5,50€

boisson chaude + croissant +
jus de fruits (au choix°) ou
boisson chaude + mini-baguette avec
du beurre + jus de fruits (au choix)

✿✿✿

Formule petit-déjeuner complet — 7,50€

boisson chaude +
sandwich jambon-fromage +
jus de fruits (au choix)

Boissons

Café	1,50€
Café déca	1,60€
Café crème	2,00€
Chocolat chaud	2,20€
Thé	2,20€

Eau minérale	2,50€
Jus de fruits	2,80€
Limonade	2,80€

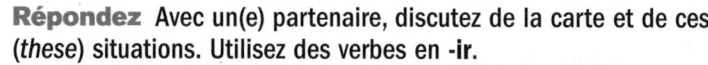

au choix *your choice of*

Répondez Avec un(e) partenaire, discutez de la carte et de ces (*these*) situations. Utilisez des verbes en **-ir**.

1. Je prends quatre croissants.
2. J'ai très faim.
3. Je ne mange pas beaucoup.
4. Je ne commande pas encore.
5. Je bois toute la bouteille d'eau minérale.

Mise en pratique

1 **On fait quoi?** Choisissez la forme correcte du verbe en **-ir**.

1. Nous (finissons / grandissons) nos devoirs avant le dîner.

2. Ursula (choisis / choisit) un croissant.

3. Eva et Léo (rougissent / réussissent) à faire un gâteau.

4. Omar (réfléchit / réfléchis) à ses problèmes.

5. Nous essayons de ne pas (grandir / grossir).

6. Tu manges une salade parce que tu essaies de (vieillir / maigrir)?

2 **Au restaurant** Complétez le dialogue avec la forme correcte du verbe entre parenthèses.

SERVEUR Vous désirez?

MARC Nous (1) _____ (réfléchir) encore.

FANNY Je pense savoir ce que je veux (*know what I want*).

SERVEUR Que (2) _____ (choisir)-vous, Mademoiselle?

FANNY Je (3) _____ (choisir) un hamburger avec des frites. Et toi?

MARC Euh... je (4) _____ (réfléchir). La soupe ou la salade, je pense... Oui, je prends la salade.

SERVEUR Très bien. Je vous apporte ça tout de suite (*right away*).

FANNY Tu n'as pas très faim?

MARC Non, pas trop. Et je suis au régime (*on a diet*). J'ai besoin de (5) _____ (maigrir) un peu.

FANNY Tu (6) _____ (réussir) déjà. Ton jean est trop grand. Tu n'as pas envie de partager mon éclair?

MARC Mais non! Je vais (7) _____ (grossir)!

FANNY Alors, je (8) _____ (finir) l'éclair.

3 **Complétez** Complétez les phrases avec la forme correcte des verbes de la liste. N'utilisez les verbes qu'une seule fois.

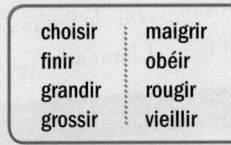

choisir	maigrir
finir	obéir
grandir	rougir
grossir	vieillir

1. Nous _____ l'endroit où nous allons déjeuner.

2. Corinne _____ quand elle a honte.

3. Mes frères cadets _____ encore. Ils sont déjà (*already*) très grands!

4. Vous ne mangez pas assez et vous _____.

5. Nous _____ aux profs.

6. Sylvie _____ ses études cette année.

7. Mes grands-parents _____.

8. Quand on mange beaucoup de chocolat, on _____.

Communication

4 **Ça, c'est moi!** Avec un(e) partenaire, complétez les phrases suivantes pour parler de vous-même.

1. Je ne finis jamais (de)...
2. Je grossis quand...
3. Je maigris quand...
4. Au restaurant, je choisis souvent...
5. Je réfléchis quelquefois (*sometimes*) à...
6. Je réussis toujours (à)...

5 **Assemblez** Avec un(e) partenaire, assemblez les éléments des trois colonnes pour créer des phrases. Attention! Quelques verbes sont irréguliers.

A	B	C
je	choisir	aujourd'hui
tu	finir	beaucoup
le prof	grandir	cette (*this*)
mon frère	grossir	année
mes parents	maigrir	cours
ma sœur	réfléchir	devoirs
mon/ma petit(e) ami(e)	réussir	diplôme
	rougir	encore
mon/ma camarade de chambre	vieillir	problème
		vite
?		?

6 **Votre vie à la fac** Posez ces questions à un(e) partenaire puis présentez vos réponses à la classe.

1. Pendant ce semestre, dans quel cours réussis-tu le mieux (*best*)?
2. Comment est-ce que tu choisis un/une camarade de chambre?
3. En général, est-ce que tu réussis aux examens de français? Comment les trouves-tu?
4. Est-ce que tu maigris ou grossis à la fac? Pourquoi?
5. À quelle heure est-ce que tes cours finissent le vendredi? Que fais-tu après les cours?
6. Que font tes parents pour toi quand tu réussis tes examens?
7. Quand fais-tu tes devoirs? À quelle heure finis-tu tes devoirs?

7 **Qui...?** Posez (*Ask*) des questions pour trouver une personne dans la classe qui fait ces (*does these*) choses.

MODÈLE

Étudiant(e) 1: *Est-ce que tu rougis facilement?*
Étudiant(e) 2: *Non, je ne rougis pas facilement.*

1. rougir facilement (*easily*)
2. réagir vite
3. obéir à ses parents
4. finir toujours ses devoirs
5. choisir bien sa nourriture (*food*)

Révision

1 **Ils aiment apprendre** Vous demandez à Sylvie et à Jérôme pourquoi ils aiment apprendre. Un(e) partenaire va poser des questions et l'autre partenaire va jouer les rôles de Jérôme et de Sylvie.

MODÈLE

Étudiant(e) 1: *Pourquoi est-ce que tu apprends à travailler sur l'ordinateur?*
Étudiant(e) 2: *J'apprends parce que j'aime les ordinateurs.*

1.

2.

3.

4.

5.

6.

2 **Quelle boisson?** Interviewez une personne de votre classe. Que boit-on dans ces circonstances? Ensuite (*Then*), posez les questions à une personne différente. Utilisez des articles partitifs dans vos réponses.

1. au café
2. au cinéma
3. en classe
4. le dimanche matin
5. le matin très tôt
6. quand il/elle passe des examens
7. quand il/elle a très soif
8. quand il/elle étudie toute la nuit

3 **Notre café** Vous et votre partenaire allez créer un café français. Choisissez le nom du café et huit boissons. Pour chaque (*each*) boisson, inventez deux prix, un pour le comptoir (*bar*) et un pour la terrasse. Comparez votre café au café d'un autre groupe.

4 **La terrasse du café** Avec un(e) partenaire, observez les deux dessins et trouvez au minimum quatre différences. Comparez votre liste à la liste d'un autre groupe. Ensuite, écrivez (*write*) un paragraphe sur ces trois personnages en utilisant (*by using*) des verbes en -**ir**.

MODÈLE

Étudiant(e) 1: *Mylène prend une limonade.*
Étudiant(e) 2: *Mylène prend de la soupe.*

Patrick   Mylène   Djamel

5 **Elle prend…** Vous êtes dans un café avec cinq membres de votre famille. Quelles boissons et quels plats (*dishes*) de la liste prennent-ils? Parlez avec un(e) partenaire. Les membres de sa famille prennent-ils les mêmes (*same*) choses?

boisson gazeuse	frites	limonade
café	fromage	pain
chocolat chaud	jambon	sandwich au…
croissant	jus de…	soupe
eau minérale	lait	thé

6 **La famille Arnal au café** Votre professeur va vous donner, à vous et à votre partenaire, des photos de la famille Arnal. Attention! Ne regardez pas la feuille de votre partenaire.

MODÈLE

Étudiant(e) 1: *Qui prend un sandwich?*
Étudiant(e) 2: *La grand-mère prend un sandwich.*

À l'écoute

 Audio: Activities

STRATÉGIE

Listening for the gist

Listening for the general idea, or gist, can help you follow what someone is saying even if you can't hear or understand some of the words. When you listen for the gist, you try to capture the essence of what you hear without focusing on individual words.

To help you practice this strategy, you will listen to three sentences. Jot down a brief summary of what you hear.

Préparation

Regardez la photo. Combien de personnes y a-t-il? Où sont Charles et Gina? Qu'est-ce qu'ils vont manger? Boire? Quelle heure est-il? Qu'est-ce qu'ils vont faire (*to do*) cet après-midi?

À vous d'écouter

Écoutez la conversation entre Charles, Gina et leur serveur. Écoutez une deuxième fois (*a second time*) et indiquez quelles activités ils vont faire.

_____ 1. acheter un livre

_____ 2. aller à la librairie

_____ 3. aller à l'église

_____ 4. aller chez des grands-parents

_____ 5. boire un coca

_____ 6. danser

_____ 7. dépenser de l'argent

_____ 8. étudier

_____ 9. manger au restaurant

_____ 10. manger un sandwich

Compréhension

Un résumé Complétez ce résumé (*summary*) de la conversation entre Charles et Gina avec des mots et expressions de la liste.

aller au cinéma	une eau minérale
aller au gymnase	en boîte de nuit
avec son frère	faim
café	un jus d'orange
chez ses grands-parents	manger au restaurant
des copains	du pain
un croissant	soif

Charles et Gina sont au (1) _____. Charles va boire (2) _____. Gina n'a pas très (3) _____. Elle va manger (4) _____. Cet après-midi, Charles va (5) _____. Ce soir, il va (6) _____ avec (7) _____. Cet après-midi, Gina va peut-être (8) _____. Ce soir, elle va manger (9) _____. À onze heures, elle va aller (10) _____ avec Charles.

Et vous? Avec un(e) camarade, discutez de vos projets (*plans*) pour ce week-end. Où est-ce que vous allez aller? Qu'est-ce que vous allez faire (*to do*)?

Panorama

Le Québec

La province en chiffres

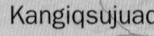

- ▶ **Superficie:** *1.540.680 km²*
- ▶ **Population:** *8.263.600*
  SOURCE: Statistique Canada
- ▶ **Industries principales:** *agriculture, exploitation forestière°, hydroélectricité, industrie du bois (papier), minerai° (fer°, cuivre°, or°)*
- ▶ **Villes principales:** *Montréal, Québec, Trois-Rivières*
- ▶ **Langues:** *anglais, français*

  Le français parlé par les Québécois a une histoire très intéressante. La population française qui s'installe° au Québec en 1608 est composée en majorité de Français du nord-ouest de la France. Ils parlent tous leur langue régionale, comme le normand ou le breton. Beaucoup d'entre eux parlent aussi le français de la cour du roi°, langue qui devient la langue commune de tous les Québécois. Assez isolés du reste du monde francophone et ardents défenseurs de leur langue, les Québécois continuent à parler un français considéré plus pur même° que celui° des Français.

- ▶ **Monnaie:** *le dollar canadien*

Québécois célèbres

- ▶ **Justin Trudeau,** *premier ministre du Canada (1971–)*
- ▶ **Céline Dion,** *chanteuse (1968–)*
- ▶ **Guy Laliberté,** *fondateur du Cirque du Soleil (1959–)*
- ▶ **Leonard Cohen,** *poète, romancier, chanteur (1934–2016)*
- ▶ **Julie Payette,** *astronaute (1963–)*
- ▶ **Georges St-Pierre,** *pratiquant d'arts martiaux mixtes (1981–)*

exploitation forestière *forestry* **minerai** *ore* **fer** *iron* **cuivre** *copper* **or** *gold* **s'installe** *settles* **cour du roi** *king's court* **même** *even* **celui** *that* **traîneau à chiens** *dogsled* **loger** *house* **Bonhomme** *Snowman (mascot of the carnival)* **de haut** *high* **de profondeur** *deep*

Région francophone

LA BAIE D'HUDSON

LA MER DU LABRADOR

· Kangiqsujuaq

· Inukjuak

LE QUÉBEC

TERRE-NEUVE-ET-LABRADOR

· Chisasibi

· Labrador City

· La Tabatière

le fleuve Saint-Laurent

L'ÎLE-DU-PRINCE-ÉDOUARD

· Québec

Trois-Rivières

LE NOUVEAU-BRUNSWICK

L'ONTARIO
Ottawa ⊛
· Montréal

LA NOUVELLE-ÉCOSSE

· Toronto
le lac Ontario

LES ÉTATS-UNIS

0 ——— 200 milles
0 ——— 200 kilomètres

L'OCÉAN ATLANTIQUE

LE CANADA

la ville de Trois-Rivières

un traîneau à chiens°

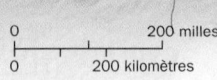

le Stade olympique, Montréal

Incroyable mais vrai!

Chaque année, pour le carnaval d'hiver de la ville de Québec, 15 personnes travaillent pendant deux mois à la construction d'un immense palais de glace pour loger° le Bonhomme° Carnaval. L'architecture et la taille du palais changent chaque année, mais il mesure parfois jusqu'à 50 mètres de long, 20 m de haut° et 20 m de profondeur°.

La société

Un Québec indépendant

Pour des raisons politiques, économiques et culturelles, un grand nombre de Québécois, surtout les francophones, luttent°, depuis les années soixante, pour un Québec indépendant du Canada. Ils forment le mouvement souverainiste° et font des efforts pour conserver l'identité culturelle *québécoise*. Ces Canadiens français ont pris le nom de québécois pour montrer leur «nationalisme». Les séparatistes ont perdu deux référendums en 1980 et en 1995, mais aujourd'hui, l'indépendance est une idée toujours d'actualité°.

Les destinations

Montréal

Montréal, deuxième ville francophone du monde après Paris, est située sur une île° du fleuve° Saint-Laurent et présente une ambiance américano-européenne. Elle a été fondée° en 1642 et a, à la fois, l'énergie d'un centre urbain moderne et le charme d'une vieille ville de style européen. Ville cosmopolite et largement bilingue de 1,8 million d'habitants, elle attire° beaucoup de touristes et accueille° de nombreux étudiants dans ses quatre universités. La majorité des Montréalais, 65,7%, est de langue maternelle française; 12,5% parlent l'anglais et 21,8% une autre langue. Pourtant°, 51,9% de la population montréalaise peuvent communiquer en français et en anglais.

La musique

Le festival de jazz de Montréal

Le Festival International de Jazz de Montréal est parmi° les plus prestigieux du monde. Avec 1.000 concerts, dont plus de 600 donnés gratuitement en plein air°, le festival attire 3.000 artistes de 30 pays, et près de 2 millions de spectateurs. Le centre-ville, fermé à la circulation, se transforme en un village musical. De grands noms internationaux comme Miles Davis, Ella Fitzgerald, Dizzy Gillespie ou Pat Metheny sont venus au festival, ainsi que° des jazzmen locaux.

L'histoire

La ville de Québec

Capitale de la province de Québec, la ville de Québec est la seule ville d'Amérique du Nord qui a conservé ses fortifications. Fondée par l'explorateur français Samuel de Champlain en 1608, Québec est située sur un rocher°, au bord du° fleuve Saint-Laurent. Elle est connue en particulier pour sa vieille ville, son carnaval d'hiver et le château Frontenac. Les plaines d'Abraham, où les Britanniques ont vaincu° les Français en 1759 pour prendre le contrôle du Canada, servent aujourd'hui de vaste parc public. De nombreux étudiants de l'Université Laval profitent° du charme de cette ville francophone.

Qu'est-ce que vous avez appris? Répondez aux questions par des phrases complètes.

1. Quelle était la deuxième langue de beaucoup de Français quand ils sont arrivés au Québec?
2. Quel est le nom d'une chanteuse québécoise célèbre?
3. Combien de temps et combien de personnes sont nécessaires à la construction du palais de glace?
4. Le palais est-il identique pour chaque carnaval?
5. Que désire le mouvement souverainiste pour le Québec?

6. Quelles sont les deux langues principales parlées à Montréal?
7. Pourquoi le centre-ville de Montréal est-il fermé pour le festival de jazz?
8. Y a-t-il seulement de grandes stars du jazz au festival?
9. Où se situe la ville de Québec?
10. Qui a fondé la ville de Québec?

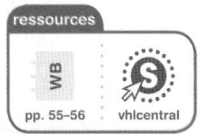

ressources

WB pp. 55–56 vhlcentral

Sur Internet

Go to **vhlcentral.com** to find more cultural information related to this **Panorama**.

1. Quelles sont quelques-unes des expressions qui sont particulières au français des Québécois?

2. Quels sont les autres grands festivals du Québec? Quand ont-ils lieu?

3. Cherchez plus d'informations sur le carnaval d'hiver de Québec. Le palais de glace a-t-il toujours été fait de glace?

luttent *fight* **souverainiste** *in support of sovereignty for Quebec* **d'actualité** *current, relevant* **île** *island* **fleuve** *river* **fondée** *founded* **attire** *attracts* **accueille** *welcomes* **Pourtant** *However* **parmi** *among* **en plein air** *outdoors* **ainsi que** *as well as* **rocher** *rock* **au bord du** *on the banks of the* **ont vaincu** *defeated* **profitent** *take advantage of, benefit from*

Lecture  Audio: Reading

Avant la lecture

Examinez le texte

Regardez le texte et indiquez huit mots apparentés (*cognates*) que vous trouvez.

1. _____   5. _____
2. _____   6. _____
3. _____   7. _____
4. _____   8. _____

Trouvez

Regardez le document. Indiquez si les informations suivantes sont présentes dans le texte.

_____ 1. une adresse

_____ 2. le nombre d'ordinateurs

_____ 3. un plat du jour (*daily special*)

_____ 4. une terrasse

_____ 5. les noms des propriétaires

_____ 6. des prix réduits pour étudiants

_____ 7. de la musique *live*

_____ 8. les heures d'ouverture (*business hours*)

_____ 9. un numéro de téléphone

_____ 10. une librairie à l'intérieur

Décrivez

Regardez les photos. Écrivez un paragraphe succinct pour décrire (*describe*) le cybercafé. Comparez votre paragraphe avec le paragraphe d'un(e) camarade.

Cybercafé

- **Ouvert° du lundi au samedi, de 7h00 à 20h00**

- **Snack et restauration rapide**

- **Accès Internet et jeux° vidéo**

Cybercafé Le connecté

MENU

PETIT-DÉJEUNER° FRANÇAIS — 12,00€
Café, thé, chocolat chaud ou lait
Pain, beurre et confiture°
Orange pressée

VIENNOISERIES° — 3,00€
Croissant, pain au chocolat, brioche°, pain aux raisins

SANDWICHS ET SALADES
Sandwich (jambon ou fromage; baguette ou pain de campagne) — 7,50€
Croque-monsieur° — 7,80€
Salade verte° — 6,20€

BOISSONS CHAUDES
Café/Déca — 3,80€
Grand crème — 5,50€
Chocolat chaud — 5,80€
Thé — 5,50€
Lait chaud — 4,80€

Propriétaires: Bernard et Marie-Claude Fouchier

PETIT-DÉJEUNER ANGLAIS — 15,00€
Café, thé, chocolat chaud ou lait
Œufs° (au plat° ou brouillés°), bacon, toasts
Orange pressée

DESSERTS
Tarte aux fruits — 7,50€
Banana split — 6,40€

AUTRES SÉLECTIONS CHAUDES
Frites — 4,30€
Soupe à l'oignon — 6,40€
Omelette au fromage — 8,50€
Omelette au jambon — 8,50€

BOISSONS FROIDES
Eau minérale non gazeuse — 3,00€
Eau minérale gazeuse — 3,50€
Jus de fruits (orange...) — 5,80€
Soda, limonade — 5,50€
Café, thé glacé° — 5,20€

Le connecté

- **Le connecté, le cybercafé préféré des étudiants**

- **Ordinateurs disponibles° de 10h00 à 18h00, 1,50€ les 10 minutes**

24, place des Terreaux
69001 LYON
Tél. 04.72.45.87.90
www.leconnecte.fr

Place des Terreaux

Rue d'Algérie
Rue Paul Chenavard
Musée des Beaux-Arts de Lyon
Rue de Constantine

Situé en face du musée des Beaux-Arts

Ouvert *Open* **jeux** *games* **Petit-déjeuner** *Breakfast* **confiture** *jam* **Viennoiseries**
Breakfast pastries **brioche** *a light, slightly-sweet bread* **Croque-monsieur** *Grilled
sandwich with cheese and ham* **verte** *green* **Œufs** *Eggs* **au plat** *fried* **brouillés**
scrambled **glacé** *iced* **disponibles** *available*

Après la lecture

Répondez Répondez aux questions par des phrases complètes.

1. Combien coûte un sandwich?

2. Quand est-ce qu'on peut (*can*) surfer sur Internet?

3. Qui adore ce cybercafé?

4. Quelles sont les deux boissons gazeuses? Combien coûtent-elles?

5. Combien de desserts sont proposés?

6. Vous aimez le sucre. Qu'est-ce que vous allez manger? (2 sélections)

Choisissez Indiquez qui va prendre quoi. Écrivez des phrases complètes.

MODÈLE

Julie a soif. Elle n'aime pas les boissons gazeuses. Elle a 6 euros.
Julie va prendre un jus d'orange.

1. Lise a froid. Elle a besoin d'une boisson chaude. Elle a 4 euros et 90 centimes.

2. Nathan a faim et soif. Il a 14 euros.

3. Julien va prendre un plat chaud. Il a 8 euros et 80 centimes.

4. Annie a chaud et a très soif. Elle a 5 euros et 75 centimes.

5. Martine va prendre une boisson gazeuse. Elle a 4 euros et 20 centimes.

6. Ève va prendre un dessert. Elle n'aime pas les bananes. Elle a 8 euros.

L'invitation Avec un(e) camarade, jouez (*play*) cette scène: vous invitez un ami à déjeuner au cybercafé Le connecté. Parlez de ce que vous allez manger et boire. Puis (*Then*), bavardez de vos activités de l'après-midi et du soir.

Écriture

Adding details

How can you make your writing more informative or more interesting? You can add details by answering the "W" questions: Who? What? When? Where? Why? The answers to these questions will provide useful and interesting details that can be incorporated into your writing. You can use the same strategy when writing in French. Here are some useful question words that you have already learned:

(À/Avec) Qui?	À quelle heure?
Quoi?	Où?
Quand?	Pourquoi?

Compare these two sentences.

Je vais aller nager.

Aujourd'hui, à quatre heures, je vais aller nager à la piscine du parc avec mon ami Paul, parce que nous avons chaud.

While both sentences give the same basic information (the writer is going to go swimming), the second, with its detail, is much more informative.

Thème

Un petit mot

Avant l'écriture

1. Vous passez un an en France et vous vivez (*are living*) dans une famille d'accueil (*host family*). C'est samedi, et vous allez passer la journée en ville avec des amis. Écrivez un petit mot (*note*) pour informer votre famille de vos projets (*plans*) pour la journée.

2. D'abord (*First*), choisissez (*choose*) cinq activités que vous allez faire (*to do*) avec vos amis aujourd'hui.

Activité 1:

Activité 2:

Activité 3:

Activité 4:

Activité 5:

3. Ensuite (*Then*), complétez ce tableau (*this chart*) pour organiser vos idées. Répondez à (*Answer*) toutes les questions.

	Activité 1	Activité 2	Activité 3	Activité 4	Activité 5
Qui?					
Quoi?					
Quand?					
Où?					
Comment?					
Pourquoi?					

4. Maintenant (*Now*), comparez votre tableau à celui (*to the one*) d'un(e) partenaire. Avez-vous tous les deux (*both of you*) cinq activités? Avez-vous des informations dans toutes les colonnes? Avez-vous répondu à toutes les questions?

Écriture

Écrivez la note à votre famille d'accueil. Référez-vous au tableau que vous avez créé (*have created*) et incluez toutes les informations. Utilisez les verbes **aller**, **boire** et **prendre**, et le vocabulaire de l'unité. Organisez vos idées de manière logique.

Chère famille,
Aujourd'hui, je vais visiter
la ville avec Xavier et
Laurent, deux étudiants belges
de l'université...

Après l'écriture

1. Échangez votre tableau et votre note avec ceux (*the ones*) d'un(e) partenaire. Faites des commentaires sur son travail (*work*) d'après (*according to*) ces questions:

- Votre partenaire a-t-il/elle inclus dans la note toutes les informations du tableau?

- A-t-il/elle correctement (*correctly*) utilisé le vocabulaire de l'unité?

- A-t-il/elle utilisé la forme correcte des verbes **aller**, **boire** et **prendre**?

- A-t-il/elle présenté ses informations de manière logique?

2. Corrigez (*Correct*) votre note d'après les commentaires de votre partenaire. Relisez votre travail pour éliminer ces (*these*) problèmes:

- des fautes (*errors*) d'orthographe

- des fautes de ponctuation

- des fautes de conjugaison

- des fautes d'accord (*agreement*) des adjectifs

 Vocabulary Tools

Leçon 4A

Dans la ville

une boîte (de nuit) *nightclub*
un bureau *office; desk*
un centre commercial
  shopping center, mall
un cinéma (ciné) *movie theater, movies*
une église *church*
une épicerie *grocery store*
un grand magasin *department store*
un gymnase *gym*
un hôpital *hospital*
un kiosque *kiosk*
un magasin *store*
une maison *house*
un marché *market*
un musée *museum*
un parc *park*
une piscine *pool*
une place *square; place*
un restaurant *restaurant*
une terrasse de café *café terrace/
  outdoor seating*
une banlieue *suburbs*
un centre-ville *city/town center,
  downtown*
un endroit *place*
un lieu *place*
une montagne *mountain*
une ville *city, town*

Les questions

à quelle heure? *at what time?*
à qui? *to whom?*
avec qui? *with whom?*
combien (de)? *how many?;
  how much?*
comment? *how?; what?*
où? *where?*
parce que *because*
pour qui? *for whom?*
pourquoi? *why?*
quand? *when?*
quel(le)(s)? *which?; what?*
que/qu'...? *what?*
qui? *who?; whom?*
quoi? *what?*

Activités

bavarder *to chat*
danser *to dance*
déjeuner *to eat lunch*
dépenser de l'argent (m.)
  to spend money
explorer *to explore*
fréquenter *to frequent; to visit*
inviter *to invite*
nager *to swim*
passer chez quelqu'un *to stop by
  someone's house*
patiner *to skate*
quitter la maison *to leave the house*

Verbes

aller *to go*

Expressions utiles

See p. 139.

Prepositions

À [+ definite article] *to, in, at*
dans *inside; within*
commencer à + [infinitive]
  to start (doing something)
parler à *to talk to*
penser à *to think about*
téléphoner à *to phone (someone)*
à la maison *at home*
à Paris *in Paris*
en ville *in town*
sur la place *in the square*
dans la maison *inside the house*
dans Paris *within Paris*
dans la ville *within the town*
à/sur la terrasse *on the terrace*

Leçon 4B

À table

avoir faim *to be hungry*
avoir soif *to be thirsty*
manger quelque chose
  to eat something
une baguette *baguette (long, thin
  loaf of bread)*
le beurre *butter*
un croissant *croissant (flaky,
  crescent-shaped roll)*
un éclair *éclair (pastry filled
  with cream)*
des frites (f.) *French fries*
un fromage *cheese*
le jambon *ham*
un pain (de campagne) *(country-style)
  bread*
un sandwich *sandwich*
une soupe *soup*
le sucre *sugar*
une boisson (gazeuse) *(soft/
  carbonated) drink/beverage*
un café *coffee*
un chocolat (chaud) *(hot) chocolate*
une eau (minérale) *(mineral) water*
un jus (d'orange, de pomme, etc.)
  (orange, apple, etc.) juice
le lait *milk*
une limonade *lemon soda*
un thé (glacé) *(iced) tea*

Expressions de quantité

(pas) assez (de) *(not) enough (of)*
beaucoup (de) *a lot (of)*
d'autres *others*
une bouteille (de) *bottle (of)*
un morceau (de) *piece, bit (of)*
un peu (plus/moins) (de)
  little (more/less) (of)
plusieurs *several*
quelque chose *something; anything*
quelques *some*
une tasse (de) *cup (of)*
tous (m. pl.) *all*
tout (m. sing.) *all*
tout (tous) le/les (m.) *all the*
toute(s) la/les (f.) *all the*
trop (de) *too many/much (of)*
un verre (de) *glass (of)*

Au café

apporter l'addition (f.)
  to bring the check/bill
coûter *to cost*
laisser un pourboire *to leave a tip*
Combien coûte(nt)...?
  How much is/are...?
un prix *price*
un serveur/une serveuse *server*

Verbes

apprendre *to learn*
boire *to drink*
comprendre *to understand*
prendre *to take; to have*

Expressions utiles

See p. 157.

Partitives

de + [definite article] *some, any*
un(e)(s) *some, any*

Verbes reguliers en -ir

choisir *to choose*
finir *to finish*
grandir *to grow*
grossir *to gain weight*
maigrir *to lose weight*
obéir (à) *to obey*
réagir *to react*
réfléchir (à) *to think (about),
  to reflect (on)*
réussir (à) *to succeed (in doing
  something)*
rougir *to blush*
vieillir *to grow old*

Les loisirs

Pour commencer

- Où est David?
- Qu'est-ce qu'il fait?
- Pensez-vous qu'il aime l'art?
- Il dessine un être humain ou un animal?

Leçon 5A

You will learn how to...
- talk about activities
- tell how often and how well you do things

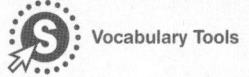 Vocabulary Tools

Le temps libre

les joueuses (f.)

un match de tennis (m.)

Elle marche. (marcher)

le sport

une équipe

les joueurs (m.)

Il joue au foot. (jouer)

Il gagne. (gagner)

les cartes (f.)

une bande dessinée (B.D.)

Vocabulaire

aller à la pêche	to go fishing
bricoler	to tinker; to do odd jobs
désirer	to want
jouer (à/de)	to play
pratiquer	to play regularly, to practice
skier	to ski
le baseball	baseball
le cinéma	movies
le foot(ball)	soccer
le football américain	football
le golf	golf
un jeu	game
un loisir	leisure activity
un passe-temps	pastime, hobby
un spectacle	show
un stade	stadium
le temps libre	free time
le volley(-ball)	volleyball
une/deux fois	one/two time(s)
par jour, semaine, mois, an, etc.	per day, week, month, year, etc.
déjà	already
encore	again, still
jamais	never
longtemps	long time
maintenant	now
parfois	sometimes
rarement	rarely
souvent	often

ressources

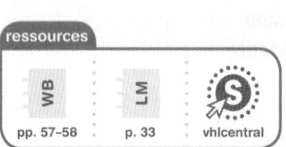

WB pp. 57–58 | LM p. 33 | vhlcentral

Attention!

Use **jouer à** with games and sports.

Elle joue aux cartes/au baseball.
She plays cards/baseball.

Use **jouer de** with musical instruments.

Vous jouez de la guitare/du piano.
You play the guitar/piano.

le basket(-ball)

Il aide le joueur.
(aider)

Il chante.
(chanter)

Il indique.
(indiquer)

les échecs (m.)

Mise en pratique

1 Écoutez Écoutez Sabine et Marc parler de leurs passe-temps préférés. Dans le tableau suivant, écrivez un **S** pour Sabine et un **M** pour Marc pour indiquer s'ils pratiquent ces activités **souvent**, **parfois**, **rarement** ou **jamais**. Attention, toutes les activités ne sont pas utilisées.

Activités	Souvent	Parfois	Rarement	Jamais
1. chanter	_____	_____	_____	_____
2. le basket	_____	_____	_____	_____
3. les cartes	_____	_____	_____	_____
4. le tennis	_____	_____	_____	_____
5. aller à la pêche	_____	_____	_____	_____
6. le golf	_____	_____	_____	_____
7. le cinéma	_____	_____	_____	_____
8. le spectacle	_____	_____	_____	_____

2 Remplissez Choisissez dans la liste le mot qui convient (*the word that fits*) pour compléter les phrases. N'oubliez pas de conjuguer les verbes.

aider	jeu	pratiquer
bande dessinée	jouer	skier
bricoler	marcher	sport
équipe		

1. Notre _____ joue un match cet après-midi.
2. Le tarot est un _____ de cartes.
3. Mon livre préféré, c'est une _____ de Tintin, *Le sceptre d'Ottokar.*
4. J'aime _____ aux cartes avec ma grand-mère.
5. Pour devenir (*To become*) champion de volley, je _____ tous les jours.
6. Le dimanche, nous _____ beaucoup, environ (*about*) cinq kilomètres.
7. Mon _____ préféré, c'est le foot.
8. Mon père _____ mon frère à préparer son match de tennis.
9. J'aime mieux _____ dans les Alpes que dans le Colorado.
10. Il faut réparer la table, mais je n'aime pas _____.

3 Les loisirs Utilisez un élément de chaque colonne pour former huit phrases au sujet des loisirs de ces personnes. N'oubliez pas les accords (*agreements*).

Personnes	Activités	Fréquence
Je	jouer aux échecs	maintenant
Ma sœur	chanter	parfois
Mes parents	jouer au tennis	rarement
Christian	gagner le match	souvent
Sandrine et Cédric	skier	déjà
Les étudiants	regarder un spectacle	une fois par semaine
Élise	jouer au basket	une fois par mois
Mon ami(e)	aller à la pêche	encore

Communication

4 **Répondez** Avec un(e) partenaire, posez-vous (*ask each other*) ces (*these*) questions et répondez (*answer*) à tour de rôle.

1. Quel est votre loisir préféré?
2. Quel est votre sport préféré à la télévision?
3. Êtes-vous sportif/sportive? Si oui, quel sport pratiquez-vous?
4. Qu'est-ce que vous désirez faire (*to do*) ce week-end?
5. Combien de fois par mois allez-vous au cinéma?
6. Que faites-vous (*do you do*) quand vous avez du temps libre?
7. Est-ce que vous aidez quelqu'un? Qui? À faire quoi? Comment?
8. Quel est votre jeu de société (*board game*) préféré? Pourquoi?

5 **Sondage** Avec la feuille d'activités que votre professeur va vous donner, circulez dans la classe et demandez à vos camarades s'ils pratiquent ces activités et si oui (*if so*), à quelle fréquence. Quelle est l'activité la plus pratiquée (*the most practiced*) de la classe?

MODÈLE

aller à la pêche
Étudiant(e) 1: Est-ce que tu vas à la pêche?
Étudiant(e) 2: Oui, je vais parfois à la pêche.

Activités	Noms	Fréquence
1. aller à la pêche	François	parfois
2. jouer au tennis	_____	_____
3. jouer au foot	_____	_____
4. skier	_____	_____

6 **Conversez** Avec un(e) partenaire, utilisez les expressions de la liste et les mots d'**ESPACE CONTEXTES** et écrivez une conversation au sujet de vos loisirs. Présentez votre travail au reste de la classe.

MODÈLE

Étudiant(e) 1: Que fais-tu (*do you do*) comme sport?
Étudiant(e) 2: Je joue au volley.
Étudiant(e) 1: Tu joues souvent?
Étudiant(e) 2: Oui, trois fois par semaine, avec mon amie Julie. C'est un sport que j'adore. Et toi, quel est ton passe-temps préféré?

Avec qui?	Pourquoi?
Combien de fois par...?	Quand?
Comment?	Quel(le)(s)?
Où?	Quoi?

7 **La lettre** Écrivez une lettre à un(e) ami(e). Dites ce que vous faites (*do*) pendant vos loisirs, quand, avec qui et à quelle fréquence.

Cher Marc,

Pendant (During) mon temps libre, j'aime bien jouer au basket et au tennis. J'aime gagner, mais ça n'arrive pas souvent! Je joue au tennis avec mes amis deux fois par semaine, le mardi et le vendredi, et au basket le samedi. J'adore les films et je vais souvent au cinéma avec ma sœur ou mes amis. Le soir...

Les sons et les lettres  Audio

Intonation

In short, declarative sentences, the pitch of your voice, or intonation, falls on the final word or syllable.

Nathalie est française. **Hector joue au football.**

In longer, declarative sentences, intonation rises, then falls.

À trois heures et demie, j'ai sciences politiques.

In sentences containing lists, intonation rises for each item in the list and falls on the last syllable of the last one.

Martine est jeune, blonde et jolie.

In long, declarative sentences, such as those containing clauses, intonation may rise several times, falling on the final syllable.

Le samedi, à dix heures du matin, je vais au centre commercial.

Questions that require a yes or no answer have rising intonation. Information questions have falling intonation.

C'est ta mère? **Est-ce qu'elle joue au tennis?**

Quelle heure est-il? **Quand est-ce que tu arrives?**

Prononcez Répétez les phrases suivantes à voix haute.

1. J'ai dix-neuf ans.
2. Tu fais du sport?
3. Quel jour sommes-nous?
4. Sandrine n'habite pas à Paris.
5. Quand est-ce que Marc arrive?
6. Charlotte est sérieuse et intellectuelle.

Articulez Répétez les dialogues à voix haute.

1. —Qu'est-ce que c'est?
   —C'est un ordinateur.
2. —Tu es américaine?
   —Non, je suis canadienne.
3. —Qu'est-ce que Christine étudie?
   —Elle étudie l'anglais et l'espagnol.
4. —Où est le musée?
   —Il est en face de l'église.

Dictons Répétez les dictons à voix haute.

Petit à petit, l'oiseau fait son nid.[2]

Si le renard court, le poulet a des ailes.[1]

[1] Though the fox runs, the chicken has wings.
[2] Little by little, a bird builds its nest.

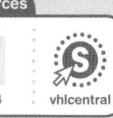

ESPACE ROMAN-PHOTO

Au parc  Video

PERSONNAGES

David

Rachid

Sandrine

Stéphane

DAVID Oh là là... On fait du sport aujourd'hui!

RACHID C'est normal! On est dimanche. Tous les week-ends à Aix, on fait du vélo, on joue au foot...

SANDRINE Oh, quelle belle journée! Faisons une promenade!

DAVID D'accord.

DAVID Moi, le week-end, je sors souvent. Mon passe-temps favori, c'est de dessiner la nature et les belles femmes. Mais Rachid, lui, c'est un grand sportif.

RACHID Oui, je joue au foot très souvent et j'adore.

RACHID Tiens, Stéphane! Déjà? Il est en avance.

SANDRINE Salut.

STÉPHANE Salut. Ça va?

DAVID Ça va.

STÉPHANE Salut.

RACHID Salut.

STÉPHANE Pfft! Je n'aime pas l'histoire-géo.

RACHID Mais, qu'est-ce que tu aimes alors, à part le foot?

STÉPHANE Moi? J'aime presque tous les sports. Je fais du ski, de la planche à voile, du vélo... et j'adore nager.

RACHID Oui, mais tu sais, le sport ne joue pas un grand rôle au bac.

RACHID Et puis, les études, c'est comme le sport. Pour être bon, il faut travailler!

STÉPHANE Ouais, ouais.

RACHID Allez, commençons. En quelle année Napoléon a-t-il...

SANDRINE Dis-moi David, c'est comment chez toi, aux États-Unis? Quels sont les sports favoris des Américains?

DAVID Euh... chez moi? Beaucoup pratiquent le baseball ou le basket et surtout, on adore regarder le football américain. Mais toi, Sandrine, qu'est-ce que tu fais de tes loisirs? Tu aimes le sport? Tu sors?

A C T I V I T É S

1 **Les événements** Mettez ces (these) événements dans l'ordre chronologique.

_____ **a.** David dessine un portrait de Sandrine.

_____ **b.** Stéphane se plaint (complains) de ses cours.

_____ **c.** Rachid parle du match de foot.

_____ **d.** David complimente Sandrine.

_____ **e.** David mentionne une activité que Rachid aime faire.

_____ **f.** Sandrine est curieuse de savoir (to know) quels sont les sports favoris des Américains.

_____ **g.** Stéphane dit (says) qu'il ne sait (knows) pas s'il va gagner son prochain match.

_____ **h.** Stéphane arrive.

_____ **i.** David parle de son passe-temps favori.

_____ **j.** Sandrine parle de sa passion.

 Practice more at **vhlcentral.com**.

Les amis parlent de leurs loisirs.

RACHID Alors, Stéphane, tu crois que tu vas gagner ton prochain match?

STÉPHANE Hmm, ce n'est pas garanti! L'équipe de Marseille est très forte.

RACHID C'est vrai, mais tu es très motivé, n'est-ce pas?

STÉPHANE Bien sûr.

RACHID Et, pour les études, tu es motivé? Qu'est-ce que vous faites en histoire-géo en ce moment?

STÉPHANE Oh, on étudie Napoléon.

RACHID C'est intéressant! Les cent jours, la bataille de Waterloo...

SANDRINE Bof, je n'aime pas tellement le sport, mais j'aime bien sortir le week-end. Je vais au cinéma ou à des concerts avec mes amis. Ma vraie passion, c'est la musique. Je désire être chanteuse professionnelle.

DAVID Mais tu es déjà une chanteuse extraordinaire! Eh! J'ai une idée. Je peux faire un portrait de toi?

SANDRINE De moi? Vraiment? Oui, si tu insistes!

Expressions utiles

Talking about your activities

- **Qu'est-ce que tu fais de tes loisirs? Tu sors?**
  What do you do in your free time? Do you go out?
- **Le week-end, je sors souvent.**
  On weekends I often go out.
- **J'aime bien sortir.**
  I like to go out.
- **Tous les week-ends, on/tout le monde fait du sport.**
  Every weekend, people play/everyone plays sports.
- **Qu'est-ce que tu aimes alors, à part le foot?**
  What else do you like then, besides soccer?
- **J'aime presque tous les sports.**
  I like almost all sports.
- **Je peux faire un portrait de toi?**
  Can I do a portrait of you?
- **Qu'est-ce que vous faites en histoire-géo en ce moment?**
  What are you doing in history-geography at the moment?
- **Les études, c'est comme le sport. Pour être bon, il faut travailler!**
  Studies are like sports. To be good, you have to work!
- **Faisons une promenade!**
  Let's take a walk!

Additional vocabulary

- **Dis-moi.**
  Tell me.
- **Bien sûr.**
  Of course.
- **Tu sais.**
  You know.
- **Tiens.**
  Hey, look./Here you are.
- **Ce n'est pas garanti!**
  It's not guaranteed!
- **Vraiment?**
  Really?

---

2 **Questions** Choisissez la traduction (*translation*) qui convient pour chaque activité. Essayez de ne pas utiliser de dictionnaire. Combien de traductions y a-t-il pour le verbe **faire**?

_____ 1. faire du ski   a. to play sports

_____ 2. faire une promenade   b. to go biking

_____ 3. faire du vélo   c. to ski

_____ 4. faire du sport   d. to take a walk

3 **À vous!** David et Rachid parlent de faire des projets (*plans*) pour le week-end, mais les loisirs qu'ils aiment sont très différents. Ils discutent de leurs préférences et finalement choisissent (*choose*) une activité qu'ils vont pratiquer ensemble (*together*). Avec un(e) partenaire, écrivez la conversation et jouez la scène devant la classe.

ressources

VM pp. 17-18   vhlcentral

A C T I V I T É S

S Reading

CULTURE À LA LOUPE

Le football

Le football est le sport le plus° populaire dans la majorité des pays° francophones. Tous les quatre ans°, des centaines de milliers de° fans, ou «supporters», regardent la Coupe du Monde°: le championnat de foot(ball) le plus important du monde. En 1998 (mille neuf cent quatre-vingt-dix-huit), l'équipe de France gagne la Coupe du Monde et en 2000 (deux mille), elle gagne la Coupe d'Europe, autre championnat important.

Le Cameroun a aussi une grande équipe de football. «Les Lions Indomptables°» gagnent la médaille d'or° aux Jeux Olympiques de Sydney en 2000. En 2007, l'équipe camerounaise est la première équipe africaine à être dans le classement mondial° de la FIFA (Fédération Internationale de Football Association). Certains «Lions» jouent dans les clubs français et européens.

les Lions Indomptables

En France, il y a deux ligues professionnelles de vingt équipes chacune°. Ça fait° quarante équipes professionnelles de football pour un pays plus petit que° le Texas! Certaines équipes, comme le Paris Saint-Germain («le P.S.G.») ou l'Olympique de Marseille («l'O.M.»), ont beaucoup de supporters.

Les Français, comme les Camerounais, adorent regarder le football, mais ils sont aussi des joueurs très sérieux: aujourd'hui en France, il y a plus de 17.000 (dix-sept mille) clubs amateurs de football et plus de deux millions de joueurs.

Nombre° de membres des fédérations sportives en France

Football	2.002.400
Tennis	1.103.500
Judo-jujitsu	634.900
Basket-ball	536.900
Rugby	447.500
Golf	414.200
Natation°	304.000
Ski	136.100
Vélo°	119.200
Danse	84.000

le plus *the most* pays *countries* Tous les quatre ans *Every four years* centaines de milliers de *hundreds of thousands of* Coupe du Monde *World Cup* Indomptables *Untamable* or *gold* classement mondial *world ranking* chacune *each* Ça fait *That makes* un pays plus petit que *a country smaller than* Nombre *Number* Natation *Swimming* Vélo *Cycling*

ACTIVITÉS

1 Vrai ou faux? Indiquez si ces phrases sont **vraies** ou **fausses**.

1. Le football est le sport le plus populaire en France.
2. La Coupe du Monde a lieu (*takes place*) tous les deux ans.
3. En 2000, l'équipe de France gagne la Coupe du Monde.
4. Le Cameroun gagne le tournoi de football aux Jeux Olympiques de Sydney.
5. Le Cameroun est la première équipe européenne à être au classement mondial de la FIFA.
6. Certains «Tigres Indomptables» jouent dans des clubs français et européens.
7. En France, il y a vingt équipes professionnelles de football.
8. La France est plus petite que le Texas.
9. L'Olympique de Marseille est un stade de football célèbre.
10. Les Français aiment jouer au football.

LE FRANÇAIS QUOTIDIEN

Le sport

arbitre (*m./f.*)	*referee*
ballon (*m.*)	*ball*
coup de sifflet (*m.*)	*whistle*
entraîneur	*coach*
maillot (*m.*)	*jersey*
terrain (*m.*)	*playing field*
hors-jeu	*off-side*
marquer	*to score*

LE MONDE FRANCOPHONE

Des champions

Voici quelques champions olympiques récents.

Algérie Taoufik Makhloufi, athlétisme°, argent°, Rio, 2016

Burundi Francine Niyonsaba, athlétisme, argent, Rio, 2016

Cameroun Françoise Mbango Etone, athlétisme, or°, Pékin, 2008

Canada Équipe de football féminin, bronze, Rio, 2016

France Émilie Andéol, judo, or, Rio 2016

Maroc Hicham El Guerrouj, athlétisme, or, Athènes, 2004

Suisse Dominique Gisin, ski alpin°, or, Sotchi, 2014

Tunisie Inès Boubakri, escrime°, bronze, Rio, 2016

athlétisme *track and field* **argent** *silver* **or** *gold* **ski alpin** *downhill skiing*

PORTRAIT

Zinédine Zidane et Laura Flessel

Zinédine Zidane, ou «Zizou», est un footballeur français. Né° à Marseille de parents algériens, il joue dans différentes équipes françaises. Nommé trois fois «Joueur de l'année» par la FIFA, il gagne la Coupe du Monde avec l'équipe de France en 1998 (mille neuf cent quatre-vingt-dix huit). Il est aujourd'hui entraîneur du Real Madrid, en Espagne°.

Née à la Guadeloupe, **Laura Flessel** commence l'escrime° à l'âge de sept ans. Après plusieurs titres° de championne de Guadeloupe, elle va en France pour continuer sa carrière. En 1991 (mille neuf cent quatre-vingt-onze), à 20 ans, elle est championne de France et cinq ans plus tard, elle est double championne olympique à Atlanta en 1996 (mille neuf centquatre-vingt-seize). En 2007 (deuxmille sept), elle remporte aussi la médaille d'or aux Championnats d'Europe en  individuel. Et en 2017 (deux mille dix-sept), elle devient Ministre des Sports du gouvernement français.

Ces deux sportifs ont un engagement° dans des causes humanitaires. C'est une mission, pour Zinédine Zidane, de soutenir° ceux qui en ont besoin. Pour Laura, il est très important de combattre les inégalités: elle se bat pour l'égalité et contre les violences faites aux femmes.

Né *Born* **Espagne** *Spain* **escrime** *fencing* **plusieurs titres** *several titles* **engagement** *involvement* **prend part** *participates* **soutenir** *support* **courses** *run*

---

2 **Zinédine ou Laura?** Indiquez de qui on parle.

1. _____ est de France métropolitaine (*mainland France*).
2. _____ est née à la Guadeloupe.
3. _____ gagne la Coupe du Monde pour la France en 1998.
4. _____ a été trois fois «Joueur de l'année».
5. _____ soutient ceux qui en ont besoin.
6. _____ est engagée contre les violences faites aux femmes.

3 **Une interview** Avec un(e) partenaire, préparez une interview entre un(e) journaliste et un(e) athlète que vous aimez. Jouez la scène devant la classe. Est-ce que vos camarades peuvent deviner (*can guess*) le nom de l'athlète?

 Practice more at **vhlcentral.com**.

A C T I V I T É S

5A.1 The verb *faire*  Tutorial

Point de départ Like other commonly used verbs, the verb **faire** (*to do, to make*) is irregular in the present tense.

faire (to do, to make)	
je fais	nous faisons
tu fais	vous faites
il/elle/on fait	ils/elles font

Il ne **fait** pas ses devoirs.
He doesn't do his homework.

Tes parents **font**-ils quelque chose vendredi?
Are your parents doing anything Friday?

Qu'est-ce que vous **faites** ce soir?
What are you doing this evening?

Nous **faisons** une sculpture dans mon cours d'art.
We're making a sculpture in my art class.

> On fait du sport aujourd'hui!

> Qu'est-ce que vous faites en histoire-géo?

- Use the verb **faire** in these idiomatic expressions. Note that it is not always translated into English as *to do* or *to make*.

Expressions with *faire*			
faire de l'aérobic	to do aerobics	faire de la planche à voile	to go wind-surfing
faire attention (à)	to pay attention (to)	faire une promenade	to go for a walk
faire du camping	to go camping	faire une randonnée	to go for a hike
faire du cheval	to go horseback riding		
faire la connaissance de...	to meet (someone) for the first time	faire du ski	to go skiing
faire la cuisine	to cook	faire du sport	to play sports
faire de la gym	to work out	faire un tour (en voiture)	to go for a walk (drive)
faire du jogging	to go jogging	faire du vélo	to go bike riding

Boîte à outils

The verb **faire** is also used in idiomatic expressions relating to math. Example:

Trois et quatre **font** sept.
Three plus four equals (makes) seven.

Tu **fais** souvent **du sport**?
Do you play sports often?

Elles **font du camping**.
They go camping.

Je **fais de la gym**.
I'm working out.

Nous **faisons attention** en classe.
We pay attention in class.

Yves **fait la cuisine**.
Yves is cooking.

Faites-vous **une promenade**?
Are you going for a walk?

- Make sure to learn the correct article with each **faire** expression that calls for one. For **faire** expressions requiring a partitive or indefinite article (**un, une, du, de la**), the article is replaced with **de** when the expression is negated.

Elles font **de la** gym trois fois par semaine.
They work out three times a week.

Elles ne font pas **de** gym le dimanche.
They don't work out on Sundays.

Fais-tu **du** ski?
Do you ski?

Non, je ne fais pas **de** ski.
No, I don't ski.

- Use **faire la connaissance de** before someone's name or another noun that identifies a person you do not know.

Je vais enfin **faire la connaissance de Martin**.
I'm finally going to meet Martin.

Je vais **faire la connaissance des joueurs**.
I'm going to meet the players.

The expression *il faut*

Pour être bon, il faut travailler!

Il ne faut pas regarder la télé.

- When followed by a verb in the infinitive, the expression **il faut...** means *it is necessary to...* or *one must...*

Il faut faire attention en cours de maths.
It is necessary to pay attention in math class.

Il ne faut pas manger après dix heures.
One must not eat after 10 o'clock.

Faut-il laisser un pourboire?
Is it necessary to leave a tip?

Il faut gagner le match!
We must win the game!

Boîte à outils

Be careful not to confuse **il faut** and **il fait**. The infinitive of **fait** is **faire**.

The infinitive of **faut**, however, is **falloir**. **Falloir** is an irregular impersonal verb, which means that it only has one conjugated form in every tense: the third person singular. The verbs **pleuvoir** (*to rain*) and **neiger** (*to snow*), which you will learn in **Leçon 5B**, work the same way.

Essayez! Complétez chaque phrase avec la forme correcte du verbe **faire** au présent.

1. Tu __*fais*__ tes devoirs le samedi?

2. Vous ne _____ pas attention au professeur.

3. Nous _____ du camping.

4. Ils _____ du jogging.

5. On _____ une promenade au parc.

6. Il _____ du ski en montagne.

7. Je _____ de l'aérobic.

8. Elles _____ un tour en voiture.

9. Est-ce que vous _____ la cuisine?

10. Nous ne _____ pas de sport.

11. Je ne _____ pas de planche à voile.

12. Irène et Sandrine _____ une randonnée avec leurs copines.

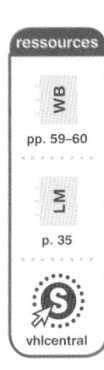
ressources

WB
pp. 59–60

LM
p. 35

S
vhlcentral

ESPACE **STRUCTURES**

Mise en pratique

1 **Que font-ils?** Regardez les dessins. Que font les personnages?

▶ MODÈLE
Julien fait du jogging.

Julien

1. Je

2. tu

3. Anne

4. Louis et Paul

5. Vous

6. Denis

7. Nous

8. Elles

2 **Chassez l'intrus** Quelle activité ne fait pas partie du groupe?

1. a. faire du jogging   b. faire une randonnée   c. faire de la planche à voile
2. a. faire du vélo   b. faire du camping   c. faire du jogging
3. a. faire une promenade   b. faire la cuisine   c. faire un tour
4. a. faire du sport   b. faire du vélo   c. faire la connaissance
5. a. faire ses devoirs   b. faire du ski   c. faire du camping
6. a. faire la cuisine   b. faire du sport   c. faire de la planche à voile

3 **La paire** Faites correspondre (*Match*) les éléments des deux colonnes et rajoutez (*add*) la forme correcte du verbe **faire**.

1. Elle aime courir
   (*to run*), alors elle...
2. Ils adorent les
   animaux. Ils...
3. Quand j'ai faim, je...
4. L'hiver, vous...
5. Pour marcher, nous...
6. Tiger Woods...

a. du golf.
b. la cuisine.
c. les devoirs.
d. du cheval.
e. du jogging.
f. une promenade.
g. du ski.
h. de l'aérobic.

Ⓢ Practice more at **vhlcentral.com**.

Communication

4 **Ce week-end** Que faites-vous ce week-end? Avec un(e) partenaire, posez les questions à tour de rôle.

MODÈLE

tu / jogging
Étudiant(e) 1: *Est-ce que tu fais du jogging ce week-end?*
Étudiant(e) 2: *Non, je ne fais pas de jogging. Je fais un tour en voiture.*

1. tu / le vélo

2. tes amis / la cuisine

3. ton/ta petit(e) ami(e) et toi, vous / le jogging

4. toi et moi, nous / une randonnée

5. tu / la gym

6. ton/ta camarade de chambre / le sport

7. on / faire de la planche à voile

8. tes parents et toi, vous / un tour au parc

5 **De bons conseils** Avec un(e) partenaire, donnez de bons conseils (*advice*). À tour de rôle, posez des questions et utilisez les éléments de la liste. Présentez vos idées à la classe.

MODÈLE

Étudiant(e) 1: *Qu'est-ce qu'il faut faire pour avoir de bonnes notes?*
Étudiant(e) 2: *Il faut étudier jour et nuit.*

être en pleine forme (*great shape*)	avoir de bonnes notes
avoir de l'argent	gagner une course (*race*)
avoir beaucoup d'amis	bien manger
être champion de ski	réussir (*succeed*) aux examens

6 **Les sportifs** Votre professeur va vous donner une feuille d'activités. Faites une enquête sur le nombre d'étudiants qui pratiquent certains sports et activités dans votre classe. Présentez les résultats à la classe.

MODÈLE

Étudiant(e) 1: *Est-ce que tu fais du jogging?*
Étudiant(e) 2: *Oui, je fais du jogging.*

Sport	Nom
1. jogging	Carole
2. vélo	
3. planche à voile	
4. cuisine	
5. camping	
6. cheval	
7. aérobic	
8. ski	

5A.2

Irregular *-ir* verbs  Tutorial

Point de départ In **Leçon 4B**, you learned to conjugate regular **-ir** verbs. However, some of the most commonly used **-ir** verbs are irregular in their conjugation.

- **Sortir** is used to express leaving a room or a building. It also expresses the idea of going out, as with friends or on a date.

sortir	
je sors	nous sortons
tu sors	vous sortez
il/elle/on sort	ils/elles sortent

Tu **sors** souvent avec tes copains?
Do you go out often with your friends?

Quand **sortez**-vous?
When are you going out?

Mon frère n'aime pas **sortir** avec Chloé.
My brother doesn't like to go out with Chloé.

Mes parents ne **sortent** pas lundi.
My parents aren't going out Monday.

- Use the preposition **de** after **sortir** when the place someone is leaving is mentioned.

L'étudiant **sort de** la salle de classe.
The student is leaving the classroom.

Nous **sortons du** restaurant vers vingt heures.
We're leaving the restaurant around 8:00 p.m.

Le week-end, je sors souvent.

Ils partent pour la fac.

- **Partir** is generally used to say someone is leaving a large place such as a city, country, or region. Often, a form of **partir** is accompanied by the preposition **pour** and the name of a destination.

partir	
je pars	nous partons
tu pars	vous partez
il/elle/on part	ils/elles partent

Je **pars pour** l'Algérie.
I'm leaving for Algeria.

Ils **partent pour** Genève demain.
They're leaving for Geneva tomorrow.

À quelle heure **partez**-vous?
At what time are you leaving?

Nous **partons** à midi.
We're leaving at noon.

🏃 **Boîte à outils**

As you learned in **Leçon 4A**, **quitter** is used to say that someone is leaving a place or another person: **Tu quittes Montréal?** (*Are you leaving Montreal?*)

Other irregular -ir verbs

	dormir (to sleep)	servir (to serve)	sentir (to feel)	courir (to run)
je	dors	sers	sens	cours
tu	dors	sers	sens	cours
il/elle/on	dort	sert	sent	court
nous	dormons	servons	sentons	courons
vous	dormez	servez	sentez	courez
ils/elles	dorment	servent	sentent	courent

Rachid dort.

Nous courons.

Elles **dorment** jusqu'à midi.
They sleep until noon.

Je **sers** du fromage à la fête.
I'm serving cheese at the party.

Vous **courez** vite!
You run fast!

Nous **servons** du thé glacé.
We are serving iced tea.

- **Sentir** can mean *to feel, to smell,* or *to sense.*

Je **sens** que l'examen va être difficile.
I sense that the exam is going to be difficult.

Ça **sent** bon!
That smells good!

Vous **sentez** le café?
Do you smell the coffee?

Ils **sentent** sa présence.
They feel his presence.

∿ **Essayez!**   **Complétez les phrases avec la forme correcte du verbe.**

1. Nous _sortons_ (sortir) vers neuf heures.
2. Je _____ (servir) des boissons gazeuses aux invités.
3. Tu _____ (partir) quand pour le Canada?
4. Nous ne _____ (dormir) pas en cours.
5. Ils _____ (courir) pour attraper (*to catch*) le bus.
6. Tu manges des oignons? Ça _____ (sentir) mauvais.
7. Vous _____ (sortir) avec des copains ce soir.
8. Elle _____ (partir) pour Dijon ce week-end.

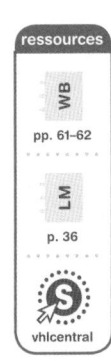

ressources

WB
pp. 61–62

LM
p. 36

S
vhlcentral

Mise en pratique

1 **Choisissez** Monique et ses amis aiment bien sortir. Choisissez la forme correcte des verbes **partir** ou **sortir** pour compléter la description de leurs activités.

1. Samedi soir, je _____ avec mes copains.

2. Mes copines Magali et Anissa _____ pour New York.

3. Nous _____ du cinéma.

4. Nicolas _____ pour Dakar vers dix heures du soir.

5. À minuit, vous _____ pour la boîte.

6. Je _____ pour le Maroc dans une semaine.

7. Tu _____ avec ton petit ami ce week-end.

8. Olivier et Bernard _____ tard du bureau.

9. Lucien et moi, nous _____ pour l'Algérie.

10. Thomas _____ du stade à deux heures de l'après-midi.

2 **Vos habitudes** Utilisez les éléments des colonnes pour décrire (*describe*) les habitudes de votre famille et de vos amis.

A	B	C
je	(ne pas) courir	jusqu'à (*until*) midi
mon frère	(ne pas) dormir	
ma sœur	(ne pas) partir	tous les week-ends
mes parents	(ne pas) sortir	
mes cousins		tous les jours
mon petit ami		souvent
ma petite amie		rarement
mes copains		jamais
?		une (deux, etc.) fois par jour/ semaine
		?

3 **La question** Vincent parle au téléphone avec sa mère. Vous entendez (*hear*) ses réponses, mais pas les questions. Avec un(e) partenaire, reconstruisez la conversation.

MODÈLE

<u>Comment vas-tu?</u> Ça va bien, merci.

1. _____ Oui, je sors ce soir.

2. _____ Je sors avec Marc et Audrey.

3. _____ Nous partons à six heures.

4. _____ Oui, nous allons jouer au tennis.

5. _____ Après, nous allons au restaurant.

6. _____ Nous sortons du restaurant à neuf heures.

7. _____ Marc et Audrey partent pour Nice le week-end prochain.

8. _____ Non. Moi, je pars dans deux semaines.

Practice more at **vhlcentral.com**.

Communication

4 **Descriptions** Avec un(e) partenaire, complétez les phrases avec la forme
correcte d'un verbe de la liste.

| courir | dormir | partir | sentir | servir | sortir |

1. Véronique /  / tard

2. je /  / sandwichs

3. les enfants /  / le chocolat chaud

4. nous /  / souvent

5. tu /  / de l'hôpital

6. vous /  / pour la France demain

5 **Indiscrétions** Votre partenaire est curieux/curieuse et désire savoir
(*to know*) ce que vous faites chez vous. Répondez à ses questions.

1. Jusqu'à (*Until*) quelle heure dors-tu le week-end?
2. Dors-tu pendant (*during*) les cours à la fac? Pendant quels cours? Pourquoi?
3. À quelle heure sors-tu le samedi soir?
4. Avec qui sors-tu le samedi soir?
5. Est-ce que tu sors souvent avec des copains pendant la semaine?
6. Que sers-tu quand tu as des invités à la maison?
7. Pars-tu bientôt en vacances (*vacation*)? Où?

6 **Dispute** Laëtitia est très active. Son petit ami Bertrand ne sort pas beaucoup,
alors ils ont souvent des disputes. Avec un(e) partenaire, jouez les deux rôles.
Utilisez les mots et les expressions de la liste.

dormir	partir
faire des	un passe-temps
promenades	sentir
faire un tour	sortir
(en voiture)	rarement
par semaine	souvent

ESPACE SYNTHÈSE

Révision

1 **Au parc** C'est dimanche. Avec un(e) partenaire, décrivez les activités de tous les personnages. Comparez vos observations avec les observations d'un autre groupe pour compléter votre description.

2 **Mes habitudes** Avec un(e) partenaire, parlez de vos habitudes de la semaine. Que faites-vous régulièrement? Utilisez tous les mots de la liste.

MODÈLE

Étudiant(e) 1: *Je fais parfois de la gym le lundi. Et toi?*
Étudiant(e) 2: *Moi, je fais parfois la cuisine le lundi.*

parfois le lundi	souvent à midi
le mercredi à midi	toujours le vendredi
le jeudi soir	tous les jours
le vendredi matin	trois fois par semaine
rarement le matin	une fois par semaine

3 **Mes vacances** Parlez de vos prochaines vacances (*vacation*) avec un(e) partenaire. Mentionnez cinq de vos passe-temps habituels en vacances et cinq nouvelles activités que vous allez essayer (*to try*). Comparez votre liste avec la liste de votre partenaire, puis présentez les réponses à la classe.

4 **Que faire ici?** Avec un(e) partenaire, trouvez au minimum quatre choses à faire dans chaque (*each*) endroit. Quel endroit préférez-vous et pourquoi? Comparez votre liste avec un autre groupe et parlez de vos préférences avec la classe.

MODÈLE

Étudiant(e) 1: *À la campagne, on fait des randonnées à cheval.*
Étudiant(e) 2: *Oui, et il faut marcher.*

1. à la campagne

2. au parc

3. à la plage

4. au gymnase

5   **Le conseiller** Un(e) conseiller/conseillère à la fac suggère des stratégies à un(e) étudiant(e) pour l'aider (*help him or her*) à préparer les examens. Avec un(e) partenaire, jouez les deux rôles. Vos camarades vont sélectionner les meilleurs conseils (*best advice*).

MODÈLE

Il faut faire tous ses devoirs.

6   **Quelles activités?** Votre professeur va vous donner, à vous et à votre partenaire, deux feuilles d'activités différentes pour le week-end. Attention! Ne regardez pas la feuille de votre partenaire.

MODÈLE

Étudiant(e) 1: *Est-ce que tu fais une randonnée dimanche après-midi?*
Étudiant(e) 2: *Oui, je fais une randonnée dimanche après-midi.*

Les loisirs

Hôtesse: Csilla

Csilla est à Aix-en-Provence et nous montre° des sports pratiqués dans la région et en France, en général. Ensuite°, elle va à la Maison des Jeunes et de la Culture (MJC), où on peut faire différents types d'activités.

Avant de regarder Répondez aux questions.

1. Est-ce que vous aimez le sport? Pourquoi ou pourquoi pas?
2. Quels sports est-ce que les habitants de votre ville aiment faire?
3. Quelles sont les activités sportives qu'on peut pratiquer dans votre région?

CSILLA *On fait du jogging.*

CSILLA *En France, et surtout dans le sud, on adore jouer à la pétanque.*

Compréhension Répondez aux questions.

1. Quelles sont les deux activités aquatiques présentées dans la vidéo?
2. Mentionnez quelques sports pratiqués en extérieur dans la vidéo.
3. Quels sont les loisirs qu'on peut pratiquer à la MJC?
4. À la fin de la vidéo, Csilla parle d'une autre activité culturelle. Qu'est-ce que c'est?

Discussion Par groupes de trois, discutez des sports présentés dans la vidéo.

1. Faites-vous les mêmes sports qu'on fait à Aix-en-Provence?
2. Faites-vous d'autres types de sports pendant votre temps libre?

Vocabulaire utile

en extérieur/en intérieur	*outdoors/indoors*
faire du canoë	*to go canoeing*
la Maison des Jeunes et de la Culture	*Youth and Cultural Center*
la peinture	*painting*
on court	*we run*

montre *shows* Ensuite *Then, Next*

Leçon 5B

You will learn how to...
- talk about seasons and the date
- discuss the weather

Vocabulary Tools

Quel temps fait-il?

Vocabulaire

Il fait 18 degrés.	It is 18 degrees.
Il fait beau.	The weather is nice.
Il fait bon.	The weather is good/warm.
Il fait mauvais.	The weather is bad.
Il fait un temps épouvantable.	The weather is dreadful.
Le temps est orageux.	It is stormy.
Quel temps fait-il?	What is the weather like?
Quelle température fait-il?	What is the temperature?
une saison	season
en automne	in the fall
en été	in the summer
en hiver	in the winter
au printemps	in the spring
Quelle est la date?	What's the date?
C'est le 1er (premier) octobre.	It's the first of October.
C'est quand votre/ton anniversaire?	When is your birthday?
C'est le 2 mai.	It's the second of May.
C'est quand l'anniversaire de Paul?	When is Paul's birthday?
C'est le 15 mars.	It's March 15th.
un anniversaire	birthday

Il neige. (neiger)

Il fait froid.

L'hiver (*m.*): décembre, janvier, février

Il fait (du) soleil.

Il fait chaud.

Quelle est la date d'aujourd'hui? C'est le 14 juillet.

L'été (*m.*): juin, juillet, août

ressources
WB pp. 63–64 · LM p. 37 · vhlcentral

Attention!

In France and in most of the francophone world, temperature is given in Celsius. Convert from Celsius to Fahrenheit with this formula: F = (C x 1.8) + 32. Convert from Fahrenheit to Celsius with this formula: C = (F – 32) x 0.56.
11°C = 52°F   78°F = 26°C

Il pleut. (pleuvoir)

un parapluie

un imperméable

Le printemps (*m.*): mars, avril, mai

Le temps est nuageux.

Il fait frais.

Il fait du vent.

L'automne (*m.*): septembre, octobre, novembre

Mise en pratique

1 **Écoutez** Écoutez le bulletin météorologique et répondez aux questions suivantes.

	Vrai	Faux
1. C'est l'été.	☐	☐
2. Le printemps commence le 21 mars.	☐	☐
3. Il fait 11 degrés vendredi.	☐	☐
4. Il fait du vent vendredi.	☐	☐
5. Il va faire soleil samedi.	☐	☐
6. Il faut utiliser le parapluie et l'imperméable vendredi.	☐	☐
7. Il va faire un temps épouvantable dimanche.	☐	☐
8. Il ne va pas faire chaud samedi.	☐	☐

2 **Les fêtes et les jours fériés** Indiquez la date et la saison de chaque fête et jour férié (*holidays*).

	Date	Saison
1. la fête nationale française	_____	_____
2. l'indépendance des États-Unis	_____	_____
3. Poisson d'avril (*April Fool's Day*)	_____	_____
4. Noël	_____	_____
5. la Saint-Valentin	_____	_____
6. le Nouvel An	_____	_____
7. Halloween	_____	_____
8. l'anniversaire de Washington	_____	_____

3 **Quel temps fait-il?** Répondez aux questions par des phrases complètes.

1. Quel temps fait-il en été?
2. Quel temps fait-il en automne?
3. Quel temps fait-il au printemps?
4. Quel temps fait-il en hiver?
5. Où est-ce qu'il neige?
6. Quel est votre mois préféré de l'année? Pourquoi?
7. Quand est-ce qu'il pleut où vous habitez?
8. Quand est-ce que le temps est orageux où vous habitez?

Communication

4 Conversez Interviewez un(e) camarade de classe.

1. C'est quand ton anniversaire? C'est quand l'anniversaire de ton père? Et de ta mère?
2. En quelle saison est ton anniversaire? Quel temps fait-il?
3. Quelle est ta saison préférée? Pourquoi? Quelles activités aimes-tu pratiquer?
4. En quelles saisons utilises-tu un parapluie et un imperméable? Pourquoi?
5. À quel moment de l'année es-tu en vacances? Précise les mois. Pendant (*During*) quels mois de l'année préfères-tu voyager? Pourquoi?
6. À quelle période de l'année étudies-tu? Précise les mois.
7. Quelle saison détestes-tu le plus (*the most*)? Pourquoi?
8. Quand est l'anniversaire de mariage de tes parents?

5 Une lettre Vous avez un(e) correspondant(e) (*pen pal*) en France qui veut (*wants*) vous rendre visite (*to visit you*). Écrivez (*Write*) une lettre à votre ami(e) où vous décrivez (*describe*) le temps qu'il fait à chaque saison et les activités que vous pouvez (*can*) pratiquer ensemble (*together*). Comparez votre lettre avec la lettre d'un(e) camarade de classe.

> *Cher Thomas,*
>
> *Ici à Boston, il fait très froid en hiver et il neige souvent. Est-ce que tu aimes la neige? Moi, j'adore parce que je fais du ski tous les week-ends.*
>
> *Et toi, tu fais du ski? ...*

6 Quel temps fait-il en France? Votre professeur va vous donner, à vous et à votre partenaire, deux feuilles d'activités différentes. Attention! Ne regardez pas la feuille de votre partenaire.

MODÈLE

Étudiant(e) 1: *Quel temps fait-il à Paris?*
Étudiant(e) 2: *À Paris, le temps est nuageux et la température est de dix degrés.*

7 La météo Préparez avec un(e) camarade de classe une présentation où vous:

- mentionnez le jour, la date et la saison.
- présentez la météo d'une ville francophone.
- présentez les prévisions météo (*weather forecasts*) pour le reste de la semaine.
- préparez une affiche pour illustrer votre présentation.

La météo d'Haïti en juillet — Port-au-Prince

samedi 23	dimanche 24	lundi 25
27°C	35°C	37°C
☀	⛅	⛈
soleil	nuageux	orageux

Aujourd'hui samedi, c'est le 23 juillet.
C'est l'été. Il va faire soleil...

Les sons et les lettres

 Audio

Open vs. closed vowels: Part 1

You have already learned that **é** is pronounced like the vowel *a* in the English word *cake*. This is a closed **e** sound.

| **étudiant** | **agréable** | **nationalité** | **enchanté** |

The letter combinations **-er** and **-ez** at the end of a word are pronounced the same way, as is the vowel sound in single-syllable words ending in **-es**.

| **travailler** | **avez** | **mes** | **les** |

The vowels spelled **è** and **ê** are pronounced like the vowel in the English word *pet*, as is an **e** followed by a double consonant. These are open **e** sounds.

| **répète** | **première** | **pêche** | **italienne** |

The vowel sound in *pet* may also be spelled **et**, **ai**, or **ei**.

| **secret** | **français** | **fait** | **seize** |

Compare these pairs of words. To make the vowel sound in *cake*, your mouth should be slightly more closed than when you make the vowel sound in *pet*.

| **mes mais** | **ces cette** | **thé**â**tre thème** |

Prononcez Répétez les mots suivants à voix haute.

1. thé
2. lait
3. belle
4. été
5. neige
6. aider
7. degrés
8. anglais
9. cassette
10. discret
11. treize
12. mauvais

Articulez Répétez les phrases suivantes à voix haute.

1. Hélène est très discrète.
2. Céleste achète un vélo laid.
3. Il neige souvent en février et en décembre.
4. Désirée est canadienne; elle n'est pas française.

Dictons Répétez les dictons à voix haute.

Péché avoué est à demi pardonné.[1]

Qui sème le vent récolte la tempête.[2]

[1] An offense admitted is half pardoned.
[2] You reap what you sow. (lit. He who sows the wind reaps a storm.)

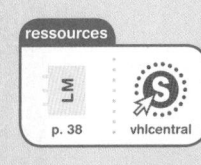

Quel temps!

 Video

PERSONNAGES

David

Rachid

Sandrine

Stéphane

Au parc...

RACHID Napoléon établit le Premier Empire en quelle année?

STÉPHANE Euh... mille huit cent quatre?

RACHID Exact! On est au mois de novembre et il fait toujours chaud.

STÉPHANE Oui, il fait bon!... dix-neuf, dix-huit degrés!

RACHID Et on a chaud aussi parce qu'on court.

STÉPHANE Bon, allez, je rentre faire mes devoirs d'histoire-géo.

RACHID Et moi, je rentre boire une grande bouteille d'eau.

RACHID À demain, Stéph! Et n'oublie pas: le cours du jeudi avec ton professeur, Monsieur Rachid Kahlid, commence à dix-huit heures, pas à dix-huit heures vingt!

STÉPHANE Pas de problème! Merci et à demain!

SANDRINE Et puis, en juillet, le Tour de France commence. J'aime bien le regarder à la télévision. Et après, c'est mon anniversaire, le 20. Cette année, je fête mes vingt et un ans. Tous les ans, pour célébrer mon anniversaire, j'invite mes amis et je prépare une super soirée. J'adore faire la cuisine, c'est une vraie passion!

DAVID Ah, oui?

SANDRINE En parlant d'anniversaire, Stéphane célèbre ses dix-huit ans samedi prochain. C'est un anniversaire important. ...On organise une surprise. Tu es invité!

DAVID Hmm, c'est très gentil, mais... Tu essaies de ne pas parler deux minutes, s'il te plaît? Parfait!

SANDRINE Pascal! Qu'est-ce que tu fais aujourd'hui? Il fait beau à Paris?

DAVID Encore un peu de patience! Allez, encore dix secondes... Voilà!

A C T I V I T É S

1

Qui? Identifiez les personnages pour chaque phrase. Écrivez **D** pour David, **R** pour Rachid, **S** pour Sandrine et **St** pour Stéphane.

1. Cette personne aime faire la cuisine.

2. Cette personne sort quand il fait froid.

3. Cette personne aime le Tour de France.

4. Cette personne n'aime pas la pluie.

5. Cette personne va boire de l'eau.

6. Ces personnes ont rendez-vous tous les jeudis.

7. Cette personne fête son anniversaire en janvier.

8. Ces personnes célèbrent un joli portrait.

9. Cette personne fête ses dix-huit ans samedi prochain.

10. Cette personne prépare des crêpes pour le dîner.

 Practice more at **vhlcentral.com**.

Les anniversaires à travers (*through*) les saisons

À l'appartement de David et de Rachid...

SANDRINE C'est quand, ton anniversaire?

DAVID Qui, moi? Oh, c'est le quinze janvier.

SANDRINE Il neige en janvier, à Washington?

DAVID Parfois... et il pleut souvent à l'automne et en hiver.

SANDRINE Je déteste la pluie. C'est pénible. Qu'est-ce que tu aimes faire quand il pleut, toi?

DAVID Oh, beaucoup de choses! Dessiner, écouter de la musique. J'aime tellement la nature, je sors même quand il fait très froid.

SANDRINE Moi, je préfère l'été. Il fait chaud. On fait des promenades.

RACHID Oh là là, j'ai soif! Mais... qu'est-ce que vous faites, tous les deux?

DAVID Oh, rien! Je fais juste un portrait de Sandrine.

RACHID Bravo, c'est pas mal du tout! Hmm, mais quelque chose ne va pas, David. Sandrine n'a pas de téléphone dans la main!

SANDRINE Oh, Rachid, ça suffit! C'est vrai, tu as vraiment du talent, David. Pourquoi ne pas célébrer mon joli portrait? Vous avez faim, les garçons?

RACHID ET DAVID Oui!

SANDRINE Je prépare le dîner. Vous aimez les crêpes ou vous préférez une omelette?

RACHID ET DAVID Des crêpes... Miam!

Expressions utiles

Talking about birthdays

- **Cette année, je fête mes vingt et un ans.**
  This year, I celebrate my twenty-first birthday.

- **Pour célébrer mon anniversaire, je prépare une super soirée.**
  To celebrate my birthday, I'm planning a great party.

- **Stéphane célèbre ses dix-huit ans samedi prochain.**
  Stéphane celebrates his eighteenth birthday next Saturday.

- **On organise une surprise.**
  We are planning a surprise.

Talking about hopes and preferences

- **Tu essaies de ne pas parler deux minutes, s'il te plaît?**
  Could you try not to talk for two minutes, please?

- **J'aime tellement la nature, je sors même quand il fait très froid.**
  I like nature so much, I go out even when it's very cold.

- **Moi, je préfère l'été.**
  Me, I prefer summer.

- **Vous aimez les crêpes ou vous préférez une omelette?**
  Do you like crêpes or do you prefer an omelette?

Additional vocabulary

- **encore un peu**
  a little more
- **main**
  hand
- **Quelque chose ne va pas.**
  Something's not right/working.
- **Ça suffit!**
  That's enough!
- **Allez.**
  Come on.
- **Miam!**
  Yum!

---

2 **Faux!** Toutes ces phrases contiennent une information qui est fausse. Corrigez chaque phrase.

1. Stéphane a dix-huit ans.
2. David et Rachid préfèrent une omelette.
3. Il fait froid et il pleut.
4. On n'organise rien (*anything*) pour l'anniversaire de Stéphane.
5. L'anniversaire de Stéphane est au printemps.
6. Rachid et Stéphane ont froid.

3 **Conversez** Parlez avec vos camarades de classe pour découvrir (*find out*) qui a l'anniversaire le plus proche du vôtre (*closest to yours*). Qui est-ce? Quand est son anniversaire? En quelle saison? Quel mois? En général, quel temps fait-il le jour de son anniversaire?

A C T I V I T É S

ressources

VM
pp. 19–20   vhlcentral

Reading

CULTURE À LA LOUPE

Les jardins publics français

le jardin du Luxembourg

Dans toutes les villes françaises, la plupart° du temps au centre-ville, on trouve des jardins° publics. Les jardins à la française ou jardins classiques sont très célèbres° depuis° le 17e (dix-septième) siècle°. Les jardins de Versailles, créés° pour Louis XIV, le roi° Soleil, vont être copiés par toutes les cours° d'Europe. Dans le jardin à la française, l'ordre et la symétrie dominent: Il faut dompter° la nature «sauvage». La perspective et l'harmonie donnent une notion de grandeur absolue. De façon° très symbolique, la géométrie présente un monde° ordré où le contrôle règne°. Il y a beaucoup de châteaux qui ont de très beaux jardins.

À Paris, le jardin des Tuileries et le jardin du Luxembourg sont deux jardins publics de style classique. Il y a des parterres de fleurs° extraordinaires avec de savants° agencements° de couleurs. Dans les deux jardins, il n'y a pas de bancs° mais des chaises, où on peut° se reposer tranquillement à l'endroit de son choix, sous un arbre° ou près d'un bassin°. Il y a aussi deux grands parcs à côté de Paris: le bois° de Vincennes, qui a un zoo, et le bois de Boulogne, qui a un parc d'attractions° pour les enfants.

En général, les villes de France sont très fleuries°. Il y a même° des concours° pour la ville la plus° fleurie. Le concours des villes et villages fleuris a lieu° depuis 1959. Il est organisé pour promouvoir° le développement des espaces verts dans les villes.

| Le bois de Vincennes et le bois de Boulogne ||
VINCENNES	BOULOGNE
• une superficie° totale de 995 hectares	• une superficie totale de 863 hectares
• un zoo de 14,5 hectares	• cinq entrées°
• 19 km de sentiers pour les promenades à cheval et à vélo	• 95 km d'allées
• 32 km d'allées pour le jogging	• une cascade° de 10 mètres de large° et 14 mètres de haut°
• la Ferme° de Paris, une ferme de 5 hectares	• deux hippodromes°

la plupart *most* jardins *gardens, parks* célèbres *famous* depuis *since* siècle *century* créés *created* roi *king* cours *courts* dompter *to tame* façon *way* monde *world* règne *reigns* parterres de fleurs *flower beds* savants *clever* agencements *schemes* bancs *benches* peut *can* arbre *tree* bassin *fountain, pond* bois *forest, wooded park* parc d'attractions *amusement park* fleuries *decorated with flowers* même *even* concours *competitions* la plus *the most* a lieu *takes place* promouvoir *to promote* superficie *area* entrées *entrances* cascade *waterfall* de haut *high* ferme *farm* hippodromes *racetracks*

Coup de main

In France and elsewhere, units of measurement are different than those used in the United States.

1 hectare = *2.47 acres*

1 kilomètre = *0.62 mile*

1 mètre = *approximately 1 yard (3 feet)*

A C T I V I T É S

1 **Répondez** Répondez aux questions par des phrases complètes.

1. Où trouve-t-on, en général, des jardins publics?
2. Les jardins de Versailles sont créés pour quel roi?
3. Qu'est-ce qui domine dans le jardin à la française?
4. Quelle est la fonction de la perspective et de l'harmonie?
5. Qu'est-ce qu'il y a dans le jardin des Tuileries?
6. Que peut-on faire au jardin du Luxembourg grâce (*thanks*) aux chaises?
7. Quels deux grands parcs y a-t-il à côté de Paris?
8. Que peut-on faire au bois de Vincennes?
9. Comment les villes françaises sont-elles en général?
10. Pourquoi les concours sont-ils organisés?

Les catastrophes naturelles

tempête (f.) de neige	*blizzard*
canicule (f.)	*heat wave*
inondation (f.)	*flood*
ouragan (m.)	*hurricane*
raz-de-marée (m.)	*tidal wave, tsunami*
sécheresse (f.)	*drought*
tornade (f.)	*tornado*
tremblement (m.) de terre	*earthquake*

Des parcs publics

Voici quelques parcs publics du monde francophone.

Bruxelles, Belgique

le bois de la Cambre 123 hectares, un lac° avec une île° au centre

Casablanca, Maroc

le parc de la Ligue Arabe des palmiers°, un parc d'attractions pour enfants, des cafés et restaurants

Québec, Canada

le parc des Champs de Batailles («Plaines d'Abraham») 107 hectares, 6.000 arbres°

Tunis, Tunisie

le parc du Belvédère 110 hectares, un zoo de 12 hectares, 230.000 arbres (80 espèces° différentes), situé° sur une colline°

lac *lake* **île** *island* **palmiers** *palm trees* **arbres** *trees* **espèces** *species* **situé** *located* **colline** *hill*

Les Français et le vélo

Tous les étés, la course° cycliste du Tour de France attire° un grand nombre de spectateurs, Français et étrangers, surtout lors de° son arrivée sur les Champs-Élysées, à Paris. C'est le grand événement° sportif de l'année pour les amoureux du cyclisme. Les Français adorent aussi faire du vélo pendant° leur temps libre. Beaucoup de clubs organisent des randonnées en vélo de course° le week-end. Pour les personnes qui préfèrent le vélo tout terrain (VTT)°, il y a des sentiers° adaptés dans les parcs régionaux et nationaux. Certaines agences de voyages proposent aussi des vacances «vélo» en France ou à l'étranger°.

course *race* **attire** *attracts* **lors de** *at the time of* **événement** *event* **pendant** *during* **vélo de course** *road bike* **vélo tout terrain (VTT)** *mountain biking* **sentiers** *paths* **à l'étranger** *abroad*

le Tour de France sur les Champs-Élysées

Amadou et Mariam

Lieu de naissance: Bamako, Mali
Métier: musiciens-interprètes

Les deux musiciens sont aveugles (*blind*) et se sont rencontrés dans un institut pour jeunes aveugles. Ils se sont mariés en 1980.

Go to vhlcentral.com to find out more about **Amadou et Mariam** and their music.

---

2 **Vrai ou faux?** Indiquez si les phrases sont **vraies** ou **fausses**. Corrigez les phrases fausses.

1. Les Français ne font pas de vélo.
2. Les membres de clubs de vélo font des promenades le week-end.
3. Les agences de voyages offrent des vacances «vélo».
4. On utilise un VTT quand on fait du vélo sur la route.
5. Le Tour de France arrive sur les Champs-Élysées à Paris.

3 **Les parcs publics** Avec un(e) partenaire, parlez des parcs publics du monde francophone. Quel temps fait-il dans les parcs pendant (*during*) les différentes saisons de l'année? Choisissez un parc et décrivez-le à vos camarades. Peuvent-ils deviner (*Can they guess*) de quel parc vous parlez?

 Practice more at **vhlcentral.com**.

ressources

vhlcentral

ACTIVITÉS

5B.1

Numbers 101 and higher  Tutorial

Numbers 101 and higher			
101	cent un	800	huit cents
125	cent vingt-cinq	900	neuf cents
198	cent quatre-vingt-dix-huit	1.000	mille
200	deux cents	1.100	mille cent
245	deux cent quarante-cinq	2.000	deux mille
300	trois cents	5.000	cinq mille
400	quatre cents	100.000	cent mille
500	cinq cents	550.000	cinq cent cinquante mille
600	six cents	1.000.000	un million
700	sept cents	8.000.000	huit millions

- Note that French uses a period, rather than a comma, to indicate thousands and millions.

- In multiples of one hundred, the word **cent** takes a final **-s**. However, if it is followed by another number, **cent** drops the **-s**.

    J'ai **quatre cents** bandes dessinées.
    I have 400 comic books.

    but

    Cette bibliothèque a **neuf cent vingt** livres.
    This library has 920 books.

    Il y a **cinq cents** animaux dans
    le zoo.
    There are 500 animals in the zoo.

    but

    Nous allons inviter **trois cent trente-huit**
    personnes.
    We're going to invite 338 people.

À noter

As you learned in **Leçon 3B**, **cent** does *not* take the number **un** before it to mean *one hundred*.

- The number **un** is not used before the word **mille** to mean *a/one thousand*. It is used, however, before **million** to say *a/one million*.

    Mille personnes habitent le village.
    One thousand people live in the village.

    but

    Un million de personnes habitent la région.
    One million people live in the region.

- **Mille**, unlike **cent** and **million**, is invariable. It never takes an **-s**.

    Aimez-vous *Les **Mille** et Une Nuits*?
    Do you like "The Thousand and One Nights"?

    Onze mille étudiants sont inscrits.
    Eleven thousand students are registered.

- Before a noun, **million** and **millions** are followed by **de/d'**.

    Un million de personnes sont ici.
    One million people are here.

    Il y a **seize millions d'habitants** dans la capitale.
    There are 16,000,000 inhabitants in the capital.

- When writing out years, the word **mille** is usually shortened to **mil**.

    mil huit cent soixante-cinq
    eighteen (hundred) sixty-five

- In French, years before 2000 may be written out in two ways. Notice that in English, the word hundred can be omitted, but in French, the word **cent** is required.

    mil neuf cent treize
    one thousand nine hundred (and) thirteen.

    or

    dix-neuf cent treize
    nineteen (hundred) thirteen

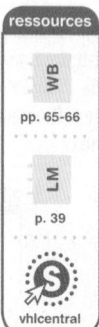

ressources

WB
pp. 65-66

LM
p. 39

vhlcentral

- You can talk about mathematical operations both formally and informally.

Mathematical terms		
	informal	formal
plus	et	plus
minus	moins	moins
multiplied by	fois	multiplié par
divided by	sur	divisé par
equals	font	égale

- The verb **égaler** (*to equal*) is expressed in the singular, but the verb **faire** is plural.

110 et 205 font 315
110 + 205 = 315

110 plus 205 égale 315
110 + 205 = 315

60 fois 3 font 180
60 × 3 = 180

60 multiplié par 3 égale 180
60 × 3 = 180

999 sur 9 font 111
999 ÷ 9 = 111

999 divisé par 9 égale 111
999 ÷ 9 = 111

- In French, decimal punctuation is inverted. Use **une virgule** (*comma*) instead of **un point** (*period*).

5.419,32
5,419.32

cinq mille quatre cent dix-neuf virgule trente-deux
five thousand four hundred nineteen point thirty-two

- The expression **pour cent** (*percent*) is two words, not one.

Le magasin offre une réduction de cinquante **pour cent.**
The store is offering a fifty percent discount.

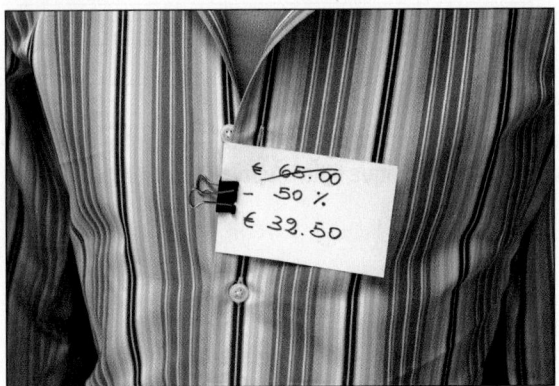

Essayez!   **Écrivez les nombres en toutes lettres. (*Write out the numbers.*)**

1. 10.000 <u>dix mille</u>
2. 620 _____
3. 365 _____
4. 42.000 _____
5. 1.392.000 _____
6. 171 _____

7. 200.000.000 _____
8. 480 _____
9. 1.789 _____
10. 400 _____
11. 8.000.000 _____
12. 5.053 _____

ESPACE STRUCTURES

Mise en pratique

1 **Quelle adresse?** Vous allez distribuer des journaux (*newspapers*) et vous téléphonez aux clients pour avoir leur adresse. Écrivez les adresses.

MODÈLE

cent deux, rue Lafayette
102, rue Lafayette

1. deux cent cinquante-deux, rue de Bretagne _____
2. quatre cents, avenue Malbon _____
3. cent soixante-dix-sept, rue Jeanne d'Arc _____
4. cinq cent quarante-six, boulevard St. Marc _____
5. six cent quatre-vingt-huit, avenue des Gaulois _____
6. trois cent quatre-vingt-douze, boulevard Micheline _____
7. cent vingt-cinq, rue des Pierres _____
8. trois cent quatre, avenue St. Germain _____

2 **Faisons des calculs** Faites les additions et écrivez les réponses.

MODÈLE

200 + 300 =
Deux cents plus trois cents font cinq cents.

1. 5.000 + 3.000 = _____
2. 650 + 750 = _____
3. 2.000.000 + 3.000.000 = _____
4. 4.400 + 3.600 = _____
5. 155 + 310 = _____
6. 7.000 + 3.000 = _____
7. 9.000.000 + 2.000.000 = _____
8. 1.250 + 2.250 = _____

3 **Combien d'habitants?** À tour de rôle, demandez à votre partenaire combien d'habitants il y a dans chaque ville d'après (*according to*) les statistiques.

MODÈLE

Dijon: 153.813
Étudiant(e) 1: *Combien d'habitants y a-t-il à Dijon?*
Étudiant(e) 2: *Il y a cent cinquante-trois mille huit cent treize habitants.*

1. Toulouse: 398.423 _____
2. Abidjan: 2.877.948 _____
3. Lyon: 453.187 _____
4. Québec: 510.559 _____
5. Marseille: 807.071 _____
6. Papeete: 26.181 _____
7. Dakar: 2.476.400 _____
8. Nice: 344.460 _____

Communication

4 **Quand?** Avec un(e) partenaire, regardez les dates et dites quand ces événements ont lieu (*take place*).

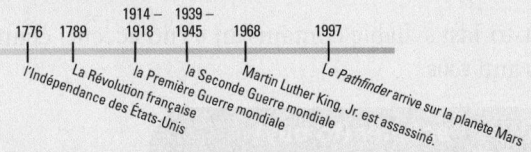

1. Le *Pathfinder* arrive sur la planète Mars. _____
2. La Première Guerre mondiale commence. _____
3. La Seconde Guerre mondiale prend fin (*ends*). _____
4. L'Amérique déclare son indépendance. _____
5. Martin Luther King, Jr. est assassiné. _____
6. La Première Guerre Mondiale prend fin. _____
7. La Révolution française a lieu (*takes place*). _____
8. La Seconde Guerre mondiale commence. _____

5 **Combien ça coûte?** Vous regardez un catalogue avec un(e) ami(e). À tour de rôle, demandez à votre partenaire le prix des choses.

▶ **MODÈLE**

Étudiant(e) 1: *Combien coûte l'ordinateur?*
Étudiant(e) 2: *Il coûte mille huit cents euros.*

1.   2.   3.   4.

6 **Dépensez de l'argent** Vous et votre partenaire avez 100.000€. Décidez quels articles de la liste vous allez prendre. Expliquez vos choix à la classe.

MODÈLE

Étudiant(e) 1: *On prend un rendez-vous avec Brad Pitt parce que c'est mon acteur favori.*
Étudiant(e) 2: *Alors, nous avons encore (still) 50.000 euros. Prenons les 5 jours à Paris pour pratiquer le français.*

un ordinateur... 2.000€	des vacances à Tahiti... 7.000€
un rendez-vous avec Brad Pitt... 50.000€	un vélo... 1.000€
un rendez-vous avec Madonna... 50.000€	une voiture de luxe... 80.000€
5 jours à Paris... 8.500€	un dîner avec Justin Bieber... 45.000€
un séjour ski en Suisse... 4.200€	un jour de shopping... 10.000€
une montre 6.800€	un bateau (*boat*)... 52.000€

5B.2

Spelling-change -er verbs  Tutorial

Point de départ Some **-er** verbs, though regular with respect to their verb endings, have spelling changes that occur in the verb stem (what remains after the **-er** is dropped).

- Most infinitives whose next-to-last syllable contains an **e** (no accent) change this letter to **è** in all forms except **nous** and **vous**.

acheter (to buy)	
j'achète	nous achetons
tu achètes	vous achetez
il/elle/on achète	ils/elles achètent

Où est-ce que tu **achètes** des skis?
Where do you buy skis?

Ils **achètent** beaucoup sur Internet.
They buy a lot on the Internet.

Achetez-vous une nouvelle maison?
Are you buying a new house?

Je n'**achète** pas de lait.
I'm not buying any milk.

- Infinitives whose next-to-last syllable contains an **é** change this letter to **è** in all forms except **nous** and **vous**.

espérer (to hope)	
j'espère	nous espérons
tu espères	vous espérez
il/elle/on espère	ils/elles espèrent

Elle **espère** arriver tôt aujourd'hui.
She hopes to arrive early today.

Nos profs **espèrent** avoir de bons étudiants en classe.
Our professors hope to have good students in class.

Espérez-vous faire la connaissance de Joël?
Are you hoping to meet Joël?

J'**espère** avoir de bonnes notes.
I hope I get good grades.

- Infinitives ending in **-yer** change **y** to **i** in all forms except **nous** and **vous**.

envoyer (to send)	
j'envoie	nous envoyons
tu envoies	vous envoyez
il/elle/on envoie	ils/elles envoient

J'**envoie** une lettre.
I'm sending a letter.

Tes amis **envoient** beaucoup d'e-mails.
Your friends send lots of e-mails.

Nous **envoyons** des bandes dessinées aux enfants.
We're sending the kids comic books.

Salima **envoie** un message à ses parents.
Salima is sending a message to her parents.

Elle achète quelque chose.

Ils répètent.

• The change of **y** to **i** is optional in verbs whose infinitives end in **-ayer**.

Comment est-ce que tu **payes**?
How do you pay?

Je **paie** avec une carte de crédit.
I pay with a credit card.

Other spelling change *-er* verbs

like espérer		like acheter	
célébrer	*to celebrate*	**amener**	*to bring (someone)*
considérer	*to consider*	**emmener**	*to take (someone)*
posséder	*to possess, to own*	**like envoyer**	
préférer	*to prefer*	**employer**	*to use*
protéger	*to protect*	**essayer (de + [*inf.*])**	*to try (to)*
répéter	*to repeat; to rehearse*	**nettoyer**	*to clean*
		payer	*to pay*

Boîte à outils

Amener is used when you are bringing someone to the place where you are.

J'**amène** ma nièce chez moi.
I'm bringing my niece home.

Emmener is used when you are taking someone to a different location from where you are.

J'**emmène** ma grand-mère à l'hôpital.
I'm taking my grandmother to the hospital.

À noter

You learned in **Leçon 4A** that the verb **apporter** also means *to bring*. Use **apporter** instead of **amener** when you are bringing an object instead of a person or animal.

Qui **apporte** les cartes?
Who's bringing the cards?

Je préfère l'été.
Il fait chaud.

Tu essaies de
ne pas parler?

• Note that the **nous** and **vous** forms of the verbs presented in this section have no spelling changes.

Vous **achetez** des sandwichs aussi.
You're buying sandwiches, too.

Nous **espérons** partir à huit heures.
We hope to leave at 8 o'clock.

Nous **envoyons** les enfants à l'école.
We're sending the children to school.

Vous **payez** avec une carte de crédit.
You pay with a credit card.

Essayez!   Complétez les phrases avec la forme correcte du verbe.

1. Les bibliothèques _emploient_ (employer) beaucoup d'étudiants.
2. Vous _____ (répéter) les phrases en français.
3. Nous _____ (payer) assez pour les livres.
4. Mon camarade de chambre ne _____ (nettoyer) pas son bureau.
5. Est-ce que tu _____ (espérer) gagner?
6. Vous _____ (essayer) parfois d'arriver à l'heure.
7. Tu _____ (préférer) prendre du thé ou du café?
8. Elle _____ (emmener) sa mère au cinéma.
9. On _____ (célébrer) une occasion spéciale.
10. Les parents _____ (protéger) leurs enfants?

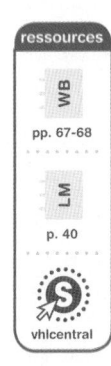

ressources

WB
pp. 67-68

LM
p. 40

S
vhlcentral

ESPACE STRUCTURES

Mise en pratique

1 **Passe-temps** Chaque membre de la famille Desrosiers a son passe-temps préféré. Utilisez les éléments pour dire comment ils préparent leur week-end.

> **MODÈLE**
>
> Tante Manon fait une randonnée. (acheter / sandwichs)
> *Elle achète des sandwichs.*

1. Nous faisons du vélo. (essayer / vélo) _____
2. Christiane aime chanter. (répéter) _____
3. Les filles jouent au foot. (espérer / gagner) _____
4. Vous allez à la pêche. (emmener / enfants) _____
5. Papa fait un tour en voiture. (nettoyer / voiture) _____
6. Mes frères font du camping. (préférer / partir tôt) _____
7. Ma petite sœur va à la piscine. (essayer de / plonger) _____
8. Mon grand-père aime la montagne. (préférer / faire une randonnée) _____
9. J'adore les chevaux. (espérer / faire du cheval) _____
10. Mes parents vont faire un dessert. (acheter / fruits) _____

2 **Que font-ils?** Dites ce que font les personnages.

> ▶ **MODÈLE**
>
> *Il achète une baguette.*

acheter

1. envoyer   2. payer   3. répéter   4. nettoyer

3 **Invitation au cinéma** Avec un(e) partenaire, jouez les rôles de Halouk et de Thomas. Ensuite, présentez la scène à la classe.

THOMAS J'ai envie d'aller au cinéma.

HALOUK Bonne idée. Nous (1) _____ (emmener, protéger) Véronique avec nous?

THOMAS J' (2) _____ (acheter, espérer) qu'elle a du temps libre.

HALOUK Peut-être, mais j' (3) _____ (envoyer, payer) des e-mails tous les jours et elle ne répond pas.

THOMAS Parce que son ordinateur ne fonctionne pas. Elle (4) _____ (essayer, préférer) parler au téléphone.

HALOUK D'accord. Alors toi, tu (5) _____ (acheter, répéter) les tickets au cinéma et moi, je vais chercher Véronique.

Practice more at **vhlcentral.com**.

Communication

4 **Quand?** À tour de rôle, posez des questions à un(e) partenaire.

1. Qu'est-ce que tu achètes tous les jours?

2. Qu'est-ce que tu achètes tous les mois?

3. Quand tu sors avec ton/ta petit(e) ami(e), qui paie?

4. Est-ce que toi et ton/ta camarade de chambre partagez les frais (*expenses*)? Qui paie quoi?

5. Est-ce que tu possèdes une voiture?

6. Qui nettoie ta chambre?

7. À qui est-ce que tu envoies des e-mails?

8. Qu'est-ce que tu espères faire cet été?

9. Qu'est-ce que tu préfères faire le vendredi soir?

10. Quand tu vas en boîte de nuit, est-ce que tu emmènes quelqu'un? Qui?

11. Est-ce que ta famille célèbre une occasion spéciale cet (*this*) été? Quand?

12. Aimes-tu essayer une nouvelle cuisine?

5 **Réponses affirmatives** Votre professeur va vous donner une feuille d'activités. Trouvez au moins deux camarades de classe qui répondent oui à chaque question. Et si vous aussi, vous répondez oui aux questions, écrivez votre nom.

MODÈLE

Étudiant(e) 1: *Est-ce que tu achètes tes livres sur Internet?*
Étudiant(e) 2: *Oui, j'achète mes livres sur Internet.*

Questions	Noms
1. acheter ses livres sur Internet	Virginie, Éric
2. posséder un ordinateur	
3. envoyer des lettres à ses grands-parents	
4. célébrer une occasion spéciale demain	

6 **E-mail à l'oncle Marcel** Xavier va écrire un e-mail à son oncle pour raconter (*to tell*) ses activités de la semaine prochaine. Il prépare une liste des choses qu'il veut dire (*wants to say*). Avec un(e) partenaire, écrivez son e-mail.

- lundi: emmener maman chez le médecin
- mercredi: fac envoyer notes
- jeudi: répéter rôle Roméo et Juliette
- vendredi: célébrer anniversaire papa
- vendredi: essayer faire gym
- samedi: parents acheter voiture

Révision

1 **Le basket** Avec un(e) partenaire, utilisez les verbes de la liste pour compléter le paragraphe.

acheter	considérer	envoyer	essayer	préférer
amener	employer	espérer	payer	répéter

Je m'appelle Stéphanie et je joue au basket. Je/J' (1) _____ toujours (*always*) mes parents avec moi aux matchs le samedi. Ils (2) _____ que les filles sont de très bonnes joueuses. Mes parents font aussi du sport. Ma mère fait du vélo et mon père (3) _____ gagner son prochain match de foot! Le vendredi matin, je/j' (4) _____ un e-mail à ma mère pour lui rappeler (*remind her of*) le match. Mais elle n'oublie jamais! Ils ne/n' (5) _____ pas de tickets pour les matchs, parce que les parents des joueurs ne/n' (6) _____ pas. Nous (7) _____ toujours d'arriver une demi-heure avant le match, parce que maman et papa (8) _____ s'asseoir (*to sit*) tout près du terrain (*court*). Ils sont tellement fiers!

2 **Que font-ils?** Avec un(e) partenaire, parlez des activités des personnages et écrivez une phrase par illustration.

1. _____ 2. _____ 3. _____

4. _____ 5. _____ 6. _____

3 **Où partir?** Avec un(e) partenaire, choisissez cinq endroits intéressants à visiter où il fait le temps indiqué sur la liste. Ensuite, répondez aux questions.

| Il fait chaud. | Il fait soleil. | Il fait du vent. | Il neige. | Il pleut. |

1. Où essayez-vous d'aller cet été? Pourquoi?
2. Où préférez-vous partir cet hiver? Pourquoi?
3. Quelle est la première destination que vous espérez visiter? La dernière? Pourquoi?
4. Qui emmenez-vous avec vous? Pourquoi?

4 **J'achète** Vous allez payer un voyage aux membres de votre famille et à vos amis. À tour de rôle, choisissez un voyage et donnez à votre partenaire la liste des personnes qui partent. Votre partenaire va vous donner le prix à payer.

MODÈLE

Étudiant(e) 1: *J'achète un voyage de dix jours dans les Pays de la Loire à ma cousine Pauline et à mon frère Alexandre.*
Étudiant(e) 2: *D'accord. Tu paies deux mille cinq cent soixante-deux euros.*

Voyages	Prix par personne	Commission
Dix jours dans les Pays de la Loire .... 1.250€ .... 62€		
Deux semaines de camping .... 660€ .... 35€		
Sept jours au soleil en hiver .... 2.100€ .... 78€		
Trois jours à Paris en avril .... 500€ .... 55€		
Trois mois en Europe en été .... 10.400€ .... 47€		
Un week-end à Nice en septembre .... 350€ .... 80€		
Une semaine à la montagne en juin .... 990€ .... 66€		
Une semaine à la neige .... 1.800€ .... 73€		

5 **La vente aux enchères** Par groupes de quatre, organisez une vente aux enchères (*auction*) pour vendre les affaires (*things*) du professeur. À tour de rôle, un(e) étudiant(e) joue le rôle du vendeur/de la vendeuse et les autres étudiants jouent le rôle des enchérisseurs (*bidders*). Vous avez 5.000 euros et toutes les enchères (*bids*) commencent à cent euros.

MODÈLE

Étudiant(e) 1: *J'ai le cahier du professeur. Qui paie cent euros?*
Étudiant(e) 2: *Moi, je paie cent euros.*
Étudiant(e) 1: *Qui paie cent cinquante euros?*

6 **À la bibliothèque** Votre professeur va vous donner, à vous et à votre partenaire, deux feuilles d'activités différentes. Attention! Ne regardez pas la feuille de votre partenaire.

MODÈLE

Étudiant(e) 1: *Est-ce que tu as le livre «Candide»?*
Étudiant(e) 2: *Oui, son numéro de référence est P, Q, deux cent soixante-six, cent quarante-sept, cent dix.*

À l'écoute

Listening for key words

By listening for key words (**mots-clés**) or phrases, you can identify the subject and main ideas of what you hear, as well as some of the details.

 To practice this strategy, you will listen to a short paragraph. Jot down the key words that help you identify the subject of the paragraph and its main ideas.

Préparation

Regardez l'image. Où trouve-t-on ce type d'image? Manque-t-il des éléments (*Is anything missing*) sur cette carte? Faites une liste de mots-clés qui vont vous aider à trouver ces informations quand vous allez écouter la météo (*the weather*).

À vous d'écouter

Écoutez la météo. Puis, écoutez une deuxième fois et complétez le tableau. Notez la température et écrivez un **X** pour indiquer le temps qu'il fait dans chaque ville.

Ville	☀	🌤	☁	🌧	〰	❄	Température
Paris		X					8°C
Lille			X				
Strasbourg							5°C
Brest		X					10°C
Lyon							9°C
Bordeaux							11°C
Toulouse							12°C
Marseille				X			
Nice							13°C

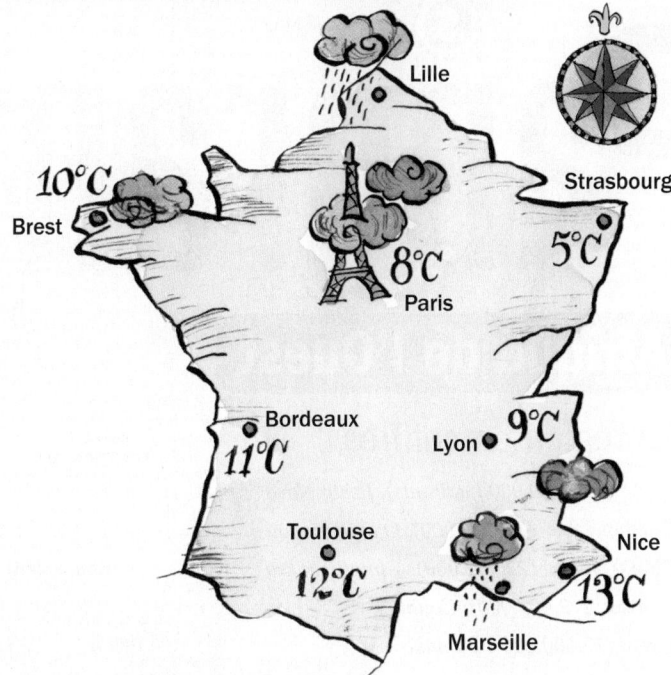

Compréhension

Probable ou improbable? Indiquez si ces (*these*) phrases sont probables ou improbables, d'après la météo d'aujourd'hui.

	Probable	Improbable
MODÈLE		
Ève va nager à Strasbourg.		✓
1. Lucie fait du vélo à Lille.		
2. Il fait un temps épouvantable à Toulouse.		
3. Émilien joue aux cartes à la maison à Lyon.		
4. Il va neiger à Marseille.		
5. Jérome et Yves jouent au golf à Bordeaux.		
6. À Lyon, on a besoin d'un imperméable.		
7. Il fait froid à Strasbourg.		
8. Nous allons nager à Nice cet après-midi.		

Quelle ville choisir? Imaginez qu'aujourd'hui vous êtes en France. Décidez dans quelle ville vous avez envie de passer la journée. Pourquoi? Décrivez le temps qu'il fait et citez des activités que vous allez peut-être faire.

MODÈLE

J'ai envie d'aller à Strasbourg parce que j'aime l'hiver et la neige. Aujourd'hui, il fait froid et il neige. Je vais faire une promenade en ville et après, je vais boire un chocolat chaud au café.

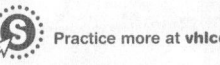

S Interactive Map

Panorama

un marché en Afrique

L'Afrique de l'Ouest

La région en chiffres

▶ **Bénin:** *(10.880.000 habitants), Porto Novo*
▶ **Burkina-Faso:** *(18.106.000), Ouagadougou*
▶ **Côte d'Ivoire:** *(22.702.000), Yamoussoukro*
▶ **Guinée:** *(12.609.000), Conakry*
▶ **Mali:** *(17.600.000), Bamako*
▶ **Mauritanie:** *(4.068.000), Nouakchott*
▶ **Niger:** *(19.899.000), Niamey*
▶ **Sénégal:** *(15.129.000), Dakar*
▶ **Togo:** *(7.305.000), Lomé*

SOURCE: Population Division, UN Secretariat

Les peuples d'Afrique de l'Ouest ont une histoire commune. Au néolithique, ils y cultivent le millet et le sorgo. Puis, des empires centralisés y apparaissent au VIIIe siècle. Au XVIe siècle, la région connaît le commerce triangulaire, puis après 1885, la colonisation par la France. Les états modernes d'Afrique de l'Ouest naissent au XXe siècle.

Personnages célèbres

▶ **Malouma Mint El Meidah,** *Mauritanie, sénatrice et artiste (1960–)*

▶  **Didier Drogba,** *Côte d'Ivoire, footballeur (1978–)*

▶  **Angélique Kidjo,** *Bénin, chanteuse (1960–)*

LE MAROC

LA TUNISIE

L'ALGÉRIE

LE SAHARA OCCIDENTAL

LA LYBIE

LE SAHARA

LA MAURITANIE
⊛ **Nouakchott**

LE MALI

LE NIGER

LE TCHAD

LE SÉNÉGAL
⊛ **Dakar**   LA GAMBIE

LE BURKINA-FASO

LE SOUDAN

LA GUINÉE
⊛ **Bamako**

⊛ **Niamey**

⊛ **Ouagadougou**

LA GUINÉE-BISSAU   ⊛ **Conakry**

LE GHANA

LE BÉNIN

LE NIGÉRIA

LE SOUDAN DU SUD

LA SIERRA LEONE

Yamoussoukro

⊛ **Lomé**

⊛ **Porto Novo**

LE CAMEROUN

LA RÉPUBLIQUE CENTRAFRICAINE

LA CÔTE D'IVOIRE

LE TOGO

LE LIBÉRIA

LE GOLFE DE GUINÉE

LA GUINÉE ÉQUATORIALE

LE GABON

LE CONGO

L'OUGANDA

LE RWANDA

LA RÉPUBLIQUE DÉMOCRATIQUE DU CONGO

LE BURUNDI

LA TANZANIE

L'OCÉAN ATLANTIQUE

L'ANGOLA

LA ZAMBIE

la ville d'Abidjan

☐ Pays francophones

0   500 milles
0   500 kilomètres

Tiébélé, Burkina Faso

Incroyable mais vrai!

La capitale du Bénin, Porto Novo, est connue comme° la «Ville aux trois noms». En effet°, elle est aussi appelée Adjatche, dans la langue Yoruba, et Hogbonou, dans la langue Goun. L'utilisation de ces trois noms différents reflète le côté° multiculturel de la ville.

connue comme *known as* **En effet** *Indeed* **côté** *aspect*

Les traditions

Le tissu bogolan du Mali

Le bogolan est une tradition originaire du Mali, du Burkina Faso et de Guinée. En bambara, une langue du Mali, bogo signifie «terre°» et lan, «avec». Ce tissu° en coton est fait à la main° et teint° deux fois, suivant une technique fascinante qui demande beaucoup de temps. En premier, le tissu est trempé° dans une teinture° faite avec des feuilles d'arbre écrasées° et bouillies dans de l'eau. Cela lui donne une couleur jaunâtre°. Ensuite, des motifs décoratifs sont peints° avec une préparation à base de terre. Cette terre est récoltée dans les rivières° et a besoin d'être fermentée pendant plusieurs mois avant de pouvoir être utilisée. Pour finir, on lave° le tissu, et le jaune des parties qui n'ont pas été teintes à la terre disparaît°.

La musique

Le reggae ivoirien

La Côte d'Ivoire est un des pays d'Afrique où le reggae africain est le plus développé°. Ce type de reggae se distingue du reggae jamaïcain par les instruments de musique utilisés et les thèmes abordés°. En effet, les musiciens ivoiriens utilisent beaucoup d'instruments traditionnels d'Afrique de l'Ouest dans leurs musiques et les thèmes de leurs chansons° sont souvent très politiques. Alpha Blondy, par exemple, un chanteur célèbre dans le monde entier, fait des commentaires sociopolitiques dans beaucoup de ses chansons. Le chanteur Tiken Jah Fakoly critique souvent la politique occidentale et les gouvernants africains, et Ismaël Isaac dénonce les ventes d'armes° dans le monde. Le reggae ivoirien est chanté en français, en anglais et dans des langues africaines.

Alpha Blondy

Les gens

Bineta Diop, la «vice-présidente» des femmes (Sénégal) (1950–)

Bineta Diop a appris de sa mère, Maréma Lo, une militante féministe pour le parti de Léopold Sédar Senghor au Sénégal, l'importance de la cause féminine, et elle dédie sa vie professionnelle à cette cause. En 1996, elle fonde une ONG° à Genève, Femmes Africa Solidarité, pour essayer d'encourager la solidarité entre femmes. Avec l'aide d'importantes avocates africaines, elle crée aussi un protocole pour les droits° de la femme qui naîtra° au Mozambique en 2003. Depuis janvier 2014, elle est l'envoyée spéciale pour les femmes, la paix et la sécurité à la Commission de l'Union Africaine, l'organisation principale des pays d'Afrique. Pas étonnant donc que le magazine *Times* la° nomme en 2011 l'une des cent personnalités les plus influentes au monde°!

Les arts

Le FESPACO

Le FESPACO (Festival panafricain du cinéma et de la télévision à Ouagadougou), créé en 1969 pour favoriser la promotion du cinéma africain, est le plus grand° festival de cinéma africain du monde, et c'est un événement culturel important en Afrique. Il a lieu au Burkina Faso tous les deux ans. Vingt films et vingt courts métrages° africains sont présentés en compétition officielle. Le FESPACO est aussi une fête très populaire, avec une cérémonie d'ouverture à laquelle assistent 40.000 spectateurs et des stars de la musique africaine. Ces dernières années, le festival s'est maintenu malgré° des difficultés politiques dans le pays et la menace° du virus Ebola. Il s'est aussi modernisé, avec par exemple, l'entrée en compétition de films numériques.

Qu'est-ce que vous avez appris? Répondez aux questions par des phrases complètes.

1. Qui est Didier Drogba?
2. Quelle est la particularité de Porto Novo, la capitale du Bénin?
3. Que signifie «bogolan» en bambara?
4. Avec quoi est-ce qu'on teint le bogolan?
5. Qu'est-ce qui distingue le reggae de Côte d'Ivoire du reggae jamaïcain?

6. Dans quelle langue est-ce qu'on chante le reggae en Côte d'Ivoire?
7. Qu'est-ce que Bineta Diop fonde à Genève en 1996?
8. Que fait Bineta Diop depuis janvier 2014?
9. Comment s'appelle le plus grand festival de cinéma africain?
10. Combien de films sont en compétition officielle au FESPACO?

ressources

WB pp. 69–70 | vhlcentral

Sur Internet

Go to **vhlcentral.com** to find more cultural information related to this **Panorama**.

1. Trouvez des exemples de tissu bogolan. Aimez-vous ces tissus? Pourquoi ou pourquoi pas?
2. Écoutez des chansons de reggae ivoirien en français. Quels sont leurs thèmes?
3. Cherchez plus d'informations sur les films présentés au FESPACO. Est-ce qu'il y a un film que vous aimeriez voir (*would like to see*)? Lequel et pourquoi?

terre *dirt* **tissu** *fabric* **fait à la main** *handmade* **teint** *dyed* **est trempé** *is soaked* **teinture** *dye* **feuilles d'arbre écrasées** *crushed tree leaves* **jaunâtre** *yellowish* **peints** *painted* **rivières** *rivers* **lave** *washes* **disparaît** *disappears* **le plus développé** *the most developed* **abordés** *dealt with* **chansons** *songs* **ventes d'armes** *arms trade* **ONG** *NGO* **droits** *rights* **naîtra** *will be born* **la** *her* **personnalités les plus influentes au monde** *most influential personalities in the world* **le plus grand** *the largest* **courts métrages** *short films* **malgré** *despite* **menace** *threat*

Interactive Map

Panorama

L'Afrique centrale

La région en chiffres

- ▶ **Burundi:** *(11.179.000 habitants), Bujumbura*
- ▶ **Cameroun:** *(23.344.000), Yaoundé*
- ▶ **Congo:** *(4.620.000), Brazzaville*
- ▶ **Gabon:** *(1.725.000), Libreville*
- ▶ **République centrafricaine:** *(4.900.000), Bangui*
- ▶ **République démocratique du Congo (RDC):** *(77.267.000), Kinshasa*
- ▶ **Rwanda:** *(11.610.000), Kigali*
- ▶ **Tchad:** *(14.037.000), N'Djamena*

SOURCE: Population Division, UN Secretariat

Les premières traces humaines en Afrique centrale datent de plus de 100.000 ans. De grands empires centralisés apparaissent ensuite et pratiquent l'agriculture. La civilisation Sao, l'un des plus importants empires, perdure jusqu'au XVIe siècle. Puis, la région est dominée par la culture des Bakongo, jusqu'en 1885, date à laquelle la colonisation européenne commence.

Personnages célèbres

- ▶ **Françoise Mbango-Etone,** *Cameroun, athlète olympique (1976–)*

- ▶ **Sonia Rolland,** *Rwanda, actrice et réalisatrice (1981–)*

- ▶ **Samuel Eto'o,** *Cameroun, footballeur (1981–)*

Terre *Earth* **plus ancien** *oldest* **En plus de** *On top of* **paysages** *landscapes* **les plus actifs** *the most active*

LA TUNISIE
LE MAROC
L'ALGÉRIE
LE SAHARA OCCIDENTAL
LA LYBIE
LE SAHARA
LA MAURITANIE
LE MALI
LE NIGER
LE TCHAD
LE SÉNÉGAL
LA GAMBIE
LE BURKINA-FASO
LE SOUDAN
⊛ N'Djamena
LA GUINÉE
LA GUINÉE-BISSAU
LE GHANA
LE BÉNIN
LE NIGÉRIA
LA RÉPUBLIQUE CENTRAFRICAINE
LE SOUDAN DU SUD
LA SIERRA LEONE
LA CÔTE D'IVOIRE
LE TOGO
LE CAMEROUN
⊛ Yaoundé
⊛ Bangui
LE LIBÉRIA
LE GOLFE DE GUINÉE
⊛ Libreville
LA GUINÉE ÉQUATORIALE
LE GABON
LE CONGO
LE RWANDA
⊛ Kigali
L'OUGANDA
L'OCÉAN ATLANTIQUE
Brazzaville ⊛
Kinshasa
Bujumbura ⊛
LA RÉPUBLIQUE DÉMOCRATIQUE DU CONGO
LE BURUNDI
LA TANZANIE
L'ANGOLA
LA ZAMBIE

☐ Pays francophones

0 ———— 500 milles
0 ———— 500 kilomètres

Maisons obus au Cameroun

la place des Artistes à Kinshasa

Incroyable mais vrai!

Où se trouve le paradis des hippopotames sur Terre°? Dans les rivières° du plus ancien° parc d'Afrique, le parc national des Virunga, en République démocratique du Congo. En plus de° ses 20.000 hippopotames, le parc abrite une biodiversité exceptionnelle due à la variété de ses paysages°, dominés par les deux volcans les plus actifs° du continent.

Les destinations

Lacs d'Ounianga, Tchad

Au nord-est du Tchad, les lacs d'Ounianga occupent un large site composé de dix-huit lacs interconnectés sur 62.808 hectares. L'originalité de ce site? Ces lacs sont dans le Sahara, une région désertique et très aride, où il ne tombe que° deux millimètres d'eau par an et où l'eau s'évapore° constamment avec la chaleur°. Pourtant°, les lacs ne s'assèchent pas°. Ce phénomène est possible grâce à° une importante nappe phréatique souterraine°. Le contraste entre le désert et les lacs produit une mosaïque de couleurs: le vert des roseaux°, le bleu de l'eau, le brun du sable°... Avec le vent, la végétation ondule° à la surface des lacs, comme de véritables «vagues° d'eau flottant dans le désert».

Les traditions

Les masques du Gabon

Les masques gabonais exposés° aujourd'hui dans les musées européens ont inspiré de grands artistes du vingtième siècle, comme Matisse et Picasso. Pourtant, ces masques ne sont pas à l'origine de simples décorations ou objets d'art. Ce sont des objets rituels, utilisés par les différents groupes ethniques et sociétés initiatiques du Gabon. Chaque° société produit ses propres° masques; ils ont donc des formes très variées. Les masques sont le plus souvent° portés par les hommes, dans des cérémonies et rituels de groupe. Leurs matériaux et apparences sont donc très symboliques. Ils sont surtout faits de bois°, mais aussi de plumes°, de raphia° ou de peaux°, et ils ont des formes anthropomorphiques, zoomorphiques ou abstraites.

Les gens

La SAPE

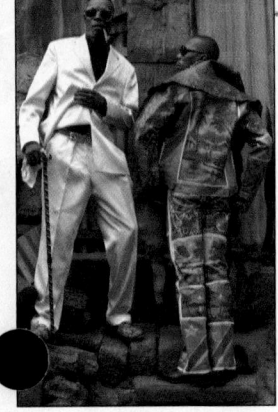

Costumes de grands couturiers°, couleurs vives°, chaussures de marque°, sophistication et élégance, voici qui résume la SAPE, ou Société des Ambianceurs et des Personnes Élégantes. Ce concept a fait son apparition au début du XXe siècle à Brazzaville, la capitale du Congo. Aujourd'hui, la «sapologie», science de la sape°, est même plus qu'un simple mouvement de mode vestimentaire°.
C'est une véritable philosophie de vie qui prône° le respect et la tolérance. En effet, les sapeurs doivent non seulement être impeccablement bien habillés en toute occasion, mais ils doivent aussi avoir un comportement irréprochable° où racisme et violence n'ont pas leur place. Et même si Brazzaville reste la capitale incontestée° de la sape, on trouve aujourd'hui des sapeurs sur tous les continents, et les grandes marques de mode n'hésitent plus à s'inspirer de ce style haut en couleurs.

Les activités sportives

Course de l'espoir°, Cameroun

La course de l'espoir est un événement sportif célèbre au Cameroun. Cette course existe depuis 1973 et a lieu près du Mont Cameroun, dans le sud-ouest du pays. Pendant la course, les participants, hommes et femmes, font l'ascension de ce mont, aller et retour, sur 42 kilomètres. À près de 4.070 mètres, le Mont Cameroun est un des plus hauts° points de la région et un de ses volcans les plus actifs. La course de l'espoir est donc très difficile, parce que c'est une épreuve de vitesse°, d'endurance et d'alpinisme°! Les meilleurs° temps sont d'environ quatre heures trente pour les hommes et d'un peu plus de cinq heures pour les femmes. La course est organisée par la Fédération camerounaise d'athlétisme, en février chaque année, et en 2016, jusqu'à° 512 athlètes ont pris le départ.

Qu'est-ce que vous avez appris? Répondez aux questions par des phrases complètes.

1. Qui est Françoise Mbango-Etone?
2. Où est le paradis des hippopotames sur Terre?
3. Combien y a-t-il de lacs dans la région d'Ounianga?
4. Qu'est-ce qui crée une mosaïque de couleurs dans cette région?
5. Quels artistes ont été inspirés par les masques du Gabon?

6. Qui porte ces masques en général?
7. Où et quand est-ce que la SAPE a été créée?
8. Pourquoi peut-on dire que la «sapologie» est plus qu'un simple mouvement de mode?
9. Combien de kilomètres la course de l'espoir fait-elle?
10. Pourquoi est-ce que cette course est difficile?

Sur Internet

Go to **vhlcentral.com** to find more cultural information related to this **Panorama**.

1. Est-ce qu'il y a d'autres endroits sur Terre où on trouve des lacs dans le désert? Faites des recherches pour en trouver un exemple et comparez ce lieu aux lacs d'Ounianga.
2. Trouvez des exemples de masques du Gabon. Aimez-vous leurs styles? Pourquoi ou pourquoi pas?
3. Cherchez plus d'informations sur le Mont Cameroun. Pourquoi ce volcan est-il intéressant?

ressources

WB pp. 71-72 | vhlcentral

où il ne tombe que *where it only falls* **s'évapore** *evaporates* **chaleur** *heat* **Pourtant** *However* **ne s'assèchent pas** *don't dry out* **grâce à** *thanks to* **nappe phréatique souterraine** *underground ground water* **roseaux** *reeds* **sable** *sand* **ondule** *moves, waves* **vagues** *waves* **exposés** *exhibited* **Chaque** *Each* **propres** *own* **le plus souvent** *most often* **bois** *wood* **plumes** *feathers* **raphia** *raffia* **peaux** *skins* **couturiers** *designers* **vives** *bright* **marque** *brand* **sape** *clothing* **mode vestimentaire** *fashion* **prône** *advocates* **comportement irréprochable** *flawless behavior* **incontestée** *unquestioned* **Course de l'espoir** *Hope race* **des plus hauts** *highest* **épreuve de vitesse** *speed test* **alpinisme** *mountaineering* **Les meilleurs** *The best* **jusqu'à** *up to*

Lecture  Audio: Reading

Avant la lecture

Examinez le texte

Regardez rapidement le texte. Quel est le titre (*title*) du texte? En combien de parties le texte est-il divisé? Quels sont les titres des parties? Maintenant, regardez les photos. Quel est le sujet de l'article?

Catégories

Dans le texte, trouvez trois mots ou expressions qui représentent chaque catégorie.

les loisirs culturels

_____ _____ _____

les activités sportives

_____ _____ _____

les activités de plein air (*outdoor*)

_____ _____ _____

Trouvez

Regardez le document. Indiquez si vous trouvez ces informations.

_____ 1. où manger cette semaine

_____ 2. le temps qu'il va faire cette semaine

_____ 3. où aller à la pêche

_____ 4. des prix d'entrée (*entrance*)

_____ 5. des numéros de téléphone

_____ 6. des sports

_____ 7. des spectacles

_____ 8. des adresses

CETTE SEMAINE À MONTRÉAL ET DANS LA RÉGION

ARTS ET CULTURE

Festivals et autres manifestations culturelles à explorer:

- Festival de musique classique, samedi de 16h00 à 22h00, à la Salle de concerts Richelieu, à Montréal
- Festival du cinéma africain, dans tous les cinémas de Montréal
- Journée de la bande dessinée, samedi toute la journée, à la Librairie Rochefort, à Montréal
- Festival de reggae, dimanche tout l'après-midi, à l'Espace Lemay, à Montréal

Spectacle à voir°

- *La Cantatrice chauve*, pièce° d'Eugène Ionesco, samedi et dimanche à 20h00, au Théâtre du Chat Bleu, à Montréal

À ne pas oublier°

- Le musée des Beaux-Arts de Montréal, avec sa collection de plus de° 30.000 objets d'art du monde entier°

SPORTS ET JEUX

- L'Académie de golf de Montréal organise un grand tournoi° le mois prochain. Pour plus d'informations, contactez le (514) 846-1225.

- Tous les dimanches, le Club d'échecs de Montréal organise des tournois d'échecs en plein air° dans le parc Champellier. Pour plus d'informations, appelez le (514) 846-1085.

- Skiez! Passez la fin de semaine dans les Laurentides° ou dans les Cantons-de-l'Est!

- Et pour la famille sportive: essayez le parc Lafontaine, un centre d'amusement pour tous qui offre: volley-ball, tennis, football et baseball.

PASSIONNÉ° DE PÊCHE?
N'OUBLIEZ PAS LES NOMBREUX
LACS° OÙ LA PÊCHE EST AUTORISÉE.

EXPLORATION

Redécouvrez la nature grâce à° ces activités à ne pas manquer°:

Visite du parc national de la Jacques-Cartier°
- Camping
- Promenades et randonnées
- Observation de la faune et de la flore

Région des Laurentides et Gaspésie°
- Équitation°
- Randonnées à cheval de 2 à 5 jours en camping

voir *see* **pièce (de théâtre)** *play* **À ne pas oublier** *Not to be forgotten* **plus de** *more than* **du monde entier** *from around the world* **tournoi** *tournament* **en plein air** *outdoor* **Laurentides** *region of eastern Quebec* **Passionné** *Enthusiast* **lacs** *lakes* **grâce à** *thanks to* **à ne pas manquer** *not to be missed* **la Jacques-Cartier** *the Jacques-Cartier river in Quebec* **Gaspésie** *peninsula of Quebec* **Équitation** *Horseback riding*

Après la lecture

Répondez Répondez aux questions avec des phrases complètes.

1. Citez deux activités sportives qu'on peut pratiquer à l'extérieur.

2. À quel jeu est-ce qu'on joue dans le parc Champellier?

3. Où va peut-être aller un passionné de lecture et de dessin?

4. Où pratique-t-on des sports d'équipe?

5. Où y a-t-il de la neige au Québec en cette saison?

6. Si on aime beaucoup la musique, où peut-on aller?

Suggestions Lucille est étudiante au Québec. Ce week-end, elle invite sa famille à explorer la région. Choisissez une activité à faire ou un lieu à visiter que chaque membre de sa famille va aimer.

MODÈLE

La sœur cadette de Lucille adore le ski.
Elle va aimer les Laurentides et les Cantons-de-l'Est.

1. La mère de Lucille est artiste.

2. Le frère de Lucille joue au volley-ball à l'université.

3. La sœur aînée de Lucille a envie de voir un film sénégalais.

4. Le grand-père de Lucille joue souvent aux échecs.

5. La grand-mère de Lucille est fan de théâtre.

6. Le père de Lucille adore la nature et les animaux, mais il n'est pas très sportif.

Une invitation Vous allez passer le week-end au Québec. Qu'est-ce que vous allez faire? Par groupes de quatre, discutez des activités qui vous intéressent (*that interest you*) et essayez de trouver trois ou quatre activités que vous avez en commun. Attention! Il va peut-être pleuvoir ce week-end, alors ne choisissez pas (*don't choose*) uniquement des activités de plein air!

Écriture

Using a dictionary

A common mistake made by beginning language learners is to embrace the dictionary as the ultimate resource for reading, writing, and speaking. While it is true that the dictionary is a useful tool that can provide valuable information about vocabulary, using the dictionary correctly requires that you understand the elements of each entry.

If you glance at a French-English dictionary, you will notice that the format is similar to that of an English dictionary. The word is listed first, usually followed by its pronunciation. Then come the definitions, organized by parts of speech. Sometimes, the most frequently used meanings are listed first.

To find the best word for your needs, you should refer to the abbreviations and the explanatory notes that appear next to the entries. For example, imagine that you are writing about your pastimes. You want to write *I want to buy a new racket for my match tomorrow*, but you don't know the French word for *racket*.

In the dictionary, you might find an entry like this one:

> **racket** n 1. boucan; 2. raquette (sport)

The abbreviation key at the front of the dictionary says that *n* corresponds to **nom** (*noun*). Then, the first word you see is **boucan**. The definition of **boucan** is *noise or racket,* so **boucan** is probably not the word you want. The second word is **raquette**, followed by the word *sport*, which indicates that it is related to **sports**. This detail indicates that the word **raquette** is the best choice for your needs.

Thème

Écrire une brochure

Avant l'écriture

1. Choisissez le sujet de votre brochure:

   A. Vous travaillez à la Chambre de Commerce de votre région pour l'été. Des hommes et des femmes d'affaires québécois vont visiter votre région cette année, mais ils n'ont pas encore décidé (*have not yet decided*) quand. La Chambre de Commerce vous demande de créer (*asks you to create*) une petite brochure sur le temps qu'il fait dans votre région aux différentes saisons de l'année. Dites quelle saison, à votre avis (*in your opinion*), est idéale pour visiter votre région et expliquez pourquoi.

   B. Vous avez une réunion familiale pour décider où aller en vacances cette année, mais chaque membre de la famille suggère un endroit différent. Choisissez un lieu de vacances où vous avez envie d'aller et créez une brochure pour montrer à votre famille pourquoi vous devriez (*should*) tous y aller (*go there*). Décrivez la météo de l'endroit et indiquez les différentes activités culturelles et sportives qu'on peut y faire.

   C. Vous passez un semestre/trimestre dans le pays francophone de votre choix (*of your choice*). Deux étudiants de votre cours de français ont aussi envie de visiter ce pays. Créez une petite brochure pour partager vos impressions du pays. Présentez le pays, donnez des informations météorologiques et décrivez vos activités préférées.

2. Choisissez le sujet de votre brochure et pensez au vocabulaire utile à son écriture. Utilisez le tableau (*chart*) pour noter tous les mots (*words*) en français qui vous viennent à l'esprit (*you can think of*). Ensuite (*Then*), revoyez (*review*) la liste de vocabulaire des unités 1–4 et ajoutez (*add*) le vocabulaire utile pour le sujet. Enfin (*Finally*), regardez votre tableau. Quels sont les mots en anglais que vous pourriez (*could*) ajouter? Créez une nouvelle liste et cherchez les mots dans un dictionnaire.

Mots en français (de moi)	Mots en français (des listes)	Mots en anglais
		anglais / français:

3. Cherchez les mots dans le dictionnaire. N'oubliez pas d'utiliser la procédure de **Stratégie**.

Écriture

Utilisez le vocabulaire du tableau pour créer votre brochure. N'oubliez pas de penser à un titre (*title*). Ensuite, créez des sections et donnez-leur (*them*) aussi un titre, comme **Printemps, Été, …; Ville, Campagne (*Countryside*), …; France, Tunisie, …** Vous pouvez (*can*) utiliser des photos pour illustrer.

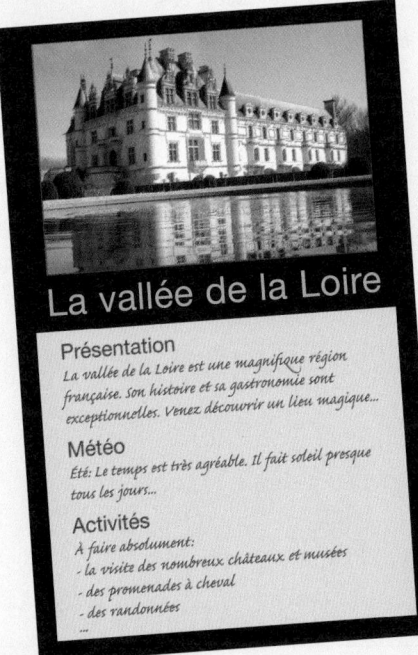

La vallée de la Loire

Présentation
La vallée de la Loire est une magnifique région française. Son histoire et sa gastronomie sont exceptionnelles. Venez découvrir un lieu magique…

Météo
Été: Le temps est très agréable. Il fait soleil presque tous les jours…

Activités
À faire absolument:
- la visite des nombreux châteaux et musées
- des promenades à cheval
- des randonnées
…

Après l'écriture

1. Échangez votre brochure avec celle (*the one*) d'un(e) partenaire. Répondez à ces questions pour commenter son travail.

- Votre partenaire a-t-il/elle couvert (*did cover*) le sujet?

- A-t-il/elle donné (*did give*) un titre à la brochure et aux sections?

- S'il (*If there*) y a des photos, illustrent-elles le texte?

- Votre partenaire a-t-il/elle utilisé (*did use*) le vocabulaire approprié?

- A-t-il/elle correctement conjugué (*did conjugate*) les verbes?

2. Corrigez votre brochure d'après (*according to*) les commentaires de votre partenaire. Relisez votre travail pour éliminer ces problèmes:

- des fautes (*errors*) d'orthographe

- des fautes de ponctuation

- des fautes de conjugaison

- des fautes d'accord (*agreement*) des adjectifs

- un mauvais emploi (*use*) de la grammaire

 Vocabulary Tools

Leçon 5A

Activités sportives et loisirs

aider *to help*
aller à la pêche *to go fishing*
bricoler *to tinker; to do odd jobs*
chanter *to sing*
désirer *to want; to desire*
gagner *to win*
indiquer *to indicate*
jouer (à/de) *to play*
marcher *to walk (person);*
  to work (thing)
pratiquer *to practice; to play (a sport)*
skier *to ski*
une bande dessinée (B.D.) *comic strip*
le baseball *baseball*
le basket(-ball) *basketball*
les cartes (f.) *cards*
le cinéma *movies*
les échecs (m.) *chess*
une équipe *team*
le foot(ball) *soccer*
le football américain *football*
le golf *golf*
un jeu *game*
un joueur/une joueuse *player*
un loisir *leisure activity*
un match *game*
un passe-temps *pastime, hobby*
un spectacle *show*
le sport *sport*
un stade *stadium*
le temps libre *free time*
le tennis *tennis*
le volley(-ball) *volleyball*

Verbes irréguliers en -ir

courir *to run*
dormir *to sleep*
partir *to leave*
sentir *to feel; to smell; to sense*
servir *to serve*
sortir *to go out, to leave*

La fréquence

une/deux fois *one/two time(s)*
par jour, semaine, mois, an, etc.
  per day, week, month, year, etc.
déjà *already*
encore *again; still*
jamais *never*
longtemps *a long time*
maintenant *now*
parfois *sometimes*
rarement *rarely*
souvent *often*

Expressions utiles

See p. 183.

Expressions with faire

faire de l'aérobic *to do aerobics*
faire attention (à) *to pay attention (to)*
faire du camping *to go camping*
faire du cheval *to go horseback riding*
faire la connaissance de... *to meet*
  (someone) for the first time
faire la cuisine *to cook*
faire de la gym *to work out*
faire du jogging *to go jogging*
faire de la planche à voile *to go*
  windsurfing
faire une promenade *to go for a walk*
faire une randonnée *to go for a hike*
faire du ski *to go skiing*
faire du sport *to play sports*
faire un tour (en voiture) *to go for a*
  walk (drive)
faire du vélo *to go bike riding*

faire

faire *to do, to make*
je fais, tu fais, il/elle/on fait, nous
  faisons, vous faites, ils/elles font

Il faut...

il faut... *it is necessary to...;*
  one must...

Leçon 5B

Le temps qu'il fait

Il fait 18 degrés. *It is 18 degrees.*
Il fait beau. *The weather is nice.*
Il fait bon. *The weather is good/warm.*
Il fait chaud. *It is hot (out).*
Il fait (du) soleil. *It is sunny.*
Il fait du vent. *It is windy.*
Il fait frais. *It is cool.*
Il fait froid. *It is cold.*
Il fait mauvais. *The weather is bad.*
Il fait un temps épouvantable. *The*
  weather is dreadful.
Il neige. (neiger) *It is snowing.*
  (to snow)
Il pleut. (pleuvoir) *It is raining. (to rain)*
Le temps est nuageux. *It is cloudy.*
Le temps est orageux. *It is stormy.*
Quel temps fait-il? *What is the*
  weather like?
Quelle température fait-il? *What is the*
  temperature?
un imperméable *rain jacket*
un parapluie *umbrella*

Verbes

acheter *to buy*
amener *to bring (someone)*
célébrer *to celebrate*
considérer *to consider*
emmener *to take (someone)*
employer *to use*
envoyer *to send*
espérer *to hope*
essayer (de + inf.) *to try (to)*
nettoyer *to clean*
payer *to pay*
posséder *to possess, to own*
préférer *to prefer*
protéger *to protect*
répéter *to repeat; to rehearse*

Les saisons, les mois, les dates

une saison *season*
l'automne (m.)/à l'automne *fall/in*
  the fall
l'été (m.)/en été *summer/*
  in the summer
l'hiver (m.)/en hiver *winter/in the*
  winter
le printemps (m.)/au
  printemps *spring/in the spring*
Quelle est la date? *What's the date?*
C'est le 1er (premier) octobre. *It's the*
  first of October.
C'est quand votre/ton
  anniversaire? *When is your birthday?*
C'est le 2 mai. *It's the second of May.*
C'est quand l'anniversaire de
  Paul? *When is Paul's birthday?*
C'est le 15 mars. *It's March 15th.*
un anniversaire *birthday*
janvier *January*
février *February*
mars *March*
avril *April*
mai *May*
juin *June*
juillet *July*
août *August*
septembre *September*
octobre *October*
novembre *November*
décembre *December*

Expressions utiles

See p. 201.

Numbers 101 and higher

See p. 204.

Les fêtes

Pour commencer

- Qui est l'invitée sur la photo?
- Qu'est-ce qu'Amina et Valérie vont faire?
- Qu'est-ce qu'elles vont manger? Du pain ou une mousse au chocolat?
- IDe quelle couleur est le tee-shirt d'Amina? Orange ou violet?

Savoir-faire

Leçon 6A

You will learn how to...
- talk about celebrations
- talk about the stages of life

 Vocabulary Tools

Surprise!

les invitées (f.)

les invités (m.)

l'hôte (m.)

l'hôtesse (f.)

le gâteau

la glace

les biscuits (m.)

les bonbons (m.)

le champagne

les desserts (m.)

les glaçons (m.)

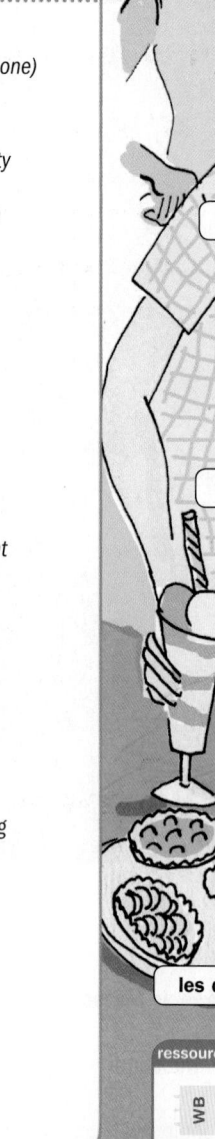

Vocabulaire

faire la fête	to party
faire une surprise (à quelqu'un)	to surprise (someone)
fêter	to celebrate
organiser une fête	to organize a party
une fête	party; celebration
un jour férié	holiday
une bière	beer
le vin	wine
l'amitié	friendship
l'amour	love
le bonheur	happiness
un(e) fiancé(e)	fiancé
des jeunes mariés (m.)	newlyweds
un rendez-vous	date; appointment
l'adolescence (f.)	adolescence
l'âge adulte (m.)	adulthood
un divorce	divorce
l'enfance (f.)	childhood
une étape	stage
l'état civil (m.)	marital status
la jeunesse	youth
un mariage	marriage; wedding
la mort	death
la naissance	birth
la vie	life
la vieillesse	old age
prendre sa retraite	to retire
tomber amoureux/ amoureuse	to fall in love
ensemble	together

ressources

WB	LM	S
pp. 73–74	p. 41	vhlcentral

BON ANNIVERSAIRE, MARC!

la surprise

le couple

le cadeau

Mise en pratique

1 **Écoutez** Écoutez la conversation entre Anne et Nathalie. Indiquez si les affirmations sont **vraies** ou **fausses**.

		Vrai	Faux
1.	Jean-Marc va prendre sa retraite dans six mois.	☐	☐
2.	Nathalie a l'idée d'organiser une fête pour Jean-Marc.	☐	☐
3.	Anne va acheter un gâteau.	☐	☐
4.	Nathalie va apporter de la glace.	☐	☐
5.	La fête est une surprise.	☐	☐
6.	Nathalie va envoyer les invitations par e-mail.	☐	☐
7.	La fête va avoir lieu (*take place*) dans le bureau d'Anne.	☐	☐
8.	La maison d'Anne n'est pas belle.	☐	☐
9.	Tout le monde va donner des idées pour le cadeau.	☐	☐
10.	Les invités vont acheter le cadeau.	☐	☐

2 **Chassez l'intrus** Indiquez le mot ou l'expression qui n'appartient pas (*doesn't belong*) à la liste.

1. l'amour, tomber amoureux, un fiancé, un divorce
2. un mariage, un couple, un jour férié, un fiancé
3. un biscuit, une bière, un dessert, un gâteau
4. une glace, une bière, le champagne, le vin
5. la vieillesse, la naissance, l'enfance, la jeunesse
6. faire la fête, un hôte, des invités, une étape
7. fêter, un cadeau, la vie, une surprise
8. l'état civil, la naissance, la mort, l'adolescence

3 **Associez** Faites correspondre les mots et expressions de la colonne de gauche avec les définitions de la colonne de droite. Notez que tous les éléments ne sont pas utilisés. Ensuite (*Then*), avec un(e) partenaire, donnez votre propre définition de quatre expressions de la première colonne. Votre partenaire doit deviner (*must guess*) de quoi vous parlez.

_____ 1. la naissance
_____ 2. l'enfance
_____ 3. l'adolescence
_____ 4. l'âge adulte
_____ 5. tomber amoureux
_____ 6. un jour férié
_____ 7. le mariage
_____ 8. le divorce
_____ 9. prendre sa retraite
_____ 10. la mort

a. C'est une date importante, comme le 4 juillet aux États-Unis.
b. C'est la fin de l'étape prénatale.
c. C'est l'étape de la vie pendant laquelle (*during which*) on va au lycée.
d. C'est un événement très triste.
e. C'est soudain (*suddenly*) aimer une personne.
f. C'est le futur probable d'un couple qui se dispute (*fights*) tout le temps.
g. C'est un jour de bonheur et de célébration de l'amour.
h. C'est quand une personne décide de ne plus travailler.

Communication

4 **Le mot juste** Complétez les phrases par le mot illustré. Faites les accords nécessaires. Ensuite (*Then*), avec un(e) partenaire, créez (*create*) une phrase pour laquelle (*for which*) vous illustrez trois mots d'**ESPACE CONTEXTES**. Échangez votre phrase avec celle d'un autre groupe et résolvez le rébus.

1. Caroline est une amie d' _____ . Je vais lui faire une _____ samedi.

   C'est son anniversaire.

2. Marc et Sophie sont inséparables. Ils sont toujours _____ . C'est le bonheur et

   le grand _____ .

3. Le _____ rouge va bien avec les viandes rouges, alors que le _____ va

   mieux (*goes better*) avec les _____ .

4. Les _____ ont beaucoup de _____ .

5. La _____ de ma sœur est un grand _____ pour mes parents.

5 **Sept différences** Votre professeur va vous donner, à vous et à votre partenaire, deux feuilles d'activités différentes. À tour de rôle, posez-vous des questions pour trouver les sept différences entre les illustrations de l'anniversaire des jumeaux (*twins*) Boniface. Attention! Ne regardez pas la feuille de votre partenaire.

MODÈLE

Étudiant(e) 1: *Sur mon image, il y a trois cadeaux. Combien de cadeaux y a-t-il sur ton image?*
Étudiant(e) 2: *Sur mon image, il y a quatre cadeaux.*

6 **C'est la fête!** Vous avez terminé (*have finished*) les examens de fin d'année et vous allez organiser une fête! Avec un(e) partenaire, écrivez une conversation au sujet de la préparation de cette fête. N'oubliez pas de répondre aux questions suivantes. Ensuite (*Then*), jouez (*act out*) votre dialogue devant la classe.

1. Quand allez-vous organiser la fête?
2. Qui vont être les invités?
3. Où la fête va-t-elle avoir lieu (*take place*)?
4. Qu'allez-vous manger? Qu'allez-vous boire?
5. Qui va apporter quoi?
6. Qui est responsable de la musique? De la décoration?
7. Qu'allez-vous faire pendant (*during*) la fête?
8. Qui va nettoyer après la fête?

Les sons et les lettres  Audio

Open vs. closed vowels: Part 2

The letter combinations **au** and **eau** are pronounced like the vowel sound in the English word *coat*, but without the glide heard in English. These are closed **o** sounds.

chaud	aussi	beaucoup	tableau

When the letter **o** is followed by a consonant sound, it is usually pronounced like the vowel in the English word *raw*. This is an open **o** sound.

homme	téléphone	ordinateur	orange

When the letter **o** occurs as the last sound of a word or is followed by a *z* sound, such as a single **s** between two vowels, it is usually pronounced with the closed **o** sound.

trop	héros	rose	chose

When the letter **o** has an **accent circonflexe**, it is usually pronounced with the closed **o** sound.

drôle	bientôt	pôle	côté

Prononcez Répétez les mots suivants à voix haute.

1. rôle
2. porte
3. dos
4. chaud
5. prose
6. gros
7. oiseau
8. encore
9. mauvais
10. nouveau
11. restaurant
12. bibliothèque

Articulez Répétez les phrases suivantes à voix haute.

1. En automne, on n'a pas trop chaud.
2. Aurélie a une bonne note en biologie.
3. Votre colocataire est d'origine japonaise?
4. Sophie aime beaucoup l'informatique et la psychologie.
5. Nos copains mangent au restaurant marocain aujourd'hui.
6. Comme cadeau, Robert et Corinne vont préparer un gâteau.

Dictons Répétez les dictons à voix haute.

La fortune vient en dormant.[2]

Tout nouveau, tout beau.[1]

[1] Shiny and new.
[2] Fortune comes while you sleep.

ressources

LM p. 42

 vhlcentral

ESPACE **ROMAN-PHOTO**

Les cadeaux  Video

À l'appartement de Sandrine...

SANDRINE Allô, Pascal? Tu m'as téléphoné? Écoute, je suis très occupée, là. Je prépare un gâteau d'anniversaire pour Stéphane... Il a dix-huit ans aujourd'hui... On organise une fête surprise au P'tit Bistrot.

SANDRINE J'ai fait une mousse au chocolat, comme pour ton anniversaire. Stéphane adore ça! J'ai aussi préparé des biscuits que David aime bien.

SANDRINE Quoi? David!... Mais non, il n'est pas marié. C'est un bon copain, c'est tout!... Désolée, je n'ai pas le temps de discuter. À bientôt.

RACHID Écoute, Astrid. Il faut trouver un cadeau... un *vrai* cadeau d'anniversaire.

ASTRID Excusez-moi, Madame. Combien coûte cette montre, s'il vous plaît?

VENDEUSE Quarante euros.

ASTRID Que penses-tu de cette montre, Rachid?

RACHID Bonne idée.

VENDEUSE Je fais un paquet cadeau?

ASTRID Oui, merci.

RACHID Eh, Astrid, il faut y aller!

VENDEUSE Et voilà dix euros. Merci, Mademoiselle, bonne fin de journée.

Au café...

VALÉRIE Ah, vous voilà! Astrid, aide-nous avec les décorations, s'il te plaît. La fête commence à six heures. Sandrine a tout préparé.

ASTRID Quelle heure est-il? Zut, déjà? En tout cas, on a trouvé des cadeaux.

RACHID Je vais chercher Stéphane.

A C T I V I T É S

1 **Vrai ou faux?** Indiquez si ces (*these*) affirmations sont vraies ou fausses. Corrigez les phrases fausses.

1. Sandrine prépare un gâteau d'anniversaire pour Stéphane.

2. Sandrine est désolée parce qu'elle n'a pas le temps de discuter avec Rachid.

3. Rachid ne comprend pas la blague.

4. Pour aider Sandrine, Valérie va apporter les desserts.

5. Rachid et Astrid trouvent un cadeau pour Valérie.

6. Rachid n'aime pas l'idée de la montre pour Stéphane.

7. La fête d'anniversaire pour Stéphane commence à huit heures.

8. Sandrine va chercher Stéphane.

9. Amina a apporté de la glace au chocolat.

10. Les parents d'Amina vont passer l'été en France.

 Practice more at **vhlcentral.com**.

Tout le monde prépare la surprise pour Stéphane.

VALÉRIE Oh là là! Tu as fait tout ça pour Stéphane?!

SANDRINE Oh, ce n'est pas grand-chose.

VALÉRIE Tu es un ange! Stéphane va bientôt arriver. Je t'aide à apporter ces desserts?

SANDRINE Oh, merci, c'est gentil.

Dans un magasin...

ASTRID Eh Rachid, j'ai eu une idée géniale... Des cadeaux parfaits pour Stéphane. Regarde! Ce matin, j'ai acheté cette calculatrice et ces livres.

RACHID Mais enfin, Astrid, Stéphane n'aime pas les livres.

ASTRID Oh, Rachid, tu ne comprends rien. C'est une blague.

AMINA Bonjour! Désolée, je suis en retard!

VALÉRIE Ce n'est pas grave. Tu es toute belle ce soir!

AMINA Vous trouvez? J'ai acheté ce cadeau pour Stéphane. Et j'ai apporté de la glace au chocolat aussi.

VALÉRIE Oh, merci! Il faut aider Astrid avec les décorations.

ASTRID Salut, Amina. Ça va?

AMINA Oui, super. Mes parents ont téléphoné du Sénégal ce matin! Ils vont passer l'été ici. C'est le bonheur!

Expressions utiles

Talking about celebrations

- **J'ai fait une mousse au chocolat, comme pour ton anniversaire.**
  I made a chocolate mousse, (just) like for your birthday.

- **J'ai aussi préparé des biscuits que David aime bien.**
  I've also prepared some cookies that David likes.

- **Je fais un paquet cadeau?**
  Shall I wrap the present?

- **En tout cas, on a trouvé des cadeaux.**
  In any case, we've found some presents.

- **Et j'ai apporté de la glace au chocolat.**
  And I brought some chocolate ice cream.

Talking about the past

- **Tu m'as téléphoné?**
  Did you call me?

- **Tu as fait tout ça pour Stéphane?!**
  You did all that for Stéphane?!

- **J'ai eu une idée géniale.**
  I had a great idea.

- **Sandrine a tout préparé.**
  Sandrine prepared everything.

Pointing out things

- **Je t'aide à apporter ces desserts?**
  Can I help you carry these desserts?

- **J'ai acheté cette calculatrice et ces livres.**
  I bought this calculator and these books.

- **J'ai acheté ce cadeau pour Stéphane.**
  I bought this present for Stéphane.

Additional vocabulary

- **Ce n'est pas grave.**
  It's okay./No problem.
- **Tu ne comprends rien.**
  You don't understand a thing.
- **désolé(e)**
  sorry
- **discuter**
  to talk
- **zut**
  darn

---

2 **Le bon mot** Choisissez le bon mot entre **ce** (*m.*), **cette** (*f.*) et **ces** (*pl.*) pour compléter les phrases. Attention, les phrases ne sont pas identiques aux dialogues!

1. Je t'aide à apporter _____ gâteau?

2. Ce matin, j'ai acheté _____ calculatrices et _____ livre.

3. Rachid ne comprend pas _____ blague.

4. Combien coûtent _____ montres?

5. À quelle heure commence _____ classe?

3 **Imaginez** Avec un(e) partenaire, imaginez qu'Amina soit (*is*) dans un grand magasin et qu'elle téléphone à Valérie pour l'aider à choisir le cadeau idéal pour Stéphane. Amina propose plusieurs possibilités de cadeaux et Valérie donne son avis (*opinion*) sur chacune d'entre elles (*each of them*).

ressources

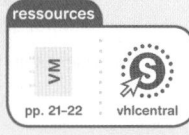

VM
pp. 21–22

vhlcentral

A C T I V I T É S

Reading
Video: *Flash culture*

CULTURE À LA LOUPE

Le carnaval

le roi du carnaval de Nice

Tous les ans, beaucoup de pays° et de régions francophones célèbrent le carnaval. Cette tradition est l'occasion de fêter la fin° de l'hiver et l'arrivée° du printemps. En général, la période de fête commence la semaine avant le Carême° et se termine° le jour du Mardi gras. Le carnaval demande très souvent des mois de préparation. La ville organise des défilés° de musique, de masques, de costumes et de chars fleuris°. La fête finit souvent par la crémation du roi° Carnaval, personnage de papier qui représente le carnaval et l'hiver.

Certaines villes et certaines régions sont réputées° pour leur carnaval: Nice, en France, la ville de Québec, au Canada, La Nouvelle-Orléans, aux États-Unis et la Martinique. Chaque ville a ses traditions particulières. La ville de Nice, lieu du plus grand carnaval français, organise une grande bataille de fleurs° où des jeunes, sur des chars, envoient des milliers° de fleurs aux spectateurs. À Québec, le climat intense transforme le carnaval en une célébration de l'hiver. Le symbole officiel de la fête est le «Bonhomme» (de neige°) et les gens font du ski, de la pêche sous la glace ou des courses de traîneaux à chiens°. À la Martinique, le carnaval continue jusqu'au° mercredi des Cendres°, à minuit: les gens, tout en noir° et blanc°,

le carnaval de Québec

regardent la crémation de Vaval, le roi Carnaval. Le carnaval de La Nouvelle-Orléans est célébré avec de nombreux bals° et défilés costumés. Ses couleurs officielles sont l'or°, le vert et le violet.

Le carnaval en chiffres

Martinique	Chaque ville choisit° une reine°.
Nice	La première bataille de fleurs a eu lieu° en 1876. On envoie entre 80.000 et 100.000 fleurs aux spectateurs.
La Nouvelle-Orléans	Il y a plus de 70 défilés pendant° le carnaval.
la ville de Québec	Le premier carnaval a eu lieu en 1894.

pays *countries* **fin** *end* **arrivée** *arrival* **Carême** *Lent* **se termine** *ends* **défilés** *parades* **chars fleuris** *floats decorated with flowers* **roi** *king* **réputées** *famous* **bataille de fleurs** *flower battle* **milliers** *thousands* **«Bonhomme» (de neige)** *snowman* **courses de traîneaux à chiens** *dogsled races* **jusqu'au** *until* **mercredi des Cendres** *Ash Wednesday* **noir** *black* **blanc** *white* **bals** *balls (dances)* **or** *gold* **choisit** *chooses* **reine** *queen* **a eu lieu** *took place* **pendant** *during*

1 **Compréhension** Répondez par des phrases complètes.

1. En général, quel est le dernier jour du carnaval?
2. Dans quelle ville des États-Unis est-ce qu'on célèbre le carnaval?
3. Où a lieu le plus grand carnaval français?
4. Qu'est-ce que les jeunes envoient aux spectateurs du carnaval de Nice?
5. Quel est le symbole officiel du carnaval de Québec?

6. Que fait-on pendant (*during*) le carnaval de Québec?
7. Qu'est-ce qui est différent au carnaval de la Martinique?
8. Qui est Vaval?
9. Comment est-ce qu'on célèbre le carnaval à La Nouvelle-Orléans?
10. Quelles sont les couleurs officielles du carnaval de La Nouvelle-Orléans?

LE FRANÇAIS QUOTIDIEN

Les vœux

À votre santé!	*To your health!*
Bonne année!	*Happy New Year!*
Bravo! Félicitations!	*Bravo! Congratulations!*
Joyeuses fêtes!	*Have a good holiday!*
Meilleurs vœux!	*Best wishes!*
Santé!	*Cheers!*
Tous mes vœux de bonheur!	*All the best!*

LE MONDE FRANCOPHONE

Fêtes et festivals

Voici d'autres fêtes et festivals francophones.

En Côte d'Ivoire
La fête des Ignames (plusieurs dates) On célèbre la fin° de la récolte° des ignames°, une ressource très importante pour les Ivoiriens.

Au Maroc
La fête du Trône (le 30 juillet) Tout le pays honore le roi° avec des parades et des spectacles.

À la Martinique/À la Guadeloupe
La fête des Cuisinières (en août) Les femmes défilent° en costumes traditionnels et présentent des spécialités locales qu'elles ont préparées pour la fête.

Dans de nombreux pays
L'Aïd el-Fitr C'est la fête musulmane° de la rupture du jeûne° à la fin du Ramadan.

fin *end* **récolte** *harvest* **ignames** *yams* **roi** *king* **défilent** *parade* **musulmane** *Muslim* **jeûne** *fast*

PORTRAIT

Le 14 juillet

Le 14 juillet 1789, sous le règne° du roi Louis XVI, les Français se sont rebellés contre° la monarchie et ont pris° la Bastille, une forteresse utilisée comme prison. Cette date est très importante dans l'histoire de France parce qu'elle représente la fin de la monarchie absolue et de la société d'ordres et de privilèges, et le début de la Révolution française. Effectivement, le 14 juillet symbolise l'union fraternelle de tous les citoyens° français dans la liberté et l'égalité, des termes utilisés dans la Déclaration des Droits de l'Homme et du Citoyen, texte fondamental de la Révolution française. Le 14 juillet symbolise aussi la fondation de la République française et a donc° été sélectionné par une loi° de 1880 comme date de la Fête nationale. Le 14 juillet est un jour férié en France: les Français ne travaillent pas. Tous les ans, il y a un grand défilé° des troupes militaires à Paris, sur les Champs-Élysées, la plus grande° avenue parisienne et, paraît-il°, la plus belle du monde. Partout° en France, les gens assistent à des défilés et à des fêtes dans les rues°. Le soir, il y a de nombreux bals populaires° où les Français dansent et célèbrent cette date historique. À minuit, on assiste aux feux d'artifices° traditionnels.

règne *reign* **se sont rebellés contre** *rebelled against* **ont pris** *stormed* **citoyens** *citizens* **donc** *therefore* **loi** *law* **défilé** *parade* **la plus grande** *the largest* **paraît-il** *it seems* **Partout** *Everywhere* **rues** *streets* **bals populaires** *street dances* **feux d'artifices** *fireworks*

---

2 **Les fêtes** Complétez les phrases.

1. Le 14 juillet 1789, c'est la date _____.
2. Aujourd'hui, le 14 juillet, c'est la _____.
3. En France, les gens ne travaillent pas le 14 juillet car c'est _____.
4. En France, le soir du 14 juillet, il y a _____.
5. À plusieurs dates, les Ivoiriens fêtent _____.
6. Dans les pays musulmans, l'Aïd el-Fitr célèbre _____.

3 **Faisons la fête ensemble!** Vous êtes en vacances dans un pays francophone et vous invitez un(e) ami(e) à aller à une fête ou à un festival francophone avec vous. Expliquez à votre partenaire ce que vous allez faire. Votre partenaire va vous poser des questions.

 Practice more at **vhlcentral.com**.

ressources
VM
pp. 71–72
vhlcentral

A C T I V I T É S

ESPACE **STRUCTURES**

6A.1 **Demonstrative adjectives**  Tutorial

Point de départ To identify or point out a noun with the French equivalent of *this/these* or *that/those*, use a demonstrative adjective before the noun. In French, the form of the demonstrative adjective depends on the gender and number of the noun that it goes with.

Demonstrative adjectives			
	singular		plural
	Before consonant	Before vowel sound	
masculine	**ce** café	**cet** éclair	**ces** cafés, **ces** éclairs
feminine	**cette** surprise	**cette** amie	**ces** surprises, **ces** amies

Ce copain organise une fête.
That friend is planning a party.

Cet hôpital est trop loin du centre-ville.
That hospital is too far from downtown.

Cette glace est excellente.
This ice cream is excellent.

Je préfère **ces** cadeaux.
I prefer those gifts.

Combien coûte cette montre?

J'ai ce cadeau pour Stéphane.

- Note that the forms of **ce** can refer to a noun that is near (*this/these*) or far (*that/those*). The meaning will usually be clear from context.

Ce dessert est délicieux.
This dessert is delicious.

Joël préfère **cet** éclair.
Joël prefers that éclair.

Ils vont aimer **cette** surprise.
They're going to like this surprise.

Ces glaçons sont pour la limonade.
Those ice cubes are for the lemon soda.

La maison Julien

Pour toutes ces occasions...

pour célébrer tout ce bonheur...

nous pensons à tous les détails.

- To make it especially clear that you're referring to something near versus something far, add **-ci** or **-là**, respectively, to the noun following the demonstrative adjective.

ce couple**-ci**	**ces** biscuits**-ci**
this couple (here)	*these cookies (here)*
cette invitée**-là**	**ces** bières**-là**
that guest (there)	*those beers (there)*

- Use **-ci** and **-là** in the same sentence to contrast similar items.

On prend **cette glace-ci**, pas **cette glace-là**.
We'll have this ice cream, not that ice cream.

Tu achètes **ce fromage-ci** ou **ce fromage-là**?
Are you buying this cheese or that cheese?

J'aime **ce cadeau-ci** mais je préfère **ce** cadeau**-là**.
I like this gift, but I prefer that gift.

Nous achetons **ces** bonbons-ci et Isabelle achète **ce** gâteau**-là**.
We're buying these candies, and Isabelle is buying that cake.

J'aime bien ces chaussures-ci.

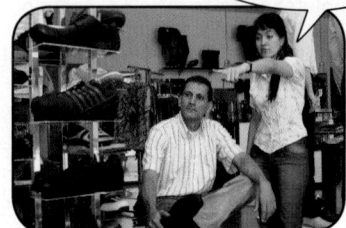

Moi, je préfère ces chaussures-là.

〰 **Essayez!** **Complétez les phrases avec la forme correcte de l'adjectif démonstratif.**

1. __Cette__ glace au chocolat est très bonne!
2. Qu'est-ce que tu penses de _____ cadeau?
3. _____ homme-là est l'hôte de la fête.
4. Tu préfères _____ biscuits-ci ou _____ biscuits-là?
5. Vous aimez mieux _____ dessert-ci ou _____ dessert-là?
6. _____ année-ci, on va fêter l'anniversaire de mariage de nos parents en famille.
7. Tu achètes _____ éclair-là.
8. Vous achetez _____ montre?
9. _____ surprise va être géniale!
10. _____ invité-là est antipathique.
11. Ma mère fait _____ gâteaux pour mon anniversaire.
12. _____ champagne coûte 100 euros.
13. _____ divorce est très difficile pour les enfants.

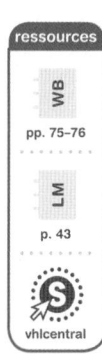

ressources

WB
pp. 75–76

LM
p. 43

vhlcentral

ESPACE **STRUCTURES**

Mise en pratique

1 **Remplacez** Remplacez les noms au singulier par des noms au pluriel et vice versa. Faites tous les autres changements nécessaires.

MODÈLE

J'aime mieux ce dessert.
J'aime mieux ces desserts.

1. Ces glaces au chocolat sont délicieuses.
2. Ce gâteau est énorme.
3. Ces biscuits ne sont pas bons.
4. Ces invitées sont gentilles.
5. Ces hôtes parlent japonais.
6. Cette bière est allemande.
7. Maman achète ces imperméables pour Julie.
8. Ces bonbons sont délicieux.

2 **Monsieur Parfait** Juste avant la fête, l'hôte fait le tour de la salle et donne son opinion. Complétez ce texte avec **ce, cette** ou **ces**.

Mmm! (1) _____ champagne est parfait. Ah! (2) _____ gâteaux sont magnifiques, (3) _____ biscuits sont délicieux et j'adore (4) _____ glace. Beurk! (5) _____ bonbons sont originaux, mais pas très bons. Ouvrez (*Open*) (6) _____ bouteille. (7) _____ café sur (8) _____ table sent très bon. (9) _____ bière n'est pas froide! (10) _____ tableau n'est pas droit (*straight*)! Oh là là! Arrangez (11) _____ chaises autour de (*around*) (12) _____ trois tables!

3 **Magazine** Vous regardez un vieux magazine. Complétez les phrases.

▶ **MODÈLE**

Ce cheval est très grand.

1. _____ au chocolat et _____ sont délicieux.

2. _____ aime beaucoup _____.

3. _____ sont très heureux.

4. _____ va prendre sa retraite.

5. _____ ne sort plus (*no longer*) ensemble.

6. _____ adorent le chocolat chaud!

7. _____ est très méchant.

8. _____ est absolument super!

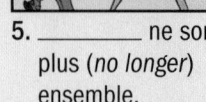
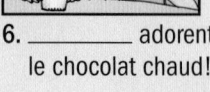

 Practice more at **vhlcentral.com**.

Communication

4 **Comparez** Avec un(e) partenaire, regardez les illustrations. À tour de rôle, comparez les personnages et les objets.

Étudiant(e) 1: *Comment sont ces hommes?*
Étudiant(e) 2: *Cet homme-ci est petit et cet homme-là est grand.*

1.   2.   3.   4.

5 **Préférences** Demandez à votre partenaire ses préférences, puis donnez votre opinion. Employez des adjectifs démonstratifs et présentez vos réponses à la classe.

MODÈLE

Étudiant(e) 1: *Quel film est-ce que tu aimes?*
Étudiant(e) 2: *J'aime bien Casablanca.*
Étudiant(e) 1: *Moi, je n'aime pas du tout ce vieux film.*

acteur/actrice	passe-temps
chanteur/chanteuse	restaurant
dessert	saison
film	sport
magasin	ville
?	?

6 **Invitation** Vous organisez une fête et vous êtes au supermarché avec un(e) ami(e). Vous n'êtes pas d'accord sur ce que (*what*) vous allez acheter. Avec un(e) partenaire, jouez les rôles.

MODÈLE

Étudiant(e) 1: *On achète cette glace-ci?*
Étudiant(e) 2: *Je n'aime pas cette glace-ci. Je préfère cette glace-là!*
Étudiant(e) 1: *Mais cette glace-là coûte dix euros!*
Étudiant(e) 2: *D'accord! On prend cette glace-ci.*

7 **Quelle fête!** Vous êtes à la fête d'un(e) ami(e) et il y a des personnes célèbres (*famous*). Avec un(e) partenaire, faites une liste des célébrités présentes et puis parlez d'elles. Employez des adjectifs démonstratifs.

MODÈLE

Étudiant(e) 1: *Qui est cet homme-ci?*
Étudiant(e) 2: *Ça, c'est Justin Timberlake. Il est sympa, mais cet homme-là est vraiment génial.*
Étudiant(e) 1: *Oui, c'est...*

6A.2

The *passé composé* with *avoir*  Tutorial

Point de départ In order to talk about events in the past, French uses two principal tenses: the **passé composé** and the imperfect. In this lesson, you will learn how to form the **passé composé**, which is used to express actions or states completed in the past. You will learn about the imperfect in **Leçon 8A**.

- The **passé composé** is composed of two parts: the *auxiliary verb* (present tense of **avoir** or **être**) and the *past participle* of the main verb. Most verbs in French take **avoir** as the auxiliary verb in the **passé composé**.

AUXILIARY PAST
VERB PARTICIPLE

Nous **avons fêté**.

We celebrated / have celebrated.

- The past participle of a regular **-er** verb is formed by replacing the **-er** ending of the infinitive with **-é**.

infinitive		past participle
fêt**er**	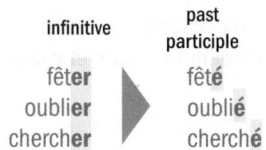	fêt**é**
oubli**er**		oubli**é**
cherch**er**		cherch**é**

- Most regular **-er** verbs are conjugated in the **passé composé** as shown below for the verb **parler**.

Boîte à outils

The **passé composé** has three English equivalents. Example: **Nous avons mangé.** = *We ate. We did eat. We have eaten.*

The *passé composé*

j'ai parlé	*I spoke/have spoken*	**nous avons parlé**	*we spoke/ have spoken*
tu as parlé	*you spoke/ have spoken*	**vous avez parlé**	*you spoke/ have spoken*
il/elle/on a parlé	*he/she/it/one spoke/ has spoken*	**ils/elles ont parlé**	*they spoke/ have spoken*

Nous **avons parlé** à l'hôtesse. | J'**ai oublié** mes devoirs.
We spoke to the hostess. | *I forgot my homework.*

- To make a verb negative in the **passé composé**, place **ne/n'** and **pas** around the conjugated form of **avoir**.

On **n'a pas** fêté mon anniversaire. | Elles **n'ont pas** acheté de biscuits hier?
We didn't celebrate my birthday. | *They didn't buy any cookies yesterday?*

- To ask questions using inversion in the **passé composé**, invert the subject pronoun and the conjugated form of **avoir**. Note that this does not apply to other types of question formation.

Avez-vous fêté votre anniversaire? | Est-ce qu'elles **ont acheté** des biscuits?
Did you celebrate your birthday? | *Did they buy any cookies?*

Luc **a-t-il** aimé son cadeau? | Est-ce que tu **as essayé** ce vin?
Did Luc like his gift? | *Have you tried this wine?*

- The adverbs **hier** (*yesterday*) and **avant-hier** (*the day before yesterday*) are used often with the **passé composé**.

  Hier, Marie **a retrouvé** ses amis au stade.
  Marie met her friends at the stadium yesterday.

  Ses parents **ont téléphoné** avant-hier.
  Her parents called the day before yesterday.

- Place the adverbs **déjà**, **encore**, **bien**, **mal**, and **beaucoup** between the auxiliary verb or **pas** and the past participle.

  Tu as **déjà** mangé ta part de gâteau.
  You already ate your piece of cake.

  Elle n'a pas **encore** visité notre ville.
  She hasn't visited our town yet.

  Les filles ont **beaucoup** travaillé.
  The girls worked a lot.

  Je n'ai pas **bien** joué hier.
  I didn't play well yesterday.

- The past participles of spelling-change **-er** verbs have no spelling changes.

  Laurent a-t-il **acheté** le champagne?
  Did Laurent buy the champagne?

  Vous avez **envoyé** des bonbons.
  You sent candy.

- The past participle of most **-ir** verbs is formed by replacing the **-ir** ending with **-i**.

  Sylvie a **dormi** jusqu'à dix heures.
  Sylvie slept until 10 o'clock.

  Avez-vous **senti** ce bouquet?
  Did you smell this bouquet?

- The past participles of many common verbs are irregular. Learn these on a case-by-case basis.

Some irregular past participles			
apprendre	appris	être	été
avoir	eu	faire	fait
boire	bu	pleuvoir	plu
comprendre	compris	prendre	pris
courir	couru	surprendre	surpris

  Nous avons **bu** du vin.
  We drank wine.

  Ils ont **été** très en retard.
  They were very late.

  A-t-il **plu** samedi?
  Did it rain Saturday?

  Mes sœurs ont **fait** un gâteau au chocolat.
  My sisters made a chocolate cake.

- The **passé composé** of **il faut** is **il a fallu**; that of **il y a** is **il y a eu**.

  Il a fallu passer par le supermarché.
  It was necessary to stop by the supermarket.

  Il y a eu deux fêtes hier soir.
  There were two parties last night.

Boîte à outils

Some verbs, like **aller**, **sortir**, and **tomber**, use **être** instead of **avoir** to form the **passé composé**. You will learn more about these verbs in **Leçon 7A**.

Essayez! Indiquez les formes du passé composé des verbes.

1. j' *ai commencé, ai payé, ai bavardé* (commencer, payer, bavarder)
2. tu _____ (servir, comprendre, donner)
3. on _____ (parler, avoir, dormir)
4. nous _____ (adorer, faire, amener)
5. vous _____ (prendre, employer, courir)
6. elles _____ (espérer, boire, apprendre)
7. il _____ (avoir, regarder, sentir)
8. vous _____ (essayer, préférer, surprendre)
9. ils _____ (organiser, être, nettoyer)

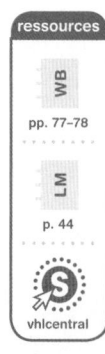

ressources

WB
pp. 77–78

LM
p. 44

vhlcentral

Mise en pratique

1 **Qu'est-ce qu'ils ont fait?** Laurent parle de son week-end en ville avec sa famille. Complétez ses phrases avec le **passé composé** du verbe correct.

1. Nous _____ (nager, manger) des escargots.

2. Papa _____ (acheter, apprendre) une nouvelle montre.

3. J' _____ (prendre, oublier) une glace à la terrasse d'un café.

4. Vous _____ (enseigner, essayer) un nouveau restaurant.

5. Mes parents _____ (dessiner, célébrer) leur anniversaire de mariage.

6. Ils _____ (fréquenter, faire) une promenade.

7. Ma sœur _____ (boire, nettoyer) un chocolat chaud.

8. Le soir, nous _____ (écouter, avoir) sommeil.

2 **Pas encore** Un copain pose des questions pénibles. Écrivez ses questions puis donnez des réponses négatives.

MODÈLE

inviter vos amis (vous)
Vous avez déjà invité vos amis? Non, nous n'avons pas encore invité nos amis.

1. écouter mon CD (tu)

2. faire ses devoirs (Matthieu)

3. courir dans le parc (elles)

4. parler aux profs (tu)

5. apprendre les verbes irréguliers (André)

6. être à la piscine (Marie et Lise)

7. emmener Yassim au cinéma (vous)

8. avoir le temps d'étudier (tu)

3 **Vendredi soir** Vous et votre partenaire avez assisté à une fête vendredi soir. Parlez de la fête à tour de rôle. Qu'est-ce que les invités ont fait? Quelle a été l'occasion?

Practice more at **vhlcentral.com**.

Communication

4 **La semaine** À tour de rôle, assemblez les éléments des colonnes pour raconter (*to tell*) à votre partenaire ce que (*what*) tout le monde (*everyone*) a fait cette semaine.

A	B	C
je	acheter	bonbons
Luc	apprendre	café
mon prof	boire	cartes
Sylvie	enseigner	l'espagnol
mes parents	étudier	famille
mes copains et moi	faire	foot
tu	jouer	glace
vous	manger	jogging
?	parler	les maths
	prendre	promenade
	regarder	vélo
	?	?

5 **L'été dernier** Vous avez passé l'été dernier avec deux amis, mais vos souvenirs (*memories*) diffèrent. Par groupes de trois, utilisez les expressions de la liste et imaginez le dialogue.

MODÈLE

Étudiant(e) 1: *Nous avons fait du cheval tous les matins.*
Étudiant(e) 2: *Mais non! Moi, j'ai fait du cheval. Vous deux, vous avez fait du jogging.*
Étudiant(e) 3: *Je n'ai pas fait de jogging. J'ai dormi!*

acheter	essayer	faire une promenade
courir	faire du cheval	jouer au foot
dormir	faire du jogging	jouer aux cartes
emmener	faire la fête	manger

6 **Qu'est-ce que tu as fait?** Avec un(e) partenaire, posez-vous les questions à tour de rôle. Ensuite, présentez vos réponses à la classe.

1. As-tu fait la fête samedi dernier? Où? Avec qui?

2. Est-ce que tu as célébré une occasion importante cette année? Quelle occasion?

3. As-tu organisé une fête? Pour qui?

4. Qui est-ce que tu as invité à ta dernière fête?

5. Qu'est-ce que tu as fait pour fêter ton dernier anniversaire?

6. Est-ce que tu as préparé quelque chose à manger pour une fête ou un dîner? Quoi?

7 **Ma fête** Votre partenaire a organisé une fête le week-end dernier. Posez sept questions pour avoir plus de détails sur la fête. Ensuite, alternez les rôles.

MODÈLE

Étudiant(e) 1: *Pour qui est-ce que tu as organisé la fête samedi dernier?*
Étudiant(e) 2: *Pour ma sœur.*

Révision

1 **L'année dernière et cette année** Décrivez vos dernières fêtes de Thanksgiving à votre partenaire. Utilisez les verbes de la liste. Parlez aussi de vos projets (*plans*) pour le prochain Thanksgiving.

MODÈLE

Étudiant(e) 1: *L'année dernière, nous avons fêté Thanksgiving chez mes grands-parents. Cette année, je vais manger au restaurant avec mes parents.*

Étudiant(e) 2: *Moi, j'ai fait la fête avec mes amis l'année dernière. Cette année, je vais visiter New York avec ma sœur.*

acheter	dormir	manger	regarder
boire	faire	prendre	téléphoner
donner	fêter	préparer	visiter

2 **Ce musée, cette ville** Faites par écrit (*Write*) une liste de cinq lieux (villes, musées, restaurants, etc.) que vous avez visités. Avec un(e) partenaire, comparez vos listes. Utilisez des adjectifs démonstratifs dans vos phrases.

MODÈLE

Étudiant(e) 1: *Ah, tu as visité Bruxelles. Moi aussi, j'ai visité cette ville. Elle est belle.*

Étudiant(e) 2: *Tu as mangé au restaurant La Douce France. Je n'aime pas du tout ce restaurant!*

3 **La fête** Vous et votre partenaire avez préparé une fête avec vos amis. Vous avez acheté des cadeaux, des boissons et des snacks. À tour de rôle, parlez de ce qu'il y a sur l'illustration.

MODÈLE

Étudiant(e) 1: *J'aime bien ces biscuits-là.*

Étudiant(e) 2: *Moi, j'ai apporté cette glace-ci.*

4 **Enquête** Qu'est-ce que vos camarades ont fait de différent dans leur vie? Votre professeur va vous donner une feuille d'activités. Parlez à vos camarades pour trouver une personne différente pour chaque expérience, puis écrivez son nom.

MODÈLE

Étudiant(e) 1: *As-tu parlé à un acteur?*

Étudiant(e) 2: *Oui! Une fois, j'ai parlé à Bruce Willis!*

Expérience	Noms
1. parler à un(e) acteur/actrice	Julien
2. passer une nuit entière sans dormir	
3. dépenser plus de $100 pour des CD en une fois	
4. faire la fête un lundi soir	
5. courir cinq kilomètres ou plus	
6. faire une surprise à un(e) ami(e) pour son anniversaire	

5 **Conversez** Avec un(e) partenaire, préparez une conversation entre deux copains/copines sur les détails d'un dîner romantique du week-end dernier. N'oubliez pas de mentionner dans la conversation:

- où ils ont mangé
- les thèmes de la conversation
- qui a parlé de quoi
- qui a payé
- la date du prochain rendez-vous

6 **Magali fait la fête** Votre professeur va vous donner, à vous et à votre partenaire, deux feuilles d'activités différentes. Attention! Ne regardez pas la feuille de votre partenaire.

MODÈLE

Étudiant(e) 1: *Magali a parlé avec un homme. Cet homme n'a pas l'air intéressant du tout!*

Étudiant(e) 2: *Après, ...*

S Video

Les marchés de Noël

Les marchés de Noël ont commencé en Europe centrale, dans des pays comme l'Allemagne, l'Autriche ou la Suisse. En France, traditionnellement, on ne les trouvait qu'°en Alsace. Mais depuis° quelques années, ces marchés sont arrivés dans d'autres régions ou villes, et en particulier, à Paris.

La ville a plusieurs marchés de Noël pendant les fêtes, mais celui° des Champs-Élysées est situé sur l'avenue la plus célèbre° de la capitale. Il reçoit° des milliers de visiteurs chaque année et surtout, beaucoup de touristes. Ses nombreux petits chalets° vendent toutes sortes de produits et de sa grande roue°, on a une belle vue° panoramique de l'avenue.

C'est du pain d'épices artisanal°.

À la rencontre du Père Noël°.

Compréhension Répondez aux questions.

1. Quels types d'activités sont montrés ou mentionnés dans la vidéo?
2. Qui est-ce que le journaliste interviewe?
3. Que peut-on acheter sur le marché de Noël des Champs-Élysées? Donnez des exemples.

Discussion Avec un(e) partenaire, répondez aux questions.

1. Allez-vous visiter ce marché si (*if*) vous êtes à Paris pendant les fêtes? Pourquoi?
2. Y a-t-il un marché de Noël dans votre ville? Avez-vous déjà visité ce marché?
3. Est-ce qu'acheter des cadeaux sur un marché de Noël est une bonne idée? Expliquez.

ne les trouvait qu' *only found them* **depuis** *for* **celui** *the one* **la plus célèbre** *the most famous*
reçoit *hosts* **chalets** *cabins* **grande roue** *Ferris wheel* **vue** *view* **artisanal** *hand crafted* **Père Noël** *Santa*

Go to **vhlcentral.com** to watch the TV clip featured in this **Le Zapping**.

Leçon 6B

You will learn how to...
- describe clothing
- offer and accept gifts

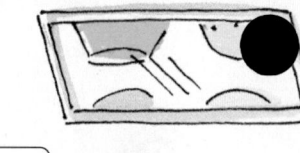

(S) Vocabulary Tools

Très chic!

un chapeau (chapeaux *pl.*)

un maillot de bain

cher (chère *f.*)

une cravate

une robe

une ceinture

un short

un sac à main

Il porte un costume. (porter)

des baskets (*f.*)

des chaussures (*f.*)

violet (violette *f.*)

rose

gris (grise *f.*)

jaune

vert (verte *f.*)

noir (noire *f.*)

orange

bleu (bleue *f.*)

marron

blanc (blanche *f.*)

rouge

Vocabulaire

aller avec	*to go with*
un anorak	*ski jacket, parka*
une chaussette	*sock*
une chemise (à manches courtes/longues)	*shirt (short-/long-sleeved)*
un chemisier	*blouse*
un gant	*glove*
un jean	*jeans*
une jupe	*skirt*
un manteau	*coat*
un pantalon	*pants*
un pull	*sweater*
un sous-vêtement	*underwear*
une taille	*clothing size*
un tailleur	*(woman's) suit; tailor*
un tee-shirt	*tee shirt*
un vendeur/une vendeuse	*salesman/saleswoman*
des vêtements (*m.*)	*clothing*
De quelle couleur...?	*In what color...?*
des soldes (*m.*)	*sales*
chaque	*each*
large	*loose; big*
serré(e)	*tight*

ressources

WB	LM	**(S)**
pp. 79–80	p. 45	vhlcentral

Mise en pratique

Attention!

Note that the adjectives **orange** and **marron** are invariable; they do not vary in gender or number to match the noun they modify.

J'aime l'anorak orange.

Il porte des chaussures marron.

des lunettes (de soleil) (f.)

une casquette

une écharpe

bon marché

un blouson

1 **Écoutez** Guillaume prépare ses vacances d'hiver (*winter vacation*). Indiquez quels vêtements il va acheter pour son voyage.

		Oui	Non
1.	des baskets	☐	☐
2.	un maillot de bain	☐	☐
3.	des chemises	☐	☐
4.	un pantalon noir	☐	☐
5.	un manteau	☐	☐
6.	un anorak	☐	☐
7.	un jean	☐	☐
8.	un short	☐	☐
9.	un pull	☐	☐
10.	une robe	☐	☐

Guillaume

2 **Les vêtements** Choisissez le mot qui ne va pas avec les autres.

1. des baskets, une cravate, une chaussure
2. un jean, un pantalon, une jupe
3. un tailleur, un costume, un short
4. des lunettes, un chemisier, une chemise
5. un tee-shirt, un pull, un anorak
6. une casquette, une ceinture, un chapeau
7. un sous-vêtement, une chaussette, un sac à main
8. une jupe, une robe, une écharpe

3 **De quelle couleur?** Indiquez de quelle(s) couleur(s) sont ces choses.

MODÈLE

l'océan

Il est bleu.

la statue de la Liberté

Elle est verte.

1. le drapeau français _____
2. les dollars américains _____
3. les pommes (*apples*) _____
4. le soleil _____
5. la nuit _____
6. le zèbre _____
7. la neige _____
8. les oranges _____
9. le café _____
10. les bananes _____

Communication

4 **Qu'est-ce qu'ils portent?** Avec un(e) camarade de classe, regardez les images et à tour de rôle, décrivez ce que les personnages portent.

MODÈLE

Elle porte un maillot de bain rouge.

1.   2.   3.   4.

5 **On fait du shopping** Choisissez deux partenaires et préparez une conversation. Deux client(e)s et un vendeur/une vendeuse sont dans un grand magasin; les client(e)s sont invité(e)s à un événement très chic, mais ils ou elles ne veulent pas (*don't want*) dépenser beaucoup d'argent.

Client(e)s

- Décrivez l'événement auquel (*to which*) vous êtes invité(e)s.
- Parlez des vêtements que vous cherchez, de vos couleurs préférées, de votre taille. Trouvez-vous le vêtement trop large, trop serré, etc.?
- Demandez les prix et dites si vous trouvez que c'est cher, bon marché, etc.

Vendeur/Vendeuse

- Demandez les tailles, préférences, etc. des client(e)s.
- Répondez à toutes les questions de vos client(e)s.
- Suggérez des vêtements appropriés.

Coup de main

To compare French and American sizes, see the chart on p. 248.

6 **Conversez** Interviewez un(e) camarade de classe.

1. Qu'est-ce que tu portes l'hiver? Et l'été?
2. Qu'est-ce que tu portes pour aller à l'université?
3. Qu'est-ce que tu portes pour aller à la plage (*beach*)?
4. Qu'est-ce que tu portes pour faire une randonnée?
5. Qu'est-ce que tu portes pour aller en boîte de nuit?
6. Qu'est-ce que tu portes pour un entretien d'embauche (*job interview*)?
7. Quelle est ta couleur préférée? Pourquoi?
8. Qu'est-ce que tu portes pour aller dans un restaurant très élégant?
9. Où est-ce que tu achètes tes vêtements? Pourquoi?
10. Est-ce que tu prêtes (*lend*) tes vêtements à tes ami(e)s?

7 **Défilé de mode** Votre classe a organisé un défilé de mode (*fashion show*). Votre partenaire est mannequin (*model*) et vous représentez la marque (*brand*) de vêtements. Pendant que votre partenaire défile, vous décrivez à la classe les vêtements qu'il ou elle porte. Après, échangez les rôles.

MODÈLE

Et voici la charmante Julie, qui porte les modèles de la dernière collection H&M®: une chemise à manches courtes et un pantalon noir, ensemble idéal pour aller en boîte de nuit. Ses chaussures blanches vont parfaitement avec l'ensemble. Cette collection H&M est très à la mode et très bon marché.

Les sons et les lettres  Audio

Open vs. closed vowels: Part 3

The letter combination **eu** can be pronounced two different ways, open and closed. Compare the pronunciation of the vowel sounds in these words.

che**veu**x	ne**veu**	h**eu**re	meill**eu**r

When **eu** is followed by a pronounced consonant, it has an open sound. The open **eu** sound does not exist in English. To pronounce it, say **è** with your lips only slightly rounded.

p**eu**r	j**eu**ne	chant**eu**r	b**eu**rre

The letter combination **œu** is usually pronounced with an open **eu** sound.

s**œu**r	b**œu**f	**œu**f	ch**œu**r

When **eu** is the last sound of a syllable, it has a closed vowel sound, similar to the vowel sound in the English word *full*. While this exact sound does not exist in English, you can make the closed **eu** sound by saying **é** with your lips rounded.

d**eu**x	bl**eu**	p**eu**	mi**eu**x

When **eu** is followed by a *z* sound, such as a single **s** between two vowels, it is usually pronounced with the closed **eu** sound.

chant**eu**se	génér**eu**se	séri**eu**se	curi**eu**se

Prononcez Répétez les mots suivants à voix haute.

1. leur
2. veuve
3. neuf
4. vieux
5. curieux
6. acteur
7. monsieur
8. coiffeuse
9. ordinateur
10. tailleur
11. vendeuse
12. couleur

Articulez Répétez les phrases suivantes à voix haute.

1. Le professeur Heudier a soixante-deux ans.
2. Est-ce que Matthieu est jeune ou vieux?
3. Monsieur Eustache est un chanteur fabuleux.
4. Eugène a les yeux bleus et les cheveux bruns.

Dictons Répétez les dictons à voix haute.

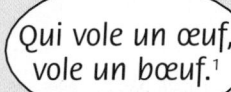

Qui vole un œuf, vole un bœuf.[1]

Les conseilleurs ne sont pas les payeurs.[2]

[1] He who steals an egg would steal an ox.
[2] Those who give advice are not the ones who pay the price.

ressources

LM
p. 46

vhlcentral

L'anniversaire  Video

PERSONNAGES

Amina

Astrid

Rachid

Sandrine

Stéphane

Valérie

Au café...

VALÉRIE, SANDRINE, AMINA, ASTRID ET RACHID Surprise! Joyeux anniversaire, Stéphane!
STÉPHANE Alors là, je suis agréablement surpris!
VALÉRIE Bon anniversaire, mon chéri!
SANDRINE On a organisé cette surprise ensemble...

VALÉRIE Pas du tout! C'est Sandrine qui a presque tout préparé.
SANDRINE Oh, je n'ai fait que les desserts et ton gâteau d'anniversaire.
STÉPHANE Tu es un ange.
RACHID Bon anniversaire, Stéphane. Tu sais, à ton âge, il ne faut pas perdre son temps. Alors cette année, tu travailles sérieusement, c'est promis?
STÉPHANE Oui, oui.

AMINA Rachid a raison. Dix-huit ans, c'est une étape importante dans la vie! Il faut fêter ça.
ASTRID Joyeux anniversaire, Stéphane.
STÉPHANE Oh, et en plus, vous m'avez apporté des cadeaux!

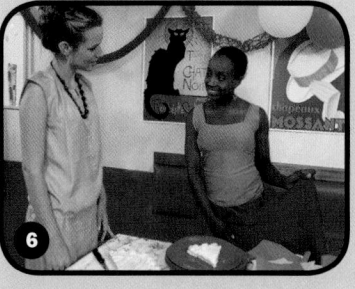

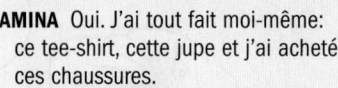

AMINA Oui. J'ai tout fait moi-même: ce tee-shirt, cette jupe et j'ai acheté ces chaussures.
SANDRINE Tu es une véritable artiste, Amina! Ta jupe est très originale! J'adore!
AMINA J'ai une idée. Tu me prêtes ta robe grise samedi et je te prête ma jupe. D'accord?
SANDRINE Bonne idée!

STÉPHANE Eh! C'est super cool, ce blouson en cuir noir. Avec des gants en plus! Merci, maman!
AMINA Ces gants vont très bien avec le blouson! Très à la mode!
STÉPHANE Tu trouves?

RACHID Tiens, Stéphane.
STÉPHANE Mais qu'est-ce que c'est? Des livres?
RACHID Oui, la littérature, c'est important pour la culture générale!
VALÉRIE Tu as raison, Rachid.
STÉPHANE Euh oui... euh... c'est gentil... euh... merci, Rachid.

A C T I V I T É S

1 **Vrai ou faux?** Indiquez si ces affirmations sont **vraies** ou **fausses**. Corrigez les phrases fausses.

1. David ne veut pas (*doesn't want*) aller à la fête.
2. Sandrine porte une jupe bleue.
3. Amina a fait sa jupe elle-même (*herself*).
4. Le tee-shirt d'Amina est en soie.
5. Valérie donne un blouson en cuir et une ceinture à Stéphane.

6. Sandrine n'aime pas partager ses vêtements.
7. Pour Amina, 18 ans, c'est une étape importante.
8. Sandrine n'a rien fait (*didn't do anything*) pour la fête.
9. Rachid donne des livres de littérature à Stéphane.
10. Stéphane pense que ses amis sont drôles.

 Practice more at **vhlcentral.com**.

Les amis fêtent l'anniversaire de Stéphane.

SANDRINE Ah au fait, David est désolé de ne pas être là. Ce week-end, il visite Paris avec ses parents. Mais il pense à toi.

STÉPHANE Je comprends tout à fait. Les parents de David sont de Washington, n'est-ce pas?

SANDRINE Oui, c'est ça.

AMINA Merci, Sandrine. Je trouve que tu es très élégante dans cette robe grise! La couleur te va très bien.

SANDRINE Vraiment? Et toi, tu es très chic. C'est du coton?

AMINA Non, de la soie.

SANDRINE Cet ensemble, c'est une de tes créations, n'est-ce pas?

STÉPHANE Une calculatrice rose... pour moi?

ASTRID Oui, c'est pour t'aider à répondre à toutes les questions en maths, et avec le sourire.

STÉPHANE Euh, merci beaucoup! C'est très... utile.

ASTRID Attends! Il y a encore un cadeau pour toi...

STÉPHANE Ouah, cette montre est géniale, merci!

ASTRID Tu as aimé notre petite blague? Nous, on a bien ri.

RACHID Eh Stéphane! Tu as vraiment aimé tes livres et ta calculatrice?

STÉPHANE Ouais, vous deux, ce que vous êtes drôles.

Expressions utiles

Talking about your clothes

- **Et toi, tu es très chic. C'est du coton/ de la soie?**
  And you, you're very chic. Is it cotton/silk?

- **J'ai tout fait moi-même.**
  I did/made everything myself.

- **La couleur te va très bien.**
  The color suits you well.

- **Tu es une véritable artiste! Ta jupe est très originale!**
  You are a true artist! Your skirt is very original!

- **Tu me prêtes ta robe grise samedi et je te prête ma jupe.**
  You lend me your gray dress Saturday and I'll lend you my skirt.

- **C'est super cool, ce blouson en cuir/laine/ velours noir(e). Avec des gants en plus!**
  It's really cool, this black leather/wool/velvet jacket. With gloves as well!

Additional vocabulary

- **Vous m'avez apporté des cadeaux!**
  You brought me gifts!

- **Tu sais, à ton âge, il ne faut pas perdre son temps.**
  You know, at your age, one should not waste time.

- **C'est pour t'aider à répondre à toutes les questions en maths, et avec le sourire.**
  It's to help you answer all the questions in math, with a smile.

- **agréablement surpris(e)**
  pleasantly surprised
- **véritable**
  true, genuine

- **C'est promis?**
  Promise?
- **Pour moi?**
  For me?

- **Il pense à toi.**
  He's thinking of you.
- **Attends!**
  Wait!

- **tout à fait**
  absolutely
- **On a bien ri.**
  We had a good laugh.

- **Vraiment?**
  Really?

---

2 **Identifiez** Indiquez qui a dit (*said*) ces phrases: Amina (**A**), Astrid (**As**), Rachid (**R**), Sandrine (**S**), Stéphane (**St**) ou Valérie (**V**).

_____ 1. Tu es une véritable artiste.

_____ 2. On a bien ri.

_____ 3. Très à la mode.

_____ 4. Je comprends tout à fait.

_____ 5. C'est Sandrine qui a presque tout préparé.

_____ 6. C'est promis?

3 **À vous!** Ce sont les soldes. Sandrine, David et Amina vont dans un magasin pour acheter des vêtements. Ils essaient différentes choses, donnent leur avis (*opinion*) et parlent de leurs préférences, des prix et des matières (*fabrics*). Avec un(e) partenaire, écrivez la conversation et jouez la scène devant la classe.

ressources

VM
pp. 23–24
vhlcentral

A C T I V I T É S

ESPACE CULTURE

 Reading

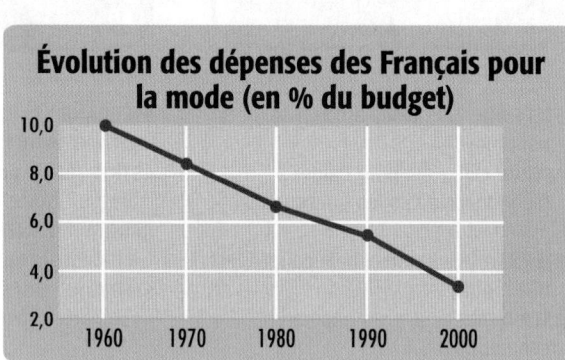

CULTURE À LA LOUPE

La mode en France

**Pour la majorité des Français, la mode est un moyen°
d'expression.** Les jeunes adorent les marques°, surtout les marques
américaines. Avoir un *sweatshirt* de style américain est considéré
comme très chic. C'est pareil° pour les chaussures. Bien
sûr, les styles varient beaucoup. Il y a le style bourgeois,
par exemple, plus classique avec la prédominance de la
couleur bleu marine°. Il y a aussi le style «baba cool»,
c'est-à-dire° *hippie*.

Les marques coûtent cher, mais en France il y
a encore beaucoup de boutiques indépendantes où
les vêtements ne sont pas nécessairement plus chers.
Souvent les vendeurs et les vendeuses sont aussi
propriétaires du magasin. Ils encouragent donc° plus
les clients à acheter. Mais il y a aussi beaucoup de chaînes françaises
comme Lacoste, Bensimon et Kooples. Et les chaînes américaines
sont de plus en plus présentes dans les villes. Les Français achètent
également° des vêtements dans les hypermarchés°, comme Auchan
ou Carrefour, et dans les centres commerciaux.

L'anthropologue
américain Lawrence Wylie a écrit° sur les différences
entre les vêtements français et américains. Les
Américains portent des vêtements plus amples et plus
confortables. Pour les Français, l'aspect esthétique est
plus important que le confort. Les femmes mettent des
baskets uniquement pour faire du sport. Les costumes
français sont plus serrés et plus près du corps° et les
épaules° sont en général plus étroites°.

moyen means marques brand names pareil the same marine navy c'est-à-dire in other words
donc therefore également also hypermarchés large supermarkets a écrit wrote corps body
épaules shoulders étroites narrow

Coup de main

Comparaison des tailles°

FEMMES						
France	36	38	40	42	44	46
USA	6	8	10	12	14	16
HOMMES (PANTALONS)						
France	36	38	40	42	44	46
USA	26	28	30	32	34	36

**Évolution des dépenses des Français pour
la mode (en % du budget)**

	1960	1970	1980	1990	2000
10,0	●				
8,0		●			
6,0			●	●	
4,0					●
2,0					

A C T I V I T É S

1 **Vrai ou faux?** Indiquez si les phrases sont **vraies** ou **fausses**.
Corrigez les phrases fausses.

1. Pour beaucoup de Français, la mode est un moyen d'expression.

2. Un *sweatshirt* de style américain est considéré comme du
   mauvais goût (*taste*).

3. La couleur bleu marine prédomine dans le style bourgeois.

4. En France les boutiques indépendantes sont rares.

5. Les vendeurs et les vendeuses des boutiques indépendantes sont
   souvent aussi propriétaires.

6. Lacoste, Bensimon et The Kooples sont des chaînes françaises.

7. Il est possible d'acheter des vêtements dans les hypermarchés.

8. Lawrence Wylie a écrit sur la mode italienne.

9. Les Français portent des vêtements plus amples et plus confortables.

10. Les costumes français sont très larges.

Les vêtements et la mode

fringues (*f.*)	clothes
look (*m.*)	style
vintage (*m.*)	vintage clothing
BCBG (bon chic bon genre)	chic and conservative
ringard(e)	out-of-style
être bien/ mal sapé(e)	to be well/ badly dressed
être sur son 31	to be well dressed

Vêtements et tissus

Voici quelques vêtements et tissus traditionnels du monde francophone.

En Afrique centrale et de l'ouest

Le boubou tunique plus ou moins° longue et souvent très colorée portée par les hommes et les femmes

Les batiks tissus° traditionnels très colorés

En Afrique du Nord

La djellaba longue tunique à capuche° portée par les hommes et les femmes

Le kaftan sorte de djellaba portée à la maison

À la Martinique

Le madras tissu typique aux couleurs vives

À Tahiti

Le paréo morceau° de tissu attaché au-dessus de la poitrine° ou à la taille°

plus ou moins *more or less* **tissus** *fabrics* **à capuche** *hooded* **morceau** *piece* **poitrine** *chest* **taille** *waist*

Coco Chanel, styliste parisienne

«La mode se démode°, le style jamais.»
—*Coco Chanel*

Coco Chanel (1883–1971) est considérée comme étant° l'icône du parfum et de la mode du vingtième siècle°. Dans les années 1910, elle a l'idée audacieuse° d'intégrer la mode «à la garçonne» dans ses créations: les lignes féminines empruntent aux° éléments de la mode masculine. C'est la naissance du fameux tailleur Chanel. Pour «Mademoiselle Chanel», l'important dans la mode, c'est que les vêtements permettent de bouger°; ils doivent° être simples et confortables. Son invention de «la petite robe noire» illustre l'esprit° classique et élégant de ses collections. De nombreuses célébrités ont immortalisé le nom de Chanel: Jacqueline Kennedy avec le tailleur et Marilyn Monroe avec le parfum No. 5, par exemple.

se démode *goes out of fashion* **étant** *being* **vingtième siècle** *twentieth century* **idée audacieuse** *daring idea* **empruntent aux** *borrow from* **bouger** *move* **doivent** *have to* **esprit** *spirit*

Zaho

Lieu de naissance: Bab Ezzouar, Algérie

Métier: musicienne-interprète

Après avoir fait des études brillantes en informatique, elle choisit finalement de se tourner vers le monde de la musique.

Go to **vhlcentral.com** to find out more about **Zaho** and her music.

---

2 **Coco Chanel** Complétez les phrases.

1. Coco Chanel était (*was*) _____.
2. Le style Chanel est inspiré de _____.
3. Les vêtements Chanel sont _____.
4. Jacqueline Kennedy portait souvent des _____ Chanel.
5. D'après «Mademoiselle Chanel», il est très important de pouvoir (*to be able to*) _____ dans ses vêtements.
6. C'est Coco Chanel qui a inventé _____.

3 **Le «relookage»** Vous êtes conseillers/conseillères en image (*image consultants*), spécialisé(es) dans le «relookage». Votre nouveau/nouvelle client(e), une célébrité, vous demande de l'aider à sélectionner un nouveau style. Discutez de ce nouveau look avec un(e) partenaire.

 Practice more at vhlcentral.com.

ressources
vhlcentral

ACTIVITÉS

6B.1

Indirect object pronouns Tutorial

À noter

In French, *direct* object pronouns follow special rules, which is why you are learning about *indirect* object pronouns first. You will learn about direct object pronouns in **Leçon 7A**.

- An indirect object expresses *to whom* or *for whom* an action is done. An indirect object pronoun replaces an indirect object noun. Look for the preposition **à** followed by a name or noun referring to a person or animal. In the example below, the indirect object answers this question: **À qui parle Gisèle?** (*To whom does Gisèle speak?*)

SUBJECT	VERB	INDIRECT OBJECT NOUN
Gisèle	**parle**	**à sa mère.**
Gisèle	*speaks*	*to her mother.*

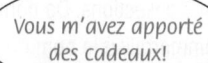

	Indirect object pronouns		
me	to/for me	**nous**	to/for us
te	to/for you	**vous**	to/for you
lui	to/for him/her	**leur**	to/for them

- Indirect object pronouns replace indirect object nouns and the prepositions that precede them.

Gisèle parle **à sa mère**.
Gisèle speaks to her mother.

Gisèle **lui** parle.
Gisèle speaks to her.

J'envoie des cadeaux **à mes nièces**.
I send gifts to my nieces.

Je **leur** envoie des cadeaux.
I send them gifts.

Vous m'avez apporté des cadeaux!

Je te prête ma jupe. D'accord?

 Boîte à outils

In French, the indirect object pronouns can *only* refer to animate nouns like people or animals.

- The indirect object pronoun usually precedes the conjugated verb.

Antoine, je **te** parle.
Antoine, I'm talking to you.

Notre père **nous** a envoyé un e-mail.
Our father sent us an e-mail.

- In a negative statement, place the indirect object pronoun between **ne** and the conjugated verb.

Antoine, je **ne te parle** pas de ça.
Antoine, I'm not talking to you about that.

Notre père **ne nous a** pas envoyé d'e-mail.
Our father didn't send us an e-mail.

Boîte à outils

When you have a question using inversion, follow the same rules outlined on this page for the placement of the indirect object pronoun.

Lui parles-tu?

Lui as-tu parlé?

Vas-tu lui parler?

- When an infinitive follows a conjugated verb, the indirect object pronoun precedes the infinitive.

Nous allons **lui donner** une cravate.
We're going to give him a tie.

Il espère **vous prêter** le costume.
He's hoping to lend you the suit.

- In the **passé composé**, the indirect object pronoun comes before the auxiliary verb **avoir**.

Tu **lui** as parlé?
Did you speak to her?

Non, je ne **lui** ai pas parlé.
No, I didn't speak to her.

Verbs used with indirect object pronouns

demander à	to ask, to request	**parler à**	to speak/talk to
donner à	to give to	**poser une question à**	to pose/ask a question (to)
envoyer à	to send to	**prêter à**	to lend to
montrer à	to show to	**téléphoner à**	to phone, to call

- The indirect object pronouns **me** and **te** become **m'** and **t'** before a verb beginning with a vowel sound.

Ton petit ami **t'**envoie des e-mails.
Your boyfriend sends you e-mails.

Isabelle **m'**a prêté son sac à main.
Isabelle lent me her handbag.

M'a-t-il acheté ce pull?
Did he buy me this sweater?

Elles ne **t'**ont pas téléphoné hier?
Didn't they call you yesterday?

Disjunctive pronouns

- Disjunctive pronouns can be used alone or in phrases without a verb.

Qui prend du café?
Who's having coffee?

Moi!
Me!

Eux aussi?
Them, too?

- Disjunctive pronouns emphasize the person to whom they refer.

Moi, je porte souvent une casquette.
Me, I often wear a cap.

Mon frère, **lui**, il déteste les casquettes.
My brother, he hates caps.

- To say *myself, ourselves,* etc., add **-même(s)** after the disjunctive pronoun.

Tu fais ça **toi-même**?
Are you doing that yourself?

Ils organisent la fête **eux-mêmes**.
They're planning the party themselves.

- In the case of a few French verbs and expressions, you do not use the indirect object pronoun although the verb may be followed by **à** and a person or animal. Instead, use the disjunctive pronoun. One such expression is **penser à**.

Il **pense** souvent **à** ses grands-parents, n'est-ce pas?
He often thinks about his grandparents, doesn't he?

DISJUNCTIVE PRONOUN
Oui, il **pense** souvent **à** eux.
Yes, he often thinks about them.

> **À noter**
>
> In **Leçon 3B**, you learned to use disjunctive pronouns (**moi, toi, lui, elle, nous, vous, eux, elles**) after prepositions: **J'ai une écharpe pour ton frère/ pour lui**. (*I have a scarf for your brother/for him.*)

Essayez! **Complétez les phrases avec le pronom d'objet indirect approprié.**

1. Tu ___*nous*___ montres tes photos? (*us*)
2. Luc, je _____ donne ma nouvelle adresse. (*you, fam.*)
3. Vous _____ posez de bonnes questions. (*me*)
4. Nous _____ avons demandé. (*them*)
5. On _____ achète une nouvelle robe. (*you, form.*)
6. Ses parents _____ ont acheté un tailleur. (*her*)
7. Je vais _____ téléphoner à dix heures. (*him*)
8. Elle va _____ prêter sa jupe. (*me*)
9. Je _____ envoie des vêtements. (*you, plural*)
10. Est-ce que tu _____ as apporté ces chaussures? (*them*)
11. Il ne _____ donne pas son anorak? (*you, fam.*)
12. Nous ne _____ parlons pas! (*them*)

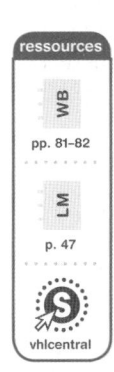

ressources

WB
pp. 81–82

LM
p. 47

S
vhlcentral

ESPACE **STRUCTURES**

Mise en pratique

1 **Complétez** Corinne fait du shopping avec sa copine Célia. Trouvez le bon pronom d'objet indirect ou disjonctif pour compléter ses phrases.

1. Je _____ achète des baskets. (à mes cousins)

2. Je _____ prends une ceinture. (à toi, Célia)

3. Nous _____ achetons une jupe. (à notre copine Christelle)

4. Célia _____ prend des lunettes de soleil. (à ma mère et à moi)

5. Je _____ achète des gants. (à ta mère et à toi, Célia)

6. Célia _____ achète un pantalon. (à moi)

7. Et, c'est l'annversaire de Magalie demain. Tu penses à _____, j'espère! (à Magalie)

2 **Dialogues** Complétez les dialogues.

1. M. SAUNIER Tu m'as posé une question, chérie?

   MME SAUNIER Oui. Je _____ ai demandé l'heure.

2. CLIENT Je cherche un beau pull.

   VENDEUSE Je vais _____ montrer ce pull noir.

3. VALÉRIE Tu as l'air triste. Tu penses à ton petit ami?

   MÉGHANE Oui, je pense à _____.

4. PROF 1 Mes étudiants ont passé l'examen.

   PROF 2 Tu _____ envoies les résultats?

5. MÈRE Qu'est-ce que vous allez faire?

   ENFANTS On va aller au cinéma. Tu _____ donnes de l'argent?

6. PIERRE Tu _____ téléphones ce soir?

   CHARLOTTE D'accord. Je te téléphone.

7. GÉRARD Christophe a oublié son pull. Il a froid!

   VALENTIN Je _____ prête mon blouson.

8. MÈRE Tu ne penses pas à Théo et Sophie?

   PÈRE Mais si, je pense souvent à _____.

3 **Assemblez** Avec un(e) partenaire, assemblez les éléments pour comparer vos familles et vos amis.

MODÈLE

Étudiant(e) 1: *Mon père me prête souvent sa voiture.*
Étudiant(e) 2: *Mon père, lui, il nous prête de l'argent.*

A	B	C
je	acheter	argent
tu	apporter	biscuits
mon père	envoyer	cadeaux
ma mère	expliquer	devoirs
mon frère	faire	e-mails
ma sœur	montrer	problèmes
mon/ma	parler	vêtements
petit(e) ami(e)	payer	voiture
mes copains	prêter	?
?	?	

Practice more at **vhlcentral.com**.

Communication

4 **Qu'allez-vous faire?** Avec un(e) partenaire, dites ce que vous allez faire dans ces situations. Employez les verbes de la liste et présentez vos réponses à la classe.

MODÈLE

Un ami a soif.
On va lui donner de l'eau.

acheter	montrer
apporter	parler
demander	poser des questions
donner	préparer
envoyer	prêter
faire	téléphoner

1. Une personne âgée a froid.
2. Des touristes sont perdus (*lost*).
3. Un homme est sans abri (*homeless*).
4. Votre tante est à l'hôpital.
5. Des amis vous invitent à manger chez eux.
6. Vos nièces ont faim.
7. Votre petit(e) ami(e) fête son anniversaire.
8. Votre meilleur(e) (*best*) ami(e) a des problèmes.
9. Vous ne comprenez pas le prof.
10. Vos parents voyagent en France pendant (*for*) un mois.

5 **Les cadeaux de l'année dernière** Par groupes de trois, parlez des cadeaux que vous avez achetés à votre famille et à vos amis l'année dernière. Que vous ont-ils acheté? Présentez vos réponses à la classe.

MODÈLE

Étudiant(e) 1: *Qu'est-ce que tu as acheté à ta mère?*
Étudiant(e) 2: *Je lui ai acheté un ordinateur.*
Étudiant(e) 3: *Ma copine Dominique m'a donné une montre.*

6 **Au grand magasin** Par groupes de trois, jouez les rôles de deux client(e)s et d'un(e) vendeur/vendeuse. Les client(e)s cherchent des vêtements pour faire des cadeaux. Ils parlent de ce qu'ils (*what they*) cherchent et le/la vendeur/vendeuse leur fait des suggestions.

ESPACE **STRUCTURES**

6B.2

Regular and irregular -re verbs  Tutorial

Point de départ You've already seen infinitives that end in **-er** and **-ir**. The infinitive forms of a third group of French verbs end in **-re**.

- Many **-re** verbs, such as **attendre** (*to wait*), follow a regular pattern of conjugation, as shown below.

attendre	
j'**attends**	nous **attendons**
tu **attends**	vous **attendez**
il/elle/on **attend**	ils/elles **attendent**

Tu **attends** devant le café?
Are you waiting in front of the café?

Nous **attendons** dans le magasin.
We're waiting in the store.

Où **attendez**-vous?
Where are you waiting?

Il faut **attendre** dans la bibliothèque.
You have to wait in the library.

- The verb **attendre** means *to wait* or *to wait for*. Unlike English, it does not require a preposition.

Marc **attend le bus**.
Marc is waiting for the bus.

Ils **attendent Robert**.
They're waiting for Robert.

Il **attend** ses parents à l'école.
He's waiting for his parents at school.

J'**attends** les soldes.
I'm waiting for a sale.

Other regular -re verbs			
descendre	*to go down; to take down*	**rendre (à)**	*to give back, to return (to)*
entendre	*to hear*	**rendre visite (à)**	*to visit someone*
perdre (son temps)	*to lose (to waste one's time)*	**répondre (à)**	*to answer, to respond (to)*
		vendre	*to sell*

- To form the past participle of regular **-re** verbs, drop the **-re** from the infinitive and add **-u**.

Les étudiants ont **vendu** leurs livres.
The students sold their books.

Il a **entendu** arriver la voiture de sa femme.
He heard his wife's car arrive.

J'ai **répondu** à ton e-mail.
I answered your e-mail.

Nous avons **perdu** patience.
We lost patience.

- **Rendre visite à** means *to visit a person*, while **visiter** means *to visit a place*.

Tu **rends visite à ta grand-mère** le lundi.
You visit your grandmother on Mondays.

Cécile va **visiter le musée** aujourd'hui.
Cécile is going to visit the museum today.

Avez-vous **rendu visite à vos cousins**?
Did you visit your cousins?

Nous **avons visité Rome** l'année dernière.
We visited Rome last year.

- Some verbs whose infinitives end in **-re** are irregular.

Irregular -re verbs

	conduire *(to drive)*	mettre *(to put (on))*	rire *(to laugh)*
je	conduis	mets	ris
tu	conduis	mets	ris
il/elle/on	conduit	met	rit
nous	conduisons	mettons	rions
vous	conduisez	mettez	riez
ils/elles	conduisent	mettent	rient

Je **conduis** la voiture.
I'm driving the car.

Thérèse **met** ses gants.
Thérèse puts on her gloves.

Elles **rient** pendant le spectacle.
They laugh during the show.

Other irregular -re verbs

like *conduire*		like *mettre*	
construire	*to build, to construct*	**permettre**	*to allow*
détruire	*to destroy*	**promettre**	*to promise*
produire	*to produce*		
réduire	*to reduce*	like *rire*	
traduire	*to translate*	**sourire**	*to smile*

- The past participle of the verb **mettre** is **mis**. Verbs derived from **mettre** (**permettre**, **promettre**) follow the same pattern: **permis, promis**.

  Où est-ce que tu **as mis** mes lunettes de soleil?
  Where did you put my sunglasses?

  Je lui **ai promis** de faire la cuisine.
  I promised her that I'd cook.

- The past participle of **conduire** is **conduit**. Verbs like **conduire** follow the same pattern: **construire** → **construit**; **détruire** → **détruit**; **produire** → **produit**; **réduire** → **réduit**; **traduire** → **traduit**.

- The past participle of **rire** is **ri**. The past participle of **sourire** is **souri**.

Boîte à outils

The French verbs **permettre** and **promettre** are followed by the preposition **à** and an indirect object to mean *to allow someone* or *to promise someone*: **permettre à quelqu'un** and **promettre à quelqu'un**.

Leur avez-vous permis de commencer à dix heures?
Did you allow them to start at 10 o'clock?

Je te promets de ne pas partir.
I promise you I won't leave.

Essayez! Complétez les phrases avec la forme correcte du présent du verbe.

1. Ils _attendent_ (attendre) l'arrivée du train.
2. Nous _____ (répondre) aux questions du professeur.
3. Je _____ (sourire) quand je suis heureuse.
4. Si on _____ (construire) trop, on _____ (détruire) la nature.
5. Quand il fait froid, vous _____ (mettre) un pull.
6. Est-ce que les étudiants _____ (entendre) le professeur?
7. Keiko _____ (conduire) sa voiture ce week-end.
8. Si le café n'est pas bon, je _____ (mettre) du sucre (*sugar*).

ressources

WB
pp. 83–84

LM
p. 48

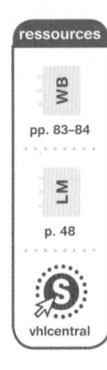

vhlcentral

Mise en pratique

1 **Qui fait quoi?** Quelles phrases vont avec les illustrations?

1.   2.   3.   4.

_____ a. Martin attend ses copains.

_____ b. Nous rendons visite à notre grand-mère.

_____ c. Vous vendez de jolis vêtements.

_____ d. Je ris en regardant un film.

2 **Les clients difficiles** Henri et Gilbert travaillent pour un grand magasin. Complétez leur conversation.

GILBERT Tu n'as pas encore mangé?

HENRI Non, j' (1) _____ (attendre) Jean-Michel.

GILBERT Il ne (2) _____ (descendre) pas tout de suite. Il (3) _____ (perdre) son temps avec un client difficile. Il (4) _____ (mettre) des cravates, des costumes, des chaussures...

HENRI Nous ne (5) _____ (vendre) pas souvent à des clients comme ça.

GILBERT C'est vrai. Ils (6) _____ (promettre) d'acheter quelque chose, puis ils partent les mains vides (*empty*).

3 **Au centre commercial** Daniel et ses copains ont passé (*spent*) la journée au centre commercial hier. Utilisez les éléments donnés pour faire des phrases complètes. Ajoutez d'autres éléments nécessaires.

1. Omar et moi / conduire / centre commercial
2. Guillaume / attendre / dix minutes / devant / cinéma
3. Hervé et Thérèse / vendre / pulls
4. Lise / perdre / sac à main
5. tu / mettre / robe / bleu
6. Sandrine et toi / ne pas répondre / vendeur

4 **La journée de Béatrice** Hier, Béatrice a fait une liste des choses à faire. Avec un(e) partenaire, utilisez les verbes de la liste au passé composé pour dire (*to say*) tout ce qu'elle a fait.

attendre	mettre
conduire	rendre visite
entendre	traduire

1. devoir d'espagnol   4. tante Albertine
2. mon nouveau CD   5. gants dans mon sac
3. e-mail de Sébastien   6. vieille voiture

Communication

5 **Fréquence** Employez les verbes de la liste et d'autres verbes pour dire (*to tell*) à un(e) partenaire ce que (*what*) vous faites tous les jours, une fois par mois et une fois par an. Alternez les rôles.

MODÈLE

Étudiant(e) 1: *J'attends mes copains au resto U tous les jours.*
Étudiant(e) 2: *Moi, je rends visite à mes grands-parents une fois par mois.*

attendre	perdre
conduire	rendre
entendre	répondre
mettre	sourire

6 **Les charades** Par groupes de quatre, jouez aux charades. Chaque étudiant(e) pense à une phrase différente avec un des verbes en -**re**. La première personne qui devine (*guesses*) propose la prochaine charade.

7 **Questions personnelles** Avec un(e) partenaire, posez-vous ces questions à tour de rôle.

1. Réponds-tu tout de suite (*immediately*) à tes e-mails?
2. As-tu promis à tes parents de faire quelque chose? Quoi?
3. Que mets-tu quand tu vas à un mariage? Pour aller à l'école? Pour sortir avec des copains?
4. Tes parents te permettent-ils de sortir tard pendant la semaine?
5. Conduis-tu la voiture de tes parents? Comment conduis-tu?
6. À qui rends-tu visite pendant les vacances?
7. Quelle est la dernière fois que tu as beaucoup ri? Avec qui?
8. As-tu déjà vendu quelque chose sur Internet? Quoi?

8 **La journée des vendeuses** Votre professeur va vous donner, à vous et à votre partenaire, une série d'illustrations qui montrent la journée d'Aude et d'Aurélie. Attention! Ne regardez pas la feuille de votre partenaire.

MODÈLE

Étudiant(e) 1: *Le matin, elles ont conduit pour aller au magasin.*
Étudiant(e) 2: *Après,...*

Révision

1

Je leur téléphone Par groupes de quatre, interviewez vos camarades. Préparez dix questions avec un verbe et une personne de la liste. Écrivez les réponses.

MODÈLE

Étudiant(e) 1: Est-ce que tu parles souvent à ton frère?
Étudiant(e) 2: Oui, je lui parle le lundi.

verbes	personnes
donner un cadeau	copain ou copine d'enfance
envoyer une carte/un e-mail	cousin ou cousine
parler	grands-parents
rendre visite	petit(e) ami(e)
téléphoner	sœur ou frère

2

Mes e-mails Ces personnes vous envoient des e-mails. Que faites-vous? Vous ne répondez pas, vous attendez quelques jours, vous leur téléphonez? Par groupes de trois, comparez vos réactions.

MODÈLE

Étudiant(e) 1: Ma mère m'envoie un e-mail tous les jours.
Étudiant(e) 2: Tu lui réponds tout de suite?
Étudiant(e) 3: Tu préfères lui téléphoner?

1. un e-mail anonyme
2. un e-mail d'un(e) camarade de classe
3. un e-mail d'un professeur
4. un e-mail d'un(e) ami(e) d'enfance
5. un e-mail d'un(e) ex-petit(e) ami(e)
6. un e-mail de vos parents

3

Une liste Des membres de votre famille ou des amis vous ont donné ou acheté des vêtements que vous n'aimez pas du tout. Faites une liste de quatre ou cinq de ces vêtements. Comparez votre liste à la liste d'un(e) camarade.

MODÈLE

Étudiant(e) 1: Ma soeur m'a donné une écharpe verte et laide et mon père m'a acheté des chaussettes marron trop petites!
Étudiant(e) 2: L'année dernière, mon petit ami m'a donné...

4

Quoi mettre? Vous et votre partenaire allez faire des choses différentes. Un(e) partenaire va fêter la retraite de ses parents à Tahiti. L'autre va skier dans les Alpes. Qu'allez-vous porter? Demandez des vêtements à votre partenaire si vous n'aimez pas tous les vêtements de votre ensemble.

MODÈLE

Étudiant(e) 1: Est-ce que tu me prêtes ton tee-shirt violet?
Étudiant(e) 2: Ah non, j'ai besoin de ce tee-shirt. Tu me prêtes ton pantalon?

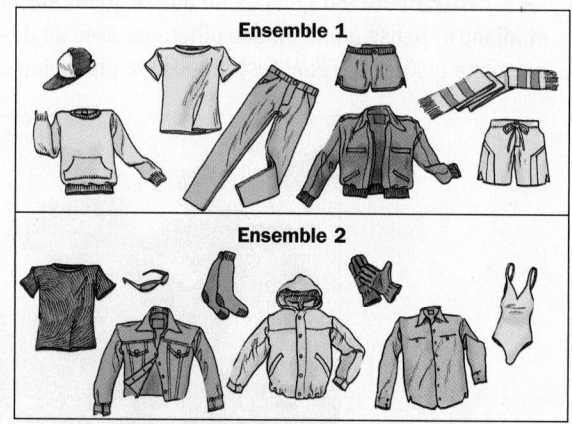

Ensemble 1

Ensemble 2

5

S'il te plaît Votre ami(e) a acheté un nouveau vêtement que vous aimez beaucoup. Vous essayez de convaincre (*to convince*) cet(te) ami(e) de vous prêter ce vêtement. Préparez un dialogue avec un(e) partenaire où vous employez tous les verbes. Jouez la scène pour la classe.

aller avec	montrer
aller bien	prêter
donner	promettre
mettre	rendre

6

Bon anniversaire, Nicolas! Votre professeur va vous donner, à vous et à votre partenaire, deux feuilles d'activités différentes. Attention! Ne regardez pas la feuille de votre partenaire.

MODÈLE

Étudiant(e) 1: Les amis de Nicolas lui téléphonent.
Étudiant(e) 2: Ensuite, ...

À l'écoute

🔊 Audio: Activities

Préparation

Regardez la photo. Où sont Pauline et Sarah? Que font-elles? Décrivez les vêtements qu'elles regardent. À votre avis, pour quelle occasion cherchent-elles des vêtements?

🔊 À vous d'écouter

Écoutez la conversation entre Pauline et Sarah. Après une deuxième écoute, indiquez si les actions suivantes sont du **passé (p)**, du **présent (pr)** ou du **futur (f)**.

___ 1. aller à la fête de la cousine de Pauline

___ 2. beaucoup danser

___ 3. rencontrer un musicien

___ 4. déjeuner avec un garçon intéressant

___ 5. chercher de nouveaux vêtements

___ 6. mettre des chaussures en cuir noir

___ 7. aimer une robe bleue

___ 8. acheter la robe bleue

Compréhension

Complétez Complétez les phrases.

1. Pauline cherche des vêtements pour ___.
   a. un dîner   b. une fête   c. un rendez-vous

2. Pauline va acheter un pantalon noir et ___.
   a. un tee-shirt   b. une chemise rose   c. un maillot de bain

3. Sarah pense que ___ ne vont pas avec les nouveaux vêtements.
   a. l'écharpe verte   b. les baskets roses   c. les lunettes de soleil

4. D'après Sarah, les chaussures ___ sont élégantes.
   a. en cuir noir   b. roses   c. en soie

5. La couleur préférée de Sarah n'est pas le ___.
   a. rose   b. jaune   c. vert

6. Sarah cherche un vêtement pour ___.
   a. un déjeuner   b. la fête de retraite de son père   c. un mariage

7. Sarah va acheter une robe en soie ___.
   a. à manches courtes   b. à manches longues   c. rouge

8. La robe existe en vert, en bleu et en ___.
   a. noir   b. marron   c. blanc

Une occasion spéciale Décrivez la dernière fois que vous avez fêté une occasion spéciale. Qu'est-ce que vous avez fêté? Où? Comment? Avec qui? Qu'est-ce que vous avez mis comme vêtements? Et les autres?

MODÈLE

Samedi, nous avons fêté l'anniversaire de mon petit ami. Nous avons invité nos amis Paul, Marc, Julia et Naomi dans un restaurant élégant. Moi, j'ai mis une belle robe verte en coton. Mon petit ami a mis un costume gris. Paul a mis...

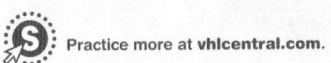 Practice more at **vhlcentral.com**.

S Interactive Map

Panorama

L'Algérie

Le pays en chiffres

▶ **Superficie:** *2.381.741 km²*

▶ **Population:** *39.447.000*
SOURCE: Population Division, UN Secretariat

▶ **Industries principales:** *agriculture, gaz naturel, acier et métallurgie, pétrole°*

▶ **Ville capitale:** *Alger*

▶ **Monnaie:** *dinar algérien*

▶ **Langues:** *arabe, français*

L'Algérie est un paradoxe francophone. Environ la moitié des Algériens parlent français. C'est donc le second plus grand pays francophone du monde, après la France. Cependant, pour des raisons historiques datant de l'époque de la colonisation, l'Algérie n'a pas souhaité rejoindre l'Organisation internationale de la Francophonie.

Personnages célèbres

▶ **Mohamed Fellag,** *acteur, humoriste* *(1950–)*

▶  **Khaled,** *chanteur* *(1960–)*

▶  **Albert Camus,** *écrivain* *(1913–1960)*

▶  **Hélène Cixous,** *écrivaine* *(1937–)*

pétrole *oil* **renard** *fox* **pèse** *weighs* **chat** *cat* **oreilles** *ears* **sable** *sand*

LA FRANCE

L'OCÉAN ATLANTIQUE
LE PORTUGAL
L'ESPAGNE

LA MER MÉDITERRANÉE

Sétif
Oran
Alger
Constantine
Tlemcen

LES CHAÎNES DE L'ATLAS

LA TUNISIE

LE MAROC

L'ALGÉRIE

LA LYBIE

LE SAHARA OCCIDENTAL

LA MAURITANIE

LE SAHARA

LE MALI

Le Theatre d'Oran

Algeria Sahara Desert

un café à Tlemcen, en Algérie

Incroyable mais vrai!

Le fennec est un petit renard° des déserts d'Afrique du Nord: il mesure environ 20 centimètres et pèse° moins de deux kilogrammes, ce qui est plus petit qu'un chat°! Le fennec a de très longues oreilles° et une fourrure blanche et beige, comme le sable°. C'est l'animal symbolique de l'Algérie et la mascotte de son équipe de football.

Les arts

Assia Djebar (1936–2015)

Lauréate de nombreux prix littéraires et cinématographiques, Assia Djebar fait partie des écrivains et cinéastes algériens les plus talentueux. Dans ses œuvres°, Djebar présente le point de vue° féminin avec l'intention de donner une voix° aux femmes algériennes. *La Soif*, son premier roman°, sort en 1957. C'est plus tard, pendant qu'elle enseigne l'histoire à l'université d'Alger, qu'elle devient cinéaste et sort son premier film, *La Nouba des femmes du Mont Chenoua*, en 1979. Le film reçoit le prix de la critique internationale au festival du film de Venise. En 2005, Assia Djebar devient le premier écrivain du Maghreb, homme ou femme, à être élue° à l'Académie française.

La gastronomie

Le couscous

Le couscous est sans doute le plat d'origine berbère le plus populaire dans le monde. Le mot «couscous» désigne à la fois la semoule de blé dur° qui forme la base du plat et la préparation elle-même. Traditionnellement, on prépare le couscous dans un couscoussier: les légumes et la viande cuisent à feu doux° dans la partie inférieure et produisent de la vapeur pour la cuisson° de la semoule placée au-dessus. Il existe de nombreuses variantes de coucous. Toutes ont des légumes, mais peuvent être aussi accompagnées de différentes viandes ou de poisson. Le couscous se mange salé ou sucré, froid ou chaud. C'est l'un des trois plats préférés des Français!

Les destinations

La Casbah d'Alger

La Casbah d'Alger est le quartier historique au centre de la ville d'Alger, la capitale de l'Algérie. Elle comprend la médina, ou vieille ville, et une citadelle. L'ensemble est construit sur une colline° qui domine la mer Méditerranée et forme un panorama majestueux et bien gardé. Les rues étroites et sinueuses° de la Casbah ne permettent pas la circulation des voitures et la couleur blanche de ses maisons est devenue le symbole de la ville d'Alger. L'origine de la Casbah remonte à l'époque antique et aux Phéniciens, mais la Casbah occupe toujours une place importante dans la culture et la société algériennes modernes. C'est un port d'entrée pour les migrants ruraux et un des foyers° de la culture populaire algérienne. La Casbah est classée au patrimoine mondial de l'Unesco depuis 1992.

Les gens

Les Touareg, peuple du désert

Les Touareg sont un peuple du désert qui vit dans cinq pays africains différents. Leur territoire s'appelle «tinariwen», ce qui veut dire «les déserts», et leur mode de vie est traditionnellement nomade, c'est-à-dire qu'ils se déplacent avec les saisons et ne vivent pas toujours au même endroit. Pendant la saison des pluies, en été, ils emmènent leurs troupeaux dans les prairies° au sud du Sahara. À la saison sèche°, ils vont dans les endroits qui ont des ressources en eau permanentes et des arbres°. Les Touareg sont aussi surnommés les «hommes bleus», car ils portent souvent un turban de cette couleur qui déteint° sur leur peau°.

Qu'est-ce que vous avez appris? Répondez aux questions par des phrases complètes.

1. Quel animal symbolise l'Algérie?
2. Qui est le premier écrivain du Maghreb élu à l'Académie française?
3. Quelle est l'intention principale d'Assia Djebar dans ses œuvres?
4. Dans quoi est-ce qu'on prépare le couscous?
5. Est-ce que le couscous est un plat populaire en France?
6. Comment est-ce qu'on mange le couscous?
7. Qu'est-ce que la médina à Alger?
8. De quelle couleur sont les maisons de la Casbah d'Alger?
9. Comment s'appelle le territoire des Touareg?
10. Comment est-ce qu'on surnomme les Touareg?

ressources

WB
pp. 85–86
vhlcentral

Sur Internet

Go to **vhlcentral.com** to find more cultural information related to this **Panorama**.

1. Trouvez une recette de couscous. Quelle est la liste des ingrédients et quelles sont les étapes de sa préparation?

2. Cherchez des informations sur le raï, un genre de musique qui vient d'Algérie. Trouvez une ou deux chanson(s) de raï. Est-ce que vous aimez ce style de musique? Pourquoi?

3. Trouvez des photos de la Casbah d'Alger. Comment sont son architecture et le style de ses maisons?

œuvres *works* **point de vue** *viewpoint* **voix** *voice* **roman** *novel* **à être élue** *to be elected* **semoule de blé dur** *hard wheat semolina* **cuisent à feux doux** *cook gently* **cuisson** *cooking* **colline** *hill* **étroites et sinueuses** *narrow and winding* **foyers** *centers* **prairies** *meadows* **sèche** *dry* **arbres** *trees* **déteint** *rubs off* **peau** *skin*

S Interactive Map

Panorama

Marché de Douz

Le Maroc

Le pays en chiffres

- **Superficie:** *710.850 km²*
- **Population:** *34.378.000*
- **Industries principales:** *agriculture, tourisme*
- **Ville capitale:** *Rabat*
- **Monnaie:** *dirham*
- **Langues:** *arabe, français*

La Tunisie

Le pays en chiffres

- **Superficie:** *163.610 km²*
- **Population:** *11.254.000*
- **Industries principales:** *agriculture, tourisme*
- **Ville capitale:** *Tunis*
- **Monnaie:** *dinar tunisien*
- **Langues:** *arabe, français*

Personnages célèbres

- Juliette Smaja-Zerah, *Tunisie, première avocate de Tunisie (1890–1973)*

-  **Nezha Chekrouni**, *Maroc, politicienne (1955–)*

- **Hicham El Guerrouj**, *Maroc, athlète (1974–)*

- **Albert Memmi**, *Tunisie, écrivain (1920–)*

Pourtant *Yet* **tourné** *shot*

L'OCÉAN ATLANTIQUE
LE PORTUGAL
L'ESPAGNE
LA MER MÉDITERRANÉE

Bizerte
Tunis Carthage
Tanger
Rabat
Fès
Casablanca
Douz Sfax
LA TUNISIE
LES CHAÎNES DE L'ATLAS
Marrakech
LE MAROC
L'ALGÉRIE
LE SAHARA OCCIDENTAL
LA LYBIE
LA MAURITANIE
LE SAHARA
LE MALI

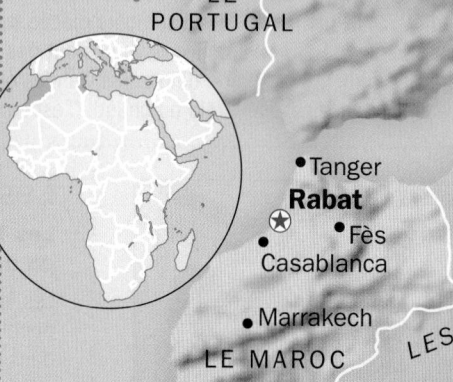
Tour Hassan, Rabat

Vieux port de Bizerte

Incroyable mais vrai!

La ville de Casablanca est associée à un grand classique du cinéma américain des années 1940, avec Humphrey Bogart et Ingrid Bergman. Pourtant°, ce film a été tourné° à 6.000 kilomètres de là, dans les studios d'Hollywood, et pas du tout à Casablanca! Cette ville est aujourd'hui la plus grande métropole du Maghreb et un des plus importants centres urbains d'Afrique.

Les régions

Le Maghreb

La région du Maghreb, en Afrique du Nord, est composée du Maroc, de l'Algérie et de la Tunisie. Envahis° aux VIIe et VIIIe siècles par les Arabes, les trois pays deviennent plus tard des colonies françaises avant de retrouver leur indépendance dans les années 1950–1960. La population du Maghreb est composée d'Arabes, d'Européens et de Berbères, les premiers habitants de l'Afrique du Nord. Le Grand Maghreb inclut ces trois pays, plus la Libye et la Mauritanie. En 1989, les cinq pays ont formé l'Union du Maghreb Arabe dans l'espoir° de créer une union politique et économique. Mais le projet a été ralenti° par des tensions entre l'Algérie et le Maroc à propos du Sahara occidental°.

Les gens

Gad Elmaleh

Né à Casablanca, Gad Elmaleh a commencé sa carrière d'humoriste° et d'acteur en France, après avoir fait des études de sciences politiques à Montréal. Il écrit et joue ses spectacles°, dans lesquels il incarne des personnages hilarants, dont plusieurs sont devenus des personnages cultes connus° de tous les Français. Ainsi, Chouchou, un personnage de travesti° romantique, a inspiré un film du même nom sorti en 2002 et vu par 4 millions de spectateurs°. La carrière cinématographique de Gad Elmaleh comprend° aussi des films avec Steven Spielberg et Woody Allen. En 2015, il joue à New York *Oh My Gad*, un spectacle écrit en anglais, à la suite duquel° les médias américains le décrivent comme le Jerry Seinfeld français.

Les destinations

Site archéologique de Carthage

«Il faut détruire Carthage!», une phrase célèbre prononcée par Caton l'Ancien devant le Sénat romain, est aujourd'hui le synonyme de l'idée d'acharnement°. Située sur la côte de la Tunisie actuelle, Carthage était°, dans l'Antiquité, une ville phénicienne qui menaçait° la puissance maritime, économique et militaire de Rome. Après trois guerres et un siège de quatre ans, Rome réussit enfin à atteindre son objectif et à détruire la ville. Les restes de cette époque antique dite «punique» sont dispersés à travers la Carthage moderne et forment un grand site archéologique fragmenté. Ce site est classé au patrimoine mondial de l'Unesco depuis 1989, mais il est aujourd'hui menacé par les constructions et le développement urbain.

Les traditions

Les hammams

Inventés par les Romains et adoptés par les Arabes, les hammams, ou «bains turcs», sont très nombreux et populaires en Afrique du Nord. Ce sont des bains de vapeur° composés de plusieurs pièces—souvent trois—où la chaleur est plus ou moins forte. L'architecture des hammams varie d'un endroit à un autre, mais ces bains de vapeur servent tous de lieux où se laver et de centres sociaux très importants dans la culture régionale. Les gens s'y réunissent aux grandes occasions de la vie, comme pour les mariages et les naissances, et y vont aussi de manière habituelle pour se détendre et bavarder entre amis.

Qu'est-ce que vous avez appris? Répondez aux questions par des phrases complètes.

1. Où a été tourné le film *Casablanca*?
2. Quels sont les trois pays principaux du Maghreb?
3. De quels groupes ethniques est composée la population du Maghreb?
4. Où est né Gad Elmaleh?
5. À qui est-ce que les médias américains comparent Gad Elmaleh?
6. Quelle est la phrase célèbre prononcée par Caton devant le Sénat romain?
7. À quelle culture la ville de Carthage est-elle associée pendant l'Antiquité?
8. Où sont les restes de la ville antique de Carthage?
9. Qui a inventé les hammams?
10. Combien de pièces les hammams ont-ils en général?

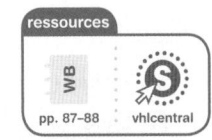

ressources

WB
pp. 87–88   vhlcentral

Sur Internet

Go to **vhlcentral.com** to find more cultural information related to this **Panorama**.

1. Carthage a plusieurs sites archéologiques célèbres à visiter, comme les thermes d'Antonin, le théâtre ou l'amphithéâtre. Lequel de ces lieux vous intéresse le plus et pourquoi?

2. Quel est le but de l'association L'Mdina Wel Rabtine à Tunis et quelles initiatives propose-t-elle pour sauver les hammams de la ville?

3. Qui sont les Berbères et quelle influence ont-ils eue sur l'histoire du Maghreb?

Envahis *Invaded* **espoir** *hope* **ralenti** *slowed down* **occidental** *Western* **humoriste** *comedian* **spectacles** *shows* **connus** *known* **travesti** *transvestite* **spectateurs** *audience* **comprend** *includes* **à la suite duquel** *after which* **acharnement** *relentlessness* **était** *was* **menaçait** *was threatening* **bains de vapeur** *steam baths*

Lecture

 Audio: Reading

Avant la lecture

Examinez le texte

Voici quelques mots que vous avez déjà appris. Pour chaque mot, trouvez un terme de la même famille dans le texte et utilisez un dictionnaire pour donner son équivalent en anglais.

MODÈLE

ami	*amitié*	*friendship*
1 diplôme	_____	_____
2. commencer	_____	_____
3. sortir	_____	_____
4. timide	_____	_____
5. difficile	_____	_____
6. préférer	_____	_____

Familles de mots

Avec un(e) partenaire, trouvez le bon mot pour compléter chaque famille de mots. (Note: vous avez appris tous les mots qui manquent (*all the missing words*) dans cette unité et il y a un mot de chaque famille dans le texte.)

MODÈLE

attendre	*l'attente*	*attendu(e)*
VERBE	**NOM**	**ADJECTIF**
1. boire	la boisson	_____
2. _____	la fête	festif/festive
3. vivre	_____	vif/vive
4. rajeunir	_____	jeune
5. surprendre	_____	surpris(e)
6. _____	la réponse	répondu(e)

Ça y est, c'est officiel!

Bravo, jeunes diplômés°! C'est le commencement d'une nouvelle vie. Il est maintenant temps de fêter ça!

Pour faire retomber la pression°, Mathilde, Christophe, Alexandre et Laurence vous invitent à fêter entre amis votre diplôme bien mérité°!

À laisser chez vous:
La timidité, la fatigue, les soucis° et les difficultés des études et de la vie quotidienne° pour une ambiance festive

Quoi d'autre?
Un groupe de musique (le frère de Mathilde et sa bande) va venir° jouer pour nous!

À apporter:
Nourriture° et boissons: Chaque invité apporte quelque chose pour le buffet: salades, plats° froids/chauds, fruits, desserts, boissons
Activités: Jeux de cartes, ballons°, autres jeux selon° vos préférences, chaises pliantes°, maillot de bain (pour la piscine), crème solaire
Surprenez-nous!

Quand:
Le samedi 16 juillet (de 16h00 à minuit)

Où:
Chez les parents de Laurence, 14 route des Mines, Allouagne, Nord-Pas-de-Calais

Comment y aller°:
À la sortie d'Allouagne, prenez la route de Lozinghem. Tournez à gauche sur la route des Mines. Le numéro 14 est la grande maison sur la droite. (Nous allons mettre des ballons° de couleurs sur la route pour indiquer l'endroit.)

Au programme:
Faire la fête, bien sûr! Manger (buffet et barbecue), rire, danser et fêter la fin des cours! Attendez-vous à passer un bon moment!

Autres activités:
Activités en plein air° (football, badmington, volley, piscine... et surtout détente°!)

Pour répondre à cette invitation:
Téléphonez à Laurence (avant le 6 juillet, SVP°) au 06.14.55.85.80 ou par e-mail:
laurence@courriel.fr

Ça y est! *That's it!* **diplômés** *graduates* **faire retomber la pression** *to unwind* **bien mérité** *well deserved* **soucis** *worries* **vie quotidienne** *daily life* **va venir** *is going to come* **Nourriture** *Food* **plats** *dishes* **ballons** *balls* **selon** *depending on* **pliantes** *folding* **y aller** *get there* **ballons** *balloons* **en plein air** *outdoor* **détente** *relaxation* **svp** *please*

Après la lecture

Vrai ou faux? Indiquez si les phrases sont **vraies** ou **fausses**. Corrigez les phrases fausses.

1. C'est une invitation à une fête d'anniversaire.

2. Les invités vont passer un mauvais moment.

3. On va manger des salades et des desserts.

4. Les invités vont faire toutes les activités dans la maison.

5. Un groupe de musique va jouer à la fête.

6. La fête commence à 16h00.

Conseillez Vous êtes Laurence, un des organisateurs de la fête. Les invités veulent (*want*) assister à la fête, mais ils vous contactent pour parler de leurs soucis respectifs. Donnez-leur des conseils (*advice*) pour les mettre à l'aise (*at ease*).

MODÈLE

Isabelle: J'ai beaucoup de soucis cette semaine.
Vous: *Tu vas laisser tes soucis à la maison et venir (come) à la fête.*

1. Thomas: Je ne sais (*know*) pas quoi apporter.
   Vous: _____

2. Sarah: Je me perds (*get lost*) facilement quand je conduis.
   Vous: _____

3. Sylvie: Je ne fais pas de sport.
   Vous: _____

4. Salim: Je veux (*want*) répondre à l'invitation, mais je n'ai pas d'ordinateur.
   Vous: _____

5. Sandra: Je n'aime pas le barbecue.
   Vous: _____

6. Véronique: J'aime faire du sport en plein air, mais je n'aime pas le football.
   Vous: _____

On va à la fête? Vous êtes invité(e) à cette fête et vous allez amener un(e) ami(e). Téléphonez à cet(te) ami(e) (votre partenaire) pour l'inviter. Donnez des détails et répondez aux questions de votre ami(e) sur les hôtes, les invités, les activités de l'après-midi et de la soirée, les choses à apporter, etc.

Écriture

How to report an interview

There are several ways to prepare a written report about an interview. You can transcribe the interview verbatim, you can summarize it, or you can combine summary with direct quotations. Whatever your approach, the report should begin with an interesting title and a brief introduction including the five W's (*who, what, when, where, why*) and the H (*how*) of the interview. The report should end with an interesting conclusion. Note that when you transcribe a conversation in French, you should pay careful attention to format and punctuation.

Écrire une conversation en français

- Pour indiquer qui parle dans une conversation, on peut mettre le nom de la personne qui parle devant sa phrase.

  MONIQUE Lucie, qu'est-ce que tu vas mettre pour l'anniversaire de Julien?

  LUCIE Je vais mettre ma robe en soie bleue à manches courtes. Et toi, tu vas mettre quoi?

  MONIQUE Eh bien, une jupe en coton et un chemisier, je pense. Ou peut-être mon pantalon en cuir avec... Tiens, tu me prêtes ta chemise jaune et blanche?

  LUCIE Oui, si tu me la rends (*return it to me*) dimanche. Elle va avec le pantalon que je vais porter la semaine prochaine.

- On peut aussi commencer les phrases avec des tirets (*dashes*) pour indiquer quand une nouvelle personne parle.

  — Qu'est-ce que tu as acheté comme cadeau pour Julien?

  — Une cravate noire et violette. Elle est très jolie. Et toi?

  — Je n'ai pas encore acheté son cadeau. Des lunettes de soleil peut-être?

  — Oui, c'est une bonne idée! Et il y a des soldes à Saint-Louis Lunettes.

Thème

Écrire une interview

Avant l'écriture

1. Clarisse Deschamps est une styliste suisse. Elle dessine des vêtements pour les jeunes et va présenter sa nouvelle collection sur votre campus. Vous allez interviewer Clarisse pour le journal de votre université.

   Préparez une liste de questions à poser à Clarisse Deschamps sur sa nouvelle collection. Vous pouvez (*can*) poser des questions sur:

   - les types de vêtements
   - les couleurs
   - le style
   - les prix

Quoi?	1. 2.
Comment?	1. 2.
Pour qui?	1. 2.
Combien?	1. 2.
Pourquoi?	1. 2.
Où?	1. 2.
Quand?	1. 2.

2. Une fois que vous avez rempli (*filled out*) le tableau (*chart*), choisissez les questions à poser pendant (*during*) l'interview.

3. Une fois (*Once*) vos questions finalisées, notez les réponses. Ensuite (*Then*), organisez les informations en catégories telles que (*such as*) les types de vêtements, les couleurs et les styles, la clientèle, le prix, etc.

Écriture

Écrivez un compte rendu (*report*) de l'interview.

- Commencez par une courte introduction.

  MODÈLE *Voici une interview de Clarisse Deschamps, styliste suisse.*

- Résumez (*Summarize*) les informations obtenues (*obtained*) pour chaque catégorie et présentez ces éléments de manière cohérente. Citez la personne interviewée au moins deux fois (*at least twice*).

  MODÈLE *Je lui ai demandé: —Quel genre de vêtements préférez-vous porter pour sortir?*
  Elle m'a répondu: —Moi, je préfère porter une robe noire. C'est très élégant.

- Terminez par une brève (*brief*) conclusion.

  MODÈLE *On vend la collection de Clarisse Deschamps à Vêtements & Co à côté de l'université. Cette semaine, il y a des soldes!*

Tête-à-tête avec Clarisse Deschamps

Voici une interview de Clarisse Deschamps, styliste suisse.

Je lui ai demandé:
- Quel genre de vêtements préférez-vous porter pour sortir?
Elle m'a répondu:
- Moi, je préfère porter une robe noire. C'est très élégant...

On vend la collection de Clarisse Deschamps à Vêtements & Co à côté de l'université. Cette semaine, il y a des soldes!

Après l'écriture

1. Échangez votre compte rendu avec celui (*the one*) d'un(e) partenaire. Répondez à ces questions pour commenter son travail.

- Votre partenaire a-t-il/elle organisé les informations en plusieurs catégories?

- A-t-il/elle inclu au moins deux citations (*quotes*) dans son compte rendu?

- A-t-il/elle utilisé le bon style pour écrire les citations?

- A-t-il/elle utilisé les bonnes formes verbales?

2. Corrigez votre compte rendu d'après (*according to*) les commentaires de votre partenaire. Relisez votre travail pour éliminer ces problèmes:

- des fautes (*errors*) d'orthographe

- des fautes de ponctuation

- des fautes de conjugaison

- des fautes d'accord (*agreement*) des adjectifs

- un mauvais emploi (*use*) de la grammaire

 **Vocabulary Tools**

Leçon 6A

Les fêtes

faire la fête *to party*
faire une surprise (à quelqu'un)
  to surprise (someone)
fêter *to celebrate*
organiser une fête *to plan a party*
une bière *beer*
un biscuit *cookie*
un bonbon *candy*
le champagne *champagne*
un dessert *dessert*
un gâteau *cake*
la glace *ice cream*
un glaçon *ice cube*
le vin *wine*
un cadeau *present, gift*
une fête *party; celebration*
un hôte/une hôtesse *host(ess)*
un(e) invité(e) *guest*
un jour férié *holiday*
une surprise *surprise*

Périodes de la vie

l'adolescence (f.) *adolescence*
l'âge adulte (m.) *adulthood*
un divorce *divorce*
l'enfance (f.) *childhood*
une étape *stage*
l'état civil (m.) *marital status*
la jeunesse *youth*
un mariage *marriage; wedding*
la mort *death*
la naissance *birth*
la vie *life*
la vieillesse *old age*
prendre sa retraite *to retire*
tomber amoureux/amoureuse
  to fall in love
avant-hier *the day before yesterday*
hier *yesterday*

Les relations

une amitié *friendship*
un amour *love*
le bonheur *happiness*
un couple *couple*
un(e) fiancé(e) *fiancé; fiancée*
des jeunes mariés (m.) *newlyweds*
un rendez-vous *date; appointment*
ensemble *together*

Expressions utiles

See p. 229.

Demonstrative adjectives

ce(t)(te)/ces *this/these; that/those*
...-ci *...here*
...-là *...there*

Leçon 6B

Les vêtements

aller avec *to go with*
porter *to wear*
un anorak *ski jacket, parka*
des baskets (f.)
  sneakers, tennis shoes
un blouson *jacket*
une casquette *(baseball) cap*
une ceinture *belt*
un chapeau *hat*
une chaussette *sock*
une chaussure *shoe*
une chemise (à manches courtes/
  longues) *shirt (short-/long-sleeved)*
un chemisier *blouse*
un costume *(man's) suit*
une cravate *tie*
une écharpe *scarf*
un gant *glove*
un jean *jeans*
une jupe *skirt*
des lunettes (de soleil) (f.)
  (sun)glasses
un maillot de bain
  swimsuit, bathing suit
un manteau *coat*
un pantalon *pants*
un pull *sweater*
une robe *dress*
un sac à main *purse, handbag*
un short *shorts*
un sous-vêtement *underwear*
une taille *clothing size*
un tailleur *(woman's) suit; tailor*
un tee-shirt *tee shirt*
des vêtements (m.) *clothing*
des soldes (m.) *sales*
un vendeur/une vendeuse
  salesman/saleswoman
bon marché *inexpensive*
chaque *each*
cher/chère *expensive*
large *loose; big*
serré(e) *tight*

Les couleurs

De quelle couleur...? *In what color...?*
blanc(he) *white*
bleu(e) *blue*
gris(e) *gray*
jaune *yellow*
marron *brown*
noir(e) *black*
orange *orange*
rose *pink*
rouge *red*
vert(e) *green*
violet(te) *purple; violet*

Verbes en -re

attendre *to wait*
conduire *to drive*
construire *to build; to construct*
descendre *to go down; to take down*
détruire *to destroy*
entendre *to hear*
mettre *to put (on); to place*
perdre (son temps) *to waste
  (one's time)*
permettre *to allow*
produire *to produce*
promettre *to promise*
réduire *to reduce*
rendre (à) *to give back; to return (to)*
rendre visite (à) *to visit someone*
répondre (à) *to respond, to answer (to)*
rire *to laugh*
sourire *to smile*
traduire *to translate*
vendre *to sell*

Expressions utiles

See p. 247.

Indirect object pronouns

me *to/for me*
te *to/for you*
lui *to/for him/her*
nous *to/for us*
vous *to/for you*
leur *to/for them*

Disjunctive pronouns

moi *me*
toi *you*
lui/elle *him/her*
nous *us*
vous *you*
eux/elles *them*
moi-même *myself*
toi-même *yourself*
lui-/elle-même *him-/herself*
nous-mêmes *ourselves*
vous-même(s) *yourself/(yourselves)*
eux-/elles-mêmes *themselves*

En vacances

꩜ Pour commencer

- Indiquez les couleurs qu'on voit (*sees*) sur la photo.
- On est en été ou en hiver?
- Quel(s) vêtement(s) Stéphane porte-t-il?
- Quelle(s) activité(s) Stéphane peut-il pratiquer là où il se trouve?

Leçon 7A

You will learn how to...

- describe trips you have taken
- tell where you went

Vocabulary Tools

une sortie

Il utilise un plan. (utiliser)

le soleil!

Elle bronze. (bronzer)

la plage

la mer

les gens (*m.*)

Le Figaro

le journal

Vocabulaire

faire du shopping	to go shopping
faire les valises	to pack one's bags
faire un séjour	to spend time (somewhere)
partir en vacances	to go on vacation
prendre un train (un taxi, un (auto)bus, un bateau)	to take a train (taxi, bus, boat)
rouler en voiture	to ride in a car
un aéroport	airport
un arrêt d'autobus (de bus)	bus stop
un billet aller-retour	round-trip ticket
un billet (d'avion, de train)	(plane, train) ticket
un (jour de) congé	day off
une douane	customs
une gare (routière)	train station (bus terminal)
une station (de métro)	(subway) station
une station de ski	ski resort
un ticket (de bus, de métro)	(bus, subway) ticket
des vacances (*f.*)	vacation
un vol	flight
à l'étranger	abroad, overseas
la campagne	country(side)
une capitale	capital
un pays	country
(en/l') Allemagne (*f.*)	(to/in) Germany
(en/l') Angleterre (*f.*)	(to/in) England
(en/la) Belgique (belge)	(to/in) Belgium (Belgian)
(au/le) Brésil (brésilien(ne))	(to/in) Brazil (Brazilian)
(en/la) Chine (chinois(e))	(to/in) China (Chinese)
(en/l') Irlande (irlandais(e)) (*f.*)	(to/in) Ireland (Irish)
(en/l') Italie (*f.*)	(to/in) Italy
(au/le) Japon	(to/in) Japan
(en/la) Suisse	(to/in) Switzerland

Bon voyage!

ressources

WB
pp. 89–90

LM
p. 49

vhlcentral

Mise en pratique

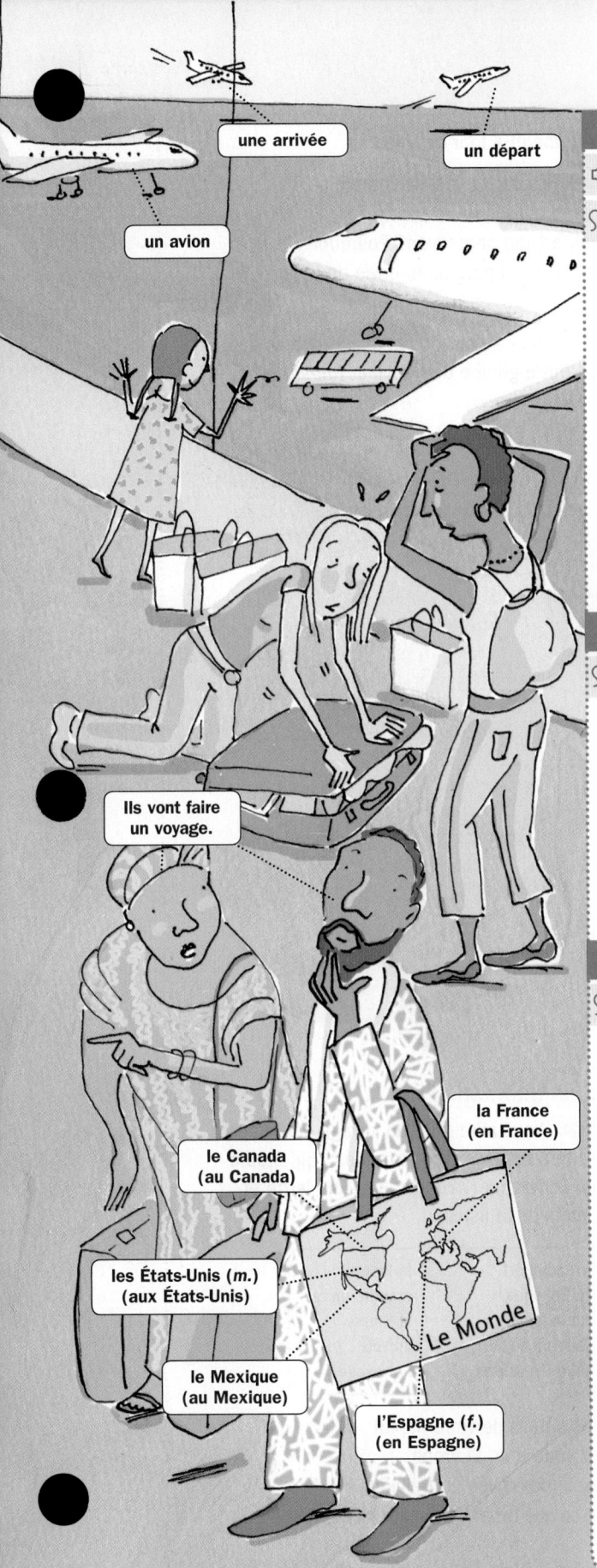

une arrivée

un départ

un avion

Ils vont faire un voyage.

le Canada
(au Canada)

les États-Unis (m.)
(aux États-Unis)

le Mexique
(au Mexique)

la France
(en France)

l'Espagne (f.)
(en Espagne)

Le Monde

1 **Écoutez** Écoutez Cédric et Nathalie parler de leurs vacances. Ensuite (*Then*), complétez les phrases avec un mot ou une expression de la section **ESPACE CONTEXTES**. Notez que toutes les options ne sont pas utilisées.

____ 1. Nathalie va partir...

____ 2. Nathalie a déjà...

____ 3. Nathalie va peut-être...

____ 4. La famille de Cédric...

____ 5. Paul pense que l'Espagne est...

____ 6. Pour Cédric, les plages du Brésil...

____ 7. Un jour, Cédric va faire...

____ 8. Nathalie va utiliser...

a. sont idéales pour bronzer.

b. son billet d'avion.

c. le plan de Paris de Cédric.

d. la capitale du Mexique.

e. le tour du monde.

f. à l'étranger.

g. n'a pas encore décidé entre l'Espagne, le Mexique et le Brésil.

h. un pays superbe.

i. faire un séjour en Italie.

2 **Chassez l'intrus** Indiquez le mot ou l'expression qui ne convient pas.

1. faire un séjour, partir en vacances, un jour de congé, une station de ski

2. un aéroport, une station de métro, une arrivée, une gare routière

3. une douane, un départ, une arrivée, une sortie

4. le monde, un pays, le journal, une capitale

5. la campagne, la mer, la plage, des gens

6. prendre un bus, un arrêt de bus, utiliser un plan, une gare routière

7. bronzer, prendre un avion, un vol, un aéroport

8. prendre un taxi, rouler en voiture, un vol, une gare routière

3 **Les vacances** Justine va partir en vacances demain. Complétez le paragraphe avec les mots et expressions de la liste. Toutes les options ne sont pas utilisées.

aller-retour	faire ma valise	sortie
une arrivée	pays	station
faire un séjour	plage	taxi
faire du shopping	prendre un bus	vol

Demain, je pars en vacances. Je vais (1) _____ avec mon frère à l'île Maurice, une petite île (*island*) tropicale dans l'océan Indien. Nous allons (2) _____ pour l'aéroport à 7h00. Mon frère veut (*wants*) prendre un (3) _____, mais moi, je pense qu'il faut économiser parce que j'ai envie de (4) _____ au marché et dans les boutiques de Port-Louis, la capitale. Le (5) _____ est à 10h. Nous n'avons pas besoin de visa pour le voyage; pour entrer dans le (6) _____, il faut seulement montrer un passeport et un billet (7) _____. J'ai acheté un nouveau maillot de bain pour aller à la (8) _____. Et maintenant, je vais (9) _____!

Communication

4 **Répondez** Avec un(e) partenaire, posez-vous ces questions et répondez-y (*them*) à tour de rôle.

1. Où pars-tu en vacances cette année? Quand?
2. Quand fais-tu tes valises? Avec combien de valises voyages-tu?
3. Préfères-tu la mer, la campagne ou les stations de ski?
4. Comment vas-tu à l'aéroport? Prends-tu l'autobus? Le métro?

5. Quelles sont tes vacances préférées?
6. Quand utilises-tu un plan?
7. Quel est ton pays favori? Pourquoi?
8. Dans quel(s) pays as-tu envie de voyager?

5 **Décrivez** Avec un(e) partenaire, écrivez (*write*) une description des images. Donnez autant de (*as many*) détails que possible. Ensuite (*Then*), rejoignez un autre groupe et lisez vos descriptions. L'autre groupe doit deviner (*must guess*) quelle image vous décrivez (*describe*).

1.

2.

3.

4.

5.

6.

6 **Conversez** Votre professeur va vous donner, à vous et à votre partenaire, une feuille d'activités. Vous avez décidé de partir en voyage ensemble dans une région francophone. L'un(e) de vous a fait des recherches sur Internet et a trouvé trois possibilités de voyages. Travaillez à deux pour finaliser votre choix. Attention! Ne regardez pas la feuille de votre partenaire.

7 **Un voyage** Vous allez faire un voyage en Europe et rendre visite à votre cousin, Jean-Marc, qui étudie en Belgique. Écrivez-lui (*Write to him*) une lettre et utilisez les mots de la liste.

un aéroport	la France
la Belgique	prendre un taxi
un billet	la Suisse
faire un séjour	un vol
faire les valises	un voyage

- Parlez des détails de votre départ.
- Expliquez votre tour d'Europe.
- Organisez votre arrivée en Belgique.
- Parlez de ce que (*what*) vous allez faire ensemble.

Les sons et les lettres  Audio

Diacriticals for meaning

Some French words with different meanings have nearly identical spellings except for a diacritical mark (*accent*). Sometimes a diacritical does not affect pronunciation at all.

ou	**où**	**a**	**à**
or	*where*	*has*	*to, at*

Sometimes, you can clearly hear the difference between the words.

côte	**côté**	**sale**	**salé**
coast	*side*	*dirty*	*salty*

Very often, two similar-looking words are different parts of speech. Many similar-looking word pairs are those with and without an **-é** at the end.

âge	**âgé**	**entre**	**entré (entrer)**
age (n.)	*elderly* (adj.)	*between* (prep.)	*entered* (p.p.)

In such instances, context should make their meaning clear.

Tu as quel âge?
How old are you? / What is your age?

C'est un homme âgé.
He's an elderly man.

Prononcez Répétez les mots suivants à voix haute.

1. la (*the*)   là (*there*)
2. êtes (*are*)   étés (*summers*)
3. jeune (*young*)   jeûne (*fasting*)
4. pêche (*peach*)   pêché (*fished*)

Articulez Répétez les phrases suivantes à voix haute.

1. J'habite dans une ferme (*farm*).
   Le magasin est fermé (*closed*).
2. Les animaux mangent du maïs (*corn*).
   Je suis suisse, mais il est belge.
3. Est-ce que tu es prête?
   J'ai prêté ma voiture (*car*) à Marcel.
4. La lampe est à côté de la chaise.
   J'adore la côte ouest de la France.

Dictons Répétez les dictons à voix haute.

À vos marques, prêts, partez! [1]

C'est un prêté pour un rendu. [2]

[2] One good turn deserves another. (lit. It is one loaned for one returned.)
[1] On your mark, get set, go!

ressources

LM
p. 50

vhlcentral

De retour au P'tit Bistrot

 Video

PERSONNAGES

David

Rachid

Sandrine

Stéphane

À la gare...

RACHID Tu as fait bon voyage?
DAVID Salut! Excellent, merci.
RACHID Tu es parti pour Paris avec une valise et te voici avec ces énormes sacs en plus!
DAVID Mes parents et moi sommes allés aux Galeries Lafayette. On a acheté des vêtements et des trucs pour l'appartement aussi.

RACHID Ah ouais?
DAVID Mes parents sont arrivés des États-Unis jeudi soir. Ils ont pris une chambre dans un bel hôtel, tout près de la tour Eiffel.
RACHID Génial!
DAVID Moi, je suis arrivé à la gare vendredi soir. Et nous sommes allés dîner dans une excellente brasserie. Mmm!

DAVID Samedi, on a pris un bateau-mouche sur la Seine. J'ai visité un musée différent chaque jour: le musée du Louvre, le musée d'Orsay...
RACHID En résumé, tu as passé de bonnes vacances dans la capitale... Bon, on y va?
DAVID Ah, euh, oui, allons-y!

STÉPHANE Pour moi, les vacances idéales, c'est un voyage à Tahiti. Ahhh... la plage, et moi en maillot de bain avec des lunettes de soleil... et les filles en bikini!
DAVID Au fait, je n'ai pas oublié ton anniversaire.
STÉPHANE Ouah! Super, ces lunettes de soleil! Merci, David, c'est gentil.

DAVID Désolé de ne pas avoir été là pour ton anniversaire, Stéphane. Alors, ils t'ont fait la surprise?
STÉPHANE Oui, et quelle belle surprise! J'ai reçu des cadeaux trop cool. Et le gâteau de Sandrine, je l'ai adoré.
DAVID Ah, Sandrine... elle est adorable... Euh, Stéphane, tu m'excuses une minute?

DAVID Coucou! Je suis de retour!
SANDRINE Oh! Salut, David. Alors, tu as aimé Paris?
DAVID Oui! J'ai fait plein de choses... de vraies petites vacances! On a fait...

1 **Les événements** Mettez ces événements dans l'ordre chronologique.

_____ **a.** Rachid va chercher David.

_____ **b.** Stéphane parle de son anniversaire.

_____ **c.** Sandrine va faire une réservation.

_____ **d.** David donne un cadeau à Stéphane.

_____ **e.** Rachid mentionne que David a beaucoup de sacs.

_____ **f.** Stéphane met les lunettes de soleil.

_____ **g.** Stéphane décrit (*describes*) ses vacances idéales.

_____ **h.** David parle avec Sandrine.

_____ **i.** Sandrine pense à ses vacances.

_____ **j.** Rachid et David repartent en voiture.

 Practice more at **vhlcentral.com**.

David parle de ses vacances.

STÉPHANE Alors, ces vacances? Tu as fait un bon séjour?

DAVID Oui, formidable!

STÉPHANE Alors, vous êtes restés combien de temps à Paris?

DAVID Quatre jours. Ce n'est pas très long, mais on a visité pas mal d'endroits.

STÉPHANE Comment est-ce que vous avez visité la ville? En voiture?

DAVID En voiture!? Tu es fou! On a pris le métro, comme tout le monde.

STÉPHANE Tes parents n'aiment pas conduire?

DAVID Si, à la campagne, mais pas en ville, surtout une ville comme Paris. On a visité les monuments, les musées...

STÉPHANE Et Monsieur l'artiste a aimé les musées de Paris?

DAVID Je les ai adorés!

SANDRINE Oh! Des vacances!

DAVID Oui... Des vacances? Qu'est-ce qu'il y a?

SANDRINE Je vais à Albertville pour les vacances d'hiver. On va faire du ski!

SANDRINE Est-ce que tu skies?

DAVID Un peu, oui...

SANDRINE Désolée, je dois partir. J'ai une réservation à faire! Rendez-vous ici demain, David. D'accord? Ciao!

Expressions utiles

Talking about vacations

- **Tu es parti pour Paris avec une valise et te voici avec ces énormes sacs en plus!**
  You left for Paris with one suitcase and here you are with these huge extra bags!
- **Nous sommes allés aux Galeries Lafayette.**
  We went to the Galeries Lafayette.
- **On a acheté des trucs pour l'appartement aussi.**
  We also bought some things for the apartment.
- **Moi, je suis arrivé à la gare vendredi soir et nous sommes allés dîner.**
  I got to the station Friday night and we went to dinner.
- **On a pris un bateau-mouche sur la Seine.**
  We took a sightseeing boat on the Seine.
- **Vous êtes restés combien de temps à Paris?**
  How long did you stay in Paris?
- **On a pris le métro, comme tout le monde.**
  We took the subway, like everyone else.
- **J'ai fait plein de choses.**
  I did a lot of things.
- **Les musées de Paris, je les ai adorés!**
  I loved the museums in Paris!

Additional vocabulary

- **Alors, ils t'ont fait la surprise?**
  So, they surprised you?
- **J'ai reçu des cadeaux trop cool.**
  I got the coolest gifts.
- **Le gâteau, je l'ai adoré.**
  I loved the cake.
- **Tu m'excuses une minute?**
  Would you excuse me a minute?
- **Oui, formidable!**
  Yes, wonderful!
- **Qu'est-ce qu'il y a?**
  What's the matter?
- **Désolé(e), je dois partir.**
  Sorry, I have to go.

---

2 **Questions** Répondez aux questions.

1. David est parti pour Paris avec combien de valises? À son retour (*Upon his return*), est-ce qu'il a le même nombre de valises?

2. Qu'est-ce que David a fait pour ses vacances?

3. Qu'est-ce que David donne à Stéphane comme cadeau d'anniversaire? Stéphane aime-t-il le cadeau?

4. Quelles sont les vacances idéales de Stéphane?

5. Qu'est-ce que Sandrine va faire pour ses vacances d'hiver?

3 **Écrivez** Imaginez: vous êtes David, Stéphane ou Sandrine et vous allez en vacances à Paris, Tahiti ou Albertville. Écrivez un e-mail à Valérie. Quel temps fait-il? Où est-ce que vous restez? Quels vêtements est-ce que vous avez apportés? Qu'est-ce que vous faites chaque jour?

ressources

pp. 25–26 | vhlcentral

A C T I V I T É S

 Reading

CULTURE À LA LOUPE

Tahiti

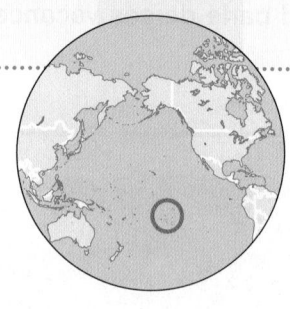

Tahiti, dans le sud° de l'océan Pacifique, est la plus grande île° de la Polynésie française. Elle devient° un protectorat français en 1842, puis° une colonie française en 1880. Depuis 1959, elle fait partie de la collectivité d'outre-mer° de Polynésie française. Les langues officielles de Tahiti sont le français et le tahitien.

Le tourisme est une activité très importante pour l'île. Ses hôtels de luxe et leurs fameux bungalows sur l'eau accueillent° près de 170.000 visiteurs par an. Les touristes apprécient Tahiti pour son climat chaud, ses superbes plages et sa culture riche en traditions. À Tahiti, il y a la possibilité de faire toutes sortes d'activités aquatiques comme du bateau, de la pêche, de la planche à voile ou de la plongée°. On peut aussi faire des randonnées en montagne ou explorer les nombreux lagons bleus de l'île. Si on n'a pas envie de faire de sport, on peut se relaxer dans un spa, bronzer à la plage ou se promener° sur l'île. Papeete, capitale de la Polynésie française et ville principale de Tahiti, offre de bons restaurants, des boîtes de nuit, des boutiques variées et un marché.

sud *south* la plus grande île *the largest island* devient *becomes* puis *then* collectivité d'outre-mer *overseas territory* accueillent *welcome* plongée *scuba diving* se promener *go for a walk*

Coup de main

Si introduces a hypothesis. It may come at the beginning or in the middle of a sentence.

si + [*subject*] + [*verb*] + [*subject*] + [*verb*]

Si on n'a pas envie de faire de sport, on peut se relaxer dans un spa.

[*subject*] + [*verb*] + **si** + [*subject*] + [*verb*]

On peut se relaxer dans un spa **si** on n'a pas envie de faire de sport.

ACTIVITÉS

1 **Répondez** Répondez aux questions par des phrases complètes.

1. Où est Tahiti?
2. Quand est-ce que Tahiti devient une colonie française?
3. De quoi fait partie Tahiti?
4. Quelles langues parle-t-on à Tahiti?
5. Quelle particularité ont les hôtels de luxe à Tahiti?
6. Combien de personnes visitent Tahiti chaque année?
7. Pourquoi est-ce que les touristes aiment visiter Tahiti?
8. Quelles sont deux activités sportives que les touristes aiment faire à Tahiti?
9. Comment s'appelle la ville principale de Tahiti?
10. Où va-t-on à Papeete pour acheter un cadeau pour un ami?

LE FRANÇAIS QUOTIDIEN

À la gare

contrôleur	*ticket inspector*
couchette	*berth*
guichet	*ticket window*
horaire	*schedule*
quai	*train/metro platform*
voie	*track*
wagon-lit	*sleeper car*
composter	*to punch one's (train) ticket*

LE MONDE FRANCOPHONE

Les transports

Voici quelques faits insolites° dans les transports.

Au Canada Inauguré en 1966, le métro de Montréal est le premier du monde à rouler° sur des pneus° plutôt que° sur des roues° en métal. Chaque station a été conçue° par un architecte différent.

En France L'Eurotunnel (le tunnel sous la Manche°) permet aux trains Eurostar de transporter des voyageurs et des marchandises entre la France et l'Angleterre.

En Mauritanie Le train du désert, en Mauritanie, en Afrique, est peut-être le train de marchandises le plus long° du monde. Long de 2,5 km en général, le train fait six voyages chaque jour du Sahara à la côte ouest°. C'est un voyage de plus de 600 km qui dure° 12 heures. Un des seuls moyens° de transport dans la région, ce train est aussi un train de voyageurs.

faits insolites *unusual facts* **rouler** *ride* **pneus** *tires* **plutôt que** *rather than* **roues** *wheels* **conçue** *designed* **Manche** *English Channel* **le plus long** *the longest* **côte ouest** *west coast* **dure** *lasts* **seuls moyens** *only means*

PORTRAIT

Le musée d'Orsay

Le musée d'Orsay, situé sur la rive° gauche de la Seine, est un des musées parisiens les plus° visités. Le lieu n'a pourtant° pas toujours été un musée. À l'origine, ce bâtiment° est une gare, construite par l'architecte Victor Laloux et inaugurée en 1900 à l'occasion de l'Exposition universelle. Les voies° de la gare d'Orsay deviennent° trop courtes et en 1939, on décide de limiter le service aux trains de banlieue. Plus tard, la gare sert de décor à des films, comme *Le Procès*, adapté du roman de Kafka par Orson Welles, puis° de théâtre et de salle de ventes aux enchères°. En 1986, le bâtiment est transformé et on inaugure le musée. Il est principalement dédié° à l'art du dix-neuvième siècle°, avec une collection magnifique d'art impressionniste. À Orsay, la grande diversité de l'art

Danseuses en bleu,
Edgar Degas

occidental est mise en valeur: peinture, sculpture, arts décoratifs, arts graphiques, photographie ou encore architecture. On peut y voir des chefs-d'œuvre° d'artistes comme Manet, Courbet, Cézanne, Monet ou Renoir. Il est possible de découvrir les collections grâce aux audioguides, disponibles en plusieurs langues, qui commentent plus de 300 œuvres. La boutique du musée d'Orsay propose des affiches, des livres et des accessoires de décoration ou de mode. On trouve aussi des restaurants dans le musée.

rive *bank* **les plus** *the most* **pourtant** *however* **bâtiment** *building* **voies** *tracks* **deviennent** *become* **puis** *then* **ventes aux enchères** *auction* **principalement dédié** *mainly dedicated* **siècle** *century* **chefs-d'œuvre** *masterpieces* **siècle** *century*

---

2 **Vrai ou faux?** Indiquez si les phrases sont **vraies** ou **fausses**. Corrigez les phrases fausses.

1. Le musée d'Orsay a été un théâtre.
2. Le musée d'Orsay a été une station de métro.
3. Le musée d'Orsay est dédié à la sculpture moderne.
4. Les audioguides sont seulement proposés en français.
5. Il y a un tunnel entre la France et la Guyane française.
6. Le métro de Montréal roule sur des roues en métal.

3 **Comment voyager?** Vous allez passer deux semaines en France. Vous avez envie de visiter Paris et deux autres régions. Par petits groupes, parlez des moyens (*means*) de transport que vous allez utiliser pendant votre voyage. Expliquez vos choix (*choices*).

Ⓢ Practice more at **vhlcentral.com**.

ACTIVITÉS

7A.1

The *passé composé* with *être*  Tutorial

Point de départ In **Leçon 6A**, you learned to form the **passé composé** with **avoir**. Some verbs, however, form the **passé composé** with **être**. Many such verbs involve motion. You have already learned a few of them: **aller, arriver, descendre, partir, sortir, passer, rentrer,** and **tomber**.

- To form the **passé composé** of these verbs, use a present-tense form of the auxiliary verb **être** and the past participle of the verb that expresses the action.

PRESENT TENSE	PAST PARTICIPLE		PRESENT TENSE	PAST PARTICIPLE
Je **suis**	**allé**.		Il **est**	**sorti**.

Tu es parti pour Paris.

Il **est rentré** hier.
He came back yesterday.

Mes parents sont arrivés des États-Unis.

Je **suis tombé** de la chaise.
I fell off the chair.

- The past participles of verbs conjugated with **être** agree with their subjects in number and gender.

The *passé composé*

je suis **allé(e)**	*I went/have gone*	**nous** sommes **allé(e)s**	*we went/have gone*
tu es **allé(e)**	*you went/have gone*	**vous** êtes **allé(e)(s)**	*you went/have gone*
il/on est **allé**	*he/it/one went/has gone*	**ils** sont **allés**	*they went/have gone*
elle est **allée**	*she/it went/has gone*	**elles** sont **allées**	*they went/have gone*

Charles, tu **es allé** à Montréal?
Charles, did you go to Montreal?

Florence **est partie** en vacances.
Florence went on vacation.

Mes frères **sont rentrés**.
My brothers came back.

Elles **sont arrivées** hier soir.
They arrived last night.

- To make a verb negative in the **passé composé**, place **ne/n'** and **pas** around the auxiliary verb, in this case, **être**.

Marie-Thérèse **n'est pas sortie**?
Marie-Thérèse didn't go out?

Nous **ne sommes pas allées** à la plage.
We didn't go to the beach.

Je **ne suis pas passé** chez mon amie.
I didn't drop by my friend's house.

Tu **n'es pas rentré** à la maison hier.
You didn't come home yesterday.

- Here is a list of verbs that take **être** in the **passé composé**, including the ones you already know.

À noter

The verb **venir** (*to come*) also takes **être** in the **passé composé**. You will learn this verb in **Leçon 9A**.

Verbs that take *être* in the *passé composé*			
aller		passer	
arriver		rentrer	
partir		sortir	
descendre		tomber	
entrer	*to enter*	rester	*to stay*
monter	*to go up; to get in/on*	retourner	*to return*
mourir	*to die*	naître	*to be born*

- These verbs have irregular past participles in the **passé composé**.

naître ▶ né   mourir ▶ mort

Mes parents **sont nés** en 1958 à Paris.   Ma grand-mère **est morte** l'année dernière.
My parents were born in Paris in 1958.   *My grandmother died last year.*

- Note that the verb **passer** takes **être** when it means *to pass by*, but it takes **avoir** when it means *to spend time*.

Maryse **est passée** à la douane.   Maryse **a passé** trois jours à la campagne.
Maryse passed through customs.   *Maryse spent three days in the country.*

- The verb **sortir** takes **être** in the **passé composé** when it means *to go out* or *to leave*, but it takes **avoir** when it means *to take someone or something out*.

Elle **est sortie** de chez elle.   Elle **a sorti** la voiture du garage.
She left her house.   *She took the car out of the garage.*

- To form a question using inversion in the **passé composé**, invert the subject pronoun and the conjugated form of **être**.

Est-elle restée à l'hôtel Aquabella?   **Êtes-vous arrivée** ce matin, Madame Roch?
Did she stay at the Aquabella Hotel?   *Did you arrive this morning, Mrs. Roch?*

- In affirmative statements, place short adverbs such as **déjà**, **encore**, **bien**, **mal**, and **beaucoup** between the auxiliary verb **être** and the past participle. In negative statements, place these adverbs after **pas**.

Elle **est déjà rentrée** de vacances?   Nous **ne sommes pas encore arrivés** à Lyon.
She already came back from vacation?   *We haven't arrived in Lyons yet.*

Essayez!   Choisissez le participe passé approprié.

1. Vous êtes (nés / né) en 1959, Monsieur?
2. Les élèves sont (partis / parti) le 2 juin.
3. Les filles sont (rentrées / rentrés) de vacances.
4. Simone de Beauvoir est-elle (mort / morte) en 1986?
5. Mes frères sont (sortis / sortie).
6. Paul n'est pas (resté / restée) chez sa grand-mère.
7. Tu es (arrivés / arrivée) avant dix heures, Sophie.
8. Jacqueline a (passée / passé) une semaine en Suisse.

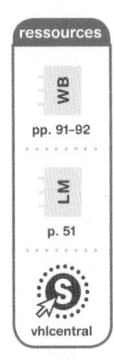

ressources

WB
pp. 91–92

LM
p. 51

vhlcentral

ESPACE **STRUCTURES**

Mise en pratique

1

Un week-end sympa Carole raconte son week-end à Paris. Complétez l'histoire avec les formes correctes des verbes au passé composé.

Thomas et moi, nous (1) _____ (partir) de Lyon samedi et nous (2) _____ (arriver) à Paris à onze heures. Nous (3) _____ (passer) à l'hôtel et puis je (4) _____ (aller) au Louvre. En route, je (5) _____ (tomber) sur un vieil ami, et nous (6) _____ (aller) prendre un café. Ensuite, je (7) _____ (entrer) dans le musée. Samedi soir, Thomas et moi (8) _____ (monter) au sommet de la tour Eiffel et après nous (9) _____ (sortir) en boîte. Dimanche, nous (10) _____ (retourner) au Louvre. Alors aujourd'hui, je suis fatiguée.

2

La routine Voici ce que Nadia et Éric font aujourd'hui. Dites qu'ils ont fait les mêmes activités samedi dernier.

1. Ils vont au parc.
2. Nadia fait du cheval.
3. Éric passe une heure à la bibliothèque.
4. Nadia sort avec ses amis.
5. Ils rentrent tard le soir.
6. Ils jouent au golf.

3

Dimanche dernier Dites ce que (*what*) ces personnes ont fait dimanche dernier. Utilisez les verbes de la liste.

Laure

▶ **MODÈLE**

Laure est allée à la piscine.

aller	rentrer
arriver	rester
monter	sortir

1. je

2. tu

3. nous

4. Pamela et Caroline

_____ _____ _____ _____

4

L'accident Le mois dernier, Djénaba et Safiatou sont allées au Sénégal. Avec un(e) partenaire, complétez les phrases au passé composé. Ensuite, mettez-les dans l'ordre chronologique.

_____ a. les filles / partir pour Dakar en avion

_____ b. Djénaba / tomber de vélo

_____ c. elles / aller faire du vélo dimanche matin

_____ d. elles / arriver à Dakar tard le soir

_____ e. elles / rester à l'hôtel Sofitel

_____ f. elle / aller à l'hôpital

Practice more at **vhlcentral.com**.

Communication

5 **Les vacances de printemps** Avec un(e) partenaire, parlez de vos dernières vacances de printemps. Répondez à toutes ses questions.

MODÈLE

quand / partir
Étudiant(e) 1: *Quand es-tu parti(e)?*
Étudiant(e) 2: *Je suis parti(e) vendredi soir.*

1. où / aller
2. avec qui / partir
3. comment / voyager
4. à quelle heure / arriver
5. où / dormir

6. combien de temps / rester
7. que / visiter
8. sortir / souvent le soir
9. que / acheter
10. quand / rentrer

6 **Enquête** Votre professeur va vous donner une feuille d'activités. Circulez dans la classe et demandez à différents camarades s'ils ont fait ces choses récemment (*recently*). Présentez les résultats de votre enquête à la classe.

MODÈLE

Étudiant(e) 1: *Es-tu allé(e) au musée récemment?*
Étudiant(e) 2: *Oui, je suis allé(e) au musée jeudi dernier.*

Questions	Nom
1. aller au musée	François
2. passer chez ses amis	
3. sortir en boîte	
4. rester à la maison pour écouter de la musique	
5. partir en week-end avec un copain	
6. monter en avion	

7 **À l'aéroport** Par groupes de quatre, parlez d'une mauvaise expérience dans un aéroport. À tour de rôle, racontez (*tell*) vos aventures et posez le plus (*most*) de questions possible. Utilisez les expressions de la liste et d'autres aussi.

MODÈLE

Étudiant(e) 1: *Quand je suis rentré(e) de la Martinique, j'ai attendu trois heures à la douane.*
Étudiant(e) 2: *Quelle horreur! Pourquoi?*

aller	passer
arriver	perdre
attendre	plan
avion	prendre un avion
billet (aller-retour)	sortir
douane	tomber
gens	valise
partir	vol

7A.2

Direct object pronouns  Tutorial

Point de départ In **Leçon 6B**, you learned about indirect objects. You are now going to learn about direct objects.

DIRECT OBJECT	INDIRECT OBJECT

J'ai fait **un cadeau à ma sœur**.
I gave a present to my sister.

- A direct object is a noun that follows a verb and answers the question *what* or *whom*. Note that a direct object receives the action of a verb directly and an indirect object receives the action of a verb indirectly. While indirect objects are frequently preceded by the preposition **à**, no preposition is needed before a direct object.

DIRECT OBJECT
J'emmène **mes parents**.
I'm taking my parents.

but

INDIRECT OBJECT
Je parle **à mes parents**.
I'm talking to my parents.

Tes parents sont allés te chercher?

Tu m'excuses une minute?

Direct object pronouns

singular			plural		
me/m'	*me*		**nous**	*us*	
te/t'	*you*		**vous**	*you*	
le/la/l'	*him/her/it*		**les**	*them*	

- You can use a direct object pronoun in the place of a direct object noun.

Tu fais **les valises**?
Are you packing the suitcases?

▶ Tu **les** fais?
Are you packing them?

Ils retrouvent **Luc** à la gare.
They're meeting Luc at the train station.

▶ Ils **le** retrouvent à la gare.
They're meeting him at the train station.

Tu visites souvent **la Belgique**?
Do you visit Belgium often?

▶ Tu **la** visites souvent?
Do you visit there often?

- Place a direct object pronoun before the conjugated verb. In the **passé composé**, place a direct object pronoun before the conjugated form of the auxiliary verb **avoir**.

Les langues? Laurent et Xavier **les** étudient.
Languages? Laurent and Xavier study them.

Les étudiants **vous** ont entendu.
The students heard you.

M'attendez-vous à l'aéroport?
Are you waiting for me at the airport?

Et Daniel? **L'**as-tu retrouvé au cinéma?
And Daniel? Did you meet him at the movies?

- In a negative statement, place the direct object pronoun between **ne/n'** and the conjugated verb.

  Le chinois? Je **ne le parle pas**.
  Chinese? I don't speak it.

  Elle **ne l'a pas** pris à 14 heures?
  She didn't take it at 2 o'clock?

- When an infinitive follows a conjugated verb, the direct object pronoun precedes the infinitive.

  Marcel va **nous écouter**.
  Marcel will listen to us.

  Tu ne préfères pas **la porter** demain?
  Wouldn't you rather wear it tomorrow?

Et le gâteau, je l'ai adoré!

Les musées, je les ai adorés!

- When a direct object pronoun is used with the **passé composé**, the past participle must agree with it in both gender and number.

  J'ai mis **la valise** dans la voiture ce matin.
  I put the suitcase in the car this morning.

   Je **l'ai mise** dans la voiture ce matin.
  I put it in the car this morning.

  J'ai attendu **les filles** à la gare.
  I waited for the girls at the train station.

  Je **les ai attendues** à la gare.
  I waited for them at the train station.

- When the gender of the direct object pronoun is ambiguous, the past participle agreement will indicate the gender of the direct object to which it refers.

  Ses copains ne **l'ont pas trouvée**.
  Her friends didn't find her.

  Mon père **nous** a **entendus**.
  My father heard us.

- In questions using **Quel(s)/Quelle(s)** and the **passé composé**, the past participle must agree with the gender and number of **Quel(s)/Quelle(s)**.

  Quel hôtel avez-vous **choisi**?
  Which hotel did you choose?

  Quels pays as-tu **visités**?
  Which countries did you visit?

  Quelle plage as-tu **préférée**?
  Which beach did you prefer?

  Quelles valises as-tu **apportées**?
  Which suitcases did you bring?

Boîte à outils

The direct object pronoun **vous** can refer to several people or to one person (formal address). Therefore, the past participle can be masculine singular or plural or feminine singular or plural. Examples:

M. Bruel, je vous ai cherché dans le bureau.

Mme Diop, je vous ai cherchée dans le parc.

Les enfants, je vous ai cherchés dans le gymnase.

Les filles, je vous ai cherchées dans la chambre.

Essayez! **Répondez aux questions en remplaçant l'objet direct par un pronom d'objet direct.**

1. Thierry prend le train? Oui, il ___*le*___ prend.
2. Tu attends ta mère? Oui, je _____ attends.
3. Vous entendez Olivier et Vincent? Oui, on _____ entend.
4. Le professeur te cherche? Oui, il _____ cherche.
5. Barbara et Caroline retrouvent Linda? Oui, elles _____ retrouvent.
6. Vous m'invitez? Oui, nous _____ invitons.
7. Tu nous comprends? Oui, je _____ comprends.
8. Elles regardent la mer? Oui, elles _____ regardent.
9. Chloé aime la musique classique? Oui, elle _____ aime.
10. Vous avez regardé le film *Chacun cherche son chat*? Oui, nous _____ avons regardé.

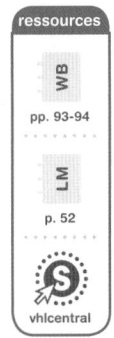

ressources

WB
pp. 93-94

LM
p. 52

S
vhlcentral

ESPACE STRUCTURES

Mise en pratique

1 **À l'aéroport** Jules est à l'aéroport et il parle à sa mère. Choisissez le pronom d'objet direct approprié pour compléter ses phrases.

1. Ton CD préféré? Marie (le, la, l') écoute.
2. Le plan? Les Cartier (la, les, le) regardent.
3. Notre amie? Roger et Emma (l', le, la) cherchent.
4. Le journal français? Papa (la, l', le) achète.
5. Nos billets? Coralie (le, l', les) a pris.

2 **On fait beaucoup de choses** Dites ce que (*what*) ces gens font le week-end. Employez des pronoms d'objet direct.

▶ **MODÈLE**

Il l'écoute.

Dominique / ce CD

1. Benoît / ses film

2. ma mère / cette robe

3. Philippe / son gâteau

4. Stéphanie et Marc / ces lunettes

_____ _____ _____ _____

3 **À la plage** La famille de Dalila a passé une semaine à la mer. Dalila parle de ce que (*what*) chaque membre de sa famille a fait. Employez des pronoms d'objet direct.

MODÈLE

J'ai conduit Ahmed à la plage. *Je l'ai conduit à la plage.*

1. Mon père a acheté le journal tous les matins.
2. Ma sœur a retrouvé son petit ami au café.
3. Mes parents ont emmené les enfants au cinéma.
4. Mon frère a invité sa fiancée au restaurant.
5. Anissa a porté ses lunettes de soleil.
6. Noah a pris les cartes.

4 **Des doutes** Julien et sa petite amie Caroline sont au café. Il est inquiet et lui pose des questions sur leurs vacances avec ses parents. Avec un(e) partenaire, jouez les deux rôles. Ensuite, présentez la scène à la classe.

1. Tes parents m'invitent au bord de la mer?
2. Tes parents vont m'écouter?
3. Tu vas m'attendre à l'aéroport?
4. Ton frère va nous emmener sur son bateau?
5. Tu penses que ta famille va m'aimer?
6. Tu m'adores?

Practice more at **vhlcentral.com**.

Communication

5

Le départ Clémentine va partir au Cameroun chez sa correspondante (*pen pal*) Léa. Sa mère veut (*wants*) être sûre qu'elle est prête, mais Clémentine n'a encore rien (*nothing*) fait. Avec un(e) partenaire, jouez leur conversation en utilisant les phrases de la liste.

MODÈLE

Étudiant(e) 1: *Tu as acheté le cadeau pour ton amie?*
Étudiant(e) 2: *Non, je ne l'ai pas encore acheté.*
Étudiant(e) 1: *Quand vas-tu l'acheter?*
Étudiant(e) 2: *Je vais l'acheter cet après-midi.*

acheter ton billet d'avion	faire tes valises
avoir l'adresse de Léa	finir ton shopping
chercher un maillot de bain	prendre tes lunettes
choisir le cadeau de Léa	préparer tes vêtements
confirmer l'heure de l'arrivée	trouver ton passeport

6 **À Tahiti** Imaginez que vous alliez partir à Tahiti. Avec un(e) partenaire, posez-vous ces questions. Il/Elle vous répond en utilisant le pronom d'objet direct approprié. Ensuite, alternez les rôles.

MODÈLE

Est-ce que tu prends le bus pour aller à la plage?
Non, je ne le prends pas.

1. Aimes-tu la mer?
2. Est-ce que tu prends l'avion?
3. Qui va t'attendre à l'aéroport?
4. Quand as-tu fait tes valises?
5. Est-ce que tu as acheté ton maillot de bain?
6. Est-ce que tu prends ton appareil photo?
7. Où as-tu acheté tes vêtements?
8. As-tu déjà choisi ton hôtel à Tahiti?
9. Est-ce que tu as réservé ta chambre d'hôtel?
10. Tu vas regarder la télévision tahitienne?
11. Vas-tu essayer les plats typiques de Tahiti?
12. As-tu regardé le plan de Tahiti?

Révision

1 **Il y a dix minutes** Avec un(e) partenaire, décrivez (*describe*) dans cette scène les actions qui se sont passées (*happened*) il y a dix minutes. Utilisez les verbes de la liste pour écrire (*write*) des phrases. Ensuite, comparez vos phrases avec les phrases d'un autre groupe.

MODÈLE

Étudiant(e) 1: *Il y a dix minutes, M. Hamid est parti.*
Étudiant(e) 2: *Il y a dix minutes, …*

aller	partir
arriver	rentrer
descendre	sortir
monter	tomber

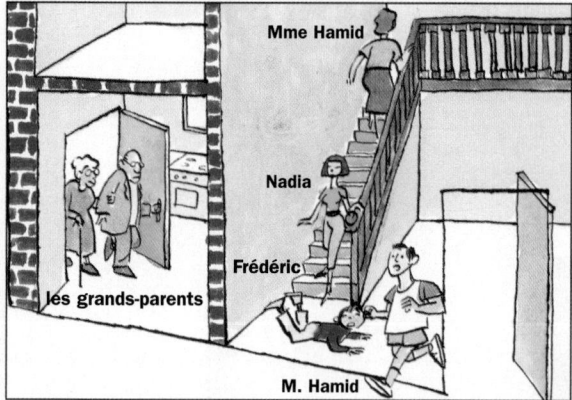

2 **Qui aime quoi?** Votre professeur va vous donner une feuille d'activités. Circulez dans la classe pour trouver un(e) camarade différent(e) qui aime ou qui n'aime pas chaque lieu de la liste.

MODÈLE

Étudiant(e) 1: *Est-ce que tu aimes les aéroports?*
Étudiant(e) 2: *Je ne les aime pas du tout; je les déteste.*

3 **À l'étranger** Par groupes de quatre, interviewez vos camarades. Dans quels pays sont-ils déjà allés? Dans quelles villes? Comparez vos destinations, puis présentez toutes les réponses à la classe. N'oubliez pas de demander:

- quand vos camarades sont parti(e)s
- où ils/elles sont allé(e)s
- où ils/elles sont resté(e)s
- combien de temps ils/elles ont passé là-bas

4 **La valise** Sandra et John sont partis en vacances. Voici leur valise. Avec un(e) partenaire, faites une description écrite (*written*) de leurs vacances. Où sont-ils allés? Comment sont-ils partis?

5 **Un long week-end** Avec un(e) partenaire, préparez huit questions sur le dernier long week-end. Utilisez les verbes de la liste. Ensuite, par groupes de quatre, répondez à toutes les questions.

MODÈLE

Étudiant(e) 1: *Où es-tu allé(e) vendredi soir?*
Étudiant(e) 2: *Vendredi soir, je suis resté(e) chez moi. Mais samedi, je suis sorti(e)!*

aller	rentrer
arriver	rester
partir	retourner
passer	sortir

6 **Mireille et les Girard** Votre professeur va vous donner, à vous et à votre partenaire, une feuille sur le week-end de Mireille et de la famille Girard. Attention! Ne regardez pas la feuille de votre partenaire.

MODÈLE

Étudiant(e) 1: *Qu'est-ce que Mireille a fait vendredi soir?*
Étudiant(e) 2: *Elle est allée au cinéma.*

Flash CULTURE

En vacances

Dans cette vidéo, on nous montre les moyens de transport qu'on peut prendre pour aller en Provence. Les gens aiment passer leurs vacances en Provence parce qu'il fait souvent très beau là-bas. Csilla nous présente plusieurs choses qu'on peut faire pendant° un séjour dans la région. Elle nous montre aussi Cassis avec sa plage et ses restaurants.

Hôtesse Csilla

Avant de regarder Répondez aux questions.

1. Que font les gens de votre région ou ville pendant leurs vacances?
2. Qu'est-ce que vous aimez faire pendant vos vacances?

Le TGV: *le Train à Grande Vitesse.*

Les auberges de jeunesse: *un type d'hébergement plus économique que les hôtels.*

Compréhension Répondez aux questions.

1. Quels sont les moyens de transport qu'on peut prendre pour arriver en Provence et pour visiter la région?
2. Où peut-on dormir pendant des vacances en Provence?
3. Où se trouve Cassis?
4. Qu'est-ce qui peut être très agréable à faire à Cassis?

Discussion Par groupes de trois, répondez aux questions.

1. Est-ce qu'il y a des moyens de transport pour aller en Provence qui existent aussi chez vous? Quels types?
2. Où aimez-vous passer vos vacances d'été?
3. Où préférez-vous dormir quand vous voyagez? Pourquoi?

Vocabulaire utile

une auberge de jeunesse	*youth hostel*
loger	*to stay*
un moyen de transport	*means of transportation*
plus	*more*
le TGV	*high-speed train*

ressources

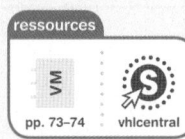

VM   pp. 73–74   vhlcentral

pendant *during*

Leçon 7B

You will learn how to...
- make hotel reservations
- give instructions

Vocabulary Tools

À l'hôtel

la réception

le lit

l'hôtelier (m.)

l'hôtelière (f.)

le passeport

la clé

les client(e)s

Vocabulaire

annuler une réservation	to cancel a reservation
réserver	to reserve, to book
premier/première	first
cinquième	fifth
neuvième	ninth
vingt et unième	twenty-first
vingt-deuxième	twenty-second
trente et unième	thirty-first
centième	hundredth
une agence de voyages	travel agency
un agent de voyages	travel agent
une auberge de jeunesse	youth hostel
une chambre individuelle	single room
un hôtel	hotel
un passager/une passagère	passenger
complet/complète	full (no vacancies)
libre	available
alors	so, then; at that moment
après (que)	after
avant (de)	before
d'abord	first
donc	therefore
enfin	finally, at last
ensuite	then, next
finalement	finally
pendant (que)	during, while
puis	then
tout à coup	suddenly
tout de suite	right away

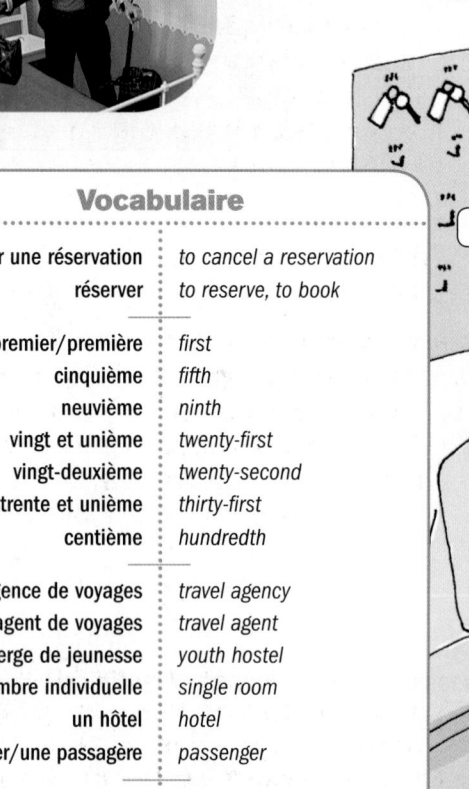

ressources

WB	LM	
pp. 95–96	p. 53	vhlcentral

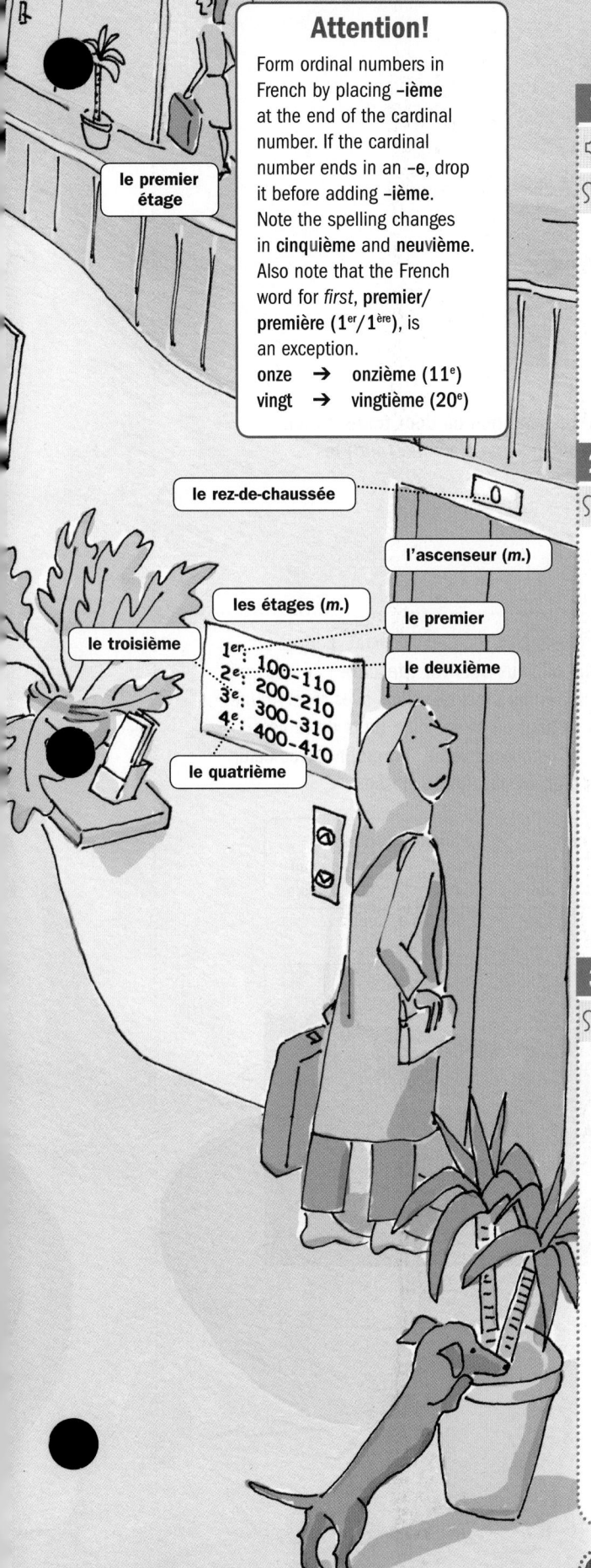

le premier étage

le rez-de-chaussée

l'ascenseur (m.)

les étages (m.)

le premier

le troisième

le deuxième

1ᵉʳ 100-110
2ᵉ 200-210
3ᵉ 300-310
4ᵉ 400-410

le quatrième

Mise en pratique

1 Écoutez Écoutez la conversation entre Mme Renoir et un hôtelier et décidez si les phrases sont **vraies** ou **fausses**.

	Vrai	Faux
1. Mme Renoir est à l'agence de voyages.	☐	☐
2. Mme Renoir a fait une réservation.	☐	☐
3. Mme Renoir prend la chambre au cinquième étage.	☐	☐
4. Il y a un ascenseur dans l'hôtel.	☐	☐
5. Mme Renoir a réservé une chambre à deux lits.	☐	☐
6. La cliente s'appelle Margot Renoir.	☐	☐
7. L'hôtel a des chambres libres.	☐	☐
8. L'hôtelier donne à Mme Renoir la clé de la chambre 27.	☐	☐

2 Hôtel Paradis Virginie téléphone à l'hôtel Paradis pour faire une réservation. Mettez les phrases dans l'ordre chronologique.

_____ **a.** Finalement, il me demande le numéro de ma carte de crédit (*credit card*) pour finaliser la réservation.

_____ **b.** Pendant la conversation, je demande une chambre individuelle au troisième étage.

_____ **c.** D'abord, j'appelle l'hôtel Paradis pour faire une réservation.

_____ **d.** Je ne veux (*want*) pas dormir au rez-de-chaussée, donc je demande une chambre au deuxième étage.

_____ **e.** Ensuite, l'hôtel me rappelle (*calls me back*) pour annoncer qu'il n'y a plus de chambre libre au troisième étage, donc ma réservation est annulée.

_____ **f.** C'est alors que l'hôtelier me donne une chambre au deuxième étage à côté de l'ascenseur.

3 Remplissez Complétez les phrases avec le nombre ordinal qui convient (*fits*).

MODÈLE

B est la _____*deuxième*_____ lettre de l'alphabet.

1. Décembre est le _____ mois de l'année.
2. Mercredi est le _____ jour de la semaine.
3. Aux États-Unis, le rez-de-chaussée est le _____ étage.
4. Ma classe de français est au _____ (étage).
5. Octobre est le _____ mois de l'année.
6. Z est la _____ lettre de l'alphabet.
7. Samedi est le _____ jour de la semaine.
8. Barack Obama est le _____ président des États-Unis.
9. Mon prénom (*first name*) commence avec la _____ lettre de l'alphabet.
10. La fête nationale américaine est le _____ jour du mois de juillet.

Communication

4 **Conversez** Un(e) camarade passe des vacances idéales dans un hôtel. Interviewez-le/la (*him/her*).

1. Quelles sont les dates de ton séjour?
2. Où vas-tu? Dans quel pays, quelle région ou quelle ville? Vas-tu à la mer, à la campagne, ...?
3. À quel hôtel descends-tu (*do you stay*)?
4. Qui fait la réservation?
5. Comment est l'hôtel? Est-ce que l'hôtel a un ascenseur, une piscine, ...?
6. À quel étage est ta chambre?
7. Combien de lits a ta chambre?
8. Laisses-tu ton passeport à la réception?

5 **Notre réservation** Par groupes de trois, travaillez pour préparer une présentation où deux touristes font une réservation dans un hôtel ou une auberge de jeunesse francophone. N'oubliez pas d'ajouter (*add*) les informations de la liste.

- le nom de l'hôtel
- le nombre de lits
- le type de chambre(s)
- les dates
- l'étage
- le prix

6 **Mon hôtel** Vous allez ouvrir (*open*) votre propre hôtel. Par groupes de quatre, créez une affiche (*poster*) pour le promouvoir (*promote*) avec l'information de la liste et présentez votre hôtel au reste de la classe. Votre professeur va ensuite donner à chaque groupe un budget. Avec ce budget, vous allez faire la réservation à l'hôtel qui convient le mieux (*best suits*) à votre groupe.

- le nom de votre hôtel
- le nombre d'étoiles (*stars*)
- les services offerts
- le prix pour une nuit

★ une étoile	★★ deux étoiles	★★★ trois étoiles	★★★★ quatre étoiles	★★★★★ cinq étoiles

7 **Votre dernière réservation** Écrivez un paragraphe où vous décrivez (*describe*) ce que vous avez fait la dernière fois que vous avez réservé une chambre. Utilisez au moins cinq mots de la liste. Échangez et comparez votre paragraphe avec celui (*the one*) d'un camarade de classe.

alors	d'abord	puis
après (que)	donc	tout à coup
avant (de)	enfin	tout de suite

Les sons et les lettres  Audio

ti, sti, and ssi

The letters **ti** followed by a consonant are pronounced like the English word *tea*, but without the puff released in the English pronunciation.

ac**ti**f	pe**ti**t	**ti**gre	u**ti**les

When the letter combination **ti** is followed by a vowel sound, it is often pronounced like the sound linking the English words *miss you*.

dic**ti**onnaire	pa**ti**ent	ini**ti**al	addi**ti**on

Regardless of whether it is followed by a consonant or a vowel, the letter combination **sti** is pronounced *stee*, as in the English word *steep*.

ge**sti**on	que**sti**on	Séba**sti**en	arti**sti**que

The letter combination **ssi** followed by another vowel or a consonant is usually pronounced like the sound linking the English words *miss you*.

pa**ssi**on	expre**ssi**on	mi**ssi**on	profe**ssi**on

Words that end in **-sion** or **-tion** are often cognates with English words, but they are pronounced quite differently. In French, these words are never pronounced with a *sh* sound.

compre**ssion**	na**tion**	atten**tion**	addi**tion**

Prononcez Répétez les mots suivants à voix haute.

1. artiste
2. mission
3. réservation
4. impatient
5. position
6. initiative
7. possession
8. nationalité
9. compassion
10. possible

Articulez Répétez les phrases suivantes à voix haute.

1. L'addition, s'il vous plaît.
2. Christine est optimiste et active.
3. Elle a fait une bonne première impression.
4. Laëtitia est impatiente parce qu'elle est fatiguée.
5. Tu cherches des expressions idiomatiques dans le dictionnaire.

Dictons Répétez les dictons à voix haute.

Il n'est de règle sans exception.[2]

De la discussion jaillit la lumière.[1]

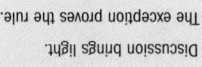

[1] Discussion brings light. [2] The exception proves the rule.

ressources

LM
p. 54

vhlcentral

La réservation d'hôtel  Video

PERSONNAGES

Agent de voyages

Amina

Pascal

Sandrine

À l'agence de voyages...

SANDRINE J'ai besoin d'une réservation d'hôtel, s'il vous plaît. C'est pour les vacances de Noël.

AGENT Où allez-vous? En Italie?

SANDRINE Nous allons à Albertville.

AGENT Et c'est pour combien de personnes?

SANDRINE Nous sommes deux, mais il nous faut deux chambres individuelles.

AGENT Très bien. Quelles sont les dates du séjour, Mademoiselle?

SANDRINE Alors, le 25, c'est Noël, donc je fête en famille. Disons du 26 décembre au 2 janvier.

AGENT Ce n'est pas possible à Albertville, mais à Megève, j'ai deux chambres à l'hôtel Le Vieux Moulin pour 143 euros par personne. Ou alors, à l'hôtel Le Mont Blanc pour 171 euros par personne.

SANDRINE Oh non, mais Megève, ce n'est pas Albertville... et ces prix! C'est vraiment trop cher.

AGENT C'est la saison, Mademoiselle. Les hôtels les moins chers sont déjà complets.

SANDRINE Oh là là. Je ne sais pas quoi faire... J'ai besoin de réfléchir. Merci, Monsieur. Au revoir!

AGENT Au revoir, Mademoiselle.

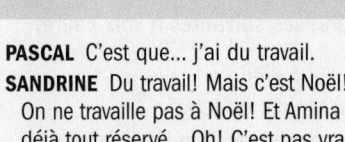

Chez Sandrine...

SANDRINE Oui, Pascal. Amina nous a trouvé une auberge à Albertville. C'est génial, non? En plus, c'est pas cher!

PASCAL Euh, en fait... Albertville, maintenant, c'est impossible.

SANDRINE Qu'est-ce que tu dis?

PASCAL C'est que... j'ai du travail.

SANDRINE Du travail! Mais c'est Noël! On ne travaille pas à Noël! Et Amina a déjà tout réservé... Oh! C'est pas vrai!

PASCAL *(à lui-même)* Elle n'est pas très heureuse maintenant, mais quelle surprise en perspective!

Un peu plus tard...

AMINA On a réussi, Sandrine! La réservation est faite. Tu as de la chance! Mais, qu'est-ce qu'il y a?

SANDRINE Tu es super gentille, Amina, mais Pascal a annulé pour Noël. Il dit qu'il a du travail... Lui et moi, c'est fini. Tu as fait beaucoup d'efforts pour faire la réservation, je suis désolée.

A C T I V I T É S

1 **Vrai ou faux?** Indiquez si ces affirmations sont **vraies** ou **fausses**. Corrigez les phrases fausses.

1. Sandrine fait une réservation à l'agence de voyages.

2. Pascal dit un mensonge (*lie*).

3. Amina fait une réservation à l'hôtel Le Mont Blanc.

4. Il faut annuler la réservation à l'auberge de la Costaroche.

5. Amina est fâchée (*angry*) contre Sandrine.

6. Pascal est fâché contre Sandrine.

7. Sandrine est fâchée contre Pascal.

8. Sandrine a envie de voyager le 25 décembre.

9. Cent soixante et onze euros, c'est beaucoup d'argent pour Sandrine.

10. Il y a beaucoup de touristes à Albertville en décembre.

 Practice more at **vhlcentral.com**.

Sandrine essaie d'organiser son voyage.

Expressions utiles

Getting help

- **Je ne sais pas quoi faire... J'ai besoin de réfléchir.**
  I don't know what to do... I have to think.

- **Je n'ai pas réussi à faire une réservation pour Albertville.**
  I didn't manage to make a reservation for Albertville.

- **Tu peux m'aider?**
  Can you help me?

- **Dis-moi, comment est-ce que je peux t'aider?**
  Tell me, how can I help you?

- **Qu'est-ce que tu dis?**
  What are you saying/did you say?

- **On a réussi.**
  We succeeded./We got it.

- **S'il te plaît, écris-lui.**
  Please, write to him.

Additional vocabulary

- **C'est trop tard?**
  Is it too late?

- **Disons...**
  Let's say...

- **La réservation est faite.**
  The reservation has been made.

- **C'est fini.**
  It's over.

- **Je suis connectée avec...**
  I am online with...

- **Lis-le-moi.**
  Read it to me.

- **Il dit que...**
  He says that...

- **les moins chers**
  the least expensive

- **en fait**
  in fact

Au P'tit Bistrot...

SANDRINE Amina, je n'ai pas réussi à faire une réservation pour Albertville. Tu peux m'aider?

AMINA C'est que... je suis connectée avec Cyberhomme.

SANDRINE Avec qui?

AMINA J'écris un e-mail à... Bon, je t'explique plus tard. Dis-moi, comment est-ce que je peux t'aider?

Un peu plus tard...

AMINA Bon, alors... Sandrine m'a demandé de trouver un hôtel pas cher à Albertville. Pas facile à Noël... Je vais essayer... Voilà! L'auberge de la Costaroche... 39 euros la nuit pour une chambre individuelle. L'hôtel n'est pas complet et il y a deux chambres libres. Quelle chance, cette Sandrine! Bon, nom... Sandrine Aubry...

AMINA Bon, la réservation, ce n'est pas un problème. C'est facile de l'annuler. Mais toi, Sandrine, c'est évident, ça ne va pas.

SANDRINE C'est vrai. Mais, alors, c'est qui, ce «Cyberhomme»?

AMINA Oh, c'est juste un ami virtuel. On correspond sur Internet, c'est tout. Ce soir, c'est son dixième message!

SANDRINE Lis-le-moi!

AMINA Euh non, c'est personnel...

SANDRINE Alors, dis-moi comment il est!

AMINA D'accord... Il est étudiant, sportif mais sérieux. Très intellectuel.

SANDRINE S'il te plaît, écris-lui: «Sandrine cherche aussi un cyberhomme»!

2 **Questions** Répondez aux questions.

1. Pourquoi est-il difficile de faire une réservation pour Albertville?

2. Pourquoi est-ce que Sandrine ne veut pas (*doesn't want*) rester à l'hôtel Le Vieux Moulin?

3. Pourquoi Pascal dit-il qu'il ne peut pas (*can't*) aller à Albertville?

4. Qui est Cyberhomme?

5. À votre avis (*In your opinion*), Sandrine va-t-elle rester (*stay*) avec Pascal?

3 **Devinez** Inventez-vous une identité virtuelle. Écrivez un paragraphe dans lequel (*in which*) vous vous décrivez, vous et vos loisirs préférés. Donnez votre nom d'internaute (*cybername*). Votre professeur va afficher (*post*) vos messages. Devinez (*Guess*) à qui correspondent les descriptions.

ressources

VM
pp. 27–28

vhlcentral

Reading

CULTURE À LA LOUPE

Les vacances des Français

une plage à Biarritz, en France

En 1936, les Français obtiennent° leurs premiers congés payés: deux semaines par an. En 1956, les congés payés passent à trois semaines, puis à quatre en 1969, et enfin à cinq semaines en 1982. Aujourd'hui, ce sont les Français qui ont le plus de vacances en Europe. Pendant longtemps, les Français prennent un mois de congés l'été, en août, et beaucoup d'entreprises°, de bureaux et de magasins ferment° tout le mois (la fermeture annuelle). Aujourd'hui, les Français ont tendance à prendre des vacances plus courtes (sept jours en moyenne°) mais plus souvent. Quant aux° destinations de vacances, 87,9% (pour cent) des Français restent en France. S'ils partent à l'étranger, leurs destinations préférées sont l'Espagne, l'Afrique et l'Italie. Environ° 46% des Français vont à la mer, 30% vont à la campagne, 25% vont en ville et 19% vont à la montagne.

Ce sont les personnes âgées et les agriculteurs° qui partent le moins souvent en vacances et les étudiants qui voyagent le plus, parce qu'ils ont beaucoup de congés. Pour eux, les cours commencent en septembre ou octobre avec la rentrée des classes. Puis, il y a deux semaines de vacances plusieurs fois dans l'année: les vacances de la Toussaint en octobre-novembre, les vacances de Noël en décembre-janvier, les vacances d'hiver en février-mars et les vacances de printemps en avril-mai. L'été, les étudiants ont les grandes vacances de juin jusqu'à° la rentrée.

Les destinations de vacances des Français aujourd'hui

PAYS / CONTINENT	SÉJOURS (EN %)
France	87,9
Espagne	3,5
Italie	2,1
Amérique	1,9
Afrique	1,5
Portugal	1,2
Allemagne	0,7
Royaume-Uni	0,7
Grèce	0,5

obtiennent *obtain* entreprises *companies* ferment *close* en moyenne *on average* Quant aux *As for* Environ *Around* agriculteurs *farmers* jusqu'à *until*

Coup de main

To form the superlative of nouns, use **le plus (de)** + [*noun*] to say *the most* and **le moins (de)** + [*noun*] to say *the least*.

Les étudiants ont le plus de congés.

Les personnes âgées prennent le moins de congés.

A C T I V I T É S

1 **Complétez** Complétez les phrases.

1. C'est en 1936 que les Français obtiennent leurs premiers _____.

2. Depuis (*Since*) 1982, les Français ont _____ de congés payés.

3. Pendant longtemps, les Français prennent leurs vacances au mois _____.

4. Pendant _____, beaucoup de magasins sont fermés.

5. _____ est la destination de vacances préférée de 87,9% des Français.

6. Les destinations étrangères préférées des Français sont _____.

7. Le lieu de séjour favori des Français est _____.

8. _____ ne partent pas souvent en vacances.

9. Ce sont _____ qui ont le plus de vacances.

10. Les étudiants ont _____ plusieurs fois par an.

À l'auberge de jeunesse

bagagerie (*f.*)	*baggage check room*
cadenas (*m.*)	*padlock*
casier (*m.*)	*locker*
couvre-feu (*m.*)	*curfew*
dortoir (*m.*)	*dormitory*
sac (*m.*) **de couchage**	*sleeping bag*
mixte	*coed*

LE MONDE FRANCOPHONE

Des vacances francophones

Si vous voulez° partir en vacances et pratiquer le français, vous pouvez° aller en France, bien sûr, mais il y a aussi beaucoup d'autres destinations.

Près des États-Unis
En hiver, dans les Antilles, il y a la Guadeloupe et la Martinique. Ces deux îles° tropicales sont des départements français. Leurs habitants ont donc des passeports français.

Dans l'océan Pacifique
De la Côte Ouest des États-Unis, au sud° de Hawaï, vous pouvez aller dans les îles de la Polynésie française: les îles Marquises; les îles du Vent, avec Tahiti; les îles Tuamotu. Au total il y a 118 îles, dont° 67 sont habitées°.

voulez *want* **pouvez** *can* **îles** *islands* **sud** *south* **dont** *of which* **habitées** *inhabited*

Les Alpes et le ski

Près de 48% des Français partent à la montagne pour deux semaines en moyenne° pendant les vacances d'hiver. Soixante-dix pour cent d'entre eux° choisissent° une station de ski des Alpes françaises. La chaîne° des Alpes est la plus grande chaîne de montagnes d'Europe. Elle fait plus de 1.000 km de long et va de la Méditerranée à l'Autriche°. Plusieurs pays la partagent: entre autres° la France, la Suisse, l'Allemagne et l'Italie. Le Mont-Blanc, le sommet° le plus haut° d'Europe occidentale°, est à 4.808 mètres d'altitude. On trouve d'excellentes pistes° de ski dans les Alpes, comme à Chamonix, Tignes, Val d'Isère et aux Trois Vallées.

en moyenne *on average* **d'entre eux** *of them* **choisissent** *choose* **chaîne** *range* **l'Autriche** *Austria* **entre autres** *among others* **sommet** *peak* **le plus haut** *the highest* **occidentale** *Western* **pistes** *trails*

Kassav'

Lieu d'origine: Guadeloupe
Métier: groupe de musique

Ce groupe de musique traditionnelle a été créé en Guadeloupe en 1979, et a popularisé le zouk (rythme typique de la Guadeloupe) en France et au Canada.

Go to **vhlcentral.com** to find out more about **Kassav'** and their music.

---

2 **Répondez** Répondez aux questions par des phrases complètes.

1. Quel pourcentage des Français partent à la montagne en hiver?
2. Des Français qui vont à la montagne en hiver, combien choisissent les Alpes?
3. Qu'est-ce que c'est, les Alpes?
4. Quel est le sommet le plus haut d'Europe occidentale?
5. Quelles îles des Antilles sont françaises?

3 **À l'agence de voyages** Vous travaillez dans une agence de voyages en France. Votre partenaire, un(e) client(e), va vous parler des activités et du climat qu'il/elle aime. Faites quelques suggestions de destinations. Votre client(e) va vous poser des questions sur les différents voyages que vous suggérez.

ressources

vhlcentral

 Practice more at **vhlcentral.com**.

A C T I V I T É S

Adverbs  Tutorial

Point de départ Adverbs describe how, when, and where actions take place. They modify verbs, adjectives, and even other adverbs. You've already learned some adverbs such as **bien**, **déjà**, **surtout**, and **très**.

- To form an adverb from an adjective that ends in a consonant, take the feminine singular form and add **-ment**. This ending is equivalent to the English *-ly*.

masc. sing. adjective		fem. sing. adjective		adverb	
actif		active		activement	*actively*
franc		franche		franchement	*frankly, honestly*
heureux		heureuse		heureusement	*fortunately*
malheureux		malheureuse		malheureusement	*unfortunately*

Elle parle **nerveusement**.
She speaks nervously.

Il n'est pas passé **dernièrement**.
He hasn't passed by lately.

Malheureusement, il ne va pas être là.
Unfortunately, he is not going to be there.

Les étudiants travaillent **sérieusement**.
The students work seriously.

- If the masculine singular form of an adjective already ends in a vowel, do not use the feminine form. Just add **-ment** to the end of the masculine form.

masc. sing. adjective		adverb	
absolu		absolument	*absolutely*
vrai		vraiment	*really*

Martin répond **poliment**.
Martin answers politely.

Ils apprennent **facilement** les langues.
They learn languages easily.

J'ai **vraiment** sommeil aujourd'hui.
I'm really sleepy today.

Le musée est **absolument** magnifique.
The museum is absolutely magnificent.

- To form an adverb from an adjective that ends in **-ant** or **-ent** in the masculine singular, replace the ending with **-amment** or **-emment**, respectively. Both endings are pronounced identically.

masc. sing. adjective		adverb	
constant		constamment	*constantly*
courant		couramment	*fluently*
différent		différemment	*differently*
évident		évidemment	*obviously*

Les enfants écoutent **patiemment**.
The kids are listening patiently.

Je préfère travailler **indépendamment**.
I prefer to work independently.

Elle parle **couramment** français.
She speaks French fluently.

Vous pensez **différemment**.
You think differently.

- The exception to the previous rule is the adjective **lent**. Its adverb is **lentement** (*slowly*).

Mon grand-père marche un peu **lentement**.
My grandfather walks a bit slowly.

Parlez **lentement**, s'il vous plaît.
Speak slowly, please.

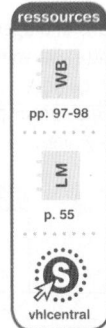

- Some adverbs are irregular.

masculine singular adjective		adverb	
bon		bien	*well*
gentil		gentiment	*nicely*
mauvais		mal	*badly*
petit		peu	*little*

Son français est bon; il le parle **bien**.
His French is good; he speaks it well.

Leurs devoirs sont mauvais; ils écrivent **mal**.
Their homework is bad; they write badly.

- Although the adverb **rapidement** can be formed from the adjective **rapide**, you can also use the adverb **vite** to say *fast*.

Bérénice a gagné la course?
Did Bérénice win the race?

Oui, elle a couru **vite**.
Yes, she ran fast.

Tu ne comprends pas M. Bellay?
Don't you understand Mr. Bellay?

Non, il parle trop **rapidement**.
No, he speaks too quickly.

- You've learned **jamais, parfois, rarement,** and **souvent**. Here are three more adverbs of frequency: **de temps en temps** (*from time to time*), **en général** (*in general*), and **quelquefois** (*sometimes*).

Elle visite la capitale **de temps en temps**.
She visits the capital from time to time.

En général, nous prenons le bus.
In general, we take the bus.

- Place an adverb that modifies an adjective or another adverb before the word it modifies.

La chambre est **assez** grande.
The room is pretty big.

Ils courent **très** vite.
They run very fast.

- Place an adverb that modifies a verb immediately after the verb.

Elle parle **bien** le français?
Does she speak French well?

Ils parlent **constamment**.
They talk constantly.

- In the **passé composé**, short adverbs are typically placed before the past participle.

Ils sont **vite** partis.
They left quickly.

but

Ils ont gagné **facilement**.
They won easily.

Vous avez **bien** joué hier.
You played well yesterday.

but

Elle a parlé **franchement**.
She spoke frankly.

Boîte à outils

Adverbs of frequency, such as **de temps en temps, en général, quelquefois,** and **aujourd'hui**, are often placed at the beginning or end of a sentence.

À noter

See **Leçon 6A**, p. 236, for a review of the placement of short adverbs with the **passé composé**.

Essayez! **Donnez les adverbes qui correspondent à ces adjectifs.**

1. complet _complètement_
2. sérieux _____
3. séparé _____
4. constant _____
5. mauvais _____
6. actif _____

7. impatient _____
8. bon _____
9. franc _____
10. difficile _____
11. vrai _____
12. gentil _____

ESPACE STRUCTURES

Mise en pratique

1 **Assemblez** Trouvez l'adverbe opposé.

_____ 1. gentiment   **a.** rarement

_____ 2. bien   **b.** faiblement

_____ 3. lentement   **c.** impatiemment

_____ 4. patiemment   **d.** mal

_____ 5. fréquemment   **e.** méchamment

_____ 6. fortement   **f.** vite

2 **Invitation aux vacances** Béatrice parle de ses vacances chez sa cousine. Complétez les phrases avec les adverbes qui correspondent aux adjectifs entre parenthèses.

Ma cousine Caroline m'a invitée à passer les vacances chez elle, à Nice. (1) _____ (Évident), j'ai été très contente et j'ai (2) _____ (rapide) accepté son invitation. J'ai (3) _____ (attentif) lu les brochures touristiques et j'ai (4) _____ (constant) parlé de mon voyage. (5) _____ (Final), le jour de mon départ est arrivé. J'ai (6) _____ (prudent) fait ma valise. À Paris, j'ai attendu le train très (7) _____ (impatient). (8) _____ (Franc), j'avais hâte (_was eager_) d'arriver!

3 **On le fait comment?** Décrivez comment Gilles et ses amis font ces actions. Employez l'adverbe logique correspondant à un des adjectifs.

1. Marc et Marie dessinent. (bon, gentil)

2. J'attends mon ami. (rapide, impatient)

3. Ousmane court. (fréquent, intelligent)

4. Tu conduis ta voiture. (fort, prudent)

5. Salima écoute le prof. (courant, attentif)

4 **Les activités** Avec un(e) partenaire, assemblez les éléments des colonnes pour décrire à tour de rôle comment on fait ces activités.

MODÈLE

Étudiant(e) 1: _Je travaille sérieusement._
Étudiant(e) 2: _Mon frère joue constamment._

A	B	C
je	aider	constamment
mon frère	dormir	facilement
ma soeur	faire la cuisine	franchement
mon ami(e)	jouer	gentiment
mes profs	parler	patiemment
ma mère	travailler	rapidement
mon père	voyager	sérieusement
?	?	?

Communication

5 À l'université Vous désirez mieux connaître (*know better*) la vie universitaire. Répondez aux questions de votre partenaire avec les adverbes de la liste ou d'autres.

attentivement	lentement	rapidement
bien	mal	rarement
difficilement	parfois	sérieusement
élégamment	patiemment	souvent
facilement	prudemment	quelquefois

1. Quand vas-tu à l'université?
2. Comment étudies-tu en général?
3. Quand tes amis et toi étudiez-vous ensemble?
4. Comment les étudiants écoutent-ils leur prof?
5. Comment ton prof de français parle-t-il?
6. Comment conduis-tu quand tu vas à la fac?
7. Quand ton/ta camarade de chambre fait-il/elle du sport?
8. Tes amis et toi, allez-vous souvent au cinéma?
9. Tes amis et toi, mangez-vous toujours (*always*) au resto U?
10. Comment as-tu décoré ta chambre?

6 Fréquences Votre professeur va vous donner une feuille d'activités. Circulez dans la classe et demandez à vos camarades à quelle fréquence ils/elles font ces choses. Trouvez une personne différente pour chaque réponse, puis présentez-les à la classe.

MODÈLE

Étudiant(e) 1: *À quelle fréquence pars-tu en vacances?*
Étudiant(e) 2: *Je pars fréquemment en vacances.*

7 Notre classe Par groupes de quatre, choisissez les camarades de votre classe qui correspondent à ces descriptions. Trouvez le plus (*most*) de personnes possible.

Qui dans la classe...
1. ... bavarde constamment avec ses voisins?
2. ... parle bien français?
3. ... chante bien?
4. ... apprend facilement les langues?
5. ... écoute attentivement le prof?
6. ... travaille sérieusement après les cours?
7. ... aime beaucoup les maths?
8. ... travaille trop?
9. ... dessine souvent pendant le cours?
10. ... dort parfois pendant le cours?
11. ... oublie fréquemment ses devoirs?
12. ... mange rarement au resto U?

7B.2

The *impératif* (S) Tutorial

Point de départ The **impératif** is the form of a verb that is used to give commands or to offer directions, hints, and suggestions. With command forms, you do not use subject pronouns.

Boîte à outils

In French, unlike English, the command form changes depending on the person to whom it is addressed.

- Form the **tu** command form of **-er** verbs by dropping the **-s** from the present tense form. Note that **aller** also follows this pattern, even though it is irregular in the present tense.

Réserve deux chambres.	**Travaille** vite.	**Va** au marché.
Reserve two rooms.	*Work fast.*	*Go to the market.*

- The **nous** and **vous** command forms of **-er** verbs are the same as the present tense forms.

Nettoyez votre chambre.	**Mangeons** au restaurant ce soir.
Clean your room.	*Let's eat out tonight.*

- For **-ir** verbs, **-re** verbs, and most irregular verbs, the command forms are identical to the present tense forms.

Finis la salade.	**Attendez** dix minutes.	**Faisons** du yoga.
Finish the salad.	*Wait ten minutes.*	*Let's do yoga.*

- To make a command negative, place **ne** before the verb and **pas** after it.

Ne regarde pas la télé.	**Ne vendons pas** la maison.	**Ne finissez pas** le jus d'orange.
Don't watch TV.	*Let's not sell the house.*	*Don't finish the orange juice.*

The *impératif* of *avoir* and *être*		
	avoir	**être**
(tu)	aie	sois
(nous)	ayons	soyons
(vous)	ayez	soyez

- The forms of **avoir** and **être** in the **impératif** are irregular.

Aie confiance.	**Soyons** optimistes!
Have confidence.	*Let's be optimistic!*

N'ayons pas peur.	**Ne sois pas** impatient!
Let's not be afraid.	*Don't be impatient!*

- An object pronoun can be added to the end of an affirmative command. Use a hyphen to separate them. Use **moi** and **toi** for the first- and second-person object pronouns.

Permettez-moi de vous aider.	Achète un dictionnaire et **utilise-le.**
Allow me to help you.	*Buy a dictionary and use it.*

À noter

You will learn more about how to use **toi** and **te** with commands when you study reflexive verbs in **Leçon 10A**.

- In negative commands, place object pronouns between **ne** and the verb. Use **me** and **te** for the first- and second-person object pronouns.

Ne **me montre** pas les réponses.	Ma photo! Ne **la touchez** pas.
Don't show me the answers.	*My picture! Don't touch it.*

Ne **lui donne** pas les bonbons.	Ne **leur téléphonez** pas.
Don't give her the candy.	*Don't phone them.*

The verbs *dire, lire,* and *écrire*

	dire	lire	écrire
	(to say)	*(to read)*	*(to write)*
je/j'	dis	lis	écris
tu	dis	lis	écris
il/elle/on	dit	lit	écrit
nous	disons	lisons	écrivons
vous	dites	lisez	écrivez
ils/elles	disent	lisent	écrivent

Disons du 26 décembre au 2 janvier.

J'écris un e-mail à…

Elle m'**écrit.**
She writes to me.

Ne **dis** pas ton secret.
Don't tell your secret.

Lisez cet e-mail.
Read that e-mail.

- The verb **décrire** (*to describe*) is conjugated like **écrire**.

  Elle **décrit** l'accident.
  She's describing the accident.

  Ils **décrivent** leurs vacances.
  They're describing their vacation.

- The past participles of **dire**, **écrire**, and **décrire**, respectively, are **dit**, **écrit**, and **décrit**. The past participle of **lire** is **lu**.

  Ils l'**ont dit**.
  They said it.

  Tu l'**as écrit**.
  You wrote it.

  Nous l'**avons lu**.
  We read it.

Essayez! **Employez l'impératif pour compléter ces phrases.**

1. __Envoie__ (envoyer: tu) cette lettre.

2. Ne _____ (quitter: nous) pas la maison ce soir.

3. _____ (attendre: vous) à l'aéroport.

4. Sébastien, _____ (aller: tu) à la bibliothèque.

5. Christine et Serena, ne _____ (être: vous) pas impatientes.

6. _____ (décrire: vous) votre famille.

7. Ne _____' (perdre: nous) pas de temps.

8. Chérie, n'_____ (avoir: tu) pas peur.

9. _____ (prendre: vous) des fraises.

10. _____ (écrire: tu) ton devoir pour demain.

11. Ne me _____ (dire: vous) pas comment le film finit!

12. _____ (lire: tu) ce livre.

13. _____ (apprendre: tu) une nouvelle langue.

14. _____ (mettre: nous) un anorak.

ressources

WB
pp. 99–100

LM
p. 56

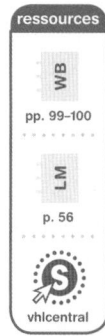
vhlcentral

ESPACE **STRUCTURES**

Mise en pratique

1 Dites à... Mettez les verbes à l'impératif.

MODÈLE

Dites à votre petite sœur de nettoyer sa chambre.
Nettoie ta chambre.

Dites à votre petite sœur...

1. d'aller à l'école.

2. de ne pas regarder la télé.

3. de vous attendre.

Dites à vos camarades de chambre...

4. de ne pas mettre la radio.

5. d'être gentils.

6. de réfléchir avant de parler.

2 Écoutez Marilyne et Nicole sont des adolescentes difficiles. Leur mère leur demande de faire le contraire de ce qu'elles (*what they*) proposent.

MODÈLE

Nous allons regarder la télé.
Ne la regardez pas.

1. Nous allons téléphoner à nos copines.

2. Je ne vais pas parler à mon prof.

3. Nous n'allons pas lire ce livre.

4. Nous n'allons pas faire nos devoirs.

5. Je vais acheter cette nouvelle jupe.

6. Je ne vais pas écrire à mes grands-parents.

3 Que dites-vous? Que dites-vous à ces personnes? Avec un(e) partenaire, employez des verbes à l'impératif.

MODÈLE

Ne dormez pas tard.

1.

2.

3.

4.

Practice more at **vhlcentral.com**.

Communication

4 **Fais-le** Dites à un(e) camarade de classe de faire certaines choses. Ensuite, changez de rôle. Utilisez ces verbes ou d'autres.

MODÈLE

donner
Charles, donne-moi un crayon.

chanter	écrire
danser	essayer
décrire	faire
dessiner	lire
dire	nettoyer
donner	regarder

5 **Un voyage aux États-Unis** Un(e) étudiant(e) français(e) visite les États-Unis. Avec un(e) partenaire, suggérez des activités dans ces villes.

MODÈLE

À New York, va à la statue de la Liberté.

villes	verbes utiles
Boston	acheter
Chicago	aller
Los Angeles	faire
Miami	manger
New York	prendre
San Francisco	regarder
Washington, D.C.	réserver
	rester
	visiter

6 **Mme Réponsatout** Vous téléphonez à l'émission (*show*) de Madame Réponsatout, qui donne des conseils (*advice*) au public. Avec un(e) partenaire, imaginez les dialogues pour les problèmes de la liste. Employez des verbes à l'impératif et alternez les rôles.

MODÈLE

Étudiant(e) 1: *J'ai un problème d'argent.*
Étudiant(e) 2: *N'achetez pas de vêtements chers.*

- un problème d'argent
- un problème sentimental (*romantic*)
- où aller en vacances
- un(e) camarade de chambre pénible
- mauvaises notes à tous les cours
- un professeur difficile
- quoi faire après mes études
- un problème de poids (*weight*)

ESPACE **SYNTHÈSE**

Révision

1 **Oui ou non?** Votre professeur va vous donner une feuille d'activités. Circulez dans la classe pour trouver deux camarades différent(e)s pour chaque situation, l'un(e) qui dit oui et l'autre qui dit non. Écrivez leur nom.

MODÈLE

Étudiant(e) 1: Est-ce que tu écris des e-mails à tes grands-parents?
Étudiant(e) 2: Oui, je leur écris des e-mails parfois.

Situation	Oui	Non
1. écrire des e-mails à ses grands-parents	Lionel	
2. dire la vérité (truth) dans toutes les circonstances		
3. prendre le train de temps en temps		
4. lire le journal tous les matins		
5. partir souvent en voyage		
6. faire la fête tous les week-ends		

2 **Faites attention** Vous êtes médecin. Quels conseils (advice) donnez-vous à ces personnes? Employez des verbes à l'impératif. Ensuite, comparez vos suggestions aux suggestions de deux camarades.

Quels conseils donnez-vous à une personne...

1. fatiguée?
2. nerveuse?
3. sans énergie?
4. faible?
5. qui ne mange pas bien

3 **Apprenons le français** Vous et votre partenaire cherchez à progresser en français. Trouvez huit idées d'activités à faire en français et utilisez des verbes à l'impératif avec des pronoms d'objet direct ou indirect. Ensuite, comparez votre liste avec la liste d'un autre groupe.

MODÈLE

Étudiant(e) 1: Regardons le dernier film de Catherine Deneuve.
Étudiant(e) 2: Oui, regardons-le.

4 **Des solutions** Parlez de ces problèmes avec un(e) partenaire. Un(e) étudiant(e) présente les problèmes de la colonne A et l'autre les problèmes de la colonne B. Employez des impératifs pour répondre aux problèmes et alternez les rôles.

MODÈLE J'ai perdu mon cahier de français.

Étudiant(e) 1: J'ai perdu mon cahier de français.
Étudiant(e) 2: Nettoie ta chambre et puis cherche-le.

A	B
1. Je ne trouve pas de billet aller-retour pour la Guadeloupe.	1. Mon/Ma petit(e) ami(e) est allé(e) à une fête avec une autre personne.
2. Demain c'est l'anniversaire de ma mère et je n'ai pas son cadeau.	2. Je n'ai pas acheté de billet de train pour aller à Genève demain.
3. Je n'ai pas d'argent pour payer l'addition.	3. Il est 11h00 du matin, mais j'ai déjà faim.
4. L'avion est parti sans moi.	4. Il neige et j'ai très froid.

5 **La publicité** Par groupes de trois, créez le texte d'une publicité pour le magazine *Mer et soleil*. Décidez quel endroit l'illustration représente, puis employez des verbes à l'impératif et des adverbes pour attirer (to attract) des touristes. Ensuite, présentez votre pub (ad) à la classe.

6 **Un week-end en vacances** Votre professeur va vous donner, à vous et à votre partenaire, une feuille de dessins sur le week-end de M. et Mme Bardot et de leur fille Alexandra. Attention! Ne regardez pas la feuille de votre partenaire.

MODÈLE

Étudiant(e) 1: D'abord, ils sont arrivés à l'hôtel.
Étudiant(e) 2: Après, ...

À l'écoute

Recognizing the genre of spoken discourse

You will encounter many different types of spoken discourse in French. For example, you may hear a political speech, a radio interview, a commercial, a message on an answering machine, or a news broadcast. Try to identify the context of what you hear so that you can activate your background knowledge about that type of discourse and identify the speaker's motives and intentions.

 To practice this strategy, you will listen to two short selections. Identify the genre of each one.

Préparation

Quand vous partez en vacances, qui décide où aller? Qui fait les réservations? Est-ce que vous utilisez les services d'une agence de voyages? Internet?

À vous d'écouter

Écoutez la publicité. Puis écoutez une deuxième fois et notez les informations qui manquent (that are missing). Notez aussi un détail supplémentaire pour chaque voyage.

Pays (ville/région)	Nombre de jours/semaines	Prix par personne	Détail supplémentaire
1.	3 jours		
2.	1 semaine		
3. Irlande (Dublin)			
4.			
5. France (Avignon)			

Compréhension

Où vont-ils? Vous travaillez pour l'agence Vacances Pour Tous cet été. Indiquez où chaque personne va aller.

1. Madame Dupuis n'a pas envie d'aller à l'étranger.

_____

2. Le fils de Monsieur Girard a besoin de pratiquer son espagnol et son anglais.

_____

3. Madame Leroy a envie de visiter une capitale européenne.

_____

4. Yves Marignaud a seulement trois jours de congés.

_____

5. Justine adore la plage et le soleil.

_____

6. La famille Abou a envie de passer ses vacances à la campagne.

_____

Votre voyage Vous avez fait un des voyages proposés par l'agence Vacances Pour Tous. C'est le dernier jour et vous écrivez une carte postale (postcard) à un(e) ami(e) francophone. Parlez-lui de votre séjour. Quel voyage avez-vous fait? Pourquoi? Comment avez-vous voyagé? Qu'est-ce que vous avez fait pendant votre séjour? Est-ce que vous avez aimé vos vacances? Expliquez pourquoi.

 Practice more at **vhlcentral.com**.

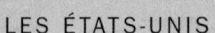
Interactive Map

Panorama

la ville de Gustavia, à Saint-Barthélemy

Les Antilles

L'archipel en chiffres

▶ **Guadeloupe:** *(400.132 habitants),*
  Pointe-à-Pitre, Basse-Terre

▶ **Haïti:** *(10.711.000), Port-au-Prince*

▶ **Martinique:** *(396.000), Fort-de-France*

▶ **Saint-Barthélemy:** *(9.279), Gustavia*

▶ **Saint-Martin:** *(en partie) (35.594), Marigot*
  SOURCE: INSEE

Antillais célèbres

▶ **Aimé Césaire,** *la Martinique,*
  poète (1913–2008)

▶ **Raphaël Confiant,** *la Martinique,*
  écrivain° (1951–)

▶ **Garcelle Beauvais,** *Haïti,*
  actrice (1966–)

▶ **Wyclef Jean,** *Haïti, chanteur*
  de rap (1969–)

La Polynésie française

L'archipel en chiffres

▶ **Îles Australes:** *(6.820), Tubuai*

▶ **Îles de la Société:** *(235.295), Papeete*

▶ **Îles Gambier:** *(1.239), Mangareva*

▶ **Îles Marquises:** *(9.261), Nuku-Hiva*

▶ **Îles Tuamotu:** *(15.592), Fakarava, Rankiroa*

Polynésiens célèbres

▶ **Henri Hiro,** *Tahiti, îles de la Société, poète*
  (1944–1990)

▶ **Rodolphe Vinh Tung,** *Raiatea, îles de la Société,*
  professionnel du wakeboard (1974–)

LES ÉTATS-UNIS

L'OCÉAN
ATLANTIQUE

LES ANTILLES

CUBA

Porto Rico

LA
JAMAÏQUE HAÏTI

Saint-Martin
Saint-Barthélemy
La Guadeloupe
La Martinique

LE
VENEZUELA

LE SURINAM

La Guyane
française

LA
COLOMBIE

LA GUYANA

L'OCÉAN
PACIFIQUE

LA POLYNÉSIE FRANÇAISE

Les îles
Marquises

L'OCÉAN PACIFIQUE

Les îles Tuamotu

LE BRÉSIL

Régions francophones

0   1.000 milles
0   1.000 kilomètres

Les îles
de la Société

Tahiti

Les îles Gambier

Les îles Australes

0   500 milles
0   500 kilomètres

les courses de pirogues° en Polynésie française

Incroyable mais vrai!

Jusqu'au vingtième siècle, Saint-Pierre était le
port le plus actif des Antilles et la capitale de
la Martinique. Mais en 1902, son volcan, la
montagne Pelée, entre en éruption. Il n'y a que
deux survivants°, dont un qui a été protégé
par les murs de la prison où il était enfermé°.
Certains historiens doutent de l'authenticité
de cette anecdote.

écrivain *writer* **survivants** *survivors* **enfermé** *detained* **pirogues** *dugout canoes*

Les arts

Les peintures de Gauguin

En 1891, le peintre° Paul Gauguin (1848–1903) vend ses œuvres° à Paris et déménage à Tahiti, dans les îles de la Société, pour échapper à° la vie moderne. Il y reste deux ans avant de rentrer en France et, en 1895, il retourne en Polynésie française pour y habiter jusqu'à sa mort en 1903. Inspirée par le nouvel environnement du peintre et la nature qui l'entoure°, l'œuvre «tahitienne» de Gauguin est célèbre° pour sa représentation du peuple indigène et l'emploi° de couleurs vives°. Ses peintures° de femmes font partie de ses meilleurs tableaux°.

Les destinations

Haïti, première République noire

En 1791, un ancien esclave°, Toussaint Louverture, mène° une rébellion dans la colonie française de Saint-Domingue. Après avoir gagné le combat, Louverture se proclame gouverneur de l'île et abolit l'esclavage. Il est plus tard capturé par l'armée française et exilé en France. Son successeur, Jean-Jacques Dessalines, lui-même ancien esclave, vainc° définitivement l'armée française en 1803 et proclame l'indépendance d'Haïti en 1804. Haïti est donc la première République noire du monde et le premier pays du monde occidental à abolir l'esclavage.

L'économie

La perle noire

La Polynésie française est le principal producteur de perles° noires. Dans la nature, les perles sont très rares; on en trouve dans une huître° sur 15.000. Par contre°, aujourd'hui, la Polynésie française produit plusieurs tonnes de perles noires chaque année. Des milliers de Tahitiens vivent de° l'industrie perlière. Parce qu'elle s'est développée dans les lagons, la perliculture° a même aidé à repeupler° certaines îles et certains endroits ruraux, abandonnés par les gens partis en ville. Les perles sont très variées et présentent différentes formes ou nuances de noir.

Les gens

Maryse Condé

Née en Guadeloupe, puis étudiante à la Sorbonne, à Paris, Maryse Condé a vécu° huit ans en Afrique (Ghana, Sénégal, Guinée, etc.). En 1973, elle enseigne dans les universités françaises et commence sa carrière° d'écrivain°. Elle sera ensuite professeur en Californie et à l'Université de Columbia. Ses nombreux romans°, y compris° *Moi, Tituba Sorcière*, ont reçu de multiples récompenses°. Ils mêlent° souvent fiction et événements historiques pour montrer la complexité de la culture antillaise, culture liée° à l'Amérique, l'Europe et l'Afrique.

Qu'est-ce que vous avez appris? Répondez aux questions par des phrases complètes.

1. Comment s'appelle le volcan qui est entré en éruption au début du vingtième siècle?
2. L'éruption a-t-elle tué tous les habitants de Saint-Pierre?
3. Pour quelle raison Gauguin a-t-il déménagé à Tahiti?
4. Pour quelles raisons l'œuvre «tahitienne» de Gauguin est-elle célèbre?
5. Quelle est la principale particularité d'Haïti?
6. Qui a réussi à abolir l'esclavage en Haïti?

7. D'où viennent la majorité des perles noires?
8. Comment la perliculture a-t-elle changé la population de la Polynésie?
9. Où Maryse Condé a-t-elle étudié? Où est-elle née?
10. Ses romans sont-ils entièrement des œuvres de fiction?

Sur Internet

Go to **vhlcentral.com** to find more cultural information related to this **Panorama**.

1. Cherchez des informations sur Aimé Césaire. Qu'a-t-il en commun avec Léopold Sédar Senghor, poète et homme politique mentionné dans le **Panorama** précédent?

2. Trouvez des informations sur la ville de Saint-Pierre. Comment est-elle aujourd'hui?

3. Cherchez des informations sur les courses de pirogues en Polynésie française. Quelle est leur signification?

ressources

WB pp. 101–102 · vhlcentral

peintre *painter* **œuvres** *artworks* **échapper à** *escape* **entoure** *surrounds* **célèbre** *famous* **emploi** *use* **vives** *bright* **peintures** *paintings* **tableaux** *paintings* **esclave** *slave* **mène** *leads* **vainc** *defeats* **perles** *pearls* **huître** *oyster* **Par contre** *However* **vivent de** *make a living from* **perliculture** *pearl farming* **repeupler** *repopulate* **a vécu** *lived* **carrière** *career* **écrivain** *writer* **romans** *novels* **y compris** *including* **récompenses** *awards* **mêlent** *mix* **liée** *tied*

Lecture  Audio: Reading

Avant la lecture

STRATÉGIE

Predicting content from the title

Prediction is an invaluable strategy in reading for comprehension. We can usually predict the content of a newspaper article from its headline, for example. More often than not, we decide whether or not to read the article based on its headline. Predicting content from the title will help you increase your reading comprehension in French.

Examinez le texte

Regardez le titre (*title*) et les sous-titres (*subtitles*) du texte. À votre avis, quel type de document est-ce? Avec un(e) camarade, faites une liste des informations que vous allez probablement trouver dans chaque section du document.

Des titres

Regardez ces titres et indiquez en quelques mots le sujet possible du texte qui suit (*follows*) chaque titre. Où pensez-vous qu'on a trouvé ces titres (dans un journal, un magazine, une brochure, un guide, etc.)?

Cette semaine à Paris:

Encore un nouveau restaurant pour chiens

L'Égypte des pyramides en 8 jours

L'AÉROPORT CHARLES-DE-GAULLE A PERDU LES VALISES D'UN VOL DE TOURISTES ALLEMANDS

Plan du centre-ville

Résultats du septième match de football entre la France et l'Angleterre

Hôtel confortable près de la gare routière

TOUR DE CORSE

Voyage organisé de 12 jours

3.000 euros tout compris°
Promotion spéciale de
Vacances–Voyages,
agence de voyages certifiée

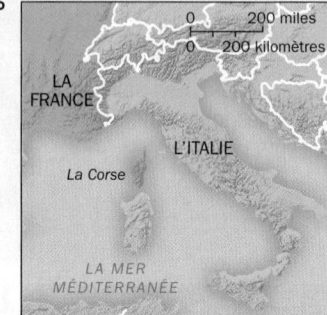

ITINÉRAIRE

JOUR 1   Paris–Ajaccio

Vous partez de Paris en avion pour Ajaccio, en Corse. Vous prenez tout de suite le bus pour aller à votre hôtel. Vous commencez par visiter la ville d'Ajaccio à pied°, puis vous dînez à l'hôtel.

JOUR 2   Ajaccio–Bonifacio

Le matin, vous partez en autobus pour Bonifacio, la belle ville côtière° où vous déjeunez dans un petit restaurant italien avant de visiter la ville. L'après-midi, vous montez à bord° d'un bateau pour une promenade en mer, occasion idéale pour observer les falaises rocailleuses° et les plages blanches de l'île°. Ensuite, vous rentrez à l'hôtel pour dîner et y (*there*) passer la nuit.

JOUR 3   Bonifacio–Corte

La forêt de l'Ospédale est l'endroit idéal pour une randonnée à pied. Vous pique-niquez à Zonza, petite ville montagneuse, avant de continuer vers Corte, l'ancienne° capitale de la Corse. Vous passez la soirée et la nuit à Corte.

JOUR 4   Corte–Bastia

Vous avez la journée pour visiter la ville de Bastia. Vous assistez à un spectacle de danse, puis vous passez la soirée à l'hôtel.

JOUR 5   Bastia–Calvi

Vous visitez d'abord le Cap Corse, la péninsule au nord° de la Corse. Puis, vous continuez vers le désert des Agriates, zone de montagnes désertiques où la chaleur est très forte. Ensuite, c'est l'Île-Rousse et une promenade à vélo dans la ville de Calvi. Vous dînez à votre hôtel.

Après la lecture

Les questions du professeur Vous avez envie de faire ce voyage en Corse et vous parlez du voyage organisé avec votre professeur de français. Répondez à ses questions par des phrases complètes, d'après la brochure.

1. Comment allez-vous aller en Corse?

   _____

2. Où le vol arrive-t-il en Corse?

   _____

3. Combien de temps est-ce que vous allez passer en Corse?

   _____

4. Est-ce que vous allez dormir dans des auberges de jeunesse?

   _____

5. Qu'est-ce que vous allez faire à Bastia?

   _____

6. Est-ce que vous retournez à Ajaccio le neuvième jour?

   _____

7. Qu'est-ce que vous allez prendre comme transports en Corse?

   _____

8. Avez-vous besoin de faire toutes les réservations?

   _____

C'est sûr, je pars en Corse! Vous allez passer trois semaines en France et vous avez décidé, avec un(e) ami(e), de faire le voyage organisé en Corse au départ de Paris. Vous et votre ami(e) téléphonez à l'agence de voyages pour avoir plus de détails. Posez des questions sur le voyage et demandez des précisions sur les villes visitées, les visites et les activités au programme, les hôtels, les transports, etc.

- Vous aimez faire des randonnées, mais votre ami(e) préfère voir (*to see*) des spectacles et faire du shopping.

- L'agent va expliquer pourquoi vous allez aimer ce voyage en Corse.

- Demandez à l'agent de vous trouver un billet d'avion aller-retour pour aller de votre ville à Paris.

- Demandez aussi un hôtel à Paris pour la troisième semaine de votre séjour en France.

- L'agent va aussi suggérer des visites et des activités intéressantes à faire à Paris.

- Vous expliquez à l'agent que vous voulez (*want*) avoir du temps libre pendant le voyage.

JOUR 6 Calvi–Porto

Vous partez en bus le matin pour la vallée du Fango et le golfe de Galéria à l'ouest° de l'île. Puis, vous visitez le parc naturel régional et le golfe de Porto. Ensuite, vous faites une promenade en bateau avant de passer la soirée dans la ville de Porto.

JOUR 7 Porto–Ajaccio

En bateau, vous visitez des calanques°, particularité géographique de la région méditerranéenne, avant de retourner à Ajaccio.

JOURS 8 à 11 Ajaccio

À Ajaccio, vous avez trois jours pour explorer la ville. Vous avez la possibilité de visiter la cathédrale, la maison natale° de Napoléon ou des musées, et aussi de faire du shopping ou d'aller à la plage.

JOUR 12 Ajaccio–Paris

Vous retournez à Paris en avion.

tout compris *all-inclusive* **à pied** *on foot* **côtière** *coastal* **à bord** *aboard*
falaises rocailleuses *rocky cliffs* **île** *island* **ancienne** *former* **nord** *north*
ouest *west* **calanques** *rocky coves or creeks* **natale** *birth*

Écriture

STRATÉGIE

Making an outline

When we write to share information, an outline can serve to separate topics and subtopics, providing a framework for presenting the data. Consider the following excerpt from an outline of the tourist brochure on pages 308–309.

I. Itinéraire et description du voyage

   A. Jour 1
      1. ville: Ajaccio
      2. visites: visite de la ville à pied
      3. activités: dîner

   B. Jour 2
      1. ville: Bonifacio
      2. visites: la ville de Bonifacio
      3. activités: promenade en bateau, dîner

II. Description des hôtels et des transports

   A. Hôtels
   B. Transports

Schéma d'idées

Idea maps can be used to create outlines. The major sections of an idea map correspond to the Roman numerals in an outline. The minor sections correspond to the outline's capital letters, and so on. Consider the idea map that led to the outline above.

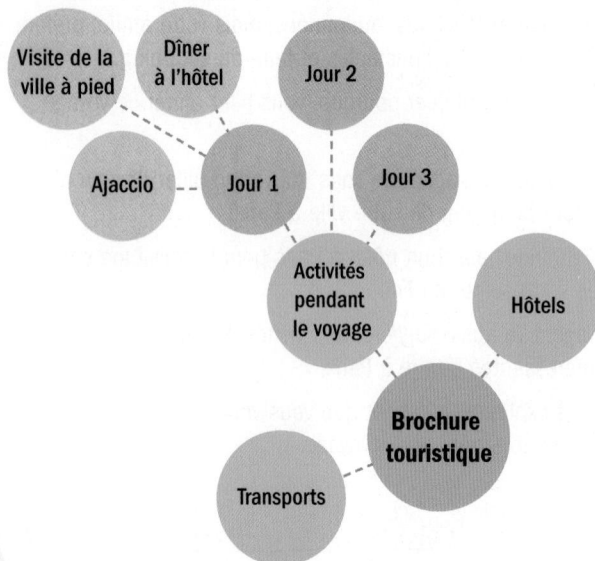

Thème

⊗ Écrivez une brochure

Avant l'écriture

1. Vous allez préparer une brochure pour un voyage organisé que vous avez fait ou que vous avez envie de faire dans un pays francophone. Utilisez un schéma d'idées pour vous aider. Voici des exemples d'informations que votre brochure peut (*can*) donner.

   ■ le pays et la ville

   ■ le nombre de jours

   ■ la date et l'heure du départ et du retour

   ■ les transports utilisés (train, avion, ...) et le lieu de départ (aéroport JFK, gare de Lyon, ...)

   ■ le temps qu'il va probablement faire et quelques suggestions de vêtements à porter

   ■ où on va dormir (hôtel, auberge de jeunesse, camping, ...)

   ■ où on va manger (restaurant, café, pique-nique dans un parc, ...)

   ■ les visites culturelles (monuments, musées, ...)

   ■ les autres activités au programme (explorer la ville, aller au marché, faire du sport, ...)

   ■ le prix du voyage par personne

2. Complétez le schéma d'idées pour vous aider à visualiser ce que (*what*) vous allez présenter dans votre brochure.

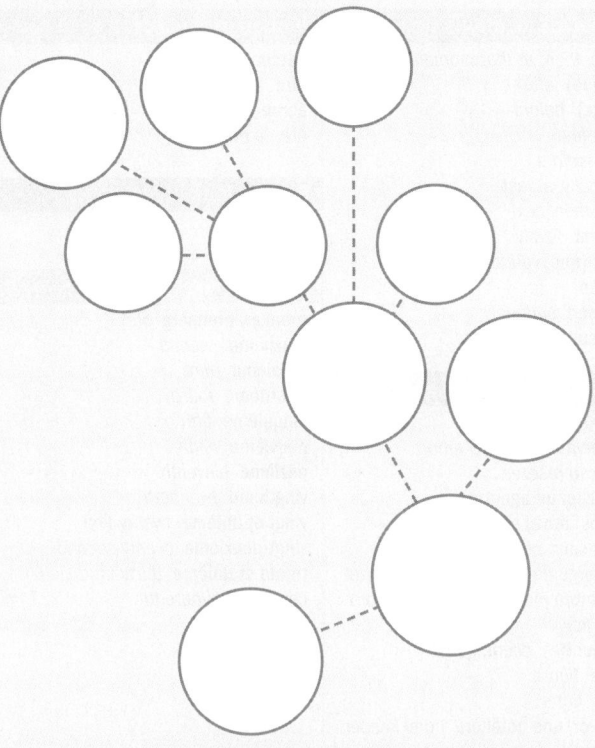

3. Une fois (*Once*) votre schéma d'idées créé, pensez à d'autres informations qui pourraient (*could*) être importantes pour la création de votre brochure.

Écriture

Utilisez votre schéma d'idées pour créer la brochure de votre voyage. Donnez un titre (*title*) à la présentation et aux différentes catégories. Chaque section et sous-section (*minor section*) doit (*must*) avoir son titre et être présentée séparément. Incorporez au moins (*at least*) quatre sous-sections. Vous pouvez inclure (*can include*) des visuels. Faites attention à bien les placer dans les sections correspondantes. Utilisez les constructions grammaticales et le vocabulaire que vous avez appris dans cette unité.

Après l'écriture

1. Échangez votre brochure avec celle (*the one*) d'un(e) partenaire. Répondez à ces questions pour commenter son travail.

- La brochure de votre partenaire correspond-elle au schéma d'idées qu'il/elle a créé?

- Votre partenaire a-t-il/elle inclu au moins quatre sections?

- Toutes les sections et sous-sections ont-elles un titre?

- Votre partenaire a-t-il/elle décrit en détail chaque catégorie?

- Chaque sous-section présente-t-elle des informations supplémentaires sur le sujet?

- Si votre partenaire a ajouté (*added*) des visuels, illustrent-ils vraiment le texte qu'ils accompagnent?

- Votre partenaire a-t-il/elle correctement utilisé les constructions grammaticales et le vocabulaire de l'unité?

2. Corrigez votre brochure d'après (*according to*) les commentaires de votre partenaire. Relisez votre travail pour éliminer ces problèmes:

- des fautes (*errors*) d'orthographe

- des fautes de ponctuation

- des fautes de conjugaison

- des fautes d'accord (*agreement*) des adjectifs

- un mauvais emploi (*use*) de la grammaire

 Vocabulary Tools

Leçon 7A

Partir en voyage

un aéroport airport
un arrêt d'autobus (de bus) bus stop
une arrivée arrival
un avion plane
un billet aller-retour round-trip ticket
un billet (d'avion, de train)
  (plane, train) ticket
un départ departure
une douane customs
une gare (routière) train station
  (bus station)
une sortie exit
une station (de métro)
  (subway) station
une station de ski ski resort
un ticket de bus, de métro
  bus, subway ticket
un vol flight
un voyage trip
à l'étranger abroad, overseas
la campagne country(side)
une capitale capital
des gens (m.) people
le monde world
un pays country

Les pays

(en/l') Allemagne (f.) (to, in) Germany
(en/l') Angleterre (f.) (to, in) England
(en/la) Belgique (belge) (to, in)
  Belgium (Belgian)
(au/le) Brésil (brésilien(ne)) (to, in)
  Brazil (Brazilian)
(au/le) Canada (to, in) Canada
(en/la) Chine (chinois(e)) (to, in)
  China (Chinese)
(en/l') Espagne (f.) (to, in) Spain
(aux/les) États-Unis (m.) (to, in) the
  United States
(en/la) France (to, in) France
(en/l') Irlande (f.) (irlandais(e)) (to,
  in) Ireland (Irish)
(en/l') Italie (f.) (to, in) Italy
(au/le) Japon (to, in) Japan
(au/le) Mexique (to, in) Mexico
(en/la) Suisse (to, in) Switzerland

Les vacances

bronzer to tan
faire du shopping to go shopping
faire les valises to pack one's bags
faire un séjour to spend time
  (somewhere)
partir en vacances to go on vacation
prendre un train (un avion, un taxi, un
  (auto)bus, un bateau) to take a train
  (plane, taxi, bus, boat)
rouler en voiture to ride in a car
utiliser un plan to use/read a map
un (jour de) congé day(s) off
le journal newspaper
la mer sea
une plage beach
des vacances (f.) vacation

Verbes

aller to go
arriver to arrive
descendre to go/take down
entrer to enter
monter to go/come up; to get in/on
mourir to die
naître to be born
partir to leave
passer to pass by; to spend time
rentrer to return
rester to stay
retourner to return
sortir to go out
tomber (sur quelqu'un) to fall (to run
  into somebody)

Expressions utiles

See p. 275.

Direct object pronouns

me/m' me
te/t' you
le/la/l' him/her/it
nous us
vous you
les them

Leçon 7B

Adverbes et locutions de temps

alors so, then; at that moment
après (que) after
avant (de) before
d'abord first
donc therefore
enfin finally, at last
ensuite then, next
finalement finally
pendant (que) during, while
puis then
tout à coup suddenly
tout de suite right away

Faire une réservation

annuler to cancel
une réservation a reservation
réserver to reserve
une agence/un agent de
  voyages travel agency/agent
un ascenseur elevator
une auberge de jeunesse youth hostel
une chambre individuelle single room
une clé key
un(e) client(e) client; guest
un étage floor
un hôtel hotel
un hôtelier/une hotelière hotel keeper
un lit bed
un passager/une passagère passenger
un passeport passport
la réception reception desk
le rez-de-chaussée ground floor
complet/complète full (no vacancies)
libre available

Adverbes

absolument absolutely
activement actively
bien well
constamment constantly
couramment fluently
différemment differently
évidemment obviously, evidently;
  of course
franchement frankly, honestly
gentiment nicely
heureusement fortunately
mal badly
malheureusement unfortunately
vraiment really

Verbes irréguliers

décrire to describe
dire to say
écrire to write
lire to read

Expressions utiles

See p. 293

Ordinal numbers

premier/première first
deuxième second
troisième third
quatrième fourth
cinquième fifth
neuvième ninth
onzième eleventh
vingtième twentieth
vingt et unième twenty-first
vingt-deuxième twenty-second
trente et unième thirty-first
centième hundredth

Chez nous

Pour commencer

- Où sont David et Rachid?

  a. dans le salon b. dans la cuisine
  c. dans la chambre

- Qu'est-ce qu'il n'y a pas sur la photo?

  a. un canapé b. une table c. une télévision

- Que font David et Rachid?

  a. Ils étudient. b. Ils passent un bon moment.
  c. Ils regardent la télé.

Leçon 8A

You will learn how to...
- describe your home
- talk about habitual past actions

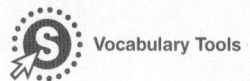

Vocabulary Tools

La maison

Vocabulaire

déménager	to move out
emménager	to move in
louer	to rent
un appartement	apartment
une cave	cellar; basement
un couloir	hallway
une cuisine	kitchen
un escalier	staircase
un immeuble	building
un jardin	garden; yard
un logement	housing
un loyer	rent
une pièce	room
un quartier	area, neighborhood
une résidence universitaire	dorm
une salle à manger	dining room
un salon	formal living/sitting room
un studio	studio (apartment)
une armoire	armoire, wardrobe
une douche	shower
un lavabo	bathroom sink
un meuble	piece of furniture
un placard	closet, cupboard
un tiroir	drawer
un(e) propriétaire	owner

le balcon

la salle de bains

les toilettes (f.) (W.-C.) (m.)

le miroir

la lampe

la baignoire

le canapé

le tapis

le fauteuil

une fleur

la salle de séjour

le sous-sol

ressources

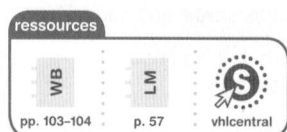

WB pp. 103–104 | LM p. 57 | vhlcentral

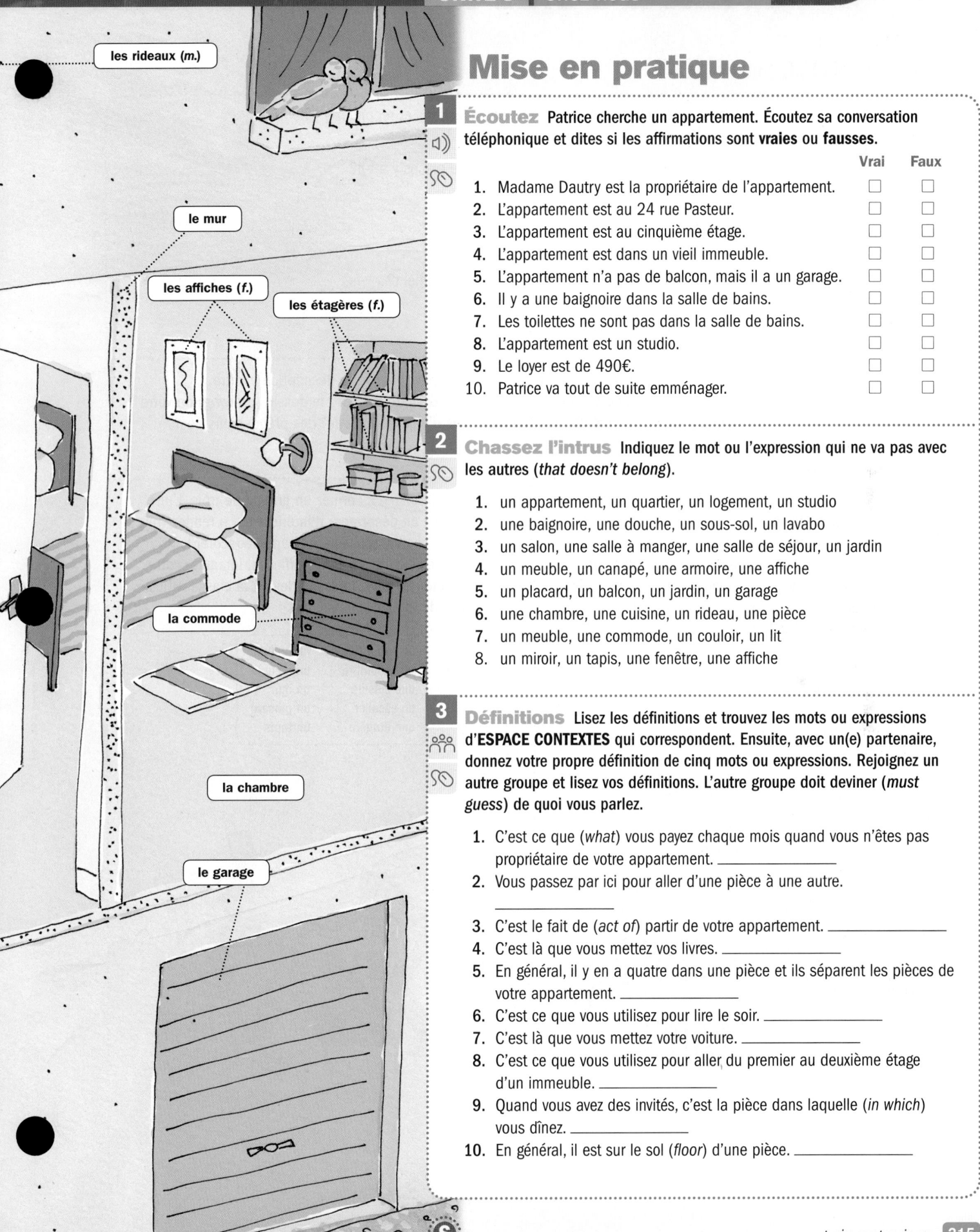

les rideaux (*m.*)

le mur

les affiches (*f.*)

les étagères (*f.*)

la commode

la chambre

le garage

Mise en pratique

1 **Écoutez** Patrice cherche un appartement. Écoutez sa conversation téléphonique et dites si les affirmations sont **vraies** ou **fausses**.

	Vrai	Faux
1. Madame Dautry est la propriétaire de l'appartement.	☐	☐
2. L'appartement est au 24 rue Pasteur.	☐	☐
3. L'appartement est au cinquième étage.	☐	☐
4. L'appartement est dans un vieil immeuble.	☐	☐
5. L'appartement n'a pas de balcon, mais il a un garage.	☐	☐
6. Il y a une baignoire dans la salle de bains.	☐	☐
7. Les toilettes ne sont pas dans la salle de bains.	☐	☐
8. L'appartement est un studio.	☐	☐
9. Le loyer est de 490€.	☐	☐
10. Patrice va tout de suite emménager.	☐	☐

2 **Chassez l'intrus** Indiquez le mot ou l'expression qui ne va pas avec les autres (*that doesn't belong*).

1. un appartement, un quartier, un logement, un studio
2. une baignoire, une douche, un sous-sol, un lavabo
3. un salon, une salle à manger, une salle de séjour, un jardin
4. un meuble, un canapé, une armoire, une affiche
5. un placard, un balcon, un jardin, un garage
6. une chambre, une cuisine, un rideau, une pièce
7. un meuble, une commode, un couloir, un lit
8. un miroir, un tapis, une fenêtre, une affiche

3 **Définitions** Lisez les définitions et trouvez les mots ou expressions d'**ESPACE CONTEXTES** qui correspondent. Ensuite, avec un(e) partenaire, donnez votre propre définition de cinq mots ou expressions. Rejoignez un autre groupe et lisez vos définitions. L'autre groupe doit deviner (*must guess*) de quoi vous parlez.

1. C'est ce que (*what*) vous payez chaque mois quand vous n'êtes pas propriétaire de votre appartement. _____
2. Vous passez par ici pour aller d'une pièce à une autre. _____
3. C'est le fait de (*act of*) partir de votre appartement. _____
4. C'est là que vous mettez vos livres. _____
5. En général, il y en a quatre dans une pièce et ils séparent les pièces de votre appartement. _____
6. C'est ce que vous utilisez pour lire le soir. _____
7. C'est là que vous mettez votre voiture. _____
8. C'est ce que vous utilisez pour aller du premier au deuxième étage d'un immeuble. _____
9. Quand vous avez des invités, c'est la pièce dans laquelle (*in which*) vous dînez. _____
10. En général, il est sur le sol (*floor*) d'une pièce. _____

Communication

4 **Répondez** À tour de rôle avec un(e) partenaire, posez-vous ces questions et répondez-y (*them*).

1. Où est-ce que tu habites?
2. Quelle est la taille de ton appartement ou de ta maison? Combien de pièces y a-t-il?
3. Quand as-tu emménagé?
4. Est-ce que tu as un jardin? Un garage?
5. Combien de placards as-tu? Où sont-ils?
6. Quels meubles as-tu? Comment sont-ils?
7. Quels meubles est-ce que tu voudrais (*would like*) avoir dans ton appartement?
   (Répondez: Je voudrais...)
8. Qu'est-ce que tu n'aimes pas au sujet de ton appartement?

5 **Votre chambre** Écrivez une description de votre chambre. À tour de rôle, lisez votre description à votre partenaire. Il/Elle va vous demander d'autres détails et dessiner un plan. Ensuite, regardez le dessin (*drawing*) de votre partenaire et dites s'il correspond à votre chambre ou non. N'oubliez pas d'inclure (*include*) des prépositions pour indiquer où sont certains meubles et objets.

6 **Sept différences** Votre professeur va vous donner, à vous et à votre partenaire, deux feuilles d'activités différentes. Il y a sept différences entre les deux images. Comparez vos dessins et faites une liste de ces différences. Quel est le groupe le plus rapide (*the quickest*) de la classe? Attention! Ne regardez pas la feuille de votre partenaire.

> **MODÈLE**
>
> **Étudiant(e) 1:** *Dans mon appartement, il y a un lit. Il y a une lampe à côté du lit.*
> **Étudiant(e) 2:** *Dans mon appartement aussi, il y a un lit, mais il n'y a pas de lampe.*

7 **La décoration** Formez un groupe de trois. L'un de vous est un décorateur d'intérieur qui a rendez-vous avec deux clients qui veulent (*want*) redécorer leur maison. Les clients sont très difficiles. Imaginez votre conversation et jouez la scène devant la classe. Utilisez les mots de la liste.

un canapé	un fauteuil
une chambre	un meuble
une cuisine	un mur
un escalier	un placard
une étagère	un tapis

Les sons et les lettres  Audio

s and ss

You've already learned that an **s** at the end of a word is usually silent.

lavabo**s**	copain**s**	va**s**	placard**s**

An **s** at the beginning of a word, before a consonant, or after a pronounced consonant is pronounced like the *s* in the English word *set*.

soir	**s**alon	**s**tudio	ab**s**olument

A double **s** is pronounced like the *ss* in the English word *kiss*.

gro**ss**e	a**ss**ez	intére**ss**ant	rou**ss**e

An **s** at the end of a word is often pronounced when the following word begins with a vowel sound. An **s** in a liaison sounds like a *z*, like the *s* in the English word *rose*.

très élégant	trois hommes

The other instance where the French **s** has a *z* sound is when there is a single **s** between two vowels within the same word. The **s** is pronounced like the *s* in the English word *music*.

mu**s**ée	amu**s**ant	oi**s**eau	be**s**oin

These words look alike, but have different meanings. Compare the pronunciations of each word pair.

poi**s**on	poi**ss**on	dé**s**ert	de**ss**ert

Prononcez Répétez les mots suivants à voix haute.

1. sac
2. triste
3. suisse
4. chose
5. bourse
6. passer
7. surprise
8. assister
9. magasin
10. expressions
11. sénégalaise
12. sérieusement

Articulez Répétez les phrases suivantes à voix haute.

1. Le spectacle est très amusant et la chanteuse est superbe.
2. Est-ce que vous habitez dans une résidence universitaire?
3. De temps en temps, Suzanne assiste à l'inauguration d'expositions au musée.
4. Heureusement, mes professeurs sont sympathiques, sociables et très sincères.

Dictons Répétez les dictons à voix haute.

Les oiseaux de même plumage s'assemblent sur le même rivage.[2]

Si jeunesse savait, si vieillesse pouvait. [1]

ressources

LM p. 58

vhlcentral

[1] Youth is wasted on the young.
(lit. If youth but knew, if old age but could.)
[2] Birds of a feather flock together.

La visite surprise  Video

PERSONNAGES

David

Pascal

Rachid

Sandrine

En ville, Pascal fait tomber (drops) ses fleurs.

PASCAL Aïe!

RACHID Tenez. (*Il aide Pascal.*)

PASCAL Oh, merci.

RACHID Aïe!

PASCAL Oh pardon, je suis vraiment désolé!

RACHID Ce n'est rien.

PASCAL Bonne journée!

Chez Sandrine...

RACHID Eh, salut, David! Dis donc, ce n'est pas un logement d'étudiants ici! C'est grand chez toi! Tu ne déménages pas, finalement?

DAVID Heureusement, Sandrine a décidé de rester.

SANDRINE Oui, je suis bien dans cet appartement. Seulement, les loyers sont très chers au centre-ville.

RACHID Oui, malheureusement! Tu as combien de pièces?

SANDRINE Il y a trois pièces: le salon, la salle à manger, ma chambre. Bien sûr, il y a une cuisine et j'ai aussi une grande salle de bains. Je te fais visiter?

SANDRINE Et voici ma chambre.

RACHID Elle est belle!

SANDRINE Oui... j'aime le vert.

RACHID Dis, c'est vrai, Sandrine, ta salle de bains est vraiment grande.

DAVID Oui! Et elle a un beau miroir au-dessus du lavabo et une baignoire!

RACHID Chez nous, on a seulement une douche.

SANDRINE Moi, je préfère les douches, en fait.

Le téléphone sonne (rings).

RACHID Comparé à cet appartement, le nôtre, c'est une cave! Pas de décorations, juste des affiches, un canapé, des étagères et mon bureau.

DAVID C'est vrai. On n'a même pas de rideaux.

A C T I V I T É S

1

Vrai ou faux? Indiquez si ces affirmations sont **vraies** ou **fausses**. Corrigez les phrases fausses.

1. C'est la première fois que Rachid visite l'appartement.

2. Sandrine ne déménage pas.

3. Les loyers au centre-ville ne sont pas chers.

4. Sandrine invite ses amis chez elle.

5. Rachid préfère son appartement à l'appartement de Sandrine.

6. Chez les garçons, il y a une baignoire et des rideaux.

7. Quand Pascal arrive, Sandrine est contente (*pleased*).

8. Pascal doit (*must*) travailler ce week-end.

 Practice more at **vhlcentral.com**.

Pascal arrive à Aix-en-Provence.

SANDRINE Voici la salle à manger.
RACHID Ça, c'est une pièce très importante pour nous, les invités.

SANDRINE Et puis, la cuisine.
RACHID Une pièce très importante pour Sandrine...
DAVID Évidemment!

SANDRINE Mais Pascal... je pensais que tu avais du travail... Quoi? Tu es ici, maintenant? C'est une blague!
PASCAL Mais ma chérie, j'ai pris le train pour te faire une surprise...

SANDRINE Une surprise! Nous deux, c'est fini! D'abord, tu me dis que les vacances avec moi, c'est impossible et ensuite tu arrives à Aix sans me téléphoner!
PASCAL Bon, si c'est comme ça, reste où tu es. Ne descends pas. Moi, je m'en vais. Voilà tes fleurs. Tu parles d'une surprise!

Expressions utiles

Talking about your home

- **Tu ne déménages pas, finalement?**
  You're not moving, after all?
- **Heureusement, Sandrine a décidé de rester.**
  Thankfully, Sandrine has decided to stay.
- **Seulement, les loyers sont très chers au centre-ville.**
  However, rents are very expensive downtown.
- **Je te fais visiter?**
  Shall I give you a tour?
- **Ta salle de bains est vraiment grande.**
  Your bathroom is really big.
- **Elle a un beau miroir au-dessus du lavabo.**
  It has a nice mirror above the sink.
- **Chez nous, on a seulement une douche.**
  At our place, we only have a shower.

Additional vocabulary

- **Aïe!**
  Ouch!
- **Tenez.**
  Here.
- **Je pensais que tu avais du travail.**
  I thought you had work to do.
- **Mais ma chérie, j'ai pris le train pour te faire une surprise.**
  But sweetie, I took the train to surprise you.
- **sans**
  without
- **Moi, je m'en vais.**
  I am leaving/getting out of here.

---

2 **Quel appartement?** Indiquez si ces objets sont dans l'appartement de Sandrine **(S)** ou dans l'appartement de David et Rachid **(D & R)**.

1. baignoire
2. douche
3. rideaux
4. canapé
5. trois pièces
6. étagères
7. miroir
8. affiches

3 **Conversez** Sandrine décide que son loyer est vraiment trop cher. Elle cherche un appartement à partager avec Amina. Avec deux partenaires, écrivez leur conversation avec un agent immobilier (*real estate agent*). Elles décrivent l'endroit idéal, le prix et les meubles qu'elles préfèrent. L'agent décrit plusieurs possibilités.

ressources

VM
pp. 29–30   vhlcentral

ACTIVITÉS

ESPACE CULTURE

Reading
Video: *Flash culture*

CULTURE À LA LOUPE

Le logement en France

Il y a différents types de logements. En ville, on habite dans une maison ou un appartement. À la campagne, on peut° habiter dans une villa, un château, un chalet ou un mas° provençal.

Vous avez peut-être remarqué° dans un film français qu'il y a une grande diversité de style d'habitation°. En effet°, le style et l'architecture varient d'une région à l'autre, souvent en raison° du climat et des matériaux disponibles°. Dans le Nord°, les maisons sont traditionnellement en briques° avec des toits en ardoise°. Dans l'Est°, en Alsace-Lorraine, il y a de vieilles maisons à colombages° avec des parties de mur en bois°. Dans le Sud°, il y a des villas de style méditerranéen avec des toits en tuiles° rouges et des mas provençaux (de vieilles maisons en pierre°). Dans les Alpes, en Savoie, les chalets sont en bois avec de grands balcons très fleuris°, comme en Suisse. Les maisons traditionnelles de l'Ouest° ont des toits en chaume°. Toutes les maisons françaises ont des volets° et les fenêtres sont assez différentes aussi des fenêtres aux États-Unis. Très souvent il n'y a pas de moustiquaire°, même° dans le sud de la France où il fait très chaud en été.

En France les trois quarts des gens habitent en ville. Beaucoup habitent dans la banlieue, où il y a beaucoup de grands immeubles mais aussi de petits pavillons individuels (maisons avec de petits jardins). Dans les centres-villes et dans les banlieues, il y a des HLM. Ce sont des habitations à loyer modéré°. Les HLM sont construits par l'État. Ce sont souvent des logements réservés aux familles qui ont moins d'argent.

peut *can* mas *farmhouse* remarqué *noticed* habitation *dwelling* En effet *Indeed* en raison du *due to the* disponibles *available* Nord *North* en briques *made of bricks* toits en ardoise *slate roofs* Est *East* à colombages *half-timbered* en bois *made of wood* Sud *South* en tuiles *made of tiles* en pierre *made of stone* fleuris *full of flowers* Ouest *West* en chaume *thatched* volets *shutters* moustiquaire *window screen* même *even* habitations à loyer modéré *low-cost government housing*

Coup de main

Here are some terms commonly used in statistics.

un quart = *one quarter*

un tiers = *one third*

la moitié = *half*

la plupart de = *most of*

un sur cinq = *one in five*

A C T I V I T É S

1 **Vrai ou faux?** Indiquez si les phrases sont **vraies** ou **fausses**. Corrigez les phrases fausses.

1. Les maisons sont similaires dans les différentes régions françaises.
2. Dans le Nord les maisons sont traditionnellement en briques.
3. En Alsace-Lorraine il y a des chalets.
4. Dans les Alpes il y a des mas provençaux.
5. Les mas provençaux sont des maisons en bois.
6. Toutes les maisons françaises ont des volets.

7. Les maisons françaises n'ont pas toujours des moustiquaires.
8. La plupart (*majority*) des Français habite à la campagne.
9. Le pavillon individuel est une sorte de grand immeuble.
10. Les millionnaires habitent dans des HLM.

LE FRANÇAIS QUOTIDIEN

Location d'un logement

agence (f.) de location	rental agency
bail (m.)	lease
caution (f.)	security deposit
charges (f.)	basic utilities
chauffage (m.)	heating
électricité (f.)	electricity
locataire (m./f.)	tenant
petites annonces (f.)	(rental) ads

LE MONDE FRANCOPHONE

L'architecture

Voici quelques exemples d'habitations traditionnelles.

En Afrique centrale et de l'Ouest des maisons construites sur pilotis°, avec un grenier à riz°

En Afrique du Nord des maisons en pisé (de la terre° rouge mélangée° avec de la paille°) construites autour d'un patio central et avec, souvent, une terrasse sur le toit°

Aux Antilles des maisons en bois de toutes les couleurs avec des toits en métal

En Polynésie française des bungalows, construits sur pilotis ou sur le sol, souvent en bambou avec des toits en paille ou en feuilles de cocotier°

Au Viêt-nam des maisons sur pilotis construites sur des lacs, des rivières ou simplement au-dessus du sol°

pilotis *stilts* **grenier à riz** *rice granary* **terre** *clay* **mélangée** *mixed* **paille** *straw* **toit** *roof* **feuilles de cocotier** *coconut palm leaves* **au-dessus du sol** *off the ground*

PORTRAIT

Le château Frontenac

Le château Frontenac, nommé ainsi en l'honneur° du comte de Frontenac, gouverneur de Nouvelle-France à la fin du XVIIe siècle, est un hôtel de luxe

et un des plus beaux° sites touristiques de la ville de Québec, au Canada. Construit entre la fin° du XIXe siècle et le début° du XXe siècle sur le Cap Diamant et idéalement situé à l'intérieur des fortifications dans le quartier du Vieux-Québec, le château offre une vue° spectaculaire sur la ville et sur le fleuve Saint-Laurent. Aujourd'hui, avec ses 611 chambres et suites distribuées sur 18 étages, son restaurant gastronomique, Le Champlain, ou encore son bar à vins et à fromages, Le 1608, sa piscine, son centre sportif et son spa, le château Frontenac est classé parmi° les 500 meilleurs° hôtels du monde. En famille ou en voyage d'affaires, cet hôtel vous offre le confort que vous attendez, avec entre autres, un service de gardiennage° très qualifié et bilingue pour vos enfants ou un centre d'affaires avec toutes les commodités nécessaires.

en l'honneur *in honour* **un des plus beaux** *one of the most beautiful* **fin** *end* **début** *beginning* **vue** *view* **classé parmi** *ranked among* **meilleurs** *best* **gardiennage** *babysitting*

---

2 **Répondez** D'après les informations données dans les textes, répondez aux questions.

1. Qu'est-ce que le château Frontenac?
2. Quand a commencé la construction du château Frontenac?
3. Quel est le meilleur endroit de l'hôtel pour les passionnés de vins et de fromages?
4. Où trouve-t-on des maisons sur pilotis?
5. Quelles sont les caractéristiques des maisons d'Afrique du Nord?

3 **Une année en France** Vous allez habiter en France. Votre partenaire est agent immobilier (*real estate*). Expliquez-lui le type de logement que vous recherchez. Il/Elle va vous donner des renseignements sur les logements disponibles (*available*). Posez des questions pour avoir plus de détails. Voici quelques mots utiles: **le bail** (*lease*), **la caution** (*security deposit*), **les charges** (f.) (*basic utilities*), **le chauffage** (*heating*), **l'électricité** (f.) (*electricity*).

 Practice more at vhlcentral.com.

ressources
VM pp. 75–76 · vhlcentral

A C T I V I T É S

ESPACE STRUCTURES

The *imparfait*  Tutorial

Point de départ You've learned how the **passé composé** can express past actions. Now you'll learn another past tense, the **imparfait** (*imperfect*).

- The **imparfait** can be translated into English in several ways.

Hakim **buvait** beaucoup de thé.
Hakim drank a lot of tea.

Hakim used to drink a lot of tea.

Hakim would drink a lot of tea.

Hakim was drinking a lot of tea.

Nina **chantait** sous la douche tous les matins.
Nina sang in the shower every morning.

Nina used to sing in the shower every morning.

Nina would sing in the shower every morning.

Nina was singing in the shower every morning.

<table>
<tr><td>

À noter

You'll learn to distinguish the **imparfait** from the **passé composé** in **8A.2**.

</td></tr>
</table>

- The **imparfait** is used to talk about actions that took place repeatedly or habitually during an unspecified period of time.

Je **passais** l'hiver à Lausanne.
I spent the winters in Lausanne.

Vous m'**écriviez** tous les jours.
You would write to me every day.

Nous **achetions** des fleurs au marché.
We used to buy flowers at the market.

Il **vendait** des meubles.
He used to sell furniture.

<table>
<tr><td>

Boîte à outils

Note that the forms ending in -**ais**, -**ait**, and -**aient** are all pronounced identically. To avoid confusion when writing these forms, remember that the **je** and **tu** forms never end in a -**t**.

</td></tr>
</table>

- The **imparfait** is a simple tense, which means that it does not require an auxiliary verb. To form the **imparfait**, drop the -**ons** ending from the **nous** form of the present tense and replace it with these endings.

The *imparfait*

	parler (parl~~ons~~)	finir (finiss~~ons~~)	vendre (vend~~ons~~)	boire (buv~~ons~~)
je	parl**ais**	finiss**ais**	vend**ais**	buv**ais**
tu	parl**ais**	finiss**ais**	vend**ais**	buv**ais**
il/elle/on	parl**ait**	finiss**ait**	vend**ait**	buv**ait**
nous	parl**ions**	finiss**ions**	vend**ions**	buv**ions**
vous	parl**iez**	finiss**iez**	vend**iez**	buv**iez**
ils/elles	parl**aient**	finiss**aient**	vend**aient**	buv**aient**

Il **faisait** chaud.
It was hot.

Nous **parlions** au prof.
We were talking to the professor.

- Verbs whose infinitives end in -**ger** add an **e** before all endings of the **imparfait** except in the **nous** and **vous** forms. Verbs whose infinitives end in -**cer** change **c** to **ç** before all endings except in the **nous** and **vous** forms.

tu **déménageais**   *but*   nous **déménagions**

les invités **commençaient**   *but*   vous **commenciez**

Mes parents **voyageaient** en Afrique.
My parents used to travel to Africa.

Vous **mangiez** toujours des pâtes le soir?
Did you always have pasta for dinner?

À quelle heure **commençait** l'école?
What time did school start?

Nous **commencions** notre journée à huit heures.
We used to start our day at 8 o'clock.

- Note that the **nous** and **vous** forms of infinitives ending in **-ier** contain a double **i** in the **imparfait**.

Vous **skiiez** dans les Alpes en janvier.
You used to ski in the Alps in January.

Nous **étudiions** parfois jusqu'à minuit.
We studied until midnight sometimes.

Je pensais que tu avais du travail.

Mais ma chérie, c'était une surprise.

- The **imparfait** is used for description, often with the verb **être**, which is irregular in this tense.

The *imparfait* of *être*	
j'étais	nous étions
tu étais	vous étiez
il/elle/on était	ils/elles étaient

La cuisine **était** à côté du salon.
The kitchen was next to the living room.

Les toilettes **étaient** au rez-de-chaussée.
The restrooms were on the ground floor.

Étiez-vous heureux avec Francine?
Were you happy with Francine?

Nous **étions** dans le jardin.
We were in the garden.

- Note the imperfect forms of these expressions.

Il pleuvait chaque matin.
It rained every morning.

Il neigeait parfois au printemps.
It snowed sometimes in the spring.

Il y avait deux lits et une lampe.
There were two beds and a lamp.

Il fallait payer le loyer.
We had to pay rent.

Essayez! **Choisissez la réponse correcte pour compléter les phrases.**

1. Muriel (louait / louais) un appartement en ville.
2. Rodrigue (partageait / partagiez) une chambre avec un autre étudiant.
3. Nous (payait / payions) notre loyer une fois par mois.
4. Il y (avait / était) des balcons au premier étage.
5. Vous (mangeait / mangiez) chez Arnaud le samedi.
6. Je n'(avais / étais) pas peur du chien.
7. Il (neigeait / fallait) mettre le chauffage (*heat*) quand il (faisaient / faisait) froid.
8. Qu'est-ce que tu (faisait / faisais) dans le couloir?
9. Vous (aimiez / aimaient) beaucoup le quartier?
10. Nous (étaient / étions) trois dans le petit studio.
11. Rémy et Nathalie (louait / louaient) leur appartement.
12. Il (avais / pleuvait) constamment en juillet.

ressources

WB
pp. 105–106

LM
p. 59

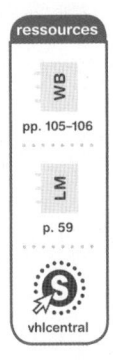
vhlcentral

ESPACE **STRUCTURES**

Mise en pratique

1

Nos déménagements La famille d'Emmanuel déménageait souvent quand il était petit. Complétez son histoire en mettant les verbes à l'imparfait.

Quand j'étais jeune, mon père (1) _____ (travailler) pour une société canadienne et nous (2) _____ (déménager) souvent. Quand nous (3) _____ (emménager), je (4) _____ (décorer) les murs de ma nouvelle chambre. Ma petite sœur (5) _____ (détester) déménager. Elle (6) _____ (dire) qu'elle (7) _____ (perdre) tous ses amis et que ce n' (8) _____ (être) pas juste!

2

Rien n'a changé Laurent parle de l'école à son grand-père, qui lui explique que les choses n'ont pas changé. Employez l'imparfait pour transformer les phrases de Laurent et donner les phrases de son grand-père.

Laurent: Les cours commencent à 7h30. Je prends le bus pour aller à l'école. J'ai beaucoup d'amis. Mes copains et moi, nous mangeons à midi. Mon dernier cours finit à 16h00. Mon école est très sympa et je l'adore!

Grand-père: Les cours...

_____

_____

3

Le samedi Dites ce que (*what*) ces personnes faisaient habituellement le samedi.

▶ **MODÈLE**

Paul dormait.

Paul

1. je _____

2. ils _____

3. vous _____

4. tu _____

4

Maintenant et avant Qu'est-ce qu'Emmanuel et sa famille font différemment aujourd'hui? Écrivez des phrases à l'imparfait et trouvez les adverbes opposés.

MODÈLE

beaucoup travailler (je)
Maintenant je travaille beaucoup, mais avant je travaillais peu.

1. rarement déménager (je)

2. facilement louer une grande maison (nous)

3. souvent nettoyer ton studio (tu)

4. parfois acheter des meubles (mes parents)

5. vite conduire (vous)

6. patiemment attendre son anniversaire (ma sœur)

 Practice more at **vhlcentral.com.**

Communication

5 **Quand tu avais seize ans** À tour de rôle, posez ces questions à votre partenaire pour savoir (*to know*) les détails de sa vie quand il/elle avait seize ans.

1. Où habitais-tu?
2. Est-ce que tu conduisais déjà une voiture?
3. Où est-ce que ta famille et toi alliez en vacances?
4. Pendant combien de temps partiez-vous en vacances?
5. Est-ce que tes amis et toi, vous sortiez tard le soir?
6. Que faisaient tes parents le week-end?
7. Quels sports pratiquais-tu?
8. Quel genre de musique écoutais-tu?
9. Comment était ton école?
10. Aimais-tu l'école? Pourquoi?

6 **La chambre de Rafik** Voici la chambre de Rafik quand il était adolescent. Avec un(e) partenaire, employez des verbes à l'imparfait pour comparer la chambre de Rafik avec votre chambre quand vous aviez son âge.

MODÈLE

Étudiant(e) 1: *Je n'avais pas de salle de bains à côté de ma chambre. Et toi?*
Étudiant(e) 2: *Moi, je partageais la salle de bains avec ma sœur.*

7 **Chez les grands-parents** Quand vous étiez petit(e), vous passiez toujours les vacances à la campagne chez vos grands-parents. À tour de rôle, décrivez à votre partenaire une journée typique de vacances.

MODÈLE

Notre journée commençait très tôt le matin. Mémé préparait du pain...

8 **Une énigme** La nuit dernière, quelqu'un est entré dans le bureau de votre professeur et a emporté (*took away*) l'examen de français. Vous devez (*must*) trouver qui. Qu'est-ce que vos camarades de classe faisaient hier soir? Relisez vos notes et dites qui est le voleur (*thief*). Ensuite, présentez vos conclusions à la classe.

8A.2

ESPACE STRUCTURES

The *passé composé* vs. the *imparfait* (Part 1)

 Tutorial

Point de départ Although the passé composé and the imparfait are both past tenses, they have very distinct uses and are not interchangeable. The choice between these two tenses depends on the context and on the point of view of the speaker.

Uses of the *passé composé*	
To express specific actions that started and ended in the past and are viewed by the speaker as completed	J'**ai nettoyé** la salle de bains deux fois. *I cleaned the bathroom twice.* Nous **avons acheté** un tapis *We bought a rug.* L'enfant **est né** à la maison. *The child was born at home.* Il **a plu** hier. *It rained yesterday.*
To tell about events that happened at a specific point in time or within a specific length of time in the past	Je **suis allé** à la pêche avec papa il y a deux ans. *I went fishing with dad two years ago.* Il **est allé** au concert vendredi. *He went to the concert on Friday.* Nous **avons passé** une journée fantastique à la plage. *We spent a fantastic day at the beach.* Elle **a étudié** à Paris pendant six mois. *She studied in Paris for six months.*
To express the beginning or end of a past action	Le film **a commencé** à huit heures. *The movie began at 8 o'clock.* Ils **ont fini** leurs devoirs samedi matin. *They finished their homework Saturday morning.*
To narrate a series of past actions or events	Ce matin, j'**ai fait** du jogging, j'**ai nettoyé** la chambre et j'**ai rangé** la cuisine. *This morning, I jogged, I cleaned my bedroom, and I tidied up the kitchen.* Pour la fête d'anniversaire de papa, maman **a envoyé** les invitations, elle **a acheté** un cadeau et elle **a fait** les décorations. *For dad's birthday party, mom sent out the invitations, bought a gift, and did the decorations.*
To signal a change in someone's mental, physical, or emotional state	Il **est mort** dans un accident. *He died in an accident.* Soudain, j'**ai eu** peur. *Suddenly, I got scared.* Tout à coup, elle **a eu** soif. *All of a sudden, she felt thirsty.*

Uses of the *imparfait*

To describe an ongoing past action with no reference to its beginning or end	Vous **dormiez** sur le canapé. *You were sleeping on the couch.* Tu **attendais** dans le café? *You were waiting in the café?* Nous **regardions** la télé chez Fanny. *We were watching TV at Fanny's house.* Les enfants **lisaient** tranquillement. *The children were reading peacefully.*
To express habitual or repeated past actions and events or describe how things used to be	Nous **faisions** un tour en voiture le dimanche matin. *We used to go for a drive on Sunday mornings.* Elle **mettait** toujours la voiture dans le garage. *She always put the car in the garage.* Maman **travaillait** souvent dans le jardin. *Mom would often work in the garden.* Quand j'**étais** jeune, j'**aimais** faire du camping. *When I was young, I used to like to go camping.*
To describe an ongoing mental, physical, or emotional state or condition	Karine **était** très inquiète. *Karine was very worried.* Simon et Marion **étaient** fatigués et ils **avaient** sommeil. *Simon and Marion were tired and sleepy.* Mon ami **avait** faim et il **avait** envie de manger quelque chose. *My friend was hungry and felt like eating something.*

Essayez! **Donnez les formes correctes des verbes.**

passé composé

1. commencer (il) _il a commencé_
2. acheter (tu) _____
3. boire (nous) _____
4. apprendre (ils) _____
5. répondre (je) _____
6. sortir (il) _____
7. descendre (elles) _____
8. être (vous) _____

imparfait

1. jouer (nous) _nous jouions_
2. être (tu) _____
3. prendre (elles) _____
4. avoir (vous) _____
5. conduire (il) _____
6. falloir (il) _____
7. boire (je) _____
8. étudier (nous) _____

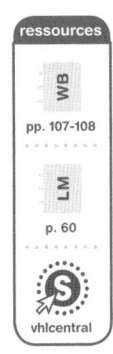

ressources

WB
pp. 107-108

LM
p. 60

S
vhlcentral

ESPACE **STRUCTURES**

Mise en pratique

1 **Une surprise désagréable** Récemment, Benoît a fait un séjour à Strasbourg avec un collègue. Complétez ses phrases avec l'imparfait ou le passé composé.

Ce matin, il (1) _____ (faire) chaud. J' (2) _____ (être) content de partir pour Strasbourg. Je (3) _____ (partir) pour la gare, où j' (4) _____ (retrouver) Émile. Le train (5) _____ (arriver) à Strasbourg à midi. Nous (6) _____ (commencer) notre promenade en ville. Nous (7) _____ (avoir) besoin d'un plan. J' (8) _____ (chercher) mon portefeuille (*wallet*), mais il (9) _____ (être) toujours dans le train! Émile et moi, nous (10) _____ (courir) à la gare!

2 **Le week-end dernier** Qu'est-ce que la famille Tran a fait le week-end dernier?

> **MODÈLE** nous / passer le week-end / chez des amis
> *Nous avons passé le week-end chez des amis.*

1. faire / beau / quand / nous / arriver
2. nous / être / fatigué / mais content
3. Audrey et son amie / aller / à la piscine
4. moi, je / décider de / dormir un peu
5. samedi soir / pleuvoir / quand / nous / sortir / cinéma
6. nous / rire / beaucoup / parce que / film / être / amusant
7. minuit / nous / rentrer / chez nous
8. Lanh / regarder / télé / quand / nous / arriver
9. dimanche matin / nous / passer / chez des amis
10. nous / passer / cinq heures / chez eux
11. ce / être / très / sympa

3 **Vacances à la montagne** Hugo raconte ses vacances. Complétez ses phrases avec un des verbes de la liste au passé composé ou à l'imparfait.

aller	neiger	retourner
avoir	passer	skier
faire	rester	venir

1. L'hiver dernier, nous _____ les vacances à la montagne.
2. Quand nous sommes arrivés sur les pistes de ski, il _____ beaucoup et il _____ un temps épouvantable.
3. Ce jour-là, nous _____ à l'hôtel tout l'après-midi.
4. Le jour suivant, nous _____ sur les pistes.
5. Nous _____ et papa _____ faire une randonnée.
6. Quand ils _____ mon âge, papa et oncle Hervé _____ tous les hivers à la montagne.

Practice more at **vhlcentral.com**.

Communication

4 **Situations** Avec un(e) partenaire, parlez de ces situations en utilisant le passé composé ou l'imparfait. Comparez vos réponses, puis présentez-les à la classe.

MODÈLE

Le premier jour de cours...
Étudiant(e) 1: *Le premier jour de cours, j'étais tellement nerveux/nerveuse que j'ai oublié mes livres.*
Étudiant(e) 2: *Moi, j'étais nerveux/nerveuse aussi, alors j'ai quitté ma résidence très tôt.*

1. Quand j'étais petit(e),...
2. L'été dernier,...
3. Hier soir, mon/ma petit(e) ami(e)...
4. Hier, le professeur...
5. La semaine dernière, mon/ma camarade de chambre...
6. Ce matin, au resto U,...
7. Quand j'étais au lycée,...
8. La dernière fois que j'étais en vacances,...

5 **Votre premier/première petit(e) ami(e)** Posez ces questions à un(e) partenaire. Ajoutez (*Add*) d'autres questions si vous le voulez (*want*).

1. Qui a été ton/ta premier/première petit(e) ami(e)?
2. Quel âge avais-tu quand tu as fait sa connaissance?
3. Comment était-il/elle?
4. Est-ce que tu as fait la connaissance de sa famille?
5. Pendant combien de temps avez-vous été ensemble?
6. Où alliez-vous quand vous sortiez?
7. Aviez-vous les mêmes (*same*) centres d'intérêt?
8. Pourquoi avez-vous arrêté (*stopped*) de sortir ensemble?

6 **Dialogue** Jean-Michel, qui a seize ans, est sorti avec des amis hier soir. Quand il est rentré à trois heures du matin, sa mère était furieuse parce que ce n'était pas la première fois qu'il rentrait tard. Avec un(e) partenaire, préparez le dialogue entre Jean-Michel et sa mère.

MODÈLE

Étudiant(e) 1: *Que faisais-tu à minuit?*
Étudiant(e) 2: *Mes copains et moi, nous sommes allés manger une pizza...*

7 **Un crime** Vous avez été témoin (*witness*) d'un crime dans votre quartier et la police vous pose beaucoup de questions. Avec un(e) partenaire et à tour de rôle, jouez le détective et le témoin.

MODÈLE

Étudiant(e) 1: *Où étiez-vous vers huit heures hier soir?*
Étudiant(e) 2: *Chez moi.*
Étudiant(e) 1: *Avez-vous vu quelque chose?*

Révision

1 **Mes affaires** Vous cherchez vos affaires (*belongings*). À tour de rôle, demandez de l'aide à votre partenaire. Où étaient-elles pour la dernière fois? Utilisez l'illustration pour les trouver.

MODÈLE

Étudiant(e) 1: *Je cherche mes baskets. Où sont-elles?*
Étudiant(e) 2: *Tu n'as pas cherché sur l'étagère? Elles étaient sur l'étagère.*

baskets	ordinateur
casquette	parapluie
journal	pull
livre	sac à dos

2 **Un bon témoin** Il y a eu un cambriolage (*burglary*) chez votre voisin M. Cachetout. Le détective vous interroge parce que vous avez vu deux personnes suspectes sortir de la maison du voisin. Avec un(e) partenaire, créez ce dialogue et jouez cette scène devant la classe. Utilisez ces éléments dans votre scène.

- une description physique des suspects
- leurs attitudes
- leurs vêtements
- ce que (*what*) vous faisiez quand vous avez vu les suspects

MODÈLE

Étudiant(e) 1: *À quelle heure est-ce que vous avez vu les deux personnes sortir?*
Étudiant(e) 2: *À dix heures. Ils sont sortis du garage.*

3 **Quel séjour!** Le magazine *Campagne décoration* a eu un concours le mois dernier et vous avez gagné le prix, une semaine de vacances dans une maison à la campagne en France. Vous venez de retourner de (*just came back from*) vos vacances et vous donnez une interview à propos de (*about*) votre séjour. Avec un(e) partenaire, à tour de rôle, posez-vous des questions sur la maison, le temps, les activités dans la région et votre opinion de ces vacances en général. Utilisez l'imparfait et le passé composé.

MODÈLE

Étudiant(e) 1: *Combien de pièces y avait-il dans cette maison?*
Étudiant(e) 2: *Il y avait six pièces dans la maison.*

4 **Avant et après** Voici la chambre d'Annette avant et après une visite de sa mère. Comment était sa chambre à l'origine? Avec un(e) partenaire, décrivez la pièce à tour de rôle et cherchez les différences entre les deux illustrations.

MODÈLE

Avant, la lampe était à côté de l'ordinateur. Maintenant, elle est à côté du canapé.

5 **La maison de mon enfance** Décrivez l'appartement ou la maison de votre enfance à un(e) partenaire. Où se trouvait-il/elle? Combien de pièces y avait-il? Comment étaient-elles orientées? Y avait-il une piscine, un sous-sol? Qui vivait avec vous dans cet appartement ou cette maison? Racontez (*Tell*) des anecdotes. Donnez beaucoup de détails.

MODÈLE

Ma maison se trouvait au bord de la mer.
C'était une maison à deux étages (floors).
Au rez-de-chaussée, il y avait...

 Video

Créatrice de meubles en carton

Vu d'en haut, un court programme de la chaîne télévisée France 3, présente Caroline Martial, une femme qui, depuis° quelques années, se passionne pour le carton°. En effet, elle crée des meubles en carton et elle a décoré toute sa maison avec ses créations. Son action se trouve à mi-chemin° entre l'art et le développement durable. Cette auto-entrepreneuse a monté sa boîte° pour fabriquer des meubles sur mesure° selon les envies et les besoins. La jeune designer a trouvé dans le carton un matériau léger°, très fort, et particulièrement facile à travailler.

Une commode aux couleurs vives°.

Caroline, la designer de meubles en carton.

SO **Compréhension** Répondez aux questions.

1. Citez un élément du petit meuble en construction au début de la vidéo.
2. Donnez une caractéristique du fauteuil sur lequel Caroline est assise.
3. Pourquoi Caroline a-t-elle choisi le carton pour fabriquer ses meubles?

Discussion Par groupes de trois, répondez aux questions et discutez.

1. Êtes-vous créatifs/créatives? Aimez-vous l'idée de créer des meubles?
2. Pensez-vous qu'utiliser du carton pour faire des meubles est un bon concept? Pourquoi ou pourquoi pas?
3. Faites une liste d'au moins trois meubles dans votre maison dont vous avez besoin. Décrivez-les à Caroline, en incluant vos couleurs préférées, etc.

depuis *for* **carton** *cardboard* **à mi-chemin** *halfway* **a monté sa boîte** *started her business* **sur mesure** *custom-made* **léger** *light* **vives** *bright*

Go to **vhlcentral.com** to watch the TV clip featured in this **Le Zapping**.

Leçon 8B

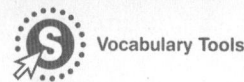
Vocabulary Tools

You will learn how to...
- talk about chores
- talk about appliances

Les tâches ménagères

Vocabulaire

débarrasser la table	to clear the table
enlever/faire la poussière	to dust
essuyer la vaisselle/ la table	to dry the dishes/ to wipe the table
faire la lessive	to do the laundry
faire le ménage	to do the housework
laver	to wash
mettre la table	to set the table
passer l'aspirateur	to vacuum
ranger	to tidy up; to put away
salir	to soil, to make dirty
propre	clean
sale	dirty
un appareil électrique/ ménager	electrical/household appliance
une cafetière	coffeemaker
une cuisinière	stove; female cook
un grille-pain	toaster
un lave-linge	washing machine
un lave-vaisselle	dishwasher
un sèche-linge	clothes dryer
une tâche ménagère	household chore

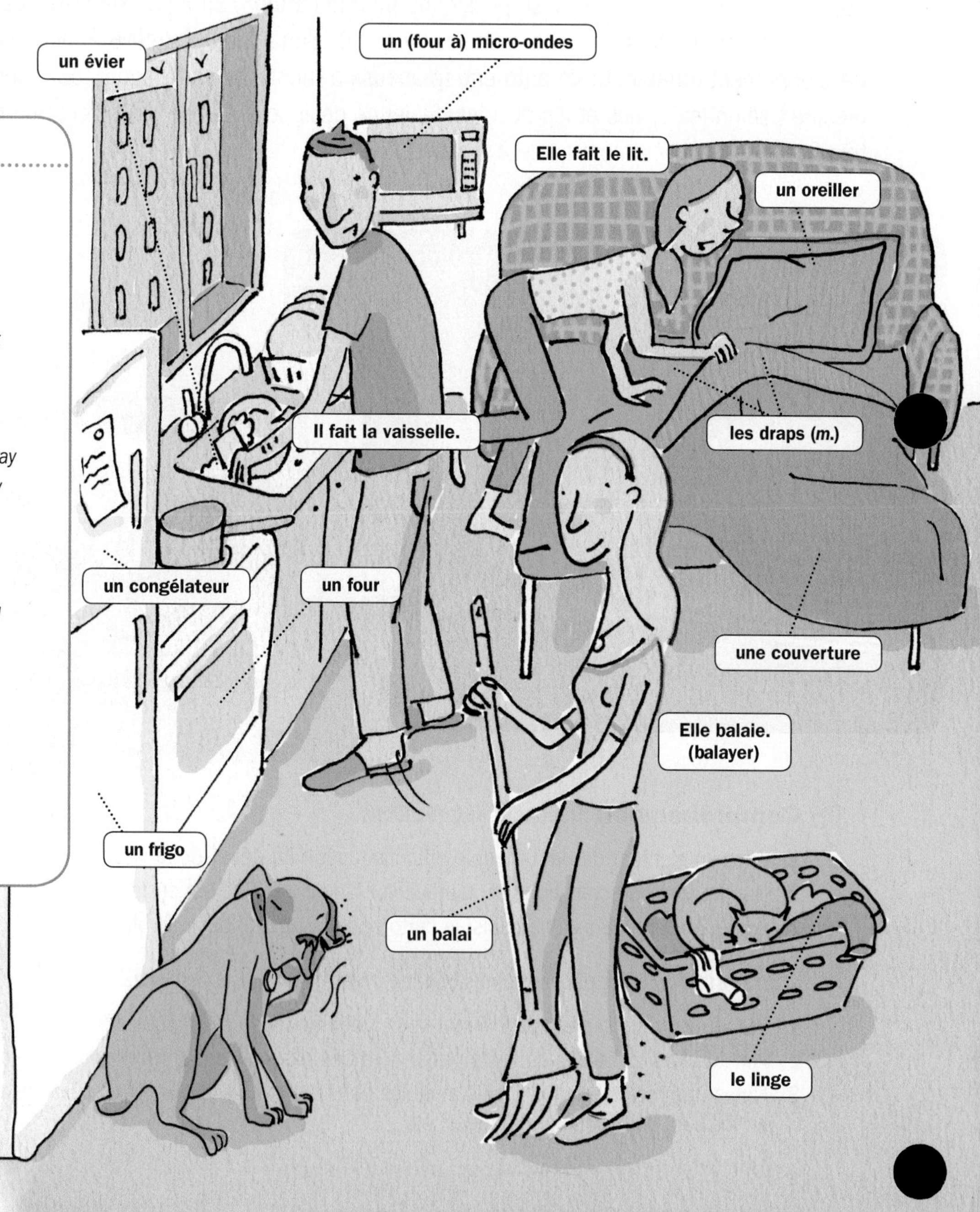

un évier

un (four à) micro-ondes

Elle fait le lit.

un oreiller

Il fait la vaisselle.

les draps (m.)

un congélateur

un four

une couverture

Elle balaie. (balayer)

un frigo

un balai

le linge

ressources

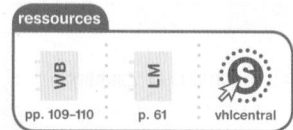
WB pp. 109–110
LM p. 61
vhlcentral

UNITÉ 8 | Chez nous

Mise en pratique

1 **Écoutez** Écoutez la conversation téléphonique (*phone call*) entre Édouard, un étudiant, et un conseiller (*radio psychologist*) à la radio. Ensuite, indiquez les tâches ménagères que faisaient Édouard et Paul au début du semestre.

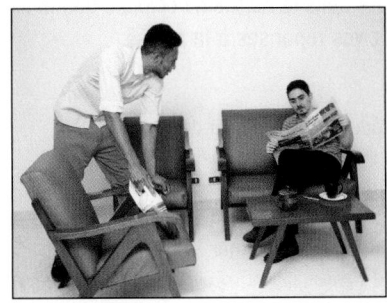

	Édouard	Paul
1. Il faisait la cuisine.	☐	☐
2. Il faisait les lits.	☐	☐
3. Il passait l'aspirateur.	☐	☐
4. Il sortait la poubelle.	☐	☐
5. Il balayait.	☐	☐
6. Il faisait la lessive.	☐	☐
7. Il faisait la vaisselle.	☐	☐
8. Il nettoyait le frigo.	☐	☐

Il sort la poubelle.
(sortir)

un fer à repasser

Il repasse.
(repasser)

2 **On fait le ménage** Complétez les phrases avec le bon mot.

1. On balaie avec _____.
2. On repasse le linge avec _____.
3. On fait la lessive avec _____.
4. On lave la vaisselle avec _____.
5. On prépare le café avec _____.
6. On sèche les vêtements avec _____.
7. On met la glace dans _____.
8. Pour faire le lit, on doit arranger _____, _____ et _____.

3 **Les tâches ménagères** Avec un(e) partenaire, indiquez quelles tâches ménagères vous faites dans chaque pièce ou partie de votre logement. Il y a plus d'une réponse possible.

1. La chambre: _____
2. La cuisine: _____
3. La salle de bains: _____
4. La salle à manger: _____
5. La salle de séjour: _____
6. Le garage: _____

Communication

4 **Qui fait quoi?** Votre professeur va vous donner une feuille d'activités. Dites si vous faites les tâches indiquées en écrivant (*by writing*) **Oui** ou **Non** dans la première colonne. Ensuite, posez des questions à vos camarades de classe; écrivez leur nom dans la deuxième colonne quand ils répondent **Oui**. Présentez vos réponses à la classe.

MODÈLE

mettre la table pour prendre le petit-déjeuner

Étudiant(e) 1: *Est-ce que tu mets la table pour prendre le petit-déjeuner?*
Étudiant(e) 2: *Oui, je mets la table chaque matin./ Non, je prends le petit-déjeuner au resto U, donc je ne mets pas la table.*

Activités	Moi	Mes camarades de classe
1. mettre la table pour prendre le petit-déjeuner		
2. passer l'aspirateur tous les jours		
3. salir ses vêtements quand on mange		
4. nettoyer les toilettes		
5. balayer la cuisine		
6. débarrasser la table après le dîner		
7. souvent enlever la poussière sur son ordinateur		
8. laver les vitres (*windows*)		

5 **Conversez** Interviewez un(e) camarade de classe.

1. Qui fait la vaisselle chez toi?
2. Qui fait la lessive chez toi?
3. Fais-tu ton lit tous les jours?
4. Quelles tâches ménagères as-tu faites le week-end dernier?
5. Repasses-tu tous tes vêtements?
6. Quelles tâches ménagères détestes-tu faire?
7. Quels appareils électriques as-tu chez toi?
8. Ranges-tu souvent ta chambre?

6 **Camarade de chambre** Vous cherchez un(e) camarade de chambre pour votre appartement et deux personnes ont répondu à votre petite annonce (*ad*) dans le journal. Travaillez avec deux camarades de classe et préparez un dialogue dans lequel (*in which*) vous:

- parlez des tâches ménagères que vous détestez/aimez faire.
- parlez des responsabilités de votre nouveau/ nouvelle camarade de chambre.
- parlez de vos passions et de vos habitudes.
- décidez quelle est la personne qui vous convient le mieux (*suits you best*).

7 **Écrivez** L'appartement de Martine est un désastre: la cuisine est sale et comme vous pouvez (*can*) l'imaginer, le reste de l'appartement est encore pire (*worse*). Préparez un paragraphe où vous décrivez les problèmes que vous voyez (*see*) et que vous imaginez. Ensuite, écrivez la liste des tâches que Martine va faire pour tout nettoyer.

Les sons et les lettres  Audio

Semi-vowels

French has three semi-vowels. Semi-vowels are sounds that are produced in much the same way as vowels, but also have many properties in common with consonants. Semi-vowels are also sometimes referred to as *glides* because they glide from or into the vowel they accompany.

Lucien	**chien**	**soif**	**nuit**

The semi-vowel that occurs in the word **bien** is very much like the *y* in the English word *yes*. It is usually spelled with an **i** or a **y** (pronounced *ee*), then glides into the following sound. This semi-vowel sound is also produced when **ll** follows an **i**.

nation	**balayer**	**bien**	**brillant**

The semi-vowel that occurs in the word **soif** is like the *w* in the English words *was* and *we*. It usually begins with **o** or **ou**, then glides into the following vowel.

trois	**froid**	**oui**	**ouistiti**

The third semi-vowel sound occurs in the word **nuit**. It is spelled with the vowel **u**, as in the French word **tu**, then glides into the following sound.

lui	**suis**	**cruel**	**intellectuel**

Prononcez Répétez les mots suivants à voix haute.

1. oui
2. taille
3. suisse
4. fille
5. mois
6. cruel
7. minuit
8. jouer
9. cuisine
10. juillet
11. échouer
12. croissant

Articulez Répétez les phrases suivantes à voix haute.

1. Voici trois poissons noirs.
2. Louis et sa famille sont suisses.
3. Parfois, Grégoire fait de la cuisine chinoise.
4. Aujourd'hui, Matthieu et Damien vont travailler.
5. Françoise a besoin de faire ses devoirs d'histoire.
6. La fille de Monsieur Poirot va conduire pour la première fois.

Dictons Répétez les dictons à voix haute.

La nuit, tous les chats sont gris.[1]

Vouloir, c'est pouvoir.[2]

ressources

LM
p. 62

vhlcentral

ESPACE ROMAN-PHOTO

La vie sans Pascal  Video

PERSONNAGES

Amina

Michèle

Sandrine

Stéphane

Valérie

Au P'tit Bistrot...

MICHÈLE Tout va bien, Amina?

AMINA Oui, ça va, merci. (*Au téléphone*) Allô?... Qu'est-ce qu'il y a, Sandrine?... Non, je ne le savais pas, mais franchement, ça ne me surprend pas... Écoute, j'arrive chez toi dans quinze minutes, d'accord? ... À tout à l'heure!

MICHÈLE Je débarrasse la table?

AMINA Oui, merci, et apporte-moi l'addition, s'il te plaît.

MICHÈLE Tout de suite.

VALÉRIE Tu as fait ton lit, ce matin?

STÉPHANE Oui, maman.

VALÉRIE Est-ce que tu as rangé ta chambre?

STÉPHANE Euh... oui, ce matin, pendant que tu faisais la lessive.

Chez Sandrine...

SANDRINE Salut, Amina! Merci d'être venue.

AMINA Mmmm. Qu'est-ce qui sent si bon?

SANDRINE Il y a des biscuits au chocolat dans le four.

AMINA Oh, est-ce que tu les préparais quand tu m'as téléphoné?

SANDRINE Tu as soif?

AMINA Un peu, oui.

SANDRINE Sers-toi, j'ai des jus de fruits au frigo.

Sandrine casse () une assiette.

SANDRINE Et zut!

AMINA Ça va, Sandrine?

SANDRINE Oui, oui... passe-moi le balai, s'il te plaît.

AMINA N'oublie pas de balayer sous la cuisinière.

SANDRINE Je sais! Excuse-moi, Amina. Comme je t'ai dit au téléphone, Pascal et moi, c'est fini.

A C T I V I T É S

1 **Questions** Répondez aux questions par des phrases complètes.

1. Avec qui Amina parle-t-elle au téléphone?
2. Comment va Sandrine aujourd'hui? Pourquoi?
3. Est-ce que Stéphane a fait toutes ses tâches ménagères?
4. Qu'est-ce que Sandrine préparait quand elle a téléphoné à Amina?

5. Amina a faim et a soif. À votre avis (*opinion*), que va-t-elle prendre?
6. Pourquoi Amina n'est-elle pas fâchée (*angry*) contre Sandrine?
7. Pourquoi Amina pense-t-elle que Sandrine aimerait (*would like*) un cyberhomme américain?
8. Sandrine pense qu'Amina devrait (*should*) rencontrer Cyberhomme, mais Amina pense que ce n'est pas une bonne idée. À votre avis, qui a raison?

Amina console Sandrine.

VALÉRIE Hmm... et la vaisselle? Tu as fait la vaisselle?

STÉPHANE Non, pas encore, mais...

MICHÈLE Il me faut l'addition pour Amina.

VALÉRIE Stéphane, tu dois faire la vaisselle avant de sortir.

STÉPHANE Bon, ça va, j'y vais!

VALÉRIE Ah, Michèle, il faut sortir les poubelles pour ce soir!

MICHÈLE Oui, comptez sur moi, Madame Forestier.

VALÉRIE Très bien! Moi, je rentre, il est l'heure de préparer le dîner.

SANDRINE Il était tellement pénible. Bref, je suis de mauvaise humeur aujourd'hui.

AMINA Ne t'en fais pas, je comprends.

SANDRINE Toi, tu as de la chance.

AMINA Pourquoi tu dis ça?

SANDRINE Tu as ton Cyberhomme. Tu vas le rencontrer un de ces jours?

AMINA Oh... Je ne sais pas si c'est une bonne idée.

SANDRINE Pourquoi pas?

AMINA Sandrine, il faut être prudent dans la vie, je ne le connais pas vraiment, tu sais.

SANDRINE Comme d'habitude, tu as raison. Mais finalement, un cyberhomme, c'est peut-être mieux qu'un petit ami. Ou alors, un petit ami artistique, charmant et beau garçon.

AMINA Et américain?

Expressions utiles

Talking about what you know

- **Je ne le savais pas, mais franchement, ça ne me surprend pas.**
  I didn't know that, but frankly, I'm not surprised.

- **Je sais!**
  I know!

- **Je ne sais pas si c'est une bonne idée.**
  I don't know if that's a good idea.

- **Je ne le connais pas vraiment, tu sais.**
  I don't really know him, you know.

Additional vocabulary

- **Comptez sur moi.**
  Count on me.

- **Ne t'en fais pas.**
  Don't worry about it.

- **J'y vais!**
  I'm going there!/I'm on my way!

- **pas encore**
  not yet

- **tu dois**
  you must

- **être de bonne/mauvaise humeur**
  to be in a good/bad mood

---

2 **Le ménage** Indiquez qui a fait ou va faire ces tâches ménagères: Amina (**A**), Michèle (**M**), Sandrine (**S**), Stéphane (**St**), Valérie (**V**) ou personne (*no one*) (**P**).

1. sortir la poubelle
2. balayer
3. passer l'aspirateur
4. faire la vaisselle
5. faire le lit
6. débarrasser la table
7. faire la lessive
8. ranger sa chambre

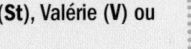 Practice more at **vhlcentral.com**.

3 **Écrivez** Vous avez gagné un pari (*bet*) avec votre colocataire et il/elle doit faire (*must do*) en conséquence toutes les tâches ménagères que vous lui indiquez pendant un mois. Écrivez une liste de dix tâches minimum. Pour chaque tâche, précisez la pièce du logement et combien de fois par semaine il/elle doit l'exécuter.

ressources

VM
pp. 31–32

vhlcentral

A C T I V I T É S

ESPACE CULTURE

Reading

CULTURE À LA LOUPE

L'intérieur des logements

L'intérieur des maisons et des appartements français est assez° différent de celui des Américains. Quand on entre dans un vieil immeuble en France, on est dans un hall° où il y a des boîtes aux lettres°. Ensuite, il y a souvent une deuxième porte. Celle-ci conduit à° l'escalier. Il n'y a pas souvent d'ascenseur, mais s'il y en a un°, en général, il est très petit et il est au milieu de° l'escalier. Le hall de l'immeuble peut aussi avoir une porte qui donne sur une cour° ou un jardin, souvent derrière le bâtiment°.

À l'intérieur des logements, les pièces sont en général plus petites que° les pièces américaines, surtout les cuisines et les salles de bains. Dans la cuisine, on trouve tous les appareils ménagers nécessaires (cuisinière, four, four à micro-ondes, frigo), mais ils sont plus petits qu'aux États-Unis. Les lave-vaisselle sont assez rares dans les appartements et plus communs dans les maisons. On a souvent une seule° salle de bains et les toilettes sont en général dans une autre petite pièce séparée°. Les lave-linge sont aussi assez petits et on les trouve dans la cuisine ou dans la salle de bains. Dans les chambres en France il n'y a pas de grands placards et les vêtements sont rangés la plupart° du temps dans une armoire. Les fenêtres s'ouvrent° sur l'intérieur, un peu comme des portes.

assez *rather* **hall** *entryway* **boîtes aux lettres** *mailboxes* **conduit à** *leads to* **s'il y en a un** *if there is one* **au milieu de** *in the middle of* **cour** *courtyard* **bâtiment** *building* **plus petites que** *smaller than* **une seule** *only one* **séparée** *separate* **la plupart** *most* **s'ouvrent** *open*

Combien de logements ont ces appareils ménagers?

Réfrigérateur	99,8%
Cuisinière/Four	96,4%
Lave-linge	95,6%
Congélateur	91,2%
Four à micro-ondes	88,3%
Lave-vaisselle	57,1%
Sèche-linge	28,7%

Coup de main

Demonstrative pronouns help to avoid repetition.

	S.	P.
M.	**celui**	**ceux**
F.	**celle**	**celles**

Ce lit est grand, mais le lit de Monique est petit.

Ce lit est grand, mais **celui** de Monique est petit.

ACTIVITÉS

1 **Complétez** Complétez chaque phrase logiquement.

1. Dans le hall d'un immeuble français, on trouve...
2. Au milieu de l'escalier, dans les vieux immeubles français,...
3. Derrière les vieux immeubles, on trouve souvent...
4. Les cuisines et les salles de bains françaises sont...
5. Dans les appartements français, il est assez rare d'avoir...
6. Les logements français ont souvent une seule...
7. En France, les toilettes sont souvent...
8. Les Français rangent souvent leurs vêtements dans une armoire parce qu'ils...
9. On trouve souvent le lave-linge...

LE FRANÇAIS QUOTIDIEN

Quelles conditions!

boxon (*m.*)	*mess, chaos*
gourbis (*m.*)	*pigsty*
piaule (*f.*)	*pad, room*
souk (*m.*)	*mess*
impeccable	*spic-and-span*
ringard	*cheesy, old-fashioned*
crécher	*to live*
semer la pagaille	*to make a mess*

LE MONDE FRANCOPHONE

Architecture moderne et ancienne

Architecte suisse

Le Corbusier Originaire du canton de Neuchâtel, il est l'un des principaux représentants du mouvement moderne au début° du 20ᵉ siècle. Il est connu° pour être l'inventeur de l'unité d'habitation°, concept sur les logements collectifs qui rassemblent dans un même lieu garderie° d'enfants, piscine, écoles, commerces et lieux de rencontre. Il est naturalisé français en 1930.

Architecture du Maroc

Les riads, mot° qui à l'origine signifie «jardins» en arabe, sont de superbes habitations anciennes° construites pour préserver la fraîcheur°. On les trouve au cœur° des ruelles° de la médina (quartier historique).
Les kasbah, bâtisses° de terre° dans le Sud marocain, ce sont des exemples d'un art typiquement berbère et rural.

début *beginning* **connu** *known* **unité d'habitation** *housing unit*
garderie *nursery school* **mot** *word* **anciennes** *old* **fraîcheur** *coolness*
cœur *heart* **ruelles** *alleyways* **bâtisses** *dwellings* **terre** *earth*

PORTRAIT

Le Vieux Carré

Le Vieux Carré, aussi appelé le Quartier Français, est le centre historique de La Nouvelle-Orléans. Il a conservé le souvenir° des époques° coloniales du 18ᵉ siècle°. La culture française est toujours présente avec des noms de rues° français comme *Toulouse* ou *Chartres*, qui sont de grandes villes françaises. Cependant° le style architectural n'est pas français; il est espagnol. Les maisons avec les beaux balcons sont l'héritage de l'occupation espagnole de

la deuxième moitié° du 18ᵉ siècle.
Mardi gras, en février, est la fête la plus populaire de La Nouvelle-Orléans, qui est aussi très connue° pour son festival de jazz, en avril.

souvenir *memory* **époques** *times* **siècle** *century* **noms de rues** *street names* **Cependant** *However* **moitié** *half* **connue** *known*

MUSIQUE À FOND

Charles Aznavour

Lieu d'origine: Paris, France
Métier: chanteur et compositeur

Un des plus célèbres compositeurs français du XXe siècle, avec une carrière de plus de 70 ans et plus de 800 chansons écrites.

Go to vhlcentral.com to find out more about **Charles Aznavour** and his music.

---

2 **Complétez** Complétez les phrases.

1. Le Vieux Carré est aussi appelé _____.
2. _____ et _____ sont deux noms de rues français à La Nouvelle-Orléans.
3. Le style architectural du Vieux Carré n'est pas français mais _____.
4. La Nouvelle-Orléans est connue pour son festival de _____.
5. Le Corbusier est l'inventeur de _____.
6. On trouve les riads parmi (*among*) les ruelles de _____.

3 **C'est le désordre!** Vos parents viennent vous rendre visite ce soir et c'est le désordre dans tout l'appartement. Avec un(e) partenaire, inventez une conversation où vous lui donnez cinq ordres pour nettoyer avant l'arrivée de vos parents. Jouez la scène devant la classe.

 Practice more at **vhlcentral.com**.

ressources
vhlcentral

ACTIVITÉS

8B.1

The *passé composé* vs. the *imparfait* (Part 2)

 Tutorial

Point de départ You have already seen some uses of the **passé composé** versus the **imparfait** for talking about things and events in the past. Here are some other contexts in which the choice of tense is important.

- The **passé composé** and the **imparfait** are often used together to narrate a story or describe an incident. The **imparfait** provides the background description, such as time, weather, and location. The **passé composé** highlights specific events foregrounded in the story.

Uses of the *passé composé* and the *imparfait*

Le passé composé	L' imparfait
is used to talk about:	*is used to describe:*
• main facts	• the framework of the story: *weather, date, time, background scenery*
• specific, completed events	• descriptions of people: *age, physical and personality traits, clothing, feelings, state of mind*
• actions that advance the plot	• background setting: *what was going on, what others were doing*

Il **était** minuit et le temps **était** orageux. J'**avais** peur parce que j'**étais** seule dans la maison. Soudain, quelqu'un a **frappé** à la porte. J'**ai regardé** par la fenêtre et j'**ai vu** un vieil homme habillé en noir...

It was midnight and the weather was stormy. I was afraid because I was home alone. Suddenly, someone knocked at the door. I looked through the window and I saw an old man dressed in black...

- When the **passé composé** and the **imparfait** occur in the same sentence, the action in the **passé composé** often interrupts the ongoing action in the **imparfait**.

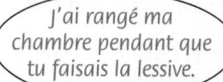
J'ai rangé ma chambre pendant que tu faisais la lessive.

Tu les préparais quand tu m'as téléphoné?

ACTION IN PROGRESS   INTERRUPTING ACTION

Je **travaillais** quand mon petit ami **est arrivé**.
I was working when my boyfriend arrived.

Céline et Maxime **dormaient** quand le téléphone **a sonné**.
Céline and Maxime were sleeping when the phone rang.

- Use **pendant que** to indicate that one action was completed while another was still happening.

> Mes parents **sont arrivés** pendant que nous **répétions** dans le sous-sol.
> *My parents arrived while we were rehearsing in the basement.*

- Sometimes the use of the **passé composé** and the **imparfait** in the same sentence expresses a cause and effect.

> J'**avais** faim, alors j'**ai mangé** un sandwich.
> *I was hungry, so I ate a sandwich.*

> Elle **est partie**, parce-qu'elle **était** fatiguée.
> *She left because she was tired.*

- Certain adverbs often indicate a particular past tense.

Expressions that signal a past tense			
passé composé		**imparfait**	
soudain	*suddenly*	d'habitude	*usually*
tout d'un coup/ tout à coup	*all of a sudden*	parfois	*sometimes*
		souvent	*often*
une (deux, etc.) fois	*once (twice, etc.)*	toujours	*always*
un jour	*one day*	tous les jours	*every day*

- While talking about the past or narrating a story, you might use the verb **vivre** (*to live*), which is irregular.

Vivre	
je vis	nous vivons
tu vis	vous vivez
il/elle/on vit	ils/elles vivent

> Les enfants **vivent** avec leurs grands-parents.
> *The children live with their grandparents.*

> Je **vis** à Paris.
> *I live in Paris.*

- The past participle of **vivre** is **vécu**. The **imparfait** is formed like that of other **-re** verbs, by dropping **-ons** from the **nous** form, and adding the imperfect endings.

> Rémi a toujours **vécu** à Nice.
> *Rémi always lived in Nice.*

> Nous **vivions** avec mon oncle.
> *We used to live with my uncle.*

 **Essayez!** **Choisissez la forme correcte du verbe au passé.**

1. Lise (a étudié /étudiait) toujours avec ses amis.
2. Maman (a fait /faisait) du yoga hier.
3. Ma grand-mère (passait /a passé) par là tous les jours.
4. D'habitude, ils (arrivaient /sont arrivés) toujours en retard.
5. Tout à coup, le professeur (entrait /est entré) dans la classe.
6. Ce matin, Camille (a lavé /lavait) le chien.

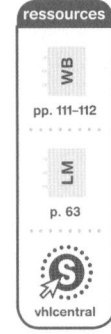

ressources

WB
pp. 111–112

LM
p. 63

vhlcentral

Mise en pratique

1 **Pourquoi?** Expliquez pourquoi Sabine a fait ou n'a pas fait ces choses.

> **MODÈLE** ne pas faire de tennis / être fatigué
> *Sabine n'a pas fait de tennis parce qu'elle était fatiguée.*

1. aller au centre commercial / aimer faire les soldes
2. ne pas travailler / avoir sommeil
3. ne pas sortir / pleuvoir
4. mettre un pull / faire froid
5. manger une pizza / avoir faim
6. acheter une nouvelle robe / sortir avec des amis
7. vendre son fauteuil / déménager
8. ne pas bien dormir / être inquiet

2 **Qu'est-ce qu'ils faisaient quand...?** Que faisaient ces personnes au moment de l'interruption?

▶ **MODÈLE**

Papa débarrassait la table quand mon frère est arrivé.

débarrasser / arriver

1. sortir / dire   2. passer / tomber   3. faire / partir   4. laver / commencer

_____   _____   _____   _____

3 **Rien d'extraordinaire** Matthieu a passé une journée assez banale. Réécrivez ce paragraphe au passé.

Il est 6h30. Il pleut. Je prends mon petit-déjeuner, je mets mon imperméable et je quitte la maison. J'attends une demi-heure à l'arrêt de bus et finalement, je cours au restaurant où je travaille. J'arrive en retard. Le patron (*boss*) n'est pas content. Le soir, après mon travail, je rentre à la maison et je vais directement au lit.

Communication

4

La curiosité Votre tante Louise veut tout savoir. Elle vous pose beaucoup de questions. Avec un(e) partenaire, répondez aux questions d'une manière logique et échangez les rôles.

> **MODÈLE** retourner au bureau
> **Étudiant(e) 1:** *Pourquoi est-ce que tu es retourné(e) au bureau?*
> **Étudiant(e) 2:** *Je suis retourné(e) au bureau parce que j'avais beaucoup de travail.*

1. aller en boîte de nuit
2. aller au magasin
3. sortir avec des amis
4. téléphoner à ton cousin
5. rentrer tard
6. aller au café
7. inviter des gens
8. être triste

5

Une entrevue Avec un(e) partenaire, posez-vous ces questions à tour de rôle.

1. Où allais-tu souvent quand tu étais petit(e)?
2. Qu'est-ce que tu aimais lire?
3. Est-ce que tu as vécu dans un autre pays?
4. Comment étais-tu quand tu avais dix ans?
5. Qu'est-ce que ton/ta camarade de chambre faisait quand tu es rentré(e) hier?
6. Qu'est-ce que tu as fait hier soir?
7. Qu'est-ce que tu as pris au petit-déjeuner ce matin?
8. Qu'est-ce que tu as porté aujourd'hui?

6

Je me souviens! Racontez à votre partenaire un événement spécial de votre vie qui s'est déjà passé. Votre partenaire vous pose des questions pour avoir plus de détails sur cet événement. Vous pouvez (*can*) parler d'un anniversaire, d'une fête familiale, d'un mariage ou d'un concert.

> **MODÈLE**
> **Étudiant(e) 1:** *Nous avons fait une grande fête d'anniversaire pour ma grand-mère l'année dernière.*
> **Étudiant(e) 2:** *Quel âge a-t-elle eu?*

7

Scénario Par groupes de trois, créez une histoire au passé. La première personne commence par une phrase. La deuxième personne doit (*must*) continuer l'histoire. La troisième personne reprend la suite d'une manière logique. Continuez l'histoire une personne à la fois jusqu'à ce que vous ayez (*until you have*) un petit scénario. Soyez créatif! Ensuite, présentez votre scénario à la classe.

8B.2

The verbs *savoir* and *connaître*  Tutorial

Point de départ **Savoir** and **connaître** both mean *to know*. The choice of verb in French depends on the context in which it is being used.

> N'oublie pas de balayer sous la cuisinière.

> Je sais!

> Je ne le connais pas vraiment, tu sais.

Savoir	
je	**sais**
tu	**sais**
il/elle/on	**sait**
nous	**savons**
vous	**savez**
ils/elles	**savent**

 Boîte à outils

The verb **connaître** is never followed by an infinitive. Always use the construction **savoir** + [*infinitive*] to mean *to know how to do something*.

- **Savoir** means *to know a fact* or *to know how to do something*.

  Je **sais** tout sur lui.
  I know everything about him.

  Elle **sait** jouer du piano
  She knows how to play piano.

  Ils ne **savent** pas qu'il est parti.
  They don't know that he left.

  Savez-vous faire la cuisine?
  Do you know how to cook?

- The verb **savoir** is often followed by **que**, **qui**, **où**, **quand**, **comment**, or **pourquoi**.

  Nous **savons que** tu arrives mardi.
  We know that you're arriving on Tuesday.

  Je **sais où** je vais.
  I know where I am going.

  Ils **savent comment** aller à la gare.
  They know how to get to the train station.

  Tu **sais qui** a fait la lessive?
  Do you know who did the laundry?

- The past participle of **savoir** is **su**. When used in the **passé composé**, **savoir** means *found out*.

  J'**ai su** qu'il y avait une fête.
  I found out there was a party.

  Je **savais** qu'il y avait une fête.
  I knew there was a party.

Connaître	
je	connais
tu	connais
il/elle/on	connaît
nous	connaissons
vous	connaissez
ils/elles	connaissent

- **Connaître** means *to know* or *be familiar with a person, place, or thing.*

Avec les sofas par **Côte-Nord**, vous connaissez le confort et la joie d'être chez vous.

Vous **connaissez** le prof.
You know the professor.

Nous **connaissons** bien Paris.
We know Paris well.

Tu **connais** ce quartier?
Do you know that neighborhood?

Je ne **connais** pas ce magasin.
I don't know this store.

- The past participle of **connaître** is **connu**. **Connaître** in the **passé composé** means *met (for the first time)*.

Nous **avons connu** son père.
We met his father.

Nous **connaissions** son père.
We knew his father.

- **Reconnaître** means *to recognize.* It follows the same conjugation patterns as **connaître**.

Mes profs de lycée me
reconnaissent encore.
*My high school teachers still
recognize me.*

Nous **avons reconnu** vos enfants
à la soirée.
*We recognized your children
at the party.*

Essayez! **Complétez les phrases avec les formes correctes des verbes savoir et connaître.**

1. Je ___connais___ de bons restaurants.
2. Ils ne _____ pas parler allemand.
3. Vous _____ faire du cheval?
4. Tu _____ une bonne coiffeuse?
5. Nous ne _____ pas Jacques.
6. Claudette _____ jouer aux échecs.
7. Laure et Béatrice _____ -elles tes cousins?
8. Nous _____ que vous n'aimez pas faire le ménage.

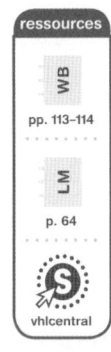

ESPACE **STRUCTURES**

Mise en pratique

1 **Les passe-temps** Qu'est-ce que ces personnes savent faire?

▶ **MODÈLE**

Patrick sait skier.

Patrick

1. Halima
_____

2. vous
_____

3. tu
_____

4. nous
_____

2 **Dialogues brefs** Complétez les conversations avec le présent du verbe **savoir** ou **connaître**.

1. Marie _____ faire la cuisine?

   Oui, mais elle ne _____ pas beaucoup de recettes (*recipes*).

2. Vous _____ les parents de François?

   Non, je _____ seulement sa cousine.

3. Tes enfants _____ nager dans la mer.

   Et mon fils aîné _____ toutes les espèces de poissons.

4. Je _____ que le train arrive à trois heures.

   Est-ce que tu _____ à quelle heure il part?

5. Vous _____ le numéro de téléphone de Dorian?

   Oui, je le _____.

6. Nous _____ bien la musique arabe.

   Ah, bon? Tu _____ qu'il y a un concert de raï en ville demain?

3 **Assemblez** Assemblez les éléments des colonnes pour construire des phrases.

MODÈLE   *Je sais parler une langue étrangère.*

A	B	C
Gérard Depardieu	(ne pas) connaître	des célébrités faire la cuisine
Oprah Winfrey	(ne pas) savoir	jouer dans un film
je		Julia Roberts
ton/ta camarade de chambre		parler une langue étrangère

 Practice more at **vhlcentral.com**.

Communication

4 **Enquête** Votre professeur va vous donner une feuille d'activités. Circulez dans la classe pour trouver au moins une personne différente qui répond oui à chaque question.

Sujet	Nom
1. Sais-tu faire une mousse au chocolat?	Jacqueline
2. Connais-tu New York?	
3. Connais-tu le nom des sénateurs de cet état (state)?	
4. Connais-tu quelqu'un qui habite en Californie?	

5 **Je sais faire** Votre célébrité préférée cherche un(e) assistant(e) mais il y a deux candidats pour le poste. Par groupes de trois, jouez la scène. Chaque (*Each*) candidat essaie de montrer toutes les choses qu'il/elle sait faire.

MODÈLE

Étudiant(e) 1: *Alors, vous savez faire la vaisselle?*
Étudiant(e) 2: *Je sais faire la vaisselle, et je sais faire la cuisine aussi.*
Étudiant(e) 3: *Moi, je sais faire la cuisine, mais il/elle ne sait pas passer l'aspirateur.*

6 **Questions** À tour de rôle, posez ces questions à un(e) partenaire. Ensuite, présentez vos réponses à la classe.

1. Quel bon restaurant connais-tu près d'ici? Est-ce que tu y (*there*) manges souvent?
2. Dans ta famille, qui sait chanter le mieux (*best*)?
3. Connais-tu l'Europe? Quelles villes connais-tu?
4. Reconnais-tu toutes les chansons (*songs*) que tu entends à la radio?
5. Tes parents savent-ils utiliser Internet? Le font-ils bien?
6. Connais-tu un(e) acteur/actrice célèbre? Une autre personne célèbre?
7. Ton/Ta meilleur(e) (*best*) ami(e) sait-il/elle écouter quand tu lui racontes (*tell*) tes problèmes?
8. Connais-tu la date d'anniversaire de tous les membres de ta famille et de tous tes amis? Donne des exemples.
9. Connais-tu des films français? Lesquels (*Which ones*)? Les aimes-tu? Pourquoi?
10. Sais-tu parler une langue étrangère? Laquelle? (*Which one*)?

Révision

1 **Un grand dîner** Émilie et son mari Vincent ont invité des amis à dîner ce soir. Qu'ont-ils fait cet après-midi pour préparer la soirée? Que vont-ils faire ce soir après le départ des invités? Conversez avec un(e) partenaire.

MODÈLE

Étudiant(e) 1: Cet après-midi, Émilie et Vincent ont mis la table.

Étudiant(e) 2: Ce soir, ils vont faire la vaisselle.

2 **Mes connaissances** Votre professeur va vous donner une feuille d'activités. Interviewez vos camarades. Pour chaque activité, trouvez un(e) camarade différent(e) qui réponde affirmativement.

Étudiant(e) 1: Connais-tu une personne qui aime faire le ménage?

Étudiant(e) 2: Oui, autrefois, mon père aimait bien faire le ménage.

Activités	Noms
1. ne pas souvent faire la vaisselle	
2. aimer faire le ménage	Farid
3. dormir avec une couverture en été	
4. faire son lit tous les jours	
5. rarement repasser ses vêtements	

3 **Qui faisait le ménage?** Par groupes de trois, interviewez vos camarades. Qui faisait le ménage à la maison quand ils habitaient encore chez leurs parents? Préparez des questions avec ces expressions et comparez vos réponses.

balayer	mettre et débarrasser la table
faire la lessive	passer l'aspirateur
faire le lit	ranger
faire la vaisselle	repasser le linge

4 **Soudain!** Tout était calme quand soudain... Avec un(e) partenaire, choisissez l'une des deux photos et écrivez un texte de dix phrases. Faites cinq phrases pour décrire la photo, et cinq autres pour raconter (to tell) un événement qui s'est passé soudainement (that suddenly happened). Employez des adverbes et soyez imaginatifs.

5 **J'ai appris...** Qu'avez-vous appris ou qui connaissez-vous depuis que (since) vous êtes à la fac? Avec un(e) partenaire, faites une liste de cinq choses et de cinq personnes. À chaque fois, utilisez un imparfait et un passé composé dans vos explications.

MODÈLE

Étudiant(e) 1: Avant, je ne savais pas comment dire bonjour en français, et puis j'ai commencé ce cours, et maintenant, je sais le dire.

Étudiant(e) 2: Avant, je ne connaissais pas tous les pays francophones, et maintenant, je les connais.

6 **Élise fait sa lessive** Votre professeur va vous donner, à vous et à votre partenaire, une feuille avec des dessins représentant (representing) Élise et sa journée d'hier. Attention! Ne regardez pas la feuille de votre partenaire.

MODÈLE

Étudiant(e) 1: Hier matin, Élise avait besoin de faire sa lessive.

Étudiant(e) 2: Mais, elle...

À l'écoute

Audio:
Activities

Using visual cues

Visual cues like illustrations and headings provide useful clues about what you will hear.

To practice this strategy, you will listen to a passage related to the image. Jot down the clues the image gives you as you listen.

À LOUER

Appartement en ville, moderne, avec balcon
1.200 €
(Réf. 520)

5 pièces, jardin, proche parc Victor Hugo
950 €
(Réf. 521)

Maison meublée en banlieue, grande, tt confort, cuisine équipée
1.200 €
(Réf. 522)

Préparation

Qu'est-ce qu'il y a sur les trois photos à droite? À votre avis, quel va être le sujet de la conversation entre M. Duchemin et Mme Lopez?

À vous d'écouter

Écoutez la conversation. M. Duchemin va proposer trois logements à Mme Lopez. Regardez les annonces et écrivez le numéro de référence de chaque possibilité qu'il propose.

1. Possibilité 1: _____
2. Possibilité 2: _____
3. Possibilité 3: _____

Compréhension

Les détails Après une deuxième écoute, complétez le tableau (*chart*) avec les informations données dans la conversation.

	Où?	Maison ou appartement?	Meublé ou non?	Nombre de chambres?	Garage?	Jardin?
Logement 1						
Logement 2						
Logement 3						

Quel logement pour les Lopez? Lisez cette description de la famille Lopez. Décidez quel logement cette famille va probablement choisir et expliquez votre réponse.

M. Lopez travaille au centre-ville. Le soir, il rentre tard à la maison et il est souvent fatigué parce qu'il travaille beaucoup. Il n'a pas envie de passer son temps à travailler dans le jardin. Mme Lopez adore le cinéma et le théâtre. Elle n'aime pas beaucoup faire le ménage. Les Lopez ont une fille qui a seize ans. Elle adore retrouver ses copines pour faire du shopping en ville. Les Lopez ont beaucoup de beaux meubles modernes. Ils ont aussi une nouvelle voiture: une grosse BMW qui a coûté très cher!

Panorama

Paris

La ville en chiffres

▶ **Superficie:** *105 km²*

▶ **Population:** *2.229.621*

SOURCE: INSEE

Paris est la capitale de la France. On a l'impression que Paris est une grande ville—et c'est vrai si on compte° ses environs°. Mais Paris mesure moins de° 10 kilomètres de l'est à l'ouest°. On peut très facilement visiter la ville à pied°. Paris est divisée en 20 arrondissements°. Chaque° arrondissement a son propre maire° et son propre caractère.

▶ **Industries principales:** *haute couture, finances, transports, technologie, tourisme*

▶ **Musées°:** *plus de 150: le musée du Louvre, le musée d'Orsay, le centre Georges Pompidou et le musée Rodin*

Parisiens célèbres

▶ **Victor Hugo,** écrivain° et activiste *(1802–1885)*

▶ **Charles Baudelaire,** poète *(1821–1867)*

▶ **Auguste Rodin,** sculpteur *(1840–1917)*

▶ **Jean-Paul Sartre,** philosophe *(1905–1980)*

▶ **Simone de Beauvoir,** écrivaine *(1908–1986)*

▶ **Édith Piaf,** chanteuse *(1915–1963)*

▶  **Emmanuelle Béart,** actrice *(1965–)*

l'Arc de Triomphe

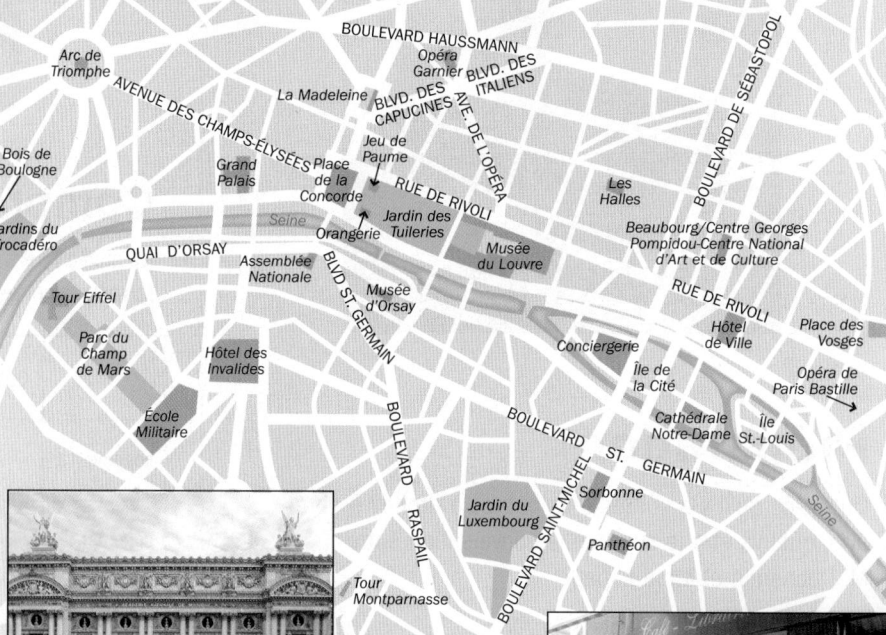

Paris ★
LA FRANCE

l'opéra Garnier

0   0.5 mile
0   0.5 kilomètre

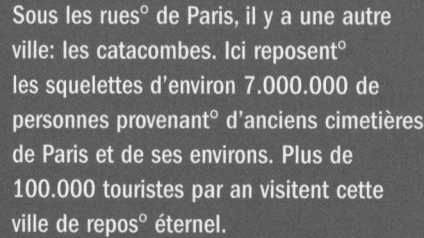

une terrasse de café

Incroyable mais vrai!

Sous les rues° de Paris, il y a une autre ville: les catacombes. Ici reposent° les squelettes d'environ 7.000.000 de personnes provenant° d'anciens cimetières de Paris et de ses environs. Plus de 100.000 touristes par an visitent cette ville de repos° éternel.

si on compte *if one counts* **environs** *surrounding areas* **moins de** *less than* **de l'est à l'ouest** *from east to west* **à pied** *on foot* **arrondissements** *districts* **Chaque** *Each* **son propre maire** *its own mayor* **plus de** *more than* **écrivain** *writer* **rues** *streets* **reposent** *lie; rest* **provenant** *from* **repos** *rest*

Les monuments
La tour Eiffel

La tour Eiffel a été construite en 1889 pour l'Exposition universelle, à l'occasion du centenaire° de la Révolution française. Elle mesure 324 mètres de haut et pèse° 10.100 tonnes. La tour attire° près de 7.000.000 de visiteurs par an. On a la possibilité de prendre l'ascenseur jusqu'au° troisième étage et les escaliers jusqu'au deuxième étage.

Les gens
Paris-Plages

Pour les Parisiens qui ne voyagent pas pendant l'été, la ville de Paris a créé° Paris-Plages pour apporter la plage aux Parisiens! Inauguré en 2001 pour la première fois sur les berges° de la Seine, puis prolongé sur le bassin de la Villette en 2007, Paris-Plages consiste en plusieurs kilomètres de sable et de pelouse°, plein° d'activités comme la natation° et le volley. Ouvert en° juillet et en août, près de 4.000.000 de personnes visitent Paris-Plages chaque année.

Les musées
Le musée du Louvre

Ancien° palais royal, le musée du Louvre est aujourd'hui un des plus grands musées du monde avec sa vaste collection de peintures°, de sculptures et d'antiquités orientales, égyptiennes, grecques et romaines. L'œuvre° la plus célèbre de la collection est *La Joconde°* de Léonard de Vinci. La pyramide de verre°, créée par l'architecte américain I.M. Pei, marque l'entrée° principale du musée.

Les transports
Le métro

L'architecte Hector Guimard a commencé à réaliser° des entrées du métro de Paris en 1898. Ces entrées sont construites dans le style Art Nouveau: en forme de plantes et de fleurs. Le métro est aujourd'hui un système très efficace° qui permet aux passagers de traverser° Paris rapidement.

Qu'est-ce que vous avez appris? Complétez les phrases.

1. La ville de Paris est divisée en vingt _____.
2. Chaque arrondissement a ses propres _____ et _____.
3. Charles Baudelaire est le nom d'un _____ français.
4. Édith Piaf est une _____ française.
5. Plus de 500.000 personnes par an visitent _____ sous les rues de Paris.
6. La tour Eiffel mesure _____ mètres de haut.
7. En 2001, la ville de Paris a créé _____ au bord (*banks*) de la Seine.
8. Le musée du Louvre est un ancien _____.
9. _____ est une création de I.M. Pei.
10. Certaines entrées du métro sont de style _____.

Sur Internet

Go to **vhlcentral.com** to find more cultural information related to this **Panorama**.

1. Quels sont les monuments les plus importants à Paris? Qu'est-ce qu'on peut faire (*can one do*) dans la ville?
2. Trouvez des informations sur un des musées de Paris.
3. Recherchez (*Research*) la vie d'un(e) Parisien(ne) célèbre.
4. Cherchez un plan du métro de Paris et trouvez comment aller du Louvre à la tour Eiffel.

ressources WB pp. 115–116 vhlcentral

centenaire *100-year anniversary* **pèse** *weighs* **attire** *attracts* **jusqu'au** *up to* **a créé** *created* **berges** *banks* **de sable et de pelouse** *of sand and grass* **plein** *full* **natation** *swimming* **Ouvert en** *Open in* **Ancien** *Former* **peintures** *paintings* **L'œuvre** *The work (of art)* **La Joconde** *The Mona Lisa* **verre** *glass* **entrée** *entrance* **réaliser** *create* **efficace** *efficient* **traverser** *to cross*

Interactive Map

Panorama

L'Île-de-France

La région en chiffres

▶ **Superficie:** *12.012 km²*

▶ **Population:** *12.027.565*
SOURCE: INSEE

▶ **Industries principales:** *aéronautique, automobile, énergie nucléaire, santé°, services*

▶ **Villes principales:** *Paris, Meaux, Provins, Saint-Denis, Fontainebleau, Montreuil, Nanterre, Versailles, Argenteuil*

Franciliens célèbres

▶ **Jean Cocteau,** *poète, dramaturge° et cinéaste° (1889–1963)*

▶ **Dominique Voynet,** *femme politique° (1958–)*

▶ **Thierry Henry,** *footballeur (1977–)*

▶ **Jaques Prévert,** *poète, scénariste et artiste (1900–1977)*

▶ **Omar Sy,** *acteur (1978–)*

▶ **Vanessa Paradis,** *chanteuse et actrice (1972–)*

▶ **Les impressionnistes** *Plusieurs peintres impressionnistes du 19ᵉ siècle se sont inspirés des grands espaces° de l'Île-de-France. Quand Claude Monet a habité à Argenteuil pendant sept ans, il a réalisé° près de 250 peintures, comme «La Liseuse» (1872) et «Le pont d'Argenteuil» (1874). Auvers-sur-Oise aussi a été le sujet de plusieurs œuvres° impressionnistes, y compris° soixante-dix par Vincent Van Gogh. Aujourd'hui, on peut suivre° les quatre chemins de randonnée pédestre° aux Yveliennes qui sont dédiés aux impressionnistes pour voir° les sites où les artistes ont planté leur chevalet°.*

santé *health* dramaturge *playwright* femme politique *politician* grands espaces *natural spaces* réalisé *created* œuvres *works of art* y compris *including* suivre *follow* chemins de randonnée pédestre *walking paths* voir *see* chevalet *easel* closerie *enclosed property* comprend *includes* abrite *houses* pont *bridge*

le pont° d'Argenteuil

LA FRANCE

0   40 miles
0   40 kilomètres

la Seine

l'Oise

la Marne

Saint-Denis

Meaux

Nanterre

la Marne

Marne-la-Vallée

Versailles

Paris

ÎLE-DE-FRANCE

la Seine

Provins

la Seine

Melun

Fontainebleau

Nemours

la Loire

le jardin de Versailles

un tombeau royal de la basilique Saint-Denis

Incroyable mais vrai!

La closerie° Falbala a été construite entre 1971 et 1973 par l'artiste Jean Dubuffet, qui voulait créer un «espace mental» pour son énorme œuvre d'art, *Cabinet logologique*. Située sur l'île Saint-Germain, la closerie comprend° une sorte de jardin avec, au centre, la villa Falbala qui abrite° sa création. C'est l'un des monuments historiques les plus jeunes de France.

L'histoire

Provins

La ville de Provins a joué un rôle commercial très important en Europe au Moyen Âge. C'est ici que neuf chemins° commerciaux se croisaient. Donc, Provins est devenu la ville avec les plus grandes foires° de Champagne. Ces foires attiraient les marchands les plus important de l'Europe. Ces rassemblements, qui avaient lieu périodiquement et duraient° plusieurs semaines, permettaient les échanges internationaux. Aujourd'hui, la ville, classée au Patrimoine mondial par l'UNESCO, est toujours entourée° par des remparts° du Moyen Âge et la tradition des foires se perpétue avec des spectacles sur la thématique médiévale.

Les gens

André Le Nôtre

Né le 12 mars 1613, André Le Nôtre passe sa jeunesse à travailler avec son père, jardinier aux Tuileries. Ensuite, il suit des cours d'archictecture. Il devient jardinier du roi Louis XIV en 1637. Il amasse° une fortune énorme et gagne° une réputation internationale. Considéré «architecte paysagiste°», Le Nôtre est connu pour ses «jardins de la française.» Ses œuvres les plus connus sont les jardins de Versailles, des Tuileries, et de Vaux-le-Vicomte. Ses créations précises et méticuleuses sont souvent caractérisées par des plantes en formes géométriques, ainsi que des éléments formelles et théâtrales.

Les sports

En forêt de Fontainebleau

Chaque année, des millions de visiteurs vont en forêt de Fontainebleau attirés par les plus de 1.600 kilomètres de routes et de chemins de randonnée forestiers, par le site naturel d'escalade° et par les parcours acrobatiques en hauteur, ou PAH. Souvent appelée accrobranche, l'activité consiste à explorer la forêt en hauteur sur des structures fixées entre les arbres ou entre des supports artificiels. L'escalade naturelle est une autre activité populaire. Les rochers° de faible hauteur permettent aux grimpeurs° de pratiquer un type d'escalade sans corde, appelé «le bloc». Réserve de bioshpère, la forêt de Fontainebleau offre un paysage varié et des vues exceptionnelles à ceux qui y pratiquent une activité physique.

Les destinations

Disneyland Paris

Ouvert° en 1992 sous le nom *Euro Disney Resort*, le parc d'attractions aujourd'hui appelé Disneyland Paris se trouve° à trente-deux kilomètres à l'est de° Paris. Le complexe compte° deux parcs à thèmes (un royaume° enchanté et un parc sur les thèmes du cinéma et de l'animation) et une soixantaine d'attractions. Le symbole le plus connu du complexe, le Château de la Belle au bois dormant°, possède une particularité remarquable: son architecture est dans le style des contes de fée°, tandis que° les châteaux des autres parcs Disney représentent un style historique. Disneyland Paris est le parc d'attractions le plus visité de l'Europe, avec plus de 320 millions de visites depuis son ouverture°.

Qu'est-ce que vous avez appris? **Complétez les phrases.**

1. _____ était le créateur de la closerie Falbala.

2. L'artiste a construit la villa Falbala parce qu'il voulait créer un _____ pour son œuvre.

3. _____ était le nom original de Disneyland Paris.

4. À Disneyland Paris, l'architecture du château est dans le style des _____.

5. Au Moyen Âge, neuf chemins principaux ont croisé à _____.

6. Les plus grandes _____ ont eu lieu à Provins.

7. Le jardinier principal du roi Louis XIV s'appelait _____.

8. Les plantes dans les jardins de Le Nôtre sont souvent en formes _____.

9. L'acronyme PAH signifie _____.

10. Le site d'escalade de la forêt de Fontainebleau est connu pour ses _____.

ressources

WB
pp. 117–118

vhlcentral

Sur Internet

Go to **vhlcentral.com** to find more cultural information related to this **Panorama**.

1. Trouvez quelques images des jardins de Le Nôtre. Comment sont-ils similaires? Quel jardin est le plus visité?

2. Quelles autres particularités trouve-t-on à Disneyland Paris?

3. Trouvez un parc dans l'île-de-France où vous pouvez faire de l'accrobranche. Quels autres activités sont offertes?

chemins *routes* **foires** *fairs* **duraient** *lasted* **entourée** *surrounded* **remparts** *walls* **jardinier** *gardener* **suivi** *took* **illustre** *famed* **gagné** *earned* **architecte paysagiste** *landscape architect* **d'escalade** *rock climbing* **rochers** *boulders* **grimpeurs** *climbers* **Ouvert** *Opened* **se trouve** *is located* **à l'est de** *east of* **compte** *includes* **royaume** *kingdom* **Belle au bois dormant** *Sleeping Beauty* **contes de fée** *fairytales* **tandis que** *while* **ouverture** *opening*

Lecture

Audio: Reading

Avant la lecture

STRATÉGIE

Guessing meaning from context

As you read in French, you will often see words you have not learned. You can guess what they mean by looking at surrounding words. Read this note and guess what **un deux-pièces** means.

Johanne,

Je cherchais un studio, mais j'ai trouvé un appartement plus grand: un deux-pièces près de la fac! Le salon est grand et la chambre a deux placards. La cuisine a un frigo et une cuisinière, et la salle de bains a une baignoire. Et le loyer? Seulement 450 euros par mois!

If you guessed *a two-room apartment*, you are correct. You can conclude that someone is describing an apartment he or she will rent.

Examinez le texte

Regardez le texte et décrivez les photos. Quel va être le sujet de la lecture? Puis, trouvez ces mots et expressions dans le texte. Essayez de deviner leur sens (*to guess their meaning*).

ont été rajoutées	autour du	de haut
de nombreux bassins	légumes	roi

Expérience personnelle

Avez-vous visité une résidence célèbre ou historique? Où? Quand? Comment était-ce? Un personnage historique a-t-il habité là? Qui? Parlez de cette visite à un(e) camarade.

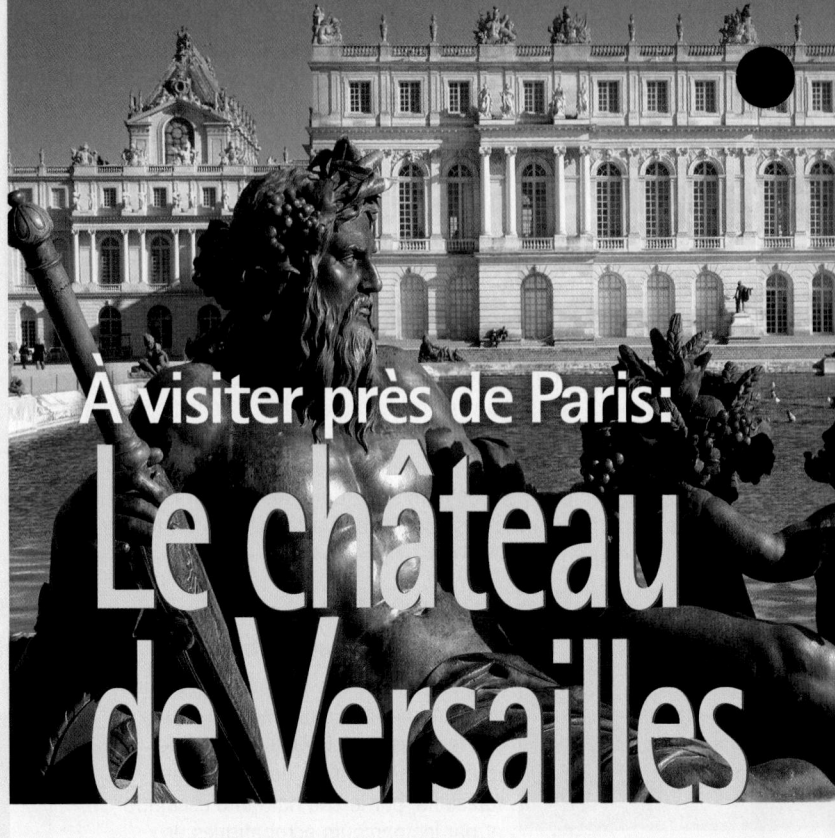

À visiter près de Paris: Le château de Versailles

La construction du célèbre° château de Versailles a commencé en 1623 sous le roi Louis XIII. Au départ, c'était un petit château où le roi logeait° quand il allait à la chasse°. Plus tard, en 1678, Louis XIV, aussi appelé le Roi-Soleil, a décidé de faire de Versailles sa résidence principale. Il a demandé à son architecte, Louis Le Vau, d'agrandir° le château, et à son premier peintre°, Charles Le Brun, de le décorer. Le Vau a fait construire, entre autres°, le Grand Appartement du Roi. La décoration de cet appartement de sept pièces était à la gloire du Roi-Soleil. La pièce la plus célèbre du château de Versailles est la galerie des Glaces°. C'est une immense pièce de 73 mètres de long, 10,50 mètres de large et 12,30 mètres de haut°. D'un côté, 17 fenêtres donnent° sur les jardins, et de l'autre côté, il y a 17 arcades embellies de miroirs immenses. Au nord° de la galerie des Glaces, on trouve le salon de la Guerre°, et, au sud°, le salon de la Paix°. Quand on visite le château de Versailles, on peut également° voir de nombreuses autres pièces, ajoutées à différentes périodes, comme la chambre de la Reine°,

À l'intérieur du palais

Le château de Versailles et
une fontaine

plusieurs cuisines et salles à
manger d'hiver et d'été, des
bibliothèques, divers salons et
cabinets, et plus de 18.000 m²°
de galeries qui racontent°
l'histoire de France en images. L'opéra, une grande salle
où plus de° 700 personnes assistaient souvent à divers
spectacles et bals, a aussi été ajouté plus tard. C'est dans
cette salle que le futur roi Louis XVI et Marie-Antoinette
ont été mariés. Partout° dans le château, on peut admirer
une collection unique de meubles (lits, tables, fauteuils
et chaises, bureaux, etc.) et de magnifiques tissus° (tapis,
rideaux et tapisseries°). Le château de Versailles a aussi
une chapelle et d'autres bâtiments, comme le Grand et
le Petit Trianon. Autour du château, il y a des serres°
et de magnifiques jardins avec de nombreux bassins°,
fontaines et statues. Dans l'Orangerie, on trouve plus
de 1.000 arbres°, et de nombreux fruits et légumes sont
toujours cultivés dans le Potager° du Roi. L'Arboretum
de Chèvreloup était le terrain de chasse des rois et on y°
trouve aujourd'hui des arbres du monde entier°.

célèbre *famous* **logeait** *stayed* **chasse** *hunting* **agrandir** *enlarge* **peintre** *painter* **entre autres**
among other things **Glaces** *Mirrors* **haut** *high* **donnent** *open* **nord** *north* **Guerre** *War* **sud**
south **Paix** *Peace* **également** *also* **Reine** *Queen* **m²** (**mètres carrés**) *square meters* **racontent**
tell **plus de** *more than* **Partout** *Everywhere* **tissus** *fabrics* **tapisseries** *tapestries* **serres**
greenhouses **bassins** *ponds* **arbres** *trees* **Potager** *vegetable garden* **y** *there* **entier** *entire*

Après la lecture

Vrai ou faux? Indiquez si les phrases sont **vraies** ou
fausses. Corrigez les phrases fausses.

1. Louis XIII habitait à Versailles toute l'année.
   _____

2. Louis Le Vau est appelé le Roi-Soleil.
   _____

3. La galerie des Glaces est une grande pièce avec beaucoup
   de miroirs et de fenêtres.
   _____

4. Il y a deux salons près de la galerie des Glaces.
   _____

5. Aujourd'hui, au château de Versailles, il n'y a pas de meubles.
   _____

6. Le château de Versailles n'a pas de jardins parce qu'il a
   été construit en ville.
   _____

Répondez Répondez aux questions par des
phrases complètes.

1. Comment était Versailles sous Louis XIII? Quand logeait-il là?
   _____

2. Qu'est-ce que Louis XIV a fait du château?
   _____

3. Qu'est-ce que Louis Le Vau a fait à Versailles?
   _____

4. Dans quelle salle Louis XVI et Marie-Antoinette ont-ils
   été mariés? Comment est cette salle?
   _____

5. Louis XVI est-il devenu roi avant ou après son mariage?
   _____

6. Le château de Versailles est-il composé d'un seul
   bâtiment? Expliquez.
   _____

Les personnages célèbres de Versailles
Par groupes de trois ou quatre, choisissez une des personnes
mentionnées dans la lecture et faites des recherches (*research*)
à son sujet. Préparez un rapport écrit (*written report*) à présenter
à la classe. Vous pouvez (*may*) utiliser les ressources de votre
bibliothèque ou Internet.

Écriture

Mastering the simple past tenses

In French, when you write about events that occurred in the past, you need to know when to use the **passé composé** and when to use the **imparfait**. A good understanding of the uses of each tense will make it much easier to determine which one to use as you write.

Look at the following summary of the uses of the **passé composé** and the **imparfait**. Write your own example sentence for each of the rules described.

Passé composé vs. imparfait

Passé composé

1. Actions viewed as completed

   _____

2. Beginning or end of past actions

   _____

3. Series of past actions

   _____

Imparfait

1. Ongoing past actions

   _____

2. Habitual past actions

   _____

3. Mental, physical, and emotional states or general descriptions in the past

   _____

With a partner, compare your example sentences. Use the sentences as a guide to help you decide which tense to use as you are writing a story about something that happened in the past.

Thème

Écrire une histoire

Avant l'écriture

1. Quand vous étiez petit(e), vous habitiez dans la maison ou l'appartement de vos rêves (*of your dreams*).

   - Vous allez décrire cette maison ou cet appartement.

   - Vous allez écrire sur la ville où vous habitiez et sur votre quartier.

   - Vous allez décrire les différentes pièces, les meubles et les objets décoratifs.

   - Vous allez parler de votre pièce préférée et de ce que (*what*) vous aimiez faire dans cette pièce.

   Ensuite, imaginez qu'il y ait eu (*was*) un cambriolage (*burglary*) dans cette maison ou dans cet appartement. Vous allez alors décrire ce qui est arrivé (*what happened*).

Coup de main

Here are some terms that you may find useful in your narration.

le voleur	*thief*
cassé(e)	*broken*
j'ai vu	*I saw*
manquer	*to be missing*

2. Utilisez le diagramme pour vous aider à analyser les éléments de votre histoire. Écrivez les éléments qui se rapportent à (*that are related to*) l'imparfait dans la partie IMPARFAIT et ceux (*the ones*) qui se rapportent au passé composé dans les parties PASSÉ COMPOSÉ.

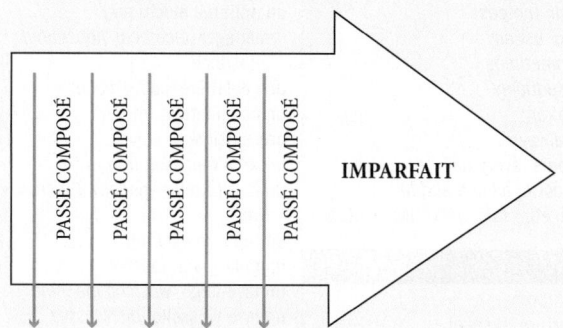

3. Après avoir complété le diagramme, échangez-le avec celui d'un(e) partenaire. Votre partenaire doit-il (*does he/she have to*) changer quelque chose? Expliquez pourquoi.

Écriture

Utilisez le diagramme pour écrire votre histoire. Écrivez trois paragraphes:

- le premier sur la présentation générale de la maison ou de l'appartement et de la ville où vous habitiez,

- le deuxième sur votre pièce préférée et la raison pour laquelle (*the reason why*) vous l'avez choisie,

- le troisième sur le cambriolage, sur ce qui s'est passé (*what happened*) et sur ce que vous avez fait (*what you did*).

> *Quand j'étais petit(e), j'habitais dans un château, en*
> *France. Le château était dans une petite ville près de Paris.*
> *Il y avait un grand jardin, avec beaucoup d'animaux.*
> *Il y avait douze pièces...*
>
> *Ma pièce préférée était la cuisine parce que j'aimais faire*
> *la cuisine et que j'aidais souvent ma mère...*
>
> *Un jour, mes parents et moi sommes rentrés de vacances...*

Après l'écriture

1. Échangez votre histoire avec celle (*the one*) d'un(e) partenaire. Répondez à ces questions pour commenter son travail.

- Votre partenaire a-t-il/elle correctement utilisé l'imparfait et le passé composé?

- A-t-il/elle écrit trois paragraphes qui correspondent aux descriptions de sa maison ou de son appartement et de la ville, de sa pièce préférée et du cambriolage?

- Quel(s) détail(s) ajouteriez-vous (*would you add*)? Lequel/Lesquels enlèveriez-vous (*Which one(s) would you delete*)? Quel(s) autre(s) commentaire(s) avez-vous pour votre partenaire?

2. Corrigez votre histoire d'après (*according to*) les commentaires de votre partenaire. Relisez votre travail pour éliminer ces problèmes:

- des fautes (*errors*) d'orthographe

- des fautes de ponctuation

- des fautes de conjugaison

- des fautes d'accord (*agreement*) des adjectifs

- un mauvais emploi (*use*) de la grammaire

 Vocabulary Tools

Leçon 8A

Les parties d'une maison

un balcon *balcony*
une cave *basement, cellar*
une chambre *bedroom*
un couloir *hallway*
une cuisine *kitchen*
un escalier *staircase*
un garage *garage*
un jardin *garden; yard*
un mur *wall*
une pièce *room*
une salle à manger *dining room*
une salle de bains *bathroom*
une salle de séjour *living/family room*
un salon *formal living/sitting room*
un sous-sol *basement*
un studio *studio (apartment)*
les toilettes/W.-C. *restrooms/toilet*

Locutions de temps

de temps en temps *from time to time*
en général *in general*
quelquefois *sometimes*
vite *fast, quickly*

Chez soi

un appartement *apartment*
un immeuble *building*
un logement *housing*
un loyer *rent*
un quartier *area, neighborhood*
une résidence *residence*
une affiche *poster*
une armoire *armoire, wardrobe*
une baignoire *bathtub*
un canapé *couch*
une commode *dresser, chest
  of drawers*
une douche *shower*
une étagère *shelf*
un fauteuil *armchair*
une fleur *flower*
une lampe *lamp*
un lavabo *bathroom sink*
un meuble *piece of furniture*
un miroir *mirror*
un placard *closet, cupboard*
un rideau *drape, curtain*
un tapis *rug*
un tiroir *drawer*
déménager *to move out*
emménager *to move in*
louer *to rent*

Expressions utiles

See p. 319.

Leçon 8B

Locutions de temps

autrefois *in the past*
d'habitude *usually*
parfois *sometimes*
soudain *suddenly*
souvent *often*
toujours *always*
tous les jours *every day*
tout d'un coup *all of a sudden*
une (deux, etc.) fois *once (twice, etc.)*

Chez soi

un balai *broom*
une couverture *blanket*
les draps (*m.*) *sheets*
un évier *kitchen sink*
un oreiller *pillow*

Les tâches ménagères

une tâche ménagère *household chore*
balayer *to sweep*
débarrasser la table *to clear the table*
enlever/faire la poussière *to dust*
essuyer la vaisselle/la table *to dry the
  dishes/to wipe the table*
faire la lessive *to do the laundry*
faire le lit *to make the bed*
faire le ménage *to do the housework*
faire la vaisselle *to do the dishes*
laver *to wash*
mettre la table *to set the table*
passer l'aspirateur *to vacuum*
ranger *to tidy up; to put away*
repasser (le linge) *to iron (the laundry)*
salir *to soil, to make dirty*
sortir la/les poubelle(s) *to take out
  the trash*
propre *clean*
sale *dirty*

Les appareils ménagers

un appareil électrique/
  ménager *electrical/household
  appliance*
une cafetière *coffeemaker*
un congélateur *freezer*
une cuisinière *stove*
un fer à repasser *iron*
un four (à micro-ondes) *(microwave)
  oven*
un frigo *refrigerator*
un grille-pain *toaster*
un lave-linge *washing machine*
un lave-vaisselle *dishwasher*
un sèche-linge *clothes dryer*

Verbes

connaître *to know, to be familiar with*
reconnaître *to recognize*
savoir *to know (facts), to know how to
  do something*

Expressions utiles

See p. 337.

La nourriture

Pour commencer

- Où est Sandrine, dans un supermarché ou une poissonnerie?
- Qu'est-ce qu'elle a dans la main? Des légumes ou des fruits?
- Comment va-t-elle les servir, avec un steak, en salade ou en tarte?
- Est-ce qu'elle a déjà payé ou pas encore (*not yet*)?

Leçon 9A

You will learn how to...
- talk about food
- express needs, desires, and abilities

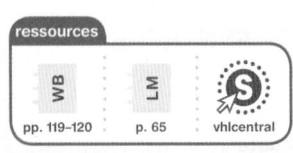

Vocabulary Tools

Quel appétit!

Vocabulaire

cuisiner	to cook
faire les courses (f.)	to go (grocery) shopping
une cantine	(school) cafeteria
un supermarché	supermarket
un aliment	food item
un déjeuner	lunch
un dîner	dinner
un goûter	afternoon snack
la nourriture	food, sustenance
un petit-déjeuner	breakfast
un repas	meal
des petits pois (m.)	peas
une salade	salad
le bœuf	beef
un escargot	escargot, snail
les fruits de mer (m.)	seafood
un pâté (de campagne)	pâté
le porc	pork
un poulet	chicken
une saucisse	sausage
un steak	steak
le thon	tuna
la viande	meat
le riz	rice
des pâtes (f.)	pasta
un yaourt	yogurt

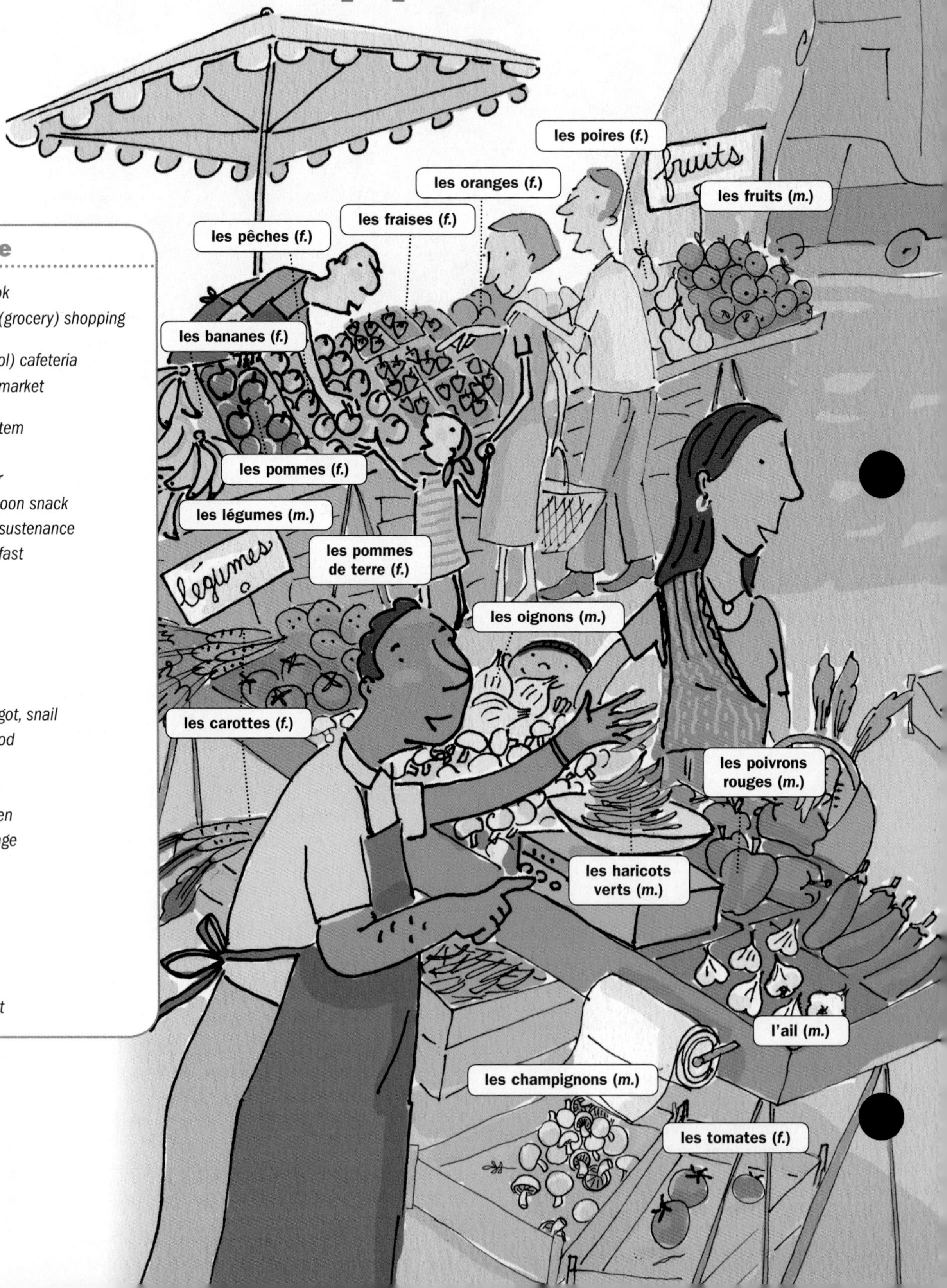

les poires (f.)

les oranges (f.)

les fraises (f.)

les fruits (m.)

les pêches (f.)

fruits

les bananes (f.)

les pommes (f.)

les légumes (m.)

les pommes de terre (f.)

les oignons (m.)

légumes

les carottes (f.)

les poivrons rouges (m.)

les haricots verts (m.)

l'ail (m.)

les champignons (m.)

les tomates (f.)

ressources

WB	LM	S
pp. 119–120	p. 65	vhlcentral

Mise en pratique

1 **Écoutez** Fatima et René se préparent à aller faire des courses. Ils décident de ce qu'ils vont acheter. Écoutez leur conversation. Ensuite, complétez les phrases.

Dans le frigo, il reste six (1) _____, quelques (2) _____, une petite (3) _____ et trois (4) _____. René va utiliser ce qu'il reste dans le frigo pour préparer (5) _____. Fatima va acheter des (6) _____ et des (7) _____. René va acheter des (8) _____: des (9) _____, des (10) _____ et quelques (11) _____. René va faire un bon petit repas avec des (12) _____.

2 **Les invités** Vous avez invité quelques amis pour le week-end. Vous vous préparez à les accueillir (*welcome*). Complétez les phrases suivantes avec les mots ou les expressions qui conviennent le mieux (*fit the best*).

1. Au petit-déjeuner, Sébastien aime bien prendre un café et manger des croissants et _____. (une salade, des fruits de mer, un yaourt)
2. Pour un petit-déjeuner français, il faut aussi de _____. (la confiture, l'ail, l'oignon)
3. J'adore les fruits, alors je vais acheter _____. (des petits pois, un repas, des pêches)
4. Mélanie n'aime pas trop la viande, elle va préférer manger _____. (des fruits de mer, du pâté de campagne, des saucisses)
5. Je vais aussi préparer une salade pour Mélanie avec _____. (de la confiture, des tomates, du bœuf)
6. Jean-François est allergique au lait. Je ne vais donc pas lui servir de _____. (carottes, pommes de terre, yaourt)
7. Pour le dessert, je vais préparer une tarte aux fruits avec des _____. (poivrons, fraises, petits pois)
8. Il faut aller au supermarché pour acheter des _____ pour faire du jus pour le petit-déjeuner. (yaourts, pâtes, oranges)

3 **Vos habitudes alimentaires** Utilisez un élément de chaque colonne pour former des phrases au sujet de vos habitudes alimentaires. N'oubliez pas de faire les accords nécessaires.

A	B	C
au petit-déjeuner	acheter	des bananes
au déjeuner	adorer	des carottes
au goûter	aimer (bien)	des fruits
au dîner	ne pas tellement	des haricots verts
à la cantine	aimer	des légumes
à la maison	détester	des œufs
au restaurant	manger	du riz
au supermarché	prendre	de la viande

la confiture de fraises

les tartes (*f.*) aux fraises

le poivron vert

la laitue

les œufs (*m.*)

Communication

4 **Quel repas?** Regardez les dessins et pour chacun d'eux (*each one of them*), indiquez le repas qu'il représente et faites une liste de ce que (*what*) chaque personne mange. Ensuite, avec un(e) partenaire, décrivez une image à tour de rôle. Votre partenaire doit deviner (*must guess*) quel dessin vous décrivez.

1. _____

2. _____

3. _____

4. _____

5 **Sondage** Votre professeur va vous donner une feuille d'activités. Circulez dans la classe et utilisez les éléments du tableau pour former des questions afin de savoir (*in order to find out*) ce que vos camarades de classe mangent. Quels sont les trois aliments les plus (*the most*) souvent mentionnés?

MODÈLE

Étudiant(e) 1: À quelle heure est-ce que tu prends ton petit-déjeuner? Que manges-tu?

Étudiant(e) 2: Je prends mon petit-déjeuner à sept heures. Je mange du pain avec du beurre et de la confiture, et je bois un café au lait.

Questions	Noms	Réponses
1. Petit-déjeuner: Quand? Quoi?	1. _____	1. _____
2. Déjeuner: Où? Quand? Quoi?	2. _____	2. _____
3. Goûter: Quand? Quoi?	3. _____	3. _____
4. Dîner: Quand? Quoi?	4. _____	4. _____
5. Supermarché: Quoi? À quelle fréquence?	5. _____	5. _____
6. Cantine: Quoi? Quand? À quelle fréquence?	6. _____	6. _____

6 **La brochure** Avec un(e) partenaire, vous allez préparer une brochure pour les nouveaux étudiants français qui viennent (*are coming*) étudier dans votre université. Une partie de la brochure est consacrée (*dedicated*) aux habitudes alimentaires. Faites une comparaison entre la France et les États-Unis. Ensuite, présentez votre brochure à la classe.

Coup de main

Here are some characteristics of traditional French eating habits.

Le petit-déjeuner is usually light, with bread, butter, and jam, or cereal and coffee or tea. Croissants are normally reserved for the weekend.

Le déjeuner is typically the main meal and may include a starter, a main dish (meat or fish with vegetables), cheese or yogurt, and dessert (often fruit). Lunch breaks may be a half hour to two hours (allowing people to eat at home).

Le goûter is a light afternoon snack such as cookies, French bread with chocolate, pastry, yogurt, or fruit.

Le dîner starts between 7:00 and 8:00 p.m. Foods served at lunch and dinner are similar. However, dinner is typically lighter than lunch and is usually eaten at home.

Les sons et les lettres

 Audio

e caduc and e muet

In **Leçon 4A**, you learned that the vowel **e** in very short words is pronounced similarly to the *a* in the English word *about*. This sound is called an **e caduc**. An **e caduc** can also occur in longer words and before words beginning with vowel sounds.

recherch**e**r	d**e**voirs	l**e** haricot	l**e** onze

An **e caduc** occurs in order to break up clusters of several consonants.

appart**e**ment	quelqu**e**fois	poivr**e** vert	gouvern**e**ment

An **e caduc** is sometimes called **e muet** (*mute*). It is often dropped in spoken French.

Tu n~~e~~ sais pas.	J~~e~~ veux bien!	C'est un livr~~e~~ intéressant.

An unaccented **e** before a single consonant sound is often silent unless its omission makes the word difficult to pronounce.

s~~e~~maine	p~~e~~tit	final~~e~~ment

An unaccented e at the end of a word is usually silent and often marks a feminine noun or adjective.

frais~~e~~	salad~~e~~	intelligent~~e~~	jeun~~e~~

Prononcez Répétez les mots suivants à voix haute.

1. vendredi
2. logement
3. exemple
4. devenir
5. tartelette
6. finalement
7. boucherie
8. petits pois
9. pomme de terre
10. malheureusement

Articulez Répétez les phrases suivantes à voix haute.

1. Tu ne vas pas prendre de casquette?
2. J'étudie le huitième chapitre maintenant.
3. Il va passer ses vacances en Angleterre.
4. Marc me parle souvent au téléphone.
5. Mercredi, je réserve dans une auberge.
6. Finalement, ce petit logement est bien.

Dictons Répétez les dictons à voix haute.

L'habit ne fait pas le moine.[1]

Le soleil luit pour tout le monde.[2]

[1] Clothes don't make the man. (lit. *The habit doesn't make the monk.*)
[2] The sun shines for everyone.

ressources

LM
p. 66

vhlcentral

Au supermarché

 Video

Au supermarché...

AMINA Mais quelle heure est-il? Sandrine devait être là à deux heures et quart. On l'attend depuis quinze minutes!

DAVID Elle va arriver!

AMINA Mais pourquoi est-elle en retard?

DAVID Elle vient peut-être juste de sortir de la fac.

En ville...

STÉPHANE Eh! Sandrine!

SANDRINE Salut, Stéphane, je suis très pressée! David et Amina m'attendent au supermarché depuis vingt minutes.

STÉPHANE À quelle heure est-ce qu'on doit venir ce soir, ma mère et moi?

SANDRINE À sept heures et demie.

STÉPHANE D'accord. Qu'est-ce qu'on peut apporter?

SANDRINE Oh, rien, rien.

STÉPHANE Mais maman insiste.

SANDRINE Bon, une salade, si tu veux.

AMINA Alors, Sandrine. Qu'est-ce que tu vas nous préparer?

SANDRINE Un repas très français. Je pensais à des crêpes.

DAVID Génial, j'adore les crêpes!

SANDRINE Il nous faut des champignons, du jambon et du fromage. Et, bien sûr, des œufs, du lait et du beurre.

SANDRINE Et puis non! Finalement, je vous prépare un bœuf bourguignon.

AMINA Qu'est-ce qu'il nous faut alors?

SANDRINE Du bœuf, des carottes, des oignons...

DAVID Mmm... Ça va être bon!

AMINA Mais le bœuf bourguignon, c'est long à préparer, non?

SANDRINE Tu as raison. Vous ne voulez pas plutôt un poulet à la crème et aux champignons, accompagné d'un gratin de pommes de terre?

AMINA ET DAVID Mmmm!

SANDRINE Alors, c'est décidé.

---

1 **Les ingrédients** Répondez aux questions par des phrases complètes.

1. Quels ingrédients faut-il pour préparer les crêpes de Sandrine?

2. Quels ingrédients faut-il pour préparer le bœuf bourguignon?

3. Quels ingrédients faut-il à Sandrine pour préparer le poulet et le gratin?

4. Quelle va être la salade de Valérie, à votre avis? Quels ingrédients va-t-elle mettre?

5. À votre avis, quel(s) dessert(s) Sandrine va-t-elle préparer?

6. Après avoir lu/regardé cet ESPACE ROMAN-PHOTO, quel plat préférez-vous? Pourquoi?

 Practice more at vhlcentral.com.

Amina, Sandrine et David font les courses.

STÉPHANE Mais quoi, comme salade?

SANDRINE Euh, une salade de tomates ou... peut-être une salade verte... Désolée, Stéphane, je suis vraiment pressée!

STÉPHANE Une salade avec du thon, peut-être? Maman fait une salade au thon délicieuse!

SANDRINE Comme tu veux, Stéphane!

SANDRINE Je suis en retard. Je suis vraiment désolée. Je ne voulais pas vous faire attendre, mais je viens de rencontrer Stéphane et avant ça, mon prof de français m'a retenue pendant vingt minutes!

DAVID Oh, ce n'est pas grave!

AMINA Bon, on fait les courses?

SANDRINE Voilà exactement ce qu'il me faut pour commencer! Deux beaux poulets!

AMINA Tu sais, Sandrine, le chant, c'est bien, mais tu peux devenir chef de cuisine si tu veux!

CAISSIÈRE Ça vous fait 51 euros et 25 centimes, s'il vous plaît.

AMINA C'est cher!

DAVID Ah non, Sandrine, tu ne paies rien du tout. C'est pour nous!

SANDRINE Mais, c'est mon dîner et vous êtes mes invités.

AMINA Pas question, Sandrine. C'est nous qui payons!

Expressions utiles

Meeting friends

- **Sandrine devait être là à deux heures et quart.**
  Sandrine should have been here at 2:15.

- **On l'attend depuis quinze minutes!**
  We've been waiting for her for fifteen minutes!

- **Elle vient peut-être juste de sortir de la fac.**
  Maybe she just left school.

- **Je suis très pressé(e)!**
  I'm in a big hurry!

- **À quelle heure est-ce qu'on doit venir ce soir?**
  What time should we come tonight?

- **Je ne voulais pas vous faire attendre, mais je viens de rencontrer Stéphane.**
  I didn't want to make you wait, but I just ran into Stéphane.

- **Mon prof m'a retenue pendant vingt minutes!**
  My professor kept me for twenty minutes!

Additional vocabulary

- **une caissière**
  cashier

- **Vous ne voulez pas plutôt un poulet à la crème accompagné d'un gratin de pommes de terre?**
  Wouldn't you prefer chicken with cream sauce accompanied by potatoes au gratin?

- **Voilà exactement ce qu'il me faut.**
  Here's exactly what I need.

- **Tu peux devenir chef de cuisine si tu veux!**
  You could become a chef if you want!

- **Comme tu veux.**
  As you like./It's up to you./Whatever you want.

- **C'est pour nous.**
  It's on us.

---

2 **Les événements** Mettez les événements dans l'ordre chronologique.

_____ **a.** Sandrine décide de ne pas préparer de bœuf bourguignon.

_____ **b.** Le prof de Sandrine parle avec elle après la classe.

_____ **c.** Amina dit que Sandrine peut devenir chef de cuisine.

_____ **d.** David et Amina paient.

_____ **e.** Stéphane demande à quelle heure il doit arriver.

_____ **f.** Sandrine essaie de payer.

3 **À vous!** Stéphane arrive chez lui et dit à sa mère qu'il faut préparer une salade pour le dîner de Sandrine. Avec un(e) partenaire, préparez une conversation entre Stéphane et sa mère. Parlez du dîner et décidez des ingrédients pour la salade. Présentez votre conversation à la classe.

ressources

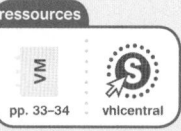

VM
pp. 33–34

vhlcentral

A C T I V I T É S

Reading

CULTURE À LA LOUPE

Le Guide Michelin et la gastronomie

Chaque année le Guide Michelin sélectionne les meilleurs° restaurants et hôtels dans toute la France. Ce petit guide rouge est le guide gastronomique le plus réputé° et le plus ancien°. Les gastronomes et les professionnels de l'hôtellerie attendent sa sortie° au mois de mars avec impatience. Les plus grands restaurants reçoivent° des étoiles° Michelin, avec un maximum de trois étoiles. Il n'y a que° 25 restaurants trois étoiles en France, tous très prestigieux et

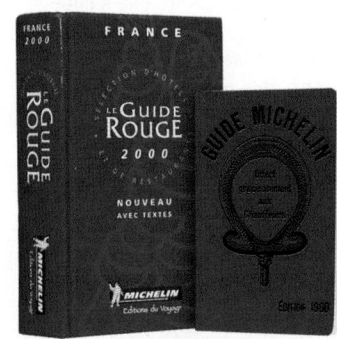

très chers, et 81 restaurants deux étoiles. Un repas au Plaza Athénée à Paris, célèbre° restaurant trois étoiles du chef Alain Ducasse, coûte entre 250 et 450 dollars. Un restaurant trois étoiles est une «cuisine exceptionnelle qui vaut° le voyage»; un restaurant deux étoiles, une «excellente cuisine, qui vaut le détour»; un restaurant une étoile, une «très bonne cuisine dans sa catégorie». Beaucoup de restaurants ne reçoivent pas d'étoiles mais simplement des fourchettes°. Quoi qu'il en soit°, c'est un honneur d'être sélectionné et d'apparaître° dans le Guide Michelin. Tous les restaurants sont des «bonnes tables°». Maintenant le Guide Michelin est publié pour plus de douze autres pays en Europe ainsi que° pour des villes comme New York, San Francisco et Tokyo.

Le premier Guide Michelin a été créé en 1900 par André et Édouard Michelin, propriétaires des pneus° Michelin. Il était offert° avec l'achat de pneus. À cette époque°, il n'y avait en France que 2.400 conducteurs°. Le guide leur donnait des informations précieuses sur les rares garagistes°, le plan de quelques villes et une liste des curiosités. Un peu plus tard ils ont inclus les restaurants.

La gastronomie française fait maintenant partie du patrimoine mondial° de l'humanité depuis 2010.

meilleurs *best* **le plus réputé** *most renowned* **le plus ancien** *oldest* **sortie** *release* **reçoivent** *receive* **étoiles** *stars* **Il n'y a que** *There are only* **célèbre** *famous* **vaut** *is worth* **fourchettes** *forks* **Quoi qu'il en soit** *Be that as it may* **apparaître** *appear* **bonnes tables** *good restaurants* **ainsi que** *as well as* **pneus** *tires* **offert** *offered* **époque** *time* **conducteurs** *drivers* **garagistes** *car mechanics* **patrimoine mondial** *world heritage*

A
C
T
I
V
I
T
É
S

1 **Complétez** Complétez les phrases.

1. Chaque année le Guide Michelin sélectionne les _____.

2. Les _____ de l'hôtellerie attendent la sortie du Guide avec impatience.

3. Les restaurants peuvent (*can*) recevoir un maximum de _____ étoiles.

4. Il y a _____ restaurants trois étoiles en France.

5. Un repas au Plaza Athénée coûte entre 250 et 450 _____.

6. Un restaurant deux étoiles vaut le _____.

7. Beaucoup de restaurants ne reçoivent pas d'étoiles mais des _____.

8. Aujourd'hui le Guide Michelin est publié pour des villes américaines comme _____ ou San Francisco.

9. Le premier Guide Michelin a été créé en 1900 par les _____.

10. Autrefois le Guide Michelin donnait aux conducteurs des informations sur les rares _____.

La nourriture

bidoche (*f.*)	*meat*
casse-croûte (*m.*)	*snack*
frometon (*m.*)	*cheese*
poiscaille (*f.*)	*fish*
faire un gueuleton	*to have a large meal*
faire ripaille	*to feast*
se faire une bouffe	*to have a dinner party with friends*

La cuisine de La Nouvelle-Orléans

À La Nouvelle-Orléans, la cuisine combine les influences créoles des colons° français et les influences cajuns des immigrés acadiens du Canada. Voici quelques spécialités.

le beignet un morceau de pâte frit° et recouvert de sucre, servi à toute heure du jour et de la nuit avec un café au lait et à la chicorée°

le gumbo une soupe à l'okra et aux fruits de mer, souvent accompagnée de riz

le jambalaya un riz très pimenté° préparé avec du jambon, du poulet, des tomates et parfois des saucisses et des fruits de mer

le po-boy de *poor boy* (garçon pauvre), un sandwich au poisson, aux écrevisses°, aux huîtres° ou à la viande dans un morceau de baguette

colons *colonists* **morceau de pâte frit** *fried piece of dough* **chicorée** *chicory* **pimenté** *spicy* **écrevisses** *crawfish* **huîtres** *oysters*

Les fromages français

Les Français sont très fiers de leurs fromages, et beaucoup de ces fromages sont connus dans le monde entier. La France produit près de 500 fromages dont° le type varie dans chaque région. En effet, le fromage est d'abord° un produit de terroir; c'est un emblème du pays. Chaque fromage est fabriqué selon des méthodes particulières et dans une zone géographique bien précise. Les fromages peuvent être au lait de vache°, comme le Brie ou le Camembert, au lait de chèvre°, comme le crottin de Chavignol, au lait de brebis°, comme le Roquefort, ou ils peuvent être faits d'un mélange° de plusieurs laits. Ils sont aussi classés en plusieurs catégories: cuit° ou non cuit, fermenté, fondu° ou frais°. Plus de 95% des Français mangent du fromage au moins une fois par semaine. Le fromage est présent dans approximativement 70% des repas en France et il est généralement consommé après le plat principal, avant le dessert. D'après les chiffres officiels, les Français dépensent sept milliards° d'euros par an pour le fromage. Au tout début du printemps, vers la fin du mois de mars, on célèbre la Journée nationale du fromage, à l'initiative de l'association «Fromages de terroirs», avec des débats, des conférences, des démonstrations de recettes° et des dégustations°. C'est l'occasion pour la France de mettre en avant° les produits de ses terroirs.

dont *of which* **d'abord** *first* **vache** *cow* **chèvre** *goat* **brebis** *ewe* **mélange** *mix* **cuit** *cooked* **fondu** *melted* **frais** *fresh* **milliards** *billions* **recettes** *recipes* **dégustations** *tastings* **mettre en avant** *show off*

---

2 À table! Répondez aux questions d'après les textes par des phrases complètes.

1. Combien de types de fromage sont produits en France?
2. Quels laits sont utilisés pour faire le fromage en France?
3. À quel moment du repas les Français mangent-ils généralement le fromage?
4. Comment célèbre-t-on la Journée nationale du fromage?
5. Que met-on dans le jambalaya?

3 Le pique-nique Vous et un(e) partenaire avez décidé de faire un pique-nique en plein air. Qu'allez-vous manger? Boire? Allez-vous apporter d'autres choses, comme des chaises ou une couverture? Parlez avec un autre groupe et échangez vos idées.

 Practice more at **vhlcentral.com**.

ACTIVITÉS

ESPACE STRUCTURES

9A.1

The verb *venir* and the *passé récent*  Tutorial

Point de départ In **Leçon 4A**, you learned the verb **aller** (*to go*). Now you will learn how to conjugate and use the irregular verb **venir** (*to come*).

venir	
je viens	nous venons
tu viens	vous venez
il/elle/on vient	ils/elles viennent

Mes tantes **viennent** de Nice.
My aunts are coming from Nice.

Viens vers huit heures du soir.
Come around 8 o'clock in the evening.

Tu **viens** avec moi au supermarché?
Are you coming with me to the supermarket?

Vous **venez** souvent au resto U?
Do you come to the dining hall often?

- **Venir** takes the auxiliary **être** in the **passé composé**. Its past participle is **venu**.

Ils **sont venus** vendredi dernier.
They came last Friday.

Nadine **est venue** chez moi.
Nadine came to my house.

Nous **sommes venues** à la fac.
We came to the campus.

Es-tu **venu** trop tard?
Did you come too late?

- **Venir** in the present tense can also be used with **de** and an infinitive to say that something has just happened. This is called the **passé récent**.

Je **viens de prendre** mon goûter dans ma chambre.
I just had a snack in my room.

Nous **venons de regarder** cette émission.
We just watched that show.

Ma mère **vient de partir**.
My mother just left.

Karine **vient de manger** à la cantine.
Karine just ate at the cafeteria.

- **Venir** can be used with an infinitive to say that someone has come to do something.

Papa **est venu** me **chercher**.
Dad came to pick me up.

Elle **venait** nous **rendre** visite.
She used to come visit us.

Thuy et Mia **venaient répéter** avec nous.
Thuy and Mia used to come rehearse with us.

Ali **vient** te **parler**.
Ali is coming to talk to you.

- The verbs **devenir** (*to become*) and **revenir** (*to come back*) are conjugated like **venir**. They, too, take **être** in the **passé composé**.

Estelle et sa copine **sont devenues** médecins.
Estelle and her friend became doctors.

Il **est revenu** avec une tarte aux fraises.
He came back with a strawberry tart.

- The verbs **tenir** (*to hold*), **maintenir** (*to maintain*), and **retenir** (*to keep, to retain*) are also conjugated like **venir**. However, they take **avoir** in the **passé composé**.

Corinne **tient** le livre de cuisine.
Corinne is holding the cookbook.

On **a retenu** mon passeport à la douane.
They kept my passport at customs.

- A command form of **tenir** is often used when handing something to someone.

> **Tiens**, une belle orange pour toi.
> *Here, a nice orange for you.*

> Votre sac est tombé! **Tenez**, Madame.
> *Your bag fell! Here, ma'am.*

Depuis, pendant, il y a + [*time*]

- To say that something happened at a time *ago* in the past, use **il y a** + [*time ago*].

> **Il y a une heure**, on était à la cantine.
> *An hour ago, we were at the cafeteria.*

> Il a visité Ouagadougou **il y a deux ans**.
> *He visited Ouagadougou two years ago.*

- To say that something happened for a particular period of time and ended in the past, use **pendant** + [*time period*]. Often the verb will be in the **passé composé**.

> Salim a fait la vaisselle **pendant deux heures**.
> *Salim washed dishes for two hours.*

> Ils ont voyagé **pendant un mois**.
> *They traveled for one month.*

- To say that something has been going on *since* a particular time and continues into the present, use **depuis** + [*time period, date, or starting point*]. Unlike its English equivalent, the verb in the French construction is usually in the present tense.

> Elle danse **depuis son arrivée** à la fête.
> *She has been dancing since she got to the party.*

> Nous passons l'été au Québec **depuis 1998**.
> *We've been spending our summers in Quebec since 1998.*

Essayez! Choisissez l'option correcte pour compléter chaque phrase.

1. Chloé, tu _____*d*_____ avec nous à la cantine?
2. Vous _____ d'où, Monsieur?
3. Les Aubailly _____ de dîner au café.
4. Julia Child est _____ célèbre en 1961.
5. Qu'est-ce qu'ils _____ dans la main?
6. Ils sont _____ du supermarché à midi.
7. On allait souvent en Europe _____ dix ans.
8. On mange bien _____ l'arrivée de maman.
9. Le prof _____ l'ordre dans la salle de classe.
10. Nous avons loué notre maison _____ les vacances d'été.
11. Alex et Sylvie, _____ ces valises, s'il vous plaît!

a. viennent
b. revenus
c. tenez
d. viens
e. il y a
f. pendant
g. tiennent
h. depuis
i. devenue
j. venez
k. maintient

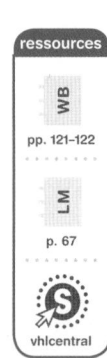

ressources

WB
pp. 121–122

LM
p. 67

S
vhlcentral

ESPACE **STRUCTURES**

Mise en pratique

1 **Qu'est-ce qu'ils viennent de faire?** Regardez les images et dites ce qu'ils (*what they*) viennent de faire.

Jullen

> **MODÈLE**
>
> *Julien vient de faire du cheval.*

1. M. et Mme Martin
_____
_____

2. vous
_____
_____

3. nous
_____
_____

4. je
_____
_____

2 **Mes tantes** Tante Olga téléphone à tante Simone pour lui donner des nouvelles (*news*) de la famille. Complétez ses phrases au passé composé.

1. La semaine dernière, Georges _____ (revenir) de vacances.
2. Marc a déménagé, mais je _____ (ne pas retenir) sa nouvelle adresse.
3. J'ai rencontré Martine ce matin; elle _____ (devenir) très jolie.
4. Alfred va avoir 100 ans; c'est parce qu'il _____ (maintenir) un bon rythme de vie.
5. Hier midi, Charles et Antoinette _____ (venir) déjeuner à la maison.
6. Marie-Louise et Roland _____ (devenir) avocats.
7. La fille d'Albert _____ (ne pas venir) le voir le mois dernier.
8. Mélanie _____ (tenir) son chien dans ses bras parce que les enfants avaient peur.

3 **Nos activités** Avec un(e) partenaire, dites ce que (*what*) chaque personne vient de faire et ce qu'elle va faire maintenant.

> **MODÈLE**
>
> *Je viens de manger. Maintenant, je vais faire la vaisselle.*

A	B	C
je	manger	emménager
tu	faire la lessive	répondre
elle	recevoir une lettre	faire un séjour
nous	acheter une maison	faire la vaisselle
vous	partir en vacances	prendre le train
ils	faire ses valises	repasser le linge
on	faire les courses	cuisiner

Practice more at **vhlcentral.com**.

Communication

4

Préparation de la fête Marine a invité ses amis ce soir. Elle a demandé à un(e) ami(e) de l'aider. Ils/Elles sont tous/toutes les deux impatient(e)s et ont besoin de savoir si tout est prêt. Avec un(e) partenaire, jouez les rôles de Marine et de son ami(e). Alternez les rôles et utilisez **venir de, il y a, depuis** et **pendant**.

MODÈLE

Étudiant(e) 1: *Étienne a téléphoné?*
Étudiant(e) 2: *Oui, il a téléphoné il y a une heure.*

1. Ta mère a apporté les gâteaux?
2. Tu as mis les fleurs dans le vase?
3. Pierre et Stéphanie ont fini de faire les courses?
4. Quand est-ce que tu as sorti les boissons?
5. Il faut mettre les escargots au four pendant longtemps?
6. Les salades de fruits sont dans le frigo?
7. Tu as préparé les tartes aux poires?
8. Ton petit ami est déjà arrivé?

5

Devinez À tour de rôle avec un(e) partenaire, devinez (*guess*) ce que Floriane et ses amis viennent de faire.

MODÈLE

Michel débarrasse la table.
Il vient de dîner.

1. Malika et moi, nous n'avons pas soif.
2. Josiane n'est pas à la maison.
3. Faroukh et Alisha ont dépensé beaucoup d'argent.
4. Vous êtes tout mouillés (*wet*).
5. Tu es très fatigué.
6. Hugo a l'air content.

6

Un(e) Américain(e) à Paris Vous venez de rencontrer un(e) Américain(e) de San Francisco (votre partenaire). Vous lui demandez de vous décrire sa vie à Paris, ses voyages, ce qui (*what*) l'intéresse, etc. Utilisez **depuis, il y a** et **pendant**. Ensuite, jouez la scène pour la classe.

MODÈLE

Étudiant(e) 1: *Tu habites en France depuis longtemps?*
Étudiant(e) 2: *Oui, j'habite à Paris depuis 2004.*

7

De nouveaux voisins Deux policiers (*police officers*) vous interrogent sur une famille mystérieuse qui vient d'emménager dans votre quartier. Par groupes de trois, jouez les rôles. Utilisez **depuis, il y a** et **pendant** dans votre conversation.

MODÈLE

Étudiant(e) 1: *Quand est-ce que les Rocher ont emménagé?*
Étudiant(e) 2: *Ils ont emmenagé il y a trois mois.*
Étudiant(e) 1: *D'habitude, qui est à la maison pendant la journée?*

ESPACE STRUCTURES

9A.2 The verbs *devoir, vouloir, pouvoir* (S) Tutorial

Point de départ The verbs **devoir** (*to have to [must]; to owe*), **vouloir** (*to want*), and **pouvoir** (*to be able to [can]*) are all irregular.

BOÎTE À OUTILS

When you ask a question using inversion, the first person singular form of **pouvoir** changes.

Est-ce que je **peux** vous parler?

but

Puis-je vous parler?

	devoir	vouloir	pouvoir
je	dois	veux	peux
tu	dois	veux	peux
il/elle/on	doit	veut	peut
nous	devons	voulons	pouvons
vous	devez	voulez	pouvez
ils/elles	doivent	veulent	peuvent

Je **dois** repasser.	**Veut**-elle des pâtes?	Vous **pouvez** entrer.
I have to iron.	*Does she want pasta?*	*You can come in.*

- **Devoir, vouloir,** and **pouvoir** all take **avoir** in the **passé composé**. They have irregular past participles.

devoir	▶	dû
vouloir		voulu
pouvoir		pu

- **Devoir** can be used with an infinitive to mean *to have to* or *must*.

  On **doit** manger tous les jours.   Je **dois** faire mes devoirs.
  One must eat every day.   *I have to do my homework.*

- When **devoir** is followed by a noun, it means *to owe*.

  Tu me **dois** cinq euros.   Il **doit** sa vie aux médecins.
  You owe me five euros.   *He owes his life to the doctors.*

- **Devoir** is often used in the **passé composé** with an infinitive to speculate on what *must have happened* or what someone *had to do*. The context will determine the meaning.

  Ils ne sont pas arrivés chez eux. Ils **ont dû**   Louise n'est pas allée à la fête parce qu'elle **a**
    avoir un accident.   **dû travailler**.
  They haven't arrived home. They must   *Louise didn't go to the party because she had*
    have had an accident.   *to work.*

- **Devoir** can be used with an infinitive to express *supposed to*.

  Nous ne **devons** pas parler en classe.   Vous **deviez arriver** à huit heures.
  We're not supposed to talk in class.   *You were supposed to arrive at 8 o'clock.*

- When **vouloir** is used with the infinitive **dire**, it is translated as *to mean*.

  Nous **voulons dire** exactement le contraire.   Biscuit? Ça **veut dire** «cookie» en français.
  We mean exactly the opposite.   *Biscuit? That means "cookie" in French.*

> *Sandrine devait être là. Elle a dû parler à son prof.*

> *Enfin, j'ai pu vous retrouver.*

- **Vouloir bien** can be used to express willingness.

Tu veux prendre de la glace?	Oui, je **veux bien** prendre de la glace.
Do you want to have some ice cream?	*Yes, I'd really like to have some ice cream.*
Voulez-vous dîner avec nous demain soir?	Nous **voulons bien** manger avec vous demain soir.
Do you want to have dinner with us tomorrow evening?	*We'd love to eat with you tomorrow evening.*

- **Vouloir** is often used in the **passé composé** with an infinitive in negative sentences to express *refused to.*

J'ai essayé, mais il **n'a pas voulu** parler.	Elles **n'ont pas voulu** débarrasser la table.
I tried, but he refused to talk.	*They refused to clear the table.*
Nous **n'avons pas voulu** aller chez lui.	Tu **n'as pas voulu** lui dire bonjour.
We refused to go to his house.	*You refused to say hello to him.*

- **Pouvoir** can be used in the **passé composé** with an infinitive to express *managed to do something.*

Nous **avons pu** tout finir.	Fathia **a pu** nous trouver.
We managed to finish everything.	*Fathia managed to find us.*
J'**ai pu** parler à l'avocat.	Vous **avez pu** acheter les billets?
I managed to talk to the lawyer.	*Did you manage to buy the tickets?*

Boîte à outils

Vouloir often takes the **imparfait** in the past since the action of wanting does not usually have a clear beginning or end and lasts an unspecified amount of time. In cases where the beginning or end is specified, use the **passé composé**.

Je voulais rire.
I wanted to laugh.
(no beginning or end)

Tout à coup, j'ai voulu rire.
All of a sudden, I felt like laughing.
(a specific moment in time)

Essayez!

Complétez ces phrases avec les formes correctes du présent des verbes.

devoir

1. Tu ____dois____ revenir à midi?
2. Elles _____ manger tout de suite.
3. Nous _____ encore vingt euros.
4. Je ne _____ pas assister au pique-nique.
5. Elle _____ nous téléphoner.

vouloir

6. _____-vous manger sur la terrasse?
7. Tu _____ quelque chose à boire?
8. Il _____ faire la cuisine.

9. Nous ne _____ pas prendre de dessert.
10. Ils _____ préparer un grand repas.

pouvoir

11. Je _____ passer l'aspirateur ce soir.
12. Il _____ acheter de l'ail au marché.
13. Elles _____ emménager demain.
14. Vous _____ maigrir de quelques kilos.
15. Nous _____ mettre la table.

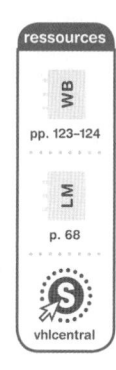

ressources

WB
pp. 123–124

LM
p. 68

vhlcentral

Mise en pratique

1 **Que doit-on faire?** Qu'est-ce que ces personnes doivent faire pour avoir ce qu'elles (*what they*) veulent?

> **MODÈLE** André __*veut*__ courir le marathon, alors il __*doit*__ faire du jogging.

1. Je _____ grossir, alors je _____ manger des frites.
2. Il _____ être en forme, alors il _____ aller à la gym.
3. Vous _____ manger des spaghettis, alors vous _____ aller dans un resto italien.
4. Tu _____ manger chez toi, alors tu _____ faire la cuisine.
5. Elles _____ maigrir, alors elles _____ moins manger.
6. Nous _____ écouter de la musique, alors nous _____ acheter des CD.

2 **Qui peut faire quoi?** Ève prépare un grand repas. Dites ce que (*what*) chaque personne peut faire.

> **MODÈLE**
>
> Joseph / faire / courses
> *Joseph peut faire les courses.*

1. Marc / acheter / boissons
2. Benoît et Anne / préparer / gâteaux
3. Jean et toi / décorer / salle à manger
4. Patrick et moi / essuyer / verres
5. je / prendre / photos
6. tu / mettre / table

3 **Mes enfants** M. Dion est au restaurant avec ses enfants. Le serveur/ La serveuse lui demande ce qu'ils (*what they*) veulent prendre. Avec un(e) partenaire, posez les questions et répondez. Alternez les rôles.

> **MODÈLE** Éric: ou
>
> **Étudiant(e) 1:** *Veut-il un jus d'orange ou un verre de lait?*
> **Étudiant(e) 2:** *Il veut un jus d'orange, s'il vous plaît.*

1. Michèle:  ou

2. Stéphanie et Éric:  ou

3. Stéphanie: ou

4. Éric:  ou

S Practice more at **vhlcentral.com**.

Communication

4 **Que faire?** À tour de rôle avec un(e) partenaire, dites ce que (*what*) ces personnes peuvent, doivent ou veulent faire ou ne pas faire. Utilisez **pouvoir**, **devoir** et **vouloir** dans vos réponses.

▶ **MODÈLE**

Étudiant(e) 1: *Il veut maigrir.*

Étudiant(e) 2: *Il ne peut pas manger de dessert.*

1.   2.

3.   4.   5.   6.

5 **Ce n'est pas de ma faute.** Préparez une liste de cinq choses qui vous sont arrivées (*happened to you*) par accident. Montrez la liste à un(e) partenaire, qui va deviner pourquoi. A-t-il/elle raison?

MODÈLE

Étudiant(e) 1: *J'ai perdu les clés de ma maison.*
Étudiant(e) 2: *Tu as dû les laisser sur ton lit.*

6 **Ce week-end** Invitez vos camarades de classe à faire des choses avec vous le week-end prochain. S'ils refusent votre invitation, ils doivent vous donner une excuse. Quelles réponses avez-vous reçues (*received*)?

MODÈLE

Étudiant(e) 1: *Tu veux jouer au tennis avec moi le week-end prochain?*
Étudiant(e) 2: *Quel jour?*
Étudiant(e) 1: *Samedi matin.*
Étudiant(e) 2: *Désolé(e), je ne peux pas. Je dois rendre visite à ma famille.*

7 **La permission** La mère de Sylvain lui permet de faire certaines choses mais pas d'autres. Avec un(e) partenaire, préparez leur dialogue. Utilisez les verbes **devoir**, **vouloir** et **pouvoir**.

MODÈLE

Étudiant(e) 1: *Maman, je veux sortir avec Paul vendredi.*
Étudiant(e) 2: *Tu peux sortir, mais tu dois d'abord ranger ta chambre.*

8 **Des conseils** Votre ami(e) a beaucoup de problèmes et vous demande des conseils (*advice*). Avec un(e) partenaire, préparez le dialogue. Utilisez le verbe **devoir** pour lui faire des suggestions.

MODÈLE

Étudiant(e) 1: *Je ne peux pas dormir la nuit.*
Étudiant(e) 2: *Tu ne dois pas boire de café après le dîner.*

Révision

1 **Au restaurant** Avec un(e) partenaire, dites ce que (*what*) ces personnes viennent de faire. Utilisez les verbes de la liste et d'autres verbes.

apporter	manger
arriver	parler
boire	prendre
demander	téléphoner

2 **Au supermarché** Un(e) enfant et son père ou sa mère sont au supermarché. L'enfant demande ces choses à manger, mais le père ou la mère ne veut pas les acheter et doit lui donner des raisons. Avec un(e) partenaire, préparez un dialogue, puis jouez-le pour la classe. Employez les verbes **devoir**, **vouloir** et **pouvoir** et le passé récent.

MODÈLE

Étudiant(e) 1: *Maman, je veux de la confiture. Achète-moi cette confiture, s'il te plaît.*
Étudiant(e) 2: *Tu ne dois pas manger ça. Tu viens de manger un dessert.*

du chocolat	une glace
des chips	du pâté
un coca	une saucisse
de la confiture	des yaourts aux fruits

3 **Le chef de cuisine** Vous et votre partenaire êtes deux chefs. Expliquez à votre partenaire comment préparer votre salade préférée. Donnez des conseils (*advice*) avec les verbes **devoir**, **vouloir** et **pouvoir** et employez le passé récent.

MODÈLE

Étudiant(e) 1: *Combien de carottes doit-on utiliser?*
Étudiant(e) 2: *On peut utiliser deux ou trois carottes.*

4 **Dans le frigo** Vous et vos partenaires êtes colocataires et vous nettoyez votre frigo. Qu'allez-vous mettre à la poubelle? Par groupes de trois, regardez l'illustration et décidez. Ensuite, présentez vos décisions à la classe.

MODÈLE

Étudiant(e) 1: *Depuis combien de temps a-t-on ce fromage dans le frigo?*
Étudiant(e) 2: *Je viens de l'acheter, nous pouvons le garder encore un peu.*

5 **Chez moi** Vous et votre partenaire voulez manger ensemble après les cours. Vous voulez manger chez vous ou chez votre partenaire, mais pas au resto U. Que pouvez-vous préparer? Que voulez-vous manger ou boire?

MODÈLE

Étudiant(e) 1: *Chez moi, j'ai du chocolat et du lait, et je peux te faire un chocolat chaud.*
Étudiant(e) 2: *Non merci, je veux plutôt une boisson froide et j'ai des boissons gazeuses à la maison.*

6 **Une journée bien occupée** Votre professeur va vous donner, à vous et à votre partenaire, une feuille sur les activités d'Alexandra. Attention! Ne regardez pas la feuille de votre partenaire.

MODÈLE

Étudiant(e) 1: *À quatre heures et demie, Alexandra a pu faire du jogging.*
Étudiant(e) 2: *Après, à cinq heures, elle...*

Flash CULTURE

La nourriture

Hôtesse: Csilla

Csilla est au marché d'Aix-en-Provence. Comme tous les matins, il y a beaucoup de vendeurs de fruits et de légumes sur la place Richelme. On peut aussi y trouver de belles fleurs que Csilla adore. L'ambiance est calme et agréable, et les gens font leurs courses tranquillement en plein air° et mettent leurs achats dans leurs paniers°.

Avant de regarder Répondez aux questions.

1. Quels sont vos aliments préférés? Aimez-vous les légumes? Aimez-vous les fruits?
2. Où est-ce que votre famille fait les courses?

CSILLA *Sur les marchés, on vend des fleurs.*

CSILLA *Il y a des baguettes et du pain de campagne.*

Compréhension Répondez aux questions.

1. Quels sont les types d'aliments présentés par Csilla dans la vidéo?
2. Quels sont les légumes que Csilla nous montre?
3. Qu'est-ce que Csilla pense faire avec les fraises?
4. Quel est le genre de repas que Csilla va organiser?

Discussion Par groupes de trois, répondez aux questions.

1. Existe-t-il des marchés en plein air chez vous? Si oui, est-ce que votre famille et vous achetez vos aliments dans ces marchés?
2. Quels sont les aliments que vous aimez acheter au marché ou au supermarché?

Vocabulaire utile

les aliments (*m.*) bio	*organic food*
Ça sent bon!	*That smells good!*
C'est sympa, non?	*That's nice, no?*
le marché fermier	*farmer's market*

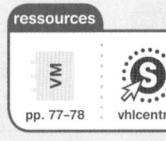

ressources

VM
pp. 77–78

vhlcentral

en plein air *outdoors* **paniers** *baskets*

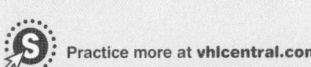

Practice more at **vhlcentral.com**.

Leçon 9B

You will learn how to...
- describe and discuss food
- shop for food

S Vocabulary Tools

À table!

Il goûte la soupe.
(goûter)

l'assiette (f.)

Carte du jour

la carte

la serviette

la fourchette

le couteau

la nappe

Vocabulaire

être au régime	to be on a diet
une boîte (de conserve)	can
la crème	cream
la mayonnaise	mayonnaise
la moutarde	mustard
une tranche	slice
une entrée	appetizer, starter
un hors-d'œuvre	hors-d'oeuvre, appetizer
un plat (principal)	(main) dish
À table!	Let's eat!/Food is ready!
compris	included
une boucherie	butcher's shop
une boulangerie	bread shop, bakery
une charcuterie	delicatessen
un(e) commerçant(e)	shopkeeper
un kilo(gramme)	kilo(gram)
une pâtisserie	pastry shop, bakery; pastry
une poissonnerie	fish shop

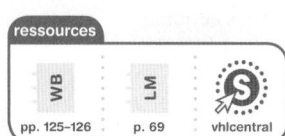

Mise en pratique

1 **Écoutez** Catherine est au régime. Elle parle de ses habitudes alimentaires. Écoutez et indiquez si les affirmations suivantes sont **vraies** ou **fausses**.

	Vrai	Faux
1. Catherine mange beaucoup de desserts.	☐	☐
2. Catherine fait les courses au supermarché.	☐	☐
3. Elle adore la viande.	☐	☐
4. Elle est au régime.	☐	☐
5. Catherine achète des fruits et des légumes au marché.	☐	☐
6. Selon (*According to*) Catherine, le service chez les commerçants est désagréable.	☐	☐
7. Elle va souvent à la boucherie et à la poissonnerie.	☐	☐
8. Elle vient de devenir végétarienne.	☐	☐

2 **Le repas** Mettez ces différentes étapes dans l'ordre chronologique.

_____ a. dire «À table!»

_____ b. servir le plat principal

_____ c. mettre les assiettes, les fourchettes, les cuillères et les couteaux sur la table

_____ d. servir l'entrée

_____ e. faire les courses

_____ f. organiser un menu

_____ g. goûter le dessert avec les invités

_____ h. faire la cuisine

Elle commande. (commander)

le menu

le sel

le poivre

l'huile d'olive (f.)

la carafe d'eau

le bol

la cuillère à soupe

la cuillère à café

3 **Complétez** Complétez ces phrases avec le bon mot.

1. Pour manger de la soupe, on utilise...
   a. un couteau.
   b. une cuillère.
   c. une fourchette.

2. On sert la soupe dans...
   a. une assiette.
   b. une carafe.
   c. un bol.

3. Au restaurant, le serveur/ la serveuse doit... la nourriture.
   a. commander
   b. apporter
   c. goûter

4. On vend des baguettes à...
   a. la boulangerie.
   b. la charcuterie.
   c. la boucherie.

5. On met... dans le café.
   a. du beurre
   b. du poivre
   c. de la crème

6. On vend des gâteaux à...
   a. la boucherie.
   b. la pâtisserie.
   c. la poissonnerie.

7. Au restaurant, on commande d'abord...
   a. une entrée.
   b. un plat principal.
   c. une serviette.

8. On vend du jambon à...
   a. la charcuterie.
   b. la boucherie.
   c. la pâtisserie.

Communication

4 **Conversez** Interviewez un(e) camarade de classe.

1. En général, qu'est-ce que tu commandes au restaurant comme entrée? Comme plat principal?
2. Qui fait les courses chez toi? Où? Quand?
3. Est-ce que tu préfères faire les courses au supermarché ou chez les commerçants? Pourquoi?
4. Es-tu au régime? Qu'est-ce que tu manges?
5. Quel est ton plat principal préféré?
6. Aimes-tu la moutarde? Avec quel(s) plat(s) l'utilises-tu?
7. Aimes-tu la mayonnaise? Avec quel(s) plat(s) l'utilises-tu?
8. Dans quel(s) plat(s) mets-tu de l'huile d'olive?

5 **Sept différences** Votre professeur va vous donner, à vous et à votre partenaire, deux feuilles d'activités différentes avec le dessin (*drawing*) d'un restaurant. Il y a sept différences entre les deux images. Sans regarder l'image de votre partenaire, comparez vos dessins et faites une liste de ces différences. Quel est le groupe le plus rapide de la classe?

> **MODÈLE**
>
> **Étudiant(e) 1:** *Dans mon restaurant, le serveur apporte du beurre à la table.*
> **Étudiant(e) 2:** *Dans mon restaurant aussi, on apporte du beurre à la table, mais c'est une serveuse, pas un serveur.*

6 **Au restaurant** Travaillez avec deux camarades de classe pour présenter ce dialogue.

- Une personne invite un(e) ami(e) à dîner au restaurant.
- Une personne est le serveur/la serveuse et décrit le menu.
- Vous parlez du menu et de vos préférences.
- Une personne est au régime et ne peut pas manger certains ingrédients.
- Vous commandez les plats.
- Vous parlez des plats que vous mangez.

7 **Écriture** Écrivez un paragraphe dans lequel vous:

- parlez de la dernière fois que vous avez préparé un dîner, un déjeuner ou un petit-déjeuner pour quelqu'un.
- décrivez les ingrédients que vous avez utilisés pour préparer le(s) plat(s).
- mentionnez les endroits où vous avez acheté les ingrédients et leurs quantités.
- décrivez comment vous avez mis la table.

Les sons et les lettres  Audio

Stress and rhythm

In French, all syllables are pronounced with more or less equal stress, but the final syllable in a phrase is elongated slightly.

Je fais souvent du sport, mais aujourd'hui, j'ai envie de rester à la maison.

French sentences are divided into three basic kinds of rhythmic groups.

Noun phrase	*Verb phrase*	*Prepositional phrase*
Caroline et Dominique	**sont venues**	**chez moi.**

The final syllable of a rhythmic group may be slightly accentuated either by rising intonation (pitch) or elongation.

Caroline et Dominique sont venues chez moi.

In English, you can add emphasis by placing more stress on certain words. In French, you can emphasize the word by adding the corresponding pronoun or you can elongate the first consonant sound.

Je ne sais pas, moi.   **Quel idiot!**   **C'est fantastique!**

Prononcez Répétez les phrases suivantes à voix haute.

1. Ce n'est pas vrai, ça.
2. Bonjour, Mademoiselle.
3. Moi, je m'appelle Florence.
4. La clé de ma chambre, je l'ai perdue.
5. Je voudrais un grand café noir et un croissant, s'il vous plaît.
6. Nous allons tous au marché, mais Marie, elle va au centre commercial.

Articulez Répétez les phrases en mettant l'emphase (*by emphasizing*) sur les mots indiqués.

1. C'est *impossible*!
2. Le film était *super*!
3. Cette tarte est *délicieuse*!
4. Quelle idée *extraordinaire*!
5. Ma sœur parle *constamment*.

Dictons Répétez les dictons à voix haute.

Le chat parti, les souris dansent.[2]

Les chemins les plus courts ne sont pas toujours les meilleurs.[1]

ressources

LM
p. 70

vhlcentral

Le dîner  Video

Amina

David

Rachid

Sandrine

Stéphane

Valérie

Au centre-ville...

DAVID Qu'est-ce que tu as fait en ville?

RACHID Des courses à la boulangerie et chez le chocolatier.

DAVID Tu as acheté ces chocolats pour Sandrine?

RACHID Pourquoi? Tu es jaloux? Ne t'en fais pas! Elle nous a invités. Il est normal d'apporter quelque chose.

DAVID Je n'ai pas de cadeau pour elle. Qu'est-ce que je peux lui acheter? Je peux lui apporter des fleurs!

Chez le fleuriste...

DAVID Ces roses sont très jolies, non?

RACHID Tu es tombé amoureux?

DAVID Mais non! Pourquoi tu dis ça?

RACHID Des roses, c'est romantique.

DAVID Ah... Ces fleurs-ci sont jolies. C'est mieux?

RACHID Non, c'est pire! Les chrysanthèmes sont réservés aux funérailles.

DAVID Hmmm. Je ne savais pas que c'était aussi difficile de choisir un bouquet de fleurs!

RACHID Regarde! Celles-là sont parfaites!

DAVID Tu es sûr?

RACHID Sûr et certain, achète-les!

AMINA Sandrine, est-ce qu'on peut faire quelque chose pour t'aider?

SANDRINE Oui, euh, vous pouvez finir de mettre la table, si vous voulez.

VALÉRIE Je vais t'aider dans la cuisine.

AMINA Tiens, Stéphane. Voilà le sel et le poivre. Tu peux les mettre sur la table, s'il te plaît?

SANDRINE À table!

SANDRINE Je vous sers autre chose? Une deuxième tranche de tarte aux pommes peut-être?

VALÉRIE Merci.

AMINA Merci. Je suis au régime.

SANDRINE Et toi, David?

DAVID Oh! J'ai trop mangé. Je n'en peux plus!

STÉPHANE Moi, je veux bien...

SANDRINE Donne-moi ton assiette.

STÉPHANE Tiens, tu peux la lui passer, s'il te plaît?

VALÉRIE Quel repas fantastique, Sandrine. Tu as beaucoup de talent, tu sais.

RACHID Vous avez raison, Madame Forestier. Ton poulet aux champignons était superbe!

1 **Vrai ou faux?** Indiquez si ces affirmations sont **vraies** ou **fausses**. Corrigez les phrases fausses.

1. Rachid est allé chez le chocolatier.

2. Rachid et David sont arrivés en avance.

3. David n'a pas apporté de cadeau.

4. Sandrine aime les fleurs de David.

5. Personne (*Nobody*) n'aide Sandrine.

6. David n'a pas beaucoup mangé.

7. Stéphane n'est pas au régime.

8. Sandrine a fait une tarte aux pêches pour le dîner.

9. Les plats de Sandrine ne sont pas très bons.

10. Les invités ont passé une soirée très agréable.

 Practice more at vhlcentral.com.

Sandrine a préparé un repas fantastique pour ses amis.

Chez Sandrine...

SANDRINE Bonsoir... Entrez! Oh!

DAVID Tiens. C'est pour toi.

SANDRINE Oh, David! Il ne fallait pas, c'est très gentil!

DAVID Je voulais t'apporter quelque chose.

SANDRINE Ce sont les plus belles fleurs que j'aie jamais reçues! Merci!

RACHID Bonsoir, Sandrine.

SANDRINE Oh, du chocolat! Merci beaucoup.

RACHID J'espère qu'on n'est pas trop en retard.

SANDRINE Pas du tout! Venez! On est dans la salle à manger.

STÉPHANE Oui, et tes desserts sont les meilleurs! C'est la tarte la plus délicieuse du monde!

SANDRINE Vous êtes adorables, merci. Moi, je trouve que cette tarte aux pommes est meilleure que la tarte aux pêches que j'ai faite il y a quelques semaines.

AMINA Tout ce que tu prépares est bon, Sandrine.

DAVID À Sandrine, le chef de cuisine le plus génial!

TOUS À Sandrine!

Expressions utiles

Making comparisons and judgments

- **Ces fleurs-ci sont jolies. C'est mieux?**
  These flowers are pretty. Is that better?

- **C'est pire! Les chrysanthèmes sont réservés aux funérailles.**
  It's worse! Chrysanthemums are reserved for funerals.

- **Je ne savais pas que c'était aussi difficile de choisir un bouquet de fleurs!**
  I didn't know it was so hard to choose a bouquet of flowers!

- **Ce sont les plus belles fleurs que j'aie jamais reçues!**
  These are the most beautiful flowers I have ever received!

- **C'est la tarte la plus délicieuse du monde!**
  This is the most delicious tart in the world!

- **Cette tarte aux pommes est meilleure que la tarte aux pêches.**
  This apple tart is better than the peach tart.

Additional vocabulary

- **Ah, tu es jaloux? Ne t'en fais pas!**
  Are you jealous? Don't be!/Don't make anything of it!

- **sûr(e) et certain(e)**
  totally sure/completely certain

- **Il ne fallait pas.**
  You shouldn't have./It wasn't necessary.

- **J'ai trop mangé. Je n'en peux plus!**
  I ate too much. I can't fit anymore!

- **Tu peux la lui passer?**
  Can you pass it to her?

---

2 **Questions** Répondez aux questions par des phrases complètes.

1. Qu'est-ce que Rachid a apporté à Sandrine?

2. Qu'a fait Amina pour aider?

3. Qui mange une deuxième tranche de tarte aux pommes?

4. Quel type de tarte Sandrine a-t-elle préparé il y a quelques semaines?

5. Pourquoi David n'a-t-il pas acheté les roses?

3 **Écrivez** David veut raconter le dîner de Sandrine à sa famille. Composez un e-mail. Quels ont été les préparatifs (*preparations*)? Qui a apporté quoi? Qui est venu? Qu'est-ce qu'on a mangé? Relisez l'**ESPACE ROMAN-PHOTO** de la Leçon 9A si nécessaire.

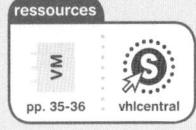

ressources

VM
pp. 35-36

vhlcentral

A C T I V I T É S

 Reading

Les repas en France

En France, un grand repas traditionnel peut être composé de beaucoup de plats différents et il peut durer° plusieurs heures. Avant de passer à table, on sert des amuse-gueules° comme des biscuits salés°, des olives ou des cacahuètes°. Ensuite, on commence le repas par un hors-d'œuvre ou directement par une ou deux entrées chaudes ou froides, comme une soupe, de la charcuterie, des escargots, etc. Après l'entrée, on prend parfois un sorbet pour nettoyer le palais°. Puis, on passe au plat principal, qui est en général une viande ou un poisson servi avec des légumes. Après, on apporte la salade, puis le fromage et enfin, on sert le dessert et le café. Le repas traditionnel est souvent accompagné de vin, et dans les grandes occasions, de champagne pour le dessert. Bien sûr, tous les Français ne font pas ce genre de repas tous les jours. En général, on mange beaucoup plus simplement. Au petit-déjeuner, on boit du café au lait, du thé ou du chocolat chaud. On mange des tartines° ou du pain grillé° avec du beurre et de la confiture, et des croissants le week-end. Le déjeuner est traditionnellement le repas principal, mais aujourd'hui, les Français n'ont pas souvent le temps de rentrer à la maison. Pour cette raison, on mange de plus en plus° au travail ou au café. Après l'école, les enfants prennent parfois un goûter, par exemple du pain avec du chocolat. Et le soir, on dîne à la maison, en famille.

durer *last* amuse-gueules *small appetizers* salés *savory* cacahuètes *peanuts* palais *palate* tartines *slices of bread* pain grillé *toast* de plus en plus *more and more* moins de *less than*

Les Français et les repas

- 10% des Français ne prennent pas de petit-déjeuner.
- 60% boivent du café le matin, 20% du thé, 15% du chocolat.
- 99% dînent chez eux en semaine.
- 35% dînent en famille, 30% en couple.
- 75% des dîners consistent en moins de° trois plats successifs.
- Le pain est présent dans plus de 60% des déjeuners et des dîners.

Coup de main

You can use these terms to specify how you would like meat to be cooked.

bleu(e)	*very rare*
saignant(e)	*medium rare*
à point	*medium*
bien cuit(e)	*well-done*

A C T I V I T É S

1 **Vrai ou faux?** Indiquez si les phrases sont **vraies** ou **fausses**. Corrigez les phrases fausses.

1. On mange les hors-d'œuvres avant les amuse-gueules.
2. On prend parfois un sorbet après l'entrée.
3. En France, on mange la salade en entrée.
4. En général, on ne boit pas de vin pendant le repas.
5. On sert le fromage entre la salade et le dessert.
6. Les Français mangent souvent des œufs au petit-déjeuner.
7. Tous les Français mangent un grand repas traditionnel chaque soir.
8. Le déjeuner est traditionnellement le repas principal de la journée en France.
9. À midi, les Français mangent toujours à la maison.
10. Les enfants prennent parfois un goûter après l'école.

Au menu

côtelette (f.)	*chop*
escalope (f.)	*thin slice of meat or fish*
faux-filet (m.)	*sirloin steak*
à la vapeur	*steamed*
farci(e)	*stuffed*
frit(e)	*fried*
garni(e)	*garnished*
rôti(e)	*roasted*

Si on est invité...

Voici quelques bonnes manières à observer quand on dîne chez des amis.

En Afrique du Nord

- Si quelqu'un vous invite à boire un thé à la menthe, ce n'est pas poli de refuser.
- En général, on enlève ses chaussures avant d'entrer dans une maison.
- On mange souvent avec les doigts°.

En France

- Il est poli d'apporter un petit cadeau pour les hôtes, par exemple des bonbons ou des fleurs.
- On dit parfois «Santé!°» ou «À votre santé°!» avant de boire et «Bon appétit!» avant de manger.
- On mange avec la fourchette dans la main gauche et le couteau dans la main droite et on garde toujours les deux mains sur la table.

doigts *fingers* **Santé!** *Cheers!* **santé** *health*

La couscousmania des Français

La cuisine du Maghreb est très populaire en France. Les restaurants orientaux sont nombreux et appréciés pour la qualité de leur nourriture et leur ambiance. Les merguez, des petites saucisses rouges pimentées°, sont vendues dans toutes les boucheries. Dans les grandes villes, des pâtisseries au miel° sont dégustées° au goûter. Le plat le plus célèbre reste le couscous, le quatrième plat préféré des Français, devant le steak-frites! Aujourd'hui, des restaurants trois étoiles° le proposent en plat du jour et on le sert dans les cantines. Les Français consomment 96.000 tonnes de couscous par an, une vraie couscousmania!

pimentées *spicy* **miel** *honey* **dégustées** *savored* **étoiles** *stars*

Keen'V

Lieu d'origine: Rouen, France
Métier: compositeur - interprète

Keen'V, de son vrai nom Kevin Bonnet, s'est d'abord fait connaître en discothèque en tant que disc-jockey.

Go to **vhlcentral.com** to find out more about **Keen'V** and his music.

---

2 **Répondez** Répondez aux questions d'après les textes.

1. Qu'est-ce qu'il est impoli de refuser en Afrique du Nord?
2. Pourquoi les Français apprécient-ils les restaurants orientaux?
3. Où sert-on le couscous aujourd'hui?
4. Quel cadeau peut-on apporter quand on dîne chez des Français?
5. Une fourchette et un couteau sont-ils nécessaires en Afrique du Nord?

3 **Que choisir?** Avez-vous déjà mangé dans un restaurant nord-africain? Quand? Où? Qu'avez-vous mangé? Du couscous? Si vous n'êtes jamais allé(e) dans un restaurant nord-africain, imaginez que des amis vous invitent à en essayer un. Qu'avez-vous envie de goûter? Pourquoi?

 Practice more at **vhlcentral.com**.

ressources

A C T I V I T É S

9B.1

Comparatives and superlatives of adjectives and adverbs

 Tutorial

- To compare people, things, and actions, use the following expressions with adjectives and adverbs.

plus				*more... than*
aussi	+	[adjective/adverb]	+ **que**	*as... as*
moins				*less... than*

ADJECTIVE
Simone est **plus âgée que** son mari.
Simone is older than her husband.

ADVERB
Elle parle **plus vite que** son mari.
She speaks more quickly than her husband.

ADJECTIVE
Guillaume est **moins sportif que** son père.
Guillaume is less athletic than his father.

ADVERB
Il m'écrit **moins souvent que** son père.
He writes me less often than his father.

ADJECTIVE
Nina est **aussi indépendante qu'**Anne.
Nina is as independent as Anne.

ADVERB
Elle joue au golf **aussi bien qu'**Anne.
She plays golf as well as Anne.

- Superlatives express extremes like *the most* or *the least*. The preposition **de** often follows the superlative to express *in* or *of*.

		le					
[noun]	+	**la**	+	**plus/moins**	+	[adjective]	+ **de**
		les					

NOUN DEFINITE ARTICLE COMPARATIVE
Le TGV est **le train le plus rapide du** monde.
The TGV is the fastest train in the world.

NOUN DEFINITE ARTICLE COMPARATIVE
Éva et Martine sont **(les filles) les moins réservées de la** classe.
Éva and Martine are the least reserved (girls) in class.

- The superlative construction goes before or after the noun depending on whether the adjective precedes or follows the noun. In the case of adjectives like **beau**, **bon**, **grand**, and **nouveau** that precede the nouns they modify, the superlative forms can precede or follow the nouns they modify.

SUPERLATIVE NOUN
C'est **la plus grande ville**.
It's the largest city.

NOUN SUPERLATIVE
C'est **la ville la plus grande**.
It's the largest city.

- Since adverbs are invariable, you always use **le** to form the superlative.

  M. Duval est le prof qui parle **le plus vite**.
  Mr. Duval is the professor who speaks the fastest.

  C'est Amandine qui écoute **le moins patiemment**.
  Amandine listens the least patiently.

- Some adjectives and adverbs have irregular comparative and superlative forms.

Boîte à outils

Use a disjunctive pronoun (see **Leçon 3B**) rather than a subject pronoun after **que** in comparative constructions.

Gilles est plus gentil que toi.

Carole mange plus vite que lui.

Irregular comparative and superlative adjectives

Adjective	Comparative	Superlative
bon(ne)(s) *good*	**meilleur(e)(s)** *better*	**le/la/les meilleur(e)(s)** *best*
mauvais(e)(s) *bad*	**pire(s)** *worse or* **plus mauvais(e)(s)**	**le/la/les pire(s)** *worst or* **le/la/les plus mauvais(e)(s)**

Irregular comparative and superlative adverbs

Adverb	Comparative	Superlative
bien *well*	**mieux** *better*	**le mieux** *best*

En été, les pêches sont **meilleures** que les pommes.
In the summer, peaches are better than apples.

Les frites sont **pires** pour la santé que les pâtes.
Fries are worse for your health than pasta.

Mon ami chante bien mais sa sœur chante **mieux** que lui.
My friend sings well, but his sister sings better than he does.

Les plats dans ce restaurant sont mauvais mais la soupe est **la pire**.
The food in this restaurant is bad, but the soup is the worst.

Voilà **la meilleure** boulangerie de la ville.
There's the best bakery in town.

Dans la classe, c'est Clémentine qui écrit **le mieux.**
In our class, it's Clémentine who writes the best.

- The other comparative and superlative forms of **bon** and **mauvais** (**aussi bon, (la) moins mauvaise**, etc.) are regular. This is also true of the other comparative and superlative forms of **bien** (**aussi bien, (le) moins bien**).

Essayez! **Complétez les phrases avec le comparatif ou le superlatif.**

Comparatifs

1. Les étudiants sont _moins âgés que_ (- âgés) le professeur.

2. Les plages de la Martinique sont-elles _____ (+ bonnes) les plages de la Guadeloupe?

3. Évelyne parle _____ (= poliment) Luc.

4. Les chaussettes sont _____ (- chères) les baskets.

5. Ses sœurs sont _____ (= généreux) lui.

6. La soupe est _____ (- bon) la salade.

Superlatifs

7. Quelle librairie vend les livres ___les plus intéressants___ (+ intéressants)?

8. Le jean est _____ (- élégant) de tous mes pantalons.

9. Je joue aux cartes avec ma mère. C'est elle qui joue _____ (+ bien).

10. Les fraises de son jardin sont _____ (- belles).

11. Victor et son cousin sont _____ (+ beau) garçons de l'école.

12. Mme Damier a _____ (- vieux) maison du quartier.

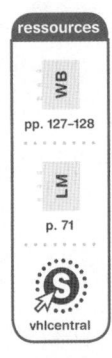

ressources

WB
pp. 127–128

LM
p. 71

vhlcentral

ESPACE STRUCTURES

Mise en pratique

1 **Oui, mais...** Deux amis comparent deux restaurants. Complétez les phrases avec **bon, bien, meilleur** ou **mieux**.

1. J'ai bien mangé au Café du marché hier.

   Oui, mais nous avons _____ mangé Chez Charles.

2. Le vin blanc au Café du marché est _____.

   Oui, mais le vin blanc de Chez Charles est meilleur.

3. Mes amis ont bien aimé le Café du marché.

   Oui, mais mes amis ont _____ mangé Chez Charles.

4. Au Café du marché, le chef prépare _____ le poulet.

   Oui, mais le chef de Chez Charles le prépare mieux.

5. Les salades au Café du marché sont bonnes.

   Oui, mais elles sont _____ Chez Charles.

6. Tout est bon au Café du marché!

   Tout est _____ Chez Charles!

2 **Un nouveau quartier** Vous venez d'emménager. Assemblez les éléments des trois colonnes pour poser des questions sur le quartier à un(e) voisin(e).

MODÈLE

Est-ce que le jambon est moins cher au supermarché ou à la charcuterie?

A	B	C
pain	boucherie	aussi
fruits de mer	boulangerie	meilleur(e)
faire les courses	charcuterie	mieux
dîner	pâtisserie	moins
aller	poissonnerie	pire
acheter	voisins	plus
desserts	quartier	
jambon	supermarché	

3 **Aujourd'hui et autrefois** Avec un(e) partenaire, comparez la vie domestique d'aujourd'hui et d'autrefois. Utilisez les adjectifs de la liste à tour de rôle. Ensuite, présentez vos opinions à la classe.

MODÈLE

Aujourd'hui, les tâches ménagères sont moins difficiles.

bon	difficile	mauvais	poli
compliqué	grand	naturel	rapide
curieux	indépendant	occupé	sophistiqué

1. les congélateurs
2. la nourriture
3. les femmes
4. les commerçants
5. les voyages
6. les voitures
7. les enfants
8. la vie

Practice more at **vhlcentral.com**.

Communication

4 **Trouvez quelqu'un** Votre professeur va vous donner une feuille d'activités. Circulez dans la classe pour trouver des camarades différents qui correspondent aux phrases.

Étudiant(e) 1: *Quel âge as-tu?*
Étudiant(e) 2: *J'ai dix-neuf ans.*
Étudiant(e) 3: *Alors tu es plus jeune que moi.*

Trouvez dans la classe quelqu'un qui...	*Nom*
1. ... est plus jeune que vous.	Myriam
2. ... habite plus loin de la fac que vous.	
3. ... prend l'avion aussi souvent que vous.	
4. ... fait moins de gym que vous.	

5 **Comparaisons** Par groupes de trois, comparez les sujets présentés. Utilisez des comparatifs et des superlatifs.

MODÈLE

Étudiant(e) 1: *Les vacances à la mer sont plus amusantes que les vacances à la montagne.*

Étudiant(e) 2: *Moi, je pense que les vacances à la montagne sont plus intéressantes.*

Étudiant(e) 3: *D'accord, mais les vacances à l'étranger sont les plus amusantes.*

1.   2.   3.   4.

6 **À mon avis** À tour de rôle avec un(e) partenaire, comparez ces personnes et ces choses en utilisant des comparatifs.

1. New York / Chicago
2. Ryan Reynolds / Leonardo DiCaprio
3. George W. Bush / Barack Obama
4. Tom Brady / DeMarco Murray

5. Rihanna / Katy Perry
6. le cours de français / le cours d'anglais
7. la vie à la campagne / la vie en ville
8. *Modern Family / The Big Bang Theory*

7 **Comparaisons** À tour de rôle avec un(e) partenaire, parlez de votre famille et de vos amis. Utilisez des comparatifs et des superlatifs dans vos descriptions.

Ma sœur Amy est plus sérieuse que moi, mais mon frère Thomas est la personne la plus sérieuse de ma famille.

ESPACE STRUCTURES

Double object pronouns  Tutorial

Point de départ In **Leçon 6B** and **Leçon 7A**, respectively, you learned to use indirect and direct object pronouns. Now you will learn to use these pronouns together.

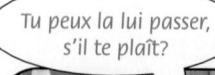

| DIRECT OBJECT | INDIRECT OBJECT | | DIRECT OBJECT PRONOUN | INDIRECT OBJECT PRONOUN |

J'ai rendu **le menu** à **la serveuse**.
I gave the menu back to the waitress.

▶ Je **le lui** ai rendu.
I gave it back to her.

> Tu peux la lui passer, s'il te plaît?

> Une deuxième tranche? Je te la sers.

- Use this sequence when a sentence contains both a direct and an indirect object pronoun.

me		le			
te	*before*	la	*before*	lui	+ [verb]
nous		l'		leur	
vous		les			

Gérard m'envoie les messages de Christiane.
Il **me les** envoie tous les jours.
Gérard sends me Christiane's messages.
He sends them to me every day.

Je lui envoie aussi les messages de Laurent.
Je **les lui** envoie tous les week-ends.
I send him Laurent's messages, too.
I send them to him every weekend.

Le chef nous prépare son meilleur plat.
Les serveurs **nous l'**apportent.
The chef prepares his best dish for us.
The waiters bring it to us.

Nous avons laissé le pourboire des serveurs sur la table. Nous **le leur** avons laissé quand nous sommes partis.
We left a tip for the waiters on the table.
We left it for them when we left.

- In an infinitive construction, the double object pronouns come after the conjugated verb and precede the infinitive, just like single object pronouns.

Mes notes de français? Je vais
vous les prêter.
*My French notes? I'm going to
lend them to you.*

Carole veut lire mon poème?
Je vais **le lui** montrer.
*Carole wants to read my poem?
I'm going to show it to her.*

- In the **passé composé** the double object pronouns precede the auxiliary verb, just like single object pronouns. The past participle agrees with the preceding direct object.

Rémi a-t-il acheté ces fleurs pour sa mère?
Did Rémi buy those flowers for his mother?

Oui, il **les lui** a **achetées**.
Yes, he bought them for her.

Vous m'avez donné la plus grande chambre?
Did you give me the biggest room?

Oui, nous **vous** l'avons **donnée**.
Yes, we gave it to you.

- In affirmative commands, the verb is followed by the direct object pronoun and then the indirect object pronoun, with hyphens in between. Remember to use **moi** and **toi** instead of **me** and **te**.

Vous avez trois voitures?
Montrez-**les-moi**.
*You have three cars?
Show them to me.*

Tu connais la réponse à la
question du prof? Dis-**la-nous**.
*You know the answer to the
professor's question? Tell it to us.*

Voici le livre. Donne-**le-leur**.
Here's the book. Give it to them.

Ce poème? Traduisons-**le-lui**.
This poem? Let's translate it for her.

Boîte à outils

In negative commands, object pronouns come before the verb. The direct object pronoun precedes the indirect object pronoun.

Tu veux vendre la montre à ta cousine? Ne la lui vends pas!

Essayez! — Utilisez deux pronoms pour refaire ces phrases.

1. Le prof vous donne les résultats des examens. _____*Le prof vous les donne.*_____
2. Tes parents t'achètent le billet. _____
3. Qui t'a donné cette belle lampe bleue? _____
4. Il nous a réservé les chambres. _____
5. Pose-moi tes questions. _____
6. Explique-leur le problème de maths. _____
7. Peux-tu me montrer les photos? _____
8. Tu préfères lui prêter ton dictionnaire? _____
9. Dites-moi la vérité (*truth*)! _____
10. Nous n'avons pas apporté les couteaux à Paul. _____

ressources

WB
pp. 129–130

LM
p. 72

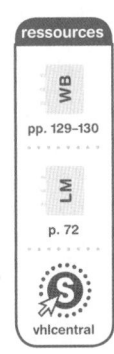
vhlcentral

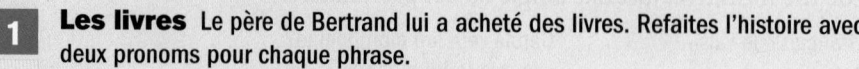

Mise en pratique

1 **Les livres** Le père de Bertrand lui a acheté des livres. Refaites l'histoire avec deux pronoms pour chaque phrase.

1. Papa a acheté ces *livres à Bertrand*.
2. Il a lu *les livres à ses petits frères*.
3. Maintenant, ses frères veulent lire *les livres à leur père*.
4. Bertrand donne *les livres à ses petits frères*.
5. Les garçons montrent *les livres à leur père*.
6. Leur père préfère donner *sa place à leur mère*.
7. Les enfants lisent *les livres à leur mère*.
8. «Maintenant, lisez *les livres à votre père*», dit-elle.

2 **Comment?** Un groupe d'amis parle de l'anniversaire de Claudette. Antoine n'entend pas très bien. Il répète tout ce que les gens disent. Utilisez des pronoms pour écrire ses questions.

MODÈLE

Je veux donner cette chemise noire à Claudette.
Tu veux la lui donner?

1. Son père a acheté la petite voiture bleue à Claudette.
2. Nous envoyons les invitations aux amis.
3. Le prof a donné la meilleure note à Claudette le jour de son anniversaire.
4. Je vais prêter mon tailleur à Claudette vendredi soir.
5. Est-ce que vous voulez me lire l'invitation?
6. Nous n'avons pas envoyé la carte au professeur.
7. Gilbert et Arthur vont nous apporter le gâteau.
8. Sa mère va payer le restaurant à sa fille.

3 **De quoi parle-t-on?** Avec un(e) partenaire, imaginez les questions qui ont donné ces réponses. Ensuite, présentez vos questions à la classe.

MODÈLE

Il veut le lui vendre.
Il veut vendre son vélo à son camarade?

1. Marc va la lui donner.
2. Nous te l'avons envoyée hier.
3. Elle te les a achetés la semaine dernière.
4. Tu me les prêtes souvent.
5. Micheline ne va pas vous les prendre.
6. Tu ne nous les as pas prises.
7. Rendez-les-moi!
8. Ne le lui disons pas!
9. Vous n'allez pas le leur apporter.

Practice more at **vhlcentral.com**.

Communication

4 **Qui vous aide?** Avec un(e) partenaire, posez des questions avec les mots interrogatifs **qui** et **quand**. Vous pouvez choisir le présent, le passé composé ou l'imparfait. Répondez aux questions avec deux pronoms.

MODÈLE prêter sa voiture

Étudiant(e) 1: *Qui te prête sa voiture?*
Étudiant(e) 2: *Ma mère me la prête.*
Étudiant(e) 1: *Quand est-ce qu'elle te la prête?*
Étudiant(e) 2: *Elle me la prête le vendredi.*

faire le lit	faire la cuisine
prêter ses livres	nettoyer la chambre
payer l'université	laver les vêtements

5 **Une entrevue** Avec un(e) partenaire, répondez aux questions sur votre enfance. Utilisez deux pronoms dans vos réponses.

1. Est-ce que tes parents te montraient les films de Disney quand tu étais petit(e)?

2. Est-ce que tu vas montrer les films de Disney à tes enfants un jour?

3. Est-ce que quelqu'un te parlait français quand tu étais petit(e)?

4. Qui t'a acheté ton premier vélo?

5. Qui te faisait à dîner quand tu étais petit(e)?

6. Qui te préparait le petit-déjeuner le matin?

7. Qui t'achetait tes vêtements quand tu étais petit(e)?

8. Est-ce que quelqu'un vous lisait les livres du Dr. Seuss à toi et à tes frères et sœurs?

6 **Au marché** Avec un(e) partenaire, préparez deux dialogues basés sur deux des photos. À tour de rôle, jouez le/la client(e) et le/la marchand(e). Utilisez le vocabulaire et deux pronoms si possible dans les dialogues.

commander	une entrée	une tarte
être au régime	un plat	une saucisse
cuisiner	du poulet	des croissants
les fruits de mer	un steak	du porc

Révision

1 **Fais les courses pour moi** Vous n'avez pas le temps d'aller dans tous ces magasins. Choisissez un magasin. Puis, par groupes de quatre, trouvez des camarades qui vont dans d'autres magasins. À tour de rôle, demandez-leur de faire des courses pour vous. Utilisez des pronoms doubles dans vos réponses.

MODÈLE

Étudiant(e) 1: *J'ai besoin de deux filets de poissons. Tu peux me les prendre à la poissonnerie?*
Étudiant(e) 2: *Pas de problème. Et moi, j'ai besoin de...*

un camembert	six croissants
deux bouteilles de lait	une tarte aux pêches
deux filets de poissons	des tomates
douze œufs	une tranche de jambon
quatre côtes (*chops*) de porc	trois baguettes

BOUCHERIE · BOULANGERIE · CHARCUTERIE · POISSONNERIE · PÂTISSERIE

2 **Je les leur commande** Vous êtes au restaurant. Avec un(e) partenaire, choisissez le meilleur plat pour chaque membre de votre famille. Employez des comparatifs, des superlatifs et des pronoms doubles dans vos réponses.

MODÈLE

Étudiant(e) 1: *Et le poulet?*
Étudiant(e) 2: *Mon père mange du poulet plus souvent que ma mère. Je vais le lui commander.*

Assiette de fruits de mer	Petits pois et carottes
Bœuf avec une sauce au vin	Pizza aux quatre fromages
Hamburger et frites	Sandwich au thon
Pêches à la crème	Tarte aux pommes

3 **Mes plats préférés** Par groupes de trois, interviewez vos camarades. Quels sont les plats qu'ils aiment le mieux? Quand les ont-ils mangés la dernière fois? Choisissez vos trois plats préférés, puis comparez-les avec les plats de vos camarades. Employez des comparatifs, des superlatifs et le passé récent.

4 **Le week-end dernier** Préparez deux listes par écrit, une pour les choses que vous avez pu faire le week-end dernier et une pour les choses que vous n'avez pas pu faire. Ensuite, avec un(e) partenaire, comparez vos listes et expliquez vos réponses. Employez les verbes **devoir**, **vouloir** et **pouvoir** au passé composé et, si possible, les pronoms doubles.

MODÈLE

Étudiant(e) 1: *J'ai voulu envoyer un e-mail à ma cousine.*
Étudiant(e) 2: *Est-ce que tu as pu le lui envoyer?*

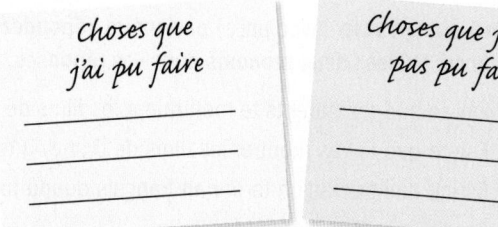

Choses que j'ai pu faire

Choses que je n'ai pas pu faire

5 **C'est mieux** Par groupes de trois, donnez votre opinion sur ces sujets. Pour chaque sujet, comparez les deux options. Soyez prêts à présenter les résultats de vos discussions à la classe.

MODÈLE apporter des fleurs ou du vin à un dîner

Étudiant(e) 1: *C'est plus sympa d'apporter des fleurs à un dîner.*
Étudiant(e) 2: *Oui, on peut les mettre sur la table. Elles sont plus jolies qu'une bouteille de vin.*
Étudiant(e) 3: *Peut-être, mais le vin est un cadeau plus généreux.*

- commencer ou finir un régime
- faire les courses ou faire la cuisine
- manger ou faire la cuisine

6 **Six différences** Votre professeur va vous donner, à vous et à votre partenaire, deux feuilles d'activités différentes. Comparez les deux familles pour trouver les six différences. Attention! Ne regardez pas la feuille de votre partenaire.

MODÈLE

Étudiant(e) 1: *Fatiha est aussi grande que Samira.*
Étudiant(e) 2: *Non, Fatiha est moins grande que Samira.*

À l'écoute

STRATÉGIE

Jotting down notes as you listen

Jotting down notes while you listen to a conversation in French can help you keep track of the important points or details. It will help you to focus actively on comprehension rather than on remembering what you have heard.

 To practice this strategy, you will listen to a paragraph. Jot down the main points you hear.

Préparation

Regardez la photo et décrivez la scène. Où sont ces hommes? Que font-ils? Qui sont-ils, à votre avis? Qu'y a-t-il dans la poêle (*frying pan*)? À votre avis, que préparent-ils?

À vous d'écouter

Écoutez les instructions pour préparer une salade niçoise et notez les ingrédients nécessaires.

Pour la salade

_____   _____

_____   _____

_____   _____

Pour la vinaigrette (*dressing*)

_____   _____

_____   _____

_____   _____

Compréhension

Le bon ordre Mettez ces instructions simplifiées dans le bon ordre, d'après la recette de la salade niçoise.

_____ a. Mélanger (*Mix*) le vinaigre, l'huile d'olive, la moutarde et l'ail pour faire la vinaigrette.

_____ b. Mettre le thon et les olives sur la salade.

_____ c. Couper (*Cut*) les œufs et les mettre dans la salade.

_____ d. Faire cuire (*Cook*) les pommes de terre, les haricots verts et les œufs.

_____ e. Mettre les morceaux de tomates et de poivron sur la salade.

_____ f. Laver (*Wash*) la salade et la mettre dans une grande assiette.

_____ g. Mettre les haricots verts et les pommes de terre sur la salade.

_____ h. Mettre la vinaigrette sur la salade et servir.

Votre recette préférée Quel est votre plat ou dessert favori? Donnez la liste des ingrédients qu'il faut pour le préparer, puis expliquez à un groupe de camarades comment le préparer. Ne leur donnez pas le nom du plat. Ils vont prendre des notes et essayer de le deviner (*to guess*). Ensuite, changez de rôles.

SAVOIR-FAIRE

Panorama

un moulin° en Bretagne

les falaises° d'Étretat

La Normandie

La région en chiffres

▶ **Superficie:** *29.906 km²*

▶ **Population:** *3.328.364*

▶ **Industries principales:** *élevage bovin°, énergie*

▶ **Villes principales:** *Caen, Le Havre, Rouen*

Personnages célèbres

▶ **Christian Dior,** *couturier° (1905–1957)*

La Bretagne

La région en chiffres

▶ **Superficie:** *27.208 km²*

▶ **Population:** *3.237.097*

▶ **Industries principales:** *agriculture, pêche°*

▶ **Villes principales:** *Brest, Quimper, Rennes*

Personnages célèbres

▶ **Anne de Bretagne,** *reine° de France (1477–1514)*

Les Hauts-de-France

La région en chiffres

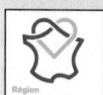

▶ **Superficie:** *31.813 km²*

▶ **Population:** *6.006.156*

▶ **Industries principales:** *agro-alimentaire, chimie*

▶ **Villes principales:** *Lille, Arras, Amiens*

Personnages célèbres

▶ **Dany Boon,** *acteur (1966–)*

élevage bovin *raising cattle* **couturier** *fashion designer* **pêche** *fishing* **reine** *queen* **agro-alimentaire** *food processing* **chef-d'œuvre** *masterpiece* **restaurée** *restored* **falaises** *cliffs* **moulin** *mill*

LE ROYAUME-UNI

LA FRANCE

LA MANCHE

Dunkerque
Calais
Boulogne-sur-Mer
Lille
Arras
HAUTS-DE-FRANCE
la Somme
Amiens
Dieppe
Compiègne
l'Oise
l'Ai
Cherbourg
Le Havre
la Seine
Rouen
Deauville
Caen
NORMANDIE
Évreux
l'Orne
Brest
St-Brieuc
Le Mont-St-Michel
Alençon
l'Aulne
Quimper
BRETAGNE
Rennes
Lorient
Vannes
la Vilaine

Belle Île en Mer

L'OCÉAN ATLANTIQUE

le Vieux Lille

0 ___ 50 miles
0 ___ 50 kilomètres

Incroyable mais vrai!

La Région Hauts-de-France est la terre des cathédrales. La cathédrale d'Amiens, construite entre 1220 et 1269 et considérée un chef-d'œuvre° du style gothique, est la plus vaste de France. Elle est deux fois plus grande que Notre-Dame de Paris! La cathédrale a été restaurée° au dix-neuvième siècle par l'architecte Eugène Viollet-le-Duc.

La gastronomie
Les crêpes bretonnes et le camembert normand

Les crêpes sont une des spécialités culinaires de Bretagne; en Normandie, c'est le camembert. Les crêpes sont appréciées sucrées, salées°, flambées... Dans les crêperies°, le menu est complètement composé de crêpes! Le camembert normand est un des grands symboles gastronomiques de la France. Il est vendu° dans la fameuse boîte en bois ronde° pour une bonne conservation.

Les traditions
Les géants° du Nord

D'origine médiévale, les géants sont des mannequins gigantesques portés° par une ou plusieurs personnes pendant les fêtes et les célébrations locales du Nord de la France. Fortement liés° à l'identité d'une ville, d'un quartier ou d'une association, ils représentent des héros historiques ou légendaires, des personnages locaux, des métiers ou des animaux. Chaque géant a sa vie: il naît, il se marie, il a des enfants. Et cette vie de citoyen° modèle sert d'exemple à sa communauté.

Les monuments
Les menhirs et les dolmens

À Carnac, en Bretagne, il y a 3.000 (trois mille) menhirs et dolmens. Les menhirs sont d'énormes pierres° verticales. Alignés ou en cercle, ils ont une fonction rituelle associée au culte de la fécondité ou du soleil°. Les plus

anciens° datent de 4.500 (quatre mille cinq cents) ans avant J.-C.° Les dolmens servent de° sépultures° collectives et sont peut-être utilisés dans des rites funéraires de passage de la vie° à la mort°.

Les destinations
Deauville: station balnéaire de réputation internationale

Deauville, en Normandie, est une station balnéaire° de luxe et un centre de thalassothérapie°. La ville est célèbre pour sa marina, ses courses hippiques°, son casino, ses grands hôtels et son festival du film américain. La clientèle internationale apprécie beaucoup la plage°, le polo et le golf. L'hôtel le Royal Barrière est un palace° du début° du vingtième° siècle.

Compréhension Complétez ces phrases.

1. _____ est un couturier normand.
2. La cathédrale d' _____ est la plus vaste de France.
3. _____ sont une spécialité bretonne.
4. Dans _____, on mange uniquement des crêpes.
5. _____ est vendu dans une boîte en bois ronde.
6. Les géants du Nord sont d'origine _____ .
7. La vie de citoyen modèle des géants sert d'exemple à _____.
8. Les menhirs ont une fonction _____.
9. Les dolmens servent de _____.
10. Deauville est une _____ de luxe.

Sur Internet

Go to **vhlcentral.com** to find more cultural information related to this **Panorama**.

1. Quelles sont quelques caractéristiques architecturales de la cathédrale d'Amiens?
2. Cherchez des informations sur les géants de la ville d'Arras. Comment s'appellent-ils? Dans quelles années sont-ils nés?

ressources

WB pp. 131–132 · vhlcentral

salées *savory* **crêperies** *crêpe restaurants* **vendu** *sold*
boîte en bois ronde *round, wooden box* **géants** *giants*
portés *carried* **liés** *linked* **citoyen** *citizen* **pierres** *stones*
soleil *sun* **Les plus anciens** *The oldest* **avant J.-C.** *B.C.*
servent de *serve as* **sépultures** *graves* **vie** *life*
mort *death* **station balnéaire** *seaside resort*
thalassothérapie *seawater therapy* **courses hippiques**
horse races **plage** *beach* **palace** *luxury hotel*
début *beginning* **vingtième** *twentieth*

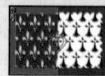 Interactive Map

Panorama

Les Pays de la Loire

La région en chiffres

- **Superficie:** *32.082 km²*
- **Population:** *3.689.465*
  SOURCE: INSEE
- **Industries principales:** *aéronautique, agriculture, informatique, tourisme*
- **Villes principales:** *Angers, Laval, Le Mans, Nantes, Saint Nazaire*

Personnages célèbres

- **Claire Bretécher,** *dessinatrice de bandes dessinées (1940–)*
- **Léon Bollée,** *inventeur d'automobiles (1870–1913)*
- **Jules Verne,** *écrivain° (1828–1905)*

Le Centre-Val de Loire

La région en chiffres

- **Superficie:** *39.152 km²*
- **Population:** *2.556.835*
- **Industrie principale:** *tourisme*
- **Villes principales:** *Bourges, Chartres, Orléans, Tours, Vierzon*

Personnages célèbres

- **Honoré de Balzac,** *écrivain (1799–1850)*
- **George Sand,** *écrivaine (1804–1876)*
- **Gérard Depardieu,** *acteur (1948–)*

écrivain *writer* **Construit** *Constructed* **siècle** *century* **chaque** *each*
logis *living area* **hélice** *helix* **même** *same* **ne se croisent jamais** *never cross*
pèlerinage *pilgrimage* **course** *race*

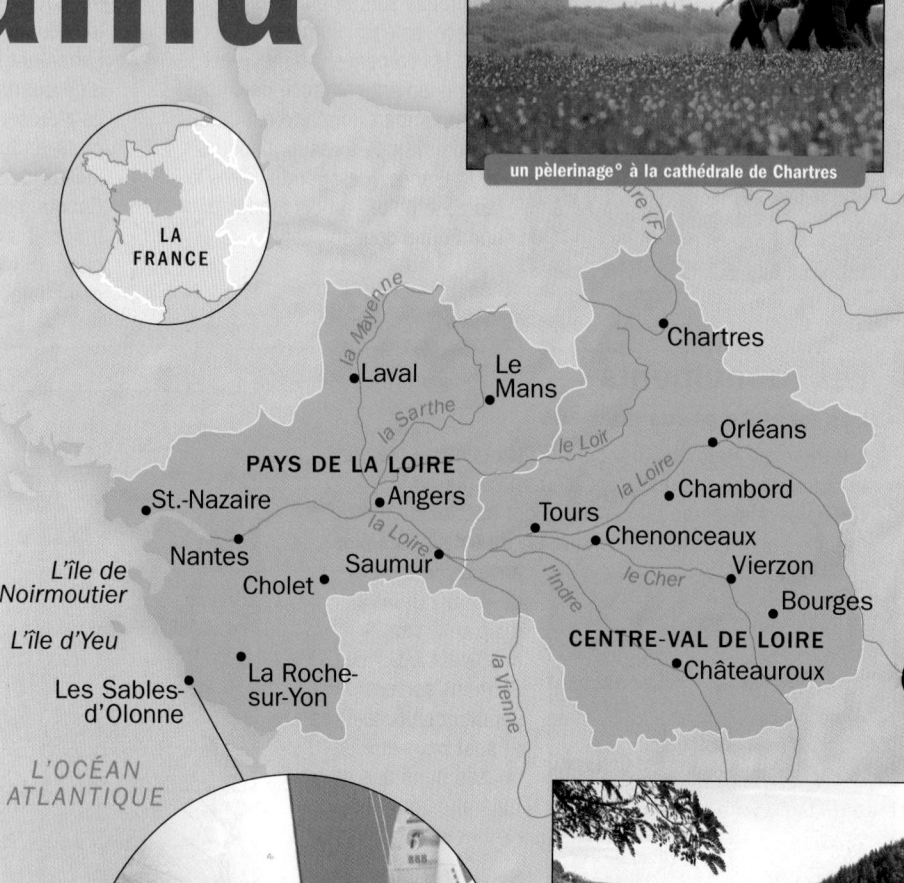

un pèlerinage° à la cathédrale de Chartres

LA FRANCE

Chartres
Laval
Le Mans
Orléans
PAYS DE LA LOIRE
la Sarthe
le Loir
la Mayenne
la Loire (F.)
St.-Nazaire
Angers
Chambord
la Loire
Tours
Chenonceaux
Nantes
Saumur
Vierzon
L'île de Noirmoutier
Cholet
le Cher
Bourges
L'île d'Yeu
CENTRE-VAL DE LOIRE
l'Indre
La Roche-sur-Yon
Châteauroux
Les Sables-d'Olonne
la Vienne

L'OCÉAN ATLANTIQUE

le Vendée Globe, course° nautique

la Loire

```
0          50 miles
0          50 kilomètres
```

Incroyable mais vrai!

Construit° au XVIᵉ (seizième) siècle°, l'architecture du château de Chambord est influencée par Léonard de Vinci. Le château a 440 pièces, 84 escaliers et 365 cheminées (une pour chaque° jour de l'année). Le logis° central a deux escaliers en forme de double hélice°. Les escaliers vont dans la même° direction, mais ne se croisent jamais°.

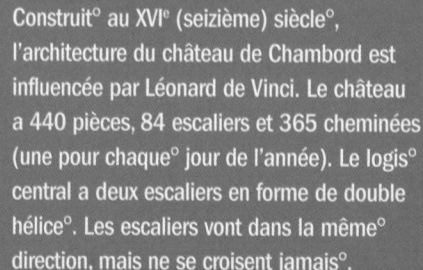

Les monuments

La vallée des rois

La vallée de la Loire, avec ses châteaux, est appelée la vallée des rois°. C'est au XVIe (seizième) siècle° que les Valois° quittent Paris pour habiter dans la région, où ils construisent° de nombreux° châteaux de style Renaissance. François Ier inaugure le siècle des «rois voyageurs»: ceux° qui vont d'un château à l'autre avec leur cour° et toutes leurs possessions. Chenonceau, Chambord et Amboise sont aujourd'hui les châteaux les plus° visités.

Les festivals

Le Printemps de Bourges

Le Printemps de Bourges est un festival de musique qui a lieu° chaque année, en avril. Pendant° une semaine, tous les styles de musique sont représentés: variété française, musiques du monde°, rock, musique électronique, reggae, hip-hop, etc... Il y a des dizaines° de spectacles, de nombreux artistes, des milliers de spectateurs et des noms légendaires comme Serge Gainsbourg, Yves Montand, Ray Charles et Johnny Clegg.

Les sports

Les 24 heures du Mans

Les 24 heures du Mans, c'est la course° d'endurance automobile la plus célèbre° du monde. Depuis° 1923, de prestigieuses marques° y° participent. C'est sur ce circuit de 13,6 km que Ferrari gagne neuf victoires et que Porsche détient° le record de 16 victoires avec une vitesse moyenne° de 222 km/h sur 5.335 km. Il existe aussi les 24 heures du Mans moto°.

Les destinations

La route des vins

La vallée de la Loire est réputée pour ses vignobles°, en particulier pour ses vins blancs, qui constituent environ° 75% (pour cent) de la production. La vigne est cultivée dans la vallée depuis l'an 380. Aujourd'hui, les vignerons° de la région produisent 400 millions de bouteilles par an. Pour apprécier le vin, il est nécessaire de l'observer°, de le sentir, de le goûter° et de le déguster°. C'est tout un art!

Qu'est-ce que vous avez appris? Répondez aux questions par des phrases complètes.

1. Quel événement peut-on voir aux Sables d'Olonne?
2. Au seizième siècle, qui influence le style de construction de Chambord?
3. Combien de cheminées y a-t-il à Chambord?
4. De quel style sont les châteaux de la Loire?
5. Pourquoi les Valois sont-ils «les rois voyageurs»?
6. Combien de spectateurs vont au Printemps de Bourges chaque année?
7. Qu'est-ce que les 24 heures du Mans?
8. Quel autre type de course existe-t-il au Mans?
9. Quels vins sont produits dans la vallée de la Loire?
10. Combien de bouteilles y sont produites chaque année?

ressources

WB pp. 133–134 vhlcentral

Sur Internet

Go to **vhlcentral.com** to find more cultural information related to this **Panorama**.

1. Trouvez des informations sur le Vendée Globe. Quel est l'itinéraire de la course? Combien de bateaux (*boats*) y participent chaque année?

2. Qui étaient (*were*) les artistes invités au dernier Printemps de Bourges? En connaissez-vous quelques-uns? (*Do you know some of them?*)

ois *kings* **siècle** *century* **les Valois** *name of a royal dynasty* **construisent** *build* **de nombreux** *numerous* **ceux** *those* **cour** *court* **les plus** *the most* **a lieu** *takes place* **dizaines** *dozens* **milliers** *thousands* **course** *race* **célèbre** *famous* **Depuis** *Since* **marques** *brands* **y** *there* **détient** *holds* **vitesse moyenne** *average speed* **moto** *motorcycle* **vignobles** *vineyards* **environ** *around* **vignerons** *winegrowers* **l'observer** *observe it* **le goûter** *taste it* **le déguster** *savor it*

Lecture

 Audio: Reading

Avant la lecture

Examinez le texte

Dans cette lecture, il y a deux textes différents. Regardez ces textes rapidement. Leur format est-il similaire ou différent? Quelles stratégies vont être utiles pour identifier le genre de ces textes, d'après vous? Comparez vos idées avec un(e) camarade.

Comparez les deux textes

Premier texte

Analysez le format du texte. Y a-t-il un titre? Des sous-titres? Plusieurs sections? Comment ce texte est-il organisé? Regardez rapidement le contenu (*content*) du texte. Quel genre de vocabulaire trouvez-vous dans ce texte? D'après vous, qu'est-ce que c'est?

Deuxième texte

Ce texte est-il organisé comme (*like*) le premier texte? Y a-t-il un titre, des sous-titres et plusieurs parties? Y a-t-il des informations similaires aux informations données dans le premier texte? Lesquelles? (*Which ones?*) Le vocabulaire est-il similaire au vocabulaire du premier texte? D'après vous, quel genre de texte est le deuxième texte? Les deux textes parlent-ils du même restaurant?

Chez Michel

12, rue° des Oliviers • 75006 Paris

Tél. 01.42.56.78.90

Ouvert° tous les soirs, de 19h00 à 23h30

Menu à 18 euros • Service compris

Entrée (au choix°)

Assiette de charcuterie

Escargots (1/2 douzaine°)

Salade de tomates au thon

Pâté de campagne

Soupe de légumes

Plat principal (au choix)

Poulet rôti° haricots verts

Steak au poivre pommes de terre

Thon à la moutarde (riz ou légumes au choix)

Bœuf aux carottes et aux champignons

Pâtes aux fruits de mer

Salade verte et plateau de fromages°

Dessert (au choix)

Tarte aux pommes

Tarte aux poires

Fruits de saison

Fraises à la crème Chantilly

Sorbet aux pêches

Gâteau au chocolat

Crème brûlée

Profiteroles au chocolat

À essayer: L'Huile d'Olive

Un nouveau restaurant provençal dans le quartier de Montmartre

L'Huile d'Olive
14, rue Molière
75018 Paris
01.44.53.76.35

*Ouvert tous les jours sauf° le lundi
Le midi, de 12h00 à 14h30, Menu à 12 euros
et Plat du jour
Le soir, de 19h00 à 23h00, Menus à 15 et 20
euros, Carte*

De l'extérieur, L'Huile d'Olive est un restaurant aux murs gris, dans une petite rue triste du quartier de Montmartre. Mais à l'intérieur, tout change. C'est la Provence, avec tout son soleil et toute sa beauté. Les propriétaires, Monsieur et Madame Duchesnes, ont transformé ce vieux restaurant qui est maintenant entièrement décoré dans le style provençal, en bleu et jaune. Dans ce nouveau restaurant très sympathique, les propriétaires vous proposent des plats provençaux traditionnels préparés avec soin°. Comme entrée, je vous recommande la salade de tomates à l'ail ou le carpaccio de thon à l'huile d'olive. Comme plat principal, commandez la daube° provençale, si vous aimez le bœuf, ou le poulet au pastis°. Le plateau de fruits de mer est un excellent choix pour les amoureux du poisson. Comme légumes, essayez les pommes de terre au romarin° ou les petits pois aux oignons. Pour les végétariens, Madame Duchesnes propose des pâtes aux légumes avec une sauce à la crème délicieuse ou bien une ratatouille° de légumes fantastique. À la fin° du repas, commandez le fromage de chèvre° ou si vous préférez les desserts, goûtez la tarte poires-chocolat.

À L'Huile d'Olive, tout est délicieux et le service est impeccable. Alors, n'hésitez pas! Allez à L'Huile d'Olive pour goûter la Provence! ***

Après la lecture

Vrai ou faux? Indiquez si les phrases au sujet du premier texte sont **vraies** ou **fausses**. Corrigez les phrases fausses.

1. On peut déjeuner au restaurant Chez Michel.

   _____

2. Il n'y a pas de poisson dans les entrées.

   _____

3. Comme plat principal, il y a trois viandes.

   _____

4. Le poulet rôti est accompagné de légumes.

   _____

5. Il y a trois plats principaux avec du bœuf.

   _____

6. On ne peut pas commander de fromage ou de dessert.

   _____

Commandez Suggérez une entrée, un plat et un dessert pour ces personnes qui vont dîner au restaurant Chez Michel.

1. Madame Lonier est au régime et elle n'aime pas la viande.

2. Monsieur Sanchez est végétarien. Il n'aime pas le thon. Il adore les légumes, mais il ne mange jamais de fruits.

3. Madame Petit a envie de manger de la viande, mais elle n'aime pas beaucoup le bœuf. Elle n'aime ni (*neither*) les gâteaux ni (*nor*) les tartes.

4. Et vous, qu'est-ce que vous avez envie de goûter au restaurant Chez Michel? Pourquoi?

Répondez Répondez aux questions par des phrases complètes, d'après le deuxième texte.

1. Comment s'appelle le restaurant?

2. Combien coûtent les menus du soir?

3. Quel est le style de cuisine du restaurant?

4. Quelles viandes le critique (*critic*) recommande-t-il?

5. Comment Madame Duchesnes prépare-t-elle les pâtes?

6. Le critique a-t-il aimé ce restaurant? Justifiez votre réponse.

À vous Vous et votre partenaire allez sortir manger dans un de ces restaurants. Décidez quel restaurant vous préférez. Est-ce que vous allez déjeuner ou dîner? Combien d'argent allez-vous dépenser? Qu'est-ce que vous allez commander?

---

rue *street* **Ouvert** *Open* **choix** *choice* **douzaine** *dozen* **rôti** *roast* **plateau de fromages** *cheeseboard* **sauf** *except* **soin** *care* **daube** *beef stew* **pastis** *anise liquor* **romarin** *rosemary* **ratatouille** *vegetable stew* **fin** *end* **chèvre** *goat*

Écriture

Expressing and supporting opinions

Written reviews are one of the many kinds of writing that require you to state your opinions. In order to convince your reader to take your opinions seriously, it is important to support them as thoroughly as possible, using facts, examples, and other forms of evidence. In a restaurant review, for example, it is not enough just to rate the food, service, and atmosphere. Readers will want details about the dishes you ordered, the kind of service you received, and the type of atmosphere you encountered. If you were writing a concert or album review, what kinds of details might your readers expect to find?

It is easier to include details that support your opinions if you plan ahead. Before going to a place or event that you are planning to review, write a list of questions that your readers might ask. Decide which aspects of the experience you are going to rate, and list the details that will help you decide upon a rating. You can then organize these lists into a questionnaire and a rating sheet. Bring these forms with you to remind you of the kinds of information you need to gather in order to support your opinions. Later, these forms will help you organize your review into logical categories. They can also provide the details and other evidence you need to convince your readers of your opinions.

Thème

Écrire une critique

Avant l'écriture

1. Vous allez écrire la critique d'un restaurant de votre ville pour le journal de l'université. Avant de l'écrire, vous allez d'abord créer un questionnaire et une feuille d'évaluation (*rating*) pour vous faire (*to form*) une opinion. Ces éléments vont aussi vous servir pour l'écriture de votre critique.

2. Travaillez avec un(e) partenaire pour créer le questionnaire. Vous pouvez utiliser ces questions ou en inventer (*invent some*) d'autres. Incluez les quatre catégories indiquées.

- **Cuisine** Quel(s) type(s) de plat(s) y a-t-il au menu? Le restaurant a-t-il une spécialité? Citez quelques plats typiques (entrées et plats principaux) que vous avez goûtés et indiquez les ingrédients utilisés dans ces plats.

- **Service** Comment est le service? Les serveurs sont-ils gentils et polis? Sont-ils lents ou rapides à apporter la carte, les boissons et les plats?

- **Ambiance** Comment est le restaurant? Est-il beau? Grand? Bien décoré? Est-ce un restaurant simple ou élégant? Y a-t-il une terrasse? Un bar? Des musiciens?

- **Informations pratiques** Quel est le prix moyen d'un repas dans ce restaurant (au déjeuner et/ou au dîner)? Où est le restaurant? Quelle est son adresse et comment y (*there*) va-t-on de l'université? Quels sont le numéro de téléphone du restaurant et ses heures d'ouverture (*operating hours*)?

3. Après avoir écrit le questionnaire, utilisez les quatre catégories et la liste de questions pour créer une feuille d'évaluation. Un restaurant reçoit (*gets*) trois étoiles (*stars*) s'il est très bon et ne reçoit pas d'étoile s'il est mauvais.

4. Après avoir créé la feuille d'évaluation, utilisez-la pour évaluer un restaurant que vous connaissez. Si (*If*) vous le connaissez bien, peut-être n'est-il pas nécessaire d'aller y (*there*) manger pour compléter la feuille. Si vous ne le connaissez pas bien, vous devez aller l'essayer. Utilisez des comparatifs et des superlatifs quand vous écrivez vos commentaires et vos opinions.

> *Nom du restaurant:*
> *Nombre d'étoiles:*
>
> *1. Cuisine*
>
> *Type:*
> *Ingrédients:*
> *Qualité:*
> *Meilleur plat:*
> *Pire plat:*
> *Informations sur le chef:*

Écriture

Utilisez la feuille d'évaluation que vous avez complétée pour écrire votre critique culinaire. Écrivez six brefs paragraphes:

1. une introduction pour indiquer votre opinion générale du restaurant et le nombre d'étoiles qu'il a reçu (*got*)

2. une description de la carte

3. une description du service

4. une description de l'ambiance (*atmosphere*)

5. un paragraphe pour donner les informations pratiques

6. une conclusion pour souligner (*to emphasize*) votre opinion et pour donner des suggestions pour améliorer (*to improve*) le restaurant

Après l'écriture

1. Échangez votre critique avec celle (*the one*) d'un(e) partenaire. Répondez à ces questions pour commenter son travail.

■ Votre partenaire a-t-il/elle écrit une introduction présentant (*presenting*) une opinion générale du restaurant?

■ Votre partenaire a-t-il/elle écrit quatre paragraphes sur la cuisine, le service, l'ambiance et les informations pratiques?

■ Votre partenaire a-t-il/elle écrit une conclusion présentant une nouvelle fois son opinion et proposant (*suggesting*) des suggestions pour le restaurant?

■ Votre partenaire a-t-il/elle utilisé des comparatifs et des superlatifs pour décrire le restaurant?

■ Quel(s) détail(s) ajouteriez-vous (*would you add*)? Quel(s) détail(s) enlèveriez-vous (*would you delete*)? Quel(s) autre(s) commentaire(s) avez-vous pour votre partenaire?

2. Corrigez votre brochure d'après (*according to*) les commentaires de votre partenaire. Relisez votre travail pour éliminer ces problèmes:

■ des fautes (*errors*) d'orthographe et de ponctuation

■ des fautes de conjugaison

■ des fautes d'accord (*agreement*) des adjectifs

■ un mauvais emploi (*use*) de l'imparfait et du passé composé

■ un mauvais emploi des comparatifs et des superlatifs

 **Vocabulary Tools**

Leçon 9A

À table!

une cantine *school cafeteria*
cuisiner *to cook*
un déjeuner *lunch*
un dîner *dinner*
un goûter *afternoon snack*
un petit-déjeuner *breakfast*
un repas *meal*

Les fruits

une banane *banana*
une fraise *strawberry*
un fruit *fruit*
une orange *orange*
une pêche *peach*
une poire *pear*
une pomme *apple*
une tomate *tomato*

Autres aliments

un aliment *food item*
la confiture *jam*
la nourriture *food, sustenance*
des pâtes (f.) *pasta*
le riz *rice*
une tarte *pie, tart*
un yaourt *yogurt*

Verbes

devenir *to become*
devoir *to have to (must); to owe*
maintenir *to maintain*
pouvoir *to be able to (can)*
retenir *to keep, to retain*
revenir *to come back*
tenir *to hold*
venir *to come*
vouloir *to want; to mean (with dire)*

Autres mots et locutions

depuis + [time] *since*
il y a + [time] *ago*
pendant + [time] *for*

Les viandes et les poissons

le bœuf *beef*
un escargot *escargot, snail*
les fruits de mer (m.) *seafood*
un œuf *egg*
un pâté (de campagne) *pâté,
  meat spread*
le porc *pork*
un poulet *chicken*
une saucisse *sausage*
un steak *steak*
le thon *tuna*
la viande *meat*

Les légumes

l'ail (m.) *garlic*
une aubergine *eggplant*
une carotte *carrot*
un champignon *mushroom*
des haricots verts (m.) *green beans*
une laitue *lettuce*
un légume *vegetable*
un oignon *onion*
des petits pois (m.) *peas*
un poivron (vert, rouge) *(green, red)
  pepper*
une pomme de terre *potato*
une salade *salad*

Les achats

faire les courses (f.) *to go
  (grocery) shopping*
un supermarché *supermarket*

Expressions utiles

See p. 365.

Leçon 9B

À table!

une assiette *plate*
un bol *bowl*
une carafe d'eau *pitcher of water*
une carte *menu*
un couteau *knife*
une cuillère (à soupe/à café) *spoon
  (soup spoon/teaspoon)*
une fourchette *fork*
un menu *menu*
une nappe *tablecloth*
une serviette *napkin*
une boîte (de conserve) *can*
la crème *cream*
l'huile (d'olive) (f.) *(olive) oil*
la mayonnaise *mayonnaise*
la moutarde *mustard*
le poivre *pepper*
le sel *salt*
une tranche *slice*
À table! *Dinner is ready!*
compris *included*

Les repas

commander *to order*
être au régime *to be on a diet*
goûter *to taste*
une entrée *appetizer, starter*
un hors-d'œuvre *hors-d'oeuvre,
  appetizer*
un plat (principal) *(main) dish*

Les achats

une boucherie *butcher's shop*
une boulangerie *bread shop, bakery*
une charcuterie *delicatessen*
une pâtisserie *pastry shop, bakery*
une poissonnerie *fish shop*
un(e) commerçant(e) *shopkeeper*
un kilo(gramme) *kilo(gram)*

Expressions utiles

See p. 383.

Comparatives and superlatives

plus + [adjective/adverb] +
  que *more... than*
aussi + [adjective/adverb] + que
  as... as
moins + [adjective/adverb] +
  que *less... than*
[noun] + le/la/les + plus + [adjective]
  + de *the most*
[noun] + le/la/les + moins +
  [adjective] + de *the least*
bon(ne)(s) *good*
mauvais(e)(s) *bad*
meilleur(e)(s) *better*
pire(s)/plus mauvais(e)(s) *worse*
le/la/les meilleur(e)(s) *best*
le/la/les pire(s); le/la/les plus
  mauvais(e)(s) *worst*
bien *well*
mieux *better*
le mieux *best*

La santé

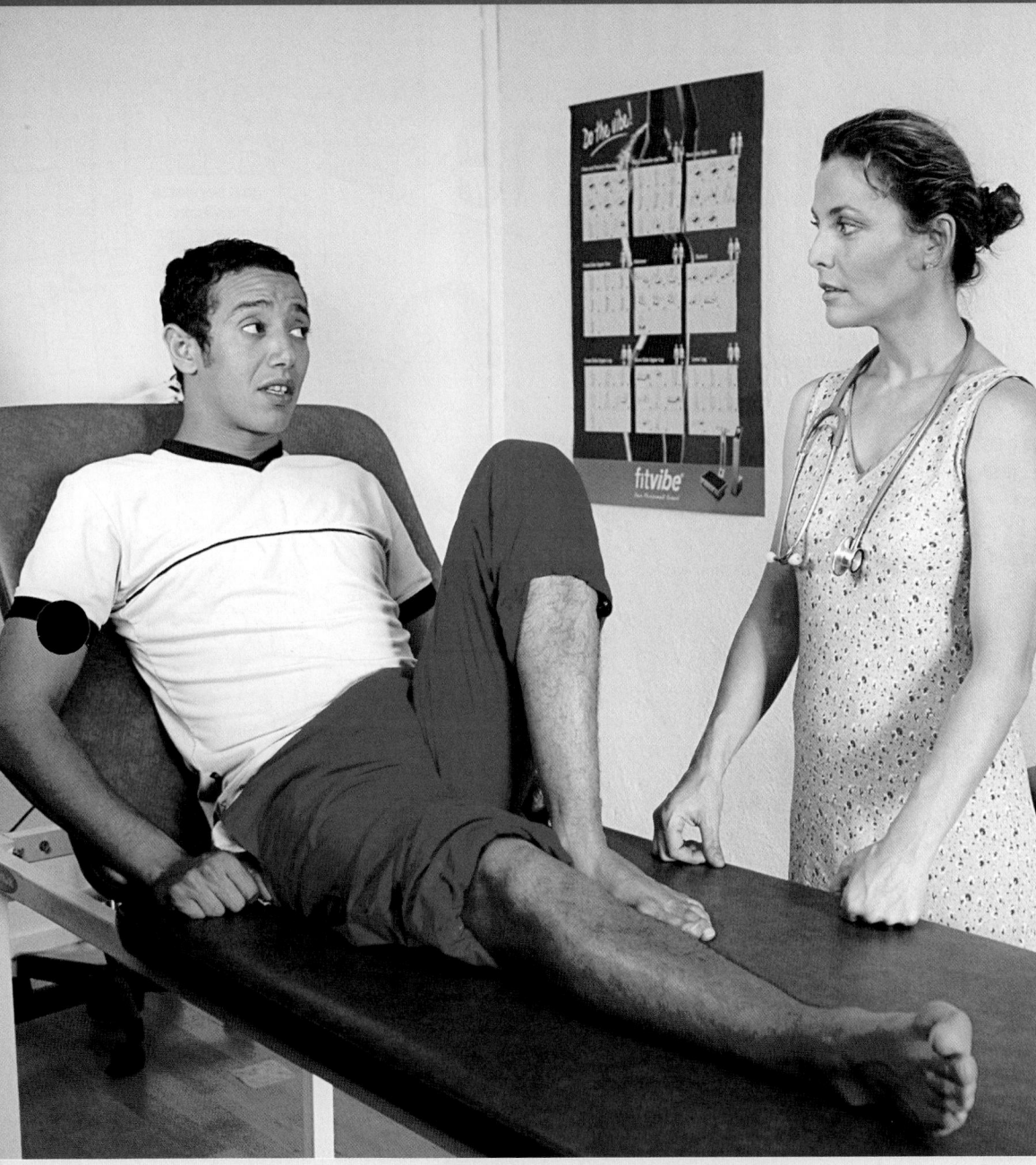

Pour commencer

- Quelle est la profession de la dame, coiffeuse ou médecin?
- Où sont Rachid et cette dame, à l'hôpital ou à l'épicerie?
- Qu'est-ce qu'il faisait avant de venir, il jouait au foot ou il faisait les courses?

Leçon 10A

You will learn how to...

- describe your daily routine
- discuss personal hygiene

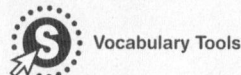 Vocabulary Tools

La routine quotidienne

Vocabulaire	
faire sa toilette	*to wash up*
se brosser les cheveux	*to brush one's hair*
se brosser les dents	*to brush one's teeth*
se coiffer	*to do one's hair*
se coucher	*to go to bed*
se déshabiller	*to undress oneself*
s'endormir	*to go to sleep, to fall asleep*
s'habiller	*to get dressed*
se laver (les mains)	*to wash oneself (one's hands)*
prendre une douche	*to take a shower*
se regarder	*to look at oneself*
se réveiller	*to wake up*
se sécher	*to dry oneself*
le shampooing	*shampoo*
le cœur	*heart*
le corps	*body*
le dos	*back*
la gorge	*throat*
une joue	*cheek*
un orteil	*toe*
la peau	*skin*
la poitrine	*chest*
la taille	*waist*
le visage	*face*

une serviette de bain

une brosse à dents

une brosse à cheveux

le maquillage

Elle se maquille. (se maquiller)

un rasoir

un peigne

le savon

le dentifrice

la crème à raser

Il se rase. (se raser)

une pantoufle

ressources

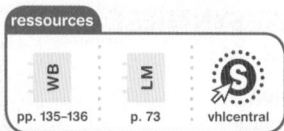

WB
pp. 135–136

LM
p. 73

vhlcentral

Mise en pratique

1 Écoutez Sarah, son grand frère Guillaume et leur père parlent de qui va utiliser la salle de bains en premier ce matin. Écoutez la conversation et indiquez si les affirmations suivantes sont vraies ou fausses.

	Vrai	Faux
1. Guillaume ne va pas se raser.	□	□
2. Guillaume doit encore prendre une douche et se brosser les dents.	□	□
3. Sarah n'a pas entendu son réveil.	□	□
4. Guillaume demande à Sarah de lui apporter de la crème à raser.	□	□
5. Guillaume demande un savon à Sarah.	□	□
6. Guillaume demande une grande serviette de bain à Sarah.	□	□
7. Sarah doit prendre une douche et s'habiller en moins de vingt minutes.	□	□
8. Sarah décide de ne pas se maquiller et de ne pas se sécher les cheveux aujourd'hui.	□	□

2 Association Associez les activités de la colonne de gauche aux parties du corps correspondantes des colonnes de droite. Notez que certains éléments ne sont pas utilisés et que d'autres sont utilisés plus d'une fois.

1. écouter	a. la bouche	f. le pied
2. manger	b. la gorge	g. la taille
3. marcher	c. l'orteil	h. la tête
4. montrer	d. l'œil	i. le doigt
5. parler	e. l'oreille	j. le nez
6. penser		
7. sentir		
8. regarder		

3 Quel matin! Complétez les phrases par le mot ou l'expression de la liste qui convient pour trouver ce qui est arrivé à Alexandre aujourd'hui. Notez que tous les mots et expressions ne sont pas utilisés.

le bras	se coucher	se laver	le réveil
se brosser les dents	la gorge	le peigne	le ventre
le cœur	s'habiller	le pied	les yeux

Ce matin, Alexandre n'entend pas son (1) _____. Quand il se lève, il met d'abord le (2) _____ gauche par terre. Il entre dans la salle de bains. Là, il ne trouve pas le (3) _____ pour se coiffer ni (nor) le dentifrice pour (4) _____. Il se regarde dans le miroir. Ses (5) _____ sont tout rouges. Comme il a très faim, son (6) _____ commence à faire du bruit (noise). Il retourne ensuite dans sa chambre pour (7) _____. Il met un pantalon noir et une chemise bleue. Puis, il descend les escaliers et tombe. Après un moment, il retourne dans sa chambre. Après un tel début (such a beginning) de journée, Alexandre va (8) _____.

> **Attention!**
> The verbs following the pronoun se are called reflexive verbs. You will learn more about them in STRUCTURES. For now, when talking about another person, place the pronoun se between the subject and the verb.
> **Il se regarde.** *He looks at himself.*
> **Elle se réveille.** *She wakes up.*

un doigt de pied · un pied · Elle se lève. (se lever) · une jambe · un genou (genoux pl.) · le ventre · un doigt · le réveil · un bras · le cou · une oreille · un œil (yeux pl.) · la bouche · le nez · la tête

Communication

4 **Que font-ils?** Écrivez ce que (what) font ces personnes et ce qu'elles utilisent pour le faire. Ensuite, à tour de rôle avec un(e) partenaire, lisez vos descriptions. Votre partenaire doit deviner quelle image vous décrivez.

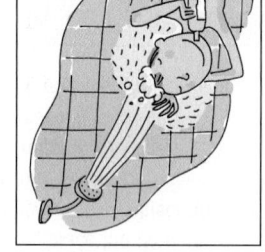

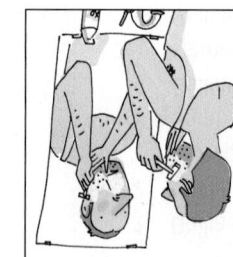

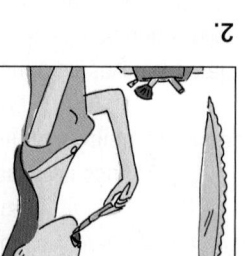

1. 2. 3. 4.

5. 6. 7. 8.

5 **Définition** Créez votre propre définition des mots de la liste. Ensuite, à tour de rôle, lisez vos définitions à votre partenaire. Il/Elle doit deviner le mot correspondant.

MODÈLE

cheveux

Étudiant(e) 1: On utilise une brosse ou un peigne pour les coiffer. Qu'est-ce que c'est?
Étudiant(e) 2: Ce sont les cheveux.

1. le cœur	4. les dents	7. la joue	10. l'orteil
2. le corps	5. le dos	8. le nez	11. la poitrine
3. le cou	6. le genou	9. l'œil	12. le visage

6 **Décrivez** Avec un(e) partenaire, pensez à votre acteur/actrice préféré(e). Quelle est sa routine du matin? Décrivez-la et utilisez les adjectifs de la liste et les mots et expressions d'ESPACE CONTEXTES.

beau	gros	petit
court	heureux	sincère
de taille moyenne	jeune	égoïste
grand	long	vieux

7 **Que fait-elle?** Votre professeur va vous donner, à vous et à votre partenaire, deux feuilles d'activités différentes. À tour de rôle, posez-vous des questions pour savoir ce que fait Nadia chaque soir et chaque matin. Attention! Ne regardez pas la feuille de votre partenaire.

MODÈLE

Étudiant(e) 1: À vingt-trois heures, Nadia se déshabille et met son pyjama. Que fait-elle ensuite?
Étudiant(e) 2: Après, elle...

Les sons et les lettres

Audio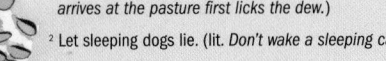

ch, qu, ph, th, and gn

The letter combination **ch** is usually pronounced like the English *sh*, as in the word *shoe*.

chat	**chien**	**chose**	**enchanté**

In words borrowed from other languages, the pronunciation of **ch** may be irregular. For example, in words of Greek origin, **ch** is pronounced **k**.

psychologie	**technologie**	**archaïque**	**archéologie**

The letter combination **qu** is almost always pronounced like the letter **k**.

quand	**pratiquer**	**kiosque**	**quelle**

The letter combination **ph** is pronounced like an **f**.

téléphone	**photo**	**prophète**	**géographie**

The letter combination **th** is pronounced like the letter **t**. English *th* sounds, as in the words *this* and *with*, never occur in French.

thé	**athlète**	**bibliothèque**	**sympathique**

The letter combination **gn** is pronounced like the sound in the middle of the English word *onion*.

montagne	**espagnol**	**gagner**	**Allemagne**

Prononcez Répétez les mots suivants à voix haute.

1. thé	4. question	7. champagne	10. fréquenter
2. quart	5. cheveux	8. casquette	11. photographie
3. chose	6. parce que	9. philosophie	12. sympathique

Articulez Répétez les phrases suivantes à voix haute.

1. Quentin est martiniquais ou québécois?
2. Quelqu'un explique la question à Joseph.
3. Pourquoi est-ce que Philippe est inquiet?
4. Ignace prend une photo de la montagne.
5. Monique fréquente un café en Belgique.
6. Théo étudie la physique.

Dictons Répétez les dictons à voix haute.

La vache la première au pré lèche la rosée.[1]

N'éveillez pas le chat qui dort.[2]

[1] The early bird gets the worm. (lit. *The cow that arrives at the pasture first licks the dew.*)

[2] Let sleeping dogs lie. (lit. *Don't wake a sleeping cat.*)

ressources

S
LM
p. 74
vhlcentral

ESPACE : ROMAN-PHOTO

Drôle de surprise 🔊 Vidéo

PERSONNAGES

David

Rachid

Chez David et Rachid...

DAVID Oh là là, ça ne va pas du tout, toi!

RACHID David, tu te dépêches?
Il est sept heures et quart. Je dois me préparer, moi aussi!

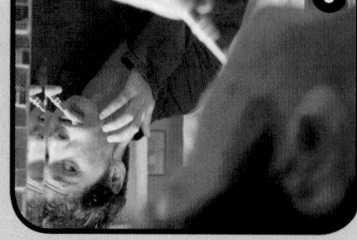

DAVID Ne t'inquiète pas. Je finis de me brosser les dents!

RACHID On doit partir dans moins de vingt minutes. Tu ne te rends pas compte!

DAVID Excuse-moi, mais on s'est couché tard hier soir.

RACHID Oui et on ne s'est pas réveillé à l'heure, mais mon prof de sciences po, ça ne l'intéresse pas tout ça.

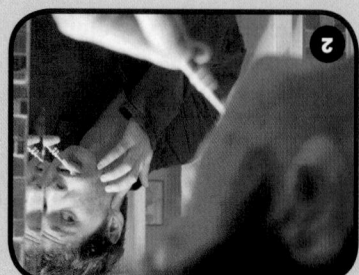

DAVID Attends, je ne trouve pas le peigne... Ah, le voilà. Je me coiffe... Deux secondes!

RACHID C'était vraiment sympa hier soir... On s'entend tous super bien et on ne s'ennuie jamais ensemble... Mais enfin, qu'est-ce que tu fais? Je dois me raser, prendre une douche et m'habiller, en exactement dix-sept minutes!

RACHID Bon, tu veux bien me passer ma brosse à dents, le dentifrice et un rasoir, s'il te plaît?

DAVID Attends une minute. Je me dépêche.

RACHID Comment est-ce qu'un mec peut prendre aussi longtemps dans la salle de bains?

DAVID Euh, j'ai un petit problème...

RACHID Qu'est-ce que tu as sur le visage?

DAVID Aucune idée.

RACHID Est-ce que tu as mal à la gorge? Fais: Ah!

RACHID Et le ventre, ça va?

DAVID Oui, oui, ça va...

RACHID Attends, je vais examiner tes yeux... regarde à droite, à gauche... maintenant ferme-les. Bien.

DAVID Hé!
Tourne-toi...

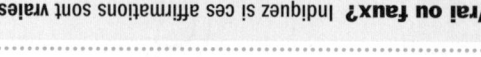

ACTIVITÉS

1 Vrai ou faux? Indiquez si ces affirmations sont vraies ou fausses. Corrigez les phrases fausses.

1. David va bien ce matin.
2. Rachid est pressé ce matin.
3. David se rase.
4. David se maquille.
5. Rachid doit prendre une douche.
6. David ne s'est pas réveillé à l'heure.
7. David s'est couché tôt hier soir.
8. Tout le monde s'est bien amusé (had a good time) hier soir.
9. Les amis se disputent ce matin.
10. Rachid est très inquiet pour David.

🔊 Practice more at vhlcentral.com.

David et Rachid se préparent le matin.

DAVID Patience, cher ami!

RACHID Tu n'as pas encore pris ta douche?!

DAVID Ne te mets pas en colère. Lis le journal si tu t'ennuies, j'ai bientôt fini.

DAVID Ce n'est pas facile d'être beau. ça prend du temps, tu sais. Écoute, ça ne sert à rien de se disputer.

RACHID Tu te maquilles maintenant?

DAVID J'arrive, j'arrive! Voilà... un peu de crème sur le visage, sur le cou...

RACHID Ne t'inquiète pas, c'est probablement une réaction allergique. Téléphone au médecin pour prendre un rendez-vous. Qu'est-ce que tu as mangé hier?

DAVID Eh ben... J'ai mangé un peu de tout! Hé! Je n'ai pas encore fini ma toilette!

RACHID Patience, cher ami!

Expressions utiles

Talking about your routine

- **Je dois me préparer.**
  I have to get (myself) ready.
- **Je finis de me brosser les dents!**
  I'm almost done brushing my teeth!
- **On s'est couché tard hier soir.**
  We went to bed late last night.
- **On ne s'est pas réveillé à l'heure.**
  We didn't wake up on time.
- **Je me coiffe.**
  I'm doing my hair.
- **Je dois me raser et m'habiller.**
  I have to shave (myself) and get dressed.
- **Tu te maquilles maintenant?**
  Are you putting makeup on now?

Talking about states of being

- **Ça ne sert à rien de se disputer.**
  It doesn't help to argue.
- **Tu te dépêches?**
  Are you hurrying?/Will you hurry?
- **Ne t'inquiète pas.**
  Don't worry.
- **Tu ne te rends pas compte!**
  You don't realize!
- **On s'entend tous super bien et on ne s'ennuie jamais ensemble.**
  We all get along really well and we never get bored with one another.
- **Ne te mets pas en colère.**
  Don't get angry.
- **Lis le journal si tu t'ennuies.**
  Read the paper if you're bored.

Additional vocabulary

- **Je me dépêche.** • *I'm hurrying.*
- **Tourne-toi.** • *Turn around.*
- **un mec** • *a guy*
- **aucune idée** • *no idea*

---

2 **Les opposés** Trouvez pour chaque verbe de la colonne de gauche son opposé dans les colonnes de droite. Utilisez un dictionnaire. Attention! Tous les mots ne sont pas utilisés.

1. ____ bien s'entendre
2. ____ s'ennuyer
3. ____ se dépêcher
4. ____ se lever
5. ____ se reposer

a. s'amuser
b. s'occuper
c. se détendre

d. s'appeler
e. se disputer
f. se coucher

3 **Écrivez** Écrivez un paragraphe dans lequel (*in which*) vous décrivez la routine du matin et du soir de David ou de Rachid. Utilisez votre imagination et ce que vous savez d'ESPACE ROMAN-PHOTO.

ressources

VM
pp. 37-38

vhlcentral

ESPACE **CULTURE**

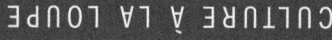 Reading

CULTURE À LA LOUPE

Les Français et la maladie

Que fait-on en France quand on ne se sent pas bien? On peut bien sûr contacter son médecin. Généralement, il vous reçoit dans son cabinet° pour une consultation et vous donne une ordonnance. Il faut ensuite se rendre° à la pharmacie et présenter son ordonnance. Beaucoup de médicaments ne sont pas en vente libre°, donc consulter un médecin est important et nécessaire.

Cependant°, pour leurs petites maladies, les Français aiment demander conseil° à leur pharmacien. Les pharmaciens en France ont un diplôme spécialisé et font six années d'études supérieures. Ils sont donc très compétents pour donner des conseils de qualité. Les pharmacies sont faciles à trouver: elles ont toutes une grande croix° verte lumineuse° suspendue° à l'extérieur. Elles sont en général ouvertes du lundi au samedi, entre 9H00 et 20h00. Pour les jours fériés et la nuit, il existe des pharmacies de garde°, dont° la liste est affichée sur la porte de chaque pharmacie.

Quand on est très malade, le médecin donne une consultation à domicile°, ce qui° est très pratique pour les enfants et les personnes âgées! En cas d'urgence, on peut appeler deux autres numéros. SOS Médecin existe dans toutes les grandes villes. Ses médecins répondent aux appels 24 heures sur 24 et font des visites à domicile. Pour les accidents et les gros problèmes, on peut contacter le Samu. C'est un service qui emmène les patients à l'hôpital si nécessaire.

cabinet *office* se rendre *to go* en vente libre *available over the counter* Cependant *However* conseil *advice* croix *cross* lumineuse *illuminated* suspendue *hung* de garde *emergency* dont *of which* à domicile *at home* ce qui *which* voient *which see* homéopathie *homeopathy*

Coup de main

In France, body temperature is measured in Celsius.

37°C is the normal body temperature.

Between **37° and 38°C** is a slight fever.

For a fever above **38.5°C**, medication should be taken.

Between **39° and 40°C** is a high fever.

Les services et les produits de santé

• 85% des Français voient° un médecin généraliste dans l'année.
• 52% vont chez le dentiste dans l'année.
• Les médecins donnent une ordonnance dans 75% des consultations.
• 57% des Français utilisent les médecines alternatives.
• 39% utilisent l'homéopathie° au moins une fois dans l'année.

A C T I V I T É S

1 Complétez Complétez les phrases, d'après le texte et le tableau.

1. À la fin d'une consultation, le médecin vous donne _____.
2. _____ en France ne sont pas en vente libre.
3. Les pharmaciens en France font six années _____.
4. Les pharmacies sont faciles à trouver grâce à _____.
5. Parfois, le médecin vient à domicile pour donner _____.

6. Quand on est très malade, on peut appeler _____.
7. _____ voient un médecin généraliste dans l'année.
8. 39% des Français utilisent _____ au moins une fois dans l'année.
9. La température normale du corps est de _____.
10. On a une forte fièvre quand on a _____.

LE FRANÇAIS QUOTIDIEN

Les parties du corps

bec (m.)	mouth
caboche (f.)	head
carreaux (m.)	eyes
esgourdes (f.)	ears
gosier (m.)	throat
paluche (f.)	hand
panard (m.)	foot
pif (m.)	nose
tifs (m.)	hair

LE MONDE FRANCOPHONE

Des expressions près du corps

Voici quelques expressions idiomatiques.

En France

avoir le bras long être une personne importante qui peut influencer quelqu'un

avoir un chat dans la gorge ne pas pouvoir parler

casser les pieds à quelqu'un ennuyer une personne

coûter les yeux de la tête coûter très cher

se mettre le doigt dans l'œil faire une grosse erreur

Au Québec

avoir quelqu'un dans le dos détester quelqu'un

coûter un bras coûter très cher

un froid à couper un cheveu un très grand froid

sur le bras gratuit, qu'on n'a pas besoin de payer

En Suisse

avoir des tournements de tête avoir des vertiges°

donner une bonne-main donner un pourboire

vertiges *dizziness, vertigo*

PORTRAIT

L'Occitane en Provence

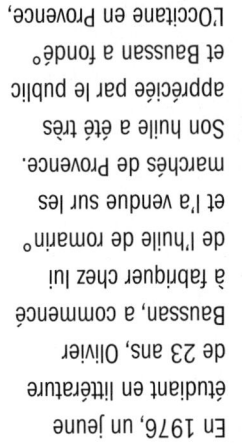

En 1976, un jeune étudiant en littérature de 23 ans, Olivier Baussan, a commencé à fabriquer chez lui de l'huile de romarin° et l'a vendue sur les marchés de Provence. Son huile a été très appréciée par le public et Baussan a fondé° L'Occitane en Provence, une marque° de produits de beauté. La première boutique a ouvert ses portes dans le sud de la France en 1980 et aujourd'hui, la société a plus de 2000 boutiques dans plus de 100 pays, y compris aux États-Unis et au Canada. Les produits de L'Occitane en Provence, tous faits d'ingrédients naturels, comme la lavande° ou l'olive, s'inspirent de la Provence et sont fabriqués selon des méthodes traditionnelles. En effet, L'Occitane en Provence sélectionne des composants issus° de filières° agricoles responsables et locales. La marque propose des produits de beauté (soins du visage et du corps pour femmes et hommes), des parfums, du maquillage et des produits pour le bain, pour la douche et pour la maison. Depuis 1997, la marque se fournit° en beurre de karité° issu du commerce durable au Burkina Faso, en Afrique. Elle utilise le braille sur certains de ses produits pour garantir leur accessibilité aux personnes non-voyantes. Depuis les années 2000, L'Occitane en Provence soutient des causes humanitaires, principalement la lutte° contre la cécité évitable° dans le monde et l'émancipation économique des femmes au Burkina Faso.

huile de romarin *rosemary oil* a fondé *founded* lavande *lavender* marque *brand* issus *derived* filières *channels* se fournit *buys* beurre de karité *shea butter* lutte *fight* cécité évitable *preventable blindness*

ACTIVITÉS

2 Vrai ou faux? Indiquez si les phrases suivantes sont vraies ou fausses. Corrigez les phrases fausses.

1. La compagnie L'Occitane en Provence a été fondée en Provence.
2. Le premier magasin L'Occitane a ouvert ses portes en 1976.
3. On trouve de l'olive dans certains produits de L'Occitane.
4. Les produits de L'Occitane en Provence utilisent des ingrédients naturels et sont fabriqués selon des méthodes traditionnelles.
5. La société L'Occitane en Provence est engagée dans des causes humanitaires depuis 1976.

3 Les expressions idiomatiques Regardez bien la liste des expressions dans Le monde francophone. En petits groupes, discutez de ces expressions. Lesquelles (*Which*) aimez-vous? Pourquoi? Essayez de deviner l'équivalent de ces expressions en anglais.

10A.1

Réflexive verbs

S Tutorial

Point de départ A reflexive verb usually describes what a person does to or for himself or herself. It "reflects" the action of the verb back to the subject. Reflexive verbs always use reflexive pronouns (**me, te, se, nous, vous**).

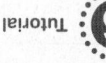

SUBJECT	REFLEXIVE VERB
André	se rase à huit heures.

Réflexive verbs		
se laver (to wash oneself)		
je	**me lave**	I wash (myself)
tu	**te laves**	you wash (yourself)
il/elle/on	**se lave**	he/she/it/one washes (himself/herself/itself/oneself)
nous	**nous lavons**	we wash (ourselves)
vous	**vous lavez**	you wash (yourself/yourselves)
ils/elles	**se lavent**	they wash (themselves)

• The pronoun **se** before an infinitive identifies the verb as reflexive: **se laver.**

Je me coiffe.

Tu te maquilles, maintenant?

• When a reflexive verb is conjugated, the reflexive pronoun agrees with the subject. Except for **se**, reflexive pronouns have the same forms as direct and indirect object pronouns (**me, te, nous, vous**); **se** is used for both singular and plural third-person subjects.

Tu te couches.	Les enfants **se réveillent.**
You're going to bed.	*The kids are waking up.*

Je **me maquille** aussi.	**Nous nous levons** très tôt.
I put on makeup too.	*We get up very early.*

• Note that the reflexive pronouns **nous** and **vous** are identical to the corresponding subject pronouns.

Nous **nous regardons** dans le miroir.	**Vous habillez**-vous déjà?
We look at ourselves in the mirror.	*Are you getting dressed already?*

Nous ne **nous levons** pas avant six heures.	À quelle heure est-ce que **vous vous couchez?**
We don't get up before six o'clock.	*What time do you go to bed?*

Common reflexive verbs

se brosser les cheveux/ les dents	*to brush one's hair/teeth*	**se laver (les mains)**	*to wash oneself (one's hands)*
se coiffer	*to do one's hair*	**se lever**	*to get up, to get out of bed*
se coucher	*to go to bed*	**se maquiller**	*to put on makeup*
se déshabiller	*to undress*	**se raser**	*to shave*
s'endormir	*to go to sleep, to fall asleep*	**se regarder**	*to look at oneself*
		se réveiller	*to wake up*
s'habiller	*to get dressed*	**se sécher**	*to dry oneself*

- **S'endormir** is conjugated like **dormir**. **Se lever** and **se sécher** follow the same spelling-change patterns as **acheter** and **espérer**, respectively.

  Il **s'endort** tôt.   Tu **te lèves** à quelle heure?   Elles **se sèchent**.
  He falls asleep early.   *What time do you get up?*   *They're drying off.*

- Some verbs can be used reflexively or non-reflexively. If the verb acts upon something other than the subject (for example, **son fils** in the second example below), the non-reflexive form is used.

  La mère **se réveille** à sept heures.   Ensuite, elle **réveille** son fils.
  The mother wakes up at 7 o'clock.   *Then, she wakes her son up.*

- When a body part is the direct object of a reflexive verb, it is usually preceded by a definite article.

  Je ne **me brosse** pas **les** dents.   Vous **vous lavez les** mains.
  I'm not brushing my teeth.   *You're washing your hands.*

- Form the imperative of a reflexive verb as you would that of a non-reflexive verb. Add the reflexive pronoun to the end of an affirmative command. In negative commands, place the reflexive pronoun between **ne** and the verb. (Remember to change **te** to **toi** in affirmative commands.)

  Réveille-toi, Bruno!   *but*   **Ne te réveille pas!**
  Wake up, Bruno!   *Don't wake up!*

- In the **futur proche** and **passé récent**, place the reflexive pronoun after the conjugated forms of **aller** and **venir** and before the infinitive. Note that although the reflexive pronoun changes according to the subject, the second verb stays in the infinitive.

  Nous n'**allons** pas **nous réveiller** tôt demain.   Est-ce que tu **viens de te raser**?
  We're not going to wake up early tomorrow.   *Did you just shave?*

Boîte à outils

Since reflexive verbs already imply that the action is performed on the subject, French uses definite articles (**le, la, les**) with body parts, whereas English uses possessive adjectives (*my, your, his/her/its, our, their*).

Je me lave les mains.
I wash my hands.

À noter

There are some special rules for using reflexive verbs in the **passé composé**. You will learn these in **Leçon 10B**.

Essayez!   Complétez les phrases avec les formes correctes des verbes.

1. Ils __*se brossent*__ (se brosser) les dents.
2. À quelle heure est-ce que vous _____ (se coucher)?
3. Tu _____ (s'endormir) en cours.
4. Nous _____ (se sécher) les cheveux.
5. On _____ (s'habiller) vite! Il faut partir.
6. Les hommes _____ (se maquiller) rarement.
7. Tu ne _____ (se déshabiller) pas encore.
8. Je _____ (se lever) vers onze heures.

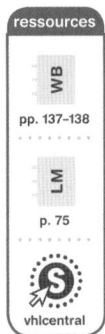

ressources

WB
pp. 137–138

LM
p. 75

vhlcentral

ESPACE **STRUCTURES**

Mise en pratique

1 **Les habitudes** Vous allez chez vos amis Frédéric et Pauline. Tout le monde a ses habitudes. Que fait-on tous les jours?

MODÈLE

Frédéric / se raser
Frédéric se rase.

1. vous / se réveiller / à six heures
2. Frédéric et Pauline / se brosser / dents
3. tu / se lever / puis / prendre une douche
4. nous / se sécher / cheveux
5. on / s'habiller / avant le petit-déjeuner
6. Frédéric et Pauline / se coiffer / avant / sortir
7. je / se déshabiller / et après / se coucher
8. tout le monde / s'endormir / tout de suite
9. leurs tantes / se maquiller / et après / s'habiller
10. leur père / se laver / mains / avant / manger
11. les cousins de Pauline / ne pas se raser

2 **La routine** Tous les matins, Juliette suit (*follows*) la même routine. Regardez les illustrations et dites ce que (*what*) fait Juliette.

1. _____
2. _____
3. _____
4. _____

3 **L'ordre logique** Indiquez dans quel ordre vous faites ces choses, ou dans quel ordre quelqu'un que vous connaissez les fait.

MODÈLE

se lever / se réveiller
D'abord je me réveille, ensuite je me lève.

1. se laver / se sécher
2. se maquiller / prendre une douche
3. se lever / s'habiller
4. se raser / se réveiller
5. se coucher / se brosser les cheveux
6. s'endormir / se coucher
7. se coucher / se déshabiller
8. se lever / se réveiller
9. se brosser les cheveux / se coiffer
10. se maquiller / se sécher

Practice more at **vhlcentral.com**.

Communication

4 **Tous les jours** Que fait votre partenaire tous les jours? Posez-lui les questions et il/elle vous répond.

MODÈLE

se lever tôt le matin
Étudiant(e) 1: *Est-ce que tu te lèves tôt le matin?*
Étudiant(e) 2: *Non, je ne me lève pas tôt le matin.*

1. se réveiller tôt ou tard le week-end
2. se lever tout de suite
3. se maquiller tous les matins
4. se laver les cheveux tous les jours
5. se raser le soir ou le matin
6. se coucher avant ou après minuit
7. se brosser les dents chaque nuit
8. s'habiller avant ou après le petit-déjeuner
9. s'endormir parfois en classe

5 **Enquête** Votre professeur va vous donner une feuille d'activités. Circulez dans la classe et trouvez un(e) camarade différent(e) pour chaque action. Présentez les réponses à la classe.

MODÈLE

Étudiant(e) 1: *Est-ce que tu te lèves avant six heures du matin?*
Étudiant(e) 2: *Oui, je me lève parfois à cinq heures!*

Activité	Nom
1. se lever avant six heures du matin	Carole
2. se maquiller pour venir en cours	
3. se brosser les dents trois fois par jour	
4. se laver les cheveux le soir	
5. se coiffer à la dernière mode	
6. se reposer le vendredi soir	

6 **Jacques a dit** Par groupes de quatre, un(e) étudiant(e) donne des ordres au groupe. Attention! Vous devez obéir seulement si l'ordre est précédé de **Jacques a dit...** (*Simon says...*) La personne qui se trompe devient le meneur de jeu (*leader*). Le gagnant (*winner*) est l'étudiant(e) qui n'a pas été le meneur de jeu. Utilisez les expressions de la liste puis trouvez vos propres expressions.

se brosser les dents	**se laver les mains**
se coiffer	**se lever**
s'endormir	**se maquiller**
s'habiller	**se sécher les cheveux**

10A.2

Reflexives: *Sens idiomatique*  Tutorial

Point de départ You've learned that reflexive verbs "reflect" the action back to the subject. Some reflexive verbs, however, do not literally express a reflexive meaning.

Common idiomatic reflexives			
s'amuser	to play; to have fun	s'intéresser (à)	to be interested (in)
s'appeler	to be called	se mettre à	to begin to
s'arrêter	to stop	se mettre en	to become angry
s'asseoir	to sit down	colère	
se dépêcher	to hurry	s'occuper (de)	to take care of, to keep
se détendre	to relax		oneself busy
se disputer (avec)	to argue (with)	se préparer	to get ready
s'énerver	to get worked up,	se promener	to take a walk
	to become upset	se rendre compte	to realize
s'ennuyer	to get bored	se reposer	to rest
s'entendre bien	to get along	se souvenir (de)	to remember
(avec)	well (with)	se tromper	to be mistaken
s'inquiéter	to worry	se trouver	to be located

Le marché **se trouve** derrière l'église.
The market is located behind the church.

Ne **te mets** pas **en colère**.
Don't get angry.

Nous **nous amusons** bien chez Fabien.
We have fun at Fabien's house.

Je **m'occupe du** linge.
I'm taking care of the laundry.

Mon grand-père **se repose** à la maison.
My grandfather is resting at home.

Vous devez **vous dépêcher**.
You must hurry.

Lis le journal si tu t'ennuies.

Ne t'inquiète pas.

- **Se souvenir** is conjugated like **venir**.

  Souviens-toi de son anniversaire.
  Remember her birthday.

  Nous nous souvenons de cette date.
  We remember that date.

- **S'ennuyer** has the same spelling changes as **envoyer**. **Se promener** and **s'inquiéter** have the same spelling changes as **acheter** and **espérer**, respectively.

  Je **m'ennuie** à mourir aujourd'hui.
  I'm bored to death today.

  On **se promène** dans le parc.
  We're taking a walk in the park.

  Ils **s'inquiètent** plus que mes parents.
  They worry more than my parents.

- Note the spelling changes of **s'appeler** in the present tense.

s'appeler (to be named, to call oneself)

je m'appelle	nous nous appelons
tu t'appelles	vous vous appelez
il/elle/on s'appelle	ils/elles s'appellent

Tu **t'appelles** comment?
What is your name?

Vous **vous appelez** Laure Dubois?
Is your name Laure Dubois?

- Note the irregular conjugation of the verb **s'asseoir**.

s'asseoir (to be seated, to sit down)

je m'assieds	nous nous asseyons
tu t'assieds	vous vous asseyez
il/elle/on s'assied	ils/elles s'asseyent

Asseyez-vous, Monsieur.
Have a seat, sir.

Assieds-toi ici sur le canapé.
Sit here on the sofa.

- Many idiomatically reflexive expressions can be used alone, with a preposition, or with the conjunction **que**.

Tu **te trompes**.
You're wrong.

Il **se trompe** toujours **de** date.
He's always mixing up the date.

Marlène **s'énerve** facilement.
Marlène gets mad easily.

Marlène **s'énerve contre** Thierry.
Marlène gets mad at Thierry.

Ils **se souviennent de** ton anniversaire.
They remember your birthday.

Je **me souviens que** tu m'as téléphoné.
I remember you phoned me.

Vous **vous inquiétez** trop!
You worry too much!

Tu **t'inquiètes pour** tes enfants?
Are you worried about your children?

Essayez! Complétez les phrases avec les formes correctes des verbes.

1. Mes parents ___s'inquiètent___ (s'inquiéter) beaucoup.
2. Nous _____ (s'entendre) bien, ma sœur et moi.
3. Alexis ne _____ (se rendre) pas compte que sa petite amie ne l'aime pas.
4. On doit _____ (se dépêcher) pour arriver à la fac.
5. Papa _____ (s'occuper) toujours de la cuisine.
6. Tu _____ (s'amuser) quand tu vas au cinéma?
7. Vous _____ (s'intéresser) au cours d'histoire de l'art?
8. Je ne _____ (se disputer) pas souvent avec les profs.
9. Tu _____ (se reposer) un peu sur le lit.
10. Angélique _____ (s'asseoir) toujours près de la porte.
11. Je _____ (s'appeler) Susanne.
12. Elles _____ (s'ennuyer) chez leurs cousins.

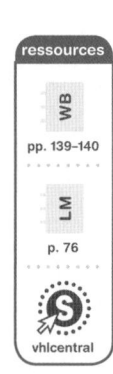

ressources

WB
pp. 139–140

LM
p. 76

S
vhlcentral

ESPACE **STRUCTURES**

Mise en pratique

1 **Ma sœur et moi** Complétez ce texte avec les formes correctes des verbes.

Je (1) _____ (s'appeler) Anne, et j'ai une sœur, Stéphanie. Nous (2) _____ (s'habiller) souvent de la même manière, mais nous sommes très différentes. Stéphanie (3) _____ (s'intéresser) à la politique et elle étudie le droit, et moi, je (4) _____ (s'intéresser) à la peinture et je fais de l'art. Nous habitons ensemble, et nous (5) _____ (s'entendre bien). On (6) _____ (s'asseoir) souvent sur un banc (*bench*) au parc pour bavarder. Quelquefois on (7) _____ (se mettre en colère). Heureusement, on (8) _____ (se rendre compte) que c'est inutile et on (9) _____ (s'arrêter). En fait, Stéphanie et moi, nous (10) _____ (ne pas s'ennuyer) ensemble.

2 **Que faire?** Que font Diane et ses copains? Utilisez les verbes de la liste pour compléter les phrases.

s'amuser	se disputer	s'occuper
s'appeler	s'énerver	se préparer
s'asseoir	s'ennuyer	se promener
se dépêcher	s'entendre bien	se reposer
se détendre	s'inquiéter	se tromper

1. Si je suis en retard pour mon cours, je _____.

2. Parfois, Toufik _____ et ne donne pas la bonne réponse.

3. Quand un cours n'est pas intéressant, nous _____.

4. Le week-end, Hubert et Édith sont fatigués, alors ils _____.

5. Quand je ne comprends pas mon prof, je _____.

6. Quand il fait beau, vous allez dans le parc et vous _____.

7. Quand tes parents sortent, tu _____ de tes petites sœurs.

8. Ils _____ tout le temps. Ils vont sûrement divorcer!

3 **La fête** Marc a invité ses amis pour célébrer la fin (*end*) du semestre. Avec un(e) partenaire, décrivez la scène à tour de rôle. Utilisez tous les verbes possibles de la liste de l'**Activité 2**.

Marc Fatima Virginie

Christine et Mohammed

Tran et Yves

Rachel et Victor

Chrystelle et Thomas

Practice more at **vhlcentral.com**.

Communication

4 **Se connaître** Vous voulez mieux connaître vos camarades. Par groupes de quatre, posez-vous des questions et puis présentez les réponses à la classe.

MODÈLE

s'intéresser à la politique

Étudiant(e) 1: *Je ne m'intéresse pas à la politique. Et toi, t'intéresses-tu à la politique?*
Étudiant(e) 2: *Je m'intéresse beaucoup à la politique et je lis le journal tous les jours.*

1. s'amuser en cours de français
2. s'inquiéter pour des questions d'argent
3. s'asseoir au premier rang (*row*) dans la classe
4. s'énerver facilement
5. se mettre souvent en colère
6. se reposer le week-end
7. s'entendre bien avec ses camarades de classe
8. se promener souvent

5 **Curieux** Utilisez ces verbes et expressions pour interviewer un(e) partenaire.

MODÈLE

avec qui / s'amuser

Étudiant(e) 1: *Avec qui est-ce que tu t'amuses?*
Étudiant(e) 2: *Je m'amuse avec mes amis.*

1. avec qui / s'entendre bien
2. à quoi / s'intéresser
3. quand, pourquoi / s'ennuyer
4. pourquoi / se mettre en colère
5. quand, comment / se détendre
6. avec qui, où, quand / se promener
7. avec qui, pourquoi / se disputer
8. quand, pourquoi / se dépêcher

6 **Une mère inquiète** La mère de Philippe lui a écrit cet e-mail. Avec un(e) partenaire, préparez par écrit la réponse de Philippe. Employez des verbes réfléchis à sens idiomatique.

> Mon chéri,
>
> Je m'inquiète beaucoup pour toi. Je me rends compte que tu as changé. Tu ne t'amuses pas avec tes amis et tu te mets constamment en colère. Maintenant, tu restes tout le temps dans ta chambre et tu t'intéresses seulement à la télé. Est-ce que tu t'ennuies à l'école? Te souviens-tu que tu as des amis? J'espère que je me trompe.

Révision

1 **Les colocataires** Avec un(e) partenaire, décrivez cette maison de colocataires. Que font-ils à sept heures du matin?

1.

2.

3.

2 **Le camping** Vous et votre partenaire faites du camping dans un endroit isolé. Malheureusement, vous avez tout oublié. À tour de rôle, parlez de ces problèmes à votre partenaire. Il/Elle va essayer de vous aider.

MODÈLE

Étudiant(e) 1: *Je veux me laver les cheveux, mais je n'ai pas pris mon shampooing.*
Étudiant(e) 2: *Moi, j'ai apporté mon shampooing. Je te le prête.*

se brosser les cheveux	se laver le visage
se brosser les dents	prendre une douche
se coiffer	se raser
se laver les mains	se sécher les cheveux

3 **Débat** Par groupes de quatre, débattez cette question: Qui prend plus de temps pour se préparer avant de sortir, les hommes ou les femmes? Préparez une liste de raisons pour défendre votre point de vue. Présentez vos arguments à la classe.

4 **Dépêchez-vous!** Avec un(e) partenaire, vous êtes les parents de trois enfants. Ils doivent partir pour l'école dans dix minutes, mais ils viennent juste de se réveiller! Que leur dites-vous? Utilisez des verbes réfléchis.

MODÈLE

Étudiant(e) 1: *Dépêchez-vous!*
Étudiant(e) 2: *Lève-toi!*

5 **Départ en vacances** Avec un(e) partenaire, observez les images et décrivez-les. Utilisez tous les verbes de la liste. Ensuite, racontez à la classe l'histoire du départ en vacances de la famille Glassié.

s'amuser	s'énerver
se dépêcher	se mettre en colère
se détendre	se préparer
se disputer (avec)	se rendre compte

1.

2.

3.

4.

6 **La personnalité de Martin** Votre professeur va vous donner, à vous et à votre partenaire, une feuille d'information sur Martin. Attention! Ne regardez pas la feuille de votre partenaire.

MODÈLE

Étudiant(e) 1: *Martin s'habille élégamment.*
Étudiant(e) 2: *Mais il s'ennuie le soir.*

Video

Le Zapping

S'aimer mieux

La marque° Krys veut que la beauté soit° accessible à tous. Ses lunettes ont donc des prix raisonnables et elles sont vendues partout° en France, en Belgique et sur Internet. Ses opticiens sont des professionnels qui savent aussi donner de bons conseils° esthétiques à leurs clients.

Cette compagnie est apparue° en 1966 quand les 14 plus grands opticiens de France ont décidé de travailler ensemble. Pour choisir leur nom, ils ont pensé à la transparence et au cristal, et «Krys» est née.

Collection [K]
60€ monture + verres

Non merci.

Jolies lunettes!

Compréhension Répondez aux questions.

1. Est-ce que le jeune homme se sentait (*felt*) bien avant? Quel était son plus gros problème?
2. Qu'est-ce qui a ensuite changé dans sa vie?

Discussion Par groupes de quatre, répondez aux questions et discutez.

1. Quelle partie de votre routine matinale prend le plus de temps ou est vraiment essentielle?
2. En général, est-ce que votre *look* vous aide à vous sentir (*feel*) mieux et à passer une bonne journée, ou est-ce qu'il n'a pas d'importance?
3. Comme la jeune fille dans la pub (*ad*), avez-vous déjà essayé de faire un compliment à un(e) inconnu(e) (*stranger*) sur son *look*? Quelle réaction a eu cette personne?

marque *brand* **soit** *be* **partout** *everywhere* **conseils** *advice* **apparue** *appeared*

Go to **vhlcentral.com** to watch the TV clip featured in this **Le Zapping**.

Leçon **10B**

You will learn how to...
- describe your health
- talk about remedies and well-being

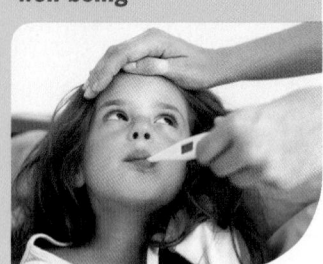

Vocabulary Tools

J'ai mal!

Vocabulaire

aller aux urgences/ à la pharmacie	to go to the emergency room/ to the pharmacy
avoir mal	to have an ache
avoir mal au cœur	to feel nauseous
enfler	to swell
être en bonne santé	to be in good health
être en mauvaise santé	to be in bad health
être en pleine forme	to be in good shape
éviter de	to avoid
faire mal	to hurt
garder la ligne	to stay slim
guérir	to get better
se blesser	to hurt oneself
se casser (la jambe/ le bras)	to break one's (leg/ arm)
se fouler la cheville	to twist/sprain one's ankle
se porter mal/mieux	to be ill/better
se sentir	to feel
tomber/être malade	to get/to be sick
un(e) dentiste	dentist
un(e) pharmacien(ne)	pharmacist
une allergie	allergy
une douleur	pain
la grippe	flu
un symptôme	symptom
une aspirine	aspirin
un médicament (contre/pour)	medication (to prevent/for)
une ordonnance	prescription
les urgences	emergency room
déprimé(e)	depressed
grave	serious
sain(e)	healthy

Il a de la fièvre.

Elle fait une piqûre.

Elle tousse. (tousser)

Elle a mal au dos.

un patient (patiente *f.*)

une pilule

Elle est enceinte.

Il a un rhume.

Elle est en bonne santé.

ATCHOUM!

une blessure

Il éternue. (éternuer)

Le Monde

SANTÉ

ressources

WB	LM	S
pp. 141–142	p. 77	vhlcentral

Mise en pratique

un infirmier

ne pas fumer

Elle fait de l'exercice.

une infirmière

Elle a mal à la tête.

Il a mal au ventre.

1 **Écoutez** Monsieur Sebbar est tombé malade. Vous allez écouter une conversation entre lui et son médecin. Choisissez les éléments de chaque catégorie qui sont vrais.

Symptômes

1. J'ai mal à la tête. ☐
2. J'ai mal a u ventre. ☐
3. J'ai mal aux yeux. ☐
4. J'ai mal à la gorge. ☐
5. J'ai mal au cœur. ☐
6. J'ai mal à la cheville. ☐
7. J'ai de la fièvre. ☐

Diagnostic

1. la grippe ☐
2. un rhume ☐
3. la cheville cassée ☐

Traitement

1. faire de l'exercice ☐
2. faire une piqûre ☐
3. prendre des médicaments ☐

2 **Chassez l'intrus** Indiquez le mot qui ne va pas avec les autres.

1. un médicament, une pilule, une ordonnance, une aspirine
2. un médecin, un dentiste, un patient, une pharmacienne
3. un rhume, une aspirine, la grippe, une allergie
4. tomber malade, guérir, être en bonne santé, se porter mieux
5. éternuer, tousser, fumer, avoir mal à la gorge
6. être en pleine forme, être malade, être en bonne santé, garder la ligne
7. se sentir bien, se porter mieux, être en mauvaise santé, ne pas fumer
8. une blessure, une pharmacie, un symptôme, une douleur

3 **Complétez** Complétez ces phrases avec le bon mot choisi dans **ESPACE CONTEXTES** pour faire des phrases logiques.

1. Vous allez chez le médecin quand vous tombez _____.
2. Vous allez chez _____ quand vous avez mal aux dents.
3. _____ aide les médecins.
4. Une femme qui va avoir un bébé est _____.
5. Une personne qui a eu un grave accident est emmenée (*taken*) aux _____.
6. On prend une _____ quand on a mal à la tête.
7. Pour être en forme et garder la ligne, il faut _____.
8. Si on n'est pas malade, on est _____.
9. Le médecin peut vous faire _____.
10. _____ est une liste de médicaments à prendre.
11. Être _____, c'est être tout le temps malheureux.
12. Si les fleurs vous font _____, vous avez une allergie.

Communication

4 **Conversez** Interviewez un(e) camarade de classe.

1. Quand t'a-t-on fait une piqûre pour la dernière fois? Pourquoi? Et une ordonnance?
2. Est-ce que tu as souvent un rhume? Que fais-tu pour te soigner (*to treat yourself*)?
3. Quel médicament prends-tu quand tu as de la fièvre? Et quand tu as mal à la tête?
4. Es-tu allé(e) chez le médecin cette année? À l'hôpital? Pourquoi?
5. Es-tu déjà allé(e) aux urgences? Pourquoi?
6. Un membre de ta famille ou un(e) de tes ami(e)s est-il/elle à l'hôpital en ce moment? Comment se sent cette personne?
7. Est-ce une bonne idée de fumer? Pourquoi?
8. Comment te sens-tu aujourd'hui? Et comment te sentais-tu hier?

5 **Qu'est-ce qui ne va pas?** Travaillez avec un(e) camarade de classe et à tour de rôle, indiquez ce qui ne va pas chez chaque personne. Proposez un traitement (*treatment*).

1.

2.

3.

4.

5.

6.

7.

8.

6 **Écriture** Suivez les instructions et composez un paragraphe. Ensuite, comparez votre paragraphe avec celui d'un(e) camarade de classe.

- Décrivez la dernière fois que vous étiez malade ou la dernière fois que vous avez eu un accident.
- Dites quels étaient vos symptômes.
- Dites si vous êtes allé(e) chez le médecin ou aux urgences.
- Mentionnez si vous avez eu une ordonnance et quels médicaments vous avez pris.

7 **Chez le médecin** Travaillez avec un(e) camarade de classe pour présenter un dialogue dans lequel vous:

- jouez le rôle d'un médecin et d'un(e) patient(e).
- parlez des symptômes du/de la patient(e).
- présentez le diagnostic (*diagnosis*) du médecin.
- proposez une ordonnance au/à la patient(e).

Les sons et les lettres  Audio

p, t, and c

Read the following English words aloud while holding your hand an inch or two in front of your mouth. You should feel a small burst of air when you pronounce each of the consonants.

pan	**top**	**cope**	**pat**

In French, the letters **p**, **t**, and **c** are not accompanied by a short burst of air. This time, try to minimize the amount of air you exhale as you pronounce these consonants. You should feel only a very small burst of air or none at all.

panne	**taupe**	**capital**	**cœur**

To minimize a t sound, touch your tongue to your teeth and gums, rather than just your gums.

taille	**tête**	**tomber**	**tousser**

Similarly, you can minimize the force of a **p** by smiling slightly as you pronounce it.

pied	**poitrine**	**pilule**	**piqûre**

When you pronounce a hard c sound, you can minimize the force by releasing it very quickly.

corps	**cou**	**casser**	**comme**

Prononcez Répétez les mots suivants à voix haute.

1. plat
2. cave
3. tort
4. timide
5. commencer
6. travailler
7. pardon
8. carotte
9. partager
10. problème
11. rencontrer
12. confiture
13. petits pois
14. colocataire
15. canadien

Articulez Répétez les phrases suivantes à voix haute.

1. Paul préfère le tennis ou les cartes?
2. Claude déteste le poisson et le café.
3. Claire et Thomas ont-ils la grippe?
4. Tu préfères les biscuits ou les gâteaux?

Dictons Répétez les dictons à voix haute.

Les absents ont toujours tort.[1]

Il n'y a que le premier pas qui coûte.[2]

Bienvenue les ENFANTS !

ressources

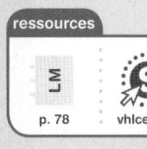

LM
p. 78

vhlcentral

[1] Those who are absent are always the ones to blame.
[2] The first step is always the hardest.

ESPACE **ROMAN-PHOTO**

L'accident  Video

Amina

David

Dr Beaumarchais

Rachid

Stéphane

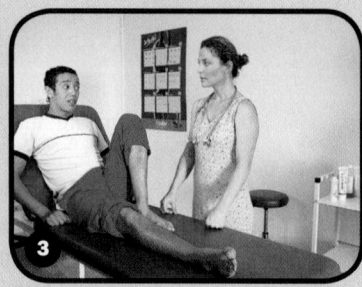

Au parc...

RACHID Comment s'appelle le parti politique qui gagne les élections en 1936?

STÉPHANE Le Front Populaire.

RACHID Exact. Qui en était le chef?

STÉPHANE Je ne m'en souviens pas.

RACHID Réfléchis. Qui est devenu président...?

AMINA Salut, vous deux!

RACHID Bonjour, Amina! (*Il tombe.*) Aïe!

STÉPHANE Tiens, donne-moi la main. Essaie de te relever.

RACHID Attends... non, je ne peux pas.

AMINA On va t'emmener chez le médecin tout de suite. Stéphane, mets-toi là, de l'autre côté. Hop là! On y va? Allons-y.

Chez le médecin...

DOCTEUR Alors, expliquez-moi ce qui s'est passé.

RACHID Eh bien, je jouais au foot quand tout à coup, je suis tombé.

DOCTEUR Et où est-ce que vous avez mal? Au genou? À la jambe? Ça ne vous fait pas mal ici?

RACHID Non, pas vraiment.

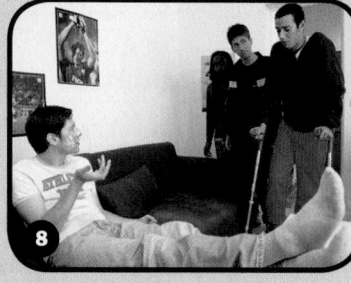

AMINA Ah, te voilà, Rachid!

STÉPHANE Alors, tu t'es cassé la jambe? Euh... tu peux toujours jouer au foot?

AMINA Stéphane!

RACHID Pas pour le moment, non; mais ne t'inquiète pas. Après quelques semaines de repos, je vais guérir rapidement et retrouver la forme.

AMINA Qu'est-ce que t'a dit le docteur?

RACHID Oh, ce n'est pas grave. Je me suis foulé la cheville. C'est tout.

AMINA Ah, c'est une bonne nouvelle. Bon, on rentre?

RACHID Oui, volontiers. Dis, est-ce qu'on peut passer par la pharmacie?

AMINA Bien sûr!

Chez David et Rachid...

DAVID Rachid! Qu'est-ce qui t'est arrivé?

RACHID On jouait au foot et je suis tombé. Je me suis foulé la cheville.

DAVID Oh! C'est idiot!

AMINA Bon, on va mettre de la glace sur ta cheville. Il y en a au congélateur?

DAVID Oui, il y en a.

---

1 **Les événements** Mettez ces événements dans l'ordre chronologique.

_____ **a.** Rachid, Stéphane et Amina vont à la pharmacie.

_____ **b.** Rachid tombe.

_____ **c.** David explique qu'il a eu une réaction allergique.

_____ **d.** Rachid et Stéphane jouent au foot.

_____ **e.** Le docteur Beaumarchais explique que Rachid n'a pas la cheville cassée.

_____ **f.** Stéphane ne se souvient pas de la réponse.

_____ **g.** Amina et Stéphane aident Rachid.

_____ **h.** Amina et Stéphane sont surpris de voir (*see*) comment est le visage de David.

_____ **i.** David dit qu'il est allé aux urgences.

_____ **j.** Le docteur Beaumarchais prépare une ordonnance.

 Practice more at **vhlcentral.com**.

Rachid se foule la cheville.

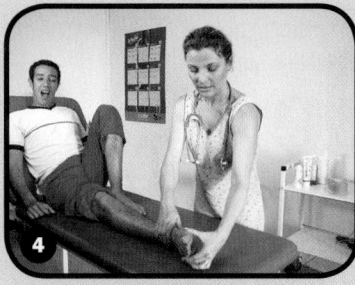

DOCTEUR Et là, à la cheville?

RACHID Aïe! Oui, c'est ça!

DOCTEUR Vous pouvez tourner le pied à droite... Et à gauche? Doucement. La bonne nouvelle, c'est que ce n'est pas cassé.

RACHID Ouf, j'ai eu peur.

DOCTEUR Vous vous êtes simplement foulé la cheville. Alors, voilà ce que vous allez faire: mettre de la glace, vous reposer. Ça veut dire: pas de foot pendant une semaine au moins et prendre des médicaments contre la douleur. Je vous prépare une ordonnance tout de suite.

RACHID Merci, Docteur Beaumarchais.

STÉPHANE Et toi, David, qu'est-ce qui t'est arrivé? Tu fais le clown ou quoi?

DAVID Ah! Ah!... Très drôle, Stéphane.

AMINA Ça te fait mal?

DAVID Non. C'est juste une allergie. Ça commence à aller mieux. Je suis allé aux urgences. On m'a fait une piqûre et on m'a donné des médicaments. Ça va passer. En attendant, je dois éviter le soleil.

STÉPHANE Vous faites vraiment la paire, tous les deux!

AMINA Allez, Stéphane. Laissons-les tranquilles. Au revoir, vous deux. Reposez-vous bien!

RACHID Merci! Au revoir!

DAVID Au revoir!

DAVID Eh! Rends-moi la télécommande! Je regardais ce film...

Expressions utiles

Giving instructions and suggestions

- **Essaie de te relever.**
  Try to get up.
- **On y va? Allons-y.**
  Ready? Let's go (there).
- **Qu'est-ce qui t'est arrivé?**
  What happened to you?
- **Laissons-les tranquilles.**
  Let's leave them alone.
- **Rends-moi la télécommande.**
  Give me back the remote.

Referring to ideas, quantities, and places

- **Qui en était le chef?**
  Who was the leader of it?
- **Je ne m'en souviens pas.**
  I don't remember it.
- **De la glace. Il y en a au congélateur?**
  Ice. Is there any in the freezer?
- **Oui, il y en a.**
  Yes, there is some (there).

Additional vocabulary

- **la bonne nouvelle**
  the good news
- **ça veut dire**
  that is to say/that means
- **volontiers**
  gladly
- **en attendant**
  in the meantime

2 **À vous!** Sandrine ne sait pas encore ce qui (*what*) est arrivé à David et à Rachid. Avec deux camarades de classe, préparez une conversation dans laquelle Sandrine découvre ce qui s'est passé. Ensuite, jouez les rôles de Sandrine, David et Rachid devant la classe.

- Imaginez le contexte de la conversation: le lieu, qui fait/a fait quoi.
- Décidez si Sandrine rencontre les garçons ensemble ou séparément.
- Décrivez la surprise initiale de Sandrine. Détaillez ses questions et ses réactions.

3 **Écrivez** Rachid et David ont deux problèmes de santé très différents. Qu'est-ce que vous préférez, une cheville foulée pendant une semaine ou une réaction allergique au visage? Écrivez un paragraphe dans lequel vous comparez les deux situations. Quelle situation est la pire? Pourquoi?

ressources

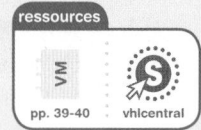

pp. 39-40 vhlcentral

A C T I V I T É S

Reading
Video: *Flash culture*

CULTURE À LA LOUPE

La Sécurité sociale

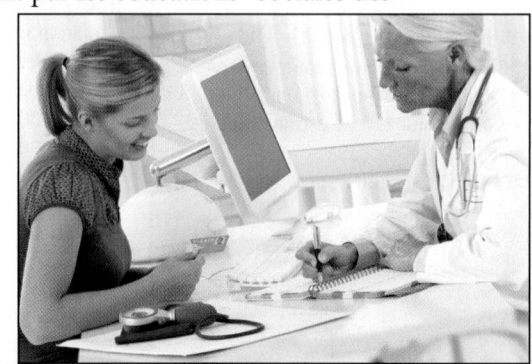

En France, presque tous les habitants sont couverts par le système national de la Sécurité sociale. La Sécurité sociale, ou «la sécu», est un organisme d'État, financé principalement par les cotisations° sociales des travailleurs, qui donne une aide financière à ses bénéficiaires dans différents domaines. La branche «famille», par exemple, s'occupe des allocations° pour la maternité et les enfants. La branche «vieillesse» paie les retraites des personnes âgées. La branche «maladie» aide les gens en cas de maladies et d'accidents du travail. Chaque personne qui bénéficie des prestations° de la Sécurité sociale a une carte Vitale qui ressemble à une carte de crédit et qui contient° toutes ses informations personnelles. La Sécurité sociale rembourse° en moyenne 75% des frais° médicaux. Les visites chez le médecin sont remboursées à 70%. Le taux° de remboursement varie entre 80 et 100% pour les séjours en clinique ou à l'hôpital et entre 70 et 100% pour les soins dentaires°. Pour les achats° en pharmacie, le taux de remboursement varie beaucoup: de 35 à 100% selon° les médicaments achetés. Beaucoup de gens ont aussi une mutuelle, une assurance santé supplémentaire qui rembourse ce que la Sécurité sociale ne rembourse pas. Ceux° qui ne peuvent pas avoir de mutuelle et ceux qui n'ont pas droit à° la Sécurité sociale traditionnelle bénéficient parfois de la Couverture Maladie Universelle (CMU). La CMU garantit le remboursement à 100% des frais médicaux aux gens qui n'ont pas beaucoup de ressources.

cotisations *contributions* **allocations** *allowances* **prestations** *benefits* **contient** *holds* **rembourse** *reimburses* **frais** *expenses* **taux** *rate* **soins dentaires** *dental care* **achats** *purchases* **selon** *depending on* **Ceux** *Those* **n'ont pas droit à** *don't qualify for* **En moyenne** *On average* **dont** *of which* **ont lieu** *take place*

Les visites médicales

- En moyenne°, les Français consultent un médecin sept fois par an,
- dont° quatre fois un généraliste
- et trois fois un spécialiste.
- 70% des visites médicales ont lieu° chez le médecin.
- 20% ont lieu à la maison.
- 10% ont lieu à l'hôpital.

A C T I V I T É S

1 **Vrai ou faux?** Indiquez si les phrases sont **vraies** ou **fausses**. Corrigez les phrases fausses.

1. Les cotisations des travailleurs financent la Sécurité sociale.

2. La Sécurité sociale a plusieurs branches.

3. La branche «vieillesse» s'occupe des accidents du travail.

4. La carte Vitale est une assurance supplémentaire.

5. La Sécurité sociale rembourse en moyenne 100% des frais médicaux.

6. Entre 70 et 100% des soins dentaires sont remboursés par la sécu.

7. La Sécurité sociale ne rembourse pas les médicaments.

8. En plus de la Sécurité sociale, certaines personnes ont des assurances santé supplémentaires.

9. Si on n'a pas beaucoup d'argent, on peut bénéficier de la CMU.

10. Vingt pour cent des consultations médicales ont lieu à l'hôpital.

LE FRANÇAIS QUOTIDIEN

Des problèmes de santé

angine (*f.*)	*strep throat*
bronchite (*f.*)	*bronchitis*
carie (*f.*)	*cavity*
frissons (*m.*)	*chills*
migraine (*f.*)	*migraine*
nez bouché	*stuffy nose*
nez qui coule	*runny nose*
sinusite (*f.*)	*sinus infection*
toux (*f.*)	*cough*

LE MONDE FRANCOPHONE

Des pionniers de la médecine

Voici quelques autres pionniers francophones de la médecine.

En Belgique
Jules Bordet (1870–1961) médecin et microbiologiste qui a découvert° le microbe de la coqueluche°

En France
Bernard Kouchner (1939–) médecin, cofondateur° de Médecins sans frontières° et de Médecins du monde

En Haïti
Yvonne Sylvain (1907–1989) première femme médecin et gynécologue obstétricienne d'Haïti

Au Québec
Jeanne Mance (1606–1673) fondatrice du premier hôpital d'Amérique du Nord

En Suisse
Henri Dunant (1828–1910) fondateur de la Croix-Rouge°

a découvert *discovered* **coqueluche** *whooping cough* **cofondateur** *cofounder* **frontières** *Borders* **Croix-Rouge** *Red Cross*

PORTRAIT

Marie Curie

Grande figure féminine du 20e siècle et de l'histoire des sciences, Marie Curie reçoit° en 1903 le prix Nobel de physique avec son mari, Pierre, pour leurs travaux° sur la radioactivité. Quelques années plus tard elle reçoit le prix Nobel de chimie pour la découverte° de deux éléments radioactifs: le polonium et le radium. Pendant la Première Guerre mondiale° elle organise un service de radiologie mobile pour mieux soigner° les blessés. La lutte° contre le cancer bénéficie aussi des vertus thérapeutiques du radium. Marie Curie est la première femme à recevoir° un prix Nobel et la seule personne à en avoir reçu° deux. Elle est née Maria Sklodowska à Varsovie en Pologne. À 24 ans elle est venue à Paris pour faire des études scientifiques car° l'université de Varsovie refusait l'accès aux jeunes filles. Elle a consacré° toute sa vie aux recherches scientifiques et est morte d'une leucémie en 1934.

reçoit *receives* **travaux** *work* **découverte** *discovery* **Première Guerre mondiale** *World War I* **soigner** *treat* **lutte** *fight* **recevoir** *receive* **reçu** *received* **car** *because* **consacré** *devoted*

MUSIQUE À FOND

Pierre Bachelet

Lieu d'origine: Paris, France
Métier: auteur-compositeur-interprète

Très connu pour sa voix mélodique, il évoque le Nord dans ses chansons. Il est connu aussi pour ses musiques de films.

Go to vhlcentral.com to find out more about **Pierre Bachelet** and his music.

---

2 **Répondez** Répondez aux questions par des phrases complètes.

1. Quels grands prix Marie Curie a-t-elle reçus?
2. Quelles sont les implications pour la lutte contre le cancer?
3. Où Marie Curie est-elle née?
4. Pourquoi est-elle venue à Paris?
5. Qui a été la première femme médecin d'Haïti?

3 **Problèmes de santé** Avec un(e) camarade, écrivez cinq phrases où vous utilisez ce vocabulaire: **une angine** (*strep throat*), **une carie** (*cavity*), **des frissons** (*m.*) (*chills*), **le nez bouché** (*stuffy nose*), **une toux** (*cough*). Soyez prêts à les présenter devant la classe.

 Practice more at **vhlcentral.com**.

ressources

VM
pp. 79-80

vhlcentral

ACTIVITÉS

10B.1

The *passé composé* of reflexive verbs

Ⓢ Tutorial

Point de départ In **Leçon 10A**, you learned to form the present tense and command forms of reflexive verbs. You will now learn how to form the **passé composé** of reflexive verbs.

Vous vous êtes foulé la cheville.

Tu t'es cassé la jambe?

À noter

In **Leçon 7A**, you learned about verbs that take **être** in the **passé composé** and about agreement of past participles with a preceding direct object pronoun in the **passé composé** with **avoir**. Keep these in mind as you learn how to form the **passé composé** of reflexive verbs.

🏃 Boîte à outils

Recall that some verbs can be used both reflexively and non-reflexively. In the **passé composé**, reflexive verbs take **être** as the auxiliary verb, while their non-reflexive counterparts take **avoir**.

Elle **s'est arrêtée**.
Elle **a arrêté** la voiture.

- Use the auxiliary verb **être** with all reflexive verbs in the **passé composé**, and place the reflexive pronoun before it.

  Nous **nous sommes fait** mal hier, pendant la randonnée.
  We hurt ourselves during the hike yesterday.

  Il **s'est lavé** les mains avant de prendre le médicament.
  He washed his hands before taking the medicine.

  Où est-ce que tu **t'es blessé**?
  Where did you hurt yourself?

  Vous **vous êtes trompé**?
  Did you make a mistake?

- If the verb is not followed by a direct object, the past participle does agree with the subject in gender and number.

           SUBJECT   PAST PARTICIPLE

  L'infirmier et le médecin **se sont disputés**.
  The nurse and the doctor argued.

    SUBJECT   PAST PARTICIPLE

  Elle **s'est assise** dans le fauteuil du dentiste.
  She sat in the dentist's chair.

        SUBJECT   PAST PARTICIPLE

  Ahmed et toi, vous **vous êtes** bien **entendus**?
  Did you and Ahmed get along?

- If the verb is followed by a direct object, the past participle does not agree with the subject. Use the masculine singular form.

      PAST   DIRECT
      PARTICIPLE OBJECT

  Régine **s'est foulé** les deux chevilles.
  Régine twisted both ankles.

      PAST   DIRECT
      PARTICIPLE OBJECT

  Ils **se sont cassé** les bras.
  They broke their arms.

- To make a reflexive verb negative in the **passé composé**, place **ne** before the reflexive pronoun and **pas** after the auxiliary verb.

  Elles **ne se sont pas** mises en colère.
  They didn't get angry.

  Nous **ne nous sommes pas** sentis mieux.
  We didn't feel better.

  Je **ne me suis pas** rasé ce matin.
  I didn't shave this morning.

  Tu **ne t'es pas** coiffée.
  You didn't do your hair.

- To ask a question using inversion with a reflexive verb in the **passé composé**, follow the same pattern as you would with non-reflexive verbs. Invert the subject pronoun and the auxiliary verb, and keep the reflexive pronoun before the auxiliary.

  Irène **s'est-elle** blessée au genou?
  Did Irène hurt her knee?

  Ne **vous êtes-vous** pas rendu compte de ça?
  Didn't you realize that?

- Place a direct object pronoun between the reflexive pronoun and the auxiliary verb. Make the past participle agree with the direct object pronoun that precedes it.

  Il a la cheville un peu enflée. Il **se l'**est **cassée** il y a une semaine.
  His ankle is a bit swollen. He broke it a week ago.

  Mes mains? Mais je **me les** suis déjà **lavées**.
  My hands? But I already washed them.

- The irregular past participle of the verb **s'asseoir** is **assis(e)**.

  Elle **s'est assise** près de la fenêtre.
  She sat near the window.

  Les jeunes mariés **se sont assis** dans le salon.
  The newlyweds sat in the living room.

- Form the **imparfait** of reflexive verbs exactly as you would for non-reflexive verbs. Just add the corresponding reflexive pronoun.

  Je **me brossais** les dents trois fois par jour.
  I used to brush my teeth three times a day.

  Nous **nous promenions** souvent au parc.
  We often used to take walks in the park.

Essayez! **Complétez ces phrases.**

1. Natalia s'est ((foulé)/ foulée) le bras.
2. Sa jambe? Comment Robert se l'est-il (cassé / cassée)?
3. Les deux joueurs de basket se sont (blessé / blessés) au genou.
4. L'infirmière s'est (lavé / lavées) les mains.
5. M. Pinchon s'est (fait / faite) mal à la jambe.
6. S'est-elle (rasé / rasées) les jambes?
7. Elles se sont (maquillé / maquillés) les yeux?
8. Nous nous les sommes (cassé / cassés).
9. Sandrine, tu t'es (réveillé / réveillée) tard ce matin.
10. Tout à coup, Omar s'est (senti / sentie) mal.
11. Nous ne nous sommes pas (déshabillé / déshabillées) avant de nous coucher.

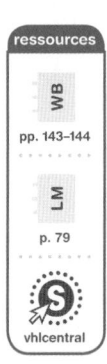

ressources

WB
pp. 143–144

LM
p. 79

S
vhlcentral

Mise en pratique

1 **Une lettre** Complétez la lettre que Christine a écrite sur sa journée. Mettez les verbes au passé composé.

Hier soir, je (1) _____ (se coucher) trop tard, et quand je (2) _____ (se réveiller), j'étais fatiguée. Mais je voulais jouer au basket, alors je (3) _____ (se lever) et je (4) _____ (se brosser) les dents. Mon amie est venue me chercher et je (5) _____ (s'endormir) dans la voiture! Je pense que mon amie (6) _____ (s'énerver) un peu contre moi. Nous (7) _____ (se préparer) pour le match et nous (8) _____ (se mettre) à jouer.

2 **Descriptions** Utilisez des verbes réfléchis pour décrire ce que (*what*) les personnages des illustrations ont fait ou n'ont pas fait hier. Mettez les verbes au passé composé.

Thomas

MODÈLE

Thomas ne s'est pas lavé.

1. mes amis
_____

2. tu
_____

3. je
_____

4. vous
_____

3 **Une mauvaise journée** Hier, Djamila a eu toutes sortes de difficultés. Avec un(e) partenaire, utilisez le vocabulaire de la liste pour raconter sa mauvaise journée.

MODÈLE

Étudiant(e) 1: Djamila s'est trompée.
Étudiant(e) 2: Elle s'est brossé les dents avec du savon!

se brosser	se sentir	la cheville
se casser	se tromper	la jambe
se fouler	le bras	le pied
s'habiller	les chaussures	un rhume
se laver	du dentifrice	du savon
se lever	la salle des urgences	du shampooing

Communication

4 **Et toi?** Avec un(e) partenaire, posez-vous ces questions. Ensuite, présentez vos réponses à la classe.

1. À quelle heure t'es-tu réveillé(e) ce matin?

2. Avec quel dentifrice t'es-tu brossé les dents?

3. Avec quel shampooing t'es-tu lavé les cheveux aujourd'hui?

4. T'es-tu énervé(e) cette semaine? Pourquoi?

5. T'es-tu disputé(e) avec quelqu'un cette semaine? Avec qui?

6. T'es-tu endormi(e) facilement hier soir? Pourquoi?

7. T'es-tu promené(e) récemment? Où?

8. Comment t'es-tu détendu(e) le week-end dernier?

9. Comment t'es-tu amusé(e) le week-end dernier?

10. T'es-tu bien entendu(e) avec ton/ta camarade de chambre le premier mois?

11. T'es-tu couché(e) tard le week-end dernier? Pourquoi?

12. T'es-tu mis(e) en colère contre quelqu'un récemment? Contre qui? Pourquoi?

5 **Une enquête criminelle** Il y a eu un crime dans votre quartier et un agent de police vous pose des questions pour l'enquête (*investigation*). Avec un(e) partenaire, utilisez le vocabulaire de la liste pour créer le dialogue.

se coucher	se trouver
se disputer	appartement
s'énerver	blessure
se lever	corps
se mettre en colère	quartier
se réveiller	déprimé(e)
revenir	grave
se souvenir	soudain

6 **Charades** Par groupes de quatre, pensez à une phrase au passé composé avec un verbe réfléchi et jouez-la. La première personne qui devine joue la prochaine phrase.

10B.2

The pronouns *y* and *en*  Tutorial

Point de départ The pronoun y replaces a previously mentioned phrase that begins with the prepositions **à**, **chez**, **dans**, **en**, or **sur**. The pronoun en replaces a previously mentioned phrase that begins with a partitive or indefinite article, or with the preposition **de**.

PREPOSITIONAL
PHRASE

Nous allons **chez le médecin**.   ▶   Nous **y** allons.

PRONOUN

PREPOSITIONAL
PHRASE

Il était le chef **du Front Populaire**.   ▶   Il **en** était le chef.

PRONOUN

Allons-y!

Le Front Populaire.
Qui en était le chef?

- The pronouns **y** and **en** precede the conjugated verb.

  Es-tu allée **à la plage**?
  Did you go to the beach?

  Oui, j'**y** suis allée.
  Yes, I went there.

  Achètent-elles **de la moutarde**?
  Are they buying mustard?

  Oui, elles **en** achètent.
  Yes, they're buying some.

  Tu te mets **à la danse**?
  Are you taking up dancing?

  Oui, je m'**y** mets.
  Yes, I'm taking it up.

- Like other pronouns in an infinitive construction, **y** and **en** follow the conjugated verb and precede the infinitive.

  Quand préfères-tu manger **chez Fatima**?
  When do you prefer to eat at Fatima's?

  Je **préfère y manger** demain soir.
  I prefer to eat there tomorrow night.

  Allez-vous prendre **du thé**?
  Are you going to have tea?

  Oui, **nous allons en prendre.**
  Yes, we're going to have some.

- Never omit **y** or **en** even when the English equivalents can be omitted.

  Ah, vous allez **à la boulangerie**.
  Oh, you're going to the bakery.

  Tu **y** vas aussi?
  Are you going (there), too?

  Est-ce qu'elle prend **du sucre**?
  Does she take sugar?

  Non, elle n'**en** prend pas.
  No, she doesn't (take any).

- Use **en** to replace a prepositional phrase that begins with **de**.

  Vous revenez **de vacances**?
  Are you coming back from vacation?

  Oui, nous **en** revenons.
  Yes, we're coming back (from vacation).

- Always use **en** to replace nouns that follow a number or expression of quantity. In such cases, you must still use the number or expression of quantity in the sentence together with **en**.

Combien **de frères** a-t-elle?
How many brothers does she have?

Elle **en** a un (**deux, trois**).
She has one (two, three).

Avez-vous acheté **beaucoup de pain**?
Did you buy a lot of bread?

Oui, j'**en** ai acheté **beaucoup**.
Yes, I bought a lot.

- In the **passé composé**, the past participle never agrees with **y** or **en**.

Avez-vous trouvé **des fraises**?
Did you find some strawberries?

Oui, nous **en** avons trouvé.
Yes, we found some.

A-t-elle attendu **à la salle des urgences**?
Did she wait in the emergency room?

Oui, elle **y** a attendu.
Yes, she waited there.

- In an affirmative **tu** command, do not drop the **-s** when an **-er** verb is followed by **y** or **en**. Note that **aller** also follows this pattern.

Tu vas chez le médecin? Va**s-y**!
You're going to the doctor's? Go!

but

Va chez le médecin!
Go to the doctor's!

Il y a des pommes. Mange**s-en**!
There are some apples. Eat a few!

but

Mange des pommes!
Eat some apples!

- With imperatives, **moi** followed by **y** and **en** becomes **m'y** and **m'en**. **Toi** followed by **y** and **en** becomes **t'y** and **t'en**.

Vous avez **des pêches** aujourd'hui?
You have peaches today?

Donnez-**m'en** dix.
Give me ten.

- When using two pronouns in the same sentence, **y** and **en** always come in second position.

Vous parlez **à Hélène de sa toux**?
Are you talking to Hélène about her cough?

Oui, nous **lui en** parlons.
Yes, we're talking to her about it.

- When used together in the same sentence, **y** is placed before **en**.

Il y a **de bons médecins** à l'hôpital?
Are there good doctors at the hospital?

Oui, il **y en** a.
Yes, there are.

 Boîte à outils

The pronoun **y** is not used to refer to people. The pronoun **en** may refer to people when the noun it refers to is preceded by the indefinite article **des**. However, in the constructions [*verb*] + **à** + [*person*] and [*verb*] + **de** + [*person*], **y** and **en** cannot be used to refer to people. Instead, use disjunctive pronouns.

Je pense **à ma mère**.
Je pense **à elle**.

Nous parlons de **notre père**.
Nous parlons de **lui**.

Essayez! **Complétez les phrases avec le(s) pronom(s) correct(s).**

1. Faites-vous du sport? Oui, nous __*en*__ faisons.
2. Papa est au garage? Oui, il ____ est.
3. Nous voulons des fraises. Donnez-nous- ____ un kilo.
4. Mettez-vous du sucre dans votre café? Oui, nous ____ mettons.
5. Est-ce que tu t'intéresses à la médecine? Oui, je ____ intéresse.
6. Il est allé au cinéma? Oui, il ____ est allé.
7. Combien de pièces y avait-il? Il y ____ avait quatre.
8. Avez-vous des lampes? Non, nous n' ____ avons pas.
9. Elles sont chez leur copine. Elles ____ sont depuis samedi.
10. Êtes-vous allés en France? Oui, nous ____ sommes déjà allés.

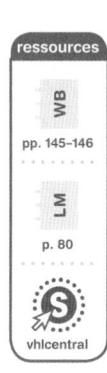

ressources

WB
pp. 145–146

LM
p. 80

vhlcentral

Mise en pratique

1 **Sondage** M. Renaud répond aux questions d'un journaliste qui fait un sondage (*poll*) pour un magazine français. Utilisez **y** ou **en** pour compléter les notes du journaliste.

Nombre/Fréquence		Notes
1. Enfants	3	M. Renaud en a trois.
2. Chiens	0	_____
3. Voiture	2	_____
4. Cinéma	rarement	_____
5. Argent	peu	_____
6. Thé/café	parfois	_____
7. New York	en 2005	_____
8. Chez le médecin	une fois par an	_____

2 **Dossier médical** Avec un(e) partenaire, choisissez une célébrité. Cette personne est allée à l'hôpital, où on lui pose ces questions. Comment répond votre célébrité? Justifiez toutes vos réponses. Utilisez les pronoms **y** et **en**.

1. Avez-vous des allergies?
2. Êtes-vous allé(e) aux urgences cette année?
3. Allez-vous chez le médecin régulièrement?
4. Combien d'aspirines prenez-vous par jour?
5. Faites-vous du sport tous les jours?
6. Avez-vous des douleurs?
7. Avez-vous de la fièvre?
8. Vous êtes-vous blessé(e) au travail?

3 **Chez le dentiste** Mme Hanh emmène ses fils chez un nouveau dentiste. Complétez le dialogue entre le dentiste et les deux garçons. Utilisez les pronoms **y** et **en**.

LE DENTISTE	C'est la première fois que vous venez chez le dentiste?
FRÉDÉRIC	Oui, (1) _____
LE DENTISTE	N'ayez pas peur. Alors, mangez-vous beaucoup de sucre?
HENRI	(2) _____
LE DENTISTE	Et toi, Frédéric, utilises-tu du dentifrice?
FRÉDÉRIC	(3) _____
HENRI	Est-ce que vous allez nous faire une piqûre?
LE DENTISTE	(4) _____
HENRI	Moi, je n'ai pas peur des piqûres... mais j'espère que vous n'allez pas trouver de caries (*cavities*).
LE DENTISTE	(5) _____

Practice more at **vhlcentral.com**.

Communication

4 **Trouvez quelqu'un qui…** Votre professeur va vous donner une feuille d'activités. Circulez dans la classe pour trouver un(e) camarade différent(e) qui donne une réponse affirmative à chaque question. Employez les pronoms **y** et **en**.

MODÈLE

Étudiant(e) 1: *Je suis né(e) à Los Angeles. Y es-tu né(e) aussi?*
Étudiant(e) 2: *Oui, j'y suis né(e) aussi!*

Qui…	Nom
1. est né(e) dans la même (same) ville que vous?	Mireille
2. a pris une aspirine aujourd'hui? Pourquoi?	
3. est allé(e) en Suisse? Quand?	
4. a mangé au resto U cette semaine? Combien de fois?	
5. est déjà allé(e) aux urgences une fois? Pourquoi?	
6. est allé(e) chez le dentiste ce mois-ci? Quand?	

5 **Interview** Posez ces questions à un(e) partenaire. Employez **y** ou **en** dans vos réponses, puis présentez-les à la classe.

Demandez à un(e) partenaire…

1. s'il/elle va à la bibliothèque (au restaurant, à la plage, chez le dentiste) aujourd'hui. Pourquoi?

2. s'il/elle a besoin d'argent (d'une voiture, de courage, de temps libre). Pourquoi?

3. s'il/elle s'intéresse aux sports (à la littérature, au jazz, à la politique). Que préfère-t-il/elle?

4. combien de personnes il y a dans sa famille (dans la classe de français, dans sa résidence).

5. s'il/elle a un chien (beaucoup de cousins, un grand-père, un vélo, un ordinateur). Où sont-ils?

6. s'il/elle a des allergies (une blessure, un rhume). Que fait-il/elle contre les symptômes?

6 **Chez le docteur** Vous avez ces problèmes et vous allez chez le docteur. Votre partenaire va jouer le rôle du docteur. Parlez de vos symptômes. Que faut-il faire? Utilisez les pronoms **y** et **en**.

- des allergies
- une grippe
- un rhume
- une cheville foulée
- mal à la gorge
- se sentir mal

7 **Devinez!** Avec un(e) partenaire, décrivez un endroit ou une chose en utilisant les pronoms **y** ou **en**. Votre partenaire va essayer de deviner (*guess*) ce que vous décrivez.

MODÈLE

Étudiant(e) 1: *J'y vais pour jouer au foot.*
Étudiant(e) 2: *Tu vas au stade?*
Étudiant(e) 1: *J'en mange deux le matin.*
Étudiant(e) 2: *Tu manges des croissants?*

Révision

1 **La salle d'attente** Observez cette salle d'attente (*waiting room*) et, avec un(e) partenaire, décrivez la situation ou la maladie de chaque personne. À tour de rôle, essayez de prescrire un remède. Utilisez les pronoms **y** ou **en** dans vos dialogues.

> **MODÈLE**
>
> **Étudiant(e) 1:** *Ce garçon s'est foulé la cheville. Il doit aller aux urgences.*
> **Étudiant(e) 2:** *Oui, et cette fille...*

2 **Êtes-vous souvent malade?** Avec un(e) partenaire, préparez huit questions pour savoir si vos camarades de classe sont en bonne ou en mauvaise santé. Ensuite, par groupes de quatre, posez les questions à vos camarades et écrivez leurs réponses. Employez des pronoms.

3 **Oh! Ça va?!** Vous êtes un(e) piéton(ne) (*pedestrian*) et tout d'un coup, vous voyez (*see*) un(e) cycliste tomber de son vélo. Avec un(e) partenaire, suivez (*follow*) ces instructions et préparez la scène. Utilisez les pronoms **y** et **en**.

Piéton(ne)		Cycliste
Demandez s'il/elle s'est fait mal.	▶	Dites quel est le problème.
Posez des questions sur les symptômes.	▶	Décrivez les symptômes.
Proposez de l'emmener aux urgences.	▶	Acceptez ou refusez la proposition.

4 **Pour partir loin** Vous et un(e) partenaire allez vivre (*to live*) un mois dans une région totalement isolée. Regardez l'illustration: vous pouvez mettre seulement cinq choses dans votre sac de voyage. Choisissez-les avec votre partenaire.

> **MODÈLE**
>
> **Étudiant(e) 1:** *On prend du shampooing pour se laver les cheveux?*
> **Étudiant(e) 2:** *Non, la bouteille est trop grande!*

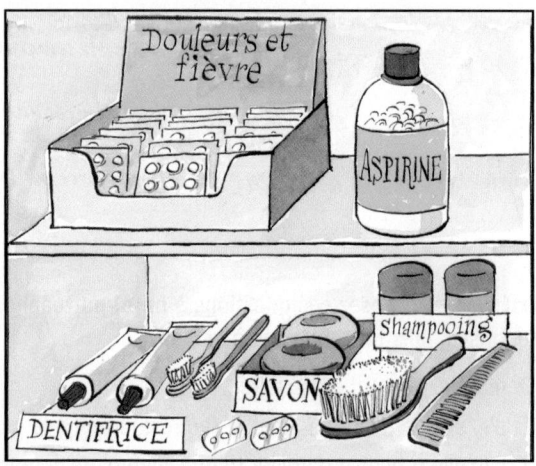

5 **Le malade imaginaire** Vous êtes hypocondriaque et vous pensez être très malade. À tour de rôle, parlez de vos peurs à votre partenaire, qui va essayer de vous rassurer. Utilisez les pronoms **y** et **en** dans votre dialogue.

> **MODÈLE**
>
> **Étudiant(e) 1:** *J'ai de la fièvre, n'est-ce pas?*
> **Étudiant(e) 2:** *Mais non, tu n'en as pas!*
> **Étudiant(e) 1:** *J'ai besoin d'un médicament!*
> **Étudiant(e) 2:** *Mais non, tu n'en as pas besoin!*

6 **La famille Valmont** Votre professeur va vous donner, à vous et à votre partenaire, une feuille d'informations sur la famille Valmont. Attention! Ne regardez pas la feuille de votre partenaire.

> **MODÈLE**
>
> **Étudiant(e) 1:** *David jouait au baseball.*
> **Étudiant(e) 2:** *Voilà pourquoi il s'est cassé le bras!*

À l'écoute

Listening for specific information

You can listen for specific information effectively once you identify the subject of a conversation. You can also use your background knowledge to predict what kinds of information you might hear.

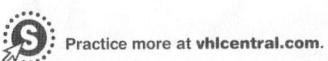 To practice this strategy, you will listen to a commercial for a flu relief medication. Before you listen, use what you already know about the flu and commercials for medications to predict the content of the commercial. Then, listen and jot down specific information the commercial provides. Compare these details to the predictions you first made.

Préparation

Regardez la photo et décrivez les deux personnes. Comment est l'homme? Est-il sportif, d'après vous? A-t-il l'air en forme? Pensez-vous qu'il a des problèmes de santé? Quels problèmes? Et la femme, comment est-elle? A-t-elle l'air en forme? De quoi parlent-ils?

À vous d'écouter

Écoutez la conversation et indiquez chaque problème que Dimitri mentionne.

1. Il est déprimé. _____
2. Il fume trop. _____
3. Il ne fait pas assez d'exercice. _____
4. Il a des douleurs à la gorge. _____
5. Il a beaucoup d'allergies. _____
6. Il a mal au dos. _____
7. Il ne mange pas sainement. _____
8. Il a de la fièvre. _____

Compréhension

Les conseils de Nadine Écoutez la conversation une deuxième fois. Pour chaque catégorie, donnez un des conseils (*pieces of advice*) de Nadine.

1. Nutrition

_____

2. Exercice

_____

3. Mode de vie (*Lifestyle*)

_____

Avez-vous deviné? Relisez vos notes de la Préparation. Avez-vous deviné le sujet de la conversation entre Dimitri et Nadine? Comparez avec un(e) camarade.

Un questionnaire Vous travaillez au centre médical de votre université. Il va y avoir beaucoup d'étudiants francophones ce semestre et ils doivent tous passer une visite médicale. Le directeur du centre vous a demandé de créer un questionnaire en français sur la santé et le mode de vie. Par groupes de trois ou quatre, préparez ce questionnaire (10 questions minimum) et soyez prêts à le présenter à la classe. Voici quelques thèmes à considérer:

- les maladies
- les problèmes de santé récents
- la nutrition
- l'exercice
- les régimes
- le stress et les problèmes personnels
- le repos

Practice more at **vhlcentral.com**.

 Interactive Map

Panorama

La Nouvelle-Aquitaine

La région en chiffres

- ▶ **Superficie:** 84.060 km²
- ▶ **Population:** 5.879.144
- ▶ **Industries principales:** *agriculture, bois° et industries papetières°, aéronautique et spatiale, tourisme*
- ▶ **Villes principales:** *Bordeaux, Bayonne, Poitiers, La Rochelle, Limoges, Pau*

Créée en 2016, la région Nouvelle-Aquitaine regroupe les anciennes régions Aquitaine, Limousin et Poitou-Charentes. La Nouvelle-Aquitaine est la première région agricole de France, et la première région pour les surfaces boisées° en France métropolitaine, avec 2,8 millions d'hectares de forêts.

Personnages célèbres

- ▶ **Aliénor d'Aquitaine,** *reine° de France (1122–1204)*
- ▶ **Jacques-Yves Cousteau,** *explorateur océanographique et cinéaste (1910–1997)*
- ▶ **Barbara Schulz,** *actrice (1972–)*
- ▶ **Henri IV,** *roi° de France (1553–1610)*
- ▶ **Jean Nouvel,** *architecte (1945–)*
- ▶ **François Mauriac,** *écrivain (1885–1970)*

le parc d'attractions Futuroscope

Poitiers

La Rochelle

Limoges

Angoulême

Périgueux

NOUVELLE-AQUITAINE

Bordeaux

la Garonne

L'OCÉAN ATLANTIQUE

Agen

Bayonne

Pau

LES PYRÉNÉES

ANDORRE

L'ESPAGNE

LA FRANCE

la cathédrale de Périgueux

LA MER MÉDITERRANÉE

| 0 | 80 miles |
| 0 | 80 kilomètres |

la dune du Pilat

Incroyable mais vrai!

Appelée parfois «la chapelle Sixtine préhistorique», la grotte° de Lascaux, en Nouvelle-Aquitaine, est décorée de 1.500 gravures° et de 600 peintures°, vieilles de plus de 17.000 ans. En 1940, quatre garçons découvrent° ce sanctuaire. Les fresques, composées de plusieurs animaux, ont jusqu'à ce jour une signification mystérieuse.

bois *wood* **industries papetières** *paper manufacturing* **boisées** *wooded* **reine** *queen* **roi** *king* **grotte** *cave* **gravures** *carvings* **peintures** *paintings* **découvrent** *discover*

La gastronomie
La truffe noire du Périgord

La truffe° noire du Périgord, dans le nord de la Nouvelle-Aquitaine, est célèbre dans le monde entier°. Les truffes poussent° dans le sol° près des arbres, et on utilise des chiens ou cochons truffiers° pour les trouver. Chaque année, la Nouvelle-Aquitaine produit entre huit et neuf tonnes de truffes, qui sont vendues aux marchés de truffes de la région. La truffe noire du Périgord coûte très cher à environ 650–700 euros le kilo, et on l'appelle «le diamant noir».

Les destinations
L'île de Ré

Cette petite île° est située sur la côte° atlantique de la France, près de La Rochelle. En 1987, un pont° a été construit pour relier° l'île au continent. Ses 18.000 habitants permanents utilisent souvent des vélos au lieu des voitures pour se promener autour de° l'île. En été, elle reçoit° le même nombre d'heures de soleil que les plages méditerranéennes et accueille° entre 102.000 et 132.000 touristes.

Le sport
La pelote basque

L'origine de la pelote est ancienne: on retrouve des versions du jeu chez les Mayas, les Grecs et les Romains. C'est au Pays Basque, à la frontière° entre la France et l'Espagne, en Nouvelle-Aquitaine, que le jeu se transforme en véritable sport.

La pelote basque existe sous sept formes différentes; le principe de base est de lancer° une balle en cuir°, la «pelote», contre un mur avec la «paleta», une raquette en bois°, et la «chistera», un grand gant en osier°.

La géographie
La forêt des Landes

Jusqu'au° 14e siècle, cette région était composée de marécages° et a été habitée principalement par des bergers°. En 1857, pour réduire la malaria et pour développer l'économie de la région, les habitants des Landes sont forcés à boiser° leurs terres. Les marécages ont disparu et la forêt des Landes, aujourd'hui la plus grande forêt artificielle de l'Europe, est créée°. La forêt est composée principalement de pins° maritimes, qui étaient déjà présents sur la côte atlantique de la région.

Qu'est-ce que vous avez appris? Répondez aux questions par des phrases complètes.

1. Qui était écrivain né en Nouvelle-Aquitaine?
2. Quel est le surnom (*nickname*) de la grotte de Lascaux?
3. Que trouve-t-on dans la grotte de Lascaux?
4. Où trouve-t-on des truffes noires?
5. Qu'est-ce qu'on utilise pour trouver les truffes noires?
6. Où se trouve l'île de Ré?
7. Combien de touristes l'île de Ré accueille-t-elle en été?
8. Quelles civilisations ont une version de la pelote?
9. Combien de formes différentes de pelote basque y a-t-il?
10. De quel type d'arbre se compose la forêt des Landes?

Sur Internet

Go to **vhlcentral.com** to find more cultural information related to this **Panorama**.

1. Il existe une forme de la pelote basque aux États-Unis. Comment s'appelle ce sport?
2. Cherchez des peintures de la grotte de Lascaux. Quelles sont vos préférées? Pourquoi?
3. Cherchez plus d'informations sur Jean Nouvel. Avez-vous déjà vu quelques-uns de ses bâtiments? Où?

ressources

WB
pp. 147–148 · vhlcentral

truffe *truffle* **entier** *whole* **poussent** *grow* **sol** *ground* **cochons truffiers** *truffle-hunting pigs* **île** *island* **côte** *coast* **pont** *bridge* **relier** *connect* **autour de** *around* **reçoit** *receives* **accueille** *welcomes* **frontière** *border* **lancer** *throw* **cuir** *leather* **mur** *wall* **bois** *wood* **osier** *wicker* **Jusqu'au** *Until the* **marécages** *marshes* **bergers** *shepherds* **boiser** *plant with trees* **créée** *created* **pins** *pine trees*

Lecture

 **Audio: Reading**

Avant la lecture

Examinez le texte

Regardez le document. Analysez le titre de la lecture. Quel est le mot-clé de ce titre? Quel est le sens (*meaning*) du titre? Quel va être le sujet du texte? Faites une liste de vos idées et comparez-les avec les idées d'un(e) camarade. Puis, avec votre partenaire, faites aussi une liste de ce que vous savez déjà sur ce sujet. Essayez de répondre aux questions.

- Quel type de texte est-ce?
- Où pensez-vous que ce texte a été publié?
- Qui a écrit ce texte?
- Quelle est la profession de l'auteur?

Questions personnelles

Répondez aux questions par des phrases complètes.

1. Vous sentez-vous parfois fatigué(e) pendant la journée? Quand? Pourquoi?

2. Êtes-vous souvent fatigué(e) quand vous avez beaucoup de devoirs ou d'examens? Et quand vous faites beaucoup de sport?

3. Dormez-vous bien, en général? Vous couchez-vous tôt ou tard? Et le matin, à quelle heure vous levez-vous, en général?

4. Prenez-vous le temps de vous détendre dans la journée? Que faites-vous pour vous détendre?

5. Mangez-vous sainement? Qu'aimez-vous manger?

6. Faites-vous du sport ou d'autres activités physiques? Lesquel(le)s (*Which ones*)?

Non à la fatigue!

Par le docteur Émilie Parmentier

Selon un sondage° récent, plus de 50% des Français se sentent souvent fatigués. Que faire pour être moins fatigué? Voici les dix conseils° du docteur Émilie Parmentier.

(1) Mangez sainement et évitez les régimes

Vous pouvez garder la ligne et la forme si vous évitez les régimes et choisissez les fruits, les légumes et le poisson au lieu de° la viande et des féculents°. Le matin, prenez le temps de vous préparer un bon petit-déjeuner, mais le soir, mangez léger°.

(2) Dormez bien

Chaque personne est différente. Certaines ont besoin de 6 heures de sommeil° par nuit, d'autres de 10 heures. Respectez vos besoins et essayez de dormir assez, mais pas trop.

(3) Essayez de respecter des horaires réguliers

Avoir des horaires réguliers°, c'est bon pour la forme. Levez-vous à la même heure chaque jour, si possible, puis le soir, essayez aussi de vous coucher toujours à la même heure.

(4) Prenez le temps de vous détendre avant de vous coucher

Le soir avant de vous coucher, prenez quelques minutes pour vous détendre et oublier vos préoccupations et vos problèmes. Essayez la méditation ou le yoga.

(5) Ne vous dépêchez pas tout le temps

Il est très important d'avoir des moments de calme tous les jours et de ne pas toujours se dépêcher. Promenez-vous dans un parc, asseyez-vous et reposez-vous quelques minutes.

⑥ **Amusez-vous et détendez-vous avec les personnes que vous aimez**

Passez des moments en famille ou avec des amis et des personnes avec qui vous vous entendez bien. Parlez de sujets agréables, riez et amusez-vous!

⑦ **Faites du sport ou d'autres activités physiques**

Si on fait trop de sport, on peut être fatigué, mais quand on ne pratique pas assez d'activités physiques, on se sent fatigué aussi. Donc, pour bien vous porter, pratiquez des activités physiques plusieurs fois par semaine. Mais attention! Les activités sportives sont à éviter tard le soir parce qu'elles peuvent causer des troubles du sommeil.

⑧ **Évitez les discussions importantes le soir**

Il n'est pas bon de s'énerver, de se mettre en colère ou de s'inquiéter avant de se coucher parce que cela rend le sommeil difficile. Le soir, évitez donc les grandes discussions (entre époux, entre colocataires, entre petits amis, sur vos problèmes dans les études).

⑨ **Attention au tabac°, au café et à l'alcool**

Limitez votre consommation° de café et d'alcool. Et si vous fumez, essayez d'arrêter. Demandez à votre médecin de vous donner une ordonnance pour des médicaments qui peuvent vous aider à arrêter.

⑩ **Faites des petites siestes**

Parfois, quand vous êtes fatigué, même° une sieste° de vingt minutes peut vous aider à continuer la journée. Alors, quand vous avez juste° quelques minutes de libres, pensez à faire une petite sieste.

Enfin, si vous vous sentez très faible, voire° mal pendant une période de plus de deux semaines, allez voir le médecin. Consultez un médecin si vous tombez malade très souvent ou si vous vous sentez déprimé.

Selon un sondage According to a survey **conseils** pieces of advice **au lieu de** instead of **féculents** starches **léger** light **sommeil** sleep **horaires réguliers** set schedules **tabac** tobacco **consommation** consumption **même** even **sieste** nap **juste** just **voire** or even

Après la lecture

∞ **Complétez** Complétez les phrases.

1. Pour être en bonne santé, il est nécessaire de manger _____.

2. _____ et _____ ne sont pas bons pour la santé. On ne doit donc pas beaucoup boire et on doit arrêter de fumer.

3. Il est bon de faire du yoga ou de la méditation pour _____.

4. Il est préférable d'éviter les discussions importantes ou graves _____.

5. On doit prendre le temps de _____ avec ses amis.

6. Si on se sent vraiment très fatigué ou si on est déprimé, c'est toujours une bonne idée d' _____.

7. Il est bon de toujours _____ et _____ à la même heure.

8. Pour être en forme, pratiquez _____ plusieurs fois par semaine.

∞ **Vrai ou faux?** Indiquez si les phrases sont **vraies** ou **fausses**. Corrigez les phrases fausses.

1. C'est une infirmière qui donne ces conseils.
   _____

2. Les Français ne sont pas souvent fatigués.
   _____

3. D'après le docteur Parmentier, il est important de faire un régime pour garder la ligne.
   _____

4. C'est le soir qu'on doit manger le plus.
   _____

5. Quand on dort trop, on peut se sentir fatigué.
   _____

6. Il est bon de se lever et de se coucher à la même heure tous les jours.
   _____

7. On doit se reposer au calme tous les jours.
   _____

8. Il est recommandé de faire du sport le soir avant de se coucher.
   _____

ꙮ **Votre opinion compte** Que pensez-vous des conseils du docteur Parmentier? A-t-elle raison ou tort, d'après vous? Avec un(e) camarade, choisissez deux de ses conseils et donnez votre opinion sur chacun (each one). Quels conseils allez-vous donner à votre camarade?

Écriture

Sequencing events

Paying attention to sequencing in a narrative will ensure that your writing flows logically from one part to the next. Every composition should have an introduction, a body, and a conclusion.

The introduction presents the subject, the setting, the situation, and the people involved. The body describes the events and people's reactions to these events. The conclusion brings the narrative to a close.

Adverbs and adverbial phrases are often used as transitions between the introduction, the body, and the conclusion. Here is a list of commonly used adverbs in French.

Adverbes	
(tout) d'abord	*first*
premièrement / en premier	*first*
avant (de)	*before*
après	*after*
alors	*then, at that time*
(et) puis	*(and) then*
ensuite	*then*
plus tard	*later*
bientôt	*soon*
enfin	*finally*
finalement	*finally*

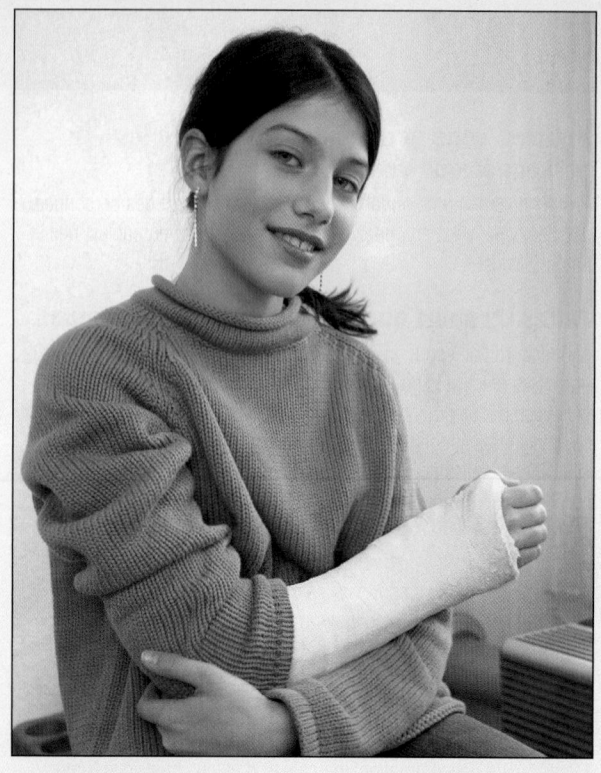

Thème

Écrire une lettre

Avant l'écriture

1. Vous avez été malade le jour du dernier examen de français et vous n'avez pas pu passer l'examen. Vous allez préparer une lettre destinée à votre professeur de français pour lui expliquer ce qui s'est passé. Pour vous y aider, répondez d'abord aux questions:

- Que s'est-il passé? (maladie, accident, autre problème de santé, etc.)

- Quels étaient les symptômes ou quelle blessure avez-vous eue? (avoir mal au ventre, avoir de la fièvre, avoir une jambe cassée, etc.)

- Qu'est-ce qui a peut-être causé ce problème? (accident, pas assez d'exercice physique, ne pas manger sainement, etc.)

- Qu'avez-vous fait? (prendre des médicaments, aller chez le docteur ou le dentiste, aller aux urgences, etc.)

- Qu'est-ce qu'on vous a fait là-bas? (une piqûre, une radio [*X-ray*], une ordonnance, etc.)

- Comment vous sentez-vous maintenant et qu'allez-vous faire pour rester en forme? (ne plus fumer, faire plus attention, faire de l'exercice, etc.)

2. Maintenant, vous allez compléter ce schéma d'idées avec vos réponses. Il va vous servir à placer les informations dans l'ordre. Chaque cadre (*box*) représente une information. Ajoutez-y (*Add*) une introduction et une conclusion. Utilisez des verbes réfléchis.

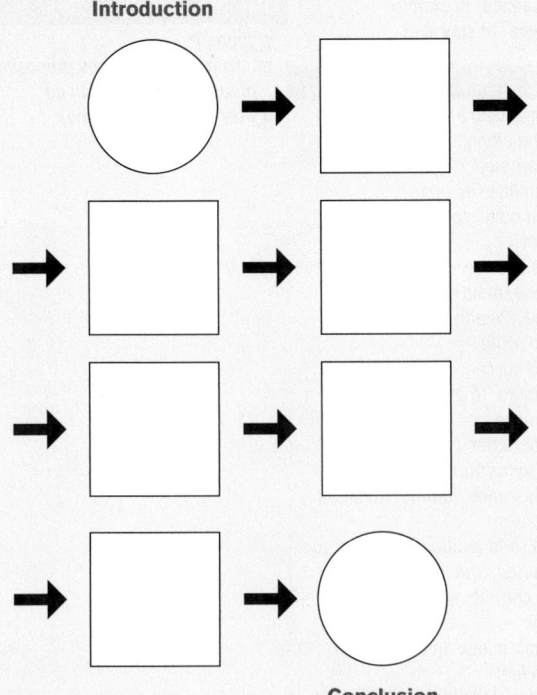

Introduction

Conclusion

3. Regardez à nouveau (*again*) le schéma d'idées. Quels adverbes pouvez-vous y ajouter pour lier (*link*) les informations? Écrivez-les au-dessus de (*above*) chaque cadre.

Écriture

Utilisez le schéma d'idées pour écrire votre lettre au passé (passé composé et imparfait). Elle doit inclure (*include*) une introduction, une partie centrale (le corps), une conclusion et les adverbes que vous avez écrits au-dessus des cadres. À la fin (*end*) de la lettre, excusez-vous et demandez à votre professeur si (*if*) vous pouvez passer l'examen la semaine prochaine. (Attention! Cette partie de la lettre doit être au présent.)

Après l'écriture

1. Échangez votre lettre avec celle (*the one*) d'un(e) partenaire. Répondez à ces questions pour commenter son travail.

- Votre partenaire a-t-il/elle écrit une introduction et une conclusion?

- Votre partenaire a-t-il/elle écrit une partie centrale présentant (*presenting*) les raisons de son absence?

- Votre partenaire a-t-il/elle inclu les adverbes?

- Votre partenaire s'est-il/elle excusé(e) et a-t-il/elle demandé de repasser (*retake*) l'examen?

- Votre partenaire a-t-il/elle correctement utilisé les verbes réfléchis?

- Quel(s) détail(s) ajouteriez-vous (*would you add*)? Quel(s) détail(s) enlèveriez-vous (*would you delete*)? Quel(s) autre(s) commentaire(s) avez-vous pour votre partenaire?

2. Corrigez votre lettre d'après (*according to*) les commentaires de votre partenaire. Relisez votre travail pour éliminer ces problèmes:

- des fautes (*errors*) d'orthographe

- des fautes de ponctuation

- des fautes de conjugaison

- un mauvais emploi (*use*) du passé

- un mauvais emploi de la grammaire de l'unité

- des fautes d'accord (*agreement*) des adjectifs

Leçon 10A

La routine

faire sa toilette *to wash up*
se brosser les cheveux/dents *to brush one's hair/teeth*
se coiffer *to do one's hair*
se coucher *to go to bed*
se déshabiller *to undress*
s'endormir *to go to sleep, to fall asleep*
s'habiller *to get dressed*
se laver (les mains) *to wash oneself (one's hands)*
se lever *to get up, to get out of bed*
se maquiller *to put on makeup*
prendre une douche *to take a shower*
se raser *to shave oneself*
se regarder *to look at oneself*
se réveiller *to wake up*
se sécher *to dry oneself*

Dans la salle de bains

un réveil *alarm clock*
une brosse (à cheveux, à dents) *brush (hairbrush, toothbrush)*
la crème à raser *shaving cream*
le dentifrice *toothpaste*
le maquillage *makeup*
une pantoufle *slipper*
un peigne *comb*
un rasoir *razor*
le savon *soap*
une serviette (de bain) *(bath) towel*
le shampooing *shampoo*

Verbes pronominaux

s'amuser *to play, to have fun*
s'appeler *to be called*
s'arrêter *to stop*
s'asseoir *to sit down*
se dépêcher *to hurry*
se détendre *to relax*
se disputer (avec) *to argue (with)*
s'énerver *to get worked up, to become upset*
s'ennuyer *to get bored*
s'entendre bien (avec) *to get along well (with)*
s'inquiéter *to worry*
s'intéresser (à) *to be interested (in)*
se mettre à *to begin to*
se mettre en colère *to become angry*
s'occuper (de) *to take care of, to keep oneself busy*
se préparer *to get ready*
se promener *to take a walk*
se rendre compte *to realize*
se reposer *to rest*
se souvenir (de) *to remember*
se tromper *to be mistaken*
se trouver *to be located*

Le corps

la bouche *mouth*
un bras *arm*
le cœur *heart*
le corps *body*
le cou *neck*
un doigt *finger*
un doigt de pied *toe*
le dos *back*
un genou (genoux pl.) *knee (knees)*
la gorge *throat*
une jambe *leg*
une joue *cheek*
le nez *nose*
un œil (yeux pl.) *eye (eyes)*
une oreille *ear*
un orteil *toe*
la peau *skin*
un pied *foot*
la poitrine *chest*
la taille *waist*
la tête *head*
le ventre *stomach*
le visage *face*

Expressions utiles

See p. 411.

Leçon 10B

La forme

être en pleine forme *to be in good shape*
faire de l'exercice *to exercise*
garder la ligne *to stay slim*

La santé

aller aux urgences/à la pharmacie *to go to the emergency room/ to the pharmacy*
avoir mal *to have an ache*
avoir mal au cœur *to feel nauseous*
enfler *to swell*
éternuer *to sneeze*
être en bonne/mauvaise santé *to be in good/bad health*
éviter de *to avoid*
faire mal *to hurt*
faire une piqûre *to give a shot*
fumer *to smoke*
guérir *to get better*
se blesser *to hurt oneself*
se casser (la jambe/le bras) *to break one's (leg/arm)*
se faire mal (à la jambe, au bras...) *to hurt one's (leg, arm...)*
se fouler la cheville *to twist/sprain one's ankle*
se porter mal/mieux *to be ill/better*
se sentir *to feel*
tomber/être malade *to get/to be sick*
tousser *to cough*
une allergie *allergy*
une blessure *injury, wound*
une douleur *pain*
la fièvre (avoir de la fièvre) *fever (to have a fever)*
la grippe *flu*
un rhume *cold*
un symptôme *symptom*
une aspirine *aspirin*
un médicament (contre/ pour) *medication (to prevent/for)*
une ordonnance *prescription*
une pilule *pill*
la salle des urgences *emergency room*
déprimé(e) *depressed*
enceinte *pregnant*
grave *serious*
sain(e) *healthy*
un(e) dentiste *dentist*
un infirmier/une infirmière *nurse*
un(e) patient(e) *patient*
un(e) pharmacien(ne) *pharmacist*

Expressions utiles

See p. 429.

The pronouns *y* and *en*

y *there; it*
en *some; any; replaces prepositional phrases beginning with de*
Il y en a *There are (some).*

La technologie

Pour commencer

- David et Rachid font...
  a. les courses. b. la cuisine.
  c. de l'ordinateur.
- Quel est l'objet présent sur la photo?
  a. un savon b. une télévision c. un ordinateur
- Que font-ils?
  a. Ils surfent sur Internet.
  b. Ils font du sport. c. Ils font la fête.

Leçon 11A

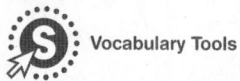
Vocabulary Tools

Le son et l'image

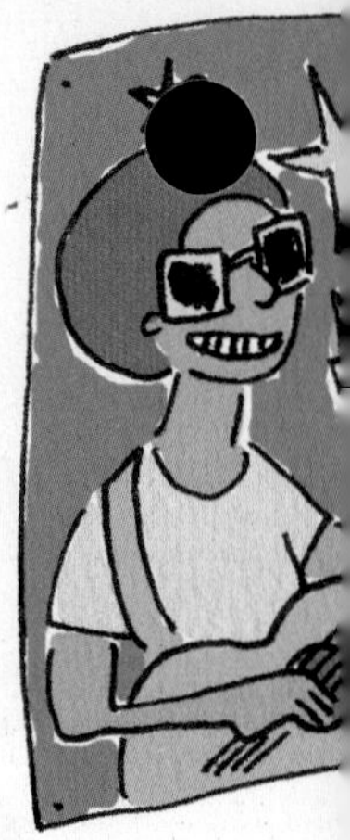

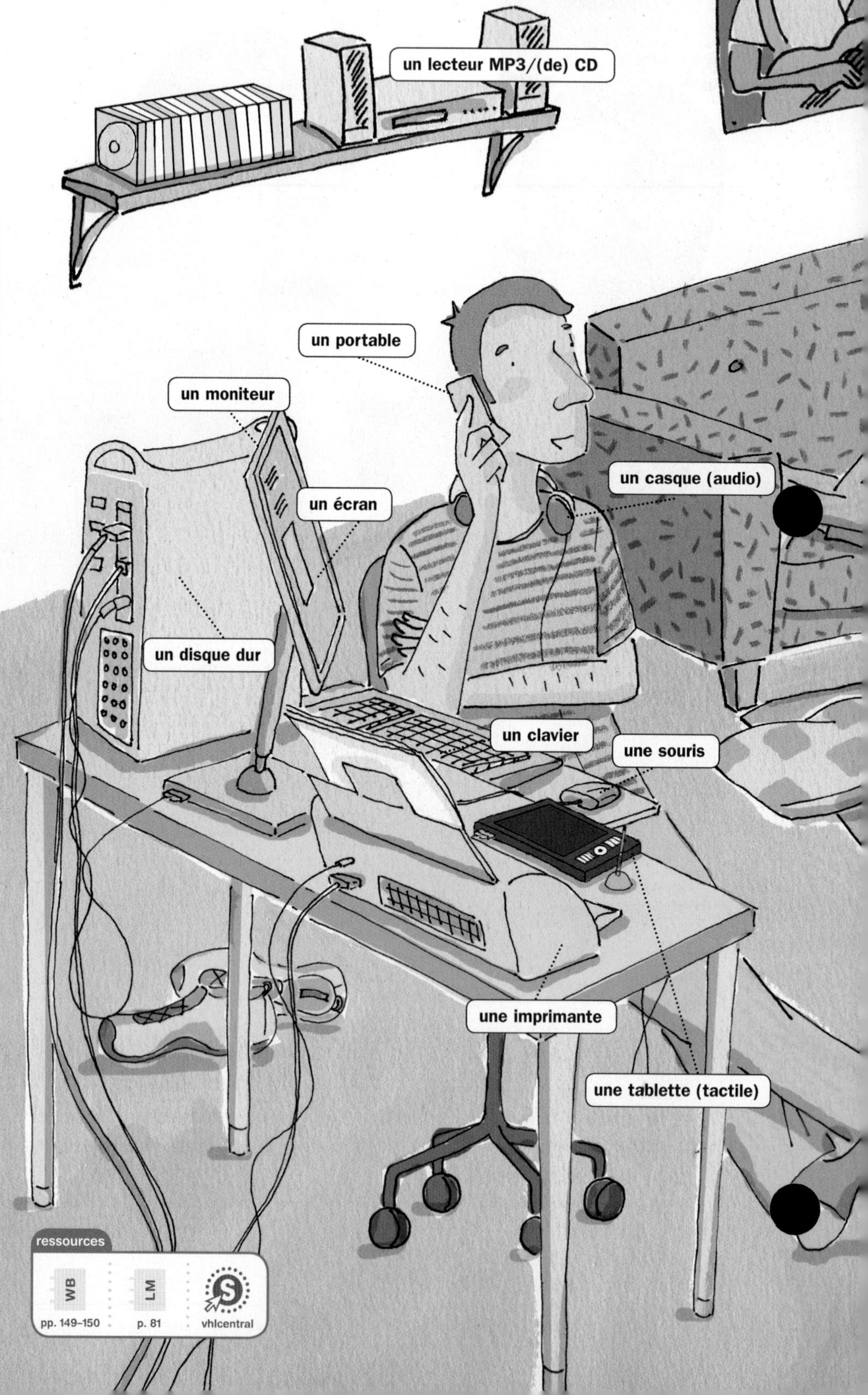

un lecteur MP3/(de) CD

un portable

un moniteur

un écran

un casque (audio)

un disque dur

un clavier

une souris

une imprimante

une tablette (tactile)

Vocabulaire

ajouter/supprimer un(e) ami(e)	to add/delete a friend
allumer	to turn on
brancher	to plug in; to connect
composer (un numéro)	to dial (a number)
démarrer	to start up
effacer	to erase
enregistrer	to record
éteindre	to turn off
être connecté(e) (avec)	to be connected (to)
être en ligne (avec)	to be online/on the phone (with)
fermer	to close; to shut off
fonctionner/marcher	to function, to work
imprimer	to print
prendre une photo(graphie)	to take a photo(graph)
recharger	to charge
sauvegarder	to save
surfer sur Internet	to surf the Internet
télécharger	to download
un appareil photo (numérique)	(digital) camera
une chaîne (de télévision)	(television) channel
une clé USB	USB drive
un e-mail	e-mail
un fichier	file
un jeu vidéo (jeux vidéo *pl.*)	video game(s)
un lecteur (de) DVD	DVD player
un lien	link
un logiciel	software, program
un mot de passe	password
une page d'accueil	home page
un réseau (social)	(social) network
un site Internet/web	website
un smartphone	smartphone
un texto/SMS	text message

ressources

WB
pp. 149–150

LM
p. 81

vhlcentral

Attention!

- The prefix **re-** in French is used much as it is in English. It expresses the idea of doing an action again.

to dial	**composer**
to redial	**recomposer**
to start	**démarrer**
to restart	**redémarrer**

- The conjugation of **éteindre** is irregular:

j'éteins	nous éteignons
tu éteins	vous éteignez
il/elle/on éteint	ils/elles éteignent

Mise en pratique

1 **Écoutez** Écoutez la conversation entre Jérôme et l'employée d'un cybercafé. Ensuite, complétez les phrases suivantes.

1. Jérôme voudrait (*would like*)...
   a. imprimer et envoyer ses photos.
   b. sauvegarder ses photos sur son disque dur.
   c. effacer ses photos.

2. Jérôme peut sélectionner les photos...
   a. par un clic de la souris.
   b. sur l'écran tactile.
   c. avec le clavier.

3. L'employée propose à Jérôme...
   a. de faire fonctionner le logiciel.
   b. de graver un CD.
   c. d'utiliser une imprimante noir et blanc.

4. Pour regarder les photos, Jérôme doit utiliser...
   a. une télécommande.
   b. un écran.
   c. le lecteur de CD.

5. L'adresse du site web de Jérôme est...
   a. www.email.fr.
   b. www.courriel.fr.
   c. www.courriel.com.

6. L'employée demande à Jérôme de ne pas oublier...
   a. d'éteindre.
   b. de sonner.
   c. de fermer.

Coup de main

Here are some useful terms to help you read e-mail addresses in French.

at sign (@)	**arobase** (*f.*)
dash	**tiret** (*m.*)
dot	**point** (*m.*)
underscore	**tiret bas** (*m.*)

Le téléphone sonne. (sonner)

une télécommande

un poste de télévision

un enregistreur DVR

des CD/compact disc/disques compacts (*m.*)

2 **Association** Faites correspondre les activités de la colonne de gauche aux objets correspondants de la colonne de droite.

1. enregistrer une émission
2. protéger ses e-mails
3. parler avec un ami à tout moment
4. jouer sur l'ordinateur
5. taper (*type*) un e-mail
6. écouter de la musique
7. changer de chaîne
8. prendre des photos

   a. une télécommande
   b. un appareil photo
   c. un mot de passe
   d. un jeu vidéo
   e. un enregistreur DVR
   f. un portable
   g. un casque (audio)
   h. un clavier

3 **Chassez l'intrus** Choisissez le mot ou l'expression qui ne va pas avec les autres.

1. un lien, une page d'accueil, un site web, un texto
2. sonner, démarrer, un portable, un smartphone
3. une souris, un clavier, une clé USB, un logiciel
4. brancher, démarrer, ajouter, allumer
5. un fichier, sauvegarder, une télécommande, effacer
6. un site web, être en ligne, télécharger, composer

Communication

 4 **Qui fait quoi?** Avec un(e) partenaire, formez des questions à partir de ces listes d'expressions. Ensuite, à tour de rôle, posez vos questions à votre partenaire afin d'en (*in order to*) savoir plus sur ses habitudes par rapport à la technologie.

MODÈLE

Étudiant(e) 1: *À qui envoies-tu des e-mails?*

Étudiant(e) 2: *J'envoie des e-mails à mes professeurs pour les devoirs et à mes amis.*

A	B	C
à qui	être en ligne	toi
combien de	télécharger	tes parents
comment	un e-mail	tes grands-parents
où	un texto	ton professeur de français
pour qui	un site web	ta sœur
pourquoi	graver	tes amis
quand	un appareil photo numérique	les autres étudiants
quel(le)(s)	un jeu vidéo	les enfants

5 **Mots croisés** Votre professeur va vous donner, à vous et à votre partenaire, deux grilles de mots croisés (*crossword puzzle*) incomplètes. Votre partenaire a les mots qui vous manquent, et vice versa. Donnez-lui une définition et des exemples pour compléter la grille. Attention! N'utilisez pas le mot recherché.

MODÈLE

Étudiant(e) 1: *Horizontalement (Across), le numéro 1, c'est ce que (what) tu fais pour mettre ton fichier Internet sur ton disque dur.*

Étudiant(e) 2: *Télécharger!*

6 **Le cybercafé** Le patron d'un cybercafé souhaite (*wishes*) avoir plus de clients et vous demande de créer une brochure. Avec un(e) partenaire, présentez les différents services offerts et tous les avantages de ce cybercafé. Incluez les informations suivantes:

- nom, adresse et horaires du cybercafé
- nombre et type d'appareils (*devices*) électroniques
- description des services
- liste des prix par type de service

7 **La technologie d'hier et d'aujourd'hui** Avec un(e) partenaire, imaginez une conversation avec une personne célèbre du passé. Vous parlez de l'évolution de la technologie et, bien sûr, cette personne est choquée de voir (*see*) les appareils électroniques du 21e siècle (*century*).

- Choisissez trois ou quatre appareils différents.
- Demandez/Donnez une définition pour chaque objet.
- Demandez/Expliquez comment utiliser chaque appareil.
- Demandez quels sont les points positifs et négatifs de chaque appareil, et expliquez-les.

Les sons et les lettres  Audio

Final consonants

You already learned that final consonants are usually silent, except for the letters **c**, **r**, **f**, and **l**.

| ave**c** | hive**r** | che**f** | hôte**l** |

You've probably noticed other exceptions to this rule. Often, such exceptions are words borrowed from other languages. These final consonants are pronounced.

| *Latin* | *English* | *Inuit* | *Latin* |
| foru**m** | sno**b** | anora**k** | ga**z** |

Numbers, geographical directions, and proper names are common exceptions.

| cin**q** | su**d** | Agnè**s** | Maghre**b** |

Some words with identical spellings are pronounced differently to distinguish between meanings or parts of speech.

| **fils** = *son* | **fil~~s~~** = *threads* |
| **tous** (pronoun) = *everyone* | **tou~~s~~** (adjective) = *all* |

The word **plus** can have three different pronunciations.

plu~~s~~ de (silent s)   **plus que** (s sound)   **plus_ou moins** (z sound in liaison)

Prononcez Répétez les mots suivants à voix haute.

1. cap
2. six
3. truc
4. club
5. slip
6. actif
7. strict
8. avril
9. index
10. Alfred
11. bifteck
12. bus

Articulez Répétez les phrases suivantes à voix haute.

1. Leur fils est gentil, mais il est très snob.
2. Au restaurant, nous avons tous pris du bifteck.
3. Le sept août, David assiste au forum sur le Maghreb.
4. Alex et Ludovic jouent au tennis dans un club de sport.
5. Prosper prend le bus pour aller à l'est de la ville.

Dictons Répétez les dictons à voix haute.

Plus on boit, plus on a soif.[1]

Un pour tous, tous pour un![2]

[1] The more you drink, the thirstier you are.
[2] All for one and one for all!

ressources

LM
p. 82

vhlcentral

ESPACE ROMAN-PHOTO

C'est qui, Cyberhomme?  Video

PERSONNAGES

Amina

David

Rachid

Sandrine

Valérie

Chez David et Rachid...

RACHID Dis donc, David! Un peu de silence. Je n'arrive pas à travailler!

DAVID Qu'est-ce que tu dis?

RACHID Je dis que je ne peux pas me concentrer! La télé est allumée, tu ne la regardes même pas. Et en même temps, la chaîne stéréo fonctionne et tu ne l'écoutes pas!

DAVID Oh, désolé, Rachid.

RACHID Ah, on arrive enfin à s'entendre parler et à s'entendre réfléchir! À quoi est-ce que tu joues?

DAVID Un jeu vidéo génial!

RACHID Tu n'étudies pas? Tu n'avais pas une dissertation à faire? Lundi, c'est dans deux jours!

DAVID Okay. Je la commence.

Au café...

SANDRINE Tu as un autre e-mail de Cyberhomme? Qu'est-ce qu'il dit?

AMINA Oh, il est super gentil, écoute: «Chère Technofemme, je ne sais pas comment te dire combien j'adore lire tes messages. On s'entend si bien et on a beaucoup de choses en commun. J'ai l'impression que toi et moi, on peut tout se dire.»

Chez David et Rachid...

DAVID Et voilà! J'ai fini ma dissert, Rachid.

RACHID Bravo!

DAVID Maintenant, je l'imprime.

RACHID N'oublie pas de la sauvegarder.

DAVID Oh, non!

RACHID Tu n'as pas sauvegardé?

DAVID Si, mais... Attends... le logiciel redémarre. Ce n'est pas vrai! Il a effacé les quatre derniers paragraphes! Oh non!

RACHID Téléphone à Amina. C'est une pro de l'informatique. Peut-être qu'elle peut retrouver la dernière version de ton fichier.

DAVID Au secours, Amina! J'ai besoin de tes talents.

Un peu plus tard...

AMINA Ça y est, David. Voilà ta dissertation.

DAVID Tu me sauves la vie!

AMINA Ce n'était pas grand-chose, mais tu sais, David, il faut sauvegarder au moins toutes les cinq minutes pour ne pas avoir de problème.

DAVID Oui. C'est idiot de ma part.

A C T I V I T É S

1 **Vrai ou faux?** Indiquez si ces affirmations sont **vraies** ou **fausses**. Corrigez les phrases fausses.

1. Rachid est en train d'écrire (*in the process of writing*) une dissertation pour son cours de sciences po.

2. David ne fait pas ses devoirs immédiatement; il a tendance à remettre les choses à plus tard.

3. David aime les jeux vidéo.

4. David regarde la télévision avec beaucoup d'attention.

5. Rachid n'aime pas les distractions.

6. Valérie s'inquiète de la sécurité d'Amina.

7. David sauvegarde ses documents toutes les cinq minutes.

8. David pense qu'il a perdu la totalité de son document.

9. Amina sait beaucoup de choses sur la technologie.

10. Amina et Cyberhomme décident de se rencontrer.

 Practice more at **vhlcentral.com**.

Amina découvre l'identité de son ami virtuel.

SANDRINE Il est adorable, ton Cyberhomme! Continue! Est-ce qu'il veut te rencontrer en personne?

VALÉRIE Qui vas-tu rencontrer, Amina? Qui est ce Cyberhomme?

SANDRINE Amina l'a connu sur Internet. Ils s'écrivent depuis longtemps, n'est-ce pas, Amina?

AMINA Oui, mais comme je te l'ai déjà dit, je ne sais pas si c'est une bonne idée de se rencontrer en personne. S'écrire des e-mails, c'est une chose; se donner rendez-vous, ça peut être dangereux.

VALÉRIE Amina a raison, Sandrine. On ne sait jamais.

SANDRINE Mais il est si charmant et tellement romantique...

RACHID Merci, Amina. Tu me sauves la vie aussi. Peut-être que maintenant, je vais pouvoir me concentrer.

AMINA Ah? Et tu travailles sur quoi? Ce n'est pas possible!... C'est toi, Cyberhomme?!

RACHID Et toi, tu es Technofemme?!

DAVID Évidemment, tu me l'as dit toi-même: Amina est une pro de l'informatique.

Expressions utiles

Expressing how you communicate with others

- **On arrive enfin à s'entendre parler!**
  Finally we can hear each other speak!

- **On s'entend si bien.**
  We get along so well.

- **On peut tout se dire.**
  We can tell each other anything.

- **Ils s'écrivent depuis longtemps.**
  They've been writing to each other for quite a while.

- **S'écrire des e-mails, c'est une chose; se donner rendez-vous, ça peut être dangereux.**
  Writing e-mails to each other, that's one thing; arranging to meet could be dangerous.

Additional vocabulary

- **se rencontrer**
  to meet each other

- **On ne sait jamais.**
  You/One never know(s).

- **Au secours!**
  Help!

- **C'est idiot de ma part.**
  It's stupid of me.

- **une dissertation**
  paper

- **pas grand-chose**
  not much

---

2 Questions Répondez aux questions par des phrases complètes.

1. Pourquoi Rachid se met-il en colère?

2. Pourquoi y a-t-il beaucoup de bruit (*noise*) chez Rachid et David?

3. Est-ce qu'Amina s'entend bien avec Cyberhomme?

4. Que pense Valérie de la possibilité d'un rendez-vous avec Cyberhomme?

5. Qu'est-ce que Rachid fait pendant que David joue au jeu vidéo et écrit sa dissertation?

3 À vous Pour ce qui est des (*With respect to*) études, David et Rachid sont très différents. David aime les distractions et Rachid a besoin de silence pour travailler. Avec un(e) camarade de classe, décrivez vos habitudes en ce qui concerne (*concerning*) les études. Avez-vous les mêmes? Pouvez-vous être de bon(ne)s colocataires? Présentez vos conclusions à la classe.

ressources

VM pp. 41–42   vhlcentral

A C T I V I T É S

ESPACE CULTURE

Reading

La technologie et les Français

le Minitel

Pendant les années 1980, la technologie a connu une grande évolution. En France, cette révolution technologique a commencé par l'invention du Minitel, développé par France Télécom, la compagnie nationale française de téléphone, au début des années 1980. Le Minitel peut être considéré comme le prédécesseur d'Internet. C'est un petit terminal qu'on branche° sur sa ligne de téléphone et qui permet d'accéder à toutes sortes d'informations et de jeux, de faire des réservations de train ou d'hôtel, de commander des articles en ligne ou d'acheter des billets de concert, par exemple. Aujourd'hui, le Minitel n'existe plus. Internet l'a remplacé et de plus en plus de Français sont équipés chez eux d'un ordinateur et d'une connexion. Moins de 300.000 abonnés° utilisent encore une connection bas débit° et la majorité des connections se font avec le haut débit°. Les Français ont le choix, pour ce haut débit, entre la connexion par câble et la connexion ADSL°. Enfin, pour ceux° qui n'ont pas d'autre manière° de se connecter à Internet, il existe les smartphones et—beaucoup plus qu'aux États-Unis—de nombreux cybercafés.

En ce qui concerne les autres appareils électroniques à la mode, on note une augmentation des achats° de consoles de jeux vidéo, de lecteurs de CD/DVD, de caméras vidéo, de tablettes tactiles, d'appareils photos numériques ou de produits périphériques° pour les ordinateurs, comme les imprimantes ou les scanners. Mais l'appareil qui a connu le plus grand succès en France, c'est sans doute le téléphone portable. En 1996, moins de 2,5 millions de Français avaient un téléphone portable. Aujourd'hui, presque tous les Français en possèdent un.

L'équipement technologique des Français (% de ménages)	
Télévision	97,1
Téléphone fixe	91,1
Téléphone portable	88,9
Ordinateur	76,8
Lecteur DVD	76,7
Connexion Internet	75,1

branche *connects* **abonnés** *subscribers* **bas débit** *low-speed* **haut débit** *high-speed* **ADSL** *DSL* **ceux** *those* **manière** *way* **achats** *purchases* **périphériques** *peripheral*

Coup de main

When saying an e-mail address aloud, follow this example.

claude-monet@yahoo.fr

claude tiret monet arobase yahoo point F R

A C T I V I T É S

1 **Répondez** Répondez par des phrases complètes.

1. Quelle invention française est le prédécesseur d'Internet?
2. Qu'est-ce que le Minitel?
3. Quel est le nom de la compagnie nationale française de téléphone?
4. La connexion Internet haut débit existe-t-elle en France?
5. Où peut-on aller si on n'a pas d'accès Internet à la maison?

6. Quels sont deux appareils électroniques qu'on achète souvent en France en ce moment?
7. Quel appareil électronique a eu le plus de succès depuis 1996?
8. Quel est le pourcentage de Français qui possèdent un ordinateur?
9. Est-il courant (*common*) d'avoir Internet en France?
10. La majorité des Français ont-ils encore un Minitel?

LE FRANÇAIS QUOTIDIEN

Cyberespace

blog (*m.*)	*blog*
grimace (*f.*)	*frown*
message (*m.*) **instantané**	*instant message*
moteur (*m.*) **de recherche**	*search engine*
pseudo(nyme) (*m.*)	*screen name*
smiley (*m.*)	*smiley (face)*
chatter	*to chat*

LE MONDE FRANCOPHONE

Quelques stations de radio francophones

Voici quelques radios francophones en ligne.

En Afrique

Africa 1 radio africaine qui propose des actualités et beaucoup de musique africaine (www.africa1.com)

En Belgique

Classic 21 radio pour les jeunes qui passe° de la musique rock et propose des emplois° pour les étudiants (www.classic21.be)

En France

NRJ radio privée nationale pour les jeunes qui passe tous les grands tubes° (www.nrj.fr)

En Suisse

Fréquence Banane radio universitaire de Lausanne (www.frequencebanane.ch)

passe *plays* **emplois** *jobs* **tubes** *hits*

PORTRAIT

La fusée Ariane

Après la Seconde Guerre mondiale°, la conquête de l'espace° s'est amplifiée. Les Russes et les Américains progressent très rapidement dans leurs programmes spatiaux, ce qui leur donne accès à de nouvelles perspectives, principalement dans les domaines de la physique et de l'astronomie. En Europe, le premier programme spatial, le programme Europa, n'a pas bien marché et a été abandonné. En 1973, afin de ne pas dépendre des autres puissances spatiales pour mettre des satellites en orbite, l'Agence spatiale européenne, sur la base de travaux de scientifiques français, a proposé un nouveau programme spatial, le projet Ariane, qui a eu, lui, un succès considérable. La fusée° Ariane est un lanceur° civil européen de satellites: la première fusée du programme, Ariane 1, a été lancée en 1979 depuis la base de Kourou, en Guyane française, une région d'outre-mer° située en Amérique du Sud. Elle transporte des satellites commerciaux dans l'espace. Depuis, il y a eu plusieurs générations de fusées. Aujourd'hui, Ariane 5, un lanceur beaucoup plus puissant° que ses prédécesseurs, est utilisée. Fin 2016, Ariane 5 a connu un nouveau succès et a placé sur orbite deux satellites de télécommunication destinés à l'Inde et à l'Australie. La fusée continuera sa mission jusqu'en 2023, date à laquelle Ariane 6 devrait prendre entièrement le relais°.

Guerre mondiale *World War* **espace** *space* **fusée** *rocket* **lanceur** *launcher* **outre-mer** *overseas* **puissant** *powerful* **prendre le relais** *replace*

---

2 **Complétez** Complétez les phrases d'après les textes.

1. Africa 1, la radio africaine, propose de la musique, mais aussi _____.

2. La radio privée nationale française destinée aux jeunes s'appelle _____.

3. En Suisse, beaucoup d'étudiants apprécient la radio _____.

4. Le premier programme spatial européen s'appelait _____.

5. La fusée Ariane est le _____ européen.

3 **À vous...** Avec un(e) partenaire, choisissez une des stations de radio présentées dans **Le monde francophone** et écrivez six phrases où vous donnez des exemples de ce qu'on entend sur cette station. Soyez prêt(e)s à les présenter à la classe.

 Practice more at **vhlcentral.com**.

 ressources

A C T I V I T É S

Prepositions with the infinitive  Tutorial

Point de départ Infinitive constructions, where the first verb is conjugated and the second verb is an infinitive, are common in French.

CONJUGATED VERB	INFINITIVE
Vous **pouvez**	**fermer** le document.
You can	*close the document.*

- Some conjugated verbs are followed directly by an infinitive. Others are followed by the preposition **à** or **de** before the infinitive.

verbs followed directly by infinitive	verbs followed by à before infinitive		verbs followed by de before infinitive	
adorer	aider à		arrêter de	*to stop*
aimer	s'amuser à	*to pass time by*	décider de	*to decide to*
aller	apprendre à		éviter de	
détester	arriver à	*to manage to*	finir de	
devoir	commencer à		s'occuper de	*to take care of, to see to*
espérer	continuer à		oublier de	
pouvoir	hésiter à	*to hesitate to*	permettre de	
préférer	se préparer à		refuser de	*to refuse to*
savoir	réussir à		rêver de	*to dream about/of*
vouloir			venir de	*to have just*

Nous **allons manger** à midi.	Elle **a appris à conduire** une voiture.	Il **rêve de visiter** l'Afrique.
We are going to eat at noon.	*She learned to drive a car.*	*He dreams of visiting Africa.*

- Place object pronouns before infinitives. Unlike definite articles, they do not contract with the prepositions **à** and **de**.

J'**ai décidé de les télécharger**.
I decided to download them.

Il **est arrivé à lui donner** l'argent.
He managed to give him the money.

N'**oublie** pas **de l'éteindre**.
Don't forget to turn it off.

Elle **continue à t'envoyer** des e-mails?
Does she continue to send you e-mails?

- The infinitive is also used after the prepositions **pour** and **sans**.

Nous sommes venus **pour t'aider**.
We came to help you.

Elle est partie **sans manger**.
She left without eating.

Il a téléphoné **pour dire** bonjour.
He called to say hello.

Ne fermez pas le fichier **sans le sauvegarder**.
Don't close the file without saving it.

ressources

WB
pp. 151–152

LM
p. 83

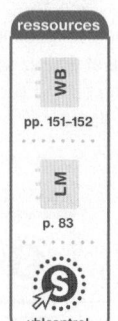
vhlcentral

 Essayez! Décidez s'il faut ou non une préposition. S'il en faut une, choisissez entre **à** et **de**.

1. Tu sais _∅_ cuisiner.
2. Commencez _____ travailler.
3. Tu veux _____ goûter la soupe?
4. Il s'occupe _____ me donner à manger.
5. J'espère _____ avoir mon diplôme cette année.
6. Elles vont _____ revenir.
7. Je finis _____ mettre la table.
8. Il hésite _____ me poser la question.
9. Marc continue _____ lui parler.
10. Arrête _____ m'énerver!

Football? Jeux?
Musique?
Films et séries?

Vous avez toujours rêvé de posséder un ordinateur comme ça. Vous vouliez l'acheter, et vous venez de l'allumer. Maintenant, vous commencez à vous rendre compte de ses possibilités. N'hésitez pas à en profiter. En tout confort.

Identifiez Quels verbes trouvez-vous devant un infinitif dans le texte de cette publicité (*ad*)? Lesquels (*Which ones*) prennent une préposition? Quelle préposition?

 Questions À tour de rôle avec un(e) partenaire, posez-vous ces questions.

1. As-tu toujours rêvé de posséder quelque chose? De faire quelque chose? Explique.
2. Que veux-tu acheter en ce moment? Pourquoi?
3. D'habitude, qu'hésites-tu à faire?
4. La technologie peut-elle vraiment apporter le confort?
5. Qu'as-tu commencé à faire grâce à (*thanks to*) la technologie? Qu'as-tu arrêté de faire à cause de la technologie?
6. Y a-t-il quelqu'un dans ta famille qui évite d'utiliser la technologie? Qui? Pourquoi?

Mise en pratique

1 **Les vacances** Paul veut voyager cet été. Il vous raconte ses problèmes. Complétez le paragraphe avec les prépositions **à** ou **de**, si nécessaire.

Je n'arrive pas (1) _____ décider où partir en vacances. Je veux (2) _____ visiter un pays chaud et ensoleillé (*sunny*). J'espère (3) _____ trouver des billets d'avion pour la Martinique. Cet après-midi, je me suis amusé (4) _____ regarder les prix des billets d'avion sur Internet. Je n'ai pas réussi (5) _____ trouver un bon tarif (*fare*). Je vais continuer (6) _____ chercher. J'hésite (7) _____ payer plein tarif mais je refuse (8) _____ voyager en stand-by.

2 **Le week-end dernier** Sophie et ses copains ont fait beaucoup de choses le week-end dernier. Regardez les illustrations et dites ce qu'ils (*what they*) ont fait.

▶ **MODÈLE**
J'ai décidé de conduire.

je / décider

1. nous / devoir
_____

2. elles / apprendre
_____

3. André / refuser
_____

4. vous / aider
_____

5. tu / s'amuser
_____

6. mes cousins / éviter
_____

7. Sébastien / continuer
_____

8. il / finir
_____

3 **Questionnaire** Vous cherchez un travail d'été. Complétez les phrases avec les prépositions **à** ou **de**, quand c'est nécessaire. Ensuite, indiquez si vous êtes d'accord avec ces affirmations.

    oui   **non**

1. _____ _____ Vous savez _____ parler plusieurs langues.

2. _____ _____ Vous acceptez _____ voyager souvent.

3. _____ _____ Vous n'hésitez pas _____ travailler tard.

4. _____ _____ Vous oubliez _____ répondre au téléphone.

5. _____ _____ Vous pouvez _____ travailler le week-end.

6. _____ _____ Vous commencez _____ travailler immédiatement.

Practice more at **vhlcentral.com**.

Communication

4 **Assemblez** Avez-vous eu de bonnes ou de mauvaises expériences avec la technologie? À tour de rôle, avec un(e) partenaire, assemblez les éléments des colonnes pour créer des phrases logiques.

MODÈLE

Étudiant(e) 1: *Je déteste télécharger des logiciels.*
Étudiant(e) 2: *Chez moi, ma mère n'arrive pas à envoyer des e-mails.*

A	B	C	D
mère		aimer	composer
mon père		arriver	effacer
mon frère		décider	envoyer
ma sœur		détester	éteindre
mes copains		hésiter	être en ligne
mon petit ami	(ne pas)	oublier	fermer
ma petite amie		refuser	graver
notre prof		réussir	ouvrir
nous		savoir	sauvegarder
?		?	télécharger

5 **Les voyages** Vous et votre partenaire parlez des vacances et des voyages. Utilisez ces éléments pour vous poser des questions. Justifiez vos réponses.

MODÈLE

aimer / faire des voyage
Étudiant(e) 1: *Aimes-tu faire des voyages?*
Étudiant(e) 2: *Oui, j'aime faire des voyages. J'aime faire la connaissance de beaucoup de personnes.*

1. rêver / aller en Afrique
2. vouloir / visiter des musées
3. préférer / voyager avec un groupe ou seul(e)
4. commencer / lire des guides touristiques
5. réussir / trouver des vols bon marché
6. aimer / rencontrer des amis à l'étranger
7. hésiter / visiter un pays où on ne parle pas anglais
8. apprendre / parler des langues étrangères
9. s'occuper / faire les réservations d'hôtel

6 **Une pub** Par groupes de trois, préparez une publicité pour École-dinateur, une école qui enseigne l'informatique aux technophobes. Utilisez le plus de verbes possible de la liste avec un infinitif.

MODÈLE

Rêvez-vous d'écrire des e-mails? Continuez-vous à travailler comme vos grands-parents? Alors...

aimer	détester	refuser
s'amuser	éviter	réussir
apprendre	espérer	rêver
arriver	hésiter	savoir
continuer	oublier	vouloir

11A.2

Reciprocal reflexives  Tutorial

Point de départ In Leçon 10A, you learned that reflexive verbs indicate that the subject of a sentence does the action to itself. Reciprocal reflexives, on the other hand, express a shared or reciprocal action between two or more people or things. In this context, the pronoun means *(to) each other* or *(to) one another*.

Il **se regarde** dans le miroir.
He's looking at himself in the mirror.

Alain et Diane **se regardent**.
Alain and Diane are looking at each other.

Common reciprocal verbs			
s'adorer	*to adore one another*	**s'entendre bien**	*to get along well (with one another)*
s'aider	*to help one another*		
s'aimer (bien)	*to love (like) one another*	**se parler**	*to speak to one another*
se connaître	*to know one another*	**se quitter**	*to leave one another*
se dire	*to tell one another*	**se regarder**	*to look at one another*
se donner	*to give one another*	**se rencontrer**	*to meet one another (make an acquaintance)*
s'écrire	*to write one another*		
s'embrasser	*to kiss one another*	**se retrouver**	*to meet one another (planned)*
		se téléphoner	*to phone one another*

Boîte à outils

The pronouns **nous**, **vous**, and **se** are used to reflect reciprocal actions.

Annick et Joël **s'écrivent** tous les jours.
Annick and Joël write one another every day.

Vous **vous donnez** souvent rendez-vous le lundi?
Do you often arrange to meet each other on Mondays?

Nous **nous retrouvons** devant le métro à midi.
We're meeting each other in front of the subway at noon.

Vous **embrassez**-vous devant vos parents?
Do you kiss each other in front of your parents?

- The past participle of a reciprocal verb only agrees with the subject when the subject is also the direct object of the verb.

DIRECT OBJECT
Marie a aidé **son frère**.
Marie helped her brother.

DIRECT OBJECT → AGREEMENT
Marie et son frère **se sont aidés**.
Marie and her brother helped each other.

DIRECT OBJECT
Son frère a aidé **Marie**.
Her brother helped Marie.

INDIRECT OBJECT
Régine a parlé à **Sophie**.
Régine spoke to Sophie.

INDIRECT OBJECT → NO AGREEMENT
Régine et Sophie **se sont parlé**.
Régine and Sophie spoke to each other.

INDIRECT OBJECT
Sophie a parlé à **Régine**.
Sophie spoke to Régine.

Essayez! **Donnez les formes correctes des verbes.**

1. (s'embrasser) nous  *nous embrassons*
2. (se quitter) vous _____
3. (se rencontrer) ils _____
4. (se dire) nous _____
5. (se parler) elles _____
6. (se retrouver) ils _____
7. (se regarder) vous _____
8. (s'aider) nous _____

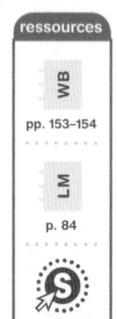

Le français vivant

MIEUX CHERCHER ▪ MIEUX COMMUNIQUER ▪ MIEUX JOUER

▪ POUR MIEUX S'ENTENDRE ▪

Avec le smartphone, je cherche l'heure de mes cours.
Nous nous retrouvons entre amis.

Nous nous écrivons.
Nous nous entendons mieux.
Avec ce téléphone, c'est facile de se parler.

Identifiez Quels verbes réciproques avez-vous trouvés dans la publicité (*ad*)?

  Questions À tour de rôle avec un(e) partenaire, posez-vous ces questions.

1. Tes amis et toi, vous écrivez-vous avec un téléphone? Comment vous écrivez-vous?
2. Penses-tu que les gens s'entendent mieux grâce à (*thanks to*) la technologie? Pourquoi?
3. Quels gadgets technologiques utilises-tu pour communiquer avec tes amis? Pourquoi les utilises-tu?
4. Quels gadgets technologiques utilisaient tes grands-parents pour communiquer avec leurs amis? Pourquoi les utilisaient-ils?
5. Quelles applications de ton portable utilises-tu le plus souvent?

ESPACE **STRUCTURES**

Mise en pratique

1 **L'amour réciproque** Employez des verbes réciproques pour raconter l'histoire d'amour de Laure et d'Habib.

> **MODÈLE** Laure retrouve Habib tous les jours. Habib retrouve Laure tous les jours.
>
> *Laure et Habib se retrouvent tous les jours.*

1. Laure connaît bien Habib. Habib connaît bien Laure.
2. Elle le regarde amoureusement. Il la regarde amoureusement.
3. Laure écrit des SMS à Habib. Habib écrit des SMS à Laure.
4. Elle lui téléphone tous les soirs. Il lui téléphone tous les soirs.
5. Elle lui dit tous ses secrets. Il lui dit tous ses secrets.
6. Laure aime beaucoup Habib. Habib aime beaucoup Laure.

2 **Souvenir** Les étudiants de votre classe se retrouvent pour fêter leur réunion. Employez l'imparfait.

> **MODÈLE** Marie et moi / s'aider souvent
>
> *Marie et moi, nous nous aidions souvent.*

1. Marc et toi / se regarder en cours
2. Anne et Mouna / se téléphoner
3. François et moi / s'écrire deux fois par semaine
4. Paul et toi / s'entendre bien
5. Luc et Sylvie / s'adorer
6. Patrick et moi / se retrouver après les cours
7. Alisha et Malik / ne pas se connaître bien
8. Agnès et moi / se parler à la cantine
9. Félix et toi / se donner parfois des cadeaux

3 **Une rencontre** Regardez les illustrations. Qu'est-ce que ces personnages ont fait?

> ▶ **MODÈLE**
>
> *Ils se sont rencontrés.*

ils

1. Arnaud et moi 2. vous 3. elles 4. nous

_____
_____

Practice more at **vhlcentral.com**.

Communication

4   **Curieux** Pensez à deux amis qui sont amoureux. Votre partenaire va vous poser beaucoup de questions pour tout savoir sur leur relation. Répondez à ses questions.

MODÈLE

Étudiant(e) 1: Est-ce qu'ils se regardent tout le temps?
Étudiant(e) 2: Non, ils ne se regardent pas tout le temps, mais ils n'arrêtent pas de se téléphoner!

s'adorer	se retrouver	régulièrement
s'aimer	se téléphoner	souvent
s'écrire	bien	tout le temps
s'embrasser	mal	tous les jours
s'entendre	quelquefois	?

5   **Un rendez-vous** Avec un(e) partenaire, posez-vous des questions sur la dernière fois que vous êtes sorti(e) avec quelqu'un.

MODÈLE

à quelle heure / se donner rendez-vous
Étudiant(e) 1: À quelle heure est-ce que vous vous êtes donné rendez-vous?
Étudiant(e) 2: Nous nous sommes donné rendez-vous à sept heures.

1. où / se retrouver
2. longtemps / se parler
3. se regarder / amoureusement
4. s'entendre / bien
5. à quelle heure / se quitter
6. s'embrasser / avant de se quitter
7. plus tard / se téléphoner
8. s'envoyer des SMS / souvent

6   **On se quitte** Julie a reçu (*received*) cette lettre de son petit ami Sébastien. Elle ne comprend pas du tout, mais elle doit lui répondre. Avec un(e) partenaire, employez des verbes réciproques pour écrire la réponse.

Chère Julie,
Nous devons nous quitter, ma chérie. Pourquoi sommes-nous encore ensemble? Nous ne nous sommes pas vraiment aimés. Nous nous disputons tout le temps et nous ne nous parlons pas assez. Soyons réalistes. Je te quitte et j'espère que tu comprends.
Sébastien

ESPACE **SYNTHÈSE**

Révision

1 **À deux** Que peuvent faire deux personnes avec chacun (*each one*) de ces objets? Avec un(e) partenaire, répondez à tour de rôle et employez des verbes réciproques.

MODÈLE un appareil photo numérique

Avec un appareil photo numérique, deux personnes peuvent s'envoyer des photos tout de suite.

- un portable
- un smartphone
- du papier et un stylo
- un fax
- un ordinateur
- une tablette

2 **La communication** Votre professeur va vous donner une feuille d'activités. Circulez dans la classe pour interviewer vos camarades. Comment communiquent-ils avec leurs familles et leurs amis? Pour chaque question, parlez avec des camarades différents qui doivent justifier leurs réponses.

MODÈLE

Étudiant(e) 1: *Tes amis et toi, vous écrivez-vous plus de cinq e-mails par jour?*
Étudiant(e) 2: *Oui, parfois nous nous écrivons dix e-mails.*
Étudiant(e) 1: *Pourquoi vous écrivez-vous tellement souvent?*

Activités	Oui	Non
1. s'écrire plus de cinq textos par jour	Théo	Corinne
2. s'envoyer des lettres par la poste		
3. se téléphoner le week-end		
4. se parler dans les couloirs		
5. se retrouver au resto U		
6. se donner rendez-vous		
7. se rencontrer sur Internet		
8. bien s'entendre		

3 **Dimanche au parc** Ces personnes sont allées au parc dimanche dernier. Avec un(e) partenaire, décrivez à tour de rôle leurs activités. Employez des verbes réciproques.

4 **Leur rencontre** Comment ces couples se sont-ils rencontrés? Par groupes de trois, inventez une histoire courte pour chaque couple. Utilisez les verbes donnés (*given*) et des verbes réciproques.

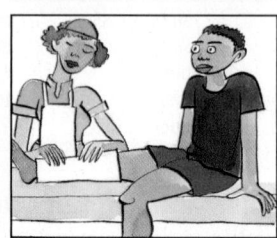

1. venir de

2. continuer à

3. commencer à

4. rêver de

5 **Les bonnes relations** Parlez avec deux camarades. Que faut-il faire pour maintenir de bonnes relations avec ses amis ou sa famille? À tour de rôle, utilisez les verbes de la liste pour donner des conseils (*advice*).

MODÈLE

Étudiant(e) 1: *Dans une bonne relation, deux personnes peuvent tout se dire.*
Étudiant(e) 2: *Oui, et elles apprennent à se connaître.*

s'adorer	se connaître	hésiter à
s'aider	se dire	oublier de
apprendre à	s'embrasser	pouvoir
arrêter de	espérer	refuser de
commencer à	éviter de	savoir

6 **Rencontre sur Internet** Votre professeur va vous donner, à vous et à votre partenaire, une feuille d'illustrations sur la rencontre sur Internet d'Amandine et de Christophe. Attention! Ne regardez pas la feuille de votre partenaire.

FLASH CULTURE

La technologie

Csilla est en ville, où il y a beaucoup de circulation°. Elle nous fait découvrir différents types de voitures et d'autres véhicules. Elle nous indique aussi les limitations et les dangers de la route°. Elle nous parle des conditions nécessaires pour conduire une voiture en France et nous montre une auto-école, où on passe le permis de conduire°.

Hôtesse: Csilla

Avant de regarder Répondez aux questions.

1. Avez-vous une voiture ou un autre véhicule? Si oui, est-ce que vous l'utilisez souvent?
2. Est-il possible de se déplacer sans voiture dans votre ville? Où peut-on aller à pied?

CSILLA *Et ça, c'est une autoroute!*

CSILLA *Voici une station-service!*

Compréhension Répondez aux questions.

1. Quels sont les différents types de véhicules que Csilla présente dans la vidéo?
2. Que peut-on faire dans une station-service?
3. Quel âge faut-il avoir pour passer le permis de conduire en France?
4. Pourquoi doit-on aller à l'auto-école?

Discussion Par groupes de trois, répondez aux questions.

Quels moyens de transport en France sont similaires aux transports dans votre ville? Quels transports sont différents?

circulation *traffic* route *road* permis de conduire *driver's license*

Vocabulaire utile

l'essence (f.)	gas
nettoyer le pare-brise	to clean the windshield
le panneau	sign
le péage	toll
vérifier (l'huile (f.) / la pression des pneus)	to check (the oil / the air pressure)

ressources

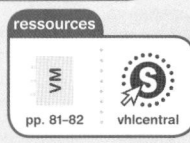

VM pp. 81–82 | vhlcentral

Practice more at **vhlcentral.com.**

Leçon 11B

You will learn how to...
- talk about cars
- talk about traffic
- say what you would do

Ⓢ Vocabulary Tools

En voiture!

une station-service

Il fait le plein.

une voiture

un coffre

libre-service

un volant

un capot

une ceinture de sécurité

un moteur

une portière

un pneu crevé

un mécanicien (mécanicienne f.)

Vocabulaire

arrêter (de faire quelque chose)	to stop (doing something)
attacher	to buckle, to fasten
avoir un accident	to have/to be in an accident
dépasser	to go over; to pass
freiner	to brake
se garer	to park
rentrer dans	to hit
réparer	to repair
tomber en panne	to break down
vérifier (l'huile/ la pression des pneus)	to check (the oil/ the air pressure)
l'embrayage (m.)	clutch
l'essence (f.)	gas
les freins (m., pl.)	brakes
l'huile (f.)	oil
un pare-chocs (pare-chocs pl.)	bumper
un réservoir d'essence	gas tank
un rétroviseur	rearview mirror
une roue	wheel
une roue de secours	spare tire
un voyant (d'essence/ d'huile)	(gas/oil) warning light
une amende	fine
une autoroute	highway
un parking	parking lot
un permis de conduire	driver's license
une rue	street

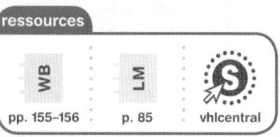

Mise en pratique

1 Écoutez Madeleine a eu une mauvaise journée. Écoutez son histoire. Ensuite, indiquez si les phrases suivantes sont **vraies** ou **fausses**.

	Vrai	Faux
Madeleine...		
1. a oublié son permis de conduire.	☐	☐
2. a dépassé la limitation de vitesse.	☐	☐
3. a fait le plein avant d'aller à la fac.	☐	☐
4. a attaché sa ceinture de sécurité.	☐	☐
5. s'est garée à l'université.	☐	☐
6. conduisait quand un policier l'a arrêtée.	☐	☐
Sa voiture...		
7. a redémarré.	☐	☐
8. avait un pneu crevé.	☐	☐
9. n'avait pas d'essence.	☐	☐
10. était en panne.	☐	☐

2 Les correspondances Reliez (*Link*) les éléments des deux colonnes.

_____ 1. dépasser   a. les freins
_____ 2. tomber en panne   b. la limitation de vitesse
_____ 3. freiner   c. la ceinture de sécurité
_____ 4. faire le plein   d. une voiture
_____ 5. réparer une voiture   e. l'essence
_____ 6. se garer   f. un parking
_____ 7. attacher   g. un mécanicien
_____ 8. vérifier la pression   h. les pneus

3 Complétez Complétez les phrases avec le bon mot de vocabulaire.

1. La personne qui répare une voiture est un _____.
2. Il faut ouvrir le _____ de la voiture pour vérifier l'huile.
3. On met de l'essence dans le _____.
4. Le _____ est un document officiel qui vous autorise à conduire.
5. On utilise les _____ pour voir (*see*) quand on conduit la nuit.
6. On utilise les _____ pour voir à travers (*through*) le pare-brise quand il pleut.
7. Le _____ sert à diriger (*steer*) la voiture.
8. Vous utilisez le _____ pour voir la circulation derrière vous.
9. La personne qui peut donner une amende est un _____.
10. On peut ranger ses valises dans le _____ de la voiture.
11. On utilise les _____ quand on veut s'arrêter.
12. Quand il y a beaucoup de voitures sur la route, il y a de la _____.

la limitation de vitesse

la circulation

un agent de police/un policier (policière *f.*)

les essuie-glaces (*m.*)

un pare-brise (pare-brise *pl.*)

les phares (*m.*)

Communication

4 Conversez Interviewez un(e) camarade de classe.

1. As-tu une voiture? De quelle sorte?
2. À quel âge as-tu obtenu (*obtained*) ton permis de conduire? Comment s'est passé l'examen?
3. Sais-tu comment changer un pneu crevé? En as-tu déjà changé un?
4. Ta voiture est-elle tombée en panne récemment? Qui l'a réparée?
5. Respectes-tu la limitation de vitesse sur l'autoroute? Et tes amis?
6. As-tu déjà été arrêté(e) par un policier? Pour quelle(s) raison(s)?
7. Combien de fois par mois fais-tu le plein (d'essence)? Combien paies-tu à chaque fois?
8. Quelle(s) autoroute(s) utilises-tu pour aller à l'université?
9. Sais-tu comment conduire une voiture à boîte de vitesses manuelle (*manual*)? Et tes amis?
10. As-tu eu des problèmes de pare-chocs récemment? Et des problèmes d'essuie-glaces?

5 Sept différences Votre professeur va vous donner, à vous et à votre partenaire, deux feuilles d'activités différentes. À tour de rôle, posez-vous des questions pour trouver les sept différences entre vos dessins. Attention! Ne regardez pas la feuille de votre partenaire.

> **MODÈLE**
>
> **Étudiant(e) 1:** *Ma voiture est blanche. De quelle couleur est ta voiture?*
> **Étudiant(e) 2:** *Oh! Ma voiture est noire.*

6 Chez le mécanicien Travaillez avec un(e) camarade de classe pour présenter un dialogue dans lequel (*in which*) vous jouez les rôles d'un(e) client(e) et d'un(e) mécanicien(ne).

Le/La client(e)…
- explique le problème qu'il/elle a.
- donne quelques détails sur les problèmes qu'il/elle a eus dans le passé.
- négocie le prix et la date à laquelle (*when*) il/elle peut venir chercher la voiture.

Le/La mécanicien(ne)…
- demande quand le problème a commencé et s'il y en a d'autres.
- explique le problème et donne le prix des réparations.
- accepte les conditions du/de la clien(e).

7 Écriture Écrivez un paragraphe à propos d'un (*about an*) accident de la circulation. Suivez les instructions.

- Parlez d'un accident (voiture, moto [*f.*], vélo) que vous avez eu récemment. Si vous n'avez jamais eu d'accident, inventez-en un.
- Décrivez ce qui (*what*) s'est passé avant, pendant et après.
- Donnez des détails.
- Comparez votre paragraphe à celui (*that*) d'un(e) camarade de classe.

Les sons et les lettres  Audio

The letter x

The letter **x** in french is sometimes pronounced -*ks*, like the *x* in the English word *axe*.

taxi	**expliquer**	**mexicain**	**texte**

Unlike English, some French words begin with a *gz*- sound.

xylophone	**xénon**	**xénophile**	**Xavière**

The letters **ex-** followed by a vowel are often pronounced like the English word *eggs*.

exemple	**examen**	**exil**	**exact**

Sometimes an x is pronounced s, as in the following numbers.

soixante	**six**	**dix**

An **x** is pronounced *z* in a liaison. Otherwise, an **x** at the end of a word is usually silent.

deux enfants	**six éléphants**	**mieux**	**curieux**

Prononcez Répétez les mots suivants à voix haute.

1. fax
2. eux
3. dix
4. prix
5. jeux
6. index
7. excuser
8. exercice
9. orageux
10. expression
11. contexte
12. sérieux

Articulez Répétez les phrases suivantes à voix haute.

1. Les amoureux sont devenus époux.
2. Soixante-dix euros! La note (*bill*) du taxi est exorbitante!
3. Alexandre est nerveux parce qu'il a deux examens.
4. Xavier explore le vieux quartier d'Aix-en-Provence.
5. Le professeur explique l'exercice aux étudiants exceptionnels.

Dictons Répétez les dictons à voix haute.

Les belles plumes font les beaux oiseaux.[2]

Les beaux esprits se rencontrent.[1]

Great minds think alike.
Beautiful feathers make beautiful birds.

ressources

LM
p. 86

vhlcentral

La panne  Video

PERSONNAGES

Amina

Mécanicien

Rachid

Sandrine

Valérie

À la station-service...

MÉCANICIEN Elle est belle, votre voiture! Elle est de quelle année?

RACHID Elle est de 2005.

MÉCANICIEN Je vérifie l'huile ou la pression des pneus?

RACHID Non, merci, ça va. Je suis un peu pressé, en fait. Au revoir.

Au P'tit Bistrot...

SANDRINE Ton Cyberhomme, c'est Rachid! Quelle coïncidence!

AMINA C'est incroyable, non? Je savais qu'il habitait à Aix, mais...

VALÉRIE Une vraie petite histoire d'amour, comme dans les films!

SANDRINE C'est exactement ce que je me disais!

AMINA Rachid arrive dans quelques minutes. Est-ce que cette couleur va avec ma jupe?

SANDRINE Vous l'avez entendue? Ne serait-elle pas amoureuse?

AMINA Arrête de dire des bêtises.

RACHID Oh, non!!

AMINA Qu'est-ce qu'il y a? Un problème?

RACHID Je ne sais pas. J'ai un voyant qui s'est allumé.

AMINA Allons à une station-service.

RACHID Oui... c'est une bonne idée.

De retour à la station-service...

MÉCANICIEN Ah! Vous êtes de retour. Mais que se passe-t-il? Je peux vous aider?

RACHID J'espère. Il y a quelque chose qui ne va pas, peut-être avec le moteur. Regardez, ce voyant est allumé.

MÉCANICIEN Ah, ça? C'est l'huile. Je m'en occupe tout de suite.

MÉCANICIEN Vous pouvez redémarrer? Et voilà.

RACHID Parfait. Au revoir. Bonne journée.

MÉCANICIEN Bonne route!

A C T I V I T É S

1 **Vrai ou faux?** Indiquez si ces affirmations sont **vraies** ou **fausses**. Corrigez les phrases fausses.

1. La voiture de Rachid est neuve (*new*).

2. Quand Rachid va à la station-service la première fois, il a beaucoup de temps.

3. Amina savait que Cyberhomme habitait à Aix.

4. Sandrine trouve l'histoire de Rachid et Amina très romantique.

5. Amina ouvre la portière de la voiture.

6. Rachid est galant (*a gentleman*).

7. Le premier problème que Rachid rencontre est une panne d'essence.

8. Le mécanicien répare la voiture.

9. La voiture a un pneu crevé.

10. Rachid n'est pas très content.

 Practice more at **vhlcentral.com**.

Amina sort avec Rachid pour la première fois.

Expressions utiles

Talking about dating

- **Il lui offre des fleurs.**
  He's giving her flowers.
- **Attends, laisse-moi t'ouvrir la portière.**
  Wait, let me open the (car) door for you.

Talking about cars

- **N'oublie pas d'attacher ta ceinture.**
  Don't forget to fasten your seatbelt.
- **J'ai un voyant qui s'est allumé.**
  One of the dashboard lights came on.
- **Il y a quelque chose qui ne va pas.**
  There's something wrong.

Additional vocabulary

- **incroyable**
  incredible

SANDRINE Oh, regarde, il lui offre des fleurs.
RACHID Bonjour, Amina. Tiens, c'est pour toi.
AMINA Bonjour, Rachid. Oh, merci, c'est très gentil.
RACHID Tu es très belle, aujourd'hui.
AMINA Merci.

RACHID Attends, laisse-moi t'ouvrir la portière.
AMINA Merci.
RACHID N'oublie pas d'attacher ta ceinture.
AMINA Oui, bien sûr.

AMINA Heureusement, ce n'était pas bien grave. À quelle heure est notre réservation?
RACHID Oh! C'est pas vrai!

AMINA Qu'est-ce que c'était?
RACHID On a un pneu crevé.
AMINA Oh, non!!

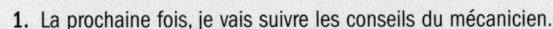

2 **Qui?** Indiquez qui dirait (*would say*) ces affirmations: Amina (**A**), le mécanicien (**M**), Rachid (**R**), Sandrine (**S**) ou Valérie (**V**).

1. La prochaine fois, je vais suivre les conseils du mécanicien.

2. Je suis un peu anxieuse.

3. C'est comme dans un conte de fées (*fairy tale*)!

4. Taisez-vous (*Be quiet*), s'il vous plaît!

5. Il aurait dû (*should have*) m'écouter.

3 **Écrivez** Que se passe-t-il pour Amina et Rachid après le deuxième incident? Utilisez votre imagination et écrivez un paragraphe qui raconte ce qu'ils ont fait. Est-ce que quelqu'un d'autre les aide? Amina est-elle fâchée? Y aura-t-il (*Will there be*) un deuxième rendez-vous pour Cyberhomme et Technofemme?

ressources

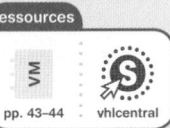

VM pp. 43–44 | vhlcentral

A C T I V I T É S

 Reading

Les voitures

la Smart

Dans l'ensemble°, les Français utilisent moins leurs voitures que les Américains. Il n'est pas rare qu'un couple ou une famille possède une seule voiture. Dans les grandes villes, beaucoup de gens se déplacent° à pied ou utilisent les transports en commun°. Dans les villages ou à la campagne, les gens utilisent un peu plus fréquemment leurs voitures. Pour de longs voyages, pourtant°, ils ont tendance, plus que les Américains, à laisser leurs voitures chez eux et à prendre le train ou l'avion. En général, les voitures en France sont beaucoup plus petites que les voitures qu'on trouve aux États-Unis, mais on y trouve des quatre-quatre°, même dans les grandes villes. La Smart, une voiture minuscule produite par les compagnies Swatch et Mercedes-Benz, a aussi beaucoup de succès en France et en Europe.

Il y a plusieurs raisons qui expliquent ces différences. D'abord, les rues des villes françaises sont beaucoup moins larges. Au centre-ville, beaucoup de rues sont piétonnes° et d'autres sont si petites qu'il est parfois difficile de passer, même pour une petite voiture. Il y a aussi de gros problèmes de parking dans la majorité des villes françaises. Il y a peu de places de parking et elles sont en général assez petites. Il est donc nécessaire de faire un créneau° pour se garer et plus la voiture est petite, plus° on a de chance de le réussir. Les rues en dehors° des villes sont souvent plus larges. En plus, en France, l'essence est plus chère qu'aux États-Unis. Il vaut donc mieux avoir une petite voiture économique qui ne consomme pas beaucoup d'essence, ou prendre les transports en commun quand c'est possible.

Les voitures les plus vendues° en France	
Peugeot 206	700.000
Renault Clio 2	630.000
Renault Clio 3	401.000
Peugeot 207	400.500
Citroën Xsara	395.000
Renault Twingo 1	380.000

Dans l'ensemble *By and large* **se déplacent** *get around* **transports en commun** *public transportation* **pourtant** *however* **quatre-quatre** *sport utility vehicles* **piétonnes** *reserved for pedestrians* **faire un créneau** *parallel park* **plus..., plus...** *the more..., the more...* **en dehors** *outside* **vendues** *sold*

A C T I V I T É S

1 **Complétez** Donnez un début ou une suite logique à chaque phrase, d'après le texte.

1. ... possèdent parfois une seule voiture.

2. Les Français qui habitent en ville se déplacent souvent...

3. Beaucoup de Français prennent le train ou l'avion...

4. ... sont en général plus petites qu'aux États-Unis.

5. Comme aux États-Unis, même dans les grandes villes en France, on trouve...

6. ..., on peut facilement faire un créneau pour se garer.

7. ... sont souvent plus larges.

8. Il n'est pas toujours facile de se garer dans les villes françaises...

9. ... parce que l'essence coûte cher en France.

10. ..., la grande majorité des Français a une voiture.

LE FRANÇAIS QUOTIDIEN

Pour parler des voitures

bagnole (f.)	*car*
berline (f.)	*sedan*
break (m.)	*station wagon*
caisse (f.)	*car*
char (m.) (Québec)	*car*
coupé (m.)	*coupe*
décapotable (f.)	*convertible*
monospace (m.)	*minivan*
pick-up (m.)	*pickup*

LE MONDE FRANCOPHONE

Conduire une voiture

Voici quelques informations utiles.

En France Il n'existe pas de carrefours° avec quatre panneaux° de stop.

En France, en Belgique et en Suisse Il est interdit d'utiliser un téléphone portable quand on conduit et on n'a pas le droit de tourner à droite quand le feu° est rouge.

À l'île Maurice et aux Seychelles Faites attention! On conduit à gauche.

En Suisse Pour conduire sur l'autoroute, il est nécessaire d'acheter une vignette° et de la mettre sur son pare-brise. On peut l'acheter à la poste ou dans les stations-service et elle est valable° un an.

Dans l'Union européenne Le permis de conduire d'un pays de l'Union européenne est valable dans tous les autres pays de l'Union.

carrefours *intersections* **panneaux** *signs* **feu** *traffic light* **vignette** *sticker* **valable** *valid*

PORTRAIT

Le constructeur automobile Citroën

La marque° Citroën est une marque de voitures française créée° en 1919 par André Citroën, ingénieur et industriel français. La marque est réputée pour son utilisation de technologies d'avant-garde et pour ses innovations dans le domaine de l'automobile. Le premier véhicule construit par Citroën, la voiture type A, a été la première voiture européenne construite en série°. En 1924, Citroën a utilisé la première carrosserie° entièrement en acier° d'Europe. Puis, dans les années 1930, Citroën a inventé la traction avant°. Parmi les modèles de voiture les plus vendus de la marque Citroën, on compte la 2CV, ou «deux chevaux», un modèle bon marché et très apprécié des jeunes dans les années 1970 et 1980. En 1976, Citroën a fusionné° avec un autre grand constructeur automobile français, Peugeot, pour former le groupe PSA Peugeot-Citroën.

marque *make* **créée** *created* **construite en série** *mass-produced* **carrosserie** *body* **acier** *steel* **traction avant** *front-wheel drive* **a fusionné** *merged*

MUSIQUE À FOND

Émilie Simon

Lieu d'origine: Montpellier, France
Métier: auteure-compositrice-interprète

Elle est très douée dans la musique traditionnelle ainsi que dans la musique pop électronique.

Go to vhlcentral.com to find out more about **Émilie Simon** and her music.

---

2 **Répondez** Répondez par des phrases complètes.

1. Quelles sont les caractéristiques de la marque Citroën?
2. Quelle est une des innovations de la marque Citroën?
3. Quel modèle de voiture Citroën a eu beaucoup de succès?
4. Qu'a fait la compagnie Citroën en 1976?
5. Que faut-il avoir pour conduire sur l'autoroute en Suisse?
6. Les résidents d'autres pays de l'U.E. ont-ils le droit de conduire en France?

3 **À vous...** Quelle est votre voiture préférée? Pourquoi? Avec un(e) partenaire, discutez de ce sujet et soyez prêt(e)s à expliquer vos raisons au reste de la classe.

 Practice more at **vhlcentral.com**.

ACTIVITÉS

11B.1

The verbs *ouvrir* and *offrir*  Tutorial

Point de départ The verbs ouvrir (*to open*) and offrir (*to offer, to give as a gift*) are irregular. Although they end in **-ir**, they use the endings of regular **-er** verbs in the present tense.

	Ouvrir and *offrir*	
	ouvrir	**offrir**
je/j'	ouvre	offre
tu	ouvres	offres
il/elle	ouvre	offre
nous	ouvrons	offrons
vous	ouvrez	offrez
ils/elles	ouvrent	offrent

La boutique **ouvre** à dix heures.
The shop opens at 10 o'clock.

Nous **offrons** soixante-quinze dollars.
We're offering seventy-five dollars.

- The verbs **couvrir** (*to cover*), **découvrir** (*to discover*), and **souffrir** (*to suffer*) use the same endings as **ouvrir** and **offrir**.

Elle **souffre** quand elle est chez le dentiste.
She suffers when she's at the dentist's.

Couvrez l'assiette avant de la mettre au micro-ondes.
Cover the dish before you put it in the microwave.

- The past participles of **ouvrir** and **offrir** are, respectively, **ouvert** and **offert**. Verbs like **ouvrir** and **offrir** follow this pattern.

Nous **avons découvert** un bon logiciel.
We discovered a good software program.

Il **a souffert** d'une allergie.
He suffered from an allergy.

- Verbs like **ouvrir** and **offrir** are regular in the **imparfait**.

Nous **souffrions** pendant les moments difficiles.
We suffered during the bad times.

Ils nous **offraient** de beaux cadeaux.
They used to give us nice gifts.

- The verbs **ouvrir**, **couvrir**, and **offrir** are often used reflexively.

Couvre-toi la bouche quand tu tousses.
Cover your mouth when you cough.

Le coffre ne **s'ouvre** pas!
The trunk won't open!

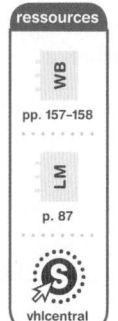
Essayez! Complétez les phrases avec les formes correctes du présent des verbes.

1. On <u>découvre</u> (découvrir) beaucoup de choses quand on lit.

2. Vous _____ (ouvrir) le livre.

3. Tu _____ (souffrir) beaucoup chez le dentiste?

4. Elle _____ (offrir) des fleurs à ses amis.

5. Nous _____ (offrir) dix mille dollars pour la voiture.

6. Les profs _____ (couvrir) les réponses.

7. J' _____ (ouvrir) le capot pour vérifier le moteur.

8. Vos parents vous _____ (offrir) une voiture?

Le français vivant

À Nöel, offrez le plus beau des cadeaux.

Elle ouvre le paquet,
et c'est le bonheur!

Quoi de plus
beau à offrir?

Parlez-vous
à cœur ouvert.

TopTel

Identifiez Avez-vous trouvé des formes des verbes **ouvrir** et **offrir** dans cette publicité (*ad*)? Lesquelles (*Which ones*)?

 Questions Posez ces questions à un(e) partenaire et répondez à tour de rôle.

1. Qui offre un cadeau dans la pub? Qui reçoit (*receives*) un cadeau?
2. Quel cadeau offre-t-on?
3. Qu'est-ce que tu penses de ce cadeau?
4. D'après la publicité, comment se sent la personne qui reçoit le cadeau?
5. Quel est le plus beau cadeau qu'on t'ait (*has*) offert?
6. Quel est le plus beau cadeau que tu aies (*have*) offert à quelqu'un?
7. En général, à qui offres-tu des cadeaux, et quand?

Mise en pratique

1 **Mais non!** Alexandra et sa copine Djamila viennent d'arriver en cours et parlent de leurs camarades. Que se disent-elles?

> **MODÈLE** Julianne souffre d'un mal de tête. (je)
> *Je souffre aussi d'un mal de tête.*

1. Sylvain ouvre son livre. (Caroline)
2. Antoine souffre d'allergies. (le professeur et moi)
3. Loïc découvre la réponse. (nous)
4. Tu offres ta place à Maéva. (Théo)
5. Je souffre beaucoup avant les examens. (nous)
6. Vous ouvrez votre sac à dos. (Luc et Anne)
7. Odile et Fatou couvrent leurs devoirs. (Lise)
8. Angèle découvre qu'elle adore les maths. (je)

2 **Je l'ai déjà fait** Maya parle avec sa sœur des choses qu'elle veut faire pour organiser une fête dans leur nouvelle maison. Sophie lui dit qu'elle les a déjà faites.

> **MODÈLE** Je veux ouvrir les bouteilles.
> *Je les ai déjà ouvertes.*

1. Je veux couvrir les meubles pour les protéger.
2. Je veux ouvrir toutes les fenêtres.
3. Je veux découvrir le centre-ville.
4. Je veux offrir des cadeaux aux voisins.
5. Je veux ouvrir les nouveaux CD.
6. Je veux couvrir les murs d'affiches.
7. Je veux découvrir ce que (*what*) nos amis vont nous offrir.
8. Je veux offrir une fleur aux invités.

3 **Que faisaient-ils?** Qu'est-ce que ces personnages faisaient hier? Employez les verbes de la liste.

| couvrir | découvrir | offrir | ouvrir | souffrir |

1. Benoît

2. vous

3. Thérèse

5. tu

4. ils

6. je

Practice more at **vhlcentral.com**.

Communication

4 **Questions** Avec un(e) partenaire, posez-vous ces questions à tour de rôle. Ensuite, présentez les réponses à la classe.

1. Qu'est-ce que tu as offert à ta mère pour la Fête des mères?

2. En quelle saison souffres-tu le plus d'allergies? Pourquoi?

3. Est-ce que tu te couvres la tête quand tu bronzes? Avec quoi?

4. Est-ce que tu ouvres la fenêtre de ta chambre quand tu dors? Pourquoi?

5. Qu'est-ce que tes amis t'ont offert pour ton dernier anniversaire?

6. Que fais-tu quand tu souffres d'une grippe?

7. As-tu découvert des sites web intéressants? Quels sites?

8. Quand tu achètes un nouveau CD, est-ce que tu l'ouvres tout de suite? Pourquoi?

5 **Une amende** Un agent de police vous arrête parce que vous n'avez pas respecté la limitation de vitesse. Vous inventez beaucoup d'excuses. Avec un(e) partenaire, créez le dialogue et utilisez ce vocabulaire.

amende	dépasser	ouvrir
avoir	freiner	permis
un accident	freins	de conduire
circulation	se garer	pneu crevé
coffre	limitation	rentrer dans
couvrir	de vitesse	rue
découvrir	offrir	souffrir

6 **Un cadeau électronique** Vous avez de l'argent et vous voulez acheter des cadeaux à des membres de votre famille. Dites à un(e) partenaire les choses que vous voulez acheter et pourquoi. Utilisez les verbes de la liste.

MODÈLE

*Je peux acheter un jeu vidéo
pour l'offrir à mon neveu.*

couvrir	découvrir	offrir
ouvrir	souffrir	

7 **En panne!** Hier, vous rentriez tard avec votre frère quand votre voiture est tombée en panne sur l'autoroute. Racontez à votre partenaire ce qui s'est passé (*what happened*) avec les mots de la liste.

capot	crevé	freins	ouvrir	roue
coffre	découvrir	moteur	phares	souffrir
couvrir	essence	offrir	pneu	station-service

11B.2

Le conditionnel  Tutorial

Point de départ The conditional expresses what you *would* do or what *would* happen under certain circumstances.

> *Sans réservation, nous ne mangerions pas avant minuit!*

> *Y aurait-il une autre station-service près d'ici?*

À noter

Review the **imparfait** endings you learned in **Leçon 8A**. The **conditionnel** has the same endings as the **imparfait**.

Conditional of regular verbs			
	parler	**réussir**	**attendre**
je/j'	parlerais	réussirais	attendrais
tu	parlerais	réussirais	attendrais
il/elle/on	parlerait	réussirait	attendrait
nous	parlerions	réussirions	attendrions
vous	parleriez	réussiriez	attendriez
ils/elles	parleraient	réussiraient	attendraient

🏃 Boîte à outils

In English, *would* can be used instead of *used to*, to describe a past habitual action. In French, you must use the **imparfait** to express this meaning.

La vieille voiture tombait toujours en panne.

The old car would (used to) always break down.

but

Sans un bon moteur, cette voiture tomberait en panne.

Without a good engine, this car would break down.

- Note that you form the conditional of **-er** and **-ir** verbs by adding the conditional endings to the infinitive. The conditional endings are the same as those of the **imparfait**. To form the conditional of **-re** verbs, drop the final **-e** and add the endings.

  Nous **voyagerions** cet été.　　Tu ne **sortirais** pas.　　Ils **attendraient** Luc.
  We'd travel this summer.　　*You wouldn't go out.*　　*They would wait for Luc.*

- Note the conditional forms of most spelling-change **-er** verbs:

present form of je	+r	conditional forms
j'achète	achèter-	j'achèterais
je nettoie	nettoier-	je nettoierais
je paie/paye	paier-/payer-	je paierais/payerais
je m'appelle	m'appeller-	je m'appellerais

  Tu te **lèverais** si tôt?　　　　Vous **essaieriez** de vous garer.
  Would you get up that early?　　*You would try to park.*

  Je n'**achèterais** pas cette voiture.　　Il **nettoierait** le pare-brise.
  I would not buy this car.　　　　　　*He would clean the windshield.*

- The conditional of **-er** verbs with an **é** before the infinitive ending follows the same pattern as that of regular **-er** verbs.

  Elle **répéterait** ses questions.　　Elles **considéreraient** le pour et le contre.
  She would repeat her questions.　　*They'd consider the pros and cons.*

- Although the conditional endings are the same for all verbs, some verbs use irregular stems.

Irregular verbs in the conditional		
infinitive	stem	conditional forms
aller	ir-	j'irais
avoir	aur-	j'aurais
devoir	devr-	je devrais
envoyer	enverr-	j'enverrais
être	ser-	je serais
faire	fer-	je ferais
mourir	mourr-	je mourrais
pouvoir	pourr-	je pourrais
savoir	saur-	je saurais
venir	viendr-	je viendrais
vouloir	voudr-	je voudrais

Elles y **seraient** plus heureuses.
They'd be happier there.

Je **ferais** le plein pour toi.
I would fill the tank for you.

- The verbs **devenir**, **maintenir**, **retenir**, **revenir**, and **tenir** are patterned after **venir** in the conditional, just as they are in the present tense.

Nous **reviendrions** bientôt.
We would come back soon.

Tu **deviendrais** architecte un jour?
Would you become an architect one day?

À noter

The conditional is also used in *if-then* statements. You will learn more about this usage in **Leçon 13B**.

- Use the conditional to make a polite request, soften a demand, or express what someone *could* or *should* do.

Je **voudrais** acheter une imprimante.
I would like to buy a printer.

Pourriez-vous nous dire où il est?
Could you tell us where he is?

- To express what someone at a past time thought would happen in the future, use a past tense verb before **que** and the **conditionnel** after it.

Il savait que Lucie ne **reviendrait** pas.
He knew that Lucie wouldn't come back.

Je pensais que tu **ferais** tes devoirs
I thought you'd do your homework.

- The conditional forms of **il y a**, **il faut**, and **il pleut** are, respectively, **il y aurait**, **il faudrait**, and **il pleuvrait**.

Pleuvrait-il beaucoup dans ce pays?
Would it rain a lot in that country?

Il **faudrait** apporter un parapluie.
We'd need to bring an umbrella.

Essayez! Indiquez la forme correcte du conditionnel de ces verbes.

1. je (perdre, devoir, venir) _____ *perdrais, devrais, viendrais* _____
2. tu (vouloir, aller, essayer) _____
3. Michel (dire, prendre, savoir) _____
4. nous (préférer, nettoyer, faire) _____
5. vous (être, pouvoir, avoir) _____
6. elles (dire, espérer, amener) _____

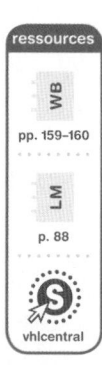

ressources

WB
pp. 159–160

LM
p. 88

vhlcentral

ESPACE **STRUCTURES**

Mise en pratique

1 **Changer de vie** Alexandre parle à son ami de ce qu'il aimerait changer dans sa vie. Complétez ses phrases avec les formes correctes du conditionnel.

MODÈLE

J' _étudierais_ (étudier) tous les week-ends.

1. Ma petite amie et moi _____ (faire) des études dans la même (*same*) ville.
2. Je _____ (vendre) ma vieille voiture.
3. Nous _____ (acheter) une Porsche.
4. Je _____ (travailler) bien.
5. Nos amis nous _____ (rendre) souvent visite.
6. Quelqu'un _____ (nettoyer) la maison.
7. Je n' _____ (avoir) pas de problèmes d'argent.
8. Ma petite ami et moi, nous _____ (pouvoir) nous retrouver tous les jours.
9. Tous mes cours _____ (être) très faciles.

2 **Les professeurs** Que feraient ces personnes si (*if*) elles étaient profs de français?

MODÈLE tu / donner / examen / difficile
Tu donnerais des examens difficiles.

1. Marc / donner / devoirs
2. vous / répondre / à / questions / étudiants
3. nous / permettre / à / étudiants / de / manger / en classe
4. tu / parler / français / tout le temps
5. tes parents / boire / café / classe
6. nous / montrer / films / français
7. je / enseigner / chansons françaises / étudiants
8. Guillaume et Robert / être / gentil / avec / étudiants

3 **Sur une île** Vous découvrez une île (*island*) et vous y emmenez un groupe de personnes et leurs familles. Assemblez les éléments des colonnes pour faire des phrases avec le conditionnel. Quels rôles joueraient ces personnes?

MODÈLE

Le professeur enseignerait les mathématiques aux enfants.

A	B	C
agent de police	construire	cartes
agent de voyages	découvrir	disputes
chauffeur	enseigner	enfants
dentiste	s'occuper de	logement
hôtelier/hôtelière	organiser	nourriture
infirmier/infirmière	parler	problèmes
mécanicien(ne)	préparer	réunions
professeur	servir	transports
serveur/serveuse	trouver	urgences
?	?	?

Practice more at **vhlcentral.com**.

Communication

4 **Une grosse fortune** Avec un(e) partenaire, parlez de la façon dont (*the way in which*) vous dépenseriez l'argent si quelqu'un vous laissait une grosse fortune. Posez-vous ces questions à tour de rôle.

1. Partirais-tu en voyage? Où irais-tu?

2. Quelle profession choisirais-tu?

3. Où habiterais-tu?

4. Qu'est-ce que tu achèterais? À tes amis? À ta famille?

5. Donnerais-tu de l'argent à des œuvres de charité (*charities*)? Auxquelles (*To which ones*)?

6. Qu'est-ce qui changerait dans ta vie quotidienne (*daily*)?

5 **Sans ça...** Par groupes de trois, dites ce qui (*what*) changerait dans le monde sans ces choses.

MODÈLE sans écoles?
Les étudiants n'apprendraient pas.

- sans voitures?
- sans ordinateurs?
- sans télévisions?
- sans avions?
- sans téléphones?
- ?

6 **Le tour de la France** Vous aimeriez faire le tour de la France avec un(e) partenaire. Regardez la carte et discutez de l'itinéraire. Où commenceriez-vous? Que visiteriez-vous? Utilisez ces idées et trouvez-en d'autres.

MODÈLE

Nous commencerions à Paris.

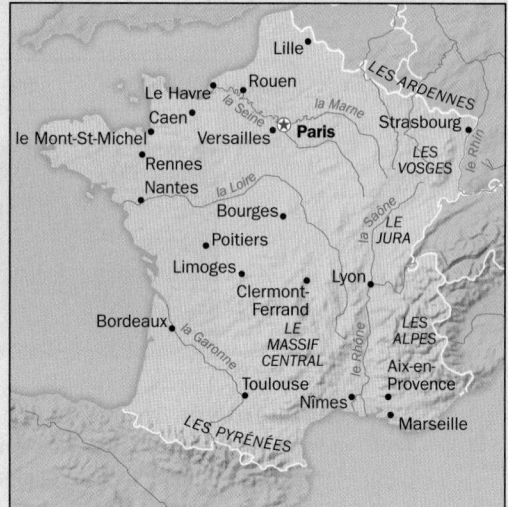

- les plages de la Côte d'Azur
- les randonnées dans le Centre
- le ski dans les Alpes
- les musées à Paris
- les châteaux (*castles*) de la Loire

Révision

1 **Dans ma famille…** Votre professeur va vous donner une feuille d'activités. Circulez dans la classe pour interviewer un(e) camarade différent(e) pour chaque question. Mentionnez un détail supplémentaire dans vos réponses.

MODÈLE

Étudiant(e) 1: *Qui, dans ta famille, a peur de conduire?*
Étudiant(e) 2: *Mon oncle Olivier a peur de conduire.*
Il a eu trop d'accidents.

Qui, dans ta famille,…	Noms
1. a peur de conduire?	mon oncle Olivier
2. aime l'odeur de l'essence?	
3. n'aime pas conduire vite?	
4. n'a jamais eu d'accident?	
5. ne dépasse jamais la limitation de vitesse?	
6. n'a pas son permis de conduire?	
7. ne sait pas faire le plein?	
8. sait vérifier l'huile?	

2 **Des explications** Avec un(e) partenaire, observez ces personnages et inventez une phrase au conditionnel pour décrire leur situation.

MODÈLE

Elle ferait du jogging, mais elle s'est foulé la cheville.

1.

2.

3.

4.

3 **Le marathon** Votre meilleur(e) ami(e) va participer à un marathon dans six mois et il/elle veut savoir ce qu'il/elle (*what he/she*) devrait faire pour s'entraîner (*train*). Avec un(e) partenaire, écrivez un e-mail à votre ami(e) pour dire ce que vous feriez à sa place pour vous préparer. Utilisez le conditionnel.

4 **La leçon de conduite** Vous êtes moniteur de conduite (*driving instructor*) et c'est la première leçon de conduite que prend votre partenaire. Inventez une scène où il/elle découvre la voiture et où vous lui expliquez la fonction des différentes commandes. Utilisez le conditionnel dans votre dialogue.

MODÈLE

Étudiant(e) 1: *J'utiliserais ce bouton pour ouvrir le capot?*
Étudiant(e) 2: *Non. Tu utiliserais ce bouton pour ouvrir le coffre.*

5 **Les slogans** Avec un(e) partenaire, utilisez ces verbes dans des slogans pour vendre cette voiture. Soyez prêts à voter pour les meilleurs slogans de la classe.

MODÈLE

Étudiant(e) 1: *Qu'est-ce que tu penses de:* «*Offrez-vous l'évasion*»?
Étudiant(e) 2: *Ce n'est pas mal, mais j'aime bien aussi:* «*Le monde vous découvre.*»

couvrir	découvrir	offrir	ouvrir	souffrir

6 **Mots-croisés** Votre professeur va vous donner, à vous et à votre partenaire, deux grilles de mots croisés (*crossword*) incomplètes. Attention! Ne regardez pas la feuille de votre partenaire. Utilisez le conditionnel dans vos définitions.

MODÈLE

Étudiant(e) 1: *Horizontalement, le numéro 1, tu les allumerais pour conduire la nuit.*
Étudiant(e) 2: *Les phares!*

À l'écoute

STRATÉGIE

Guessing the meaning of words through context

When you hear an unfamiliar word, you can often guess its meaning by listening to the words and phrases around it.

 To practice this strategy, you will listen to a paragraph. Jot down the unfamiliar words that you hear. Then, listen to the paragraph again and jot down the word or words that are the most useful clues to the meaning of each unfamiliar word.

Préparation

Regardez la photo. Que fait la policière? Et l'homme, que fait-il? Où sont-ils? Que se passe-t-il, d'après vous?

À vous d'écouter

 Écoutez la conversation entre la policière et l'homme et utilisez le contexte pour vous aider à comprendre les mots et expressions de la colonne A. Trouvez leur équivalent dans la colonne B.

A	B
_____ 1. la moto	a. un document qui indique une infraction
_____ 2. la loi	
_____ 3. une contravention	b. un signal pour indiquer dans quelle direction on va aller
_____ 4. rouler	c. conduire une voiture
_____ 5. le clignotant	d. véhicule à deux roues
_____ 6. être prudent	e. faire attention
	f. quelque chose qu'il faut respecter

Compréhension

Vrai ou faux? Indiquez si les phrases sont **vraies** ou **fausses**. Corrigez les phrases fausses.

1. L'homme a oublié son permis de conduire à l'aéroport.
   _____

2. L'homme roulait trop vite.
   _____

3. La vitesse est limitée à 150 km/h sur cette route.
   _____

4. L'homme a dépassé un camion rouge.
   _____

5. L'agent de police n'accepte pas les excuses de l'homme.
   _____

6. L'agent de police donne une contravention à l'homme.
   _____

7. L'homme préfère payer l'amende tout de suite.
   _____

8. L'agent de police demande à l'homme de faire réparer son rétroviseur avant de repartir.
   _____

Racontez Choisissez un sujet et écrivez un paragraphe.

1. Avez-vous déjà eu une contravention (*ticket*)? Quand? Où? Que faisiez-vous? Si vous n'avez jamais (*never*) eu de contravention, parlez d'une personne que vous connaissez qui en a déjà eu une.

2. Avez-vous déjà eu de gros problèmes de voiture ou une panne? Quand? Où? Quel était le problème? Êtes-vous allé(e) chez un mécanicien? Qu'a-t-il fait? Est-ce que ça a coûté cher?

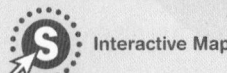
SAVOIR-FAIRE

Panorama

L'Occitanie

La région en chiffres

▶ **Superficie:** *72.724 km²*

▶ **Population:** *5.730.753*

▶ **Industries principales:** *aéronautique, agriculture, recherches°*

▶ **Villes principales:** *Toulouse, Montpellier, Nîmes, Perpignan*

Créée en 2016, la région Occitanie regroupe les anciennes régions Languedoc-Roussillon et Midi-Pyrénées. La région accueille° 240.000 étudiants français et internationaux chaque année, avec des universités renommées°. La Faculté de Médecine de Montpellier, créée au 12ᵉ siècle, est la plus ancienne de France.

Personnes célèbres

▶ **Jean Jaurès,** *homme politique (1859–1914)*

▶ **Henri de Toulouse-Lautrec,** *peintre et lithographe (1864–1901)*

▶ **Georges Brassens,** *chanteur (1921–1981)*

▶ **Paul Valéry,** *poète (1871–1945)*

recherches *research* **accueille** *welcomes* **renommées** *renowned* **pont** *bridge* **aqueduc** *aqueduct* **jusqu'à** *to* **pèse** *weighs* **hauteur** *height* **inscrit** *registered* **patrimoine mondial** *world heritage*

les gorges de l'Hérault

LA FRANCE

L'OCÉAN ATLANTIQUE

la Tarn

Albi

OCCITANIE

Toulouse

la Garonne

LES CÉVENNES

Nîmes

Montpellier

Béziers

LES PYRÉNÉES

Perpignan

LA MER MÉDITERRANÉE

ANDORRE

L'ESPAGNE

0   80 miles
0   80 kilomètres

le Capitole

la cité de Carcassonne

Incroyable mais vrai!

Le Pont° du Gard est un monument romain qui date du 1ᵉʳ siècle. Il fait partie d'un aqueduc° de 50 kilomètres qui apportait l'eau de la ville d'Uzès jusqu'à° Nîmes. Le pont pèse° 50.400 tonnes, mesure 360 mètres de long et a 50 mètres de hauteur°. C'est le pont romain le plus haut du monde! En 1985, le site a été inscrit° au patrimoine mondial° de l'UNESCO.

La gastronomie
Le cassoulet

Le cassoulet est une spécialité du Sud-Ouest° de la France. C'est un plat populaire, préparé à l'origine dans une «cassole°». Les ingrédients varient, mais en général cette spécialité est composée de haricots blancs, de viande de porc et de canard, de saucisses, de tomates, d'ail et d'herbes. Le cassoulet a ses origines à Castelnaudary, une ville qui se trouve entre Toulouse et Carcassonne. Les trois villes ont chacune° leur propre° version du cassoulet.

Les monuments
Les arènes de Nîmes

Inspirées du Colisée de Rome, les arènes° de Nîmes datent de la fin du premier siècle. C'est l'amphithéâtre le plus grand de France et le mieux conservé de l'ère° romaine. Les spectacles de gladiateurs, d'autrefois° appréciés par plus de 20.000 spectateurs, sont aujourd'hui remplacés° par des corridas° et des spectacles musicaux. Chaque année, la ville de Nîmes accueille plus de 500.000 visiteurs.

L'architecture
Les bastides

Les bastides° sont plus de 300 villes créées en Occitanie au 13e et 14e siècles par les comtes° de Toulouse et les rois° de France. Elles sont composées de groupes de maisons et de rues aux angles droites organisées autour d'°une place centrale. Les bastides ont été construites pour des raisons politiques, économiques et de sécurité. La plus ancienne bastide est la ville de Montauban, construite en 1144, et la plus récente est la ville de Revel, construite en 1342.

Les traditions
La langue d'Oc

La langue d'Oc (l'occitan) est une langue romane° développée dans le sud de la France. Cette langue a donné son nom à la région: Occitanie. La poésie lyrique occitane et la philosophie des troubadours° du Moyen Âge° influencent les valeurs° culturelles et intellectuelles européennes. Il existe plusieurs dialectes de l'occitan. «Los cats fan pas de chins» (les chats ne font pas des chiens) et «la bornicarié porta pas pa a casa» (la beauté n'apporte pas de pain à la maison) sont deux proverbes occitans connus.

Qu'est-ce que vous avez appris? Répondez aux questions par des phrases complètes.

1. Qui était peintre et lithographe d'origine occitane?
2. De quel siècle date le Pont du Gard?
3. Combien pèse le Pont du Gard?
4. Quelles sont les trois villes connues pour le cassoulet?
5. Quels ingrédients utilise-t-on pour le cassoulet?
6. De quand datent les arènes de Nîmes?
7. Combien de visiteurs la ville de Nîmes accueille-t-elle chaque année?
8. Combien de bastides y a-t-il en Occitanie?
9. Qui a construit les bastides?
10. Qu'est-ce qui influence les valeurs culturelles et intellectuelles européennes?

Sur Internet

Go to **vhlcentral.com** to find more cultural information related to this **Panorama**.

1. Vous savez que Montauban et Revel sont deux bastides. Trouvez trois autres bastides en Occitanie et citez-en le nom et les dates de construction.
2. Cherchez plus d'informations sur le Pont du Gard et son aqueduc.
3. Cherchez plus d'informations sur Henri de Toulouse-Lautrec. Avez-vous déjà vu quelques-unes de ses peintures? Où?

ressources

WB
pp. 161–162

S
vhlcentral

Sud-Ouest *Southwest* **cassole** *pottery dish* **chacune** *each* **propre** *own* **arènes** *amphitheater* **ère** *era* **autrefois** *long ago* **remplacés** *replaced* **corridas** *bullfights* **bastides** *fortified towns* **comtes** *counts* **rois** *kings* **autour d'** *around* **langue romane** *Romance language* **troubadours** *minstrels* **Moyen Âge** *Middle Ages* **valeurs** *values*

Lecture

S Audio: Reading

Avant la lecture

Examinez le texte

Examinez les illustrations. Quel est le genre de ce texte? Décrivez ce qu'il y a dans chaque illustration. Puis, regardez les trois textes courts. Quel est le genre de ces textes? Quel est leur but (*purpose*)? D'après vous, quel genre de vocabulaire allez-vous trouver dans ces textes?

À propos de l'auteur
Renée Lévy

Renée Lévy est une artiste québécoise. Son père, artiste lui aussi, lui a expliqué les principes du dessin et l'a encouragée à dessiner. Au lycée, Renée Lévy amusait ses camarades de classe avec ses caricatures de professeurs. Ses dessins humoristiques traitent de° nombreux sujets, comme la vie de tous les jours, le travail, les animaux et la politique. On peut voir ses caricatures et ses dessins humoristiques dans plusieurs publications et sur son site Internet: http://www.reneelevy.com. Renée Lévy est l'auteur des deux dessins que vous allez voir°.

Les Technoblagues

Dessin 1

C'EST UN LECTEUR DE MP3, DE CD ET DE DVD. C'EST AUSSI UN TÉLÉPHONE, UN APPAREIL PHOTO ET UN ORDINATEUR. IL PEUT NUMÉRISER°, TÉLÉCOPIER° ET IMPRIMER.

IL VERROUILLE° MON AUTO, ALLUME MON FOUR ET MESURE MON DIABÈTE. IL ME SERT DE BROSSE À DENTS, D'ASPIRATEUR ET DE RASOIR.

IL M'INDIQUE AUSSI LE MAGASIN DE BATTERIES LE PLUS PROCHE°!

BATTERIES
BATTERIES BATTERIES

Renée Lévy ©05
www.reneelevy.com

Blague 1

Dans un magasin d'ordinateurs, un père se plaint° du manque d'intérêt° de son fils pour le sport. «Il passe son temps devant son écran, avec ses jeux vidéo», explique le père découragé à l'employé. «Tenez, l'autre jour, je lui ai proposé un match de tennis. Savez-vous ce que mon fils m'a répondu? "Quand tu veux, papa, je vais chercher la disquette."»

---

traitent de *deal with* **voir** *see*

Blague 2

La maîtresse°, absente de sa classe pendant dix minutes, y retourne et entend un véritable vacarme°. «Quand je suis partie, dit-elle, sévèrement, je vous ai interdit° de bavarder entre vous.» «Mais, dit un élève, on ne s'est pas adressé la parole°. Seulement, pour s'occuper, on a tous sorti nos portables et on a passé un coup de fil° à nos parents.»

Dessin 2

L'ESSENCE COÛTE TRÈS CHER. JE REMPLACE LE MOTEUR DE MON V.U.S° …ν

PAR LE MOTEUR ÉLECTRIQUE DE MA MACHINE À COUDRE°!

SAUF°QU'IL ME FAUDRA° UN PLUS LONG FIL°…

www.reneelevy.com

Blague 3

Un homme vient d'acheter une nouvelle voiture, mais il est obligé de la laisser dans la rue la nuit. Comme il sait que les voleurs° d'autoradios° n'hésitent pas à fracturer° les portières, il met sur son pare-brise la note suivante: IL N'Y A PAS DE RADIO DANS CETTE VOITURE. Le jour d'après, plus de° voiture. À la place où elle se trouvait, il y a seulement la note sur laquelle° on a écrit: *Ce n'est pas grave, on en fera mettre une°.*

numériser *scan* **télécopier** *fax* **verrouille** *locks* **le plus proche** *the closest* **se plaint** *complains* **manque d'intérêt** *lack of interest* **maîtresse** *school teacher* **vacarme** *racket* **interdit** *forbade* **on ne s'est pas adressé la parole** *we didn't speak to each other* **a passé un coup de fil** *made a call* **V.U.S.** *S.U.V.* **machine à coudre** *sewing machine* **sauf** *except* **il me faudra** *I will need* **fil** *cord* **voleurs** *thieves* **autoradios** *car radios* **fracturer** *break* **plus de** *no more* **sur laquelle** *on which* **on en fera mettre une** *we'll have one installed*

Après la lecture

Répondez Répondez aux questions par des phrases complètes.

1. Quelles sont trois des fonctions de l'appareil du **dessin 1**?
   _____

2. De quoi l'appareil du **dessin 1** a-t-il beaucoup besoin?
   _____

3. Pour jouer au tennis, on a besoin d'une raquette. Dans la **blague 1**, quel mot (*word*) le garçon utilise-t-il au lieu de (*instead of*) «raquette»?
   _____

4. Dans la **blague 1**, pourquoi le père est-il découragé?
   _____

5. Dans la **blague 2**, qu'est-ce que la maîtresse a demandé aux élèves?
   _____

6. Qu'ont fait les élèves de la **blague 2** quand la maîtresse est partie?
   _____

7. Pourquoi faut-il remplacer le moteur du V.U.S. dans le **dessin 2**?
   _____

8. De quoi le personnage a-t-il besoin après dans le **dessin 2**?
   _____

9. Dans la **blague 3**, qu'est-ce que l'homme écrit sur la note qu'il met sur le pare-brise de sa voiture? Pourquoi?
   _____

10. À la fin de la **blague 3**, qu'ont pris les voleurs? Que vont-ils faire?
    _____

Des inventions L'appareil du **dessin 1** a beaucoup de fonctions. D'après vous, quelle invention de la liste est la plus utile et pourquoi? Soyez prêt à expliquer votre décision à la classe.

appareil photo	lecteur CD
aspirateur	lecteur DVD
fax	lecteur MP3
imprimante	téléphone

Inventez Électropuissance, une compagnie d'équipement électronique, vous demande d'inventer l'appareil idéal pour la vie de tous les jours. Dites comment votre invention va vous aider à la maison, à l'école, dans la voiture, en voyage et pour rester en bonne santé.

Écriture

Listing key words

Once you have determined the purpose for a piece of writing and identified your audience, it is helpful to make a list of key words you can use while writing. If you were to write a description of your campus, for example, you would probably need a list of prepositions that describe location, such as **devant**, **à côté de**, and **derrière**. Likewise, a list of descriptive adjectives would be useful if you were writing about the people and places of your childhood.

By preparing a list of potential words ahead of time, you will find it easier to avoid using the dictionary while writing your first draft. You will probably also learn a few new words in French while preparing your list of key words.

Listing useful vocabulary is also a valuable organizational strategy since the act of brainstorming key words will help you form ideas about your topic. In addition, a list of key words can help you avoid redundancy when you write.

If you were going to write a composition about your communication habits with your friends, what words would be the most helpful to you? Jot a few of them down and compare your list with a partner's. Did you choose the same words? Would you choose any different or additional words, based on what your partner wrote?

Thème

Écrire une dissertation

Avant l'écriture

1. Vous allez écrire une dissertation pour décrire vos préférences et vos habitudes en ce qui concerne (*regarding*) les moyens (*means*) de communication d'hier et d'aujourd'hui.

2. D'abord, répondez en quelques mots à ces questions pour vous faire une idée de ce que (*what*) doit inclure votre dissertation.

   - Quel est votre moyen de communication préféré (e-mail, téléphone, lettre, ...)? Pourquoi?

   - En général, comment communiquez-vous avec les gens que vous connaissez? Pourquoi? Avez-vous toujours communiqué avec eux de cette manière (*in this way*)?

   - Communiquez-vous avec tout le monde de la même manière ou cela dépend-il des personnes? Par exemple, restez-vous en contact avec vos grands-parents de la même manière qu'avec votre professeur de français? Expliquez.

   - Comment restez-vous en contact avec les membres de votre famille? Et avec vos amis et vos camarades de classe?

   - Communiquez-vous avec certaines personnes tous les jours? Avec qui? Comment?

3. Ensuite, complétez ce tableau pour faire une liste des personnes avec qui vous communiquez régulièrement, et pour donner le moyen de communication que vous avez utilisé dans le passé et que vous utilisez aujourd'hui. Utilisez aussi votre liste de mots-clés comme point de départ pour votre dissertation.

Personnes	Moyen de communication du passé	Moyen de communication d'aujourd'hui
Personne 1		
Personne 2		
Personne 3		
Personne 4		
Personne 5		

Écriture

1. Servez-vous de la liste de mots-clés que vous avez créée, de vos réponses aux questions et du tableau pour écrire votre dissertation. Utilisez le vocabulaire et la grammaire de l'unité.

2. N'oubliez pas d'inclure ces informations:

- Toutes les personnes avec qui vous communiquez souvent

- Les moyens de communications que vous utilisiez avant

- Les moyens de communications que vous utilisez maintenant

- La raison pour laquelle vous avez changé de moyen de communication

Après l'écriture

1. Échangez votre dissertation avec celle (*the one*) d'un(e) partenaire. Répondez à ces questions pour commenter son travail.

- Votre partenaire a-t-il/elle inclu toutes les personnes citées dans le tableau?

- A-t-il/elle mentionné tous les moyens de communications qu'il/elle utilisait avant?

- A-t-il/elle mentionné tous les moyens de communications qu'il/elle utilise maintenant?

- A-t-il/elle mentionné la raison pour laquelle il/elle a changé de moyen de communication?

- A-t-il/elle utilisé le vocabulaire et la grammaire de l'unité?

- Quel(s) détail(s) ajouteriez-vous (*would you add*)? Quel(s) détail(s) enlèveriez-vous (*would you delete*)? Quel(s) autre(s) commentaire(s) avez-vous pour votre partenaire?

2. Corrigez votre dissertation d'après (*according to*) les commentaires de votre partenaire. Relisez votre travail pour éliminer ces problèmes:

- des fautes (*errors*) d'orthographe

- des fautes de ponctuation

- des fautes de conjugaison

- un mauvais emploi (*use*) de la grammaire de l'unité

- des fautes d'accord (*agreement*) des adjectifs

 Vocabulary Tools

Leçon 11A

L'ordinateur

un **clavier** *keyboard*
une **clé USB** *USB drive*
un **disque dur** *hard drive*
un **écran** *screen*
un **e-mail** *e-mail*
un **fichier** *file*
une **imprimante** *printer*
un **jeu vidéo** (**jeux vidéo** *pl.*)
 video game(s)
un **logiciel** *software, program*
un **mot de passe** *password*
une **page d'accueil** *home page*
un **site Internet/web** *website*
une **souris** *mouse*
démarrer *to start up*
être connecté(e) (**avec**) *to be
 connected (to)*
être en ligne (**avec**) *to be online/on
 the phone (with)*
imprimer *to print*
sauvegarder *to save*
télécharger *to download*

Verbes pronominaux réciproques

s'adorer *to adore one another*
s'aider *to help one another*
s'aimer (**bien**) *to love (like) one
 another*
se connaître *to know one another*
se dire *to tell one another*
se donner *to give one another*
s'écrire *to write one another*
s'embrasser *to kiss one another*
s'entendre bien (**avec**) *to get along
 well (with one another)*
se parler *to speak to one another*
se quitter *to leave one another*
se regarder *to look at one another*
se rencontrer *to meet one another
 (make an acquaintance)*
se retrouver *to meet one another
 (planned)*
se téléphoner *to phone one another*

L'électronique

un **appareil photo** (**numérique**)
 (digital) camera
un **casque** (**audio**) *headphones*
une **chaîne** (**de télévision**)
 (television) channel
un **enregistreur DVR** *DVR*
un **lien** *link*
un **portable** *cell phone*
un **réseau** (**social**) *(social) network*
un **smartphone** *smartphone*
une **tablette** (**tactile**) *tablet*
une **télécommande** *remote control*
un **texto/SMS** *text message*
ajouter/supprimer un(e) ami(e)
 to add/delete a friend
allumer *to turn on*
brancher *to plug in; to connect*
composer (**un numéro**) *to dial
 (a number)*
effacer *to erase*
enregistrer *to record*
éteindre *to turn off*
fermer *to close; to shut off*
fonctionner/marcher *to work;
 to function*
prendre une photo(graphie) *to take a
 photo(graph)*
recharger *to recharge*
sonner *to ring*

Expressions utiles

See p. 455.

Prepositions with the infinitive

See p. 458.

Leçon 11B

Verbes

couvrir *to cover*
découvrir *to discover*
offrir *to offer, to give something*
ouvrir *to open*
souffrir *to suffer*

La voiture

arrêter (**de faire quelque chose**) *to
 stop (doing something)*
attacher sa ceinture de sécurité (*f.*) *to
 buckle one's seatbelt*
avoir un accident *to have/to be in
 an accident*
dépasser *to go over; to pass*
faire le plein *to fill the tank*
freiner *to brake*
se garer *to park*
rentrer (**dans**) *to hit (another car)*
réparer *to repair*
tomber en panne *to break down*
vérifier (**l'huile/la pression des
 pneus**) *to check (the oil/the
 air pressure)*
un **capot** *hood*
un **coffre** *trunk*
l'**embrayage** (*m.*) *clutch*
l'**essence** (*f.*) *gas*
un **essuie-glace** (**des essuie-
 glaces**) *windshield wiper(s)*
les **freins** (*m.*) *brakes*
l'**huile** (*f.*) *oil*
un **moteur** *engine*
un **pare-brise** (**pare-brise** *pl.*)
 windshield
un **pare-chocs** (**pare-chocs** *pl.*)
 bumper
les **phares** (*m.*) *headlights*
un **pneu** (**crevé**) *(flat) tire*
une **portière** *car door*
un **réservoir d'essence** *gas tank*
un **rétroviseur** *rearview mirror*
une **roue** (**de secours**)
 (emergency) tire
une **voiture** *car*
un **volant** *steering wheel*
un **voyant d'essence/d'huile** *(gas/oil)
 warning light*
un **agent de police/un(e) policier/
 policière** *police officer*
une **amende** *fine*
une **autoroute** *highway*
la **circulation** *traffic*
la **limitation de vitesse** *speed limit*
un(e) **mécanicien(ne)** *mechanic*
un **parking** *parking lot*
un **permis de conduire** *driver's license*
une **rue** *street*
une **station-service** *service station*

Expressions utiles

See p. 473.

En ville

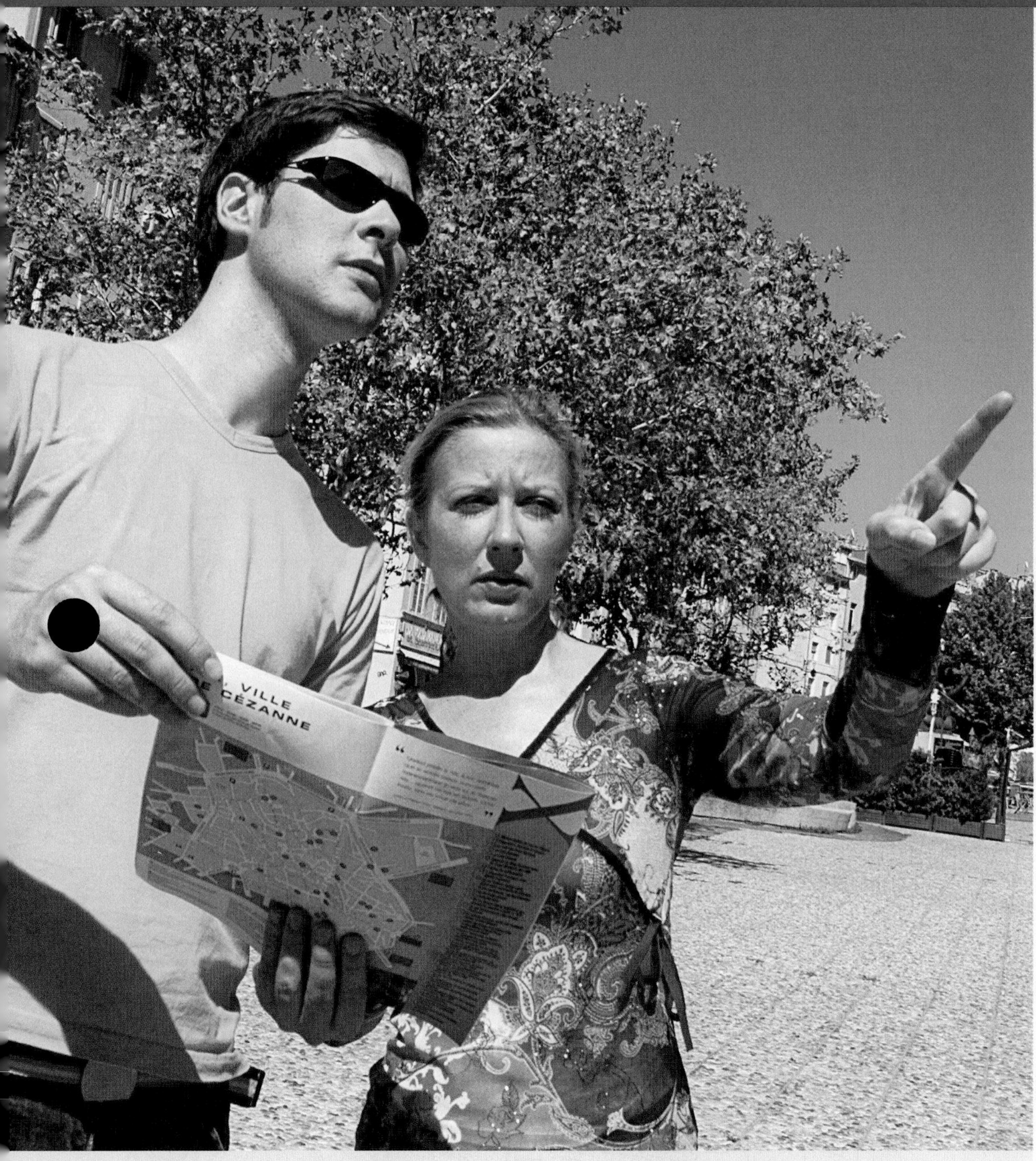

Pour commencer

- Qu'est-ce que David a dans la main?
  a. une lettre b. une carte c. une photo
- Où sont-ils?
  a. dans un parc b. à la maison
  c. au restaurant
- Quel temps fait-il?
  a. Il fait froid. b. Il pleut. c. Il fait beau.

Leçon 12A

Vocabulary Tools

You will learn how to...

- make business transactions
- get around town

Les courses

une papeterie

La Maison du Papier

SOLDES

LA POSTE

Bijooterie Martin

cybercafé espace connexion

une bijouterie

un bureau de poste

un cybercafé

un colis

LA POSTE

une boîte aux lettres

Elle poste une lettre. (poster)

un marchand de journaux

Vocabulaire

accompagner	to accompany
avoir un compte bancaire	to have a bank account
déposer de l'argent	to deposit money
emprunter	to borrow
payer par carte (de crédit)	to pay by credit card
payer en liquide	to pay in cash
payer par chèque	to pay by check
remplir un formulaire	to fill out a form
retirer de l'argent	to withdraw money
signer	to sign
une adresse	address
une carte postale	postcard
une enveloppe	envelope
un timbre	stamp
une boutique	boutique, store
une brasserie	café, restaurant
un commissariat de police	police station
une laverie	laundromat
une mairie	town/city hall; mayor's office
un compte-chèques	checking account
un compte d'épargne	savings account
une dépense	expenditure, expense
des pièces de monnaie	coins
de la monnaie	change
fermé(e)	closed
ouvert(e)	open

ressources

WB pp. 163–164

LM p. 89

vhlcentral

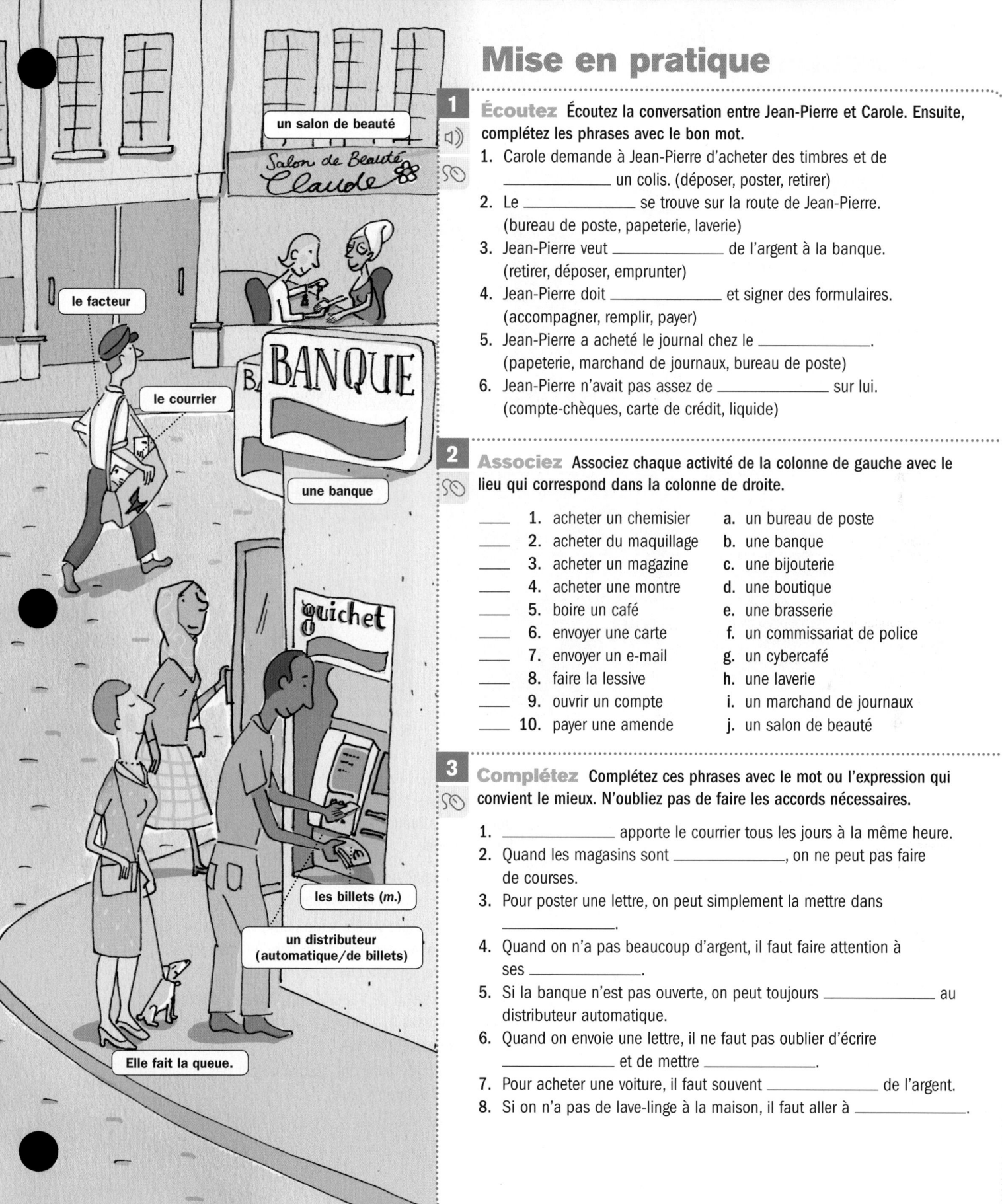

un salon de beauté

Salon de Beauté Claude

le facteur

le courrier

BANQUE

une banque

guichet

les billets (m.)

un distributeur (automatique/de billets)

Elle fait la queue.

Mise en pratique

1 **Écoutez** Écoutez la conversation entre Jean-Pierre et Carole. Ensuite, complétez les phrases avec le bon mot.

1. Carole demande à Jean-Pierre d'acheter des timbres et de _____ un colis. (déposer, poster, retirer)
2. Le _____ se trouve sur la route de Jean-Pierre. (bureau de poste, papeterie, laverie)
3. Jean-Pierre veut _____ de l'argent à la banque. (retirer, déposer, emprunter)
4. Jean-Pierre doit _____ et signer des formulaires. (accompagner, remplir, payer)
5. Jean-Pierre a acheté le journal chez le _____. (papeterie, marchand de journaux, bureau de poste)
6. Jean-Pierre n'avait pas assez de _____ sur lui. (compte-chèques, carte de crédit, liquide)

2 **Associez** Associez chaque activité de la colonne de gauche avec le lieu qui correspond dans la colonne de droite.

____	1. acheter un chemisier	a.	un bureau de poste
____	2. acheter du maquillage	b.	une banque
____	3. acheter un magazine	c.	une bijouterie
____	4. acheter une montre	d.	une boutique
____	5. boire un café	e.	une brasserie
____	6. envoyer une carte	f.	un commissariat de police
____	7. envoyer un e-mail	g.	un cybercafé
____	8. faire la lessive	h.	une laverie
____	9. ouvrir un compte	i.	un marchand de journaux
____	10. payer une amende	j.	un salon de beauté

3 **Complétez** Complétez ces phrases avec le mot ou l'expression qui convient le mieux. N'oubliez pas de faire les accords nécessaires.

1. _____ apporte le courrier tous les jours à la même heure.
2. Quand les magasins sont _____, on ne peut pas faire de courses.
3. Pour poster une lettre, on peut simplement la mettre dans _____.
4. Quand on n'a pas beaucoup d'argent, il faut faire attention à ses _____.
5. Si la banque n'est pas ouverte, on peut toujours _____ au distributeur automatique.
6. Quand on envoie une lettre, il ne faut pas oublier d'écrire _____ et de mettre _____.
7. Pour acheter une voiture, il faut souvent _____ de l'argent.
8. Si on n'a pas de lave-linge à la maison, il faut aller à _____.

Communication

4 **Décrivez** Avec un(e) partenaire, regardez les photos et décrivez où et comment Annick et Charles ont passé la journée samedi dernier. Donnez l'heure exacte pour chaque endroit.

1.

2.

3.

4.

5.

6.

5 **Répondez** Avec un(e) partenaire, posez ces questions et répondez-y à tour de rôle. Ensuite, comparez vos réponses avec celles (*the ones*) d'un autre groupe.

1. Vas-tu souvent au bureau de poste? Pour quoi faire?
2. Quel genre de courses fais-tu le week-end?
3. Où est-ce que tu fais souvent la queue? Pourquoi?
4. Y a-t-il une laverie près de chez toi? Combien de fois par mois y vas-tu?
5. Comment préfères-tu payer tes achats (*purchases*)? Pourquoi?
6. Combien de fois par semaine utilises-tu un distributeur de billets?

6 **À vous de jouer** Par petits groupes, choisissez une de ces situations et écrivez un dialogue. Ensuite, jouez la scène.

1. À la banque, un(e) étudiant(e) veut ouvrir un compte bancaire et connaître les services offerts.
2. À la poste, une vieille dame (*lady*) veut envoyer un colis, acheter des timbres et faire un changement d'adresse. Il y a la queue derrière elle.
3. Dans un salon de beauté, deux femmes discutent de leurs courses à la mairie, à la papeterie et chez le marchand de journaux.
4. Dans un cybercafé, des étudiants font des achats en ligne sur différents sites.

Les sons et les lettres 🔊

The letter h

You already know that the letter **h** is silent in French, and you are familiar with many French words that begin with an **h muet**. In such words, the letter **h** is treated as if it were a vowel. For example, the articles **le** and **la** become **l'** and there is a liaison between the final consonant of a preceding word and the vowel following the **h**.

l'heure	l'homme	des hôtels	des hommes

Some words begin with an **h aspiré**. In such words, the **h** is still silent, but it is not treated like a vowel. Words beginning with **h aspiré**, like these you've already learned, are not preceded by **l'** and there no liaison.

la honte	les haricots verts	le huit mars	les hors-d'œuvre

Words that begin with an **h aspiré** are normally indicated in dictionaries by some kind of symbol, usually an asterisk (*).

Prononcez Répétez les mots suivants à voix haute.

1. le hall
2. la hi-fi
3. l'humeur
4. la honte
5. le héron
6. l'horloge
7. l'horizon
8. le hippie
9. l'hilarité
10. la Hongrie
11. l'hélicoptère
12. les hamburgers
13. les hiéroglyphes
14. les hors-d'œuvre
15. les hippopotames
16. l'hiver

Articulez Répétez les phrases suivantes à voix haute.

1. Hélène joue de la harpe.
2. Hier, Honorine est allée à l'hôpital.
3. Le hamster d'Hervé s'appelle Henri.
4. La Havane est la capitale de Cuba.
5. L'anniversaire d'Héloïse est le huit mars.
6. Le hockey et le handball sont mes sports préférés.

Dictons Répétez les dictons à voix haute.

L'heure, c'est l'heure; avant l'heure, c'est pas l'heure; après l'heure, c'est plus l'heure.[2]

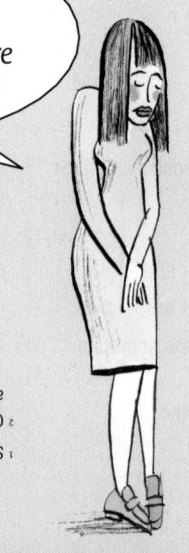

La honte n'est pas d'être inférieur à l'adversaire, c'est d'être inférieur à soi-même.[1]

[1] Shame is not being inferior to an adversary; it's being inferior to oneself.

[2] On time is on time; before the hour is not on time; after the hour is no longer on time.

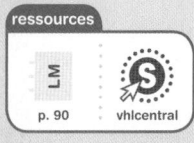

ressources

LM
p. 90

vhlcentral

On fait des courses.  Video

Amina

David

Employée

Rachid

Sandrine

À la charcuterie...

EMPLOYÉE Bonjour, Mademoiselle, Monsieur. Qu'est-ce que je vous sers?

RACHID Bonjour, Madame. Quatre tranches de pâté et de la salade de carottes pour deux personnes, s'il vous plaît.

EMPLOYÉE Et avec ça?

RACHID Deux tranches de jambon, s'il vous plaît.

RACHID Vous prenez les cartes de crédit?

EMPLOYÉE Ah, désolée, Monsieur. Nous n'acceptons que les paiements en liquide ou par chèque.

RACHID Amina, je viens de m'apercevoir que je n'ai pas de liquide sur moi!

AMINA Ce n'est pas grave, j'en ai assez. Tiens.

Dans la rue...

RACHID Merci, chérie. Passons à la banque avant d'aller au parc.

AMINA Mais, nous sommes samedi midi, la banque est fermée.

RACHID Peut-être, mais il y a toujours le distributeur automatique.

AMINA Bon, d'accord... J'ai quelques courses à faire plus tard cet après-midi. Tu veux m'accompagner?

Dans une autre partie de la ville...

DAVID Tu aimes la cuisine alsacienne?

SANDRINE Oui, j'adore la choucroute!

DAVID Tu veux aller à la brasserie La Petite France? C'est moi qui t'invite.

SANDRINE D'accord, avec plaisir.

DAVID Excellent! Avant d'y aller, il faut trouver un distributeur automatique.

SANDRINE Il y en a un à côté de la banque.

Au distributeur automatique...

SANDRINE Eh, regarde qui fait la queue!

RACHID Tiens, salut, qu'est-ce que vous faites de beau, vous deux?

SANDRINE On va à la brasserie. Vous voulez venir avec nous?

AMINA Non non! Euh... je veux dire... Rachid et moi, on va faire un pique-nique dans le parc.

RACHID Oui, et après ça, Amina a des courses importantes à faire.

SANDRINE Je comprends, pas de problème... David et moi, nous avons aussi des choses à faire cet après-midi.

A C T I V I T É S

1

Vrai ou faux? Indiquez si ces affirmations sont vraies ou fausses. Corrigez les phrases fausses.

1. Aujourd'hui, la banque est ouverte.

2. Amina doit aller à la poste pour envoyer un colis.

3. Amina doit aller à la poste pour acheter des timbres.

4. Amina va mettre ses cartes postales dans une boîte aux lettres à côté de la banque.

5. Sandrine n'aime pas la cuisine alsacienne.

6. David et Rachid vont retirer de l'argent.

7. Il n'y a pas de queue au distributeur automatique.

8. David et Sandrine invitent Amina et Rachid à la brasserie.

9. Amina et Rachid vont à la brasserie.

10. Amina va faire ses courses après le pique-nique.

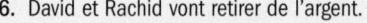

 Practice more at **vhlcentral.com**.

RACHID Volontiers. Où est-ce que tu vas?

AMINA Je dois aller à la poste pour acheter des timbres et envoyer quelques cartes postales, et puis je voudrais aller à la bijouterie. J'ai reçu un e-mail de la bijouterie qui vend les bijoux que je fais. Regarde.

RACHID Très joli!

AMINA Oui, tu aimes? Et après ça, je dois passer à la boutique Olivia où l'on vend mes vêtements.

RACHID Tu vends aussi des vêtements dans une boutique?

AMINA Oui, mes créations! J'étudie le stylisme de mode, tu ne t'en souviens pas?

RACHID Si, bien sûr, mais... Tu as vraiment du talent.

AMINA Alors! On n'a plus besoin de chercher un cyberhomme?

SANDRINE Pour le moment, je ne cherche personne. David est super.

DAVID De quoi parlez-vous?

SANDRINE Oh, rien d'important.

RACHID Bon, Amina. On y va?

AMINA Oui. Passez un bon après-midi.

SANDRINE Vous aussi.

Expressions utiles

Dealing with money

- **Nous n'acceptons que les paiements en liquide.**
  We only accept payment in cash.
- **Je viens de m'apercevoir que je n'ai pas de liquide.**
  I just noticed/realized I don't have any cash.
- **Il y a toujours le distributeur automatique.**
  There's always the ATM.

Running errands

- **J'ai quelques courses à faire plus tard cet après-midi.**
  I have a few/some errands to run later this afternoon.
- **Je voudrais aller à la bijouterie qui vend les bijoux que je fais.**
  I would like to go to the jewelry shop that sells the jewelry I make.

Expressing negation

- **Pas de problème.**
  No problem.
- **On n'a plus besoin de chercher un cyberhomme?**
  We no longer need to look for a cyberhomme?
- **Pour le moment, je ne cherche personne.**
  For the time being/the moment, I'm not looking for anyone.
- **Rien d'important.**
  Nothing important.

Additional vocabulary

- **J'ai reçu un e-mail.**
  I received an e-mail.
- **Qu'est-ce que vous faites de beau?**
  What are you up to?

---

2 **Complétez** Complétez ces phrases.

1. La charcuterie accepte les paiements en liquide et _____.
2. Amina veut aller à la poste, à la boutique de vêtements et à la _____.
3. À côté de la banque, il y a un _____.
4. Amina paie avec des pièces de monnaie et des _____.
5. Amina a des _____ à faire cet après-midi.

3 **À vous!** Que se passe-t-il au pique-nique ou à la brasserie? Avec un(e) camarade de classe, écrivez une conversation entre Amina et Sandrine ou Rachid et David, dans laquelle elles/ils se racontent ce qu'ils ont fait. Qu'ont-ils mangé? Se sont-ils amusés? Était-ce romantique? Jouez la scène devant la classe.

ressources

VM
pp. 45–46

vhlcentral

ACTIVITÉS

Reading
Video: *Flash culture*

CULTURE À LA LOUPE

Les petits commerces

Dans beaucoup de pays francophones, on fait toujours les courses chez les petits commerçants, même° s'il est plus pratique d'aller au supermarché.
On allie° modernité et tradition: on fait souvent les courses une fois par semaine au supermarché mais quand on a plus de temps, on se rend° dans les petits commerces où on achète des produits plus authentiques et parfois plus proches° de son domicile°.

Pour le fromage, par exemple, on va à la crémerie; pour la viande, on va à la boucherie; pour le poisson, à la poissonnerie. Dans les épiceries de quartier, on trouve aussi toutes sortes de produits, par exemple des fruits et des légumes, des produits frais°, des boîtes de conserve°, des produits surgelés°, etc. Les épiceries fines se spécialisent dans les produits de luxe et parfois, dans les plats préparés.

En France, la boulangerie reste le petit commerce le plus fréquenté. Le pain artisanal, les croissants et les brioches au beurre ont aussi un goût° bien différent des produits industriels. Chaque quartier, chaque village a au minimum une boulangerie. Dans certaines rues des grandes villes françaises (Paris, Lyon, Marseille, Bordeaux, etc.) il y en a parfois quatre ou cinq proches les unes des autres. Les pâtisseries aussi sont très nombreuses°.

Les petits commerces ont survécu° en France grâce à° une volonté° politique. Pour les sauvegarder°, les pouvoirs° publics des années 1980 ont limité les autorisations de constructions des supermarchés et hypermarchés dans la périphérie° des villes. Avec la présence des petits commerces, vie et activités dans les centres-villes ont ainsi° été préservés.

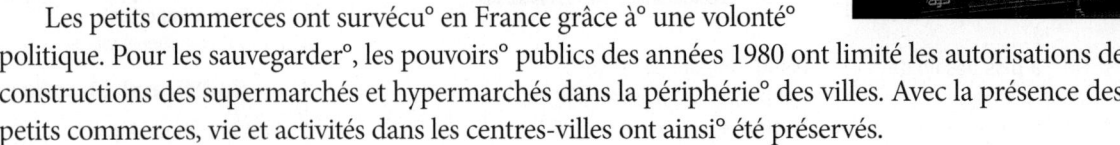

même *even* **allie** *combines* **se rend** *goes* **proches** *close* **domicile** *home* **frais** *fresh* **boîtes de conserve** *canned goods*
surgelés *frozen* **goût** *flavor* **nombreuses** *numerous* **survécu** *survived* **grâce à** *thanks to* **volonté** *will* **sauvegarder** *save*
pouvoirs *authorities* **périphérie** *outskirts* **ainsi** *thus*

A C T I V I T É S

1 **Complétez** Complétez les phrases.

1. Dans beaucoup de pays francophones, on fait les courses au supermarché ou chez _____.

2. On fait souvent les courses une fois par semaine _____.

3. Dans les petits commerces on achète des produits plus _____.

4. Pour acheter du fromage, on peut aller à _____.

5. Dans _____, on peut acheter des produits frais et surgelés.

6. On peut acheter des plats préparés et des produits de luxe dans certaines _____.

7. Le pain artisanal des boulangeries a _____ très différent des produits industriels.

8. Dans certaines rues _____, il y a parfois cinq boulangeries.

9. Les petits commerces français ont survécu grâce à une volonté _____.

10. Les pouvoirs publics en France ont limité la construction des supermarchés dans _____ des villes.

Le vocabulaire du métro

bouche (f.) de métro	*subway station entrance*
correspondance (f.)	*connection*
ligne (f.) de métro	*subway line*
rame (f.) de métro	*subway train*
strapontin (m.)	*foldaway seat*
changer	*to change (subway line)*
monter/descendre	*to get on/to get off*
prendre la direction	*to go in the direction*

Où faire des courses?

Voici quelques endroits où faire des courses.

En Afrique du Nord les souks, quartiers des vieilles villes où il y a une grande concentration de magasins et de stands

En Côte d'Ivoire le marché de Cocody à Abidjan où on trouve des tissus° et des objets locaux

À la Martinique le grand marché de Fort-de-France, un marché couvert°, ouvert tous les jours, qui offre toutes sortes de produits

À Montréal la ville souterraine°, un district du centre-ville où il y a de nombreux centres commerciaux reliés° entre eux par des tunnels

À Paris le marché aux puces° de Saint-Ouen où on trouve des antiquités et des objets divers

À Tahiti le marché couvert de Papeete où on offre des produits pour les touristes et pour les Tahitiens

tissus *fabrics* **couvert** *covered* **souterraine** *underground* **reliés** *connected* **marché aux puces** *flea market*

Le «Spiderman» français

Alain Robert, surnommé° le «Spiderman» français, découvre l'escalade° quand il est enfant et devient un des meilleurs grimpeurs° de falaises° du monde. Dès l'adolescence, il pratique le solo intégral en escalade: c'est un style d'escalade libre et en solitaire sans aucun système de sécurité (pas de corde°, pas d'équipements de protection spécialisés). Au début des années 90, il est médiatisé et admiré par le monde de l'escalade. Malgré° deux accidents qui l'ont laissé invalide à 60%°, avec des problèmes de vertige°, il commence sa carrière de grimpeur «urbain» et escalade son premier gratte-ciel° à Chicago, en 1994. Depuis, il a escaladé plus de 70 gratte-ciel et autres structures du monde, dont la tour Eiffel à Paris et la Sears Tower à Chicago. En 1997, il a été arrêté par la police pendant son ascension de l'un des plus grands bâtiments du monde, les tours Petronas en Malaisie. Parfois en costume de Spiderman, mais toujours sans corde et à mains nues°, Alain Robert fait souvent des escalades pour collecter des dons° et il attire° parfois des milliers de spectateurs. Sur sa page Facebook ou son site web, on peut suivre ses engagements et ses exploits: il est entré dans le livre Guinness des Records en 2012 pour la plus rapide ascension de l'Aspire Tower au Qatar. Il assure que «l'escalade est une passion», «une philosophie de vie».

surnommé *nicknamed* **escalade** *climbing* **grimpeurs** *climbers* **falaises** *cliffs* **corde** *rope* **Malgré** *In spite of* **invalide à 60%** *60% disabled* **vertiges** *vertigo* **gratte-ciel** *skyscraper* **nues** *bare* **dons** *charitable donations* **attire** *attracts*

---

2 **Vrai ou faux?** Indiquez si les phrases sont **vraies** ou **fausses**.

1. Alain Robert escalade seulement des falaises.
2. Alain Robert escalade avec des protections et un équipement de sécurité.
3. Alain Robert n'a jamais eu de problèmes de santé dans sa carrière de grimpeur.
4. À Montréal, il y a un quartier souterrain.
5. Il y a des souks dans les marchés d'Abidjan.

3 **Le marchandage** En Afrique du Nord, il est très courant de marchander ou de discuter avec un vendeur pour obtenir un meilleur prix. Avez-vous déjà eu l'occasion de marchander? Où? Quand? Qu'avez-vous acheté? Avez-vous obtenu un bon prix? Discutez de ce sujet avec un(e) partenaire.

ressources

VM
pp. 83–84

vhlcentral

S Practice more at **vhlcentral.com**.

A C T I V I T É S

12A.1

Voir, croire, recevoir, and apercevoir

 Tutorial

Je m'aperçois que je n'ai pas d'argent.

On vous a vus devant le distributeur!

The verb *voir* (to see)	
je vois	nous voyons
tu vois	vous voyez
il/elle/on voit	ils/elles voient

 Boîte à outils

The verb **revoir** (*to see again*) is derived from **voir** and is conjugated in the same way.

On se revoit mercredi?
Will we see each other again on Wednesday?

On a revu nos camarades à la papeterie.
We saw our classmates again at the stationery store.

Nous **voyons** le nouveau bureau de poste.
We see the new post office.

Tu **vois** les cartes postales sur la table?
Do you see the postcards on the table?

- **Voir** takes **avoir** as an auxiliary verb in the **passé composé**, and its past participle is **vu**.

Tu **as vu** le nouveau facteur?
Did you see the new mailman?

Ils **ont vu** *Un air de famille* en DVD.
They saw Un air de famille *on DVD.*

- The **conditionnel** of **voir** is formed with the stem **verr-**.

S'ils pouvaient, ils **verraient** le film ce week-end.
If they could, they would see the film this weekend.

Elle **verrait** mieux si elle portait des lunettes.
She would see better if she wore glasses.

- The verb **croire** (*to believe, to think*) follows the same conjugation pattern as **voir**.

croire	
je crois	nous croyons
tu crois	vous croyez
il/elle/on croit	ils/elles croient

 Boîte à outils

You can use the expression **aller voir** to mean *to go (and) see/visit*.

On va voir les ruines.
We're going to see (visit) the ruins.

Se voir can be used either reflexively or reciprocally.

Je me vois dans le miroir.
(reflexive)

Dorian et Lise se voient.
(reciprocal)

Tu **crois** qu'il est innocent?
Do you believe that he's innocent?

Elle **croit** que la boutique est fermée.
She thinks the store is closed.

- **Croire** takes **avoir** as an auxiliary verb in the **passé composé**, and its past participle is **cru**.

J'**ai cru** qu'elle y était
I thought she was there.

Vous **avez cru** à son histoire?
Did you believe his story?

- The **conditionnel** of **croire** is formed with the stem **croir-**.

Nous le **croirions** si nous le voyions.
We would believe it if we saw it.

On **croirait** que c'est facile à faire.
One would think it's easy to do.

- In **Leçon 9A**, you learned to conjugate **devoir**. **Recevoir** and **apercevoir** are conjugated similarly.

	recevoir (to get, to receive)	**apercevoir** (to catch sight of, to see)
je/j'	reçois	aperçois
tu	reçois	aperçois
il/elle/on	reçoit	aperçoit
nous	recevons	apercevons
vous	recevez	apercevez
ils/elles	reçoivent	aperçoivent

Je **reçois** des lettres de mon copain.
I get letters from my friend.

Les policiers **aperçoivent** le criminel.
The police officers see the criminal.

Vous **recevez** le courrier à la même heure tous les après-midi.
You get the mail at the same time every afternoon.

Le chien **aperçoit** le facteur quand il s'approche.
The dog sees the mailman when he approaches.

- **Recevoir** and **apercevoir** take **avoir** as the auxiliary verb in the **passé composé**. Their past participles are, respectively, **reçu** and **aperçu**.

Guillaume **a reçu** une carte postale.
Guillaume received a postcard.

J'**ai aperçu** un distributeur automatique au coin.
I saw an ATM at the corner.

- The **conditionnel** of **recevoir** and **apercevoir** is formed with the stems **recevr-** and **apercevr-**, respectively.

Nous **recevrions** des colis de nos grands-parents.
We would get packages from our grandparents.

De là-bas, on **apercevrait** le commissariat de police.
From over there, you would catch sight of the police station.

- The verb **s'apercevoir** (**de**) means *to notice* or *to realize*.

Elle **s'est aperçue** qu'il fallait faire la queue.
She realized she had to wait in line.

Nous **nous sommes aperçus** du problème hier.
We noticed the problem yesterday.

À noter

In **Leçon 2A**, you learned the expression **être reçu(e) à un examen** (*to pass an exam*).

Essayez! **Complétez les phrases avec les formes correctes des verbes au présent.**

1. Je ne ___vois___ (voir) pas la banque d'ici.

2. Vous _____ (croire) à son histoire (*story*)?

3. Mes amis _____ (croire) que je dors.

4. Nous _____ (voir) encore nos amis d'enfance.

5. Le prof _____ (recevoir) un cadeau des étudiants.

6. Tu _____ (apercevoir) le marchand de journaux?

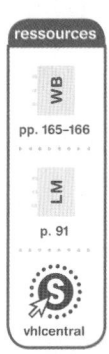

ressources

WB
pp. 165–166

LM
p. 91

vhlcentral

Mise en pratique

1 **Sur le campus** Vous parlez avec un(e) ami(e) de votre vie sur le campus. Complétez les phrases avec les verbes appropriés au présent.

1. De sa chambre, mon ami Marc _____ le campus.

2. Mon camarade de chambre et moi, nous ne _____ pas de visites pendant la semaine.

3. Je _____ que la vie universitaire peut être difficile quelquefois.

4. Ma petite amie et sa sœur _____ souvent des colis de leurs parents.

5. Quand il fait beau, nous _____ les montagnes derrière le stade.

6. Ton meilleur ami et toi, vous _____ de bonnes notes aux examens?

2 **À Nice** Mélanie a passé une semaine à Nice avec sa famille. Elle en parle avec son petit ami. Utilisez les verbes donnés au passé composé.

> **MODÈLE** mon frère Paul / voir / le musée Matisse
> *Mon frère Paul a vu le musée Matisse.*

1. nous / recevoir / journal / à sept heures / du matin

2. papa et Fabrice / apercevoir / la Promenade des Anglais / de l'avion

3. papa et maman / recevoir / des cadeaux / de leurs amis

4. je / voir / beaucoup / de spectacles

5. Simon / croire / à la vieille légende / de Nice

6. ta sœur et toi / recevoir / ma carte postale / ?

3 **Revoir** Alain et Chantal ont beaucoup aimé leur séjour à la Martinique et ils disent à une amie qu'ils ont déjà vu ces endroits et qu'ils les reverraient volontiers.

la montagne Pelée (nous)

> ▶ **MODÈLE**
>
> *Nous avons vu la montagne Pelée et nous la reverrions volontiers.*

1. d'énormes poissons (tu)

2. la forêt tropicale (je)

3. le marché (Alain)

4. les plages (vous)

Ⓢ Practice more at **vhlcentral.com**.

Communication

4 **Curieux!** Avec un(e) partenaire, posez-vous ces questions à tour de rôle.

1. Reçois-tu souvent des lettres? De qui? Quand?

2. As-tu vu un bon film récemment? Quel film?

3. Tes parents recevaient-ils souvent des amis quand tu étais petit(e)? Aimais-tu leurs amis?

4. Voyais-tu tes camarades pendant les vacances d'été? Pourquoi?

5. Qu'aperçois-tu de ta chambre? Que préférerais-tu apercevoir?

6. Crois-tu aux extraterrestres? Pourquoi?

7. D'habitude, quand est-ce que tu vois tes cousins?

8. Reçois-tu toujours de bonnes notes? Dans quels cours?

9. Que ferais-tu si tu apercevais un crime sur le campus?

5 **Assemblez** Achetez-vous sur Internet? Avec un(e) partenaire, assemblez les éléments des colonnes pour raconter vos expériences. Utilisez les verbes **voir**, **recevoir**, **apercevoir** et **s'apercevoir** dans votre conversation.

MODÈLE

Étudiant(e) 1: *Je commande parfois des livres sur Internet. Une fois, je n'ai pas reçu mes livres!*
Étudiant(e) 2: *Mon père adore acheter sur Internet. Il voit souvent des objets qui l'intéressent.*

A	B	C
je	apercevoir	billets d'avion
tu	s'apercevoir	billets de concert
un(e) ami(e)	commander	colis
nous	croire	CD
vous	poster	DVD
tes parents	recevoir	livres
tes profs	voir	vêtements
?	?	?

6 **Enquête** Votre professeur va vous donner une feuille d'activités. Circulez dans la classe et demandez à vos camarades s'ils connaissent quelqu'un qui pratique chaque activité de la liste. S'ils répondent par l'affirmative, demandez-leur qui est la personne et écrivez la réponse. Ensuite, présentez vos réponses à la classe.

MODÈLE

Étudiant(e) 1: *Connais-tu quelqu'un qui reçoit rarement des e-mails?*
Étudiant(e) 2: *Oui, mon frère aîné reçoit très peu d'e-mails.*

Activités	Nom	Réponses
1. recevoir / rarement / e-mails	Quang	son frère aîné
2. s'inquiéter / quand / ne pas / recevoir / e-mails		
3. apercevoir / e-mail bizarre / le / ouvrir		

12A.2

Negative/affirmative expressions  Tutorial

Point de départ In **Leçon 2A**, you learned how to negate verbs with **ne... pas**, which is used to make a general negation. In French, as in English, you can also use a variety of expressions that add a more specific meaning to the negation.

À noter

In the **Leçon 8B Roman-photo**, you learned the negative expression **ne... pas encore** (*not yet*). It works the same way as the negative expressions in this lesson.

- The other negative expressions are also made up of two parts: **ne** and a second negative word. The verb is placed between these two parts.

Negative expressions			
ne... aucun(e)	*none (not any)*	**ne... plus**	*no more (not anymore)*
ne... jamais	*never (not ever)*	**ne... que**	*only*
ne... ni... ni	*neither... nor*	**ne... rien**	*nothing (not anything)*
ne... personne	*nobody, no one*		

Je **n'**ai **aucune** envie de manger.
I have no desire to eat.

Il **n'**a **plus** faim.
He's not hungry anymore.

Le bureau de poste **n'**est **jamais** ouvert.
The post office is never open.

Ils **n'**ont **que** des timbres de la poste aérienne.
They only have airmail stamps.

Elle **ne** parle à **personne**.
She doesn't talk to anyone.

Le facteur **n'**avait **rien** pour nous.
The mailman had nothing for us.

Boîte à outils

The expression **ne... que** does not really express negation although it contains **ne**. Therefore, you use an indefinite article rather than **de** after this expression.

Je n'ai qu'un compte de chèques.
I only have one checking account.

Use **de** in all other negative constructions.

Il n'y a plus de billets dans le distributeur.
There aren't any more bills in the ATM.

Personne ne poste de lettre le dimanche.
No one mails letters on Sundays.

- To negate the expression **il y a**, place **n'** before **y** and the second negative word after the form of **avoir**.

Il **n'**y a **aucune** banque près d'ici?
Aren't there any banks nearby?

Il **n'**y avait **rien** sur mon compte.
There wasn't anything in my account.

- The negative words **personne** and **rien** can be the subject of a verb, in which case they are placed before a third-person singular verb with **ne** following them.

Personne n'était là.
No one was there.

Rien n'est arrivé dans le courrier.
Nothing arrived in the mail.

- Note that **aucun(e)** can be either an adjective or a pronoun. Therefore, it must agree with the noun it modifies or replaces. It is always used in the singular.

Tu **ne** trouves **aucune boîte aux lettres**?
Can't you find any mailboxes?

Je **n'**en trouve **aucune** par ici.
I can't find any around here.

Il **n'**a choisi **aucun** de ces pulls?
Didn't he pick any of these sweaters?

Non, il **n'**en a aimé **aucun**.
No, he didn't like any of them.

- **Jamais, personne, plus,** and **rien** can be doubled up with **ne**.

Elle **ne** parle **jamais** à **personne**.
She never talks to anyone.

Il **n'**y a **plus personne** ici.
There isn't anyone here anymore.

Elle **ne** dit **jamais rien**.
She never says anything.

Il **n'**y a **plus rien** ici.
There isn't anything here anymore.

- To say *neither... nor*, you use three negative words: **ne... ni... ni**. Note that partitive and indefinite articles are usually omitted.

Je **n'**ai **ni** frères **ni** sœurs.
I have neither brothers nor sisters.

Il **ne** paie **ni** par carte **ni** par chèque.
He doesn't pay either by card or by check.

- Note that in the **passé composé**, the words **jamais**, **plus**, and **rien** are placed between the auxiliary verb and the past participle. **Aucun(e)**, **personne**, and **que** follow the past participle.

Elle **n'**est **jamais** revenue.
She's never returned.

Nous **n'**avons **plus** emprunté d'argent.
We haven't borrowed any more money.

Je **n'**ai **rien** dit aujourd'hui.
I didn't say anything today.

Vous **n'**avez signé **aucun** papier.
You didn't sign any papers.

Il **n'**a parlé à **personne**.
He didn't speak to anyone.

Ils **n'**en ont posté **que** deux.
They only mailed two.

- These expressions can be used in affirmative phrases. Note that when **jamais** is not accompanied by **ne**, it can mean *ever*.

jamais	*ever*
quelque chose	*something*

quelqu'un	*someone*
toujours	*always; still*

As-tu **jamais** été à cette brasserie?
Have you ever been to that brasserie?

Il y a **quelqu'un**?
Is someone there?

Vous cherchez **quelque chose**?
Are you looking for something?

Il est **toujours** aussi réservé?
Is he still so reserved?

- Note that **personne**, **quelque chose**, **quelqu'un**, and **rien** can be modified with an adjective after **de**.

Nous cherchons **quelque chose de joli**.
We're looking for something pretty.

Ce n'est **rien de nouveau**.
It's nothing new.

Il y a **quelqu'un de célèbre** dans ta famille?
Are there any famous people in your family?

Je ne connais **personne de plus intelligent** que lui.
I don't know anyone more intelligent than him.

 **Boîte à outils**

Pay attention to the affirmative expressions used in questions to decide which negative expression is appropriate in the response.

quelqu'un (*someone*) → **ne... personne** (*no one*)

quelquefois / toujours (*sometimes / always*) → **ne... jamais** (*never*)

quelque chose / tout (*something / everything*) → **ne... rien** (*nothing*)

toujours (*still*) → **ne... plus** (*anymore*)

déjà (*already*) → **ne... pas encore** (*not yet*)

Essayez! Choisissez l'expression correcte.

1. (Jamais / Personne) ne trouve cet homme agréable.
2. Je ne veux (rien / jamais) faire aujourd'hui.
3. Y a-t-il (quelqu'un / personne) à la banque?
4. Je n'ai reçu (pas de / aucun) colis.
5. Il n'y avait (ne / ni) lettres ni colis dans la boîte aux lettres.
6. Il n'y a (plus / aucun) d'argent à la banque?
7. Jérôme ne va (toujours / jamais) à la poste.
8. Le facteur n'arrive (toujours / qu') à trois heures.

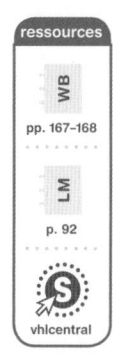

ressources

WB
pp. 167–168

LM
p. 92

vhlcentral

ESPACE **STRUCTURES**

Mise en pratique

1 **Les jumelles** Olivia et Anaïs sont des jumelles (*twin sisters*) bien différentes. Expliquez comment.

MODÈLE

Olivia est toujours heureuse.
Anaïs n'est jamais heureuse.

1. Olivia rit tout le temps.
2. Olivia remarque (*notices*) tout.
3. Olivia voit encore ses amies d'enfance.
4. Olivia aime le chocolat et la glace.
5. Olivia connaît beaucoup de monde.
6. Olivia reçoit beaucoup de colis.
7. Olivia est toujours étudiante.

2 **À la banque** Vous voulez ouvrir un nouveau compte et vous posez des questions au banquier. Écrivez ses réponses à la forme négative.

MODÈLE

La banque ferme-t-elle à midi? (jamais)
Non, la banque ne ferme jamais à midi.

1. La banque est-elle ouverte le samedi? (jamais)
2. Peut-on ouvrir un compte sans papier d'identité? (personne)
3. Avez-vous des distributeurs automatiques dans les supermarchés? (aucun)
4. Pour retirer de l'argent, avons-nous encore besoin de remplir ce document? (plus)
5. Avez-vous des billets et des pièces dans vos distributeurs automatiques? (que)
6. Est-ce que tout le monde peut retirer de l'argent de mon compte bancaire? (personne)

3 **Pas exactement** Tristan exagère souvent. Il a écrit cet e-mail et vous lui répondez pour dire que les choses ne sont pas arrivées exactement comme ça. Mettez toutes ses phrases à la forme négative dans votre réponse.

MODÈLE

Tu n'es pas arrivé tard à la banque...

Je suis arrivé tard à la banque. Quelqu'un m'a ouvert la porte. J'ai regardé les affiches et les brochures. J'ai demandé quelque chose. Il y avait encore beaucoup d'argent sur mon compte. Je vais souvent revenir dans cette banque.

Communication

4 **De mauvaise humeur** Aujourd'hui, Anne-Marie est très négative. Elle répond négativement à toutes les questions. Avec un(e) partenaire, jouez les rôles d'Anne-Marie et de son amie. Rajoutez (*Add*) deux lignes supplémentaires de dialogue à la fin.

> **MODÈLE**
>
> tu / sortir avec quelqu'un en ce moment
> **Étudiant(e) 1:** *Est-ce que tu sors avec quelqu'un en ce moment?*
> **Étudiant(e) 2:** *Non, je ne sors avec personne.*

1. tu / faire quelque chose ce soir
2. tes parents / déjà venir chez toi le week-end
3. ton frère / avoir encore sa vieille voiture
4. tes amis et toi / aller toujours au Canada en été
5. quelqu'un / habiter dans ta maison cet été
6. tu / prendre quelquefois des vacances
7. ?
8. ?

5 **Activités dangereuses** Avec un(e) partenaire, faites une liste de dix activités dangereuses. Ensuite, travaillez avec un autre groupe et demandez à vos camarades s'ils pratiquent ces activités. Répondent-ils toujours par des phrases négatives?

> **MODÈLE**
>
> **Étudiant(e) 1:** *Fais-tu du jogging la nuit?*
> **Étudiant(e) 2:** *Non! Je ne fais jamais de jogging la nuit.*

6 **Quel désastre!** En vacances, vous vous apercevez que votre valise a disparu (*disappeared*) avec votre argent liquide, vos papiers et vos cartes de crédit. Vous avez besoin de retirer de l'argent à la banque. Préparez un dialogue entre vous et deux employés de banque. Utilisez les expressions de la liste.

jamais	ne... que	quelqu'un
ne... aucun(e)	ne... rien	rien
ne... ni... ni...	quelque chose	toujours
ne... plus		

Révision

1 **Je ne vais jamais…** Votre professeur va vous donner une feuille d'activités. Circulez dans la classe pour trouver un(e) camarade différent(e) qui fait ses courses à ces endroits. Où ne vont-ils jamais? Où ne vont-ils plus? Justifiez toutes vos réponses.

MODÈLE

Étudiant(e) 1: Vas-tu à la laverie?
Étudiant(e) 2: Non, je n'y vais plus parce que j'ai acheté un lave-linge. Mais, je vais toujours à la banque le lundi.

Endroits	Noms
1. banque	Sabrina
2. bijouterie	
3. boutique de vêtements	
4. cybercafé	
5. laverie	

2 **Le courrier** Avec un(e) partenaire, préparez six questions pour interviewer vos camarades. Que reçoivent-ils dans leur courrier? Qu'envoient-ils? Utilisez les expressions négatives et les verbes **recevoir** et **envoyer**. Ensuite, par groupes de quatre, posez vos questions et écrivez les réponses.

MODÈLE

Étudiant(e) 1: Est-ce que tu ne reçois que des lettres dans ton courrier?
Étudiant(e) 2: Non, je reçois des cadeaux parfois, mais je n'en envoie jamais.

3 **Au village** Vous visitez un petit village pour la première fois. Malheureusement, tout y est fermé. Vous posez des questions à un(e) habitant(e) sur les endroits de la liste et il/elle vous répond par des expressions négatives. Préparez le dialogue avec un(e) partenaire.

MODÈLE

Étudiant(e) 1: À quelle heure le bureau de poste ouvre-t-il aujourd'hui?
Étudiant(e) 2: Malheureusement, le bureau de poste n'existe plus, Monsieur!

banque	laverie
bureau de poste	mairie
commissariat de police	salon de beauté

4 **Vrai ou faux?** Par groupes de quatre, travaillez avec un(e) partenaire pour préparer huit phrases au sujet des deux autres partenaires de votre groupe. Essayez de deviner ce qu'ils/elles (*what they*) ont fait et n'ont pas fait. Utilisez dans vos phrases le passé composé et les expressions négatives indiquées. Ensuite, lisez les phrases à vos deux camarades, qui vont vous dire si elles sont vraies ou fausses.

MODÈLE

Étudiant(e) 1: Tu n'es jamais allé(e) dans le bureau du prof.
Étudiant(e) 2: C'est faux. J'ai dû y aller hier pour lui poser une question.

- ne… aucun(e)
- ne… jamais
- ne… personne
- ne… plus
- ne… que
- ne… rien

5 **Au secours!** Avec un(e) partenaire, préparez un dialogue pour représenter la scène de cette illustration. Utilisez les verbes **s'apercevoir**, **voir** et **croire** et des expressions négatives et affirmatives.

6 **Dix ans plus tard** Votre professeur va vous donner, à vous et à votre partenaire, deux plans d'une ville. Attention! Ne regardez pas la feuille de votre partenaire.

MODÈLE

Étudiant(e) 1: Il y a dix ans, la laverie avait beaucoup de clients.
Étudiant(e) 2: Aujourd'hui, il n'y a personne dans la laverie.

Le **Boucher**

UN FILM D'AMAR CHÉBIB

Video: Short Film

Mimoun tient une boucherie halal à Noisy-le-Grand, en banlieue parisienne. Son commerce connaît des difficultés financières, ce qui l'oblige à augmenter ses prix. Les clients se font rares, et Mimoun doit faire un choix. Va-t-il accepter une proposition commerciale alléchante° ou demeurer° le pauvre boucher de quartier?

alléchante *tempting* **demeurer** *remain*

Préparation

1 Synonymes Remplacez les termes soulignés par des synonymes appropriés du vocabulaire.

1. Tu dois porter <u>un uniforme pour travailler</u>. Sinon, tu vas salir tes vêtements.

2. Marie est <u>très fatiguée</u>. Elle a passé la journée au bureau.

3. Viens <u>voir</u>, j'ai trouvé l'adresse que l'on cherchait!

4. <u>Nous nous promenions dans le quartier</u> quand nous sommes tombés sur ce magasin.

5. Si vous continuez à dépenser comme ça, vous n'aurez plus <u>d'argent</u>!

2 Réactions Avec un(e) partenaire, complétez ces dialogues avec des mots et expressions du vocabulaire.

1. —S'il te plaît! Pardonne-moi, c'est la dernière fois!
   —Non, c'est trop tard! Je ne veux plus te voir! _____!

2. —Votre père et moi, nous allons au cinéma ce soir. Alors vous écoutez ce que la baby-sitter vous dit, d'accord? _____!
   —Oui, promis!

3. —Ce soir, nous allons cuisiner des hamburgers.
   —En ce cas, il faudra acheter de la _____.

4. —Pourquoi est-ce que Gisèle appelle le plombier (*plumber*)?
   —Parce qu'il y a _____ dans sa salle de bains.

5. —Avec quel type de farine est-ce que le pain est préparé?
   —Avec de la farine de _____!

6. —Tout est en solde dans ce magasin.
   —Oui, ils ont vraiment _____!

Expressions utiles

Je passais dans le coin...
I was passing by...

Va-t-en!
Get out!

Je m'en fous. (fam.)
I don't care.

Foutez-moi le camp! (fam.)
Get lost!

jeter un (coup d')œil
to take a look at

écraser les prix
to slash prices

Pas de bêtises!
Behave yourself!

tout compte fait
all things considered

Vocabulaire du court métrage

un agent matrimonial
matchmaker

des ailes/cuisses de poulet
chicken wings/legs

le blé
wheat

une blouse
work apron

enfermé(e)
locked up

épuisé(e)
exhausted, drained

une fuite
leak

un sou
penny; small amount of money

la viande hachée
ground beef

Le Boucher

MIMOUN Qu'est-ce que tu veux?

FRANÇOIS Je passais dans le coin, je me suis dit que ça serait gentil de venir faire un petit coucou° à mon ami Mimoun.

MIMOUN Dis-moi qu'est-ce que tu veux et va-t'en!

FRANÇOIS On raconte que votre petite affaire° n'est plus aussi florissante° qu'à ses débuts. Voici ce que je vous offre.

FRANÇOIS Tenez, jetez un œil, c'est intéressant.

ANNA C'est ma cousine. Tu ne la connais pas. Ça fait des mois qu'elle reste enfermée, elle n'arrête pas de regarder la télé et de manger.

ANNA Au début je pensais qu'elle était paresseuse, mais en fait, j'ai compris qu'elle était très déprimée°... Elle doit se marier. Tu ne connais pas quelqu'un?

MIMOUN Je suis boucher, pas agent matrimonial... Dis-lui qu'un homme a vu sa photo et qu'il la trouve la femme de sa vie. Et tu dis à cet homme que ta cousine le regarde par la fenêtre. Et ça va passer.

MIMOUN Tu as une copine?

SOFIAN Quelques-unes, ouais. Pourquoi?

MIMOUN Il y a une fille qui te trouve beau... J'ai promis de ne pas dire qui elle est.

SOFIAN Écoute, je l'appellerai moi-même! Je veux juste savoir qui c'est, s'il te plaît! Dis-moi!

MIMOUN Attention! Pas de bêtises! C'est une fille sérieuse, hein!

ANNA Qu'est-ce que tu as?

MIMOUN Rien.

ANNA Rien? Ça veut dire quoi, "rien"?

MIMOUN Je dois toujours être excité? Je suis simplement fatigué, laisse-moi tranquille.

ANNA Fatigué? C'est quoi ton problème?

MIMOUN Ce magasin me fatigue! Ce voisinage° m'épuise! J'ai soixante ans! Je dois écouter vos histoires et régler vos problèmes! Vous ne me laissez pas gagner un sou!

SOFIAN Bonsoir! On est venus par ici et on s'était dits que voilà on aurait un petit peu plus faim dans la nuit.

MIMOUN Je suis fermé... Bon. Qu'est-ce que tu veux?

SOFIAN Cinq cents grammes de viande hachée, s'il te plaît.

MIMOUN Bon, c'est cadeau pour les nouveaux mariés. Foutez-moi le camp, je dois fermer.

SOFIAN Merci beaucoup.

FRANÇOIS Voici la somme convenue°.

MIMOUN Mais qui va me remplacer?

FRANÇOIS Oh, sûrement pas moi! Mais ce ne sera pas difficile à trouver. Et pour être tout à fait honnête avec vous, j'ai déjà des candidats...

FRANÇOIS N'ayez aucun regret. Vous n'êtes plus tout jeune maintenant, il est temps de penser à la retraite. Et puis, ce n'est pas plus mal, moins de soucis°, plus d'argent! Tenez, signez.

coucou (fam.) hello **affaire** business **florissante** successful **déprimée** depressed
voisinage neighborhood **la somme convenue** the amount we agreed on **soucis** worries

Practice more at **vhlcentral.com**.

Analyse

3 **Associez** D'abord, faites correspondre les images aux phrases. Ensuite, mettez les images dans l'ordre chronologique.

_____ 1. Il y a une fuite dans la boucherie de Mimoun.

_____ 2. Mimoun demande à Sofian s'il a une copine.

_____ 3. Mimoun rend le contrat signé à François.

_____ 4. Anna explique que sa cousine a besoin de trouver un mari.

_____ 5. Mimoun écoute la proposition de François.

_____ 6. Mimoun regarde un documentaire sur la colonisation.

a. _____

b. _____

c. _____

d. _____

e. _____

f. _____

4 **Mimoun et son entourage** Avec un(e) partenaire, répondez à ces questions sur le film.

1. Expliquez la citation au début du film. Est-ce qu'elle correspond bien à l'histoire de Mimoun?

2. Comment est-ce qu'Anna explique l'attitude paresseuse de sa cousine? Pourquoi veut-elle que sa cousine trouve un mari? Pensez-vous que c'est une bonne solution?

3. Qui est la femme avec Sofian? Que demande Sofian à Mimoun? Que pensez-vous du comportement (*behavior*) de Sofian? Auriez-vous été aussi généreux(se) que Mimoun?

4. Pourquoi Mimoun s'énerve-t-il quand Anna lui demande quel est son problème? Sa réaction est-elle légitime?

5. Quel genre de vie Mimoun a-t-il? Utilisez des adjectifs pour décrire sa routine.

6. Qu'auriez-vous fait à la place de Mimoun? Auriez-vous signé le contrat que François propose? Pourquoi?

5 **LChez Mimoun** Par groupes de trois, préparez une scène dans laquelle Mimoun explique à deux autres personnages (*characters*) du film qu'il va relancer (*revive*) sa boucherie. Servez-vous de ces questions pour créer leur conversation.

- Qui sont les deux autres personnages?
- Comment Mimoun va-t-il attirer (*attract*) de nouveaux clients?
- À qui va-t-il demander de l'aide?
- Va-t-il proposer des promotions sur ses produits?
- Comment est-ce que les deux autres personnages réagissent?

Leçon 12B

You will learn how to...
- ask for directions
- tell what you will do

Vocabulary Tools

Où se trouve...?

Vocabulaire	
continuer	to continue
se déplacer	to move (change location)
suivre	to follow
tourner	to turn
traverser	to cross
un angle	corner
une avenue	avenue
un bâtiment	building
un boulevard	boulevard
un chemin	way; path
un coin	corner
des indications (f.)	directions
un office du tourisme	tourist office
au bout (de)	at the end (of)
au coin (de)	at the corner (of)
autour (de)	around
jusqu'à	until
(tout) près (de)	(very) close (to)
tout droit	straight ahead

un pont

Elle monte les escaliers. (monter)

une statue

Il descend les escaliers. (descendre)

une fontaine

Il est perdu. (perdue f.)

Elle s'oriente. (s'orienter)

OUEST NORD SUD EST

ressources

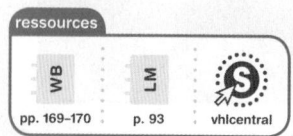

WB
pp. 169–170

LM
p. 93

vhlcentral

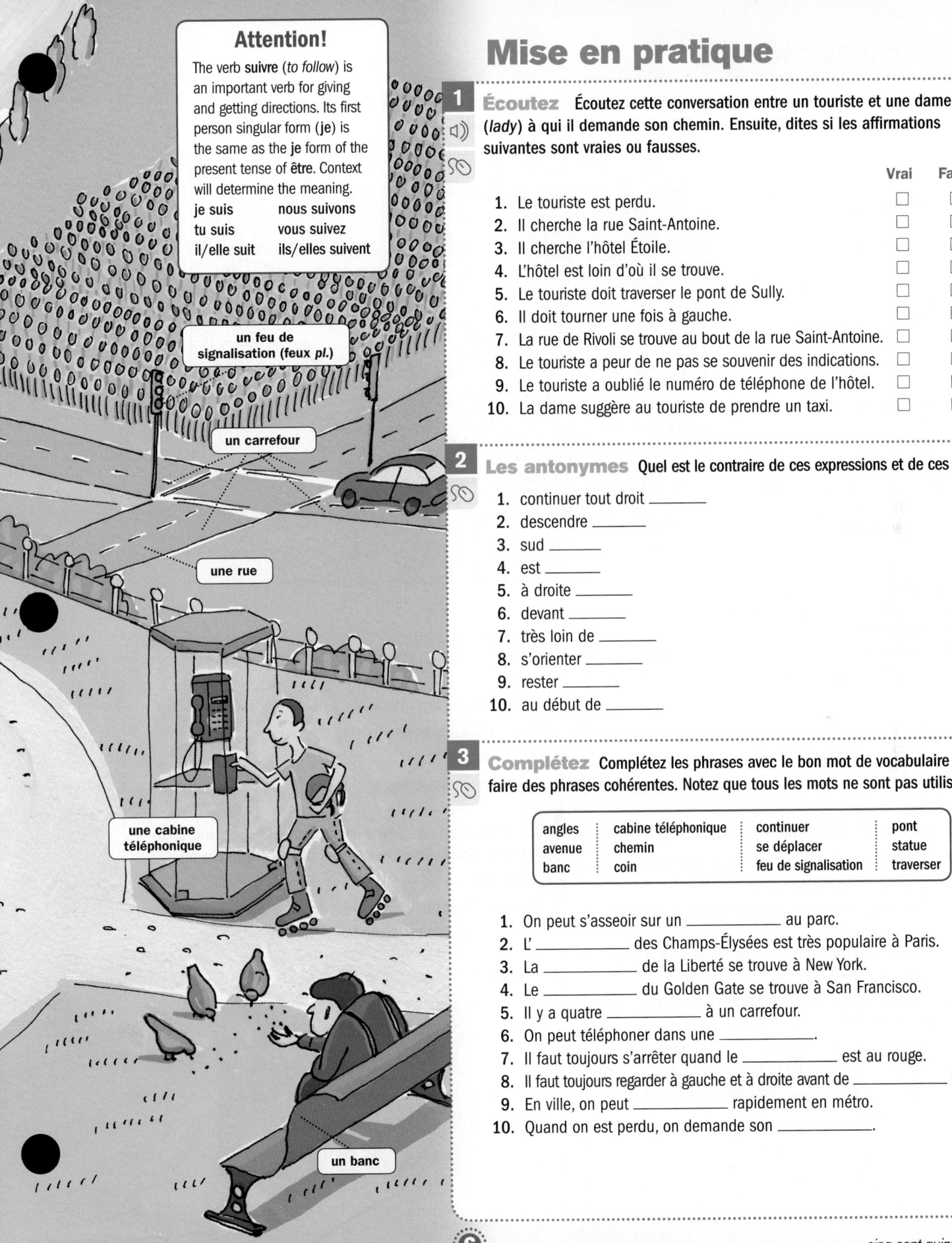

un feu de signalisation (feux pl.)

un carrefour

une rue

une cabine téléphonique

un banc

Attention!

The verb **suivre** (*to follow*) is an important verb for giving and getting directions. Its first person singular form (**je**) is the same as the **je** form of the present tense of **être**. Context will determine the meaning.

je suis	nous suivons
tu suis	vous suivez
il/elle suit	ils/elles suivent

Mise en pratique

1 Écoutez Écoutez cette conversation entre un touriste et une dame (*lady*) à qui il demande son chemin. Ensuite, dites si les affirmations suivantes sont vraies ou fausses.

	Vrai	Faux
1. Le touriste est perdu.	☐	☐
2. Il cherche la rue Saint-Antoine.	☐	☐
3. Il cherche l'hôtel Étoile.	☐	☐
4. L'hôtel est loin d'où il se trouve.	☐	☐
5. Le touriste doit traverser le pont de Sully.	☐	☐
6. Il doit tourner une fois à gauche.	☐	☐
7. La rue de Rivoli se trouve au bout de la rue Saint-Antoine.	☐	☐
8. Le touriste a peur de ne pas se souvenir des indications.	☐	☐
9. Le touriste a oublié le numéro de téléphone de l'hôtel.	☐	☐
10. La dame suggère au touriste de prendre un taxi.	☐	☐

2 Les antonymes Quel est le contraire de ces expressions et de ces mots?

1. continuer tout droit _____
2. descendre _____
3. sud _____
4. est _____
5. à droite _____
6. devant _____
7. très loin de _____
8. s'orienter _____
9. rester _____
10. au début de _____

3 Complétez Complétez les phrases avec le bon mot de vocabulaire pour faire des phrases cohérentes. Notez que tous les mots ne sont pas utilisés.

angles	cabine téléphonique	continuer	pont
avenue	chemin	se déplacer	statue
banc	coin	feu de signalisation	traverser

1. On peut s'asseoir sur un _____ au parc.
2. L'_____ des Champs-Élysées est très populaire à Paris.
3. La _____ de la Liberté se trouve à New York.
4. Le _____ du Golden Gate se trouve à San Francisco.
5. Il y a quatre _____ à un carrefour.
6. On peut téléphoner dans une _____.
7. Il faut toujours s'arrêter quand le _____ est au rouge.
8. Il faut toujours regarder à gauche et à droite avant de _____ la rue.
9. En ville, on peut _____ rapidement en métro.
10. Quand on est perdu, on demande son _____.

Communication

4 **Le plan de la ville** À tour de rôle avec un(e) partenaire, demandez des indications pour pouvoir vous rendre (*to get*) aux endroits de la liste. Indiquez votre point de départ.

 Café de la Gare

 Boulangerie Le Pain Chaud

 H Hôpital St-Jean

 i Office du tourisme

 Épicerie Bresson

 Bureau de poste

 Pharmacie Molière

 € Banque

 U Université Joseph Fourier

 Cabine téléphonique

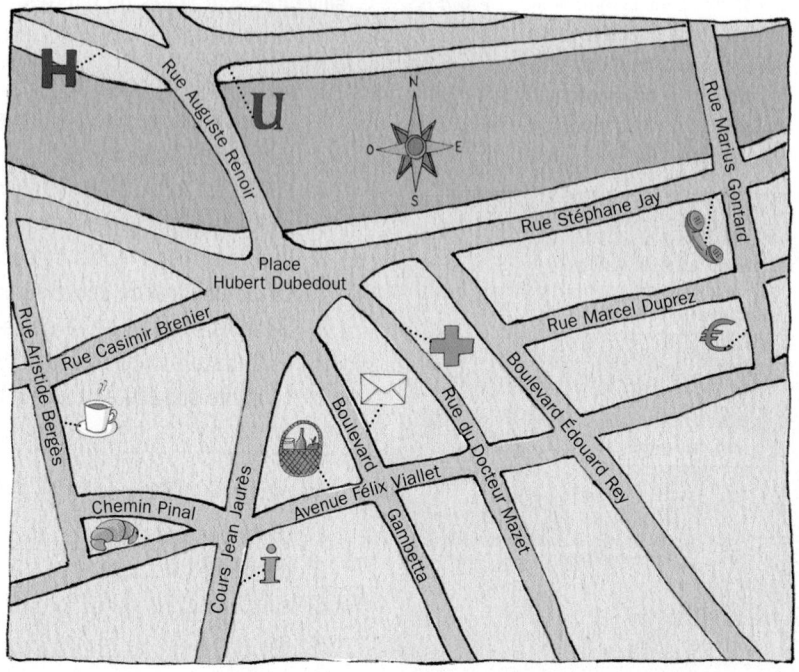

MODÈLE

la boulangerie Le Pain Chaud, le bureau de poste

Étudiant(e) 1: *Excusez-moi, où se trouve la boulangerie Le Pain Chaud, s'il vous plaît?*

Étudiant(e) 2: *Du bureau de poste, suivez le boulevard jusqu'à l'avenue Félix Viallet, ensuite prenez à droite, continuez tout droit, la boulangerie est à droite, juste après le cours Jean Jaurès.*

1. l'hôpital, la pharmacie
2. le café, l'office du tourisme
3. la banque, le bureau de poste
4. l'université, l'épicerie

5. la cabine téléphonique, la boulangerie
6. l'office du tourisme, la pharmacie
7. la banque, l'université
8. la boulangerie, la pharmacie

5 **Conversez** Interviewez un(e) camarade de classe.

1. Quelles statues célèbres connais-tu? Connais-tu aussi des ponts, des bâtiments célèbres?
2. Quand t'es-tu perdu(e) pour la dernière fois? Où? Qui t'a aidé(e)?
3. Quand as-tu utilisé une cabine téléphonique pour la dernière fois? Où étais-tu?
4. Es-tu déjà allé(e) dans un office du tourisme? Pour quoi faire?
5. Qu'est-ce qui se trouve au coin de la rue où tu habites? Et au bout de la rue?
6. Qui, de ta famille ou de tes ami(e)s, habite près de chez toi?

6 **En vacances** Avec un(e) partenaire, préparez cette conversation. Soyez prêt(e)s à jouer la scène devant la classe.

- Vous êtes un(e) touriste perdu(e) en ville.
- Vous demandez où se trouvent deux endroits différents.
- Quelqu'un vous indique le chemin.

Les sons et les lettres  Audio

Les majuscules et les minuscules

Some of the rules governing capitalization are the same in French as they are in English. However, many words that are capitalized in English are not capitalized in French. For example, the French pronoun **je** is never capitalized except when it is the first word in a sentence.

Aujourd'hui, je vais au marché.   *Today, I am going to the market.*

Days of the week, months, and geographical terms are not capitalized in French.

Qu'est-ce que tu fais lundi après-midi?   **Mon anniversaire, c'est le 14 octobre.**
Cette ville est au bord de la mer Méditerranée.

Languages are not capitalized in French, nor are adjectives of nationality. However, if the word is a noun that refers to a person or people of a particular nationality, it is capitalized.

Tu apprends le français.   **C'est une voiture allemande.**
You are learning French.   *It's a German car.*

Elle s'est mariée avec un Italien.   **Les Français adorent le foot.**
She married an Italian.   *The French love soccer.*

As a general rule, you should write capital letters with their accents. Diacritical marks can change the meaning of words, so not including them can create ambiguities.

LES AVOCATS SERONT JUGÉS.   **LES AVOCATS SERONT JUGES.**
Lawyers will be judged.   *Lawyers will be the judges.*

Corrigez Corrigez la capitalisation des mots suivants.

1. MAI
2. QUÉBEC
3. VENDREDI
4. ALLEMAND
5. L'OCÉAN PACIFIQUE
6. LE BOULEVARD ST-MICHEL

Écrivez Écrivez correctement les phrases en utilisant (*by writing*) les minuscules et les majuscules.

1. LE LUNDI ET LE MERCREDI, J'AI MON COURS D'ITALIEN.
2. CHARLES BAUDELAIRE ÉTAIT UN POÈTE FRANÇAIS.
3. LES AMÉRICAINS AIMENT BEAUCOUP LE LAC MICHIGAN.
4. UN MONUMENT SE TROUVE SUR L'AVENUE DES CHAMPS-ÉLYSÉES.

Dictons Répétez les dictons à voix haute.

Si le Français est «tout yeux», l'Anglais est «tout oreilles».[2]

La France, c'est le français quand il est bien écrit.[1]

ressources

LM
p. 94

S
vhlcentral

[1] France is French (when it is) well written.
[2] If the Frenchman is all eyes, the Englishman is all ears.

Chercher son chemin  Video

Au kiosque de M. Hulot...

M. HULOT Bonjour, Monsieur.
TOURISTE Bonjour.
M. HULOT Trois euros, s'il vous plaît.
TOURISTE Je n'ai pas de monnaie.
M. HULOT Voici cinq, six, sept euros qui font dix. Merci.
TOURISTE Excusez-moi, où est le bureau de poste, s'il vous plaît?

M. HULOT Euh... c'est par là... Ah... non... euh... voyons... vous prenez cette rue, là et... euh, non non... je ne sais pas vraiment comment vous expliquer... Attendez, vous voyez le café qui est juste là? Il y aura certainement quelqu'un qui saura vous dire comment y aller.
TOURISTE Ah, merci, Monsieur. Au revoir!

Au P'tit Bistrot...

SANDRINE Qu'est-ce que vous allez faire le week-end prochain?
RACHID Je pense que nous irons faire une randonnée à la Sainte-Victoire.
AMINA Oui, j'espère qu'il fera beau!
DAVID S'il ne pleut pas, nous irons au concert en plein air de Pauline Ester. C'est la chanteuse préférée de Sandrine, n'est-ce pas, chérie?

DAVID Non! À droite!
RACHID Non, à gauche! Puis, vous continuez tout droit, vous traversez le cours Mirabeau et c'est juste là, en face de la fontaine de La Rotonde, à côté de la gare.
DAVID Non, c'est à côté de l'office du tourisme.

TOURISTE Euh merci, je... je vais le trouver tout seul. Au revoir.
TOUS Bonne journée, Monsieur.

À la terrasse...

STÉPHANE Bonjour, je peux vous aider?
TOURISTE J'espère que oui.
STÉPHANE Vous êtes perdu?
TOURISTE Exactement. Je cherche le bureau de poste.

A C T I V I T É S

1 **Questions** Répondez par des phrases complètes.

1. Qu'est-ce que Rachid et Amina vont faire ce week-end?
2. Qu'est-ce que Sandrine et David vont faire ce week-end?
3. Quels points de repères (*landmarks*) Stéphane donne-t-il au touriste?
4. Est-ce que vous pensez que la musique de Pauline Ester est très appréciée aujourd'hui? Pourquoi?

5. Est-ce que vous pensez que les choses vont bien entre Amina et Rachid? Pourquoi?
6. Est-ce que vous pensez que les choses vont bien entre Sandrine et David? Pourquoi?
7. Comment pensez-vous que le touriste se sent quand il sort du P'tit Bistrot?
8. Qui avait raison, à votre avis (*in your opinion*), David ou Rachid?

Un touriste se perd à Aix... heureusement, il y a Stéphane!

SANDRINE Absolument! «Oui, je l'adore, c'est mon amour, mon trésor...»

AMINA Pauline Ester! Tu aimes la musique des années quatre-vingt-dix?

SANDRINE Pas tous les styles de musique, mais Pauline Ester, oui.

AMINA Comme on dit, les goûts et les couleurs, ça ne se discute pas!

RACHID Tu n'aimes pas Pauline Ester, mon cœur?

TOURISTE Excusez-moi, est-ce que vous savez où se trouve le bureau de poste, s'il vous plaît?

RACHID Oui, ce n'est pas loin d'ici. Vous descendez la rue, juste là, ensuite vous continuez jusqu'au feu rouge et vous tournez à gauche.

STÉPHANE Le bureau de poste? C'est très simple.

TOURISTE Ah bon! C'est loin d'ici?

STÉPHANE Non, pas du tout. C'est tout près. Vous prenez cette rue, là, à gauche. Vous continuez jusqu'au cours Mirabeau. Vous le connaissez?

TOURISTE Non, je ne suis pas d'ici.

STÉPHANE Bon... Le cours Mirabeau, c'est le boulevard principal de la ville.

STÉPHANE Alors, une fois que vous serez sur le cours Mirabeau, vous tournerez à gauche et suivrez le cours jusqu'à La Rotonde. Vous la verrez... Il y a une grande fontaine. Derrière la fontaine, vous trouverez le bureau de poste, et voilà!

TOURISTE Merci beaucoup.

STÉPHANE De rien. Au revoir!

Expressions utiles

Giving directions

- **Attendez, vous voyez le café qui est juste là?**
  Wait, do you see the café right over there?

- **Il y aura certainement quelqu'un qui saura vous dire comment y aller.**
  There will surely be someone there who'll know how to tell you how to get there.

- **Vous tournerez à gauche et suivrez le cours jusqu'à La Rotonde.**
  You'll turn left and follow the street until the Rotunda.

- **Vous la verrez.**
  You will see it.

- **Derrière la fontaine, vous trouverez le bureau de poste.**
  Behind the fountain, you will find the post office.

Talking about the weekend

- **Je pense que nous irons faire une randonnée.**
  I think we'll go for a hike.

- **J'espère qu'il fera beau!**
  I hope it will be nice/the weather will be good!

- **Nous irons au concert en plein air.**
  We'll go to the outdoor concert.

Additional vocabulary

- **voyons**
  let's see

- **le boulevard principal**
  the main drag/principal thoroughfare

---

2 **Comment y aller?** Remettez les indications pour aller du P'tit Bistrot au bureau de poste dans l'ordre. Écrivez un **X** à côté de l'indication qu'on ne doit pas suivre.

_____ a. Suivez le cours Mirabeau jusqu'à la fontaine.

_____ b. Le bureau de poste se trouve derrière la fontaine.

_____ c. Tournez à gauche.

_____ d. Tournez à droite au feu rouge.

_____ e. Prenez cette rue à gauche jusqu'au boulevard principal.

3 **Écrivez** Le touriste est soulagé (relieved) d'enfin arriver au bureau de poste. Il était très découragé; presque personne ne savait lui expliquer comment y aller. Il écrit une carte postale à sa petite amie pour lui raconter son aventure. Composez son message.

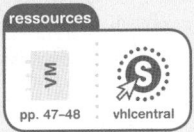

ressources

VM
pp. 47–48 · vhlcentral

ACTIVITÉS

ESPACE CULTURE

Reading

Villes et villages

Quand on regarde le plan d'un village, d'une petite ville ou celui d'un quartier dans une grande ville, on remarque qu'il y a souvent une place au centre, autour de laquelle° la vie urbaine s'organise. C'est un peu comme «le cœur» de la ville ou du quartier.

Sur la place principale des villes et villages français, on trouve souvent une église. Il peut aussi y avoir l'hôtel de ville (la mairie), ainsi que° d'autres bâtiments administratifs comme la poste, le commissariat de police ou l'office du tourisme. Autour de cette grande place se trouve le centre-ville où beaucoup de gens vont pour faire leurs courses dans les magasins ou pour se détendre dans un café, restaurant ou cinéma. Parfois, on y trouve aussi un musée ou

un théâtre. La place principale peut être piétonne° ou ouverte à la circulation, mais dans les deux cas, elle est souvent très animée°.

En général, cette place est bien entretenue° et décorée d'une fontaine, d'un parterre de fleurs° ou d'une statue. La majorité des rues principales de la ville ou du quartier y sont connectées. Le nom de cette place reflète ce qui s'y trouve, par exemple place de l'Église, place de la Mairie ou place de la Comédie. Les rues, elles, portent souvent le nom d'un écrivain ou d'un personnage célèbre de l'histoire de France, par exemple rue Victor Hugo ou avenue du général de Gaulle. Au centre-ville, les rues sont souvent très étroites et beaucoup sont à sens unique°.

laquelle *which* **ainsi que** *as well as* **piétonne** *pedestrian* **animée** *busy* **entretenue** *cared for* **parterre de fleurs** *flower bed* **à sens unique** *one-way*

Coup de main

Some major cities in France, such as Paris, Lyon, and Marseille, are divided into **arrondissements**, or districts. You can determine in which **arrondissement** something is located by the final numbers of its zip code. For example, 75011 indicates the 11th **arrondissement** in Paris and 13001 is the 1st **arrondissement** in Marseille.

A C T I V I T É S

1 **Complétez** Donnez un début logique à chaque phrase, d'après le texte.

1. ... au centre de la majorité des petites villes françaises.
2. ... autour de sa grande place.
3. ... se situe souvent sur la place principale d'une ville française.
4. ... pour faire leurs courses ou pour se détendre.
5. ... décorent souvent les places.
6. ... sont réservées exclusivement aux piétons.
7. ... détermine souvent le nom d'une place.
8. ... donnent souvent leur nom aux rues françaises.
9. ... sont souvent à sens unique.
10. ... sont parfois divisées en arrondissements.

LE FRANÇAIS QUOTIDIEN

Des magasins

cordonnerie (*f.*)	*cobbler's*
disquaire (*m.*)	*music store*
fleuriste (*m.*)	*florist*
parfumerie (*f.*)	*perfume/beauty shop*
photographe (*m.*)	*photo shop*
quincaillerie (*f.*)	*hardware store*
tailleur (*m.*)	*tailor's*
pressing (*m.*)	*dry cleaner's*
vidéoclub (*m.*)	*video store*

LE MONDE FRANCOPHONE

Le centre des villes

Les places centrales reflètent le cœur des centres-villes.

En Belgique

La Grand-Place à Bruxelles est bordée de superbes bâtiments ornés aux riches architectures néo-gothiques et baroques du 17e siècle. Énorme, elle est considérée comme une des plus belles places du monde.

Au Maroc

La place Djemaa El Fna à Marrakesh est immense et débordante° d'activités. Et quelles activités! On y trouve des acrobates, des charmeurs de serpents, des danseurs, des groupes de musique, des conteurs° et beaucoup de restaurants ambulants°.

Ces deux places sont inscrites° au patrimoine mondial° de l'UNESCO.

débordante *overflowing* **conteurs** *storytellers* **restaurants ambulants** *food stalls* **inscrites** *registered* **patrimoine mondial** *world heritage*

PORTRAIT

Le baron Haussmann

En 1853, Napoléon III demande au baron Georges Eugène Haussmann (1809–1891) de moderniser Paris. Le baron imagine alors un programme de transformation de la ville entière°. Il en est le premier vrai urbaniste. Il multiplie sa surface par deux. Pour améliorer° la circulation, il ouvre de larges avenues et des boulevards, comme le boulevard Haussmann, qu'il borde° d'immeubles bourgeois. Il crée de grands carrefours, comme l'Étoile ou la place de

la Concorde, et de nombreux parcs et jardins. Plus de 600 km d'égouts° sont construits. Parce qu'il a aussi détruit beaucoup de bâtiments historiques, les Français ont longtemps détesté le baron Haussmann. Pourtant°, son influence a été remarquable.

entière *entire* **améliorer** *improve* **borde** *lines with* **égouts** *sewers* **Pourtant** *However*

MUSIQUE À FOND

Massilia Sound System

Lieu d'origine: Marseille, France
Métier: groupe de musique

Ce groupe de reggae français a commencé à jouer en 1984 Ils sont connus pour chanter des thèmes français avec le rythme jamaïcain. Ils chantent aussi en occitan ou langue d'oc.

Go to **vhlcentral.com** to find out more about **Massilia Sound System**.

---

2 **Suite logique** Donnez une suite logique à chaque phrase.

1. En 1853, Napoléon III demande à Haussmann...
2. Pour améliorer la circulation dans Paris, le baron Haussmann a créé...
3. Les Français ont longtemps détesté le baron Haussmann...
4. La Grand-Place est bordée de bâtiments ornés aux riches architectures...
5. Sur la place Djemaa El Fna, on peut trouver des restaurants...

3 **Une école de langues** Vous et un(e) partenaire dirigez une école de langues située en plein centre-ville. Préparez une petite présentation de votre école où vous expliquez où elle se situe, les choses à faire au centre-ville, etc. Vos camarades ont-ils envie de s'y inscrire (*enroll*)?

ACTIVITÉS

 Practice more at **vhlcentral.com**.

ressources
vhlcentral

12B.1

Le futur simple  Tutorial

Point de départ In **Leçon 4A**, you learned to use **aller** + [*infinitive*] to express actions that are going to happen in the immediate future (**le futur proche**). You will now learn the future tense to say what *will happen*.

- The future uses the same verb stems as the conditional.

Future tense of regular verbs			
	parler	**réussir**	**attendre**
je/j'	parlerai	réussirai	attendrai
tu	parleras	réussiras	attendras
il/elle/on	parlera	réussira	attendra
nous	parlerons	réussirons	attendrons
vous	parlerez	réussirez	attendrez
ils/elles	parleront	réussiront	attendront

Au Québec, nous **parlerons** français.
In Quebec, we will speak French.

Je **suivrai** le chemin autour du parc.
I'll follow the path around the park.

- The same patterns that you learned for forming the conditional of spelling-change **-er** verbs also apply to the future.

Vous m'**emmènerez** avec vous?
Will you take me with you?

Tu **répéteras** les indications?
Will you repeat the directions?

Nous **achèterons** une maison dans deux ans.
We'll buy a house in two years.

Mes parents t'**appelleront** demain.
My parents will call you tomorrow.

- The same irregular stems you learned for the conditional are used for the future.

J'**irai** chez toi, mais pas aujourd'hui.
I'll go to your house, but not today.

À l'angle, tu **devras** tourner à gauche.
At the corner, you'll have to turn left.

- The words **le futur** and **l'avenir** (*m.*) both mean *the future*. Use the first word when referring to the grammatical tense; use the second word when referring to events that haven't occurred yet.

On étudie **le futur** en cours.
We're studying the future tense in class.

Je parlerai de **mon avenir** au prof.
I'll speak to the professor about my future.

À noter

See **Leçon 11B** for the explanation of how to form the conditional of spelling-change verbs and for the list of verbs with irregular conditional stems. Irregular stems will be reviewed in **12B.2**.

Essayez! **Complétez les phrases avec la forme correcte du futur des verbes.**

1. je _____*mangerai*_____ (manger)
2. il _____ (prendre)
3. on _____ (boire)
4. elles _____ (partir)
5. ils _____ (acheter)
6. vous _____ (choisir)
7. tu _____ (connaître)
8. nous _____ (suivre)

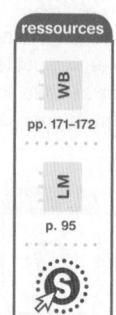

ressources

WB
pp. 171–172

LM
p. 95

S
vhlcentral

Le français vivant

Le Nouveau-Brunswick vous enchantera!

Le Nouveau-Brunswick vous habitera pour toujours.
Vous aimerez ses villes cosmopolites et historiques,
au style jeune et moderne. Venez faire un tour.

Identifiez Quelles formes de verbes au futur trouvez-vous dans cette publicité (*ad*)?

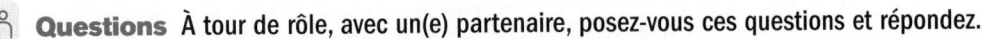 **Questions** À tour de rôle, avec un(e) partenaire, posez-vous ces questions et répondez.

1. Que veut dire «Le Nouveau-Brunswick vous habitera pour toujours»?
   a. Vous habiterez toujours au Nouveau-Brunswick.
   b. Vous penserez toujours au Nouveau-Brunswick.
   c. Le Nouveau-Brunswick existera toujours.
2. Pourquoi le touriste aimera-t-il le Nouveau-Brunswick?
3. Dans quel pays se trouve le Nouveau-Brunswick?
4. Dans quelle région du monde veux-tu voyager? Cette région t'enchantera-t-elle?
5. Voyageras-tu un jour au Nouveau-Brunswick? Pourquoi?

Mise en pratique

1 **Projets** Cécile et ses amis parlent de leurs projets (*plans*) d'avenir. Employez le futur pour refaire ses phrases.

> **MODÈLE** Je vais chercher une belle maison.
> *Je chercherai une belle maison.*

1. Je vais finir mes études.
2. Philippe va me dire où trouver un travail.
3. Tu vas gagner beaucoup d'argent.
4. Mes amis vont habiter près de chez moi.
5. Mon petit ami et moi, nous allons acheter un chien.
6. Vous allez nous rendre visite de temps en temps.

2 **Dans l'avenir** Qu'est-ce qu'Habib et sa famille vont faire cet été?

> **MODÈLE** mon cousin / lire / dix livres
> *Mon cousin lira dix livres.*

1. mon neveu / apprendre / nager
2. mes grands-parents / voyager / en voiture
3. en août / je / conduire / ma nouvelle voiture
4. mon père / écrire / cartes postales
5. tante Yamina / maigrir
6. nous / vendre / notre vieille voiture

3 **Je cherche du travail** Regardez ces deux annonces (*ads*). Ensuite, avec un(e) partenaire, posez-vous ces questions et parlez du travail que vous préférez.

> **NOUVEAU RESTAURANT CHERCHE SERVEUR/ SERVEUSE**
> Cinq ans d'expérience minimum.
> Cuisine française.
> Du mardi au samedi
> de 16h30 à 23h30;
> le dimanche de 11h30 à 22h30
> Salaire 1.200 euros par mois,
> avec une augmentation après six mois
> Métro: Goncourt
> Téléphonez au: 01.40.96.31.15

> **TRAVAILLEZ COMME COIFFEUR/ COIFFEUSE**
> Excellent salaire:
> 1.000 euros par mois
> Deux ans d'expérience
> Pour commencer
> immédiatement
> Horaires: mardi, mercredi,
> jeudi, de 9h00 à 15h00
> Téléphonez pour rendez-vous
> au: 01.38.18.42.90

1. Quel emploi préfères-tu? Pourquoi?
2. À quelle heure arriveras-tu au travail? À quelle heure sortiras-tu?
3. T'amuseras-tu au travail? Pourquoi?
4. Combien gagneras-tu?
5. Prendras-tu le métro? Conduiras-tu? Pourquoi?
6. Chercheras-tu un autre emploi l'année prochaine? Pourquoi?

Communication

4 **Chez la voyante** Vous voulez savoir ce qui (*what*) vous attend dans l'avenir. Vous allez chez une voyante (*fortune-teller*) et vous lui posez ces questions. Jouez les deux rôles avec un partenaire, puis échangez les rôles.

1. Où est-ce que je travaillerai après l'université?
2. Où est-ce que j'habiterai dans 20 ans?
3. Avec qui est-ce que je partagerai ma vie?
4. Quelle voiture est-ce que je conduirai?
5. Est-ce que je m'occuperai de ma santé?
6. Qu'est-ce que j'aimerai faire pour m'amuser?
7. Où est-ce que je passerai mes vacances?
8. Où est-ce que je dépenserai mon argent?

5 **L'horoscope** Avec un(e) partenaire, préparez par écrit l'horoscope d'une célébrité. Ensuite, par groupes de quatre, lisez cet horoscope à vos camarades qui essaieront de découvrir l'identité de la personne.

MODÈLE

Vous travaillerez comme acteur de cinéma. Vous jouerez dans beaucoup de films français et américains. Vous jouerez des rôles divers dans des films comiques comme Last Holiday *et dans des films classiques comme* Jean de Florette. *(réponse: Gérard Depardieu)*

6 **Partir très loin** Vous et votre partenaire avez décidé de prendre des vacances très loin de chez vous. Regardez les photos et choisissez deux endroits où vous voulez aller, puis comparez-les. Utilisez ces questions pour vous guider. Ensuite, présentez vos réponses à la classe.

- Qu'apporterez-vous?
- Quand partirez-vous?
- Que ferez-vous?
- Comment vous détendrez-vous? (*relax*)
- Combien de temps y resterez-vous?
- Quand rentrerez-vous?

7 **Faites des projets** Travaillez avec un(e) camarade de classe pour faire des projets (*plans*) pour ces événements qui auront lieu dans l'avenir.

MODÈLE

Étudiant(e) 1: *Après l'université, je chercherai un travail à San Diego. J'enseignerai dans un lycée.*
Étudiant(e) 2: *Moi, après l'université, j'irai en Europe. Je travaillerai comme serveuse dans un café.*

1. Samedi soir: Décidez où vous irez et comment vous y arriverez.
2. Les prochaines vacances: Parlez de ce que (*what*) vous ferez. Que visiterez-vous?
3. Votre prochain anniversaire: Quel âge aurez-vous? Que ferez-vous? Avec qui ferez-vous la fête?
4. À 65 ans: Où serez-vous? Que ferez-vous? Avec qui partagerez-vous votre vie?

12B.2

Irregular future forms  Tutorial

Point de départ In the previous grammar point, you learned how to form the future tense. Although the future endings are the same for all verbs, some verbs use irregular stems in the future tense. You learned to use many of these stems with the conditional in **Leçon 11B**.

Irregular verbs in the future		
infinitive	stem	future forms
aller	ir-	j'irai
apercevoir	apercevr-	j'apercevrai
avoir	aur-	j'aurai
devoir	devr-	je devrai
envoyer	enverr-	j'enverrai
être	ser-	je serai
faire	fer-	je ferai
pouvoir	pourr-	je pourrai
recevoir	recevr-	je recevrai
savoir	saur-	je saurai
venir	viendr-	je viendrai
vouloir	voudr-	je voudrai

Vous **aurez** des vacances?
Will you have vacation?

Nous **irons** en Tunisie.
We will go to Tunisia.

Il **enverra** des cartes postales.
He will send postcards.

Tu les **recevras** dans une semaine.
You will receive them in a week.

- The verbs **devenir**, **maintenir**, **retenir**, **revenir**, and **tenir** are patterned after **venir** in the future tense, just as they are in the present tense.

Nous **reviendrons** bientôt.
We will come back soon.

Tu **deviendras** architecte un jour?
Will you become an architect one day?

Qu'est-ce que vous **tiendrez** à la main?
What will you be holding in your hand?

Mme Tissot **retiendra** les enfants après l'école.
Mrs. Tissot will keep the children after school.

- The future forms of **il y a**, **il faut**, and **il pleut** are, respectively, **il y aura**, **il faudra**, and **il pleuvra**.

Il **faudra** apporter le parapluie.
We'll need to bring the umbrella.

Tu penses qu'il **pleuvra** ce week-end?
Do you think it will rain this weekend?

 Essayez! **Conjuguez ces verbes au futur.**

1. je/j' (aller, vouloir, savoir) _irai, voudrai, saurai_
2. tu (faire, pouvoir, envoyer) _____
3. Marc (venir, être, apercevoir) _____
4. nous (avoir, devoir, faire) _____
5. vous (recevoir, tenir, aller) _____
6. elles (vouloir, faire, être) _____
7. je/j' (devenir, pouvoir, envoyer) _____
8. elle (aller, avoir, vouloir) _____

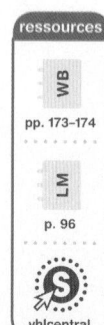

ressources

WB
pp. 173–174

LM
p. 96

S
vhlcentral

Le français vivant

Un emplacement unique,
près du parc Vendôme

Le Voltaire à Nice

À 500 mètres du magnifique parc Vendôme, il y aura bientôt la Villa Adriana: une belle architecture, de grands appartements, avec terrasses et balcons. Vous viendrez visiter et vous ne voudrez plus repartir. Vous serez charmé.

AGENCE IMMO

Identifiez Quelles formes de verbes au futur trouvez-vous dans cette publicité (*ad*)?

Questions À tour de rôle, avec un(e) partenaire, posez-vous ces questions et répondez.

1. Où se trouvera bientôt le Voltaire?
2. Quelle sera l'architecture des appartements?
3. D'après (*According to*) la pub, quel effet une visite au Voltaire peut-elle avoir?
4. As-tu été dans un appartement que tu n'as pas voulu quitter? Habiteras-tu un jour dans un appartement comme ça?
5. Est-ce que tu penses qu'un appartement à la Villa Adriana sera bon marché?
6. À ton avis, quelles boutiques et quels bureaux y aura-t-il autour du Voltaire?

ESPACE STRUCTURES

Mise en pratique

1 **Que ferai-je?** Que feront ces personnes la semaine prochaine?

MODÈLE
J'étudierai.

je / étudier

1. nous / faire

2. vous / aller

3. Anne et Sara / acheter

4. tu / être

5. Yves / devoir

6. Rachid / envoyer

2 **Le rêve de Stéphanie** Complétez les phrases pour décrire le rêve (*dream*) de Stéphanie. Employez le futur des verbes.

Quand j' (1) _____ (avoir) 26 ans, j' (2) _____ (aller) habiter au bord de la mer. Mon beau mari (3) _____ (être) avec moi et nous (4) _____ (avoir) une grande maison. Je ne (5) _____ (faire) rien à la maison. Nos amis (6) _____ (venir) nous rendre visite tous les week-ends. On (7) _____ (manger) bien et on (8) _____ (s'amuser) beaucoup!

3 **Si...** Avec un(e) partenaire, finissez ces phrases à tour de rôle. Employez le futur des verbes de la liste dans toutes vos réponses.

MODÈLE Si (*If*) mon ami(e) ne me téléphone pas ce soir, ...

Si mon amie ne me téléphone pas ce soir,
je ne ferai pas de gym demain.

aller	devoir	faire	venir
avoir	être	pouvoir	vouloir

1. Si on m'invite à une fête samedi soir, ...

2. Si mes parents me donnent $1.000, ...

3. Si mon ami(e) me prête sa voiture, ...

4. Si le temps est mauvais, ...

5. Si je suis fatigué(e) vendredi, ...

6. Si ma famille me rend visite, ...

7. Si j'ai de bonnes notes ce semestre, ...

8. Si je ne dors pas bien cette nuit, ...

9. Si on a des difficultés en cours, ...

Practice more at **vhlcentral.com**.

Communication

4 **Faites des projets** Travaillez avec un(e) camarade de classe pour faire des projets (*plans*) pour ces événements qui auront lieu dans l'avenir.

MODÈLE

Étudiant(e) 1: *Après l'université, je chercherai un travail à San Diego. J'enseignerai dans un lycée où je pourrai travailler avec les adolescents.*
Étudiant(e) 2: *Moi, après l'université, j'irai en Europe. Je travaillerai comme serveuse dans un café.*

1. Samedi soir: Décidez où vous irez et comment vous y arriverez.

2. Les prochaines vacances: Parlez de ce que (*what*) vous ferez. Que visiterez-vous?

3. Votre prochain anniversaire: Quel âge aurez-vous? Que ferez-vous? Avec qui ferez-vous la fête?

4. Votre première voiture: Quelle voiture achèterez-vous? De quelle couleur sera-t-elle? Sera-t-elle chère?

5. Votre vie professionnelle: Que ferez-vous après l'université? Où irez-vous?

6. Votre famille: Serez-vous marié(e)? Aurez-vous des enfants? Où habiterez-vous?

7. Votre maison idéale: Sera-t-elle près du centre-ville ou en banlieue? Combien de pièces aura-t-elle?

8. À 65 ans: Où serez-vous? Que ferez-vous? Avec qui partagerez-vous votre vie?

5 **Prédictions** Par groupes de trois, parlez de comment sera le monde en 2020, 2050 et 2100. Utilisez votre imagination.

6 **Demain** Avec un(e) partenaire, parlez de ce que (*what*) vous, votre famille et vos amis ferez demain.

MODÈLE

Étudiant(e) 1: *Que feras-tu demain à midi?*
Étudiant(e) 2: *Demain à midi, j'irai poster une lettre. Mon camarade de chambre fera ses devoirs.*

vendredi	samedi
8h00 _____	8h00 _____
_____	10h00 _____
10h00 _____	12h00 _____
_____	14h00 _____
12h00 _____	16h00 _____
_____	18h00 _____
14h00 _____	20h00 _____
_____	22h00 _____
16h00 _____	**dimanche**
_____	8h00 _____
18h00 _____	10h00 _____
_____	12h00 _____
20h00 _____	14h00 _____
_____	16h00 _____
22h00 _____	18h00 _____
_____	20h00 _____
	22h00 _____

7 **Bonnes résolutions!** C'est bientôt le nouvel an et vous faites des résolutions. Avec un(e) partenaire, parlez à tour de rôle de cinq choses que vous changerez dans votre vie l'année prochaine.

MODÈLE

Étudiant(e) 1: *L'année prochaine, je mangerai moins de pizzas et je perdrai cinq kilos.*
Étudiant(e) 2: *Moi, je ferai plus attention en classe et j'aurai de meilleures notes.*

Révision

1 **Le campus** À tour de rôle, donnez des indications à un(e) partenaire pour aller d'où vous vous trouvez en ce moment jusqu'à d'autres endroits sur le campus. Employez le futur.

MODÈLE

Étudiant(e) 1: *Tu sortiras du bâtiment et tu tourneras à gauche. Ensuite, tu traverseras la rue. Où seras-tu?*
Étudiant(e) 2: *Je serai à la bibliothèque.*

2 **La visite de Québec** Avec un(e) partenaire, vous visitez la ville de Calvi, en Corse. Préparez un itinéraire de votre visite où vous vous arrêterez souvent pour visiter ou acheter quelque chose, manger, boire, etc. Soyez prêts à présenter votre itinéraire à la classe.

MODÈLE

Étudiant(e) 1: *Le matin, nous prendrons le petit-déjeuner dans l'hôtel.*
Étudiant(e) 2: *Ensuite, nous irons visiter la citadelle.*

Calvi vous attend!

Visitez:
la citadelle
le phare de la Revellata
l'église Sainte-Marie-Majeure
le village d'Occi
l'ancien palais des Gouverneurs
et beaucoup plus!

3 **Ma future maison** Avec un(e) partenaire, parlez de votre future maison et de ses pièces, de son jardin, du quartier et de vos voisins. Utilisez le futur et ces prépositions pour les décrire. Ensuite, présentez les projets (*plans*) de votre partenaire à la classe.

MODÈLE

Étudiant(e) 1: *Il y aura un énorme jardin devant ma future maison.*
Étudiant(e) 2: *Je n'aurai aucun voisin en face de ma future maison.*

à droite (de)	autour (de)	en face (de)
à gauche (de)	derrière	loin (de)
au bout (de)	devant	(tout) près (de)
au milieu de		

4 **Ma ville** Vous invitez votre partenaire à venir vous rendre visite dans votre ville d'origine. Expliquez-lui le chemin de l'aéroport jusqu'à votre maison. Ensuite, votre partenaire donnera ces indications à un(e) autre camarade, qui vous les répétera. Les indications sont-elles toujours correctes? Utilisez le futur et alternez les rôles.

MODÈLE

Étudiant(e) 1: *Tu sortiras de l'aéroport, tu iras jusqu'au centre-ville et tu passeras la mairie où tu tourneras à droite.*
Étudiant(e) 2: *D'accord, à droite à la mairie. Et après, j'irai où?*

5 **Des prévisions météo** Avec un(e) partenaire, parlez des prévisions météo pour le week-end prochain. Chacun (*Each one*) doit faire cinq prévisions et dire ce qu'on (*what one*) peut faire par ce temps. Soyez prêts à parler de vos prévisions et des possibilités pour le week-end devant la classe.

MODÈLE

Étudiant(e) 1: *Samedi, il fera beau dans le nord. On pourra faire une promenade.*
Étudiant(e) 2: *Dimanche, il pleuvra dans l'ouest. On devra passer la journée dans l'appartement.*

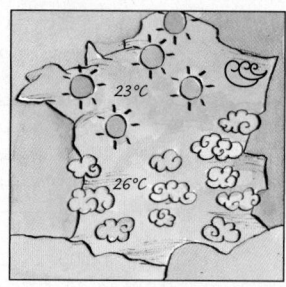
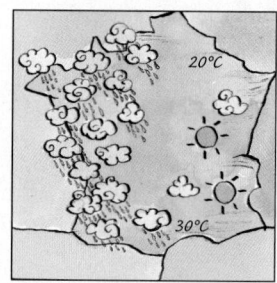

samedi   dimanche

6 **La vie de Gaëlle et de Marc** Votre professeur va vous donner, à vous et à votre partenaire, deux feuilles d'activités différentes sur l'avenir de Gaëlle et de Marc. Attention! Ne regardez pas la feuille de votre partenaire.

MODÈLE

Étudiant(e) 1: *Marc et Gaëlle finiront leurs études au lycée.*
Étudiant(e) 2: *Ensuite, ...*

À l'écoute

Using background information

Once you discern the topic of a conversation, take a minute to think about what you already know about the subject. Using this background information will help you guess the meaning of unknown words or linguistic structures.

 To help you practice this strategy, you will listen to a short paragraph. Jot down the subject of the paragraph, and then use your knowledge of the subject to listen for and write down the paragraph's main points.

Préparation

Regardez la photo. Combien de personnes y a-t-il? Où sont-elles? Que font-elles? D'après vous, de quoi parlent-elles?

À vous d'écouter

Écoutez la conversation entre Amélie et Christophe. Puis, écoutez une deuxième fois et notez les quatre choses qu'ils vont faire ce matin. Comparez vos notes avec celles d'un(e) camarade.

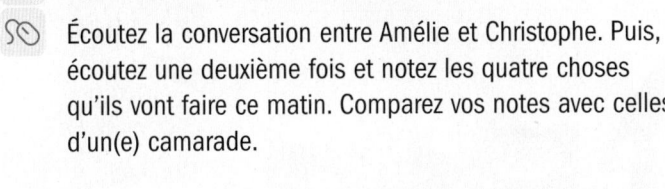

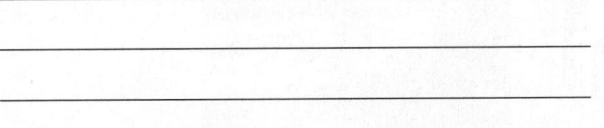

Compréhension

Vrai ou faux? Indiquez si les phrases sont **vraies** ou **fausses**. Corrigez les phrases fausses.

1. Amélie habite cette ville depuis toujours.
2. Amélie ne connaît pas bien la ville.
3. Christophe recommande la Banque de l'Ouest parce qu'il aime beaucoup son architecture.
4. La Banque de l'Ouest est en face d'une bijouterie.
5. Amélie a besoin d'emprunter de l'argent à la banque.
6. Amélie veut aller à la bibliothèque pour chercher des livres.
7. La librairie Molière est près d'un jardin public.
8. Christophe demande à Amélie si elle peut aller chercher un colis à la poste.
9. Pour aller à la mairie, on doit traverser un pont.
10. Ce matin, Christophe doit aller à la papeterie.

Dans votre ville Amélie passe un semestre à votre université. Elle vous pose les mêmes questions qu'elle a posées à Christophe. Écrivez-lui un petit mot pour lui expliquer comment aller, d'abord, de l'université à une banque qui se trouve dans le quartier universitaire. Puis, expliquez-lui comment aller de cette banque à un supermarché où les étudiants de votre université font souvent leurs courses. Demandez aussi à Amélie si elle peut faire une petite course pour vous et expliquez-lui où se trouve l'endroit où elle devra aller.

SAVOIR-FAIRE

Panorama

la promenade des Anglais à Nice

Provence-Alpes-Côte d'Azur

La région en chiffres

▶ **Superficie:** *31.400 km²*

▶ **Population:** *4.989.435*
SOURCE: INSEE

▶ **Industries principales:** *agriculture, industries agro-alimentaires°, métallurgiques et mécaniques, parfumerie, tourisme*

▶ **Villes principales:** *Avignon, Gap, Marseille, Nice, Toulon*

Personnes célèbres

▶ **Nostradamus,** *astrologue et médecin (1503–1566)*

▶ **Marcel Pagnol,** *cinéaste° et écrivain (1895–1974)*

▶ **Surya Bonaly,** *athlète olympique (1973–)*

La Corse

La région en chiffres

▶ **Superficie:** *8.680 km²*

▶ **Population:** *330.354*
SOURCE: ADEC

▶ **Industries principales:** *agriculture, tourisme*

▶ **Villes principales:** *Ajaccio, Bastia, Porto-Vecchio, Calvi, Corte*

Personnes célèbres

▶ **Pasquale Paoli,** *homme politique et philosophe, (1725–1807)*

▶ **Tino Rossi,** *chanteur, (1907–1983)*

▶ **Marie-Josée Nat,** *actrice, (1940–)*

agro-alimentaires *food-processing* **cinéaste** *filmmaker* **confrérie** *brotherhood* **gardians** *herdsmen* **taureaux** *bulls* **flamants** *flamingos* **Montés sur** *Riding* **Papes** *Popes* **falaises** *cliffs*

LA FRANCE

L'ITALIE

LES ALPES

Gap

la Durance

le Rhône

le Var

PROVENCE-ALPES-CÔTE D'AZUR (PACA)

Avignon

la Durance   le Verdon

Grasse   Nice   MONACO
Antibes
Cannes

Arles
LA CAMARGUE   Aix-en-Provence

Marseille   Toulon

LA MER
MÉDITERRANÉE

Les îles d'Hyères

0		80 miles
0		80 kilomètres

Bastia
Calvi

Corte

CORSE

Ajaccio
Porto-Vecchio
Bonifacio

LA SARDAIGNE

le palais des Papes° à Avignon

les falaises° de Bonifacio

Incroyable mais vrai!

Tous les cow-boys ne sont pas américains. En Camargue, la confrérie° des gardians° perpétue depuis 1512 les traditions des cow-boys français. C'est dans le sud que cohabitent les chevaux blancs camarguais, des taureaux° noirs et des flamants° roses. Montés sur° des chevaux blancs, les gardians gardent les taureaux noirs.

Les destinations

La réserve naturelle de Scandola

La réserve naturelle de Scandola en Corse a été l'un des premiers sites français à être classé réserve du patrimoine° naturel terrestre et marin. La réserve fait partie° d'un ancien complexe volcanique connu au niveau international pour sa biodiversité. Des scientifiques viennent y étudier le corail° rouge, des espèces marines qui ont disparu ailleurs° dans la Méditerranée, et des espèces inconnues jusqu'à présent. La réserve abrite° aussi une population importante de balbuzards pêcheurs°, une espèce de rapace° qui a été très menacée dans les années 1970.

Les arts

Le festival de Cannes

Chaque année depuis 1946, au mois de mai, de nombreux acteurs, réalisateurs° et journalistes viennent à Cannes, sur la Côte d'Azur, pour le Festival International du Film. Avec la présence de plus de 4.000 journalistes et de nombreux pays représentés, c'est la manifestation cinématographique annuelle la plus médiatisée°. Après deux semaines de projections, de fêtes, d'expositions et de concerts, le jury international du festival choisit le meilleur d'une vingtaine de films présentés en compétition officielle.

Les personnages

Napoléon Bonaparte

Né en 1769 à Ajaccio en Corse, Napoléon Bonaparte devient général à un très jeune âge. Ses succès militaires l'ont rendu° très populaire en France, ce qui lui a permis d'organiser un coup d'État en 1799. Il s'est déclaré Empereur en 1804. Pendant son règne°, il a fondé plusieurs institutions qui forment la base de la société française d'aujourd'hui: la Banque de France, le Code civil et le système éducatif, entre d'autres. Il a aussi cherché à conquérir° l'Europe. Il a obtenu de grandes victoires, mais en 1815, il subit° son ultime défaite à la bataille de Waterloo. Il est capturé et expatrié° à l'île d'Elbe où il meurt en 1821.

Les traditions

Grasse, France

La ville de Grasse, sur la Côte d'Azur, est le centre de la parfumerie° française. Cette «capitale mondiale du parfum» cultive les fleurs depuis le Moyen Âge°: violette, lavande, rose, plantes aromatiques, etc. Au dix-neuvième siècle, ses parfumeurs, comme Molinard, ont conquis° les marchés du monde grâce à° la fabrication industrielle.

Qu'est-ce que vous avez appris? Répondez aux questions par des phrases complètes.

1. Comment s'appelle la région où les gardians perpétuent les traditions des cow-boys français?
2. Quel est le rôle des gardians?
3. Pour quelle charactéristique la réserve naturelle Scandola est-elle connue au niveau international?
4. Qu'est-ce que les scientifiques étudient dans la réserve naturelle Scandola?

5. Depuis quand le festival de Cannes existe-il?
6. Qui choisit le meilleur film au festival de Cannes?
7. Quelle était la profession de Napoléon avant de devenir Empereur?
8. Quelles institutions Napoléon a-t-il fondé?
9. Quelle ville est le centre de la parfumerie française?
10. Pourquoi cette ville est-elle le centre de la parfumerie française?

Sur Internet

Go to **vhlcentral.com** to find more cultural information related to this **Panorama**.

1. Quels films étaient (*were*) en compétition au dernier festival de Cannes? Qui composait (*made up*) le jury?

2. Trouvez des informations sur une parfumerie de Grasse. Quelles sont deux autres parfumeries qu'on trouve à Grasse?

ressources

WB
pp. 175–176   vhlcentral

patrimoine *heritage* fait partie *is part* corail *coral* ailleurs *elsewhere* abrite *shelters* balbuzards pêcheurs *osprey* rapace *bird of prey* réalisateurs *filmmakers* médiatisée *publicized* ont rendu *made* règne *reign* conquérir *to conquer* subit *suffers* expatrié *exiled* parfumerie *perfume industry* Moyen Âge *Middle Ages* ont conquis *conquered* grâce à *thanks to*

Lecture  Audio: Reading

Avant la lecture

Identifying point of view

You can understand a text more completely if you identify the point of view of the narrator. You can do this by simply asking yourself from whose perspective the story is being told. Some stories are narrated in the first person. That is, the narrator is a character in the story, and everything you read is filtered through that person's thoughts, emotions, and opinions. Other texts have an omniscient narrator who is not a character in the story but who reports the thoughts and actions of the story's characters.

Examinez le texte

Regardez le titre du texte et l'image. De quoi va parler ce texte, à votre avis? Décrivez l'image.

À propos de l'auteur
Jacques Prévert (1900–1977)

Jacques Prévert est un poète, artiste et dramaturge° français né le 4 février 1900 à Neuilly-sur-Seine. Sa passion pour la lecture, la poésie et le spectacle était évidente dès son enfance. Dans les années 1920, Prévert participe au mouvement surréaliste. Par la suite, il écrit les scénarios et les dialogues de films, dont certains° sont des chefs-d'œuvre° du cinéma français. Pacifiste et viscéralement opposé à la guerre, il n'hésite pas à en dénoncer

l'horreur et l'absurdité dans ses écrits et apparitions télévisées. Son œuvre poétique atteint son paroxysme° avec le succès de *Paroles* en 1946. Le 11 avril 1977, il décède d'un cancer du poumon°. Sa poésie est marquée par les jeux de mots°, mais aussi par certains poèmes aux thèmes sombres, tel que Barbara, où le narrateur nous révèle ses peines et sa nostalgie, après les 165 bombardements de Brest pendant la Seconde Guerre mondiale.

dramaturge *playwright* **dont certains** *some of which* **chefs-d'œuvre** *masterpieces*
atteint son paroxysme *reaches its height* **poumon** *lung* **jeux de mots** *wordplay*

Barbara
JACQUES PRÉVERT

1   Rappelle-toi Barbara,
  Il pleuvait sans cesse sur Brest ce jour-là
  Et tu marchais souriante
  Épanouie° ravie° ruisselante°
5   Sous la pluie
  Rappelle-toi Barbara
  Il pleuvait sans cesse sur Brest
  Et je t'ai croisée rue de Siam
  Tu souriais
10   Et moi je souriais de même
  Rappelle-toi Barbara
  Toi que je ne connaissais pas
  Toi qui ne me connaissais pas
  Rappelle-toi
15   Rappelle-toi quand même ce jour-là
  N'oublie pas
  Un homme sous un porche s'abritait°
  Et il a crié ton nom
  Barbara
20   Et tu as couru vers lui sous la pluie
  Ruisselante ravie épanouie
  Et tu t'es jetée dans ses bras
  Rappelle-toi cela Barbara
  Et ne m'en veux pas° si je te tutoie
25   Je dis tu à tous ceux que j'aime
  Même si je ne les ai vus qu'une seule fois
  Je dis tu à tous ceux qui s'aiment
  Même si je ne les connais pas
  Rappelle-toi Barbara
30   N'oublie pas
  Cette pluie sage° et heureuse
  Sur ton visage heureux
  Sur cette ville heureuse
  Cette pluie sur la mer

Épanouie *Radiant* **ravie** *delighted* **ruisselante** *dripping* **s'abritait** *took shelter*
ne m'en veux pas *don't hold it against me* **sage** *well-behaved* **arsenal** *dockyard*
Ouessant *the island of Ushant* **connerie (fam.)** *stupidity* **acier** *steel* **sang** *blood*
vivant *living* **abimé** *ruined* **deuil** *mourning* **crèvent** *die* **pourrir** *to rot*

35   Sur l'arsenal°
       Sur le bateau d'Ouessant°
       Oh Barbara
       Quelle connerie° la guerre
       Qu'es-tu devenue maintenant
40   Sous cette pluie de fer
       De feu d'acier° de sang°
       Et celui qui te serrait dans ses bras
       Amoureusement
       Est-il mort disparu ou bien encore vivant°
45   Oh Barbara
       Il pleut sans cesse sur Brest
       Comme il pleuvait avant
       Mais ce n'est plus pareil et tout est abimé°
       C'est une pluie de deuil° terrible et désolée
50   Ce n'est même plus l'orage
       De fer d'acier de sang
       Tout simplement des nuages
       Qui crèvent° comme des chiens
       Des chiens qui disparaissent
55   Au fil de l'eau sur Brest
       Et vont pourrir au loin
       Au loin très loin de Brest
       Dont il ne reste rien.

Après la lecture

Vrai ou faux? Indiquez si les phrases sont **vraies** ou **fausses**. Citez les lignes du texte pour justifier vos réponses.

	Vrai	Faux
1. Le narrateur connaît Barbara depuis son enfance.	☐	☐
2. Le narrateur déteste Brest.	☐	☐
3. Dans le poème, il pleut beaucoup sur Brest.	☐	☐
4. Le narrateur a croisé Barbara rue de Priam.	☐	☐
5. Le narrateur dit «Je t'aime.» à tous ceux qu'il tutoie.	☐	☐
6. Il tutoie même ceux qu'il n'a vus qu'une fois.	☐	☐
7. Le narrateur ne sait pas ce que Barbara est devenue.	☐	☐
9. Il ne reste rien de Brest.	☐	☐

Le message poétique Répondez aux questions suivantes sur la structure et le sens du poème.

1. À quel évènement historique le poème fait-il référence?
2. Quels sont les différents thèmes du poème?
3. Comment peut-on décrire le ton (*tone*) du narrateur? Trouvez des mots qui expriment sa colère, son pessimisme et son amour.
4. D'après vous, qui est le narrateur? Est-ce le poète lui-même?
5. Y a-t-il des métaphores dans le poème? Donnez des exemples.

Sous la pluie Barbara et son amant se retrouvent sous la pluie de Brest. Avec un(e) partenaire, imaginez leur conversation. Que vont-ils se dire ? Soyez prêt(e)s à présenter votre dialogue à la classe.

Écriture

Using linking words

You can make your writing more sophisticated by using linking words to connect simple sentences or ideas in order to create more complex sentences. Consider these passages that illustrate this effect:

Without linking words

Aujourd'hui, j'ai fait beaucoup de courses. Je suis allé à la poste. J'ai fait la queue pendant une demi-heure. J'ai acheté des timbres. J'ai aussi posté un colis. Je suis allé à la banque. La banque est rue Girardeau. J'ai perdu ma carte de crédit hier. Je devais aussi retirer de l'argent. Je suis allé à la brasserie pour déjeuner avec un ami. Cet ami s'appelle Marc. Je suis rentré à la maison. Ma mère rentrait du travail.

With linking words

Aujourd'hui, j'ai fait beaucoup de courses. D'abord, je suis allé à la poste où j'ai fait la queue pendant une demi-heure. J'ai acheté des timbres et j'ai aussi posté un colis. Après, je suis allé à la banque qui est rue Girardeau, parce que j'ai perdu ma carte de crédit hier et parce que je devais aussi retirer de l'argent. Ensuite, je suis allé à la brasserie pour déjeuner avec un ami qui s'appelle Marc. Finalement, je suis rentré à la maison alors que ma mère rentrait du travail.

Linking words			
alors	then	mais	but
alors que	as	ou	or
après	then, after that	où	where
d'abord	first	parce que	because
donc	so	pendant (que)	while
dont	of which	(et) puis	(and) then
enfin	finally	puisque	since
ensuite	then, after that	quand	when
et	and	que	that, which
finalement	finally	qui	who, that

🔗 Thème

Faire la description d'un nouveau commerce

Avant l'écriture

1. Avec des amis, vous allez ouvrir un commerce (*business*) dans le quartier de votre université. Vous voulez créer quelque chose d'original qui n'existe pas encore et qui sera très utile aux étudiants: un endroit où ils pourront faire plusieurs choses en même temps (par exemple, une laverie/salon de coiffure).

2. Lisez ces questions et utilisez votre imagination comme point de départ de votre description.

- Quel sera le nom du commerce?

- Quel type de commerce voulez-vous ouvrir?

- Quels seront les produits (*products*) que vous vendrez? Quels seront les prix? Donnez quelques détails sur l'activité commerciale.

- Où se trouvera le commerce?

- Comment sera l'intérieur du commerce (style, décoration, etc.)?

- Quels seront ses jours et heures d'ouverture (*business hours*)?

- En quoi consistera l'originalité de votre commerce? Expliquez pourquoi votre commerce sera unique et donnez les raisons pour lesquelles (*which*) des étudiants fréquenteront votre commerce.

3. Avant d'écrire votre description détaillée, complétez ce tableau par des phrases complètes, à l'aide (*with the help*) des questions que vous venez de lire. Vous devez inventer les détails (le nom du commerce, les produits, les prix...).

Le commerce	**1. le nom:** **2. le type:**
Les produits	**1. le type:** **2. le prix:** **3. détails:**
L'endroit	**1. l'adresse:** **2. près de (monument, grand magasin, ...):**
L'intérieur	**1. le style:** **2. la décoration:** **3. autre information:**
Les jours et heures d'ouverture	**1. les horaires:** **2. les jours d'ouverture:**
L'originalité	**1. le style:** **2. détails:**
...?	

4. Après avoir complété le tableau, regardez les phrases que vous avez écrites. Est-il possible de les combiner avec des mots de liaison (*linking words*) de la liste de **Stratégie**? Regardez cet exemple:

Le commerce est une laverie, mais aussi un salon de coiffure, parce que nous savons que les étudiants aiment pouvoir faire plusieurs choses en même temps.

5. Réécrivez les phrases que vous pouvez combiner.

Écriture

1. Utilisez les phrases du tableau et celles (*the ones*) que vous venez de combiner pour écrire la description de votre commerce.

2. Pendant que vous écrivez, trouvez d'autres phrases à combiner avec des mots de liaison.

3. Utilisez le vocabulaire de l'unité.

4. Utilisez les verbes voir, recevoir, apercevoir et croire, des expressions négatives et le futur simple.

Après l'écriture

1. Échangez votre description avec celle (*the one*) d'un(e) partenaire. Répondez à ces questions pour commenter son travail.

- Votre partenaire a-t-il/elle inclu toutes les informations du tableau?

- A-t-il/elle utilisé des mots de liaison pour combiner les phrases?

- A-t-il/elle utilisé le vocabulaire de l'unité?

- A-t-il/elle utilisé les verbes voir, recevoir, apercevoir et croire, des expressions négatives et le futur simple?

- A-t-il/elle utilisé le conditionnel?

- Quel(s) détail(s) ajouteriez-vous (*would you add*)? Quel(s) détail(s) enlèveriez-vous (*would you delete*)? Quel(s) autre(s) commentaire(s) avez-vous pour votre partenaire?

2. Corrigez votre description d'après (*according to*) les commentaires de votre partenaire. Relisez votre travail pour éliminer ces problèmes:

- des fautes (*errors*) d'orthographe

- des fautes de ponctuation

- des fautes de conjugaison

- des fautes d'accord (*agreement*) des adjectifs

- un mauvais emploi (*use*) de la grammaire

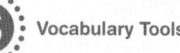

Vocabulary Tools

Leçon 12A

À la poste

poster une lettre *to mail a letter*
une adresse *address*
une boîte aux lettres *mailbox*
une carte postale *postcard*
un colis *package*
le courrier *mail*
une enveloppe *envelope*
un facteur *mailman*
un timbre *stamp*

À la banque

avoir un compte bancaire *to have a bank account*
déposer de l'argent *to deposit money*
emprunter *to borrow*
payer avec une carte de crédit *to pay with a credit card*
payer en liquide *to pay in cash*
payer par chèque *to pay by check*
retirer de l'argent *to withdraw money*
les billets (m.) *bills, notes*
un compte de chèques *checking account*
un compte d'épargne *savings account*
une dépense *expenditure, expense*
un distributeur automatique/de billets *ATM*
les pièces de monnaie (f.)/de la monnaie *coins/change*

En ville

accompagner *to accompany*
faire la queue *to wait in line*
remplir un formulaire *to fill out a form*
signer *to sign*
une banque *bank*
une bijouterie *jewelry store*
une boutique *boutique, store*
une brasserie *café, restaurant*
un bureau de poste *post office*
un cybercafé *cybercafé*
une laverie *laundromat*
un marchand de journaux *newsstand*
une papeterie *stationery store*
un salon de beauté *beauty salon*
un commissariat de police *police station*
une mairie *town/city hall; mayor's office*
fermé(e) *closed*
ouvert(e) *open*

La négation

jamais *never; ever*
ne... aucun(e) *none (not any)*
ne... jamais *never (not ever)*
ne... ni... ni... *neither... nor*
ne... personne *nobody, no one*
ne... plus *no more (not anymore)*
ne... que *only*
ne... rien *nothing (not anything)*
pas (de) *no, none*
personne *no one*
quelque chose *something*
quelqu'un *someone*
rien *nothing*
toujours *always; still*

Verbes

apercevoir *to catch sight of, to see*
s'apercevoir *to notice; to realize*
recevoir *to receive*
voir *to see*

Expressions utiles

See p. 499.

Leçon 12B

Retrouver son chemin

continuer *to continue*
se déplacer *to move (change location)*
descendre *to go/come down*
être perdu(e) *to be lost*
monter *to go up/come up*
s'orienter *to get one's bearings*
suivre *to follow*
tourner *to turn*
traverser *to cross*
un angle *corner*
une avenue *avenue*
un banc *bench*
un bâtiment *building*
un boulevard *boulevard*
une cabine téléphonique *phone booth*
un carrefour *intersection*
un chemin *way; path*
un coin *corner*
des indications (f.) *directions*
un feu de signalisation (feux pl.) *traffic light(s)*
une fontaine *fountain*
un office du tourisme *tourist office*
un pont *bridge*
une rue *street*
une statue *statue*
est *east*
nord *north*
ouest *west*
sud *south*

Pour donner des indications

au bout (de) *at the end (of)*
au coin (de) *at the corner (of)*
autour (de) *around*
jusqu'à *until*
(tout) près (de) *(very) close (to)*
tout droit *straight ahead*

Vocabulaire supplémentaire

dès que *as soon as*
quand *when*

Expressions utiles

See p. 519.

Le futur simple

See p. 522.

L'avenir et les métiers

Pour commencer
- Quel genre de travail Amina fera-t-elle?
- Est-ce qu'elle travaillera dans un bureau?
- Est-ce qu'elle aimera son travail?
- Que porte-t-elle aujourd'hui?

Leçon 13A

Vocabulary Tools

You will learn how to...
- make and receive phone calls
- talk about your goals

Au bureau

ALLÔ!

Elle va raccrocher.

Il va décrocher.

un numéro de téléphone

oui,
04.48.87.29.16

Il patiente. (patienter)

un patron (patronne *f.*)

une employée (employé *m.*)

Vocabulaire

chercher un/du travail	to look for work
embaucher	to hire
faire des projets	to make plans
obtenir	to get, to obtain
postuler	to apply
prendre (un) rendez-vous	to make an appointment
trouver un/du travail	to find a job
un(e) candidat(e)	candidate, applicant
un conseil	advice
un domaine	field
une entreprise	firm, business
une expérience professionnelle	professional experience
une formation	education; training
une lettre de recommandation	letter of reference/ recommendation
une lettre de motivation	letter of application
une mention	distinction
un métier	profession
un poste	position
une référence	reference
un salaire (élevé, modeste)	(high, low) salary
un(e) spécialiste	specialist
un stage	internship; professional training
appeler	to call
laisser un message	to leave a message
l'appareil (*m.*)	telephone
une télécarte	phone card
Qui est à l'appareil?	Who's calling please?
C'est de la part de qui?	On behalf of whom?
C'est M./Mme/Mlle... (à l'appareil.)	It's Mr./Mrs./Miss... (on the phone.)
Ne quittez pas.	Please hold.

ressources

WB	LM	S
pp. 175–176	p. 97	vhlcentral

Mise en pratique

Attention!

Note the difference in the usage and meaning of **chercher** and **rechercher**.
Il cherche du travail.
He is looking for work.
Cette compagnie recherche un chef du personnel.
This company is looking for a human resources director.

un curriculum vitæ, un CV

Personnel

un chef du personnel

Il passe un entretien. (passer)

Elle lit les annonces. (lire)

le combiné

la messagerie

Jacques et Frères Cie

une compagnie

1 **Écoutez** Armand et Michel cherchent du travail. Écoutez leur conversation et répondez ensuite aux questions.

1. Quel genre de travail Armand recherche-t-il?
2. Où est-ce qu'Armand a lu l'annonce?
3. Quel(s) document(s) faut-il envoyer pour le stage?
4. Qui est M. Dupont?
5. Que doit faire Armand pour obtenir un entretien?
6. Quel est le domaine professionnel de Michel?
7. Pourquoi Michel a-t-il des difficultés à trouver du travail?
8. Comment est-ce qu'Armand aide Michel?

2 **Complétez** Complétez ces phrases avec le verbe de la liste qui convient le mieux. N'oubliez pas de faire les accords nécessaires.

appeler	lire les annonces	postuler
décrocher	métier	prendre (un) rendez-vous
conseil	obtenir	raccrocher
embaucher	passer un entretien	salaire
laisser des messages	patienter	trouver un/du travail

1. Quand on cherche du travail, il faut _____ tous les jours.
2. Il est toujours plus facile de trouver un _____ intéressant quand on a une bonne formation.
3. Le téléphone sonne. Est-ce que tu peux _____, s'il te plaît?
4. Il y a peu d'entreprises qui _____ en ce moment. L'économie ne va pas très bien.
5. —Bonjour, Madame. Je vous _____ pour _____.
   —Vous pouvez venir lundi 15, à 16h00?
6. J'ai envoyé mon CV. J'espère qu'ils vont m'appeler pour _____.
7. _____ quelques minutes, s'il vous plaît. Madame Benoît va bientôt arriver.
8. Il _____ parce que la ligne n'était pas bonne.
9. Sophie vient juste de _____. Elle va organiser une petite fête vendredi pour célébrer son nouveau poste.
10. Une messagerie permet de _____.

3 **Corrigez** Lisez ces phrases et dites si elles sont **vraies** ou **fausses**. Corrigez les phrases qui ne sont pas cohérentes.

1. Il faut décrocher le combiné avant de composer un numéro de téléphone.
2. Quand on appelle d'une cabine téléphonique, on utilise des billets.
3. Quand on est embauché, on perd son travail.
4. Quand on travaille, on reçoit un salaire à la fin de chaque mois.
5. À la fin d'un CV américain, il ne faut pas oublier de mentionner ses références.
6. Pour savoir qui vous appelle au téléphone, vous demandez: «Ne quittez pas.»
7. Un(e) patron(ne) dirige (*manages*) une entreprise ou des employés.
8. Avant d'obtenir un poste, il faut souvent passer une entreprise.
9. Quand on travaille dans une entreprise, on est un(e) employé(e).

Communication

4 **Répondez** Avec un(e) partenaire, posez-vous ces questions à tour de rôle.

1. Est-ce que tu as fait des projets d'avenir? Quels sont-ils?
2. Après tes études, dans quel domaine est-ce que tu vas chercher du travail?
3. As-tu déjà fait un stage en entreprise? Comment était-ce?
4. As-tu une expérience professionnelle? Dans quel(s) domaine(s)?
5. As-tu déjà répondu à des annonces pour trouver du travail? Est-ce qu'on t'a embauché(e)?
6. À ton avis, qu'est-ce qui est le plus important pour réussir un entretien d'embauche?
7. Pour qui imagines-tu pouvoir écrire une bonne lettre de recommandation un jour?
8. As-tu déjà préparé ton curriculum vitæ? Quels types d'informations as-tu inclus?

5 **Les conversations** Avec un(e) partenaire, complétez et remettez dans l'ordre ces conversations. Ensuite, jouez les scènes devant la classe.

Conversation 1

____ —C'est Mlle Grandjean à l'appareil. Est-ce que vous pouvez me passer le chef du personnel, s'il vous plaît?

____ —_____. Bonjour, Monsieur.

____ —Bonjour. _____?

____ —_____. Je vous le passe.

Conversation 2

____ —Tu n'as donc pas vu _____ que la compagnie Petit et Fils offre.

____ —Est-ce que tu _____ ce matin?

____ —Non, mais je connais cette entreprise et elle n'est pas dans _____.

____ —Non, je n'ai pas encore acheté le journal.

Conversation 3

____ —Non, appelle plutôt son portable.

____ —C'est le 06-22-28-80-83.

____ —Oh, encore sa _____! Elle ne décroche jamais.

____ —Tu as raison. Quel est son _____?

____ —Stéphanie ne _____ pas. Je vais lui _____.

6 **Les petites annonces** Lisez ces annonces et choisissez-en une. Avec un(e) partenaire, imaginez votre conversation avec le directeur de l'entreprise que vous avez sélectionnée. Vous devez parler de votre expérience professionnelle, de votre formation et de vos projets. Ensuite, choisissez une autre annonce et changez de rôle.

Nous recherchons des professionnels de la gestion. Première expérience ou expert(e) dans votre domaine, notre groupe vous offre d'intéressantes opportunités d'évolution. Retrouvez nos postes sur www.comptaparis.fr/métiers.

France Conseil recherche un analyste financier bilingue anglais. Vous travaillez avec nos bureaux à l'étranger pour développer les projets du département. De formation supérieure, vous avez une expérience de chef de projet de 2 à 4 ans. Nous contacter à: France Conseil, 80, rue du Faubourg Saint-Antoine, 75012 Paris

SARLA recherche un(e) assistant(e) commercial(e) trilingue anglais et espagnol avec expérience en informatique (logiciels et Internet). **Envoyer CV et lettre de motivation à SARLA, 155, avenue de Gerland, BP 72, 69007 Lyon**

7 **Le poste idéal** Vous souhaitez travailler à l'étranger pendant les vacances d'été, mais vous ne savez pas par où commencer. Vous allez donc dans un Centre d'Information Jeunesse pour rencontrer un conseiller/une conseillère (*advisor*) qui va déterminer le pays et le domaine professionnel les mieux adaptés. Travaillez à deux et échangez les rôles avec votre partenaire.

Les sons et les lettres 🔊

La ponctuation française

Although French uses most of the same punctuation marks as English, their usage often varies. Unlike English, no period (**point**) is used in abbreviations of measurements in French.

200 m (*meters*)   **30 min** (*minutes*)   **25 cl** (*centiliters*)   **500 g** (*grams*)

In other abbreviations, a period is used only if the last letter of the abbreviation is different from the last letter of the word it represents.

Mme Bonaire = Madame Bonaire   **M. Bonaire = Monsieur Bonaire**

French dates are written with the day before the month, so if the month is spelled out, no punctuation is needed. When using digits only, use slashes to separate them.

le 25 février 1954   **25/2/1954**   **le 15 août 2006**   **15/8/2006**

Notice that a comma (**une virgule**) is not used before the last item in a series or list.

Lucie parle français, anglais et allemand.   *Lucie speaks French, English, and German.*

Generally, in French, a direct quotation is enclosed in **guillemets**. Notice that a colon (**deux points**), not a comma, is used before the quotation.

Charlotte a dit: «Appelle-moi!»   **Marc a demandé: «Qui est à l'appareil?»**

Réécrivez Ajoutez la ponctuation et remplacez les mots en italique par leurs abréviations.

1. Depuis le *21 mars 1964 Madame Pagny* habite à 500 *mètres* de chez moi
2. Ce matin j'ai acheté 2 *kilos* de poires *Monsieur* Florent m'a dit Lucien tu as très bien fait

Corrigez Lisez le paragraphe et ajoutez la bonne ponctuation et les majuscules.

hier michel le frère de ma meilleure amie sylvie m'a téléphoné il a dit carole on va fêter l'anniversaire de sylvie le samedi 13 novembre est-ce que tu peux venir téléphone-moi

Dictons Répétez les dictons à voix haute.

Ne parle jamais des princes: si tu en dis du bien, tu mens; si tu en dis du mal, tu t'exposes.[2]

Le temps, c'est de l'argent.[1]

ressources

LM
p. 98

vhlcentral

[1] Time is money.
[2] Never talk about princes. If you talk nicely about them, you lie. If you say bad things about them, you reveal yourself.

Le bac Video

PERSONNAGES

Astrid

Jeune femme

Michèle

Stéphane

Valérie

Après le bac...

STÉPHANE Alors, Astrid, tu penses avoir réussi le bac?

ASTRID Franchement, je crois que oui. Et toi?

STÉPHANE Je ne sais pas, c'était plutôt difficile. Mais au moins, c'est fini, et ça, c'est le plus important pour moi!

ASTRID Qu'est-ce que tu vas faire une fois que tu auras le bac?

STÉPHANE Aucune idée, Astrid. J'ai fait une demande à l'université pour étudier l'architecture.

ASTRID Vraiment? Laquelle?

STÉPHANE L'université de Marseille, mais je n'ai pas encore de réponse. Alors, Mademoiselle Je-pense-à-tout, tu sais déjà ce que tu feras?

ASTRID Bien sûr! J'irai à l'université de Bordeaux et dès que je réussirai l'examen de première année, je continuerai en médecine.

STÉPHANE Ah oui? Pour moi, les études, c'est fini pour l'instant. On vient juste de passer le bac, il faut fêter ça! C'est loin, la rentrée.

VALÉRIE Mais bien sûr que je m'inquiète! C'est normal.

STÉPHANE Tu sais, finalement, ce n'était pas si difficile.

VALÉRIE Ah bon? Tu sais quand tu auras les résultats?

STÉPHANE Ils seront affichés dans deux semaines.

VALÉRIE En attendant, il faut prendre des décisions pour préparer l'avenir.

STÉPHANE L'avenir! L'avenir! Vous n'avez que ce mot à la bouche, Astrid et toi. Oh maman, je suis tellement content aujourd'hui. Pour le moment, je voudrais juste faire des projets pour le week-end.

VALÉRIE D'accord, Stéphane. Je comprends. Tu rentres maintenant?

STÉPHANE Oui, maman. J'arrive dans quinze minutes.

Au P'tit Bistrot...

JEUNE FEMME Bonjour, Madame. Je cherche un travail pour cet été. Est-ce que vous embauchez en ce moment?

VALÉRIE Eh bien, c'est possible. L'été en général nous avons beaucoup de clients étrangers. Est-ce que vous parlez anglais?

JEUNE FEMME Oui, c'est ce que j'étudie à l'université.

A C T I V I T É S

1 **Complétez** Complétez les phrases suivantes.

1. Stéphane et Astrid viennent de passer _____.

2. Stéphane doit téléphoner à _____.

3. Astrid prête une _____ à Stéphane.

4. Aujourd'hui, Stéphane est très _____.

5. Il aura les résultats du bac dans _____.

6. Stéphane ne veut pas parler de l' _____.

7. La jeune femme étudie _____ à l'université.

8. Valérie dit que de nombreux clients du P'tit Bistrot sont _____.

9. _____ est en train (*in the process*) de chercher un nouveau travail.

10. Elle ne veut pas demander _____ à Valérie.

Practice more at **vhlcentral.com**.

Stéphane et Astrid ont passé l'examen.

STÉPHANE Écoute, je dois téléphoner à ma mère. Je peux emprunter ta télécarte, s'il te plaît?

ASTRID Oui, bien sûr. Tiens.

STÉPHANE Merci.

ASTRID Bon... Je dois rentrer chez moi. Ma famille m'attend. Au revoir.

STÉPHANE Salut.

Stéphane appelle sa mère...

VALÉRIE Le P'tit Bistrot. Bonjour.

STÉPHANE Allô.

VALÉRIE Allô. Qui est à l'appareil?

STÉPHANE Maman, c'est moi!

VALÉRIE Stéphane! Alors, comment ça a été? Tu penses avoir réussi?

STÉPHANE Oui, bien sûr, maman. Ne t'inquiète pas!

VALÉRIE Et vous avez déjà travaillé dans un café?

JEUNE FEMME Eh bien, l'été dernier j'ai travaillé à la brasserie les Deux Escargots. Vous pouvez les appeler pour obtenir une référence si vous le désirez. Voici leur numéro de téléphone.

VALÉRIE Au revoir, et peut-être à bientôt!

Près de la terrasse...

MICHÈLE J'ai un rendez-vous pour passer un entretien avec l'entreprise Dupont... C'est la compagnie qui offre ce poste de réceptionniste... Tu es fou, je ne peux pas demander une lettre de recommandation à Madame Forestier... Bien sûr, nous irons dîner pour fêter ça dès que j'aurai un nouveau travail.

Expressions utiles

Talking about tests

- **Tu penses avoir réussi le bac?**
  *Do you think you passed the **bac**?*
- **Je crois que oui.**
  I think so.
- **Qu'est-ce que tu vas faire une fois que tu auras le bac?**
  *What are you going to do once you have the **bac**?*
- **Tu sais quand tu auras les résultats?**
  Do you know when you will have the results?
- **Ils seront affichés dans deux semaines.**
  They will be posted in two weeks.

Enjoying successes

- **L'avenir! Vous n'avez que ce mot à la bouche.**
  The future! That's all you talk about.
- **Je suis tellement content(e) aujourd'hui.**
  I am so happy today.
- **Pour le moment, je voudrais juste faire des projets pour le week-end.**
  For the time being, I would only like to make plans for the weekend.
- **Nous irons dîner pour fêter ça dès que j'aurai un nouveau travail.**
  We will go to dinner to celebrate as soon as I have a new job.

Additional vocabulary

- **Laquelle?**
  Which one (f.)?

---

2 **Répondez** Répondez aux questions suivantes par des phrases complètes.

1. Quels sont les projets d'avenir d'Astrid?
2. Qu'est-ce que Stéphane veut faire l'année prochaine?
3. Est-ce que les projets d'Astrid et de Stéphane sont certains? (Supposez que les deux auront le bac.)
4. Quel est le projet de Michèle pour l'avenir?
5. Son projet est-il certain?

3 **À vous!** La jeune femme qui veut travailler au P'tit Bistrot rencontre Michèle. Elle veut savoir comment est le travail et comment est Valérie comme patronne. Michèle, qui n'est pas vraiment heureuse au P'tit Bistrot en ce moment, lui raconte tout. Avec un(e) camarade de classe, composez le dialogue et jouez la scène devant la classe.

ressources

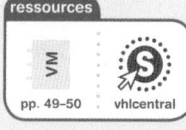

VM
pp. 49–50

vhlcentral

A C T I V I T É S

Reading

Le téléphone en France

Les Français sont très accros° à leur téléphone portable. Aujourd'hui, il y a plus de 73 millions d'abonnements°. Certains abonnés° choisissent le forfait° et payent un tarif mensuel°. Ce type d'abonnement exige° d'avoir un compte bancaire en France. Sinon, on a la possibilité de choisir des cartes prépayées ou de louer un portable pour une courte période.

Les gens utilisent aussi beaucoup leurs mobiles et smartphones pour communiquer par SMS°. En moyenne, chaque abonné envoie plus de 200 SMS par mois. Ces messages sont écrits dans un langage particulier, qui permet de taper° plus vite.

Le langage SMS est très phonétique et joue avec le son des lettres et des chiffres°. Tous les jeunes l'utilisent. Les jeunes aiment aussi beaucoup télécharger les logos et sonneries° du moment. En France, le marché de la téléphonie mobile se porte très bien!

Si on n'a pas de portable, on peut téléphoner avec une télécarte d'une cabine publique, mais il y en a de moins en moins. Les télécartes sont vendues dans les bureaux de tabac°, à la poste et dans tous les endroits qui affichent° «Télécartes en vente ici».

accros *addicted* abonnements *subscriptions* abonnés *subscribers*
forfait *package* tarif mensuel *monthly fee* exige *requires*
SMS *text message* taper *type* chiffres *numbers* sonneries *ringtones*
bureaux de tabac *tobacco shops* affichent *post*

> ### Coup de main
>
> A mobile phone has many names in French: **téléphone**, **portable**, **GSM**, **mobile**, **smartphone**.
>
> A text message may be called an **SMS** or a **texto**.

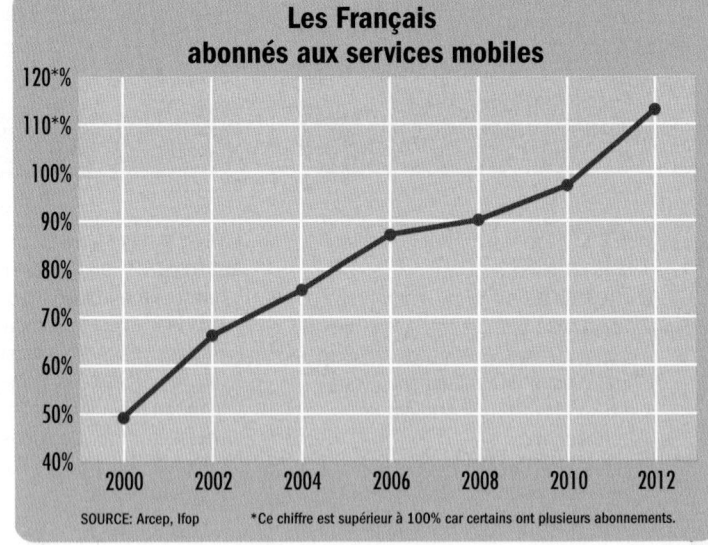

Les Français abonnés aux services mobiles

SOURCE: Arcep, Ifop   *Ce chiffre est supérieur à 100% car certains ont plusieurs abonnements.

1 **Complétez** Donnez le début ou la suite de chaque phrase, d'après le texte et le tableau.

1. ... des Français ont un abonnement mobile en 2012.
2. Si on a un compte bancaire, on peut choisir...
3. En moyenne, chaque abonné envoie...
4. ... joue avec le son des lettres et des chiffres.
5. Les jeunes aiment aussi...
6. En 2000, 49% seulement des Français...
7. ... sont d'autres noms pour désigner le portable.
8. Un SMS s'appelle aussi...
9. Pour téléphoner en France si on n'a pas de portable, on peut utiliser...
10. ... dans les bureaux de tabac, à la poste et dans tous les endroits qui affichent «Télécartes en vente ici».

LE FRANÇAIS QUOTIDIEN

Le SMS, C pratik!

A+	*À plus (tard).*
Bap	*Bon après-midi.*
C pa 5pa	*C'est pas sympa!*
Dak	*D'accord.*
GT o 6né	*J'étais au ciné.*
Je t'M	*Je t'aime.*
Jenémar	*J'en ai marre!*
Kestufé	*Qu'est-ce que tu fais?*
Komencava	*Comment ça va?*
MDR	*Mort de rire!*

LE MONDE FRANCOPHONE

Comment gagner sa vie

Voici des métiers et des secteurs où on peut gagner sa vie dans le monde francophone.

Quelques exemples de métiers bien payés

En France avocat(e)
En Haïti prêtre°
Au Sénégal joueur de football professionnel
En Suisse banquier d'affaires

Quelques exemples de secteurs lucratifs

En Belgique l'industrie chimique, du pétrole
Au Québec l'industrie du papier
En Suisse les banques et les assurances
En Tunisie le tourisme

prêtre *priest*

PORTRAIT

Les artisans

L'artisanat en France emploie environ 3 millions de personnes. On le décrit souvent comme «la plus grande entreprise de France». C'est aujourd'hui, partout° en France, plus d'un million d'entreprises présentes dans différents secteurs: bouchers, plombiers, fleuristes, bijoutiers... La grande diversité des activités de l'artisanat favorise la construction d'un avenir à sa mesure. Les artisans travaillent dans plus de 500 activités différentes et occupent une place importante dans l'économie française. C'est un secteur créateur et générateur d'emplois. Les entreprises artisanales sont de petite taille, avec généralement moins de dix employés. Les artisans sont plus nombreux dans les villes, mais ils jouent aussi un rôle important en milieu rural (environ 30% des entreprises sont des entreprises artisanales). En plus d°'y apporter les services nécessaires, ils aident à créer le «lien social°». Ces chefs d'entreprise indépendants sont à l'origine d'initiatives et d'innovations. Ils sont toujours à la recherche d'une qualité excellente, de la satisfaction du client et du respect de l'environnement. Artisans et artisans d'art sont considérés comme les gardiens° de la tradition française et de son savoir-faire°, qu'ils se transmettent depuis des générations, grâce au° système de l'apprentissage°.

partout *everywhere* **En plus de** *In addition to* **lien social** *social cohesion* **gardiens** *guardians*
savoir-faire *expertise* **grâce au** *thanks to* **apprentissage** *apprenticeship*

---

2 **Complétez** Complétez les phrases.

1. L'artisanat en France emploie _____.
2. _____ sont des exemples d'artisans.
3. Les artisans sont à la recherche de _____.
4. Le savoir-faire des artisans est transmis _____.
5. Au Sénégal, _____ est un métier bien payé.
6. En Tunisie, _____ est un secteur lucratif.

3 **Échange de textos** Vous et un(e) partenaire allez faire connaissance par SMS. Préparez un dialogue en français facile, puis transformez-le en messages SMS. Comparez ensuite votre conversation SMS à la conversation d'un autre groupe. Présentez-la devant la classe.

 Practice more at vhlcentral.com.

 ressources

vhlcentral

A C T I V I T É S

13A.1

Le futur simple with quand and dès que

 Tutorial

Point de départ In **Leçon 12B**, you learned how to form **le futur simple**. You will now learn how to use **le futur simple** where English uses the present tense.

FUTURE   FUTURE

Je me **mettrai** à chercher du travail, quand je n'**aurai** plus d'argent.

*I **will start** looking for work when I **don't have** any more money.*

Dès que je réussirai l'examen de première année, je continuerai en médecine.

Nous irons dîner pour célébrer dès que j'aurai un nouveau travail.

- In English, you use the present tense after words like *when* or *as soon as*, even if you're talking about an action that takes place in the future. However, in French, you use the future tense after **quand** or **dès que** (*as soon as*) if the clause describes an event that will happen in the future.

Il **enverra** son CV **quand il aura** le temps.	Je **posterai** les lettres **dès que je pourrai**.
He will send his résumé when he has time.	*I will mail the letters as soon as I can.*
Quand j'**arriverai** à Lyon, je **prendrai** un taxi pour aller à l'hôtel.	**Dès qu**'on **finira** nos études, on **voyagera**.
When I get to Lyons, I'll take a taxi to the hotel.	*As soon as we finish our studies, we'll travel.*

- If a clause with **quand** or **dès que** does not describe a future action, another tense may be used for the verb.

Quand avez-vous fait le stage?	La patronne nous parle **dès qu'elle arrive**.
When did you do the internship?	*The boss talks to us as soon as she arrives.*

 Essayez!   **Écrivez la forme correcte des verbes indiqués.**

1. On l'embauchera dès qu'on ___aura___ (avoir) de l'argent.
2. Nous commencerons le stage quand nous _____ (connaître) les résultats.
3. Il a téléphoné dès qu'il _____ (recevoir) la lettre.
4. On a envie de sortir quand il _____ (faire) beau.
5. Dès que vous _____ (prendre) rendez-vous, on vous indiquera le salaire.
6. Ils enverront leurs CV dès qu'ils _____ (acheter) l'ordinateur.
7. Nous passerons un entretien quand il _____ (revenir) de vacances.
8. Je décroche quand le téléphone _____ (sonner).

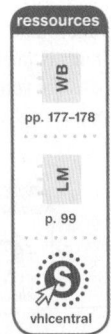

Le français vivant

SALON DES JEUNES PROFESSIONNELS

Prenez en main votre avenir!

Vous prendrez en main votre avenir quand vous irez à ce salon. Dès que vous entrerez, vous rencontrerez des gens qui vous aideront à rencontrer d'autres gens, à trouver un emploi.

JEUNES PROFESSIONNELS

Identifiez Quelles formes de verbes au futur trouvez-vous après quand et dès que dans cette publicité (*ad*)? Quels autres verbes au futur trouvez-vous?

 Questions À tour de rôle, avec un(e) partenaire, posez-vous ces questions.

1. Qui assistera au Salon des jeunes professionnels? Pourquoi?
2. Que trouvera-t-on au Salon des jeunes professionnels? Que fera-t-on?
3. Que feras-tu dès que tu finiras tes études universitaires?
4. Que penses-tu faire pour trouver un emploi quand tu seras prêt(e) à travailler?

Mise en pratique

1 **Projets** Nathalie et Brigitte discutent des problèmes de travail. Nathalie explique ce qu'elle fait quand elle est sans travail. Brigitte approuve.

MODÈLE

Je lis les annonces quand je cherche un travail.
Moi aussi, je lirai les annonces quand je chercherai un travail.

1. J'envoie mon CV quand je cherche du travail.
2. Mon mari lit mon CV dès qu'il a le temps.
3. Je suis contente quand tu passes un entretien.
4. Je prends rendez-vous dès que je reçois une lettre d'une compagnie.
5. Mon petit ami et moi, nous allons acheter un chien.
6. Je fais des projets quand j'ai un travail.

2 **Plus tard** Aurélien parle de ses projets et des projets de sa famille et de ses amis. Mettez les verbes au futur.

MODÈLE

dès que / je / avoir / le bac / je / aller / à l'université
Dès que j'aurai le bac, j'irai à l'université.

1. quand / je / être / à l'université / ma sœur et moi / habiter ensemble
2. quand / ma sœur / étudier plus / elle / réussir
3. quand / mes parents / être / à la retraite / je / emprunter pour payer mes études
4. dès que / vous / finir vos études / vous / envoyer vos CV / tout / entreprises de la ville
5. quand / tu / travailler / tu / acheter une voiture
6. quand / nous / trouver / nouveau travail / nous / ne plus lire / les annonces

3 **Conseils** Quels conseils pouvez-vous donner à un(e) ami(e) qui cherche du travail? Avec un(e) partenaire, assemblez les éléments des colonnes pour formuler vos conseils. Utilisez **quand** ou **dès que**.

MODÈLE

Quand tu auras ton diplôme, tu chercheras un travail.

A	B
avoir son diplôme	s'amuser
avoir un métier	chercher un travail
passer un entretien	être riche
réussir ses examens	gagner beaucoup d'argent
trouver un emploi	lire les annonces
	se marier
	parler de son expérience professionnelle

Communication

4 **L'avenir** Qu'est-ce que l'avenir nous réserve? Avec un(e) partenaire, complétez ces phrases. Ensuite, présentez vos réponses à la classe.

1. Dès que je réussirai mes examens, je...
2. Ton ami(e) et toi, vous lirez les annonces quand...
3. Mon/Ma meilleur(e) ami(e) travaillera dès que...
4. Tu enverras ton CV quand...
5. Mes amis se marieront dès que...
6. Quand nous aurons beaucoup d'argent, nous...

5 **Content(e)** Votre professeur va vous donner une feuille d'activités. Circulez dans la classe pour trouver une personne qui réponde oui et une qui réponde non à chaque question. Justifiez toutes vos réponses.

MODÈLE

Étudiant(e) 1: Est-ce que tu seras plus content(e) quand tu auras du temps libre?
Étudiant(e) 2: Oui, je serai plus content(e) dès que j'aurai du temps libre, parce que je ferai plus souvent de la gym.

6 **Les métiers** Vous allez bientôt exercer ces métiers (*have these jobs*). Dites à un(e) partenaire ce qui (*what*) sera possible et ce qui ne sera pas possible quand vous commencerez votre nouveau poste. Alternez les rôles.

MODÈLE

Étudiant(e) 1: Dès que je commencerai ce travail, je chercherai un nouvel appartement.
Étudiant(e) 2: Je n'aurai plus le temps de sortir quand j'aurai ce poste.

 1.
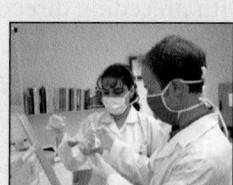 2.
 3.
 4.
 5.
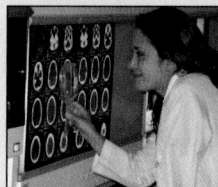 6.

7 **Un autre monde** Vous espérez devenir homme ou femme politique à l'avenir. Que ferez-vous pour changer le monde? Précisez au moins (*at least*) cinq choses qui seront différentes. Avec un(e) partenaire, discutez de ce sujet à tour de rôle.

MODÈLE

Quand je deviendrai homme/femme politique, il n'y aura plus d'enfants pauvres.

13A.2

The interrogative pronoun *lequel*  Tutorial

À noter

Review the interrogative adjective **quel** and its forms, which you learned in **Leçon 4A**.

Point de départ The different forms of the interrogative pronoun **lequel** (*which one*) are used to ask about a person or thing previously mentioned. They replace the forms of the interrogative adjective **quel** + [*noun*].

Quel métier choisirez-vous?
Which profession will you choose?

Lequel choisirez-vous?
Which one will you choose?

- The interrogative pronoun agrees in gender and number with the noun to which it refers.

	singular	plural
masculine	lequel	lesquels
feminine	laquelle	lesquelles

Quelle entreprise l'a embauché?
Which company hired him?

Laquelle l'a embauché?
Which one hired him?

Quelles entreprises embaucheront de nouveaux employés?
Which businesses will hire new employees?

Lesquelles embaucheront de nouveaux employés?
Which ones will hire new employees?

- Place the form of **lequel** wherever you would place **quel(le)(s)** + [*noun*] in a question.

Dans **quel domaine** travaille-t-elle?
Which field does she work in?

Dans **lequel** travaille-t-elle?
Which one does she work in?

Pour **quelle compagnie** travaillez-vous?
Which company do you work for?

Pour **laquelle** travaillez-vous?
Which one do you work for?

- Remember that past participles agree with preceding direct objects.

Laquelle avez-vous **choisie**?
Which one did you choose?

Lesquels as-tu **faits**?
Which ones did you do?

- Forms of **lequel** contract with the prepositions **à** and **de**.

à + form of *lequel*	singular	plural
masculine	auquel	auxquels
feminine	à laquelle	auxquelles

de + form of *lequel*	singular	plural
masculine	duquel	desquels
feminine	de laquelle	desquelles

Auxquels vous intéressez-vous?
Which ones interest you?

Vous parlez **duquel**?
Which one are you talking about?

ressources

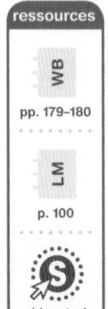

WB
pp. 179–180

LM
p. 100

vhlcentral

 **Essayez!** **Réécrivez les phrases avec des formes de lequel.**

1. Pour quelle compagnie travaillez-vous? _Pour laquelle travaillez-vous?_

2. Quel métier préférez-vous? _____

3. À quel métier t'intéresses-tu? _____

4. De quels stages est-ce que vous parlez? _____

5. Quelle entreprise as-tu choisie? _____

Le français vivant

**Recherchons candidats avec talents particuliers.
Lequel ou laquelle choisir?**

La question traditionnelle:
   Lesquels ont un diplôme? Quel diplôme?

La question d'aujourd'hui:
   Lequel ou laquelle a une personnalité inhabituelle?

BANQUE COMMUNAUTAIRE DE FRANCE (BCDF)
Enfin une banque à votre écoute

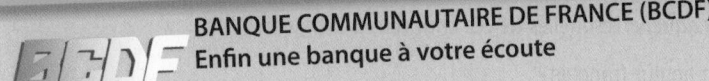

Identifiez Quelles formes du pronom interrogatif **lequel** trouvez-vous dans cette publicité (*ad*)?

 Questions À tour de rôle, avec un(e) partenaire, posez-vous ces questions.

1. Quel est le but (*goal*) de cette pub?
2. Quelle question posait-on traditionnellement?
3. Quelle question pose-t-on aujourd'hui?
4. Les formations traditionnelles fonctionnent-elles toujours pour trouver un travail? Pourquoi?
5. Pourquoi faut-il aujourd'hui avoir une personnalité inhabituelle?

ESPACE STRUCTURES

Mise en pratique

1 **Au bureau** Hubert parle à ses collègues. Complétez ses phrases avec une forme du pronom interrogatif **lequel**.

1. J'ai deux stylos. _____ veux-tu emprunter?
2. Voici la liste des entreprises. À _____ devons-nous téléphoner?
3. Avez-vous contacté les employés avec _____ il faut travailler?
4. Sais-tu le nom des stages _____ tu as assisté?
5. _____ de ces lettres avez-vous lues?
6. Je suis allé dans plusieurs bureaux. _____ parlez-vous?

2 **Répétez** Vous rencontrez M. Dupont pendant un dîner où il y a beaucoup de bruit (*noise*). Il vous pose des questions, mais il n'entend pas vos réponses. Avec un(e) partenaire, alternez les rôles.

MODÈLE examen / réussir

Étudiant(e) 1: *Quel examen avez-vous réussi?*
Étudiant(e) 2: *L'examen de chimie.*
Étudiant(e) 1: *Lequel avez-vous réussi?*

1. métier / s'intéresser à
2. CV / avoir envoyé
3. entreprise / avoir embauché
4. candidats / ne pas avoir obtenu de poste
5. formations / devoir suivre
6. domaine / se spécialiser dans

3 **La culture francophone** Vous voulez savoir si votre partenaire connaît la culture francophone. À tour de rôle, posez-vous ces questions et répondez-y. Ensuite, posez-vous une question avec une forme de **lequel**.

MODÈLE Qui chante en français?
    a. Madonna   (b.) Céline Dion   c. Mariah Carey
Laquelle/Lesquelles de ces chanteuses aimes-tu?

1. Qui est un acteur français?
    a. Gérard Depardieu   b. Tom Hanks   c. Johnny Depp
2. Où parle-t-on français?
    a. Philadelphie   b. Montréal   c. Athènes
3. Quelle voiture est française?
    a. Lotus   b. Ferrari   c. Peugeot
4. Quelle marque (*brand*) est française?
    a. Mabelle   b. Versace   c. L'Oréal
5. Qui est un réalisateur (*director*) français?
    a. Luchino Visconti   b. Luc Besson   c. Steven Spielberg

S Practice more at **vhlcentral.com.**

Communication

4 **Des choix** Cet été, vous irez en vacances avec des amis et vous visiterez plusieurs endroits. Avec un(e) partenaire, parlez de vos projets et posez des questions pour demander des détails.

MODÈLE visiter des châteaux (*castles*)

Étudiant(e) 1: *Quand je serai en Suisse, je visiterai des châteaux.*
Étudiant(e) 2: *Lesquels visiteras-tu?*

aller dans des musées	marcher dans les rues
bronzer sur la plage	se promener au parc
dîner au restaurant	sortir en boîte
faire du sport	visiter des sites touristiques
?	?

5 **Enquête** Votre professeur va vous donner une feuille d'activités. Circulez dans la classe et parlez à différent(e)s camarades pour trouver, pour chaque question, une personne qui réponde oui. Demandez des détails.

MODÈLE

Étudiant(e) 1: *Écoutes-tu de la musique?*
Étudiant(e) 2: *Oui.*
Étudiant(e) 1: *Laquelle aimes-tu?*
Étudiant(e) 2: *J'écoute toujours de la musique classique.*

Activités	Noms	Réponses
1. écouter de la musique	Sam	musique classique
2. avoir des passe-temps		
3. bien s'entendre avec des membres de sa famille		
4. s'intéresser aux livres		
5. travailler avec d'autres étudiant(e)s		
6. habiter dans un appartement		

6 **Ce semestre** Avec un(e) partenaire, parlez des bons et des mauvais aspects de votre vie à la fac ce semestre. Employez des formes du pronom interrogatif lequel. Ensuite, présentez vos réponses à la classe.

MODÈLE

Étudiant(e) 1: *J'ai des cours très difficiles ce semestre.*
Étudiant(e) 2: *Lesquels?*
Étudiant(e) 1: *Le cours de biologie et le cours de chimie.*

- les cours
- la résidence
- les livres
- les camarades
- les profs
- ?

ESPACE **SYNTHÈSE**

Révision

1 **Mon premier emploi** Avec un(e) partenaire, dites ce que (*what*) vous ferez et utilisez **quand** ou **dès que**.

MODÈLE

mon premier emploi

Dès que je serai embauché(e), je téléphonerai à ma mère.

1. mon premier entretien
2. mon premier jour dans l'entreprise
3. rencontrer les autres employés
4. mon premier salaire
5. travailler sur mon premier projet
6. changer de poste
7. me disputer avec le patron
8. quitter l'entreprise

2 **Lequel?** Avec un(e) partenaire, imaginez un dialogue entre un(e) patron(ne) et son assistant(e). L'assistant(e) demande des précisions. Alternez les rôles.

MODÈLE

Étudiant(e) 1: *Vous appellerez notre client, s'il vous plaît?*
Étudiant(e) 2: *Oui, mais lequel?*
Étudiant(e) 1: *Le client qui est venu hier après-midi.*

accompagner un visiteur	envoyer un colis
appeler un client	laisser un message à
chercher un numéro	un(e) employé(e)
de téléphone	prendre un rendez-vous
faire une lettre de	préparer une réunion
recommandation	(*meeting*)

3 **Mes stratégies** Avec un(e) partenaire, faites une liste de dix stratégies pour bien mener (*to lead*) votre carrière. Pour chaque stratégie, utilisez **quand** ou **dès que**.

MODÈLE

Étudiant(e) 1: *Dès que je m'ennuierai, je chercherai un nouveau poste.*
Étudiant(e) 2: *Quand je serai trop fatigué(e), je prendrai des vacances.*

4 **Laquelle choisir?** Deux entreprises différentes vous ont offert un travail. Avec un(e) partenaire, comparez-les. Posez des questions avec la forme correcte du pronom interrogatif **lequel** et donnez des réponses avec **quand** et **dès que**. Choisissez une entreprise et comparez vos réponses avec la classe.

MODÈLE

Étudiant(e) 1: *Laquelle te propose un meilleur salaire?*
Étudiant(e) 2: *Verrin me propose un meilleur salaire, mais dès que je commencerai, je devrai travailler jusqu'à neuf heures du soir.*

5 **Un entretien** Par groupes de trois, jouez cette scène: un chef du personnel visite votre université et vous et un(e) ami(e) passez un entretien informel. Utilisez le pronom interrogatif **lequel** et le futur avec **quand** et **dès que**.

Le chef du personnel...

- décrit le poste.
- pose des questions.
- répond aux questions des candidat(e)s.
- dit aux candidat(e)s quand il/elle va les contacter.

Les candidat(e)s...

- L'un doit donner toutes les bonnes réponses.
- L'autre ne donne que de mauvaises réponses.
- Les deux posent des questions pour en savoir plus sur l'entreprise et sur les postes.

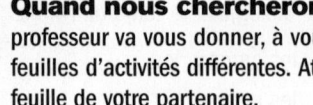

6 **Quand nous chercherons du travail...** Votre professeur va vous donner, à vous et à votre partenaire, deux feuilles d'activités différentes. Attention! Ne regardez pas la feuille de votre partenaire.

L'avenir et les métiers

Hôtesse: Csilla

Csilla va à la rencontre de plusieurs personnes sur la terrasse d'un café. Elle pose des questions sur les métiers de ces personnes, qui ont des professions bien différentes les unes des autres. Csilla nous présente aussi d'autres métiers, comme vétérinaire, dentiste ou encore banquier.

Avant de regarder Répondez aux questions.

1. Est-ce que vous travaillez? Ou bien avez-vous déjà travaillé? Si oui, dans quel secteur?
2. Quels métiers font vos parents?
3. Aimeriez-vous faire un métier comme ceux (*those*) de vos parents?

CSILLA *Excusez-moi, Monsieur, Madame. Quelle est votre profession?*

CSILLA *Chef de cuisine.*

Compréhension Répondez aux questions.

1. Michèle aime-t-elle sa profession de serveuse? Pourquoi ou pourquoi pas?
2. Quelles sont les professions du couple assis à la terrasse du café?
3. Comment la jeune femme du couple décrit-elle sa profession?
4. Quelles sont les autres professions présentées par Csilla?

Discussion Par groupes de trois, répondez aux questions.

1. Est-ce qu'un des domaines mentionnés dans la vidéo vous intéresse? Lequel?
2. Pourriez-vous faire de ce domaine votre métier? Pourquoi?
3. Quelles seraient les étapes pour y parvenir (*to get there*)?

Vocabulaire utile

Ça vous plaît?	*Do you like it?*
cette profession me convient	*this job suits me*
un laboratoire	*laboratory*

ressources

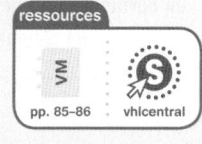

VM
pp. 85–86 · vhlcentral

Leçon 13B

You will learn how to...
- discuss your work
- say what you would do

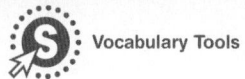 Vocabulary Tools

Les professions

une chercheuse
(chercheur *m.*)

$H_2O + C_2...$

une vétérinaire
(vétérinaire *m.*)

une comptable
(comptable *m.*)

un chauffeur
de camion

un pompier
(femme pompier *f.*)

un chauffeur
de taxi

TAXI
Parisien

un cuisinier
(cuisinière *f.*)

Vocabulaire

démissionner	*to resign*
diriger	*to manage*
être au chômage	*to be unemployed*
être bien/mal payé(e)	*to be well/badly paid*
gagner	*to earn; to win*
prendre un congé	*to take time off*
renvoyer	*to dismiss, to let go*
une carrière	*career*
un chômeur/une chômeuse	*unemployed person*
un emploi à mi-temps/ à temps partiel	*part-time job*
un emploi à plein temps	*full-time job*
un niveau	*level*
une profession (exigeante)	*(demanding) profession*
un(e) retraité(e)	*retired person*
une réunion	*meeting*
une réussite	*success*
un syndicat	*union*
une assurance-maladie	*health insurance*
une assurance-vie	*life insurance*
une augmentation (de salaire)	*raise (in salary)*
une promotion	*promotion*
un cadre/une femme cadre	*executive*
un chef d'entreprise	*head of a company*
un conseiller/une conseillère	*consultant; advisor*
une femme au foyer	*housewife*
un(e) gérant(e)	*manager*
un homme/une femme politique	*politician*
un ouvrier/une ouvrière	*worker, laborer*
un plombier	*plumber*

ressources

WB
pp. 181–182

LM
p. 101

vhlcentral

un banquier
(banquière *f.*)

un agent
immobilier

un agriculteur
(agricultrice *f.*)

une électricienne
(électricien *m.*)

un psychologue

Mise en pratique

1 **Écoutez** Écoutez la conversation entre Henri et Margot, deux jeunes élèves, et indiquez si les phrases suivantes sont **vraies** ou **fausses.**

Henri

Margot

1. Henri veut être comptable.
2. Il aidera ses employés.
3. Ses employés seront bien payés.
4. Il offrira à tous une assurance vie.

5. Margot veut être chef d'entreprise.
6. Elle aidera les femmes au foyer.
7. Margot ne parlera pas aux syndicats.
8. Une de ses priorités sera le chômage.

2 **Les professions** Pour chaque profession de la colonne de gauche, trouvez la définition qui correspond dans la colonne de droite.

_____ 1. un chef d'entreprise
_____ 2. une femme au foyer
_____ 3. un chauffeur
_____ 4. une banquière
_____ 5. un cuisinier
_____ 6. une comptable
_____ 7. un ouvrier
_____ 8. une vétérinaire
_____ 9. un agent immobilier
_____ 10. un plombier

a. travaille avec des budgets
b. est employé dans une usine (*factory*)
c. répare les fuites (*leaks*) d'eau
d. loue et vend des appartements
e. travaille dans un laboratoire
f. s'occupe de la santé des animaux
g. dirige des employés
h. prépare des plats dans un restaurant
i. travaille avec de l'argent
j. s'occupe de la maison et des enfants
k. conduit un taxi ou un camion
l. donne des conseils

3 **Le monde du travail** Complétez le paragraphe en utilisant les mots de vocabulaire de la liste pour faire des phrases cohérentes.

à mi-temps	un conseil
à plein temps	mal payés
l'assurance maladie	un niveau
une augmentation	d'une promotion
leur carrière	un salaire élevé

Quand les étudiants ont un travail, en général c'est un emploi (1) _____ parce qu'ils doivent aussi étudier pour préparer (2) _____. Souvent, ils sont (3) _____. Mais avec leur diplôme, ils auront la possibilité de trouver un poste (4) _____, avec (5) _____ et bien souvent (6) _____. Plus tard, ils pourront demander (7) _____ de salaire ou bien attendre l'opportunité (8) _____ pour gagner plus d'argent.

Communication

4 **Conversez** Interviewez un(e) camarade de classe. Les réponses peuvent être réelles ou imaginaires.

1. Où travailles-tu en ce moment? Es-tu bien payé(e)?
2. Préfères-tu travailler à mi-temps ou à plein temps? Pourquoi?
3. Est-ce le métier que tu feras plus tard? Pourquoi?
4. Est-ce que tu as des congés payés? Une assurance maladie? Qu'en penses-tu?
5. As-tu déjà demandé une augmentation de salaire? As-tu réussi à en obtenir une? Comment?
6. As-tu déjà obtenu une promotion? Quand? Pourquoi?
7. As-tu déjà été au chômage? Pendant combien de temps? Qu'est-ce que tu as fait pendant ce temps-là?
8. Quel genre de carrière veux-tu faire? Ta profession sera-t-elle exigeante? Pourquoi?

5 **Votre carrière** Voilà cinq ans que vous n'avez pas vu votre ami(e) de la fac. Depuis, vous avez obtenu tous/toutes les deux votre diplôme et trouvé un travail. Travaillez avec un(e) camarade de classe pour présenter un dialogue avec ces éléments:

- Vous vous retrouvez et vous parlez de votre métier.
- Vous décrivez votre poste.
- Vous parlez de votre patron/patronne et/ou de vos employés.
- Vous parlez des avantages et des inconvénients (*drawbacks*) de votre travail.

6 **Décrivez** Votre professeur va vous donner, à vous et à votre partenaire, deux feuilles d'activités différentes. À tour de rôle, posez-vous des questions pour trouver ce que font les personnages de chaque profession pendant la journée.

MODÈLE

Étudiant(e) 1: *Sur mon dessin, j'ai un plombier qui répare une fuite (leak) d'eau sous un évier.*
Étudiant(e) 2: *Moi, j'ai un homme…*

7 **L'offre d'emploi** Vous êtes le chef d'entreprise de Cartalis, une agence immobilière. Vous développez votre entreprise et avez besoin de rapidement embaucher un(e) nouvel(le) employé(e). Avec deux partenaires, écrivez une annonce que vous enverrez à votre journal local. Utilisez les mots de la liste.

agent immobilier	poste exigeant
carrière	promotion
congés payés	réussite
diriger	salaire élevé
entretien	temps partiel

Les sons et les lettres  Audio

Les néologismes et le franglais

The use of words or neologisms of English origin in the French language is called **franglais**. These words often look identical to the English words, but they are pronounced like French words. Most of these words are masculine, and many end in -**ing**. Some of these words have long been accepted and used in French.

le sweat-shirt **le week-end** **le shopping** **le parking**

Some words for foods and sports are very common, as are expressions in popular culture, business, and advertising.

un milk-shake **le base-ball** **le top-modèle** **le marketing**

Many **franglais** words are recently coined terms (**néologismes**). These are common in contemporary fields, such as entertainment and technology. Some of these words do have French equivalents, but the **franglais** terms are used more often.

un e-mail = un courriel **le chat = la causette** **une star = une vedette**

Some **franglais** words do not exist in English at all, or they are used differently.

un brushing = *a blow-dry* **un relooking** = *a makeover* **le zapping** = *channel surfing*

Prononcez Répétez les mots suivants à voix haute.

1. flirter
2. un fax
3. cliquer
4. le look
5. un clown
6. le planning
7. un scanneur
8. un CD-ROM
9. le volley-ball
10. le shampooing
11. une speakerine
12. le chewing-gum

Articulez Répétez les phrases suivantes à voix haute.

1. Le cowboy porte un jean et un tee-shirt.
2. Julien joue au base-ball et il fait du footing.
3. J'ai envie d'un nouveau look, je vais faire du shopping.
4. Au snack-bar, je commande un hamburger, des chips et un milk-shake.
5. Tout ce qu'il veut faire, c'est rester devant la télé dans le living et zapper!

Dictons Répétez les dictons à voix haute.

Ce n'est pas la star qui fait l'audience, mais l'audience qui fait la star.[1]

Un gentleman est un monsieur qui se sert d'une pince à sucre, même lorsqu'il est seul.[2]

[2] A gentleman is a man who uses sugar tongs, even when he is alone.
[1] It's not the star that makes the fans, it's the fans that make the star.

ressources

LM
p. 102 vhlcentral

Je démissionne!  Video

Amina

Astrid

Michèle

Sandrine

Stéphane

Valérie

En ville...

AMINA Alors, Sandrine, ton concert, ce sera la première fois que tu chantes en public?

SANDRINE Oui, et je suis un peu anxieuse!

AMINA Ah! Tu as le trac!

SANDRINE Un peu, oui. Toi, tu es toujours tellement chic, tu as confiance en toi, tu n'as peur de rien...

AMINA Mais Sandrine, la confiance en soi, c'est ici dans le cœur et ici dans la tête. J'ai une idée! Ce qui te donnerait du courage, c'est de porter une superbe robe.

SANDRINE Tu crois? Mais, je n'en ai pas...

AMINA Je m'en occupe. Quel style de robe est-ce que tu aimerais? Suis-moi!

Au marché...

AMINA Que penses-tu de ce tissu noir?

SANDRINE Oh! C'est ravissant!

AMINA Oui et ce serait parfait pour une robe du soir.

SANDRINE Bon, si tu le dis. Moi, si je faisais cette robe moi-même, elle finirait sans doute avec une manche courte et avec une manche longue!

STÉPHANE Attends. Forestier, Stéphane... Oh! Ce n'est pas possible!

ASTRID Quoi, qu'est-ce qu'il y a?

STÉPHANE Je dois repasser une partie de l'examen la semaine prochaine.

ASTRID Oh, ce n'est pas vrai! Il y a peut-être une erreur. Stéphane, attends!

Au P'tit Bistrot...

MICHÈLE Excusez-moi, Madame. Auriez-vous une petite minute?

VALÉRIE Oui, bien sûr!

MICHÈLE Voilà, ça fait deux ans que je travaille ici au P'tit Bistrot... Est-ce qu'il serait possible d'avoir une augmentation?

VALÉRIE Michèle, être serveuse, c'est un métier exigeant, mais les salaires sont modestes!

MICHÈLE Oui, je sais, Madame. Je ne vous demande pas un salaire très élevé, mais... c'est pour ma famille.

VALÉRIE Désolée, Michèle, j'aimerais bien le faire, mais, en ce moment, ce n'est pas possible. Peut-être dans quelques mois...

---

1 **Vrai ou faux?** Indiquez si ces affirmations sont **vraies** ou **fausses**. Corrigez les phrases fausses.

1. Sandrine a un peu peur avant son concert.

2. Amina ne sait pas comment aider Sandrine.

3. Amina va faire une robe de velours noir.

4. Sandrine ne sait pas faire une robe.

5. Pour la remercier (*To thank her*), Sandrine va préparer un dîner pour Amina.

6. Stéphane doit repasser tout le bac.

7. Astrid a reçu une très bonne note.

8. Michèle travaille au P'tit Bistrot depuis deux ans.

9. Valérie offre à Michèle une toute petite augmentation de salaire.

10. Michèle va retourner au P'tit Bistrot après ses vacances.

 Practice more at **vhlcentral.com**.

Valérie et Stéphane rencontrent de nouveaux problèmes.

AMINA Je pourrais en faire une comme ça, si tu veux.

SANDRINE Je préférerais une de tes créations. Si tu as besoin de quoi que ce soit un jour, dis-le-moi.

AMINA Oh, Sandrine, je vais te faire une robe qui te fera plaisir.

SANDRINE Je pourrais te préparer un gâteau au chocolat?

AMINA Mmmm... Je ne dirais pas non.

Au lycée...

ASTRID Oh, Stéphane, c'est le grand jour! On va enfin connaître les résultats du bac! Je suis tellement nerveuse. Pas toi?

STÉPHANE Non, pas vraiment. Seulement si j'échoue, ma mère va m'étrangler. Eh! Félicitations, Astrid! Tu as réussi! Avec mention bien en plus!

ASTRID Et toi?

MICHÈLE Non, Madame! Dans quelques mois, je serai déjà partie. Je démissionne! Je prends le reste de mes vacances à partir d'aujourd'hui.

VALÉRIE Michèle, attendez! Mais Michèle! Ah, Stéphane, te voilà. Hé! Où vas-tu? Tu as eu les résultats du bac, non? Qu'est-ce qu'il y a?

STÉPHANE Maman, je suis désolé, mais je vais devoir repasser une partie de l'examen.

VALÉRIE Oh là là! Stéphane!

STÉPHANE Bon, écoute maman, voici ce que je vais faire: je vais étudier nuit et jour jusqu'à la semaine prochaine: pas de sports, pas de jeux vidéo, pas de télévision. J'irai à l'université, maman. Je te le promets.

2 **Les mauvaises nouvelles** Stéphane, Valérie et Michèle ont été très déçus (*disappointed*) aujourd'hui pour des raisons différentes. Avec deux partenaires, décidez qui a passé la pire journée et pourquoi. Ensuite, discutez-en avec le reste de la classe.

3 **Écrivez** Pensez à un examen très important de votre vie et écrivez un paragraphe, en répondant à (*by answering*) ces questions. Quel était l'examen? Qu'est-ce que vous avez fait pour le préparer? Comment était-ce? Comme l'histoire de Stéphane ou d'Astrid? Comment cet examen a-t-il affecté vos projets d'avenir?

A C T I V I T É S

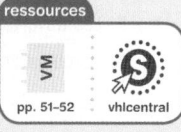

ressources

VM
pp. 51–52   vhlcentral

ESPACE CULTURE

Reading

Des passagers attendent un train pendant une grève de la SNCF.

CULTURE À LA LOUPE

Syndicats et grèves en France

Les gens se plaignent° souvent des grèves° en France, mais faire la grève est un droit. Ce sont les grandes grèves historiques qui ont apporté aux Français la majorité des avantages sociaux°: retraite, sécurité sociale, congés payés, instruction publique, etc. Les grèves en France sont accompagnées de manifestations ou de pétitions, et beaucoup d'entre elles ont lieu° en automne, après les vacances d'été. Des grèves peuvent avoir lieu dans tous les secteurs de l'économie, en particulier le secteur des transports et celui° de l'enseignement°. Une grève de la SNCF, par exemple, peut immobiliser tout le pays et causer des ennuis à des millions de voyageurs.

une manifestation de la CGT, un syndicat

Les syndicats organisent les trois quarts° de ces mouvements sociaux. La France est pourtant° le pays industrialisé le moins syndiqué° du monde. En 2009, seulement six à huit pour cent des salariés français étaient syndiqués contre environ° 13% aux États-Unis ou 91% en Suède.

De plus en plus, des non-salariés, comme les médecins et les commerçants, font aussi la grève. Dans ce cas, ils cherchent surtout à faire changer les lois°.

En général, le public soutient° les grévistes, mais il demande aussi la création d'un service minimum obligatoire dans les transports publics et l'enseignement pour éviter la paralysie totale du pays. Ce service minimum obligerait° un petit nombre d'employés à travailler pendant chaque grève. La fréquence des grèves a diminué pendant les années 1970, 1980 et 1990, mais a vu° une certaine augmentation depuis l'année 2000.

Les Français favorables à un service minimum

Dans le ramassage des ordures°	84%
Dans l'enseignement public	79%
Dans les transports aériens	77%
Dans les transports publics	74%

SOURCE: Francoscopie

se plaignent complain **grèves** strikes **avantages sociaux** benefits **ont lieu** take place **celui** the one **enseignement** education **trois quarts** three quarters **pourtant** however **syndiqué** unionized **environ** around **faire changer les lois** have the laws changed **soutient** supports **obligerait** would force **a vu** has seen **ramassage des ordures** trash collection

A C T I V I T É S

1 **Répondez** Répondez aux questions d'après les textes.

1. Quel est un des droits des Français?
2. Qu'est-ce que la grève a apporté aux Français?
3. Quand ont souvent lieu les grèves?
4. Par qui la majorité des grèves sont-elles organisées?
5. Les travailleurs français sont-ils très syndiqués?
6. Combien de travailleurs français étaient syndiqués en 2009?

7. Pourquoi les médecins et les commerçants font-ils la grève?
8. Y a-t-il toujours eu un grand nombre de grèves en France?
9. Combien de Français sont favorables au service minimum dans l'enseignement public?
10. À quoi sont favorables 77% des Français?

LE FRANÇAIS QUOTIDIEN

L'argent

Voici d'autres noms familiers souvent utilisés pour parler de l'argent.

avoine (*f.*)	oseille (*f.*)
biffeton (*m.*)	pépètes (*f., pl.*)
blé (*m.*)	pèze (*m.*)
cash (*m.*)	pognon (*m.*)
flouze (*m.*)	radis (*m.*)
fric (*m.*)	rond (*m.*)
grisbi (*m.*)	thune (*f.*)

LE MONDE FRANCOPHONE

La durée des vacances et les jours fériés

Voici la durée des congés payés dans quelques pays francophones.

En Belgique 20 jours après une année de travail, plus 10 jours fériés par an

En France 25 jours et 10 jours fériés par an

Au Luxembourg 25 jours et 12 jours fériés par an

Au Maroc 18 jours par an

Au Québec 10 jours et 8 jours fériés par an

Au Sénégal un minimum de 24 jours par an, plus pour les travailleurs avec ancienneté° et pour les mères de famille

En Suisse 20 jours pour les plus de 20 ans, 25 jours pour les moins de 20 ans

En Tunisie 12 jours par an pour les plus de 20 ans, 18 jours pour les 18-20 ans et 24 jours pour les moins de 18 ans

ancienneté *seniority*

PORTRAIT

Les fonctionnaires

Avec environ six millions de fonctionnaires° dans le pays, ou 21% de la population active°, la France bat des records°. Ces fonctionnaires travaillent pour l'État (dans le gouvernement, les universités, les lycées, les compagnies nationales), pour la fonction publique territoriale (le département, la région) ou pour la fonction publique hospitalière. Ils ont de nombreux avantages: des salaires compétitifs, une bonne retraite et une grande protection de l'emploi. Pour devenir fonctionnaire, il faut passer un concours°. Chaque année, près de 40.000 emplois sont ainsi° ouverts au public.

fonctionnaires *civil servants* **population active** *working population* **bat des records** *breaks records* **concours** *competitive examination* **ainsi** *thus*

MUSIQUE À FOND

Tino Rossi

Lieu d'origine: Ajaccio, France
Métier: chanteur, interprète et acteur

Star du cinéma et de la chanson, Tino Rossi est le seul artiste français à avoir vendu plus de 500 millions de disques.

Go to **vhlcentral.com** to find out more about **Tino Rossi** and his music.

---

2 **Complétez** Donnez une suite logique à chaque phrase.

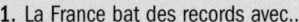

1. La France bat des records avec...

2. Les fonctionnaires sont employés par...

3. Ils bénéficient de nombreux...

4. On peut devenir fonctionnaire après avoir passé...

5. Au Sénégal, on a des journées de vacances supplémentaires si on est...

6. La durée des vacances dépend de l'âge en...

3 **La grève** Vous êtes journaliste et votre partenaire est un fonctionnaire en grève. Vous allez l'interviewer pour le journal télévisé de 20 heures. Préparez un dialogue où vous cherchez à comprendre pourquoi il ou elle est en grève et depuis combien de temps. Soyez prêts à jouer le dialogue devant la classe.

 Practice more at **vhlcentral.com**.

ACTIVITÉS

ESPACE **STRUCTURES**

13B.1 *Si clauses*  Tutorial

- **Si** (*If*) clauses describe a condition or event upon which another condition or event depends. Sentences with **si** clauses consist of a **si** clause and a main (or result) clause.

Si je faisais une robe, elle serait laide.

Si j'échouais, ma mère se mettrait en colère.

- **Si** clauses can speculate or hypothesize about a current event or condition. They express what *would happen* if an event or condition *were to occur*. This is called a contrary-to-fact situation. In such instances, the verb in the **si** clause is in the **imparfait** while the verb in the main clause is in the conditional. Either clause can come first.

Si j'**étais** au chômage, je lui **enverrais** mon CV.	Vous **partiriez** souvent en vacances si vous **aviez** de l'argent.
If I were unemployed, I'd send her my résumé.	*You would go on vacation often if you had money.*

- **Si** clauses can also express conditions or events that are possible or likely to occur. In such instances, the **si** clause is in the present while the main clause uses the **futur** or **futur proche**.

Si le patron me **renvoie**, je **trouverai** un emploi à mi-temps.	Si vous ne **signez** pas le contrat, vous **allez perdre** votre poste.
If the boss fires me, I'll find a part-time job.	*If you don't sign the contract, you're going to lose your job.*

- Note that **si** and **il/ils** contract to become **s'il** and **s'ils**, respectively.

Nous **marcherions s'il** ne **pleuvait** pas.	**S'ils étaient** forts en maths, ils **deviendraient** comptables.
We'd walk if it weren't raining.	*If they were good at math, they'd become accountants.*

- Use a **si** clause alone with the **imparfait** to make a suggestion or to express a wish.

Si nous **faisions** des projets pour le week-end?	Ah! Si elle **obtenait** un meilleur travail!
What about making plans for the weekend?	*Oh! If only she got a better job!*

 Essayez! **Complétez les phrases avec la forme correcte des verbes.**

1. Si on visitait la Tunisie, on _____ (aller) admirer les ruines.
2. Vous _____ (être) plus heureux si vous faites vos devoirs.
3. Si tu _____ (avoir) la grippe, tu devrais aller chez le médecin.
4. Si elles avaient un million d'euros, que _____-elles (faire)?
5. Mes parents me _____ (rendre) visite ce week-end s'ils ont le temps.
6. J'_____ (écrire) au président si j'avais son adresse.
7. Si nous lisons, nous _____ (savoir) les réponses.
8. Il _____ (avoir) le temps s'il ne regardait pas la télé.

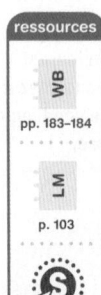

Le français vivant

Que trouveriez-vous si vous parliez à une autre entreprise?

Une hôtesse d'accueil ou une hôtesse de l'air? Vous voudriez une hôtesse compétente, non?

Si vous parlez à quelqu'un d'autre, vous risquerez beaucoup.

INTERIM 21

Identifiez Combien de phrases avec si trouvez-vous dans cette publicité (ad)? Lesquelles?

 Questions À tour de rôle, avec un(e) partenaire, posez-vous ces questions.

1. Pourquoi irait-on chez Interim 21?

2. Quelle erreur pourrait-on éviter?

3. Comment font les conseillers d'Interim 21 pour trouver l'emploi et l'employé(e) idéal(e) pour tous leurs clients?

4. Irais-tu consulter Interim 21 si tu étais au chômage? Pourquoi?

Mise en pratique

1 **Questions** Vous cherchez un emploi. Indiquez vos réponses aux questions du chef du personnel.

> **MODÈLE** Quand est-ce que vous pourriez commencer? (vous / avoir besoin de moi / je / pouvoir commencer demain)
>
> *Si vous aviez besoin de moi, je pourrais commencer demain.*

1. Est-ce que vous aimeriez travailler à plein temps?
   (vous / offrir un travail à plein temps / je / l'accepter)

2. Auriez-vous besoin d'une assurance-vie?
   (je / en avoir besoin / je / vous le dire)

3. Quand prendriez-vous un congé?
   (mon/ma petite ami(e) / prendre un congé / nous / partir en mai)

4. Voudriez-vous devenir cadre un jour?
   (vous / le permettre / je / devenir cadre dans deux ans)

5. Quand rentreriez-vous le soir?
   (nous / devoir travailler très tard / je / rentrer vers minuit)

2 **¿Et si...** D'abord, complétez les questions. Ensuite, employez le conditionnel pour y répondre. Comparez vos réponses aux réponses d'un(e) partenaire.

> **MODÈLE** Que ferais-tu si... tu / être malade?
>
> *Que ferais-tu si tu étais malade? Si j'étais malade, je dormirais toute la journée.*

Situation 1: Que ferais-tu si...

1. tu / être fatigué(e)?

2. il / pleuvoir?

3. il / faire beau?

Situation 2: Que feraient tes parents si...

1. tu / quitter l'université?

2. tu / choisir de devenir avocat(e)?

3. tu / partir habiter en France?

3 **Des réactions** À tour de rôle avec un(e) partenaire, dites ce que (*what*) vous ferez dans ces circonstances.

> **MODÈLE** Vous trouvez votre petit(e) ami(e) avec un(e) autre garçon/fille.
>
> *Si je trouve mon petit ami..., je ne lui parlerai plus.*

1. Vous n'avez pas de devoirs ce week-end.

2. Votre ami(e) organise une fête sans rien vous dire.

3. Vos parents ne vous téléphonent pas pendant un mois.

4. Le prof de français vous donne une mauvaise note.

5. Vous tombez malade.

Communication

4 **L'imagination** Par groupes de trois, choisissez un de ces sujets et préparez un paragraphe par écrit. Ensuite, lisez votre paragraphe à la classe. Vos camarades décideront quel groupe est le gagnant (*winner*).

- Si je pouvais devenir invisible, ...
- Si j'étais un extraterrestre à New York, ...
- Si j'inventais une machine, ...
- Si j'étais une célébrité, ...
- Si nous pouvions prendre des vacances sur Mars, ...

5 **Le portefeuille** Vos camarades de classe trouvent un portefeuille (*wallet*) plein d'argent. Par groupes de quatre, parlez avec un(e) de vos camarades pour deviner ce que (*what*) feraient les deux autres. Ensuite, rejoignez-les pour comparer vos prédictions.

MODÈLE

Étudiant(e) 1: *Si vous trouviez le portefeuille, vous le rendriez à la police*
Étudiant(e) 2: *Oui, mais nous garderions l'argent pour aller dans un bon restaurant.*

6 **Interview** Par groupes de trois, préparez cinq questions pour un(e) candidat(e) à la présidence des États-Unis. Ensuite, jouez les rôles de l'interviewer et du/de la candidat(e). Alternez les rôles.

MODÈLE

Étudiant(e) 1: *Que feriez-vous au sujet du sexisme dans l'armée?*
Étudiant(e) 2: *Alors, si j'étais président(e), nous...*

ESPACE STRUCTURES

Relative pronouns *qui, que, dont, où*  Tutorial

Point de départ Relative pronouns combine two sentences into one more complex sentence. The second phrase gives more information about a noun that both sentences have in common. In English, relative pronouns can be omitted, but the relative pronoun in French cannot.

Je suis allé voir **le docteur**.
I went to see the doctor.

Tu m'as parlé de **ce docteur**.
You talked to me about this doctor.

Je suis allé voir le docteur **dont** tu m'as parlé.
I went to see the doctor that you talked to me about.

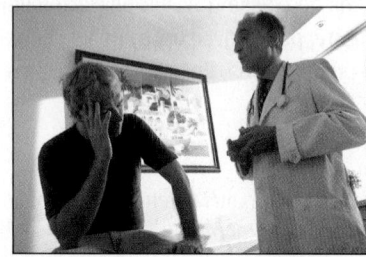

Relative pronouns

qui	*who, that, which*		**dont**	*of which, of whom*
que	*that, which*		**où**	*where*

- Use **qui** if the noun in common is the subject of the second phrase. Since **qui** is the subject, it is followed by a conjugated verb.

COMMON NOUN

Il a renvoyé **la comptable**.
He fired the accountant.

SUBJECT

La comptable travaillait à mi-temps.
The accountant worked part-time.

Il a renvoyé la comptable **qui** travaillait à mi-temps.
He fired the accountant who was working part-time.

COMMON NOUN

Les étudiantes vont au **café**.
The students go to the café.

SUBJECT

Le café se trouve près de la fac.
The café is near the university.

Les étudiantes vont au café **qui** se trouve près de la fac.
The students go to the café that is near the university.

COMMON NOUN

Ta cousine travaille beaucoup.
Your cousin works a lot.

SUBJECT

Ta cousine habite à Boston.
Your cousin lives in Boston.

Ta cousine **qui** habite à Boston travaille beaucoup.
Your cousin who lives in Boston works a lot.

- Use **que** if the noun in common is the direct object in the second phrase. If **que** is followed by the **passé composé**, the past participle should agree in gender and number with the noun that **que** represents.

ELEMENT
Le banquier a deux **voitures** bleues.
The banker has two blue cars.

DIRECT OBJECT
Il a acheté les **voitures** hier.
He bought the cars yesterday.

Le banquier a deux voitures bleues **qu'**il a acheté**es** hier.
The banker has two blue cars that he bought yesterday.

COMMON NOUN
Stéphanie arrive bientôt.
Stéphanie is arriving soon.

DIRECT OBJECT
Samir a retrouvé **Stéphanie** à la gare.
Samir met Stéphanie at the train station.

Stéphanie, **que** Samir a retrouv**ée** à la gare, arrive bientôt.
Stéphanie, who Samir met at the train station, is arriving soon.

- Use **dont**, meaning *that* or *of which*, after the noun in common if it is the object of the preposition **de** in the second phrase. There is never agreement of the past participle in the **passé composé** with **dont**.

ELEMENT
Stéphane est **pompier**.
Stéphane is a firefighter.

DIRECT OBJECT
Tu m'as parlé de **ce pompier**.
You talked to me about this firefighter.

Stéphane est le pompier **dont** tu m'as parlé?
Is Stéphane the firefighter (that) you talked to me about?

- Use **où**, meaning *where*, *when*, or *in which*, if the noun in common is a place or a period of time.

COMMON NOUN
Venez me parler à **ce moment-là**.
Come speak with me at that time.

PERIOD OF TIME
Vous arrivez à **ce moment-là**.
You arrive at that time.

Venez me parler au moment **où** vous arrivez.
Come speak with me at the time (when) you arrive.

Boîte à outils

The pronoun **que** is usually followed by a subject and a verb. **Que** becomes **qu'** if it precedes a word that begins with a vowel sound. Note that the word *that* or *whom* is often omitted in English, but **que** must always be used in French.

La fille que j'ai vue était blonde.
The girl (whom) I saw was blond.

Boîte à outils

Dont (*whose*) can also indicate possession.

Voilà M. Duval. La femme de M. Duval est actrice.

Voilà M. Duval, dont la femme est actrice.

Essayez! Complétez les phrases avec qui, que, dont, où.

1. La France est le pays ___que___ j'aime le plus.
2. Tu te souviens du jour _____ tu as fait ma connaissance?
3. M. Valois est le gérant _____ mon employé m'a parlé.
4. C'est la voiture _____ vous avez louée?
5. Voici l'enveloppe _____ tu as besoin.
6. Vous connaissez le plombier _____ a réparé le lavabo chez Lucas?
7. On passe devant la fac _____ j'ai fait mes études.
8. Je reconnais le chauffeur de taxi _____ a conduit Lucie à l'hôtel.

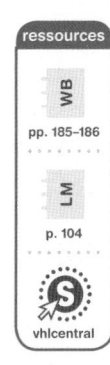

ressources

WB
pp. 185–186

LM
p. 104

S
vhlcentral

ESPACE **STRUCTURES**

Mise en pratique

1 **Notre entreprise** Sophie et Thierry discutent de leur bureau et de leurs collègues. Complétez leurs phrases en utilisant (*by using*) les pronoms relatifs **qui**, **que**, **dont** ou **où**.

MODÈLE

Ils ont une cafétéria ___qui___ n'est pas trop chère.

1. C'est une entreprise _____ les employés peuvent suivre des formations supplémentaires.
2. Nous avons une profession _____ est exigeante.
3. Notre chef d'entreprise a commandé les nouveaux ordinateurs _____ nous avions besoin.
4. La personne _____ a un entretien aujourd'hui est l'ami du gérant.
5. La réunion _____ tu as ratée (*missed*) hier était vraiment intéressante.
6. La femme _____ tu as peur est notre chef du personnel, n'est-ce pas?
7. L'homme _____ on a embauché est le mari de Sandra.
8. Tu te souviens du jour _____ on a fait la connaissance du patron?

2 **Les villageois** Isabelle vient de déménager dans un petit village et son agent immobilier lui parle des gens qui y habitent. Assemblez les deux phrases avec **qui**, **que**, **dont** ou **où** pour en faire une seule

1. Voici le bureau de M. Dantès. Vous pouvez vous adresser à ce bureau pour obtenir une assurance-vie.
2. Je vous ai parlé d'une banquière. La banquière s'appelle Murielle Marteau.
3. Vous avez vu la grande boutique. M. Descartes est le patron de cette boutique.
4. Je ne connais pas le pompier. Le pompier habite en face de chez vous.
5. Madame Thibaut sert beaucoup de plats régionaux. Vous allez adorer ces plats.
6. Les cuisinières travaillent à temps partiel. Vous avez rencontré les cuisinières chez moi.

3 **Les choses que je préfère** Marianne parle des choses qu'elle préfère. À tour de rôle avec un(e) partenaire, utilisez les pronoms relatifs pour écrire ses phrases. Présentez vos phrases à la classe.

1. Marc est l'ami... (qui, dont)
2. «Chez Henri», c'est le restaurant... (où, que)
3. Ce CD est le cadeau... (que, qui)
4. Ma sœur est la personne... (dont, que)
5. Paris est la ville... (où, dont)
6. L'acteur/L'actrice... (qui, que)
7. Les livres... (dont, que)
8. J'aimerais sortir avec une personne... (qui, que)

Practice more at **vhlcentral.com**.

Communication

4 **Des opinions** Avec un(e) partenaire, donnez votre opinion sur ces thèmes.
Utilisez les pronoms relatifs **qui, que, dont** et **où.**

MODÈLE

le printemps / saison
Étudiant(e) 1: *Le printemps est la saison que je préfère parce que j'aime les fleurs.*
Étudiant(e) 2: *L'hiver est la saison que moi, je préfère, parce que j'aime la neige.*

1. le petit-déjeuner / repas
2. surfer sur Internet / passe-temps
3. mon/ma camarade de chambre / personne
4. le samedi / jour
5. la chimie / cours
6. la France / pays
7. Tom Cruise / acteur
8. ? / ?

5 **Des endroits intéressants** Par groupes de trois, organisez un voyage.
Parlez des endroits qui vous intéressent et expliquez pourquoi vous voulez y aller.
Utilisez des pronoms relatifs dans vos réponses et décidez où vous allez.

MODÈLE

Allons à Bruxelles où nous pouvons acheter des chocolats délicieux.

6 **Chère Madame** Avec un(e) partenaire, écrivez un e-mail à votre gérante dans
lequel (*in which*) vous expliquez pourquoi vous n'avez pas fini le document qu'elle
voulait pour la réunion. Utilisez des pronoms relatifs dans votre e-mail.

De: clement@entreprise.fr
À: madame.giraud@entreprise.fr
Objet: Document

Chère Madame Giraud,

Je suis désolé, mais je n'ai pas fini le document que vous
vouliez aujourd'hui. Ce matin, je suis allé à l'entreprise
François et Fils où…

7 **Mes préférences** Avec un(e) partenaire, parlez de vos préférences dans chaque
catégorie ci-dessous (*below*). Donnez des raisons pour vos choix (*choices*). Utilisez les
pronoms relatifs **qui, que, dont** et **où** dans vos descriptions.

MODÈLE

mon film préféré
Le film que j'aime le plus, c'est Pirates des Caraïbes. *Johnny Depp, qui joue dans ce film, est super!*

1. mon film préféré
2. mon roman (*novel*) préféré
3. mon chanteur/ma chanteuse préféré(e)
4. la meilleure ville pour aller en vacances

Révision

1

Du changement Avec un(e) partenaire, observez ces bureaux. Faites une liste d'au minimum huit changements que les employés feraient s'ils en avaient les moyens (*means*).

MODÈLE

Étudiant(e) 1: *Si ces gens pouvaient changer quelque chose, ils achèteraient de nouveaux ordinateurs.*
Étudiant(e) 2: *Si les affaires allaient mieux, ils déménageraient.*

2

Si j'étais… Par groupes de quatre, discutez et faites votre propre (*own*) portrait à travers (*through*) ces métiers. Utilisez la phrase **Si j'étais…** Comparez vos réponses et présentez le portrait d'un(e) camarade à la classe.

MODÈLE

Étudiant(e) 1: *Si j'étais cuisinier/cuisinière, je ne préparerais que des desserts.*
Étudiant(e) 2: *Si je travaillais comme chauffeur, je ne conduirais que sur autoroute.*

artiste	conseiller/ conseillère	médecin
chauffeur		patron(ne)
chef d'entreprise	cuisinier/cuisinière	professeur
chercheur/chercheuse	femme au foyer	

3

Je démissionnerais… Pour quelles raisons seriez-vous prêt(e)s à démissionner de votre travail? Par groupes de trois, donnez chacun(e) (*each one*) au minimum deux raisons positives et deux raisons négatives.

MODÈLE

Étudiant(e) 1: *Je démissionnerais si je devais suivre ma famille et déménager loin.*
Étudiant(e) 2: *Moi, je démissionnerais tout de suite si je m'ennuyais dans mon travail.*

4

C'est l'histoire de… Avec un(e) partenaire, commentez ces titres de films français et imaginez les histoires. Utilisez des pronoms relatifs. Ensuite, comparez vos histoires avec les histoires d'un autre groupe. Qui a l'histoire la plus proche (*closest*) du vrai film?

MODÈLE

Étudiant(e) 1: *C'est l'histoire d'un homme qui…*
Étudiant(e) 2: *… et que la police recherche…*

- *Le dernier métro*
- *Les visiteurs*
- *Toto le héros*
- *La chèvre* (goat)
- *L'argent de poche* (pocket)
- *Le professionnel*

5

Un(e) patron(ne) poli(e) Avec un(e) partenaire, inventez un dialogue entre un(e) patron(ne) et son/sa secrétaire. Le/La patron(ne) demande plusieurs services au/à la secrétaire, qui refuse. Le/La patron(ne) recommence alors ses demandes, mais plus poliment, et le/la secrétaire accepte.

MODÈLE

Étudiant(e) 1: *Apportez-moi le téléphone!*
Étudiant(e) 2: *Si vous me parlez comme ça, je ne vous apporterai rien.*
Étudiant(e) 1: *Pourriez-vous m'apporter le téléphone, s'il vous plaît?*
Étudiant(e) 2: *Avec plaisir!*

6

Il y a longtemps! Au bout de (*After*) cinq ans, vous retournez dans la ville où vous avez travaillé(e) et vous déjeunez avec un(e) ancien(ne) collègue. Jouez cette scène avec un(e) partenaire. Vous posez des questions à propos d'autres (*about other*) collègues du bureau. Utilisez autant de (*as many*) pronoms relatifs que possible dans votre dialogue.

MODÈLE

Étudiant(e) 1: *Est-ce que la fille qui faisait un stage travaille toujours avec Paul?*
Étudiant(e) 2: *Ah non! La fille dont tu parles a quitté l'entreprise.*

À l'écoute

STRATÉGIE

Using background knowledge/ Listening for specific information

If you know the subject of something you are going to listen to, your background knowledge will help you anticipate words and phrases you are going to hear. It will also help you determine important information that you should listen for.

◁)) To practice these strategies, you will listen to a radio advertisement for a culinary school. Before you listen, make a list of the things you expect the advertisement to contain. Make another list of information you would listen for if you were considering this school. After listening, look at your lists. Did they help you anticipate the content of the advertisement and focus on key information?

Préparation

Dans la conversation que vous allez entendre, un homme passe un entretien pour obtenir un nouvel emploi. De quoi cet homme et le chef du personnel discuteront-ils pendant l'entretien? Faites une liste des choses dont ils parleront probablement.

◁)) À vous d'écouter

Écoutez la conversation. Après une deuxième écoute, complétez les notes du chef du personnel.

Nom: Patrick Martin
Emploi demandé: _____
Diplôme en: _____
Expérience professionnelle:
· _____ au Laboratoire Roche
· Chercheur dans une _____
· Emploi à _____ à l'Hôpital
Saint-Jean
· Cherche un emploi à: _____

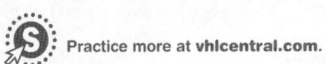
Compréhension

Répondez Répondez aux questions d'après la conversation par des phrases complètes.

1. Le chef du personnel est-il un homme ou une femme?
   _____

2. Patrick a-t-il envoyé son CV avant d'aller à l'entretien?
   _____

3. Pourquoi ne travaille-t-il plus pour l'entreprise de médicaments?
   _____

4. Où devra-t-il voyager s'il est choisi pour l'emploi de chercheur?
   _____

5. Est-il d'accord pour voyager? Pourquoi?
   _____

6. D'après le chef du personnel, l'emploi de chercheur est-il facile?
   _____

7. Quels sont deux des avantages (*benefits*) qu'on proposera à Patrick s'il est choisi pour l'emploi?
   _____

8. Quand Patrick commencera-t-il à travailler si on l'embauche pour cet emploi?

Une lettre de candidature Vous allez chercher un stage d'été dans une entreprise en France ou dans un autre pays francophone. Préparez une lettre dans laquelle vous expliquez au chef du personnel quel genre de stage vous intéresse et pourquoi vous voulez faire un stage dans cette entreprise. Parlez aussi de votre formation et de votre expérience professionnelle et expliquez comment ce stage sera utile à votre future carrière.

SAVOIR-FAIRE

Panorama

L'Auvergne-Rhône-Alpes

La région en chiffres

 La Région
Auvergne-Rhône-Alpes

▶ **Superficie:** *69.711 km²*

▶ **Population:** *7.874.586*
SOURCE: INSEE

▶ **Industries principales:** *industries automobile, pharmaceutique, métallurgique*

▶ **Villes principales:** *Annecy, Clermont-Ferrand, Grenoble, Lyon, Valence*

La région Auvergne-Rhône-Alpes a huit universités et 50 grandes écoles, avec 305.000 étudiants. La région est un centre de recherche et d'innovation, surtout dans les secteurs de la santé, des sciences physiques, de l'environnement, de la chimie, de l'énergie et de l'ingénierie.

Personnages célèbres

▶  **Antoine de Saint-Exupéry,** *écrivain, auteur du* Petit Prince *(1900–1944)*

▶ **André-Marie Ampère,** *mathématicien, physicien et chimiste (1775–1836)*

▶ **Jean Anthelme Brillat-Savarin,** *gastronome et écrivain (1755–1826)*

▶ **Audrey Tautou,** *actrice (1976–)*

▶ **Florence Foresti,** *humoriste, actrice (1973–)*

tournée quotidienne *daily round* **pierres** *stones* **palais féerique** *fantastical palace* **a duré** *lasted* **lentille** *lentil* **téléphérique** *cable car*

0 ————— 80 miles
0 ————— 80 kilomètres

la Loire

LA FRANCE

le Mont Blanc

LA SUISSE

la Saône

l'Ain

le Rhône

Annecy

la Loire

Clermont-Ferrand

Lyon

AUVERGNE-RHÔNE-ALPES

LES ALPES

Grenoble

L'ITALIE

le Rhône

Valence

la lentille° verte du Puy

le téléphérique° de Grenoble Bastille

Incroyable mais vrai!

Joseph Ferdinand Cheval (1836–1924) était facteur rural dans la campagne au sud de Lyon. Pendant sa tournée quotidienne° de 33 kilomètres, il collectionnait des pierres° pour la construction d'un palais féerique°, qu'il appellerait le «Palais Idéal». La construction du palais a commencé en 1879 et a duré° 33 ans.

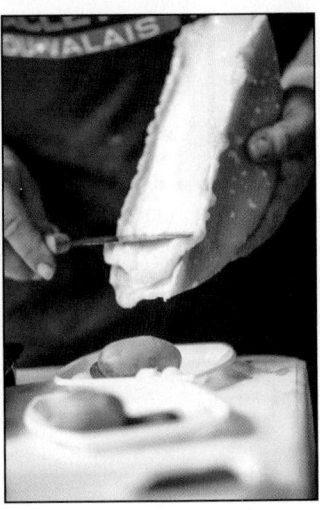

La gastronomie

La raclette et la fondue

La Savoie est très riche en fromages et deux de ses spécialités sont à base de fromage. Pour la raclette, on met du fromage à raclette sur un appareil° pour le faire fondre°. Chaque personne racle° ensuite du fromage dans son assiette et le mange avec des pommes de terre et de la charcuterie°. La fondue est un mélange° de fromages fondus° comme le comté, le beaufort ou l'emmental. Avec un bâton°, on trempe° un morceau de pain dans le mélange. Ne le laissez pas tomber!

Les destinations

Grenoble

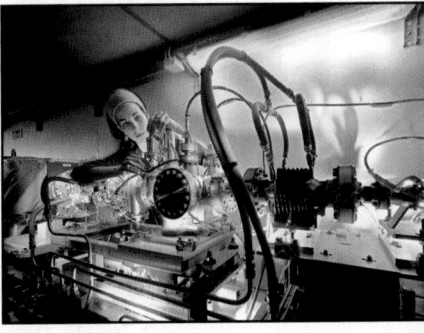

La ville de Grenoble est surnommée «Capitale des Alpes» et «Ville Technologique». Située à la porte des Alpes, elle donne accès aux grandes stations de ski alpin et est le premier centre de recherche en France après Paris, avec 25.000 emplois. Le synchrotron de Grenoble, un des plus grands accélérateurs de particules du monde, permet d'étudier la matière°. Grenoble est également° une ville universitaire, avec quatre universités et 65.500 étudiants.

Les festivals

La Fête des Lumières

Chaque année vers le 8 décembre, la ville de Lyon s'allume°. Commençant en 1852, une fois par an, les Lyonnais mettent des lumignons° à leurs fenêtres et à leurs balcons, puis sortent dans la rue pour voir leur ville illuminée. Depuis 1989, des artistes internationaux sont invités à créer des œuvres et des spectacles de lumière pour illuminer les sites patrimoniaux°, les paysages° et les quartiers de la ville.

Les sports

ViaRhôna

Un itinéraire cyclable de 815 kilomètres, cette route rejoint° les Alpes suisses et la mer Méditerranée en traversant la région Auvergne-Rhône-Alpes. La route commence au Lac Léman, en Suisse, et se termine° sur la côte° méditerranéenne française. L'Auvergne-Rhône-Alpes

contient° 557 kilomètres de la route, et l'étape Genève-Lyon est inaugurée en juin 2016. Les différentes étapes sont adaptées aux sportifs, aux moins sportifs et aux familles.

Qu'est-ce que vous avez appris? Répondez aux questions par des phrases complètes.

1. Qui a écrit *Le Petit Prince*?
2. Quel était le métier de Joseph Ferdinand Cheval?
3. Combien d'années la construction du Palais Idéal a-t-elle duré?
4. Qu'est-ce que les chercheurs viennent étudier à Grenoble?
5. Quel sport peut-on faire à côté de Grenoble?
6. Avec quoi est-ce qu'on mange le fromage d'une raclette?

7. Où est-ce que les Lyonnais mettent des lumignons pendant la Fête des Lumières?
8. Quels endroits de la ville sont illuminés?
9. Combien de kilomètres de la route ViaRhôna se trouvent en Auvergne-Rhône-Alpes?
10. Quand est-ce que l'étape Genève-Lyon de la route ViaRhôna est inaugurée?

Sur Internet

Go to **vhlcentral.com** to find more cultural information related to this **Panorama**.

1. Cherchez plus d'informations sur le Palais Idéal du Facteur Cheval. Est-ce qu'on peut le visiter aujourd'hui? Quelles figures (animaux, créatures mythiques, etc.) y sont représentées?

2. Trouvez des informations sur les vacances d'hiver à Grenoble: logement, prix, activités, etc.

3. Cherchez plus d'informations sur la Fête des Lumières à Lyon. Quelles sont les dates de la fête cette année?

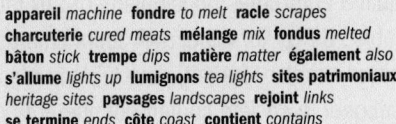

ressources

WB pp. 187–188 | vhlcentral

appareil *machine* fondre *to melt* racle *scrapes* charcuterie *cured meats* mélange *mix* fondus *melted* bâton *stick* trempe *dips* matière *matter* également *also* s'allume *lights up* lumignons *tea lights* sites patrimoniaux *heritage sites* paysages *landscapes* rejoint *links* se termine *ends* côte *coast* contient *contains*

Lecture

Audio: Reading

Avant la lecture

STRATÉGIE

Summarizing a text in your own words

Summarizing a text in your own words can help you comprehend it better. Before summarizing a text, you may find it helpful to skim it and jot down a few notes about its general meaning. You can then read the text again, writing down the important details. Your notes will help you summarize what you have read. If the text is particularly long, you may want to subdivide it into smaller segments so that you can summarize it more easily.

Examinez le texte

D'abord, regardez la forme du texte. Quel genre de texte est-ce? Puis, regardez les illustrations. Qu'y a-t-il sur ces illustrations? Qui sont les personnages de l'histoire (*story*)? Que font les insectes dans la première illustration? Et dans la deuxième?

À propos de l'auteur
Jean de La Fontaine (1621–1695)

Jean de La Fontaine est un auteur et un poète français très connu du dix-septième siècle. Né à Château-Thierry, à l'est de Paris, il a passé toute son enfance à la campagne avant de devenir avocat et de s'installer à Paris. C'est à la capitale qu'il a rencontré des écrivains célèbres et qu'il a décidé d'écrire. Il est l'auteur de poèmes, de nouvelles en vers° et de contes°, mais il est connu surtout pour ses fables, considérées comme des chefs-d'œuvre° de la littérature française. Au total, La Fontaine a publié 12 livres de fables dans lesquels il a créé des histoires autour de concepts fondamentaux de la morale qu'il a empruntés principalement aux fables d'Ésope. Les fables de La Fontaine, avec leurs animaux et leurs histoires assez simples, étaient, pour lui, une manière° subtile de critiquer la société contemporaine et la nature humaine. Deux de ses fables les plus connues sont *La Cigale et la Fourmi* et *Le Corbeau et le Renard*.

nouvelles en vers *short stories in verse* **contes** *tales* **chefs-d'œuvre** *masterpieces*
manière *way*

La Cigale et

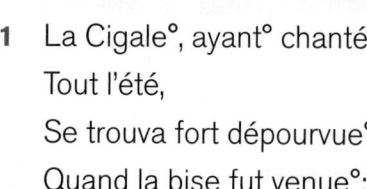

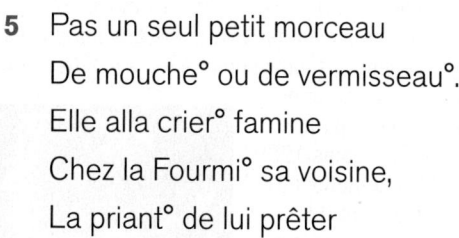
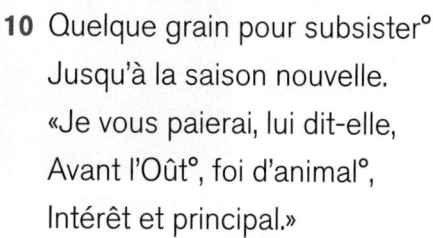

1 La Cigale°, ayant° chanté
Tout l'été,
Se trouva fort dépourvue°
Quand la bise fut venue°:
5 Pas un seul petit morceau
De mouche° ou de vermisseau°.
Elle alla crier° famine
Chez la Fourmi° sa voisine,
La priant° de lui prêter
10 Quelque grain pour subsister°
Jusqu'à la saison nouvelle.
«Je vous paierai, lui dit-elle,
Avant l'Oût°, foi d'animal°,
Intérêt et principal.»
15 La Fourmi n'est pas prêteuse°;
C'est là son moindre défaut°.
«Que faisiez-vous au temps chaud?
Dit-elle à cette emprunteuse°.
—Nuit et jour à tout venant°
20 Je chantais, ne vous déplaise°.
—Vous chantiez? j'en suis fort aise°.
Eh bien! dansez maintenant.»

la Fourmi

de Jean
de La Fontaine

Cigale *Cicada* **ayant** *having* **Se trouva fort dépourvue** *Found itself left without a thing* **la bise fut venue** *the cold winds of winter arrived* **mouche** *fly* **vermisseau** *small worm* **alla crier** *went crying* **Fourmi** *Ant* **La priant** *Begging her* **subsister** *survive* **Oût** *August* **foi d'animal** *on my word as an animal* **n'est pas prêteuse** *doesn't like lending things* **moindre défaut** *the least of her shortcomings* **emprunteuse** *borrower* **à tout venant** *all the time* **ne vous déplaise** *whether you like it or not* **fort aise** *overjoyed*

Après la lecture

Répondez Répondez aux questions par des phrases complètes.

1. Qu'est-ce que la Cigale a fait tout l'été?
   _____

2. Quel personnage de la fable a beaucoup travaillé pendant l'été?
   _____

3. Pourquoi la Cigale n'a-t-elle rien à manger quand l'hiver arrive?
   _____

4. Que fait la Cigale quand elle a faim?
   _____

5. Que fera la Cigale si la Fourmi lui donne à manger?
   _____

6. Qu'est-ce que la Fourmi demande à la Cigale?
   _____

7. Quel est le moindre défaut de la Fourmi?
   _____

8. La Fourmi va-t-elle donner quelque chose à manger à la Cigale? Expliquez.
   _____

Un résumé Écrivez un résumé (*summary*) de la fable de La Fontaine. Regardez le texte et prenez des notes sur ce qui se passe aux différents moments de l'histoire. Faites aussi une liste des mots importants que vous ne connaissez pas et trouvez-leur des synonymes que vous pourrez utiliser dans votre résumé. Par exemple, vous connaissez déjà le mot «vent», synonyme de «bise».

La morale de la fable Comme les fables en général, *La Cigale et la Fourmi* a une morale, mais La Fontaine ne la donne pas explicitement. À votre avis, quelle est la morale de cette fable? Êtes-vous d'accord avec cette morale? Discutez ces questions en petits groupes.

Les fables Connaissiez-vous déjà l'histoire de cette fable? Connaissez-vous d'autres fables, comme celles du Grec Ésope, de l'Américain James Thurber, de l'Allemand Gotthold Lessing ou de l'Espagnol Félix Maria Samaniego? Que pensez-vous des fables en général? Aimez-vous les lire? À quoi servent-elles? Quels thèmes trouve-t-on souvent dans les fables? Quels animaux sont souvent utilisés? Discutez ces questions en petits groupes.

Écriture

Using note cards

Note cards serve as valuable study aids in many different contexts. When you write, note cards can help you organize and sequence the information you wish to present.

If you were going to write a personal narrative about a trip you took, you would jot down notes about each part of the trip on a different note card. Then you could easily arrange them in chronological order or use a different organization, such as the best parts and the worst parts, traveling and staying, before and after, etc.

Here are some helpful techniques:

- Label the top of each card with a general subject, such as **l'avion** or **l'hôtel**.

- Number the cards in each subject category in the upper right corner to help you organize them.

- Use only the front side of each note card so that you can easily flip through them to find information.

Study this example of a note card used to prepare a composition.

l'avion

- *arrivée à l'aéroport de Chicago à 14h30*
- *départ pour Paris à 16h45, Vol 47 d'Air France*
- *arrivée à Paris (aéroport Charles-de-Gaulle) à 7h15 le lendemain matin*
- *douane*
- *voyage long mais agréable*

Thème

Écrire une rédaction

Avant l'écriture

1. Vous allez écrire une rédaction (*composition*) dans laquelle vous expliquez vos projets d'avenir en ce qui concerne (*concerning*) votre carrière professionnelle.

2. D'abord, préparez des petites fiches (*cards*) avec des notes pour chacune (*each*) des catégories suivantes. Vous avez trois catégories de fiches:

   - types de professions

   - recherche d'un emploi

   - évolution de carrière

3. Pour chaque catégorie, écrivez vos idées sur la fiche correspondante. Utilisez une fiche pour chaque idée. Basez-vous sur ces questions pour trouver des idées.

TYPES DE PROFESSIONS

- Quels domaines professionnels ou quelles professions vous intéressent? Pourquoi? Correspondent-ils à vos études?

- Connaissez-vous déjà des compagnies pour lesquelles vous avez envie de travailler? Lesquelles? Pourquoi?

RECHERCHE D'UN EMPLOI

- Resterez-vous dans la région où vous habitez maintenant?

- Comment chercherez-vous du travail? Chercherez-vous dans le journal ou sur Internet?

- Chercherez-vous un emploi à temps partiel ou à plein temps? Quel salaire vous proposera-t-on, à votre avis?

ÉVOLUTION DE CARRIÈRE

- Travaillerez-vous pour la même entreprise toute votre carrière ou changerez-vous d'emploi?

- Votre emploi évoluera-t-il beaucoup (promotions, salaire et autres avantages,...), à votre avis?

- Finirez-vous par créer votre propre entreprise?

- À quel âge prendrez-vous votre retraite?

4. Regardez cet exemple pour la catégorie numéro 1.

> *Types de professions*
>
> *Je travaillerai dans le domaine de la science. Je deviendrai astronome et j'étudierai l'univers. J'ai toujours voulu savoir s'il y avait de la vie sur d'autres planètes.*

5. Avant de noter vos idées sur les fiches, organisez-les selon (*according to*) les trois catégories. Vous aurez ainsi toutes vos idées prêtes pour l'écriture de votre rédaction.

Écriture

1. Servez-vous des fiches pour écrire votre rédaction. Écrivez trois paragraphes en utilisant (*by using*) les catégories comme thèmes de chaque paragraphe.

2. Employez les points de grammaire de cette unité dans votre rédaction.

Après l'écriture

1. Échangez votre rédaction avec celle (*the one*) d'un(e) partenaire. Répondez à ces questions pour commenter son travail.

- Votre partenaire a-t-il/elle écrit trois paragraphes qui correspondent aux trois catégories d'information?

- A-t-il/elle répondu à toutes les questions de la liste qui apparaît dans **Avant l'écriture**?

- A-t-il/elle bien utilisé les points de grammaire de l'unité?

- Quel(s) détail(s) ajouteriez-vous (*would you add*)? Quel(s) détail(s) enlèveriez-vous (*would you delete*)? Quel(s) autre(s) commentaire(s) avez-vous pour votre partenaire?

2. Corrigez votre rédaction d'après (*according to*) les commentaires de votre partenaire. Relisez votre travail pour éliminer ces problèmes:

- des fautes (*errors*) d'orthographe

- des fautes de ponctuation

- des fautes de conjugaison

- un mauvais emploi (*use*) des temps

- un mauvais emploi de la grammaire de l'unité

- des fautes d'accord (*agreement*) des adjectifs

 Vocabulary Tools

Leçon 13A

La recherche d'emploi

chercher un/du travail *to look for work*
embaucher *to hire*
faire des projets *to make plans*
lire les annonces (f.) *to read the want ads*
obtenir *to get, to obtain*
passer un entretien *to have an interview*
postuler *to apply*
prendre (un) rendez-vous *to make an appointment*
trouver un/du travail *to find a job*
un(e) candidat(e) *candidate, applicant*
un chef du personnel *human resources director*
un chômeur/une chômeuse *unemployed person*
une compagnie *company*
un conseil *advice*
un curriculum vitæ (un CV) *résumé*
une entreprise *firm, business*
une lettre de motivation *letter of application*
un métier *profession*
un poste *position*
un salaire (élevé, modeste) *(high, low) salary*

Vocabulaire supplémentaire

dès que *as soon as*
quand *when*
lequel *which one (m. sing.)*
lesquels *which ones (m. pl.)*
laquelle *which one (f. sing.)*
lesquelles *which ones (f. pl.)*

Qualifications

un domaine *field*
une expérience professionnelle *professional experience*
une formation *education; training*
une lettre de recommandation *letter of reference/recommendation*
une mention *distinction*
une référence *reference*
un(e) spécialiste *specialist*
un stage *internship; professional training*

Expressions utiles

See p. 545.

Au téléphone

appeler *to call*
décrocher *to pick up*
laisser un message *to leave a message*
patienter *to wait (on the phone), to be on hold*
raccrocher *to hang up*
l'appareil (m.) *telephone*
le combiné *receiver*
la messagerie *voicemail*
un numéro de téléphone *phone number*
une télécarte *phone card*
Allô! *Hello! (on the phone)*
Qui est à l'appareil? *Who's calling please?*
C'est de la part de qui? *On behalf of whom?*
C'est M./Mme/Mlle... (à l'appareil.) *It's Mr./Mrs./Miss... (on the phone.)*
Ne quittez pas. *Please hold.*

Leçon 13B

Au travail

démissionner *to resign*
diriger *to manage*
être au chômage *to be unemployed*
être bien/mal payé(e) *to be well/badly paid*
gagner *to earn; to win*
prendre un congé *to take time off*
renvoyer *to dismiss, to let go*

une carrière *career*
un chômeur/une chômeuse *unemployed person*
un emploi à mi-temps/à temps partiel *part-time job*
un emploi à plein temps *full-time job*
un niveau *level*
une profession (exigeante) *(demanding) profession*
un(e) retraité(e) *retired person*
une réunion *meeting*
une réussite *success*
un syndicat *union*
une assurance (maladie, vie) *(health, life) insurance*
une augmentation (de salaire) *raise (in salary)*
une promotion *promotion*

Pronoms relatifs

dont *of which, of whom*
où *where*
que *that, which*
qui *who, that, which*

Expressions utiles

See p. 563.

Les métiers

un agent immobilier *real estate agent*
un agriculteur/une agricultrice *farmer*
un banquier/une banquière *banker*
un cadre/une femme cadre *executive*
un chauffeur de taxi/de camion *taxi/truck driver*
un chef d'entreprise *head of a company*
un chercheur/une chercheuse *researcher*
un(e) comptable *accountant*
un conseiller/une conseillère *consultant; advisor*
un cuisinier/une cuisinière *cook, chef*
un(e) électricien(ne) *electrician*
une femme au foyer *housewife*
un(e) gérant(e) *manager*
un homme/une femme politique *politician*
un ouvrier/une ouvrière *worker, laborer*
un plombier *plumber*
un pompier/une femme pompier *firefighter*
un(e) psychologue *psychologist*
un(e) vétérinaire *veterinarian*

L'espace vert

Pour commencer

- Où est le groupe d'amis?
  a. à la mer   b. à la campagne   c. en ville
- Qu'est-ce qu'ils vont faire?
  a. un pique-nique   b. les courses   c. du vélo
- Qu'est-ce qu'il y a derrière eux?
  a. une jungle   b. une montagne   c. un pont

Leçon 14A

You will learn how to...
- talk about pollution
- talk about what needs to be done

(S) Vocabulary Tools

Sauvons la planète!

un nuage de pollution

la pluie acide

l'énergie nucléaire (f.)

l'énergie solaire (f.)

une centrale nucléaire

USINE AUTOMOBILE

la pollution

le covoiturage

Vocabulaire

abolir	to abolish
améliorer	to improve
développer	to develop
gaspiller	to waste
préserver	to preserve
prévenir l'incendie	to prevent a fire
proposer une solution	to propose a solution
sauver la planète	to save the planet
une catastrophe	catastrophe
un danger	danger, threat
des déchets toxiques (m.)	toxic waste
l'effet de serre (m.)	greenhouse effect
le gaspillage	waste
un glissement de terrain	landslide
une population croissante	growing population
le réchauffement climatique	global warming
la surpopulation	overpopulation
le trou dans la couche d'ozone	hole in the ozone layer
une usine	factory
l'écologie (f.)	ecology
un emballage en plastique	plastic wrapping/packaging
l'environnement (m.)	environment
un espace	space, area
un produit	product
la protection	protection
écologique	ecological
en plein air	outdoor, open-air
pur(e)	pure
un gouvernement	government
une loi	law

ressources

WB pp. 189–190 | LM p. 105 | (S) vhlcentral

Les sons et les lettres  Audio

French and English spelling

You have seen that many French words only differ slightly from their English counterparts. Many differ in predictable ways. English words that end in *-y* often end in **-ie** in French.

biolog**ie**	psycholog**ie**	énerg**ie**	écolog**ie**

English words that end in *-ity* often end in **-ité** in French.

qual**ité**	univers**ité**	c**ité**	national**ité**

French equivalents of English words that end in *-ist* often end in **-iste**.

art**iste**	optim**iste**	pessim**iste**	dent**iste**

French equivalents of English words that end in *-or* and *-er* often end in **-eur**. This tendency is especially common for words that refer to people.

doct**eur**	act**eur**	employ**eur**	agricult**eur**

Other English words that end in *-er* end in **-re** in French.

cent**re**	memb**re**	lit**re**	théât**re**

Other French words vary in ways that are less predictable, but they are still easy to recognize.

prob**lème**	orchestre	carotte	calculatrice

Prononcez   Répétez les mots suivants à voix haute.

1. tigre
2. bleu
3. lettre
4. salade
5. poème
6. banane
7. tourisme
8. moniteur
9. pharmacie
10. écologiste
11. conducteur
12. anthropologie

Articulez   Répétez les phrases suivantes à voix haute.

1. Ma cousine est vétérinaire.
2. Le moteur ne fonctionne pas.
3. À la banque, Carole paie par chèque.
4. Mon oncle écrit l'adresse sur l'enveloppe.
5. À la station-service, le mécanicien a réparé le moteur.

Dictons   Répétez les dictons à voix haute.

On ne fait pas d'omelette sans casser des œufs.[2]

On reconnaît l'arbre à son fruit.[1]

[1] You can recognize a tree by its fruit.
[2] You can't make an omelet without breaking some eggs.

ressources

LM
p. 106

vhlcentral

Une idée de génie Video

PERSONNAGES

Amina

David

Rachid

Sandrine

Stéphane

Valérie

Au P'tit Bistrot...

VALÉRIE Stéphane, mon chéri, tu peux porter ces bouteilles en verre à recycler, s'il te plaît?

STÉPHANE Oui, bien sûr, maman.

VALÉRIE Oh, et puis, ces emballages en plastique aussi.

STÉPHANE Oui, je m'en occupe tout de suite.

RACHID ET AMINA Bonjour, Madame Forestier!

VALÉRIE Bonjour à vous deux.

AMINA Où est Michèle?

VALÉRIE Je n'en sais rien.

RACHID Mais elle ne travaille pas aujourd'hui?

VALÉRIE Non, elle ne vient ni aujourd'hui, ni demain, ni la semaine prochaine.

AMINA Elle est en vacances?

VALÉRIE Elle a démissionné.

RACHID Mais pourquoi?

AMINA Ça ne nous regarde pas!

VALÉRIE Oh, ça va, je peux vous le dire. Michèle voulait un autre travail.

RACHID Quelle sorte de travail?

VALÉRIE Plus celui-ci... Elle voulait une augmentation, ce n'était pas possible.

DAVID Madame Forestier, vous avez entendu la nouvelle? Je rentre aux États-Unis.

VALÉRIE Tu repars aux États-Unis?

DAVID Dans trois semaines.

VALÉRIE Il te reste très peu de temps à Aix, alors!

SANDRINE Oui. On sait.

DAVID Il faut que nous passions le reste de mon séjour de bonne humeur, hein?

RACHID Ah, mais vraiment, tout le monde a l'air triste aujourd'hui!

AMINA Oui. Pensons à quelque chose pour améliorer la situation. Tu as une idée?

RACHID Oui, peut-être.

AMINA Dis-moi! (*Il lui parle à l'oreille.*) Excellente idée!

RACHID Tu crois? Tu es sûre? Bon... Écoutez, j'ai une idée.

DAVID C'est quoi, ton idée?

RACHID Tout le monde a l'air triste aujourd'hui. Si on allait au mont Sainte-Victoire ce week-end. Ça vous dit?

DAVID Oui! J'aimerais bien y aller. J'adore dessiner en plein air.

A C T I V I T É S

1 **Les événements** Remettez ces événements dans l'ordre chronologique.

_____ a. David dit qu'il part dans trois semaines.

_____ b. Valérie explique que Michèle ne travaille plus au P'tit Bistrot.

_____ c. Amina dit qu'elle veut aller à la montagne Sainte-Victoire ce week-end.

_____ d. Stéphane va porter les bouteilles et les emballages à recycler.

_____ e. Amina veut savoir où est Michèle.

_____ f. David dit au groupe ce qu'il a lu dans le journal.

_____ g. Sandrine semble (*seems*) avoir le trac.

_____ h. Ils décident de passer le week-end tous ensemble.

_____ i. Rachid essaie de remonter le moral à ses amis.

_____ j. David console Sandrine.

 Practice more at **vhlcentral.com**.

Rachid propose une excursion en montagne.

DAVID Bonjour, tout le monde. Vous avez lu le journal ce matin? Il faut que je vous parle de cet article sur la pollution. J'ai appris beaucoup de choses au sujet des pluies acides, du trou dans la couche d'ozone, de l'effet de serre...

AMINA Oh, David, la barbe.

RACHID Allez, assieds-toi et déjeune avec nous.

Un peu plus tard...

RACHID Ton concert est dans une semaine, n'est-ce pas Sandrine?

SANDRINE Oui.

RACHID Qu'est-ce que tu vas chanter?

SANDRINE Écoute, Rachid, je n'ai pas vraiment envie de parler de ça.

SANDRINE Oui, peut-être...

AMINA Allez! Ça nous fera du bien! Adieu pollution de la ville. À nous, l'air pur de la campagne! Qu'en penses-tu, Sandrine?

SANDRINE Bon, d'accord.

AMINA Super! Et vous, Madame Forestier? Vous et Stéphane avez besoin de vous reposer aussi, vous devez absolument venir avec nous!

VALÉRIE En effet, je crois que c'est une excellente idée!

Expressions utiles

Talking about necessities

- **Il faut que je vous parle de cet article sur la pollution.**
  I have to tell you about this article on pollution.

- **Il faut que nous passions le reste de mon séjour de bonne humeur.**
  We have to spend the rest of my stay in a good mood.

Getting someone's opinion

- **Qu'en penses-tu?**
  What do you think (about that)?

- **Je pense que...**
  I think that...

Expressing denial

- **Je n'en sais rien.**
  I have no idea.

- **Ça ne nous regarde pas.**
  That's none of our business.

- **Quelle sorte de travail? Plus celui-ci.**
  What kind of job? Not this one anymore.

Additional vocabulary

- **au sujet de**
  about

- **Adieu!**
  Farewell!

- **Il te reste très peu de temps.**
  You don't have much time left.

- **en effet**
  indeed/in fact

- **je crois**
  I think/believe

- **Ça te/vous dit?**
  Does that appeal to you?

2 **Répondez** Répondez à ces questions par des phrases complètes.

1. Que se passe-t-il avec Sandrine?
2. Qu'est-ce qu'Amina croit (*believe*) qu'il se passe avec Michèle?
3. Pourquoi Rachid veut-il aller à la montagne Sainte-Victoire?
4. À votre avis, qu'est-ce que David a appris après avoir lu le journal?

3 **Écrivez** Imaginez comment se passera le week-end du groupe d'amis à la montagne Sainte-Victoire. Composez un paragraphe qui explique comment ils vont y aller, ce qu'ils y feront, s'ils s'amuseront...

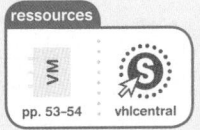

ressources

VM
pp. 53–54

vhlcentral

A C T I V I T É S

Reading

CULTURE À LA LOUPE

L'écologie

l'agriculture française

Le mouvement écologique a commencé en France dans les années 1970, mais ne s'est réellement développé que dans les années 1980. Ce sont surtout les crises majeures comme le nuage de Tchernobyl en 1986, la destruction de la couche d'ozone, l'effet de serre et les marées noires° qui ont réveillé la conscience écologique des Français. Le désir de préserver la qualité de la vie et les espaces naturels s'est développé en même temps.

Aujourd'hui, l'environnement n'est pas le sujet d'inquiétude° numéro un des Français. L'emploi, la baisse des revenus° et l'avenir des retraites les préoccupent° plus. Pourtant, le score aux élections du parti écologique des Verts est en hausse° depuis 1999 et on considère que le parti des Verts est le deuxième parti de gauche.

une manifestation° des Verts

De manière générale, les problèmes liés à° l'environnement qui retiennent° le plus l'attention des Français sont la pollution atmosphérique des villes, la pollution de l'eau, le réchauffement du climat et la prolifération des déchets nucléaires. Pour l'opinion publique, le plus urgent à régler est la qualité de l'eau. En effet, à cause de° l'agriculture française, les taux° de nitrates et de phosphates dans l'eau sont presque partout largement supérieurs à la normale. Depuis la crise de la vache folle°, les Français sont aussi sensibles aux menaces alimentaires°. Les cultures OGM° ont porté le débat écologique dans les assiettes.

Les inquiétudes sur l'environnement

• les Français qui s'opposent à la culture de plantes génétiquement modifiées	79%
• les Français qui sont préoccupés par la pollution de l'air et de l'eau	54%
• les Français qui s'inquiètent de plus en plus des changements climatiques	40%
• les Français qui sont préoccupés par les problèmes de qualité du cadre de vie°: urbanisation en augmentation, pollution sonore°, disparition des paysages°, etc.	37%

marées noires *oil spills* **inquiétude** *concern* **baisse des revenus** *lowering of incomes* **préoccupent** *worry* **en hausse** *on the rise* **liés à** *linked to* **retiennent** *hold* **régler** *solve* **à cause de** *because of* **taux** *levels* **vache folle** *mad cow* **menaces alimentaires** *food-related threats* **OGM (organismes génétiquement modifiés)** *GMO (genetically modified organisms)* **cadre de vie** *living environment* **pollution sonore** *noise pollution* **disparition des paysages** *changing landscapes* **manifestation** *demonstration*

A C T I V I T É S

1 **Complétez** Complétez les phrases.

1. Le mouvement écologique s'est développé _____.

2. Les crises majeures comme _____ ont réveillé la conscience écologique des Français.

3. _____ n'est pas la principale préoccupation des Français.

4. _____ préoccupent plus les Français.

5. Le score aux élections du parti écologique des Verts est _____.

6. Pour les Français, le problème écologique le plus urgent à régler est _____.

7. À cause de l'agriculture, _____ sont presque partout largement supérieurs à la normale.

8. 70 à 80% des Français sont préoccupés _____.

9. 66% des Français s'opposent _____.

10. _____ s'inquiètent de plus en plus des changements climatiques.

LE FRANÇAIS QUOTIDIEN

L'écologie

agriculture (f.) bio	*organic farming*
bac (m.) de recyclage	*recycling bin*
écologiste (m., f.)	*ecologist*
énergie (f.) éolienne	*wind power*
énergie (f.) renouvelable	*renewable energy*
panneau (m.) solaire	*solar panel*
produit (m.) bio	*organic product*
seuil (m.) de tolérance	*threshold*

PORTRAIT

L'énergie nucléaire

En France, l'électricité d'origine nucléaire est la principale énergie produite et consommée: en effet, le nucléaire produit 75 à 80% de l'électricité. C'est EDF (Électricité de France) qui a construit les premières centrales du pays dans les années 1950. La production d'énergie d'origine nucléaire est plus largement développée à partir de 1974, au lendemain du premier choc pétrolier°. Aujourd'hui, le pays possède 58 réacteurs et une usine de traitement°, Areva NC, située à La Hague, dans le nord-ouest du pays. Les déchets radioactifs de France, d'Europe et d'Asie y sont traités°. La France est un exemple de réussite en ce qui concerne l'énergie nucléaire, mais sa population est inquiète. L'explosion de Tchernobyl en 1986 a démontré les risques d'accidents dans les centrales. Dix pour cent des déchets, dits «à vie longue»,

ne sont pas traitables° et deviennent un problème de santé publique. C'est pourquoi le rôle des énergies renouvelables ne peut donc qu'augmenter à l'avenir. Ces «énergies propres», ou «énergies vertes», proviennent° de sources que la nature renouvelle en permanence: elles sont inépuisables° à l'échelle° du temps humain. Elles sont issues de plusieurs grandes sources naturelles comme le soleil (solaire), l'eau (hydraulique), le vent (éolienne°) ou encore la terre (géothermique).

choc pétrolier *oil crisis* **usine de traitement** *treatment plant* **traités** *treated*
ne sont pas traitables *are not treatable* **proviennent** *come from*
inépuisables *inexhaustible* **à l'échelle** *on the scale* **éolienne** *wind power*

LE MONDE FRANCOPHONE

L'écotourisme

Voici quelques destinations francophones de l'écotourisme.

En Afrique du Nord avec le désert du Sahara, en Algérie, au Maroc et en Tunisie

À la Guadeloupe avec le volcan de la Soufrière, ses nombreuses cascades° et ses forêts tropicales

En Guyane française avec sa forêt tropicale humide qui couvre 90% du pays

Au Québec avec sa géographie variée, ses communautés indigènes° et ses trois réserves de biosphère

Aux Seychelles les 115 îles de l'archipel, avec leurs nombreuses réserves naturelles et leurs récifs de corail°

Au Viêt-nam le delta du Mékong, avec son paysage de canaux° et ses cultures de riz

cascades *waterfalls* **indigènes** *native* **récifs de corail** *coral reefs*
canaux *canals*

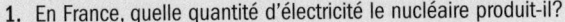

2 **Répondez** Répondez aux questions d'après les textes.

1. En France, quelle quantité d'électricité le nucléaire produit-il?

2. Qui a construit les premières centrales françaises?

3. Les Français sont-ils satisfaits du nucléaire?

4. Quelles sont les grandes sources d'énergies renouvelables?

5. Où peut-on faire de l'écotourisme au Québec?

3 **Nucléaire et environnement** Vous travaillez pour Areva NC et votre partenaire est un(e) militant(e) écologiste. Imaginez ensemble un dialogue où vous parlez de vos opinions pour et contre l'usage (*use*) de l'énergie nucléaire en France. Soyez prêt(e)s à jouer votre dialogue devant la classe.

 Practice more at **vhlcentral.com**.

ACTIVITÉS

ESPACE STRUCTURES

Demonstrative pronouns  Tutorial

Point de départ In Leçon 6A, you learned how to use demonstrative adjectives. Demonstrative *pronouns* refer to a person or thing that has already been mentioned. Examples of English demonstrative pronouns include *this one* and *those*.

> **La voiture** qui coûte moins cher est plus dangereuse pour l'environnement.
> *The car that costs less is more dangerous for the environment.*

> **Celle** qui coûte moins cher est plus dangereuse pour l'environnement.
> *The one that costs less is more dangerous for the environment.*

> **Les produits** que tu développes sont très importants.
> *The products that you're developing are very important.*

> **Ceux** que tu développes sont très importants.
> *The ones that you're developing are very important.*

Boîte à outils

Notice that adjectives agree in number and gender with the forms of **celui** they modify. Past participles also agree in number and gender with any preceding direct object form of **celui**. Example: **Cette usine est celle qu'on a vue à la télé hier.**

- Demonstrative pronouns agree in number and gender with the noun to which they refer.

		Demonstrative pronouns		
		singular		**plural**
masculine	**celui**	*this one; that one; the one*	**ceux**	*these; those; the ones*
feminine	**celle**	*this one; that one; the one*	**celles**	*these; those; the ones*

- Demonstrative pronouns must be followed by one of three constructions: **-ci** or **-là**, a relative clause, or a prepositional phrase.

-ci; -là	**Quels emballages? Ceux-ci?** *Which packages? These here?*	**Quelle bouteille? Celle-là, en verre?** *Which bottle? The glass one there?*
relative clause	**Quelle femme? Celle qui parle?** *Which woman? The one who's talking?*	**Henri Rouet? C'est celui qu'on a entendu à la radio.** *Henri Rouet? He's the one we heard on the radio.*
prepositional phrase	**Quel pull veux-tu? Celui de ton frère?** *Which sweatshirt do you want? Your brother's?*	**Ces sacs coûtent plus cher que ceux en papier.** *Those bags cost more than the paper ones.*

Essayez! **Choisissez le pronom démonstratif correct.**

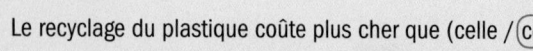

1. Le recyclage du plastique coûte plus cher que (celle / celui) du verre.
2. La protection des arbres est aussi importante que (celle / celui) des animaux.
3. Les espaces verts sont (ceux / celles) dont on a le plus besoin en ville.
4. Les ordures les plus sales sont (ceux / celles) des industries.
5. De tous les problèmes écologiques, l'effet de serre est (celui / ceux) dont on parle le plus.
6. Quels sacs préfères-tu: (ceux / celui)-ci?
7. Les bouteilles en verre sont-elles plus écologiques que (ceux / celles) en plastique?
8. Le gaspillage de l'eau n'est pas plus excusable que (celui / celle) de l'électricité.

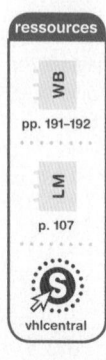

ressources

WB
pp. 191–192

LM
p. 107

vhlcentral

Le français vivant

L'île de Corse

Celle qui a les plus belles plages de la Méditerranée. Tous ceux qui habitent ce paradis sont fiers de le partager avec tous ceux qui leur rendent visite. Celui qui vient en Corse une fois y reviendra toujours.

*beauté***corse**

Identifiez Quels pronoms démonstratifs trouvez-vous dans la publicité (*ad*)?

 Questions À tour de rôle, avec un(e) partenaire, posez-vous ces questions. Employez des pronoms démonstratifs dans vos réponses, si possible.

1. D'après (*According to*) la pub, quelles sont les plus belles plages de la Méditerranée?
2. Qui est fier de partager la Corse?
3. Que veut celui qui vient une fois en Corse?
4. Y a-t-il un endroit dans le monde qui a eu cet effet sur toi? Lequel?
5. Voudrais-tu visiter la Corse un jour? Pourquoi?

Mise en pratique

1 **Le marché aux puces** Vous êtes au marché aux puces (*flea market*) pour trouver des cadeaux. Complétez les phrases avec des pronoms démonstratifs.

1. Ce magnifique vase bleu, je pense que c'est _____ que maman voulait.

2. Ces deux jolis sacs: _____ est pour Sylvie et _____ est pour Soraya.

3. Cette casquette rouge est pour moi. Elle ressemble à _____ de Françoise.

4. Il y avait des boîtes pleines de livres anciens. _____ que j'ai achetés étaient les plus beaux.

5. J'adore ces deux affiches. _____ est pour Julien et _____ est pour André.

6. Nous allons acheter un nouveau vélo. _____ de Julien est trop vieux!

7. Tu aimes ces bottes-ci ou préfères-tu _____ -là?

8. Ces pulls coûtent trop cher! _____ que Stéphane a choisis sont mieux.

2 **Entretien** Camille doit passer un entretien et elle parle à sa copine Alice. Ajoutez des pronoms démonstratifs avec **-ci** et **-là**.

CAMILLE Qu'est-ce que je peux mettre pour cet entretien? J'ai plusieurs tailleurs sympas.

ALICE Ces deux tailleurs gris font sérieux. Tu devrais plutôt mettre (1) _____. Il est élégant et classique.

CAMILLE Et comme chemisier, qu'est-ce que je mets?.

ALICE (2) _____ est joli, mais (3) _____ ira mieux avec le style de ton tailleur.

CAMILLE Tu penses que je devrais mettre ces chaussures-ci ou (4) _____?

ALICE (5) _____ sont très à la mode mais (6) _____ sont plus classiques.

3 **Cadeau d'anniversaire** C'est bientôt l'anniversaire d'Houda et vous discutez avec un(e) partenaire des cadeaux que vous pourriez lui offrir. Refaites leur conversation.

MODÈLE des tee-shirts / plus joli

Étudiant(e) 1: *Tu aimes ce tee-shirt?*
Étudiant(e) 2: *Non, pas trop.*
Étudiant(e) 1: *Alors, lequel préfères-tu?*
Étudiant(e) 2: *Je préfère celui-ci. Il est plus joli.*

• des robes / élégant

• des lunettes de soleil / trop cher

• des CD / plus classique

• des livres / très intéressant

Practice more at **vhlcentral.com.**

Communication

4 **Définitions** Votre petit frère vous demande de lui expliquer ces expressions. Avec un(e) partenaire, alternez les rôles pour donner leurs définitions. Utilisez **celui qui**, **celle qui**, **ceux qui** ou **celles qui**.

MODÈLE un pollueur

Étudiant(e) 1: *Qu'est-ce que c'est, un pollueur?*
Étudiant(e) 2: *C'est celui qui laisse des papiers sales dans la rue.*

- les déchets toxiques
- un(e) écologiste
- un écoproduit
- l'énergie solaire
- une loi
- la pluie acide
- une usine
- les voitures hybrides

5 **La pollution** Que pensent vos camarades de la pollution? Posez ces questions à un(e) partenaire. Ensuite, présentez les réponses à la classe. Utilisez **celui**, **celle**, **ceux** ou **celles**.

1. Quelles voitures polluent le moins: les voitures hybrides ou les voitures de sport? Lesquelles préfères-tu?
2. Connais-tu quelqu'un qui fait régulièrement du covoiturage? Qui? Pourquoi le fait-il/elle?
3. Les emballages en plastique polluent-ils plus que ceux en papier? Pourquoi?
4. Est-ce que ceux qui recyclent leurs déchets aident à préserver la nature? Pourquoi?
5. Quelles usines sont mauvaises pour l'environnement? Pourquoi?
6. À votre avis, le gouvernement doit-il passer des lois pour arrêter le gaspillage? Quelles sortes de lois?
7. Quelles solutions proposez-vous pour sauver la planète?
8. Parmi (*Among*) les pays industrialisés, lesquels polluent le plus? Lesquels polluent le moins?

6 **D'accord, pas d'accord** Par groupes de quatre, faites ce sondage (*survey*). Qui est d'accord ou qui n'est pas d'accord avec ces phrases? Justifiez vos réponses. Ensuite, comparez-les avec celles d'un autre groupe.

	D'accord	Pas d'accord
1. Les déchets toxiques d'une centrale nucléaire sont plus dangereux que ceux d'une centrale électrique.	_____	_____
2. Les sacs en plastique sont aussi facilement recyclables que ceux en papier.	_____	_____
3. En ce qui concerne la voiture du futur, la voiture hybride est celle dont on parle le plus.	_____	_____
4. Les déchets qui polluent le plus sont ceux des centrales nucléaires.	_____	_____

ESPACE **STRUCTURES**

14A.2 The subjunctive (Part 1)  Tutorial
Introduction, regular verbs, and impersonal expressions

Point de départ With the exception of commands and the conditional, the verb forms you have learned have been in the indicative mood. The indicative is used to state facts and to express actions or states that the speaker considers real and definite. In contrast, the subjunctive mood expresses the speaker's subjective attitudes toward events and actions or presents the speaker's views as uncertain or hypothetical.

Present subjunctive of one-stem verbs			
	parler	**finir**	**attendre**
que je/j'	parle	finisse	attende
que tu	parles	finisses	attendes
qu'il/elle/on	parle	finisse	attende
que nous	parlions	finissions	attendions
que vous	parliez	finissiez	attendiez
qu'ils/elles	parlent	finissent	attendent

- The **je, tu, il/elle/on,** and **ils/elles** forms of the three verb types form the subjunctive the same way. They add the subjunctive endings to the stem of the **ils/elles** form of the present indicative.

INFINITIVE	PRESENT INDICATIVE OF ILS/ELLES	PRESENT SUBJUNCTIVE
parler	parlent	que je parle
finir	finissent	que je finisse
attendre	attendent	que j'attende

Il est nécessaire qu'on **évite** le gaspillage.
It is necessary for us to avoid waste.

Il est important qu'elle **réfléchisse** aux dangers.
It's important that she thinks about the dangers.

Il faut qu'elles **finissent** leurs devoirs.
They must finish their homework.

Il est essentiel que je **vende** ma voiture.
It is essential that I sell my car.

Il est bon qu'il **attende** à l'école.
It's good that he's waiting at school.

Il est nécessaire que tu **proposes** une solution.
It's necessary for you to propose a solution.

- The **nous** and **vous** forms of the present subjunctive are the same as those of the **imparfait**.

Il vaut mieux que nous **préservions** l'environnement.
It's better that we preserve the environment.

Il est essentiel que vous **trouviez** un meilleur travail.
It is essential that you find a better job.

Il faut que nous **commencions**.
It is necessary for us to start.

Il est bon que vous **réfléchissiez**.
It's good that you're thinking.

Il est essentiel que nous lui **parlions** tout de suite.
It is essential that we talk to him immediately.

Il est dommage que vous n'**étudiiez** pas l'allemand.
It's too bad that you don't study German.

🏃 Boîte à outils

English also uses the subjunctive. It used to be very common, but now survives mostly in expressions such as *if I were you* and *be that as it may.*

À noter

Remember that verbs ending in **-ier** have a double **i** in the **nous** and **vous** forms of the present subjunctive: **étudiiez**, **skiions**, etc. You learned this in **Leçon 8A** with the **imparfait.**

- The verbs on the preceding page are called one-stem verbs because the same stem is used for all the endings. Two-stem verbs have a different stem for **nous** and **vous**, but their forms are still identical to those of the **imparfait**.

Present subjunctive of two-stem verbs				
	acheter	**venir**	**prendre**	**boire**
que je/j'	achète	vienne	prenne	boive
que tu	achètes	viennes	prennes	boives
qu'il/elle/on	achète	vienne	prenne	boive
que nous	achetions	venions	prenions	buvions
que vous	achetiez	veniez	preniez	buviez
qu'ils/elles	achètent	viennent	prennent	boivent

- The subjunctive is usually used in complex sentences that consist of a main clause and a subordinate clause. The main clause contains a verb or expression that triggers the subjunctive. The word **que** connects the two clauses.

Il est important **que** nous **buvions** de l'eau propre.
It's important that we drink clean water.

Il faut **que** vous **preniez** vos médicaments.
You have to take your medicine.

- These impersonal expressions of opinion are often followed by clauses in the subjunctive. They are followed by the infinitive, without **que**, if no person or thing is specified. Add **de** before the infinitive after expressions with **être**.

Il est bon que...	*It is good that...*	**Il est indispensable que...**	*It is essential that...*
Il est dommage que...	*It is a shame that...*	**Il est nécessaire que...**	*It is necessary that...*
Il est essentiel que...	*It is essential that...*	**Il est possible que...**	*It is possible that...*
Il est important que...	*It is important that...*	**Il faut que...**	*One must.../It is necessary that...*
		Il vaut mieux que...	*It is better that...*

Il est important qu'on **réduise** le gaspillage.
It is important that we reduce waste.

but

Il est important de réduire le gaspillage.
It is important to reduce waste.

Il faut qu'on **ferme** l'usine.
We must close the factory.

but

Il faut fermer l'usine.
The factory must be closed.

Il vaut mieux qu'on **achète** des produits écologiques.
It's better that we buy ecological products.

but

Il vaut mieux acheter des produits écologiques.
It's better to buy ecological products.

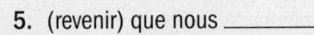

Essayez! Indiquez la forme correcte du présent du subjonctif de ces verbes.

1. (améliorer) que j' _améliore_
2. (maigrir) que tu _____
3. (dire) qu'elle _____
4. (attendre) que nous _____
5. (revenir) que nous _____
6. (apprendre) que vous _____
7. (répéter) qu'ils _____
8. (choisir) qu'on _____

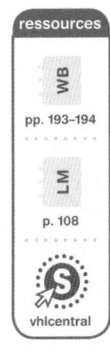

ressources

WB
pp. 193–194

LM
p. 108

vhlcentral

ESPACE **STRUCTURES**

Mise en pratique

1 **Prévenir et améliorer** Complétez ces phrases avec la forme correcte des verbes au présent du subjonctif.

1. Il est essentiel que je _____ (recycler).

2. Il est important que nous _____ (réduire) la pollution.

3. Il faut que le gouvernement _____ (interdire) les voitures polluantes (*polluting*).

4. Il vaut mieux que vous _____ (améliorer) les transports en commun (*public transportation*).

5. Il est possible que les pays _____ (prendre) des mesures pour réduire les déchets toxiques.

6. Il est indispensable que tu _____ (boire) de l'eau pure.

7. Il est bon que vous _____ (proposer) des solutions pour préserver la nature.

8. Il est dommage qu'on _____ (gaspiller) de l'eau.

2 **Sur le campus** Quelles règles les étudiants qui habitent sur le campus doivent-ils suivre? Transformez ces phrases avec **il faut** et le présent du subjonctif.

MODÈLE

Vous devez vous coucher avant minuit.
Il faut que vous vous couchiez avant minuit.

1. Le matin, vous devez vous lever à sept heures.

2. Ils doivent fermer leur porte avant de partir.

3. Tu dois prendre le bus au coin de la rue.

4. Je dois déjeuner au resto U à midi.

5. Nous devons rentrer tôt pendant la semaine.

6. Elle doit travailler pour payer ses études.

7. Nous devons étudier à la bibliothèque.

8. On doit se coucher avant minuit.

3 **Éviter une catastrophe** Que devons-nous faire pour préserver notre planète? Avec un(e) partenaire, faites des phrases avec des expressions impersonnelles.

MODÈLE

Il est essentiel que tu évites le gaspillage.

A	B	C
je/j'	améliorer	les écoproduits
tu	développer	les emballages
on	éviter	le gaspillage
nous	préserver	les glissements de terrain
vous	prévenir	les industries propres
le président	recycler	la nature
les pays	sauver	la pollution
?	trouver	le ramassage des ordures

Practice more at **vhlcentral.com**.

Communication

4   **Oui ou non?** Vous discutez avec un(e) partenaire des problèmes de l'environnement. À tour de rôle, dites si vous êtes d'accord ou non.

MODÈLE

Étudiant(e) 1: *Il faut que les pays industrialisés réduisent les émissions de gaz à effet de serre.*
Étudiant(e) 2: *C'est vrai, il faut qu'ils réduisent les émissions de gaz à effet de serre.*

1. Il est nécessaire que tu recycles les bouteilles.
2. Il est dommage que les étudiants prennent le bus pour aller à la fac.
3. Il est bon qu'on développe des énergies propres.
4. Il est essentiel qu'on signe le protocole de Kyoto.
5. Il est indispensable que nous évitions le gaspillage.
6. Il faut que les pays développent de nouvelles technologies pour réduire les émissions toxiques.

5   **Les opinions** Vous discutez avec un(e) partenaire des problèmes de pollution. À tour de rôle, répondez à ces questions. Justifiez vos réponses.

MODÈLE

Étudiant(e) 1: *Faut-il que nous préservions l'environnement?*
Étudiant(e) 2: *Oui, il faut que nous préservions l'environnement pour éviter le réchauffement de la Terre.*

1. Est-il important qu'on s'intéresse à l'écologie?
2. Faut-il qu'on évite de gaspiller?
3. Est-il essentiel que nous construisions des centrales nucléaires?
4. Vaut-il mieux que j'utilise des bacs (*bins*) à recyclage pour le ramassage des ordures?
5. Est-il indispensable qu'on prévienne les incendies?
6. Est-il possible qu'on développe l'énergie solaire?

6   **L'écologie** Par groupes de quatre, regardez les deux photos et parlez des problèmes écologiques qu'elles évoquent. Ensuite, préparez par écrit une liste de solutions. Comparez votre liste avec celles de la classe.

MODÈLE

Étudiant(e) 1: *Aujourd'hui, il y a trop de centrales nucléaires.*
Étudiant(e) 2: *Il faut qu'on développe l'énergie solaire.*

Révision

1 Des solutions Avec un(e) partenaire, décrivez ces problèmes et donnez des solutions. Utilisez le présent du subjonctif et un pronom démonstratif pour chaque photo. Présentez vos solutions à la classe.

MODÈLE

Étudiant(e) 1: *Cette eau est sale.*
Étudiant(e) 2: *Il faut que celui qui a pollué cette eau paie une grosse amende.*

1.

2.

3.

4.

2 Une lettre Vous habitez dans un village où les autorités veulent construire un grand aéroport. Avec un(e) partenaire, écrivez une lettre aux responsables dans laquelle vous expliquez vos inquiétudes (*worries*). Utilisez des expressions impersonnelles, puis lisez la lettre à la classe.

3 Les plaintes Par groupes de trois, interviewez vos camarades à tour de rôle. Que vous conseillent-ils de faire quand vous vous plaignez (*complain*) d'une de ces personnes? Écrivez leurs réponses, puis comparez-les à celles d'un autre groupe.

MODÈLE

Il est important que tu écrives une lettre au gérant.

- vos parents
- votre professeur
- votre camarade de chambre
- un(e) serveur/serveuse
- un(e) patron(ne)
- un médecin

4 Si… Avec un(e) partenaire, observez ces scènes et lisez les phrases. Pour chaque scène, faites trois phrases au présent du subjonctif, puis présentez-les à la classe.

MODÈLE

Étudiant(e) 1: *Si l'eau est sale, il ne faut pas que les gens mangent les poissons.*
Étudiant(e) 2: *Oui, il faut qu'ils les achètent à la poissonnerie.*

1. Si l'eau est sale, …

2. S'il y a un nuage de pollution, …

3. S'il tombe une pluie acide, …

4. S'il y a un glissement de terrain, …

5 Des propositions Que peut-on faire pour préserver l'environnement? Avec un(e) partenaire, utilisez le présent du subjonctif et, si nécessaire, des pronoms pour faire des propositions. Ensuite, comparez-les à celles d'un autre groupe.

MODÈLE

Étudiant(e) 1: *Celui qui change l'huile de sa voiture? Il est essentiel qu'il recycle l'huile et qu'il l'apporte à un garagiste.*
Étudiant(e) 2: *Il ne faut pas qu'il change l'huile trop souvent ou qu'il utilise de l'huile de mauvaise qualité.*

6 Non, Solange! Votre professeur va vous donner, à vous et à votre partenaire, deux feuilles d'activités différentes sur les mauvaises habitudes de Solange. Attention! Ne regardez pas la feuille de votre partenaire.

MODÈLE

Étudiant(e) 1: *Il est dommage que Solange conduise une voiture qui pollue.*
Étudiant(e) 2: *Il faut qu'elle conduise une voiture plus écologique.*

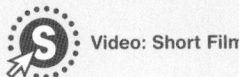 Video: Short Film

Le Zapping

La BMCE

La Banque Marocaine du Commerce Extérieur est la deuxième plus grande banque du Maroc. Elle a des agences en Europe et en Asie et vise° constamment à étendre° les liens° entre le Maroc et le reste du monde. À travers la Fondation BMCE Éducation et Environnement, elle se soucie° aussi de la protection de l'environnement et du développement de la société marocaine. En 2000, elle a lancé le projet Medersat.com, dont un des objectifs les plus importants est la scolarisation des enfants dans les villages ruraux du Maroc.

—Comme tu es belle, petite fleur! Seras-tu encore belle demain?

—Attends-moi! Moi aussi, j'ai envie d'apprendre.

Compréhension Répondez aux questions.

1. Sur quoi le garçon est-il debout (*standing*) dans la première scène?
2. Que demande-t-il à la colombe (*dove*)?
3. Où vont le garçon et sa sœur à la fin?

Discussion Par groupes de trois, répondez aux questions et discutez.

1. Pourquoi le garçon pose-t-il des questions? Pourquoi à une fleur, aux étoiles (*stars*), à une colombe et à un arbre (*tree*)? Quels sont leurs attributs?
2. Quels messages concernant les missions de la BMCE la publicité (*commercial*) nous transmet-elle?

vise *aims* **étendre** *to extend* **liens** *links* **se soucie** *cares*

Leçon 14B

You will learn how to...

- discuss nature and the environment
- make comparisons

Vocabulary Tools

En pleine nature

le ciel

un arbre

une plante

Ils font un pique-nique(s). (faire)

un écureuil

Vocabulaire

chasser	to hunt
jeter	to throw away
un animal	animal
un bois	woods
un champ	field
une côte	coast
un désert	desert
un fleuve	river
une forêt (tropicale)	(tropical) forest
la jungle	jungle
la nature	nature
une région	region
une rivière	river
un sentier	path
un volcan	volcano
la chasse	hunt
le déboisement	deforestation
l'écotourisme (m.)	ecotourism
une espèce (menacée)	(endangered) species
l'extinction (f.)	extinction
la préservation	protection
une ressource naturelle	natural resource
le sauvetage des habitats naturels	natural habitat preservation

une vache

l'herbe (f.)

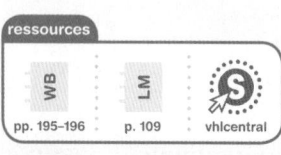

Mise en pratique

la Lune

une étoile

une vallée

une île

une falaise

un lac

un serpent

une pierre

un lapin

1 Écoutez Écoutez Armand parler de quelques-unes de ses expériences avec la nature. Après une deuxième écoute, écrivez les termes qui se réfèrent au ciel, à la terre et aux plantes.

Terre	Ciel	Plantes
_____	_____	_____
_____	_____	_____
_____	_____	_____
_____	_____	_____

2 Par catégorie Faites correspondre les éléments de la colonne de gauche avec l'élément des colonnes de droite qui convient.

____ 1. la Seine
____ 2. la Martinique   a. un volcan   f. une forêt
____ 3. une vache   b. une jungle   g. un désert
____ 4. l'Etna   c. un lac   h. un animal
____ 5. le pétrole   d. un fleuve   i. une ressource naturelle
____ 6. le Sahara   e. une plante   j. une île
____ 7. un arbre
____ 8. Érié

3 La nature Choisissez le terme qui correspond à chaque définition. Ensuite choisissez trois autres termes d'**ESPACE CONTEXTES** et écrivez leur définition. Avec un partenaire, lisez vos définitions et devinez quels sont les termes que vous avez choisis.

le déboisement	une falaise	la préservation
l'écotourisme	une jungle	le sauvetage des habitats naturels
l'environnement	une pierre	un sentier
l'extinction	un pique-nique	une vache

1. Là où l'homme vit: _____
2. Sauver et protéger: _____
3. Lieu très chaud, très humide: _____
4. Chemin très étroit (*narrow*): _____
5. Quand une espèce n'existe plus: _____
6. Conséquence de la destruction des arbres: _____
7. Action de sauver le lieu où vivent des animaux: _____
8. Vacances qui favorisent la protection de l'environnement: _____
9. Un animal de taille importante qui mange de l'herbe: _____
10. Quand on mange dans la nature: _____
11. Élément minéral solide, parfois gris: _____
12. Sur le dessin de gauche, c'est la masse rocheuse (*rocky*) à droite: _____

Communication

4 **Conversez** Interviewez un(e) camarade de classe.

1. As-tu déjà fait de l'écotourisme? Où? Sinon, où as-tu envie d'en faire?
2. Aimes-tu les pique-niques? Quand en as-tu fait un pour la dernière fois? Avec qui?
3. Quelles activités aimes-tu pratiquer dans la nature?
4. As-tu déjà visité une forêt? Laquelle?
5. Connais-tu un lac? Quand y es-tu allé(e)? Quelles activités y as-tu pratiquées?
6. Es-tu déjà allé(e) dans un désert? Lequel?
7. Es-tu déjà allé(e) sur une île? Laquelle? Comment as-tu passé le temps?
8. Quelles sont les régions du monde que tu veux visiter? Pour quelle(s) raison(s)?
9. Si tu étais un animal, lequel serais-tu? Pourquoi?
10. Quand tu regardes le ciel, que trouves-tu de beau? Pourquoi?

5 **La nature et moi** Écrivez un paragraphe dans lequel vous racontez votre expérience avec la nature. Ensuite, à tour de rôle, lisez votre description à votre partenaire et comparez vos paragraphes.

- Choisissez au minimum deux lieux naturels différents.
- Utilisez un minimum de huit mots de vocabulaire d'**ESPACE CONTEXTES.**
- Faites votre description avec le plus de détails possible.
- Expliquez ce que vous aimez ou ce que vous n'aimez pas à propos de chaque lieu.

6 **Les écologistes** Vous faites partie d'un club d'écologistes à l'université. Avec deux camarades de classe et les informations suivantes, préparez une brochure pour informer les étudiants du campus d'un grave problème écologique. Présentez ensuite votre brochure au reste de la classe. Quel groupe a présenté le problème le plus sérieux? Quel groupe a proposé les solutions les plus originales?

- le nom de votre club
- la situation géographique du problème écologique
- la description du problème
- les causes du problème
- les conséquences du problème
- les solutions possibles au problème

7 **À la radio** Vous travaillez pour le ministère du Tourisme d'un pays francophone et vous devez préparer un texte qui sera lu à la radio. L'objectif de ce message est de faire la promotion de ce pays pour son écotourisme. Décrivez la nature et les activités offertes. Utilisez les mots que vous avez appris dans **ESPACE CONTEXTES.**

MODÈLE

Venez découvrir la beauté de l'île de Madagascar. Chaque région vous offre des sentiers qui permettent d'admirer des plantes rares et des arbres magnifiques et de rencontrer des animaux extraordinaires… À Madagascar, la nature est unique, préservée. Le charme et l'exotisme sont ici!

Les sons et les lettres  Audio

Homophones

Many French words sound alike, but are spelled differently. As you have already learned, sometimes the only difference between two words is a diacritical mark. Other words that sound alike have more obvious differences in spelling.

a / à	ou / où	sont / son	en / an

Several forms of a single verb may sound alike. To tell which form is being used, listen for the subject or words that indicate tense.

je parle	**tu** parles	**ils** parlent
vous parlez	**j'ai** parlé	**je vais** parler

Many words that sound alike are different parts of speech. Use context to tell them apart.

VERB	POSSESSIVE ADJECTIVE	PREPOSITION	NOUN
Ils sont belges.	**C'est son mari.**	**Tu vas en France?**	**Il a un an.**

You may encounter multiple spellings of words that sound alike. Again, context is the key to understanding which word is being used.

je peux *I can*	**elle peut** *she can*	**peu** *a little, few*
le foie *liver*	**la foi** *faith*	**une fois** *one time*
haut *high*	**l'eau** *water*	**au** *at, to, in the*

Prononcez Répétez les paires de mots suivants à voix haute.

1. ce	se	4. foi	fois	7. au	eau	10. lis	lit
2. leur	leurs	5. ces	ses	8. peut	peu	11. quelle	qu'elle
3. né	nez	6. vert	verre	9. où	ou	12. c'est	s'est

Choisissez Choisissez le mot qui convient à chaque phrase.

1. Je (lis / lit) le journal tous les jours.
2. Son chien est sous le (lis / lit).
3. Corinne est (née / nez) à Paris.
4. Elle a mal au (née / nez).

Jeux de mots Répétez les jeux de mots à voix haute.

Le ver vert va vers le verre.[1]

Mon père est maire, mon frère est masseur.[2]

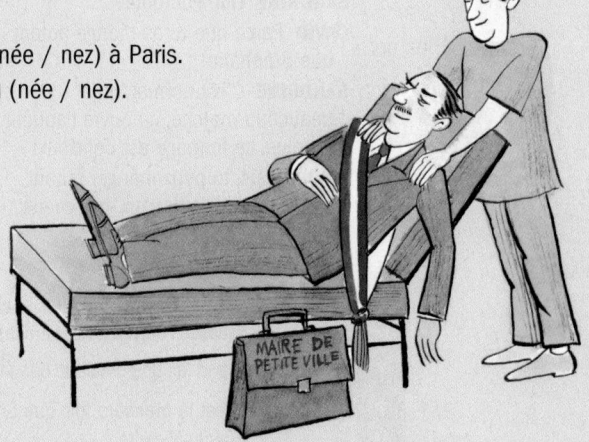

MAIRE DE PETITE VILLE

[2] My father is a mayor, my brother is a masseur.
[1] The green worm is going toward the glass.

ressources

LM
p. 110

vhlcentral

six cent cinq **605**

ESPACE **ROMAN-PHOTO**

La randonnée  Video

À la montagne...
DAVID Que c'est beau!
VALÉRIE C'est la première fois que tu viens à la montagne Sainte-Victoire?
DAVID Non, en fait, je viens assez souvent pour dessiner, mais malheureusement c'est peut-être la dernière fois. C'est dommage que j'aie si peu de temps.

SANDRINE Je préférerais qu'on parle d'autre chose.
AMINA Elle a raison, nous sommes venus ici pour passer un bon moment.
STÉPHANE Tiens, et si on essayait de trouver des serpents?
AMINA Des serpents ici?
RACHID Ne t'inquiète pas, ma chérie. Par précaution, je suggère que tu restes près de moi.

RACHID Mais il ne faut pas que tu sois aussi anxieuse.
SANDRINE C'est romantique ici, n'est-ce pas?
DAVID Comment? Euh, oui, enfin...
VALÉRIE Avant de commencer notre randonnée, je propose qu'on visite la Maison Sainte-Victoire.
AMINA Bonne idée. Allons-y!

Après le pique-nique...
DAVID Mais tu avais faim, Sandrine!
SANDRINE Oui. Pourquoi?
DAVID Parce que tu as mangé autant que Stéphane!
SANDRINE C'est normal, on a beaucoup marché, ça ouvre l'appétit. En plus, ce fromage est délicieux!
DAVID Mais, tu peux manger autant de fromage que tu veux, ma chérie.

Stéphane laisse tomber une serviette...
VALÉRIE Stéphane! Mais qu'est-ce que tu jettes par terre? Il est essentiel qu'on laisse cet endroit propre!
STÉPHANE Oh, ne t'inquiète pas, maman. J'allais mettre ça à la poubelle plus tard.

SANDRINE David, j'aimerais que tu fasses un portrait de moi, ici, à la montagne. Ça te dit?
DAVID Peut-être un peu plus tard... Cette montagne est tellement belle!
VALÉRIE David, tu es comme Cézanne. Il venait ici tous les jours pour dessiner. La montagne Sainte-Victoire était un de ses sujets favoris.

1 **Vrai ou faux?** Indiquez si ces affirmations sont vraies ou fausses. Corrigez les phrases fausses.

1. David fait un portrait de Sandrine sur-le-champ (*on the spot*).
2. C'est la première fois que Stéphane visite la Maison Sainte-Victoire.
3. Valérie traite la nature avec respect.
4. Sandrine mange beaucoup au pique-nique.
5. David et Sandrine passent un après-midi très romantique.

6. Le guide confirme qu'il y a des serpents sur la montagne Sainte-Victoire.
7. David est un peu triste de devoir bientôt retourner aux États-Unis.
8. Valérie pense que David ressemble à Cézanne.
9. Rachid est très romantique.
10. Stéphane laisse Rachid et Amina tranquilles.

 Practice more at **vhlcentral.com**.

Les amis se promènent à la montagne Sainte-Victoire.

À la Maison Sainte-Victoire

GUIDE Mesdames, Messieurs, bonjour et bienvenue. C'est votre première visite de la Maison Sainte-Victoire?

STÉPHANE Pour moi, oui.

GUIDE La Maison Sainte-Victoire a été construite après l'incendie de 1989.

DAVID Un incendie?

GUIDE Oui, celui qui a détruit une très grande partie de la forêt.

GUIDE Maintenant, la montagne est un espace protégé.

DAVID Protégé? Comment?

GUIDE Eh bien, nous nous occupons de la gestion de la montagne et de la forêt. Notre mission est la préservation de la nature, le sauvetage des habitats naturels et la prévention des incendies. Je vous fais visiter le musée?

VALÉRIE Oui, volontiers!

RACHID Tiens, chérie.

AMINA Merci, elle est très belle cette fleur.

RACHID Oui, mais toi, tu es encore plus belle. Tu es plus belle que toutes les fleurs de la nature réunies!

AMINA Rachid...

RACHID Chut! Ne dis rien... Stéphane! Laisse-nous tranquilles.

---

2 **À vous!** Imaginez que vous êtes allé(e) à la montagne Sainte-Victoire avec des amis. À l'entrée du parc, il y a une liste de règles (*rules*) à suivre pour protéger la nature. Avec un(e) camarade de classe, imaginez quelles sont ces règles et écrivez une liste. Qu'est-ce qu'il faut faire si vous faites un pique-nique? Une randonnée? Quelles sont les activités interdites? Présentez votre liste à la classe.

3 **Écrivez** Il y a deux couples dans notre histoire, Sandrine et David, Amina et Rachid. Composez un paragraphe dans lequel vous expliquez quel couple va rester ensemble et quel couple va se séparer. Pourquoi? Attention! Le départ de David n'entre pas en jeu (*doesn't come into play*).

ressources

VM pp. 55–56   vhlcentral

A C T I V I T É S

ESPACE **CULTURE**

Reading
Video: *Flash culture*

perroquet°, Guadeloupe

CULTURE À LA LOUPE

Les parcs nationaux

le parc de la Vanoise

**Le gouvernement français protège et gère° dix
parcs nationaux.** Tous offrent des sentiers de randonnée et
la possibilité de découvrir la nature avec de l'écotourisme guidé. Ce
sont aussi souvent des endroits où les visiteurs peuvent pratiquer
différentes activités sportives. Par exemple, on peut faire des sports
d'hiver dans cinq des sept parcs de montagnes et dans leurs nombreux
sommets° et glaciers.

Les Cévennes, en Occitanie, est le plus grand parc forestier,
avec 3.200 km² de forêts, mais on y trouve aussi des montagnes et
des plateaux. La Vanoise, un parc de haute montagne dans les Alpes,
a été le premier parc créé° en France, en 1963. Avec ses 107 lacs et
sa vingtaine° de glaciers, c'est une réserve naturelle où le bouquetin°
est protégé. Deux autres parcs, les Écrins et le Mercantour, sont
aussi situés dans la région des Alpes. Toujours dans les parcs
montagneux, le parc national des Pyrénées est composé de six vallées principales qui sont
riches en forêts, cascades° et autres formations naturelles. C'est un refuge pour de nombreuses
espèces menacées, comme l'ours° et l'aigle royal°. Quand il fait beau l'été, le parc marin de Port-
Cros, composé d'îles méditerranéennes, est idéal pour les activités aquatiques. Aux Antilles°,
il fait chaud et humide toute l'année dans le parc
national de la Guadeloupe. Les paysages° de ce parc
sont très variés: forêt tropicale, volcan et paysages
côtiers° ou maritimes. Ouvert depuis 2012 seulement,
le parc national le plus récent est le Parc national des
Calanques, dans le sud de la France.

Les records naturels de la France en Europe de l'Ouest

- Le Mont-Blanc, dans les Alpes, est la plus haute montagne d'Europe de l'Ouest. Il mesure 4.810 mètres.

- La forêt de pins des Landes, en Nouvelle-Aquitaine, est le plus grand massif forestier d'Europe. Il fait plus d'un million d'hectares.

- La dune du Pilat, en Nouvelle-Aquitaine, est la plus haute dune de sable° d'Europe. Elle mesure 110,9 mètres.

- Le cirque° de Gavarnie, dans les Pyréées, a une des plus grandes cascades de la France. Elle mesure 423 mètres.

gère *manages* sommets *summits* créé *created* vingtaine *about twenty* bouquetin *ibex, a type of wild goat* cascades *waterfalls* ours *bear* aigle royal *golden eagle* Antilles *French West Indies* paysages *landscapes* côtiers *coastal* perroquet *parrot* sable *sand* cirque *steep-walled, mountainous basin*

A C T I V I T É S

1

Répondez Répondez aux questions par des phrases complètes.

1. Combien de parcs nationaux français y a-t-il?
2. Quel type de parc est le parc des Cévennes?
3. Quel parc est situé sur des îles méditerranéennes?
4. Quels sont deux animaux qu'on peut trouver dans les Pyrénées?
5. Quels sont deux types de paysages du parc de la Guadeloupe?

6. Comment s'appellent deux des parcs nationaux français et où se trouvent-ils (à la montagne, etc.)?
7. Quelle est la plus haute montagne d'Europe?
8. Où se trouve le plus grand massif forestier d'Europe?
9. Combien mesure la dune du Pilat?
10. Combien mesure la cascade du cirque de Gavarnie?

LE FRANÇAIS QUOTIDIEN

La protection de la nature

essence (f.) sans plomb	*unleaded gas*
protection du littoral	*shoreline restoration*
mesures (f.) antipollution	*pollution control*
reboisement (m.)	*reforestation*
valorisation (f.) des terres	*land improvement*

LE MONDE FRANCOPHONE

Grands sites naturels

Voici quelques exemples d'espaces naturels remarquables du monde francophone.

En Algérie Plus de 80% de la superficie de l'Algérie, deuxième plus grand pays d'Afrique, sont occupés par le Sahara.

Au Cambodge Le lac Tonle Sap est le plus grand lac d'Asie du sud-est.

Au Cameroun La réserve Dja Faunal est l'une des plus grandes forêts tropicales d'Afrique.

À l'île Maurice L'île est presque entièrement entourée° de plus de 150 km de récifs de corail.

Au Sénégal Le parc national du Niokolo Koba, site du Patrimoine° mondial (UNESCO) et Réserve de la biosphère internationale, est l'une des réserves naturelles les plus importantes d'Afrique de l'Ouest.

Aux Seychelles L'atoll Aldabra abrite la plus grande population de tortues géantes du monde.

entièrement entourée *entirely surrounded* **Patrimoine** *Heritage*

PORTRAIT

Madagascar

Madagascar, ancienne colonie française, est la quatrième plus grande île du monde, et, avec plus de 20 parcs nationaux et réserves naturelles, elle est un paradis pour l'écotourisme. Madagascar (plus de 20 millions d'habitants) est située à 400 km à l'est du Mozambique, dans l'océan Indien. Sa faune et sa flore sont exceptionnelles avec 250.000 espèces différentes, dont 1.000 orchidées. 90% de ces espèces sont uniques au monde. Ses mangroves, rivières, lacs et récifs coralliens° offrent des milieux écologiques variés et ses forêts abritent° 90% des lémuriens° du monde. Caméléons, tortues terrestres°, tortues de mer° et baleines à bosse° sont aussi typiques de l'île.

récifs coralliens *coral reefs* **abritent** *provide a habitat for* **lémuriens** *lemurs* **tortues terrestres** *tortoises* **tortues de mer** *sea turtles* **baleines à bosse** *humpback whales*

MUSIQUE À FOND

Liz Van Deuq

Lieu d'origine: Nevers, France
Métier: musicienne-interprète

Piquante et décalée, elle se produit dans des spectacles piano-solo, où humour, funk et rock se mélangent.

Go to **vhlcentral.com** to find out more about **Liz Van Deuq** and her music.

---

2 **Complétez** Complétez les phrases.

1. Madagascar est une grande _____ près du Mozambique.
2. Madagascar est une bonne destination pour _____.
3. À Madagascar, la majorité des espèces sont _____.
4. _____ sont des espèces typiques de l'île.
5. L'une des plus grandes forêts tropicales d'Afrique se trouve _____.

3 **À la découverte** Vous et deux partenaires voulez visiter ensemble plusieurs pays francophones et découvrir la nature. Quelles destinations choisissez-vous? Comparez les activités qui vous intéressent et les endroits que vous voulez visiter. Soyez prêts à présenter votre itinéraire à la classe.

ressources

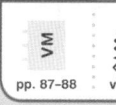

pp. 87–88 vhlcentral

 Practice more at **vhlcentral.com**.

ACTIVITÉS

14B.1

The subjunctive (Part 2)  Tutorial

Will and emotion, irregular subjunctive forms

À noter

See **Leçon 14A** for an introduction to the subjunctive and the structure of clauses containing verbs in the subjunctive.

- Use the subjunctive with verbs and expressions of will and emotion. Verbs and expressions of will are often used when someone wants to influence the actions of other people. Verbs and expressions of emotion express someone's feelings or attitude.

Je suggère que tu restes près de moi.

Je propose qu'on visite la Maison Sainte-Victoire.

- When the main clause contains an expression of will or emotion and the subordinate clause has a different subject, the subjunctive is required.

MAIN CLAUSE VERB OF WILL	CONNECTOR	SUBORDINATE CLAUSE SUBJUNCTIVE
Mes parents exigent	**que**	**je dorme** huit heures.
My parents demand	*that*	*I sleep eight hours.*

EXPRESSION OF EMOTION	CONNECTOR	SUBJUNCTIVE
Tu es triste	**que**	**Sophie ne vienne pas** avec nous.
You are sad	*that*	*Sophie isn't coming with us.*

VERB OF WILL	CONNECTOR	SUBJUNCTIVE
Je préfère	**que**	**tu travailles** ce soir.
I prefer	*that*	*you work tonight.*

EXPRESSION OF EMOTION	CONNECTOR	SUBJUNCTIVE
Elle est heureuse	**que**	**tu finisses** tes études.
She is happy	*that*	*you're finishing your studies.*

- Here are some verbs and expressions of will commonly followed by the subjunctive.

Verbs of will			
demander que...	*to ask that...*	**recommander que...**	*to recommend that...*
désirer que...	*to want/ desire that...*	**souhaiter que...**	*to wish that...*
exiger que...	*to demand that...*	**suggérer que...**	*to suggest that...*
préférer que...	*to prefer that...*		
proposer que...	*to propose that...*	**vouloir que...**	*to want that...*

Mon père **recommande que** nous **dînions** au restaurant français.
My father recommends that we have dinner at the French restaurant.

Le gouvernement **exige qu'**on **recycle** les produits en plastique.
The government demands that we recycle plastic products.

ressources

WB
pp. 197–198

LM
p. 111

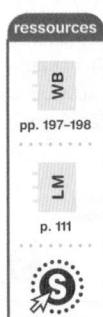
vhlcentral

• These are some verbs and expressions of emotion followed by the subjunctive.

Verbs and expressions of emotion			
aimer que...	to like that...	être heureux/ heureuse que...	to be happy that...
avoir peur que...	to be afraid that...	être surpris(e) que...	to be surprised that...
être content(e) que...	to be glad that...	être triste que...	to be sad that...
être désolé(e) que...	to be sorry that...	regretter que...	to regret that...
être furieux/ furieuse que...	to be furious that...		

Martine est **surprise que** Thomas **arrive** demain.
Martine is surprised that Thomas is arriving tomorrow.

Nous sommes **furieux que** les gens **jettent** des ordures dans la rivière.
We're furious that people throw trash in the river.

• In English, the word *that* introducing the subordinate clause may sometimes be omitted. In French, never omit **que** between the two clauses.

Ils sont heureux **que** j'arrive.
They're happy (that) I'm arriving.

Elle préfère **que** tu partes.
She prefers that you leave.

• If the subject doesn't change, use the infinitive with expressions of will and emotion. In the case of **avoir peur**, **regretter**, and expressions with **être**, add **de** before the infinitive.

Tu veux faire un pique-nique?
Do you want to have a picnic?

Nous sommes tristes d'apprendre la mauvaise nouvelle.
We're sad to learn the bad news.

• Some verbs have irregular subjunctive forms.

Present subjunctive of *avoir, être, faire*			
	avoir	**être**	**faire**
que je/j'	aie	sois	fasse
que tu	aies	sois	fasses
qu'il/elle/on	ait	soit	fasse
que nous	ayons	soyons	fassions
que vous	ayez	soyez	fassiez
qu'ils/elles	aient	soient	fassent

Elle veut que je **fasse** le lit.
She wants me to make the bed.

Je suis désolé qu'elle **soit** malheureuse.
I'm sorry that she's unhappy.

Boîte à outils

The is no future form of the subjunctive, so use the present subjunctive even when expressing an action that is going to take place in the future. The context will clarify the meaning.

Elle est contente que tu prennes des cours de musique l'année prochaine.
She's glad that you're taking music classes next year.

Essayez! Indiquez les formes correctes du présent du subjonctif des verbes.

1. que je ___sois___ (être)
2. qu'il _____ (faire)
3. que vous _____ (être)
4. que leur enfant _____ (avoir)
5. qu'elle _____ (faire)
6. que nous _____ (faire)
7. qu'ils _____ (avoir)
8. que tu _____ (être)

ESPACE STRUCTURES

Mise en pratique

1 **Des réactions** Que devraient faire les personnages sur les illustrations? Employez ces expressions pour donner vos réactions.

▶ **MODÈLE**

Je propose que vous mangiez quelque chose.

vous (proposer que)

acheter une décapotable (*convertible*)	faire une fête
boire de l'eau	garder le secret
me donner de l'argent	manger quelque chose
	trouver des amis

1. tu (suggérer que)

_____

2. mes voisins (vouloir que)

_____

3. vous (exiger que)

_____

4. Yves (souhaiter que)

_____

5. elle (recommander que)

_____

6. tu (désirer que)

_____

2 **Des opinions** Complétez ces phrases avec le présent du subjonctif. Ensuite, comparez vos réponses avec celles d'un(e) partenaire.

1. Nous sommes furieux que les examens...

2. Notre prof exige que...

3. Nous aimons que le prof...

4. Je propose que... le vendredi.

5. Les étudiants veulent que les cours...

6. Je recommande que... tous les jours.

7. C'est triste que cette université...

8. Nous préférons que le resto U...

9. Mes ami(e)s suggèrent que...

10. Je souhaite que...

S Practice more at **vhlcentral.com**.

Communication

3 **Enquête** Comparez vos idées sur la nature et l'environnement avec celles d'un(e) partenaire. Posez-vous ces questions.

1. Que suggères-tu qu'on fasse pour protéger les forêts tropicales?
2. Vaut-il mieux qu'on ne chasse plus? Pourquoi?
3. Que recommandes-tu qu'on fasse pour arrêter la pollution?
4. Comment souhaites-tu que nous préservions nos ressources naturelles?
5. Quels produits recommandes-tu qu'on développe?
6. Quel problème écologique veux-tu qu'on traite tout de suite?
7. Que proposes-tu qu'on fasse pour sauver les espèces menacées?
8. Est-il important qu'on arrête le déboisement? Pourquoi?

4 **Mme Quefège** Mme Quefège donne des conseils (*advice*) à la radio. Pensez à une difficulté que vous avez et préparez par écrit un paragraphe que vous lui lirez. Elle va vous faire des recommandations. Avec un(e) partenaire, alternez les rôles pour jouer les scènes.

MODÈLE

Étudiant(e) 1: *Ma petite amie fait constamment ses devoirs et elle ne quitte plus son appartement.*
Étudiant(e) 2: *Je suis désolée qu'elle n'arrête pas de travailler. Si elle ne quitte toujours pas l'appartement ce week-end, je suggère que vous écriviez à ses parents.*

5 **Il faut que...** À tour de rôle, donnez des conseils à votre partenaire pour chacune (*each one*) de ces situations. Utilisez des expressions de volonté et d'opinion avec le subjonctif.

- Il/Elle voyage en Europe pour la première fois.
- Il/Elle veut rester en forme.
- Il/Elle a un mauvais rhume.
- Il/Elle ne respecte pas la nature.

6 **Les habitats naturels** Par groupes de trois, préparez le texte pour cette affiche où vous expliquez ce qu'on doit faire pour sauver les habitats naturels. Utilisez des verbes au présent du subjonctif.

ESPACE**STRUCTURES**

Comparatives and superlatives of nouns

 Tutorial

Point de départ In **Leçon 9B**, you learned how to compare nouns and verbs by using comparative and superlative forms of adjectives and adverbs. You will now learn how to compare nouns when talking about quantities.

> Tu peux manger autant de fromage que tu veux.

> Nous nous occupons de la forêt pour avoir moins d'incendies.

- To compare amounts of things, use these expressions:

plus de	+	[noun]	more.
moins de	+	[noun]	less; fewer
autant de	+	[noun]	as much; as many

Elle fait **plus d'heures** que sa sœur.
She works more hours than her sister (does).

Il y a **moins d'arbres** dans le jardin que dans la forêt.
There are fewer trees in the garden than in the forest.

Vous recevez **autant de courrier** que vos amis.
You receive as much mail as your friends (do).

Il n'y a pas **autant d'animaux** dans la ville que dans la jungle.
There aren't as many animals in the city as (there are) in the jungle.

- To express the superlative quantity of a noun (*the most, the least/fewest*), add the definite article **le**: **le plus de, le moins de**.

Ce sont les forêts tropicales qui ont **le plus de plantes**.
Tropical rainforests have the most plants.

Ce sont les pays pauvres qui ont **le moins d'argent**.
Poor countries have the least money.

Qui a vu **le plus de lapins**?
Who saw the most rabbits?

Dans quelle ville y a-t-il **le moins de pollution**?
Which city has the least pollution?

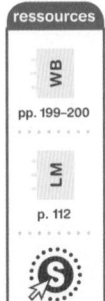

ressources

WB
pp. 199–200

LM
p. 112

vhlcentral

Essayez! **Complétez les phrases avec les comparatifs ou les superlatifs corrects.**

1. Mon ami n'a pas _autant de_ (*as much*) travail que moi.
2. Qui a _____ (*the fewest*) cousins?
3. La Corse a-t-elle _____ (*as many*) falaises que la Sicile?
4. Il y a _____ (*fewer*) déserts en Amérique du Nord qu'en Afrique.
5. Quel pays a _____ (*the most*) rivières polluées?
6. Malheureusement, on a _____ (*more*) problèmes que de solutions.

Le français vivant

Le Québec

Là où il y a le plus de calme,
le plus de sérénité. Moins de stress que
chez vous, mais autant de confort et
autant de bonheur.

Venez découvrir le Québec...
pour plus d'émotions.

Identifiez Quels comparatifs et superlatifs trouvez-vous dans cette publicité (*ad*)?

 Questions Posez ces questions à un(e) partenaire et répondez à tour de rôle. Employez des comparatifs et des superlatifs dans vos réponses, si possible.

1. D'après (*According to*) cette pub, que cherche le/la touriste qui voudrait passer des vacances au Québec?

2. Quelle comparaison la pub fait-elle entre le Québec et l'endroit où habite le lecteur/la lectrice (*reader*)?

3. As-tu déjà passé des vacances au Québec? Voudrais-tu y aller un jour?

4. Si tu vas ou retournes au Québec un jour, voudras-tu y faire un séjour comme celui que la pub décrit? Pourquoi?

5. Connais-tu un autre endroit qui est moins stressant que chez toi? Y vas-tu souvent? Décris-le.

ESPACE **STRUCTURES**

Mise en pratique

1 **Avec qui sortir?** Amaia compare deux garçons pour voir avec qui elle va accepter de sortir le week-end prochain. Assemblez ses phrases.

> **MODÈLE** Kadir / avoir / plus / énergie / Jacques
> *Kadir a plus d'énergie que Jacques.*

1. Kadir / avoir / moins / problèmes / Jacques
2. Jacques / avoir / plus / humour / Kadir
3. Kadir / donner / plus / cadeaux / Jacques
4. Jacques / avoir / autant / amis / Kadir
5. Kadir / avoir / moins / patience / Jacques
6. Jacques / avoir / plus / ambition / Kadir

2 **À la campagne** Lise parle de son séjour à la campagne et compare le nombre de choses qu'elle a observées dans la nature. Que dit-elle?

> **MODÈLE**
> *J'ai observé autant de nuages blancs que de nuages gris!*

 1.  2.  3. 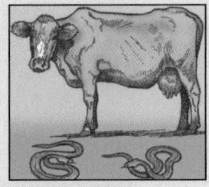 4.

3 **Des opinions!** Ahmed donne ses opinions sur les choses suivantes. Faites des comparaisons avec les éléments donnés.

1. les villages / charme / les grandes villes
2. Donald Trump / argent / Mark Zuckerberg
3. Paris / musées / New York
4. la campagne / usines / la ville
5. Angelina Jolie / films / Anne Hathaway

4 **Combien de calories?** Vous et votre partenaire êtes au régime. Faites au moins quatre comparaisons entre ces aliments. Dites à la classe quel aliment contient le plus de calories et lequel en contient le moins.

> **MODÈLE**
> *Il y a autant de calories dans un café que dans un thé.*

banane	carotte	glace	poulet
biscuits	frites	pain	saucisses
bonbons	gâteau	porc	thon

S Practice more at **vhlcentral.com**.

Communication

5 **Assemblez** Posez ces questions à un(e) partenaire, puis faites une comparaison.

MODÈLE

Étudiant(e) 1: *Pendant combien d'heures par jour regardes-tu la télévision?*
Étudiant(e) 2: *Je regarde la télévision deux heures par jour.*
Étudiant(e) 1: *Je regarde plus d'heures de télévision que toi: Je la regarde trois heures par jour.*

1. Combien de frères (sœurs, cousins) as-tu?
2. Combien d'heures par jour étudies-tu?
3. Combien d'e-mails reçois-tu par jour?
4. Combien d'heures dors-tu chaque nuit?
5. Combien de cours as-tu ce semestre?
6. Combien de cafés prends-tu par jour?
7. Combien de personnes connais-tu qui parlent une langue étrangère?
8. Combien d'examens as-tu ce mois-ci?

6 **Où habiter?** Avec un(e) partenaire, comparez la vie dans une résidence universitaire à la vie dans un appartement. Décidez où vous préféreriez habiter si vous aviez le choix. Utilisez le vocabulaire de la liste.

MODÈLE

Étudiant(e) 1: *Dans un appartement, nous pouvons mettre plus d'affiches sur les murs.*
Étudiant(e) 2: *Oui, et dans une résidence, il y a moins d'espace.*

affiches	armoire	meuble	supervision
amis	espace	protection	télé
argent	fêtes	repas	?

7 **Un dialogue** Par groupes de trois, vous voulez voyager dans un pays francophone. Vous consultez une agence de voyages et vous posez des questions. Préparez un dialogue où vous utilisez **autant de**, **moins de** et **plus de** et alternez les rôles.

MODÈLE

Étudiant(e) 1: *Où y a-t-il moins de pollution, au Cameroun ou à Paris?*
Étudiant(e) 2: *Il y a de la pollution aux deux endroits. Mais il y a plus de forêts tropicales au Cameroun.*
Étudiant(e) 3: *Où y a-t-il plus de sentiers? On voudrait faire des randonnées.*

8 **Les comparaisons** Vous habitez dans une grande ville et votre cousin(e) habite à la campagne. Avec un(e) partenaire, préparez une conversation où vous discutez des différences entre vos deux environnements. Utilisez autant de comparatifs et de superlatifs que possible.

MODÈLE

Étudiant(e) 1: *Il y a beaucoup de bâtiments en ville.*
Étudiant(e) 2: *À la campagne, il y a moins de bâtiments, mais il y a plus d'arbres.*

Révision

1 **Des changements** Avec un(e) partenaire, observez ces endroits et dites, à tour de rôle, si vous aimeriez qu'il y ait **plus de** ou **moins de** certaines choses. Ensuite, comparez vos phrases à celles d'un autre groupe.

MODÈLE

Étudiant(e) 1: Je préférerais qu'il y ait plus d'eau dans cette rivière.
Étudiant(e) 2: J'aimerais mieux qu'il y ait plus d'herbe.

1.

2.

3.

4.

2 **Visite de votre région** Interviewez vos camarades. Que recommandent-ils à des visiteurs qui ne connaissent pas votre région? Écrivez leurs réponses, puis comparez vos résultats à ceux d'un autre groupe. Utilisez ces expressions.

MODÈLE

Étudiant(e) 1: Que devraient faire les visiteurs de cette région?
Étudiant(e) 2: Je recommande qu'ils visitent les musées du centre-ville. Il serait bon qu'ils assistent aussi à un match de baseball.

il est bon que	proposer que
il est indispensable que	recommander que
il faut que	suggérer que
?	?

3 **Plus d'arbres** Avec un(e) partenaire, pensez à votre environnement et dites si vous voulez qu'il y ait **plus de**, **moins de** ou **autant de** choses ou d'animaux. Quand vous n'êtes pas d'accord, justifiez vos réponses.

MODÈLE

Étudiant(e) 1: Je souhaite qu'il y ait plus d'arbres.
Étudiant(e) 2: Oui, il faut plus d'arbres sur le campus et en ville.

4 **Voyage en Afrique centrale** Avec un(e) partenaire, vous voulez visiter ces endroits en Afrique centrale. Préparez un dialogue avec des verbes au présent du subjonctif et des comparatifs ou des superlatifs. Ensuite, alternez les rôles.

MODÈLE

Étudiant(e) 1: J'aimerais qu'on visite Kribi, au Cameroun. Il y a plus de plages.
Étudiant(e) 2: Il vaut mieux que nous visitions le marché, au Gabon.

la forêt de Dzanga-Sangha (République centrafricaine)
le lac Kivu (Rwanda)
les marchés (Gabon)
le parc national de Lobéké (Cameroun)
le parc national de l'Ivindo (Congo)
les plages de Kribi (Cameroun)

5 **Échange d'opinions** Avec un(e) partenaire, imaginez une conversation entre un chasseur (*hunter*) et un défenseur de la nature. Préparez un dialogue où les deux se font des suggestions. Ensuite, jouez votre dialogue pour la classe.

MODÈLE

Étudiant(e) 1: Il est dommage que vous disiez que les chasseurs n'aiment pas la nature.
Étudiant(e) 2: Je souhaite que vous respectiez plus les animaux.

6 **La maman de Carine** Votre professeur va vous donner, à vous et à votre partenaire, deux feuilles d'activités différentes sur Carine et sa mère. Attention! Ne regardez pas la feuille de votre partenaire.

MODÈLE

Étudiant(e) 1: Si Carine prend l'avion,...
Étudiant(e) 2: ... sa mère veut qu'elle l'appelle de l'aéroport.

À l'écoute

STRATÉGIE

Listening for the gist/ Listening for cognates

Combining these two strategies is an easy way to get a good sense of what you hear. When you listen for the gist, you get the general idea of what you're hearing, which allows you to interpret cognates and other words in a meaningful context. Similarly, the cognates give you information about the details of the story that you might not have understood when listening for the gist.

 To practice these strategies, you will listen to a short paragraph. Write down the gist of what you hear and jot down a few cognates. What conclusions can you draw about what you heard?

Préparation

Regardez la photo. Que se passe-t-il à votre avis? Combien de personnes y a-t-il? Pour quelle cause ces personnes manifestent-elles (*demonstrate*)? De quoi vont-elles parler?

À vous d'écouter

 Écoutez la personne qui a organisé la manifestation (*demonstration*) et encerclez les sujets mentionnés.

la chasse	les lois sur la protection de l'environnement
les déchets toxiques	
l'effet de serre	la pluie acide
l'énergie nucléaire	la pollution
l'extinction de certaines espèces	la pollution des rivières
	le ramassage des ordures
le gaspillage	la surpopulation

Compréhension

Complétez Choisissez la bonne réponse pour terminer chaque phrase, d'après ce que vous venez d'entendre.

1. On peut recycler _____.
   a. le verre   b. les déchets toxiques   c. tous les déchets

2. Les emballages recyclables aident à _____.
   a. éviter le ramassage des ordures
   b. trier (*to sort*) les déchets   c. combattre la pollution de la Terre

3. Il faut _____ le gaspillage.
   a. développer   b. éviter   c. polluer

4. Le gouvernement doit _____.
   a. passer des lois plus strictes en ce qui concerne l'écologie
   b. éviter l'effet de serre   c. réduire le trou dans la couche d'ozone

5. Il y a beaucoup de _____ dans les rivières.
   a. déchets toxiques   b. ressources naturelles   c. verre

6. Trop _____ sont en train de disparaître.
   a. d'écoproduits   b. d'espèces   c. d'océans

Les lois Un(e) représentant(e) du Congrès vient à votre université pour discuter de l'environnement. Par petits groupes, choisissez un problème écologique qui est très important pour vous. Préparez des arguments à lui présenter. Vous voulez lui faire comprendre que le gouvernement doit faire plus dans le domaine que vous avez choisi. Soyez prêts à bien expliquer la situation actuelle (*today*) et les changements nécessaires pour l'améliorer. Pensez aussi à quelques nouvelles lois sur la protection de l'environnement que vous pourrez suggérer à votre représentant(e) du Congrès.

 Practice more at **vhlcentral.com.**

SAVOIR-FAIRE

Panorama

la ville d'Ornans

La Bourgogne-Franche-Comté

La région en chiffres

REGION BOURGOGNE FRANCHE COMTE

▶ **Superficie:** *48.800 km²*

▶ **Population:** *2.820.623*

SOURCE: INSEE

▶ **Industries principales:** *industries automobile et pharmaceutique, tourisme, viticulture°*

▶ **Villes principales:** *Auxerre, Belfort, Besançon, Chalon-sur-Saône, Dijon, Dole, Mâcon, Nevers*

La région Bourgogne-Franche-Comté offre le meilleur de la terre et de la montagne. À l'ouest, la Bourgogne compte seulement 3% du vignoble° français mais propose le plus grand nombre d'appellations° d'origine. La moutarde de Dijon est célèbre dans le monde entier, et elle est produite en Bourgogne avec des graines de moutarde et du vin de la région. À l'est, les montagnes du Jura comprennent° le Parc Naturel Régional du Haut-Jura, deux stations thermales° et trois stations de ski.

Personnages célèbres

▶ **Gustave Eiffel,** *ingénieur (la tour Eiffel) (1832–1923)*

▶ **Colette,** *écrivaine (1873–1954)*

▶ **Louis (1864–1948) et Auguste (1862–1954) Lumière,** *inventeurs du cinématographe°*

▶ **Guillaume Meurice,** *humoriste et chroniqueur° radio (1981–)*

▶ **Claude Jade,** *actrice (1948–2006)*

▶ **François Mitterrand,** *ancien Président de la République française (1916–1996)*

viticulture grape growing **vignoble** wine-growing regions
appellations designations **comprennent** consist of **stations thermales** spas
cinématographe motion picture camera **chroniqueur** commentator
persil parsley **lutter contre** fight against **vendanges** grape harvest

L'ALLEMA

Auxerre

Belfort •

BOURGOGNE-FRANCHE-COMTÉ

la Seine

la Loire

Dijon

Besançon

Dole

Nevers   Beaune

Pontarlier •

Chalon-sur-Saône

LE JURA   LA SUISSE

l'Yonne

la Saône

le Doubs

le Doubs

Mâcon

la Saône

l'Ain

le Rhône

le Rhône

L'I

les vendanges° en Bourgogne

un marché à Dijon

LA FRANCE

0   80 miles
0   80 kilomètres

Incroyable mais vrai!

Au Moyen Âge, les escargots servaient à la fabrication de sirops contre la toux. La recette bourguignonne (beurre, ail, persil°) est popularisée au 19ᵉ siècle. En France, on consomme jusqu'à 16.000 tonnes d'escargots par an. L'escargot aide à lutter contre° le mauvais cholestérol et les maladies cardio-vasculaires.

Les sports

Les sports d'hiver dans le Jura

On peut pratiquer de nombreux sports d'hiver dans les montagnes du Jura, en Franche-Comté: ski alpin, surf°, monoski, planche à voile sur neige. Mais le Jura est surtout le paradis du ski de fond°. Avec des centaines de kilomètres de pistes°, on y skie de décembre à avril, y compris° la nuit, sur des pistes éclairées°. La célèbre Transjurassienne est la deuxième course° d'endurance du monde avec un parcours° de 76 kilomètres et un de 50 kilomètres. Il y a aussi la Transjeune, un parcours de 10 kilomètres pour les jeunes de moins de 20 ans.

Les destinations

Besançon: ancienne capitale de l'horlogerie

L'artisanat de l'horlogerie commence au 16e siècle avec l'installation de grandes horloges dans les monastères. Au 18e siècle, 400 horlogers suisses viennent s'installer° en Franche-Comté. Au 19e siècle, Montbéliard comptait 5.000 horlogers. En hiver, les paysans°-horlogers s'occupaient°, dans leurs fermes°, de la finition° et de la décoration des horloges. En 1862, une école d'horlogerie est créée° et en 1900, Besançon devient le berceau° de l'horlogerie française avec 8.000 horlogers qui produisent 600.000 montres par an.

L'architecture

Les toits de Bourgogne

Les toits° en tuiles vernissées° multicolores sont typiques de la Bourgogne. Inspirés de l'architecture flamande° et d'Europe centrale, ils forment des dessins géométriques. Le plus célèbre bâtiment est l'Hôtel-Dieu° de Beaune, construit en 1443 pour accueillir° les pauvres et les victimes de la guerre° de Cent Ans (1337-1443). Aujourd'hui, l'Hôtel-Dieu organise la plus célèbre vente aux enchères° de vins du monde.

Les gens

Louis Pasteur (1822–1895)

Louis Pasteur est né à Dole, en Franche-Comté. Il découvre que les fermentations sont dues à des micro-organismes spécifiques. Dans ses recherches sur les maladies contagieuses, il montre la relation entre le microbe et l'apparition d'une maladie. Cette découverte° a des applications dans le monde hospitalier et industriel avec les méthodes de désinfection, de stérilisation et de pasteurisation. Le vaccin contre la rage° est aussi une de ses inventions. L'Institut Pasteur est créé à Paris en 1888. Aujourd'hui, il a des filiales° sur cinq continents.

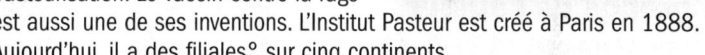

Qu'est-ce que vous avez appris? Répondez aux questions par des phrases complètes.

1. Comment s'appellent les inventeurs du cinématographe?
2. À quoi servaient les escargots au Moyen Âge?
3. Avec quoi sont préparés les escargots de Bourgogne?
4. Quel est le sport le plus pratiqué dans le Jura?
5. Qu'est-ce que la Transjurassienne?
6. D'où viennent les horlogers au 18e siècle?
7. Quel style d'architecture a influencé les toits de Bourgogne?
8. Quel est le bâtiment avec le toit le plus célèbre en Bourgogne?
9. Comment les recherches de Pasteur ont-elles été utilisées par les hôpitaux et l'industrie?
10. Où trouve-t-on des Instituts Pasteur aujourd'hui?

Sur Internet

Go to **vhlcentral.com** to find more cultural information related to this **Panorama**.

1. Cherchez trois recettes à base (*using*) d'escargots.
2. Quand ont lieu les vendanges en Bourgogne?
3. Cherchez des informations sur Louis Pasteur. Quel effet ont eu ses découvertes sur des produits alimentaires d'usage courant (*everyday use*)?

ressources

WB
pp. 201–202 | vhlcentral

surf *snowboarding* **ski de fond** *cross-country skiing* **pistes** *trails* **y compris** *including* **éclairées** *lit* **course race** **parcours** *course* **s'installer** *settle* **paysans** *peasants* **s'occupaient** *took care* **fermes** *farms* **finition** *finishing* **créée** *created* **berceau** *cradle* **toits** *roofs* **tuiles vernissées** *glazed tiles* **flamande** *Flemish* **Hôtel-Dieu** *Hospital* **accueillir** *take care of* **guerre** *war* **vente aux enchères** *auction* **découverte** *discovery* **rage** *rabies* **filiales** *branches*

Lecture

S Audio: Dramatic Reading

Avant la lecture

STRATÉGIE

Recognizing personification

For dramatic effect and to achieve a more interesting writing style, authors rely on different literary techniques in their stories or poems.

Personification (**la personnification**) is a literary technique in which an author gives human characteristics, such as feelings, thoughts, or behaviors, to something that is not human. The phrases "Old Man Winter" and "time flies" are common examples of personification and how it makes descriptions more poetic and vivid.

Examinez le texte

Regardez l'image et lisez le titre du texte. Quel mot dans ce titre dénote un exemple de personification? Comment imaginez-vous cette «famille d'arbres»?

À propos de l'auteur
Jules Renard (1864–1910)

Jules Renard a passé son enfance à Chitry-les-Mines, un village de campagne. Enfant mal aimé, il est envoyé en pension° pour faire ses études. Il obtient son baccalauréat à Paris, où il fréquente les cafés littéraires.
Il commence sa carrière d'écrivain en écrivant des articles pour des journaux et des revues°, puis il se tourne vers la littérature. Son œuvre, pleine d'humour et de poésie, relate ses observations des hommes et de leurs comportements°, et elle reflète son amour pour la campagne et la nature. Son roman le plus célèbre, *Poil de carotte*, est une autobiographie où il raconte son enfance malheureuse.

pension *boarding school* **revues** *magazines* **comportements** *behaviors*

Une famille d'arbres

Jules Renard

1   C'est après avoir traversé une plaine brûlée de soleil que je les rencontre.

Ils ne demeurent° pas au bord de la route, à cause du bruit°. Ils habitent les champs incultes°, sur une
5   source° connue des oiseaux seuls.

De loin, ils semblent impénétrables. Dès que j'approche, leurs troncs se desserrent°. Ils m'accueillent° avec prudence. Je peux me reposer, me rafraîchir, mais je devine qu'ils m'observent et se défient°.

10   Ils vivent en famille°, les plus âgés au milieu et les petits, ceux dont les premières feuilles viennent de naître, un peu partout, sans jamais s'écarter°.

Ils mettent longtemps à mourir, et ils gardent les morts° debout° jusqu'à la chute en poussière°.

15   Ils se flattent° de leurs longues branches, pour s'assurer qu'ils sont tous là, comme les aveugles°. Ils gesticulent de colère° si le vent s'essouffle° à les déraciner°. Mais entre eux aucune dispute. Ils ne murmurent que d'accord.

20   Je sens qu'ils doivent être ma vraie famille. J'oublierai vite l'autre. Ces arbres m'adopteront peu à peu, et pour le mériter j'apprends ce qu'il faut savoir:

Je sais déjà regarder les nuages qui passent.

Je sais aussi rester en place.

25   Et je sais presque me taire°.

Après la lecture

Vrai ou faux? Indiquez si les phrases sont **vraies** ou **fausses**, d'après le texte. Corrigez les fausses.

1. Les arbres habitent près de la route.

2. Les arbres accueillent le narrateur avec beaucoup de joie.

3. Les jeunes arbres grandissent près des plus vieux.

4. Il y a souvent des disputes entre les membres de cette famille d'arbres.

5. Il n'est pas facile de se faire adopter par une famille d'arbres.

6. Le narrateur n'apprécie pas beaucoup sa propre famille humaine.

Répondez Répondez aux questions par des phrases complètes.

1. Où habite la famille d'arbres?

2. Comment réagissent les arbres quand le narrateur s'approche d'eux?

3. Comment est-ce que les arbres vivent en famille?

4. Pourquoi est-ce que les arbres se mettent parfois en colère contre le vent?

5. Comment est la relation entre les arbres?

6. Que doit faire le narrateur pour être accepté dans la famille d'arbres?

La personnification Avez-vous trouvé des exemples de la personnification dans ce texte? Citez-en quelques-uns. Quelles sont les caractéristiques humaines présentes dans ces exemples (des émotions, des traits, des pensées, des comportements, etc.)?

À votre tour Travaillez par groupes de trois. Choisissez un élément de la nature (un animal, un endroit, etc.) que vous aimez particulièrement. Ensemble, créez-en une description. Utilisez la technique de la personnification pour rendre votre description plus intéressante.

MODÈLE

Le tournesol se réveille et sent le vent caresser ses pétales. Il passe la journée à parler avec le soleil, se tournant la tête pour le suivre.

demeurent *live, réside* **bruit** *noise* **incultes** *uncultivated* **source** *spring*
leurs troncs se desserrent *their trunks loosen up* **m'accueillent** *greet me*
se défient *are wary* **vivent en famille** *live as a family*
s'écarter *moving away from one another* **les morts** *the dead* **debout** *upright*
chute en poussière *fall to dust* **se flattent** *touch one another*
les aveugles *the blind* **colère** *anger* **s'essouffle** *exhausts itself*
déraciner *to uproot* **me taire** *to be quiet, silent*

Écriture

STRATÉGIE

Considering audience and purpose

Writing always has a purpose. During the planning stages, you must determine to whom you are addressing the piece, and what you want to express to your reader. Once you have defined both your audience and your purpose, you will be able to decide which genre, vocabulary, and grammatical structures will best serve your literary composition.

Let's say you want to share your thoughts on local traffic problems. Your audience can be either the local government or the community. You could choose to write a newspaper article, a letter to the editor, or a letter to the city's governing board. You should first ask yourself these questions:

1. Are you going to comment on traffic problems in general, or are you going to point out several specific problems?

2. Are you intending to register a complaint?

3. Are you simply intending to inform others and increase public awareness of the problems?

4. Are you hoping to persuade others to adopt your point of view?

5. Are you hoping to inspire others to take concrete actions?

The answers to these questions will help you establish the purpose of your writing and determine your audience. Of course, your writing can have more than one purpose. For example, you may intend for your writing to both inform others of a problem and inspire them to take action.

Thème

Écrire une lettre ou un article

Avant l'écriture

1. Vous allez écrire au sujet d'un (*about a*) problème de l'environnement qui est important pour vous. Choisissez d'abord le problème dont vous voulez parler. Lisez les trois sujets et choisissez à propos duquel (*about which one*) vous voulez écrire.

   - Écrivez au sujet des programmes qui existent pour protéger l'environnement dans votre communauté. Sont-ils efficaces (*effective*)? Tout le monde (*Everybody*) participe-t-il? Avez-vous des doutes sur le futur de l'environnement dans votre communauté?

   - Décrivez un des attraits (*attractions*) naturels de votre région. Êtes-vous optimiste sur le futur environnemental de votre région? Que font le gouvernement et les habitants de votre région pour protéger l'environnement? Faut-il faire plus?

   - Écrivez au sujet d'un programme pour la protection de l'environnement au niveau national ou international. Est-ce un programme du/des gouvernement(s) ou d'une entreprise privée? Est-il efficace? Qui y participe? Avez-vous des doutes au sujet de ce programme? Pensez-vous qu'on devrait le changer ou l'améliorer? Comment?

2. Décidez qui sera votre public: Voulez-vous écrire une lettre à un membre du gouvernement, à une association universitaire, etc.? Préférez-vous écrire un article pour un journal, un magazine? Complétez ce tableau (*chart*).

Audience: Cochez (select) les options qui décrivent votre audience.

_____	*un(e) ami(e) (lequel/laquelle?)*
_____	*une association universitaire (laquelle?)*
_____	*un membre du/d'un gouvernement (lequel?)*
_____	*les lecteurs (readers) d'un journal/magazine (lequel?)*
_____	*les lecteurs d'un magazine (lequel?)*

Décrivez votre audience ici.

Mots (Words) et expressions pour atteindre (reach) ces lecteurs:

3. Identifiez le but de votre lettre ou article: Voulez-vous simplement informer le public ou allez-vous aussi donner votre opinion personnelle? Complétez ce tableau.

But: Cochez toutes les options qui décrivent votre but.

_____	*informer les lecteurs*	_____	*se plaindre (to complain)*
_____	*exprimer vos sentiments (feelings)*	_____	*examiner différents problèmes et situations*
_____	*persuader les lecteurs*	_____	*examiner un seul problème ou une seule situation*
_____	*inspirer les lecteurs*		

Décrivez votre but ici.

Détails qui soutiennent (support) votre but:

4. Après avoir complété les deux tableaux, décidez quel type de rédaction vous allez écrire.

Écriture

1. Préparez une courte introduction, puis présentez le problème que vous avez choisi.

2. N'oubliez pas de répondre à toutes les questions posées dans la présentation du sujet en page précédente.

3. Utilisez le subjonctif pour exprimer la volonté et l'émotion, des comparatifs et des superlatifs, et des pronoms démonstratifs dans votre rédaction.

4. Si vous avez choisi d'exprimer votre opinion personnelle, justifiez-la pour essayer de persuader votre/vos lecteur(s).

5. Préparez la conclusion de votre lettre ou article.

Après l'écriture

1. Échangez votre lettre/article avec celle/celui d'un(e) partenaire. Répondez à ces questions pour commenter son travail.

- Votre partenaire a-t-il/elle identifié un but et une audience spécifiques?

- Sa lettre/Son article montre-t-elle/il clairement le but?

- Sa lettre/Son article est-elle/il réellement destiné(e) (*aimed*) à un type de lecteurs spécifiques?

- Votre partenaire a-t-il/elle répondu à toutes les questions posées dans la présentation du sujet?

- A-t-il/elle utilisé les points de grammaire de l'unité?

- Quel(s) détail(s) ajouteriez-vous (*would you add*)? Quel(s) détail(s) enlèveriez-vous (*would you delete*)? Quel(s) autre(s) commentaire(s) avez-vous pour votre partenaire?

2. Corrigez votre lettre/article d'après (*according to*) les commentaires de votre partenaire. Relisez votre travail pour éliminer ces problèmes:

- des fautes (*errors*) d'orthographe, de ponctuation et de conjugaison

- un mauvais emploi (*use*) des temps et de la grammaire de l'unité

- des fautes d'accord (*agreement*) des adjectifs

 Vocabulary Tools

Leçon 14A

La nature

un espace *space, area*
en plein air *outdoor, open-air*
pur(e) *pure*

L'écologie

améliorer *to improve*
développer *to develop*
gaspiller *to waste*
polluer *to pollute*
préserver *to preserve*
prévenir l'incendie *to prevent fires*
proposer une solution *to propose a solution*
recycler *to recycle*
sauver la planète *to save the planet*
une catastrophe *catastrophe*
une centrale nucléaire *nuclear power plant*
le covoiturage *carpooling*
un danger *danger, threat*
des déchets toxiques (*m.*) *toxic waste*
l'écologie (*f.*) *ecology*
l'effet de serre (*m.*) *greenhouse effect*
un emballage en plastique *plastic wrapping/packaging*
l'énergie nucléaire (*f.*) *nuclear energy*
l'énergie solaire (*f.*) *solar energy*
l'environnement (*m.*) *environment*
le gaspillage *waste*
un glissement de terrain *landslide*
un nuage de pollution *pollution cloud*
la pluie acide *acid rain*
la pollution *pollution*
une population croissante *growing population*
un produit *product*
la protection *protection*
le ramassage des ordures *garbage collection*
le réchauffement de la Terre *global warming*
le recyclage *recycling*
la surpopulation *overpopulation*
le trou dans la couche d'ozone *hole in the ozone layer*
une usine *factory*
écologique *ecological*

Les lois et les règlements

abolir *to abolish*
interdire *to forbid, to prohibit*
un gouvernement *government*
une loi *law*

Pronoms démonstratifs

celui *this one; that one; the one (m. sing.)*
ceux *these; those; the ones (m. pl.)*
celle *this one; that one; the one (f. sing.)*
celles *these; those; the ones (f. pl.)*

Expressions utiles

See p. 589.

Expressions impersonnelles

Il est bon que... *It is good that...*
Il est dommage que... *It is a shame that...*
Il est essentiel que... *It is essential that...*
Il est important que... *It is important that...*
Il est indispensable que... *It is essential that...*
Il est nécessaire que... *It is necessary that...*
Il est possible que... *It is possible that...*
Il faut que... *One must..., It is necessary that...*
Il vaut mieux que... *It is better that...*

Leçon 14B

La nature

une espèce (menacée) *(endangered) species*
la nature *nature*
un pique-nique *picnic*
une région *region*
une ressource naturelle *natural resource*
un arbre *tree*
un bois *woods*
un champ *field*
le ciel *sky*
une côte *coast*
un désert *desert*
une étoile *star*
une falaise *cliff*
un fleuve *river*
une forêt (tropicale) *(tropical) forest*
l'herbe (*f.*) *grass*
une île *island*
la jungle *jungle*
un lac *lake*
la Lune *moon*
une pierre *stone*
une plante *plant*
une rivière *river*
un sentier *path*
une vallée *valley*
un volcan *volcano*

L'écologie

chasser *to hunt*
jeter *to throw away*
la chasse *hunt*
le déboisement *deforestation*
l'écotourisme (*m.*) *ecotourism*
l'extinction (*f.*) *extinction*
la préservation *protection*
le sauvetage des habitats *habitat preservation*

Les animaux

un animal *animal*
un écureuil *squirrel*
un lapin *rabbit*
un serpent *snake*
une vache *cow*

Expressions utiles

See p. 607.

Verbs of will

demander que... *to ask that...*
désirer que... *to want/desire that...*
exiger que... *to demand that...*
préférer que... *to prefer that...*
proposer que... *to propose that...*
recommander que... *to recommend that...*
souhaiter que... *to wish that...*
suggérer que... *to suggest that...*
vouloir que... *to want that...*

Verbs and expressions of emotion

aimer que... *to like that...*
avoir peur que... *to be afraid that...*
être content(e) que... *to be glad that...*
être désolé(e) que... *to be sorry that...*
être furieux/furieuse que... *to be furious that...*
être heureux/heureuse que... *to be happy that...*
être surpris(e) que... *to be surprised that...*
être triste que... *to be sad that...*
regretter que... *to regret that...*

Comparatives and superlatives of nouns

See p. 614.

Les arts

UNITÉ 15

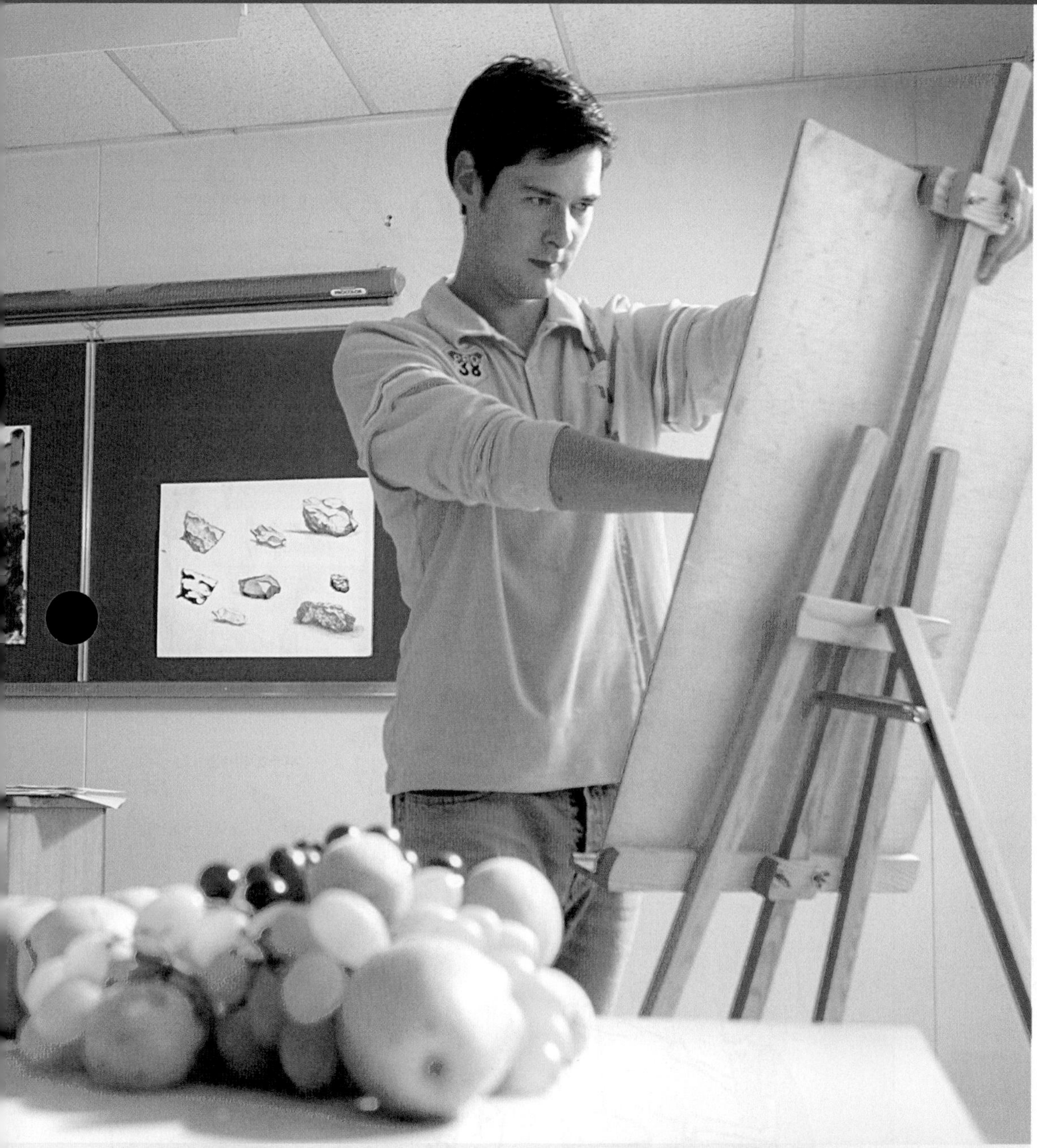

Pour commencer

- Où est David? Sur une falaise? Dans une classe? Dans un champ?
- Que dessine-t-il?
- Est-il nécessaire qu'il ait un modèle pour dessiner?
- Est-il possible qu'il soit déjà un artiste connu?

Leçon 15A

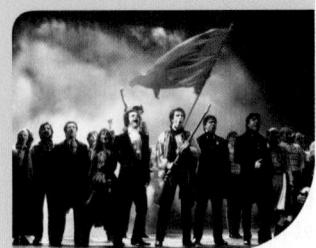

Vocabulary Tools

You will learn how to...
- talk about performance arts
- express your feelings and opinions

Que le spectacle commence!

Vocabulaire

jouer un rôle	*to play a role*
présenter	*to present*
profiter de quelque chose	*to take advantage of/ to enjoy something*
un applaudissement	*applause*
une chanson	*song*
un chœur	*choir, chorus*
une comédie (musicale)	*comedy (musical)*
un compositeur	*composer*
un concert	*concert*
une danse	*dance*
un dramaturge	*playwright*
un entracte	*intermission*
un membre	*member*
un metteur en scène	*director (of a play, a show)*
un personnage (principal)	*(main) character*
une pièce de théâtre	*play*
un réalisateur/ une réalisatrice	*director (of a movie)*
une séance	*show; screening*
une troupe	*company, troop*
le début	*beginning; debut*
la fin	*end*
un genre	*genre*
une sorte	*sort, kind*
célèbre	*famous*

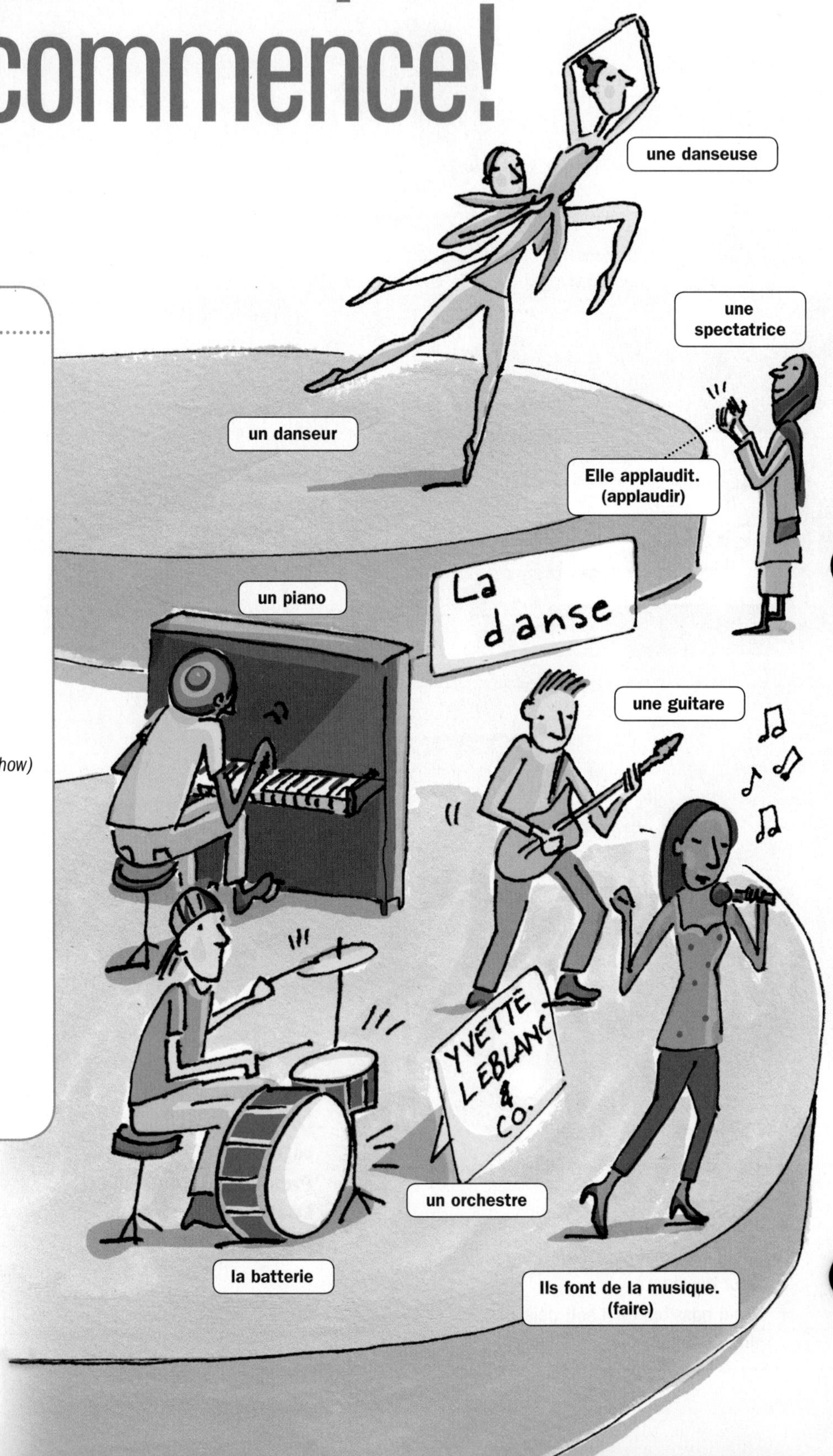

une danseuse
une spectatrice
un danseur
Elle applaudit. (applaudir)
La danse
un piano
une guitare
YVETTE LEBLANC & CO.
un orchestre
la batterie
Ils font de la musique. (faire)

ressources
WB pp. 203–204
LM p. 113
vhlcentral

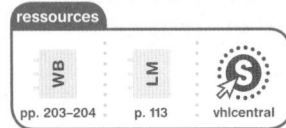

Mise en pratique

une comédie

une tragédie

Le théâtre

un spectateur

CARMEN de Bizet

Il joue du violon. (jouer)

un opéra

une place

1 **Écoutez** Écoutez la conversation entre Hakim et Nadja pendant le spectacle de *Notre-Dame de Paris*, ensuite indiquez la bonne réponse.

1. Hakim et Nadja donnent leurs...
   a. places.
   b. billets.
   c. détails.

2. Leurs places sont situées...
   a. très loin de l'orchestre.
   b. au balcon.
   c. près de l'orchestre.

3. Le spectacle est...
   a. une comédie musicale.
   b. un concert.
   c. une tragédie.

4. Gilles Maheu est...
   a. un dramaturge.
   b. un metteur en scène.
   c. un personnage.

5. Hakim...
   a. n'a pas applaudi.
   b. a très peu applaudi.
   c. a beaucoup applaudi.

6. Nadja pense qu'Hakim...
   a. va devenir célèbre.
   b. n'est pas un bon danseur.
   c. est un bon compositeur.

2 **Choisissez** Choisissez la phrase de la colonne **B** qui complète le mieux les phrases de la colonne **A**. Notez que tous les éléments de la colonne **B** ne sont pas utilisés.

A

____ 1. Pour entrer dans une salle de spectacle,
____ 2. Georges Bizet a écrit **Carmen** en 1875;
____ 3. Au milieu d'une pièce de théâtre
____ 4. Un metteur en scène est chargé de
____ 5. La tragédie **Hamlet** est une
____ 6. Une comédie musicale est

B

a. il faut un billet.
b. un spectacle de musique et de danse.
c. un membre de la troupe.
d. guider les comédiens dans leur travail.
e. il y a souvent un entracte.
f. il faut danser à l'entracte.
g. c'est un des opéras français les plus célèbres.
h. des pièces de théâtre les plus connues de Shakespeare.

3 **Associez** Complétez les analogies suivantes par le mot ou l'expression d'**ESPACE CONTEXTES** qui convient le mieux.

1. chanter ⟷ chanson / applaudir ⟷ _____
2. heureux ⟷ comédie / triste ⟷ _____
3. théâtre ⟷ pièce / cinéma ⟷ _____
4. concert ⟷ orchestre / chanson ⟷ _____
5. film ⟷ acteur / ballet ⟷ _____
6. opéra ⟷ chanter / concert ⟷ _____
7. livre ⟷ écrivain / musique ⟷ _____
8. classe ⟷ étudiant / troupe ⟷ _____
9. film ⟷ réalisateur / pièce de théâtre ⟷ _____
10. danse ⟷ danseur / chanson ⟷ _____

ESPACE CONTEXTES

Communication

4 **Le mot juste** Avec un(e) partenaire, remplissez les espaces par le mot qui est illustré. Faites les accords nécessaires.

1. Ma petite sœur apprend à _____ . Ça fait beaucoup de bruit (*noise*) dans la maison. Elle prépare

   son premier _____ qui sera en décembre.

2. Je dois me dépêcher de trouver une _____ parce que la _____

   va bientôt commencer.

3. Marie-Claude Pietragalla a été _____ étoile de l'Opéra de Paris. Je l'ai beaucoup aimée dans le

   _____ de Giselle.

4. Je sais _____ et je voudrais apprendre à _____ , mais je n'ai

   pas beaucoup de temps.

5 **Répondez** Avec un(e) partenaire, posez-vous les questions suivantes et répondez-y à tour de rôle. Ensuite, comparez vos réponses avec celles d'un autre groupe.

1. Quelle sorte de chanson préfères-tu? Pour quelle(s) raison(s)?
2. Quel est le dernier concert auquel tu as assisté? Comment était-ce?
3. Quel est ton genre de spectacle favori? Pourquoi?
4. Quel réalisateur admires-tu le plus? Décris un de ses films.
5. Est-ce que tu fais de la musique? De quel genre?
6. Es-tu un(e) bon(ne) danseur/danseuse? Pour quelle(s) raison(s)?
7. Si tu pouvais jouer un rôle, lequel choisirais-tu? Pourquoi?
8. Est-ce que les arts sont importants pour toi? Lesquels? Pourquoi?

6 **Les sorties** Votre professeur va vous donner, à vous et à votre partenaire, une feuille d'activités. Attention! Ne regardez pas la feuille de votre partenaire.

MODÈLE

Étudiant(e) 1: *Bonjour.*
Étudiant(e) 2: *Bonjour. J'aimerais voir quelques spectacles ce week-end. Pourriez-vous me dire quels sont les spectacles proposés?*
Étudiant(e) 1: *Bien sûr! Eh bien, vendredi soir…*

7 **Le blog virtuel** Formez un petit groupe. Chaque membre du groupe choisit un film ou un spectacle différent.

- Écrivez une critique de ce film/spectacle.
- Passez-la à votre partenaire de gauche.
- Il/Elle écrit ensuite ses réactions.
- Continuez le processus pour faire un tour complet.
- Ensuite, discutez de tous vos commentaires.

Les sons et les lettres

 Audio

Les liaisons obligatoires et les liaisons interdites

Rules for making liaisons are complex and have many exceptions. Generally, a liaison is made between pronouns, and between a pronoun and a verb that begins with a vowel or vowel sound.

vous en avez   **nous habitons**   **ils aiment**   **elles arrivent**

Make liaisons between articles, numbers, or the verb **est** and a noun or adjective that begins with a vowel or a vowel sound.

un éléphant   **les amis**   **dix hommes**   **Roger est enchanté.**

There is a liaison after many single-syllable adverbs, conjunctions, and prepositions.

très intéressant   **chez eux**   **quand elle**   **quand on décidera**

Many expressions have obligatory liaisons that may or may not follow these rules.

C'est-à-dire...   **Comment allez-vous?**   **plus ou moins**   **avant-hier**

Never make a liaison before or after the conjunction **et** or between a noun and a verb that follows it. Likewise, do not make a liaison between a singular noun and an adjective that follows it.

un garçon et une fille   **Gilbert adore le football.**   **un cours intéressant**

There is no liaison before **h aspiré** or before the word **oui** and before numbers.

un hamburger   **les héros**   **un oui et un non**   **mes onze animaux**

Prononcez Répétez les mots suivants à voix haute.

1. les héros   2. mon petit ami   3. un pays africain   4. les onze étages

Articulez Répétez les phrases suivantes à voix haute.

1. Ils en veulent onze.
2. Vous vous êtes bien amusés hier soir?
3. Christelle et Albert habitent en Angleterre.
4. Quand est-ce que Charles a acheté ces objets?

Dictons Répétez les dictons à voix haute.

Deux avis valent mieux qu'un.[1]

Les murs ont des oreilles.[2]

[1] Two heads are better than one. (lit. *Two opinions are better than one.*)
[2] The walls have ears.

ressources

LM
p. 114

vhlcentral

Après le concert  Video

PERSONNAGES

Amina

David

Rachid

Sandrine

Valérie

Après le concert...

RACHID Bon... que pensez-vous du spectacle?

AMINA Euh... c'est ma comédie musicale préférée... Les danseurs étaient excellents.

DAVID Oui, et l'orchestre aussi!

RACHID Et les costumes, comment tu les as trouvés, Amina?

AMINA Très beaux!

RACHID Moi, je trouve que la robe que tu as faite pour Sandrine était le plus beau des costumes.

AMINA Vraiment?

DAVID Eh, voilà Sandrine.

SANDRINE Vous avez entendu ces applaudissements? Je n'arrive pas à croire que c'était pour moi... et toute la troupe, bien sûr!

DAVID Oui c'est vraiment incroyable!

SANDRINE Alors, vous avez aimé notre spectacle?

RACHID Oui! Amina vient de nous dire que c'était sa comédie musicale préférée.

VALÉRIE Et Sandrine?

DAVID Euh, comme ci, comme ça... À vrai dire, ce n'était pas terrible... C'est le moins que l'on puisse dire.

VALÉRIE Ah bon?

DAVID Comme actrice elle n'est pas mal. Elle a bien joué son rôle, mais il est évident qu'elle ne sait pas chanter.

VALÉRIE Tu ne lui as pas dit ça, j'espère!

DAVID Ben, non, mais... Je doute qu'elle devienne une chanteuse célèbre! C'est ça, son rêve. Croyez-vous que ce soit mieux qu'elle le sache?

SANDRINE Tu en as suffisamment dit...

DAVID Sandrine! Je ne savais pas que tu étais là.

SANDRINE De toute évidence! Il vaut mieux que je m'en aille.

À la terrasse...

DAVID Sandrine! Attends!

SANDRINE Pour quoi faire?

DAVID Je voudrais m'expliquer... Il est clair que...

SANDRINE Écoute, ce qui est clair, c'est que tu n'y connais rien en musique et que tu ne sais rien de moi!

A
C
T
I
V
I
T
É
S

1 **Vrai ou faux?** Indiquez si ces affirmations sont **vraies** ou **fausses**. Corrigez les phrases fausses.

1. Le spectacle est la comédie musicale préférée de Rachid.

2. Amina a beaucoup aimé les costumes.

3. David a apporté des fleurs à Sandrine.

4. David n'aime pas vraiment la robe de Sandrine.

5. Finalement, Sandrine a dû acheter sa robe elle-même.

6. Valérie est surprise d'apprendre que Sandrine n'est pas une très bonne chanteuse.

7. Sandrine est furieuse quand elle découvre la véritable opinion de David.

8. David voulait être méchant avec Sandrine.

9. Sandrine rompt (*breaks up*) avec David.

10. David veut rompre avec Sandrine.

 Practice more at vhlcentral.com.

Les amis échangent leurs opinions.

SANDRINE C'est vrai? C'est la mienne aussi. (*Elle chante.*) J'adore cette chanson!

DAVID Euh... Sandrine, que tu es ravissante dans cette robe!

SANDRINE Merci, David. Elle me va super bien, non? Et toi, Amina, merci mille fois!

Au P'tit Bistrot...

VALÉRIE Alors c'était comment, la pièce de théâtre?

DAVID C'était une comédie musicale.

VALÉRIE Oh! Alors, c'était comment?

DAVID Pas mal. Les danseurs et l'orchestre étaient formidables.

VALÉRIE Et les chanteurs?

DAVID Mmmm... pas mal.

DAVID Sandrine, je suis désolé de t'avoir blessée, mais il faut bien que quelqu'un soit honnête avec toi.

SANDRINE À quel sujet?

DAVID Eh bien..., la chanson... je doute que ce soit ta vocation.

SANDRINE Tu doutes? Eh bien, moi, je suis certaine... certaine de ne plus jamais vouloir te revoir. C'est fini, David.

DAVID Mais, Sandrine, écoute-moi! C'est pour ton bien que je dis...

SANDRINE Oh ça suffit. Toi, tu m'écoutes... Je suis vraiment heureuse que tu repartes bientôt aux États-Unis. Dommage que ce ne soit pas demain!

Expressions utiles

Talking about a performance

- **Je n'arrive pas à croire que ces applaudissements étaient pour moi!**
  I can't believe all that applause was for me!

- **À vrai dire, ce n'était pas terrible... C'est le moins que l'on puisse dire.**
  To tell the truth, it wasn't great... That's the least that you could say.

Expressing doubts

- **Je doute qu'elle devienne une chanteuse célèbre!**
  I doubt that she'll become a famous singer!

- **Croyez-vous que ce soit mieux qu'elle le sache?**
  Do you think it would be better if she knew it?

- **Je doute que ce soit ta vocation.**
  I doubt that it's your vocation/ professional calling.

Expressing certainties

- **Il est évident qu'elle ne sait pas chanter.**
  It's obvious that she doesn't know how to sing.

- **Ce qui est clair, c'est que tu n'y connais rien en musique.**
  What's clear is that you don't know anything about music.

- **Il est clair que tu ne sais rien de moi.**
  It's clear that you know nothing about me.

- **Je suis certaine de ne plus jamais vouloir te revoir.**
  I'm certain that I never want to see you again.

Talking about necessities and desires

- **Il vaut mieux que je m'en aille.**
  It's better that I go.

- **Il faut bien que quelqu'un soit honnête avec toi.**
  It's really necessary that someone be honest with you.

---

2 **À vous!** David rentre chez lui et explique à Rachid qu'il s'est disputé avec Sandrine. Avec un(e) camarade de classe, préparez une conversation dans laquelle David dit ce qu'il a fait et explique la réaction de Sandrine. Rachid doit lui donner des conseils.

3 **Écrivez** Pauvre Sandrine! C'est vrai qu'elle ne chante pas bien, mais que son petit ami le dise, c'est blessant (*hurtful*). À votre avis, David a-t-il bien fait d'en parler? Pourquoi? Pour Sandrine, est-ce mieux de savoir ce que pense réellement David? Composez un paragraphe dans lequel vous expliquez votre point de vue.

ressources

VM
pp. 57–58 vhlcentral

A C T I V I T É S

ESPACE CULTURE

S Reading
Video: *Flash culture*

la Comédie-Française

CULTURE À LA LOUPE

Le théâtre, un art vivant et populaire

Les Français sont de plus en plus nombreux à fréquenter les théâtres: un Français sur trois voit° au moins une pièce par an. Ce public fréquente les théâtres privés, les théâtres municipaux et les cinq théâtres nationaux, dont le plus ancien est la Comédie-Française. Les spectacles d'amateurs sont aussi très appréciés. Les comédiens° de théâtre ont beaucoup de prestige et reçoivent des récompenses° professionnelles spéciales, les Molières. Le théâtre joue aussi un rôle social important, en particulier pour les jeunes.

Le théâtre français est né au XVIIe siècle. Le roi Louis XIV était un grand amateur° de spectacles et la cour° de Versailles offrait les divertissements° les plus extravagants°. Les œuvres° d'auteurs célèbres, comme Molière ou les tragédiens Pierre Corneille et Jean Racine, datent de cette époque. En 1680, Louis XIV crée l'institution théâtrale la plus prestigieuse de France, la Comédie-Française.

Aujourd'hui, elle s'appelle aussi «Maison de Molière» ou «Théâtre-Français» et elle est toujours le symbole de la tradition théâtrale française. Elle compte parfois jusqu'à 70 comédiens et elle est subventionnée par l'État. Elle a plus de 3.000 pièces à son répertoire et ses comédiens jouent dans près de 900 représentations° par an. Ils partent aussi en tournée° en province et à l'étranger et participent à des enregistrements° pour la radio et pour la télévision.

Pour assister à un de ces spectacles, il faut prendre une réservation et retirer des billets avant le début de la représentation. Au théâtre Richelieu, on peut admirer le fauteuil dans lequel Molière a joué° il y a plus de 300 ans!

Coup de main

Les trois coups du lever de rideau°

A French tradition is to signal the beginning of a theater performance with three knocks. At the **Comédie-Française**, a six-knock signal is used instead.

Les chiffres clés du théâtre français sur trois saisons

- 2.638 textes différents ont été joués
- 7.044 mises en scène° ont été programmées
- 31.884 représentations ont été données
- il y a eu entre 1 et 323 représentations par pièce

voit *sees* **comédiens** *actors* **récompenses** *awards* **amateur** *lover* **cour** *royal court* **divertissements** *entertainment* **les plus extravagants** *wildest* **œuvres** *works* **représentations** *performances* **en tournée** *on tour* **enregistrements** *recordings* **a joué** *acted* **lever de rideau** *rise of the curtain* **mises en scène** *productions*

A C T I V I T É S

1 **Complétez** Complétez les phrases.

1. _____ voit au moins une pièce par an.
2. Les comédiens de théâtre reçoivent _____.
3. _____ est né au XVIIe siècle.
4. Trois auteurs qui datent de cette époque sont _____.
5. _____ a été créée par Louis XIV en 1680.

6. _____ sont deux autres noms pour la Comédie-Française.
7. La Comédie-Française a un répertoire de plus de _____.
8. Ses comédiens partent aussi _____.
9. Au théâtre Richelieu se trouve _____.
10. _____ ont été joués en France sur trois saisons.

Les spectacles

billetterie (f.)	box office
jour (m.) de relâche	day with no performances
orchestre (m.)	orchestra seats
poulailler (m.)	gallery
rentrée (f.) théâtrale	start of theatrical season
reprise (f.)	revival; rerun
à l'affiche	now playing
incontournable	must-see

Des musiciens

Voici quelques musiciens francophones célèbres.

En Algérie Khaled, chanteur de raï, un mélange° de chanson arabe et d'influences occidentales

Aux Antilles le groupe Kassav, inventeur de la musique zouk

Au Cameroun Manu Dibango, célèbre joueur de saxophone

Au Mali Amadou et Mariam, couple de chanteurs aveugles°

À la Réunion Danyèl Waro, la voix° du maloya, musique typique de l'île

À Saint-Pierre-et-Miquelon Henri Lafitte, auteur, compositeur et interprète° de plus de 500 chansons

Au Sénégal Youssou N'Dour, compositeur et interprète de musique mbalax, un mélange de musique traditionnelle d'Afrique de l'Ouest et de musique occidentale

mélange mix **aveugles** blind **voix** voice **interprète** performer

Molière (1622–1673)

LE THÉÂTRE A TRAVERS LES AGES

Molière et sa troupe.

Molière, dont le vrai nom est Jean-Baptiste Poquelin, est le génie de la Comédie-Française. D'origine bourgeoise, il choisit la vie difficile du théâtre. En 1665, il obtient le soutien° de Louis XIV et devient le premier acteur comique, auteur et metteur en scène de France. Molière est un innovateur: il écrit des satires et des farces quand la mode est aux tragédies néoclassiques. Avec le compositeur Lully, il invente la comédie-ballet: genre dramatique, musical et chorégraphique qui traite° de thèmes contemporains et montre les mœurs° et les comportements de personnages ordinaires de la vie quotidienne°. Molière, interprète du rôle principal dans la plupart de ses pièces, est certainement le plus grand créateur de formes dans le théâtre français. Après une vie riche en aventures, il meurt après une représentation° du *Malade imaginaire*, dans laquelle il tenait° le rôle principal. Aujourd'hui, ses pièces sont toujours d'actualité° et Molière reste l'auteur le plus joué en France. Sa vie a inspiré de nombreux° réalisateurs et son œuvre a été adaptée au cinéma et à la télévision plusieurs fois. C'est grâce à sa place emblématique dans la culture nationale qu'on désigne souvent le français comme «la langue de Molière», comme l'anglais est «la langue de Shakespeare».

soutien support **traite** discusses **mœurs** habits **vie quotidienne** daily life
représentation performance **tenait** played **d'actualité** current **de nombreux** many

2 **Répondez** Répondez aux questions par des phrases complètes.

1. Molière était-il d'origine populaire?
2. Pourquoi Molière est-il un innovateur?
3. Comment Molière est-il mort?
4. Comment peut-on désigner la langue française?
5. Qu'est-ce que le raï?
6. De quel instrument joue Manu Dibango?

3 **Un festival** Vous et un(e) partenaire allez organiser un festival de culture francophone. Faites des recherches sur des artistes francophones et choisissez qui vous allez inviter. Où vont-ils jouer? Indiquez les genres d'œuvres. Comparez ensuite votre programme avec celui d'un autre groupe.

 Practice more at **vhlcentral.com**.

ressources

VM
pp. 89–90

vhlcentral

A C T I V I T É S

15A.1

The subjunctive (Part 3) Ⓢ Tutorial
Verbs of doubt, disbelief, and uncertainty; more irregular subjunctive forms

Point de départ The subjunctive is used in a subordinate clause when there is a change of subject and the main clause implies doubt, disbelief, or uncertainty.

MAIN CLAUSE	CONNECTOR	SUBORDINATE CLAUSE
Je doute	**que**	le concert **soit** bon.
I doubt	*that*	*the concert will be good.*

Je doute qu'elle devienne une chanteuse célèbre!

Je suis certaine que je ne veux plus jamais te revoir!

Expressions of doubt, disbelief, and uncertainty

douter que...	*to doubt that...*	**Il est impossible que...**	*It is impossible that...*
ne pas croire que...	*not to believe that...*	**Il n'est pas certain que...**	*It is not certain that...*
ne pas penser que...	*not to think that...*	**Il n'est pas sûr que...**	*It is not sure that...*
Il est douteux que...	*It is doubtful that...*	**Il n'est pas vrai que...**	*It is not true that...*

Il n'est pas certain qu'il y **ait** un problème.
It's not certain that there is a problem.

Je ne crois pas qu'on **vende** les billets ici.
I don't believe that they sell the tickets here.

Il n'est pas vrai que Julie **sorte** avec Ahmed.
It's not true that Julie is going out with Ahmed.

Vous ne pensez pas qu'il y **ait** une séance du film ce soir?
Don't you think there's a screening of the film tonight?

• Use the indicative in a subordinate clause when the main clause expresses certainty.

Expressions of certainty

croire que...	*to believe that...*	**Il est clair que...**	*It is clear that...*
penser que...	*to think that...*	**Il est évident que...**	*It is obvious that...*
savoir que...	*to know that...*	**Il est sûr que...**	*It is sure that...*
Il est certain que...	*It is certain that...*	**Il est vrai que...**	*It is true that...*

On **sait que** l'histoire **finit** mal.
We know the story ends badly.

Il est certain qu'elle **comprend**.
It is certain that she understands.

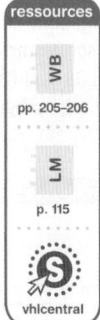

- Sometimes a speaker may opt to use the subjunctive in a question to indicate that he or she feels doubtful or uncertain of an affirmative response.

Crois-tu que cet acteur joue bien son rôle?
Do you think that this actor plays his part well?

Est-il vrai que vous **partiez** déjà en vacances?
Is it true that you're already leaving on vacation?

Croyez-vous que ce soit mieux qu'elle le sache?

Il vaut mieux que je m'en aille.

- Here are more verbs that are irregular in the subjunctive.

Present subjunctive of *aller, pouvoir, savoir, vouloir*

	aller	pouvoir	savoir	vouloir
que je/j'	aille	puisse	sache	veuille
que tu	ailles	puisses	saches	veuilles
qu'il/elle/on	aille	puisse	sache	veuille
que nous	allions	puissions	sachions	voulions
que vous	alliez	puissiez	sachiez	vouliez
qu'ils/elles	aillent	puissent	sachent	veuillent

Je doute qu'on **aille** au théâtre ce soir.
I doubt we'll go to the theater tonight.

Il n'est pas sûr qu'on **puisse** voir les acteurs.
It's not sure that we'll be able to see the actors.

Il vaut mieux qu'il **sache** la vérité.
It's better that he knows the truth.

Est-il possible qu'ils **veuillent** apprendre à jouer du violon?
Is it possible that they want to learn to play the violin?

Essayez! Choisissez la forme correcte du verbe.

1. Il est douteux que le metteur en scène (sait / sache) où est l'acteur.
2. Je sais que Carole Bouquet et Gérard Depardieu (sont / soient) mariés.
3. Il est impossible qu'il (est / soit) amoureux d'elle.
4. Ne crois-tu pas que l'histoire du Titanic (finit / finisse) bien?
5. Est-il vrai que les Français (font / fassent) uniquement des films intellectuels?
6. Je ne crois pas qu'il (peut / puisse) jouer le rôle du jeune prisonnier.
7. Tout le monde sait que le ballet (est / soit) d'origine française.
8. Il n'est pas certain qu'ils (peuvent / puissent) terminer le spectacle.

ESPACE **STRUCTURES**

Mise en pratique

1 **Fort-de-France** Vous discutez de vos projets (*plans*) avec votre ami(e) martiniquais(e). Complétez les phrases avec les formes correctes du présent de l'indicatif ou du subjonctif.

1. Je crois que Fort-de-France _____ (être) plus loin de Paris que de New York.

2. Il n'est pas certain que je _____ (venir) à Fort-de-France cet été.

3. Il n'est pas sûr que nous _____ (partir) en croisière (*cruise*) ensemble.

4. Il est clair que nous _____ (ne pas partir) sans toi.

5. Nous savons que ce voyage _____ (aller) t'intéresser.

6. Il est douteux que le ski alpin _____ (être) un sport populaire ici.

2 **Camarade pénible** Vous faites une présentation sur la Martinique devant la classe. Un(e) camarade critique toutes vos idées. Avec un(e) partenaire, jouez la scène.

MODÈLE

Étudiant(e) 1: *Le carnaval martiniquais est populaire.*
Étudiant(e) 2: *Je doute qu'il soit populaire.*

1. Les ressources naturelles sont protégées.

2. Tout le monde va se promener dans la forêt.

3. Les Martiniquais font des pique-niques tous les jours.

4. L'île a de belles plages.

5. Les enfants y font des randonnées.

6. On y boit des jus de fruits délicieux.

3 **Le Tour de France** Maxime veut participer un jour au Tour de France. Employez des expressions de doute et de certitude pour lui dire ce que vous pensez de ses bonnes et de ses mauvaises habitudes.

▶ **MODÈLE**

Je ne crois pas que tu puisses dormir jusqu'à midi!

ne pas croire que...
douter que...
Il est clair que...
Il est essentiel que...

Il faut que...
penser que...
recommander que...
suggérer que...

1.

2.

3.

4.

5.

6.

Practice more at **vhlcentral.com**.

Communication

4 **Assemblez** Imaginez que vous ayez l'occasion de faire un séjour aux Antilles françaises. À tour de rôle avec un(e) partenaire, assemblez les éléments de chaque colonne pour parler de ces vacances.

MODÈLE

Il n'est pas certain que nous allions visiter une plantation.

A	B	C
Il est certain que	je/j'	être content(e)(s)
Il n'est pas certain que	tu	faire des excursions
Il est évident que	mon copain	faire beau temps
Il est impossible que	ma sœur	faire du bateau
Il est vrai que	mon frère	jouer sur la plage
Il n'est pas sûr que	nous	pouvoir parler
Je doute que	les touristes	créole
Je crois que	mes parents	visiter une
Je ne crois pas que	?	plantation
?		?

5 **Comédie musicale** Votre classe prépare une comédie musicale et vous organisez le spectacle. Votre partenaire voudrait y participer et il/elle postule pour un rôle. Alternez les rôles, puis présentez vos dialogues à la classe.

MODÈLE

Étudiant(e) 1: *Est-il possible que je chante dans la chorale?*
Étudiant(e) 2: *Je doute qu'il soit possible que vous y chantiez. Il n'y a plus de place, mais je crois que...*

- acteur/actrice
- chorale
- compositeur
- danseurs
- metteur en scène
- musiciens
- animateur/animatrice (emcee)
- ouvreur/ouvreuse (usher)

6 **L'avenir** Vous et votre partenaire parlez de vos doutes et de vos certitudes à propos de l'avenir. À tour de rôle, complétez ces phrases pour décrire comment vous envisagez (envision) l'avenir.

1. Je doute que...
2. Il est sûr que...
3. Il n'est pas certain que...
4. Il est impossible que...
5. Je ne crois pas que...
6. Je sais que...

7 **Je doute** Votre partenaire veut mieux vous connaître. Écrivez cinq phrases qui vous décrivent: quatre fausses et une vraie. Votre partenaire doit deviner laquelle est vraie et justifier sa réponse. Ensuite, alternez les rôles.

MODÈLE

Étudiant(e) 1: *Je finis toujours mes devoirs avant de me coucher.*
Étudiant(e) 2: *Je doute que tu finisses tes devoirs avant de te coucher, parce que tu as toujours beaucoup de devoirs.*

 ESPACE **STRUCTURES**

Possessive pronouns  Tutorial

Point de départ In **Leçon 3A** , you learned how possessive adjectives function in French. You will now learn about possessive pronouns and how they differ in French and English.

- Possessive pronouns replace nouns modified by possessive adjectives. In French, the possessive pronouns have different forms depending on whether the noun is masculine or feminine, singular or plural. These are the forms of the French possessive pronouns.

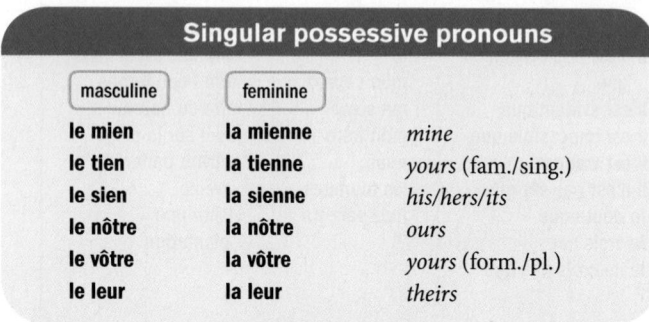

Singular possessive pronouns		
masculine	feminine	
le mien	la mienne	*mine*
le tien	la tienne	*yours* (fam./sing.)
le sien	la sienne	*his/hers/its*
le nôtre	la nôtre	*ours*
le vôtre	la vôtre	*yours* (form./pl.)
le leur	la leur	*theirs*

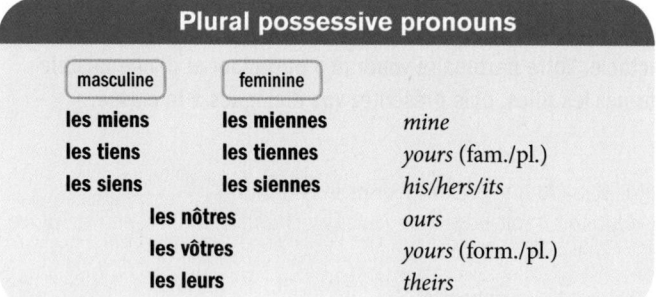

Plural possessive pronouns		
masculine	feminine	
les miens	les miennes	*mine*
les tiens	les tiennes	*yours* (fam./pl.)
les siens	les siennes	*his/hers/its*
	les nôtres	*ours*
	les vôtres	*yours* (form./pl.)
	les leurs	*theirs*

Je connais **ton frère**, mais je ne connais pas **le sien**.
I know your brother, but I don't know hers.

Leurs chansons sont en espagnol et **les miennes** sont en français.
Their songs are in Spanish and mine are in French.

- French and English possessive pronouns are very similar in usage. They can refer to an object or a person. However, the French possessive pronouns consist of two parts: the definite article and the possessive word. Both parts must agree in number and gender with the noun to which they refer.

Ils aiment mes pièces, mais ils préfèrent **les tiennes**. (**tes pièces**)
They like my plays, but they prefer yours.

Je vois **ma voiture**, mais je ne vois pas **la vôtre**. (**votre voiture**)
I see my car, but I don't see yours.

- Possessive pronouns, like possessive adjectives, reflect the object or person possessed, *not* the possessor.

sa voiture → *his car*   **la sienne** (*referring to the car*) → *his*
sa voiture → *her car*   **la sienne** (*referring to the car*) → *hers*

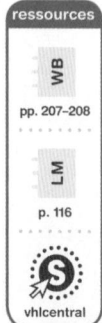

- Remember that the articles **le** and **les** contract with **à** when it precedes a possessive pronoun.

à + le mien
à + la mienne
à + les miens
à + les miennes

au mien
à la mienne
aux miens
aux miennes

Tu vas téléphoner **à mes amis** ou **aux tiens**?
Are you going to call my friends or yours?

Avez-vous récemment parlé **à leurs parents** ou **aux vôtres**?
Did you speak recently to their parents or yours?

- Likewise, the articles **le** and **les** contract with **de** before a possessive pronoun.

de + le mien
de + la mienne
de + les miens
de + les miennes

du mien
de la mienne
des miens
des miennes

Pourquoi t'occupes-tu **de ses problèmes** au lieu **des tiens**?
Why are you concerned with his problems instead of yours?

Les critiques parlent **de votre pièce**, pas **de la nôtre**.
The critics are talking about your play, not ours.

- With the indefinite pronoun **on**, always use the masculine possessive pronoun **le sien/les siens**.

On est fier **des siens**.
One is proud of one's own (people).

- Do not use possessive pronouns after the verb **être** in the construction [*noun/pronoun (subject)*] + **être**. Instead, use the expression **être à** + [*noun/disjunctive pronoun*].

Ce pull **est à** Nathan.
This sweater belongs to Nathan.

Ce pull **est à** lui.
This sweater is his.

Ces places **sont à** M. et Mme Ndiaye.
These seats belong to Mr. and Mrs. Ndiaye.

Ces places **sont à** eux.
These seats are theirs.

- You can, however, use the possessive pronouns after the expressions **C'est** and **Ce sont**.

C'est **la nôtre**.
It's ours.

Ce sont **les miennes**.
These are mine.

Essayez! **Récrivez la phrase en utilisant le pronom possessif qui correspond.**

1. Où est ma feuille d'examen? _____Où est la mienne?_____
2. Ce sont tes sœurs qui reviennent de Grèce? _____
3. J'ai revu mon amie d'enfance hier soir! _____
4. C'est votre lampe qui ne marche plus! _____
5. Ils viennent d'acheter leur piano. _____
6. Ce sont nos chansons qui passent à la radio! _____
7. Ses fauteuils sont toujours en bon état (*condition*). _____
8. Quand ton concert a-t-il lieu (*takes place*)? _____

ESPACE **STRUCTURES**

Mise en pratique

1 **Pas de répétitions!** Remplacez les mots indiqués par les bons pronoms possessifs.

MODÈLE

Je vois <u>mon frère</u>, mais je ne vois <u>pas ton frère</u>.
Je vois le mien, mais je ne vois pas le tien.

1. Tu préfères <u>mes chansons</u> ou <u>leurs chansons</u>?
2. <u>Mes danseurs</u> sont arrivés, mais <u>vos danseurs</u> pas encore.
3. <u>Ta comédie</u> est amusante, mais <u>sa comédie</u> est ennuyeuse.
4. <u>Mon petit ami</u> et <u>ton petit ami</u> sont allés au match ensemble.
5. <u>Ma grand-mère</u> habite à Bruxelles. Et <u>leur grand-mère</u>?
6. <u>Nos chansons</u> sont meilleures que <u>vos chansons</u>.
7. <u>Sa maison</u> est près de la banque. Où est <u>votre maison</u>?
8. <u>Leurs séances</u> sont moins longues que <u>tes séances</u>.

2 **Quel chaos!** Madame Mercier emmène ses enfants et leurs copains à la plage, mais tout le monde a oublié d'apporter quelque chose. Faites des phrases complètes pour dire qui a oublié quoi.

MODÈLE

je / serviette / David
J'ai ma serviette, mais David a oublié la sienne.

1. tu / lunettes de soleil / Marie et Claire
2. nous / chaussures / Christophe
3. Tristan et Benjamin / casquettes / Élisa et toi
4. vous / maillot de bain / nous
5. Thomas / crème solaire (*sunscreen*) / vous
6. je / lecteur MP3 / tu
7. Magalie / tee-shirt / nous
8. tu / chapeau / il

3 **Les mêmes choses** Votre cousin va faire exactement les mêmes choses que vous, aujourd'hui. Écrivez ses réponses avec des pronoms possessifs.

MODÈLE

Tu vas écrire une carte postale à tes grands-parents?
Alors, je vais aussi écrire une carte postale aux miens.

1. Tu vas jouer avec ton petit frère?
2. Tu vas téléphoner à tes amies?
3. Tu vas donner à manger à tes chats?
4. Tu vas dire bonjour à ton prof?
5. Tu vas prendre une photo de ta maison?
6. Tu vas t'occuper de tes affaires?
7. Tu vas acheter un cadeau à ta mère?
8. Tu vas aller au cinéma avec tes amis?

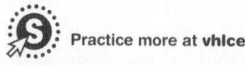 Practice more at **vhlcentral.com**.

Communication

4 **C'est à qui?** Vous êtes responsable du bureau des objets trouvés dans votre université. Avec un(e) partenaire, créez un dialogue et jouez la scène devant la classe.

> **MODÈLE**
>
> **Étudiant(e) 1:** *Ces cahiers sont à toi?*
> **Étudiant(e) 2:** *Non, ce ne sont pas les miens.*
> **Étudiant(e) 1:** *Tu es sûr(e)?*
> **Étudiant(e) 2:** *Oui, les miens sont plus grands.*

1.

2.

3.

4.

5.

6.

5 **Au spectacle** Catherine est au théâtre avec son ami Rémi. Elle est metteur en scène et compare la pièce qu'elle voit avec la sienne. Avec un(e) partenaire, jouez la conversation. Utilisez autant de pronoms possessifs que possible.

> **MODÈLE**
>
> **Étudiant(e) 1:** *Le début de ma pièce est plus intéressant que le sien.*
> **Étudiant(e) 2:** *Je ne suis pas d'accord. Le sien est aussi intéressant que le tien.*

6 **Questions personnelles** Vous voulez mieux connaître votre partenaire. Posez-vous ces questions à tour de rôle. Utilisez des pronoms possessifs dans vos réponses.

1. Est-ce que tes idées (*ideas*) sont vraiment différentes de celles de tes parents?
2. Est-ce que ton style de vêtements est le même que celui de ton frère ou ta sœur?
3. D'habitude, est-ce que tu t'occupes de tes affaires ou de celles de tes amis?
4. Tu t'entends mieux avec tes parents ou avec ceux de ton/ta petit(e) ami(e)?
5. Tu aimes ton quartier ou celui de tes amis?
6. Tu préfères ta voiture ou celle d'un de tes amis?
7. Est-ce que tes goûts (*tastes*) en musique sont différents de ceux de tes grands-parents?

7 **La réunion** Vous avez terminé vos études universitaires il y a dix ans et vous rencontrez un(e) ami(e) que vous n'avez pas vu(e) depuis tout ce temps. Parlez de vos vies et utilisez des pronoms possessifs dans votre conversation.

> **MODÈLE**
>
> **Étudiant(e) 1:** *Mon mari/Ma femme est professeur. Et le tien/la tienne?*
> **Étudiant(e) 2:** *Le mien/La mienne est architecte.*

adresse e-mail	frère	parents
compagnie	maison	sœur
enfants	mari	travail
femme	numéro de téléphone	voiture

Révision

1

Il est clair que... Observez ces personnes et imaginez leurs activités artistiques préférées. Avec un(e) partenaire, utilisez des expressions de doute et de certitude pour répondre aux questions et pour décrire chaque personnage.

chanteur de chorale ou
de comédie musicale?

danseur ou acteur?

chef d'orchestre ou
metteur en scène?

compositeur d'opéra
ou dramaturge?

2

Je ne pense pas Que pensent vos camarades de ces affirmations? Par groupes de quatre, trouvez au moins une personne qui soit d'accord avec chaque phrase et une qui ne soit pas d'accord. Utilisez des expressions de doute et de certitude. Ensuite, présentez vos arguments à la classe.

MODÈLE La télévision fait du mal au cinéma.

Étudiant(e) 1: *Penses-tu que la télévision fasse du mal au cinéma?*
Étudiant(e) 2: *Non, je ne crois pas que ce soit vrai. Il est clair que les acteurs de cinéma sont plus célèbres que ceux de la télé.*

- Jimi Hendrix est le meilleur joueur de guitare.
- Mozart est le meilleur compositeur de musique classique.
- Personne n'aime les comédies musicales aujourd'hui.
- Un danseur est autant un sportif qu'un artiste.
- L'opéra est un genre trop ésotérique et ennuyeux.

3

Les arts Votre professeur va vous donner, à vous et à votre partenaire, deux feuilles d'activités différentes sur les arts. Attention! Ne regardez pas la feuille de votre partenaire.

4

C'est tout moi! Avec un(e) partenaire, vous voyez ces annonces dans le journal. Vous pensez qu'un de ces rôles est pour vous. Un(e) ami(e) n'est pas du tout d'accord, mais vous insistez. Utilisez des expressions de doute et de certitude dans votre dialogue.

Cherchons jeune homme de 27-30 ans, sportif et musclé, avec permis moto et avion, pour rôle principal. Doit être un acteur expérimenté qui sache jouer du piano comme un professionnel et qui puisse monter à cheval. Doit avoir les yeux noirs, beaucoup de charme, de la présence et un look aventurier.

Cherchons jeune femme de 18-20 ans avec beaucoup de personnalité et qui ait une formation de chanteuse classique, pour rôle dans une comédie musicale en espagnol. Doit pouvoir danser le tango, la salsa et la rumba.

Venez rencontrer le compositeur et le metteur en scène, jeudi à 20 heures, au Théâtre du Boulevard.

5

Le meilleur Avec un(e) partenaire, trouvez un exemple pour chaque catégorie de la liste. Ensuite, comparez votre liste avec celle d'un autre groupe et parlez de vos opinions. Utilisez des expressions de doute et de certitude.

le/la meilleur(e) ... en ce moment

- film
- chanson à la radio
- danseur/danseuse
- chanteur/chanteuse
- acteur/actrice

6

Mal organisé Vous étiez très pressé(e) ce matin et vous avez oublié de mettre beaucoup de choses dans votre sac à dos. Demandez à votre partenaire si vous pouvez lui emprunter cinq choses dont vous avez besoin pour l'université. Votre partenaire va vous donner des excuses pour ne pas vous les prêter. Utilisez des pronoms possessifs. Jouez votre dialogue devant la classe.

MODÈLE

Étudiant(e) 1: *Je peux emprunter ta calculatrice?*
Étudiant(e) 2: *Désolé(e). J'ai besoin de la mienne pour faire ce devoir.*

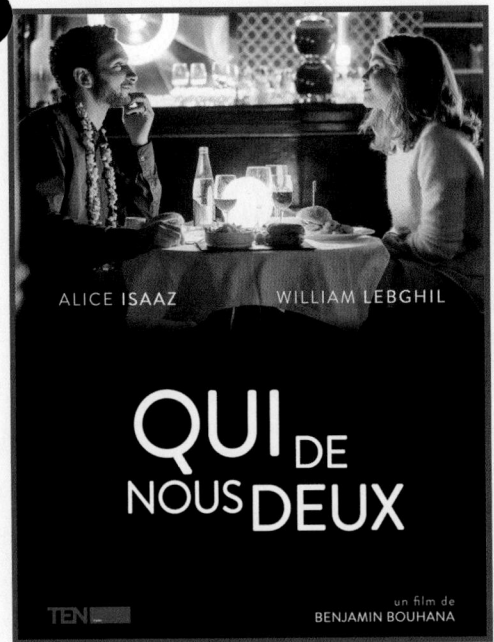

ALICE **ISAAZ**   WILLIAM **LEBGHIL**

QUI DE NOUS DEUX

TEN

un film de
BENJAMIN BOUHANA

Le **Zapping**

Ⓢ Video: Short Film

Léo est un jeune homme romantique et galant°, mais il est fauché°. Alice est une jeune Parisienne, féministe et indépendante. Ils se retrouvent pour leur premier rendez-vous. Très vite, ils entrent dans un jeu à propos de° qui va payer l'addition. Puisque° Léo n'a pas d'argent, comment va-t-il s'en sortir°?

galant *gentlemanly* **fauché** *broke* **à propos de** *about* **Puisque** *Since* **s'en sortir** *to work it out*

Préparation

1 **Définitions** Associez ces situations ou déclarations avec des expressions du vocabulaire.

1. Je vous invite, ça me fait plaisir! _____

2. Je n'avais que des problèmes à l'époque, tout allait mal. _____

3. Samir et Marc disent que rien n'est cassé (*broken*) et qu'ils peuvent tout réparer. _____

4. Vous décidez de l'emmener dans un restaurant très cher pour l'impressionner (*impress*). _____

5. Ah! Je dis toujours ce qu'il ne faut pas! _____

6. Ça n'avait aucun sens. Ce n'était pas une bonne explication! _____

2 **Complétez** Utilisez le vocabulaire du film pour compléter ces phrases.

1. David est très enthousiaste et positif, il aime absolument tout. Il _____ pour un rien!

2. Camille veut me présenter son frère aujourd'hui. Nous avons _____ au centre-ville vers quinze heures.

3. Est-ce que ce restaurant a un _____? Je veux y laisser mon sac et ma veste.

4. Les enfants sont petits, nous allons leur installer une _____ dans le jardin.

5. Voici vos boissons, des olives et des _____. Est-ce que vous désirez autre chose?

6. Mes voisins s'entendent très mal. Ils _____ tout le temps!

7. Ahmed a besoin de passer un _____. Est-ce que tu peux lui prêter ton téléphone?

8. Vous ne payez jamais l'addition. Je n'ai jamais vu de gens aussi _____ que vous!

Expressions utiles

Ce n'est pas grave.
It's not a big deal.

C'est la bonne.
She's the one.

C'est pour moi.
It's on me.

C'était bidon.
That was lame.

Je suis la reine des gaffes.
I'm the queen of blunders.

J'étais en galère.
I was having a hard time.

On fait chacun son tour.
We take turns.

Vous sortez le grand jeu.
You're going all out.

Vocabulaire du court métrage

une balançoire
swing

brûler
to burn

des cacahouètes (f.)
peanuts

un coup de fil
phone call

s'emballer
to get carried away

s'engueuler (fam.)
to have a fight

un forfait
plan

un matelas
mattress

la moutarde au miel
honey mustard

radin
stingy

un rendez-vous
date

le sang
blood

un vestiaire
coat check

Qui de nous deux

LÉO En fait, j'étais en galère, c'était un soir tard, j'étais dans la rue, et, j'avais absolument besoin de passer un coup de fil, mais comme j'ai un forfait bloqué... C'est à dire qu'un forfait bloqué, c'est euh... genre au bout d'une heure, ben, t'es bloqué, quoi, tu peux plus appeler. Enfin bref, elle est arrivée de nulle part, et elle m'a prêté son téléphone, et il s'est passé un truc.

FLEURISTE C'est pour une demande en mariage?

LÉO Ah non! C'est notre premier rendez-vous.

FLEURISTE Alors, ben, on a ça. Cinquante roses. Mais avec ça, vous sortez le grand jeu.

LÉO Ah oui, il est magnifique. C'est combien?

FLEURISTE Cent vingt euros.

ALICE Elles ont même brûlé° leurs soutiens-gorge° avec Simone de Beauvoir.

LÉO Oui, mais, euh, enfin, moi, je respecte, hein, la parité, le féminisme, les soutiens-gorge qui brûlent et tout, moi je trouve ça super.

ALICE Mais alors, on fait chacun à son tour. Une fois toi, une fois moi, comme ça, la prochaine fois, c'est à moi.

LÉO Oui, très bien, faisons chacun son tour. Tu peux même tout payer si tu veux. Non, je déconne°. Non, mais faisons ça, chacun son tour, ça marche.

LÉO Ça donne faim, la lutte°.

ALICE Oui. Alors, tiens. Vas-y, commence par celui-là.

LÉO Ah oui, ah oui! C'est incroyable, ça.

ALICE C'est mon préféré. Ce qui fait la différence, tu vois, c'est la moutarde au miel. Et celle-ci, enfin, moi, je la trouve juste dingue°, quoi.

LÉO Mais, merci beaucoup, c'est gentil. L'intention...

ALICE Bon ben, dommage, hein. Ce n'est pas grave. Tu prends juste la surprise!

LÉO Ah, je n'avais pas vu!

ALICE La petite surprise.

LÉO La petite surprise. Bon ben, du coup c'est à moi de... c'est à moi.

LÉO Alice, veux-tu m'épouser?

ALICE Quoi?

LÉO Elle a dit oui! Elle a dit oui, c'est formidable! C'est le plus beau jour de ma vie! Elle a dit oui! Merci! Merci à tous, c'est trop cool! Elle a dit oui! Elle a dit oui! C'est ma femme! Prenez-nous en photo, allez-y! On va avoir un chien! On va aller chez DomExpo, c'est superbe! Vas-y, souris un peu.

brûlé *burned*   soutiens-gorge *bras*   je déconne *I'm kidding*   lutte *fight*   dingue *unbelievable*

Analyse

3 **Vrai ou faux?** Indiquez si ces déclarations au sujet de Léo sont **vraies** ou **fausses**, d'après le film.

	Vrai	Faux
1. Léo a déjà rencontré Alice une fois.	☐	☐
2. Il demande des conseils à la fleuriste.	☐	☐
3. Il achète plusieurs roses, mais n'en donne qu'une à Alice.	☐	☐
4. Quand Alice veut aller au restaurant, il dit qu'il n'a pas faim parce. qu'il ne veut pas dépenser d'argent.	☐	☐
5. Il a assez d'argent pour payer les boissons au café.	☐	☐
6. Il pense que prendre un taxi est une bonne idée..	☐	☐
7. Il invente une excuse pour ne pas manger le bonbon qu'Alice lui offre.	☐	☐
8. Il trouve que le restaurant n'est pas bon.	☐	☐

4 **Interprétez** Avec un(e) partenaire, répondez aux questions sur le film.

1. Est-ce que Léo achèterait le bouquet de roses s'il avait 120 euros à dépenser?
2. Est-ce que Léo plaisante (*is joking*) vraiment quand, au café, il dit à Alice qu'elle peut tout payer si elle veut?
3. Pourquoi est-ce que l'égalité entre les hommes et les femmes est importante pour Alice?
4. Que fait Léo quand il revient vers le taxi? Pourquoi?
5. Pourquoi est-ce qu'Alice sourit quand Léo laisse un pourboire au vestiaire du restaurant?
6. Pourquoi est-ce qu'Alice ne doit pas payer le repas?
7. Est-ce qu'Alice est contente quand Léo fait sa demande en mariage?
8. Est-ce qu'Alice comprend et apprécie ce que Léo fait pour ne pas payer l'addition au restaurant?

5 **Notre rencontre** Par groupe de trois, préparez une conversation dans laquelle Léo et Alice racontent leur premier rendez-vous à un(e) bon(ne) ami(e). Utilisez les notes et questions ci-dessous comme guide.

- Choisissez le ton de la conversation: Est-ce une conversation plutôt amusante, intéressante, surprenante, énervante, etc.?
- Pensez à la personnalité de Léo et à celle d'Alice, à leurs milieux (*backgrounds*) d'origine et à leur conversation pour expliquer leurs comportements pendant cette soirée.
- Expliquez pourquoi et à quel moment Alice décide d'entrer dans le jeu.
- Pensez à la réaction de leur ami(e): Quelles questions pose-t-il/elle et que pense-t-il/elle de cette histoire?

Leçon 15B

You will learn how to...

- discuss films and television
- discuss books

S Vocabulary Tools

Au festival d'art

Vocabulaire

faire les musées	to go to museums
publier	to publish
les beaux-arts (*m.*)	fine arts
un chef-d'œuvre	masterpiece
un conte	tale
une critique	review; criticism
un dessin animé	cartoon
un documentaire	documentary
un drame psychologique	psychological drama
une émission (de télévision)	(television) program
un festival (festivals *pl.*)	festival
un feuilleton	soap opera
un film (d'aventures, policier)	(adventure, crime) film
une histoire	story
les informations (infos) (*f.*)	news
un jeu télévisé	game show
la météo	weather
les nouvelles (*f.*)	news
une œuvre	artwork, piece of art
un programme	program
une publicité (pub)	advertisement
les variétés (*f.*)	popular music
ancien(ne)	ancient; old; former
doué(e)	talented, gifted
gratuit(e)	free
littéraire	literary
récent(e)	recent
à la radio	on the radio
à la télé(vision)	on television

un film de science-fiction

un sculpteur (une sculptrice f.)

une femme auteur/ une écrivaine

une sculpture

un auteur/ écrivain

un roman

M. Pierre LeGrand, auteur de *La plume enchantée*

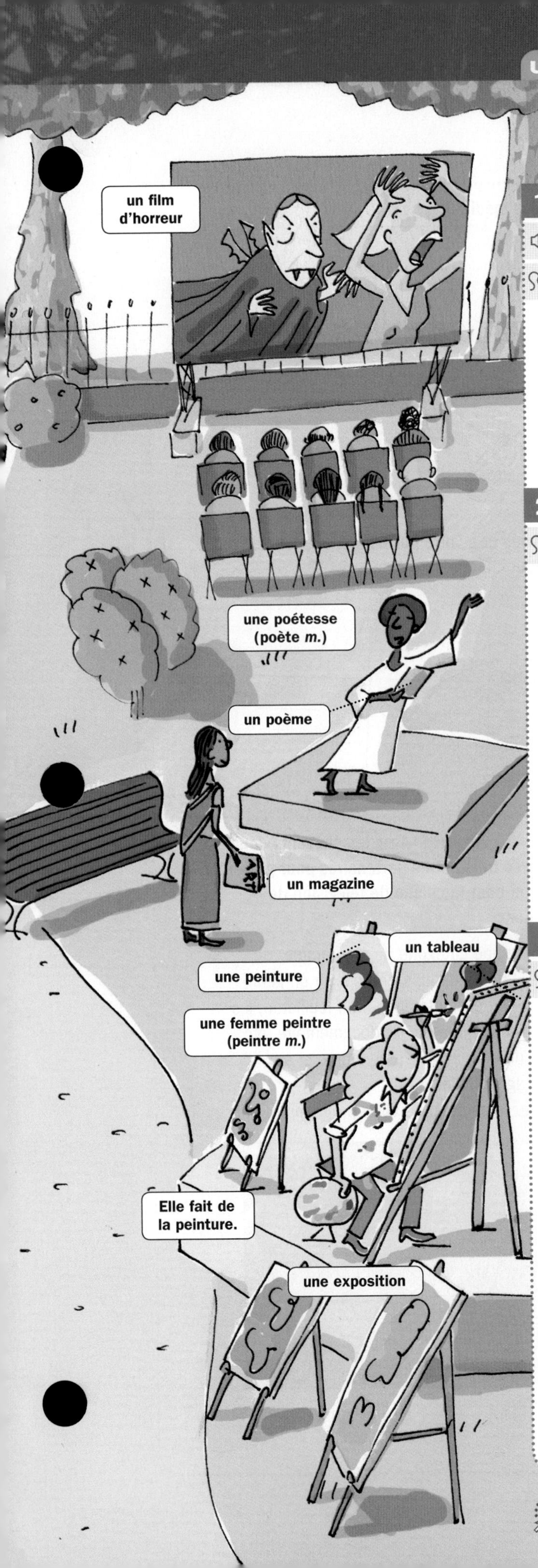

Mise en pratique

1 **Écoutez** Écoutez la conversation entre Nora et Jeanne et indiquez si Nora (N), Armand (A), Jeanne (J) ou Charles (C) ont fait les choses suivantes.

_____ 1. s'est bien amusée au Festival des beaux-arts.

_____ 2. ont vu une exposition d'art contemporain.

_____ 3. ont vu un film d'aventures.

_____ 4. ont assisté à une critique littéraire sur Assia Djebar.

_____ 5. sont restés chez eux.

_____ 6. sont allés à la librairie pour acheter un roman.

_____ 7. a promis de faire les musées le week-end prochain.

_____ 8. a fait de la peinture.

2 **Vous les connaissez?** Faites correspondre les œuvres, personnages et programmes télévisés de la colonne de gauche avec le mot de la colonne de droite qui convient.

___ 1. *La Belle et la Bête*	a. une sculpture
___ 2. *Whistler's Mother*	b. un auteur
___ 3. Le *David*	c. un film de science-fiction
___ 4. *Jeopardy*	d. une peinture
___ 5. Claude Monet	e. un conte
___ 6. *Les Trois Mousquetaires*	f. un feuilleton
___ 7. Victor Hugo	g. un roman
___ 8. *All My Children*	h. un jeu télévisé
___ 9. *Vogue*	i. un magazine
___ 10. *2001, l'Odyssée de l'espace*	j. une exposition
	k. un film d'horreur
	l. un peintre

3 **Complétez** Complétez ces phrases avec le mot de vocabulaire d'**ESPACE CONTEXTES** qui convient.

1. La peinture et la sculpture font partie des _____.

2. Une _____ est une personne qui écrit des poèmes.

3. Un _____ est quelqu'un qui est à l'origine d'une œuvre.

4. Art de juger (*to judge*) les créations littéraires ou artistiques: _____.

5. Un _____ est basé sur la réalité.

6. Une _____ est une activité commerciale pour vendre un produit.

7. *Bugs Bunny* et *Mickey Mouse* sont des exemples de _____.

8. *Indiana Jones* est un exemple de film _____.

9. Si on n'a pas besoin de payer pour entrer dans un musée, c'est _____.

10. On peut écouter les informations _____.

Labels in illustration:
un film d'horreur
une poétesse (poète *m.*)
un poème
un magazine
un tableau
une peinture
une femme peintre (peintre *m.*)
Elle fait de la peinture.
une exposition

Communication

4 **Conversez** Interviewez un(e) camarade de classe au sujet de l'art et des médias.

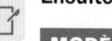

1. Quel(s) genre(s) de film préfères-tu? Pourquoi?
2. Quel film récent as-tu vu? Quelle en est l'histoire?
3. As-tu un auteur favori? Lequel?
4. Quel(s) genre(s) d'œuvres littéraires aimes-tu?
5. Qu'est-ce que tu écoutes à la radio? Quand?
6. As-tu fait les musées récemment? Quelle(s) exposition(s) as-tu vue(s)?
7. Quel(s) chef(s)-d'œuvre admires-tu?
8. Qui considères-tu être un peintre doué? Pour quelle(s) raison(s)?
9. Es-tu un(e) artiste? Dans quel domaine?
10. Lis-tu des magazines? Lesquels?

5 **À la télévision et à la radio** Votre professeur va vous donner, à vous et à votre partenaire, une feuille d'activités. Remplissez d'abord la première colonne avec vos préférences pour chaque catégorie. Ensuite, comparez vos réponses avec celles d'un(e) camarade de classe.

> **MODÈLE**
>
> un dessin animé
> **Étudiant(e) 1:** *Quel est ton dessin animé préféré?*
> **Étudiant(e) 2:** *J'adore regarder les Simpson.*

Programmes	Moi	Noms
1. un dessin animé		
2. une émission		
3. un feuilleton		

6 **L'art et vous** Écrivez un paragraphe d'après (*according to*) ces instructions. Ensuite, à tour de rôle, discutez-en avec un(e) camarade de classe.

- Décrivez l'importance que vous donnez à l'art dans votre vie.
- Parlez de l'influence positive et/ou négative de l'art sur le monde.
- Parlez de comment vous aimeriez contribuer à cette influence.

7 **Regardons la télé** Avec les éléments donnés, travaillez avec trois autres partenaires pour présenter une émission pour la chaîne de télévision de votre université.

- Choisissez une catégorie de programme télévisé. Chaque groupe doit choisir un genre différent, par exemple un jeu, un feuilleton, les informations, la météo, un documentaire, etc.
- Donnez un nom à votre programme et aux personnages de l'émission.
- Annoncez le contenu de votre programme.

Les sons et les lettres  Audio

Les abréviations

French speakers use many acronyms. This is especially true in newspapers, televised news programs, and in political discussions. Many stand for official organizations or large companies.

EDF = Électricité de France **ONU** = Organisation des Nations Unies

People often use acronyms when referring to geographical place names and transportation.

É-U = États-Unis **RF** = République Française
RN = Route Nationale **TGV** = Train à Grande Vitesse

Many are simply shortened versions of common expressions or compound words.

SVP = S'il Vous Plaît **RV** = Rendez-Vous **RDC** = Rez-De-Chaussée

When speaking, some acronyms are spelled out, while others are pronounced like any other word.

Cedex = Courrier d'Entreprise à Distribution Exceptionnelle (*an overnight delivery service*)

Prononcez Répétez les abréviations suivantes à voix haute.

1. W-C = *Water-Closet*
2. HS = Hors Service (*out of order*)
3. VF = Version Française
4. CV = Curriculum Vitæ
5. TVA = Taxe à la Valeur Ajoutée (*added*)
6. DELF = Diplôme d'Études en Langue Française
7. RATP = Régie Autonome (*independent administration*) des Transports Parisiens
8. SMIC = Salaire Minimum Interprofessionnel de Croissance (*growth*)

Assortissez-les Répétez les abréviations à voix haute. Que représentent-elles?

____ 1. ECP   a. objet volant non identifié
____ 2. GDF   b. toutes taxes comprises
____ 3. DEUG   c. président-directeur général
____ 4. TTC   d. École centrale de Paris
____ 5. PDG   e. Gaz de France
____ 6. OVNI   f. diplôme d'études universitaires générales

Expressions Répétez les expressions à voix haute.

RSVP (Répondez, S'il Vous Plaît).[1]

Elle est BCBG (Bon Chic, Bon Genre).[2]

[1] Please reply.
[2] She is preppy. (in a conservatively classic fashion)

ressources

LM
p. 118

vhlcentral

ESPACE ROMAN-PHOTO

Au revoir, David!  Video

Amina

Astrid

David

Rachid

Sandrine

Stéphane

Valérie

Chez Sandrine...
AMINA Qu'est-ce qui sent si bon?
SANDRINE C'est un gâteau pour David. Il repart demain aux États-Unis tu sais.
AMINA David et toi, vous avez décidé de ne plus vous disputer?
SANDRINE C'est de l'histoire ancienne.
AMINA C'est comme dans un feuilleton. Vous vous disputez, vous vous détestez. Vous vous réconciliez.

SANDRINE J'étais tellement en colère contre lui ce jour-là, mais depuis, j'ai beaucoup réfléchi à ce qu'il m'a dit.
AMINA Et alors...?
SANDRINE En fait, David m'a aidée.
AMINA Comment ça?
SANDRINE Ma vraie passion, ce n'est pas la musique.
AMINA Non? Mais alors, c'est quoi, ta vraie passion?

SANDRINE J'ai décidé de devenir chef de cuisine!
AMINA Ça, c'est une excellente idée.
SANDRINE N'est-ce pas? Et j'ai aussi décidé de préparer ce gâteau pour la fête de ce soir.
AMINA Et moi qui pensais que tu ne voudrais pas y aller...
SANDRINE Mais... David ne peut pas partir sans que je lui dise au revoir!

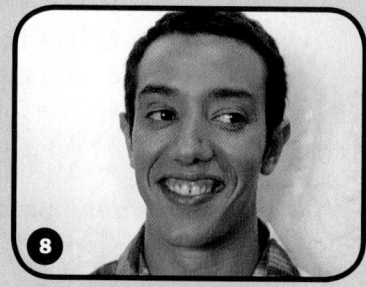

À la fête de David...
ASTRID Elle est jolie, ta jupe. C'est une de tes créations, n'est-ce pas?
SANDRINE Cet été, Amina participe à un défilé de mode à Paris.
AMINA N'exagérons rien... C'est une petite présentation des collections de plusieurs jeunes stylistes.
SANDRINE Tu vas montrer ce chef-d'œuvre?

AMINA Oui, cette jupe-ci, la robe que j'ai faite pour toi et d'autres modèles.
RACHID Elle n'est pas géniale, ma chérie? Belle, intelligente, douée...
AMINA Toi aussi, tu as de bonnes nouvelles, n'est-ce pas?
SANDRINE Ah bon?
RACHID Oh, ce n'est pas grand-chose.

AMINA Au contraire, c'est très important!
SANDRINE Vas-y, dis-nous tout, avant que je ne perde patience!
RACHID Eh bien, ça y est, j'ai mon diplôme!
AMINA Ah, mais ce n'est pas tout! Il a eu mention très bien!
SANDRINE Bravo, Rachid!
ASTRID Oui, félicitations!

A C T I V I T É S

1 **Les événements** Remettez les événements suivants dans l'ordre chronologique.

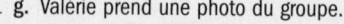

____ a. Rachid annonce une bonne nouvelle.

____ b. Stéphane veut absolument réussir son bac.

____ c. David promet qu'il va revenir à Aix.

____ d. Sandrine dit qu'elle n'est plus fâchée avec David.

____ e. Amina explique qu'elle va à Paris cet été.

____ f. Amina arrive chez Sandrine.

____ g. Valérie prend une photo du groupe.

____ h. Valérie attire (*gets*) l'attention du groupe.

____ i. David fait un petit discours (*speech*).

____ j. Sandrine annonce qu'elle souhaite devenir chef de cuisine.

 Practice more at **vhlcentral.com**.

Les amis organisent une fête pour David.

Au P'tit Bistrot...

SANDRINE Stéphane, tu ne veux pas nous aider à préparer la fête?

STÉPHANE Une minute s'il te plaît.

SANDRINE Mais, qu'est-ce que tu lis de si intéressant? Oh là là, *L'Histoire des Républiques françaises*. Ah, oui je vois... j'ai entendu dire que tu devais repasser une partie du bac.

STÉPHANE Oui, je dois absolument réussir cette fois-ci, mais une fois l'examen passé, je retourne à mes passions—le foot, les jeux vidéo...

SANDRINE Chut... ta mère va t'entendre.

STÉPHANE *(parlant plus fort et de manière sérieuse)* Oui, je t'assure, les documentaires et les infos sont mes nouvelles passions.

VALÉRIE S'il vous plaît. Nous sommes ici ce soir pour dire au revoir et bon voyage à David, qui repart demain aux États-Unis. Alors, David, comment s'est passée ton année à Aix?

DAVID Oh ça a été fantastique! Je ne connaissais personne à mon arrivée, mais j'ai rapidement trouvé un coloc super! J'ai fait la connaissance de quelques femmes formidables.

DAVID Mais surtout, je me suis fait des amis pour la vie...

ASTRID Quand est-ce que tu vas revenir nous voir, David?

DAVID Eh bien, j'ai l'intention de revenir l'année prochaine pour organiser une exposition de tous mes tableaux au P'tit Bistrot, à condition, bien sûr, que Madame Forestier accepte!

VALÉRIE Allez, une photo. Souriez!

Expressions utiles

Relating conditions and possible actions

- **David ne peut pas partir sans que je lui dise au revoir!**
  David can't leave without my saying good-bye to him!
- **Dis-nous tout, avant que je (ne) perde patience!**
  Tell us everything, before I lose patience!
- **J'ai l'intention de revenir à condition que Madame Forestier accepte.**
  I intend to return on the condition that Madame Forestier accepts.

Additional vocabulary

- **repartir**
  to go back
- **repasser**
  to take again
- **chut**
  shh/hush
- **au contraire**
  on the contrary
- **félicitations**
  congratulations
- **se réconcilier**
  to make up

2 **À vous!** Sandrine est bien plus calme maintenant. Elle a même dit qu'elle voulait dire au revoir à David à la fête. Avec un(e) camarade de classe, préparez une conversation entre David et Sandrine à cette occasion. Comment finit leur histoire?

3 **Écrivez** Pendant la fête de David, certains ont parlé de leurs projets d'avenir. À votre avis, qu'est-ce qui va arriver l'année prochaine? Écrivez vos prédictions pour chacun d'entre eux, au niveau professionnel et au niveau personnel.

ressources

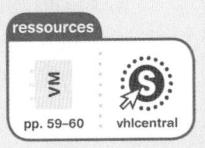

VM pp. 59–60

vhlcentral

A C T I V I T É S

 Reading

CULTURE À LA LOUPE

La peinture haïtienne

L'art haïtien est surtout connu grâce à° sa peinture. Cette tradition artistique est très ancienne sur l'île, mais ses débuts officiels datent de 1804, quand le roi Christophe crée la première Académie de peinture. Les thèmes les plus fréquents à cette époque sont les thèmes historiques de l'émancipation° et les thèmes religieux du vaudou°.

La peinture haïtienne ne devient célèbre dans le monde qu'à partir de 1943. Cette année-là, Dewitt Peters, un professeur américain du lycée de Port-au-Prince, capitale d'Haïti, rencontre plusieurs jeunes peintres haïtiens. Il aime leurs toiles° et fonde avec eux un centre d'art et de peinture. Ce centre va donner à la majorité des peintres haïtiens les ressources nécessaires pour accéder au° succès. Aujourd'hui, on en est à la quatrième génération d'artistes. Ces peintres appartiennent à° diverses écoles d'art et leurs styles sont très variés, du plus naïf au plus sophistiqué. Ils peuvent être surréalistes, impressionnistes ou même primitifs modernes.

La peinture haïtienne est souvent très colorée et d'une grande vitalité. Quand elle n'est pas abstraite, elle illustre des scènes de la vie quotidienne°, des cérémonies religieuses et des paysages°. En Haïti, la peinture est partout. Elle décore les rues, les murs et les bus. On la trouve aussi bien sur les marchés que dans les galeries d'art. Grâce à des expositions dans le monde entier, les peintres haïtiens séduisent un public de plus en plus large.

un peintre haïtien devant son œuvre

grâce à *thanks to* émancipation *liberation* vaudou *voodoo* toiles *paintings* accéder au *achieve* appartiennent à *belong to* quotidienne *everyday* paysages *landscapes*

A C T I V I T É S

1

Répondez Répondez aux questions par des phrases complètes.

1. Quel est l'art le plus connu à Haïti?
2. Pourquoi ses débuts officiels datent-ils de 1804?
3. Quels sont les thèmes les plus fréquents à cette époque?
4. À partir de quand la peinture haïtienne est-elle devenue célèbre dans le monde?
5. Quel était le métier de Dewitt Peters?
6. Qu'a-t-il créé?
7. À quelles écoles d'art les peintres haïtiens appartiennent-ils et comment est leur style?
8. Comment est la peinture haïtienne?
9. Quels sont les sujets les plus souvent peints?
10. Où peut-on voir de la peinture à Haïti?

LE FRANÇAIS QUOTIDIEN

Les livres

bouquin (*m.*)	*book*
dico (*m.*)	*dictionary*
lecture (*f.*)	*reading*
manuel (*m.*)	*textbook*
nouvelle (*f.*)	*short story*
recueil (*m.*)	*collection*
bouquiner	*to read*
feuilleter	*to leaf through*
parcourir	*to skim*

LE MONDE FRANCOPHONE

Des arts traditionnels

Voici quelques exemples d'art traditionnel du monde francophone.

Aux Antilles la fabrication de poupées° en costumes de madras° traditionnels

Au Burkina Faso les poteries en terre cuite° décorées à la teinture° végétale et la fabrication de masques traditionnels

Au Cambodge le théâtre d'ombres°, avec ses marionnettes en cuir°

Au Maroc l'art de la tapisserie° et du métal

En Polynésie française la sculpture et l'art du tatouage corporel

En Tunisie les arts céramiques et l'art de la calligraphie

Au Viêt-nam la peinture à la laque° et la peinture sur soie°

poupées *dolls* **madras** *brightly-colored cotton or silk fabric* **terre cuite** *terra-cotta* **teinture** *dye* **ombres** *shadows* **marionnettes en cuir** *leather puppets* **tapisserie** *tapestry* **laque** *lacquer* **soie** *silk*

PORTRAIT

Le Cirque du Soleil

En 1982, des saltimbanques° et des cracheurs de feu° sur échasses° se rencontrent et montent un spectacle à Baie-Saint-Paul, au Québec. En 1984, le gouvernement les embauche pour célébrer le 450ᵉ anniversaire de l'arrivée de l'explorateur Jacques Cartier. Ainsi° est né le Cirque du Soleil. Depuis, il a connu un succès international sous la direction de son fondateur principal, Guy Laliberté. Ses spectacles pleins de féerie° et de poésie ravissent° tous les publics et, à la différence de ceux du cirque traditionnel, ils n'ont aucun animal. Ils intègrent plutôt les numéros° acrobatiques de contorsionnistes, trapézistes, équilibristes° et jongleurs à ceux de danseurs et de clowns. Leur univers magique a apporté à la troupe une popularité incroyable et a transformé le monde du cirque.

saltimbanques *acrobats, performers* **cracheurs de feu** *fire-eaters* **échasses** *stilts* **Ainsi** *In this way* **féerie** *enchantment* **ravissent** *delight* **numéros** *acts* **équilibristes** *tightrope walkers*

MUSIQUE À FOND

Patricia Kaas

Lieu d'origine: Forbach, France
Métier: chanteuse – actrice

Elle est très connue en France et dans les pays germanophones, et ses albums sont commercialisés dans plus de 40 pays.

Go to **vhlcentral.com** to find out more about **Patricia Kaas** and her music.

---

2 **Complétez** Complétez les phrases.

1. En 1982, _____ montent un spectacle au Québec.
2. Le Cirque du Soleil est né en _____.
3. Ses spectacles pleins de féerie et de poésie _____.
4. Ils intègrent les numéros acrobatiques de _____.
5. La fabrication de poupées en costumes de madras traditionnels est un art traditionnel _____.
6. En Polynésie française, _____ est un art.

3 **Au cirque** Interviewez votre partenaire. Est-il/elle déjà allé(e) au cirque? Au Cirque du Soleil? Combien de fois? Quels numéros a-t-il/elle préférés? En a-t-il/elle un souvenir particulier? A-t-il/elle envie d'y retourner? Soyez prêts à présenter vos résultats à la classe.

 Practice more at **vhlcentral.com**.

A C T I V I T É S

15B.1

The subjunctive (Part 4)
 Tutorial

The subjunctive with conjunctions

Point de départ Conjunctions are words or phrases that connect two clauses in a sentence. Certain conjunctions commonly introduce adverbial clauses, which describe *how*, *why*, *when*, and *where* an action takes place.

● Conjunctions that express a condition upon which an action is dependent are followed by the subjunctive form of the verb.

Conjunctions that require the subjunctive			
à condition que...	*on the condition that...,* *provided that...*	**jusqu'à ce que...**	*until...*
à moins que...	*unless...*	**pour que...**	*so that...*
avant que..	*before...*	**sans que....**	*without...*

● When the main clause contains an expression of will or emotion and the subordinate clause has a different subject, the subjunctive is required.

main clause	conjunction	subordinate clause
Je vous laisse la clé	**à condition que**	vous me la rendiez.
I'll leave you the key	*provided that*	*you return it to me.*
Nous n'irons pas au cinéma	**à moins que**	tu viennes avec nous.
We won't go to the cinema	*unless*	*you come with us.*
Elle me montre les photos	**pour que**	je connaisse sa famille.
She's showing me the photos	*so that*	*I get to know her family.*

● Remember to use an infinitive in the subordinate clause when its subject is the same as the subject of the main clause. Note the change in the form of these frequently used conjunctions when they precede an infinitive.

avant que	**avant de**	sans que	**sans**	pour que	**pour**

Tu feras tes devoirs **avant que** je rentre.
You'll do your homework before I get back.

Tu feras tes devoirs **avant de** sortir.
You'll do your homework before you go out.

Elle travaille **pour que** son fils puisse aller à l'université.
She's working so that her son can go to college.

Elle travaille **pour** gagner de l'argent.
She's working in order to earn some money.

 **Essayez!** Indiquez les formes correctes du présent du subjonctif des verbes.

1. avant que nous ___partions___ (partir)

2. pour que je ne _____ (se mettre) pas en colère

3. à condition que nous _____ (être) prudents

4. à moins que tu _____ (dire) oui

5. sans que les spectateurs les _____ (applaudir)

6. à moins qu'il _____ (faire) beau

7. avant que tu _____ (savoir) conduire

8. pour que vous _____ (apprendre) des choses

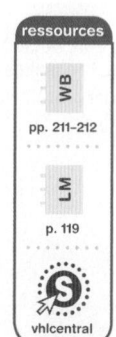

ressources

WB
pp. 211–212

LM
p. 119

vhlcentral

Le français vivant

MAURICE QUENTIN DE LA TOUR

Magnifique exposition sur ce grand peintre. Venez au château de Versailles du 2 au 29 septembre avant que ces peintures retournent dans leurs musées d'origine. Nous avons beaucoup travaillé pour que vous ayez l'occasion de voir ces superbes portraits. Venez contempler ces magnifiques tableaux qui vous feront voyager dans une autre époque... à moins que vous restiez indifférent à la beauté éternelle.

 Identifiez Quelles conjonctions trouvez-vous avec le présent du subjonctif dans la publicité?

 Questions Posez ces questions à un(e) partenaire et répondez à tour de rôle.

1. Qui était Maurice Quentin de La Tour?
2. Pourquoi faut-il voir l'exposition avant le 29 septembre?
3. Pourquoi a-t-on beaucoup travaillé au château de Versailles?
4. Quel effet ont les magnifiques tableaux sur les visiteurs?
5. D'après (*According to*) la pub, quelle sorte de personne ne voudrait pas visiter l'exposition?
6. Aimes-tu visiter les musées? Pourquoi? Quels musées as-tu visités?

ESPACE **STRUCTURES**

Mise en pratique

1 **Je veux bien y aller si...** Richard veut que Louise aille avec lui au cinéma ce week-end, mais elle y met plusieurs conditions. Complétez les phrases avec la forme correcte du verbe.

1. Je veux bien aller avec toi au cinéma à moins qu'il _____ (faire) beau.

2. S'il fait beau, je préfère aller à la plage pour _____ (bronzer).

3. Regarde la météo pour que nous _____ (savoir) le temps qu'il fera.

4. S'il ne fait pas beau, j'irai avec toi à condition que ce _____ (ne pas être) un film d'horreur.

5. J'aime bien les films policiers à moins qu'il y _____ (avoir) trop de violence.

6. Nous pouvons voir un documentaire à condition qu'il ne _____ (être) pas sur les animaux.

7. Souviens-toi que je ne vois pas de film sans _____ (manger) de pop-corn.

8. Si j'ai sommeil, je veux rentrer chez moi avant que le film _____ (finir).

2 **Au musée des Beaux-Arts** Myriam et Delphine passent la journée au musée. Faites les changements nécessaires pour créer leur conversation.

MYRIAM (1) je / pouvoir / regarder / ce / chef-d'œuvre/ jusqu'à ce que / le musée / fermer

DELPHINE (2) le peintre / avoir / faire / ce / tableau / avant / avoir / douze ans

MYRIAM (3) certain / enfants / être / vraiment doué / sans que / les parents / le / savoir

DELPHINE (4) je / vouloir bien / voir / sculptures / Rodin / avant que / nous / partir

MYRIAM (5) pouvoir / nous / voir / documentaire sur Rodin / avant / partir

DELPHINE (6) d'accord / je / aller / le voir / à condition que / il / ne pas être / ennuyeux

3 **Opinions** Complétez ces phrases de manière originale. Ensuite, comparez vos réponses avec celles d'un(e) partenaire.

1. J'aime les films d'horreur à moins que...

2. Les gens regardent les feuilletons pour...

3. Je ferai les musées de Paris jusqu'à ce que...

4. On fait des publicités pour que les gens...

5. Je lis des romans à condition que...

6. Je regarde la météo avant de...

4 **Votre santé** Vous êtes instructeur/instructrice à la gym et votre partenaire est un(e) client(e) qui veut être en forme et garder la ligne. Votre partenaire vous pose des questions et vous lui donnez des conseils. Utilisez les expressions de la liste.

à condition que	jusqu'à ce que
à moins que	pour que/pour
avant que/avant de	sans que/sans

Communication

5 **Questions** Avec un(e) partenaire, répondez à ces questions. Ensuite, présentez vos réponses à la classe.

1. Que fais-tu tous les soirs avant de te coucher?
2. Que font tes parents pour que tu puisses étudier à la fac?
3. Que peux-tu faire pour améliorer (*to improve*) ton français?
4. Que veux-tu faire demain à moins qu'il fasse mauvais?
5. Que fais-tu pendant les cours sans que les profs le sachent?
6. Que fais-tu seulement à condition qu'un(e) ami(e) t'accompagne?
7. Quelles stratégies utilises-tu pour avoir de bonnes notes?
8. Quelle activité pratiques-tu sans t'arrêter jusqu'à ce que tu la finisses?
9. Qu'est-ce que tes parents te laissent (*allow*) faire à condition que tu aies de bonnes notes?
10. Que peux-tu faire pendant des heures sans t'ennuyer?

6 **Le week-end** Avec un(e) partenaire, parlez de vos projets pour ce week-end. Utilisez ce vocabulaire.

MODÈLE

Samedi, je vais aller à la piscine à moins que mes amis veuillent aller à la plage.

à condition que	jusqu'à ce que
à moins que	pour (que)
avant de/que	sans (que)

7 **Tic-Tac-Toe** Formez deux équipes. Une personne commence une phrase et une autre de son équipe la finit avec les mots de la grille. La première équipe à créer trois phrases d'affilée (*in a row*) gagne.

MODÈLE

Étudiant(e) 1: *J'aime bien admirer un chef-d'œuvre...*
Étudiant(e) 2: *... à moins que ce soit une sculpture.*

pour que	sans que	avant que
à condition que	jusqu'à ce que	pour
à moins que	sans	avant de

15B.2

ESPACE STRUCTURES

Review of the subjunctive  Tutorial

Point de départ Since **Leçon 9B**, you have been learning about subjunctive verb forms. Because there is no exact English equivalent of the subjunctive in French, do not rely on translation. Learn to recognize the contexts and cues that trigger the subjunctive. The charts on this and the following page will help you review and synthesize what you have learned about the subjunctive.

Summary of subjunctive forms				
		one-stem		
	parler	**finir**	**attendre**	**partir**
que je/j'	parle	finisse	attende	parte
que tu	parles	finisses	attendes	partes
qu'il/elle/on	parle	finisse	attende	parte
que nous	parlions	finissions	attendions	partions
que vous	parliez	finissiez	attendiez	partiez
qu'ils/elles	parlent	finissent	attendent	partent
	two-stem		irregular forms	
	prendre	**aller**	**avoir**	**être**
que je/j'	prenne	aille	aie	sois
que tu	prennes	ailles	aies	sois
qu'il/elle/on	prenne	aille	ait	soit
que nous	prenions	allions	ayons	soyons
que vous	preniez	alliez	ayez	soyez
qu'ils/elles	prennent	aillent	aient	soient
		irregular forms		
	faire	**pouvoir**	**savoir**	**vouloir**
que je	fasse	puisse	sache	veuille
que tu	fasses	puisses	saches	veuilles
qu'il/elle/on	fasse	puisse	sache	veuille
que nous	fassions	puissions	sachions	voulions
que vous	fassiez	puissiez	sachiez	vouliez
qu'ils/elles	fassent	puissent	sachent	veuillent

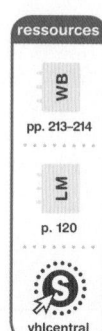

ressources

WB
pp. 213–214

LM
p. 120

vhlcentral

- Certain expressions trigger the subjunctive in the subordinate clause when the subject of the main clause is different.

Summary of subjunctive uses	
Subjunctive trigger in main clause	Subjunctive in subordinate clause
Verb or expression of opinion	**Il est bon que Djamel sache** conduire. *It is good that Djamel knows how to drive.*
Verb or expression of necessity or obligation	**Il est essentiel que les étudiants fassent** leurs devoirs. *It's essential that students do their homework.*
Verb or expression of will or emotion	Nous **avons peur que vous ayez** trop de travail. *We're afraid (that) you have too much work.*
Verb or expression of doubt, disbelief, or uncertainty	Tu **ne crois pas que nous soyons** américaines. *You don't believe (that) we're American.*
Conjunction	Je chanterai **à condition que tu saches** jouer du piano. *I'll sing, provided that you know how to play the piano.*

- Use the indicative in the subordinate clause when there is an expression of belief, certainty, or truth in the main clause.

Je crois que nous sommes à l'heure. *I believe (that) we're on time.*

but

Je doute que nous soyons en retard. *I doubt (that) we're late.*

- Use the infinitive when the subject of the main clause is the same as that of the subordinate clause.

Préfères-tu jouer de la guitare? *Do you prefer to play the guitar?*

Nous sommes ici **pour voir** l'auteur. *We're here to see the author.*

Essayez! **Choisissez les formes correctes des verbes.**

1. Veut-il qu'elle (vient / vienne) avec nous?
2. Montre-moi tes photos pour que je (vois / voie) les belles plages.
3. Il faut que tu (as / aies) de la patience.
4. Elle ne doute pas que cette pièce (finit / finisse) tard.
5. Il est vrai que Dahlia (est / soit) malade.
6. Nous sommes contents que vous (allez / alliez) au musée du Louvre.
7. Il est dommage que nous ne (voyons / voyions) pas de peintures.
8. J'espère rentrer avant que mes parents (font / fassent) la cuisine.

Mise en pratique

1

Oui, maman... La mère de Tarik et d'Aïcha veut que ses enfants soient très instruits (*educated*) sur l'art et la musique. Mettez les verbes à l'infinitif, à l'indicatif ou au subjonctif pour compléter ses phrases.

1. Il est nécessaire de _____ (lire) tous les jours.

2. Il ne faut pas que nous _____ (regarder) trop la télévision.

3. Je pense que Tarik _____ (ne pas aller) assez souvent au musée.

4. Je ne pense pas que vous _____ (faire) assez de peinture.

5. Il faut que vous _____ (étudier) la peinture et la musique.

6. Il est impossible que vous _____ (pouvoir) tout comprendre, bien sûr.

7. Je veux que votre père vous _____ (apprendre) à reconnaître les chefs-d'œuvre de Van Gogh.

8. Il croit que Van Gogh _____ (être) le plus grand peintre du dix-neuvième siècle (*century*).

2

Parle-moi de ta famille... Marc, le petit ami de Marion, veut tout savoir sur sa famille. Que lui dit-elle? Complétez les phrases.

1. Il est clair que mes parents...

2. Je ne pense pas que mon frère...

3. Je crois que ma grand-mère...

4. Il est possible que je...

5. Je sais que mon frère et moi, nous...

6. Il est évident que ma famille...

7. Je ne suis pas sûre que...

8. Nous avons peur que...

3

Et nous? Marc veut épouser Chantal, mais elle n'est pas sûre. Comment répond-elle à ses questions? Avec un(e) partenaire, jouez les rôles.

1. De quoi as-tu peur, Chantal?

2. N'est-il pas clair que je t'aime?

3. Est-il possible que tu sois malheureuse avec moi?

4. Que faut-il que je fasse pour te persuader?

5. De quoi n'es-tu pas sûre?

6. De quoi doutes-tu?

7. Que pensent tes amis?

8. Et tes parents, que veulent-ils que tu fasses?

4

Chez le médecin Mélanie ne se sent pas bien et va voir le médecin. Avec un(e) partenaire, créez la conversation entre Mélanie et son médecin et utilisez les expressions de la liste.

> Je ne crois pas que...
> Je recommande que...
> Il est douteux que...
> Il est évident que...
> Il faut que...

Ⓢ Practice more at **vhlcentral.com.**

Communication

5

Mon émission préférée Avec un(e) partenaire, parlez de vos émissions de télévision préférées. Utilisez ces débuts de phrases dans votre conversation.

1. Je la regarde à condition que...

2. Je suis furieux/furieuse que...

3. Tu devrais la regarder pour que...

4. Je ne suis pas sûr(e) que...

5. Il est important que...

6. Je ne pense pas que...

7. Je crois que...

8. Je souhaite que...

6

Une pub Par groupes de trois, inventez un produit et faites sa publicité. Utilisez autant de ces expressions que possible. Ensuite, présentez vos produits et vos pubs à la classe, qui votera pour les meilleurs.

MODÈLE

Voulez-vous que votre maison soit propre? Il faut que vous achetiez «Nettoitou»! Il est formidable! Utilisez-le pour que toute votre maison soit belle!

avant que	il est évident	ne pas penser
croire que	il est impossible	que
il est douteux que	que	pour que
il est essentiel	il faut que	sans que
que	jusqu'à ce que	vouloir que

7

Vos opinions Avec un(e) partenaire, écrivez un paragraphe pour donner votre opinion sur un de ces thèmes. Ensuite, échangez vos feuilles avec un groupe qui a choisi un thème différent et discutez de toutes les opinions.

MODÈLE

Il est important que les profs écoutent les problèmes de leurs étudiants.

- Le coût (*cost*) élevé des études universitaires
- Les relations entre la France et les États-Unis
- Le rôle du gouvernement dans la vie privée
- La nécessité des armes et de la guerre
- La séparation de l'Église et de l'État (*State*)
- Les conséquences du réchauffement climatique
- L'assurance maladie (*health insurance*) aux États-Unis
- Les avantages (*advantages*) et les désavantages des réseaux sociaux

Révision

1 **Un film d'horreur** Que doit-on faire pour qu'un film d'horreur soit une réussite? Avec un(e) partenaire, faites par écrit une liste de huit phrases pour expliquer les critères. Utilisez tout ce vocabulaire.

MODÈLE

Le film peut être une réussite à condition que les acteurs soient des célébrités.

PHILIPPE VERSOI   CHRISTINE MONACO

LE FANTÔME DU LAC

à condition que	jusqu'à ce que
à moins que	pour que
avant que	sans que

2 **Quels artistes?** Par groupes de trois, interviewez vos camarades pour leur demander quels artistes et quelles œuvres ils vous recommandent de découvrir la prochaine fois que vous visiterez un musée. Écrivez leurs réponses, puis présentez leurs recommandations à la classe. Utilisez ces expressions avec le présent du subjonctif.

MODÈLE La télévision fait du mal au cinéma.

Je suggère que tu ailles voir les tableaux de Monet. Tu aimeras les couleurs et la représentation des personnages.

il est important que	proposer que
il est indispensable que	recommander que
(ne pas) penser que	suggérer que
?	?

3 **Mes enfants** Avec un(e) partenaire, préparez un dialogue où ces parents se disent ce qu'ils veulent que leurs enfants fassent plus tard. Utilisez au moins huit verbes au présent du subjonctif. Ensuite, jouez votre scène devant la classe.

4 **Un bon écrivain** Que faut-il pour devenir un bon écrivain? Trouvez huit qualités qu'il faut avoir et utilisez l'infinitif pour faire une liste de conseils. À tour de rôle, utilisez votre liste pour donner des conseils à votre partenaire au présent du subjonctif.

MODÈLE

Étudiant(e) 1: *Conseil numéro 1: Pour être un bon écrivain, il faut avoir beaucoup d'imagination.*
Étudiant(e) 2: *Si tu veux être un bon écrivain, il est essentiel que tu développes ton imagination.*

5 **Au Louvre** Votre professeur va vous donner, à vous et à votre partenaire, deux feuilles d'activités différentes. Attention! Ne regardez pas la feuille de votre partenaire.

À l'écoute

Listening for key words/ Using the context

The comprehension of key words is vital to understanding spoken French. You can use your background knowledge of the subject to help you anticipate some key words. When you hear unfamiliar words, remember that you can use context to figure out their meaning.

 To practice these strategies, you will listen to a paragraph from a letter sent to a job applicant. Jot down key words, as well as any other words you figured out from the context.

Préparation

Regardez et décrivez la photo. Où sont ces personnes? Que font-elles? Que vont-elles aller voir, à votre avis?

À vous d'écouter

Vous êtes en France et vous voulez inviter un(e) ami(e) à sortir ce week-end. Vous écoutez la radio et vous entendez une annonce pour un spectacle qui plaira peut-être à votre ami(e). Notez les informations principales pour pouvoir ensuite décrire ce spectacle à votre ami(e) et pour lui dire quand vous pourrez aller le voir.

_____

_____

_____

_____

_____

_____

_____

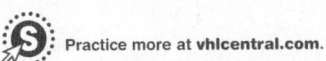 Practice more at **vhlcentral.com**.

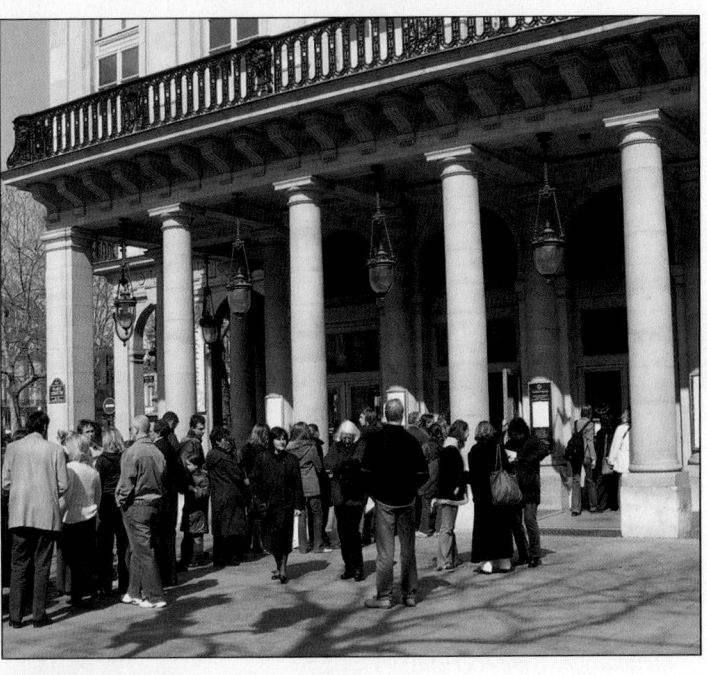

Compréhension

Complétez Complétez les phrases.

1. Molière est _____ de *L'Avare*.
   a. l'auteur   b. le metteur en scène   c. le personnage principal

2. *L'Avare* est _____.
   a. une exposition   b. un jeune comédien très dynamique
   c. une pièce de théâtre

3. *L'Avare* est drôle. C'est _____.
   a. une tragédie   b. une comédie   c. un drame psychologique

4. Yves Lemoîne est _____ de *L'Avare*.
   a. l'auteur   b. le journaliste qui a écrit la critique
   c. le metteur en scène

5. Harpagon est le nom du _____.
   a. personnage principal   b. spectacle   c. poète

6. Dans le journal, il y avait _____ positive de *L'Avare*.
   a. une pub   b. une critique   c. un applaudissement

Invitez votre ami(e)! Vous avez maintenant toutes les informations importantes nécessaires pour inviter votre ami(e) (un[e] camarade) à aller voir *L'Avare* ce week-end.

- Invitez-le/la au spectacle et dites-lui quand vous pourrez y aller.

- Il/Elle va vous poser quelques questions pour obtenir plus de détails sur le spectacle (histoire, personnages, acteurs, etc.).

- Ensuite, comme il/elle n'a pas très envie d'aller voir le spectacle, il/elle va faire plusieurs suggestions d'autres activités artistiques (films, concerts, expositions, etc.).

- Discutez de ces possibilités et choisissez-en une ensemble.

SAVOIR-FAIRE

Panorama

Le Grand Est

La région en chiffres

Grand Est
ALSACE CHAMPAGNE-ARDENNE LORRAINE

▶ **Superficie:** *57.433 km²*

▶ **Population:** *5.554.645*

▶ **Industries principales:** *viticulture, exploitation forestière°, industrie automobile, tourisme, agroalimentaire°, chimie et pétrochimie, métallurgie, verre et cristal*

▶ **Villes principales:** *Strasbourg, Reims, Metz, Nancy*

La région Grand Est, créée en 2016, regroupe les anciennes régions Champagne-Ardenne, Alsace et Lorraine. À l'ouest, on trouve les célèbres vignobles° de la Champagne et les champs de bataille° à Verdun. À l'est, les influences germaniques se ressentent° toujours dans la langue, l'architecture et la gastronomie de l'Alsace et de la Lorraine.

Personnes célèbres

▶ **Patricia Kaas,** *chanteuse (1966–)*

▶ **Albert Uderzo,** *dessinateur et scénariste de BD°, co-créateur de la série* **Astérix** *(1927–)*

▶ **Albert Schweitzer,** *médecin, prix Nobel de la paix en 1952 (1875–1965)*

▶ **Marcel Marceau,** *mime et acteur (1923–2007)*

▶ **Pierre Hermé,** *pâtissier (1961–)*

▶ **Marguerite Thiébold,** *écrivaine (1908–1997)*

---

exploitation forestière *forestry* **agroalimentaire** *food processing*
vignobles *vineyards* **champs de bataille** *battlefields* **se ressentent** *are felt*
rois *kings* **sacrés** *crowned* **incendie** *fire* **l'endommagent** *damage it*

le Centre Pompidou à Metz

L'ALLEMAGNE

LA BELGIQUE

le Rhin

la Meuse

LE LUXEMBOURG

Sedan

Reims

des vignobles en Champagne

LA FRANCE

Verdun

la Meuse

Metz

Châlons-en-Champagne

Bar-le-Duc

Nancy

la Moselle

Strasbourg

GRAND EST

la Seine

Troyes

Épinal

le Rhin

Chaumont

Colmar

Langres

Mulhouse

LA SUISSE

0   80 miles
0   80 kilomètres

la ville de Colmar

Incroyable mais vrai!

La cathédrale Notre-Dame de Reims est le lieu où, entre 1027 et 1825, 29 des rois° de France sont sacrés°. Clovis, le premier roi des Francs, est baptisé sur le site à la fin du 5e siècle. La cathédrale elle-même est construite au 13e siècle. En 1914, un bombardement et un incendie° l'endommagent°, mais elle est reconstruite après la guerre.

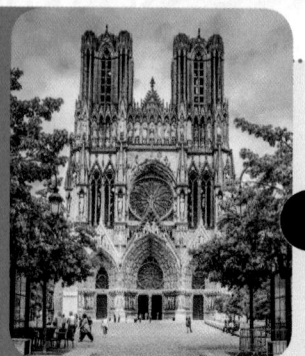

La gastronomie
Les dragées

En 1220, un apothicaire à Verdun décide de conserver des amandes° en les enrobant° de sucre et de miel° et en les cuisinant: la dragée est née. En 1750, un confiseur° parisien nommé Pecquet invente la dragée lisse°, forme qu'on trouve encore aujourd'hui. Les dragées font partie intégrante des célébrations familiales en France, surtout des mariages et des baptêmes°, où on offre un petit sachet de dragées aux invités.

Les gens
Jeanne d'Arc

Jeanne d'Arc est née en 1412 en Lorraine dans une famille de paysans°. En 1429, quand la France est en guerre contre l'Angleterre, elle décide de partir au combat pour libérer son pays. Elle prend la tête° d'une armée et libère la ville d'Orléans des Anglais. Cette victoire permet de sacrer° Charles VII roi de France. Plus tard, Jeanne d'Arc perd ses alliés pour des raisons politiques. Vendue aux Anglais, elle est condamnée pour hérésie. Elle est exécutée à Rouen, en Normandie, en 1431. En 1920, l'Église catholique la canonise.

Les destinations
Strasbourg

Strasbourg, chef-lieu° du Grand Est, est le siège° du Conseil de l'Europe depuis 1949 et du Parlement européen depuis 1979. Le Conseil de l'Europe est responsable de la promotion des valeurs démocratiques et des droits de l'homme°, de l'identité culturelle européenne et de la recherche de solutions aux problèmes de société. Les membres du Parlement sont élus° dans chaque pays de l'Union européenne. Le Parlement contribue à l'élaboration de la législation européenne et à la gestion de l'Europe.

La société
Un mélange de cultures

L'Alsace a été enrichie par de multiples courants° historiques et culturels grâce à sa position entre la France et l'Allemagne. La langue alsacienne vient d'un dialecte germanique et l'allemand est maintenant enseigné dans les écoles primaires. Quand l'Alsace est rendue à la France en 1919, les Alsaciens continuent de bénéficier des lois sociales allemandes. Le mélange° des cultures est visible à Noël avec des traditions allemandes et françaises (le sapin de Noël°, Saint Nicolas, les marchés).

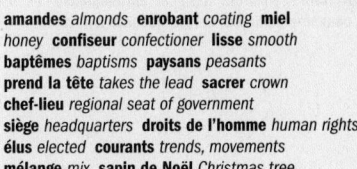

Qu'est-ce que vous avez appris? Répondez aux questions par des phrases complètes.

1. Dans quelle cathédrale les rois de France ont-ils été sacrés?
2. Qui était Clovis?
3. De quels ingrédients fait-on des dragées?
4. Qu'est-ce que le confiseur Pecquet invente en 1750?
5. Pourquoi Strasbourg est-elle importante?
6. Quel est un des rôles du Conseil de l'Europe?
7. Contre qui Jeanne d'Arc a-t-elle défendu la France?
8. Comment est-elle morte?
9. Quelle langue étrangère enseigne-t-on aux petits Alsaciens?
10. À quel moment de l'année le mélange des cultures est-il particulièrement visible en Alsace?

ressources

WB
pp. 215–216   vhlcentral

Sur Internet

Go to **vhlcentral.com** to find more cultural information related to this **Panorama**.

1. Quelle est la différence entre le Conseil européen et le Conseil de l'Europe?
2. Trouvez d'autres informations sur Jeanne d'Arc.
3. Cherchez des informations sur les rois sacrés à Reims. En quoi consistait la cérémonie de couronnement?

amandes *almonds* **enrobant** *coating* **miel** *honey* **confiseur** *confectioner* **lisse** *smooth* **baptêmes** *baptisms* **paysans** *peasants* **prend la tête** *takes the lead* **sacrer** *crown* **chef-lieu** *regional seat of government* **siège** *headquarters* **droits de l'homme** *human rights* **élus** *elected* **courants** *trends, movements* **mélange** *mix* **sapin de Noël** *Christmas tree*

Lecture

ⓢ Audio: Dramatic Reading

Avant la lecture

STRATÉGIE

Contextualizing

To better understand an autobiographical novel it is helpful to contextualize it; that is, to take into consideration the biographical and cultural contexts that pertain to the author's experience. Doing so will allow you to recognize the differences between your experience, values, and attitudes and those presented in the text.

Examinez le texte

Regardez le texte. Est-ce un poème? Une pièce de théâtre? Un article? Un extrait de roman? Quel en est le titre? De quel point de vue le texte est-il écrit? Qu'est-ce que cela indique? Regardez aussi l'image. À votre avis, quel va être le thème de la lecture?

À propos de l'auteur
Kim Thúy (1968–)

Née au Viêt-Nam en 1968 et arrivée comme réfugiée avec ses parents au Québec à l'âge de dix ans, Kim Thúy a fait des études de linguistique, de traduction et de droit. Elle a ensuite travaillé comme couturière°, interprète, avocate, chroniqueuse° et restauratrice°. Aujourd'hui, elle habite à Montréal où elle se consacre° à la littérature. Le texte que vous allez lire est extrait de son roman *Ru*, pour lequel elle a obtenu le Prix du Gouverneur général, un des plus prestigieux prix littéraires canadiens. *Ru* est l'histoire d'une femme qui raconte° ses souvenirs, de son enfance à Saïgon à sa vie au Québec.

couturière *seamstress, designer* **chroniqueuse** *columnist* **restauratrice** *restaurant owner* **se consacre** *dedicates herself* **raconte** *tells about*

Le geste d'aimer

extrait de *Ru* | Kim Thúy

1 Tout récemment, j'ai vu à Montréal une grand-mère vietnamienne demander à son petit-fils d'un an: «Thu'o'ng Bà dê dâu?» Je ne sais pas comment traduire cette phrase de seulement
5 quatre mots, mais qui contient deux verbes, «aimer» et «porter». Littéralement, c'est: «Aimer grand-mère porter où?» Le petit s'est touché la tête avec sa main. J'avais complètement oublié ce geste°, que moi-même j'ai fait mille fois
10 quand j'étais petite. J'avais oublié que l'amour vient de la tête et non pas du cœur. De tout le corps, seule la tête importe°. Il suffit° de toucher la tête d'un Vietnamien pour l'insulter, non seulement lui mais tout son arbre généalogique.
15 C'est ainsi qu'un timide Vietnamien de huit ans s'est transformé en tigre furieux quand son coéquipier° québécois a frotté le dessus° de sa tête pour le féliciter° d'avoir attrapé son premier ballon de football.

20 Si une marque d'affection peut parfois être comprise comme une offense, peut-être que le geste d'aimer n'est pas universel: il doit aussi être traduit d'une langue à l'autre, il doit être appris. Dans le cas du vietnamien, il est possible
25 de classifier, de quantifier le geste d'aimer par des mots spécifiques: aimer par goût (thích), aimer, sans être amoureux (thu'o'ng), aimer amoureusement (yêu), aimer avec ivresse° (mê), aimer aveuglément° (mù quáng), aimer par
30 gratitude (tình nghĩa). Il est donc impossible d'aimer tout court, d'aimer sans sa tête.

Après la lecture

⟋ **Le bon choix** Choisissez la réponse correcte à chaque question.

1. Qui sont les deux personnes que la narratrice a observées?
   a. une mère vietnamienne et sa fille née au Québec
   b. une grand-mère vietnamienne et son petit-fils
   c. une Québécoise et son mari vietnamien

2. D'après la narratrice, avec quelle partie du corps ressent-on (*does one feel*) l'amour dans la culture vietnamienne?
   a. avec la tête
   b. avec le cœur
   c. avec l'estomac

3. Qu'est-ce qui n'est pas acceptable dans la culture vietnamienne?
   a. de toucher la tête à une autre personne
   b. de montrer de l'affection en public
   c. de parler de ses sentiments

4. D'après le texte, à quoi doit-on faire attention quand on est avec des personnes d'une autre culture?
   a. à bien traduire ce qu'on veut leur dire
   b. à ne pas les offenser par nos gestes
   c. à ne pas leur poser de questions sur leur culture

5. Quelle est la conclusion de la narratrice au sujet des mots et de la culture?
   a. L'affection est un sujet à éviter dans la culture vietnamienne.
   b. On parle de l'affection de la même façon dans toutes les cultures.
   c. Il y a plusieurs façons de quantifier l'affection dans la culture vietnamienne.

⟋ **Répondez** Répondez aux questions par des phrases complètes.

1. Qu'a fait le petit garçon pour répondre à la question de sa grand-mère?

2. Que s'est-il passé quand un Québécois a touché la tête de son coéquipier d'origine vietnamienne pour le féliciter?

3. Pourquoi le petit Vietnamien a-t-il réagi comme il l'a fait?

4. Pourquoi le geste d'aimer n'est-il pas universel, d'après la narratrice?

5. Qu'est-ce qui est impossible dans la langue et la culture vietnamiennes, d'après la narratrice?

ꝏ **Discussion** Relisez le texte et identifiez les différents types d'amour dans la culture vietnamienne cités dans le texte. Avec un(e) partenaire, décidez si ces types d'amour existent aussi dans votre culture. Créez une liste de quelques exemples concrets pour chaque type d'amour.

geste *gesture* **importe** *matters* **suffit** *suffices* **coéquipier** *teammate* **a frotté le dessus** *rubbed the top* **féliciter** *to congratulate* **aimer avec ivresse** *to love with exhilaration* **aveuglément** *blindly*

Écriture

Writing strong introductions and conclusions

Introductions and conclusions serve a similar purpose: both are intended to focus the reader's attention on the topic being covered. The introduction presents a brief preview of the topic. In addition, it informs your reader of the important points that will be covered in the body of your writing. The conclusion reaffirms those points and concisely sums up the information that has been provided. A compelling fact or statistic, a humorous anecdote, or a question directed to the reader are all interesting ways to begin or end your writing.

For example, if you were writing a biographical report on Voltaire, whom you learned about in **Unité 14 LECTURE**, you might start by noting that Voltaire's *Candide* is one of the most widely read books in the French literary canon. The rest of your introductory paragraph would outline the areas you would cover in the body of your paper, such as the author's life, his works, and the impact that *Candide* has had on modern literature. In your conclusion, you might sum up the most important information in the report and tie this information together in a way that would make your reader want to learn even more about the topic. You could write, for example, "Voltaire, with his imagination and unique view on the world, has created one of the most well-known and enduring characters in world literature."

Thème

Écrire la critique d'une œuvre artistique

Avant l'écriture

1. Vous allez écrire la critique d'un film, d'une pièce de théâtre ou d'un spectacle de votre choix. Votre critique doit avoir trois parties: l'introduction, le développement et la conclusion. Dans l'introduction, vous allez rapidement présenter l'œuvre. Ensuite, dans le développement, vous allez la décrire en détail. Enfin, dans la conclusion, vous allez donner votre opinion et expliquer pourquoi vous recommandez ce spectacle ou non. Utilisez ce plan pour la recherche des idées et pour leur organisation.

Introduction

- Le titre de l'œuvre et le nom de son créateur

- Description du sujet et/ou du genre de l'œuvre

- Quand et où vous l'avez vue

Développement

- Un petit résumé de l'histoire

- Les noms des personnages ou des artistes

- Description des personnages, du/des décor(s) et des costumes

Conclusion

- Votre opinion de l'œuvre

- Explication des raisons pour lesquelles vous la recommandez ou non

Écriture

1. Pour vous assurer (*ensure*) que vous allez écrire une introduction et une conclusion bien développées, remplissez (*fill in*) ce diagramme. Ces deux sections doivent contenir la même information sur les idées principales de votre critique, mais doivent aussi avoir au moins (*at least*) une idée différente. Référez-vous à la stratégie, si nécessaire.

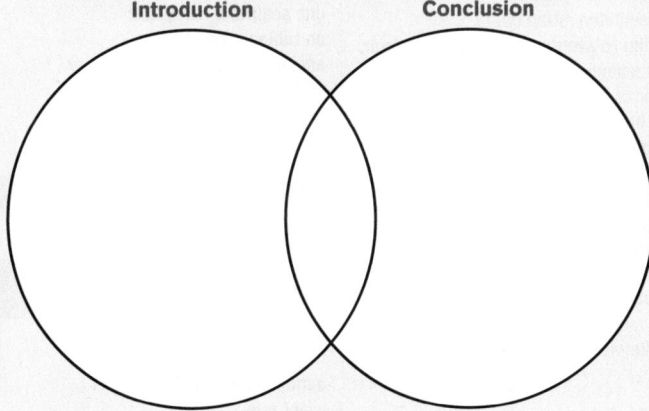

Introduction   Conclusion

2. Ensuite, utilisez vos idées de la section précédente et du diagramme pour écrire votre critique.

3. Utilisez aussi des formes du subjonctif et, si possible, des pronoms possessifs dans votre critique.

Critique d'une pièce de théâtre

Le malade imaginaire de Molière est une comédie théâtrale que j'ai eu la chance de voir hier soir au Théâtre des Capucins.

L'histoire, qui se passe au XVIIe siècle, est celle d'un vieux bourgeois, Argan, qui se croit constamment malade, alors qu'il ne l'est pas. Béline, sa femme, …

Cette pièce, qui est d'ailleurs un des nombreux chefs-d'œuvre de Molière, m'a donné l'occasion de passer un très bon moment…

Après l'écriture

1. Échangez votre critique avec celle d'un(e) partenaire. Répondez à ces questions pour commenter son travail.

- Votre partenaire a-t-il/elle inclu une introduction développée?

- A-t-il/elle écrit une partie centrale détaillée?

- A-t-il/elle écrit une conclusion bien développée et en relation avec l'introduction, mais contenant (*containing*) aussi au moins une nouvelle idée?

- A-t-il/elle présenté toutes les informations de la section **Avant l'écriture**?

- A-t-il/elle utilisé des formes du subjonctif?

- Quel(s) détail(s) ajouteriez-vous (*would you add*)? Quel(s) détail(s) enlèveriez-vous (*would you delete*)? Quel(s) autre(s) commentaire(s) avez-vous pour votre partenaire?

2. Corrigez votre lettre d'après (*according to*) les commentaires de votre partenaire. Relisez votre travail pour éliminer ces problèmes:

- des fautes (*errors*) d'orthographe

- des fautes de ponctuation

- des fautes de conjugaison

- un mauvais emploi (*use*) de la grammaire de l'unité

- des fautes d'accord (*agreement*) des adjectifs

Vocabulary Tools

Leçon 15A

Aller au spectacle

applaudir *to applaud*
présenter *to present*
profiter de quelque chose *to take advantage of/to enjoy something*
un applaudissement *applause*
une chanson *song*
un chœur *choir, chorus*
une comédie (musicale) *comedy (musical)*
un concert *concert*
une danse *dance*
le début *beginning; debut*
un entracte *intermission*
la fin *end*
un genre *genre*
un opéra *opera*
une pièce de théâtre *play*
une place *seat*
une séance *show; screening*
une sorte *sort, kind*
un spectateur/une spectatrice *spectator*
une tragédie *tragedy*

Les artistes

faire de la musique *to play music*
jouer un rôle *to play a role*
jouer de la batterie/de la guitare/du piano/du violon *to play the drums/ the guitar/the piano/the violin*
un compositeur *composer*
un danseur/une danseuse *dancer*
un dramaturge *playwright*
un membre *member*
un metteur en scène *director (of a play, a show)*
un orchestre *orchestra*
un personnage (principal) *(main) character*
un réalisateur/une réalisatrice *director (of a movie)*
une troupe *company, troop*
célèbre *famous*

Expressions utiles

See p. 633.

Expressions de doute et de certitude

douter que... *to doubt that...*
ne pas croire que... *not to believe that...*
ne pas penser que... *not to think that...*
Il est douteux que... *It is doubtful that...*
Il est impossible que... *It is impossible that...*
Il n'est pas certain que... *It is uncertain that...*
Il n'est pas sûr que... *It is not sure that...*
Il n'est pas vrai que... *It is untrue that...*
croire que... *to believe that...*
penser que... *to think that*
savoir que... *to know that...*
Il est certain que... *It is certain that...*
Il est clair que... *It is clear that...*
Il est évident que... *It is obvious that...*
Il est sûr que... *It is sure that...*
Il est vrai que... *It is true that...*

Pronoms possessifs

le mien *(m. sing.)* *mine*
la mienne *(f. sing.)* *mine*
les miens *(m. pl.)* *mine*
les miennes *(f. pl.)* *mine*
le tien *(m. sing.)* *yours*
la tienne *(f. sing.)* *yours*
les tiens *(m. pl.)* *yours*
les tiennes *(f. pl.)* *yours*
le sien *(m. sing.)* *his/hers/its*
les siens *(m. pl.)* *his/hers/its*
les siennes *(f. pl.)* *his/hers/its*
le/la nôtre *(m./f. sing.)* *ours*
les nôtres *(m./f. pl.)* *ours*
le/la vôtre *(m./f. sing.)* *yours (form./pl.)*
les vôtres *(m./f. pl.)* *yours (form./pl.)*
le/la leur *(m./f. sing.)* *theirs*
les leurs *(m./f. pl.)* *theirs*

Leçon 15B

Les artistes

un auteur/une femme auteur *author*
un écrivain/une écrivaine *writer*
un peintre/une femme peintre *painter*
un poète/une poétesse *poet*
un sculpteur/une sculptrice *sculptor*
doué(e) *talented; gifted*

Le cinéma et la télévision

un dessin animé *cartoon*
un documentaire *documentary*
un drame psychologique *psychological drama*
une émission (de télévision) *(television) program*
un feuilleton *soap opera*
un film (d'aventures, d'horreur, policier, de science-fiction) *(adventure, horror, crime, science-fiction) film*
une histoire *story*
les informations (infos) (f.) *news*
un jeu télévisé *game show*
la météo *weather*
les nouvelles (f.) *news*
un programme *program*
une publicité (pub) *advertisement*
les variétés (f.) *popular music*
à la radio *on the radio*
la télé(vision) *on television*

Les arts

faire les musées *to go to museums*
publier *to publish*
les beaux-arts (m.) *fine arts*
un chef-d'œuvre (chefs-d'œuvre pl.) *masterpiece*
un conte *tale*
une critique *review; criticism*
une exposition *exhibit*
un festival (festivals pl.) *festival*
un magazine *magazine*
une œuvre *artwork, piece of art*
une peinture *painting*
un poème *poem*
un roman *novel*
une sculpture *sculpture*
un tableau *painting*
ancien(ne) *ancient; old; former*
gratuit(e) *free*
littéraire *literary*
récent(e) *recent*

Expressions utiles

See p. 653.

Conjonctions suivies du subjonctif

à condition que... *on the condition that..., provided that...*
à moins que... *unless...*
avant que... *before...*
jusqu'à ce que... *until...*
pour que... *so that...*
sans que... *without...*

Le monde francophone

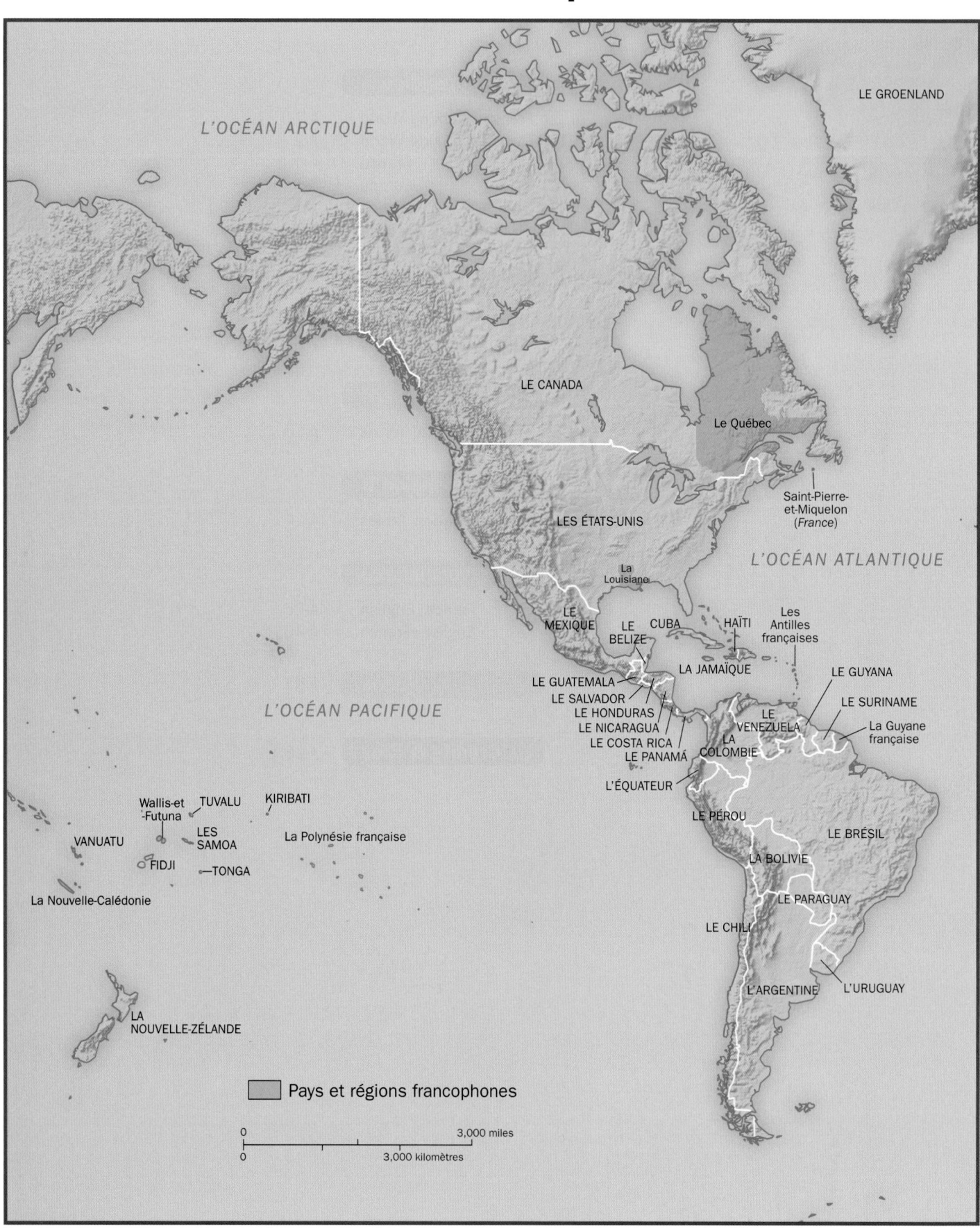

LE GROENLAND

L'OCÉAN ARCTIQUE

LE CANADA

Le Québec

Saint-Pierre-et-Miquelon (*France*)

LES ÉTATS-UNIS

L'OCÉAN ATLANTIQUE

La Louisiane

LE MEXIQUE

LE BELIZE

CUBA

HAÏTI

Les Antilles françaises

LA JAMAÏQUE

LE GUYANA

LE GUATEMALA

LE SALVADOR

LE HONDURAS

LE NICARAGUA

LE COSTA RICA

LE PANAMÁ

LE VENEZUELA

LE SURINAME

La Guyane française

LA COLOMBIE

L'ÉQUATEUR

L'OCÉAN PACIFIQUE

LE PÉROU

LE BRÉSIL

Wallis-et-Futuna

TUVALU

KIRIBATI

VANUATU

LES SAMOA

La Polynésie française

FIDJI

TONGA

La Nouvelle-Calédonie

LA BOLIVIE

LE PARAGUAY

LE CHILI

LA NOUVELLE-ZÉLANDE

L'ARGENTINE

L'URUGUAY

Pays et régions francophones

0   3,000 miles

0   3,000 kilomètres

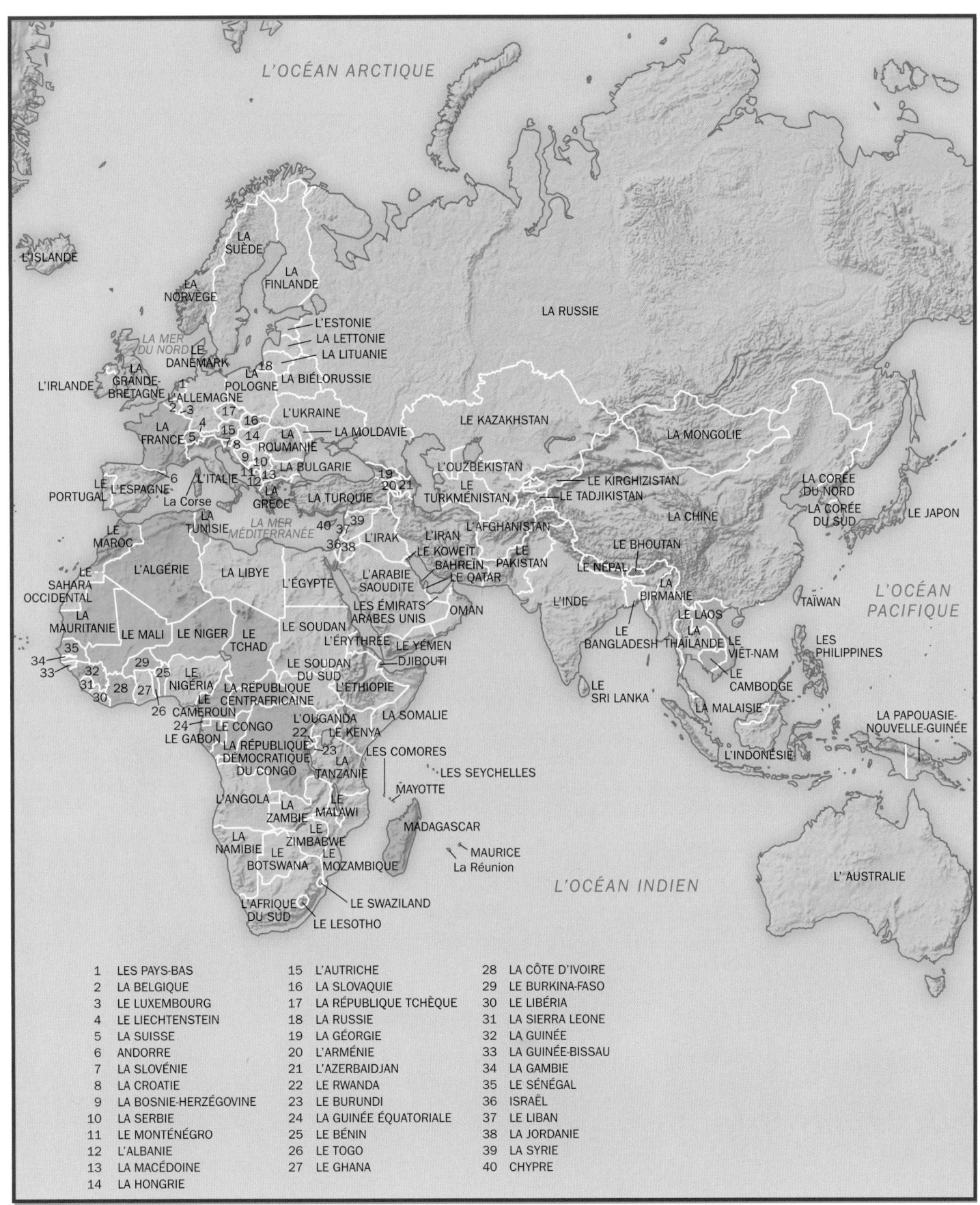

L'OCÉAN ARCTIQUE

L'ISLANDE

LA MER DU NORD

L'IRLANDE

LA GRANDE-BRETAGNE

LA SUÈDE

LA NORVÈGE

LA FINLANDE

L'ESTONIE
LA LETTONIE
LA LITUANIE

LE DANEMARK

18

LA POLOGNE

LA BIÉLORUSSIE

LA RUSSIE

LE KAZAKHSTAN

LA MONGOLIE

LA CORÉE DU NORD

LA CORÉE DU SUD

LE JAPON

1
L'ALLEMAGNE
2 3

LA FRANCE

17 16
15 14
4
5

L'UKRAINE

LA MOLDAVIE

LA ROUMANIE

7 8

9 10
11 13
12

6

L'ITALIE

La Corse

L'ESPAGNE

LE PORTUGAL

LA BULGARIE

LA GRÈCE

LA TURQUIE

19
20 21

L'OUZBÉKISTAN

LE TURKMÉNISTAN

LE KIRGHIZISTAN

LE TADJIKISTAN

LA CHINE

LA TUNISIE

LA MER MÉDITERRANÉE

40 37
3638

39

L'IRAK

L'IRAN

L'AFGHANISTAN

LE BHOUTAN

LE MAROC

L'ALGÉRIE

LA LIBYE

L'ÉGYPTE

LE KOWEÏT
BAHREÏN
LE QATAR

LE PAKISTAN

LE NÉPAL

LE SAHARA OCCIDENTAL

L'ARABIE SAOUDITE

LES ÉMIRATS ARABES UNIS

OMAN

L'INDE

LA BIRMANIE

TAÏWAN

L'OCÉAN PACIFIQUE

LA MAURITANIE

LE MALI

LE NIGER

LE TCHAD

LE SOUDAN

L'ÉRYTHRÉE

LE YÉMEN

DJIBOUTI

LE BANGLADESH

LE LAOS

LA THAÏLANDE

LE VIÊT-NAM

LES PHILIPPINES

35
34
33

29

25

LE NIGÉRIA

32
31
28 27
30

LE SOUDAN DU SUD

L'ÉTHIOPIE

LE SRI LANKA

LE CAMBODGE

LA MALAISIE

LA PAPOUASIE-NOUVELLE-GUINÉE

26

LE CAMEROUN

LA RÉPUBLIQUE CENTRAFRICAINE

L'OUGANDA

LA SOMALIE

L'INDONÉSIE

24

LE CONGO

LE GABON

LA RÉPUBLIQUE DÉMOCRATIQUE DU CONGO

22

23

LE KENYA

LE RWANDA

LA TANZANIE

LES COMORES

LES SEYCHELLES

L'ANGOLA

LA ZAMBIE

LE MALAWI

MAYOTTE

LA NAMIBIE

LE ZIMBABWE

LE BOTSWANA

LE MOZAMBIQUE

MADAGASCAR

MAURICE
La Réunion

L'OCÉAN INDIEN

L'AUSTRALIE

L'AFRIQUE DU SUD

LE SWAZILAND

LE LESOTHO

1	LES PAYS-BAS	15	L'AUTRICHE	28	LA CÔTE D'IVOIRE
2	LA BELGIQUE	16	LA SLOVAQUIE	29	LE BURKINA-FASO
3	LE LUXEMBOURG	17	LA RÉPUBLIQUE TCHÈQUE	30	LE LIBÉRIA
4	LE LIECHTENSTEIN	18	LA RUSSIE	31	LA SIERRA LEONE
5	LA SUISSE	19	LA GÉORGIE	32	LA GUINÉE
6	ANDORRE	20	L'ARMÉNIE	33	LA GUINÉE-BISSAU
7	LA SLOVÉNIE	21	L'AZERBAIDJAN	34	LA GAMBIE
8	LA CROATIE	22	LE RWANDA	35	LE SÉNÉGAL
9	LA BOSNIE-HERZÉGOVINE	23	LE BURUNDI	36	ISRAËL
10	LA SERBIE	24	LA GUINÉE ÉQUATORIALE	37	LE LIBAN
11	LE MONTÉNÉGRO	25	LE BÉNIN	38	LA JORDANIE
12	L'ALBANIE	26	LE TOGO	39	LA SYRIE
13	LA MACÉDOINE	27	LE GHANA	40	CHYPRE
14	LA HONGRIE				

La France

L'ANGLETERRE

LES PAYS-BAS

LA MANCHE

LA BELGIQUE

L'ALLEMAGNE

LE LUXEMBOURG

Lille

Arras

HAUTS-DE-FRANCE

Amiens

Charleville-Mézières

Rouen

Beauvais

Laon

Metz

Saint-Lô

Caen

Évreux

Pontoise

Paris

Châlons-en-Champagne

Bar-le-Duc

Nancy

NORMANDIE

Versailles

Évry

ÎLE-DE-FRANCE

Strasbourg

St-Brieuc

Alençon

Chartres

Melun

GRAND EST

Épinal

Quimper

BRETAGNE

Rennes

Laval

Le Mans

Troyes

Chaumont

Colmar

Vannes

Orléans

Auxerre

Belfort

PAYS DE LA LOIRE

Angers

Blois

Vesoul

Nantes

Tours

CENTRE-
VAL DE LOIRE

Dijon

Besançon

Bourges

Nevers

BOURGOGNE-
FRANCHE-COMTÉ

LA SUISSE

La-Roche-sur-Yon

Châteauroux

Lons-le-Saunier

Poitiers

Moulins

Niort

Mâcon

Bourg-en-
Bresse

Annecy

La Rochelle

Guéret

Lyon

Limoges

Clermont-
Ferrand

Chambéry

Angoulême

St-Étienne

NOUVELLE-AQUITAINE

AUVERGNE-RHÔNE-ALPES

Grenoble

Périgueux

Tulle

L'ITALIE

Le Puy-
en-Velay

Aurillac

Valence

Bordeaux

Privas

Cahors

Mende

Gap

Agen

Rodez

Digne-les-Bains

Mont-de-Marsan

Montauban

Albi

Avignon

PROVENCE-ALPES-
CÔTE D'AZUR

Auch

Toulouse

Nîmes

Nice

Pau

OCCITANIE

Montpellier

MONACO

Tarbes

Marseille

Toulon

L'ESPAGNE

Foix

Carcassonne

Perpignan

LA MER
MÉDITERRANÉE

ANDORRE

GUYANE

0   40 miles
0   40 kilomètres

L'OCÉAN
ATLANTIQUE

Cayenne

LE SURINAM

LE
BRÉSIL

L'OCÉAN
ATLANTIQUE

LA RÉUNION

0   10 miles
0   10 kilomètres

L'OCÉAN
INDIEN

Saint-Denis

MAYOTTE

0   5 miles
0   5 kilomètres

L'OCÉAN
INDIEN

Mamoudzou
Dzaoudzi

0   30 miles
0   30 kilomètres

Bastia

CORSE

Ajaccio

0   100 miles
0   100 kilomètres

L'Europe

LA MER DE BARENTS

LA MER DE NORVÈGE

0   500 miles
0   500 kilomètres

Pays francophones

L'ISLANDE
Reykjavik

LA SUÈDE

LA FINLANDE

LA NORVÈGE

Helsinki

LA RUSSIE

Oslo

Stockholm

Tallinn

L'ESTONIE

Moscou

Riga

LA LETTONIE

LA MER BALTIQUE

LA MER DU NORD

LE DANEMARK

Copenhague

LA LITUANIE

Vilnius

LA RUSSIE

Minsk

LA BIÉLORUSSIE

L'IRLANDE

Dublin

LA GRANDE-BRETAGNE

LES PAYS-BAYS

Berlin

Varsovie

Kiev

La Haye

Londres

L'ALLEMAGNE

LA POLOGNE

L'UKRAINE

Bruxelles

LA BELGIQUE

L'OCÉAN ATLANTIQUE

Luxembourg

Prague

Paris

LE LUXEMBOURG

LA RÉPUBLIQUE TCHÈQUE

LA SLOVAQUIE

LA MOLDAVIE

LE LIECHTENSTEIN

Bratislava

Chisinau

Vienne

Budapest

Berne

L'AUTRICHE

LA HONGRIE

LA ROUMANIE

LA MER NOIRE

LA SUISSE

LA FRANCE

Ljubljana

Zagreb

Belgrade

Bucarest

LA SLOVÉNIE

LA BOSNIE-HERZÉGOVINE

LA SERBIE

Monte Carlo

LA CROATIE

Sarajevo

LA BULGARIE

LE PORTUGAL

ANDORRE

Andorre-la-Vieille

MONACO

L'ITALIE

Podgorica

Sofia

Skopje

LA TURQUIE

Madrid

La Corse

LE MONTÉNÉGRO

Rome

Tirana

LA MACÉDOINE

Lisbonne

L'ESPAGNE

L'ALBANIE

LA GRÈCE

La Sardaigne

Athènes

Nicosie

La Sicile

CHYPRE

MALTE

La Valette

LA MER MÉDITERRANÉE

LE MAROC

LA TUNISIE

L'ALGÉRIE

LA LIBYE

L'ÉGYPTE

L'Afrique

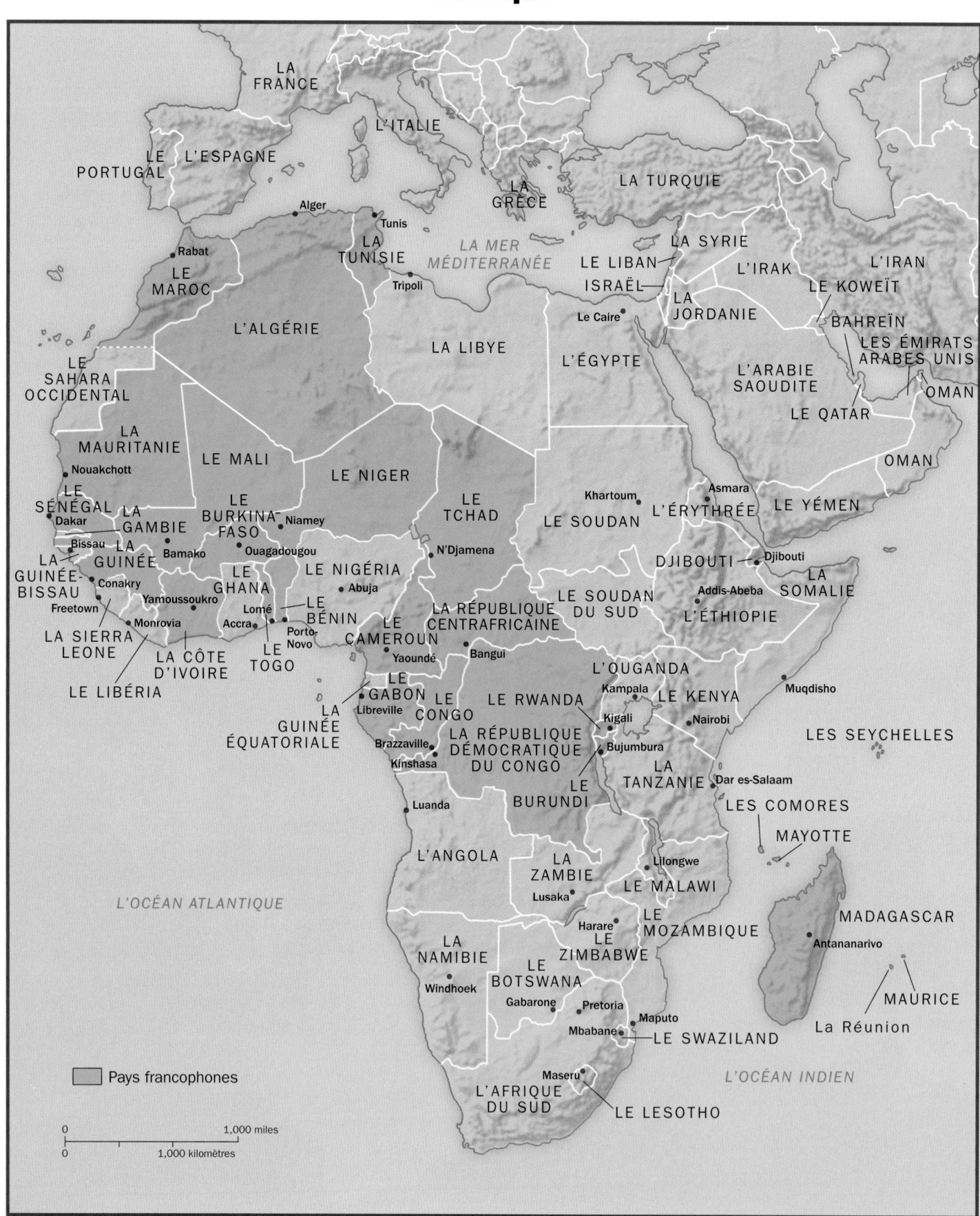

LA FRANCE

L'ITALIE

LE PORTUGAL   L'ESPAGNE

LA GRÈCE

LA TURQUIE

Alger

Tunis

LA MER MÉDITERRANÉE

LA SYRIE

L'IRAN

Rabat

LA TUNISIE

LE LIBAN

LE MAROC

Tripoli

ISRAËL

LA JORDANIE

LE KOWEÏT

BAHREÏN

LES ÉMIRATS ARABES UNIS

L'ALGÉRIE

LA LIBYE

Le Caire

L'ÉGYPTE

L'ARABIE SAOUDITE

OMAN

LE SAHARA OCCIDENTAL

LE QATAR

LA MAURITANIE

LE MALI

LE NIGER

OMAN

Nouakchott

Khartoum

Asmara

LE SÉNÉGAL

LA GAMBIE

LE BURKINA FASO

Niamey

LE TCHAD

LE SOUDAN

L'ÉRYTHRÉE

LE YÉMEN

Dakar

Bissau

LA GUINÉE

Bamako

Ouagadougou

N'Djamena

Djibouti

LA GUINÉE-BISSAU

Conakry

LE GHANA

LE NIGÉRIA

Abuja

LE SOUDAN DU SUD

DJIBOUTI

Djibouti

LA SOMALIE

Yamoussoukro

Lomé

LE BÉNIN

Addis-Abeba

Freetown

Accra

Porto-Novo

LE CAMEROUN

LA RÉPUBLIQUE CENTRAFRICAINE

L'ÉTHIOPIE

Monrovia

LA SIERRA LEONE

LA CÔTE D'IVOIRE

LE TOGO

Yaoundé

Bangui

LE LIBÉRIA

LE GABON

Libreville

LE CONGO

LE RWANDA

L'OUGANDA

Kampala

LE KENYA

Muqdisho

LA GUINÉE ÉQUATORIALE

Kigali

Nairobi

LES SEYCHELLES

Brazzaville

LA RÉPUBLIQUE DÉMOCRATIQUE DU CONGO

Bujumbura

Kinshasa

LE BURUNDI

LA TANZANIE

Dar es-Salaam

Luanda

LES COMORES

MAYOTTE

L'ANGOLA

LA ZAMBIE

Lilongwe

LE MALAWI

MADAGASCAR

Lusaka

L'OCÉAN ATLANTIQUE

Harare

LE MOZAMBIQUE

Antananarivo

LA NAMIBIE

LE ZIMBABWE

Windhoek

LE BOTSWANA

MAURICE

Gabarone

Pretoria

Maputo

La Réunion

Mbabane

LE SWAZILAND

☐ Pays francophones

Maseru

L'OCÉAN INDIEN

L'AFRIQUE DU SUD

LE LESOTHO

0   1,000 miles
0   1,000 kilomètres

L'Amérique du Nord et du Sud

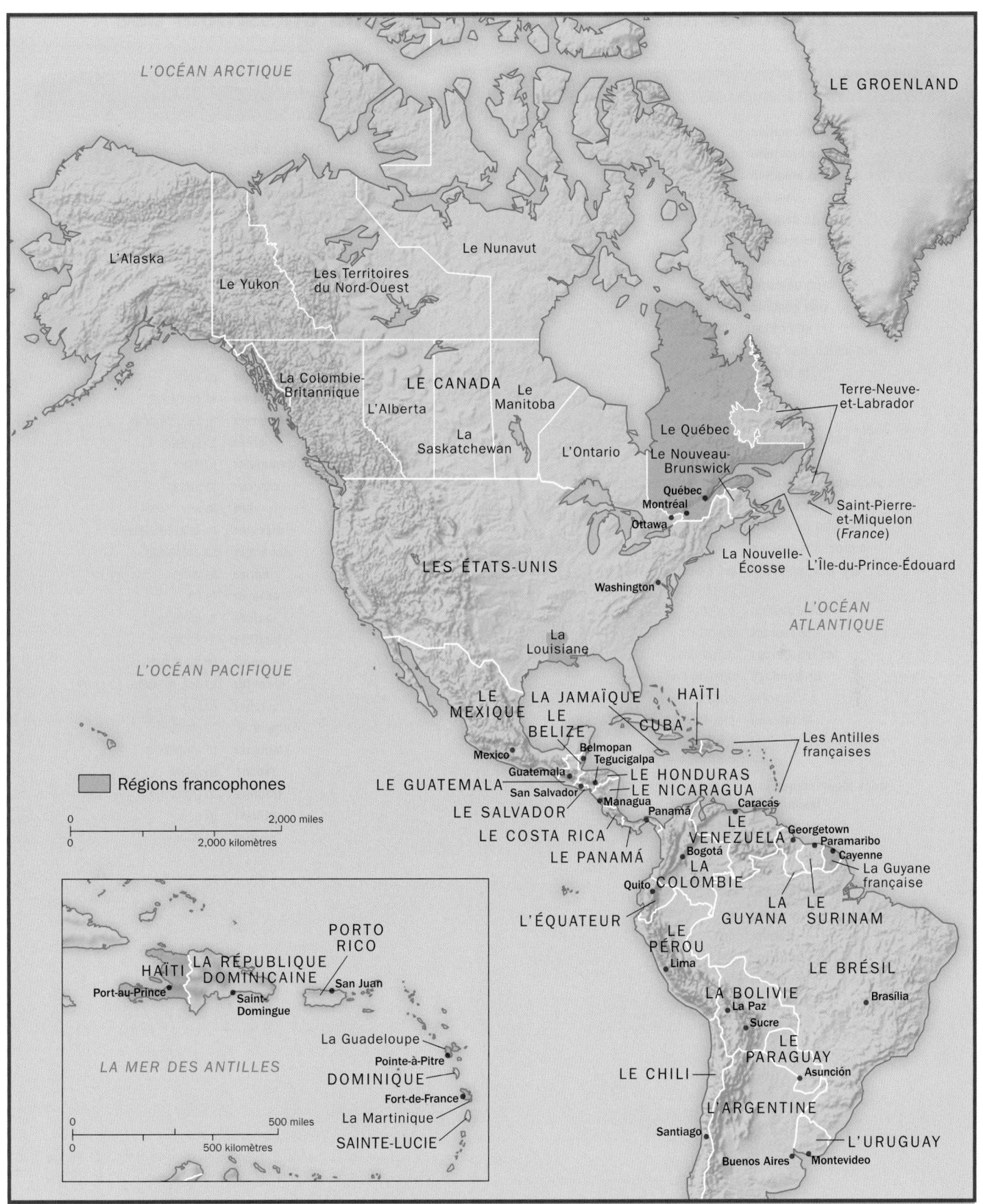

L'OCÉAN ARCTIQUE

LE GROENLAND

L'Alaska

Le Nunavut

Le Yukon

Les Territoires
du Nord-Ouest

La Colombie-
Britannique

LE CANADA

L'Alberta

Le
Manitoba

La
Saskatchewan

L'Ontario

Le Québec

Terre-Neuve-
et-Labrador

Le Nouveau-
Brunswick

Québec

Montréal

Ottawa

Saint-Pierre-
et-Miquelon
(France)

La Nouvelle-
Écosse

L'Île-du-Prince-Édouard

LES ÉTATS-UNIS

Washington

L'OCÉAN
ATLANTIQUE

L'OCÉAN PACIFIQUE

La
Louisiane

LE
MEXIQUE

LA JAMAÏQUE
LE
BELIZE

HAÏTI

CUBA

Les Antilles
françaises

Mexico

Belmopan
Tegucigalpa

LE HONDURAS
LE NICARAGUA

LE GUATEMALA

Guatemala

San Salvador

Managua

Caracas

LE SALVADOR

Panamá

LE
VENEZUELA

Georgetown

Paramaribo

LE COSTA RICA

Bogotá

Cayenne

LE PANAMÁ

Quito

LA
COLOMBIE

La Guyane
française

L'ÉQUATEUR

LE
PÉROU

LA
GUYANA

LE
SURINAM

Régions francophones

Lima

LE BRÉSIL

0   2,000 miles
0   2,000 kilomètres

LA BOLIVIE

La Paz

Brasília

Sucre

PORTO
RICO

LA RÉPUBLIQUE
DOMINICAINE

LE
PARAGUAY

HAÏTI

San Juan

Asunción

Port-au-Prince

Saint-
Domingue

LE CHILI

La Guadeloupe

LA MER DES ANTILLES

Pointe-à-Pitre

L'ARGENTINE

DOMINIQUE

Fort-de-France

Santiago

L'URUGUAY

La Martinique

SAINTE-LUCIE

Buenos Aires

Montevideo

0   500 miles
0   500 kilomètres

French Terms for Direction Lines and Classroom Use

Mots utiles *Useful words*

une affirmation	*statement, sentence*
une brochure	*brochure*
un brouillon	*draft*
un but	*purpose, goal*
le contenu	*content*
une conversation	*conversation*
le début	*beginning*
le(s) devoir(s)	*homework*
une enquête	*survey*
une étape	*step*
un indice, une piste	*clue*
la lecture	*reading*
un nom	*name*
l'orthographe	*spelling*
un(e) partenaire	*partner*
un personnage	*a character*
la/les personne(s) décrite(s)	*person (people) described*
une phrase complète	*complete sentence*
un point de départ	*starting point*
le prochain examen	*next test*
une pub/publicité	*ad/advertisement; commercial*
une question	*question*
le rapport	*report*
les ressources	*resources*
un sondage	*opinion poll*
la suite	*ending*
le tableau	*blackboard*
un thème, un sujet	*topic*
dans lequel/laquelle/ lesquel(le)s	*in which*
par exemple	*for example*
avant	*before*
chaque	*each*
d'abord	*first*
dernier	*last*
efficace	*efficient*
ensemble	*together*
maintenant	*now*

Pour parler à vos camarades de classe *To talk with your classmates*

C'est ton tour./C'est mon tour.	*It's your/my turn.*
Épelez./Épelle.	*Spell.*
Je commence./Tu commences.	*I start./You start.*
Je suis d'accord/pas d'accord avec toi.	*I agree/disagree with you.*
Ne me dis pas la réponse.	*Don't tell me the answer.*
Veux-tu travailler avec moi?	*Do you want to work with me?*

Verbes utiles *Useful verbs*

ajouter	*to add*
combiner	*to combine*
converser	*to talk; to chat*
créer	*to create*
demander	*to ask*
deviner	*to guess*
dire	*to say*
discuter	*to talk; to discuss*
échanger	*to exchange*
écrire	*to write*
essayer	*to try*
inclure	*to include*
justifier	*to justify*
noter	*to jot down*
raconter	*to tell, to relate (a story)*
relier	*to link*
remplacer	*to replace*
souligner	*to underline*
suivre	*to follow*
traduire	*to translate*
utiliser	*to use*
vérifier	*to check*

Expressions utiles *Useful expressions*

Allez à la page 2.	*Go to page 2.*
Alternez les rôles.	*Switch roles.*
À tour de rôle...	*Take turns...*
À voix haute	*Aloud*
À votre/ton avis	*In your opinion*
Après une deuxième écoute...	*After a second listening...*
Articulez.	*Enunciate.; Pronounce carefully.*
Au sujet de, À propos de	*Regarding, about*
Avec un(e) partenaire/ un(e) camarade de classe	*With a partner/a classmate*
Avez-vous/As-tu des questions?	*Do you have any questions?*
Avez-vous/As-tu fini/terminé?	*Are you done?; Have you finished?*
Chassez l'intrus.	*Choose the item that doesn't belong.*
Choisissez le bon mot.	*Choose the right word.*
Circulez dans la classe.	*Walk around the classroom.*
Comment dit-on _____ en français?	*How do you say _____ in French?*
Comment écrit-on _____ en français?	*How do you spell _____ in French?*
Corrigez les phrases fausses.	*Correct the false statements.*
Créez/Formez des phrases...	*Create/Form sentences...*
D'après vous/Selon vous...	*According to you...*
Décrivez les images/dessins...	*Describe the images/ drawings...*
Désolé(e), j'ai oublié.	*I'm sorry, I forgot.*
Déterminez si...	*Decide whether...*
Dites si vous êtes/Dis si tu es d'accord ou non.	*Say if you agree or not.*
Écrivez une lettre/une phrase.	*Write a letter/a sentence.*
Employez les verbes de la liste.	*Use the verbs from the list.*
En utilisant...	*Using...*
Est-ce que vous pouvez/ tu peux choisir un(e) autre partenaire/ quelqu'un d'autre?	*Can you please choose another partner/ someone else?*
Êtes vous prêt(e)?/ Es-tu prêt(e)?	*Are you ready?*
Excusez-moi, je suis en retard.	*Excuse me for being late.*
Faites correspondre...	*Match...*
Faites les accords nécessaires.	*Make the necessary agreements.*
Félicitations!	*Congratulations!*
Indiquez le mot qui n'appartient pas.	*Indicate the word that doesn't belong.*
Indiquez qui a dit...	*Indicate who said...*
J'ai gagné!/Nous avons gagné!	*I won!/We won!*
Je n'ai pas/Nous n'avons pas encore fini.	*I/We have not finished yet.*
Je ne comprends pas.	*I don't understand.*
Je ne sais pas.	*I don't know.*
Je ne serai pas là demain.	*I won't be here tomorrow.*
Je peux continuer?	*May I continue?*
Jouez le rôle de.../la scène...	*Play the role of.../the scene...*
Lentement, s'il vous plaît.	*Slowly, please.*
Lisez...	*Read...*
Mettez dans l'ordre...	*Put in order...*
Ouvrez/Fermez votre livre.	*Open/Close your books.*
Par groupes de trois/quatre...	*In groups of three/four...*
Partagez vos résultats...	*Share your results...*
Posez-vous les questions suivantes.	*Ask each other the following questions.*
Pour demain, faites...	*For tomorrow, do...*
Pour demain, vous allez/ tu vas faire...	*Tomorrow you are going to do...*
Prononcez.	*Pronounce.*
Qu'est-ce que _____ veut dire?	*What does _____ mean?*
Que pensez-vous/penses-tu de...	*What do you think about...*
Qui a gagné?	*Who won?*
...qui convient le mieux.	*...that best completes/is the most appropriate.*
Rejoignez un autre groupe.	*Get together with another group.*
Remplissez les espaces.	*Fill in the blanks.*
Répondez aux questions suivantes.	*Answer the following questions.*
Soyez prêt(e)s à...	*Be ready to...*
Venez/Viens au tableau.	*Come to the board.*
Vous comprenez?/ Tu comprends?	*Do you understand?*
Vous pouvez expliquer encore une fois, s'il vous plaît?	*Could you explain again, please?*
Vous pouvez répéter, s'il vous plaît?	*Could you repeat that, please?*
Vrai ou faux?	*True or false?*

Glossary of Grammatical Terms

ADJECTIVE A word that modifies, or describes, a noun or pronoun.

des livres **amusants**
*some **funny** books*

un homme **grand**
*a **tall** man*

de **jolies** fleurs
*some **pretty** flowers*

Demonstrative adjective An adjective that specifies which noun a speaker is referring to.

cette chemise
***this** shirt*

ce placard
***this** closet*

cet hôtel
***this** hotel*

ces boîtes
***these** boxes*

Possessive adjective An adjective that indicates ownership or possession.

ma belle montre
***my** beautiful watch*

C'est **son** cousin.
*This is **his/her** cousin.*

tes crayons
***your** pencils*

Ce sont **leurs** tantes.
*Those are **their** aunts.*

ADVERB A word that modifies, or describes, a verb, adjective, or other adverb.

Michael parle **couramment** français.
*Michael speaks French **fluently**.*

Ces enfants sont **vraiment** intelligents.
*These kids are **really** smart.*

Elle lui parle **très** franchement.
*She speaks to him **very** candidly.*

ARTICLE A word that points out a noun in either a specific or a non-specific way.

Definite article An article that points out a noun in a specific way.

le marché
***the** market*

la valise
***the** suitcase*

les dictionnaires
***the** dictionaries*

les mots
***the** words*

Indefinite article An article that points out a noun in a general, non-specific way.

un vélo
***a** bike*

une fille
***a** girl*

des oiseaux
***some** birds*

des affiches
***some** posters*

CLAUSE A group of words that contains both a conjugated verb and a subject, either expressed or implied.

Main (or Independent) clause A clause that can stand alone as a complete sentence.

J'ai un manteau vert.
I have a green coat.

Subordinate (or Dependent) clause A clause that does not express a complete thought and therefore cannot stand alone as a sentence.

Je travaille dans un restaurant **parce que j'ai besoin d'argent**.
*I work in a restaurant **because I need money**.*

COMPARATIVE A construction used with an adjective or adverb to express a comparison between two people, places, or things.

Thomas est **plus petit** qu'Adrien.
*Thomas is **shorter than** Adrien.*

En Corse, il pleut **moins souvent qu'**en Alsace.
*In Corsica, it rains **less often than** in Alsace.*

Cette maison n'a pas **autant de fenêtres** que l'autre.
*This house does not have **as many windows as** the other one.*

CONJUGATION A set of the forms of a verb for a specific tense or mood, or the process by which these verb forms are presented.

Imparfait conjugation of **chanter**:

je chant**ais**	nous chant**ions**
tu chant**ais**	vous chant**iez**
il/elle/on chant**ait**	ils/elles chant**aient**

CONJUNCTION A word used to connect words, clauses, or phrases.

Suzanne **et** Pierre habitent en Suisse.
*Suzanne **and** Pierre live in Switzerland.*

Je ne dessine pas très bien, **mais** j'aime les cours de dessin.
*I don't draw very well, **but** I like art classes.*

CONTRACTION The joining of two words into one. In French, the contractions are **au**, **aux**, **du**, and **des**.

Ma sœur est allée **au** concert hier soir.
*My sister went **to a** concert last night.*

Il a parlé **aux** voisins cet après-midi.
*He talked **to the** neighbors this afternoon.*

Je retire de l'argent **du** distributeur automatique.
*I withdraw money **from the** ATM machine.*

Nous avons campé près **du** village.
*We camped **near the** village.*

DIRECT OBJECT A noun or pronoun that directly receives the action of the verb.

Thomas lit **un livre.**   Je **l'**ai vu hier.
*Thomas reads **a book**.   I saw **him** yesterday.*

GENDER The grammatical categorizing of certain kinds of words, such as nouns and pronouns, as masculine, feminine, or neuter.

Masculine
articles **le, un**
pronouns **il, lui, le, celui-ci, celui-là, lequel**
adjective **élégant**

Feminine
articles **la, une**
pronouns **elle, la, celle-ci, celle-là, laquelle**
adjective **élégante**

IMPERSONAL EXPRESSION A third-person expression with no expressed or specific subject.

Il pleut.   **C'est** très important.
It's raining.   *It's very important.*

INDIRECT OBJECT A noun or pronoun that receives the action of the verb indirectly; the object, often a living being, to or for whom an action is performed.

Éric donne un livre **à Linda.**
*Éric gave a book **to Linda**.*

Le professeur **m'**a donné une bonne note.
*The teacher gave **me** a good mark.*

INFINITIVE The basic form of a verb. Infinitives in French end in **-er**, **-ir**, **-oir**, or **-re**.

parler	**finir**	**savoir**	**prendre**
to speak	*to finish*	*to know*	*to take*

INTERROGATIVE An adjective or pronoun used to ask a question.

Qui parle?
Who is speaking?

Combien de biscuits as-tu achetés?
How many cookies did you buy?

Que penses-tu faire aujourd'hui?
What do you plan to do today?

INVERSION Changing the word order of a sentence, often to form a question.

Statement: Elle a vendu sa voiture.

Inversion: A-t-elle vendu sa voiture?

MOOD A grammatical distinction of verbs that indicates whether the verb is intended to make a statement or command or to express a doubt, emotion, or condition contrary to fact.

Conditional mood Verb forms used to express what would be done or what would happen under certain circumstances, or to make a polite request, soften a demand, express what someone could or should do, or to state a contrary-to-fact situation.

Il irait se promener s'il avait le temps.
He would go for a walk if he had the time.

Pourrais-tu éteindre la lumière, s'il te plaît?
Would you turn off the light, please?

Je devrais lui parler gentiment.
I should talk to her nicely.

Imperative mood Verb forms used to make commands or suggestions.

Parle lentement.   **Venez** avec moi.
Speak slowly.   Come with me.

Indicative mood Verb forms used to state facts, actions, and states considered to be real.

Je sais qu'**il a** un chat.
I know that he has a cat.

Subjunctive mood Verb forms used principally in subordinate (dependent) clauses to express wishes, desires, emotions, doubts, and certain conditions, such as contrary-to-fact situations.

Il est important que **tu finisses** tes devoirs.
*It's important that **you finish** your homework.*

Je doute que **Louis ait** assez d'argent.
*I doubt that **Louis has** enough money.*

NOUN A word that identifies people, animals, places, things, and ideas.

homme	**chat**
man	*cat*
Belgique	**maison**
Belgium	*house*
amitié	**livre**
friendship	*book*

NUMBER A grammatical term that refers to singular or plural. Nouns in French and English have number. Other parts of a sentence, such as adjectives, articles, and verbs, can also have number.

Singular	**Plural**
une chose	**des** choses
a thing	*some things*
le professeur	**les** professeurs
the professor	*the professors*

NUMBERS Words that represent amounts.

Cardinal numbers Words that show specific amounts.

cinq minutes
five minutes

l'année **deux mille six**
the year 2006

Ordinal numbers Words that indicate the order of a noun in a series.

le **quatrième** joueur	la **dixième** fois
the fourth player	*the tenth time*

PAST PARTICIPLE A past form of the verb used in compound tenses. The past participle may also be used as an adjective, but it must then agree in number and gender with the word it modifies.

Ils ont beaucoup **marché**.
They have walked a lot.

Je n'ai pas **préparé** mon examen.
I haven't prepared for my exam.

Il y a une fenêtre **ouverte** dans le salon.
There is an open window in the living room.

PERSON The form of the verb or pronoun that indicates the speaker, the one spoken to, or the one spoken about. In French, as in English, there are three persons: first, second, and third.

Person	Singular		Plural	
1st	**je**	*I*	**nous**	*we*
2nd	**tu**	*you*	**vous**	*you*
3rd	**il/elle**	*he/she/it*	**ils/elles**	*they*
	on	*one*		

PREPOSITION A word or words that describe(s) the relationship, most often in time or space, between two other words.

Annie habite **loin de** Paris.
Annie lives far from Paris.

Le blouson est **dans** la voiture.
The jacket is in the car.

Martine s'est coiffée **avant de** sortir.
Martine combed her hair before going out.

PRONOUN A word that takes the place of a noun or nouns.

Demonstrative pronoun A pronoun that takes the place of a specific noun.

Je veux **celui-ci**.
I want this one.

Vas-tu acheter **celle-là**?
Are you going to buy that one?

Marc préférait **ceux-là**.
Marc preferred those.

Object pronoun A pronoun that functions as a direct or indirect object of the verb.

Elle **lui** donne un cadeau.
She gives him a present.

Frédéric **me l'**a apporté.
Frédéric brought it to me.

Reflexive pronoun A pronoun that indicates that the action of a verb is performed by the subject on itself. These pronouns are often expressed in English with -self: myself, yourself, etc.

Je **me lave** avant de sortir.
I wash (myself) before going out.

Marie **s'est couchée** à onze heures et demie.
Marie went to bed at eleven-thirty.

Relative pronoun A pronoun that connects a subordinate clause to a main clause.

Le garçon **qui** nous a écrit vient nous voir demain.
*The boy **who** wrote us is coming to visit tomorrow.*

Je sais **que** nous avons beaucoup de choses à faire.
*I know **that** we have a lot of things to do.*

Subject pronoun A pronoun that replaces the name or title of a person or thing, and acts as the subject of a verb.

Tu vas partir bientôt.
***You** are going to leave soon.*

Il arrive demain.
***He** arrives tomorrow.*

SUBJECT A noun or pronoun that performs the action of a verb and is often implied by the verb.

Marine va au supermarché.
***Marine** goes to the supermarket.*

Ils travaillent beaucoup.
***They** work a lot.*

Ces livres sont très chers.
***Those books** are very expensive.*

SUPERLATIVE A word or construction used with an adjective, adverb or a noun to express the highest or lowest degree of a specific quality among three or more people, places, or things.

Le cours de français est **le plus intéressant**.
*The French class is **the most interesting**.*

Romain est le garçon qui court **le moins rapidement**.
*Romain is the boy who runs **the least fast**.*

C'est son jardin qui a **le plus d'arbres**.
*It is her garden that has **the most trees**.*

TENSE A set of verb forms that indicates the time of an action or state: past, present, or future.

Compound tense A two-word tense made up of an auxiliary verb and a present or past participle. In French, there are two auxiliary verbs: **être** and **avoir**.

Le colis n'**est** pas encore **arrivé**.
*The package **has** not **arrived** yet.*

Elle **a réussi** son examen.
*She **has passed** her exam.*

Simple tense A tense expressed by a single verb form.

Timothée **jouait** au volley-ball pendant les vacances.
*Timothée **played** volleyball during his vacation.*

Joëlle **parlera** à sa mère demain.
*Joëlle **will speak** with her mom tomorrow.*

VERB A word that expresses actions or states-of-being.

Auxiliary verb A verb used with a present or past participle to form a compound tense. **Avoir** is the most commonly used auxiliary verb in French.

Les enfants **ont** vu les éléphants.
*The children **have** seen the elephants.*

J'espère que tu **as** mangé.
*I hope you **have** eaten.*

Reflexive verb A verb that describes an action performed by the subject on itself and is always used with a reflexive pronoun.

Je **me suis acheté** une voiture neuve.
*I **bought myself** a new car.*

Pierre et Adeline **se lèvent** très tôt.
*Pierre and Adeline **get (themselves) up** very early.*

Spelling-change verb A verb that undergoes a predictable change in spelling in the various conjugations.

acheter	e → è	nous achetons	j'ach**è**te
espérer	é → è	nous espérons	j'esp**è**re
appeler	l → ll	nous appelons	j'appe**ll**e
envoyer	y → i	nous envoyons	j'envo**i**e
essayer	y → i	nous essayons	j'essa**i**e/ j'essa**y**e

Verb Conjugation Tables

The list of verbs below and the model verb tables that start on page A-17 show you how to conjugate the verbs that appear in **ESPACES**. Each verb in the list is followed by a model verb conjugated according to the same pattern. The number in parentheses indicates where in the verb tables you can find the conjugated forms of the model verb. For example, if you want to find out how to conjugate the verb **offrir**, look up number 31 to refer to its model verb, **ouvrir**. The phrase **p.c.** with **être** after a verb means that it is

conjugated with **être** in the **passé composé**. Reminder: All reflexive (pronominal) verbs use **être** as their auxiliary verb in the **passé composé**. The infinitives of reflexive verbs begin with **se** or **s'**.

In the tables you will find the infinitive, past participles, and all the forms of each model verb you have learned.

abolir like finir (2)

aborder like parler (1)

abriter like parler (1)

accepter like parler (1)

accompagner like parler (1)

accueillir like ouvrir (31)

acheter (7)

adorer like parler (1)

afficher like parler (1)

aider like parler (1)

aimer like parler (1)

aller (13); **p.c.** with **être**

allumer like parler (1)

améliorer like parler (1)

amener like acheter (7)

animer like parler (1)

apercevoir like recevoir (36)

appeler (8)

applaudir like finir (2)

apporter like parler (1)

apprendre like prendre (35)

arrêter like parler (1)

arriver like parler (1) except **p.c.** with **être**

assister like parler (1)

attacher like parler (1)

attendre like vendre (3)

attirer like parler (1)

avoir (4)

balayer like essayer (10)

bavarder like parler (1)

boire (15)

bricoler like parler (1)

bronzer like parler (1)

célébrer like préférer (12)

chanter like parler (1)

chasser like parler (1)

chercher like parler (1)

choisir like finir (2)

classer like parler (1)

commander like parler (1)

commencer (9)

composer like parler (1)

comprendre like prendre (35)

compter like parler (1)

conduire (16)

connaître (17)

consacrer like parler (1)

considérer like préférer (12)

construire like conduire (16)

continuer like parler (1)

courir (18)

coûter like parler (1)

couvrir like ouvrir (31)

croire (19)

cuisiner like parler (1)

danser like parler (1)

débarrasser like parler (1)

décider like parler (1)

découvrir like ouvrir (31)

décrire like écrire (22)

décrocher like parler (1)

déjeuner like parler (1)

demander like parler (1)

démarrer like parler (1)

déménager like manger (11)

démissionner like parler (1)

dépasser like parler (1)

dépendre like vendre (3)

dépenser like parler (1)

déposer like parler (1)

descendre like vendre (3) except **p.c.** with **être; p.c.** w/**avoir** if takes a direct object

désirer like parler (1)

dessiner like parler (1)

détester like parler (1)

détruire like conduire (16)

développer like parler (1)

devenir like venir (41); **p.c.** with **être**

devoir (20)

dîner like parler (1)

dire (21)

diriger like parler (1)

discuter like parler (1)

divorcer like commencer (9)

donner like parler (1)

dormir like partir (32) except **p.c.** with **avoir**

douter like parler (1)

durer like parler (1)

échapper like parler (1)

échouer like parler (1)

écouter like parler (1)

écrire (22)

effacer like commencer (9)

embaucher like parler (1)

emménager like manger (11)

emmener like acheter (7)

employer like essayer (10)

emprunter like parler (1)

enfermer like parler (1)

enfler like parler (1)

enlever like acheter (7)

enregistrer like parler (1)

enseigner like parler (1)

entendre like vendre (3)

entourer like parler (1)

entrer like parler (1)
except **p.c.** with **être**

entretenir like tenir (40)

envahir like finir (2)

envoyer like essayer (10)

épouser like parler (1)

espérer like préférer (12)

essayer (10)

essuyer like essayer (10)

éteindre (24)

éternuer like parler (1)

étrangler like parler (1)

être (5)

étudier like parler (1)

éviter like parler (1)

exiger like manger (11)

expliquer like parler (1)

explorer like parler (1)

faire (25)

falloir (26)

fermer like parler (1)

fêter like parler (1)

finir (2)

fonctionner like parler (1)

fonder like parler (1)

freiner like parler (1)

fréquenter like parler (1)

fumer like parler (1)

gagner like parler (1)

garder like parler (1)

garer like parler (1)

gaspiller like parler (1)

goûter like parler (1)

graver like parler (1)

grossir like finir (2)

guérir like finir (2)

habiter like parler (1)

imprimer like parler (1)

indiquer like parler (1)

interdire like dire (21)

inviter like parler (1)

jeter like appeler (8)

jouer like parler (1)

laisser like parler (1)

laver like parler (1)

lire (27)

loger like manger (11)

louer like parler (1)

lutter like parler (1)

maigrir like finir (2)

maintenir like tenir (40)

manger (11)

marcher like parler (1)

mêler like préférer (12)

mener like parler (1)

mettre (28)

monter like parler (1)
except **p.c.** with **être**; **p.c.**
w/**avoir** if takes a direct
object

montrer like parler (1)

mourir (29); **p.c.** with **être**

nager like manger (11)

naître (30); **p.c.** with **être**

nettoyer like essayer (10)

noter like parler (1)

obtenir like tenir (40)

offrir like ouvrir (31)

organiser like parler (1)

oublier like parler (1)

ouvrir (31)

parler (1)

partager like manger (11)

partir (32); **p.c.** with **être**

passer like parler (1)

patienter like parler (1)

patiner like parler (1)

payer like essayer (10)

penser like parler (1)

perdre like vendre (3)

permettre like mettre (28)

pleuvoir (33)

plonger like manger (11)

polluer like parler (1)

porter like parler (1)

poser like parler (1)

posséder like préférer
(12)

poster like parler (1)

pouvoir (34)

pratiquer like parler (1)

préférer (12)

prélever like parler (1)

prendre (35)

préparer like parler (1)

présenter like parler (1)

préserver like parler (1)

prêter like parler (1)

prévenir like tenir (40)

produire like conduire (16)

profiter like parler (1)

promettre like mettre (28)

proposer like parler (1)

protéger like préférer (12)

provenir like venir (41)

publier like parler (1)

quitter like parler (1)

raccrocher like parler (1)

ranger like manger (11)

réaliser like parler (1)

recevoir (36)

recommander like
parler (1)

reconnaître like
connaître (17)

recycler like parler (1)

réduire like conduire (16)

réfléchir like finir (2)

regarder like parler (1)

régner like préférer (12)

remplacer like parler (1)

remplir like finir (2)

rencontrer like parler (1)

rendre like vendre (3)

rentrer like parler (1)
except **p.c.** with **être**

renvoyer like essayer (10)

réparer like parler (1)

repasser like parler (1)

répéter like préférer (12)

repeupler like parler (1)

répondre like vendre (3)

réserver like parler (1)

rester like parler (1) *except*
p.c. with **être**

retenir like tenir (40)

retirer like parler (1)

retourner like parler (1)
except **p.c.** with **être**

retrouver like parler (1)

réussir like finir (2)

revenir like venir (41); **p.c.**
with **être**

revoir like voir (42)

rire (37)

rouler like parler (1)

salir like finir (2)

s'amuser like se laver (6)

s'asseoir (14)

sauvegarder like parler
(1)

sauver like parler (1)

savoir (38)

se brosser like se laver
(6)

se coiffer like se laver (6)

se composer like se laver
(6)

se connecter like se laver
(6)

se coucher like se laver
(6)

se croiser like se laver (6)

se dépêcher like se laver
(6)

se déplacer like se laver (6)

se déshabiller like se
laver (6)

se détendre like vendre (3)
except **p.c.** with **être**

se disputer like se laver
(6)

s'embrasser like se laver
(6)

s'endormir like partir (32)
except **p.c.** with **être**

s'énerver like se laver (6)

s'ennuyer like essayer
(10) *except* **p.c.** with **être**

s'excuser like se laver (6)

se fouler like se laver (6)

s'installer like se laver (6)

se laver (6)

se lever like se laver (6)

se maquiller like se laver (6)

se marier like se laver (6)

se promener like acheter (7) *except* **p.c.** with **être**

se rappeler like se laver (6)

se raser like se laver (6)

se rebeller like se laver (6)

se réconcilier like se laver (6)

se relever like se laver (6)

se reposer like se laver (6)

se réveiller like se laver (6)

servir like partir (32) *except* **p.c.** with **avoir**

se sécher like préférer (12) *except* **p.c.** with **être**

se souvenir like venir (41)

se tromper like se laver (6)

s'habiller like se laver (6)

sentir like partir (32) *except* **p.c.** with **avoir**

signer like parler (1)

s'inquiéter like préférer (12) *except* **p.c.** with **être**

s'intéresser like se laver (6)

skier like parler (1)

s'occuper like se laver (6)

sonner like parler (1)

s'orienter like se laver (6)

sortir like partir (32)

sourire like rire (37)

souffrir like ouvrir (31)

souhaiter like parler (1)

subvenir like venir (41) *except* **p.c.** with **avoir**

suffire like lire (27)

suggérer like préférer (12)

suivre (39)

surfer like parler (1)

surprendre like prendre (35)

télécharger like parler (1)

téléphoner like parler (1)

tenir (40)

tomber like parler (1) *except* **p.c.** with **être**

tourner like parler (1)

tousser like parler (1)

traduire like conduire (16)

travailler like parler (1)

traverser like parler (1)

trouver like parler (1)

tuer like parler (1)

utiliser like parler (1)

valoir like falloir (26)

vendre (3)

venir (41); **p.c.** with **être**

vérifier like parler (1)

visiter like parler (1)

vivre like suivre (39)

voir (42)

vouloir (43)

voyager like manger (11)

Regular verbs

Infinitive / Past participle	Subject Pronouns	INDICATIVE Present	Passé composé	Imperfect	Future	CONDITIONAL Present	SUBJUNCTIVE Present	IMPERATIVE
1 parler (*to speak*) parlé	je (j')	parle	ai parlé	parlais	parlerai	parlerais	parle	
	tu	parles	as parlé	parlais	parleras	parlerais	parles	parle
	il/elle/on	parle	a parlé	parlait	parlera	parlerait	parle	
	nous	parlons	avons parlé	parlions	parlerons	parlerions	parlions	parlons
	vous	parlez	avez parlé	parliez	parlerez	parleriez	parliez	parlez
	ils/elles	parlent	ont parlé	parlaient	parleront	parleraient	parlent	
2 finir (*to finish*) fini	je (j')	finis	ai fini	finissais	finirai	finirais	finisse	
	tu	finis	as fini	finissais	finiras	finirais	finisses	finis
	il/elle/on	finit	a fini	finissait	finira	finirait	finisse	
	nous	finissons	avons fini	finissions	finirons	finirions	finissions	finissons
	vous	finissez	avez fini	finissiez	finirez	finiriez	finissiez	finissez
	ils/elles	finissent	ont fini	finissaient	finiront	finiraient	finissent	
3 vendre (*to sell*) vendu	je (j')	vends	ai vendu	vendais	vendrai	vendrais	vende	
	tu	vends	as vendu	vendais	vendras	vendrais	vendes	vends
	il/elle/on	vend	a vendu	vendait	vendra	vendrait	vende	
	nous	vendons	avons vendu	vendions	vendrons	vendrions	vendions	vendons
	vous	vendez	avez vendu	vendiez	vendrez	vendriez	vendiez	vendez
	ils/elles	vendent	ont vendu	vendaient	vendront	vendraient	vendent	

Auxiliary verbs: *avoir* and *être*

Infinitive / Past participle	Subject Pronouns	INDICATIVE Present	INDICATIVE Passé composé	INDICATIVE Imperfect	INDICATIVE Future	CONDITIONAL Present	SUBJUNCTIVE Present	IMPERATIVE
4 avoir (*to have*) eu	j'	ai	ai eu	avais	aurai	aurais	aie	
	tu	as	as eu	avais	auras	aurais	aies	aie
	il/elle/on	a	a eu	avait	aura	aurait	ait	
	nous	avons	avons eu	avions	aurons	aurions	ayons	ayons
	vous	avez	avez eu	aviez	aurez	auriez	ayez	ayez
	ils/elles	ont	ont eu	avaient	auront	auraient	aient	
5 être (*to be*) été	je (j')	suis	ai été	étais	serai	serais	sois	
	tu	es	as été	étais	seras	serais	sois	sois
	il/elle/on	est	a été	était	sera	serait	soit	
	nous	sommes	avons été	étions	serons	serions	soyons	soyons
	vous	êtes	avez été	étiez	serez	seriez	soyez	soyez
	ils/elles	sont	ont été	étaient	seront	seraient	soient	

Reflexive (Pronominal)

Infinitive / Past participle	Subject Pronouns	INDICATIVE Present	INDICATIVE Passé composé	INDICATIVE Imperfect	INDICATIVE Future	CONDITIONAL Present	SUBJUNCTIVE Present	IMPERATIVE
6 se laver (*to wash oneself*) lavé	je	me lave	me suis lavé(e)	me lavais	me laverai	me laverais	me lave	
	tu	te laves	t'es lavé(e)	te lavais	te laveras	te laverais	te laves	lave-toi
	il/elle/on	se lave	s'est lavé(e)	se lavait	se lavera	se laverait	se lave	
	nous	nous lavons	nous sommes lavé(e)s	nous lavions	nous laverons	nous laverions	nous lavions	lavons-nous
	vous	vous lavez	vous êtes lavé(e)s	vous laviez	vous laverez	vous laveriez	vous laviez	lavez-vous
	ils/elles	se lavent	se sont lavé(e)s	se lavaient	se laveront	se laveraient	se lavent	

Verbs with spelling changes

Infinitive / Past participle	Subject Pronouns	INDICATIVE Present	Passé composé	Imperfect	Future	CONDITIONAL Present	SUBJUNCTIVE Present	IMPERATIVE
7 acheter (*to buy*) / acheté	j'	achète	ai acheté	achetais	achèterai	achèterais	achète	
	tu	achètes	as acheté	achetais	achèteras	achèterais	achètes	achète
	il/elle/on	achète	a acheté	achetait	achètera	achèterait	achète	
	nous	achetons	avons acheté	achetions	achèterons	achèterions	achetions	achetons
	vous	achetez	avez acheté	achetiez	achèterez	achèteriez	achetiez	achetez
	ils/elles	achètent	ont acheté	achetaient	achèteront	achèteraient	achètent	
8 appeler (*to call*) / appelé	j'	appelle	ai appelé	appelais	appellerai	appellerais	appelle	
	tu	appelles	as appelé	appelais	appelleras	appellerais	appelles	appelle
	il/elle/on	appelle	a appelé	appelait	appellera	appellerait	appelle	
	nous	appelons	avons appelé	appelions	appellerons	appellerions	appelions	appelons
	vous	appelez	avez appelé	appeliez	appellerez	appelleriez	appeliez	appelez
	ils/elles	appellent	ont appelé	appelaient	appelleront	appelleraient	appellent	
9 commencer (*to begin*) / commencé	je (j')	commence	ai commencé	commençais	commencerai	commencerais	commence	
	tu	commences	as commencé	commençais	commenceras	commencerais	commences	commence
	il/elle/on	commence	a commencé	commençait	commencera	commencerait	commence	
	nous	commençons	avons commencé	commencions	commencerons	commencerions	commencions	commençons
	vous	commencez	avez commencé	commenciez	commencerez	commenceriez	commenciez	commencez
	ils/elles	commencent	ont commencé	commençaient	commenceront	commenceraient	commencent	
10 essayer (*to try*) / essayé	j'	essaie	ai essayé	essayais	essaierai	essaierais	essaie	
	tu	essaies	as essayé	essayais	essaieras	essaierais	essaies	essaie
	il/elle/on	essaie	a essayé	essayait	essaiera	essaierait	essaie	
	nous	essayons	avons essayé	essayions	essaierons	essaierions	essayions	essayons
	vous	essayez	avez essayé	essayiez	essaierez	essaieriez	essayiez	essayez
	ils/elles	essayent	ont essayé	essayaient	essaieront	essaieraient	essaient	
11 manger (*to eat*) / mangé	je (j')	mange	ai mangé	mangeais	mangerai	mangerais	mange	
	tu	manges	as mangé	mangeais	mangeras	mangerais	manges	mange
	il/elle/on	mange	a mangé	mangeait	mangera	mangerait	mange	
	nous	mangeons	avons mangé	mangions	mangerons	mangerions	mangions	mangeons
	vous	mangez	avez mangé	mangiez	mangerez	mangeriez	mangiez	mangez
	ils/elles	mangent	ont mangé	mangeaient	mangeront	mangeraient	mangent	

12

Infinitive / Past participle	Subject Pronouns	INDICATIVE Present	Passé composé	Imperfect	Future	CONDITIONAL Present	SUBJUNCTIVE Present	IMPERATIVE
préférer *(to prefer)* préféré	je (j')	préfère	ai préféré	préférais	préférerai	préférerais	préfère	
	tu	préfères	as préféré	préférais	préféreras	préférerais	préfères	préfère
	il/elle/on	préfère	a préféré	préférait	préférera	préférerait	préfère	
	nous	préférons	avons préféré	préférions	préférerons	préférerions	préférions	préférons
	vous	préférez	avez préféré	préfériez	préférerez	préféreriez	préfériez	préférez
	ils/elles	préfèrent	ont préféré	préféraient	préféreront	préféreraient	préfèrent	

Irregular verbs

Infinitive / Past participle	Subject Pronouns	INDICATIVE Present	Passé composé	Imperfect	Future	CONDITIONAL Present	SUBJUNCTIVE Present	IMPERATIVE
13 aller *(to go)* allé	je (j')	vais	suis allé(e)	allais	irai	irais	aille	
	tu	vas	es allé(e)	allais	iras	irais	ailles	va
	il/elle/on	va	est allé(e)	allait	ira	irait	aille	
	nous	allons	sommes allé(e)s	allions	irons	irions	allions	allons
	vous	allez	êtes allé(e)s	alliez	irez	iriez	alliez	allez
	ils/elles	vont	sont allé(e)s	allaient	iront	iraient	aillent	
14 s'asseoir *(to sit down, to be seated)* assis	je	m'assieds	me suis assis(e)	m'asseyais	m'assiérai	m'assiérais	m'asseye	
	tu	t'assieds	t'es assis(e)	t'asseyais	t'assiéras	t'assiérais	t'asseyes	assieds-toi
	il/elle/on	s'assied	s'est assis(e)	s'asseyait	s'assiéra	s'assiérait	s'asseye	
	nous	nous asseyons	nous sommes assis(e)s	nous asseyions	nous assiérons	nous assiérions	nous asseyions	asseyons-nous
	vous	vous asseyez	vous êtes assis(e)s	vous asseyiez	vous assiérez	vous assiériez	vous asseyiez	asseyez-vous
	ils/elles	s'asseyent	se sont assis(e)s	s'asseyaient	s'assiéront	s'assiéraient	s'asseyent	
15 boire *(to drink)* bu	je (j')	bois	ai bu	buvais	boirai	boirais	boive	
	tu	bois	as bu	buvais	boiras	boirais	boives	bois
	il/elle/on	boit	a bu	buvait	boira	boirait	boive	
	nous	buvons	avons bu	buvions	boirons	boirions	buvions	buvons
	vous	buvez	avez bu	buviez	boirez	boiriez	buviez	buvez
	ils/elles	boivent	ont bu	buvaient	boiront	boiraient	boivent	

Infinitive / Past participle	Subject Pronouns	INDICATIVE				CONDITIONAL	SUBJUNCTIVE	IMPERATIVE
		Present	Passé composé	Imperfect	Future	Present	Present	
16 conduire *(to drive; to lead)* / conduit	je (j')	conduis	ai conduit	conduisais	conduirai	conduirais	conduise	
	tu	conduis	as conduit	conduisais	conduiras	conduirais	conduises	conduis
	il/elle/on	conduit	a conduit	conduisait	conduira	conduirait	conduise	
	nous	conduisons	avons conduit	conduisions	conduirons	conduirions	conduisions	conduisons
	vous	conduisez	avez conduit	conduisiez	conduirez	conduiriez	conduisiez	conduisez
	ils/elles	conduisent	ont conduit	conduisaient	conduiront	conduiraient	conduisent	
17 connaître *(to know, to be acquainted with)* / connu	je (j')	connais	ai connu	connaissais	connaîtrai	connaîtrais	connaisse	
	tu	connais	as connu	connaissais	connaîtras	connaîtrais	connaisses	connais
	il/elle/on	connaît	a connu	connaissait	connaîtra	connaîtrait	connaisse	
	nous	connaissons	avons connu	connaissions	connaîtrons	connaîtrions	connaissions	connaissons
	vous	connaissez	avez connu	connaissiez	connaîtrez	connaîtriez	connaissiez	connaissez
	ils/elles	connaissent	ont connu	connaissaient	connaîtront	connaîtraient	connaissent	
18 courir *(to run)* / couru	je (j')	cours	ai couru	courais	courrai	courrais	coure	
	tu	cours	as couru	courais	courras	courrais	coures	cours
	il/elle/on	court	a couru	courait	courra	courrait	coure	
	nous	courons	avons couru	courions	courrons	courrions	courions	courons
	vous	courez	avez couru	couriez	courrez	courriez	couriez	courez
	ils/elles	courent	ont couru	couraient	courront	courraient	courent	
19 croire *(to believe)* / cru	je (j')	crois	ai cru	croyais	croirai	croirais	croie	
	tu	crois	as cru	croyais	croiras	croirais	croies	crois
	il/elle/on	croit	a cru	croyait	croira	croirait	croie	
	nous	croyons	avons cru	croyions	croirons	croirions	croyions	croyons
	vous	croyez	avez cru	croyiez	croirez	croiriez	croyiez	croyez
	ils/elles	croient	ont cru	croyaient	croiront	croiraient	croient	
20 devoir *(to have to; to owe)* / dû	je (j')	dois	ai dû	devais	devrai	devrais	doive	
	tu	dois	as dû	devais	devras	devrais	doives	dois
	il/elle/on	doit	a dû	devait	devra	devrait	doive	
	nous	devons	avons dû	devions	devrons	devrions	devions	devons
	vous	devez	avez dû	deviez	devrez	devriez	deviez	devez
	ils/elles	doivent	ont dû	devaient	devront	devraient	doivent	

Infinitive / Past participle	Subject Pronouns	INDICATIVE Present	Passé composé	Imperfect	Future	CONDITIONAL Present	SUBJUNCTIVE Present	IMPERATIVE
21 dire (*to say; to tell*) dit	je (j')	dis	ai dit	disais	dirai	dirais	dise	
	tu	dis	as dit	disais	diras	dirais	dises	dis
	il/elle/on	dit	a dit	disait	dira	dirait	dise	
	nous	disons	avons dit	disions	dirons	dirions	disions	disons
	vous	dites	avez dit	disiez	direz	diriez	disiez	dites
	ils/elles	disent	ont dit	disaient	diront	diraient	disent	
22 écrire (*to write*) écrit	j'	écris	ai écrit	écrivais	écrirai	écrirais	écrive	
	tu	écris	as écrit	écrivais	écriras	écrirais	écrives	écris
	il/elle/on	écrit	a écrit	écrivait	écrira	écrirait	écrive	
	nous	écrivons	avons écrit	écrivions	écrirons	écririons	écrivions	écrivons
	vous	écrivez	avez écrit	écriviez	écrirez	écririez	écriviez	écrivez
	ils/elles	écrivent	ont écrit	écrivaient	écriront	écriraient	écrivent	
23 envoyer (*to send*) envoyé	j'	envoie	ai envoyé	envoyais	enverrai	enverrais	envoie	
	tu	envoies	as envoyé	envoyais	enverras	enverrais	envoies	envoie
	il/elle/on	envoie	a envoyé	envoyait	enverra	enverrait	envoie	
	nous	envoyons	avons envoyé	envoyions	enverrons	enverrions	envoyions	envoyons
	vous	envoyez	avez envoyé	envoyiez	enverrez	enverriez	envoyiez	envoyez
	ils/elles	envoient	ont envoyé	envoyaient	enverront	enverraient	envoient	
24 éteindre (*to turn off*) éteint	j'	éteins	ai éteint	éteignais	éteindrai	éteindrais	éteigne	
	tu	éteins	as éteint	éteignais	éteindras	éteindrais	éteignes	éteins
	il/elle/on	éteint	a éteint	éteignait	éteindra	éteindrait	éteigne	
	nous	éteignons	avons éteint	éteignions	éteindrons	éteindrions	éteignions	éteignons
	vous	éteignez	avez éteint	éteigniez	éteindrez	éteindriez	éteigniez	éteignez
	ils/elles	éteignent	ont éteint	éteignaient	éteindront	éteindraient	éteignent	
25 faire (*to do; to make*) fait	je (j')	fais	ai fait	faisais	ferai	ferais	fasse	
	tu	fais	as fait	faisais	feras	ferais	fasses	fais
	il/elle/on	fait	a fait	faisait	fera	ferait	fasse	
	nous	faisons	avons fait	faisions	ferons	ferions	fassions	faisons
	vous	faites	avez fait	faisiez	ferez	feriez	fassiez	faites
	ils/elles	font	ont fait	faisaient	feront	feraient	fassent	
26 falloir (*to be necessary*) fallu	il	faut	a fallu	fallait	faudra	faudrait	faille	

Infinitive / Past participle	Subject Pronouns	INDICATIVE Present	Passé composé	Imperfect	Future	CONDITIONAL Present	SUBJUNCTIVE Present	IMPERATIVE
27 lire (to read) / lu	je (j')	lis	ai lu	lisais	lirai	lirais	lise	
	tu	lis	as lu	lisais	liras	lirais	lises	lis
	il/elle/on	lit	a lu	lisait	lira	lirait	lise	
	nous	lisons	avons lu	lisions	lirons	lirions	lisions	lisons
	vous	lisez	avez lu	lisiez	lirez	liriez	lisiez	lisez
	ils/elles	lisent	ont lu	lisaient	liront	liraient	lisent	
28 mettre (to put) / mis	je (j')	mets	ai mis	mettais	mettrai	mettrais	mette	
	tu	mets	as mis	mettais	mettras	mettrais	mettes	mets
	il/elle/on	met	a mis	mettait	mettra	mettrait	mette	
	nous	mettons	avons mis	mettions	mettrons	mettrions	mettions	mettons
	vous	mettez	avez mis	mettiez	mettrez	mettriez	mettiez	mettez
	ils/elles	mettent	ont mis	mettaient	mettront	mettraient	mettent	
29 mourir (to die) / mort	je	meurs	suis mort(e)	mourais	mourrai	mourrais	meure	
	tu	meurs	es mort(e)	mourais	mourras	mourrais	meures	meurs
	il/elle/on	meurt	est mort(e)	mourait	mourra	mourrait	meure	
	nous	mourons	sommes mort(e)s	mourions	mourrons	mourrions	mourions	mourons
	vous	mourez	êtes mort(e)s	mouriez	mourrez	mourriez	mouriez	mourez
	ils/elles	meurent	sont mort(e)s	mouraient	mourront	mourraient	meurent	
30 naître (to be born) / né	je	nais	suis né(e)	naissais	naîtrai	naîtrais	naisse	
	tu	nais	es né(e)	naissais	naîtras	naîtrais	naisses	nais
	il/elle/on	naît	est né(e)	naissait	naîtra	naîtrait	naisse	
	nous	naissons	sommes né(e)s	naissions	naîtrons	naîtrions	naissions	naissons
	vous	naissez	êtes né(e)s	naissiez	naîtrez	naîtriez	naissiez	naissez
	ils/elles	naissent	sont né(e)s	naissaient	naîtront	naîtraient	naissent	
31 ouvrir (to open) / ouvert	j'	ouvre	ai ouvert	ouvrais	ouvrirai	ouvrirais	ouvre	
	tu	ouvres	as ouvert	ouvrais	ouvriras	ouvrirais	ouvres	ouvre
	il/elle/on	ouvre	a ouvert	ouvrait	ouvrira	ouvrirait	ouvre	
	nous	ouvrons	avons ouvert	ouvrions	ouvrirons	ouvririons	ouvrions	ouvrons
	vous	ouvrez	avez ouvert	ouvriez	ouvrirez	ouvririez	ouvriez	ouvrez
	ils/elles	ouvrent	ont ouvert	ouvraient	ouvriront	ouvriraient	ouvrent	

Infinitive / Past participle	Subject Pronouns	INDICATIVE Present	INDICATIVE Passé composé	INDICATIVE Imperfect	INDICATIVE Future	CONDITIONAL Present	SUBJUNCTIVE Present	IMPERATIVE
32 partir *(to leave)* parti	je	pars	suis parti(e)	partais	partirai	partirais	parte	
	tu	pars	es parti(e)	partais	partiras	partirais	partes	pars
	il/elle/on	part	est parti(e)	partait	partira	partirait	parte	
	nous	partons	sommes parti(e)s	partions	partirons	partirions	partions	partons
	vous	partez	êtes parti(e)(s)	partiez	partirez	partiriez	partiez	partez
	ils/elles	partent	sont parti(e)s	partaient	partiront	partiraient	partent	
33 pleuvoir *(to rain)* plu	il	pleut	a plu	pleuvait	pleuvra	pleuvrait	pleuve	
34 pouvoir *(to be able)* pu	je (j')	peux	ai pu	pouvais	pourrai	pourrais	puisse	
	tu	peux	as pu	pouvais	pourras	pourrais	puisses	
	il/elle/on	peut	a pu	pouvait	pourra	pourrait	puisse	
	nous	pouvons	avons pu	pouvions	pourrons	pourrions	puissions	
	vous	pouvez	avez pu	pouviez	pourrez	pourriez	puissiez	
	ils/elles	peuvent	ont pu	pouvaient	pourront	pourraient	puissent	
35 prendre *(to take)* pris	je (j')	prends	ai pris	prenais	prendrai	prendrais	prenne	
	tu	prends	as pris	prenais	prendras	prendrais	prennes	prends
	il/elle/on	prend	a pris	prenait	prendra	prendrait	prenne	
	nous	prenons	avons pris	prenions	prendrons	prendrions	prenions	prenons
	vous	prenez	avez pris	preniez	prendrez	prendriez	preniez	prenez
	ils/elles	prennent	ont pris	prenaient	prendront	prendraient	prennent	
36 recevoir *(to receive)* reçu	je (j')	reçois	ai reçu	recevais	recevrai	recevrais	reçoive	
	tu	reçois	as reçu	recevais	recevras	recevrais	reçoives	reçois
	il/elle/on	reçoit	a reçu	recevait	recevra	recevrait	reçoive	
	nous	recevons	avons reçu	recevions	recevrons	recevrions	recevions	recevons
	vous	recevez	avez reçu	receviez	recevrez	recevriez	receviez	recevez
	ils/elles	reçoivent	ont reçu	recevaient	recevront	recevraient	reçoivent	
37 rire *(to laugh)* ri	je (j')	ris	ai ri	riais	rirai	rirais	rie	
	tu	ris	as ri	riais	riras	rirais	ries	ris
	il/elle/on	rit	a ri	riait	rira	rirait	rie	
	nous	rions	avons ri	riions	rirons	ririons	riions	rions
	vous	riez	avez ri	riiez	rirez	ririez	riiez	riez
	ils/elles	rient	ont ri	riaient	riront	riraient	rient	

Infinitive / Past participle	Subject Pronouns	INDICATIVE Present	Passé composé	Imperfect	Future	CONDITIONAL Present	SUBJUNCTIVE Present	IMPERATIVE
38 savoir (*to know*) su	je (j')	sais	ai su	savais	saurai	saurais	sache	
	tu	sais	as su	savais	sauras	saurais	saches	sache
	il/elle/on	sait	a su	savait	saura	saurait	sache	
	nous	savons	avons su	savions	saurons	saurions	sachions	sachons
	vous	savez	avez su	saviez	saurez	sauriez	sachiez	sachez
	ils/elles	savent	ont su	savaient	sauront	sauraient	sachent	
39 suivre (*to follow*) suivi	je (j')	suis	ai suivi	suivais	suivrai	suivrais	suive	
	tu	suis	as suivi	suivais	suivras	suivrais	suives	suis
	il/elle/on	suit	a suivi	suivait	suivra	suivrait	suive	
	nous	suivons	avons suivi	suivions	suivrons	suivrions	suivions	suivons
	vous	suivez	avez suivi	suiviez	suivrez	suivriez	suiviez	suivez
	ils/elles	suivent	ont suivi	suivaient	suivront	suivraient	suivent	
40 tenir (*to hold*) tenu	je (j')	tiens	ai tenu	tenais	tiendrai	tiendrais	tienne	
	tu	tiens	as tenu	tenais	tiendras	tiendrais	tiennes	tiens
	il/elle/on	tient	a tenu	tenait	tiendra	tiendrait	tienne	
	nous	tenons	avons tenu	tenions	tiendrons	tiendrions	tenions	tenons
	vous	tenez	avez tenu	teniez	tiendrez	tiendriez	teniez	tenez
	ils/elles	tiennent	ont tenu	tenaient	tiendront	tiendraient	tiennent	
41 venir (*to come*) venu	je	viens	suis venu(e)	venais	viendrai	viendrais	vienne	
	tu	viens	es venu(e)	venais	viendras	viendrais	viennes	viens
	il/elle/on	vient	est venu(e)	venait	viendra	viendrait	vienne	
	nous	venons	sommes venu(e)s	venions	viendrons	viendrions	venions	venons
	vous	venez	êtes venu(e)(s)	veniez	viendrez	viendriez	veniez	venez
	ils/elles	viennent	sont venu(e)s	venaient	viendront	viendraient	viennent	
42 voir (*to see*) vu	je (j')	vois	ai vu	voyais	verrai	verrais	voie	
	tu	vois	as vu	voyais	verras	verrais	voies	vois
	il/elle/on	voit	a vu	voyait	verra	verrait	voie	
	nous	voyons	avons vu	voyions	verrons	verrions	voyions	voyons
	vous	voyez	avez vu	voyiez	verrez	verriez	voyiez	voyez
	ils/elles	voient	ont vu	voyaient	verront	verraient	voient	
43 vouloir (*to want, to wish*) voulu	je (j')	veux	ai voulu	voulais	voudrai	voudrais	veuille	
	tu	veux	as voulu	voulais	voudras	voudrais	veuilles	veuille
	il/elle/on	veut	a voulu	voulait	voudra	voudrait	veuille	
	nous	voulons	avons voulu	voulions	voudrons	voudrions	voulions	veuillons
	vous	voulez	avez voulu	vouliez	voudrez	voudriez	vouliez	veuillez
	ils/elles	veulent	ont voulu	voulaient	voudront	voudraient	veuillent	

Guide to Vocabulary

Abbreviations used in this glossary

adj.	adjective	*form.*	formal	*p.p.*	past participle
adv.	adverb	*imp.*	imperative	*pl.*	plural
art.	article	*indef.*	indefinite	*poss.*	possessive
comp.	comparative	*interj.*	interjection	*prep.*	preposition
conj.	conjunction	*interr.*	interrogative	*pron.*	pronoun
def.	definite	*inv.*	invariable	*refl.*	reflexive
dem.	demonstrative	*i.o.*	indirect object	*rel.*	relative
disj.	disjunctive	*m.*	masculine	*sing.*	singular
d.o.	direct object	*n.*	noun	*sub.*	subject
f.	feminine	*obj.*	object	*super.*	superlative
fam.	familiar	*part.*	partitive	*v.*	verb

French-English

A

à *prep.* at; in; to 4
 À bientôt. See you soon. 1
 à condition que on the condition that, provided that 15
 à côté de *prep.* next to 3
 À demain. See you tomorrow. 1
 à droite (de) *prep.* to the right (of) 3
 à gauche (de) *prep.* to the left (of) 3
 à ... heure(s) at ... (o'clock) 4
 à la radio on the radio 15
 à la télé(vision) on television 15
 à l'étranger abroad, overseas 7
 à mi-temps half-time (*job*) 13
 à moins que unless 15
 à plein temps full-time (*job*) 13
 À plus tard. See you later. 1
 À quelle heure? What time?; When? 2
 À qui? To whom? 4
 À table! Let's eat! Food is on! 9
 à temps partiel part-time (*job*) 13
 À tout à l'heure. See you later. 1
 au bout (de) *prep.* at the end (of) 12
 au contraire on the contrary 15
 au fait *by the way* 3
 au printemps in the spring 5
 Au revoir. Good-bye. 1
 au secours help 11
 au sujet de on the subject of, about 14

abolir *v.* to abolish 14
absolument *adv.* absolutely 7
accident *m.* accident 11
 avoir un accident to have/to be in an accident 11
accompagner *v.* to accompany 12
acheter *v.* to buy 5
acteur *m.* actor 1
actif/active *adj.* active 3
activement *adv.* actively 7
actrice *f.* actress 1
addition *f.* check, bill 4
adieu farewell 14
adolescence *f.* adolescence 6
adorer *v.* to love 2
 J'adore... I love... 2
adresse *f.* address 12
aérobic *m.* aerobics 5
 faire de l'aérobic *v.* to do aerobics 5
aéroport *m.* airport 7
affaires *f., pl.* business 3
affiche *f.* poster 8
afficher *v.* to post 13
âge *m.* age 6
 âge adulte *m.* adulthood 6
agence de voyages *f.* travel agency 7
agent *m.* officer; agent 11
 agent de police *m.* police officer 11
 agent de voyages *m.* travel agent 7
 agent immobilier *m.* real estate agent 13
agréable *adj.* pleasant 1
agriculteur/agricultrice *m., f.* farmer 13
aider (à) *v.* to help (*to do something*) 5
aie (avoir) *imp. v.* have 7
ail *m.* garlic 9
aimer *v.* to like 2

aimer mieux to prefer 2
aimer que... to like that... 14
J'aime bien... I really like... 2
Je n'aime pas tellement... I don't like ... very much. 2
aîné(e) *adj.* elder 3
ajouter *v.* *to add* 11
 ajouter un(e) ami(e) to add a friend 11
algérien(ne) *adj.* Algerian 1
aliment *m.* food item; a food 9
Allemagne *f.* Germany 7
allemand(e) *adj.* German 1
aller *v.* to go 4
 aller à la pêche to go fishing 5
 aller aux urgences to go to the emergency room 10
 aller avec to go with 6
 aller-retour *adj.* round-trip 7
 billet aller-retour *m.* round-trip ticket 7
 Allons-y! Let's go! 2
 Ça va? What's up?; How are things? 1
 Comment allez-vous? *form.* How are you? 1
 Comment vas-tu? *fam.* How are you? 1
 Je m'en vais. I'm leaving. 8
 Je vais bien/mal. I am doing well/badly. 1
 J'y vais. I'm going/coming. 8
 Nous y allons. We're going/coming. 9
allergie *f.* allergy 10
Allez. Come on. 5
allô (*on the phone*) hello 1
allumer *v.* to turn on 11
alors *adv.* so, then; at that moment 2
améliorer *v.* to improve 13
amende *f.* fine 11
amener *v.* to bring (*someone*) 5

américain(e) *adj.* American 1
  football américain *m.*
  football 5
ami(e) *m., f.* friend 1
  petit(e) ami(e) *m., f.* boy-
  friend/girlfriend 1
amitié *f.* friendship 6
amour *m.* love 6
amoureux/amoureuse *adj.*
  in love 6
  tomber amoureux/
  amoureuse *v.* to fall in love 6
amusant(e) *adj.* fun 1
an *m.* year 2
ancien(ne) *adj.* ancient, old;
  former 15
ange *m.* angel 1
anglais(e) *adj.* English 1
angle *m.* corner 12
Angleterre *f.* England 7
animal *m.* animal 14
année *f.* year 2
  cette année this year 2
anniversaire *m.* birthday 5
  C'est quand l'anniversaire
  de ... ? When is ...'s
  birthday? 5
  C'est quand ton/votre
  anniversaire? When is your
  birthday? 5
annuler (une réservation) *v.*
  to cancel (a reservation) 7
anorak *m.* ski jacket, parka 6
antipathique *adj.* unpleasant 3
août *m.* August 5
apercevoir *v.* to see, to catch
  sight of 12
aperçu (apercevoir) *p.p.* seen,
  caught sight of 12
appareil *m.* (on the phone)
  telephone 13
  appareil (électrique/
  ménager) *m.* (electrical/
  household) appliance 8
  appareil photo (numérique)
  m. (digital) camera 11
  C'est M./Mme/Mlle ... à
  l'appareil. It's Mr./Mrs./
  Miss ... on the phone. 13
  Qui est à l'appareil? Who's
  calling, please? 13
appartement *m.* apartment 7
appeler *v.* to call 13
applaudir *v.* to applaud 15
applaudissement *m.*
  applause 15
apporter *v.* to bring, to carry
  (*something*) 4
apprendre (à) *v.* to teach; to
  learn (*to do something*) 4
appris (apprendre) *p.p., adj.*
  learned 6
après (que) *adv.* after 2

après-demain *adv.* day after
  tomorrow 2
après-midi *m.* afternoon 2
  cet après-midi this afternoon 2
  de l'après-midi in the afternoon 2
  demain après-midi *adv.*
  tomorrow afternoon 2
  hier après-midi *adv.* yesterday
  afternoon 7
arbre *m.* tree 14
architecte *m., f.* architect 3
architecture *f.* architecture 2
argent *m.* money 12
  dépenser de l'argent *v.* to
  spend money 4
  déposer de l'argent *v.* to
  deposit money 12
  retirer de l'argent *v.* to withdraw money 12
armoire *f.* armoire, wardrobe 8
arrêt d'autobus (de bus)
  m. bus stop 7
arrêter (de faire quelque
  chose) *v.* to stop (doing
  something) 11
arrivée *f.* arrival 7
arriver (à) *v.* to arrive; to manage
  (*to do something*) 2
art *m.* art 2
  beaux-arts *m., pl.* fine arts 15
artiste *m., f.* artist 3
ascenseur *m.* elevator 7
aspirateur *m.* vacuum cleaner 8
  passer l'aspirateur to
  vacuum 8
aspirine *f.* aspirin 10
Asseyez-vous! (s'asseoir) *imp.*
  v. Have a seat! 10
assez *adv.* (*before adjective or*
  adverb) pretty; quite 7
  assez (de) (*before noun*)
  enough (of) 4
  pas assez (de) not enough
  (of) 4
assiette *f.* plate 9
assis (s'asseoir) *p.p., adj.* (*used*
  as past participle) sat down;
  (*used as adjective*) sitting,
  seated 10
assister *v.* to attend 2
assurance (maladie/vie) *f.*
  (health/life) insurance 13
athlète *m., f.* athlete 3
attacher *v.* to attach 11
  attacher sa ceinture de
  sécurité to buckle one's
  seatbelt 11
attendre *v.* to wait 6
attention *f.* attention 5
  faire attention (à) *v.* to pay
  attention (to) 5

au (à + le) *prep.* to/at the 4
auberge de jeunesse *f.* youth
  hostel 7
aucun(e) *adj.* no; *pron.* none 10
  ne... aucun(e) none, not
  any 12
augmentation (de salaire) *f.*
  raise (in salary) 13
aujourd'hui *adv.* today 2
auquel (à + lequel) *pron., m.,*
  sing. which one 13
aussi *adv.* too, as well; as 1
  Moi aussi. Me too. 1
  aussi ... que (*used with an*
  adjective) as ... as 9
autant de ... que *adv.* (*used*
  with noun to express quantity)
  as much/as many ... as 14
auteur/femme auteur *m., f.*
  author 15
autobus *m.* bus 7
  arrêt d'autobus (de bus) *m.*
  bus stop 7
  prendre un autobus to take
  a bus 7
automne *m.* fall 5
  à l'automne in the fall 5
autoroute *f.* highway 11
autour (de) *prep.* around 12
autrefois *adv.* in the past 7
aux (à + les) to/at the 4
auxquelles (à + lesquelles)
  pron., f., pl. which ones 13
auxquels (à + lesquels) *pron.,*
  m., pl. which ones 13
avance *f.* advance 2
  en avance *adv.* early 2
avant (de/que) *adv.* before 7
avant-hier *adv.* day before
  yesterday 7
avec *prep.* with 1
  Avec qui? With whom? 4
aventure *f.* adventure 15
  film d'aventures *m.*
  adventure film 15
avenue *f.* avenue 12
avion *m.* airplane 7
  prendre un avion *v.* to take
  a plane 7
avocat(e) *m., f.* lawyer 3
avoir *v.* to have 2
  aie *imp. v.* have 2
  avoir besoin (de) to need
  (*something*) 2
  avoir chaud to be hot 2
  avoir de la chance to be
  lucky 2
  avoir envie (de) to feel like
  (*doing something*) 2
  avoir faim to be hungry 4
  avoir froid to be cold 2
  avoir honte (de) to be
  ashamed (of) 2

avoir mal to have an ache 10
avoir mal au cœur to feel nauseated 10
avoir peur (de/que) to be afraid (of/that) 2
avoir raison to be right 2
avoir soif to be thirsty 4
avoir sommeil to be sleepy 2
avoir tort to be wrong 2
avoir un accident to have/to be in an accident 11
avoir un compte bancaire to have a bank account 12
en avoir marre to be fed up 3
avril *m.* April 5
ayez (avoir) *imp. v.* have 7
ayons (avoir) *imp. v.* let's have 7

B

bac(calauréat) *m.* an important exam taken by high-school students in France 2
baguette *f.* baguette 4
baignoire *f.* bathtub 8
bain *m.* bath 6
salle de bains *f.* bathroom 8
balai *m.* broom 8
balayer *v.* to sweep 8
balcon *m.* balcony 8
banane *f.* banana 9
banc *m.* bench 12
bancaire *adj.* banking 12
avoir un compte bancaire *v.* to have a bank account 12
bande dessinée (B.D.) *f.* comic strip 5
banlieue *f.* suburbs 4
banque *f.* bank 12
banquier/banquière *m., f.* banker 13
barbant *adj.*, **barbe** *f.* drag 3
baseball *m.* baseball 5
basket(-ball) *m.* basketball 5
baskets *f., pl.* tennis shoes 6
bateau *m.* boat 7
prendre un bateau *v.* to take a boat 7
bateau-mouche *m.* riverboat 7
bâtiment *m.* building 12
batterie *f.* drums 15
bavarder *v.* to chat 4
beau (belle) *adj.* handsome; beautiful 3
faire quelque chose de beau *v.* to be up to something interesting 12
Il fait beau. The weather is nice. 5
beaucoup (de) *adv.* a lot (of) 4
Merci (beaucoup). Thank you (very much). 1
beau-frère *m.* brother-in-law 3

beau-père *m.* father-in-law; stepfather 3
beaux-arts *m., pl.* fine arts 15
belge *adj.* Belgian 7
Belgique *f.* Belgium 7
belle *adj., f. (feminine form of* **beau)** beautiful 3
belle-mère *f.* mother-in-law; stepmother 3
belle-sœur *f.* sister-in-law 3
besoin *m.* need 2
avoir besoin (de) to need (*something*) 2
beurre *m.* butter 4
bibliothèque *f.* library 1
bien *adv.* well 7
bien sûr *adv.* of course 2
Je vais bien. I am doing well. 1
Très bien. Very well. 1
bientôt *adv.* soon 1
À bientôt. See you soon. 1
bienvenu(e) *adj.* welcome 1
bière *f.* beer 6
bijouterie *f.* jewelry store 12
billet *m. (travel)* ticket 7; *(money)* bills, notes 12
billet aller-retour *m.* round-trip ticket 7
biologie *f.* biology 2
biscuit *m.* cookie 6
blague *f.* joke 2
blanc(he) *adj.* white 6
blessure *f.* injury, wound 10
bleu(e) *adj.* blue 3
blond(e) *adj.* blonde 3
blouson *m.* jacket 6
bœuf *m.* beef 9
boire *v.* to drink 4
bois *m.* wood 14
boisson (gazeuse) *f.* (carbonated) drink/beverage 4
boîte *f.* box; can 9
boîte aux lettres *f.* mailbox 12
boîte de conserve *f.* can (of food) 9
boîte de nuit *f.* nightclub 4
bol *m.* bowl 9
bon(ne) *adj.* kind; good 3
bon marché *adj.* inexpensive 6
Il fait bon. The weather is good/warm. 5
bonbon *m.* candy 6
bonheur *m.* happiness 6
Bonjour. Good morning.; Hello. 1
Bonsoir. Good evening.; Hello. 1
bouche *f.* mouth 10
boucherie *f.* butcher's shop 9
boulangerie *f.* bread shop, bakery 9
boulevard *m.* boulevard 12
suivre un boulevard *v.* to follow a boulevard 12
bourse *f.* scholarship, grant 2

bout *m.* end 12
au bout (de) *prep.* at the end (of) 12
bouteille (de) *f.* bottle (of) 4
boutique *f.* boutique, store 12
brancher *v.* to plug in 11
bras *m.* arm 10
brasserie *f.* café; restaurant 12
Brésil *m.* Brazil 7
brésilien(ne) *adj.* Brazilian 7
bricoler *v.* to tinker; to do odd jobs 5
brillant(e) *adj.* bright 1
bronzer *v.* to tan 6
brosse (à cheveux/à dents) *f.* (hair/tooth)brush 10
brun(e) *adj.* (*hair*) dark 3
bu (boire) *p.p.* drunk 6
bureau *m.* desk; office 1
bureau de poste *m.* post office 12
bus *m.* bus 7
arrêt d'autobus (de bus) *m.* bus stop 7
prendre un bus *v.* to take a bus 7

C

ça *pron.* that; this; it 1
Ça dépend. It depends. 4
Ça ne nous regarde pas. That has nothing to do with us.; That is none of our business. 14
Ça suffit. That's enough. 5
Ça te dit? Does that appeal to you? 14
Ça va? What's up?; How are things? 1
ça veut dire that is to say 10
Comme ci, comme ça. So-so. 1
cabine téléphonique *f.* phone booth 12
cadeau *m.* gift 6
paquet cadeau wrapped gift 6
cadet(te) *adj.* younger 3
cadre/femme cadre *m., f.* executive 13
café *m.* café; coffee 1
terrasse de café *f.* café terrace 4
cuillére à café *f.* teaspoon 9
cafetière *f.* coffeemaker 8
cahier *m.* notebook 1
calculatrice *f.* calculator 1
calme *adj.* calm 1; *m.* calm 1
camarade *m., f.* friend 1
camarade de chambre *m., f.* roommate 1
camarade de classe *m., f.* classmate 1
campagne *f.* country(side) 7

pain de campagne *m.* country-style bread 4

pâté (de campagne) *m.* pâté, meat spread 9

camping *m.* camping 5

faire du camping *v.* to go camping 5

Canada *m.* Canada 7

canadien(ne) *adj.* Canadian 1

canapé *m.* couch 8

candidat(e) *m., f.* candidate; applicant 13

cantine *f.* (school) cafeteria 9

capitale *f.* capital 7

capot *m.* hood 11

carafe (d'eau) *f.* pitcher (of water) 9

carotte *f.* carrot 9

carrefour *m.* intersection 12

carrière *f.* career 13

carte *f.* map 1; menu 9; card 12

payer avec une carte de crédit to pay with a credit card 12

carte postale *f.* postcard 12

cartes *f. pl.* (*playing*) cards 5

casquette *f.* (baseball) cap 6

catastrophe *f.* catastrophe 14

cave *f.* basement, cellar 8

CD *m.* CD(s) 11

ce *dem. adj., m., sing.* this; that 6

ce matin this morning 2

ce mois-ci this month 2

Ce n'est pas grave. It's no big deal. 6

ce soir this evening 2

ce sont... those are... 1

ce week-end this weekend 2

ceinture *f.* belt 6

attacher sa ceinture de sécurité *v.* to buckle one's seatbelt 11

célèbre *adj.* famous 15

célébrer *v.* to celebrate 5

célibataire *adj.* single 3

celle *pron., f., sing.* this one; that one; the one 14

celles *pron., f., pl.* these; those; the ones 14

celui *pron., m., sing.* this one; that one; the one 14

cent *m.* one hundred 3

cent mille *m.* one hundred thousand 5

cent un *m.* one hundred one 5

cinq cents *m.* five hundred 5

centième *adj.* hundredth 7

centrale nucléaire *f.* nuclear plant 14

centre commercial *m.* shopping center, mall 4

centre-ville *m.* city/town center,

downtown 4

certain(e) *adj.* certain 9

Il est certain que... It is certain that... 15

Il n'est pas certain que... It is uncertain that... 15

ces *dem. adj., m., f., pl.* these; those 6

c'est... it/that is... 1

C'est de la part de qui? On behalf of whom? 13

C'est le 1ᵉʳ (premier) octobre. It is October first. 5

C'est M./Mme/Mlle ... (à l'appareil). It's Mr./Mrs./Miss ... (on the phone). 13

C'est quand l'anniversaire de... ? When is ...'s birthday? 5

C'est quand ton/votre anniversaire? When is your birthday? 5

Qu'est-ce que c'est? What is it? 1

cet *dem. adj., m., sing.* this; that 6

cet après-midi this afternoon 2

cette *dem. adj., f., sing.* this; that 6

cette année this year 2

cette semaine this week 2

ceux *pron., m., pl.* these; those; the ones 14

chaîne (de télévision) *f.* (television) channel 11

chaîne stéréo *f.* stereo system 11

chaise *f.* chair 1

chambre *f.* bedroom 8

chambre (individuelle) *f.* (single) room 7

camarade de chambre *m., f.* roommate 1

champ *m.* field 14

champagne *m.* champagne 6

champignon *m.* mushroom 9

chance *f.* luck 2

avoir de la chance *v.* to be lucky 2

chanson *f.* song 15

chanter *v.* to sing 5

chanteur/chanteuse *m., f.* singer 1

chapeau *m.* hat 6

chaque *adj.* each 6

charcuterie *f.* delicatessen 9

charmant(e) *adj.* charming 1

chasse *f.* hunt 14

chasser *v.* to hunt 14

chat *m.* cat 3

châtain *adj.* (*hair*) brown 3

chaud *m.* heat 2

avoir chaud *v.* to be hot 2

Il fait chaud. (*weather*) It is

hot. 5

chauffeur de taxi/de camion *m.* taxi/truck driver 13

chaussette *f.* sock 6

chaussure *f.* shoe 6

chef d'entreprise *m.* head of a company 13

chef-d'œuvre *m.* masterpiece 15

chemin *m.* path; way 12

suivre un chemin *v.* to follow a path 12

chemise (à manches courtes/ longues) *f.* (short-/long-sleeved) shirt 6

chemisier *m.* blouse 6

chèque *m.* check 12

compte-chèques *m.* checking account 12

payer par chèque *v.* to pay by check 12

cher/chère *adj.* expensive 6

chercher *v.* to look for 2

chercher un/du travail to look for work 12

chercheur/chercheuse *m., f.* researcher 13

chéri(e) *adj.* dear, beloved, darling 2

cheval *m.* horse 5

faire du cheval *v.* to go horseback riding 5

cheveux *m., pl.* hair 9

brosse à cheveux *f.* hairbrush 10

cheveux blonds blond hair 3

cheveux châtains brown hair 3

se brosser les cheveux *v.* to brush one's hair 9

cheville *f.* ankle 10

se fouler la cheville *v.* to twist/sprain one's ankle 10

chez *prep.* at (*someone's*) house 3, at (*a place*) 3

passer chez quelqu'un *v.* to stop by someone's house 4

chic *adj.* chic 4

chien *m.* dog 3

chimie *f.* chemistry 2

Chine *f.* China 7

chinois(e) *adj.* Chinese 7

chocolat (chaud) *m.* (hot) chocolate 4

chœur *m.* choir, chorus 15

choisir *v.* to choose 4

chômage *m.* unemployment 13

être au chômage *v.* to be unemployed 13

chômeur/chômeuse *m., f.* unemployed person 13

chose *f.* thing 1

quelque chose *m.* something;

anything 4

chrysanthèmes *m., pl.* chrysanthemums 9

chut shh 15

-ci *(used with demonstrative adjective* **ce** *and noun or with demonstrative pronoun* **celui***)* here 6

  ce mois-ci this month 2

ciel *m.* sky 14

cinéma (ciné) *m.* movie theater, movies 4

cinq *m.* five 1

cinquante *m.* fifty 1

cinquième *adj.* fifth 7

circulation *f.* traffic 11

clair(e) *adj.* clear 15

  Il est clair que... It is clear that... 15

classe *f. (group of students)* class 1

  camarade de classe *m., f.* classmate 1

  salle de classe *f.* classroom 1

clavier *m.* keyboard 11

clé *f.* key 7

clé USB *f.* USB drive 11

client(e) *m., f.* client; guest 7

cœur *m.* heart 10

  avoir mal au cœur to feel nauseated 10

coffre *m.* trunk 11

coiffeur/coiffeuse *m., f.* hairdresser 3

coin *m.* corner 12

colis *m.* package 12

colocataire *m., f.* roommate *(in an apartment)* 1

Combien (de)... ? *adv.* How much/many... ? 1

  Combien coûte... ? How much is... ? 4

combiné *m.* receiver 13

comédie (musicale) *f.* comedy (musical) 15

commander *v.* to order 9

comme *adv.* how; like, as 2

  Comme ci, comme ça. So-so. 1

commencer (à) *v.* to begin *(to do something)* 2

comment *adv.* how 4

  Comment? *adv.* What? 4

  Comment allez-vous?, *form.* How are you? 1

  Comment t'appelles-tu? *fam.* What is your name? 1

  Comment vas-tu? *fam.* How are you? 1

  Comment vous appelez-vous? *form.* What is your name? 1

commerçant(e) *m., f.* shop-

keeper 9

commissariat de police *m.* police station 12

commode *f.* dresser, chest of drawers 8

compact disque *m.* compact disc 11

complet (complète) *adj.* full (no vacancies) 7

composer (un numéro) *v.* to dial (a number) 11

compositeur *m.* composer 15

comprendre *v.* to understand 4

compris (comprendre) *p.p., adj.* understood; included 6

comptable *m., f.* accountant 13

compte *m.* account *(at a bank)* 12

  avoir un compte bancaire *v.* to have a bank account 12

  compte de chèques *m.* checking account 12

  compte d'épargne *m.* savings account 12

  se rendre compte *v.* to realize 10

compter sur quelqu'un *v.* to count on someone 8

concert *m.* concert 15

condition *f.* condition 15

  à condition que on the condition that..., provided that... 15

conduire *v.* to drive 6

conduit (conduire) *p.p., adj.* driven 6

confiture *f.* jam 9

congé *m.* day off 7

  jour de congé *m.* day off 7

  prendre un congé *v.* to take time off 13

congélateur *m.* freezer 8

connaissance *f.* acquaintance 5

  faire la connaissance de *v.* to meet *(someone)* 5

connaître *v.* to know, to be familiar with 8

connecté(e) *adj.* connected 11

  être connecté(e) avec quelqu'un *v.* to be online with someone 7, 11

connu (connaître) *p.p., adj.* known; famous 8

conseil *m.* advice 13

conseiller/conseillère *m., f.* consultant; advisor 13

considérer *v.* to consider 5

constamment *adv.* constantly 7

construire *v.* to build, to construct 6

conte *m.* tale 15

content(e) *adj.* happy 13

  être content(e) que... *v.* to be happy that... 14

continuer (à) *v.* to continue (*doing something*) 12

contraire *adj.* contrary 15

  au contraire on the contrary 15

copain/copine *m., f.* friend 1

corbeille (à papier) *f.* wastebasket 1

corps *m.* body 10

costume *m.* (*man's*) suit 6

côte *f.* coast 14

coton *m.* cotton 12

cou *m.* neck 10

couche d'ozone *f.* ozone layer 14

  trou dans la couche d'ozone *m.* hole in the ozone layer 14

couleur *f.* color 6

  De quelle couleur... ? What color... ? 6

couloir *m.* hallway 8

couple *m.* couple 6

courage *m.* courage 13

courageux/courageuse *adj.* courageous, brave 3

couramment *adv.* fluently 7

courir *v.* to run 5

courrier *m.* mail 12

cours *m.* class, course 2

course *f.* errand 9

  faire les courses *v.* to go (grocery) shopping 9

court(e) *adj.* short 3

  chemise à manches courtes *f.* short-sleeved shirt 6

couru (courir) *p.p.* run 6

cousin(e) *m., f.* cousin 3

couteau *m.* knife 9

coûter *v.* to cost 4

  Combien coûte... ? How much is... ? 4

couvert (couvrir) *p.p.* covered 11

couverture *f.* blanket 8

couvrir *v.* to cover 11

covoiturage *m.* carpooling 14

cravate *f.* tie 6

crayon *m.* pencil 1

crème *f.* cream 9

  crème à raser *f.* shaving cream 10

crêpe *f.* crêpe 5

crevé(e) *adj.* deflated; blown up 11

  pneu crevé *m.* flat tire 11

critique *f.* review; criticism 15

croire (que) *v.* to believe (that) 12

  ne pas croire que... to not believe that... 15

croissant *m.* croissant 4

croissant(e) *adj.* growing 14

  population croissante *f.* growing population 14

cru (croire) *p.p.* believed 15

cruel/cruelle *adj.* cruel 3

cuillère (à soupe/à café) *f.* (soup/tea)spoon 9
cuir *m.* leather 12
cuisine *f.* cooking; kitchen 5
  faire la cuisine *v.* to cook 5
cuisiner *v.* to cook 9
cuisinier/cuisinière *m., f.* cook 13
cuisinière *f.* stove 8
curieux/curieuse *adj.* curious 3
curriculum vitæ (C.V.) *m.* résumé 13
cybercafé *m.* cybercafé 12

D

d'abord *adv.* first 7
d'accord *(tag question)* all right? 2; *(in statement)* okay 2
  être d'accord to be in agreement 2
d'autres *m., f.* others 4
d'habitude *adv.* usually 7
danger *m.* danger, threat 14
dangereux/dangereuse *adj.* dangerous 11
dans *prep.* in 3
danse *f.* dance 15
danser *v.* to dance 4
danseur/danseuse *m., f.* dancer 15
date *f.* date 5
  Quelle est la date? What is the date? 5
de/d' *prep.* of 3; from 1
  de l'après-midi in the afternoon 2
  de laquelle *pron., f., sing.* which one 13
  De quelle couleur... ? What color... ? 6
  De rien. You're welcome. 1
  de taille moyenne of medium height 3
  de temps en temps *adv.* from time to time 7
débarrasser la table *v.* to clear the table 8
déboisement *m.* deforestation 14
début *m.* beginning; debut 15
décembre *m.* December 5
déchets toxiques *m., pl.* toxic waste 14
décider (de) *v.* to decide (*to do something*) 11
découvert (découvrir) *p.p.* discovered 11
découvrir *v.* to discover 11
décrire *v.* to describe 7
décrocher *v.* to pick up 13
décrit (décrire) *p.p., adj.* described 7
degrés *m., pl.* (*temperature*)

degrees 5
  Il fait ... degrés. (*to describe weather*) It is ... degrees. 5
déjà *adv.* already 5

déjeuner *m.* lunch 9; *v.* to eat lunch 4
de l' *part. art., m., f., sing.* some 4
de la *part. art., f., sing.* some 4
délicieux/délicieuse delicious 8
demain *adv.* tomorrow 2
  À demain. See you tomorrow. 1
  après-demain *adv.* day after tomorrow 2
  demain matin/après-midi/ soir *adv.* tomorrow morning/ afternoon/evening 2
demander (à) *v.* to ask (*someone*), to make a request (*of someone*) 6
  demander que... *v.* to ask that... 14
démarrer *v.* to start up 11
déménager *v.* to move out 8
demie half 2
  et demie half past ... (o'clock) 2
demi-frère *m.* half-brother, stepbrother 3
demi-sœur *f.* half-sister, stepsister 3
démissionner *v.* to resign 13
dent *f.* tooth 9
  brosse à dents *f.* toothbrush 10
  se brosser les dents *v.* to brush one's teeth 9
dentifrice *m.* toothpaste 10
dentiste *m., f.* dentist 3
départ *m.* departure 7
dépasser *v.* to go over; to pass 11
dépense *f.* expenditure, expense 12
dépenser *v.* to spend 4
  dépenser de l'argent *v.* to spend money 4
déposer de l'argent *v.* to deposit money 12
déprimé(e) *adj.* depressed 10
depuis *adv.* since; for 9
dernier/dernière *adj.* last 2
dernièrement *adv.* lastly, finally 7
derrière *prep.* behind 3
des *part. art., m., f., pl.* some 4
des (de + les) *m., f., pl.* of the 3
dès que *adv.* as soon as 13
désagréable *adj.* unpleasant 1
descendre (de) *v.* to go downstairs; to get off; to take down 6
désert *m.* desert 14
désirer (que) *v.* to want (that) 5

désolé(e) *adj.* sorry 6
  être désolé(e) que... to be sorry that... 14
desquelles (de + lesquelles) *pron., f., pl.* which ones 13
desquels (de + lesquels) *pron., m., pl.* which ones 13
dessert *m.* dessert 6
dessin animé *m.* cartoon 15
dessiner *v.* to draw 2
détester *v.* to hate 2
  Je déteste... I hate... 2
détruire *v.* to destroy 6
détruit (détruire) *p.p., adj.* destroyed 6
deux *m.* two 1
deuxième *adj.* second 7
devant *prep.* in front of 3
développer *v.* to develop 14
devenir *v.* to become 9
devoir *m.* homework 2; *v.* to have to, must 9
dictionnaire *m.* dictionary 1
différemment *adv.* differently 7
différence *f.* difference 1
différent(e) *adj.* different 1
difficile *adj.* difficult 1
dimanche *m.* Sunday 2
dîner *m.* dinner 9; *v.* to have dinner 2
diplôme *m.* diploma, degree 2
dire *v.* to say 7
  Ça te dit? Does that appeal to you? 14
  ça veut dire that is to say 10
  veut dire *v.* means, signifies 9
diriger *v.* to manage 13
discret/discrète *adj.* discreet; unassuming 3
discuter *v.* discuss 6
disque *m.* disk 11
  compact disque *m.* compact disc 11
  disque dur *m.* hard drive 11
dissertation *f.* essay 11
distributeur automatique/de billets *m.* ATM 12
dit (dire) *p.p., adj.* said 7
divorce *m.* divorce 6
divorcé(e) *adj.* divorced 3
divorcer *v.* to divorce 3
dix *m.* ten 1
dix-huit *m.* eighteen 1
dixième *adj.* tenth 7
dix-neuf *m.* nineteen 1
dix-sept *m.* seventeen 1
documentaire *m.* documentary 15
doigt *m.* finger 10
doigt de pied *m.* toe 10
domaine *m.* field 13
dommage *m.* harm 14
  Il est dommage que... It's a

shame that... 14
donc *conj.* therefore 7
donner (à) *v.* to give (*to someone*) 2

dont *rel. pron.* of which; of whom; that 13
dormir *v.* to sleep 5
dos *m.* back 10
   sac à dos *m.* backpack 1
douane *f.* customs 7
douche *f.* shower 8
   prendre une douche *v.* to take a shower 10
doué(e) *adj.* talented, gifted 15
douleur *f.* pain 10
douter (que) *v.* to doubt (that) 15
douteux/douteuse *adj.* doubtful 15
   Il est douteux que... It is doubtful that... 15
doux/douce *adj.* sweet; soft 3
douze *m.* twelve 1
dramaturge *m.* playwright 15
drame (psychologique) *m.* (psychological) drama 15
draps *m., pl.* sheets 8
droit *m.* law 2
droite *f.* the right (side) 3
   à droite de *prep.* to the right of 3
drôle *adj.* funny 3
du *part. art., m., sing.* some 4
du (de + le) *m., sing.* of the 3
dû (devoir) *p.p., adj.* (*used with infinitive*) had to; (*used with noun*) due, owed 9
duquel (de + lequel) *pron., m., sing.* which one 13

E

eau (minérale) *f.* (mineral) water 4
   carafe d'eau *f.* pitcher of water 9
écharpe *f.* scarf 6
échecs *m., pl.* chess 5
échouer *v.* to fail 2
éclair *m.* éclair 4
école *f.* school 2
écologie *f.* ecology 14
écologique *adj.* ecological 14
économie *f.* economics 2
écotourisme *m.* ecotourism 14
écouter *v.* to listen (to) 2
écouteurs *m.* headphones 11
écran *m.* screen 11
écrire *v.* to write 7
écrivain/écrivaine *m., f.* writer 15
écrit (écrire) *p.p., adj.* written 7
écureuil *m.* squirrel 14

éducation physique *f.* physical education 2
effacer *v.* to erase 11
effet de serre *m.* greenhouse effect 14
égaler *v.* to equal 3
église *f.* church 4
égoïste *adj.* selfish 1
Eh! *interj.* Hey! 2
électrique *adj.* electric 8
   appareil électrique/ménager *m.* electrical/household appliance 8
électricien/électricienne *m., f.* electrician 13
élégant(e) *adj.* elegant 1
élevé *adj.* high 13
élève *m., f.* pupil, student 1
elle *pron., f.* she; it 1; her 3
   elle est... she/it is... 1
elles *pron., f.* they 1; them 3
   elles sont... they are... 1
e-mail *m.* e-mail 11
emballage (en plastique) *m.* (plastic) wrapping/packaging 14
embaucher *v.* to hire 13
embrayage *m.* (*automobile*) clutch 11
émission (de télévision) *f.* (television) program 15
emménager *v.* to move in 8
emmener *v.* to take (*someone*) 5
emploi *m.* job 13
   emploi à mi-temps/à temps partiel *m.* part-time job 13
   emploi à plein temps *m.* full-time job 13
employé(e) *m., f.* employee 25
employer *v.* to use, to employ 5
emprunter *v.* to borrow 12
en *prep.* in 3
   en automne in the fall 5
   en avance early 2
   en avoir marre to be fed up 6
   en effet indeed; in fact 14
   en été in the summer 5
   en face (de) *prep.* facing, across (from) 3
   en fait in fact 7
   en général *adv.* in general 7
   en hiver in the winter 5
   en plein air in fresh air 14
   en retard late 2
   en tout cas in any case 6
   en vacances on vacation 7
   être en ligne to be online 11
en *pron.* some of it/them; about it/them; of it/them; from it/them 10
   Je vous en prie. *form.* Please.; You're welcome. 1
   Qu'en penses-tu? What do you think about that? 14

enceinte *adj.* pregnant 10
Enchanté(e). Delighted. 1
encore *adv.* again; still 3
endroit *m.* place 4

énergie (nucléaire/solaire) *f.* (nuclear/solar) energy 14
enfance *f.* childhood 6
enfant *m., f.* child 3
enfin *adv.* finally, at last 7
enfler *v.* to swell 10
enlever la poussière *v.* to dust 8
ennuyeux/ennuyeuse *adj.* boring 3
énorme *adj.* enormous, huge 2
enregistrer *v.* to record 11
enregistreur DVR *m.* DVR 11
enseigner *v.* to teach 2
ensemble *adv.* together 6
ensuite *adv.* then, next 7
entendre *v.* to hear 6
entracte *m.* intermission 15
entre *prep.* between 3
entrée *f.* appetizer, starter 9
entreprise *f.* firm, business 13
entrer *v.* to enter 7
entretien: passer un entretien *to have an interview* 13
enveloppe *f.* envelope 12
envie *f.* desire, envy 2
   avoir envie (de) to feel like (*doing something*) 2
environnement *m.* environment 14
envoyer (à) *v.* to send (*to someone*) 5
épargne *f.* savings 12
   compte d'épargne *m.* savings account 12
épicerie *f.* grocery store 4
épouser *v.* to marry 3
épouvantable *adj.* dreadful 5
   Il fait un temps épouvantable. The weather is dreadful. 5
époux/épouse *m., f.* husband/wife 3
équipe *f.* team 5
escalier *m.* staircase 8
escargot *m.* escargot, snail 9
espace *m.* space 14
Espagne *f.* Spain 7
espagnol(e) *adj.* Spanish 1
espèce (menacée) *f.* (endangered) species 14
espérer *v.* to hope 5
essayer *v.* to try 5
essence *f.* gas 11
   réservoir d'essence *m.* gas tank 11
   voyant d'essence *m.* gas warning light 11

essentiel(le) *adj.* essential 14
  Il est essentiel que... It is
  essential that... 14
essuie-glace *m.* **(essuie-glaces**
  pl.) windshield wiper(s) 11
essuyer (la vaiselle/la
  table) *v.* to wipe (the dishes/
  the table) 8
est *m.* east 12
Est-ce que... ? *(used in forming*
  questions) 2
et *conj.* and 1
  Et toi? *fam.* And you? 1
  Et vous? *form.* And you? 1
étage *m.* floor 7
étagère *f.* shelf 8
étape *f.* stage 6
état civil *m.* marital status 6
États-Unis *m., pl.* United States 7
été *m.* summer 5
  en été in the summer 5
été (être) *p.p.* been 6
éteindre *v.* to turn off 11
éternuer *v.* to sneeze 10
étoile *f.* star 14
étranger/étrangère *adj.*
  foreign 2
  langues étrangères *f., pl.*
  foreign languages 2
étranger *m.* *(places that are)*
  abroad, overseas 7
  à l'étranger abroad, overseas 7
étrangler *v.* to strangle 13
être *v.* to be 1
  être bien/mal payé(e) to be
  well/badly paid 13
  être connecté(e) avec
  quelqu'un to be online with
  someone 7, 11
  être en ligne avec to be
  online with 11
  être en pleine forme to be
  in good shape 10
études (supérieures) *f., pl.*
  studies; (higher) education 2
étudiant(e) *m., f.* student 1
étudier *v.* to study 2
eu (avoir) *p.p.* had 6
eux *disj. pron., m., pl.* they, them 3
évidemment *adv.* obviously,
  evidently; of course 7
évident(e) *adj.* evident,
  obvious 15
  Il est évident que... It is
  evident that... 15
évier *m.* sink 8
éviter (de) *v.* to avoid *(doing*
  something) 10
exactement *adv.* exactly 9
examen *m.* exam; test 1
  être reçu(e) à un examen *v.*
  to pass an exam 2

passer un examen *v.* to take
  an exam 2
Excuse-moi. *fam.* Excuse me. 1
Excusez-moi. *form.* Excuse me. 1
exercice *m.* exercise 10
  faire de l'exercice *v.* to
  exercise 10
exigeant(e) *adj.* demanding 13
  profession (exigeante) *f.* a
  (demanding) profession 13
exiger (que) *v.* to demand
  (that) 14
expérience (professionnelle)
  f. (professional) experience 13
expliquer *v.* to explain 2
explorer *v.* to explore 4
exposition *f.* exhibit 15
extinction *f.* extinction 14

F

facile *adj.* easy 2
facilement *adv.* easily 7
facteur *m.* mailman 12
faculté *f.* university; faculty 1
faible *adj.* weak 3
faim *f.* hunger 4
  avoir faim *v.* to be hungry 4
faire *v.* to do; to make 5
  faire attention (à) *v.* to pay
  attention (to) 5
  faire quelque chose de
  beau *v.* to be up to something
  interesting 12
  faire de l'aérobic *v.* to do
  aerobics 5
  faire de la gym *v.* to work
  out 5
  faire de la musique *v.*
  to play music 13
  faire de la peinture *v.*
  to paint 15
  faire de la planche à voile *v.*
  to go windsurfing 5
  faire de l'exercice *v.* to
  exercise 10
  faire des projets *v.* to make
  plans 13
  faire du camping *v.* to go
  camping 5
  faire du cheval *v.* to go
  horseback riding 5
  faire du jogging *v.* to go
  jogging 5
  faire du shopping *v.* to go
  shopping 7
  faire du ski *v.* to go skiing 5
  faire du sport *v.* to do sports 5
  faire du vélo *v.* to go bike
  riding 5
  faire la connaissance de
  v. to meet *(someone)* 5

faire la cuisine *v.* to cook 5
faire la fête *v.* to party 6
faire la lessive *v.* to do the
  laundry 8
faire la poussière *v.* to dust 8
faire la queue *v.* to wait in
  line 12
faire la vaisselle *v.* to do the
  dishes 8
faire le lit *v.* to make the bed 8
faire le ménage *v.* to do the
  housework 8
faire le plein *v.* to fill the
  tank 11
faire les courses *v.* to run
  errands 9
faire les musées *v.* to go to
  museums 15
faire les valises *v.* to pack
  one's bags 7
faire mal *v.* to hurt 10
faire plaisir à quelqu'un *v.*
  to please someone 13
faire sa toilette *v.* to wash
  up 10
faire une piqûre *v.* to give a
  shot 10
faire une promenade *v.* to
  go for a walk 5
faire une randonnée *v.* to go
  for a hike 5
faire un séjour *v.* to spend
  time *(somewhere)* 7
faire un tour (en voiture) *v.*
  to go for a walk (drive) 5
faire visiter *v.* to give a tour 8
fait (faire) *p.p., adj.* done; made 6
falaise *f.* cliff 14
faut (falloir) *v.* *(used with*
  infinitive) is necessary to... 5
  Il a fallu... It was necessary
  to... 6
  Il fallait... One had to... 8
  Il faut que... One must.../It
  is necessary that... 14
fallu (falloir) *p.p.* *(used with*
  infinitive) had to... 6
  Il a fallu... It was necessary
  to... 6
famille *f.* family 3
fatigué(e) *adj.* tired 3
fauteuil *m.* armchair 8
favori/favorite *adj.* favorite 3
félicitations congratulations 15
femme *f.* woman; wife 1
  femme d'affaires businesswoman 3
  femme au foyer housewife 13
  femme auteur author 15
  femme cadre executive 13
  femme peintre painter 15
  femme politique politician 13

femme pompier firefighter 13
fenêtre *f.* window 1
fer à repasser *m.* iron 8
férié(e) *adj.* holiday 6
  jour férié *m.* holiday 6
fermé(e) *adj.* closed 12
fermer *v.* to close; to shut off 11
festival (festivals *pl.***)** *m.*
  festival 15
fête *f.* party 6; celebration 6
  faire la fête *v.* to party 6
fêter *v.* to celebrate 6
feu de signalisation *m.* traffic
  light 12
feuille de papier *f.* sheet of
  paper 1
feuilleton *m.* soap opera 15
février *m.* February 5
fiancé(e) *adj.* engaged 3
fiancé(e) *m., f.* fiancé 6
fichier *m.* file 11
fier/fière *adj.* proud 3
fièvre *f.* fever 10
  avoir de la fièvre *v.* to have a
  fever 10
fille *f.* girl; daughter 1
film (d'aventures, d'horreur, de
  science-fiction, policier) *m.*
  (adventure, horror, science-
  fiction, crime) film 15
fils *m.* son 3
fin *f.* end 15
finalement *adv.* finally 7
fini (finir) *p.p., adj.* finished,
  done, over 4
finir (de) *v.* to finish (*doing*
  something) 4
fleur *f.* flower 8
fleuve *m.* river 14
fois *f.* time 8
  une fois *adv.* once 7
  deux fois *adv.* twice 7
fonctionner *v.* to work, to
  function 11
fontaine *f.* fountain 12
foot(ball) *m.* soccer 5
  football américain *m.*
  football 5
forêt (tropicale) *f.* (tropical)
  forest 14
formation *f.* education; training 13
forme *f.* shape; form 10
  être en pleine forme *v.* to be
  in good shape 10
formidable *adj.* great 7
formulaire *m.* form 12
  remplir un formulaire to fill
  out a form 12
fort(e) *adj.* strong 3
fou/folle *adj.* crazy 3
four (à micro-ondes) *m.*
  (microwave) oven 8

fourchette *f.* fork 9
frais/fraîche *adj.* fresh; cool 5

  Il fait frais. (*weather*) It is
  cool. 5
fraise *f.* strawberry 9
français(e) *adj.* French 1
France *f.* France 7
franchement *adv.* frankly,
  honestly 7
freiner *v.* to brake 11
freins *m., pl.* brakes 11
fréquenter *v.* to frequent; to visit 4
frère *m.* brother 3
  beau-frère *m.* brother-in-law 3
  demi-frère *m.* half-brother,
  stepbrother 3
frigo *m.* refrigerator 8
frisé(e) *adj.* curly 3
frites *f., pl.* French fries 4
froid *m.* cold 2
  avoir froid to be cold 2
  Il fait froid. (*weather*) It is
  cold. 5
fromage *m.* cheese 4
fruit *m.* fruit 9
fruits de mer *m., pl.* seafood 9
fumer *v.* to smoke 10
funérailles *f., pl.* funeral 9
furieux/furieuse *adj.* furious 14
  être furieux/furieuse que...
  v. to be furious that... 14

G

gagner *v.* to win 5; to earn 13
gant *m.* glove 6
garage *m.* garage 8
garanti(e) *adj.* guaranteed 5
garçon *m.* boy 1
garder la ligne *v.* to stay slim 10
gare (routière) *f.* train station
  (bus station) 7
gaspillage *m.* waste 14
gaspiller *v.* to waste 14
gâteau *m.* cake 6
gauche *f.* the left (side) 3
  à gauche (de) *prep.* to the
  left (of) 3
gazeux/gazeuse *adj.* carbonated,
  fizzy 4
  boisson gazeuse *f.* carbonated
  drink/beverage 4
généreux/généreuse *adj.*
  generous 3
génial(e) *adj.* great 3
genou *m.* knee 10
genre *m.* genre 15
gens *m., pl.* people 7
gentil/gentille *adj.* nice 3
gentiment *adv.* nicely 7
géographie *f.* geography 2

gérant(e) *m., f.* manager 13
gestion *f.* business
  administration 2
glace *f.* ice cream 6
glaçon *m.* ice cube 6
glissement de terrain *m.*
  landslide 14
golf *m.* golf 5
gorge *f.* throat 10
goûter *m.* afternoon snack 9;
  v. to taste 9
gouvernement *m.* government 14
grand(e) *adj.* big 3
  grand magasin *m.* department
  store 4
grandir *v.* to grow 4
grand-mère *f.* grandmother 3
grand-père *m.* grandfather 3
grands-parents *m., pl.*
  grandparents 3
gratin *m.* gratin 9
gratuit(e) *adj.* free 15
grave *adj.* serious 10
  Ce n'est pas grave. It's
  okay.; No problem. 6
graver *v.* to record, to burn (CD,
  DVD) 11
grille-pain *m.* toaster 8
grippe *f.* flu 10
gris(e) *adj.* gray 6
gros(se) *adj.* fat 3
grossir *v.* to gain weight 4
guérir *v.* to get better 10
guitare *f.* guitar 15
gym *f.* exercise 5
  faire de la gym *v.* to work out 5
gymnase *m.* gym 4

H

habitat *m.* habitat 14
  sauvetage des habitats *m.*
  habitat preservation 14
habiter (à) *v.* to live (in/at) 2
haricots verts *m., pl.* green
  beans 9
Hein? *interj.* Huh?; Right? 3
herbe *f.* grass 14
hésiter (à) *v.* to hesitate (*to do*
  something) 11
heure(s) *f.* hour, o'clock; time 2
  à ... heure(s) at ... (o'clock) 4
  À quelle heure? What time?;
  When? 2
  À tout à l'heure. See you
  later. 1
  Quelle heure avez-vous?
  form. What time do you have? 2
  Quelle heure est-il? What
  time is it? 2
heureusement *adv.* fortunately 7
heureux/heureuse *adj.* happy 3

être heureux/heureuse que... to be happy that... 14

hier (matin/après-midi/soir) *adv.* yesterday (morning/afternoon/evening) 7
   avant-hier *adv.* day before yesterday 7
histoire *f.* history; story 2
hiver *m.* winter 5
   en hiver in the winter 5
homme *m.* man 1
   homme d'affaires *m.* businessman 3
   homme politique *m.* politician 13
honnête *adj.* honest 15
honte *f.* shame 2
   avoir honte (de) *v.* to be ashamed (of) 2
hôpital *m.* hospital 4
horloge *f.* clock 1
hors-d'œuvre *m.* hors d'œuvre, appetizer 9
hôte/hôtesse *m., f.* host 6
hôtel *m.* hotel 7
hôtelier/hôtelière *m., f.* hotel keeper 7
huile *f.* oil 9
   huile *f.* (automobile) oil 11
   huile d'olive *f.* olive oil 9
   vérifier l'huile to check the oil 11
   voyant d'huile *m.* oil warning light 11
huit *m.* eight 1
huitième *adj.* eighth 7
humeur *f.* mood 8
   être de bonne/mauvaise humeur *v.* to be in a good/bad mood 8

I

ici *adv.* here 1
idée *f.* idea 3
il *sub. pron.* he; it 1
   il est... he/it is... 1
   Il n'y a pas de quoi. It's nothing.; You're welcome. 1
   Il vaut mieux que... It is better that... 14
Il faut (falloir) *v. (used with infinitive)* It is necessary to... 6
   Il a fallu... It was necessary to... 6
   Il fallait... One had to... 8
   Il faut (que)... One must.../ It is necessary that... 14
il y a there is/are 1
   il y a eu there was/were 6
   il y avait there was/were 8

Qu'est-ce qu'il y a? What is it?; What's wrong? 1
   Y a-t-il... ? Is/Are there... ? 2
il y a... *(used with an expression of time)* ... ago 9
île *f.* island 14
ils *sub. pron., m., pl.* they 1
   ils sont... they are... 1
immeuble *m.* building 8
impatient(e) *adj.* impatient 1
imperméable *m.* rain jacket 5
important(e) *adj.* important 1
   Il est important que... It is important that... 14
impossible *adj.* impossible 15
   Il est impossible que... It is impossible that... 15
imprimante *f.* printer 11
imprimer *v.* to print 11
incendie *m.* fire 14
   prévenir l'incendie to prevent a fire 14
incroyable *adj.* incredible 11
indépendamment *adv.* independently 7
indépendant(e) *adj.* independent 1
indications *f.* directions 12
indiquer *v.* to indicate 5
indispensable *adj.* essential, indispensable 14
   Il est indispensable que... It is essential that... 14
individuel(le) *adj.* single, individual 7
   chambre individuelle *f.* single (hotel) room 7
infirmier/infirmière *m., f.* nurse 10
informations (infos) *f., pl.* news 15
informatique *f.* computer science 2
ingénieur *m.* engineer 3
inquiet/inquiète *adj.* worried 3
instrument *m.* instrument 1
intellectuel(le) *adj.* intellectual 3
intelligent(e) *adj.* intelligent 1
interdire *v.* to forbid, to prohibit 14
intéressant(e) *adj.* interesting 1
inutile *adj.* useless 2
invité(e) *m., f.* guest 6
inviter *v.* to invite 4
irlandais(e) *adj.* Irish 7
Irlande *f.* Ireland 7
Italie *f.* Italy 7
italien(ne) *adj.* Italian 1

J

jaloux/jalouse *adj.* jealous 3

jamais *adv.* never 5
   ne... jamais never, not ever 12
jambe *f.* leg 10
jambon *m.* ham 4
janvier *m.* January 5
Japon *m.* Japan 7
japonais(e) *adj.* Japanese 1
jardin *m.* garden; yard 8
jaune *adj.* yellow 6
je/j' *sub. pron.* I 1
   Je vous en prie. *form.* Please.; You're welcome. 1
jean *m., sing.* jeans 6
jeter *v.* to throw away 14
jeu *m.* game 5
   jeu télévisé *m.* game show 15
   jeu vidéo (des jeux vidéo) *m.* video game(s) 11
jeudi *m.* Thursday 2
jeune *adj.* young 3
   jeunes mariés *m., pl.* newlyweds 6
jeunesse *f.* youth 6
   auberge de jeunesse *f.* youth hostel 7
jogging *m.* jogging 5
   faire du jogging *v.* to go jogging 5
joli(e) *adj.* handsome; beautiful 3
joue *f.* cheek 10
jouer (à/de) *v.* to play (a sport/a musical instrument) 5
   jouer un rôle *v.* to play a role 15
joueur/joueuse *m., f.* player 5
jour *m.* day 2
   jour de congé *m.* day off 7
   jour férié *m.* holiday 6
   Quel jour sommes-nous? *What day is it?* 2
journal *m.* newspaper; journal 7
journaliste *m., f.* journalist 3
journée *f.* day 2
juillet *m.* July 5
juin *m.* June 5
jungle *f.* jungle 14
jupe *f.* skirt 6
jus (d'orange/de pomme) *m.* (orange/apple) juice 4
jusqu'à (ce que) *prep.* until 12
juste *adv.* just; right 3
   juste à côté right next door 3

K

kilo(gramme) *m.* kilo(gram) 9
kiosque *m.* kiosk 4

L

l' *def. art., m., f. sing.* the 1; *d.o. pron., m., f.* him; her; it 7

la *def. art., f. sing.* the 1; *d.o. pron., f.* her; it 7

là(-bas) (over) there 1

-là *(used with demonstrative adjective* **ce** *and noun or with demonstrative pronoun* **celui***)* there 6

lac *m.* lake 14

laid(e) *adj.* ugly 3

laine *f.* wool 12

laisser *v.* to let, to allow 11

  laisser tranquille *v.* to leave alone 10

  laisser un message *v.* to leave a message 13

  laisser un pourboire *v.* to leave a tip 4

lait *m.* milk 4

laitue *f.* lettuce 9

lampe *f.* lamp 8

langues (étrangères) *f., pl.* (foreign) languages 2

lapin *m.* rabbit 14

laquelle *pron., f., sing.* which one 13

  à laquelle *pron., f., sing.* which one 13

  de laquelle *pron., f., sing.* which one 13

large *adj.* loose; big 6

lavabo *m.* bathroom sink 8

lave-linge *m.* washing machine 8

laver *v.* to wash 8

laverie *f.* laundromat 12

lave-vaisselle *m.* dishwasher 8

le *def. art., m. sing.* the 1; *d.o. pron.* him; it 7

lecteur MP3/de CD/ DVD *m.* MP3/CD/DVD player 11

légume *m.* vegetable 9

lent(e) *adj.* slow 3

lequel *pron., m., sing.* which one 13

  auquel (à + lequel) *pron., m., sing.* which one 13

  duquel (de + lequel) *pron., m., sing.* which one 13

les *def. art., m., f., pl.* the 1; *d.o. pron., m., f., pl.* them 7

lesquelles *pron., f., pl.* which ones 13

  auxquelles (à + lesquelles) *pron., f., pl.* which ones 13

  desquelles (de + lesquelles) *pron., f., pl.* which ones 13

lesquels *pron., m., pl.* which ones 13

  auxquels (à + lesquels) *pron., m., pl.* which ones 13

desquels (de + lesquels) *pron., m., pl.* which ones 13

lessive *f.* laundry 8

  faire la lessive *v.* to do the laundry 8

lettre *f.* letter 12

  boîte aux lettres *f.* mailbox 12

  lettre de motivation *f.* letter of application 13

  lettre de recommandation *f.* letter of recommendation, reference letter 13

lettres *f., pl.* humanities 2

leur *i.o. pron., m., f., pl.* them 6

leur(s) *poss. adj., m., f.* their 3

  le leur *poss. pron.* their 15

  la leur *poss. pron.* their 15

  les leurs *poss. pron.* theirs 15

librairie *f.* bookstore 1

libre *adj.* available 7

lien *m.* link 11

lieu *m.* place 4

ligne *f.* figure, shape 10

  garder la ligne *v.* to stay slim 10

limitation de vitesse *f.* speed limit 11

limonade *f.* lemon soda 4

linge *m.* laundry 8

  lave-linge *m.* washing machine 8

  sèche-linge *m.* clothes dryer 8

liquide *m.* cash *(money)* 12

  payer en liquide *v.* to pay in cash 12

lire *v.* to read 7

lit *m.* bed 7

  faire le lit *v.* to make the bed 8

littéraire *adj.* literary 15

littérature *f.* literature 1

livre *m.* book 1

logement *m.* housing 8

logiciel *m.* software, program 11

loi *f.* law 14

loin de *prep.* far from 3

loisir *m.* leisure activity 5

long(ue) *adj.* long 3

  chemise à manches longues *f.* long-sleeved shirt 6

longtemps *adv.* a long time 5

louer *v.* to rent 8

loyer *m.* rent 8

lu (lire) *p.p.* read 7

lui *pron., sing.* he 1; him 3; *i.o. pron. (attached to imperative)* to him/her 9

l'un(e) à l'autre to one another 11

l'un(e) l'autre one another 11

lundi *m.* Monday 2

Lune *f.* moon 14

lunettes (de soleil) *f., pl.* (sun)glasses 6

lycée *m.* high school 1

lycéen(ne) *m., f.* high school student 2

M

ma *poss. adj., f., sing.* my 3

Madame *f.* Ma'am; Mrs. 1

Mademoiselle *f.* Miss 1

magasin *m.* store 4

  grand magasin *m.* department store 4

magazine *m.* magazine 15

mai *m.* May 5

maigrir *v.* to lose weight 4

maillot de bain *m.* swimsuit, bathing suit 6

main *f.* hand 5

  sac à main *m.* purse, handbag 6

maintenant *adv.* now 5

maintenir *v.* to maintain 9

mairie *f.* town/city hall; mayor's office 12

mais *conj.* but 1

  mais non (but) of course not; no 2

maison *f.* house 4

  rentrer à la maison *v.* to return home 2

mal *adv.* badly 7

  Je vais mal. I am doing badly. 1

  le plus mal *super. adv.* the worst 9

  se porter mal *v.* to be doing badly 10

mal *m.* illness; ache, pain 10

  avoir mal *v.* to have an ache 10

  avoir mal au cœur *v.* to feel nauseated 10

  faire mal *v.* to hurt 10

malade *adj.* sick, ill 10

  tomber malade *v.* to get sick 10

maladie *f.* illness 13

  assurance maladie *f.* health insurance 13

malheureusement *adv.* unfortunately 2

malheureux/malheureuse *adj.* unhappy 3

manche *f.* sleeve 6

  chemise à manches courtes/ longues *f.* short-/long-sleeved shirt 6

manger *v.* to eat 2

  salle à manger *f.* dining room 8

manteau *m.* coat 6

maquillage *m.* makeup 10

marchand de journaux *m.* newsstand 12

marché *m.* market 4

  bon marché *adj.* inexpensive 6

marcher *v.* to walk *(person)* 5; to work *(thing)* 11

mardi *m.* Tuesday 2
mari *m.* husband 3

mariage *m.* marriage; wedding (*ceremony*) 6
marié(e) *adj.* married 3
mariés *m., pl.* married couple 6
  jeunes mariés *m., pl.* newlyweds 6
marocain(e) *adj.* Moroccan 1
marron *adj., inv.* (not for hair) brown 3
mars *m.* March 5
martiniquais(e) *adj.* from Martinique 1
match *m.* game 5
mathématiques (maths) *f., pl.* mathematics 2
matin *m.* morning 2
  ce matin *adv.* this morning 2
  demain matin *adv.* tomorrow morning 2
  hier matin *adv.* yesterday morning 7
matinée *f.* morning 2
mauvais(e) *adj.* bad 3
  Il fait mauvais. The weather is bad. 5
  le/la plus mauvais(e) *super. adj.* the worst 9
mayonnaise *f.* mayonnaise 9
me/m' *pron., sing.* me; myself 6
mec *m.* guy 10
mécanicien *m.* mechanic 11
mécanicienne *f.* mechanic 11
méchant(e) *adj.* mean 3
médecin *m.* doctor 3
médicament (contre/pour) *m.* medication (against/for) 10
meilleur(e) *comp. adj.* better 9
  le/la meilleur(e) *super. adj.* the best 9
membre *m.* member 15
même *adj.* even 5; same
-même(s) *pron.* -self/-selves 6
menacé(e) *adj.* endangered 14
  espèce menacée *f.* endangered species 14
ménage *m.* housework 8
  faire le ménage *v.* to do housework 8
ménager/ménagère *adj.* household 8
  appareil ménager *m.* household appliance 8
  tâche ménagère *f.* household chore 8
mention *f.* distinction 13
menu *m.* menu 9
mer *f.* sea 7
Merci (beaucoup). Thank you (very much). 1

mercredi *m.* Wednesday 2
mère *f.* mother 3

  belle-mère *f.* mother-in-law; stepmother 3
mes *poss. adj., m., f., pl.* my 3
message *m.* message 13
  laisser un message *v.* to leave a message 13
messagerie *f.* voicemail 13
météo *f.* weather 15
métier *m.* profession 13
métro *m.* subway 7
  station de métro *f.* subway station 7
metteur en scène *m.* director (*of a play*) 15
mettre *v.* to put, to place 6
  mettre la table to set the table 8
meuble *m.* piece of furniture 8
mexicain(e) *adj.* Mexican 1
Mexique *m.* Mexico 7
Miam! *interj.* Yum! 5
micro-onde *m.* microwave oven 8
  four à micro-ondes *m.* microwave oven 8
midi *m.* noon 2
  après-midi *m.* afternoon 2
le mien *poss. pron.* mine 15
la mienne *poss. pron.* mine 15
les miens *poss. pron.* mine 15
les miennes *poss. pron.* mine 15
mieux *comp. adv.* better 9
  aimer mieux *v.* to prefer 2
  le mieux *super. adv.* the best 9
  se porter mieux *v.* to be doing better 10
mille *m.* one thousand 5
  cent mille *m.* one hundred thousand 5
million, un *m.* one million 5
  deux millions *m.* two million 5
minuit *m.* midnight 2
miroir *m.* mirror 8
mis (mettre) *p.p.* put, placed 6
mode *f.* fashion 2
modeste *adj.* modest 13
moi *disj. pron., sing.* I, me 3; *pron.* (attached to an imperative) to me, to myself 9
  Moi aussi. Me too. 1
  Moi non plus. Me neither. 2
moins *adv.* before … (o'clock) 2
moins (de) *adv.* less (of); fewer 4
  le/la moins *super. adv.* (used with verb or adverb) the least 9
  le moins de... (used with noun to express quantity) the least… 14
  moins de... que... (used with noun to express quantity) less… than… 14

mois *m.* month 2
  ce mois-ci this month 2

moment *m.* moment 1
mon *poss. adj., m., sing.* my 3
monde *m.* world 7
moniteur *m.* monitor 11
monnaie *f.* change, coins; money 12
Monsieur *m.* Sir; Mr. 1
montagne *f.* mountain 4
monter *v.* to go up, to come up; to get in/on 7
montre *f.* watch 1
montrer (à) *v.* to show (to someone) 6
morceau (de) *m.* piece, bit (of) 4
mort *f.* death 6
mort (mourir) *p.p., adj.* (as past participle) died; (as adjective) dead 7
mot de passe *m.* password 11
moteur *m.* engine 11
mourir *v.* to die 7
moutarde *f.* mustard 9
moyen(ne) *adj.* medium 3
  de taille moyenne of medium height 3
mur *m.* wall 8
musée *m.* museum 4
  faire les musées *v.* to go to museums 15
musical(e) *adj.* musical 15
  comédie musicale *f.* musical 15
musicien(ne) *m., f.* musician 3
musique: faire de la musique *v.* to play music 15

N

nager *v.* to swim 4
naïf/naïve *adj.* naïve 3
naissance *f.* birth 6
naître *v.* to be born 7
nappe *f.* tablecloth 9
nationalité *f.* nationality 1
  Je suis de nationalité... I am of … nationality. 1
  Quelle est ta nationalité? *fam.* What is your nationality? 1
  Quelle est votre nationalité? *fam., pl., form.* What is your nationality? 1
nature *f.* nature 14
naturel(le) *adj.* natural 14
  ressource naturelle *f.* natural resource 14
né (naître) *p.p., adj.* born 7
ne/n' no, not 1
  ne... aucun(e) none, not any 12

ne... jamais never, not ever 12
ne... ni... ni... neither... nor... 12
ne... pas no, not 2
ne... personne nobody, no one 12
ne... plus no more, not anymore 12
ne... que only 12
ne... rien nothing, not anything 12
N'est-ce pas? *(tag question)* Isn't it? 2
nécessaire *adj.* necessary 14
  Il est nécessaire que... It is necessary that... 14
neiger *v.* to snow 5
  Il neige. It is snowing. 5
nerveusement *adv.* nervously 7
nerveux/nerveuse *adj.* nervous 3
nettoyer *v.* to clean 5
neuf *m.* nine 1
neuvième *adj.* ninth 7
neveu *m.* nephew 3
nez *m.* nose 10
ni nor 12
  ne... ni... ni... neither... nor 12
nièce *f.* niece 3
niveau *m.* level 13
noir(e) *adj.* black 3
non no 2
  mais non (but) of course not; no 2
nord *m.* north 12
nos *poss. adj., m., f., pl.* our 3
note *f. (academics)* grade 2
notre *poss. adj., m., f., sing.* our 3
  le nôtre *poss. pron.* ours 15
  la nôtre *poss. pron.* ours 15
  les nôtres *poss. pron.* ours 15
nourriture *f.* food, sustenance 9
nous *pron.* we 1; us 3; ourselves 10
nouveau/nouvelle *adj.* new 3
nouvelles *f., pl.* news 15
novembre *m.* November 5
nuage de pollution *m.* pollution cloud 14
nuageux/nuageuse *adj.* cloudy 5
  Le temps est nuageux. It is cloudy. 5
nucléaire *adj.* nuclear 14
  centrale nucléaire *f.* nuclear plant 14
  énergie nucléaire *f.* nuclear energy 14
nuit *f.* night 2
  boîte de nuit *f.* nightclub 4
nul(le) *adj.* useless 2
numéro *m.* (telephone) number 11
  composer un numéro *v.* to

dial a number 11
  recomposer un numéro *v.* to redial a number 11

O

obéir (à) *v.* to obey 4
objet *m.* object 1
obtenir *v.* to get, to obtain 13
occupé(e) *adj.* busy 1
octobre *m.* October 5
œil (les yeux) *m.* eye (eyes) 10
œuf *m.* egg 9
œuvre *f.* artwork, piece of art 15
  chef-d'œuvre *m.* masterpiece 15
  hors-d'œuvre *m.* hors d'œuvre, starter 9
offert (offrir) *p.p.* offered 11
office du tourisme *m.* tourist office 1
offrir *v.* to offer 11
oignon *m.* onion 9
oiseau *m.* bird 3
olive *f.* olive 9
  huile d'olive *f.* olive oil 9
omelette *f.* omelette 5
on *sub. pron., sing.* one (we) 1
  on y va let's go 10
oncle *m.* uncle 3
onze *m.* eleven 1
onzième *adj.* eleventh 7
opéra *m.* opera 15
optimiste *adj.* optimistic 1
orageux/orageuse *adj.* stormy 5
  Le temps est orageux. It is stormy. 5
orange *adj. inv.* orange 6; *f.* orange 9
orchestre *m.* orchestra 15
ordinateur *m.* computer 1
ordonnance *f.* prescription 10
ordures *f., pl.* trash 14
  ramassage des ordures *m.* garbage collection 14
oreille *f.* ear 10
oreiller *m.* pillow 8
organiser (une fête) *v.* to organize/to plan (a party) 6
origine *f.* heritage 1
  Je suis d'origine... I am of... heritage. 1
orteil *m.* toe 10
ou *or* 3
où *adv., rel. pron.* where 4, 13
ouais *adv.* yeah 2
oublier (de) *v.* to forget (*to do something*) 2
ouest *m.* west 12
oui *adv.* yes 2
ouvert (ouvrir) *p.p., adj. (as past participle)* opened; (*as adjective*) open 11

ouvrier/ouvrière *m., f.* worker, laborer 13
ouvrir *v.* to open 11
ozone *m.* ozone 14
  trou dans la couche d'ozone *m.* hole in the ozone layer 14

P

page d'accueil *f.* home page 11
pain (de campagne) *m.* (country-style) bread 4
panne *f.* breakdown, malfunction 11
  tomber en panne *v.* to break down 11
pantalon *m., sing.* pants 6
pantoufle *f.* slipper 10
papeterie *f.* stationery store 12
papier *m.* paper 1
  corbeille à papier *f.* waste-basket 1
  feuille de papier *f.* sheet of paper 1
paquet cadeau *m.* wrapped gift 6
par *prep.* by 3
  par jour/semaine/mois/an per day/week/month/year 5
parapluie *m.* umbrella 5
parc *m.* park 4
parce que *conj.* because 2
Pardon. Pardon (me). 1
Pardon? What? 4
pare-brise *m.* windshield 11
pare-chocs *m.* bumper 11
parents *m., pl.* parents 3
paresseux/paresseuse *adj.* lazy 3
parfait(e) *adj.* perfect 4
parfois *adv.* sometimes 5
parking *m.* parking lot 11
parler (à) *v.* to speak (to) 6
  parler (au téléphone) *v.* to speak (on the phone) 2
partager *v.* to share 2
partir *v.* to leave 5
  partir en vacances *v.* to go on vacation 7
pas (de) *adv.* no, none 12
  ne... pas no, not 2
  pas de problème no problem 12
  pas du tout not at all 2
  pas encore not yet 8
  Pas mal. Not badly. 1
passager/passagère *m., f.* passenger 7
passeport *m.* passport 7
passer *v.* to pass by; to spend time 7
  passer chez quelqu'un *v.* to

stop by someone's house 4
passer l'aspirateur *v.* to vacuum 8

passer un examen *v.* to take an exam 2
passe-temps *m.* pastime, hobby 5
pâté (de campagne) *m.* pâté, meat spread 9
pâtes *f., pl.* pasta 9
patiemment *adv.* patiently 7
patient(e) *m., f.* patient 10; *adj.* patient 1
patienter *v.* to wait (on the phone), to be on hold 13
patiner *v.* to skate 4
pâtisserie *f.* pastry shop, bakery, pastry 9
patron(ne) *m., f.* boss 25
pauvre *adj.* poor 3
payé (payer) *p.p., adj.* paid 13
être bien/mal payé(e) *v.* to be well/badly paid 13
payer *v.* to pay 5
payer avec une carte de crédit *v.* to pay with a credit card 12
payer en liquide *v.* to pay in cash 12
payer par chèque *v.* to pay by check 12
pays *m.* country 7
peau *f.* skin 10
pêche *f.* fishing 5; peach 9
aller à la pêche *v.* to go fishing 5
peigne *m.* comb 10
peintre/femme peintre *m., f.* painter 15
peinture *f.* painting 15
pendant (que) *prep.* during, while 7
pendant *(with time expression) prep.* for 9
pénible *adj.* tiresome 3
penser (que) *v.* to think (that) 2
ne pas penser que... to not think that... 15
Qu'en penses-tu? What do you think about that? 14
perdre *v.* to lose 6
perdre son temps *v.* to lose/to waste time 6
perdu *p.p., adj.* lost 12
être perdu(e) to be lost 12
père *m.* father 3
beau-père *m.* father-in-law; stepfather 3
permettre (de) *v.* to allow (*to do something*) 6
permis *m.* permit; license 11
permis de conduire *m.* driver's

license 11
permis (permettre) *p.p., adj.* permitted, allowed 6

personnage (principal) *m.* (main) character 15
personne *f.* person 1; *pron.* no one 12
ne... personne nobody, no one 12
pessimiste *adj.* pessimistic 1
petit(e) *adj.* small 3; short (*stature*) 3
petit(e) ami(e) *m., f.* boyfriend/girlfriend 1
petit-déjeuner *m.* breakfast 9
petite-fille *f.* granddaughter 3
petit-fils *m.* grandson 3
petits-enfants *m., pl.* grandchildren 3
petits pois *m., pl.* peas 9
peu (de) *adv.* little; not much (of) 2
peur *f.* fear 2
avoir peur (de/que) *v.* to be afraid (of/that) 2
peut-être *adv.* maybe, perhaps 2
phares *m., pl.* headlights 11
pharmacie *f.* pharmacy 10
pharmacien(ne) *m., f.* pharmacist 10
philosophie *f.* philosophy 2
photo(graphie) *f.* photo(graph) 3
physique *f.* physics 2
piano *m.* piano 15
pièce *f.* room 8
pièce de théâtre *f.* play 15
pièces de monnaie *f., pl.* change 12
pied *m.* foot 10
pierre *f.* stone 14
pilule *f.* pill 10
pique-nique *m.* picnic 14
piqûre *f.* shot, injection 10
faire une piqûre *v.* to give a shot 10
pire *comp. adj.* worse 9
le/la pire *super. adj.* the worst 9
piscine *f.* pool 4
placard *m.* closet; cupboard 8
place *f.* square; place 4; *f.* seat 15
plage *f.* beach 7
plaisir *m.* pleasure, enjoyment 13
faire plaisir à quelqu'un *v.* to please someone 13
plan *m.* map 7
utiliser un plan *v.* to use a map 7
planche à voile *f.* windsurfing 5
faire de la planche à voile *v.* to go windsurfing 5
planète *f.* planet 14
sauver la planète *v.* to save the planet 14

plante *f.* plant 14
plastique *m.* plastic 14
emballage en plastique *m.* plastic wrapping/packaging 14
plat (principal) *m.* (main) dish 9
plein air *m.* outdoor, open-air 14
pleine forme *f.* good shape, good state of health 10
être en pleine forme *v.* to be in good shape 10
pleurer *v.* to cry
pleuvoir *v.* to rain 5
Il pleut. It is raining. 5
plombier *m.* plumber 13
plu (pleuvoir) *p.p.* rained 6
pluie acide *f.* acid rain 14
plus *adv. (used in comparatives, superlatives, and expressions of quantity)* more 4
le/la plus ... *super. adv. (used with adjective)* the most 9
le/la plus mauvais(e) *super. adj.* the worst 9
le plus *super. adv. (used with verb or adverb)* the most 9
le plus de... *(used with noun to express quantity)* the most... 14
le plus mal *super. adv.* the worst 9
plus... que *(used with adjective)* more... than 9
plus de more of 4
plus de... que *(used with noun to express quantity)* more... than 14
plus mal *comp. adv.* worse 9
plus mauvais(e) *comp. adj.* worse 9
plus *adv.* no more, not anymore 12
ne... plus no more, not anymore 12
plusieurs *adj.* several 4
plutôt *adv.* rather 2
pneu (crevé) *m.* (flat) tire 11
vérifier la pression des pneus *v.* to check the tire pressure 11
poème *m.* poem 15
poète/poétesse *m., f.* poet 15
point *m.* (punctuation mark) period 11
poire *f.* pear 9
poisson *m.* fish 3
poissonnerie *f.* fish shop 9
poitrine *f.* chest 10
poivre *m.* (spice) pepper 9
poivron *m.* (vegetable) pepper 9
poli(e) *adj.* polite 1
police *f.* police 11
agent de police *m.* police officer 11
commissariat de police *m.* police station 12
policier *m.* police officer 11
film policier *m.* detective

film 15
policière *f.* police officer 11
poliment *adv.* politely 7

politique *adj.* political 2
  femme politique *f.* politician 13
  homme politique *m.*
  politician 13
  **sciences politiques (sciences
  po)** *f., pl.* political science 2
polluer *v.* to pollute 14
pollution *f.* pollution 14
  nuage de pollution *m.*
  pollution cloud 14
pomme *f.* apple 9
pomme de terre *f.* potato 9
pompier/femme pompier *m., f.*
  firefighter 13
pont *m.* bridge 12
population croissante *f.* growing
  population 14
porc *m.* pork 9
portable *m.* cell phone 11
porte *f.* door 1
porter *v.* to wear 6
portière *f.* car door 11
portrait *m.* portrait 5
poser une question (à) *v.* to
  ask (*someone*) a question 6
posséder *v.* to possess, to own 5
possible *adj.* possible 15
  Il est possible que... *It is
  possible that...* 14
poste *f.* postal service; post
  office 12
  bureau de poste *m.* post
  office 12
poste *m.* position 13
poste de télévision *m.* television
  set 11
poster une lettre *v.* to mail a
  letter 12
postuler *v.* to apply 13
poulet *m.* chicken 9
pour *prep.* for 5
  pour qui? for whom? 4
  pour rien for no reason 4
  pour que so that 15
pourboire *m.* tip 4
  laisser un pourboire *v.* to
  leave a tip 4
pourquoi? *adv.* why? 2
poussière *f.* dust 8
  enlever/faire la poussière
  v. to dust 8
pouvoir *v.* to be able to; can 9
pratiquer *v.* to play regularly, to
  practice 5
préféré(e) *adj.* favorite,
  preferred 2
préférer (que) *v.* to prefer (that) 5
premier *m.* the first (*day of the*

month) 5
  **C'est le 1ᵉʳ (premier)
  octobre.** It is October first. 5
premier/première *adj.* first 2
prendre *v.* to take 4; to have 4
  prendre sa retraite *v.* to retire 6
  **prendre un train/avion/
  taxi/autobus/bateau** *v.* to
  take a train/plane/taxi/bus/
  boat 7
  prendre un congé *v.* to take
  time off 13
  prendre une douche *v.* to
  take a shower 10
  prendre une photo(graphie)
  v. to take a photo(graph) 11
  prendre (un) rendez-vous *v.*
  to make an appointment 13
préparer *v.* to prepare (for) 2
près (de) *prep.* close (to), near 3
  tout près (de) very close (to) 12
présenter *v.* to present, to
  introduce 15
  Je te présente... *fam.* I would
  like to introduce... to you. 1
  Je vous présente... *fam., form.*
  I would like to introduce... to
  you. 1
préservation *f.* protection 14
préserver *v.* to preserve 14
presque *adv.* almost 2
pressé(e) *adj.* hurried 9
pression *f.* pressure 11
  vérifier la pression des pneus
  to check the tire pressure 11
prêt(e) *adj.* ready 3
prêter (à) *v.* to lend (*to someone*) 6
prévenir l'incendie *v.* to prevent
  a fire 14
principal(e) *adj.* main, principal 9
  personnage principal *m.*
  main character 15
  plat principal *m.* main dish 9
printemps *m.* spring 5
  au printemps in the spring 5
pris (prendre) *p.p., adj.* taken 6
prix *m.* price 4
problème *m.* problem 1
prochain(e) *adj.* next 2
produire *v.* to produce 6
produit *m.* product 14
produit (produire) *p.p., adj.*
  produced 6
professeur *m.* teacher, professor 1
profession (exigeante) *f.*
  (demanding) profession 13
professionnel(le) *adj.*
  professional 13
  expérience professionnelle *f.*
  professional experience 13
profiter (de) *v.* to take advantage
  (of); to enjoy 15

programme *m.* program 15
projet *m.* project 13
  faire des projets *v.* to make
  plans 13
promenade *f.* walk, stroll 5
  faire une promenade *v.* to go
  for a walk 5
promettre *v.* to promise 6
promis (promettre) *p.p., adj.*
  promised 6
promotion *f.* promotion 13
proposer (que) *v.* to propose
  (that) 14
  proposer une solution *v.* to
  propose a solution 14
propre *adj.* clean 8
propriétaire *m., f.* owner 8;
  landlord/landlady 8
protection *f.* protection 14
protéger *v.* to protect 5
psychologie *f.* psychology 2
psychologique *adj.*
  psychological 15
psychologue *m., f.* psychologist 13
pu (pouvoir) *p.p. (used with
  infinitive)* was able to 9
publicité (pub) *f.* advertisement 15
publier *v.* to publish 15
puis *adv.* then 7
pull *m.* sweater 6
pur(e) *adj.* pure 14

Q

quand *adv.* when 4
  **C'est quand l'anniversaire
  de ... ?** When is ...'s birthday? 5
  **C'est quand ton/votre
  anniversaire?** When is your
  birthday? 5
quarante *m.* forty 1
quart *m.* quarter 2
  et quart a quarter after...
  (o'clock) 2
quartier *m.* area, neighborhood 8
quatorze *m.* fourteen 1
quatre *m.* four 1
quatre-vingts *m.* eighty 3
quatre-vingt-dix *m.* ninety 3
quatrième *adj.* fourth 7
que/qu' *rel. pron.* that;
  which 13; *conj.* than 9, 14
  plus/moins ... que (*used with
  adjective*) more/less ... than 9
  plus/moins de ... que (*used
  with noun to express quantity*)
  more/less ... than 14
que/qu'...? *interr. pron.* what? 4
  Qu'en penses-tu? What do
  you think about that? 14

Qu'est-ce que c'est? What is it? 1
Qu'est-ce qu'il y a? What is it?; What's wrong? 1
que *adv.* only 12
  ne... que only 12
québécois(e) *adj.* from Quebec 1
quel(le)(s)? *interr. adj.* which? 4; what? 4
  À quelle heure? What time?; When? 2
  Quel jour sommes-nous? What day is it? 2
  Quelle est la date? What is the date? 5
  Quelle est ta nationalité? *fam.* What is your nationality? 1
  Quelle est votre nationalité? *form.* What is your nationality? 1
  Quelle heure avez-vous? *form.* What time do you have? 2
  Quelle heure est-il? What time is it? 2
  Quelle température fait-il? *(weather)* What is the temperature? 5
  Quel temps fait-il? What is the weather like? 5
quelqu'un *pron.* someone 12
quelque chose *m.* something; anything 4
  Quelque chose ne va pas. Something's not right. 5
quelquefois *adv.* sometimes 7
quelques *adj.* some 4
question *f.* question 6
  poser une question (à) to ask *(someone)* a question 6
queue *f.* line 12
  faire la queue *v.* to wait in line 12
qui? *interr. pron.* who? 4; whom? 4; *rel. pron.* who, that 13
  à qui? to whom? 4
  avec qui? with whom? 4
  C'est de la part de qui? On behalf of whom? 13
  Qui est à l'appareil? Who's calling, please? 13
  Qui est-ce? Who is it? 1
quinze *m.* fifteen 1
quitter (la maison) *v.* to leave (the house) 4
  Ne quittez pas. Please hold. 13
quoi? *interr. pron.* what? 1
  Il n'y a pas de quoi. It's nothing.; You're welcome. 1
  quoi que ce soit whatever it may be 13

R

raccrocher *v.* to hang up 13
radio *f.* radio 15
  à la radio on the radio 15
raide *adj.* straight 3
raison *f.* reason; right 2
  avoir raison *v.* to be right 2
ramassage des ordures *m.* garbage collection 14
randonnée *f.* hike 5
  faire une randonnée *v.* to go for a hike 5
ranger *v.* to tidy up, to put away 8
rapide *adj.* fast 3
rapidement *adv.* rapidly 7
rarement *adv.* rarely 5
rasoir *m.* razor 10
ravissant(e) *adj.* beautiful; delightful 13
réagir *v.* to react 4
réalisateur/réalisatrice *m., f.* director *(of a movie)* 15
récent(e) *adj.* recent 15
réception *f.* reception desk 7
recevoir *v.* to receive 12
recharger *v.* to charge 11
réchauffement de la Terre *m.* global warming 14
rechercher *v.* to search for, to look for 13
recommandation *f.* recommendation 13
recommander (que) *v.* to recommend (that) 14
recomposer (un numéro) *v.* to redial (a number) 11
reconnaître *v.* to recognize 8
reconnu (reconnaître) *p.p., adj.* recognized 8
reçu *m.* receipt 12
reçu (recevoir) *p.p., adj.* received 7
  être reçu(e) à un examen to pass an exam 2
recyclage *m.* recycling 14
recycler *v.* to recycle 14
redémarrer *v.* to restart, to start again 11
réduire *v.* to reduce 6
réduit (réduire) *p.p., adj.* reduced 6
référence *f.* reference 13
réfléchir (à) *v.* to think (about), to reflect (on) 4
refuser (de) *v.* to refuse *(to do something)* 11
regarder *v.* to watch 2
  Ça ne nous regarde pas. That has nothing to do with us.; That is none of our business. 14
régime *m.* diet 10
  être au régime *v.* to be on a diet 9

région *f.* region 14
regretter (que) *v.* to regret (that) 14
remplir (un formulaire) *v.* to fill out (a form) 12
rencontrer *v.* to meet 2
rendez-vous *m.* date; appointment 6
  prendre (un) rendez-vous *v.* to make an appointment 13
rendre (à) *v.* to give back, to return (to) 6
  rendre visite (à) *v.* to visit 6
rentrer (à la maison) *v.* to return (home) 2
  rentrer (dans) *v.* to hit 11
renvoyer *v.* to dismiss, to let go 13
réparer *v.* to repair 11
repartir *v.* to go back 15
repas *m.* meal 9
repasser *v.* to take again 15
  repasser (le linge) *v.* to iron (the laundry) 8
  fer à repasser *m.* iron 8
répéter *v.* to repeat; to rehearse 5
répondre (à) *v.* to respond, to answer (to) 6
réseau (social) *m.* (social) network 11
réservation *f.* reservation 7
  annuler une réservation *v.* to cancel a reservation 7
réservé(e) *adj.* reserved 1
réserver *v.* to reserve 7
réservoir d'essence *m.* gas tank 11
résidence universitaire *f.* dorm 8
ressource naturelle *f.* natural resource 14
restaurant *m.* restaurant 4
  restaurant universitaire (resto U) *m.* university cafeteria 2
rester *v.* to stay 7
résultat *m.* result 2
retenir *v.* to keep, to retain 9
retirer (de l'argent) *v.* to withdraw (money) 12
retourner *v.* to return 7
retraite *f.* retirement 6
  prendre sa retraite *v.* to retire 6
retraité(e) *m., f.* retired person 13
retrouver *v.* to find (again); to meet up with 2
rétroviseur *m.* rear-view mirror 11
réunion *f.* meeting 13
réussir (à) *v.* to succeed *(in doing something)* 4
réussite *f.* success 13
réveil *m.* alarm clock 10
revenir *v.* to come back 9

rêver (de) *v.* to dream about 11
revoir *v.* to see again 12
  Au revoir. Good-bye. 1
revu (revoir) *p.p.* seen again 12
rez-de-chaussée *m.* ground floor 7
rhume *m.* cold 10
ri (rire) *p.p.* laughed 6
rideau *m.* curtain 8
rien *m.* nothing 12
  De rien. You're welcome. 1
  ne... rien nothing, not anything 12
  ne servir à rien *v.* to be good for nothing 9
rire *v.* to laugh 6
rivière *f.* river 14
riz *m.* rice 9
robe *f.* dress 6
rôle *m.* role 14
  jouer un rôle *v.* to play a role 15
roman *m.* novel 15
rose *adj.* pink 6
roue (de secours) *f.* (emergency) tire 11
rouge *adj.* red 6
rougir *v.* to blush 4
rouler en voiture *v.* to ride in a car 7
rue *f.* street 11
  suivre une rue *v.* to follow a street 12

S

s'adorer *v.* to adore one another 11
s'aider *v.* to help one another 11
s'aimer (bien) *v.* to love (like) one another 11
s'allumer *v.* to light up 11
s'amuser *v.* to play; to have fun 10
  s'amuser à *v.* to pass time by 11
s'apercevoir *v.* to notice; to realize 12
s'appeler *v.* to be named, to be called 10
  Comment t'appelles-tu? *fam.* What is your name? 1
  Comment vous appelez-vous? *form.* What is your name? 1
  Je m'appelle... My name is... 1
s'arrêter *v.* to stop 10
s'asseoir *v.* to sit down 10
sa *poss. adj., f., sing.* his; her; its 3
sac *m.* bag 1
  sac à dos *m.* backpack 1
  sac à main *m.* purse, handbag 6
sain(e) *adj.* healthy 10
saison *f.* season 5

salade *f.* salad 9
salaire (élevé/modeste) *m.* (high/low) salary 13
  augmentation de salaire *f.* raise in salary 13
sale *adj.* dirty 8
salir *v.* to soil, to make dirty 8
salle *f.* room 8
  salle à manger *f.* dining room 8
  salle de bains *f.* bathroom 8
  salle de classe *f.* classroom 1
  salle de séjour *f.* living/family room 8
salon *m.* formal living room, sitting room 8
  salon de beauté *m.* beauty salon 12
Salut! Hi!; Bye! 1
samedi *m.* Saturday 2
sandwich *m.* sandwich 4
sans *prep.* without 8
  sans que *conj.* without 15
santé *f.* health 10
  être en bonne/mauvaise santé *v.* to be in good/bad health 10
saucisse *f.* sausage 9
sauvegarder *v.* to save 11
sauver (la planète) *v.* to save (the planet) 14
sauvetage des habitats *m.* habitat preservation 14
savoir *v.* to know (*facts*), to know how to do something 8
  savoir (que) *v.* to know (that) 15
  Je n'en sais rien. I don't know anything about it. 14
savon *m.* soap 10
sciences *f., pl.* science 2
  sciences politiques (sciences po) *f., pl.* political science 2
sculpture *f.* sculpture 15
sculpteur/sculptrice *m., f.* sculptor 15
se/s' *pron., sing., pl.* (*used with reflexive verb*) himself; herself; itself; 10 (*used with reciprocal verb*) each other 11
séance *f.* show; screening 15
se blesser *v.* to hurt oneself 10
se brosser (les cheveux/les dents) *v.* to brush one's (hair/teeth) 9
se casser *v.* to break 10
sèche-linge *m.* clothes dryer 8
se coiffer *v.* to do one's hair 10
se connaître *v.* to know one another 11
se coucher *v.* to go to bed 10
secours *m.* help 11

  Au secours! Help! 11
s'écrire *v.* to write one another 11
sécurité *f.* security; safety
  attacher sa ceinture de sécurité *v.* to buckle one's seatbelt 11
se dépêcher *v.* to hurry 10
se déplacer *v.* to move, to change location 12
se déshabiller *v.* to undress 10
se détendre *v.* to relax 10
se dire *v.* to tell one another 11
se disputer (avec) *v.* to argue (with) 10
se donner *v.* to give one another 11
se fouler (la cheville) *v.* to twist/to sprain one's (ankle) 10
se garer *v.* to park 11
seize *m.* sixteen 1
séjour *m.* stay 7
  faire un séjour *v.* to spend time (*somewhere*) 7
  salle de séjour *f.* living room 8
sel *m.* salt 9
se laver (les mains) *v.* to wash oneself (one's hands) 10
se lever *v.* to get up, to get out of bed 10
semaine *f.* week 2
  cette semaine this week 2
s'embrasser *v.* to kiss one another 11
se maquiller *v.* to put on makeup 10
se mettre *v.* to put (*something*) on (*yourself*) 10
  se mettre à *v.* to begin to 10
  se mettre en colère *v.* to become angry 10
s'endormir *v.* to fall asleep, to go to sleep 10
s'énerver *v.* to get worked up, to become upset 10
sénégalais(e) *adj.* Senegalese 1
s'ennuyer *v.* to get bored 10
s'entendre bien (avec) *v.* to get along well (with one another) 10
sentier *m.* path 14
sentir *v.* to feel; to smell; to sense 5
séparé(e) *adj.* separated 3
se parler *v.* to speak to one another 11
se porter mal/mieux *v.* to be ill/better 10
se préparer (à) *v.* to get ready; to prepare (*to do something*) 10
se promener *v.* to take a walk 10
sept *m.* seven 1

septembre *m.* September 5
septième *adj.* seventh 7
se quitter *v.* to leave one another 11
se raser *v.* to shave oneself 10
se réconcilier *v.* to make up 15
se regarder *v.* to look at oneself; to look at each other 10
se relever *v.* to get up again 10
se rencontrer *v.* to meet one another, to make each other's acquaintance 11
se rendre compte *v.* to realize 10
se reposer *v.* to rest 10
se retrouver *v.* to meet one another (*as planned*) 11
se réveiller *v.* to wake up 10
se sécher *v.* to dry oneself 10
se sentir *v.* to feel 10
sérieux/sérieuse *adj.* serious 3
serpent *m.* snake 14
serre *f.* greenhouse 14
  effet de serre *m.* greenhouse effect 14
serré(e) *adj.* tight 6
serveur/serveuse *m., f.* server 4
serviette *f.* napkin 9
  serviette (de bain) *f.* (bath) towel 10
servir *v.* to serve 5
ses *poss. adj., m., f., pl.* his; her; its 3
se souvenir (de) *v.* to remember 10
se téléphoner *v.* to phone one another 11
se tourner *v.* to turn (oneself) around 10
se tromper (de) *v.* to be mistaken (about) 10
se trouver *v.* to be located 10
seulement *adv.* only 7
s'habiller *v.* to dress 10
shampooing *m.* shampoo 10
shopping *m.* shopping 7
  faire du shopping *v.* to go shopping 7
short *m., sing.* shorts 6
si *conj.* if 13
si *adv. (when contradicting a negative statement or question)* yes 2
le sien *poss. pron.* his/hers 15
la sienne *poss. pron.* his/hers 15
les siens *poss. pron.* his/hers 15
les siennes *poss. pron.* his/hers 15
signer *v.* to sign 12
S'il te plaît. *fam.* Please. 1
S'il vous plaît. *form.* Please. 1
sincère *adj.* sincere 1
s'inquiéter *v.* to worry 10
s'intéresser (à) *v.* to be interested (in) 10

site Internet/web *m.* web site 11
six *m.* six 1
sixième *adj.* sixth 7
ski *m.* skiing 5
  faire du ski *v.* to go skiing 5
  station de ski *f.* ski resort 7
skier *v.* to ski 5
smartphone *m.* smartphone 11
SMS *m.* text message 11
s'occuper (de) *v.* to take care (*of something*), to see to 10
sociable *adj.* sociable 1
sociologie *f.* sociology 1
sœur *f.* sister 3
  belle-sœur *f.* sister-in-law 3
  demi-sœur *f.* half-sister, stepsister 3
soie *f.* silk 12
soif *f.* thirst 4
  avoir soif *v.* to be thirsty 4
soir *m.* evening 2
  ce soir *adv.* this evening 2
  demain soir *adv.* tomorrow evening 2
  du soir *adv.* in the evening 2
  hier soir *adv.* yesterday evening 7
soirée *f.* evening 2
sois (être) *imp. v.* be 2
soixante *m.* sixty 1
soixante-dix *m.* seventy 3
solaire *adj.* solar 14
  énergie solaire *f.* solar energy 14
soldes *f., pl.* sales 6
soleil *m.* sun 5
  Il fait (du) soleil. It is sunny. 5
solution *f.* solution 14
  proposer une solution *v.* to propose a solution 14
sommeil *m.* sleep 2
  avoir sommeil *v.* to be sleepy 2
son *poss. adj., m., sing.* his; her; its 3
sonner *v.* to ring 11
s'orienter *v.* to get one's bearings 12
sorte *f.* sort, kind 15
sortie *f.* exit 7
sortir *v.* to go out, to leave 5; to take out 8
  sortir la/les poubelle(s) *v.* to take out the trash 8
soudain *adv.* suddenly 7
souffrir *v.* to suffer 11
souffert (souffrir) *p.p.* suffered 11
souhaiter (que) *v.* to wish (that) 14
soupe *f.* soup 4
  cuillère à soupe *f.* soupspoon 9
sourire *v.* to smile 6; *m.* smile 12
souris *f.* mouse 11
sous *prep.* under 3

sous-sol *m.* basement 8
sous-vêtement *m.* underwear 6
souvent *adv.* often 5
soyez (être) *imp. v.* be 7
soyons (être) *imp. v.* let's be 7
spécialiste *m., f.* specialist 13
spectacle *m.* show 5

spectateur/spectatrice *m., f.* spectator 15
sport *m.* sport(s) 5
  faire du sport *v.* to do sports 5
sportif/sportive *adj.* athletic 3
stade *m.* stadium 5
stage *m.* internship; professional training 13
station (de métro) *f.* (subway) station 7
station de ski *f.* ski resort 7
station-service *f.* service station 11
statue *f.* statue 12
steak *m.* steak 9
studio *m.* studio (*apartment*) 8
stylisme *m.* **de mode** *f.* fashion design 2
stylo *m.* pen 1
su (savoir) *p.p.* known 8
sucre *m.* sugar 4
sud *m.* south 12
suggérer (que) *v.* to suggest (that) 14
sujet *m.* subject 14
  au sujet de on the subject of; about 14
suisse *adj.* Swiss 1
Suisse *f.* Switzerland 7
suivre (un chemin/une rue/ un boulevard) *v.* to follow (a path/a street/a boulevard) 12
supermarché *m.* supermarket 9
sur *prep.* on 3
sûr(e) *adj.* sure, certain 9
  bien sûr of course 2
  Il est sûr que... It is sure that... 15
  Il n'est pas sûr que... It is not sure that... 15
surfer sur Internet *v.* to surf the Internet 11
surpopulation *f.* overpopulation 14
surpris (surprendre) *p.p., adj.* surprised 6
  être surpris(e) que... *v.* to be surprised that... 14
  faire une surprise à quelqu'un *v.* to surprise someone 6
surtout *adv.* especially; above all 2
sympa(thique) *adj.* nice 1

symptôme *m.* symptom 10
syndicat *m.* (*trade*) union 13

T

ta *poss. adj., f., sing.* your 3
table *f.* table 1
　À table! Let's eat! Food is ready! 9
　débarrasser la table *v.* to clear the table 8
　mettre la table *v.* to set the table 8
tableau *m.* blackboard; picture 1; *m.* painting 15
tablette (tactile) *f.* tablet computer 11
tâche ménagère *f.* household chore 8
taille *f.* size; waist 6
　de taille moyenne of medium height 3
tailleur *m.* (*woman's*) suit; tailor 6
tante *f.* aunt 3
tapis *m.* rug 8
tard *adv.* late 2
　À plus tard. See you later. 1
tarte *f.* pie; tart 9
tasse (de) *f.* cup (of) 4
taxi *m.* taxi 7
　prendre un taxi *v.* to take a taxi 7
te/t' *pron., sing., fam.* you 7; yourself 10
tee-shirt *m.* tee shirt 6
télécarte *f.* phone card 13
télécharger *v.* to download 11
télécommande *f.* remote control 11
téléphone *m.* telephone 2
　parler au téléphone *v.* to speak on the phone 2
téléphoner (à) *v.* to telephone (*someone*) 2
téléphonique *adj.* (*related to the*) telephone 12
　cabine téléphonique *f.* phone booth 12
télévision *f.* television 1
　à la télé(vision) on television 15
　chaîne de télévision *f.* television channel 11
tellement *adv.* so much 2
　Je n'aime pas tellement... I don't like... very much. 2
température *f.* temperature 5
　Quelle température fait-il? What is the temperature? 5
temps *m., sing.* weather 5
　Il fait un temps épouvantable. The weather is dreadful. 5
　Le temps est nuageux. It is cloudy. 5
　Le temps est orageux. It is stormy. 5
　Quel temps fait-il? What is the weather like? 5
temps *m., sing.* time 5
　de temps en temps *adv.* from time to time 7
　emploi à mi-temps/à temps partiel *m.* part-time job 13
　emploi à plein temps *m.* full-time job 13
　temps libre *m.* free time 5
Tenez! (tenir) *imp. v.* Here! 9
tenir *v.* to hold 9
tennis *m.* tennis 5
terrasse (de café) *f.* (café) terrace 4
Terre *f.* Earth 14
　réchauffement de la Terre *m.* global warming 14
tes *poss. adj., m., f., pl.* your 3
tête *f.* head 10
texto *m.* text message 11
thé *m.* tea 4
théâtre *m.* theater 15
thon *m.* tuna 9
ticket de bus/métro *m.* bus/subway ticket 7
le tien *poss. pron.* yours 15
la tienne *poss. pron.* yours 15
les tiens *poss. pron.* yours 15
les tiennes *poss. pron.* yours 15
Tiens! (tenir) *imp. v.* Here! 9
timbre *m.* stamp 12
timide *adj.* shy 1
tiret *m.* (*punctuation mark*) dash; hyphen 11
tiroir *m.* drawer 8
toi *disj. pron., sing., fam.* you 3; *refl. pron., sing., fam.* (*attached to imperative*) yourself 10
　toi non plus you neither 2
toilette *f.* washing up, grooming 10
　faire sa toilette to wash up 10
toilettes *f., pl.* restroom(s) 8
tomate *f.* tomato 9
tomber *v.* to fall 7
　tomber amoureux/amoureuse *v.* to fall in love 6
　tomber en panne *v.* to break down 11
　tomber/être malade *v.* to get/be sick 10
　tomber sur quelqu'un *v.* to run into someone 7
ton *poss. adj., m., sing.* your 3
tort *m.* wrong; harm 2
　avoir tort *v.* to be wrong 2
tôt *adv.* early 2

toujours *adv.* always 7
tour *m.* tour 5
　faire un tour (en voiture) *v.* to go for a walk (drive) 5
tourisme *m.* tourism 12
　office du tourisme *m.* tourist office 12
tourner *v.* to turn 12
tousser *v.* to cough 10
tout *m., sing.* all 4
　tous les (*used before noun*) all the... 4
　tous les jours *adv.* every day 7
　toute la *f., sing.* (*used before noun*) all the... 4
　toutes les *f., pl.* (*used before noun*) all the... 4
　tout le *m., sing.* (*used before noun*) all the... 4
　tout le monde everyone 9
tout(e) *adv.* (*before adjective or adverb*) very, really 3
　À tout à l'heure. See you later. 1
　tout à coup suddenly 7
　tout à fait absolutely; completely 12
　tout de suite right away 7
　tout droit straight ahead 12
　tout d'un coup *adv.* all of a sudden 7
　tout près (de) really close by, really close (to) 3
toxique *adj.* toxic 14
　déchets toxiques *m., pl.* toxic waste 14
trac *m.* stage fright 13
traduire *v.* to translate 6
traduit (traduire) *p.p., adj.* translated 6
tragédie *f.* tragedy 15
train *m.* train 7
tranche *f.* slice 9
tranquille *adj.* calm, serene 10
　laisser tranquille *v.* to leave alone 10
travail *m.* work 12
　chercher un/du travail *v.* to look for work 12
　trouver un/du travail *v.* to find a job 13
travailler *v.* to work 2
travailleur/travailleuse *adj.* hard-working 3
traverser *v.* to cross 12
treize *m.* thirteen 1
trente *m.* thirty 1
très *adv.* (*before adjective or adverb*) very, really 8
　Très bien. Very well. 1
triste *adj.* sad 3
　être triste que... *v.* to be sad that... 14

trois *m.* three 1
troisième *adj.* third 7
trop (de) *adv.* too many/much (of) 4
tropical(e) *adj.* tropical 14
  forêt tropicale *f.* tropical forest 14

trou (dans la couche d'ozone) *m.* hole (in the ozone layer) 14
troupe *f.* company, troupe 15
trouver *v.* to find; to think 2
  trouver un/du travail *v.* to find a job 13
truc *m.* thing 7
tu *sub. pron., sing., fam.* you 1

U

un *m.* *(number)* one 1
un(e) *indef. art.* a; an 1
universitaire *adj. (related to the)* university 1
  restaurant universitaire (resto U) *m.* university cafeteria 2
université *f.* university 1
urgences *f., pl.* emergency room 10
  aller aux urgences *v.* to go to the emergency room 10
usine *f.* factory 14
utile *adj.* useful 2
utiliser (un plan) *v.* use (a map) 7

V

vacances *f., pl.* vacation 7
  partir en vacances *v.* to go on vacation 7
vache *f.* cow 14
vaisselle *f.* dishes 8
  faire la vaisselle *v.* to do the dishes 8
  lave-vaisselle *m.* dishwasher 8
valise *f.* suitcase 7
  faire les valises *v.* to pack one's bags 7
vallée *f.* valley 14
variétés *f., pl.* popular music 15
vaut (valloir) *v.*
  Il vaut mieux que It is better that 14
vélo *m.* bicycle 5
  faire du vélo *v.* to go bike riding 5
velours *m.* velvet 12
vendeur/vendeuse *m., f.* seller 6
vendre *v.* to sell 6
vendredi *m.* Friday 2
venir *v.* to come 9

venir de *v. (used with an infinitive)* to have just 9
vent *m.* wind 5
  Il fait du vent. It is windy. 5
ventre *m.* stomach 10
vérifier (l'huile/la pression des pneus) *v.* to check (the oil/the tire pressure) 11
véritable *adj.* true, real 12
verre (de) *m.* glass (of) 4
vers *adv.* about 2
vert(e) *adj.* green 3
  haricots verts *m., pl.* green beans 9
vêtements *m., pl.* clothing 6
  sous-vêtement *m.* underwear 6
vétérinaire *m., f.* veterinarian 13
veuf/veuve *adj.* widowed 3
veut dire (vouloir dire) *v.* means, signifies 9
viande *f.* meat 9
vie *f.* life 6
  assurance vie *f.* life insurance 13
vieille *adj., f. (feminine form of vieux)* old 3
vieillesse *f.* old age 6
vieillir *v.* to grow old 4
vietnamien(ne) *adj.* Vietnamese 1
vieux/vieille *adj.* old 3
ville *f.* city; town 4
vin *m.* wine 6
vingt *m.* twenty 1
vingtième *adj.* twentieth 7
violet(te) *adj.* purple; violet 6
violon *m.* violin 15
visage *m.* face 10
visite *f.* visit 6
  rendre visite (à) *v.* to visit *(a person or people)* 6
visiter *v.* to visit *(a place)* 2
  faire visiter *v.* to give a tour 8
vite *adv.* quickly 1; quick, hurry 4
vitesse *f.* speed 11
voici here is/are 1
voilà there is/are 1
voir *v.* to see 12
voisin(e) *m., f.* neighbor 3
voiture *f.* car 11
  faire un tour en voiture *v.* to go for a drive 5
  rouler en voiture *v.* to ride in a car 7
vol *m.* flight 7
volant *m.* steering wheel 11
volcan *m.* volcano 14
volley(-ball) *m.* volleyball 5
volontiers *adv.* willingly 10
vos *poss. adj., m., f., pl.* your 3
votre *poss. adj., m., f., sing.* your 3
  le vôtre *poss. pron.* yours 15

la vôtre *poss. pron.* yours 15
les vôtres *poss. pron.* yours 15
vouloir *v.* to want; to mean *(with* **dire***)* 9
  ça veut dire that is to say 10
  veut dire *v.* means, signifies 9
  vouloir (que) *v.* to want (that) 14

voulu (vouloir) *p.p., adj. (used with infinitive)* wanted to… ; *(used with noun)* planned to/for 9
vous *pron., sing., pl., fam., form.* you 1; *d.o. pron.* you 7; yourself, yourselves 10
voyage *m.* trip 7
  agence de voyages *f.* travel agency 7
  agent de voyages *m.* travel agent 7
voyager *v.* to travel 2
voyant (d'essence/d'huile) *m.* (gas/oil) warning light 11
vrai(e) *adj.* true; real 3
  Il est vrai que… It is true that… 15
  Il n'est pas vrai que… It is untrue that… 15
vraiment *adv.* really, truly 5
vu (voir) *p.p.* seen 15

W

W.-C. *m., pl.* restroom(s) 8
week-end *m.* weekend 2
  ce week-end this weekend 2

Y

y *pron.* there; at *(a place)* 10
  j'y vais I'm going/coming 8
  nous y allons we're going/coming 9
  on y va let's go 10
  Y a-t-il… ? Is/Are there… ? 2
yaourt *m.* yogurt 9
yeux (œil) *m., pl.* eyes 3

Z

zéro *m.* zero 1
zut *interj.* darn 6

English-French

A

a **un(e)** *indef. art.* 1
able: to be able to **pouvoir** *v.* 9
abolish **abolir** *v.* 14
about **vers** *adv.* 2
abroad **à l'étranger** 7
absolutely **absolument** *adv.* 7;
   tout à fait *adv.* 6
accident **accident** *m.* 10
   to have/to be in an accident
   avoir un accident *v.* 11
accompany **accompagner** *v.* 12
account (*at a bank*) **compte** *m.* 12
   checking account **compte** *m.*
   de chèques 12
   to have a bank account **avoir**
   un compte bancaire *v.* 12
accountant **comptable** *m., f.* 13
acid rain **pluie acide** *f.* 14
across from **en face de** *prep.* 3
acquaintance **connaissance** *f.* 5
active **actif/active** *adj.* 3
actively **activement** *adv.* 7
actor **acteur/actrice** *m., f.* 1
add **ajouter** *v.* 11
   add a friend **ajouter un(e)**
   ami(e) 11
address **adresse** *f.* 12
administration: business
   administration **gestion** *f.* 2
adolescence **adolescence** *f.* 6
adore **adorer** 2
   I love... **J'adore...** 2
   to adore one another
   s'adorer *v.* 11
adulthood **âge adulte** *m.* 6
adventure **aventure** *f.* 15
   adventure film **film** *m.*
   d'aventures 15
advertisement **publicité (pub)** *f.* 15
advice **conseil** *m.* 13
advisor **conseiller/conseillère**
   m., f. 13
aerobics **aérobic** *m.* 5
   to do aerobics **faire de**
   l'aérobic *v.* 5
afraid: to be afraid of/that **avoir**
   peur de/que *v.* 14
after **après (que)** *adv.* 7
afternoon **après-midi** *m.* 2
   ... (o'clock) in the afternoon
   ... **heure(s) de l'après-midi** 2
afternoon snack **goûter** *m.* 9
again **encore** *adv.* 3
age **âge** *m.* 6
agent: travel agent **agent de**

voyages *m.* 7
   real estate agent **agent**
   immobilier *m.* 13
ago (*with an expression of time*)
   il y a... 9
agree: to agree (with) **être**
   d'accord (avec) *v.* 2
airport **aéroport** *m.* 7
alarm clock **réveil** *m.* 10
Algerian **algérien(ne)** *adj.* 1
all **tout** *m., sing.* 4
   all of a sudden **soudain** *adv.* 7;
   tout à coup *adv.*; **tout d'un**
   coup *adv.* 7
all right? (*tag question*) **d'accord?** 2
allergy **allergie** *f.* 10
allow (*to do something*) **laisser** *v.*
   11; **permettre (de)** *v.* 6
allowed **permis (permettre)**
   p.p., adj. 6
all the... (*agrees with noun that*
   follows) **tout le...** *m., sing;*
   toute la... *f., sing;* **tous les...**
   m., pl.; **toutes les...** *f., pl.* 4
almost **presque** *adv.* 5
a lot (of) **beaucoup (de)** *adv.* 4
alone: to leave alone **laisser**
   tranquille *v.* 10
already **déjà** *adv.* 3
always **toujours** *adv.* 7
American **américain(e)** *adj.* 1
an **un(e)** *indef. art.* 1
ancient (*placed after noun*)
   ancien(ne) *adj.* 15
and **et** *conj.* 1
   And you? **Et toi?**, *fam.;* **Et**
   vous? *form.* 1
angel **ange** *m.* 1
angry: to become angry
   s'énerver *v.* 10; **se mettre**
   en colère *v.* 10
animal **animal** *m.* 14
ankle **cheville** *f.* 10
apartment **appartement** *m.* 7
appetizer **entrée** *f.* 9;
   hors-d'œuvre *m.* 9
applaud **applaudir** *v.* 15
applause **applaudissement** *m.* 15
apple **pomme** *f.* 9
appliance **appareil** *m.* 8
   electrical/household appliance
   appareil *m.* **électrique/**
   ménager 8
applicant **candidat(e)** *m., f.* 13
apply **postuler** *v.* 13
appointment **rendez-vous** *m.* 13
   to make an appointment
   prendre (un) rendez-vous *v.* 13
April **avril** *m.* 5
architect **architecte** *m., f.* 3

architecture **architecture** *f.* 2
Are there... ? **Y a-t-il... ?** 2
area **quartier** *m.* 8
argue (with) **se disputer**
   (avec) *v.* 10
arm **bras** *m.* 10
armchair **fauteuil** *m.* 8
armoire **armoire** *f.* 8
around **autour (de)** *prep.* 12
arrival **arrivée** *f.* 7
arrive **arriver (à)** *v.* 2
art **art** *m.* 2
   artwork, piece of art **œuvre** *f.* 15
   fine arts **beaux-arts** *m., pl.* 15
artist **artiste** *m., f.* 3
as (*like*) **comme** *adv.* 6
   as ... as (*used with adjective to*
   compare) **aussi ... que** 9
   as much ... as (*used with noun*
   to express comparative quan-
   tity) **autant de ... que** 14
   as soon as **dès que** *adv.* 13
ashamed: to be ashamed of
   avoir honte de *v.* 2
ask **demander** *v.* 2
   to ask (*someone*) **demander**
   (à) *v.* 6
   to ask (*someone*) a question
   poser une question (à) *v.* 6
   to ask that... **demander**
   que... 14
aspirin **aspirine** *f.* 10
at **à** *prep.* 4
   at ... (o'clock) **à ... heure(s)** 4
   at the doctor's office **chez le**
   médecin *prep.* 2
   at (someone's) house **chez...**
   prep. 2
   at the end (of) **au bout (de)**
   prep. 12
   at last **enfin** *adv.* 11
athlete **athlète** *m., f.* 3
ATM **distributeur** *m.* **automa-**
   tique/de billets *m.* 12
attend **assister** *v.* 2
August **août** *m.* 5
aunt **tante** *f.* 3
author **auteur/femme auteur**
   m., f. 15
autumn **automne** *m.* 5
   in autumn **en automne** 5
available (*free*) **libre** *adj.* 7
avenue **avenue** *f.* 12
avoid **éviter de** *v.* 10

B

back **dos** *m.* 10
backpack **sac à dos** *m.* 1
bad **mauvais(e)** *adj.* 3

to be in a bad mood **être de mauvaise humeur** 8

to be in bad health **être en mauvaise santé** 10
badly **mal** *adv.* 7
I am doing badly. **Je vais mal.** 1
to be doing badly **se porter mal** *v.* 10
baguette **baguette** *f.* 4
bakery **boulangerie** *f.* 9
balcony **balcon** *m.* 8
banana **banane** *f.* 9
bank **banque** *f.* 12
to have a bank account **avoir un compte bancaire** *v.* 12
banker **banquier/banquière** *m., f.* 13
banking **bancaire** *adj.* 12
baseball **baseball** *m.* 5
baseball cap **casquette** *f.* 6
basement **sous-sol** *m.;* **cave** *f.* 8
basketball **basket(-ball)** *m.* 5
bath **bain** *m.* 6
bathing suit **maillot de bain** *m.* 6
bathroom **salle de bains** *f.* 8
bathtub **baignoire** *f.* 8
be **être** *v.* 1
sois (être) *imp. v.* 7;
soyez (être) *imp. v.* 7
beach **plage** *f.* 7
beans **haricots** *m., pl.* 9
green beans **haricots verts** *m., pl.* 9
bearings: to get one's bearings **s'orienter** *v.* 12
beautiful **beau (belle)** *adj.* 3
beauty salon **salon** *m.* **de beauté** 12
because **parce que** *conj.* 2
become **devenir** *v.* 9
bed **lit** *m.* 7
to go to bed **se coucher** *v.* 10
bedroom **chambre** *f.* 8
beef **bœuf** *m.* 9
been **été (être)** *p.p.* 6
beer **bière** *f.* 6
before **avant (de/que)** *adv.* 7
before (o'clock) **moins** *adv.* 2
begin (to do something) **commencer (à)** *v.* 2;
se mettre à *v.* 10
beginning **début** *m.* 15
behind **derrière** *prep.* 3
Belgian **belge** *adj.* 7
Belgium **Belgique** *f.* 7
believe (that) **croire (que)** *v.* 12
believed **cru (croire)** *p.p.* 12
belt **ceinture** *f.* 6
to buckle one's seatbelt **attacher sa ceinture de**

sécurité *v.* 11
bench **banc** *m.* 12

best: the best **le mieux** *super. adv.* 9; **le/la meilleur(e)** *super. adj.* 9
better **meilleur(e)** *comp. adj.;* **mieux** *comp. adv.* 9
It is better that… **Il vaut mieux que/qu'…** 14
to be doing better **se porter mieux** *v.* 10
to get better (*from illness*) **guérir** *v.* 10
between **entre** *prep.* 3
beverage (carbonated) **boisson** *f.* **(gazeuse)** 4
bicycle **vélo** *m.* 5
to go bike riding **faire du vélo** *v.* 5
big **grand(e)** *adj.* 3; (*clothing*) **large** *adj.* 6
bill (*in a restaurant*) **addition** *f.* 4
bills (*money*) **billets** *m., pl.* 12
biology **biologie** *f.* 2
bird **oiseau** *m.* 3
birth **naissance** *f.* 6
birthday **anniversaire** *m.* 5
bit (of) **morceau (de)** *m.* 4
black **noir(e)** *adj.* 3
blackboard **tableau** *m.* 1
blanket **couverture** *f.* 8
blonde **blond(e)** *adj.* 3
blouse **chemisier** *m.* 6
blue **bleu(e)** *adj.* 3
blush **rougir** *v.* 4
boat **bateau** *m.* 7
body **corps** *m.* 10
book **livre** *m.* 1
bookstore **librairie** *f.* 1
bored: to get bored **s'ennuyer** *v.* 10
boring **ennuyeux/ennuyeuse** *adj.* 3
born: to be born **naître** *v.* 7; **né (naître)** *p.p., adj.* 7
borrow **emprunter** *v.* 12
bottle (of) **bouteille (de)** *f.* 4
boulevard **boulevard** *m.* 12
boutique **boutique** *f.* 12
bowl **bol** *m.* 9
box **boîte** *f.* 9
boy **garçon** *m.* 1
boyfriend **petit ami** *m.* 1
brake **freiner** *v.* 11
brakes **freins** *m., pl.* 11
brave **courageux/courageuse** *adj.* 3
Brazil **Brésil** *m.* 7
Brazilian **brésilien(ne)** *adj.* 7
bread **pain** *m.* 4
country-style bread **pain** *m.* **de campagne** 4
bread shop **boulangerie** *f.* 9

break **se casser** *v.* 10
breakdown **panne** *f.* 11

break down **tomber en panne** *v.* 11
break up (*to leave one another*) **se quitter** *v.* 11
breakfast **petit-déjeuner** *m.* 9
bridge **pont** *m.* 12
bright **brillant(e)** *adj.* 1
bring (*a person*) **amener** *v.* 5; (*a thing*) **apporter** *v.* 4
broom **balai** *m.* 8
brother **frère** *m.* 3
brother-in-law **beau-frère** *m.* 3
brown **marron** *adj., inv.* 3
brown (*hair*) **châtain** *adj.* 3
brush (hair/tooth) **brosse** *f.* **(à cheveux/à dents)** 10
to brush one's hair/teeth **se brosser les cheveux/ les dents** *v.* 9
buckle: to buckle one's seatbelt **attacher sa ceinture de sécurité** *v.* 11
build **construire** *v.* 6
building **bâtiment** *m.* 12; **immeuble** *m.* 8
bumper **pare-chocs** *m.* 11
bus **autobus** *m.* 7
bus stop **arrêt d'autobus (de bus)** *m.* 7
bus terminal **gare** *f.* **routière** 7
business (*profession*) **affaires** *f., pl.* 3; (*company*) **entreprise** *f.* 13
business administration **gestion** *f.* 2
businessman **homme d'affaires** *m.* 3
businesswoman **femme d'affaires** *f.* 3
busy **occupé(e)** *adj.* 1
but **mais** *conj.* 1
butcher's shop **boucherie** *f.* 9
butter **beurre** *m.* 4
buy **acheter** *v.* 5
by **par** *prep.* 3
Bye! **Salut!** *fam.* 1

C

cabinet **placard** *m.* 8
café **café** *m.* 1; **brasserie** *f.* 12
café terrace **terrasse** *f.* **de café** 4
cybercafé **cybercafé** *m.* 12
cafeteria (school) **cantine** *f.* 9
cake **gâteau** *m.* 6
calculator **calculatrice** *f.* 1
call **appeler** *v.* 13
calm **calme** *adj.* 1; **calme** *m.* 1
camera **appareil photo** *m.* 11

digital camera **appareil photo** *m.* **numérique** 11

camping **camping** *m.* 5
   to go camping **faire du camping** *v.* 5

can (of food) **boîte (de conserve)** *f.* 9

Canada **Canada** *m.* 7

Canadian **canadien(ne)** *adj.* 1

cancel (a reservation) **annuler (une réservation)** *v.* 7

candidate **candidat(e)** *m., f.* 13

candy **bonbon** *m.* 6

cap: baseball cap **casquette** *f.* 6

capital **capitale** *f.* 7

car **voiture** *f.* 11
   to ride in a car **rouler en voiture** *v.* 7

card *(letter)* **carte postale** *f.* 12; credit card **carte** *f.* **de crédit** 12
   to pay with a credit card **payer avec une carte de crédit** *v.* 12
   cards *(playing)* **cartes** *f.* 5

carbonated drink/beverage **boisson** *f.* **gazeuse** 4

career **carrière** *f.* 13

carpooling **covoiturage** *m.* 14

carrot **carotte** *f.* 9

carry **apporter** *v.* 4

cartoon **dessin animé** *m.* 15

case: in any case **en tout cas** 6

cash **liquide** *m.* 12
   to pay in cash **payer en liquide** *v.* 12

cat **chat** *m.* 3

catastrophe **catastrophe** *f.* 14

catch sight of **apercevoir** *v.* 12

CD(s) **CD** *m.* 11

CD/DVD player **lecteur de CD/DVD** *m.* 11

celebrate **célébrer** *v.* 5; **fêter** *v.* 6

celebration **fête** *f.* 6

cellar **cave** *f.* 8

cell(ular) phone **portable** *m.* 11

center: city/town center **centre-ville** *m.* 4

certain **certain(e)** *adj.* 9; **sûr(e)** *adj.* 15
   It is certain that… **Il est certain que…** 15
   It is uncertain that… **Il n'est pas certain que…** 15

chair **chaise** *f.* 1

champagne **champagne** *m.* 6

change *(coins)* **(pièces** *f. pl.* **de) monnaie** 12

channel (television) **chaîne** *f.* **(de télévision)** 11

character **personnage** *m.* 15
   main character **personnage principal** *m.* 15

charge **recharger** *v.* 11

charming **charmant(e)** *adj.* 1

chat **bavarder** *v.* 4

check **chèque** *m.* 12; *(bill)* **addition** *f.* 4
   to pay by check **payer par chèque** *v.* 12;
   to check (the oil/the air pressure) **vérifier (l'huile/la pression des pneus)** *v.* 11

checking account **compte** *m.* **de chèques** 12

cheek **joue** *f.* 10

cheese **fromage** *m.* 4

chemistry **chimie** *f.* 2

chess **échecs** *m., pl.* 5

chest **poitrine** *f.* 10
   chest of drawers **commode** *f.* 8

chic **chic** *adj.* 4

chicken **poulet** *m.* 9

child **enfant** *m., f.* 3

childhood **enfance** *f.* 6

China **Chine** *f.* 7

Chinese **chinois(e)** *adj.* 7

choir **chœur** *m.* 15

choose **choisir** *v.* 4

chorus **chœur** *m.* 15

chrysanthemums **chrysanthèmes** *m., pl.* 9

church **église** *f.* 4

city **ville** *f.* 4

city hall **mairie** *f.* 12

city/town center **centre-ville** *m.* 4

class *(group of students)* **classe** *f.* 1; *(course)* **cours** *m.* 2

classmate **camarade de classe** *m., f.* 1

classroom **salle** *f.* **de classe** 1

clean **nettoyer** *v.* 5; **propre** *adj.* 8

clear **clair(e)** *adj.* 15
   It is clear that… **Il est clair que…** 15
   to clear the table **débarrasser la table** 8

client **client(e)** *m., f.* 7

cliff **falaise** *f.* 14

clock **horloge** *f.* 1
   alarm clock **réveil** *m.* 10

close (to) **près (de)** *prep.* 3
   very close (to) **tout près (de)** 12

close **fermer** *v.* 11

closed **fermé(e)** *adj.* 12

closet **placard** *m.* 8

clothes dryer **sèche-linge** *m.* 8

clothing **vêtements** *m., pl.* 6

cloudy **nuageux/nuageuse** *adj.* 5
   It is cloudy. **Le temps est nuageux.** 5

clutch **embrayage** *m.* 11

coast **côte** *f.* 14

coat **manteau** *m.* 6

coffee **café** *m.* 1

coffeemaker **cafetière** *f.* 8

coins **pièces** *f. pl.* **de monnaie** 12

cold **froid** *m.* 2
   to be cold **avoir froid** *v.* 2
   (weather) It is cold. **Il fait froid.** 5

cold **rhume** *m.* 10

color **couleur** *f.* 6
   What color is… ? **De quelle couleur est… ?** 6

comb **peigne** *m.* 10

come **venir** *v.* 7

come back **revenir** *v.* 9

Come on. **Allez.** 2

comedy **comédie** *f.* 15

comic strip **bande dessinée (B.D.)** *f.* 5

compact disc **compact disque** *m.* 11

company *(troop)* **troupe** *f.* 15

completely **tout à fait** *adv.* 6

composer **compositeur** *m.* 15

computer **ordinateur** *m.* 1

computer science **informatique** *f.* 2

concert **concert** *m.* 15

congratulations **félicitations** 15

consider **considérer** *v.* 5

constantly **constamment** *adv.* 7

construct **construire** *v.* 6

consultant **conseiller/conseillère** *m., f.* 13

continue *(doing something)* **continuer (à)** *v.* 12

cook **cuisiner** *v.* 9; **faire la cuisine** *v.* 5; **cuisinier/cuisinière** *m., f.* 13

cookie **biscuit** *m.* 6

cooking **cuisine** *f.* 5

cool: *(weather)* It is cool. **Il fait frais.** 5

corner **angle** *m.* 12; **coin** *m.* 12

cost **coûter** *v.* 4

cotton **coton** *m.* 6

couch **canapé** *m.* 8

cough **tousser** *v.* 10

count (on someone) **compter (sur quelqu'un)** *v.* 8

country **pays** *m.* 7
   country(side) **campagne** *f.* 7

country-style **de campagne** *adj.* 4

couple **couple** *m.* 6

courage **courage** *m.* 13

courageous **courageux/courageuse** *adj.* 3

course **cours** *m.* 2

cousin **cousin(e)** *m., f.* 3

cover **couvrir** *v.* 11

covered **couvert (couvrir)** *p.p.* 11

cow **vache** *f.* 14

crazy **fou/folle** *adj.* 3

cream **crème** *f.* 9

credit card **carte** *f.* **de crédit** 12
   to pay with a credit card **payer avec une carte de crédit** *v.* 12

crêpe **crêpe** *f.* 5
crime film **film policier** *m.* 15
croissant **croissant** *m.* 4
cross **traverser** *v.* 12
cruel **cruel/cruelle** *adj.* 3
cry **pleurer** *v.*
cup (of) **tasse (de)** *f.* 4
cupboard **placard** *m.* 8
curious **curieux/
  curieuse** *adj.* 3
curly **frisé(e)** *adj.* 3
currency **monnaie** *f.* 12
curtain **rideau** *m.* 8
customs **douane** *f.* 7
cybercafé **cybercafé** *m.* 12

D

dance **danse** *f.* 15
  to dance **danser** *v.* 4
danger **danger** *m.* 14
dangerous **dangereux/
  dangereuse** *adj.* 11
dark (*hair*) **brun(e)** *adj.* 3
darling **chéri(e)** *adj.* 2
darn **zut** 11
dash (*punctuation mark*) **tiret**
  m. 11
date (*day, month, year*) **date** *f.* 5;
  (*meeting*) **rendez-vous** *m.* 6
  to make a date **prendre (un)
  rendez-vous** *v.* 13
daughter **fille** *f.* 1
day **jour** *m.* 2; **journée** *f.* 2
  day after tomorrow **après-
  demain** *adv.* 2
  day before yesterday **avant-
  hier** *adv.* 7
  day off **congé** *m.*, **jour de
  congé** 7
dear **cher/chère** *adj.* 2
death **mort** *f.* 6
December **décembre** *m.* 5
decide (*to do something*)
  décider (de) *v.* 11
deforestation **déboisement** *m.* 14
degree **diplôme** *m.* 2
degrees (*temperature*) **degrés**
  m., pl. 5
  It is... degrees. **Il fait... degrés.** 5
delicatessen **charcuterie** *f.* 9
delicious **délicieux/délicieuse**
  adj. 4
Delighted. **Enchanté(e).** *p.p.,
  adj.* 1
demand (*that*) **exiger (que)** *v.* 14
demanding **exigeant(e)** *adj.* 13
  demanding profession
  profession *f.* **exigeante** 13
dentist **dentiste** *m., f.* 3
department store **grand magasin**
  m. 4
departure **départ** *m.* 7

deposit: to deposit money
  déposer de l'argent *v.* 12
depressed **déprimé(e)** *adj.* 10
describe **décrire** *v.* 7
described **décrit (décrire)** *p.p.,
  adj.* 7
desert **désert** *m.* 14
design (*fashion*) **stylisme (de
  mode)** *m.* 2
desire **envie** *f.* 2
desk **bureau** *m.* 1
dessert **dessert** *m.* 6
destroy **détruire** *v.* 6
destroyed **détruit (détruire)**
  p.p., adj. 6
detective film **film policier** *m.* 15
detest **détester** *v.* 2
  I hate... **Je déteste...** 2
develop **développer** *v.* 14
dial (*a number*) **composer
  (un numéro)** *v.* 11
dictionary **dictionnaire** *m.* 1
die **mourir** *v.* 7
died **mort (mourir)** *p.p., adj.* 7
diet **régime** *m.* 10
  to be on a diet **être au
  régime** 9
difference **différence** *f.* 1
different **différent(e)** *adj.* 1
differently **différemment** *adv.* 7
difficult **difficile** *adj.* 1
digital camera **appareil photo
  m. **numérique** 11
dining room **salle à manger** *f.* 8
dinner **dîner** *m.* 9
  to have dinner **dîner** *v.* 2
diploma **diplôme** *m.* 2
directions **indications** *f.* 12
director (*movie*) **réalisateur/
  réalisatrice** *m., f.;* (*play/show*)
  metteur en scène *m.* 15
dirty **sale** *adj.* 8
discover **découvrir** *v.* 11
discovered **découvert
  (découvrir)** *p.p.* 11
discreet **discret/discrète** *adj.* 3
discuss **discuter** *v.* 11
dish (*food*) **plat** *m.* 9
  to do the dishes **faire la
  vaisselle** *v.* 8
dishwasher **lave-vaisselle** *m.* 8
dismiss **renvoyer** *v.* 13
distinction **mention** *f.* 13
divorce **divorce** *m.* 6
  to divorce **divorcer** *v.* 3
divorced **divorcé(e)** *p.p., adj.* 3
do (*make*) **faire** *v.* 5
  to do odd jobs **bricoler** *v.* 5
doctor **médecin** *m.* 3
documentary **documentaire**
  m. 15
dog **chien** *m.* 3
done **fait (faire)** *p.p., adj.* 6

door (*building*) **porte** *f.* 1;
  (*automobile*) **portière** *f.* 11
dorm **résidence** *f.* **universitaire** 8
doubt (*that*)... **douter (que)...**
  v. 15
doubtful **douteux/douteuse**
  adj. 15
  It is doubtful that... **Il est
  douteux que...** 15
download **télécharger** *v.* 11
downtown **centre-ville** *m.* 4
drag **barbant** *adj.* 3; **barbe** *f.* 3
drape **rideau** *m.* 8
draw **dessiner** *v.* 2
drawer **tiroir** *m.* 8
dreadful **épouvantable** *adj.* 5
dream (*about*) **rêver (de)** *v.* 11
dress **robe** *f.* 6
  to dress **s'habiller** *v.* 10
dresser **commode** *f.* 8
drink (*carbonated*)
  boisson *f.* **(gazeuse)** 4
  to drink **boire** *v.* 4
drive **conduire** *v.* 6
  to go for a drive **faire un tour
  en voiture** 5
driven **conduit (conduire)** *p.p.* 6
driver (*taxi/truck*) **chauffeur
  (de taxi/de camion)** *m.* 13
driver's license **permis** *m.* **de
  conduire** 11
drums **batterie** *f.* 15
drunk **bu (boire)** *p.p.* 6
dryer (*clothes*) **sèche-linge** *m.* 8
dry oneself **se sécher** *v.* 10
due **dû(e) (devoir)** *adj.* 9
during **pendant** *prep.* 7
dust **enlever/faire la poussière**
  v. 8

E

each **chaque** *adj.* 6
ear **oreille** *f.* 10
early **en avance** *adv.* 2; **tôt**
  adv. 2
earn **gagner** *v.* 13
Earth **Terre** *f.* 14
easily **facilement** *adv.* 7
east **est** *m.* 12
easy **facile** *adj.* 2
eat **manger** *v.* 2
  to eat lunch **déjeuner** *v.* 4
éclair **éclair** *m.* 4
ecological **écologique** *adj.* 14
ecology **écologie** *f.* 14
ecotourism **écotourisme** *m.* 14
education **formation** *f.* 13
effect: in effect **en effet** 14
egg **œuf** *m.* 9
eight **huit** *m.* 1

eighteen **dix-huit** *m.* 1
eighth **huitième** *adj.* 7
eighty **quatre-vingts** *m.* 3
eighty-one **quatre-vingt-un** *m.* 3
elder **aîné(e)** *adj.* 3
electric **électrique** *adj.* 8
    electrical appliance **appareil** *m.* **électrique** 8
electrician **électricien/ électricienne** *m., f.* 13
elegant **élégant(e)** *adj.* 1
elevator **ascenseur** *m.* 7
eleven **onze** *m.* 1
eleventh **onzième** *adj.* 7
e-mail **e-mail** *m.* 11
emergency room **urgences** *f., pl.* 10
    to go to the emergency room **aller aux urgences** *v.* 10
employ **employer** *v.* 5
end **fin** *f.* 15
endangered **menacé(e)** *adj.* 14
    endangered species **espèce** *f.* **menacée** 14
engaged **fiancé(e)** *adj.* 3
engine **moteur** *m.* 11
engineer **ingénieur** *m.* 3
England **Angleterre** *f.* 7
English **anglais(e)** *adj.* 1
enormous **énorme** *adj.* 2
enough (of) **assez (de)** *adv.* 4
    not enough (of) **pas assez (de)** 4
enter **entrer** *v.* 7
envelope **enveloppe** *f.* 12
environment **environnement** *m.* 14
equal **égaler** *v.* 3
erase **effacer** *v.* 11
errand **course** *f.* 9
escargot **escargot** *m.* 9
especially **surtout** *adv.* 2
essay **dissertation** *f.* 11
essential **essentiel(le)** *adj.* 14
    It is essential that... **Il est essentiel/indispensable que...** 14
even **même** *adv.* 5
evening **soir** *m.;* **soirée** *f.* 2
    ... (o'clock) in the evening ... **heures du soir** 2
every day **tous les jours** *adv.* 7
everyone **tout le monde** *m.* 9
evident **évident(e)** *adj.* 15
    It is evident that... **Il est évident que...** 15
evidently **évidemment** *adv.* 7
exactly **exactement** *adv.* 9
exam **examen** *m.* 1
Excuse me. **Excuse-moi.** *fam.* 1; **Excusez-moi.** *form.* 1
executive **cadre/femme cadre** *m., f.* 13

exercise **exercice** *m.* 10
    to exercise **faire de l'exercice** *v.* 10
exhibit **exposition** *f.* 15
exit **sortie** *f.* 7
expenditure **dépense** *f.* 12
expensive **cher/chère** *adj.* 6
explain **expliquer** *v.* 2
explore **explorer** *v.* 4
extinction **extinction** *f.* 14
eye (eyes) **œil (yeux)** *m.* 10

face **visage** *m.* 10
facing **en face (de)** *prep.* 3
fact: in fact **en fait** 7
factory **usine** *f.* 14
fail **échouer** *v.* 2
fall **automne** *m.* 5
    in the fall **en automne** 5
    to fall **tomber** *v.* 7
    to fall in love **tomber amou- reux/amoureuse** *v.* 6
    to fall asleep **s'endormir** *v.* 10
family **famille** *f.* 3
famous **célèbre** *adj.* 15; **connu (connaître)** *p.p., adj.* 8
far (from) **loin (de)** *prep.* 3
farewell **adieu** *m.* 14
farmer **agriculteur/ agricultrice** *m., f.* 13
fashion **mode** *f.* 2
    fashion design **stylisme de mode** *m.* 2
fast **rapide** *adj.* 3; **vite** *adv.* 7
fat **gros(se)** *adj.* 3
father **père** *m.* 3
father-in-law **beau-père** *m.* 3
favorite **favori/favorite** *adj.* 3; **préféré(e)** *adj.* 2
fear **peur** *f.* 2
    to fear that **avoir peur que** *v.* 14
February **février** *m.* 5
fed up: to be fed up **en avoir marre** *v.* 3
feel *(to sense)* **sentir** *v.* 5; *(state of being)* **se sentir** *v.* 10
    to feel like *(doing something)* **avoir envie (de)** 2
    to feel nauseated **avoir mal au cœur** 10
festival (festivals) **festival (festivals)** *m.* 15
fever **fièvre** *f.* 10
    to have fever **avoir de la fièvre** *v.* 10
fiancé **fiancé(e)** *m., f.* 6
field *(terrain)* **champ** *m.* 14; *(of study)* **domaine** *m.* 13
fifteen **quinze** *m.* 1
fifth **cinquième** *adj.* 7

fifty **cinquante** *m.* 1
figure *(physique)* **ligne** *f.* 10
file **fichier** *m.* 11
fill: to fill out a form **remplir un formulaire** *v.* 12
    to fill the tank **faire le plein** *v.* 11
film **film** *m.* 15
    adventure/crime film **film** *m.* **d'aventures/policier** 15
finally **enfin** *adv.* 7; **finalement** *adv.* 7; **dernièrement** *adv.* 7
find (a job) **trouver (un/du travail)** *v.* 13
    to find again **retrouver** *v.* 2
fine **amende** *f.* 11
fine arts **beaux-arts** *m., pl.* 15
finger **doigt** *m.* 10
finish *(doing something)* **finir (de)** *v.* 4, 11
fire **incendie** *m.* 14
firefighter **pompier/femme pompier** *m., f.* 13
firm *(business)* **entreprise** *f.* 13;
first **d'abord** *adv.* 7; **premier/ première** *adj.* 2; **premier** *m.* 5
    It is October first. **C'est le 1ᵉʳ (premier) octobre.** 5
fish **poisson** *m.* 3
fishing **pêche** *f.* 5
    to go fishing **aller à la pêche** *v.* 5
fish shop **poissonnerie** *f.* 9
five **cinq** *m.* 1
flat tire **pneu** *m.* **crevé** 11
flight *(air travel)* **vol** *m.* 7
floor **étage** *m.* 7
flower **fleur** *f.* 8
flu **grippe** *f.* 10
fluently **couramment** *adv.* 7
follow (a path/a street/a boulevard) **suivre (un chemin/une rue/ un boulevard)** *v.* 12
food (item) **aliment** *m.* 9; **nourriture** *f.* 9
foot **pied** *m.* 10
football **football américain** *m.* 5
for **pour** *prep.* 5; **pendant** *prep.* 9
    For whom? **Pour qui?** 4
forbid **interdire** *v.* 14
foreign **étranger/ étrangère** *adj.* 2
    foreign languages **langues** *f., pl.* **étrangères** 2
forest **forêt** *f.* 14
    tropical forest **forêt tropicale** *f.* 14
forget *(to do something)* **oublier (de)** *v.* 2
fork **fourchette** *f.* 9
form **formulaire** *m.* 12
former *(placed before noun)* **ancien(ne)** *adj.* 15

fortunately **heureusement** *adv.* 7
forty **quarante** *m.* 1
fountain **fontaine** *f.* 12
four **quatre** *m.* 1
fourteen **quatorze** *m.* 1
fourth **quatrième** *adj.* 7
France **France** *f.* 7
frankly **franchement** *adv.* 7
free *(at no cost)* **gratuit(e)** *adj.* 15
  free time **temps libre** *m.* 5
freezer **congélateur** *m.* 8
French **français(e)** *adj.* 1
French fries **frites** *f., pl.* 4
frequent *(to visit regularly)*
  fréquenter *v.* 4
fresh **frais/fraîche** *adj.* 5
Friday **vendredi** *m.* 2
friend **ami(e)** *m., f.* 1; **copain/**
  copine *m., f.* 1
friendship **amitié** *f.* 6
from **de/d'** *prep.* 1
  from time to time **de temps en**
  temps *adv.* 7
front: in front of **devant** *prep.* 3
fruit **fruit** *m.* 9
full *(no vacancies)* **complet**
  (complète) *adj.* 7
full-time job **emploi** *m.*
  à plein temps 13
fun **amusant(e)** *adj.* 1
  to have fun *(doing something)*
  s'amuser (à) *v.* 11
funeral **funérailles** *f., pl.* 9
funny **drôle** *adj.* 3
furious **furieux/furieuse** *adj.* 14
  to be furious that… **être**
  furieux/furieuse que… *v.* 14

G

gain: gain weight **grossir** *v.* 4
game *(amusement)* **jeu** *m.* 5;
  (sports) **match** *m.* 5
game show **jeu télévisé** *m.* 15
garage **garage** *m.* 8
garbage **ordures** *f., pl.* 14
garbage collection **ramassage**
  m. **des ordures** 14
garden **jardin** *m.* 8
garlic **ail** *m.* 9
gas **essence** *f.* 11
gas tank **réservoir d'essence**
  m. 11
gas warning light **voyant** *m.*
  d'essence 11
generally **en général** *adv.* 7
generous **généreux/généreuse**
  adj. 3
genre **genre** *m.* 15
gentle **doux/douce** *adj.* 3
geography **géographie** *f.* 2
German **allemand(e)** *adj.* 1
Germany **Allemagne** *f.* 7

get *(to obtain)* **obtenir** *v.* 13
get along well (with) **s'entendre**
  bien (avec) *v.* 10
get off **descendre (de)** *v.* 6
get up **se lever** *v.* 10
  get up again **se relever** *v.* 10
gift **cadeau** *m.* 6
  wrapped gift **paquet cadeau**
  m. 6
gifted **doué(e)** *adj.* 15
girl **fille** *f.* 1
girlfriend **petite amie** *f.* 1
give *(to someone)* **donner (à)** *v.* 2
  to give a shot **faire une**
  piqûre *v.* 10
  to give a tour **faire visiter** *v.* 8
  to give back **rendre (à)** *v.* 6
  to give one another **se donner**
  v. 11
glass (of) **verre (de)** *m.* 4
glasses **lunettes** *f., pl.* 6
  sunglasses **lunettes de soleil**
  f., pl. 6
global warming **réchauffement**
  m. **de la Terre** 14
glove **gant** *m.* 6
go **aller** *v.* 4
  Let's go! **Allons-y!** 4; **On y va!** 10
  I'm going. **J'y vais.** 8
  to go back **repartir** *v.* 15
  to go downstairs **descendre** *v.* 6
  to go out **sortir** *v.* 7
  to go over **dépasser** *v.* 11
  to go up **monter** *v.* 7
  to go with **aller avec** *v.* 6
golf **golf** *m.* 5
good **bon(ne)** *adj.* 3
  Good evening. **Bonsoir.** 1
  Good morning. **Bonjour.** 1
  to be good for nothing **ne**
  servir à rien *v.* 9
  to be in a good mood **être de**
  bonne humeur *v.* 8
  to be in good health **être en**
  bonne santé *v.* 10
  to be in good shape **être en**
  pleine forme *v.* 10
  to be up to something interesting **faire quelque chose de**
  beau *v.* 12
Good-bye. **Au revoir.** 1
government **gouvernement** *m.* 14
grade *(academics)* **note** *f.* 2
grandchildren **petits-enfants**
  m., pl. 3
granddaughter **petite-fille** *f.* 3
grandfather **grand-père** *m.* 3
grandmother **grand-mère** *f.* 3
grandparents **grands-parents**
  m., pl. 3
grandson **petit-fils** *m.* 3
grant **bourse** *f.* 2
grass **herbe** *f.* 14

gratin **gratin** *m.* 9
gray **gris(e)** *adj.* 6
great **formidable** *adj.* 7;
  génial(e) *adj.* 3
green **vert(e)** *adj.* 3
green beans **haricots verts**
  m., pl. 9
greenhouse **serre** *f.* 14
  greenhouse effect **effet de serre**
  m. 14
grocery store **épicerie** *f.* 4
groom: to groom oneself *(in the*
  morning) **faire sa toilette** *v.* 10
ground floor **rez-de-chaussée**
  m. 7
growing population **population**
  f. **croissante** 14
grow old **vieillir** *v.* 4
grow up **grandir** *v.* 4
guaranteed **garanti(e)** *p.p., adj.* 5
guest **invité(e)** *m., f.* 6; **client(e)**
  m., f. 7
guitar **guitare** *f.* 15
guy **mec** *m.* 10
gym **gymnase** *m.* 4

H

habitat **habitat** *m.* 14
  habitat preservation **sauvetage**
  des habitats *m.* 14
had **eu (avoir)** *p.p.* 6
  had to **dû (devoir)** *p.p.* 9
hair **cheveux** *m., pl.* 9
  to brush one's hair **se brosser**
  les cheveux *v.* 9
  to do one's hair **se coiffer** *v.* 10
hairbrush **brosse** *f.* **à cheveux** 10
hairdresser **coiffeur/coiffeuse**
  m., f. 3
half **demie** *f.* 2
  half past … (o'clock)
  … et demie 2
half-brother **demi-frère** *m.* 3
half-sister **demi-sœur** *f.* 3
half-time job **emploi** *m.* **à**
  mi-temps 13
hallway **couloir** *m.* 8
ham **jambon** *m.* 4
hand **main** *f.* 5
handbag **sac à main** *m.* 6
handsome **beau** *adj.* 3
hang up **raccrocher** *v.* 13
happiness **bonheur** *m.* 6
happy **heureux/heureuse** *adj.;*
  content(e) 13
  to be happy that… **être**
  content(e) que… *v.* 14;
  être heureux/heureuse
  que… *v.* 14
hard drive **disque (dur)** *m.* 11
hard-working **travailleur/**
  travailleuse *adj.* 3

hat **chapeau** *m.* 6
hate **détester** *v.* 2
  I hate… **Je déteste…** 2
have **avoir** *v.* 2; **aie (avoir)** *imp.,*
  v. 7; **ayez (avoir)** *imp. v.* 7;
  prendre *v.* 4
  to have an ache **avoir**
  mal *v.* 10
  to have to (*must*) **devoir** *v.* 9
he **il** *sub. pron.* 1
head (*body part*) **tête** *f.* 10;
  (*of a company*) **chef** *m.*
  d'entreprise 13
headache: to have a headache
  avoir mal à la tête *v.* 10
headlights **phares** *m., pl.* 11
headphones **des**
  écouteurs (*m.*) 11
health **santé** *f.* 10
  to be in good health **être en**
  bonne santé *v.* 10
health insurance **assurance**
  f. **maladie** 13
healthy **sain(e)** *adj.* 10
hear **entendre** *v.* 6
heart **cœur** *m.* 10
heat **chaud** *m.* 2
hello (*on the phone*) **allô** 1; (*in the*
  evening) **Bonsoir.** 1; (*in the*
  morning or afternoon)
  Bonjour. 1
help **au secours** 11
  to help (*to do something*) **aider**
  (à) *v.* 5
  to help one another **s'aider**
  v. 11
her **la/l'** *d.o. pron.* 7; **lui** *i.o. pron.*
  6; (*attached to an imperative*)
  -lui *i.o. pron.* 9
her **sa** *poss. adj., f., sing.* 3; **ses**
  poss. adj., m., f., pl. 3; **son**
  poss. adj., m., sing. 3; **la/les**
  sienne(s) *poss. pron.* 15
Here! **Tenez!** *form., imp. v.* 9;
  Tiens! *fam., imp., v.* 9
here **ici** *adv.* 1; (*used with*
  demonstrative adjective ce *and*
  noun or with demonstrative
  pronoun celui); **-ci** 6;
  Here is…. **Voici…** 1
heritage: I am of… heritage. **Je**
  suis d'origine… 1
herself (*used with reflexive verb*)
  se/s' *pron.* 10
hesitate (*to do something*)
  hésiter (à) *v.* 11
Hey! **Eh!** *interj.* 2
Hi! **Salut!** *fam.* 1
high **élevé(e)** *adj.* 13
high school **lycée** *m.* 1
  high school student **lycéen(ne)**
  m., f. 2
higher education **études**

supérieures *f., pl.* 2
highway **autoroute** *f.* 11
hike **randonnée** *f.* 5
  to go for a hike **faire une**
  randonnée *v.* 5
him **lui** *i.o. pron.* 6; **le/l'** *d.o. pron.*
  7; (*attached to imperative*) **-lui**
  i.o. pron. 9
himself (*used with reflexive verb*)
  se/s' *pron.* 10
hire **embaucher** *v.* 13
his **sa** *poss. adj., f., sing.* 3; **ses**
  poss. adj., m., f., pl. 3; **son** *poss.*
  adj., m., sing. 3; **le(s) sien(s)**
  poss. pron. 15
history **histoire** *f.* 2
hit **rentrer (dans)** *v.* 11
hold **tenir** *v.* 9
  to be on hold **patienter** *v.* 13
hole in the ozone layer **trou dans**
  la couche d'ozone *m.* 14
holiday **jour férié** *m.* 6; **férié(e)**
  adj. 6
home (*house*) **maison** *f.* 4
  at (someone's) home **chez…**
  prep. 4
home page **page d'accueil** *f.* 11
homework **devoir** *m.* 2
honest **honnête** *adj.* 15
honestly **franchement** *adv.* 7
hood **capot** *m.* 11
hope **espérer** *v.* 5
hors d'œuvre **hors-d'œuvre** *m.* 9
horse **cheval** *m.* 5
  to go horseback riding **faire**
  du cheval *v.* 5
hospital **hôpital** *m.* 4
host **hôte/hôtesse** *m., f.* 6
hot **chaud** *m.* 2
  It is hot (weather). **Il fait**
  chaud. 5
  to be hot **avoir chaud** *v.* 2
hot chocolate **chocolat chaud**
  m. 4
hotel **hôtel** *m.* 7
  (single) hotel room **chambre**
  f. **(individuelle)** 7
hotel keeper **hôtelier/**
  hôtelière *m., f.* 7
hour **heure** *f.* 2
house **maison** *f.* 4
  at (someone's) house **chez…**
  prep. 2
  to leave the house **quitter la**
  maison *v.* 4
  to stop by someone's house
  passer chez quelqu'un *v.* 4
household **ménager/ménagère**
  adj. 8
household appliance **appareil**
  m. **ménager** 8
household chore **tâche**
  ménagère *f.* 8

housewife **femme au foyer** *f.* 13
housework: to do the housework
  faire le ménage *v.* 8
housing **logement** *m.* 8
how **comme** *adv.* 2; **comment?**
  interr. adv. 4
  How are you? **Comment**
  allez-vous? *form.* 1;
  Comment vas-tu? *fam.* 1
  How many/How much (of)?
  Combien (de)? 1
  How much is… ? **Combien**
  coûte… ? 4
huge **énorme** *adj.* 2
Huh? **Hein?** *interj.* 3
humanities **lettres** *f., pl.* 2
hundred: one hundred **cent** *m.* 5
  five hundred **cinq cents** *m.* 5
  one hundred one **cent un** *m.* 5
  one hundred thousand **cent**
  mille *m.* 5
hundredth **centième** *adj.* 7
hunger **faim** *f.* 4
hungry: to be hungry **avoir faim**
  v. 4
hunt **chasse** *f.* 14
  to hunt **chasser** *v.* 14
hurried **pressé(e)** *adj.* 9
hurry **se dépêcher** *v.* 10
hurt **faire mal** *v.* 10
  to hurt oneself **se blesser**
  v. 10
husband **mari** *m.;* **époux** *m.* 3
hyphen (*punctuation mark*)
  tiret *m.* 11

I

I **je** *sub. pron.* 1; **moi** *disj. pron.,*
  sing. 3
ice cream **glace** *f.* 6
ice cube **glaçon** *m.* 6
idea **idée** *f.* 3
if **si** *conj.* 13
ill: to become ill **tomber**
  malade *v.* 10
illness **maladie** *f.* 13
immediately **tout de suite** *adv.* 4
impatient **impatient(e)** *adj.* 1
important **important(e)** *adj.* 1
  It is important that… **Il est**
  important que… 14
impossible **impossible** *adj.* 15
  It is impossible that… **Il est**
  impossible que… 15
improve **améliorer** *v.* 13
in **dans** *prep.* 3; **en** *prep.* 3; **à**
  prep. 4
included **compris (compren-**
  dre) *p.p., adj.* 6
incredible **incroyable** *adj.* 11
independent **indépendant(e)**
  adj. 1

independently **indépendamment** *adv.* 7
indicate **indiquer** *v.* 5
indispensable **indispensable**
adj. 14
inexpensive **bon marché** *adj.* 6
injection **piqûre** *f.* 10
to give an injection **faire une
piqûre** *v.* 10
injury **blessure** *f.* 10
instrument **instrument** *m.* 1
insurance (health/life) **assurance**
f. **(maladie/vie)** 13
intellectual **intellectuel(le)**
adj. 3
intelligent **intelligent(e)** *adj.* 1
interested: to be interested (in)
s'intéresser (à) *v.* 10
interesting **intéressant(e)** *adj.* 1
intermission **entracte** *m.* 15
internship **stage** *m.* 13
intersection **carrefour** *m.* 12
interview: to have an interview **passer un entretien** 13
introduce **présenter** *v.* 1
I would like to introduce
(*name*) to you. **Je te
présente... ,** *fam.* 1
I would like to introduce
(*name*) to you. **Je vous
présente... ,** *form.* 1
invite **inviter** *v.* 4
Ireland **Irlande** *f.* 7
Irish **irlandais(e)** *adj.* 7
iron **fer à repasser** *m.* 8
to iron (the laundry) **repasser
(le linge)** *v.* 8
isn't it? (*tag question*) **n'est-ce
pas?** 2
island **île** *f.* 14
Italian **italien(ne)** *adj.* 1
Italy **Italie** *f.* 7
it: It depends. **Ça dépend.** 4
It is... **C'est...** 1
itself (*used with reflexive verb*)
se/s' *pron.* 10

J

jacket **blouson** *m.* 6
jam **confiture** *f.* 9
January **janvier** *m.* 5
Japan **Japon** *m.* 7
Japanese **japonais(e)** *adj.* 1
jealous **jaloux/jalouse** *adj.* 3
jeans **jean** *m. sing.* 6
jewelry store **bijouterie** *f.* 12
jogging **jogging** *m.* 5
to go jogging **faire du
jogging** *v.* 5
joke **blague** *f.* 2
journalist **journaliste** *m., f.* 3
juice (orange/apple) **jus** *m.*

(d'orange/de pomme) 4
July **juillet** *m.* 5
June **juin** *m.* 5
jungle **jungle** *f.* 14
just (barely) **juste** *adv.* 3

K

keep **retenir** *v.* 9
key **clé** *f.* 7
keyboard **clavier** *m.* 11
kilo(gram) **kilo(gramme)** *m.* 9
kind **bon(ne)** *adj.* 3
kiosk **kiosque** *m.* 4
kiss one another **s'embrasser**
v. 11
kitchen **cuisine** *f.* 8
knee **genou** *m.* 10
knife **couteau** *m.* 9
know (*as a fact*) **savoir** *v.* 8; (to
be familiar with) **connaître** *v.* 8
to know one another **se
connaître** *v.* 11
I don't know anything about
it. **Je n'en sais rien.** 14
to know that... **savoir que...** 15
known (*as a fact*) **su (savoir)**
p.p. 8; (*famous*) **connu
(connaître)** *p.p., adj.* 8

L

laborer **ouvrier/ouvrière** *m.,
f.* 13
lake **lac** *m.* 14
lamp **lampe** *f.* 8
landlord **propriétaire** *m.* 3
landslide **glissement de
terrain** *m.* 14
language **langue** *f.* 2
foreign languages **langues** *f.,
pl.* **étrangères** 2
last **dernier/dernière** *adj.* 2
lastly **dernièrement** *adv.* 7
late (*when something happens late*)
en retard *adv.* 2; (*in the evening,
etc.*) **tard** *adv.* 2
laugh **rire** *v.* 6
laughed **ri (rire)** *p.p.* 6
laundromat **laverie** *f.* 12
laundry: to do the laundry **faire
la lessive** *v.* 8
law (*academic discipline*) **droit** *m.*
2; (*ordinance or rule*) **loi** *f.* 14
lawyer **avocat(e)** *m., f.* 3
lay off (*let go*) **renvoyer** *v.* 13
lazy **paresseux/paresseuse**
adj. 3
learned **appris (apprendre)** *p.p.* 6
least **moins** 9
the least... (*used with adjective*)
le/la moins... *super. adv.* 9
the least... , (*used with noun*

to express quantity) **le moins
de...** 14
the least... (*used with verb or
adverb*) **le moins...** *super. adv.* 9
leather **cuir** *m.* 6
leave **partir** *v.* 5; **quitter** *v.* 4
to leave alone **laisser tranquille**
v. 10
to leave one another **se quitter**
v. 11
I'm leaving. **Je m'en vais.** 8
left: to the left (of) **à gauche
(de)** *prep.* 3
leg **jambe** *f.* 10
leisure activity **loisir** *m.* 5
lemon soda **limonade** *f.* 4
lend (*to someone*) **prêter (à)** *v.* 6
less **moins** *adv.* 4
less of... (*used with noun
to express quantity*) **moins
de...** 4
less ... than (*used with noun
to compare quantities*) **moins
de... que** 14
less... than (*used with adjective
to compare qualities*) **moins...
que** 9
let **laisser** *v.* 11
to let go (*to fire or lay off*)
renvoyer *v.* 13
Let's go! **Allons-y!** 4; **On y
va!** 10
letter **lettre** *f.* 12
letter of application **lettre** *f.*
de motivation 13
letter of recommendation/
reference **lettre** *f.* **de
recommandation** 13
lettuce **laitue** *f.* 9
level **niveau** *m.* 13
library **bibliothèque** *f.* 1
license: driver's license **permis** *m.*
de conduire 11
life **vie** *f.* 6
life insurance **assurance**
f. **vie** 13
light: warning light (*automobile*)
voyant *m.* 11
oil/gas warning light **voyant**
m. **d'huile/d'essence** 11
to light up **s'allumer** *v.* 11
like (*as*) **comme** *adv.* 6; to like
aimer *v.* 2
I don't like ... very much. **Je
n'aime pas tellement...** 2
I really like... **J'aime bien...** 2
to like one another **s'aimer
bien** *v.* 11
to like that... **aimer
que...** *v.* 14
line **queue** *f.* 12
to wait in line **faire la queue**
v. 12

link **lien** *m.* 11
listen (to) **écouter** *v.* 2
literary **littéraire** *adj.* 15
literature **littérature** *f.* 1
little (*not much*) (of) **peu (de)** *adv.* 4
live (in) **habiter (à)** *v.* 2
living room (*informal room*) **salle de séjour** *f.* 8; (*formal room*) **salon** *m.* 8
located: to be located **se trouver** *v.* 10
long **long(ue)** *adj.* 3
 a long time **longtemps** *adv.* 5
look (*at one another*) **se regarder** *v.* 11; (*at oneself*) **se regarder** *v.* 10
look for **chercher** *v.* 2
 to look for work **chercher du/un travail** 12
loose (*clothing*) **large** *adj.* 6
lose: to lose (time) **perdre (son temps)** *v.* 6
 to lose weight **maigrir** *v.* 4
lost: to be lost **être perdu(e)** *v.* 12
lot: a lot of **beaucoup de** *adv.* 4
love **amour** *m.* 6
 to love **adorer** *v.* 2
 I love… **J'adore…** 2
 to love one another **s'aimer** *v.* 11
 to be in love **être amoureux/amoureuse** *v.* 6
luck **chance** *f.* 2
 to be lucky **avoir de la chance** *v.* 2
lunch **déjeuner** *m.* 9
 to eat lunch **déjeuner** *v.* 4

M

ma'am **Madame.** *f.* 1
machine: answering machine **répondeur** *m.* 11
mad: to get mad **s'énerver** *v.* 10
made **fait (faire)** *p.p., adj.* 6
magazine **magazine** *m.* 15
mail **courrier** *m.* 12
mailbox **boîte** *f.* **aux lettres** 12
mailman **facteur** *m.* 12
main character **personnage principal** *m.* 15
main dish **plat (principal)** *m.* 9
maintain **maintenir** *v.* 9
make **faire** *v.* 5
makeup **maquillage** *m.* 10
 to put on makeup **se maquiller** *v.* 10
make up **se réconcilier** *v.* 15
malfunction **panne** *f.* 11
man **homme** *m.* 1
manage (*in business*) **diriger** *v.* 13;

(*to do something*) **arriver à** *v.* 2
manager **gérant(e)** *m., f.* 13
many (of) **beaucoup (de)** *adv.* 4
 How many (of)? **Combien (de)?** 1
map (*of a city*) **plan** *m.* 7; (*of the world*) **carte** *f.* 1
March **mars** *m.* 5
marital status **état civil** *m.* 6
market **marché** *m.* 4
marriage **mariage** *m.* 6
married **marié(e)** *adj.* 3
 married couple **mariés** *m., pl.* 6
marry **épouser** *v.* 3
Martinique: from Martinique **martiniquais(e)** *adj.* 1
masterpiece **chef-d'œuvre** *m.* 15
mathematics **mathématiques (maths)** *f., pl.* 2
May **mai** *m.* 5
maybe **peut-être** *adv.* 2
mayonnaise **mayonnaise** *f.* 9
mayor's office **mairie** *f.* 12
me **moi** *disj. pron., sing.* 3; (*attached to imperative*) **-moi** *pron.* 9; **me/m'** *i.o. pron.* 6; **me/m'** *d.o. pron.* 7
 Me too. **Moi aussi.** 1
 Me neither. **Moi non plus.** 2
meal **repas** *m.* 9
mean **méchant(e)** *adj.* 3
 to mean (*with* **dire**) **vouloir** *v.* 9
means: that means **ça veut dire** *v.* 9
meat **viande** *f.* 9
mechanic **mécanicien/mécanicienne** *m., f.* 11
medication (against/for) **médicament (contre/pour)** *m., f.* 10
meet (*to encounter, to run into*) **rencontrer** *v.* 2; (*to make the acquaintance of*) **faire la connaissance de** *v.* 5, **se rencontrer** *v.* 11; (*planned encounter*) **se retrouver** *v.* 11
meeting **réunion** *f.* 13; **rendez-vous** *m.* 6
member **membre** *m.* 15
menu **menu** *m.* 9; **carte** *f.* 9
message **message** *m.* 13
 to leave a message **laisser un message** *v.* 13
Mexican **mexicain(e)** *adj.* 1
Mexico **Mexique** *m.* 7
microwave oven **four à micro-ondes** *m.* 8
midnight **minuit** *m.* 2
milk **lait** *m.* 4
mine **le(s) mien(s), la/les mienne(s)** *poss. pron.* 15
mineral water **eau** *f.* **minérale** 4
mirror **miroir** *m.* 8

Miss **Mademoiselle** *f.* 1
mistaken: to be mistaken (*about something*) **se tromper (de)** *v.* 10
modest **modeste** *adj.* 13
moment **moment** *m.* 1
Monday **lundi** *m.* 2
money **argent** *m.* 12; (*currency*) **monnaie** *f.* 12
 to deposit money **déposer de l'argent** *v.* 12
monitor **moniteur** *m.* 11
month **mois** *m.* 2
 this month **ce mois-ci** 2
moon **Lune** *f.* 14
more **plus** *adv.* 4
 more of **plus de** 4
 more … than (*used with noun to compare quantities*) **plus de… que** 14
 more … than (*used with adjective to compare qualities*) **plus… que** 9
morning **matin** *m.* 2; **matinée** *f.* 2
 this morning **ce matin** 2
Moroccan **marocain(e)** *adj.* 1
most **plus** 9
 the most… (*used with adjective*) **le/la plus…** *super. adv.* 9
 the most… (*used with noun to express quantity*) **le plus de…** 14
 the most… (*used with verb or adverb*) **le plus…** *super. adv.* 9
mother **mère** *f.* 3
mother-in-law **belle-mère** *f.* 3
mountain **montagne** *f.* 4
mouse **souris** *f.* 11
mouth **bouche** *f.* 10
move (*to get around*) **se déplacer** *v.* 12
 to move in **emménager** *v.* 8
 to move out **déménager** *v.* 8
movie **film** *m.* 15
 adventure/horror/science-fiction/crime movie **film** *m.* **d'aventures/d'horreur/de science-fiction/policier** 15
movie theater **cinéma (ciné)** *m.* 4
MP3 player **lecteur MP3** *m.* 11
much (as much … as) (*used with noun to express quantity*) **autant de … que** *adv.* 14
 How much (*of something*)? **Combien (de)?** 1
 How much is… ? **Combien coûte… ?** 4
museum **musée** *m.* 4
 to go to museums **faire les musées** *v.* 15
mushroom **champignon** *m.* 9
music: to play music **faire de la**

musique 15
musical **comédie** f. **musicale**
15; **musical(e)** adj. 15
musician **musicien(ne)** m., f. 3
must (to have to) **devoir** v. 9
One must **Il faut...** 5
mustard **moutarde** f. 9
my **ma** poss. adj., f., sing. 3; **mes**
poss. adj., m., f., pl. 3; **mon**
poss. adj., m., sing. 3
myself **me/m'** pron., sing. 10;
(attached to an imperative)
-moi pron. 9

N

naïve **naïf (naïve)** adj. 3
name: My name is... **Je**
m'appelle... 1
named: to be named
s'appeler v. 10
napkin **serviette** f. 9
nationality **nationalité** f.
I am of ... nationality. **Je suis**
de nationalité... 1
natural **naturel(le)** adj. 14
natural resource **ressource**
naturelle f. 14
nature **nature** f. 14
nauseated: to feel nauseated
avoir mal au cœur v. 10
near (to) **près (de)** prep. 3
very near (to) **tout près (de)** 12
necessary **nécessaire** adj. 14
It was necessary... (followed
by infinitive or subjunctive)
Il a fallu... 6
It is necessary.... (followed by
infinitive or subjunctive)
Il faut que... 5
It is necessary that... (followed by
subjunctive) **Il est nécessaire**
que/qu'... 14
neck **cou** m. 10
need **besoin** m. 2
to need **avoir besoin (de)** v. 2
neighbor **voisin(e)** m., f. 3
neighborhood **quartier** m. 8
neither... nor **ne... ni... ni...**
conj. 12
nephew **neveu** m. 3
nervous **nerveux/nerveuse** adj. 3
nervously **nerveusement** adv. 7
network **réseau** m. 11
never **jamais** adv. 5; **ne...**
jamais adv. 12
new **nouveau/nouvelle** adj. 3
newlyweds **jeunes mariés**
m., pl. 6
news **informations (infos)**
f., pl. 15; **nouvelles** f., pl. 15
newspaper **journal** m. 7

newsstand **marchand de**
journaux m. 12
next **ensuite** adv. 7;
prochain(e) adj. 2
next to **à côté de** prep. 3
nice **gentil/gentille** adj. 3;
sympa(thique) adj. 1
nicely **gentiment** adv. 7
niece **nièce** f. 3
night **nuit** f. 2
nightclub **boîte (de nuit)** f. 4
nine **neuf** m. 1
nine hundred **neuf cents** m. 5
nineteen **dix-neuf** m. 1
ninety **quatre-vingt-dix** m. 3
ninth **neuvième** adj. 7
no (at beginning of statement to
indicate disagreement)
(mais) non 2; **aucun(e)**
adj. 10
no more **ne... plus** 12
no problem **pas de prob-**
lème 12
no reason **pour rien** 4
no, none **pas (de)** 12
nobody **ne... personne** 12
none (not any) **ne... aucun(e)**
12
noon **midi** m. 2
no one **personne** pron. 12
north **nord** m. 12
nose **nez** m. 10
not **ne... pas** 2
not at all **pas du tout** adv. 2
Not badly. **Pas mal.** 1
to not believe that **ne pas**
croire que v. 15
to not think that **ne pas**
penser que v. 15
not yet **pas encore** adv. 7
notebook **cahier** m. 1
notes **billets** m., pl. 11
nothing **rien** indef. pron. 12
It's nothing. **Il n'y a pas de**
quoi. 1
notice **s'apercevoir** v. 12
novel **roman** m. 15
November **novembre** m. 5
now **maintenant** adv. 5
nuclear **nucléaire** adj. 14
nuclear energy **énergie nucléaire**
f. 14
nuclear plant **centrale nucléaire**
f. 14
nurse **infirmier/infirmière**
m., f. 10

O

obey **obéir (à)** v. 4
object **objet** m. 1

obtain **obtenir** v. 13
obvious **évident(e)** adj. 15
It is obvious that... **Il est**
évident que... 15
obviously **évidemment** adv. 7
o'clock: It's... (o'clock). **Il est...**
heure(s). 2
at ... (o'clock) **à ... heure(s)** 4
October **octobre** m. 5
of **de/d'** prep. 3
of medium height **de taille**
moyenne adj. 3
of the **des** (de + les) 3
of the **du** (de + le) 3
of which, of whom **dont**
rel. pron. 13
of course **bien sûr** adv.;
évidemment adv. 2
of course not (at beginning
of statement to indicate
disagreement) **(mais) non** 2
offer **offrir** v. 11
offered **offert (offrir)** p.p. 11
office **bureau** m. 4
at the doctor's office **chez le**
médecin prep. 2
often **souvent** adv. 5
oil **huile** f. 9
automobile oil **huile** f. 11
oil warning light **voyant** m.
d'huile 11
olive oil **huile** f. **d'olive** 9
to check the oil **vérifier**
l'huile v. 11
okay **d'accord** 2
old **vieux/vieille** adj.; (placed
after noun) **ancien(ne)** adj. 3
old age **vieillesse** f. 6
olive **olive** f. 9
olive oil **huile** f. **d'olive** 9
omelette **omelette** f. 5
on **sur** prep. 3
On behalf of whom? **C'est de**
la part de qui? 13
on the condition that... **à**
condition que 15
on television **à la télé(vision)**
15
on the contrary **au contraire** 15
on the radio **à la radio** 15
on the subject of **au sujet**
de 14
on vacation **en vacances** 7
once **une fois** adv. 7
one **un** m. 1
one **on** sub. pron., sing. 1
one another **l'un(e) à**
l'autre 11
one another **l'un(e) l'autre** 11
one had to... **il fallait...** 8
One must... **Il faut que/**
qu'... 14

One must... **Il faut...** (*followed by infinitive or subjunctive*) 5
one million **un million** *m.* 5
one million (*things*) **un million de...** 5
onion **oignon** *m.* 9
online **en ligne** *11*
  to be online **être en ligne** *v.* 11
  to be online (with someone) **être connecté(e) (avec quelqu'un)** *v.* 7, 11
only **ne... que** 12; **seulement** *adv.* 7
open **ouvrir** *v.* 11; **ouvert(e)** *adj.* 11
opened **ouvert (ouvrir)** *p.p.* 11
opera **opéra** *m.* 15
optimistic **optimiste** *adj.* 1
or **ou** 3
orange **orange** *f.* 9; **orange** *inv. adj.* 6
orchestra **orchestre** *m.* 15
order **commander** *v.* 9
organize (a party) **organiser (une fête)** *v.* 6
orient oneself **s'orienter** *v.* 12
others **d'autres** 4
our **nos** *poss. adj., m., f., pl.* 3; **notre** *poss. adj., m., f., sing.* 3; **le(s) nôtre(s), la/les nôtre(s)** *poss. pron.* 15
outdoor (*open-air*) **plein air** 14
over **fini** *adj., p.p.* 7
overpopulation **surpopulation** *f.* 14
overseas **à l'étranger** *adv.* 7
over there **là-bas** *adv.* 1
owed **dû (devoir)** *p.p., adj.* 9
own **posséder** *v.* 5
owner **propriétaire** *m., f.* 3
ozone **ozone** *m.* 14
  hole in the ozone layer **trou dans la couche d'ozone** *m.* 14

P

pack: to pack one's bags **faire les valises** 7
package **colis** *m.* 12
paid **payé (payer)** *p.p., adj.* 13
  to be well/badly paid **être bien/mal payé(e)** 13
pain **douleur** *f.* 10
paint **faire de la peinture** *v.* 15
painter **peintre/femme peintre** *m., f.* 15
painting **peinture** *f.* 15; **tableau** *m.* 15
pants **pantalon** *m., sing.* 6
paper **papier** *m.* 1
Pardon (me). **Pardon.** 1
parents **parents** *m., pl.* 3

park **parc** *m.* 4
  to park **se garer** *v.* 11
parka **anorak** *m.* 6
parking lot **parking** *m.* 11
part-time job **emploi** *m.* **à mi-temps/à temps partiel** *m.* 13
party **fête** *f.* 6
  to party **faire la fête** *v.* 6
pass **dépasser** *v.* 11; **passer** *v.* 7
  to pass an exam **être reçu(e) à un examen** *v.* 2
passenger **passager/passagère** *m., f.* 7
passport **passeport** *m.* 7
password **mot de passe** *m.* 11
past: in the past **autrefois** *adv.* 7
pasta **pâtes** *f., pl.* 9
pastime **passe-temps** *m.* 5
pastry **pâtisserie** *f.* 9
pastry shop **pâtisserie** *f.* 9
pâté **pâté (de campagne)** *m.* 9
path **sentier** *m.* 14; **chemin** *m.* 12
patient **patient(e)** *adj.* 1
patiently **patiemment** *adv.* 7
pay **payer** *v.* 5
  to pay by check **payer par chèque** *v.* 12
  to pay in cash **payer en liquide** *v.* 12
  to pay with a credit card **payer avec une carte de crédit** *v.* 12
  to pay attention (to) **faire attention (à)** *v.* 5
peach **pêche** *f.* 9
pear **poire** *f.* 9
peas **petits pois** *m., pl.* 9
pen **stylo** *m.* 1
pencil **crayon** *m.* 1
people **gens** *m., pl.* 7
pepper (*spice*) **poivre** *m.* 9; (*vegetable*) **poivron** *m.* 9
per day/week/month/year **par jour/semaine/mois/an** 5
perfect **parfait(e)** *adj.* 2
perhaps **peut-être** *adv.* 2
period (*punctuation mark*) **point** *m.* 11
permit **permis** *m.* 11
permitted **permis (permettre)** *p.p., adj.* 6
person **personne** *f.* 1
pessimistic **pessimiste** *adj.* 1
pharmacist **pharmacien(ne)** *m., f.* 10
pharmacy **pharmacie** *f.* 10
philosophy **philosophie** *f.* 2
phone booth **cabine téléphonique** *f.* 12
phone card **télécarte** *f.* 13
phone one another **se téléphoner** *v.* 11
photo(graph) **photo(graphie)** *f.* 3

physical education **éducation physique** *f.* 2
physics **physique** *f.* 2
piano **piano** *m.* 15
pick up **décrocher** *v.* 13
picnic **pique-nique** *m.* 14
picture **tableau** *m.* 1
pie **tarte** *f.* 9
piece (of) **morceau (de)** *m.* 4
  piece of furniture **meuble** *m.* 8
pill **pilule** *f.* 10
pillow **oreiller** *m.* 8
pink **rose** *adj.* 6
pitcher (of water) **carafe (d'eau)** *f.* 9
place **endroit** *m.* 4; **lieu** *m.* 4
planet **planète** *f.* 14
plans: to make plans **faire des projets** *v.* 13
plant **plante** *f.* 14
plastic **plastique** *m.* 14
plastic wrapping **emballage en plastique** *m.* 14
plate **assiette** *f.* 9
play **pièce de théâtre** *f.* 15
play **s'amuser** *v.* 10; (*a sport/a musical instrument*) **jouer (à/de)** *v.* 5
  to play regularly **pratiquer** *v.* 5
  to play sports **faire du sport** *v.* 5
  to play a role **jouer un rôle** *v.* 15
player **joueur/joueuse** *m., f.* 5
playwright **dramaturge** *m.* 15
pleasant **agréable** *adj.* 1
please: to please someone **faire plaisir à quelqu'un** *v.* 13
  Please. **S'il te plaît.** *fam.* 1
  Please. **S'il vous plaît.** *form.* 1
  Please. **Je vous en prie.** *form.* 1
  Please hold. **Ne quittez pas.** 13
plug in **brancher** *v.* 11
plumber **plombier** *m.* 13
poem **poème** *m.* 15
poet **poète/poétesse** *m., f.* 15
police **police** *f.* 11; **policier** *adj.* 15
police officer **agent de police** *m.* 11; **policier** *m.* 11; **policière** *f.* 11
police station **commissariat de police** *m.* 12
polite **poli(e)** *adj.* 1
politely **poliment** *adv.* 7
political science **sciences politiques (sciences po)** *f., pl.* 2
politician **homme/femme politique** *m., f.* 13
pollute **polluer** *v.* 14
pollution **pollution** *f.* 14

pollution cloud **nuage de pollution** *m.* 14
pool **piscine** *f.* 4
poor **pauvre** *adj.* 3
popular music **variétés** *f., pl.* 15
population **population** *f.* 14
  growing population **population f. croissante** 14
pork **porc** *m.* 9
portrait **portrait** *m.* 5
position (*job*) **poste** *m.* 13
possess (*to own*) **posséder** *v.* 5
possible **possible** *adj.* 15
  It is possible that... **Il est possible que...** 14
post **afficher** *v.* 13
post office **bureau de poste** *m.* 12
postal service **poste** *f.* 12
postcard **carte postale** *f.* 12
poster **affiche** *f.* 8
potato **pomme de terre** *f.* 9
practice **pratiquer** *v.* 5
prefer **aimer mieux** *v.* 2; **préférer (que)** *v.* 5
pregnant **enceinte** *adj.* 10
prepare (for) **préparer** *v.* 2
  to prepare (*to do something*) **se préparer (à)** *v.* 10
prescription **ordonnance** *f.* 10
present **présenter** *v.* 15
preservation: habitat preservation **sauvetage des habitats** *m.* 14
preserve **préserver** *v.* 14
pressure **pression** *f.* 11
  to check the tire pressure **vérifier la pression des pneus** *v.* 11
pretty **joli(e)** *adj.* 3; (*before an adjective or adverb*) **assez** *adv.* 7
prevent: to prevent a fire **prévenir l'incendie** *v.* 14
price **prix** *m.* 4
principal **principal(e)** *adj.* 12
print **imprimer** *v.* 11
printer **imprimante** *f.* 11
problem **problème** *m.* 1
produce **produire** *v.* 6
produced **produit (produire)** *p.p., adj.* 6
product **produit** *m.* 14
profession **métier** *m.* 13; **profession** *f.* 13
  demanding profession **profession f. exigeante** 13
professional **professionnel(le)** *adj.* 13
  professional experience **expérience professionnelle** *f.* 13
program **programme** *m.* 15; (*software*) **logiciel** *m.* 11; (*television*) **émission** *f.* **de télévision** 15

prohibit **interdire** *v.* 14
project **projet** *m.* 13
promise **promettre** *v.* 6
promised **promis (promettre)** *p.p., adj.* 6
promotion **promotion** *f.* 13
propose that... **proposer que...** *v.* 14
  to propose a solution **proposer une solution** *v.* 14
protect **protéger** *v.* 5
protection **préservation** *f.* 14; **protection** *f.* 14
proud **fier/fière** *adj.* 3
psychological **psychologique** *adj.* 15
psychological drama **drame psychologique** *m.* 15
psychology **psychologie** *f.* 2
psychologist **psychologue** *m., f.* 13
publish **publier** *v.* 15
pure **pur(e)** *adj.* 14
purple **violet(te)** *adj.* 6
purse **sac à main** *m.* 6
put **mettre** *v.* 6
  to put (on) (yourself) **se mettre** *v.* 10
  to put away **ranger** *v.* 8
  to put on makeup **se maquiller** *v.* 10
put **mis (mettre)** *p.p.* 6

Q

quarter **quart** *m.* 2
  a quarter after ... (o'clock) **... et quart** 2
Quebec: from Quebec **québécois(e)** *adj.* 1
question **question** *f.* 6
  to ask (*someone*) a question **poser une question (à)** *v.* 6
quick **vite** *adv.* 4
quickly **vite** *adv.* 1
quite (*before an adjective or adverb*) **assez** *adv.* 7

R

rabbit **lapin** *m.* 14
rain **pleuvoir** *v.* 5
  acid rain **pluie** *f.* **acide** 14
  It is raining. **Il pleut.** 5
  It was raining. **Il pleuvait.** 8
rain forest **forêt tropicale** *f.* 14
rain jacket **imperméable** *m.* 5
rained **plu (pleuvoir)** *p.p.* 6
raise (in salary) **augmentation (de salaire)** *f.* 13
rapidly **rapidement** *adv.* 7
rarely **rarement** *adv.* 5
rather **plutôt** *adv.* 1

ravishing **ravissant(e)** *adj.* 13
razor **rasoir** *m.* 10
react **réagir** *v.* 4
read **lire** *v.* 7
read **lu (lire)** *p.p., adj.* 7
ready **prêt(e)** *adj.* 3
real (*true*) **vrai(e)** *adj.*; **véritable** *adj.* 3
real estate agent **agent immobilier** *m., f.* 13
realize **se rendre compte** *v.* 10
really **vraiment** *adv.* 5; (*before adjective or adverb*) **tout(e)** *adv.* 3; (*before adjective or adverb*) **très** *adv.* 7
  really close by **tout près** 3
rear-view mirror **rétroviseur** *m.* 11
reason **raison** *f.* 2
receive **recevoir** *v.* 12
received **reçu (recevoir)** *p.p., adj.* 12
receiver **combiné** *m.* 13
recent **récent(e)** *adj.* 15
reception desk **réception** *f.* 7
recognize **reconnaître** *v.* 8
recognized **reconnu (reconnaître)** *p.p., adj.* 8
recommend that... **recommander que...** *v.* 14
recommendation **recommandation** *f.* 13
record **enregistrer** *v.* 11
recycle **recycler** *v.* 14
recycling **recyclage** *m.* 14
red **rouge** *adj.* 6
redial **recomposer (un numéro)** *v.* 11
reduce **réduire** *v.* 6
reduced **réduit (réduire)** *p.p., adj.* 6
reference **référence** *f.* 13
reflect (on) **réfléchir (à)** *v.* 4
refrigerator **frigo** *m.* 8
refuse (*to do something*) **refuser (de)** *v.* 11
region **région** *f.* 14
regret that... **regretter que...** 14
relax **se détendre** *v.* 10
remember **se souvenir (de)** *v.* 10
remote control **télécommande** *f.* 11
rent **loyer** *m.* 8
  to rent **louer** *v.* 8
repair **réparer** *v.* 11
repeat **répéter** *v.* 5
research **rechercher** *v.* 13
researcher **chercheur/ chercheuse** *m., f.* 13
reservation **réservation** *f.* 7
  to cancel a reservation **annuler une réservation** 7
reserve **réserver** *v.* 7
reserved **réservé(e)** *adj.* 1
resign **démissionner** *v.* 13

resort (ski) **station** *f.* **(de ski)** 7
respond **répondre (à)** *v.* 6
rest **se reposer** *v.* 10
restart **redémarrer** *v.* 11
restaurant **restaurant** *m.* 4
restroom(s) **toilettes** *f., pl.* 8;
  W.-C. *m., pl.*
result **résultat** *m.* 2
résumé **curriculum vitæ**
  (C.V.) *m.* 13
retake **repasser** *v.* 15
retire **prendre sa retraite** *v.* 6
retired person **retraité(e)** *m., f.* 13
retirement **retraite** *f.* 6
return **retourner** *v.* 7
  to return (home) **rentrer (à la**
  maison) *v.* 2
review (*criticism*) **critique** *f.* 15
rice **riz** *m.* 9
ride: to go horseback riding
  faire du cheval *v.* 5
  to ride in a car **rouler en**
  voiture *v.* 7
right **juste** *adv.* 3
  to the right (of) **à droite**
  (de) *prep.* 3
  to be right **avoir raison** 2
  right away **tout de suite** 7
  right next door **juste à côté** 3
ring **sonner** *v.* 11
river **fleuve** *m.* 14; **rivière** *f.* 14
riverboat **bateau-mouche** *m.* 7
role **rôle** *m.* 14
room **pièce** *f.* 8; **salle** *f.* 8
  bedroom **chambre** *f.* 7
  classroom **salle** *f.* **de classe** 1
  dining room **salle** *f.* **à manger** 8
  single hotel room **chambre**
  f. **individuelle** 7
roommate **camarade de**
  chambre *m., f.* 1
  (*in an apartment*) **colocataire**
  m., f. 1
round-trip **aller-retour** *adj.* 7
  round-trip ticket **billet** *m.*
  aller-retour 7
rug **tapis** *m.* 8
run **courir** *v.* 5; **couru (courir)**
  p.p., adj. 6
  to run into someone **tomber**
  sur quelqu'un *v.* 7

S

sad **triste** *adj.* 3
  to be sad that… **être triste**
  que… *v.* 14
safety **sécurité** *f.* 11
said **dit (dire)** *p.p., adj.* 7
salad **salade** *f.* 9
salary (a high, low) **salaire**

(**élevé, modeste**) *m.* 13
sales **soldes** *f., pl.* 6
salon: beauty salon **salon** *m.*
  de beauté 12
salt **sel** *m.* 9
sandwich **sandwich** *m.* 4
sat (down) **assis (s'asseoir)**
  p.p. 10
Saturday **samedi** *m.* 2
sausage **saucisse** *f.* 9
save **sauvegarder** *v.* 11
  save the planet **sauver la**
  planète *v.* 14
savings **épargne** *f.* 12
savings account **compte**
  d'épargne *m.* 12
say **dire** *v.* 7
scarf **écharpe** *f.* 6
scholarship **bourse** *f.* 2
school **école** *f.* 2
science **sciences** *f., pl.* 2
  political science
  sciences politiques
  (sciences po) *f., pl.* 2
screen **écran** *m.* 11
screening **séance** *f.* 15
sculpture **sculpture** *f.* 15
sculptor **sculpteur/sculptrice**
  m., f. **15**
sea **mer** *f.* 7
seafood **fruits de mer** *m., pl.* 9
search for **chercher** *v.* 2
  to search for work **chercher**
  du travail *v.* 12
season **saison** *f.* 5
seat **place** *f.* 15
seatbelt **ceinture de sécurité** *f.* 11
  to buckle one's seatbelt
  attacher sa ceinture de
  sécurité *v.* 11
seated **assis(e)** *p.p., adj.* 10
second **deuxième** *adj.* 7
security **sécurité** *f.* 11
see **voir** *v.* 12; (*catch sight*
  of) **apercevoir** *v.* 12
  to see again **revoir** *v.* 12
  See you later. **À plus tard.** 1
  See you later. **À tout à**
  l'heure. 1
  See you soon. **À bientôt.** 1
  See you tomorrow. **À demain.** 1
seen **aperçu (apercevoir)** *p.p.* 12;
  vu (voir) *p.p.* 12
  seen again **revu (revoir)** *p.p.* 12
self/-selves **même(s)** *pron.* 6
selfish **égoïste** *adj.* 1
sell **vendre** *v.* 6
seller **vendeur/vendeuse** *m., f.* 6
send **envoyer** *v.* 5
  to send (*to someone*) **envoyer**
  (à) *v.* 6
  to send a letter **poster une**

lettre 12
Senegalese **sénégalais(e)** *adj.* 1
sense **sentir** *v.* 5
separated **séparé(e)** *adj.* 3
September **septembre** *m.* 5
serious **grave** *adj.* 10; **sérieux/**
  sérieuse *adj.* 3
serve **servir** *v.* 5
server **serveur/serveuse** *m., f.* 4
service station **station-service**
  f. 11
set the table **mettre la table** *v.* 8
seven **sept** *m.* 1
seven hundred **sept cents** *m.* 5
seventeen **dix-sept** *m.* 1
seventh **septième** *adj.* 7
seventy **soixante-dix** *m.* 3
several **plusieurs** *adj.* 4
shame **honte** *f.* 2
  It's a shame that… **Il est**
  dommage que… 14
shampoo **shampooing** *m.* 10
shape (*state of health*) **forme** *f.* 10
share **partager** *v.* 2
shave (oneself) **se raser** *v.* 10
shaving cream **crème à raser** *f.* 10
she **elle** *pron.* 1
sheet of paper **feuille de papier**
  f. 1
sheets **draps** *m., pl.* 8
shelf **étagère** *f.* 8
shh **chut** 15
shirt (short-/long-sleeved)
  chemise (à manches
  courtes/longues) *f.* 6
shoe **chaussure** *f.* 6
shopkeeper **commerçant(e)**
  m., f. 9
shopping **shopping** *m.* 7
  to go shopping **faire du**
  shopping *v.* 7
  to go (grocery) shopping **faire**
  les courses *v.* 9
shopping center **centre**
  commercial *m.* 4
short **court(e)** *adj.* 3;
  (*stature*) **petit(e)** 3
shorts **short** *m.* 6
shot (*injection*) **piqûre** *f.* 10
  to give a shot **faire une piqûre**
  v. 10
show **spectacle** *m.* 5; (*movie or*
  theater) **séance** *f.* 15
  to show (*to someone*) **montrer**
  (à) *v.* 6
shower **douche** *f.* 8
shut off **fermer** *v.* 11
shy **timide** *adj.* 1
sick: to get/be sick **tomber/être**
  malade *v.* 10
sign **signer** *v.* 12
silk **soie** *f.* 6

since **depuis** *adv.* 9
sincere **sincère** *adj.* 1
sing **chanter** *v.* 5
singer **chanteur/chanteuse**
   m., f. 1
single (*marital status*) **célibataire**
   adj. 3
   single hotel room **chambre** *f.*
   individuelle 7
sink **évier** *m.* 8; (*bathroom*)
   lavabo *m.* 8
sir **Monsieur** *m.* 1
sister **sœur** *f.* 3
sister-in-law **belle-sœur** *f.* 3
sit down **s'asseoir** *v.* 10
sitting **assis(e)** *adj.* 10
six **six** *m.* 1
six hundred **six cents** *m.* 5
sixteen **seize** *m.* 1
sixth **sixième** *adj.* 7
sixty **soixante** *m.* 1
size **taille** *f.* 6
skate **patiner** *v.* 4
ski **skier** *v.* 5; **faire du ski** 5
skiing **ski** *m.* 5
ski jacket **anorak** *m.* 6
ski resort **station** *f.* **de ski** 7
skin **peau** *f.* 10
skirt **jupe** *f.* 6
sky **ciel** *m.* 14
sleep **sommeil** *m.* 2
   to sleep **dormir** *v.* 5
   to be sleepy **avoir sommeil** *v.* 2
sleeve **manche** *f.* 6
slice **tranche** *f.* 9
slipper **pantoufle** *f.* 10
slow **lent(e)** *adj.* 3
small **petit(e)** *adj.* 3
smartphone **smartphone** *m.* 11
smell **sentir** *v.* 5
smile **sourire** *m.* 6
   to smile **sourire** *v.* 6
smoke **fumer** *v.* 10
snack (afternoon) **goûter** *m.* 9
snake **serpent** *m.* 14
sneeze **éternuer** *v.* 10
snow **neiger** *v.* 5
   It is snowing. **Il neige.** 5
   It was snowing… **Il**
   neigeait… 8
so **si** 11; **alors** *adv.* 1
   so that **pour que** 15
soap **savon** *m.* 10
soap opera **feuilleton** *m.* 15
soccer **foot(ball)** *m.* 5
sociable **sociable** *adj.* 1
social network **réseau**
   social *m.* 11
sociology **sociologie** *f.* 1
sock **chaussette** *f.* 6
software **logiciel** *m.* 11

soil (*to make dirty*) **salir** *v.* 8
solar **solaire** *adj.* 14
solar energy **énergie solaire** *f.* 14
solution **solution** *f.* 14
some **de l'** *part. art., m., f., sing.* 4
   some **de la** *part. art., f., sing.* 4
   some **des** *part. art., m., f., pl.* 4
   some **du** *part. art., m., sing.* 4
   some **quelques** *adj.* 4
   some (of it/them) **en** *pron.* 10
someone **quelqu'un** *pron.* 12
something **quelque chose** *m.* 4
   Something's not right.
   Quelque chose ne va pas. 5
sometimes **parfois** *adv.* 5;
   quelquefois *adv.* 7
son **fils** *m.* 3
song **chanson** *f.* 15
sorry **désolé(e)** 11
   to be sorry that… **être**
   désolé(e) que… *v.* 14
sort **sorte** *f.* 15
So-so. **Comme ci, comme ça.** 1
soup **soupe** *f.* 4
soup spoon **cuillère à soupe**
   f. 9
south **sud** *m.* 12
space **espace** *m.* 14
Spain **Espagne** *f.* 7
Spanish **espagnol(e)** *adj.* 1
speak (on the phone) **parler**
   (au téléphone) *v.* 2
   to speak (to) **parler (à)** *v.* 6
   to speak to one another **se**
   parler *v.* 11
specialist **spécialiste** *m., f.* 13
species **espèce** *f.* 14
   endangered species **espèce** *f.*
   menacée 14
spectator **spectateur/**
   spectatrice *m., f.* 15
speed **vitesse** *f.* 11
speed limit **limitation de vitesse**
   f. 11
spend **dépenser** *v.* 4
   to spend money **dépenser de**
   l'argent 4
   to spend time **passer** *v.* 7
   to spend time (*somewhere*)
   faire un séjour 7
spoon **cuillère** *f.* 9
sport(s) **sport** *m.* 5
   to play sports **faire du sport**
   v. 5
sporty **sportif/sportive** *adj.* 3
sprain one's ankle **se fouler la**
   cheville 10
spring **printemps** *m.* 5
   in the spring **au printemps** 5
square (*place*) **place** *f.* 4
squirrel **écureuil** *m.* 14
stadium **stade** *m.* 5

stage (*phase*) **étape** *f.* 6
stage fright **trac** 13
staircase **escalier** *m.* 8
stamp **timbre** *m.* 12
star **étoile** *f.* 14
starter **entrée** *f.* 9
start up **démarrer** *v.* 11
station **station** *f.* 7
   subway station **station** *f.* **de**
   métro 7
   train station **gare** *f.* 7
stationery store **papeterie** *f.* 12
statue **statue** *f.* 12
stay **séjour** *m.* 7; **rester** *v.* 7
   to stay slim **garder la ligne**
   v. 10
steak **steak** *m.* 9
steering wheel **volant** *m.* 11
stepbrother **demi-frère** *m.* 3
stepfather **beau-père** *m.* 3
stepmother **belle-mère** *f.* 3
stepsister **demi-sœur** *f.* 3
stereo system **chaîne stéréo** *f.* 11
still **encore** *adv.* 3
stomach **ventre** *m.* 10
   to have a stomach ache **avoir**
   mal au ventre *v.* 10
stone **pierre** *f.* 14
stop (doing something) **arrêter**
   (de faire quelque chose) *v.*;
   (*to stop oneself*) **s'arrêter** *v.* 10
   to stop by someone's house
   passer chez quelqu'un *v.* 4
   bus stop **arrêt d'autobus (de**
   bus) *m.* 7
store **magasin** *m.*; **boutique** *f.* 12
   grocery store **épicerie** *f.* 4
stormy **orageux/orageuse** *adj.* 5
   It is stormy. **Le temps est**
   orageux. 5
story **histoire** *f.* 2
stove **cuisinière** *f.* 8
straight **raide** *adj.* 3
   straight ahead **tout droit** *adv.* 12
strangle **étrangler** *v.* 13
strawberry **fraise** *f.* 9
street **rue** *f.* 11
   to follow a street **suivre une**
   rue *v.* 12
strong **fort(e)** *adj.* 3
student **étudiant(e)** *m., f.* 1;
   élève *m., f.* 1
   high school student **lycéen(ne)**
   m., f. 2
studies **études** *f.* 2
studio (*apartment*) **studio** *m.* 8
study **étudier** *v.* 2
suburbs **banlieue** *f.* 4
subway **métro** *m.* 7
subway station **station** *f.* **de**
   métro 7
succeed (*in doing something*)

réussir (à) *v.* 4
success **réussite** *f.* 13
suddenly **soudain** *adv.* 7; **tout à coup** *adv.* 7.; **tout d'un coup** *adv.* 7
suffer **souffrir** *v.* 11
suffered **souffert (souffrir)** *p.p.* 11
sugar **sucre** *m.* 4
suggest (that) **suggérer (que)** *v.* 14
suit *(man's)* **costume** *m.* 6; *(woman's)* **tailleur** *m.* 6
suitcase **valise** *f.* 7
summer **été** *m.* 5
  in the summer **en été** 5
sun **soleil** *m.* 5
  It is sunny. **Il fait (du) soleil.** 5
Sunday **dimanche** *m.* 2
sunglasses **lunettes de soleil** *f., pl.* 6
supermarket **supermarché** *m.* 9
sure **sûr(e)** 9
  It is sure that… **Il est sûr que…** 15
  It is unsure that… **Il n'est pas sûr que…** 15
surf on the Internet **surfer sur Internet** 11
surprise *(someone)* **faire une surprise (à quelqu'un)** *v.* 6
surprised **surpris (surprendre)** *p.p., adj.* 6
  to be surprised that… **être surpris(e) que…** *v.* 14
sweater **pull** *m.* 6
sweep **balayer** *v.* 8
swell **enfler** *v.* 10
swim **nager** *v.* 4
swimsuit **maillot de bain** *m.* 6
Swiss **suisse** *adj.* 1
Switzerland **Suisse** *f.* 7
symptom **symptôme** *m.* 10

T

table **table** *f.* 1
  to clear the table **débarrasser la table** *v.* 8
tablecloth **nappe** *f.* 9
tablet computer **tablette (tactile)** *f.* 11
take **prendre** *v.* 4
  to take a photo(graph) **prendre une photo(graphie)** 11
  to take a shower **prendre une douche** 10
  to take a train (plane, taxi, bus, boat) **prendre un train (un avion, un taxi, un autobus, un bateau)** *v.* 7
  to take a walk **se promener** *v.* 10
  to take advantage of **profiter**

de *v.* 15
  to take an exam **passer un examen** *v.* 2
  to take care (of something) **s'occuper (de)** *v.* 10
  to take out the trash **sortir la/les poubelle(s)** *v.* 8
  to take time off **prendre un congé** *v.* 13
  to take *(someone)* **emmener** *v.* 5
taken **pris (prendre)** *p.p., adj.* 6
tale **conte** *m.* 15
talented *(gifted)* **doué(e)** *adj.* 15
tan **bronzer** *v.* 6
tart **tarte** *f.* 9
taste **goûter** *v.* 9
taxi **taxi** *m.* 7
tea **thé** *m.* 4
teach **enseigner** *v.* 2
  to teach *(to do something)* **apprendre (à)** *v.* 4
teacher **professeur** *m.* 1
team **équipe** *f.* 5
teaspoon **cuillére à café** *f.* 9
tee shirt **tee-shirt** *m.* 6
teeth **dents** *f., pl.* 9
  to brush one's teeth **se brosser les dents** *v.* 9
telephone *(receiver)* **appareil** *m.* 13
  to telephone *(someone)* **téléphoner (à)** *v.* 2
  It's Mr./Mrs./Miss … (on the phone.) **C'est M./Mme/ Mlle … (à l'appareil.)** 13
television **télévision** *f.* 1
  television channel **chaîne** *f.* **de télévision** 11
  television program **émission** *f.* **de télévision** 15
  television set **poste de télévision** *m.* 11
tell one another **se dire** *v.* 11
temperature **température** *f.* 5
ten **dix** *m.* 1
tennis **tennis** *m.* 5
tennis shoes **baskets** *f., pl.* 6
tenth **dixième** *adj.* 7
terminal (bus) **gare** *f.* **routière** 7
terrace (café) **terrasse** *f.* **de café** 4
test **examen** *m.* 1
text message **SMS/texto** *m.* 11
than **que/qu'** *conj.* 9, 14
thank: Thank you (very much). **Merci (beaucoup).** 1
that **ce/c', ça** 1; **que** *rel. pron.* 13
  Is that… ? **Est-ce… ?** 2
  That's enough. **Ça suffit.** 5
  That has nothing to do with us. That is none of our business. **Ça ne nous regarde pas.** 14
  that is… **c'est…** 1
  that is to say **ça veut dire** 10

theater **théâtre** *m.* 15
their **leur(s)** *poss. adj., m., f.* 3
theirs **le(s) leur(s), la/les leur(s)** *poss. pron.* 15
them **les** *d.o. pron.* 7, **leur** *i.o. pron., m., f., pl.* 6
then **ensuite** *adv.* 7, **puis** *adv.* 7, **puis** 4; **alors** *adv.* 7
there **là** 1; **y** *pron.* 10
  Is there… ? **Y a-t-il… ?** 2
  over there **là-bas** *adv.* 1
  (over) there *(used with demonstrative adjective* **ce** *and noun or with demonstrative pronoun* **celui***)* **-là** 6
  There is/There are… **Il y a…** 1
  There is/There are…. **Voilà…** 1
  There was… **Il y a eu…** 6; **Il y avait…** 8
therefore **donc** *conj.* 7
these/those **ces** *dem. adj., m., f., pl.* 6
  these/those **celles** *pron., f., pl.* 14
  these/those **ceux** *pron., m., pl.* 14
they **ils** *sub. pron., m.* 1; **elles** *sub. and disj. pron., f.* 1; **eux** *disj. pron., pl.* 3
thing **chose** *f.* 1, **truc** *m.* 7
think (about) **réfléchir (à)** *v.* 4
  to think (that) **penser (que)** *v.* 2
third **troisième** *adj.* 7
thirst **soif** *f.* 4
  to be thirsty **avoir soif** *v.* 4
thirteen **treize** *m.* 1
thirty **trente** *m.* 1
thirty-first **trente et unième** *adj.* 7
this/that **ce** *dem. adj., m., sing.* 6; **cet** *dem. adj., m., sing.* 6; **cette** *dem. adj., f., sing.* 6
  this afternoon **cet après-midi** 2
  this evening **ce soir** 2
  this one/that one **celle** *pron., f., sing.* 14; **celui** *pron., m., sing.* 14
  this week **cette semaine** 2
  this weekend **ce week-end** 2
  this year **cette année** 2
those are… **ce sont…** 1
thousand: one thousand **mille** *m.* 5
  one hundred thousand **cent mille** *m.* 5
threat **danger** *m.* 14
three **trois** *m.* 1
three hundred **trois cents** *m.* 5
throat **gorge** *f.* 10
throw away **jeter** *v.* 14
Thursday **jeudi** *m.* 2
ticket **billet** *m.* 7
  round-trip ticket **billet** *m.*

aller-retour 7
bus/subway ticket **ticket de bus/de métro** *m.* 7
tie **cravate** *f.* 6
tight **serré(e)** *adj.* 6
time *(occurence)* **fois** *f.; (general sense)* **temps** *m., sing.* 5
  a long time **longtemps** *adv.* 5
  free time **temps libre** *m.* 5
  from time to time **de temps en temps** *adv.* 7
  to lose time **perdre son temps** *v.* 6
tinker **bricoler** *v.* 5
tip **pourboire** *m.* 4
  to leave a tip **laisser un pourboire** *v.* 4
tire **pneu** *m.* 11
  flat tire **pneu** *m.* **crevé** 11
  (emergency) tire **roue (de secours)** *f.* 11
  to check the tire pressure **vérifier la pression des pneus** *v.* 11
tired **fatigué(e)** *adj.* 3
tiresome **pénible** *adj.* 3
to **à** *prep.* 4; **au (à + le)** 4; **aux (à + les)** 4
toaster **grille-pain** *m.* 8
today **aujourd'hui** *adv.* 2
toe **orteil** *m.* 10; **doigt de pied** *m.* 10
together **ensemble** *adv.* 6
tomato **tomate** *f.* 9
tomorrow (morning, afternoon, evening) **demain (matin, après-midi, soir)** *adv.* 2
  day after tomorrow **après-demain** *adv.* 2
too **aussi** *adv.* 1
  too many/much (of) **trop (de)** 4
tooth **dent** *f.* 9
  to brush one's teeth **se brosser les dents** *v.* 9
toothbrush **brosse** *f.* **à dents** 10
toothpaste **dentifrice** *m.* 10
tour **tour** *m.* 5
tourism **tourisme** *m.* 12
tourist office **office du tourisme** *m.* 12
towel (bath) **serviette (de bain)** *f.* 10
town **ville** *f.* 4
town hall **mairie** *f.* 12
toxic **toxique** *adj.* 14
toxic waste **déchets toxiques** *m., pl.* 14
traffic **circulation** *f.* 11
traffic light **feu de signalisation** *m.* 12
tragedy **tragédie** *f.* 15
train **train** *m.* 7
train station **gare** *f.* 7; **station**

f. **de train** 7
training **formation** *f.* 13
translate **traduire** *v.* 6
translated **traduit (traduire)** *p.p., adj.* 6
trash **ordures** *f., pl.* 14
travel **voyager** *v.* 2
travel agency **agence de voyages** *f.* 7
travel agent **agent de voyages** *m.* 7
tree **arbre** *m.* 14
trip **voyage** *m.* 7
troop *(company)* **troupe** *f.* 15
tropical **tropical(e)** *adj.* 14
  tropical forest **forêt tropicale** *f.* 14
true **vrai(e)** *adj.* 3; **véritable** *adj.* 6
  It is true that… **Il est vrai que…** 15
  It is untrue that… **Il n'est pas vrai que…** 15
trunk **coffre** *m.* 11
try **essayer** *v.* 5
Tuesday **mardi** *m.* 2
tuna **thon** *m.* 9
turn **tourner** *v.* 12
  to turn off **éteindre** *v.* 11
  to turn on **allumer** *v.* 11
  to turn (oneself) around **se tourner** *v.* 10
twelve **douze** *m.* 1
twentieth **vingtième** *adj.* 7
twenty **vingt** *m.* 1
twenty-first **vingt et unième** *adj.* 7
twenty-second **vingt-deuxième** *adj.* 7
twice **deux fois** *adv.* 7
twist one's ankle **se fouler la cheville** *v.* 10
two **deux** *m.* 1
two hundred **deux cents** *m.* 5
two million **deux millions** *m.* 5
type **genre** *m.* 15

U

ugly **laid(e)** *adj.* 3
umbrella **parapluie** *m.* 5
uncle **oncle** *m.* 3
under **sous** *prep.* 3
understand **comprendre** *v.* 4
understood **compris (comprendre)** *p.p., adj.* 6
underwear **sous-vêtement** *m.* 6
undress **se déshabiller** *v.* 10
unemployed person **chômeur/ chômeuse** *m., f.* 13
  to be unemployed **être au chômage** *v.* 13
unemployment **chômage** *m.* 13
unfortunately **malheureusement**

adv. 2
unhappy **malheureux/ malheureuse** *adj.* 3
union **syndicat** *m.* 13
United States **États-Unis** *m., pl.* 7
university **faculté** *f.* 1; **université** *f.* 1
university cafeteria **restaurant universitaire (resto U)** *m.* 2
unless **à moins que** *conj.* 15
unpleasant **antipathique** *adj.* 3; **désagréable** *adj.* 1
until **jusqu'à** *prep.* 12; **jusqu'à ce que** *conj.* 15
upset: to become upset **s'énerver** *v.* 10
us **nous** *i.o. pron.* 6; **nous** *d.o. pron.* 7
USB drive **clé USB** *f.*
use **employer** *v.* 5
  to use a map **utiliser un plan** *v.* 7
useful **utile** *adj.* 2
useless **inutile** *adj.* 2; **nul(le)** *adj.* 2
usually **d'habitude** *adv.* 7

V

vacation **vacances** *f., pl.* 7
  vacation day **jour de congé** *m.* 7
vacuum **aspirateur** *m.* 8
  to vacuum **passer l'aspirateur** *v.* 8
valley **vallée** *f.* 14
vegetable **légume** *m.* 9
velvet **velours** 6
very *(before adjective)* **tout(e)** *adv.* 3; *(before adverb)* **très** *adv.* 7
  Very well. **Très bien.** 1
veterinarian **vétérinaire** *m., f.* 13
video game(s) **jeu vidéo (des jeux vidéo)** *m.* 11
Vietnamese **vietnamien(ne)** *adj.* 1
violet **violet(te)** *adj.* 6
violin **violon** *m.* 15
visit **visite** *f.* 6
  to visit *(a place)* **visiter** *v.* 2; *(a person or people)* **rendre vis-ite (à)** *v.* 6; *(to visit reglarly)* **fréquenter** *v.* 4
voicemail **messagerie** *f.* 13
volcano **volcan** *m.* 14
volleyball **volley(-ball)** *m.* 5

W

waist **taille** *f.* 6
wait **attendre** *v.* 6
  to wait *(on the phone)* **patienter** *v.* 13

to wait in line **faire la queue** *v.* 12

wake up **se réveiller** *v.* 10

walk **promenade** *f.* 5; **marcher** *v.* 5

  to go for a walk **faire une promenade** 5; **faire un tour** 5

wall **mur** *m.* 8

want **désirer** *v.* 5; **vouloir** *v.* 9

wardrobe **armoire** *f.* 8

warming: global warming **réchauffement de la Terre** *m.* 14

warning light (gas/oil) **voyant** *m.* **(d'essence/d'huile)** 11

wash **laver** *v.* 8

  to wash oneself (one's hands) **se laver (les mains)** *v.* 10

  to wash up (in the morning) **faire sa toilette** *v.* 10

washing machine **lave-linge** *m.* 8

waste **gaspillage** *m.* 14; **gaspiller** *v.* 14

wastebasket **corbeille (à papier)** *f.* 1

waste time **perdre son temps** *v.* 6

watch **montre** *f.* 1; **regarder** *v.* 2

water **eau** *f.* 4

  mineral water **eau** *f.* **minérale** 4

way (*by the way*) **au fait** 3; (*path*) **chemin** 12

we **nous** *pron.* 1

weak **faible** *adj.* 3

wear **porter** *v.* 6

weather **temps** *m., sing.* 5; **météo** *f.* 15

  The weather is bad. **Il fait mauvais.** 5

  The weather is dreadful. **Il fait un temps épouvantable.** 5

  The weather is good/warm. **Il fait bon.** 5

  The weather is nice. **Il fait beau.** 5

web site **site Internet/web** *m.* 11

wedding **mariage** *m.* 6

Wednesday **mercredi** *m.* 2

weekend **week-end** *m.* 2

  this weekend **ce week-end** *m.* 2

welcome **bienvenu(e)** *adj.* 1

  You're welcome. **Il n'y a pas de quoi.** 1

well **bien** *adv.* 7

  I am doing well/badly. **Je vais bien/mal.** 1

west **ouest** *m.* 12

What? **Comment?** *adv.* 4; **Pardon?** 4; **Quoi?** 1 *interr. pron.* 4

  What day is it? **Quel jour sommes-nous?** 2

What is it? **Qu'est-ce que c'est?** *prep.* 1

What is the date? **Quelle est la date?** 5

What is the temperature? **Quelle température fait-il?** 5

What is the weather like? **Quel temps fait-il?** 5

What is your name? **Comment t'appelles-tu?** *fam.* 1

What is your name? **Comment vous appelez-vous?** *form.* 1

What is your nationality? **Quelle est ta nationalité?** *sing., fam.* 1

What is your nationality? **Quelle est votre nationalité?** *sing., pl., fam., form.* 1

What time do you have? **Quelle heure avez-vous?** *form.* 2

What time is it? **Quelle heure est-il?** 2

What time? **À quelle heure?** 2

What do you think about that? **Qu'en penses-tu?** 14

What's up? **Ça va?** 1

whatever it may be **quoi que ce soit** 13

What's wrong? **Qu'est-ce qu'il y a?** 1

when **quand** *adv.* 4

  When is ...'s birthday? **C'est quand l'anniversaire de ...?** 5

  When is your birthday? **C'est quand ton/votre anniversaire?** 5

where **où** *adv., rel. pron.* 4, 13

which? **quel(le)(s)?** *adj.* 4

  which one **à laquelle** *pron., f., sing.* 13

  which one **auquel (à + lequel)** *pron., m., sing.* 13

  which one **de laquelle** *pron., f., sing.* 13

  which one **duquel (de + lequel)** *pron., m., sing.* 13

  which one **laquelle** *pron., f., sing.* 13

  which one **lequel** *pron., m., sing.* 13

  which ones **auxquelles (à + lesquelles)** *pron., f., pl.* 13

  which ones **auxquels (à + lesquels)** *pron., m., pl.* 13

  which ones **desquelles (de + lesquelles)** *pron., f., pl.* 13

  which ones **desquels (de + lesquels)** *pron., m., pl.* 13

  which ones **lesquelles** *pron., f., pl.* 13

  which ones **lesquels** *pron., m., pl.* 13

while **pendant que** *prep.* 7

white **blanc(he)** *adj.* 6

who? **qui?** *interr. pron.* 4; **qui** *rel. pron.* 13

  Who is it? **Qui est-ce?** 1

  Who's calling, please? **Qui est à l'appareil?** 13

whom? **qui?** *interr.* 4

  For whom? **Pour qui?** 4

  To whom? **À qui?** 4

why? **pourquoi?** *adv.* 2, 4

widowed **veuf/veuve** *adj.* 3

wife **femme** *f.* 1; **épouse** *f.* 3

willingly **volontiers** *adv.* 10

win **gagner** *v.* 5

wind **vent** *m.* 5

  It is windy. **Il fait du vent.** 5

window **fenêtre** *f.* 1

windshield **pare-brise** *m.* 11

windshield wiper(s) **essuie-glace (essuie-glaces** *pl.*) *m.* 11

windsurfing **planche à voile** *v.* 5

  to go windsurfing **faire de la planche à voile** *v.* 5

wine **vin** *m.* 6

winter **hiver** *m.* 5

  in the winter **en hiver** 5

wipe (the dishes/the table) **essuyer (la vaisselle/la table)** *v.* 8

wish that... **souhaiter que...** *v.* 14

with **avec** *prep.* 1

  with whom? **avec qui?** 4

withdraw money **retirer de l'argent** *v.* 12

without **sans** *prep.* 8; **sans que** *conj.* 5

woman **femme** *f.* 1

wood **bois** *m.* 14

wool **laine** *f.* 6

work **travail** *m.* 12

  to work **travailler** *v.* 2; **marcher** *v.* 11; **fonctionner** *v.* 11

work out **faire de la gym** *v.* 5

worker **ouvrier/ouvrière** *m., f.* 13

world **monde** *m.* 7

worried **inquiet/inquiète** *adj.* 3

worry **s'inquiéter** *v.* 10

worse **pire** *comp. adj.* 9; **plus mal** *comp. adv.* 9; **plus mauvais(e)** *comp. adj.* 9

worst: the worst **le plus mal** *super. adv.* 9; **le/la pire** *super. adj.* 9; **le/la plus mauvais(e)** *super. adj.* 9

wound **blessure** *f.* 10

wounded: to get wounded **se blesser** *v.* 10

write **écrire** *v.* 7

  to write one another **s'écrire** *v.* 11

writer **écrivain/écrivaine** *m., f.* 15
written **écrit (écrire)** *p.p., adj.* 7
wrong **tort** *m.* 2
  to be wrong **avoir tort** *v.* 2

Y

yeah **ouais** 2
year **an** *m.* 2; **année** *f.* 2
yellow **jaune** *adj.* 6
yes **oui** 2; *(when making a contradiction)* **si** 2
yesterday (morning/afternoon evening) **hier (matin/après-midi/soir)** *adv.* 7
  day before yesterday **avant-hier** *adv.* 7
yogurt **yaourt** *m.* 9
you **toi** *disj. pron., sing., fam.* 3; **tu** *sub. pron., sing., fam.* 1; **vous** *pron., sing., pl., fam., form.* 1
  you neither **toi non plus** 2
  You're welcome. **De rien.** 1
young **jeune** *adj.* 3
younger **cadet(te)** *adj.* 3
your **ta** *poss. adj., f., sing.* 3; **tes** *poss. adj., m., f., pl.* 3; **ton** *poss. adj., m., sing.* 3; **vos** *poss. adj., m., f., pl.* 3; **votre** *poss. adj., m., f., sing.* 3;
yours **le(s) tien(s), la/les tienne(s), le(s) vôtre(s), la/les vôtre(s)** *poss. pron.* 15
yourself **te/t'** *refl. pron., sing., fam.* 10; **toi** *refl. pron., sing., fam.* 10; **vous** *refl. pron., form.* 10
youth **jeunesse** *f.* 6
youth hostel **auberge de jeunesse** *f.* 7
Yum! **Miam!** *interj.* 5

Z

zero **zéro** *m.* 1

Index

Photography and Art Credits

All images © Vista Higher Learning unless otherwise noted.

Cover: Loic Lagarde.

Front Matter (IAE): IAE-32: (all) VHL.

Front Matter (SE): 3: Photolibrary; **xxviii:** (all) VHL.

Unit 1

1: VHL; **2:** Anne Loubet; **4:** (t) Pascal Pernix; (b) Rossy Llano; **8:** (t) Anne Loubet; (b) Paula Díez; **9:** Ian G Dagnall/Alamy; **13:** (tl) LdF/iStockphoto; (tm) Martín Bernetti; (tr) Odilon Dimier/Media Bakery; (bl) Rawpixel/Fotolia; (bml) Sami Sert/iStockphoto; (bmr) WavebreakmediaMicro/Fotolia; (br) Laura Stevens; **15:** (l) Anne Loubet; (r) Terex/Fotolia; **17:** Pascal Pernix; **20:** Martín Bernetti; **22:** Rossy Llano; **26:** (l) Andrew Bayda/Fotolia; (r) Huang Zheng/Shutterstock; **27:** (t) Extrait de Superdupont – Tome 2/Solé/Fluide Glacial; (b) Chelsea Lauren/Getty Images; **28:** (l) Anne Loubet; (r) Anne Loubet; **29:** (tl) Thaporn942/Fotolia; (tr) VHL; (bl) VHL; (br) Masson/Shutterstock; **30:** (tl) Featureflash Photo Agency/Shutterstock; (tm) BillionPhotos/Fotolia; (tr) Hongqi Zhang/Alamy; (tm) Niko Guido/iStockphoto; (tr) Michal Kowalski/Shutterstock; (br) Demidoff/Fotolia; **31:** (tl) Jstone/Shutterstock; (tm) Featureflash Photo Agency/Shutterstock; (tr) Jose Luis Pelaez/Media Bakery; (bl) Anne Loubet; (bml) Odilon Dimier/Media Bakery; (bmr) Martín Bernetti; (br) Colleen Cahill/Media Bakery; **33:** (l) VHL; (r) VHL; **35:** Paula Díez; **36:** (tl) Anne Loubet; (tr) Anne Loubet; (mtl) Robert Lerich/Fotolia; (mtr) Anne Loubet; (mbl) Rossy Llano; (mbr) Anne Loubet; (bl) Anne Loubet; (br) Anne Loubet; **37:** Pascal Pernix; **38:** (left col: t) Allstar Picture Library/Alamy; (left col: r) Eddy Lemaistre/For Picture/Getty Images; (t) Photo courtesy of www.Tahiti-Tourisme.com; (m) Lonely Planet Images/Ariadne Van Zandbergen/Getty Images; (r) Eddy Lemaistre/For Picture/Getty Images; **39:** (tl) Robert McGouey/Alamy; (tr) Nick Hannes/ZUMA Press/Newscom; (bl) Owen Franken/Getty Images: (br) Courtesy of the International Organisation of La Francophonie; **42:** Anne Loubet.

Unit 2

45: VHL; **46:** Tom Stewart/Corbis/Getty Images; **52:** (l) Pascal Pernix; (r) Martín Bernetti; **53:** Francis Vachon/Alamy; **60:** ImageSource; **64:** Rossy Llano; **66:** (l) Martín Bernetti; (r) Jupiter Images; **70:** (l) Rossy Llano; (r) Anne Loubet; **71:** (t) Pascal Pernix; (m) David Schaffer/Media Bakery; (b) Benaroch/Sipa/Newscom; **72:** (tl) VHL; (tr) VHL; (bl) VHL; (br) VHL; **73:** (tl) Anne Loubet; (tr) JGI/Jamie Grill/Media Bakery; (bl) Paula Díez; (br) Anne Loubet; **81:** Anne Loubet; **82:** (left col: t) Dante Gabriel Rossetti (1828–1882). Joan of Arc kissing the Sword of Deliverance, 1863. Oil on canvas, 61 cm x 53 cm. Inv.55.996.8.1. Location: Musee musée d'Art moderne et contemporain, Strasbourg, France. Photo credit: Christie's Images/Superstock; (left col: m) Bettmann/Getty Images; (left col: b) Antoine Gyori/Sygma/Getty Images; (t) Anne Loubet; (ml) Martine Coquilleau/Fotolia; (mr) Mddphoto/iStockphoto; (b) Anne Loubet; **83:** (tl) David Gregs/Alamy; (tr) Anne Loubet; (bl) Anne Loubet; (br) Caroline Beecham/iStockphoto; **84:** Martín Bernetti; **84-85:** Art Kowalsky/Alamy; **85:** Pascal Pernix; **86:** Pascal Pernix; **87:** (l) VHL; (r) Pressmaster/Shutterstock.

Unit 3

89: VHL; **90:** Anne Loubet; **92:** Hero/Media Bakery; **96:** Anne Loubet; **97:** (l) Alix William/SIPA/Newscom; (r) Nuccio DiNuzzo/TNS/Newscom; **98:** (l) Martín Bernetti; (r) FogStock LLC/Photolibrary; **100:** Hemera Technologies/Getty Images; **101:** (t) Tomasz Trojanowski/Shutterstock; (ml) Brian McEntire/iStockphoto; (mm) Anna Lurye/Shutterstock; (mr) RJGrant/Big Stock Photo; (bl) Linda Kloosterhof/iStockphoto; (bm) Dmitry Pistrov/Shutterstock; (br) Oliveromg/Shutterstock; **104:** (tl) Martín Bernetti; (tm) Dmitry Kutlayev/iStockphoto; (tr) Martín Bernetti; (bl) AHBE/Fotolia; (bml) VHL; (bmr) Anne Loubet; (br) Martín Bernetti; **105:** (t) Martín Bernetti; (bl) Dynamic Graphics/Jupiter Images; (br) Rossy Llano; **108:** Anne Loubet; **109:** (l) Martín Bernetti; (m) Anne Loubet; (r) Anne Loubet; **110:** (t) Anne Loubet; (ml) Hemera Technologies/Photos.com; (mml) JackF/Fotolia; (mmr) Paula Díez; (mr) Vstock, LLC/Photolibrary; (bl) Martín Bernetti; (bml) Photolibrary; (bmr) Keith Levit Photography/Photolibrary; (br) Anne Loubet; **114:** (l) Anne Loubet; (r) Anne Loubet; **115:** (tl) Anita Bugge/Getty Images; (tr) Patrick Roncen/Kipa/Getty Images; (m) Bertrand Rindoff Petroff/Getty Images; (b) Julien Reynaud/APS-Medias/Sipa/Newscom; **117:** Imagesource/123RF; (inset, t) FRSE_U01_L02ST_p024_PH06b; (inset, b) Anne Loubet; **119:** (t) Martín Bernetti; (ml) David Lee/Alamy; (mml) AKF/Fotolia; (mmr) Yay Micro/AGE Fotostock; (mr) Igor Tarasov/Fotolia; (bl) Creative Jen Designs/Shutterstock; (bml) Photofriday/Shutterstock; (bmr) F9photos/Shutterstock; (br) Martín Bernetti; **122:** (tl) Valuavital/Dreamstime; (tm) Roy Hsu/Media Bakery; (tr) Don Mason/Getty Images; (bl) Simon Kolton/Alamy; (bml) Blend Images/Ariel Skelley/Getty Images; (bmr) Jacek Chabraszewski/iStockphoto; (br) Sergei Telegin/Shutterstock; **124:** Anne Loubet; **125:** Anne Loubet; **126:** (left col) Marta Perez/EFE/Newscom; (t) Paul Springett 09/Alamy; (m) Simona Dumitru/Alamy; (b) Nicole Paton/Shutterstock; **127:** (tl) Franky DeMeyer/iStockphoto; (tr) Dave Bartruff/Danita Delimont/Alamy; (bl) Erik Tham/Alamy; (br) Portrait of Jean Jacques Rousseau by Edouard Lacretelle. Gianni Dagli Orti/The Art Archive at Art Resource, NY; **128:** (t) Juniors Bildarchiv/Alamy; (b) Martín Bernetti; **129:** Anne Loubet; **130:** Anne Loubet; **131:** Anne Loubet.

Unit 4

133: VHL; **134:** Martín Bernetti; **136:** (t) Anne Loubet; (b) Martín Bernetti; **140:** (l) Vincent Besnault/Photographer's Choice/ Getty Images; (r) Directphoto Collection/Alamy; **141:** (t) Foc Kan/WireImage/Getty Images; (b) Romuald Meigneux/SIPA/ Newscom; **145:** David Hughes/Photolibrary; **152:** Pascal Pernix; **153:** Pascal Pernix; **154:** Anne Loubet; **158:** (t) Carlos S. Pereyra/ AGE Fotostock; (b) Pascal Pernix; **159:** (t) Yadid Levy/Alamy; (m) Kevin Foy/Alamy; (b) Audiogram; **161:** VHL; **165:** Ana Cabezas Martín; **169:** Anne Loubet; **170:** (left col: t) Art Babych/Shutterstock; (left col: m) Yoan Valat/EPA/Newscom; (left col: b) Byron Purvis/AdMedia/Newscom; (t) Carlos Sanchez Pereyra/123RF; (ml) Stephen Saks Photography/Alamy; (mr) Peter Spiro/ iStockphoto; (b) Richard T. Nowitz/Corbis Documentary/Getty Images; **171:** (tl) Mike Blake/Reuters; (tr) Grafxcom/iStockphoto; (bl) Rubens Abboud/Alamy; (br) Perry Mastrovito/Getty Images; **172-173:** Anne Loubet; **173:** (t) Anne Loubet; (b) Anne Loubet; **174:** Martín Bernetti; **175:** Anne Loubet.

Unit 5

177: VHL; **178:** Anne Loubet; **180:** Martín Bernetti; **184:** (t) Michael Sohn/AP Images; (b) Neil Marchand/Liewig Media Sports/ Getty Images; **185:** (t) EPP Euro Press Photo; (b) Arko Datta/Reuters; 196: FogStock LLC/Photolibrary; **198:** Ron Koeberer/Getty Images; **202:** (l) Anne Loubet; (r) Anne Loubet; **203:** (t) Anne Loubet; (m) Reuters; (b) Ian Gavan/Zuma Press/Newscom; **205:** Vanessa Bertozzi; **214:** (left col: t) Dorn Byg/Cal Sport Media/Newscom; (left col: b) CS2/Charlie Steffens/WENN/Newscom; (t) Brianafrica/Alamy; (ml) Authors Image/Alamy; (mr) Jalvarezg/Fotolia; (b) Anton_Ivanov/Shutterstock; **215:** (tl) Morandi Bruno/ZUMA Press/Newscom; (tr) Sadaka Edmond/SIPA/Newscom; (bl) Seyllou/AFP/Getty Images; (br) Nic Bothma/EPA/ Newscom; **216:** (left col: t) ATB/ATP/WENN/Newscom; (left col: b) SA Terli/Anadolu Agency/Getty Images; (tl) Anthony Asael/ Corbis Documentary/Getty Images; (tr) MJ Photography/Alamy; (b) Gerard Lacz Images/SuperStock; **217:** (tl) SFM Titti Soldati/ Alamy; (tr) Werner Forman Archive/Heritage Image Partnership Ltd/Alamy; (bl) Per-Anders Pettersson/Corbis Documentary/ Getty Images; (br) Philippe Giraud/Corbis Sport/Getty Images; **218:** (t) Perry Mastrovito/Corbis; (b) Rossy Llano; **219:** Anne Loubet; **220:** Anne Loubet; **221:** (l) Martine Coquilleau/Fotolia; (r) Nancy Camley.

Unit 6

223: VHL; **224:** Pascal Pernix; **230:** (l) Fadi Al-barghouthy/123RF; (r) Vespasian/Alamy; **231:** (t) Mal Langsdon/Reuters; (b) Trevor Pearson/Alamy; **232:** Rachel Distler; **233:** (l) Paula Díez; (r) Paula Díez; **242:** Anne Loubet; **243:** (t) Ben Blankenburg/Corbis; (ml) Hemera Technologies/Getty Images; (mr) Purestock/Jupiter Images; (b) Ablestock.com/Getty Images; **248:** (l) Poree-Wyters/ ABACA/Newscom; (r) 123RF; **249:** (t) Evening Standard/Getty Images; (m) Laurent/EPA/REX/Shutterstock; (b) Tony Barson/Getty Images; **253:** Anne Loubet; **257:** Anne Loubet; 259: Anne Loubet; **260:** (left col: t) Criben/Shutterstock; (left col: m) AKG-Images/ Newscom; (left col: b) Baltel/Sipa/Newscom; (t) Photononstop/SuperStock; (ml) Dmitry Pichugin/Fotolia; (mr) Nik Wheeler/Corbis Documentary/Getty Images; (b) Hagit Berkovich/Fotolia; **261:** (tl) Sophie Bassouls/Sygma/Corbis/Getty Images; (tr) PhotoCuisine RM/Alamy; (bl) Photononstop/SuperStock; (br) Bartosz Hadyniak/Media Bakery; **262:** (left col: t) Abdelhak Senna/AFP/Getty Images; (left col: m) Toshifumi Kitamura/AFP/Getty Images; (left col: b) Marc Gantier/Gamma-Rapho/Getty Images; (t) Idealink Photography/Alamy; (ml) Kicimici/Fotolia; (mr) Posztos/Shutterstock; (b) Philipus/123RF; **263:** (tl) Stephen Lloyd Morocco/ Alamy; (tr) Maria Laura Antonelli/ZUMA Press/Newscom; (bl) Calin Stan/Fotolia; (br) Romilly Lockyer/Getty Images; **264:** The Canadian Press/Trois-Rivieres Le Nouvelliste-Sylvain Mayer; **264-265:** Corbis; 266: Jeff Greenberg/Alamy; **267:** Karl Prouse/Catwalking/Getty Images.

Unit 7

269: VHL; **270:** Glow Images/Getty Images; **272:** Pab Map/Fotolia; **276:** (t) Photo courtesy of www.Tahiti-Tourisme.com; (b) Photo courtesy of www.Tahiti-Tourisme.com; **277:** (l) Zonesix/Shutterstock; (r) Edgar Degas (1834–1917). Danseuses bleues, Blue Dancers, c. 1890. Location: Musée d'Orsay, Paris, France. Art Resource; **285:** Photo courtesy of www.Tahiti-Tourisme. com; **288:** Anne Loubet; **289:** Photolibrary; **290:** Martín Bernetti; **294:** (t) Anne Loubet; (b) Hubert Stadler/Getty Images; **295:** (t) Johner Images/Alamy; (b) Kambou SIA/AFP/Getty Images; **305:** Anne Loubet; 306: (left col: t) Gilbert Nencioli/Gamma/ Getty Images; (left col: b) Lori Conn/ZUMA Press/Newscom; (t) Ocean/Corbis; (m) Melba Photo Agency/Alamy; (b) David Sanger/ Getty Images; **307:** (tl) Tahitian Women(1891), Paul Gauguin. Oil on canvas, 69 x 91.5 cm. Musee d'Orsay, Paris, France. Laurent Lecat/Mondadori Portfolio/AGE Fotostock; (tr) Frederic/Fotolia; (bl) Photo courtesy of www.Tahiti-Tourisme.com; (br) Philippe Giraud/Sygma/Getty Images; **308-309:** Andreas Prott/Shutterstock; **310:** Pascal Pernix; **311:** Jessica Beets.

Unit 8

313: VHL; **314:** Brand X Pictures/Fotosearch; **320:** (t) Michele Molinari/Alamy; (b) Anne Loubet; **321:** Maridav/Shutterstock; **332:** Tetra Images/Alamy; **333:** Paula Díez; **334:** Anne Loubet; **338:** (l) Anne Loubet; (r) Pascal Pernix; **339:** (t) AJ Sisco/UPI/ Newscom; (m) David Redfern/Redferns/Getty Images; (b) Axelle Woussen/Bauergriffin/Newscom; **345:** 290712/Fotolia; **346:** (t) Stockshot/Alamy; (bl) Ben Blankenburg/Corbis; (bml) Martín Bernetti; (bmr) Martín Bernetti; (r) Martín Bernetti; **347:** Anne Loubet; **348:** (l) Anne Loubet; (rt) Martín Bernetti; (rb) Anne Loubet; **349:** (left col) Anne Loubet; (t) Anne Loubet; (m) Anne Loubet; (b) Anne Loubet; **350:** (left col: t) Philip and Elizabeth De Bay/Corbis Historical/Getty Images; (left col: m) Keystone Pictures USA/ZUMA Press/Newscom; (left col: b) Pascal Le Segretain/Getty Images; (t) Jeremy Reddington/Shutterstock; (ml) Abadesign/Shutterstock; (mr) Pascal Pernix; (b) Benjamin Herzoq/Fotolia; **351:** (tl) Tom Delano; (tr) Images of France/Alamy; (bl) Keren Su/Corbis Documentary/Getty Images; (br) Anne Loubet; **352:** (left col, t) Aksaran/Gamma-Rapho/Getty Images; (left col, m) Stills Press/Alamy; (left col, b) AF Archive/Alamy; (t) Structurae / Nicolas Janberg; (ml) Paanna/Deposit Photos; (mr)

Sigurcamp/Shutterstock; (b) Jean Dubuffet. Closerie Falbala (1971-1973). Painted epoxy resin and sprayed concrete. Surface area: 1.610 m2. Fondation Dubuffet, Perigny-sur-Marne (France). Copyright Fondation Dubuffet / ARS 2017; **353:** (tl) Kalpana Kartik/Alamy; (tr) Josse Christophel/Alamy; (bl) Tony C. French/Getty Images; (br) Bukki88/Depositphotos; **354:** Jan Butchofsky/Getty Images; **354-355:** John Kellerman/Alamy; **355:** Directphoto/AGE Fotostock; **356:** Anne Loubet; **357:** Terry J Alcorn/iStockphoto.

Unit 9

359: VHL; **360:** Martín Bernetti; **361:** Martín Bernetti; **366:** (l) Franck Dubray/PhotoPQR/Ouest France/Newscom; (r) Gilles ROLLE/REA/Redux; **367:** VHL; **369:** (l) Jupiter Images/Thinkstock/Getty Images; (r) Jeffrey M. Frank/Shutterstock; **378:** Anne Loubet; **380:** Martín Bernetti; **384:** (l) Anne Loubet; (r) Paula Díez; **385:** (t) Sergio Pitamitz/Getty Images; (m) FoodCollection/Photolibrary; (b) Stephane Cardinale/Corbis/Getty Images; **386:** Anne Loubet; **389:** (t) Photolibrary; (bl) Jovannig/Fotolia; (bml) Design Pics Inc./Alamy; (bmr) Anne Loubet; (br) MediaPictures.pl/Shutterstock; **391:** (t) Comstock/Jupiter Images; (b) Martín Bernetti; **393:** (tl) Anne Loubet; (tr) Bold Stock/Fotosearch; (bl) Photolibrary; (br) Anne Loubet; **395:** Andersen Ross/Blend Images/Corbis; **396:** (left col: t) Hulton-Deutsch Collection/Corbis/Getty Images; (left col: b) Sonia Recchia/Getty Images; (t) Christophe Boisvieux/Corbis; (ml) David Osborne/Alamy; (mr) Hemis/Alamy; (b) Tashka/iStockphoto; **397:** (tl) Janet Dracksdorf; (tr) Hemis/Alamy; (bl) Pecold/Fotolia; (br) Walid Nohra/Shutterstock; **398:** (left col: t) Bettmann/Getty Images; (left col: b) Hulton-Deutsch Collection/Corbis/Getty Images; (t) Dean Conger/Corbis Historical/Getty Images; (ml) Daniel Joubert/Reuters; (mr) Dianne Maire/iStockphoto; (b) Pikselstock/Shutterstock; **399:** (tl) Demid Borodin/iStockphoto; (tr) Alain Jocard/AFP/Getty Images; (bl) Daniel Joubert/Reuters; (br) James Warren/iStockphoto; **402:** Pascal Pernix; **403:** José Blanco.

Unit 10

405: VHL; **406:** Martín Bernetti; **412:** (t) Max Alexander/Getty Images; (b) Pascal Pernix; **413:** (t) Janet Dracksdorf; (b) Rachel Distler; **424:** Image Source; **430:** (l) Ingram Publishing/Photolibrary; (r) Chassenet/AGE Fotostock; **431:** (t) Hulton-Deutsch Collection/Corbis/Getty Images; (b) Photo 12/Alamy; **433:** (l) Dynamic Graphics/Jupiter Images; (r) DesignPics Inc./Photolibrary; **435:** Martín Bernetti; 441: Anne Loubet; **442:** (left col: t) Bettmann/Getty Images; (left col: m) Album/Oronoz/Newscom; (left col: b) Adoc-Photos/Getty Images; (t) Gonzalo Azumendi/AGE Fotostock; (m) Sonnet Sylvain/Hemis.fr/Alamy; (bl) Kumar Sriskandan/Alamy; (br) Bettmann/Getty Images; **443:** (tl) Mauritius Images Gmbh/Alamy; (tr) Andia/Getty Images; (bl) Owen Franken/Corbis Documentary/Getty Images; (br) FreeProd/Deposit Photos; **444:** (t) Martín Bernetti; (b) Anne Loubet; **445:** Moodboard/Corbis; **446:** Ebby May/Getty Images; **447:** Commercial Eye/Getty Images.

Unit 11

449: VHL; **450:** Anne Loubet; **452:** David R. Frazier/Danita Delimont Photography/Newscom; **456:** (l) Goodshot/Jupiterimages; (r) Pascal Pernix; **457:** Alain Nogues/Sygma/Getty; **459:** DomenicoGelermo/iStockphoto; (background) Nadla/iStockphoto; **463:** Linzyslusher/iStockphoto; **468:** Anne Loubet; **470:** Anne Loubet; **474:** (all) Anne Loubet; **475:** (t) Bettmann/Getty Images; (m) ThePenguin/Shutterstock; (b) David Wolff-Patrick/Getty Images; **477:** Flashon Studio/Shutterstock; (inset) YanLev/Shutterstock; **484:** John DeCarli; **485:** Anne Loubet; **486:** (left col) Bettmann/Getty Images; (t) Sylvie Lebchek/Shutterstock; (ml) Milosk50/Shutterstock; (mr) Mikhail Lavrenov/123RF; (b) Elenathewise/Deposit Photos; **487:** (tl) Foodfolio/Alamy; (tr) Philip Lange/iStockphoto; (bl) Hamis/Alamy; (br) Troubadour Plays Six Musical Instruments. Handcoloured engraving from Pierre de la Mesangere's Le Bon Genre, Paris, 1817. Florilegius/SSPL/Getty Images; **490:** Quavondo/iStockphoto; **491:** Anne Loubet.

Unit 12

493: VHL; **494:** Hero/Corbis; **496:** (tl) Gavin Rodgers/Alamy; (tm) Pascal Pernix; (tr) Anne Loubet; (bl) Paris Metro/Alamy; (bm) Anne Loubet; (br) Anne Loubet; **500:** (l) Carole Castelli/Shutterstock; (r) Paul Warburton/Alamy; **501:** Matt Dunham/Reuters; **504:** (t) David Sanger Photography/Getty Images; (ml) Beijersbergen/Shutterstock; (mr) Szefei/Shutterstock; (bl) Bruno de Hogues/Getty Images; (br) Richard Klune/Getty Images; **514:** Rossy Llano; **516:** VHL; **520:** (t) Franck Boston/Big Stock Photo; (bl) Anne Loubet; (br) Pascal Pernix; **521:** (t) Degas Jean-Pierre/Getty Images; (m) Tom Delano; (br) Courtesy of Marcel Tessier-Caune and Manivette Records; **523:** Corbis; (inset) Richard T. Nowitz/Getty Images; **525:** (l) VHL; (ml) Elpis Ioannidis/Shutterstock; (mr) Ablestock.com/Getty Images; (r) Ingram Publishing/Photolibrary; **527:** Michał Krakowiak/iStockphoto; **528:** (t) Anne Loubet; (ml) Anne Loubet; (mm) Pascal Pernix; (mr) Ana Cabezas Martín; (bl) Anne Loubet; (bm) Anne Loubet; (br) VHL; **530:** Jan Wlodarczyk/AGE Fotostock; **531:** Rossy Llano; **532:** (left col: t) Stephane Cardinale/Corbis Entertainment/Getty Images; (left col: m) Peace PhotoHunter/Shutterstock; (left col: bl) Abaca Press/Khayat Nicolas/Sipa USA/Newscom; (left col: br) De Agostini/Getty Images; (t) Elena Elisseeva/123RF; (ml) Miloski50/Shutterstock; (mr) Pawel Kazmierczak/Shutterstock; (b) Tom Brakefield/Corbis Documentary/Getty Images; **533:** (tl) John Schults/Reuters/Alamy; (tr) KCS Presse/Splash News/Newscom; (bl) Everett-Art/Shutterstock; (br) Andreas Karelias/iStockphoto; **534:** Roger Viollet/Getty Images; **534-535:** Johner Images/Alamy; **536:** Rossy Llano; **537:** PhotoAlto/Alamy.

Unit 13

539: Pascal Pernix; **540:** Photolibrary; **542:** Martín Bernetti; **546:** (t) Rehan Qureshi/Shutterstock; (b) Elvira Ortiz; **547:** Anna Clopet/Getty Images; **549:** Image100/Alamy; **551:** (tl) Jack Hollingsworth/Corbis; (tm) Martín Bernetti; (tr) Martín Bernetti; (bl) Martín Bernetti; (bm) Anne Loubet; (br) Janet Dracksdorf; **553:** Andresr/Shutterstock; **556:** (all) Bill Lai/Index Stock Imagery/Photolibrary/Getty Images; **558:** Anne Loubet; **559:** (all) Anne Loubet; **560:** (all) Anne Loubet; **564:** (t) Peter Turnley/Getty Images; (b) Owen Franken/Getty Images; **565:** (t) Anne Loubet; (b) Sueddeutsche Zeitung Photo/Alamy; **567:** (t) Birgit Reitz-Hofmann/iStockphoto; (b) Se1ect/Shutterstock; **569:** Anne Loubet; **570:** Martín Bernetti; **575:** Anne Loubet; **576:** (left col: t) Bettmann/Getty Images; (left col: b) Dominique Charriau/WireImage/Getty Images; (t) Guenter Fischer/imagebroker/AGE Fotostock; (ml) Foodpictures/Shutterstock; (mr) SidBradypus1/Deposit Photos; (b) Milosk50/Shutterstock; **577:** (tl) Patrick

Frauchiger/Flickr Open/Getty Images; (tr) Peter Ginter/Superstock/Alamy; (bl) Sabarrere/Shutterstock; (br) France Pictures Agency/Alamy; **578:** Fine Art Images/Heritage Images/Newscom; **580:** Anne Loubet; **581:** Lofoto/Fotolia.

Unit 14

583: VHL; **584:** Art Konovalov/Shutterstock; **586:** (tl) Tomas Sereda/Shutterstock; (tr) Mny-Jhee/Fotolia; (bl) Bosca78/iStockphoto; (br) Anne Loubet; **590:** (t) Raphael Daniaud/iStockphoto; (b) Directphoto Collection/Alamy; **591:** (t) Bertrand Reiger/Hemis.fr/Alamy; (b) Nobor/Fotolia; **593:** Nancy Camley; **599:** (l) Mark Karrass/Corbis; (r) Goodshoot/Alamy; **600:** (left col: tl) Index Open/Photolibrary; (left col: tr) Pidjoe/iStockphoto; (left col: bl) FogStock LLC/Photolibrary; (left col: br) Hemera Technologies/Getty Images; (right col: tl) Index Open/Photolibrary; (right col: tr) Image Source Limited/Index Stock Imagery; (right col: bl) Ablestock.com/Getty Images; (right col: br) Index Open/Photolibrary; **602:** Keith Levit Photography/Index Open; **603:** Rafael Rios; **604:** (l) Jonathan Heger/iStockphoto; (r) William Wang/iStockphoto; **608:** (t) Vrabelpeter1/Fotolia; (r) Vincent Lowe/Alamy; **609:** (t) Gail A. Johnson/iStockphoto; (m) Thomas Pozzo Di Borgo/123RF; (b) Bertrand Rindoff Petroff/Getty Images; **613:** Jupiter Images/Getty Images; **615:** Index Open/Photolibrary; **618:** (left col: tl) Index Open/Photolibrary; (left col: tr) Juuce/iStockphoto; (left col: bl) Anastasiya Maksimenko/123RF; (left col: br) Keith Levit Photography/Photolibrary; (right col) Nick Greaves/Alamy; **619:** Jean-Michel Turpin/Gamma-Rapho/Getty Images; **620:** (left col: t) Bettmann/Getty Images; (left col: m) Science and Society/SuperStock; (left col: b) Jean_Pierre Bonnotte/Getty Images; (t) Media Bakery; (ml) SGM/AGE Fotostock; (mr) AnkNet/iStockphoto; (b) Fotosearch; **621:** (tl) Imagebroker/Alamy; (tr) Iconotec/Alamy; (bl) ImagesEurope/Alamy; (br) Everett Art/Shutterstock; **622:** Paul Fearn/Alamy; **622-623:** Ebru Sidar/Arcangel; **624:** Kevin Fleming/Getty Images; **625:** Anne Loubet.

Unit 15

627: Pascal Pernix; **628:** Michael Le Poer Trench/Getty Images; **634:** (t) Images-of-france/Alamy; (b) Marmaduke St. John/Alamy; **635:** Lebrecht Music and Arts Photo Library; **643:** (t) Martín Bernetti; (ml) Anne Loubet; (mm) Martín Bernetti; (mr) Annie Pickert Fuller; (bl) Anne Loubet; (bm) Anne Loubet; (br) F9photos/Shutterstock; **644:** (tl) Image Source; (tr) Index Open/Photolibrary; (bl) Index Open/Photolibrary; (br) Hot Ideas/Photolibrary; **648:** Anne Loubet; **649:** VHL; **650:** (l) Jeff Morgan 02/Alamy; (r) Pascal Pernix; **654:** (l) Danita Delimont/Alamy; (tr) Danita Delimont/Alamy; (br) Kelly-Mooney Photography/Getty Images; **655:** (t) Robbie Jack/Getty Images; (m) Rune Hellestad/Getty Images; (b) Ullstein Bild/Getty Images; **657:** The Gallery Collection/Newscom; **662:** Jack Hollingsworth/Brand X/Corbis; **664:** (t) Pascal Pernix; (b) Stock Connection Blue/Alamy; **665:** Images-of-france/Alamy; **666:** (left col) Stephane Cardinale/Corbis/Getty Images; (tl) Robert Harding/Alamy; (tr) Ivan Vdovin/AGE Fotostock; (m) Hiro1775/Deposit Photos; (b) CSFotoimages/iStockphoto; **667:** (tl) Courtesy of the LaLorraine Tourism office (www.tourisme-lorraine.fr); (tr) Gianni Dagli Orti/Art Resource; (bl) Thierry Tronnel/Sygma/Getty Images; (br) Hemis/Alamy; **668:** Agence Opale/Alamy; **668-669:** Simon Rawles/Getty Images; **670:** Pascal Pernix; **671:** Andrew Paradise.

Back Cover: Damaerre/iStockphoto.

Text Credits

534: Texts by Jacques Prévert : «Barbara» in Paroles (Ed. Gallimard, 1946) and «Mai 1968» in Choses et autres (Ed. Gallimard, 1972). © Fatras / Succession Jacques Prévert, electronics rights reserved.
668: Libre Expression, 2009, Montreal, Canada.

Comic Credits

488: © Renée Lévy.

TV Clip Credits

63: Courtesy of the Université de Moncton.
151: Courtesy of NextInteractive.
241: Courtesy of ResoNews.
331: Courtesy of France TV.
423: Courtesy of KRYS Group.
601: © BMCE Bank – Morocco.

Short Film Credits

511: By permission of Luminus Films Ltd.
645: Courtesy of Premium Films.

About the Authors

James G. Mitchell received his Ph.D. in Romance Studies with a specialization in Second Language Acquisition from Cornell University. Dr. Mitchell teaches French, Italian, linguistics, and applied linguistics at Salve Regina Univeristy.

Cheryl Tano received her M.A. in Spanish and French from Boston College and has also completed all course work toward a Ph.D. in Applied Linguistics with a concentration in Second Language Acquisition at Boston University. She is currently teaching French at Emmanuel College and Spanish at Tufts University.

About the Illustrators

A French Canadian living in the province of Quebec, **Sophie Casson** has been a professional illustrator for more than ten years. Her illustrations have appeared in local and national magazines throughout Canada, as well as in children's books.

Born in Caracas, Venezuela, **Hermann Mejía** studied illustration at the **Instituto de Diseño de Caracas**. Hermann currently lives and works in the United States.

Pere Virgili lives and works in Barcelona, Spain. His illustrations have appeared in textbooks, newspapers, and magazines throughout Spain and Europe.